密教秘印大鑑

白 日孔［監修］

八幡書店

密教秘印大監

はじめに

諸仏諸尊の仏像を見ていて、誰でも手のポーズに気付くことがあるだろう。この手のポーズを印、印相、印契などという。

人というものは、普段会話しているときに、身振り手振りといろんな動作をするものである。手はモノを扱う道具であり、表現手段でもある。それは自然の動作であり、その意味では汎世界的と言えるだろう。

日本舞踊では、身の動作だけではなく指先まで手の動きも重要だそうだが、インド舞踊を見ていて、手にも表情があり、指にも表情がある。この手指のポーズをムドラーという。

中国では道教などにも印があり、日本では仏教を始め陰陽道でも用いられ、ことに安倍晴明が用いたことはよく知られている。また、古神道にも印が伝わっている。

インドにおけるムドラーの起源はバラモン教にまで遡り、バラモンが祭祀に用いていたと言われるが、それは作法における印だったようだ。バラモン教の否定に始まる仏教の実践法は教えの実践であり、三昧（座禅行）によるため儀式化されることはなかったから、釈迦在世当時には印が取り入れられることはなかった。

仏教における印は釈迦像の説法印に始まると言われている。釈迦入滅後長い間像造されることはなかったが、紀元一世紀頃になって釈迦像が造られ、釈迦如来が禅定印、触地印、説法印などの印を結んでいる像が見られるようになる。

禅定印は釈迦が菩提樹のもとで三昧に入り悟りを得るに到るさまを表している。触地印は釈迦が悟りを得る前、魔がその邪魔をしようとしたとき、地に触れて地神を出現させ、魔を撃破したことを表している。説法印は釈迦が身振り手振りで説法したことを表している。

仏教は大乗仏教が興き、さらに密教が興きると盛んに印が用いられるようになる。造像に見られる諸仏諸尊の印は、その本誓を表すものであったが、やがて行者自身も印を結ぶようになった。

インドで六、七世紀頃、タントリズムという宗教運動が起こってくる。タントラとは織物のことで、縦糸と横糸が組合わさってできるところから、異なる二つのものの一体、合一という意味である。宗教界ではそれが神との一体を意味し、それによって救済されると考えられるようになった。ヒンドゥー教やジャイナ教、そして仏教にも影響を与え、仏教タントリズムと呼ばれるあらたな密教が展開する。そうして成立したのが『大日経』であり、そして『金剛頂経』が成立してくる。

それまでの密教、いわゆる雑密と言われる密教では、除災招福を求めるための行法として経典読誦や陀羅尼の受持、また護摩や施食という雑多な所作に終始していたと言える。

仏教タントリズムと言われる密教は積極的に印を取り入れ、いわゆる雑密の段階から成仏を目指す純密として整ってくるのである。

すなわち祭壇を設け、諸仏諸尊を描き、真言を唱えて供養するという作法の中に印の結び方が示されるようになるのである。

印を説く経典の初出は六世紀に成立した『牟梨曼荼羅呪経』である。そこには十六種類の印が示され、七世紀の『大日経』で一三七種類、『陀羅尼集経』では三百種類ほどが説かれていたが、さらに『大日経疏』になると印母を軸とした印の体系化がなされている。

ムドラーとは一言で示すことは難しいが、身振り、手振りを意味し、訳して印には印鑑などという言葉があるように標榜するもの、しるし、象徴的な意味も持つ。

密教では真実なるものとして捉え、仏・菩薩や明王、諸天などの内証、本誓、事業や功徳の象徴とする。そのため印は狭義に言えば手印だが、広義に言えば諸仏菩薩が持つ持物、刀剣、輪、金剛杵、蓮華、宝珠、羂索、また三昧耶形や種字なども印である。これらはとくに契印という。

仏と一体になる。その儀礼や修法などの行法の所作に不可欠な要素として印を積極的に取り入れたことで、印契（身）、真言（口）、曼荼羅（意）というシンボルの体系を展開し、身（手）に印を結び、口に真言を唱え、意に仏菩薩、明王、天部の諸尊を思い描くという身口意の三密が成立するのである。仏菩薩の働きは行者の真言と対応し、種字に象徴される。精神的働きは行者の瞑想と対応し、諸尊の持物と対応し、輪宝や蓮華、金剛杵、宝瓶などに象徴される。

『大日経疏』によれば、「一切の仏、印をもってその功徳、智慧の体をなす。それによって如来は法界を体現する。もし衆生あってこの法を行ずる者は、印をもって加持するがゆえに如来の法界身たりえる」と説いている。

身に印を結ぶことで諸尊との身の合一、口に真言を唱えることで諸尊の真言との合一、意に諸尊の姿を思い描く観想によって己の心と諸尊の心とが合一し、成仏を目指すのである。

空海は『即身成仏義』で、「手に印契を作し、口に真言を誦し、心、三摩地に住すれば、三密相応して加持するが故に早く大悉地を得」と述べている。

印は、結印にあたって「印法を秘す」とされている。衣の袖の下や袈裟で覆って結び、他者から見えるように顕著に結んではならない、というのである。そして『陀羅尼集経』には、もし露に印呪の法をなすものは、悪鬼神の便りをうるところとなる、と説かれている。

※本書は明治期刊行の版本・田村武右衛門編『図印集』『普通真言集』を底本とし、その他を参照した。

目次

六種拳　胎拳一……1
六種拳　胎拳二……2
六種拳　金剛拳……3
六種拳　外縛拳……4
六種拳　内縛拳……5
六種拳　忿怒拳一……6
六種拳　忿怒拳二……7
六種拳　忿怒拳三……8
六種拳　如来拳……9
十二合掌　堅実心合掌……10
十二合掌　虚心合掌……11
十二合掌　未敷蓮華合掌……12
十二合掌　初割蓮華合掌……13
十二合掌　顕露合掌……14
十二合掌　持水合掌……15
十二合掌　金剛合掌……16
十二合掌　反叉合掌……17
十二合掌　反背互相着合掌……18
十二合掌　横拄指合掌……19
十二合掌　覆手向下合掌……20
十二合掌　覆手合掌……21
阿弥陀根本印……22
阿弥陀定印……23
八葉印……24
観音印……25
勢至印……26
釈迦鉢印……27
智吉祥印一……28
智吉祥印二……29
薬師法界定印……30
薬師印……31
日光印……32
月光持花印……33
十二神将惣印……34
仏眼根本大印……35
仏眼根本大印二……36
金輪印（一字金輪仏頂）……37
七曜惣印……38
八大菩薩普印……39
八大明王……40
金剛吉祥印……41
破諸宿曜印……42

成就一切明印……43
大仏頂智拳印……44
本三昧耶印……45
金輪（宝瓶印）……46
智拳印……47
勝身三昧耶印……48
大仏頂（金輪仏頂）
小野説根本印……49
尊勝（仏頂）尊勝空印……50
尊勝二……51
尊勝三……52
八大仏頂印一　白傘蓋仏頂……53
八大仏頂印二
勝仏頂大慧刀印……54
八大仏頂印三
最勝仏頂転法輪印……55
八大仏頂印四
光聚仏頂三鈷印……56
八大仏頂印五　除障仏頂……57
八大仏頂印六　広生仏頂……58
八大仏頂印七
発生仏頂蓮華印……59
八大仏頂印八
無量声仏頂二明王印……60
不動剣印……61
降三世大印……62
如法尊勝智拳印……63
尊勝仏頂卒都婆印……64
尊勝仏頂尊勝空印……65
光明真言　五色光印……66
光明真言　五色光印二……67
外五鈷印……68
後七日……69
宝生印……70
宝菩薩印……71
孔雀経……72
七仏普印……73
慈氏金剛掌旋転……74
縁　覚……75
声聞梵篋印……76
仁王経根本印……77
三昧耶印（号般若無尽蔵）……78
梵篋印……79
請雨経智吉祥印……80
鉢　印……81
天鼓雷印……82
聖観音……83
聖観音二……84
金剛手内五鈷印……85
輪蓋竜王金剛合掌……86
難陀抜難陀二竜王……87
竜　王……88
釈迦智吉祥印……89
多宝法界定印……90

無量寿命決定如来普印……91
理趣経金剛薩埵……92
理趣経惣印……93
理趣経段々印初段
金剛薩埵初集会……94
理趣経二段
毘盧遮那理趣会段……95
理趣経二段
毘盧遮那理趣会段二
或は如来拳印……96
理趣経三段　降三世……97
理趣経四段　観自在菩薩……98
理趣経五段　虚空蔵菩薩……99
理趣経六段　金剛拳菩薩……100
理趣経七段　文殊師利菩薩一……101
理趣経七段　文殊師利菩薩二……102
理趣経八段　纔発意菩薩……103
理趣経九段　虚空庫菩薩一……104
理趣経九段　虚空庫菩薩二……105
理趣経十段　摧一切魔菩薩……106
理趣経十一段　降三世教令輪……107
理趣経十二段　外金剛会……108
理趣経十三段　七母天……109
理趣経十四段　三兄弟……110
理趣経十五段　四姉妹……111
理趣経十六段
五部曼荼羅外五鈷印……112
理趣経十七段
金剛薩埵五秘密大独鈷印……113
六字経……114
六字経　観宿伝印……115
六字経　明仙伝印……116
聖観音心印……117
聖観音二……118
大日剣印……119
千手八葉印……120
千手根本印……121
馬　頭……122
馬　頭二……123
馬頭三　摂毒印一……124
馬頭四　摂毒印二……125
十一面根本印……126
准胝第一根本契……127
准胝第二根本契……128
如意輪根本印……129
如意輪心印……130
如意輪随心印……131
如意輪塔印……132
蓮華三昧耶印……133
不空羂索……134
灌頂密印……135
不動独鈷印……136
白　衣……137
葉衣八葉印……138

大勢至……139
延 命……140
普賢延命……141
四天王通心印……142
四天王通心印 又印……143
（各別印）東方天……144
（各別印）南方天……145
（各別印）西方天……146
（各別印）北方天……147
（各別印）持国天……148
（各別印）増長天……149
（各別印）広目天……150
（各別印）多聞天……151
五秘密一 外五鈷印……152
五秘密二 羯磨印……153
金剛薩埵羯磨印……154
欲金剛羯磨印……155
計里計羅羯磨印……156

愛金剛羯磨印……157
金剛慢羯磨印……158
金剛薩埵三昧耶印……159
欲金剛三昧耶印……160
計里計羅三昧耶印……161
愛金剛三昧耶印一……162
愛金剛三昧耶印二……163
金剛慢三昧耶印……164
普 賢……165
普賢外五鈷印……166
普賢一切支分生印……167
金剛薩埵羯磨印……168
五秘密三昧耶印……169
五大虚空蔵惣印 内五鈷印……170
五大虚空蔵惣印 外五鈷印……171
（各別印）法界虚空蔵……172
（各別印）金剛虚空蔵……173
（各別印）宝光虚空蔵……174

（各別印）蓮華虚空蔵……175
（各別印）業用虚空蔵……176
（各別印）法界虚空蔵二……177
（各別印）金剛虚空蔵二……178
（各別印）宝光虚空蔵二……179
（各別印）蓮華虚空蔵二……180
（各別印）業用虚空蔵二……181
金剛吉祥印……182
破諸宿曜印……183
成就一切明印……184
虚空蔵三昧耶印……185
虚空蔵二……186
虚空蔵三……187
虚空蔵菩薩宝珠印……188
八字文殊大精進印……189
八字文殊二……190
八大童子一 請召童子……191
八大童子二 計設尼……192

八大童子三　救護慧……193
八大童子四　烏波計室尼……194
八大童子五　光網……195
八大童子六　地慧幢……196
八大童子七　無垢光……197
八大童子八　不可思議慧……198
小野説大精進印……199
如意宝印……200
五字文殊金剛剣印……201
五髻印……202
弥勒八葉院印……203
弥勒宝瓶印……204
大勝金剛……205
般若菩薩大慧刀印……206
般若菩薩経台印
本尊三昧耶印……207
般若菩薩梵篋印……208
随求梵篋印……209
随求八印一　金剛杵……210
随求八印二　鉞斧……211
随求八印三　索……212
随求八印四　剣……213
随求八印五　輪……214
随求八印六　三股戟……215
随求八印七　如意宝……216
随求八印八　梵篋……217
地蔵一　地蔵院印……218
地蔵二　観音院印……219
転法輪小金剛輪印……220
請召並びに教勅印
一切如来鉤印……221
三世勝印（降三世印）……222
上方諸天教勅印……223
遊虚空諸天教勅印……224
住虚空諸天教勅印……225
地居諸天教勅印……226
地底諸天教勅印……227
十地仏頂印……228
大鈞古……229
小三古……230
愛染王根本印……231
三昧耶一字心印……232
五種相応印　寂災……233
五種相応印　増益……234
五種相応印　敬愛……235
五種相応印　降伏……236
五種相応印　鉤召……237
不動根本印……238
剣　印……239
三三昧耶摂召印……240
十四根本印　第一根本印……241
根本印二　宝山印……242
根本印三　頭印……243
根本印四　眼印……244

根本印五　口印……245
根本印六　心印……246
根本印七　甲印……247
根本印八　師子奮迅印……248
根本印九　火焔印……249
根本印十　火焔輪止印……250
根本印十一　商佉印……251
根本印十二　渇誐印……252
根本印十三　羂索印……253
根本印十四　三鈷金剛印……254
降三世（大印）……255
軍荼利（羯磨印）……256
軍荼利三昧耶印……257
大威徳（根本印）……258
大威徳一心印……259
大威徳心中心印……260
金剛薬叉……261
内五鈷印……262

内五鈷印二……263
烏枢沙摩身印……264
烏枢沙摩或説用独鈷印……265
烏枢沙摩又印……266
烏枢沙摩師説用内縛三鈷印……267
烏枢沙摩又印……268
金剛童子根本印……269
独鈷印……270
毘沙門……271
毘沙門二……272
毘沙門三……273
吉祥天……274
内縛三鈷印……275
焔魔天……276
焔魔后（普印）……277
焔魔妃……278
太山府君（普印）……279
五道大神（普印）……280

司命（普印）……281
司録（普印）……282
深沙神……283
荼吉尼……284
遮文荼……285
成就仙（普印）……286
毘那夜迦……287
諸　神……288
水天（竜索印）……289
水天二……290
諸　竜……291
地　天……292
聖天（請召印）……293
聖　天二……294
十二天（伊舎那天）……295
十二天（帝釈天）……296
十二天（帝釈天二）……297
十二天（火天）……298

十二天（焔魔天）……299
十二天（羅刹天）……300
十二天（水天）……301
十二天（水天二）……302
十二天（風天）……303
十二天（風天二）……304
十二天（毘沙門天）……305
十二天（毘沙門天二）……306
十二天（梵天）……307
十二天（地天・鉢印）……308
十二天（日天）……309
十二天（月天）……310
縁　覚……311
摩利支天根本印（名身印）……312
摩利支天隠形印
（亦名安怛祖那印）……313
訶利帝請召印……314
（訶利帝）降伏印……315
（訶利帝）愛子印……316
呪賊経降伏印……317
童子経乾闥婆王印……318
北斗一字頂輪王印……319
北斗惣印……320
召北斗印……321
諸　曜……322
諸　宿……323
阿閦（羯磨印）……324
（阿閦）三昧耶印……325
宝生羯磨印……326
宝生三昧耶印……327
守護経
能与無上菩提最尊勝印……328
能摧伏印……329
満願印……330
最勝三昧印……331
施無畏印……332
大日自在契……333
宝楼閣経根本印……334
宝楼閣経心印
（亦名安慰印）……335
宝楼閣経随心印……336
金剛手菩薩……337
宝金剛菩薩……338
菩提場経根本印……339
雨宝陀羅尼経根本印……340
無垢浄光陀羅尼八葉印……341
阿弥陀根本印……342
熾盛光……343
多羅青蓮根本印……344
毘倶胝……345
毘倶胝二……346
青　頸……347
青頸二（号大悲心印）……348
阿麼觫（観音）……349

香王八葉印……350
金剛王根本印……351
十六尊意生金剛……352
計里吉羅金剛……353
愛金剛……354
意気金剛……355
意生金剛女……356
計里吉羅金剛女……357
愛金剛女……358
意気金剛女……359
時春菩薩……360
時雨菩薩……361
時秋菩薩……362
時冬菩薩……363
色菩薩……364
声菩薩……365
香菩薩……366
味菩薩……367

髻文殊（八葉蓮華印）……368
髻文殊二……369
六字文殊……370
時世根本印……371
薬王（普印）……372
龍　樹……373
馬　鳴
（玉環成就一切所願印）……374
滅悪趣……375
大金剛輪印……376
小金剛輪印……377
無能勝……378
胎蔵印……379
胎蔵印　又印……380
自在天……381
梵天（三昧空時水）……382
帝　釈……383
四天王（帝釈印）……384

四天王通心印……385
四天王惣印……386
（各別印）持国天……387
（各別印）増長天……388
（各別印）広目天……389
（各別印）多聞天……390
最勝太子心印……391
弁才天費拏印……392
氷掲羅天（根本印）……393
畢哩孕迦……394
蘘麌利（根本印）……395
（蘘麌利）随心印……396
伎芸天……397
吒羅佉……398
那羅延天……399
那羅延天二……400
身　印……401
無辺刀印……402

妙見根本印……403
妙見星宿天印……404
金剛合掌……405
八葉印……406
金翅鳥……407
金翅鳥（名通光印）……408
宝篋印陀羅尼経卒都婆印……409
智拳印……410
大悲生……411
金剛蔵……412
金剛蔵二……413
縁　覚……414
声聞梵篋印……415
金剛随心……416
麼莫鶏……417
摩訶迦羅……418
大黒天神……419
太山府君……420

結　印……421
重　拳……422

六種拳

胎拳《たいけん》（蓮華拳《れんげけん》）一

①親指を屈して、掌中に入れる。
②他の四指で親指を握る。
※流派によって異なり、これを金剛拳とする流派もある。

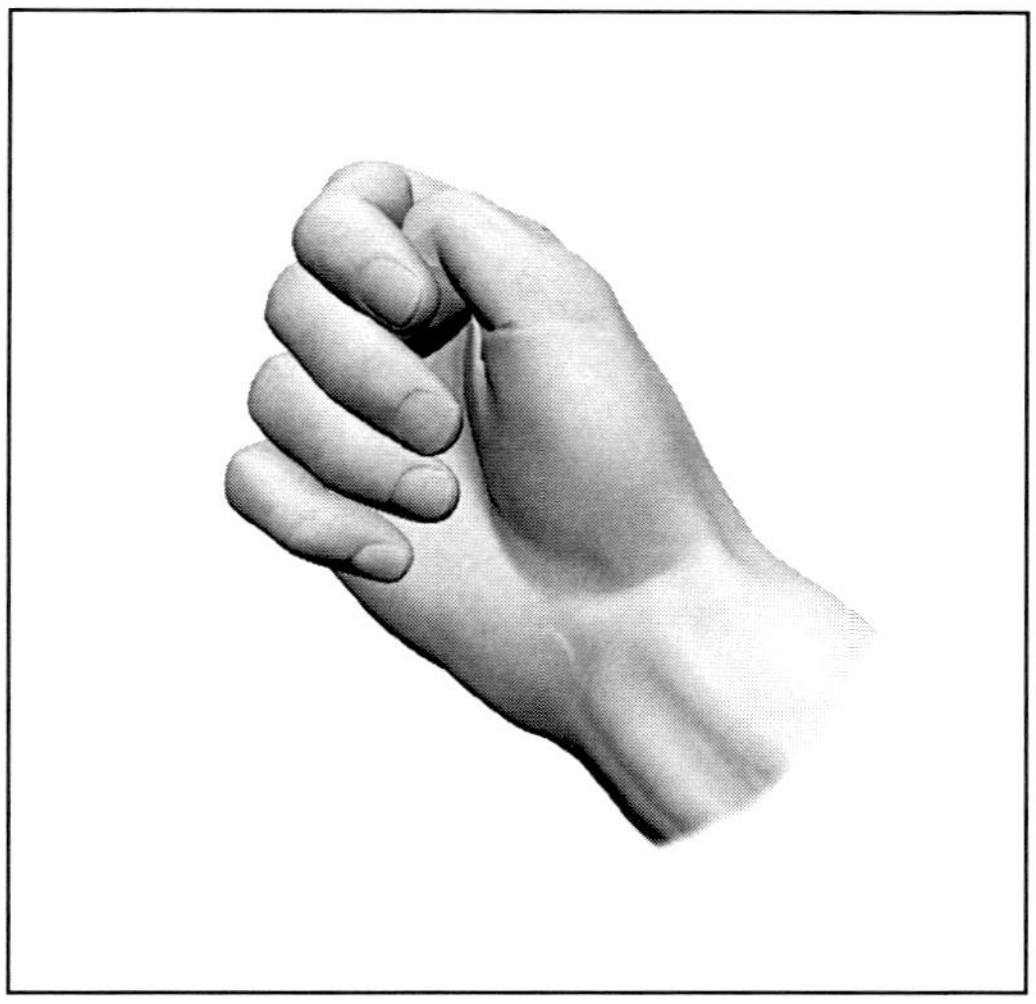

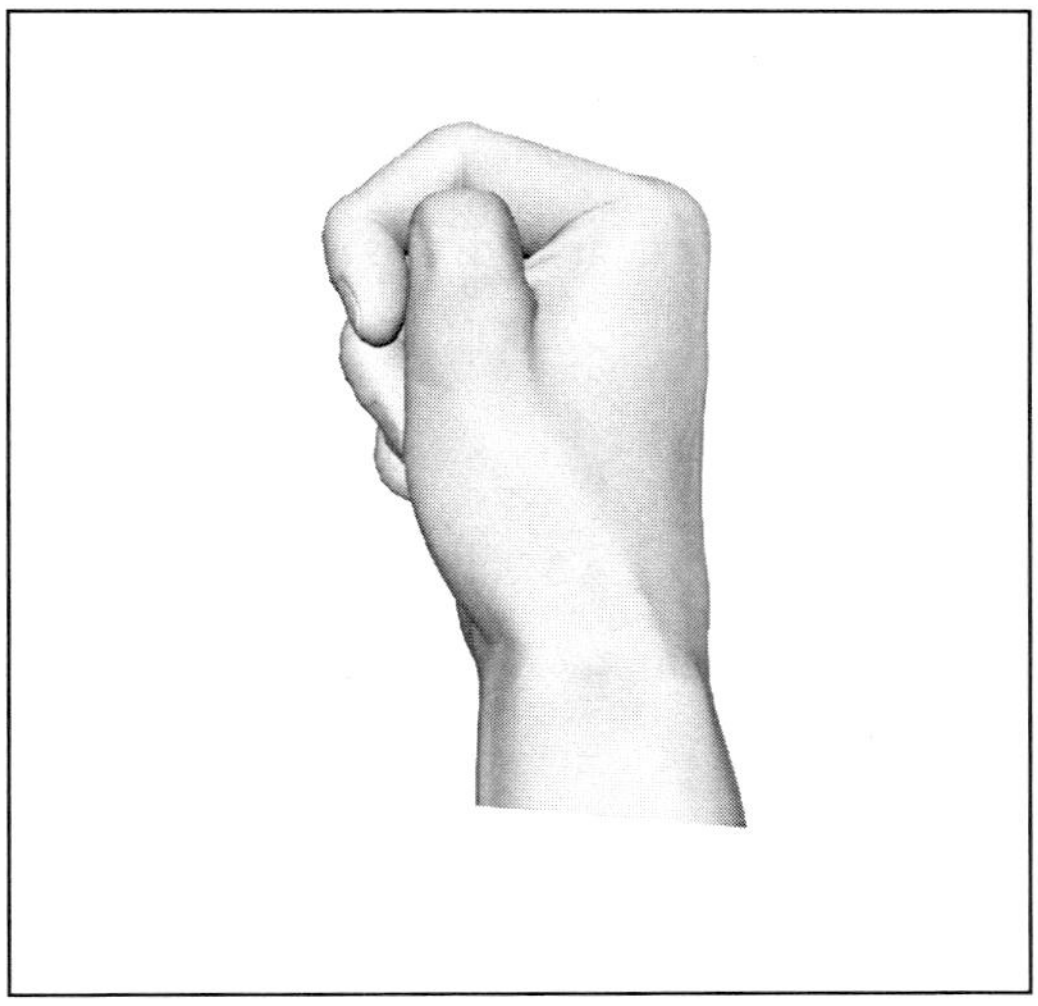

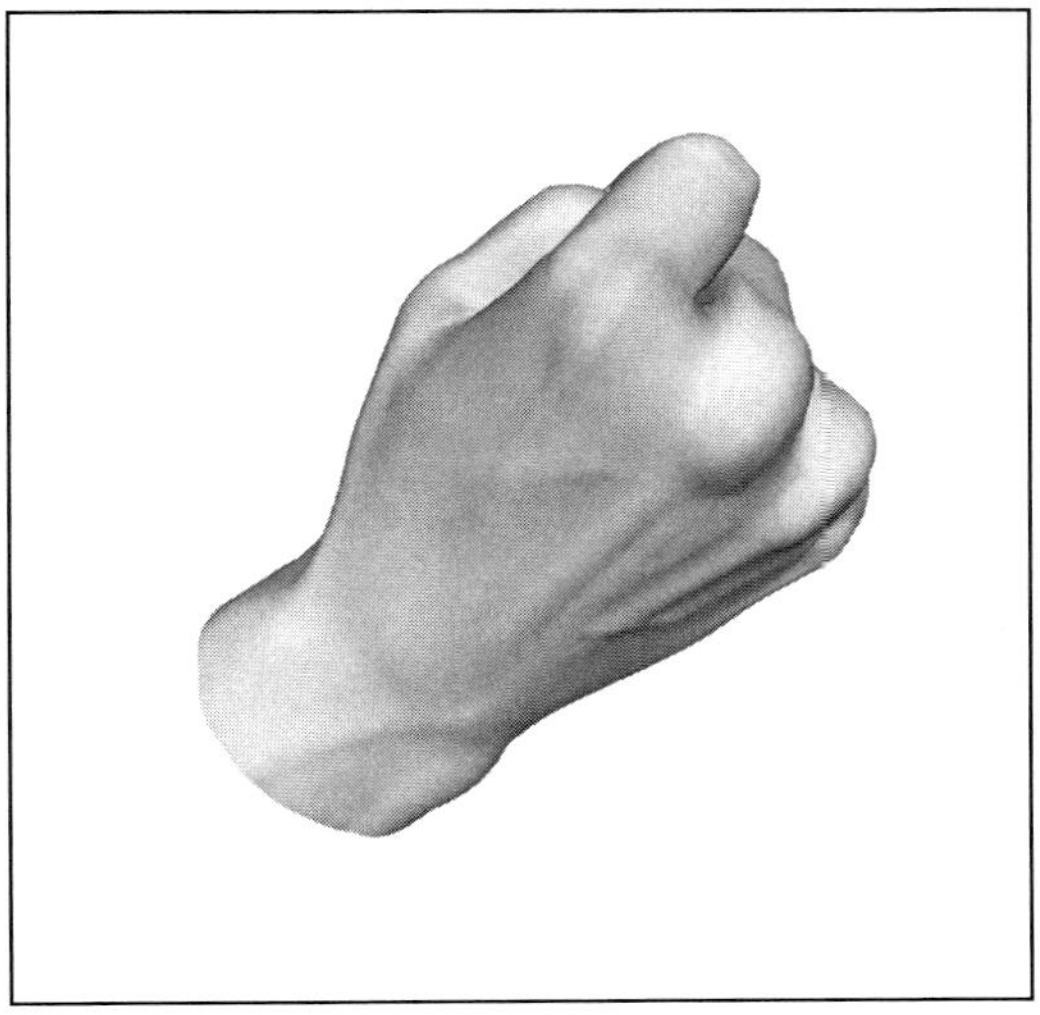

六種拳

胎拳《たいけん》（蓮華拳《れんげけん》）二

①人差指、中指、薬指、小指を屈し握る。

②親指は立てて屈し、人差指の側に付ける。

※胎蔵拳、蓮華拳とも言う。

※胎蔵界行法では、この拳を基本とする。

※これは森羅万象を構成する五つの要素の五大（地、水、火、風、空）を縦に重なる形を表している。

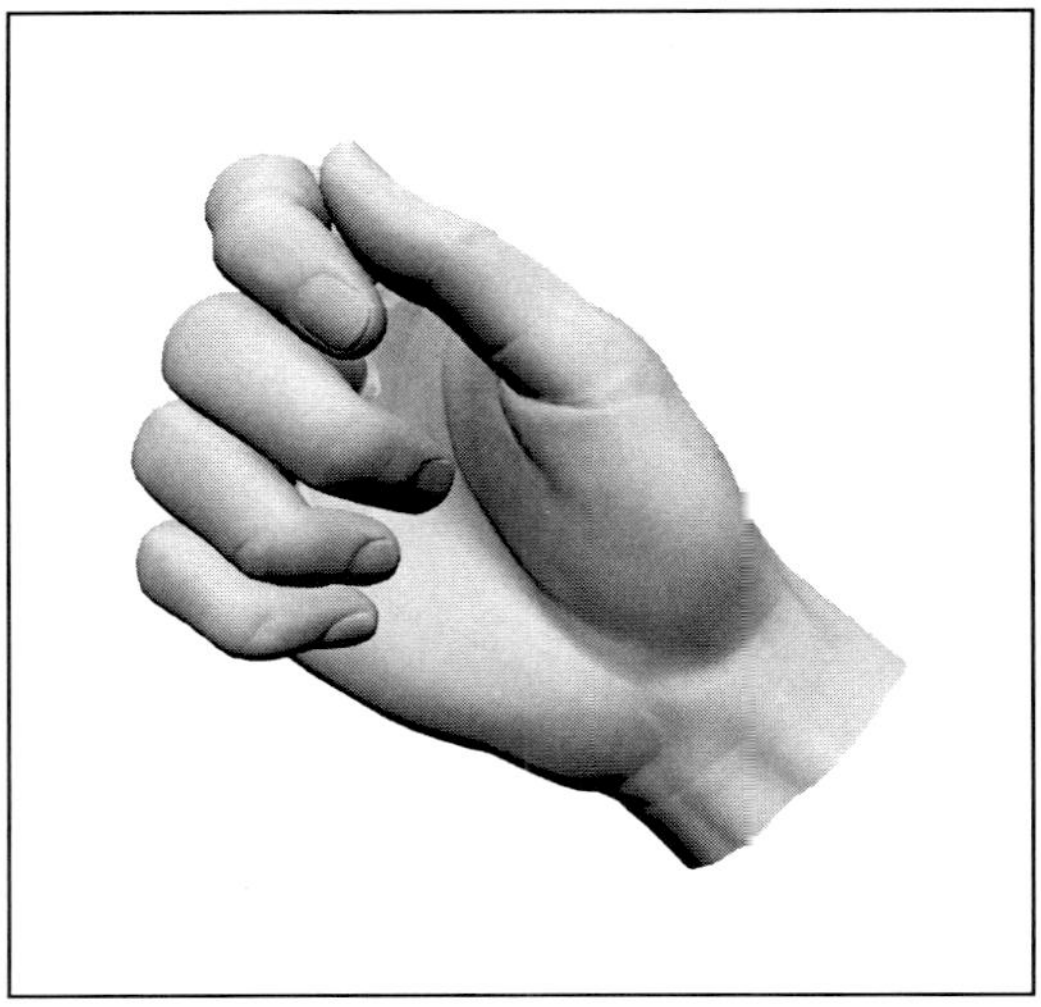

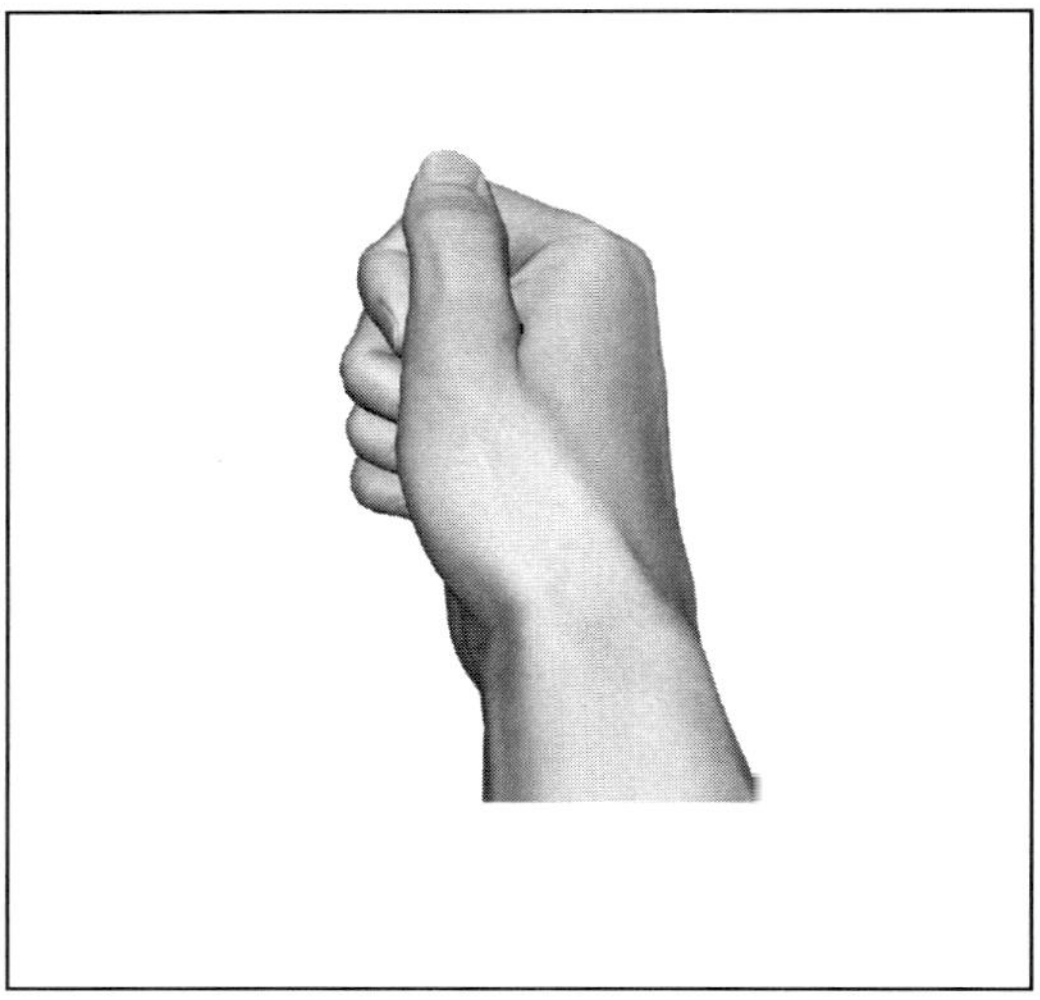

六種拳

金剛拳《こんごうけん》

①手を握る。
②親指を屈し、中指の側に付ける。
③人差指を屈して、親指の第一節に付ける。
※流派によって異なり、親指を屈して掌中に入れ、他の指で親指を握り、人差指先を親指の第一節に付ける（左下図）、とする流派もある。

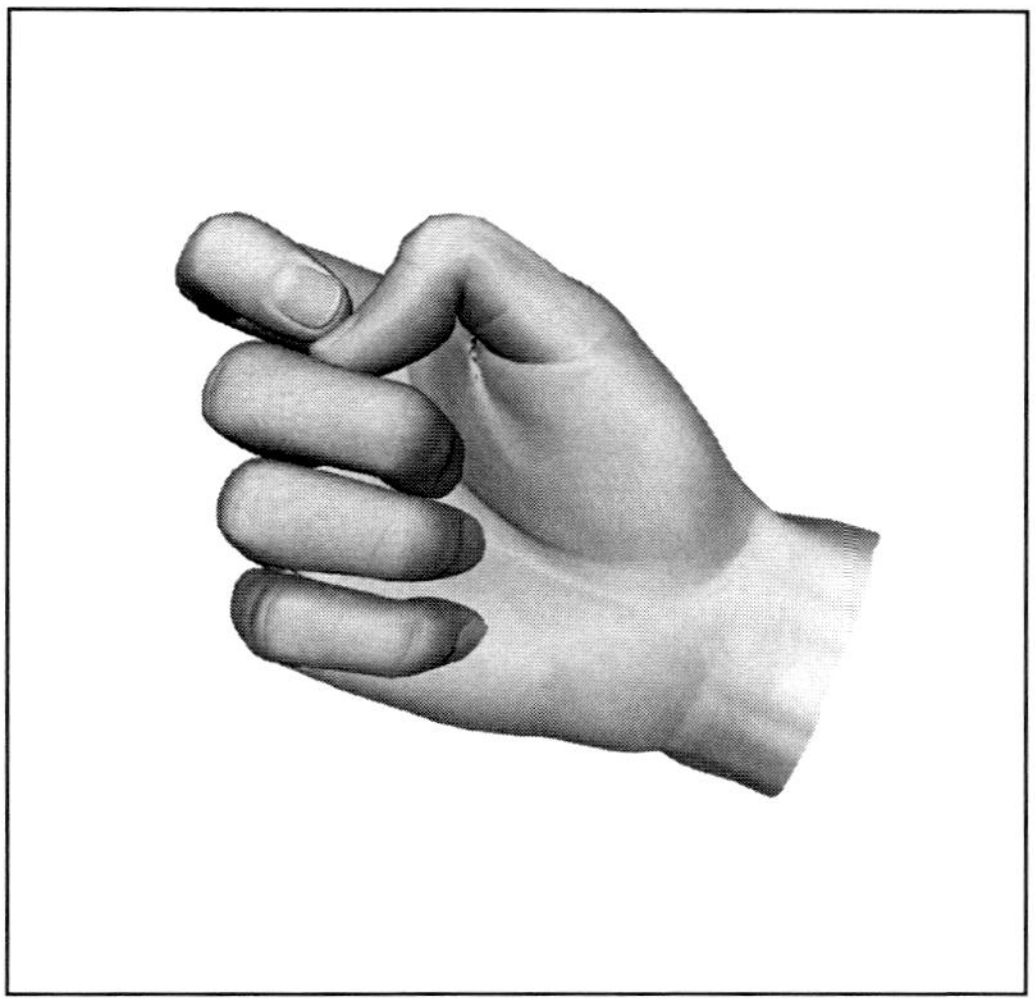

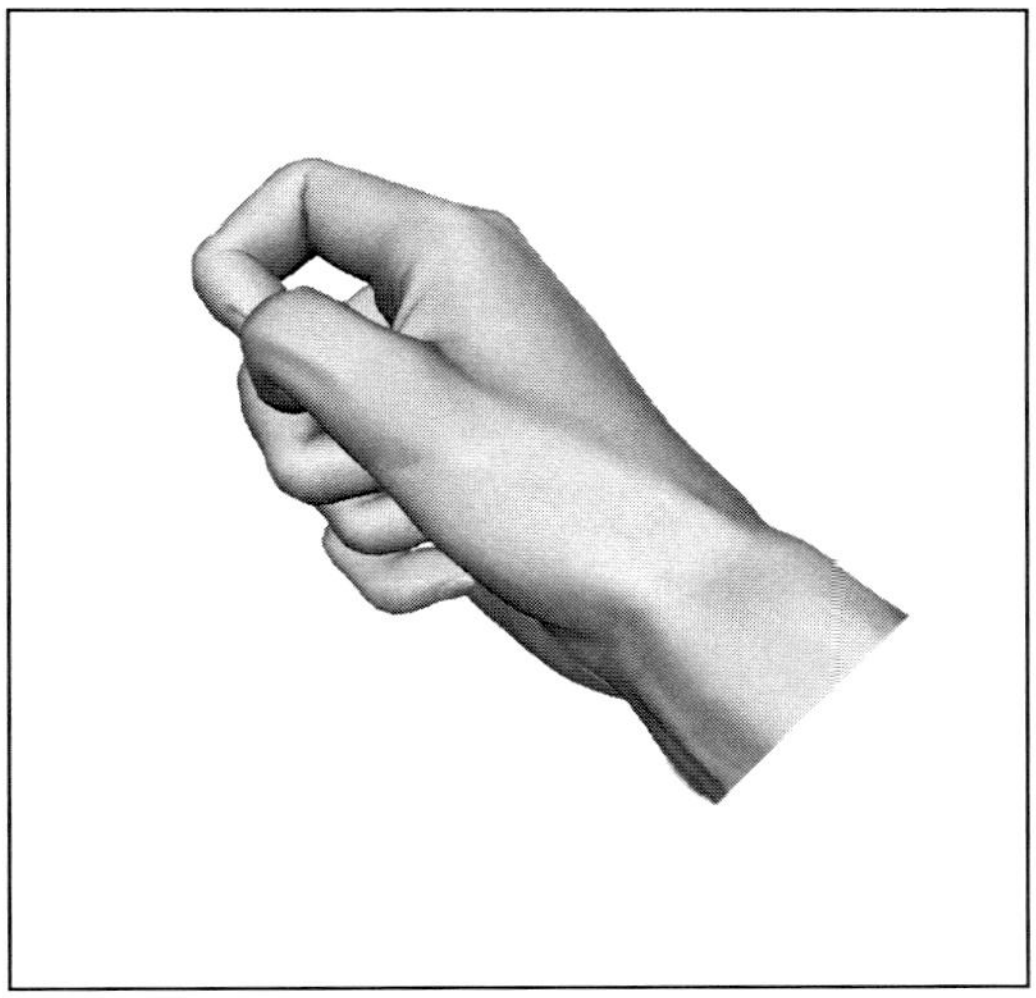

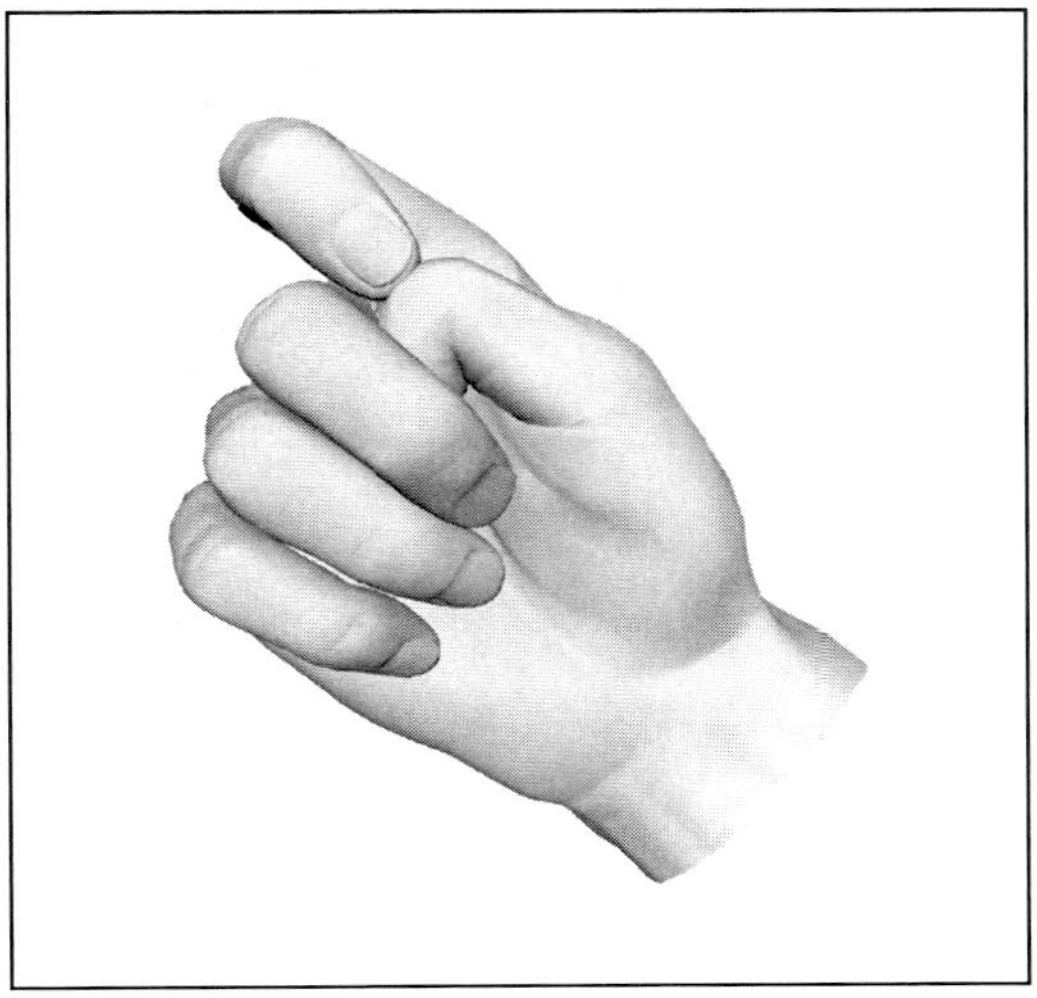

六種拳
外《げ》縛《ばく》拳《けん》

①両手、右手を手前にして指を交差させ、そのまま、指を外に出して握る。

※金剛縛、また指在外拳ともいう。

※金剛界行法で、単に縛という場合、この外縛を指す。

※蓮華の上に月輪があることを表している。

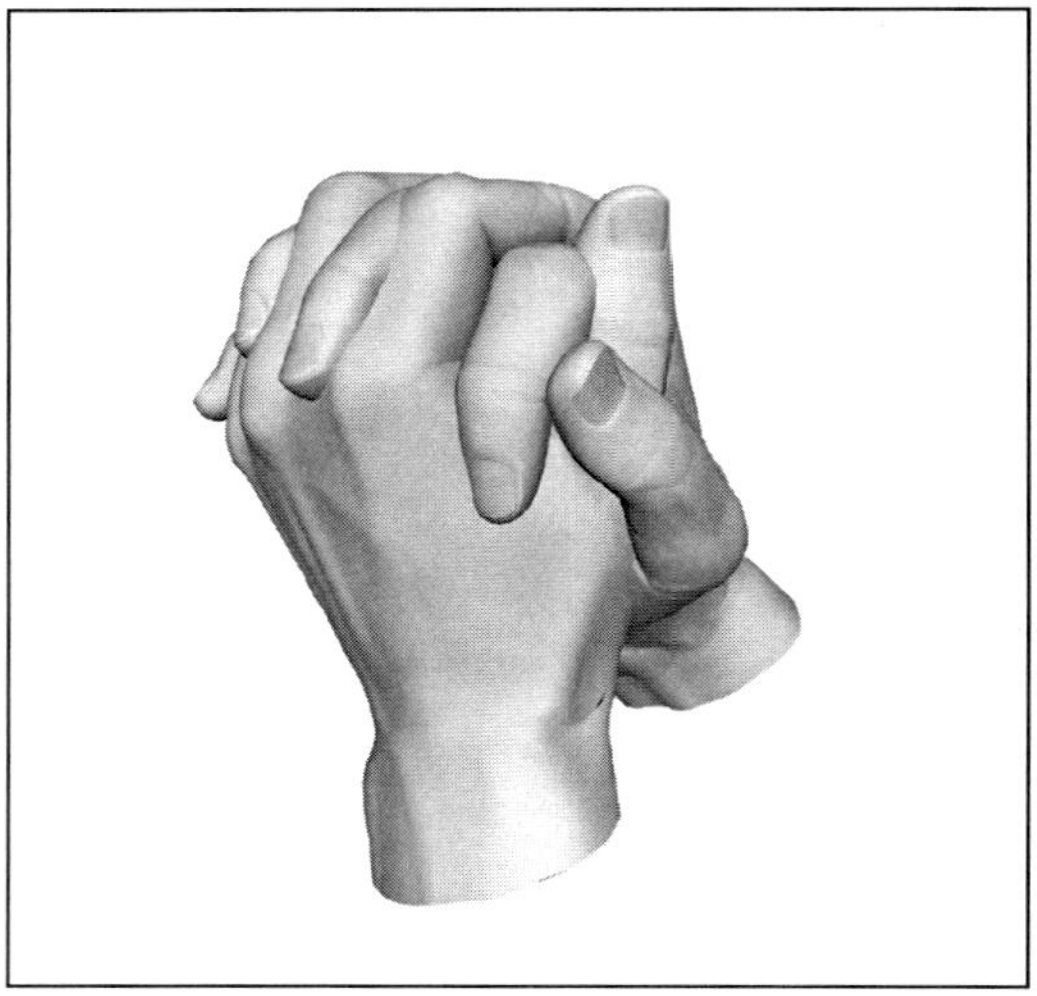

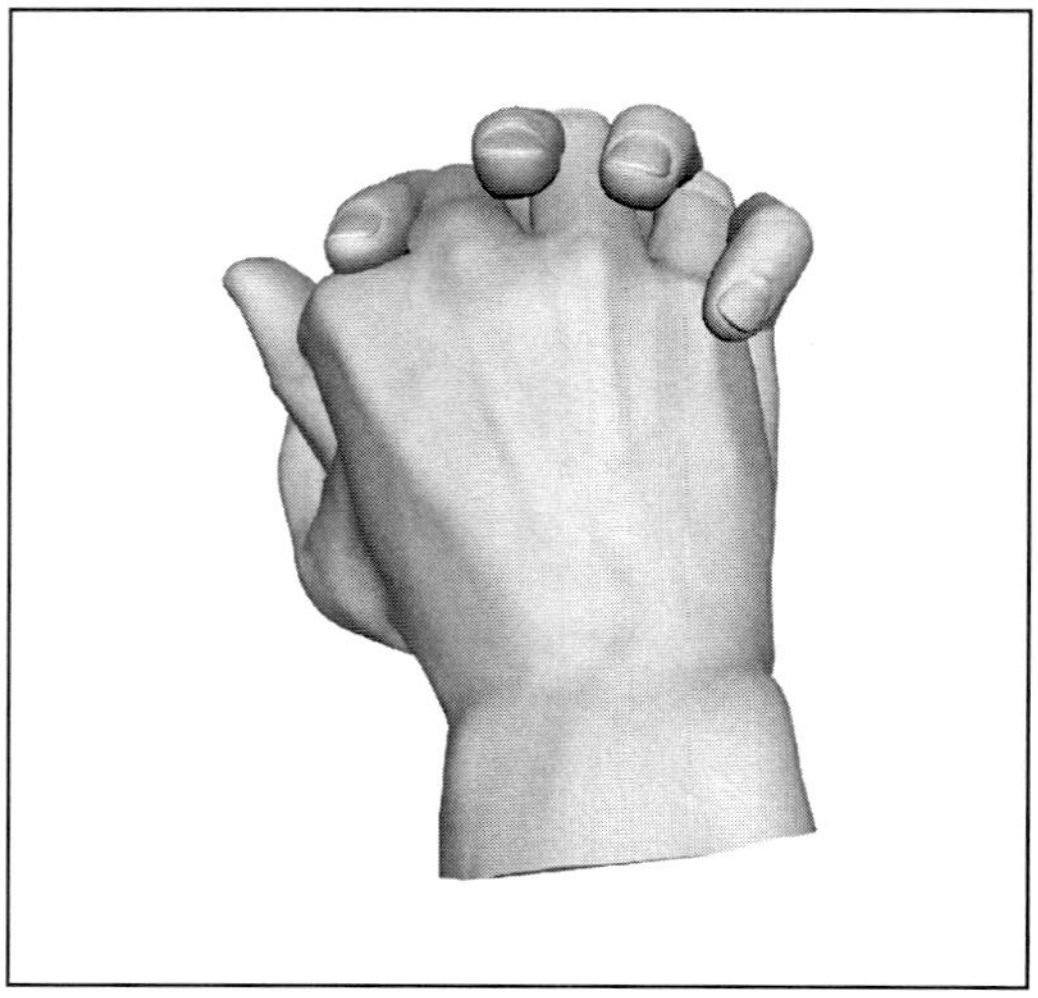

六種拳

内《ない》縛《ばく》拳《けん》

①両手、右手を手前にして指を交差させて内側に組み、そのまま握る。

※右親指を上にする流派もある(下図)。

※また指在内拳、指向内相叉拳、二手拳、内掌拳ともいう。

※胎蔵界行法で、単に縛という場合は、この内縛拳を指す。

※月輪の中に蓮華があることを表している。

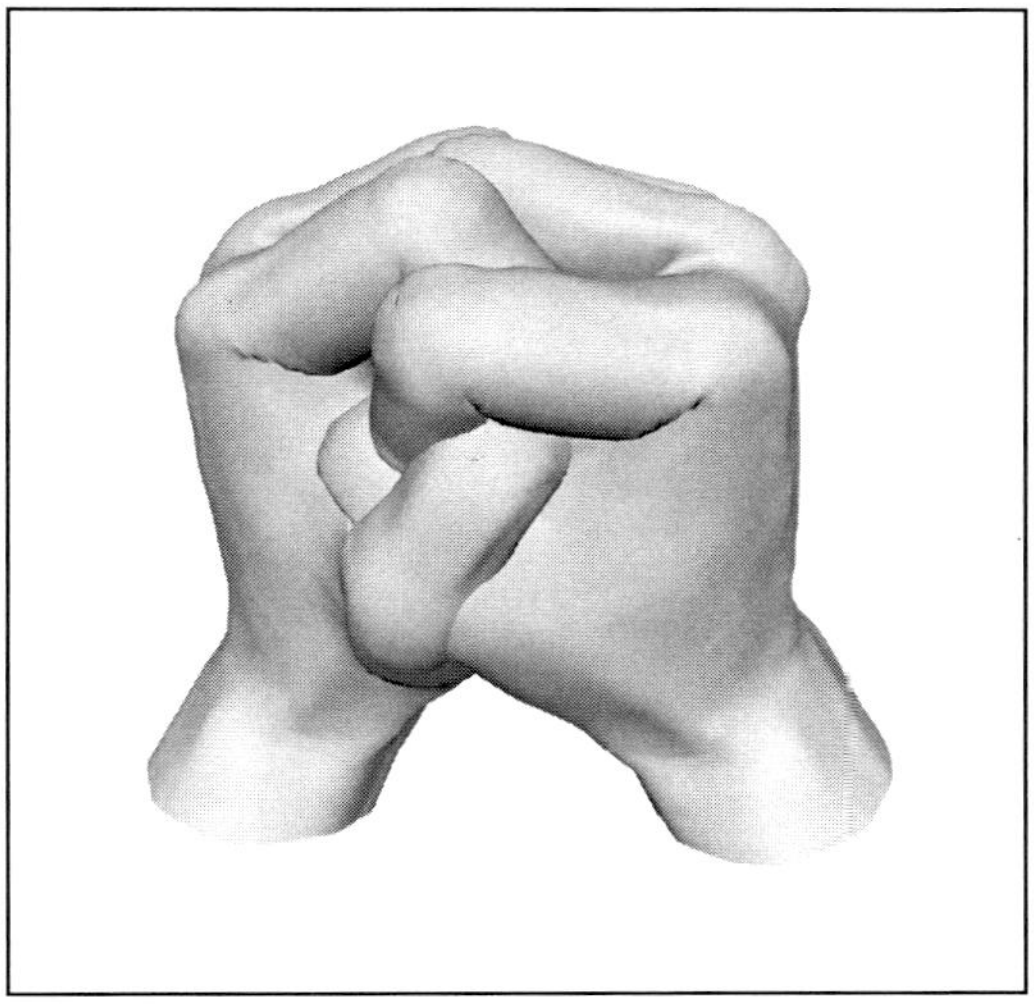

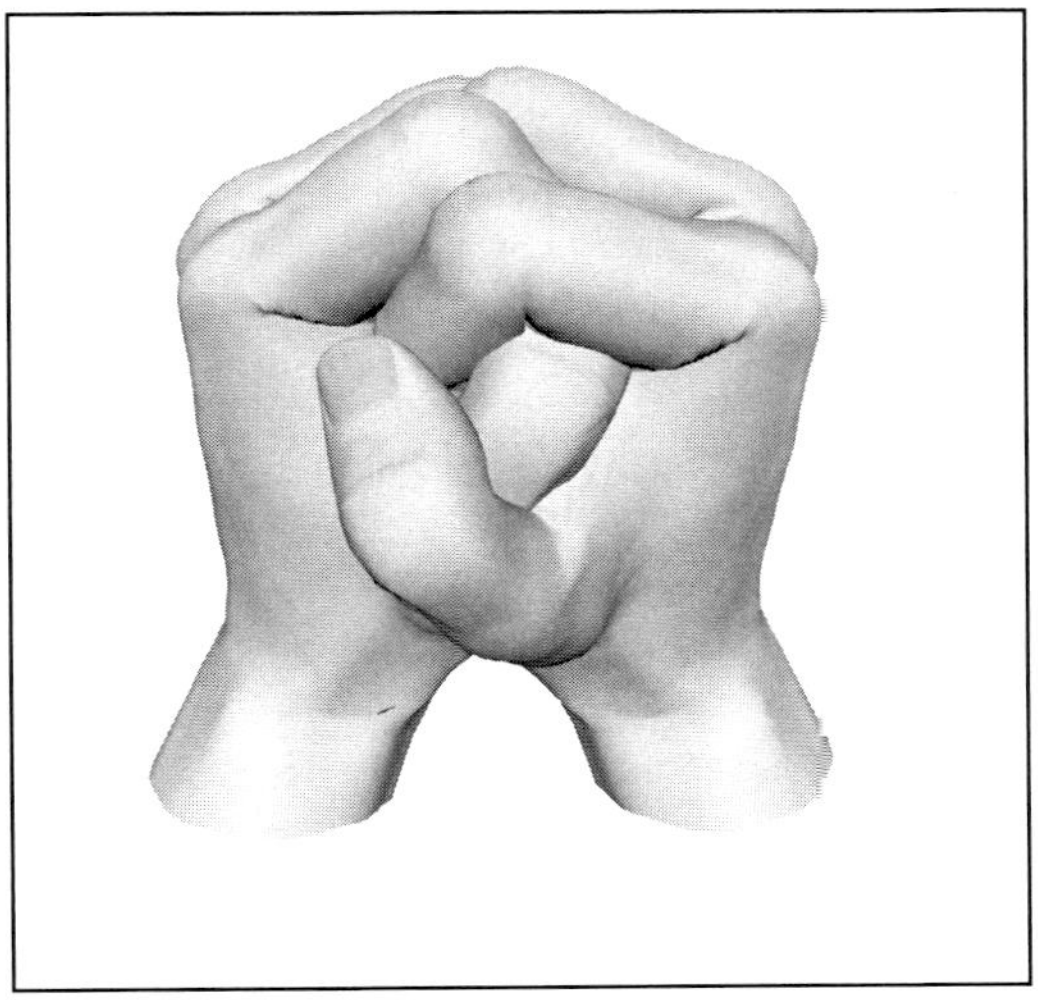

六種拳

忿《ふん》怒《ぬ》拳《けん》一

①手を握る。
②人差指と小指を立て、やや屈する。
③親指は屈して、中指の側を押す。

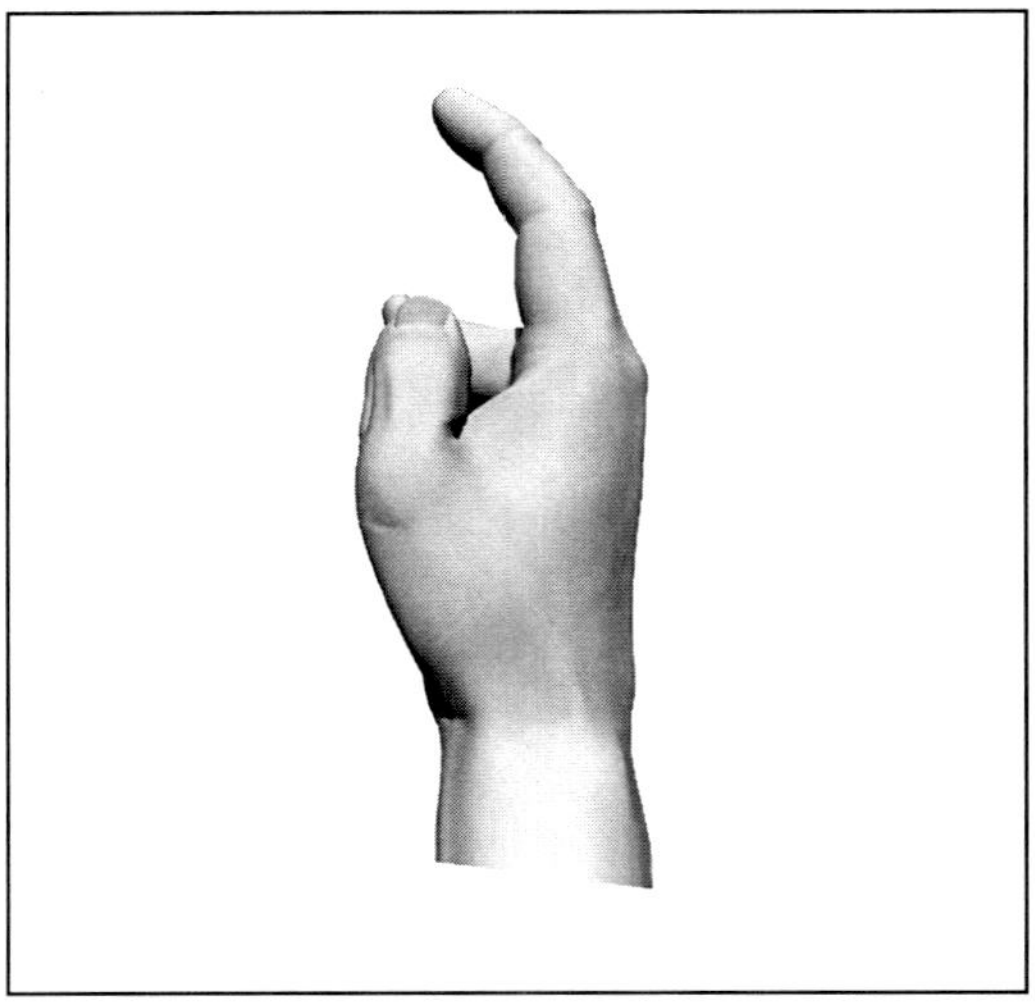

六種拳
忿怒拳《ふんぬけん》二

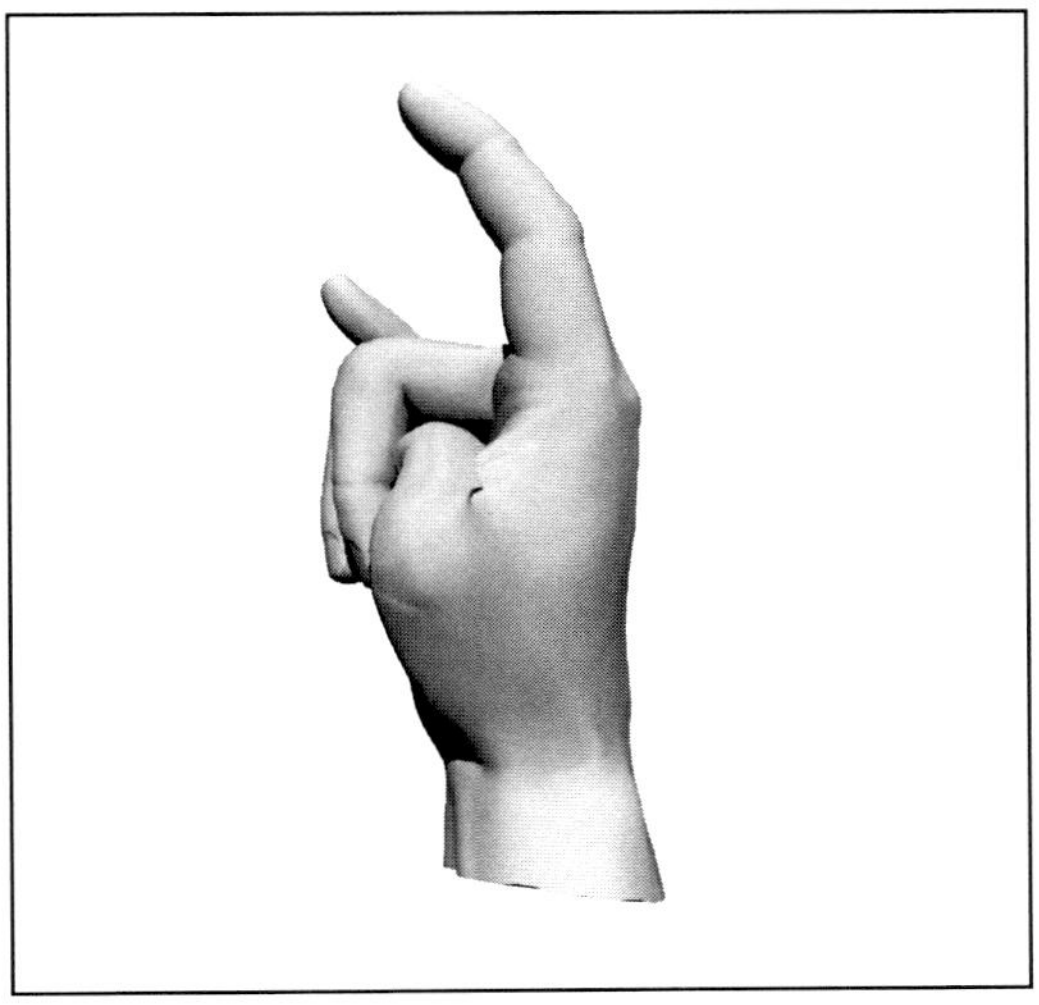

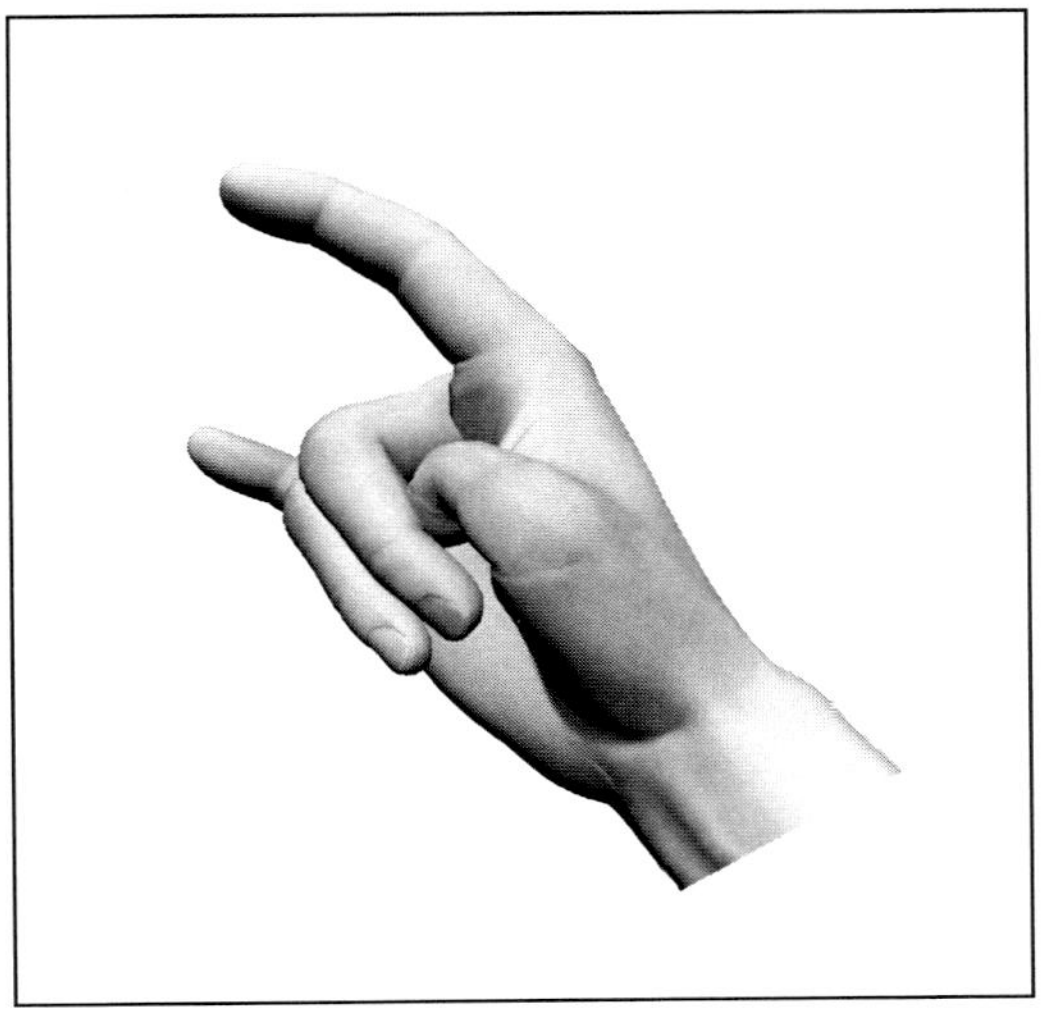

①手を握る。
②人差指と小指を立て、やや屈する。
③親指は屈して掌中へ入れ、中指と薬指で握る。

六種拳

忿怒拳《ふんぬけん》 三

①親指を屈して掌中へ入れ、人差指、中指、薬指で握る。
②小指は立て、第一節、第二節を屈する。

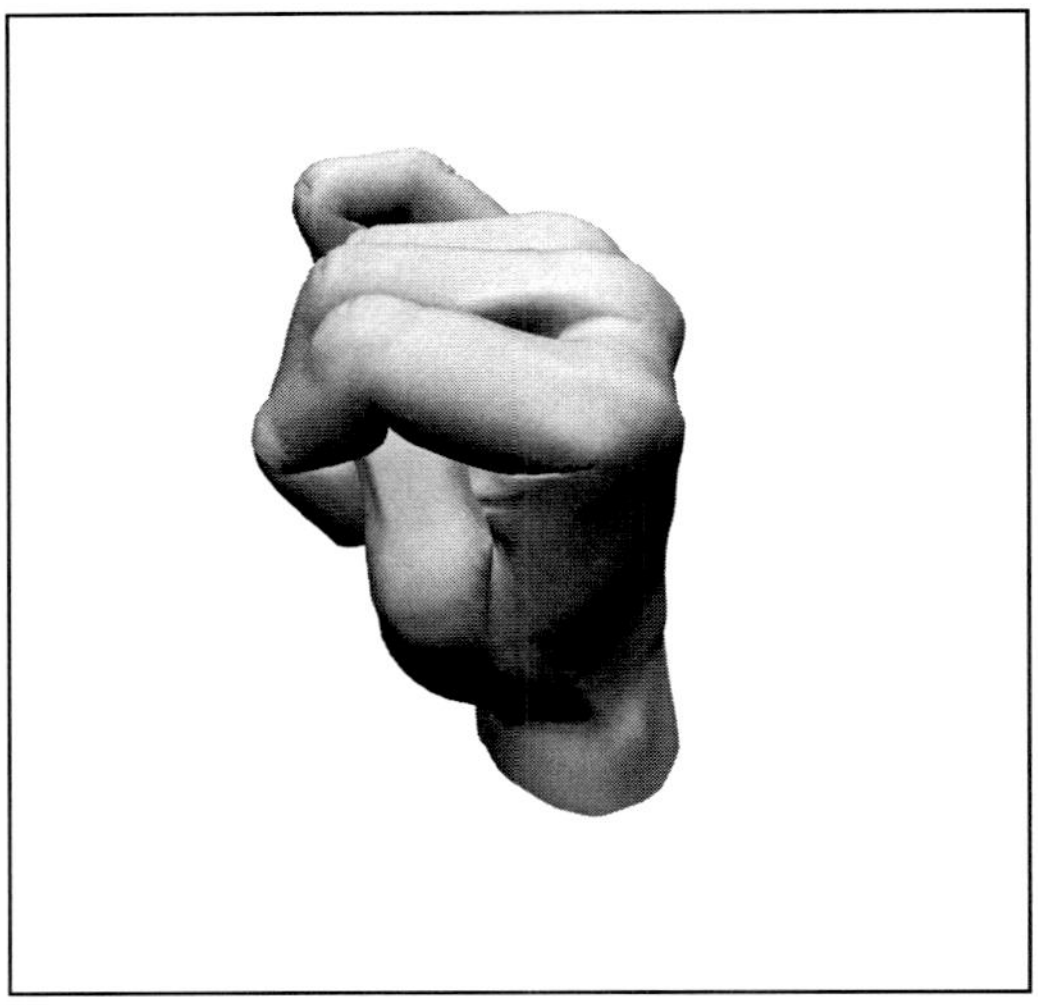

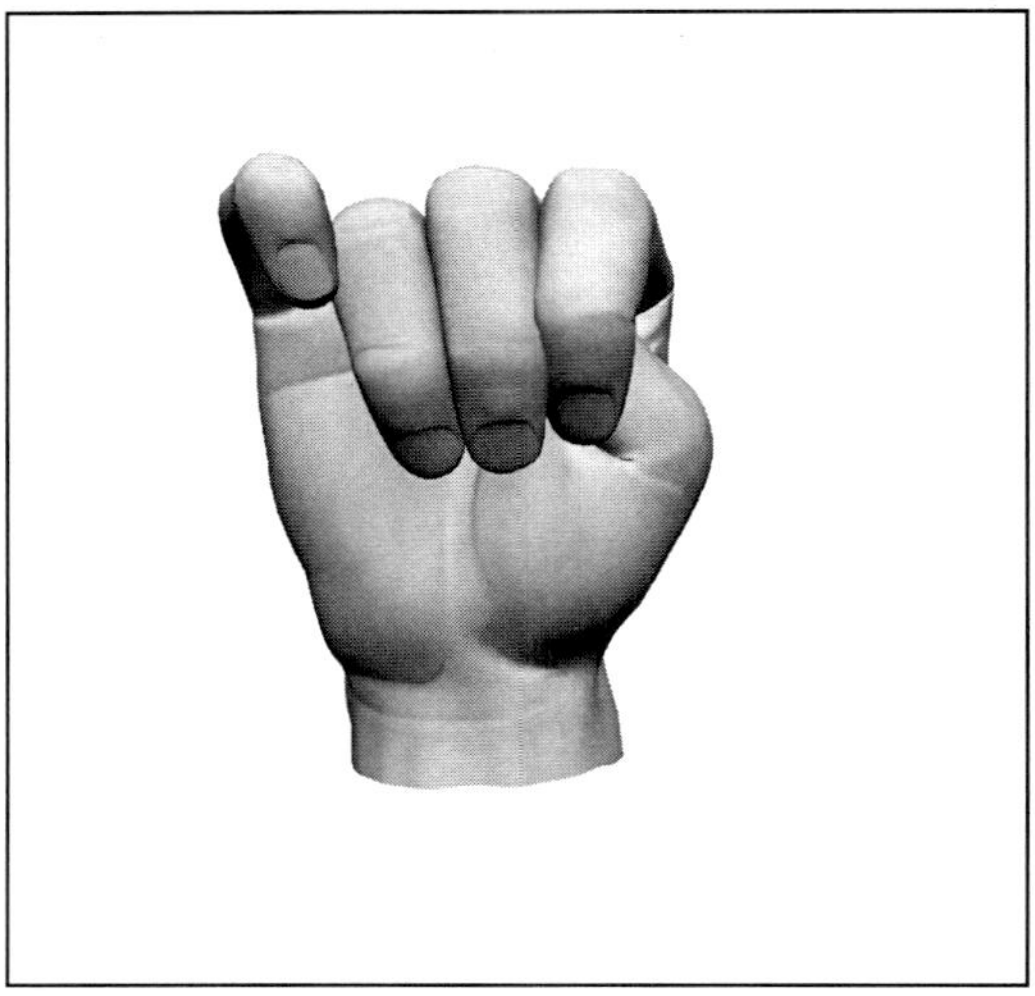

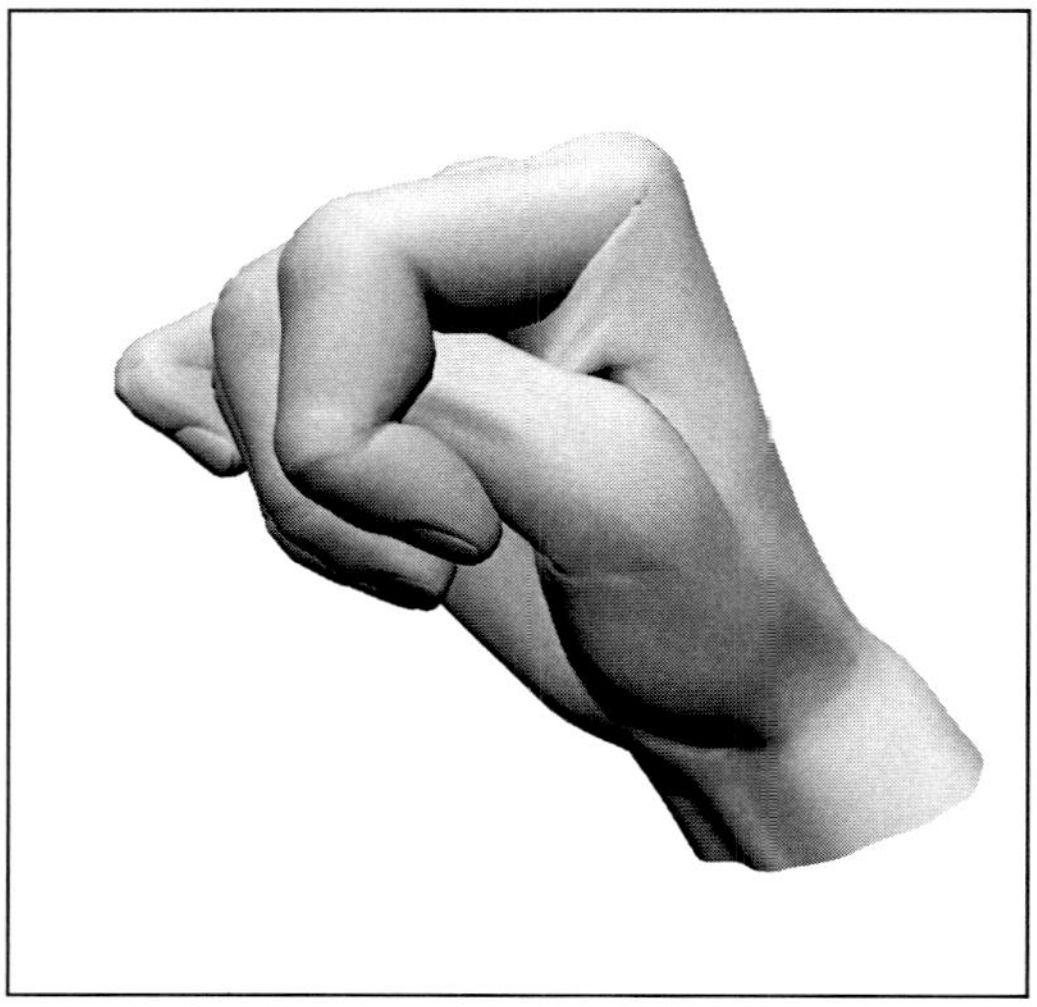

六種拳

如来拳《にょらいけん》

①両手を握り、親指を立て伸ばす。
②右手で左手の親指を握る。
③右の親指を中指の側に付ける。
④右の人差指を立てて屈し、指先を親指の第一節に付ける。

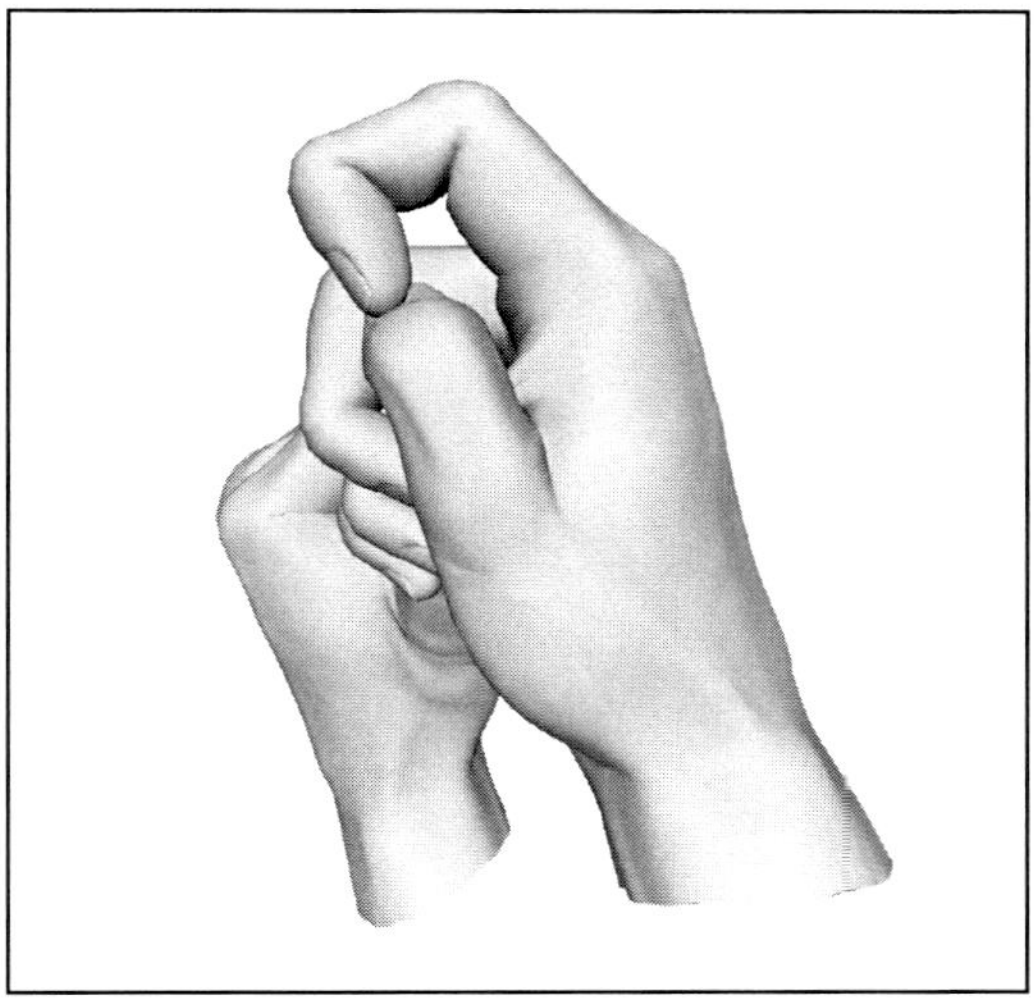

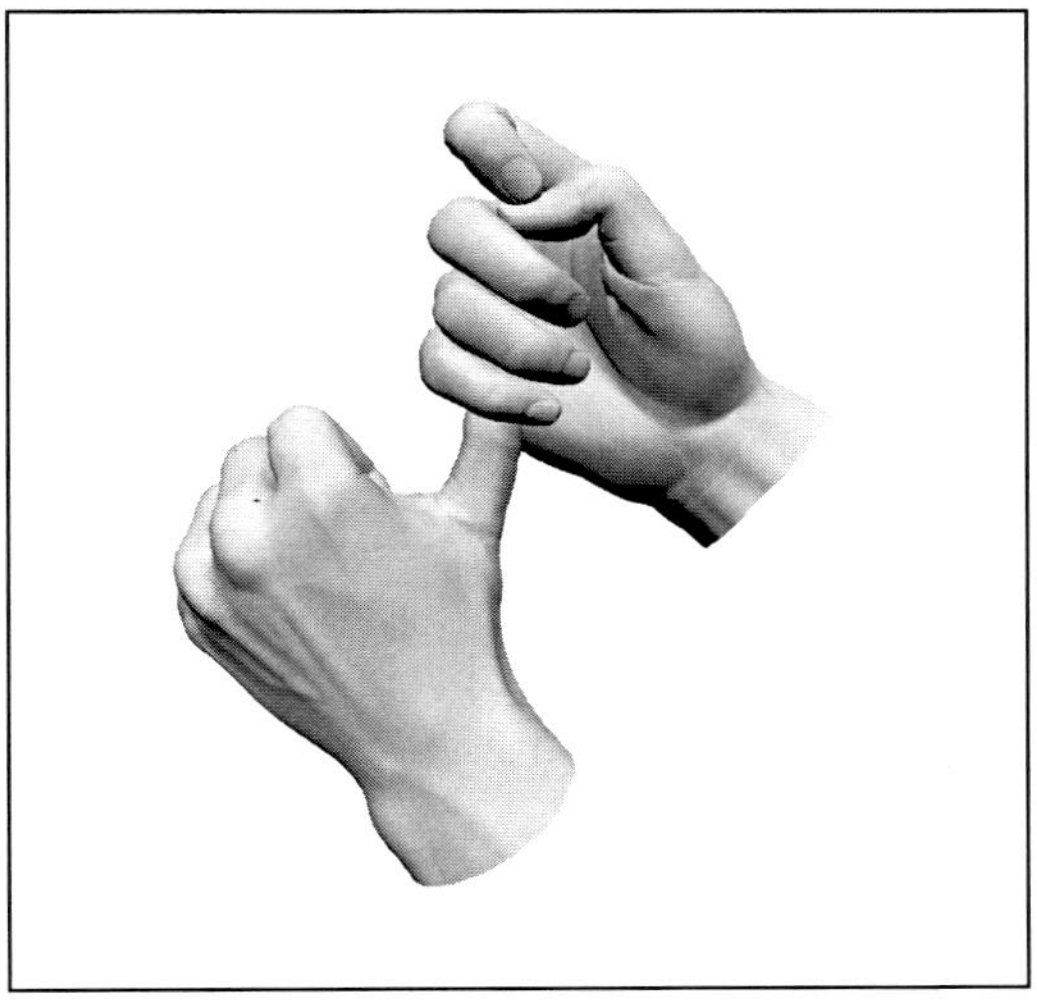

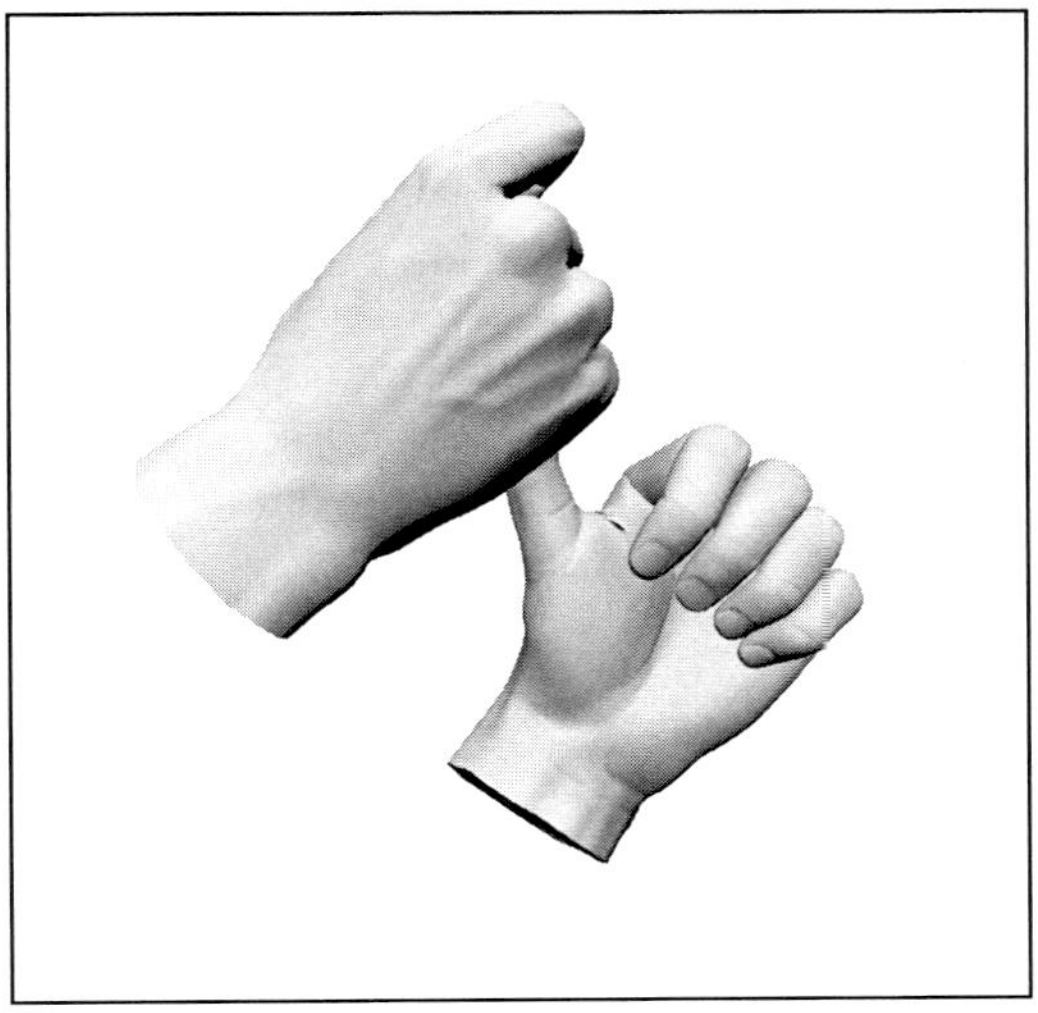

十二合掌

堅実心合掌《けんじつしんがっしょう》

①両手、合掌し、両掌をぴったりと付け合わせる。

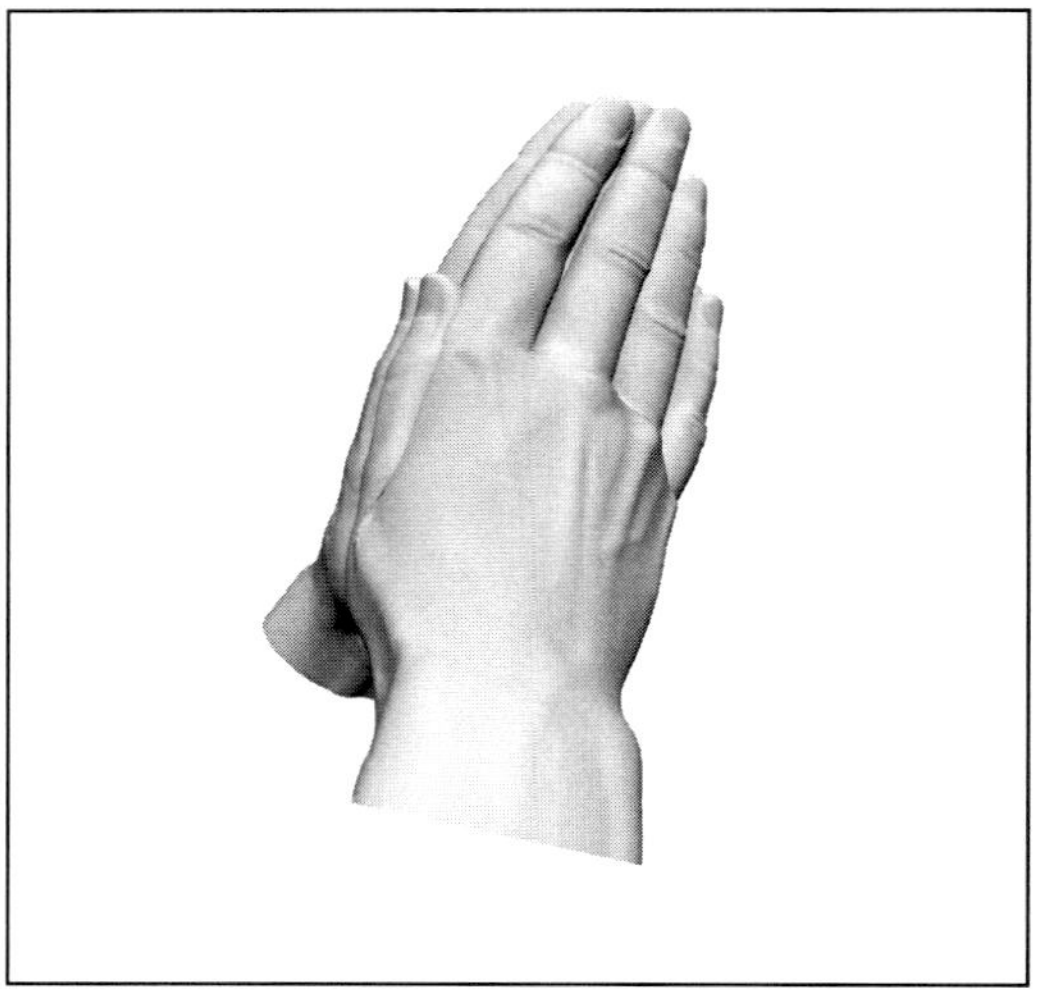

十二合掌

虚心合掌《こしんがっしょう》

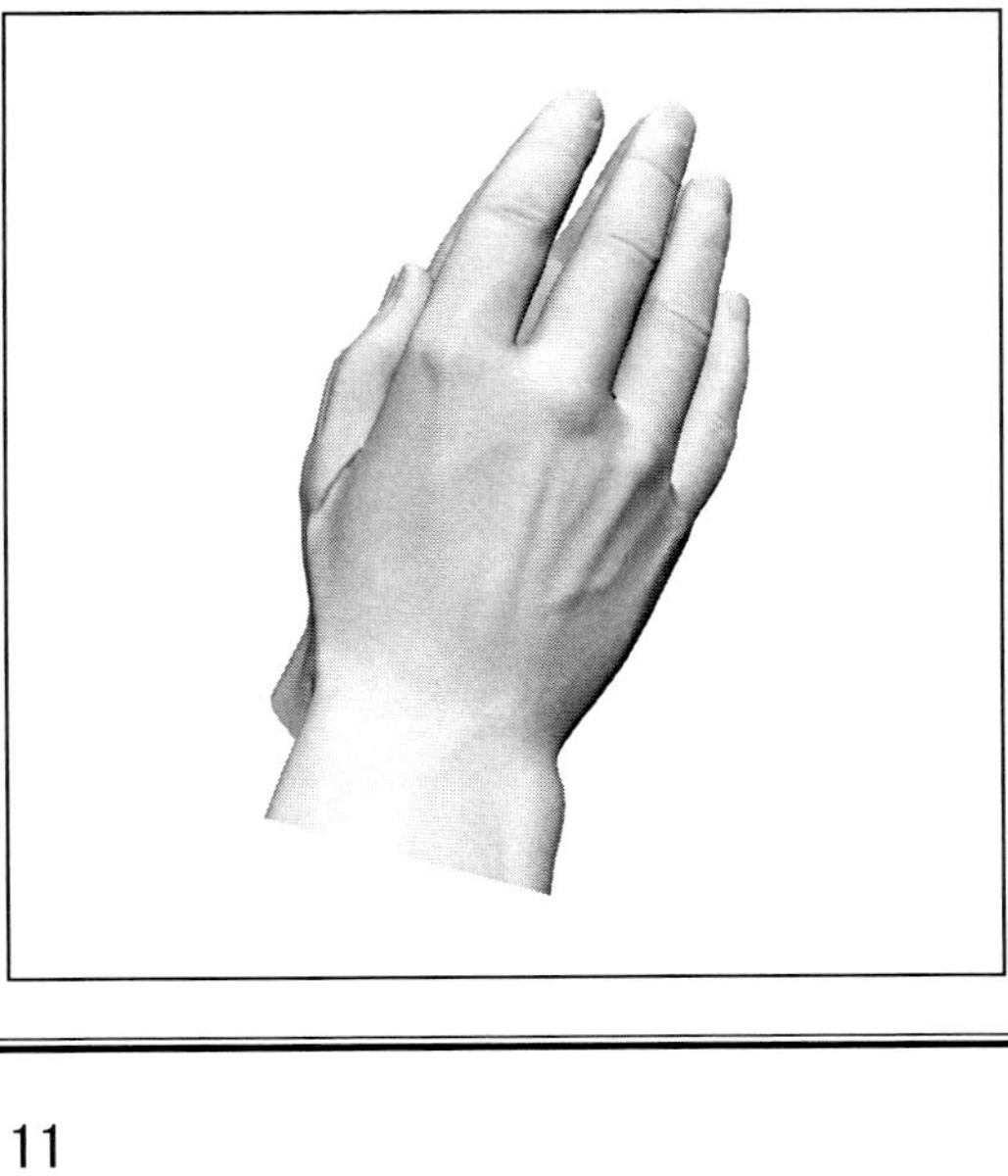

①両手、合掌し、掌中をやや虚ろにする。

十二合掌

未敷蓮華合掌《みふれんげがっしょう》

①両手、合掌し、掌中を虚ろにする。

②中指先をやや離す。

※未敷蓮合掌とも。

十二合掌

初《しょ》割《かつ》蓮《れん》華《げ》合掌《がっしょう》

①未敷蓮華合掌をし、人差指、中指、薬指の先を少し離す。
※初割蓮合掌とも。

十二合掌

顕《けん》露《ろ》合《がっ》掌《しょう》

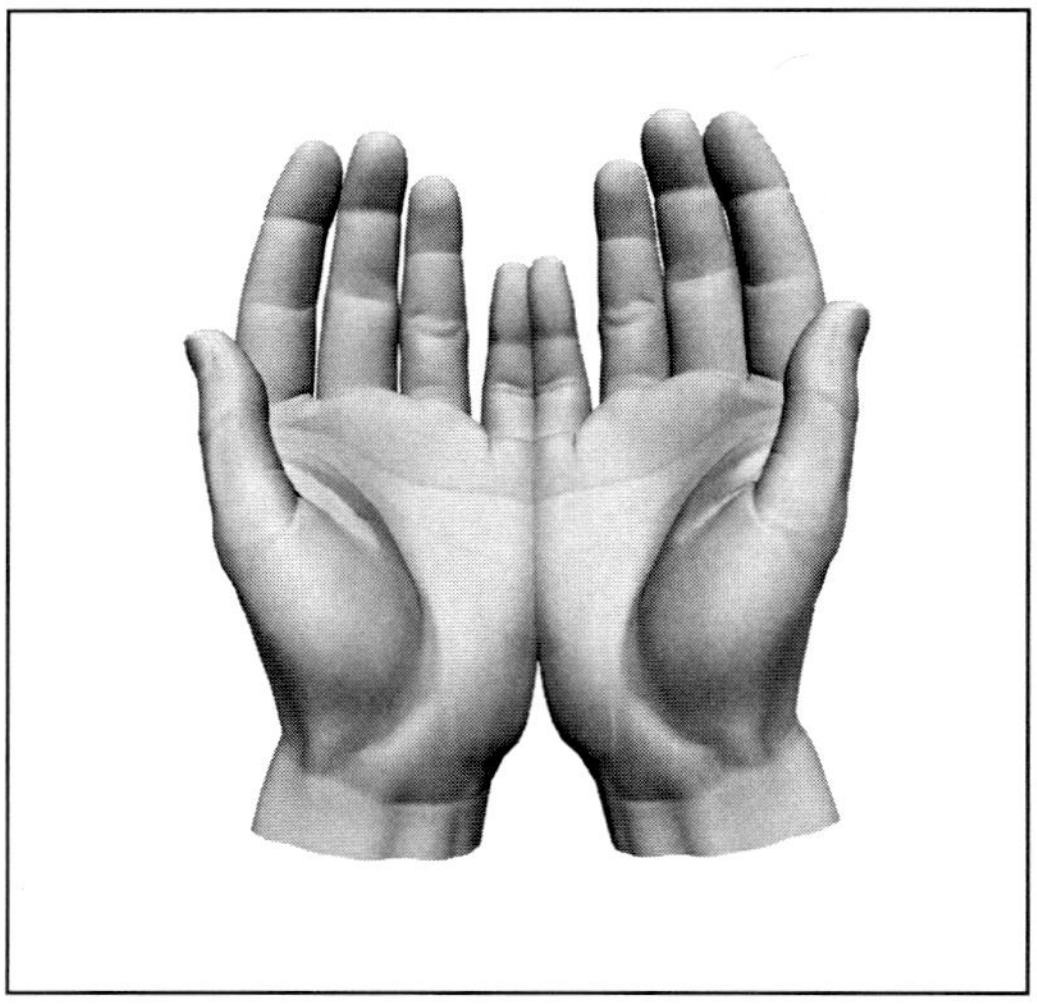

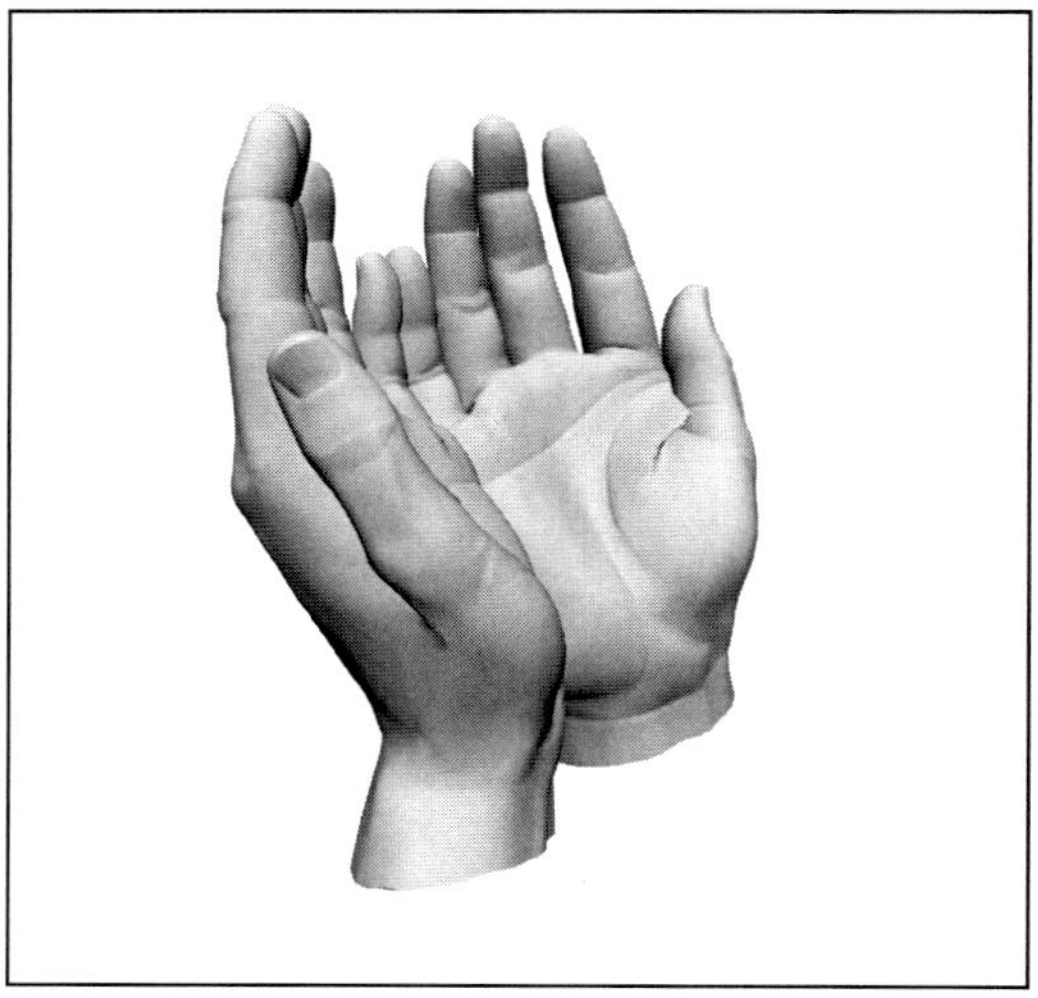

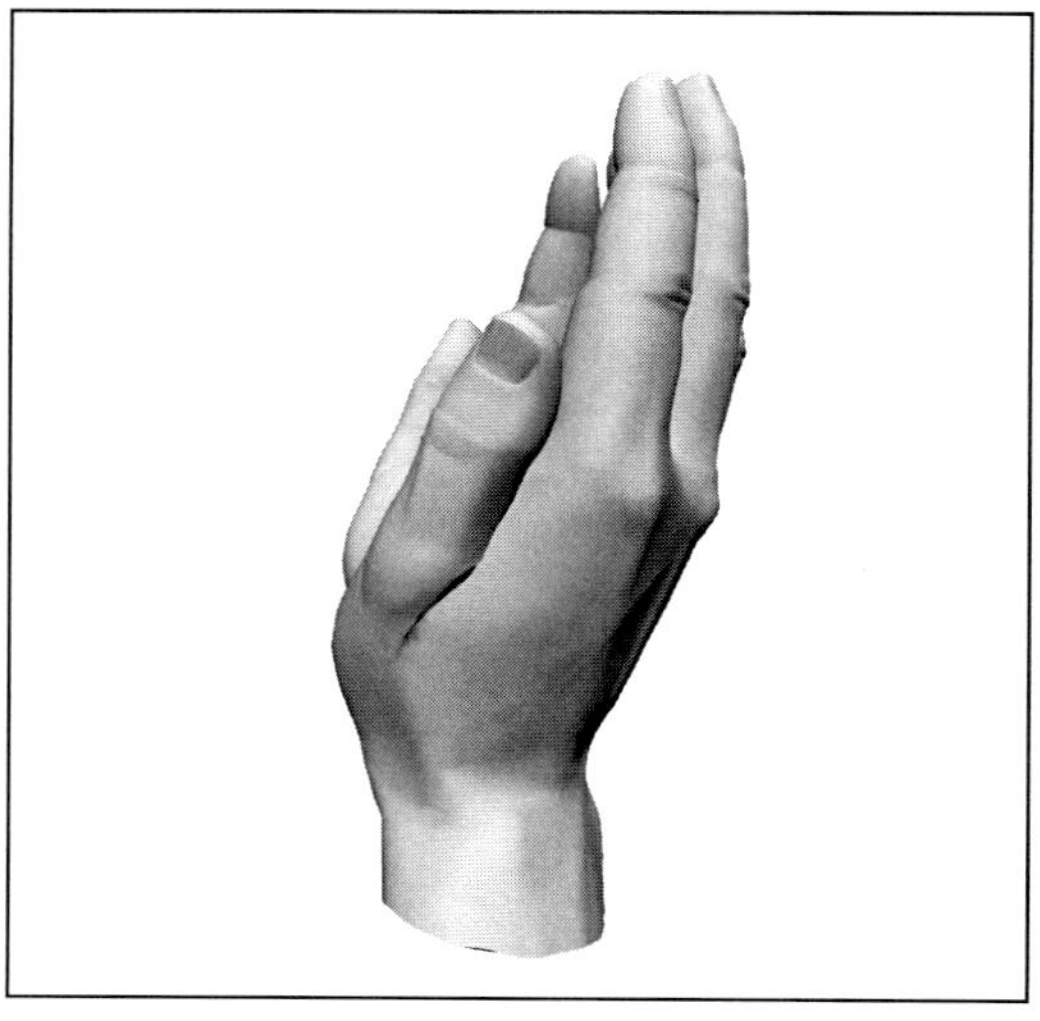

①両手を仰げ、両小指の側を付ける。

十二合掌 持水合掌《じすいがっしょう》

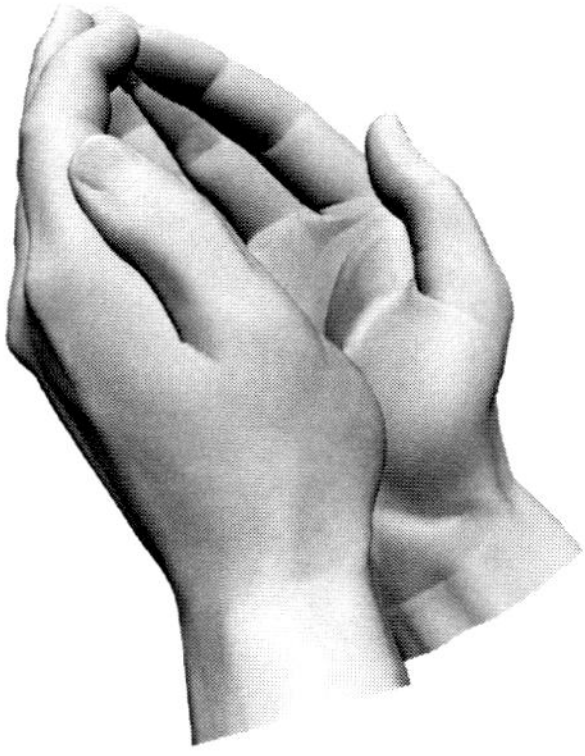

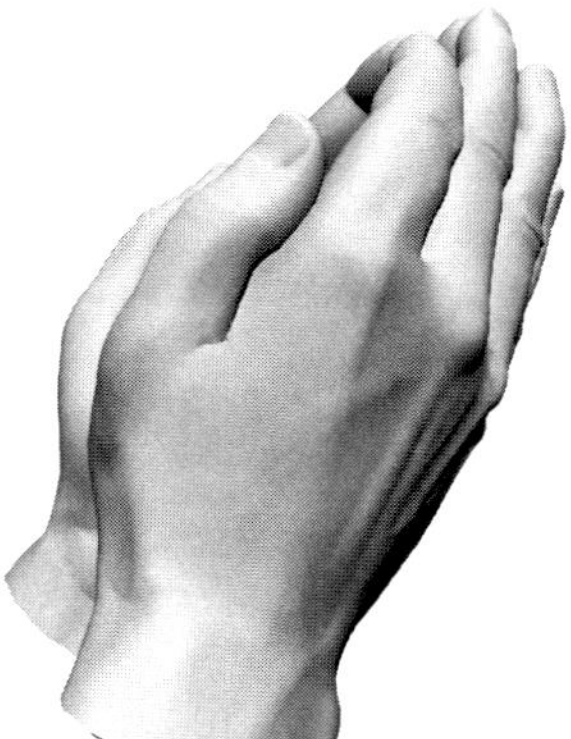

①両手、虚心合掌をし、親指以外の指先を付けたまま左右に開き、両親指を人差指の側に付ける。

十二合掌
金剛合掌《こんごうがっしょう》

①両手、虚心合掌し、右を手前にして指先を交差させる。

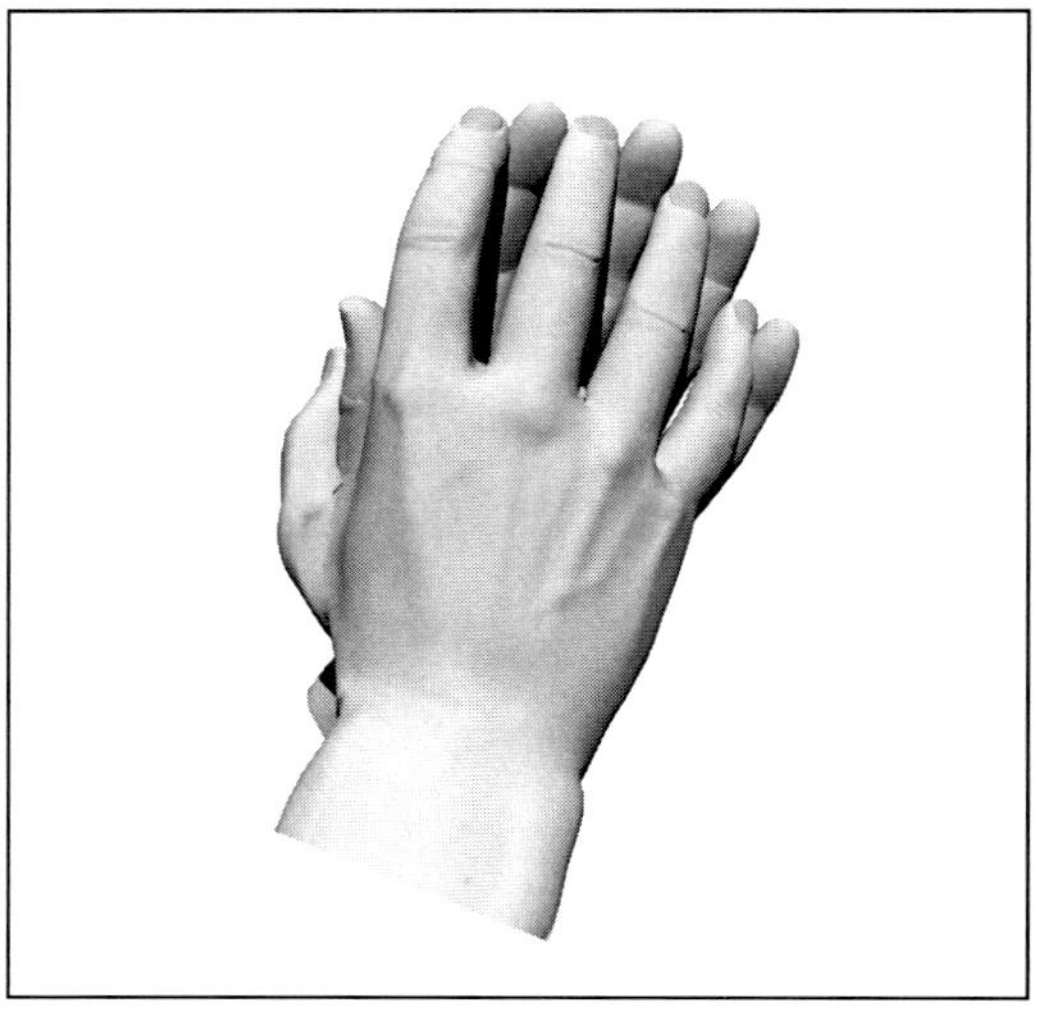

十二合掌

反《はん》叉《さ》合掌《がっしょう》

①右手を手前にして、両手を交差させる。
②両手の甲を付け合わせ、右を手前にして指を交差させる。
※両手を交差させずに、甲を付け合わせる流派もある（下図）。

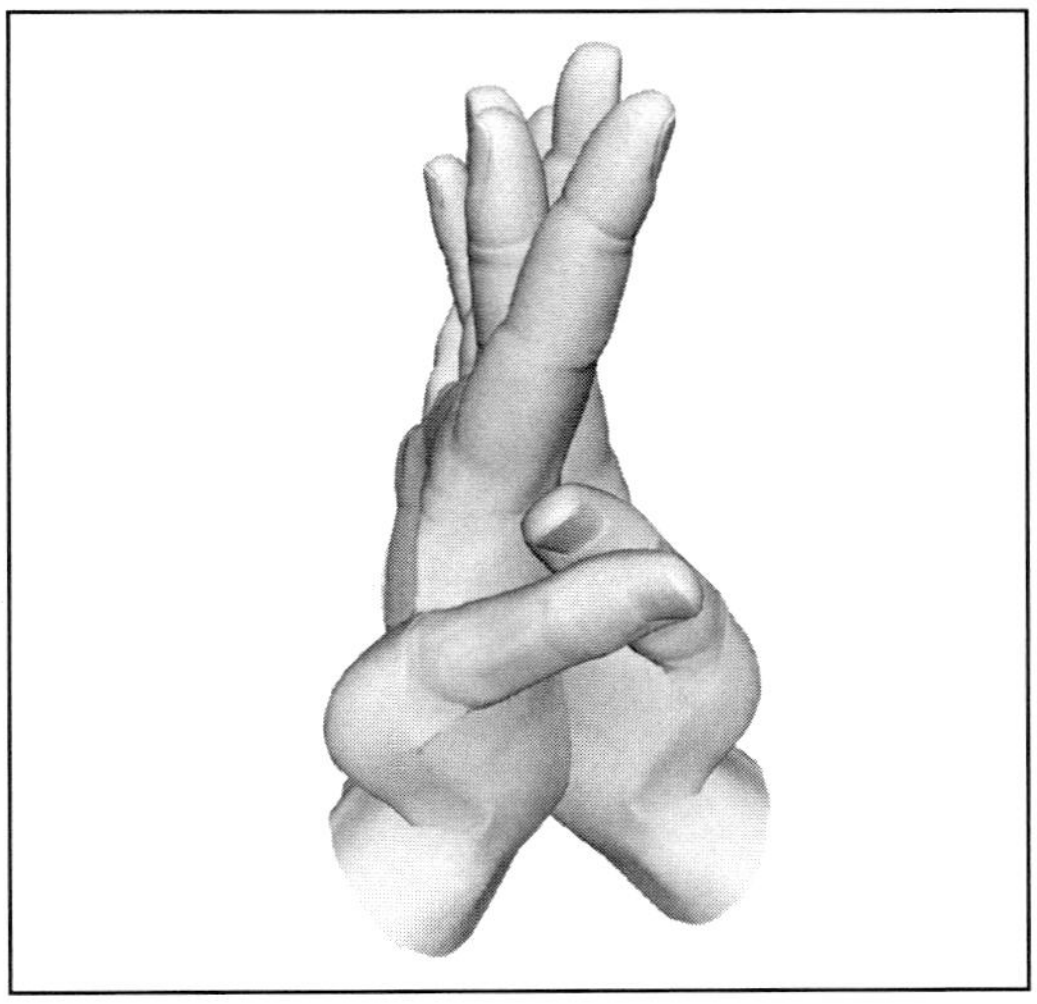

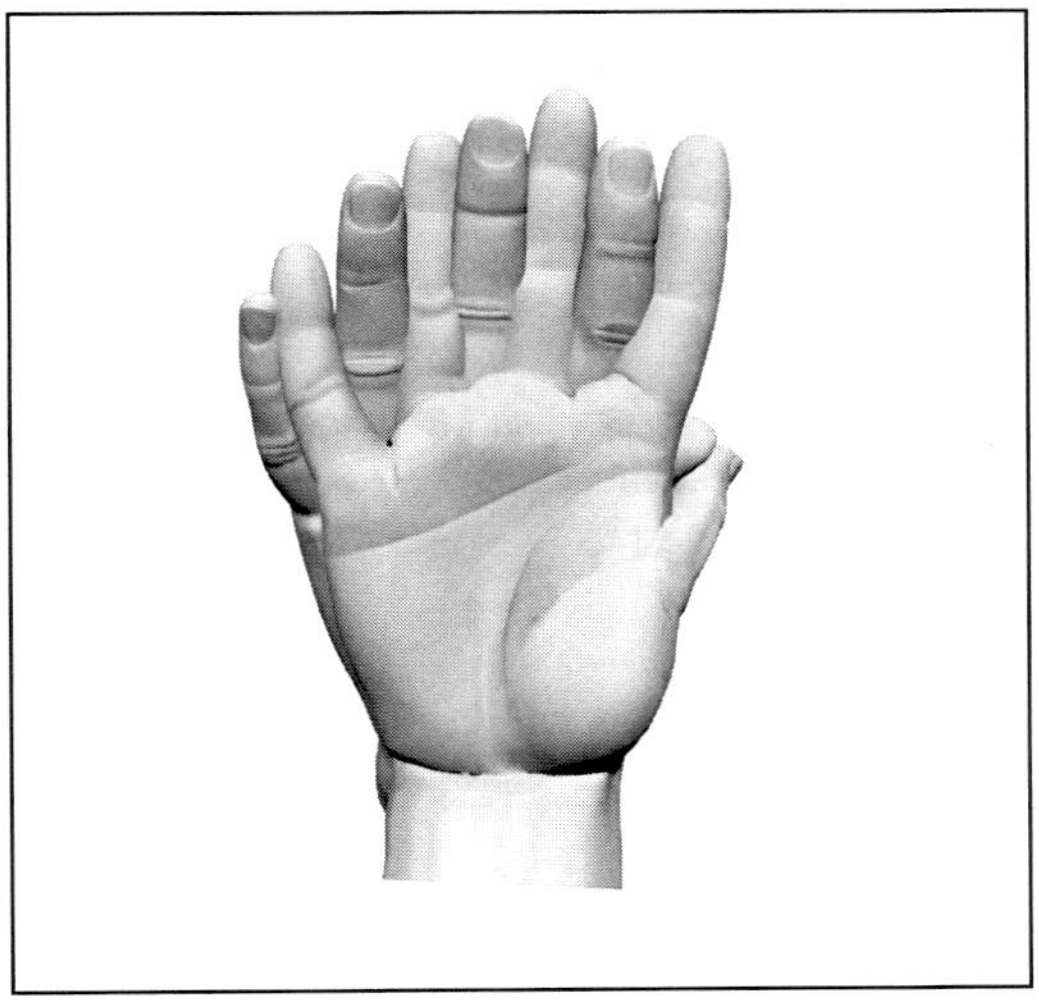

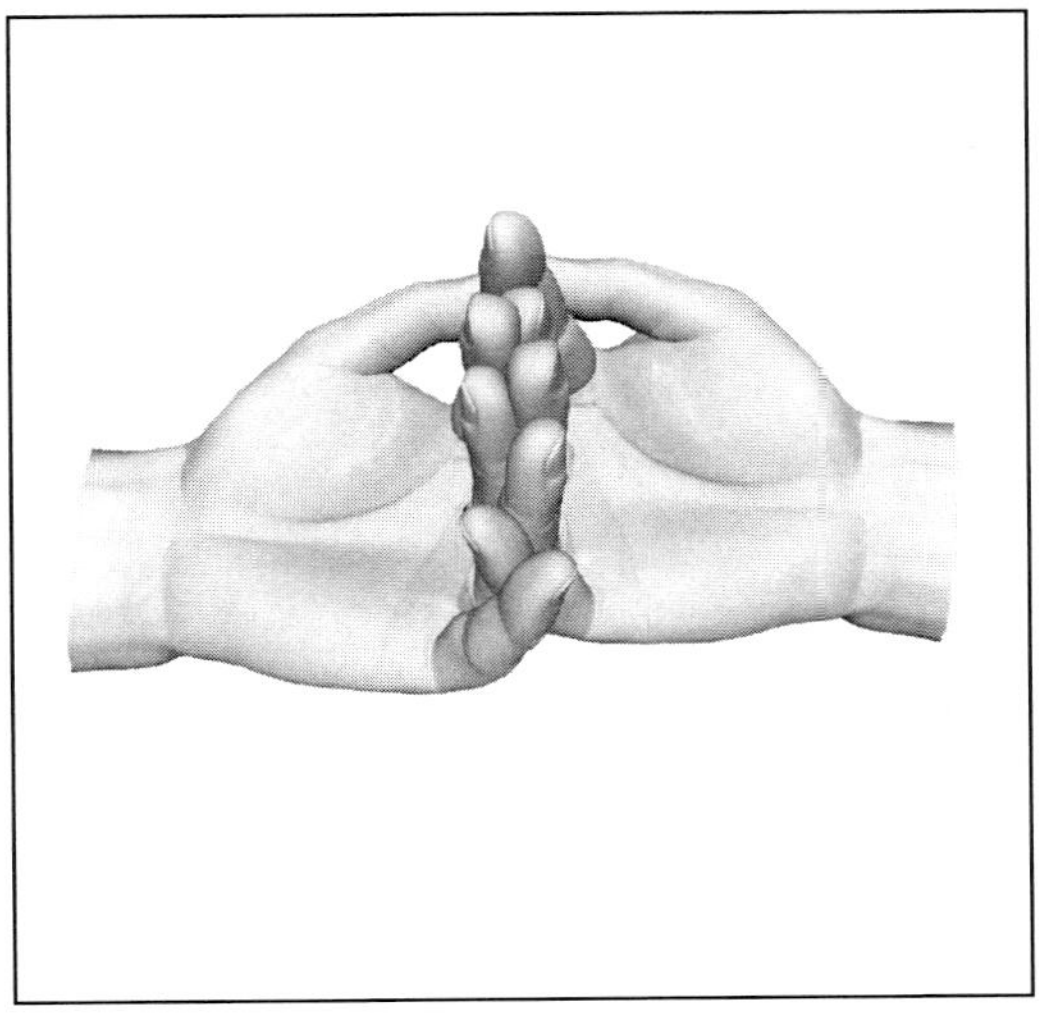

十二合掌

反《はん》背《せ》互《ご》相《そう》着《ちゃく》合掌《がっしょう》

①左手を伏せ、右手を仰げて、両手の背を合わせる。

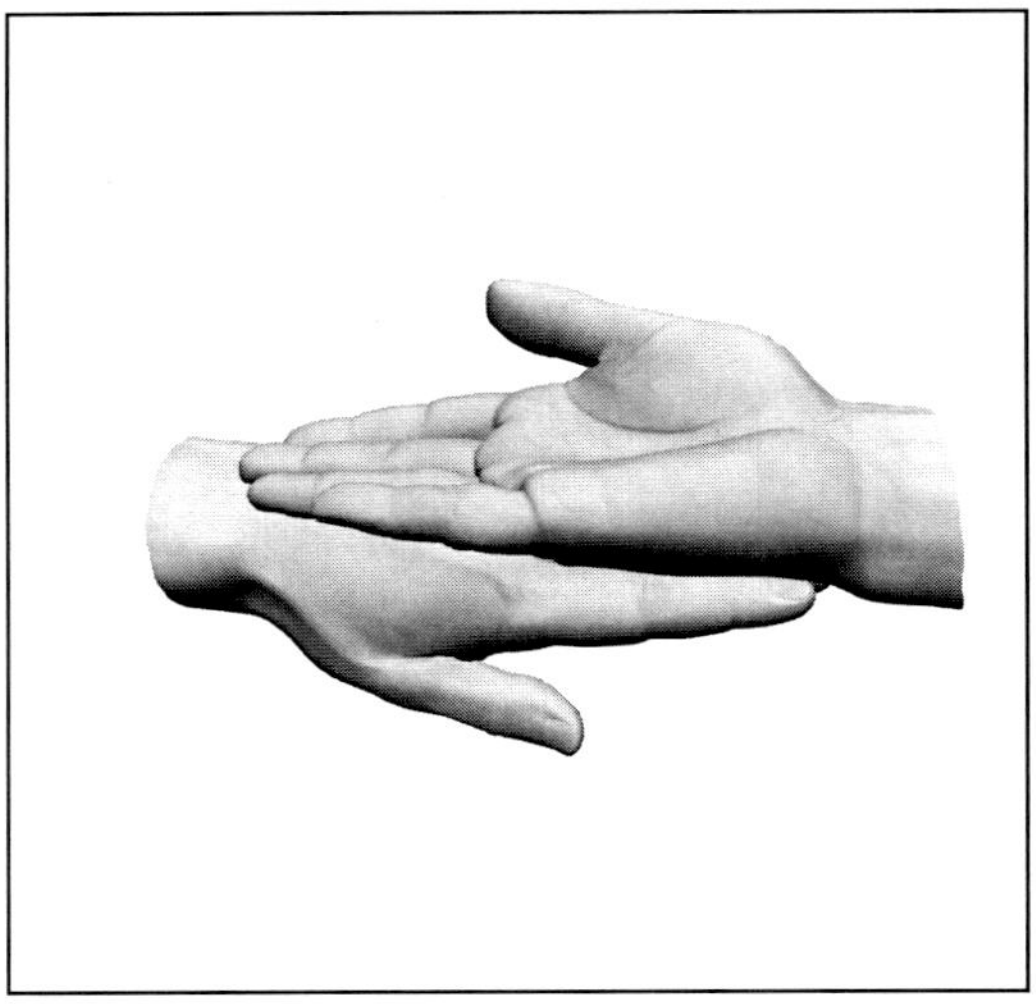

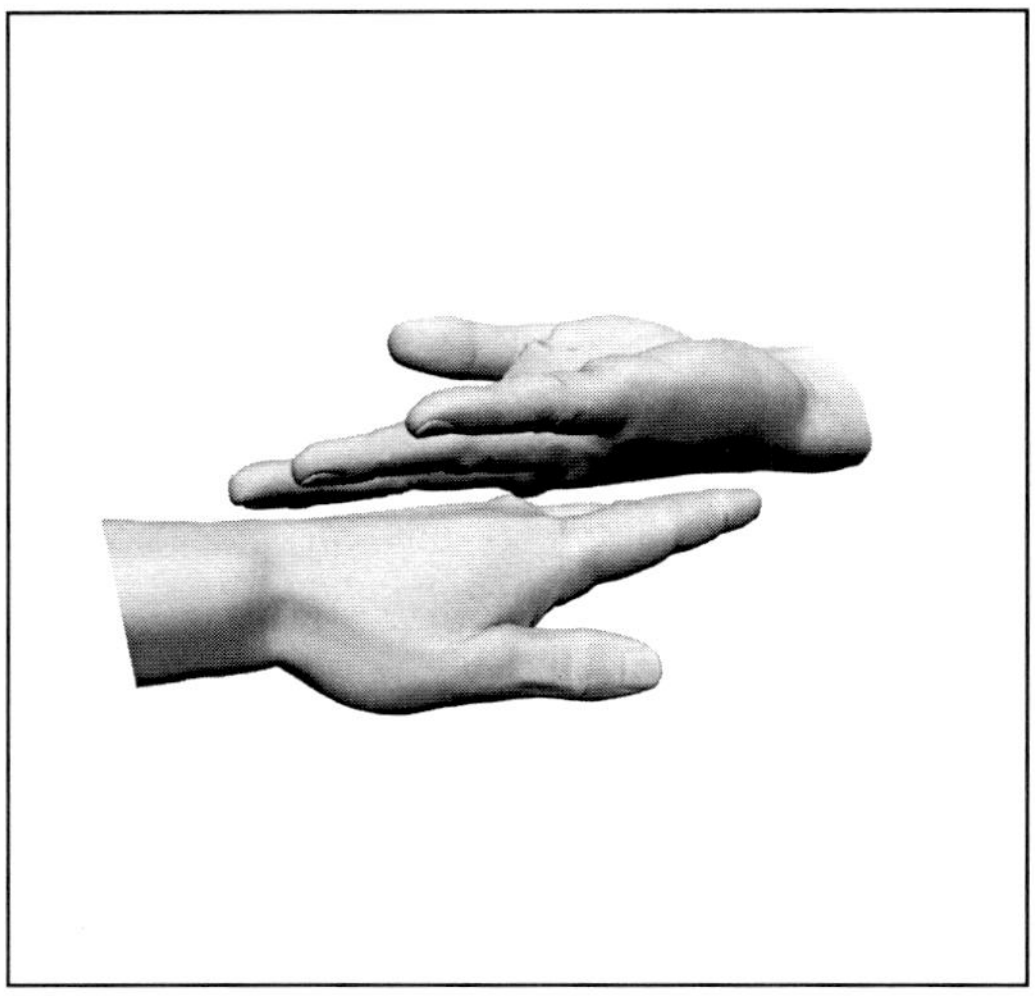

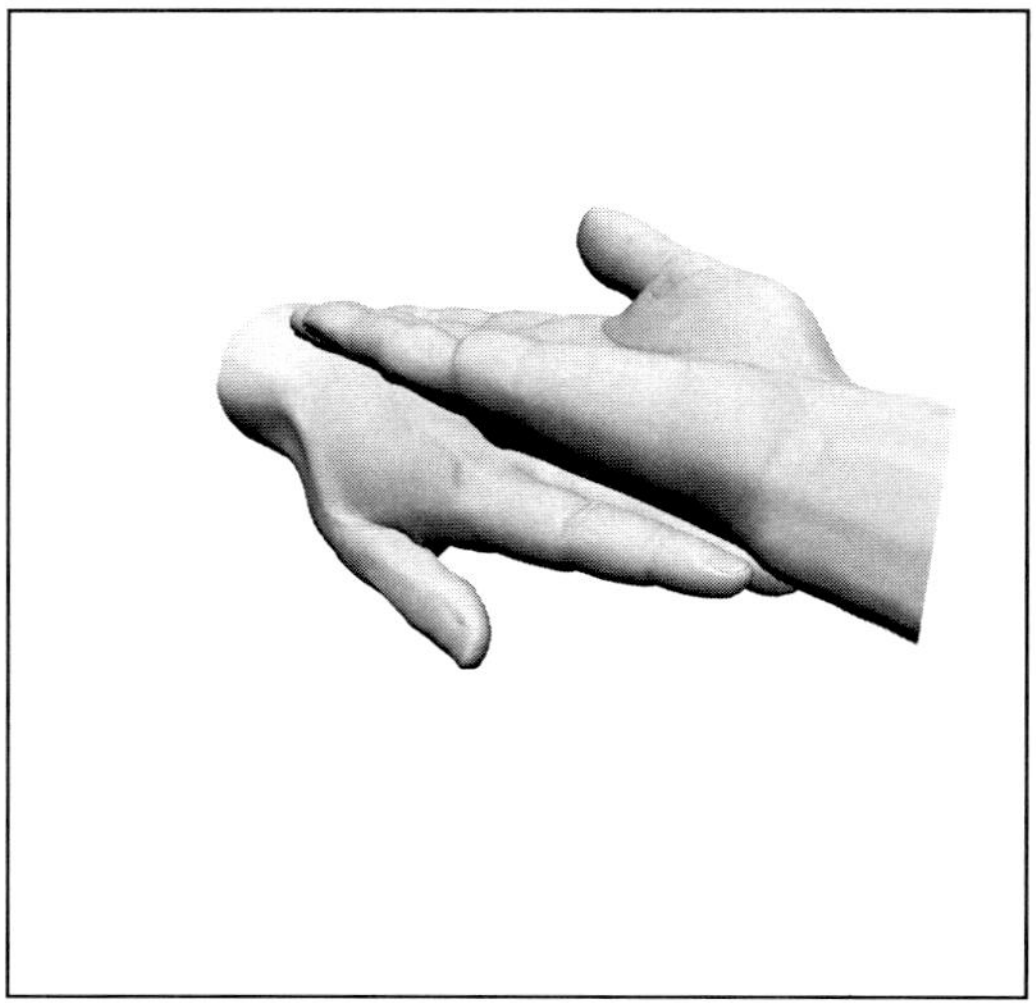

十二合掌

横《おう》拄《ちゅう》指《し》合《がっ》掌《しょう》

①両手を開き伸ばして立て、中指の先を付け合わせる。

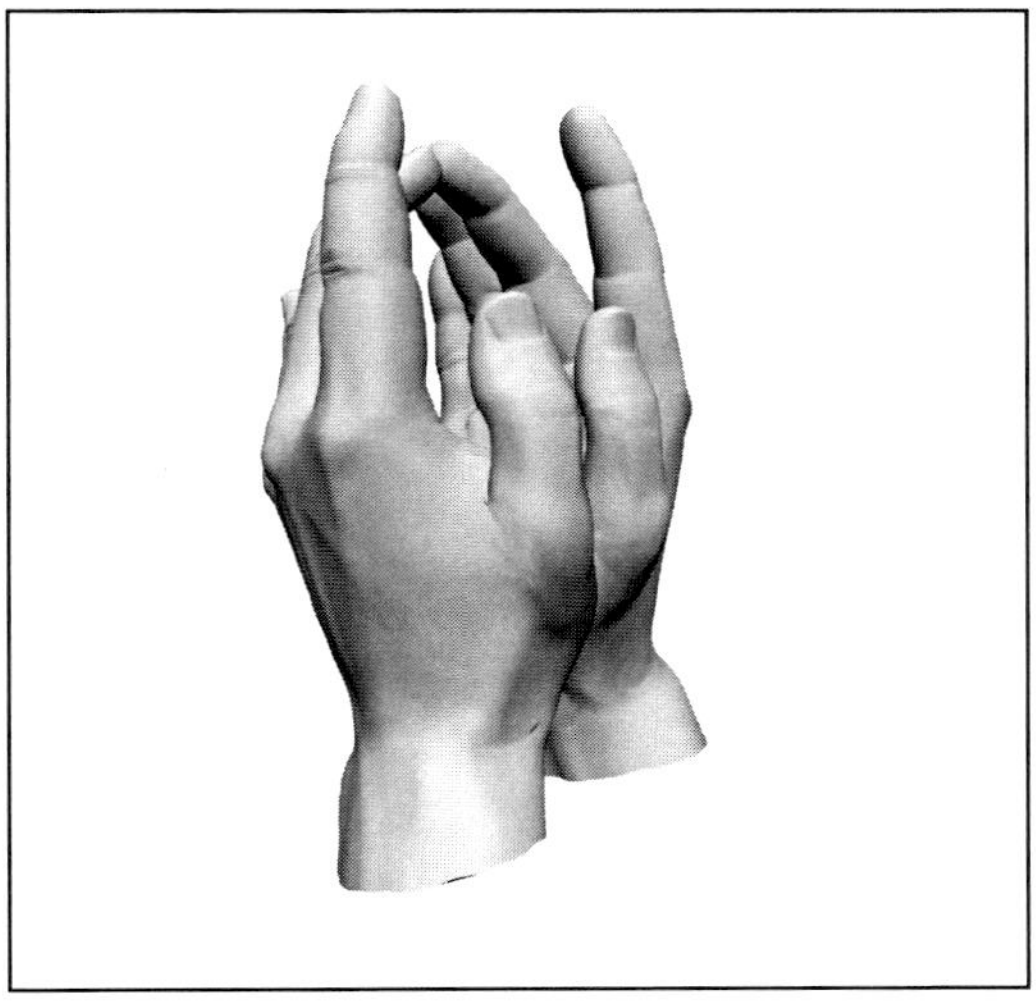

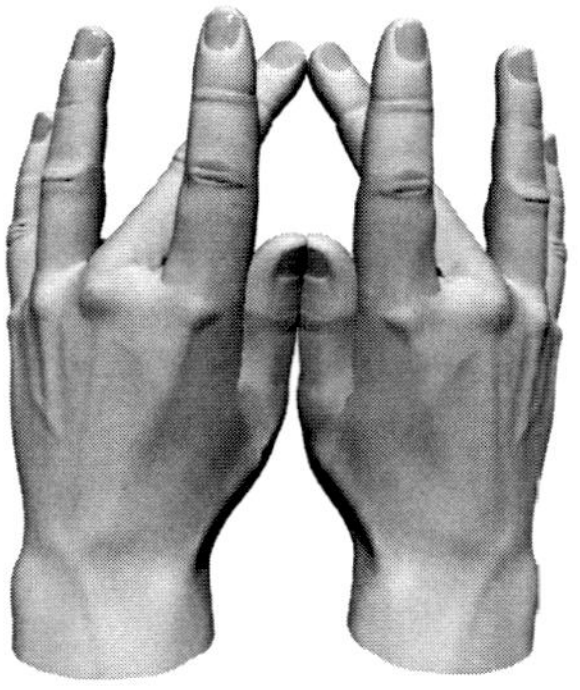

十二合掌
覆手向下合掌《ふくしゅこうげがっしょう》

①両手を並べて伏せ、両親指の側を付け合わせる。
②両中指の先を付け合わせる。

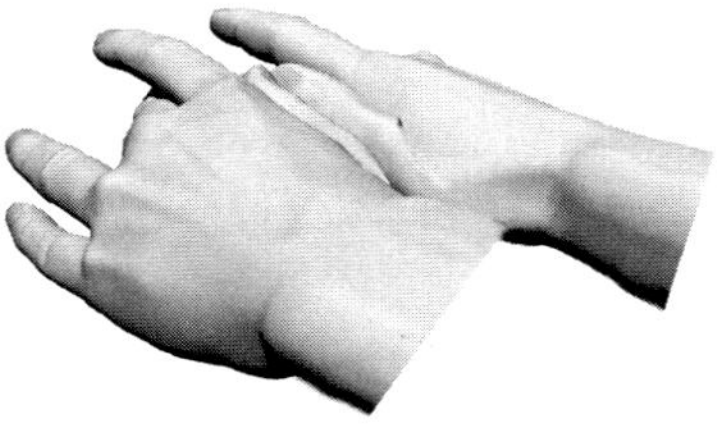

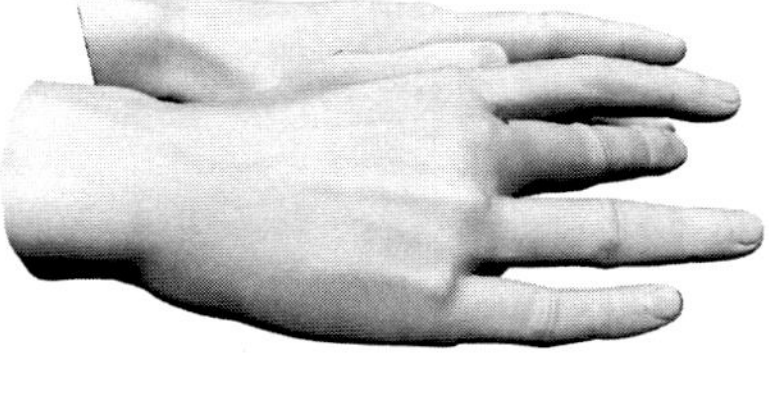

十二合掌
覆手合掌《ふくしゅがっしょう》

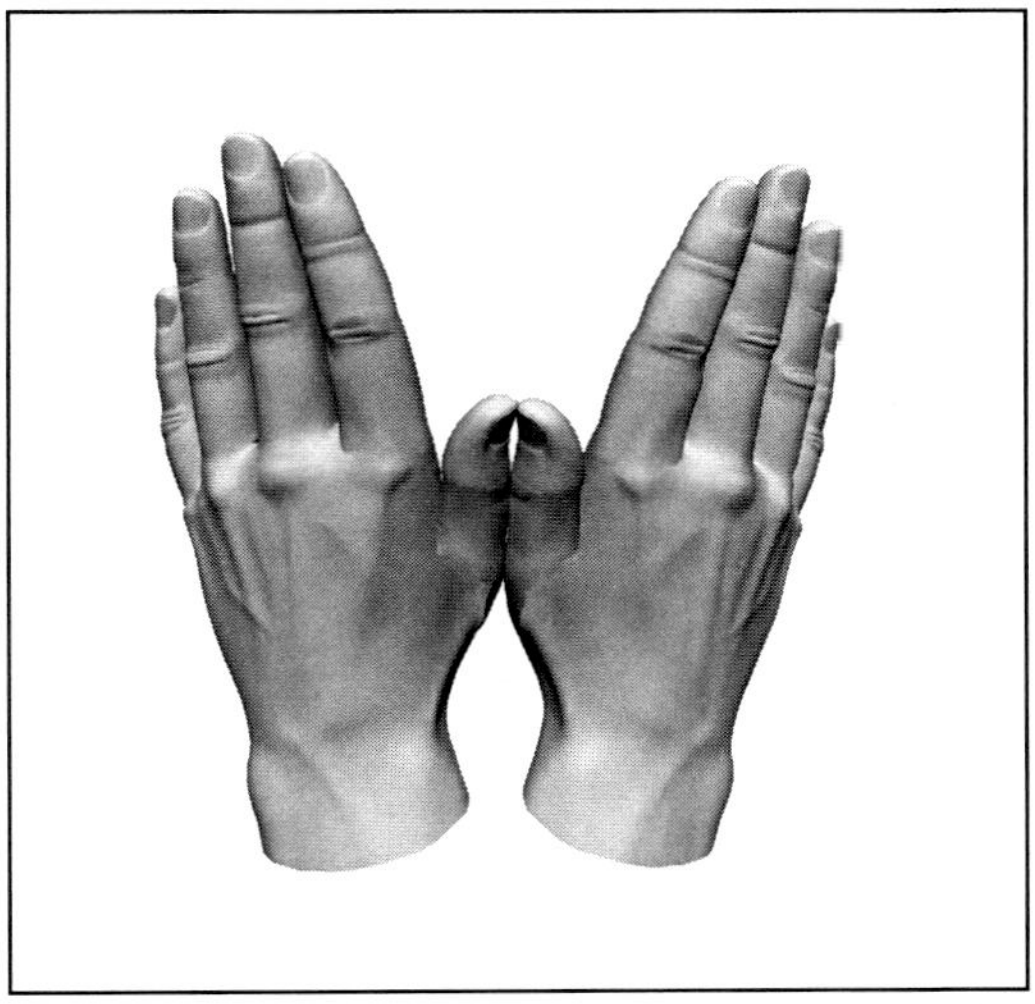

①両手を並べて伏せ、両親指の側を付け合わせる。

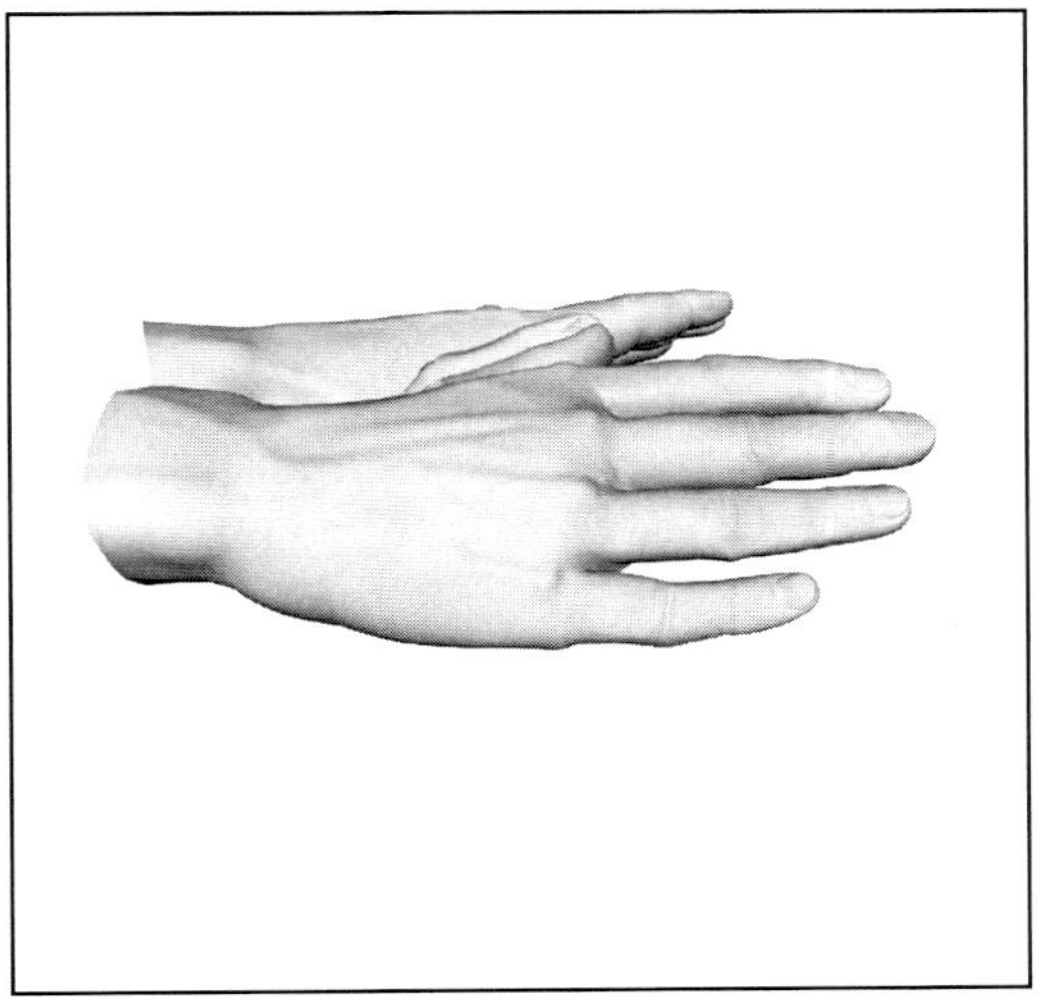

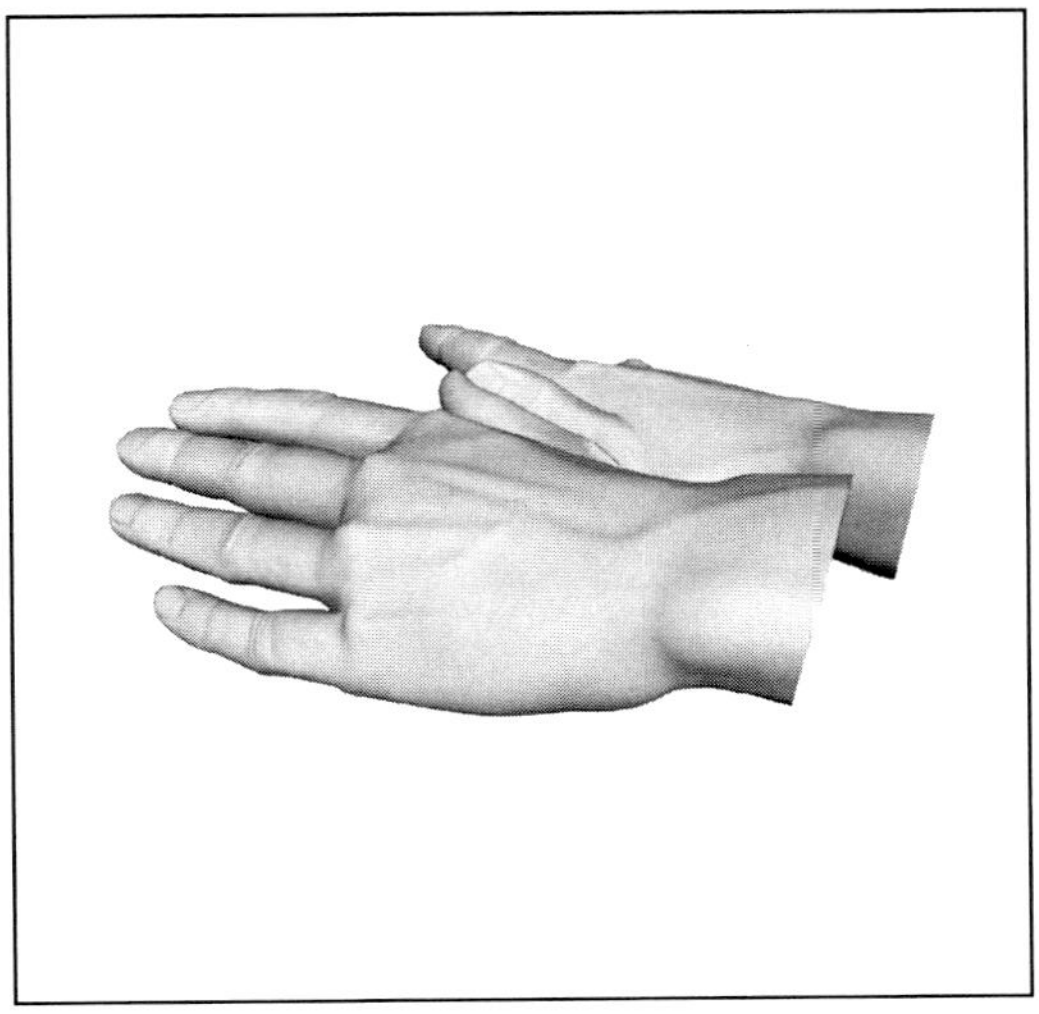

阿《あ》弥《み》陀《だ》根《こん》本《ぽん》印《いん》

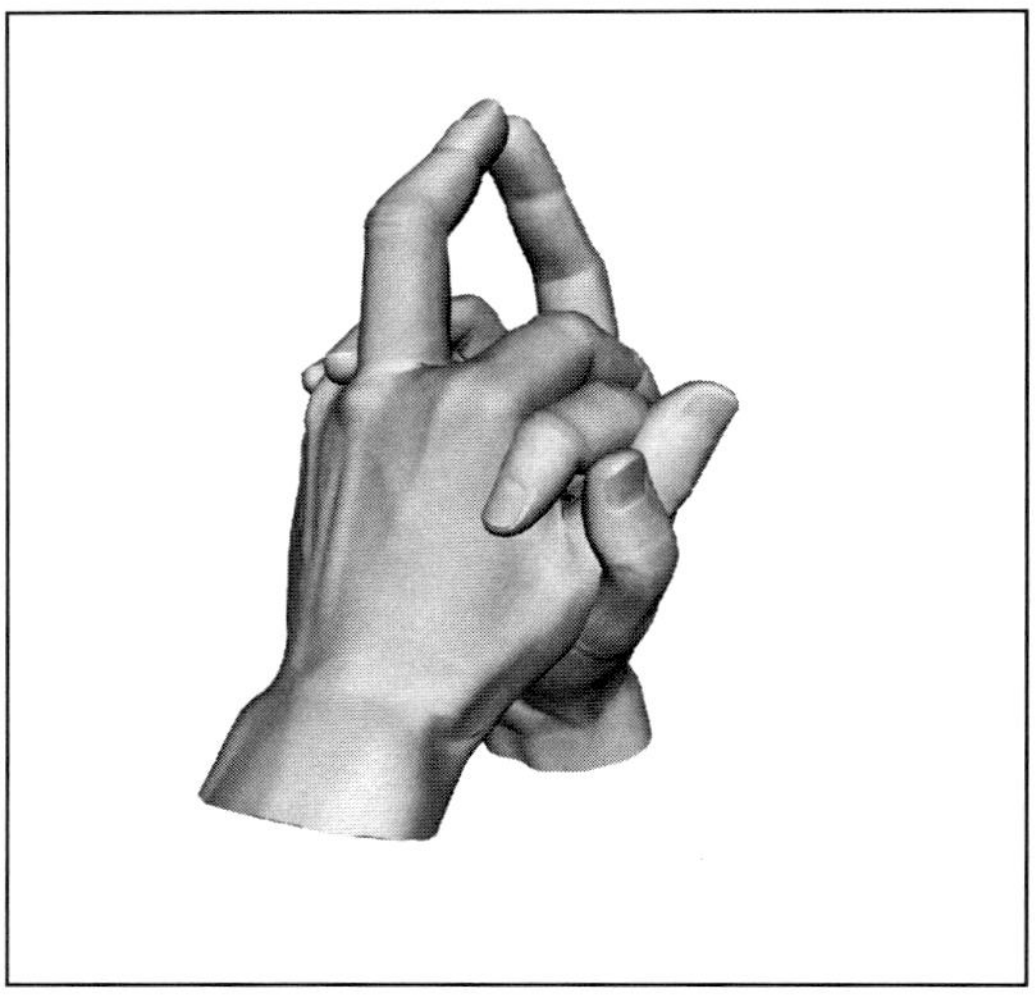

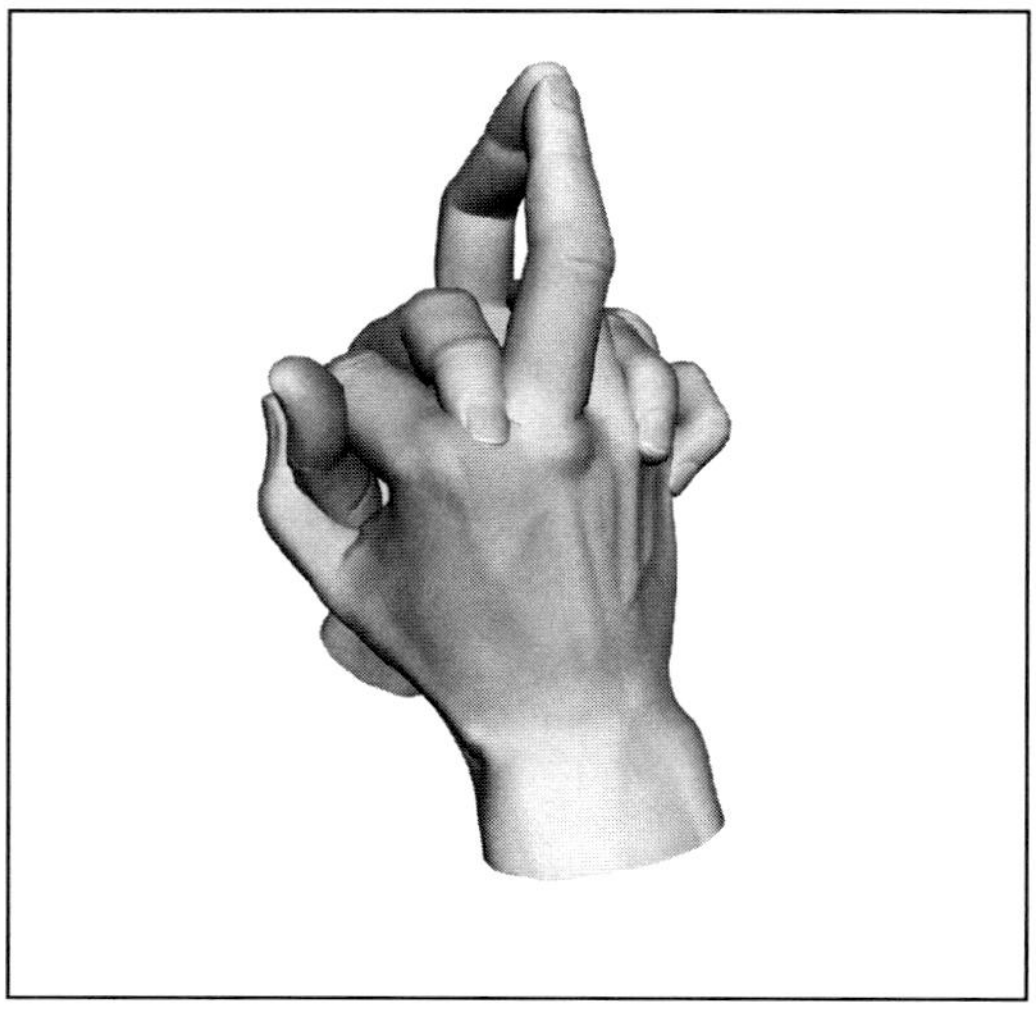

①両手、外縛する。

②両中指を立て、指先を合わせて押し支えあい、蓮華のようにする。

※外縛は生死結縛の義で、蓮華は本有の心蓮を表している。

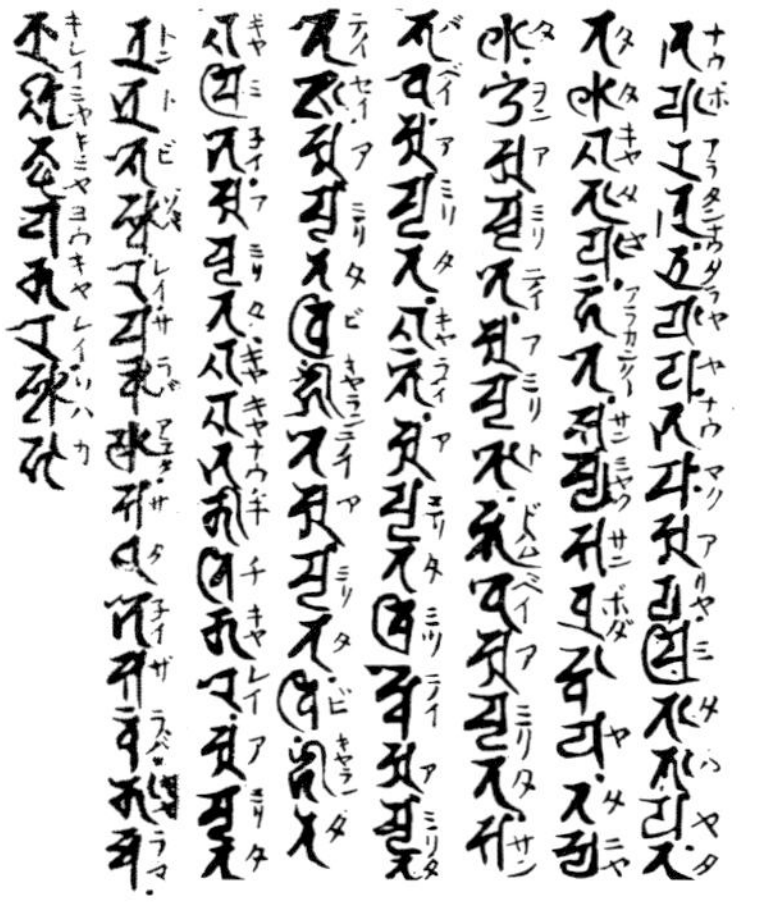

阿《あ》弥《み》陀《だ》定《じょう》印《いん》

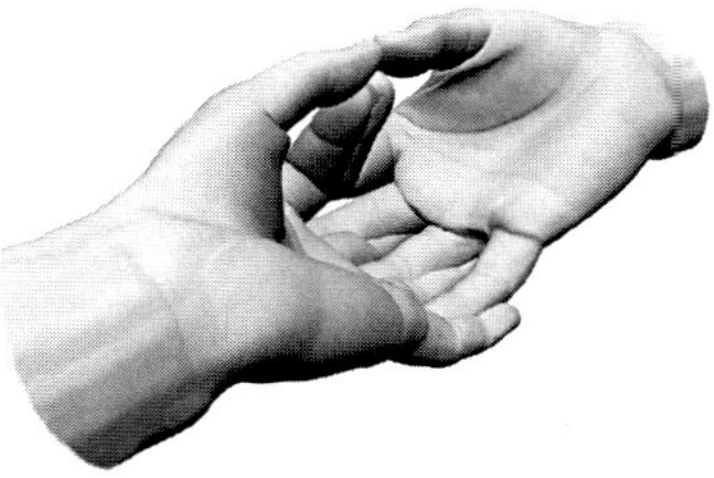

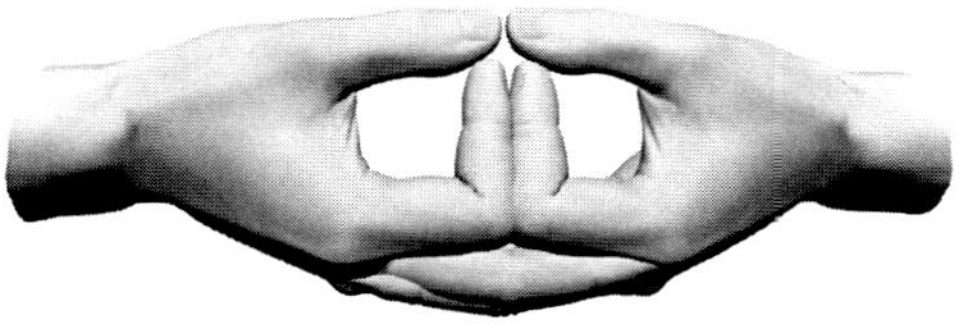

①両手、外縛して掌中を開く。

②両親指で、両人差指をそれぞれ捻じる。

※両手外縛して掌中を開く形は、阿弥陀九品印の上品の印で、親指で人差し指を捻じるのは上生の印で、阿弥陀定印は、九品の印の上品上生の印である。

八葉印《はちよういん》

①両手、虚心合掌する。

②両薬指、中指、人差指を開きたて、指の間を空ける。

※これは開いた蓮華を表す。

※また、八葉蓮華印、蓮華印、開敷蓮華印、初割蓮華印、胎蔵蓮華蔵印、蓮華蔵印などとも言う。

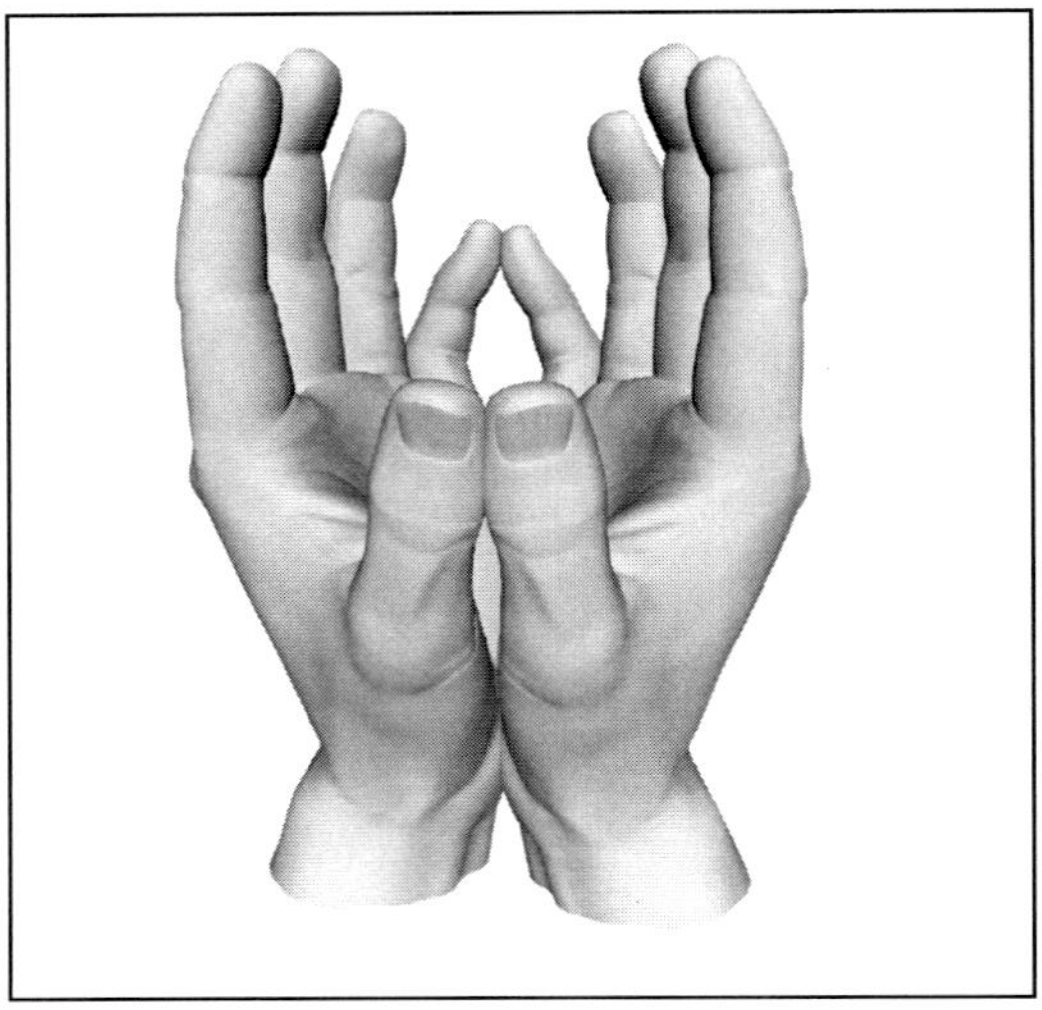

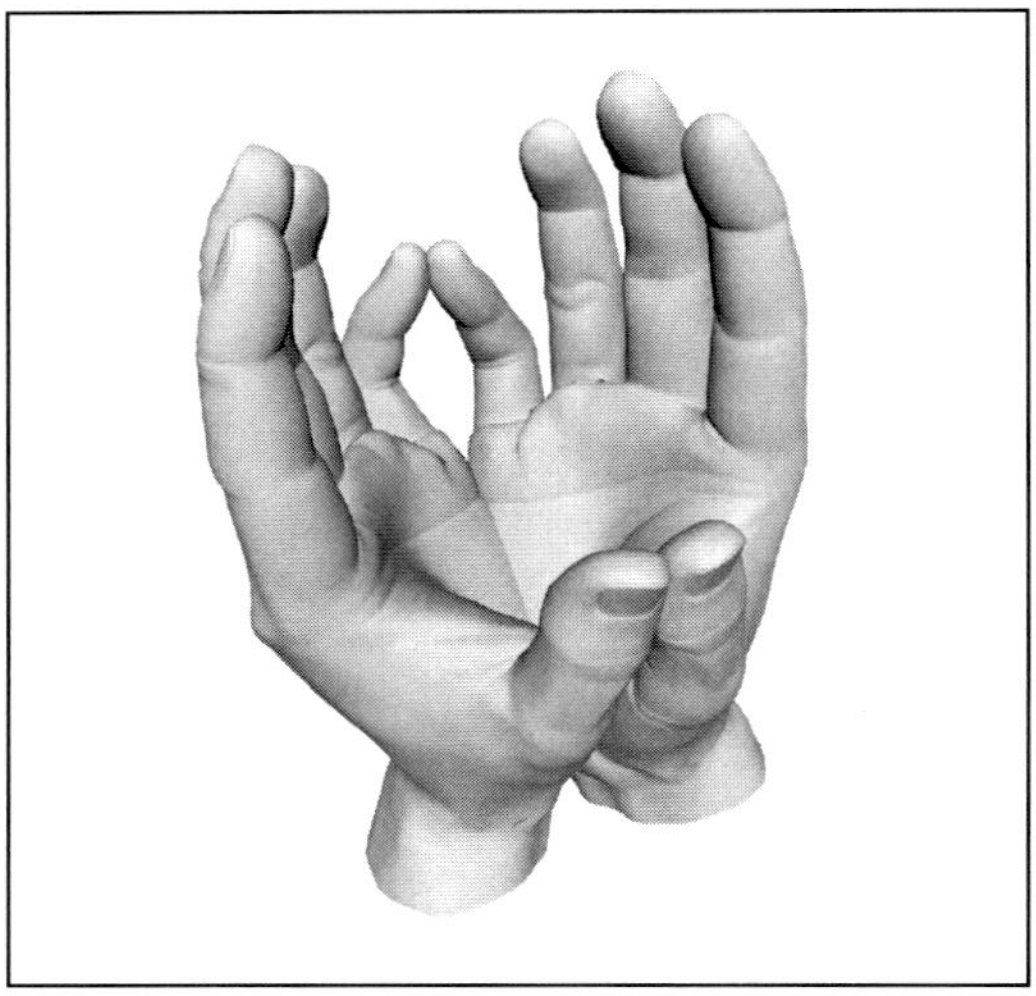

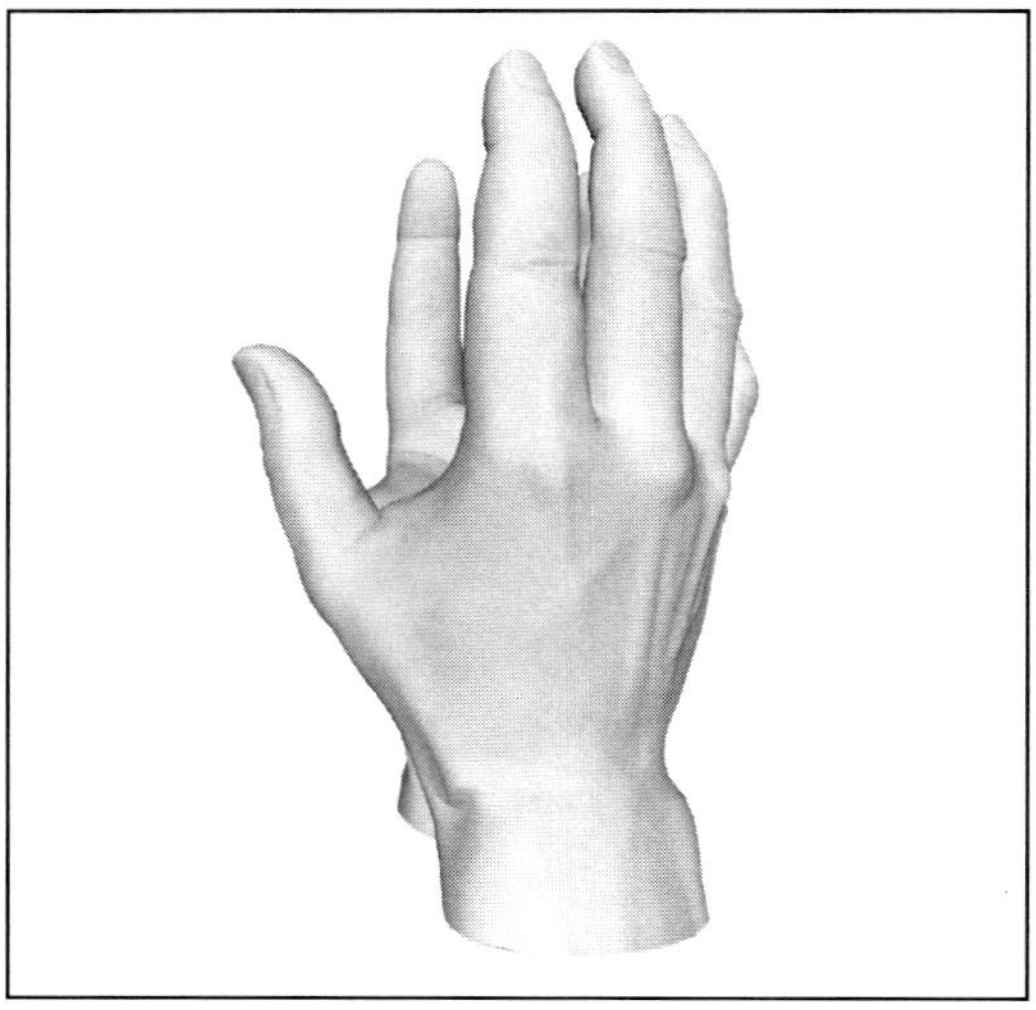

観《かん》音《のん》印《いん》

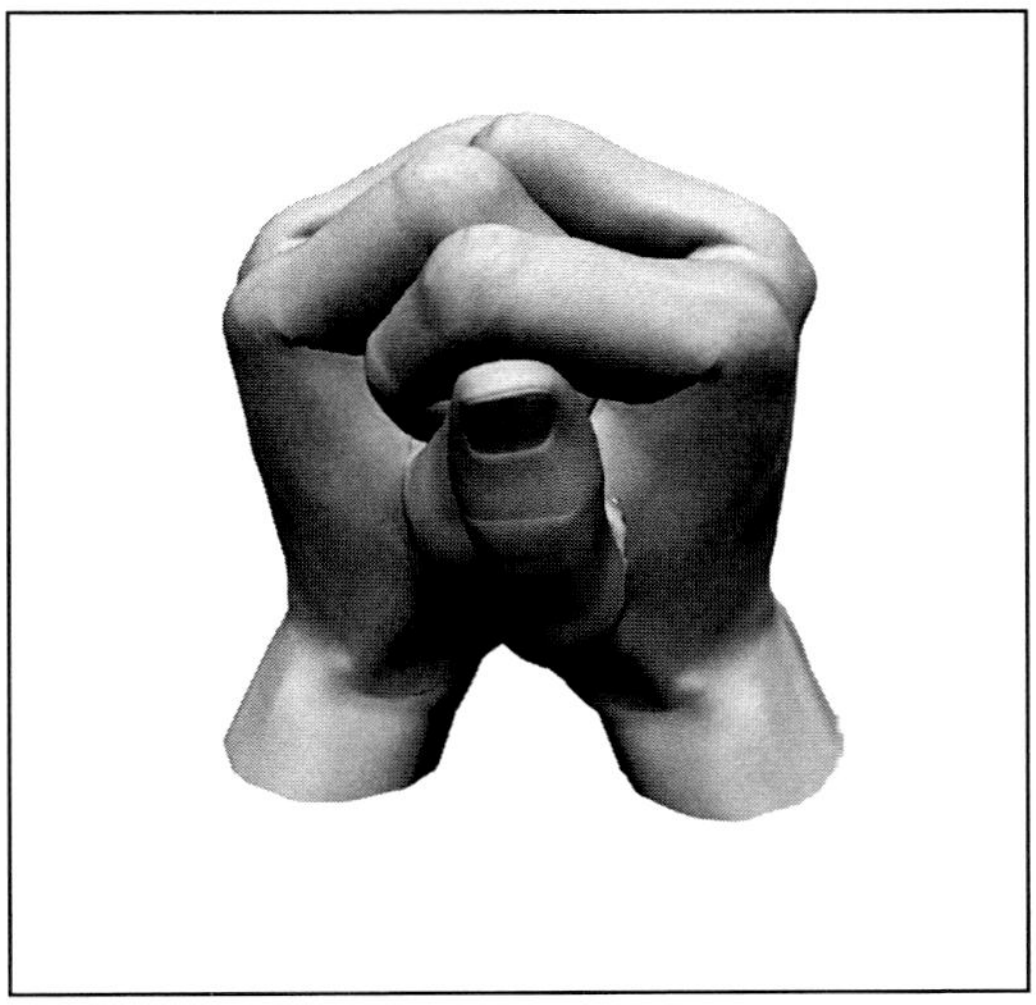

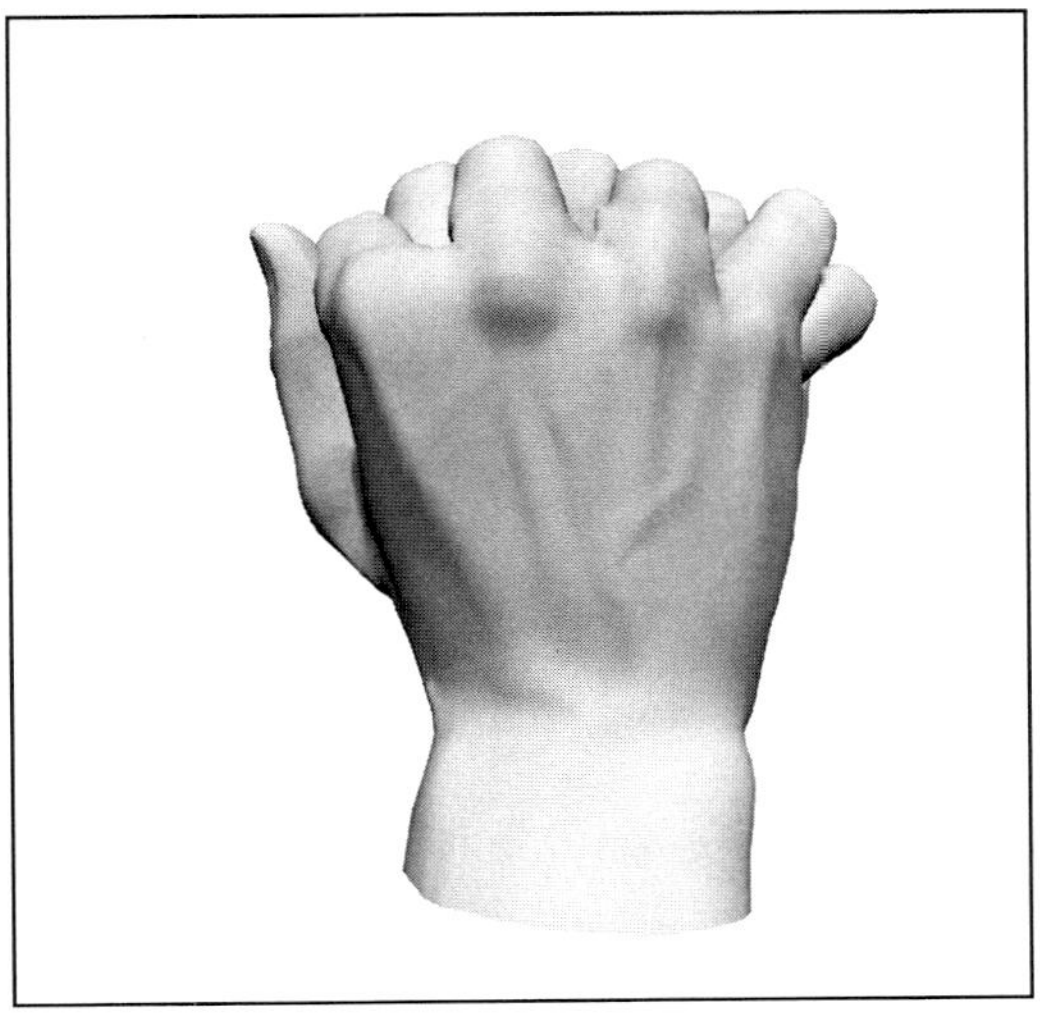

①両手、内縛する。
②右親指を立てる。
※また、蓮華部心印、蓮華部心三昧耶ともいい、蓮華部召請印で、胎蔵界蓮華部の尊を招く際に結ぶ。
※組んだ手を胎蔵界の中心、中胎八葉院に見立てている。
※観自在菩薩心印。

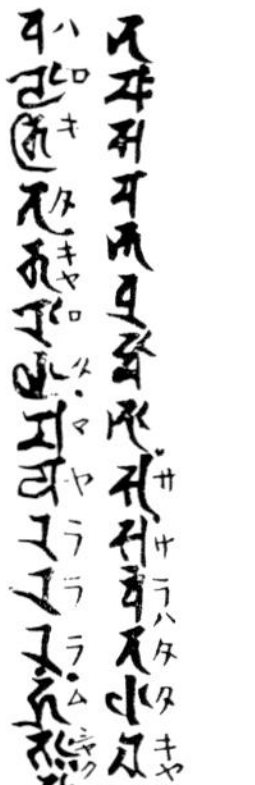

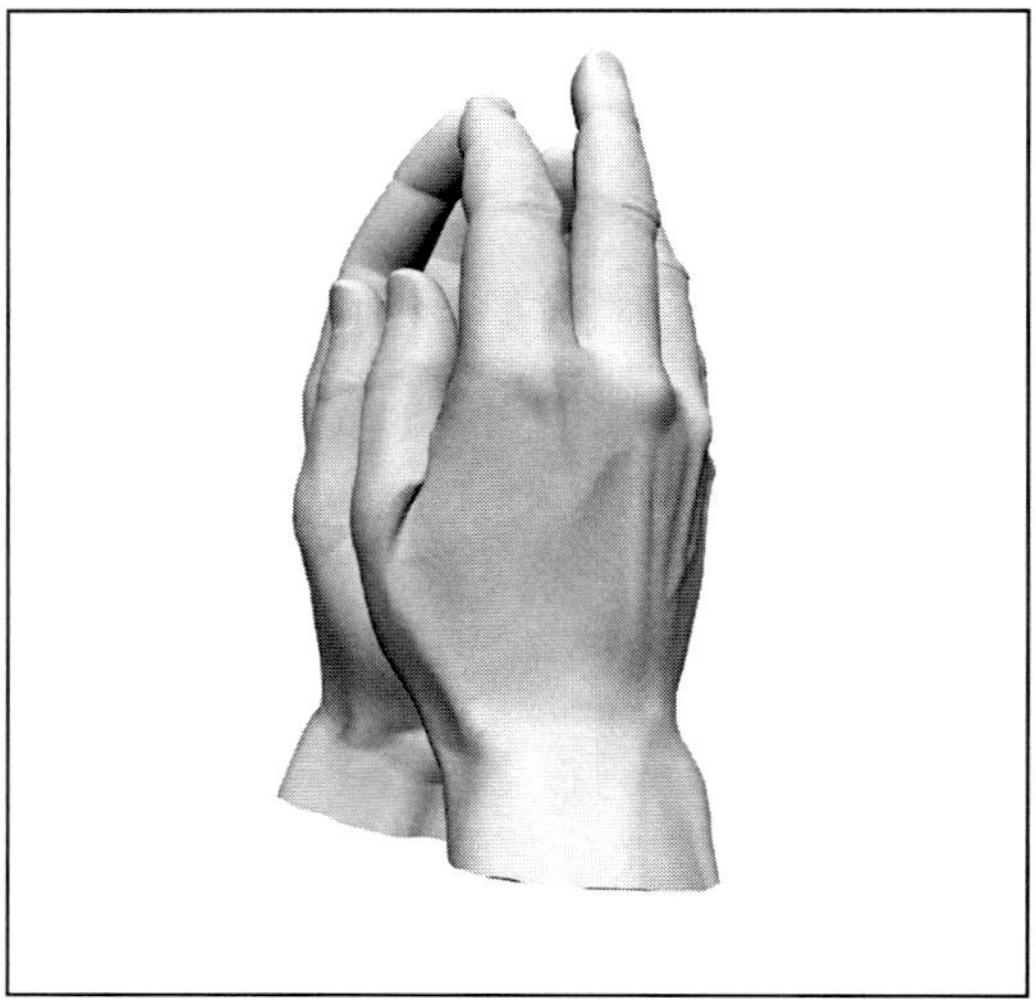

勢至印《せいしいん》

①両手、虚心合掌をし、十指をやや屈して未割蓮華のようにする。
②または、虚心合掌して中指をやや開くともする（中・下図）。
※未敷蓮華の印。
※未敷蓮華は勢至菩薩の象徴（三昧耶形）である。

釈迦《しゃか》鉢印《はちいん》

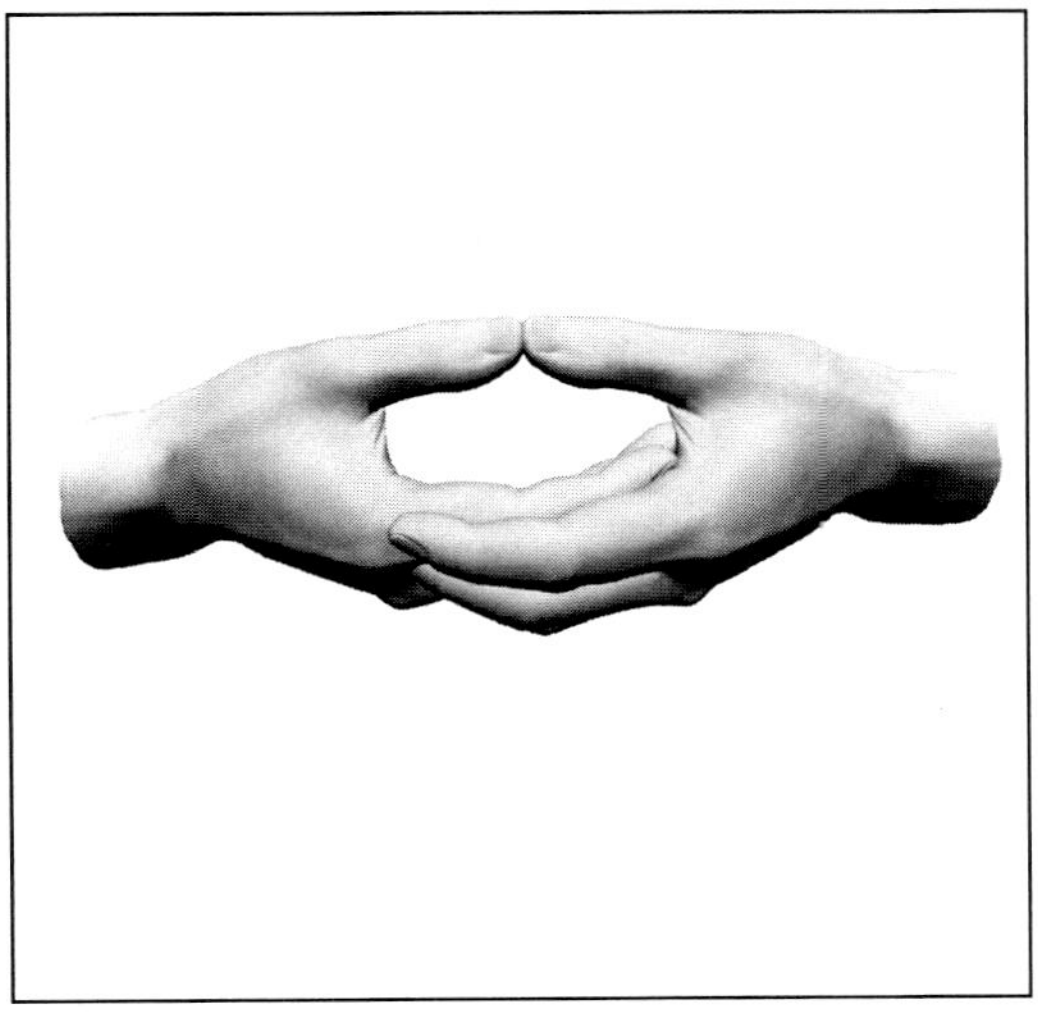

①左右の掌を仰げ、左手の上に右手を乗せる。

②両親指の先を付け合わせる。

※これは法界定印である。

※左手には、袈裟の端を握り、その上に右手を乗せて結ぶもので、仏教出家者の基本財産である三衣一鉢を表している。つまり、左手に袈裟を取り、右掌には鉢を乗せているると観じるのである。

※鉢は釈迦如来の象徴(三昧耶形)である。

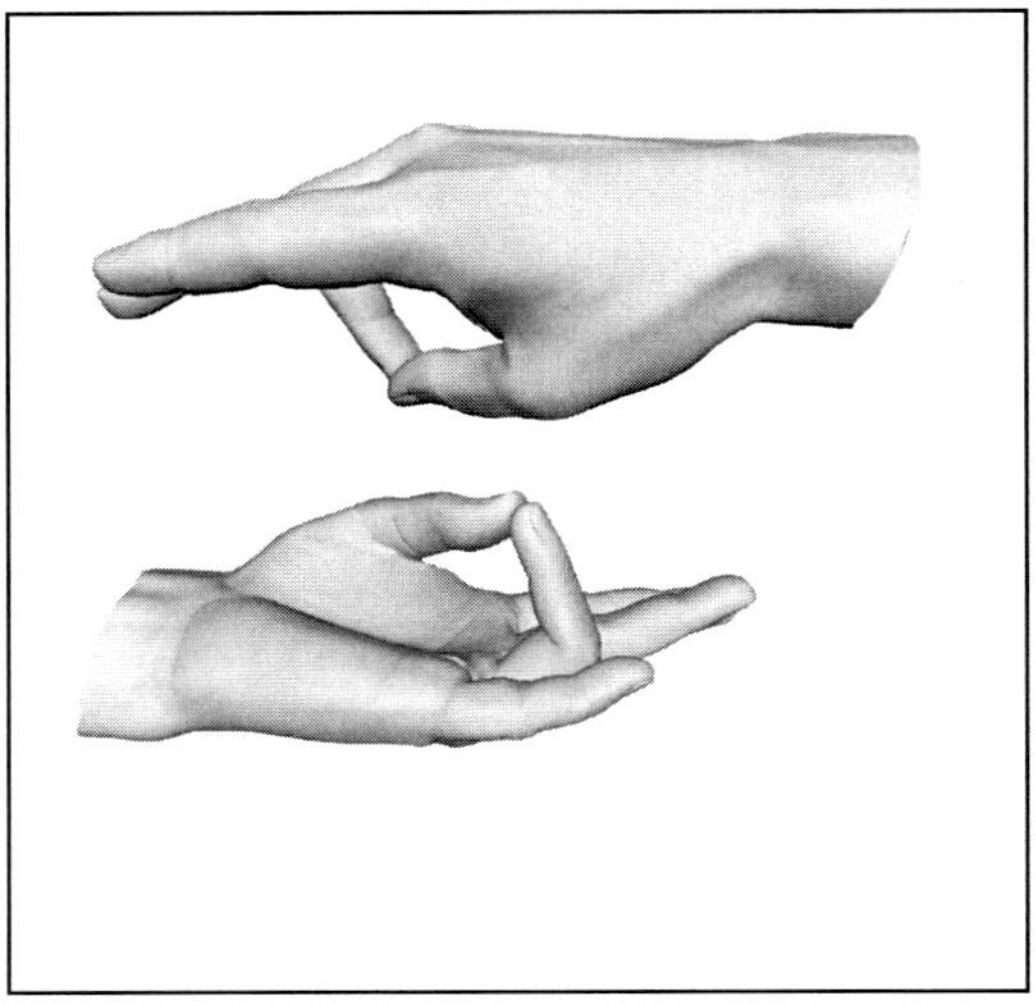

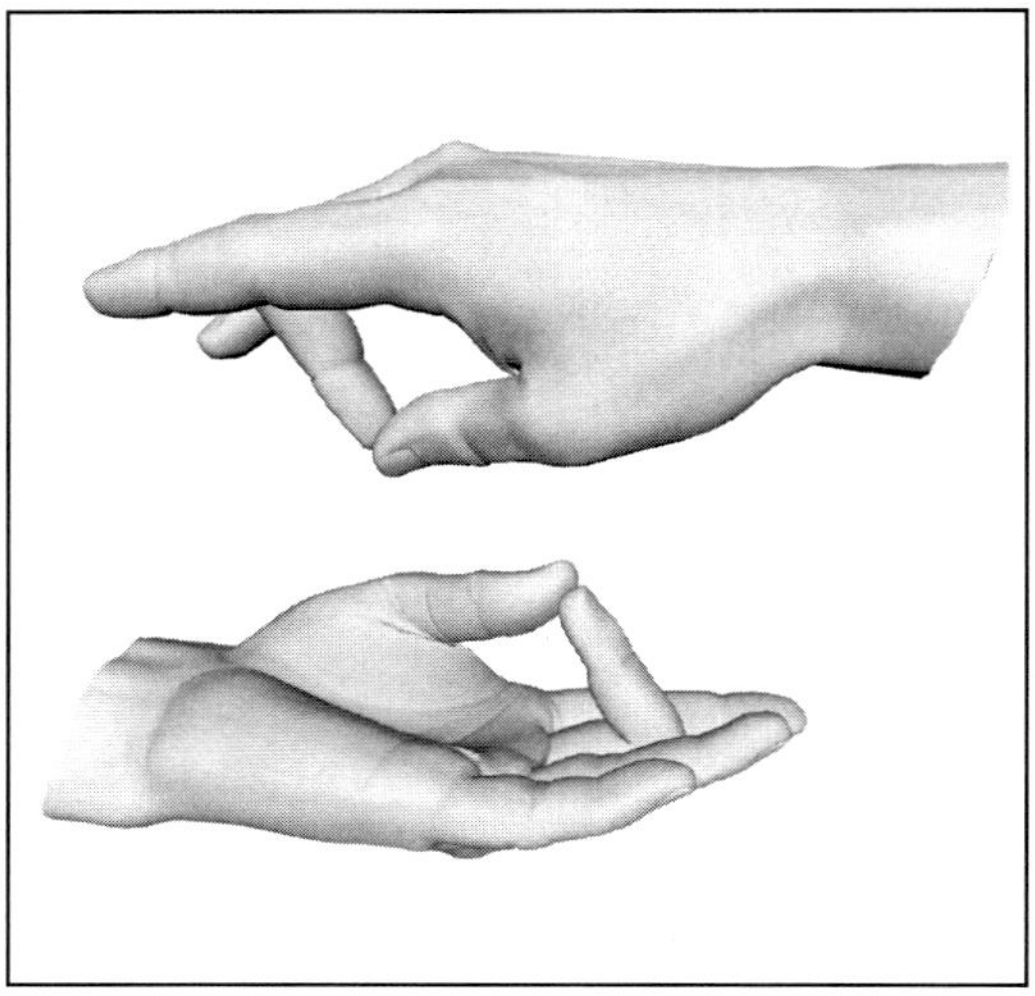

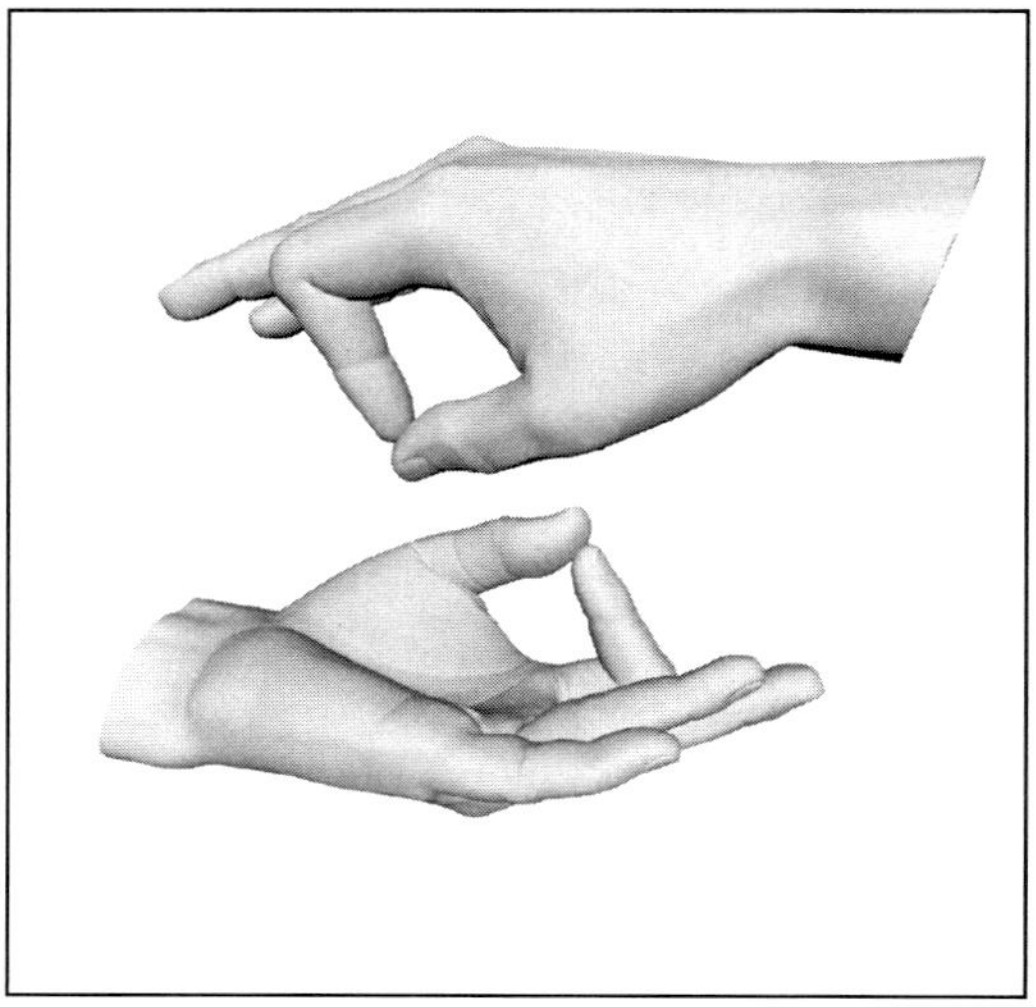

智《ち》吉《きち》祥《じょう》印《いん》 一

①両手の指を伸ばし、両手とも親指で中指を捻じる。
②左手を仰げて右手を伏せ、左手の上を右手で覆う。
※これは釈迦如来の根本印で、左手を仰げるのは上求、つまり上に向かって菩提を求め、右手を伏せるのは下化、つまり下に向かって衆生を教化することを表す。

※親指で薬指、中指、人差指を捻ることで法身、報身、応身の三身説法を表現するが、親指で中指を捻るのを報身とも応身ともする。
※説法印をもって吉祥印とするのは、説法は仏の智によるのであって、それによって衆生は吉祥を得るからである。

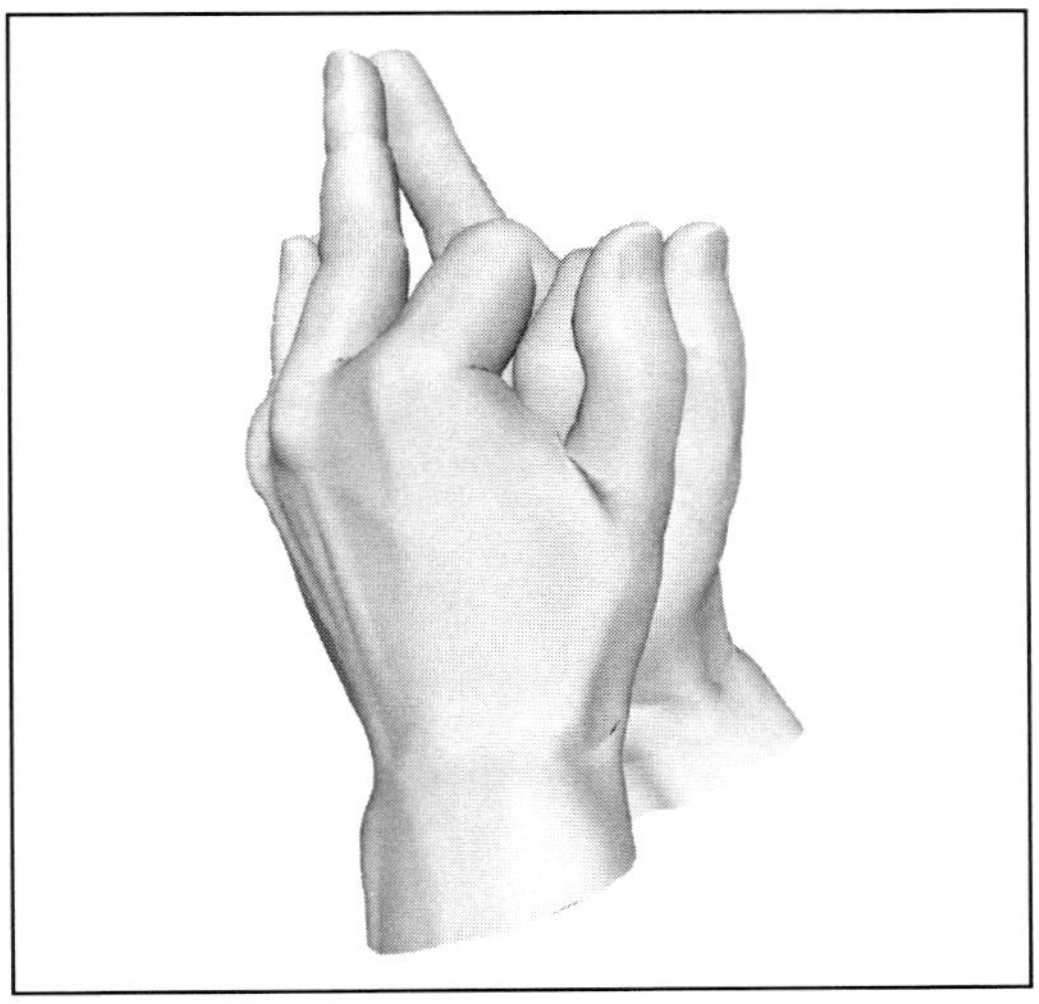

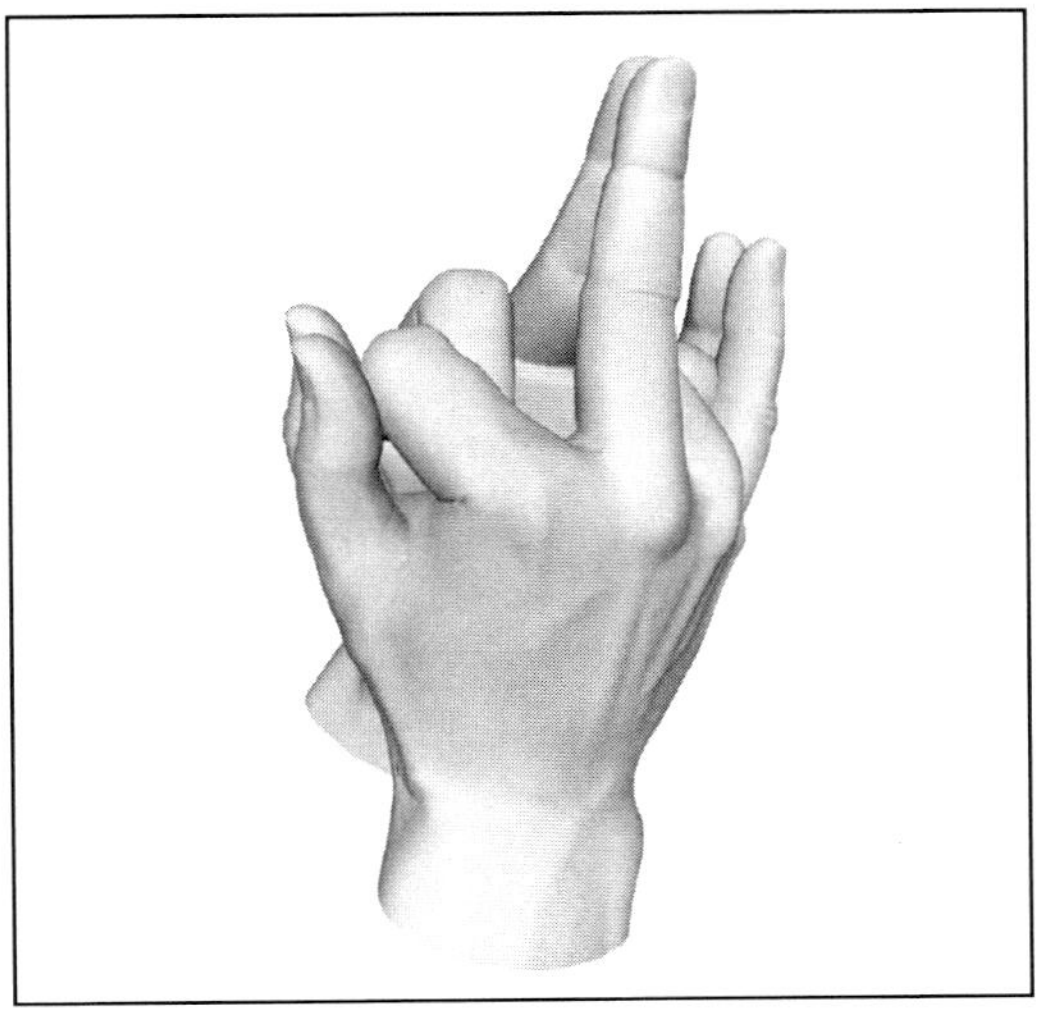

智吉祥印《ちきちじょういん》二

①両手、内縛する。

②両中指、小指を立て合わせ、両親指は並び立てる。

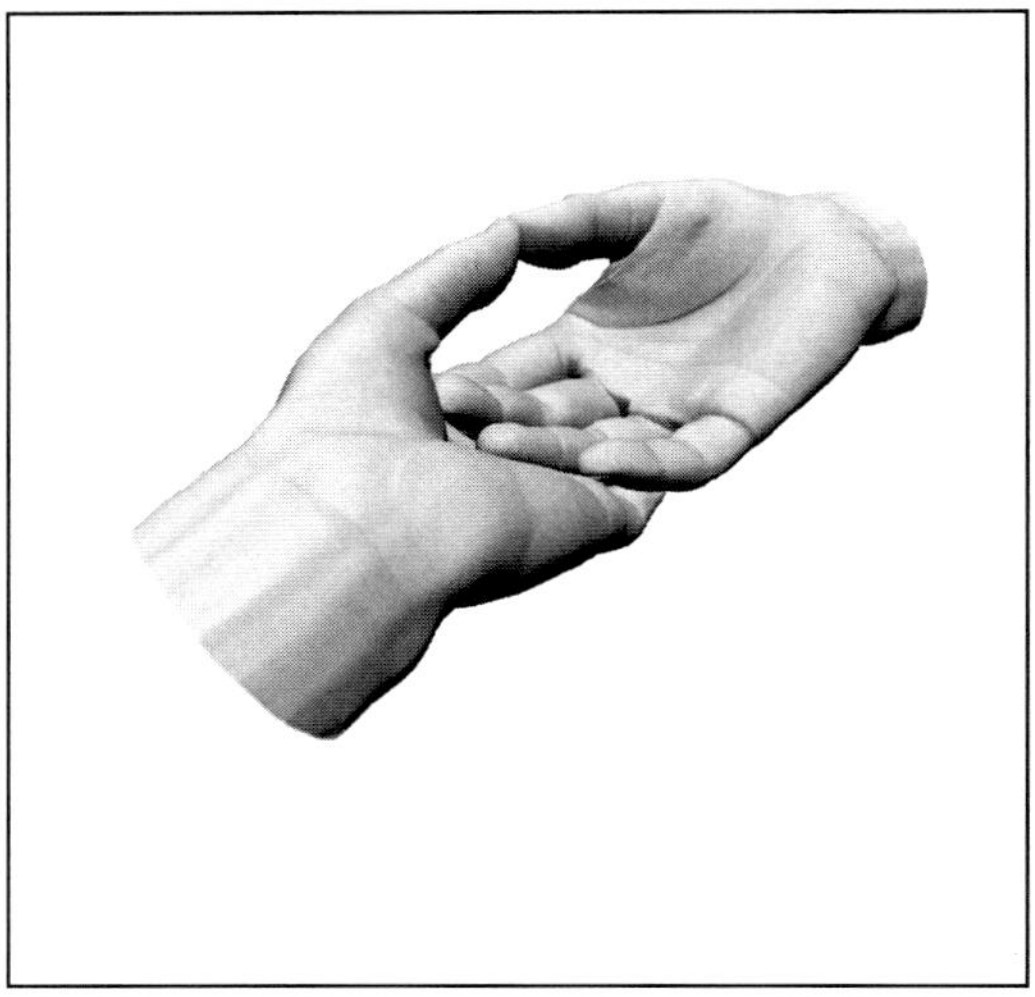

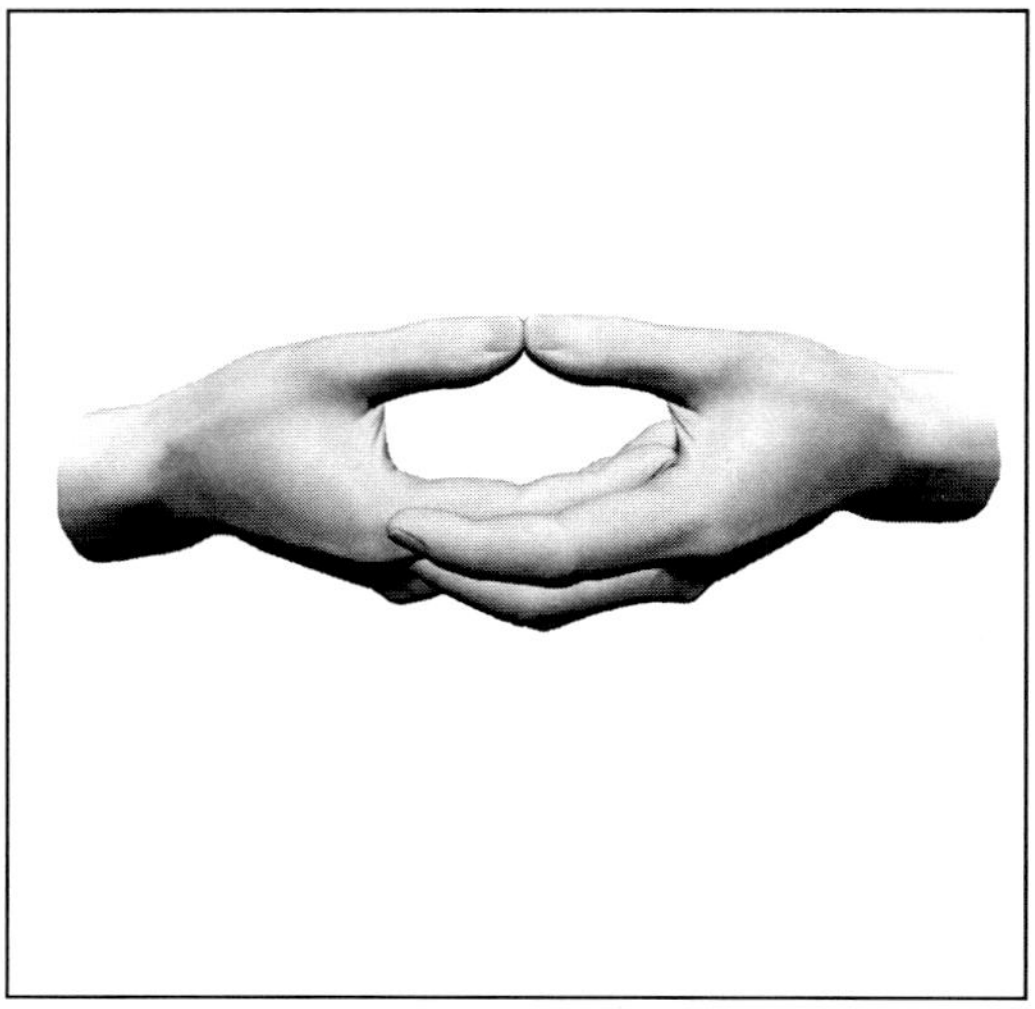

薬《やく》師《し》法《ほっ》界《かい》定《じょう》印《いん》

①左右の掌を仰げ、左手の上に右手を乗せる。
②両親指の先を付け合わせる。
※右掌の上に薬壺を載せていると観想する。

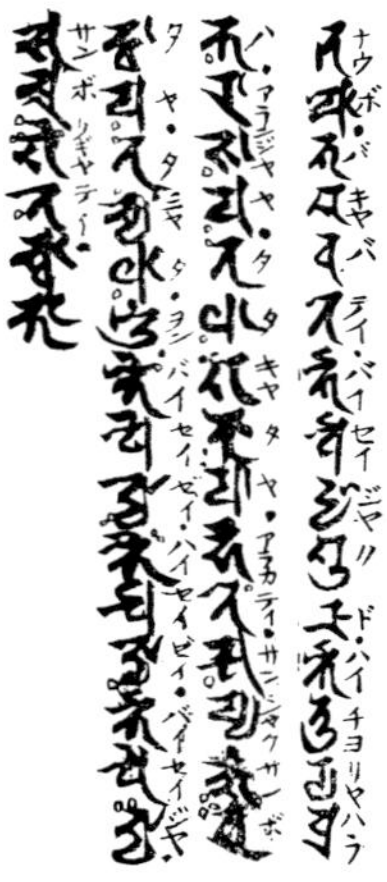

薬《やく》師《し》印《いん》

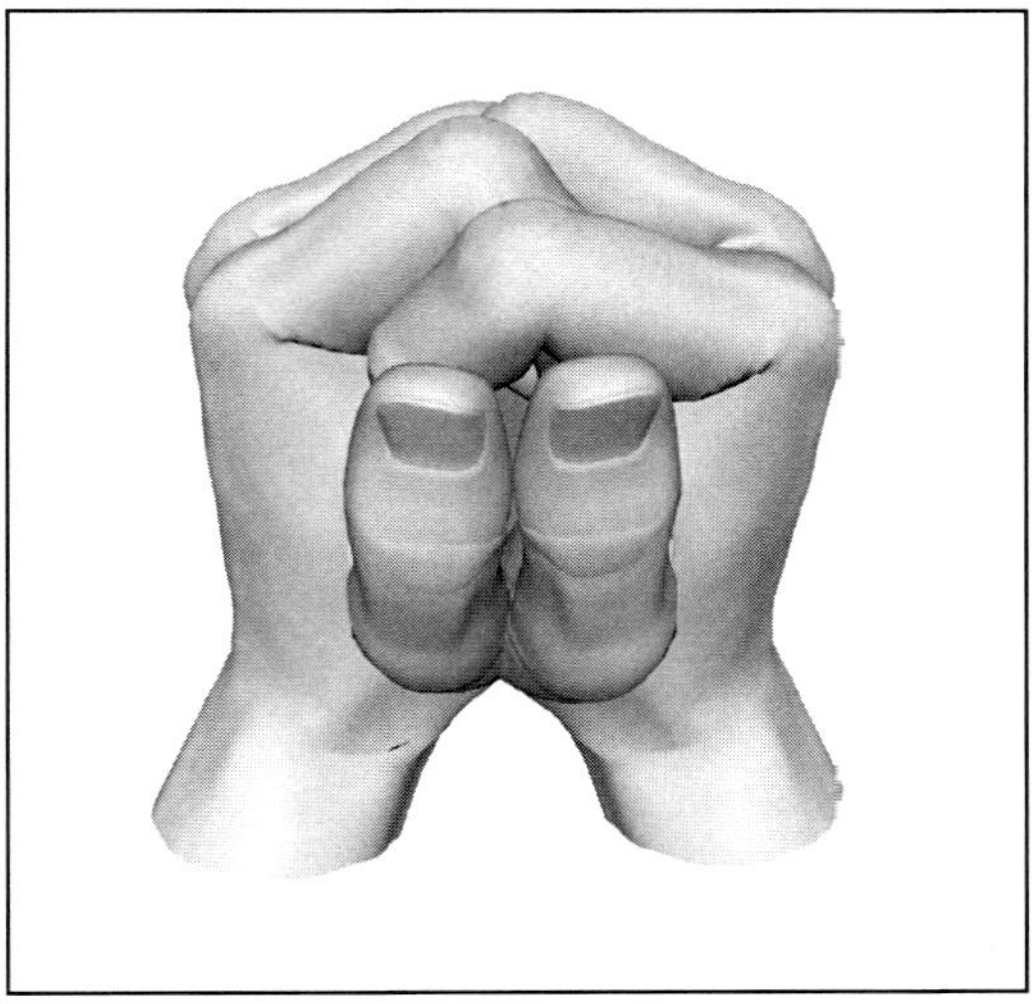

①両手、内縛する。
②両親指を並び立て、人差指からやや離し、三度来去（前後に動かす）する。
※薬師如来の根本印であり、薬壷印とも、迎請印ともいう。
※これは、薬師如来の持つ薬壷を表しており、両親指はその蓋を表している。

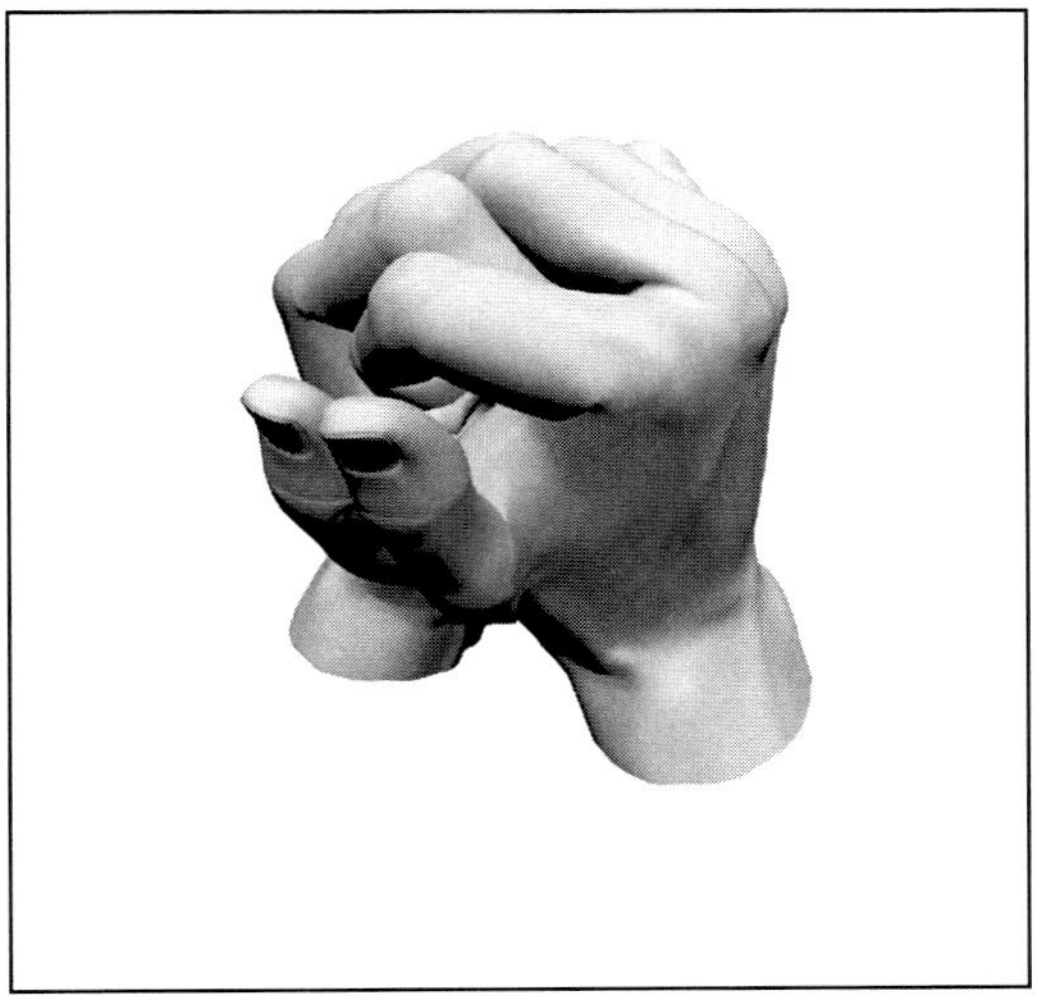

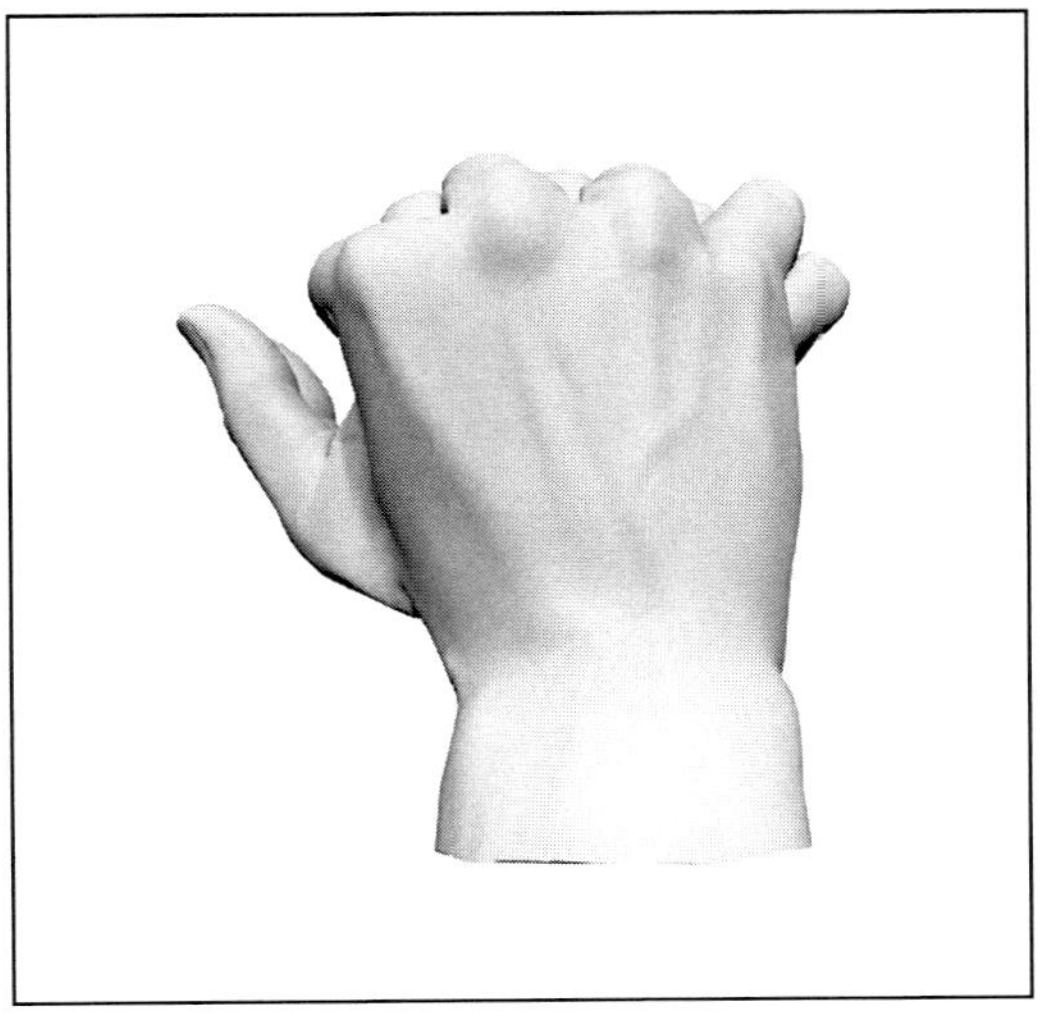

※また、左の四指は衆生の四大（地、水、火、風）を、右の四指は仏の四大を表しており、四大の調和が崩れると病になるため、調和のとれた仏の四大を合わせることで、病を治すという。
※真言は前頁に同じ。

日光印《にっこういん》

①両手を横に並べる。
②両親指と人差指を相付け合わせて円くして日輪のようにする。
③他の指は開き伸ばし、光焔のようにして、旋回する。
※または、人差指は宝形ともする。
※両親指を付け合わせるのは宝珠光の義という。
※薬師如来の脇侍・日光菩薩の印である。日光菩薩は金剛界曼荼羅羯磨会（成身会）の金剛光菩薩と同体とされていて、金剛界金剛光菩薩の羯磨会の印。
※三昧耶会では、親指を立て、人差指を屈して宝形にして付け合わせるとしている（下図）。

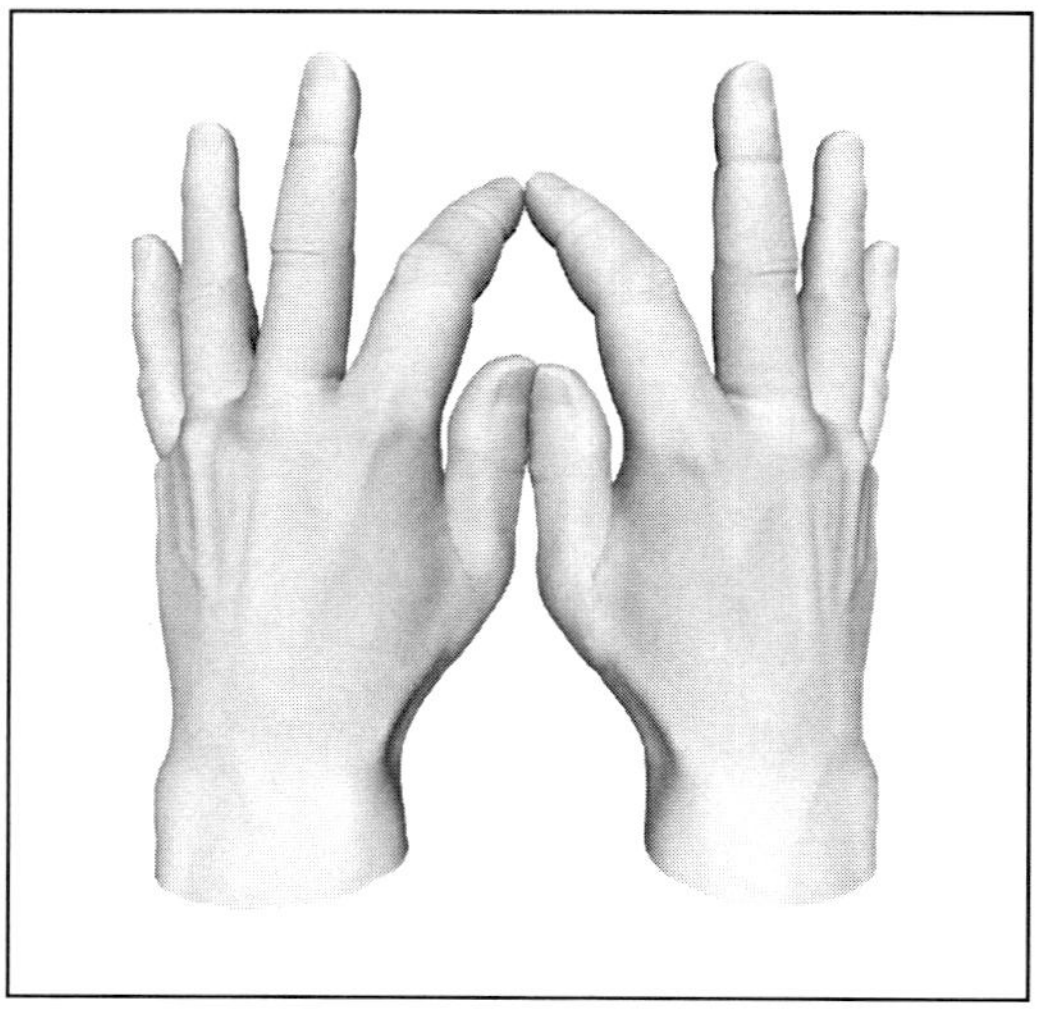

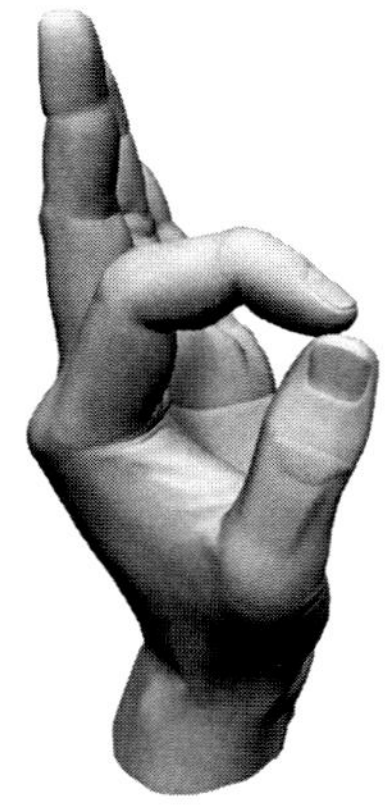

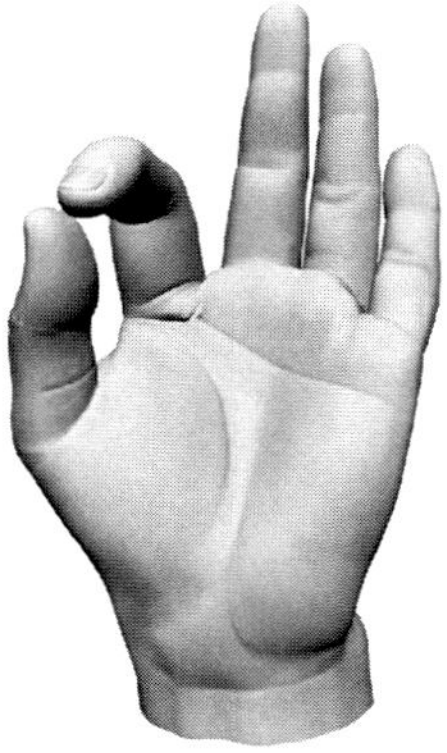

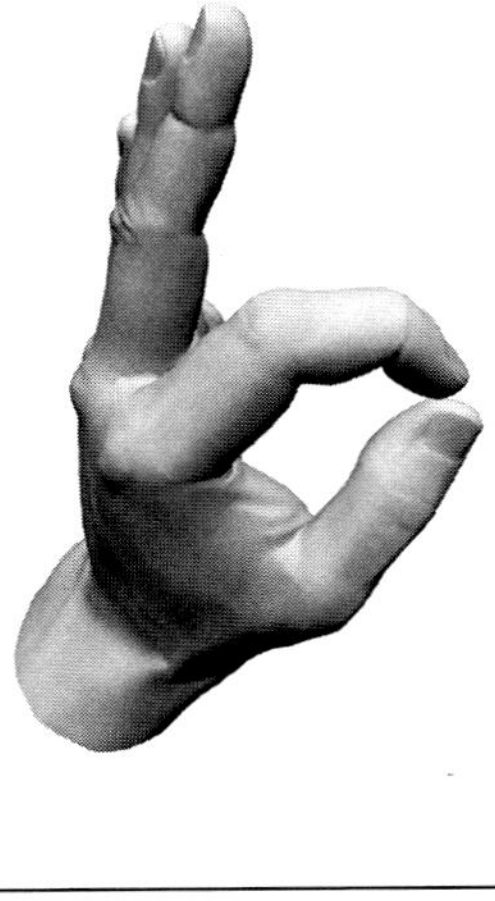

月光持花印《がっこうじけいん》

①左手、花の茎を持つように、親指で人差指を捻じる（持花印）。

②他の三指は伸べ散らす。

※薬師如来の脇侍・月光菩薩の印。

※また左手を拳にして、右手を持花印にして、印の上に半月があり、半月の上に伏兎ありと観じる。

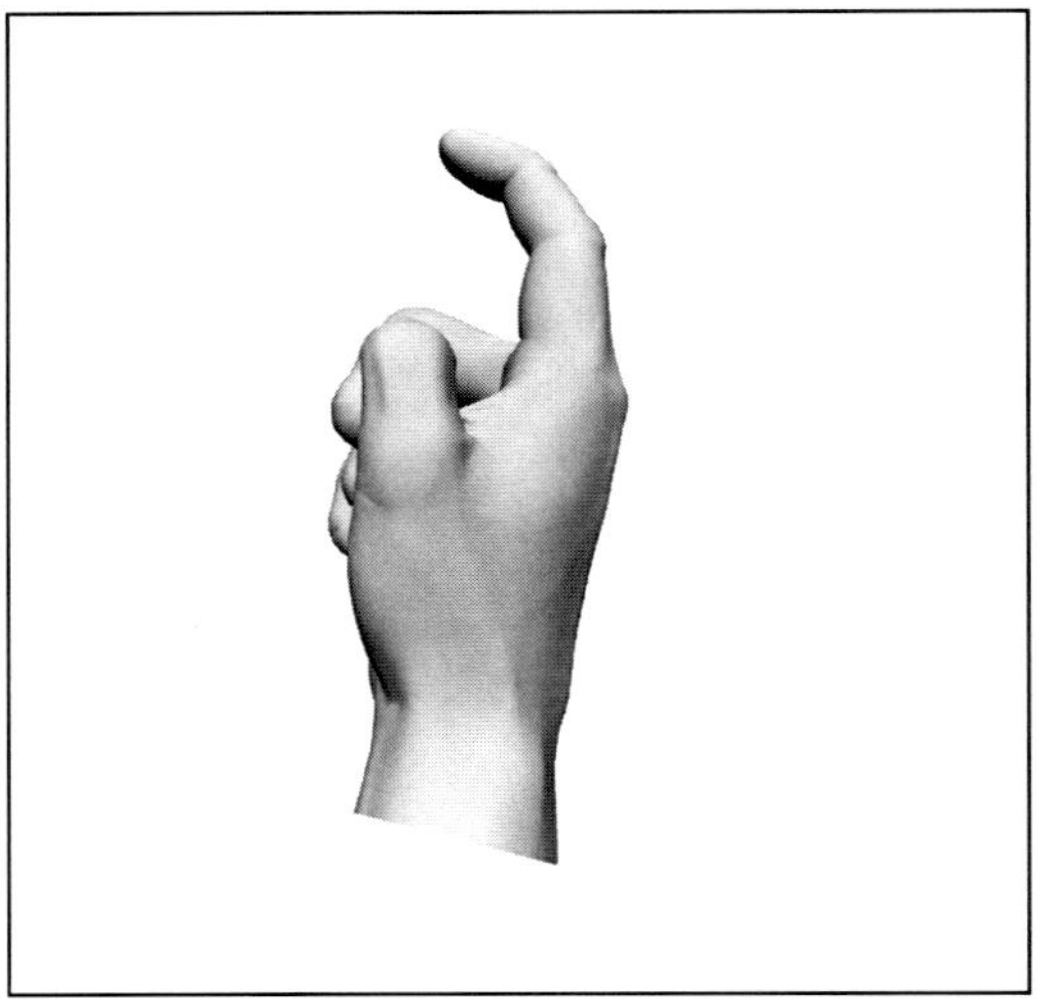

十《じゅう》二《に》神《じん》将《しょう》惣《そう》印《いん》

①右手を金剛拳にする。

②人差指を伸ばしてやや屈し、鉤のようにする。

※十二神将は、薬師如来および薬師如来信仰者の守護神。

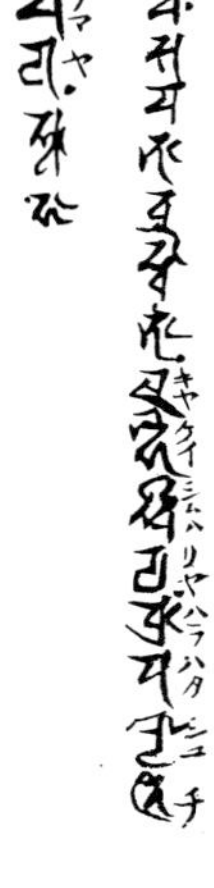

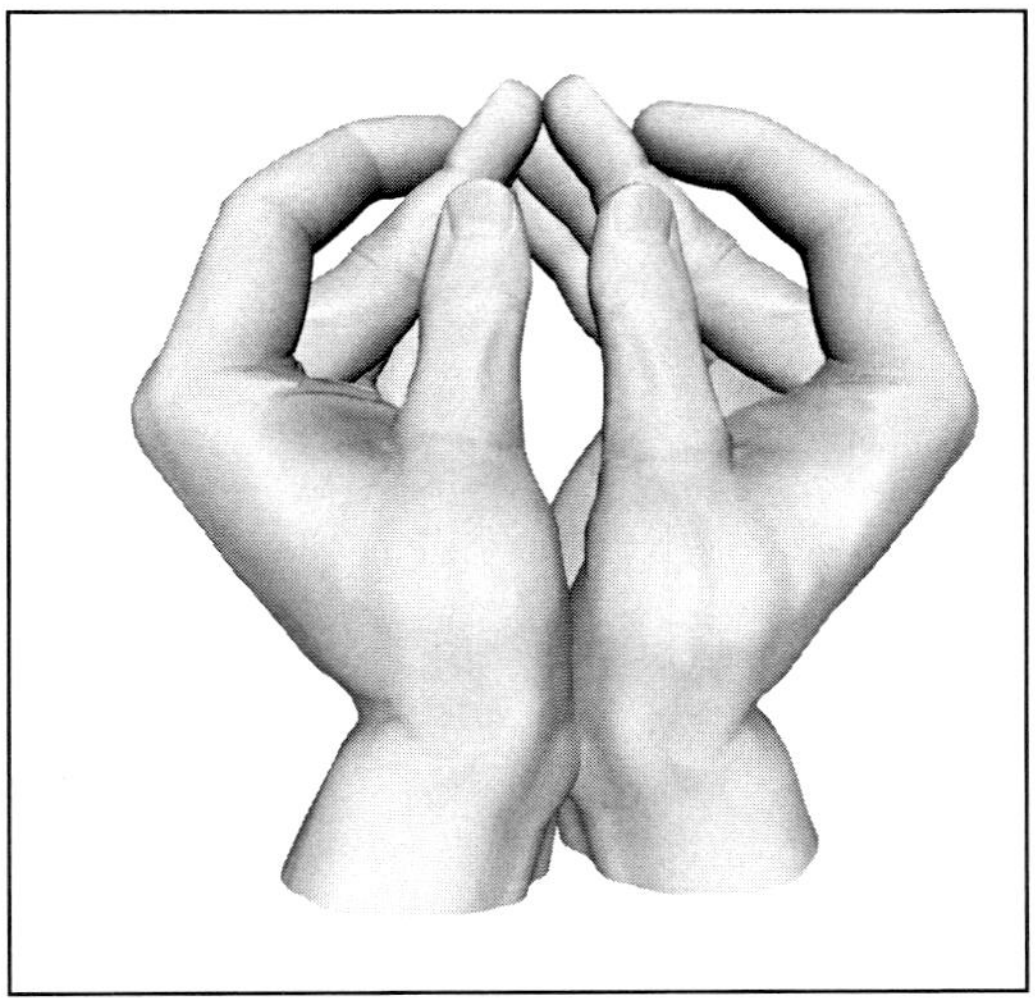

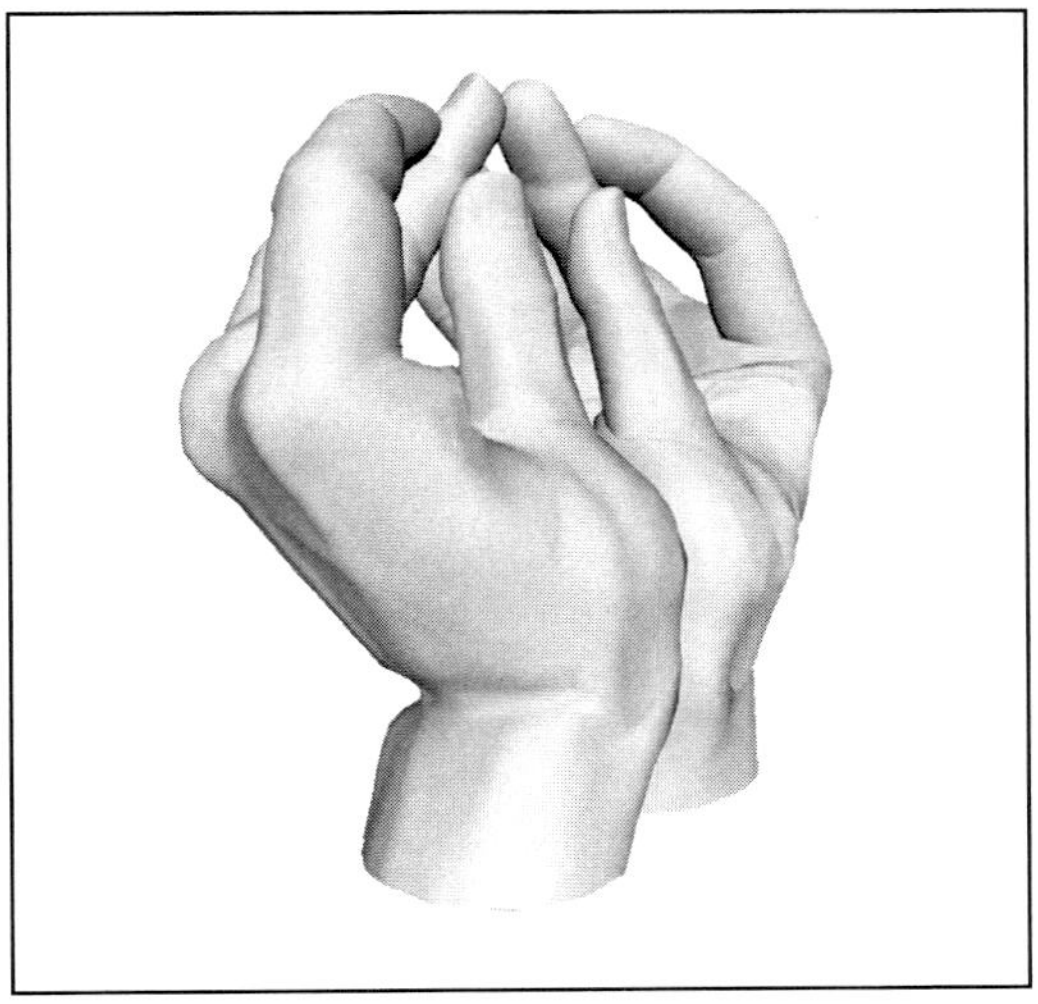

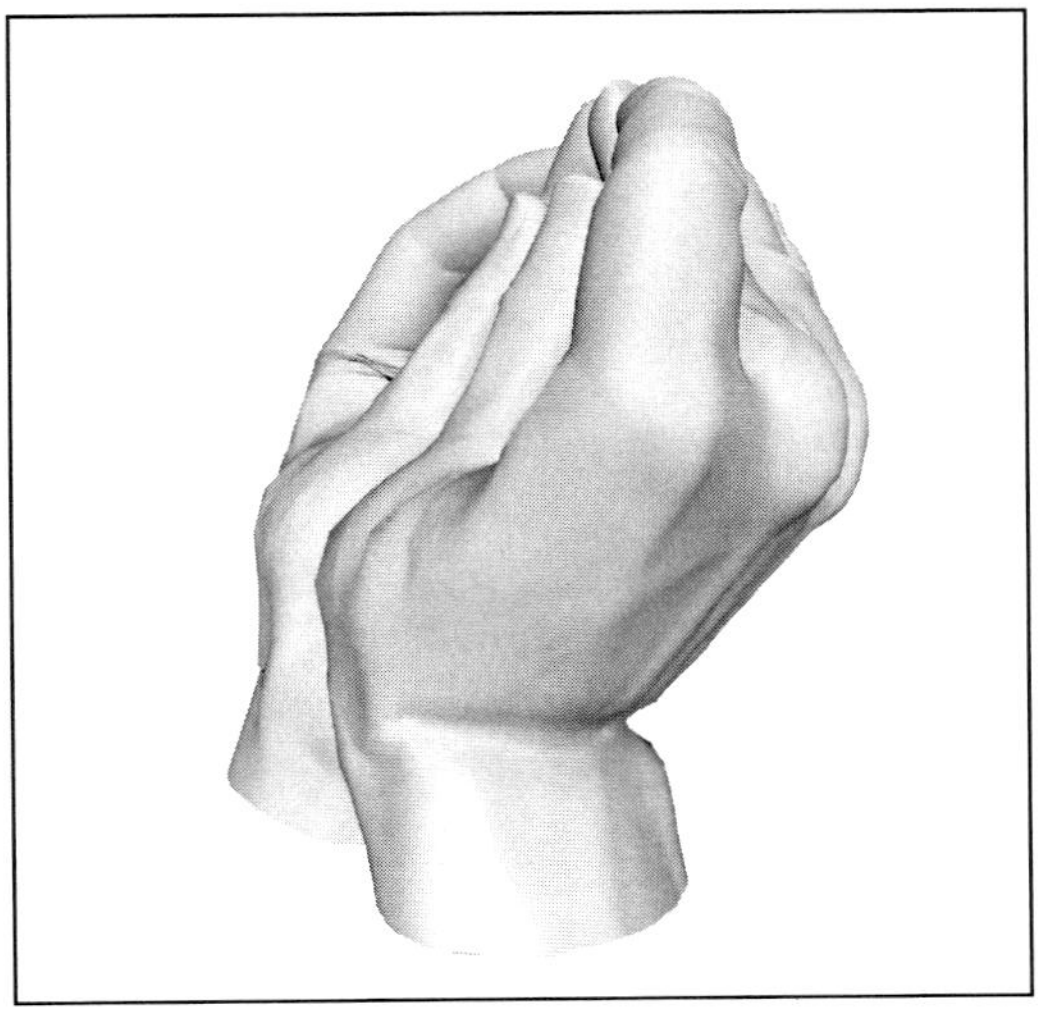

仏眼根本大印《ぶつげんこんぽんだいいん》

①両手、虚心合掌する。
②両人差指を少し屈して、中指の背に回し上節に置く。
③両親指は並べ立て、掌中に入れ、中指の中節を押す。
※瑜祇経では小指をわずかに開くとし、大日経では小指と薬指を掌中に入れるとする。
※この印は五眼（肉眼、天眼、慧眼、法眼、仏眼）具足の印とするが、五眼の配当には異説がある。

仏眼《ぶつげん》根本大印《こんぽんだいいん》二

①両手、金剛合掌する。

②両人差指を屈して甲を合わせる。

③両親指は人差指の上節の側を押す。

※また、虚心合掌ともする。

※時処軌の三眼具足の印、また一眼具足の印とも、金剛眼印ともいう。

金輪印《きんりんいん》

（一字金輪仏頂《いちじきんりんぶっちょう》）

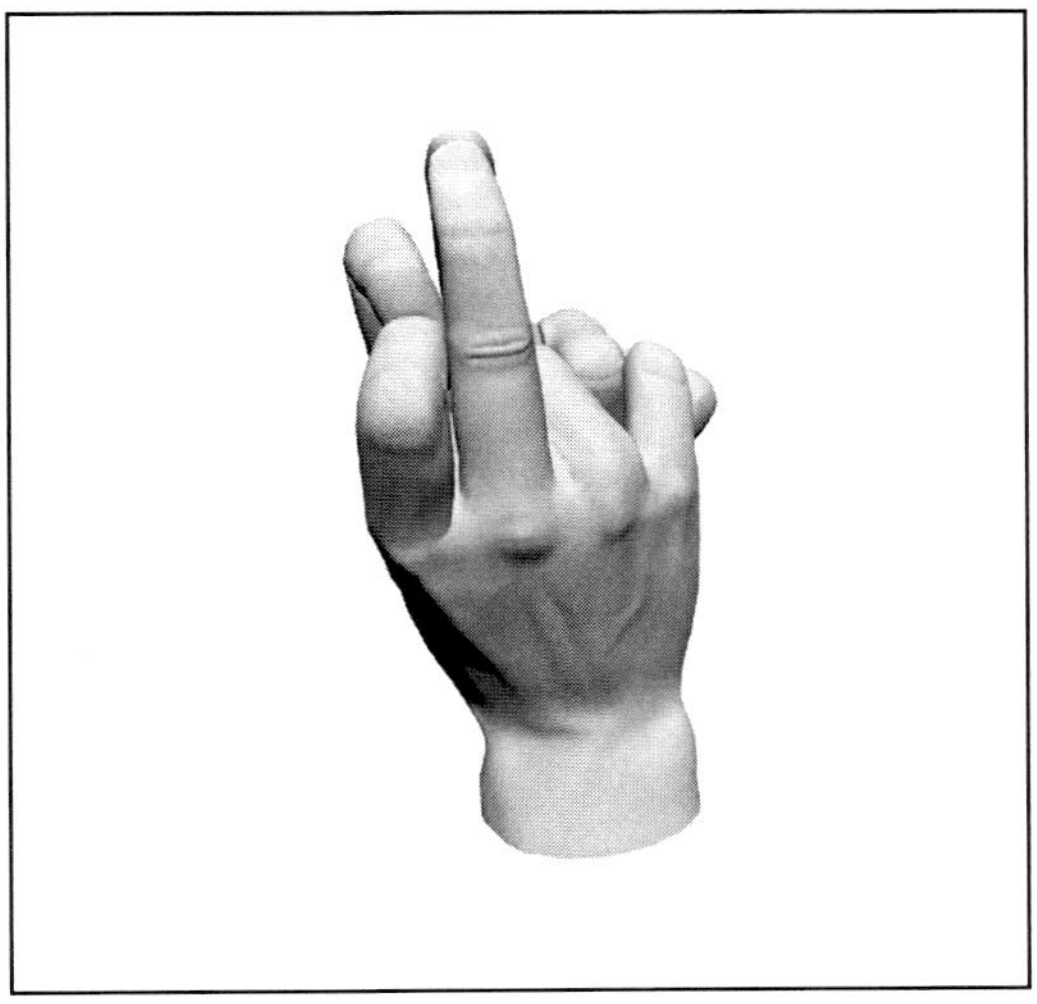

①両手、内縛する。
②両中指を立て合わせ、上節を屈して剣形にする。
③両人差指を屈して先を付け合わせ、両親指の端と付け合わせる。
または、両人差指を両親指を屈して上節に置く、とする（下図）。
※この印は釈迦金輪の印で、八輻輪を表す。

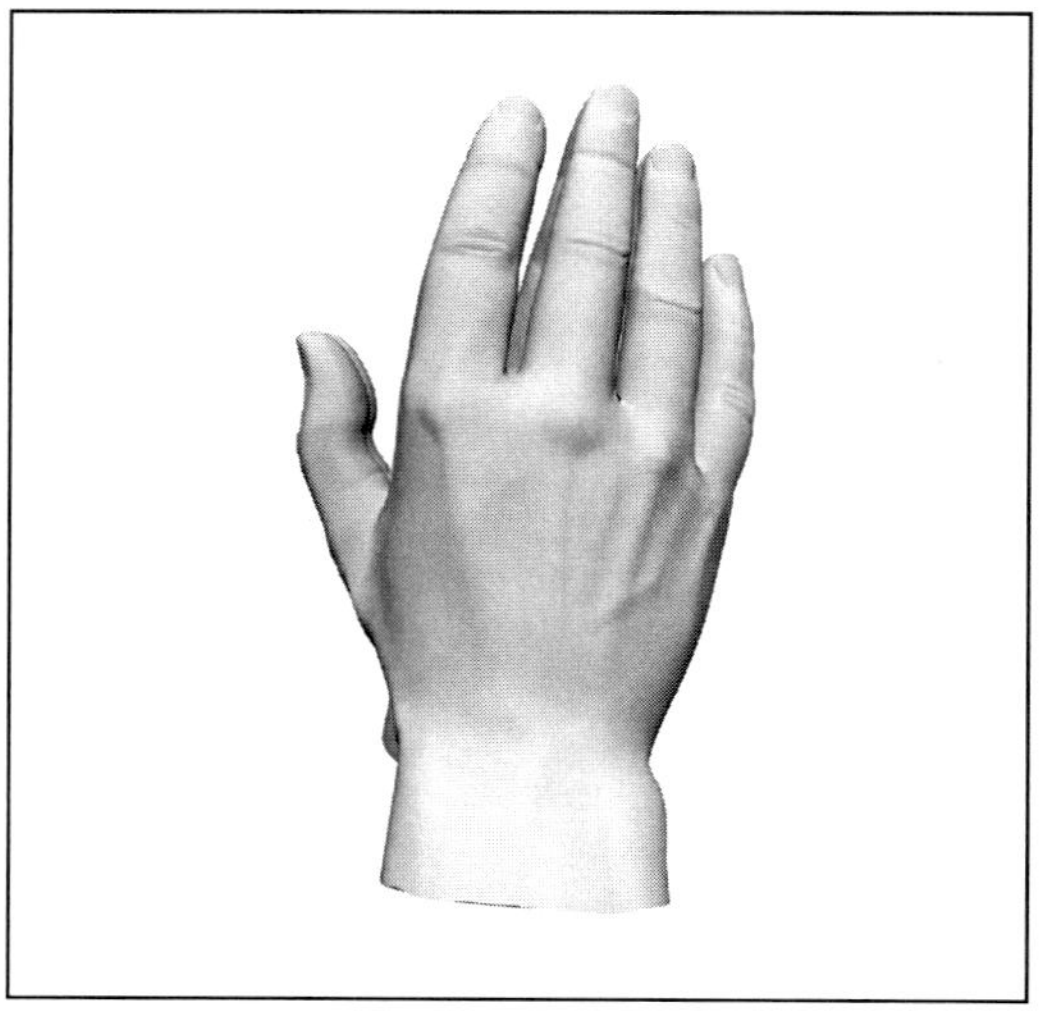

七曜惣印《しちょうそういん》

①両手、虚心合掌する。

②両親指を並び立て、人差指から離す。

七曜惣印各別之真言ヲ用ル

日曜

月曜

火曜

水曜

木曜

金曜

土曜

八《はち》大《だい》菩《ぼ》薩《さつ》普《ふ》印《いん》

①両手、金剛合掌をする。

※一切の菩薩の惣印。

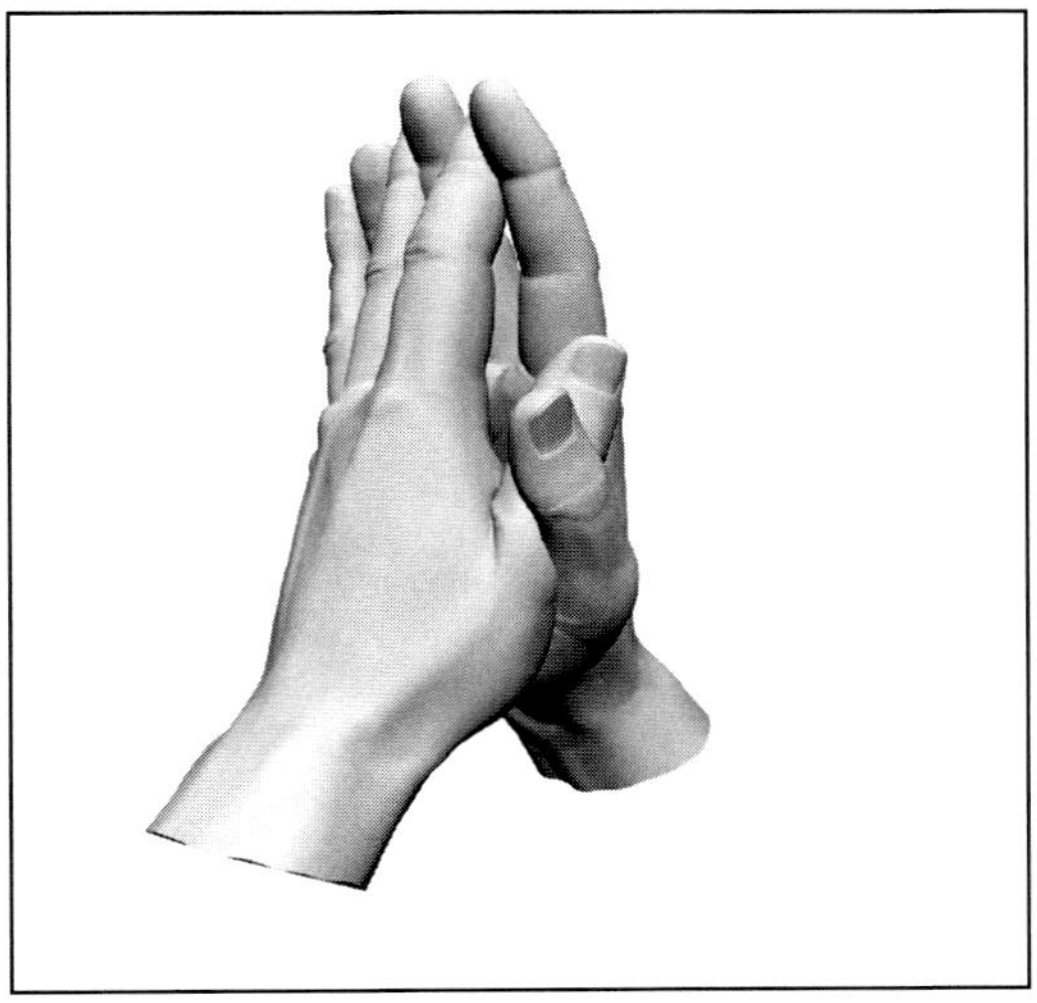

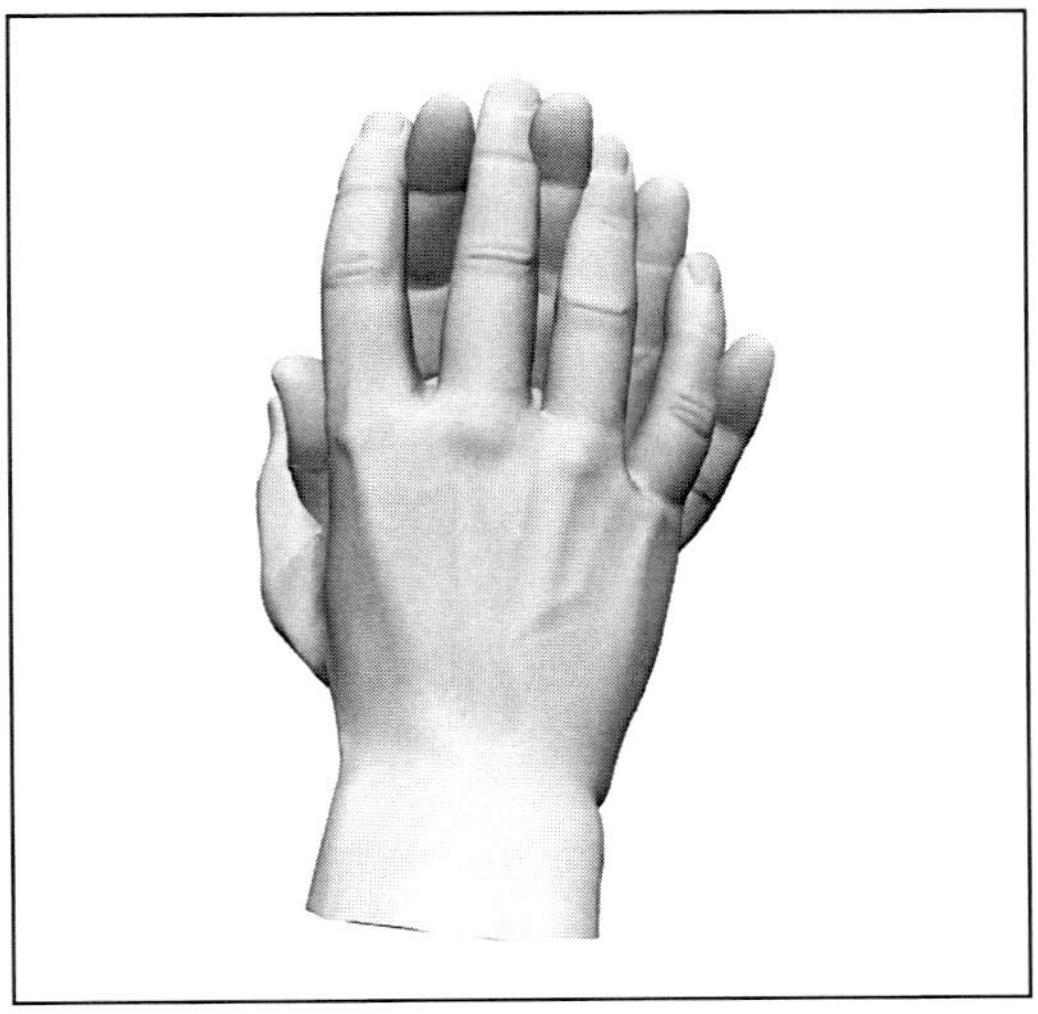

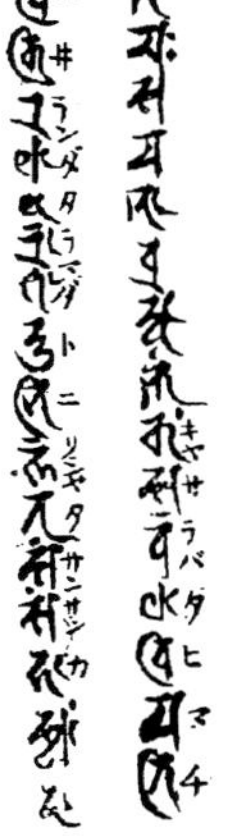

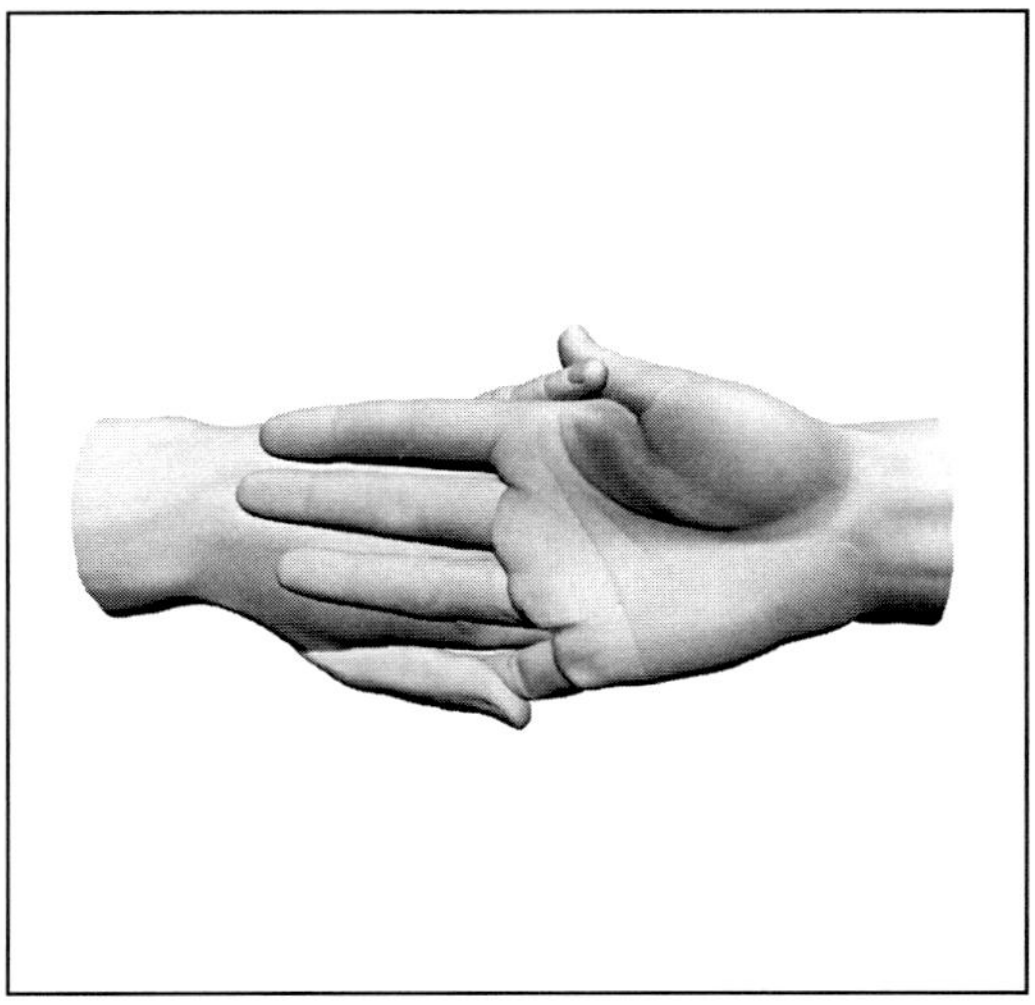

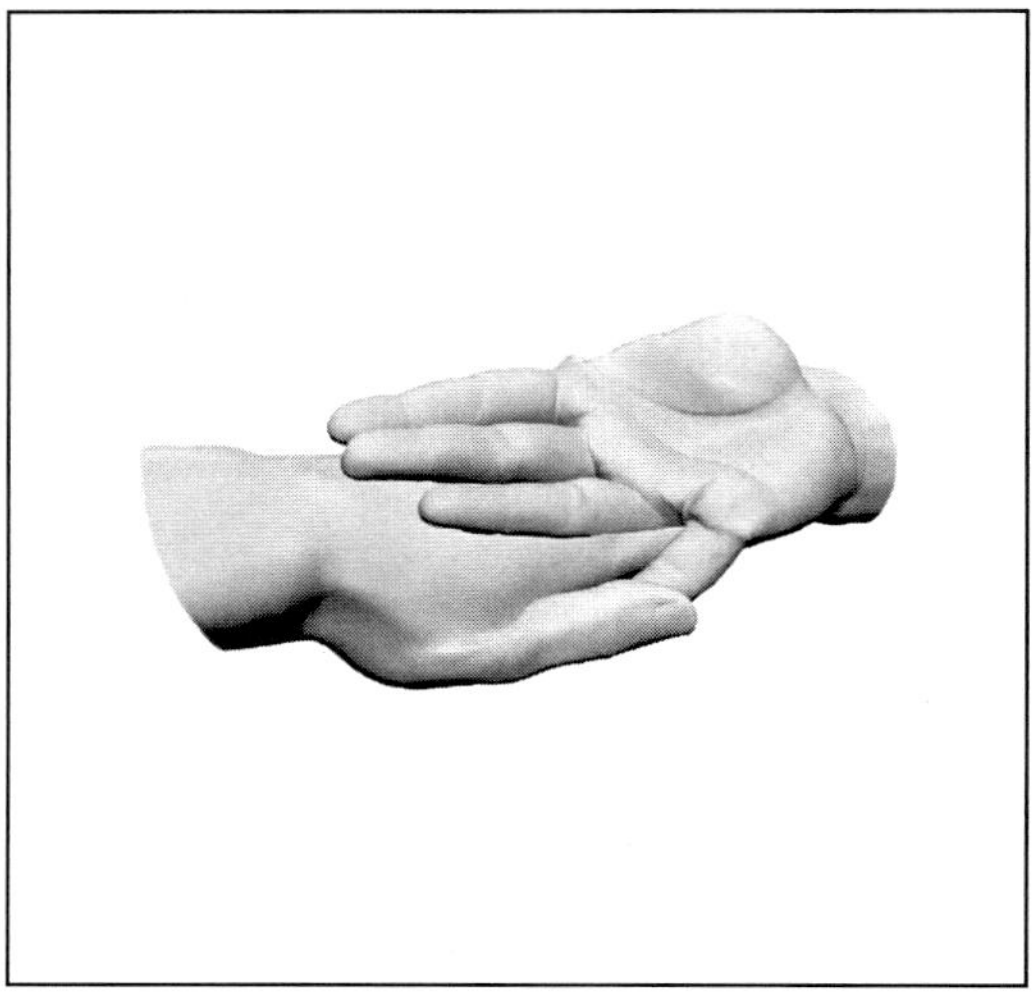

八《はち》大《だい》明《みょう》王《おう》

①左手を伏せ、右手を仰げ、両手の背を合わせる。
②右の親指で左の小指を交え、右の小指と左の親指を交える。
③他の六指は伸ばして指の間を空ける。
※護身法五種印の一で、金剛部三昧耶印、また三股金剛印、持地印、一切持金剛印ともいう。

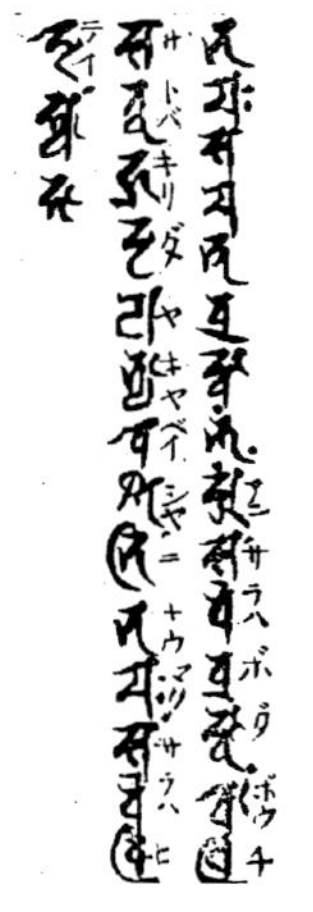

金剛吉祥印《こんごうきちじょういん》

①両手、金剛合掌する。
②両小指を屈して掌中に入れ、相交える。
③両薬指は屈して掌中に入れ、背を合わせる。
④両中指は立て合わせ、剣峰のようにする。
⑤両人差指は立てて屈し、中指の背に回し上節を押す。

⑥両親指は並び立て掌中に入れ、中指を押す。
※また、内縛して両中指を立て合わせ、人差指で中指の背を捻じ、両親指を並び立て中指を捻じる、とする伝もある。

破諸宿曜印《はしょしゅくよういん》

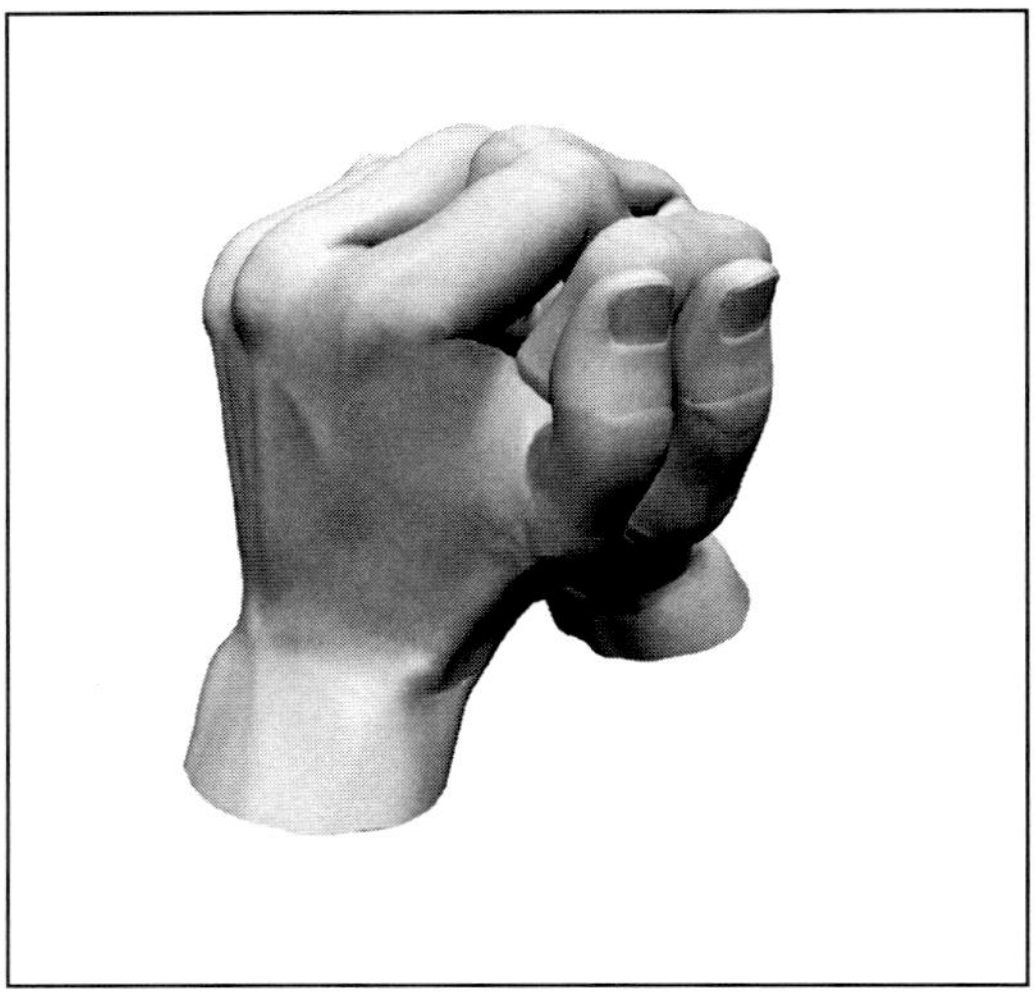

①両手、指の節をこごめて内縛する。

②両親指を並び立ててやや屈し、人差指の屈節の上を押す。

※外縛とする説もある。

※人差指と親指を開くと、閉じるとの説があり、開くのは一切衆生の煩悩不祥を噉食する（師子口）と観想する。閉じるのは、己を噉食しつくして閉じるの義である。

※また、師子口印、大精進印、一切無畏印、師子冠印、師子首印、文殊師子口印、宝珠印、妙吉祥破諸宿曜印、破宿曜障印、破七曜一切不祥印ともいう。

成就一切明印《じょうじゅいっさいみょういん》

①両手とも不動剣印をする。

②左剣印を仰げ、右拳印を伏せ、互いの掌中に差し入れる。

※これは生仏不二の義であり、また生仏ともに月輪に住する義を表す。

※諸尊の入我我入に用いる印である。

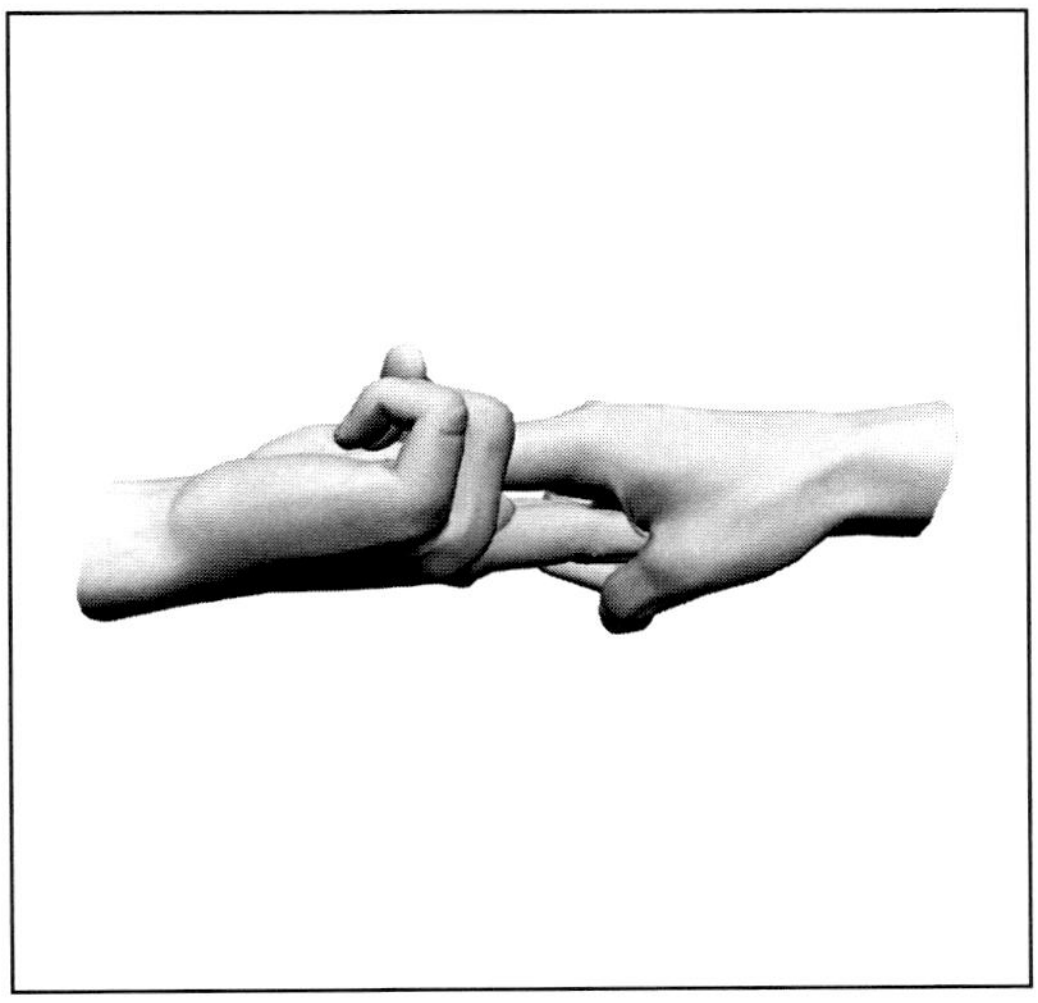

大《だい》仏《ぶっ》頂《ちょう》智《ち》拳《けん》印《いん》

①両手、金剛拳にする。
②左の人差指を伸ばし、右拳の小指で左の人差指の第一節を握る。
③右の人差指の先を右の親指の第一節に置く。
※智拳印（四七頁）に同じ。

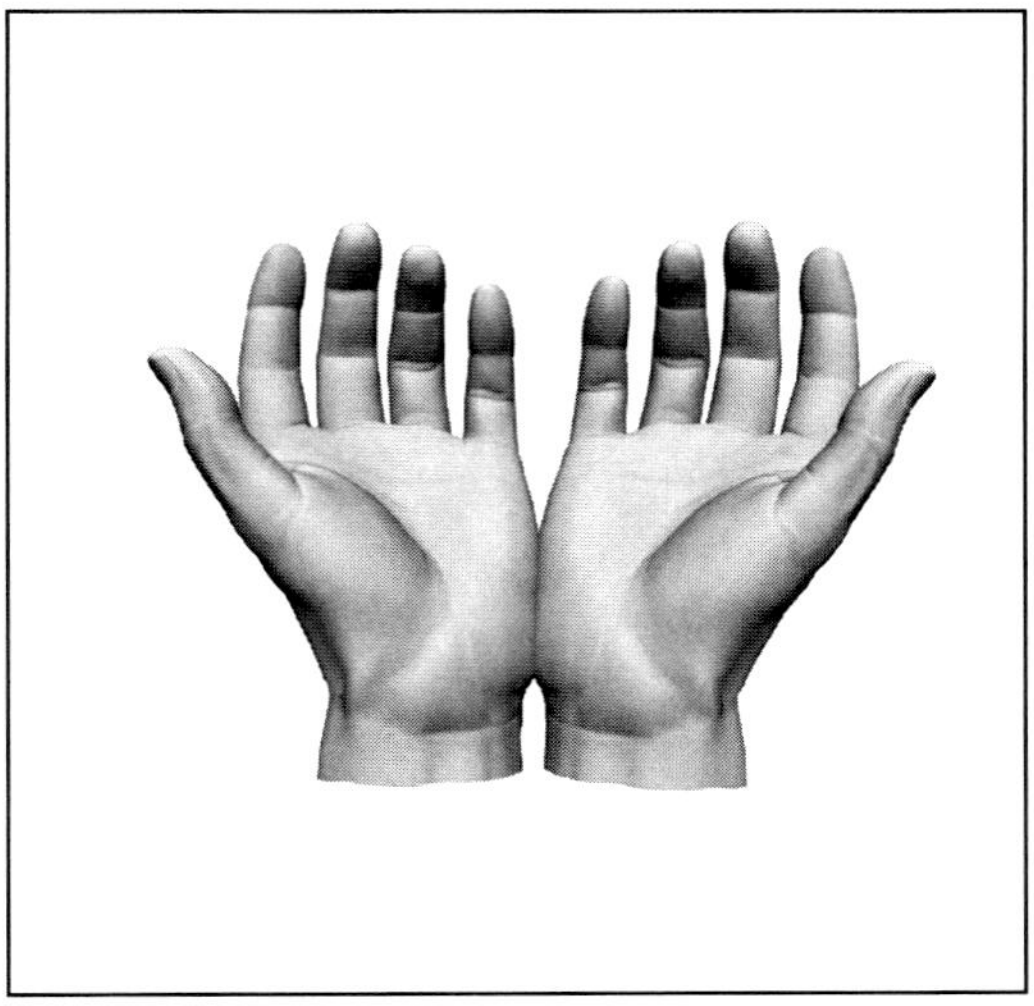

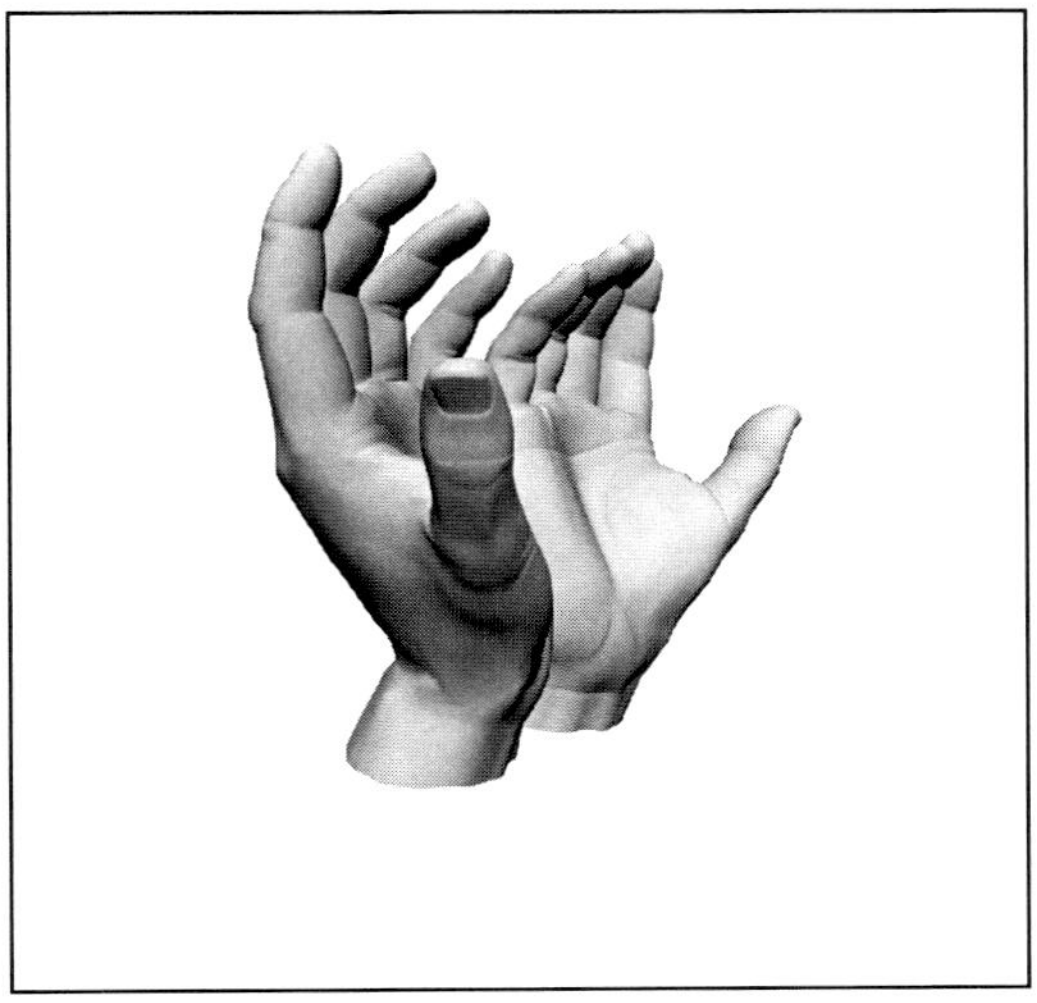

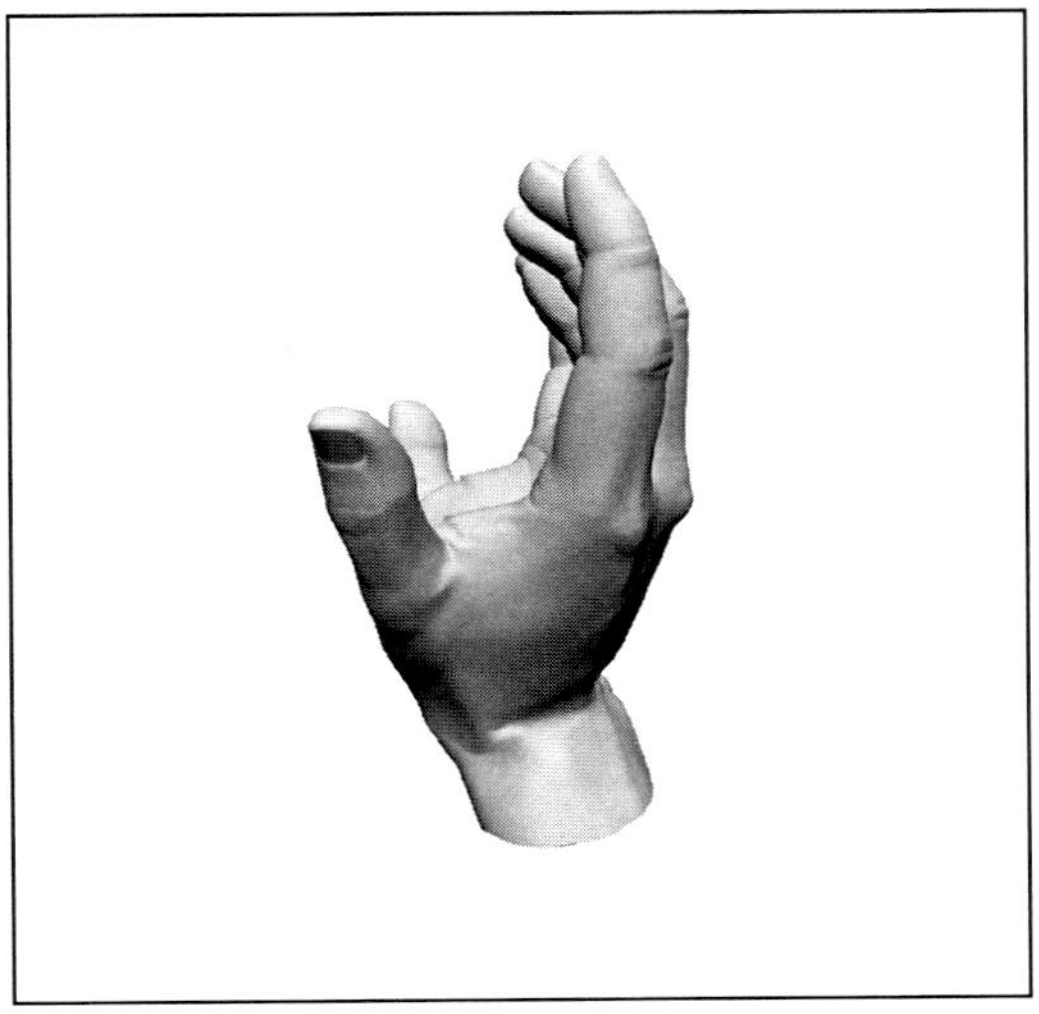

本《ほん》三《さん》昧《ま》耶《や》印《いん》

①両手、掌の根を付け合わせて立てる。
②面を覆うようにする。
※摂一切仏頂輪王本三昧耶印、成就一切事業仏頂諸仏心本三昧耶印ともいう。

※真言は前頁に同じ。

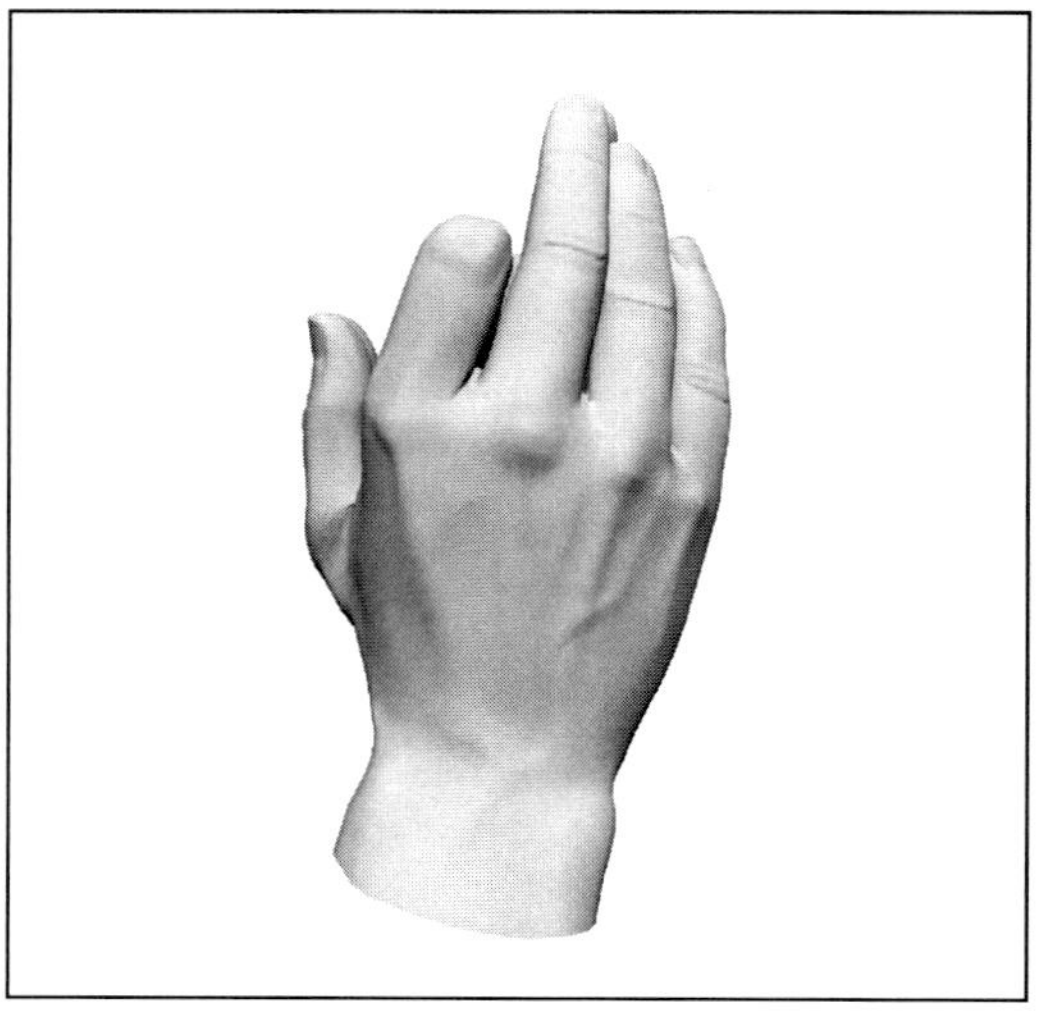

金輪《きんりん》（宝瓶印《ほうびょういん》）

①両手、虚心合掌する。

②両人差指を屈して甲を付け合わせる。

③両親指を人差指の先に付けて押し、弾指のようにする。

※金剛合掌とする説もある。

※また、瓶印、尊勝宝瓶印、尊勝空印ともいう。

※別に塔印、大慧刀印、無所不至印と同印とする説もある。

※真言は四四頁に同じ。

智《ち》拳《けん》印《いん》

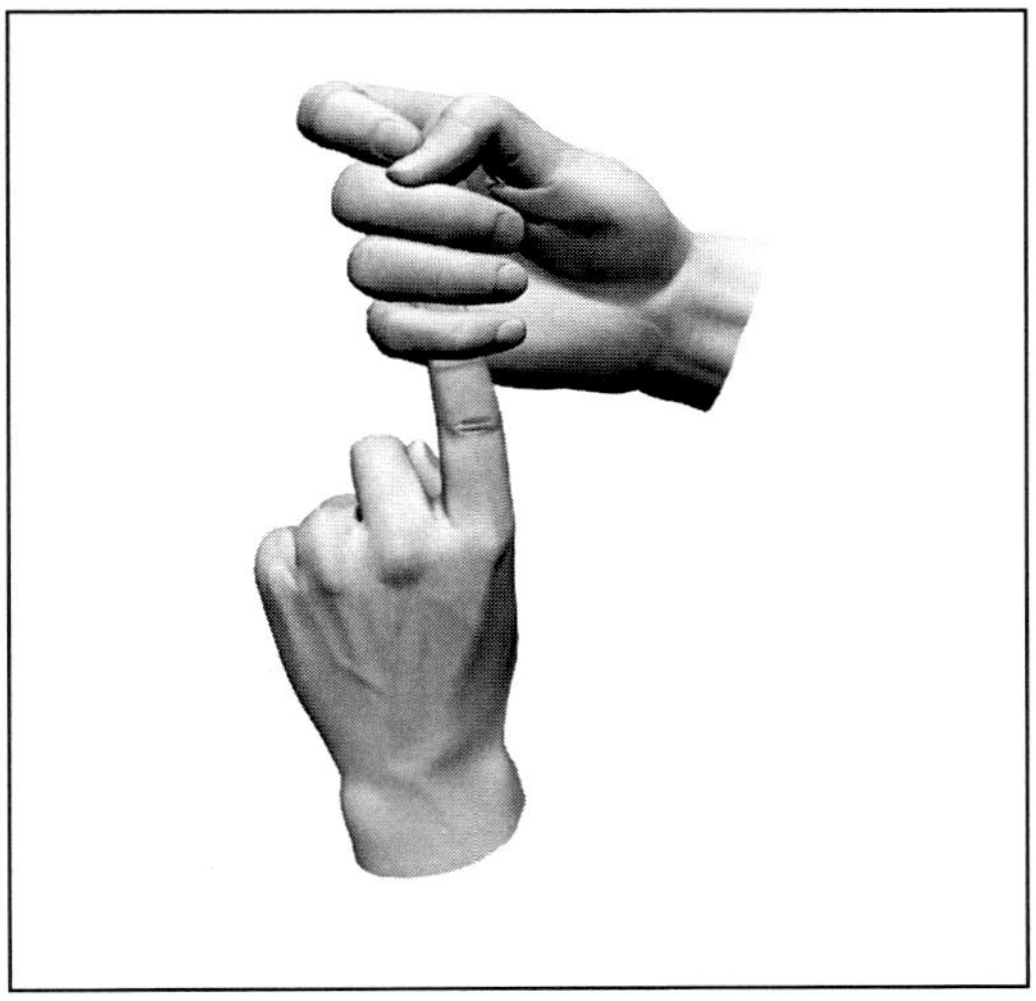

①両手、金剛拳にする。

②左の人差指を伸ばし、右拳の小指で左の人差指の第一節を握る。

③右の人差指の先を右の親指の第一節に置く。

※異称が多く、大智拳印、菩提最上契、菩提引導第一智印、能滅無明黒暗印、毘盧遮那如来大妙智印、引導無上菩提第一智印、能滅無明黒暗大光明印、大毘盧遮那如来無量福寿大妙智印、金剛拳印、大日法界印などともいう。

※金剛界一印会大日如来の結ぶ印であり、独一法身の印。

※真言は四四頁に同じ。

勝身三昧耶印《じょうじんさまやいん》

①両手、金剛合掌する。
②両人差指を丸く立て合わせる。
③両人差指を屈して中指の背に回し上節に付ける。
※頂輪王勝身三昧耶、如来勝身三昧耶ともいう。

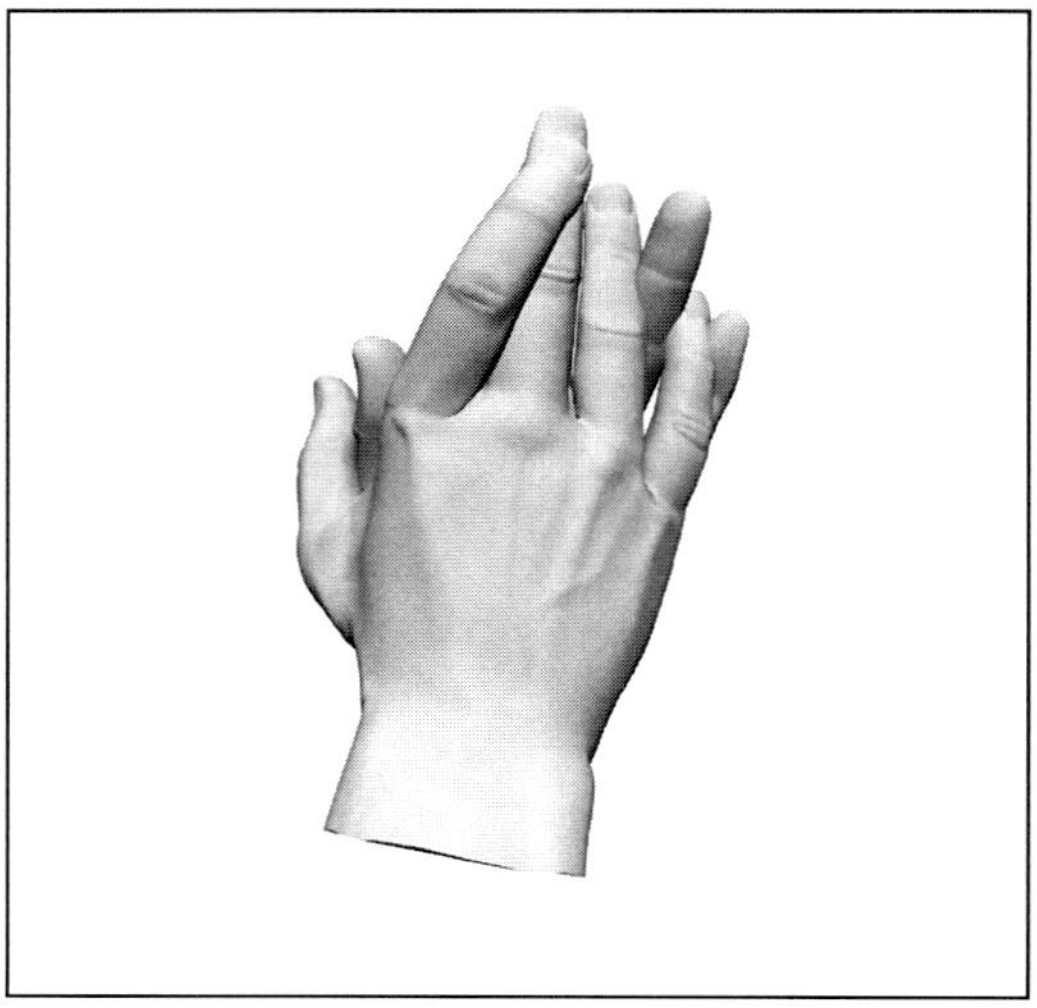

※真言は四四頁に同じ。

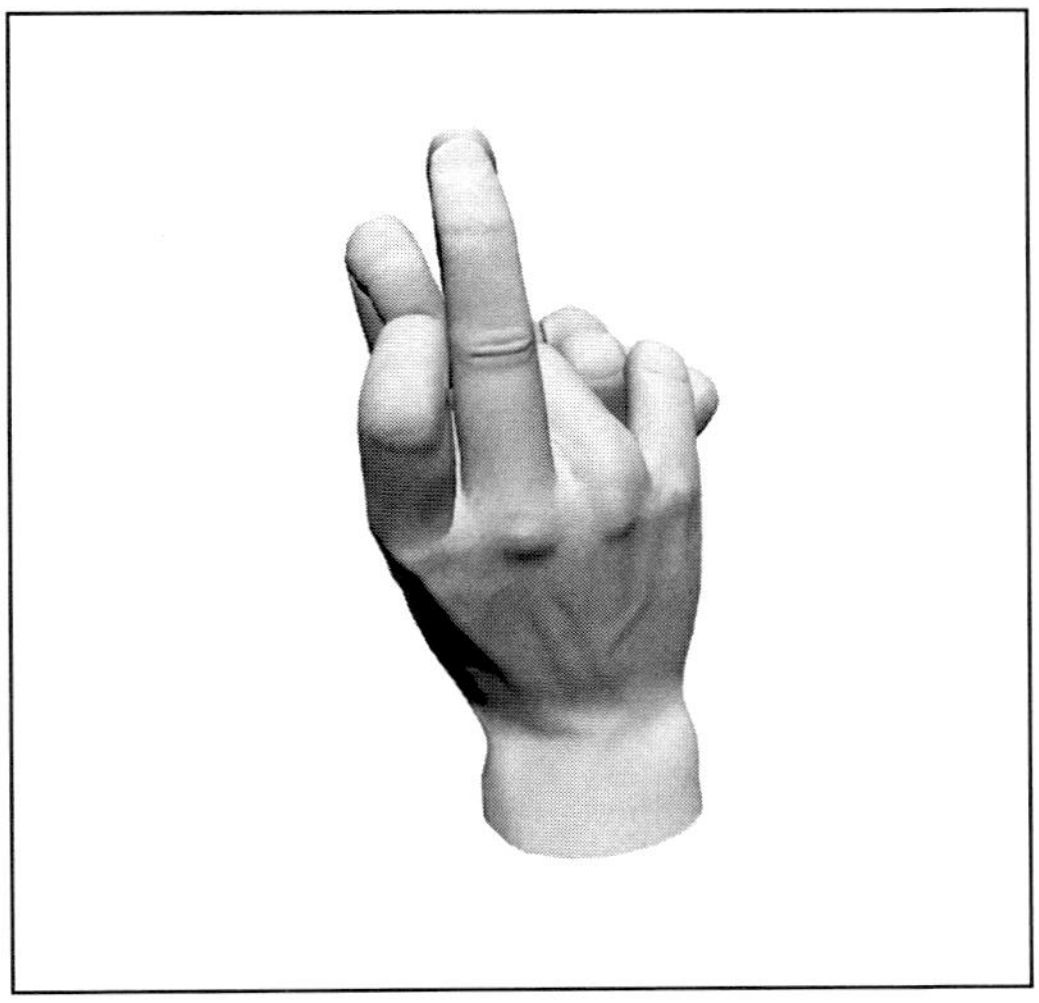

大仏頂《だいぶつちょう》（金輪仏頂《きんりんぶつちょう》）
小野説根本印《おのせつこんぽんいん》

①両手、内縛する。
②両中指を立て合わせ、上節を屈して剣形にする。
③両人差指を屈して先を付け合わせ、両親指の端と付け合わせる。
または、両人差指を両親指を屈して上節に置く、とする（左下図）。
※金輪印（三七頁）に同じ。

※真言は四四頁に同じ。

尊勝《そんしょう》（仏頂《ぶっちょう》）
尊勝空印《そんしょうくういん》

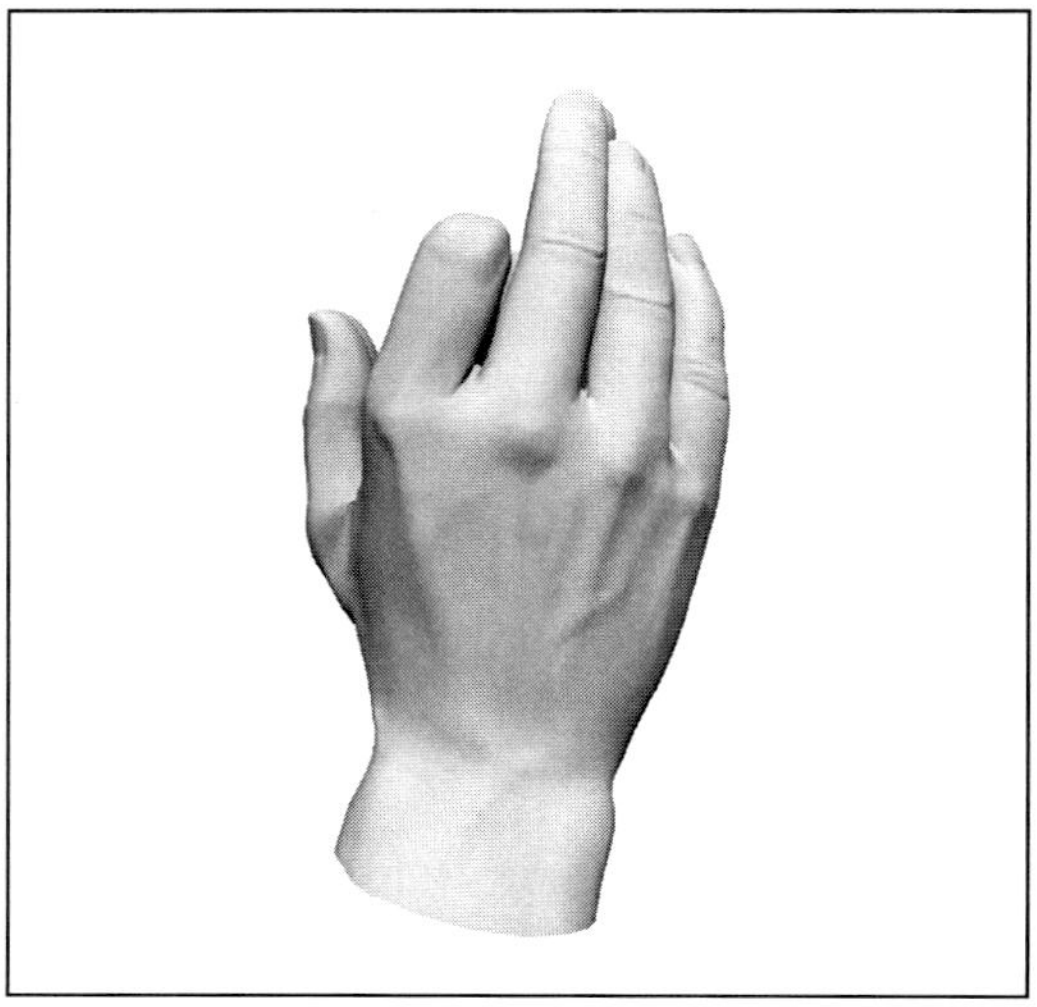

①両手、虚心合掌する。

②両人差指を屈して甲を付け合わせる。

③両親指を人差指の先に付けて押し、弾指のようにする。

※金剛合掌とする説もある。

※また、瓶印、尊勝宝瓶印、尊勝空印ともいう。

※別に塔印、大慧刀印、無所不至印と同印とする説もある。

※金輪（宝瓶印）（四六頁）に同じ。

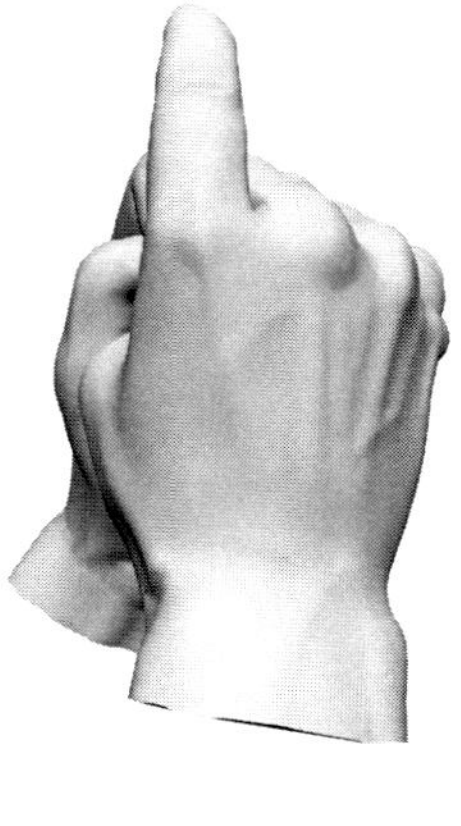

尊勝《そんしょう》二

①両手、内縛する。
②右の人差指を立て、やや屈して鉤のようにする。
※除障仏頂の印。

※真言は前頁に同じ。

尊勝《そんしょう》三

①右手、蓮華拳にする。
②人差指を立て、やや屈する。
※胎蔵除障仏頂の印。

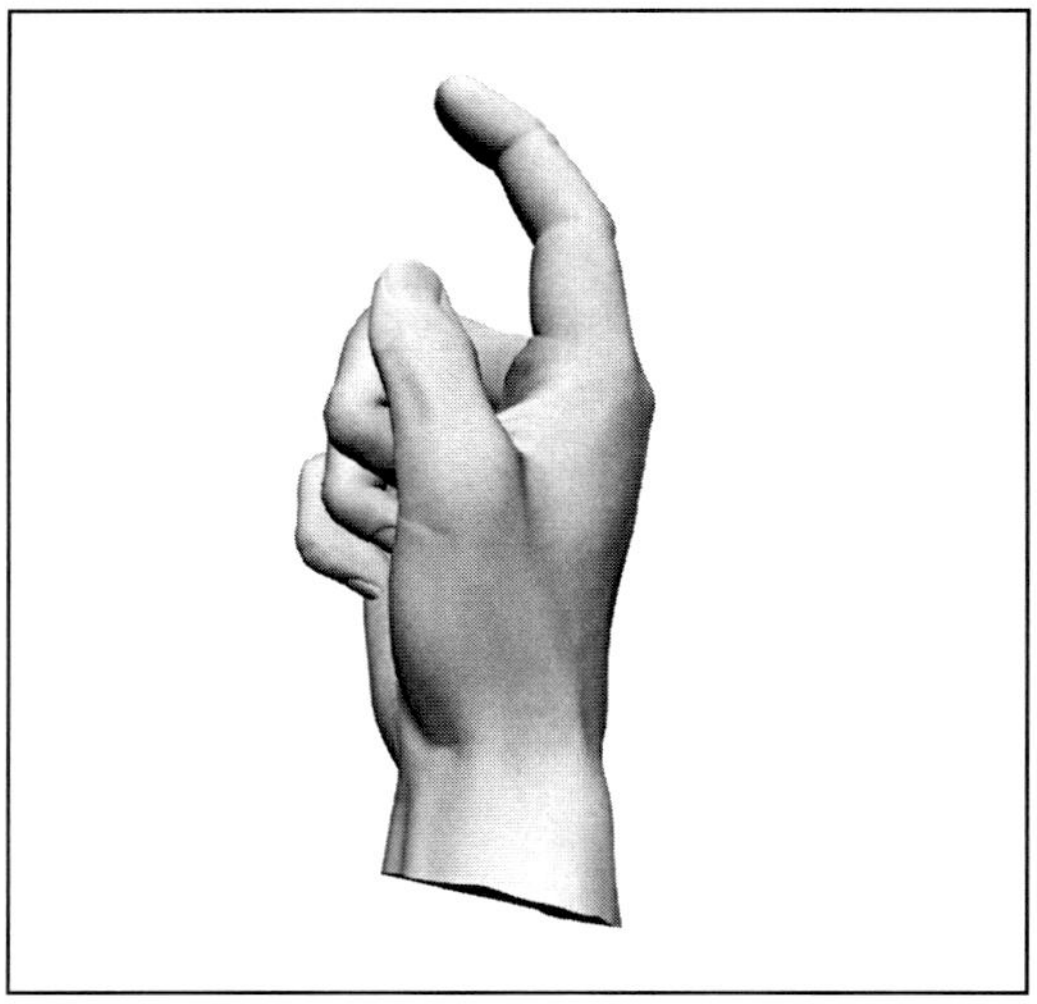

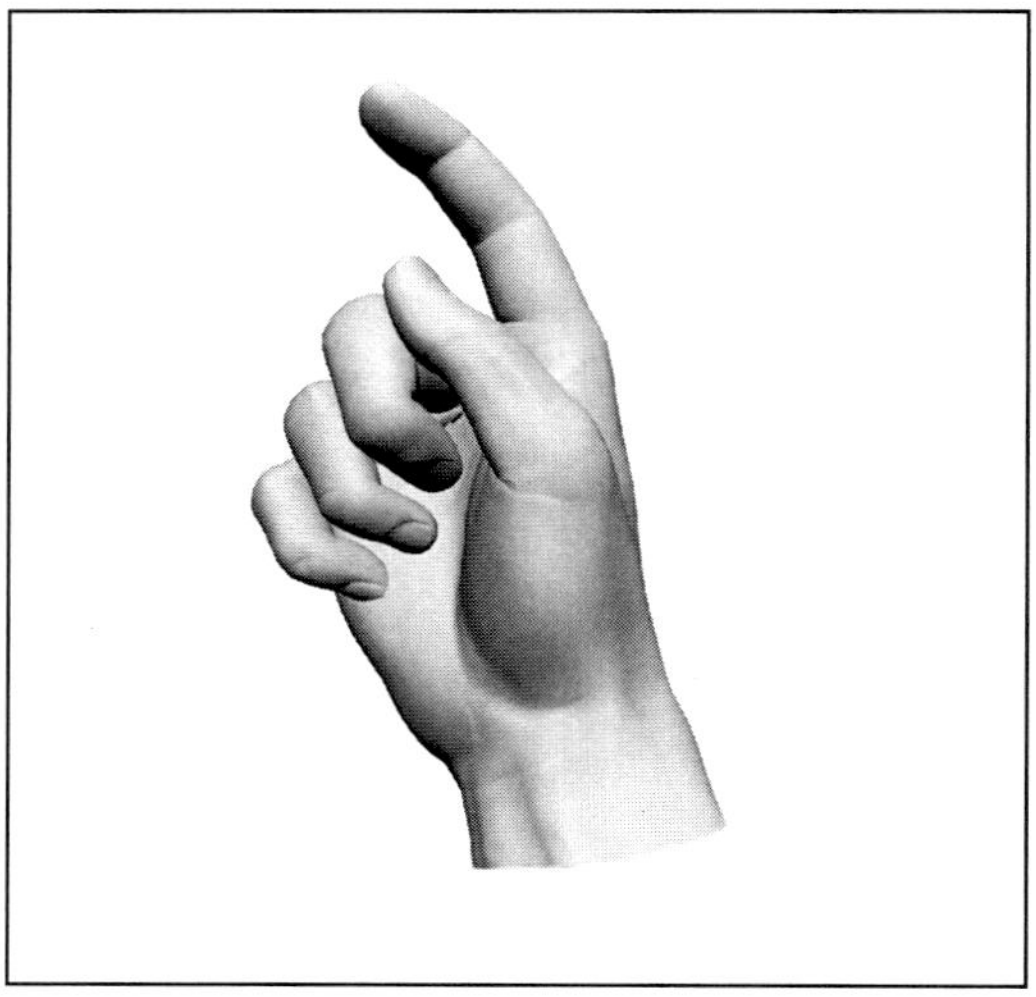

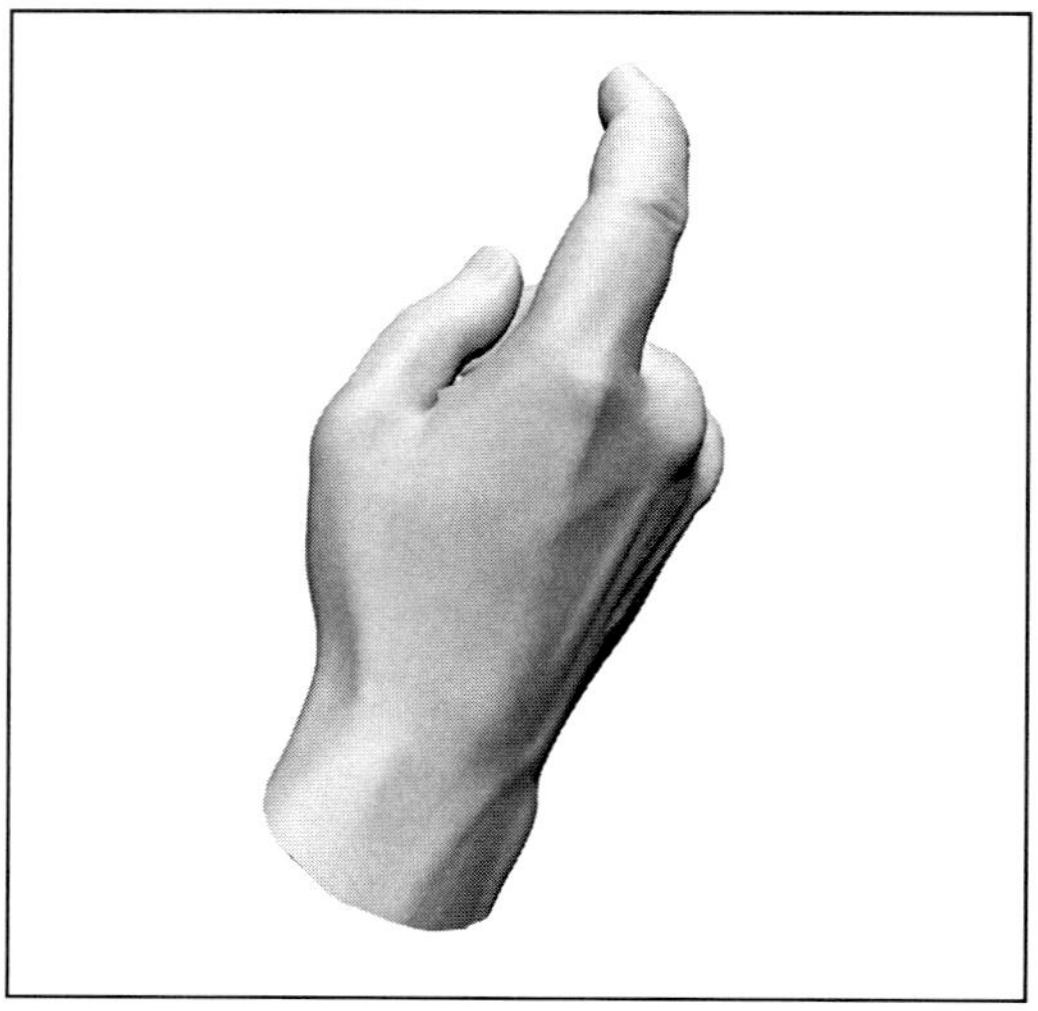

※真言は五〇頁に同じ。

八大仏頂印《はちだいぶっちょういん》一

白傘蓋仏頂《びゃくさんがいぶっちょう》

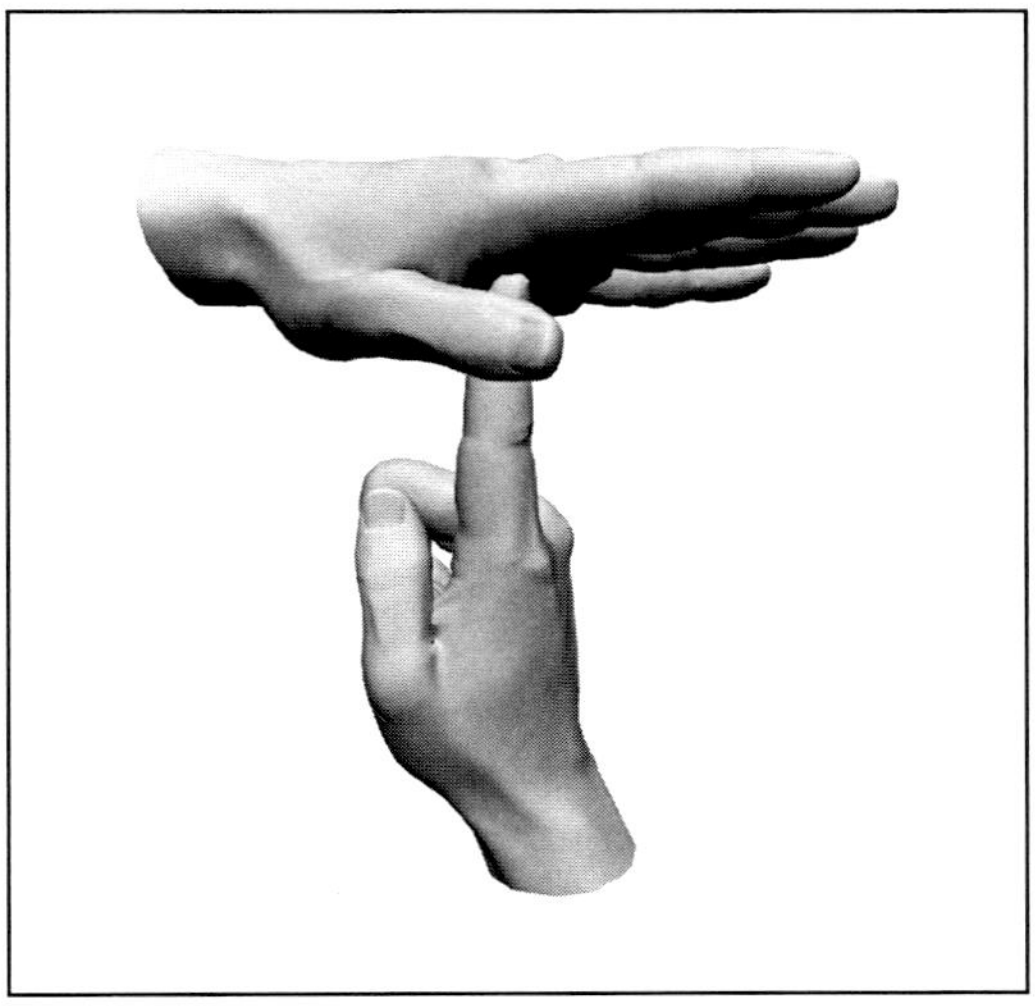

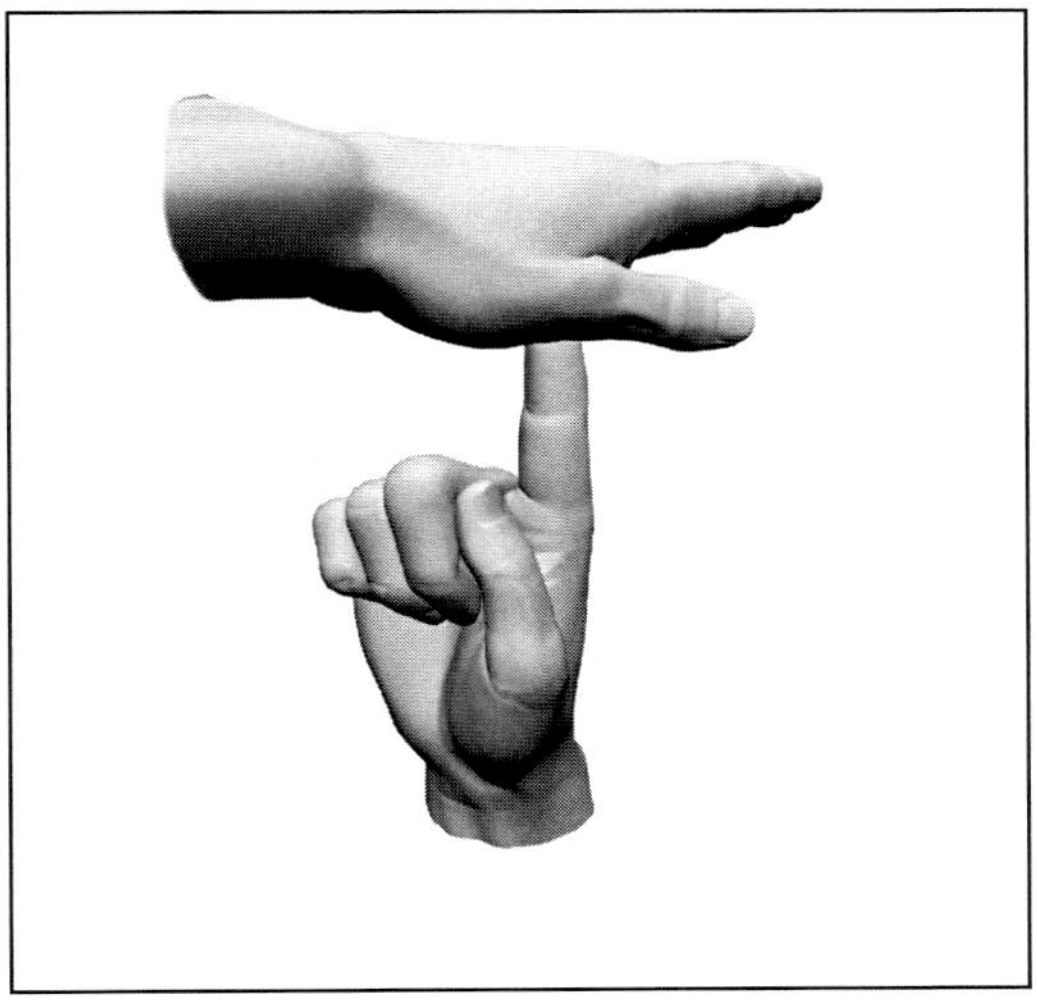

①左手、五指を伸ばし、伏せる。
②右手は拳にして、人差指を立て伸ばし、指先を左掌の中心に付ける。
※これは傘の形。
※蓋の印ともいう。

八大仏頂印《はちだいぶっちょういん》二

勝仏頂大慧刀印《しょうぶっちょうだいえとういん》

①両手、虚心合掌をする。
②両人差指を屈して、親指の先と溶け合わせる。
※卒都婆印ともいう。
※また大慧刀印、大日剣印、無所不至印ともいう。
※塔印ともいい、親指の間を空けるのを開塔印、閉じているのを閉塔印という。

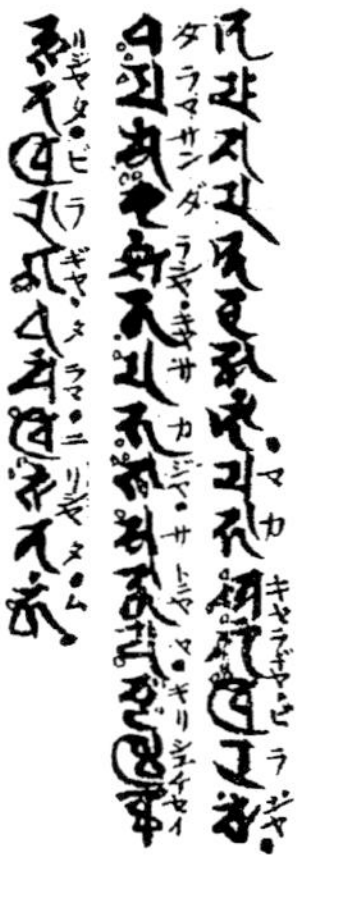

八大仏頂印《はちだいぶっちょういん》三
最勝仏頂転法輪印《さいしょうぶっちょうてんぼうりんいん》

①左手を伏せ、右手を仰げて、両手の甲を合わせる。
②両親指の先を付け合わせる。
③左右の他の四指をそれぞれの指どうしを相交える。

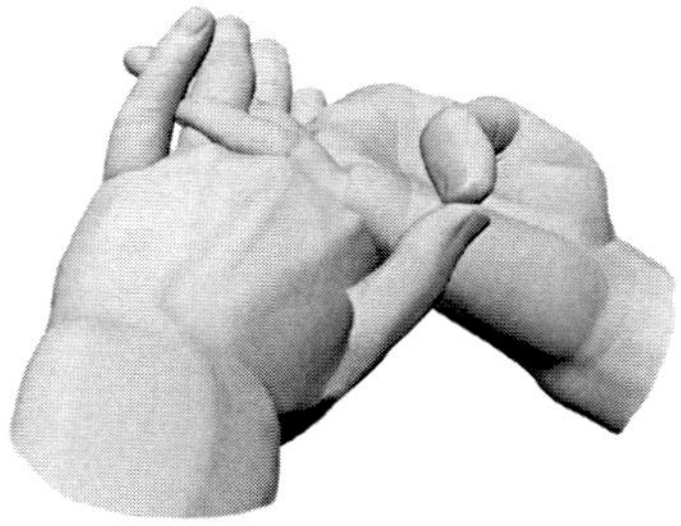

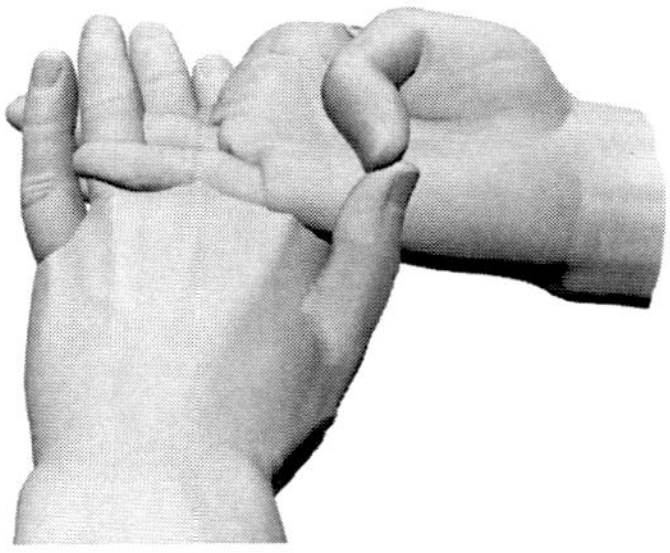

八《はち》大《だい》仏《ぶっ》頂《ちょう》印《いん》四
光《こう》聚《じゅ》仏《ぶっ》頂《ちょう》三《さん》鈷《こ》印《いん》

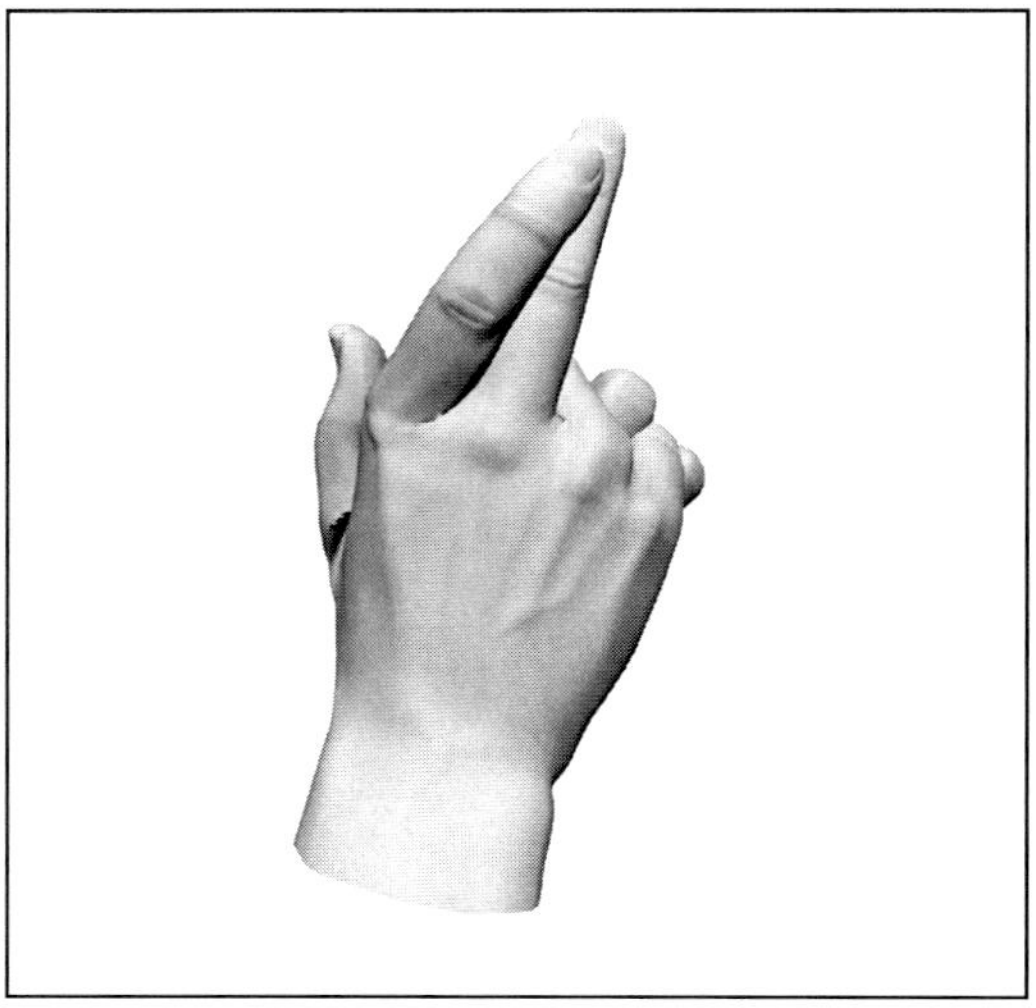

①両手、内縛する。
②両中指を立て合わせる。
③両人差指を立てて屈して鉤のようにし、中指の背に回す。中指にはつけない。
④両親指は並べ立てる。
※金剛合掌して両小指、薬指を掌中に入れるとする説、両親指で中指を押すとする説もある。

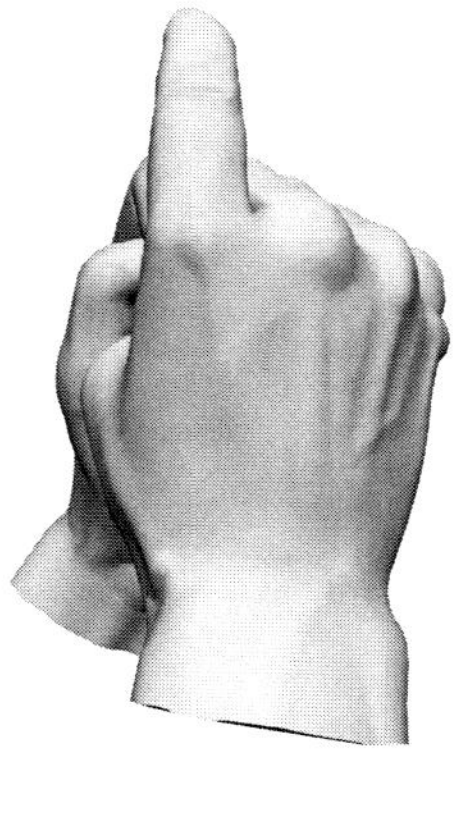

八大仏頂印《はちだいぶっちょういん》五

除障仏頂《じょしょうぶっちょう》

①両手、内縛する。

②右の人差指を立て、やや屈して鉤のようにする。

※尊勝二（五一頁）に同じ。

八《はち》大《だい》仏《ぶっ》頂《ちょう》印《いん》 六

広《こう》生《しょう》仏《ぶっ》頂《ちょう》

①両手、内縛する。

②両小指、中指、親指を直ぐ立て合わせる。

③両人差指を立て、屈して鉤のようにし、中指の背に回して、中指にはつけない。

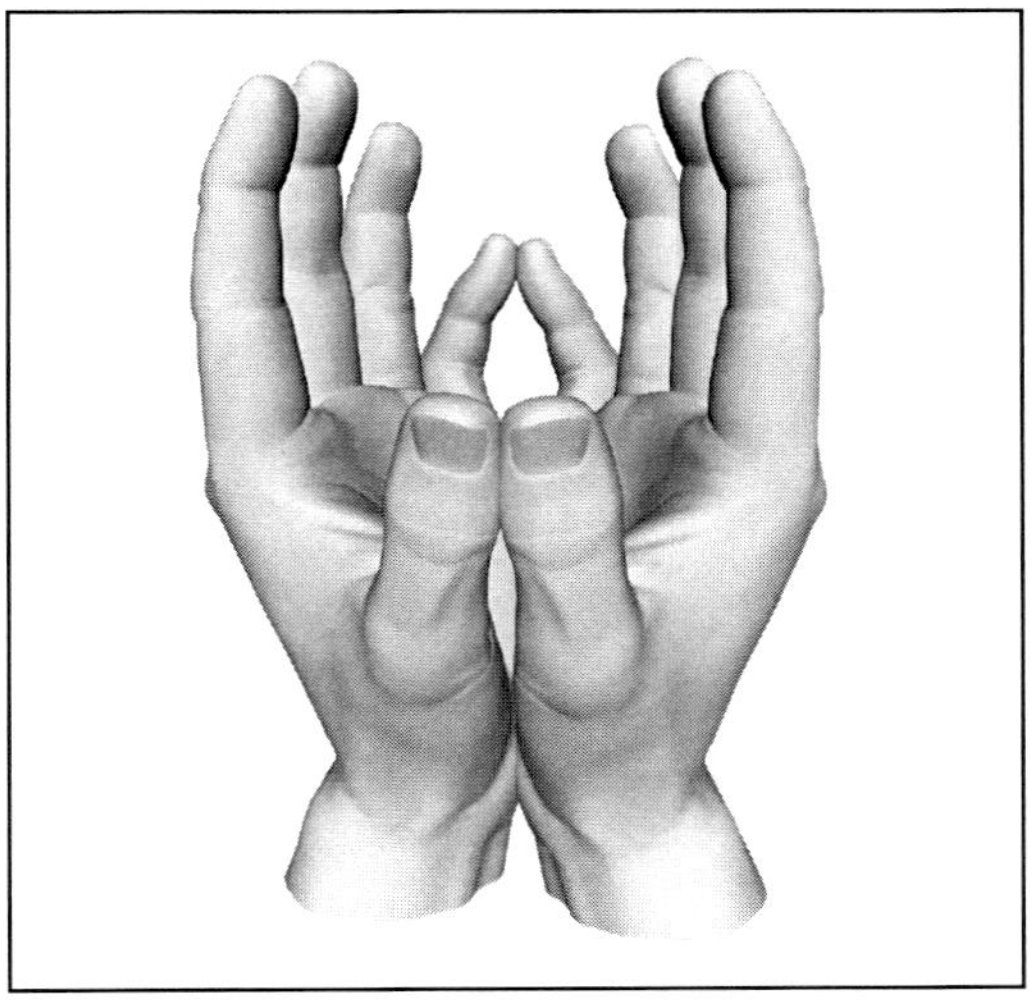

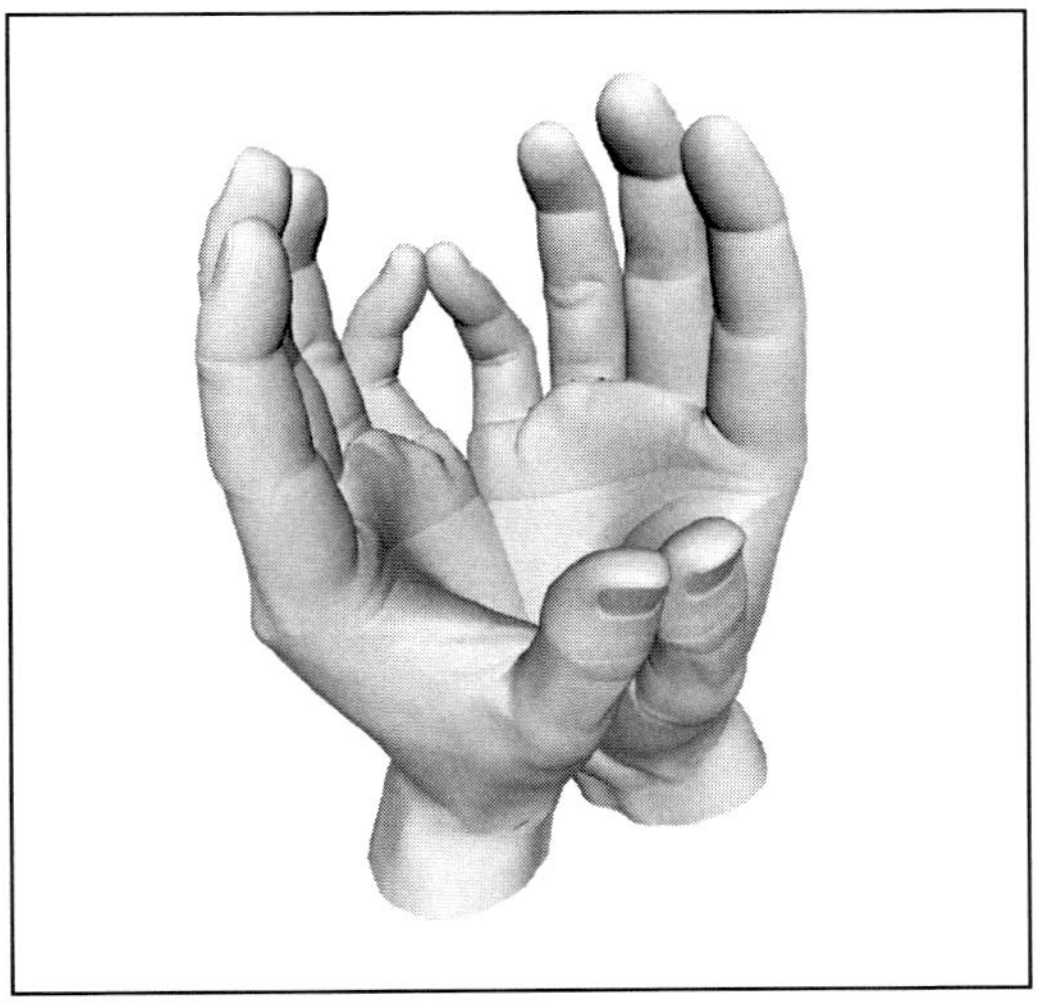

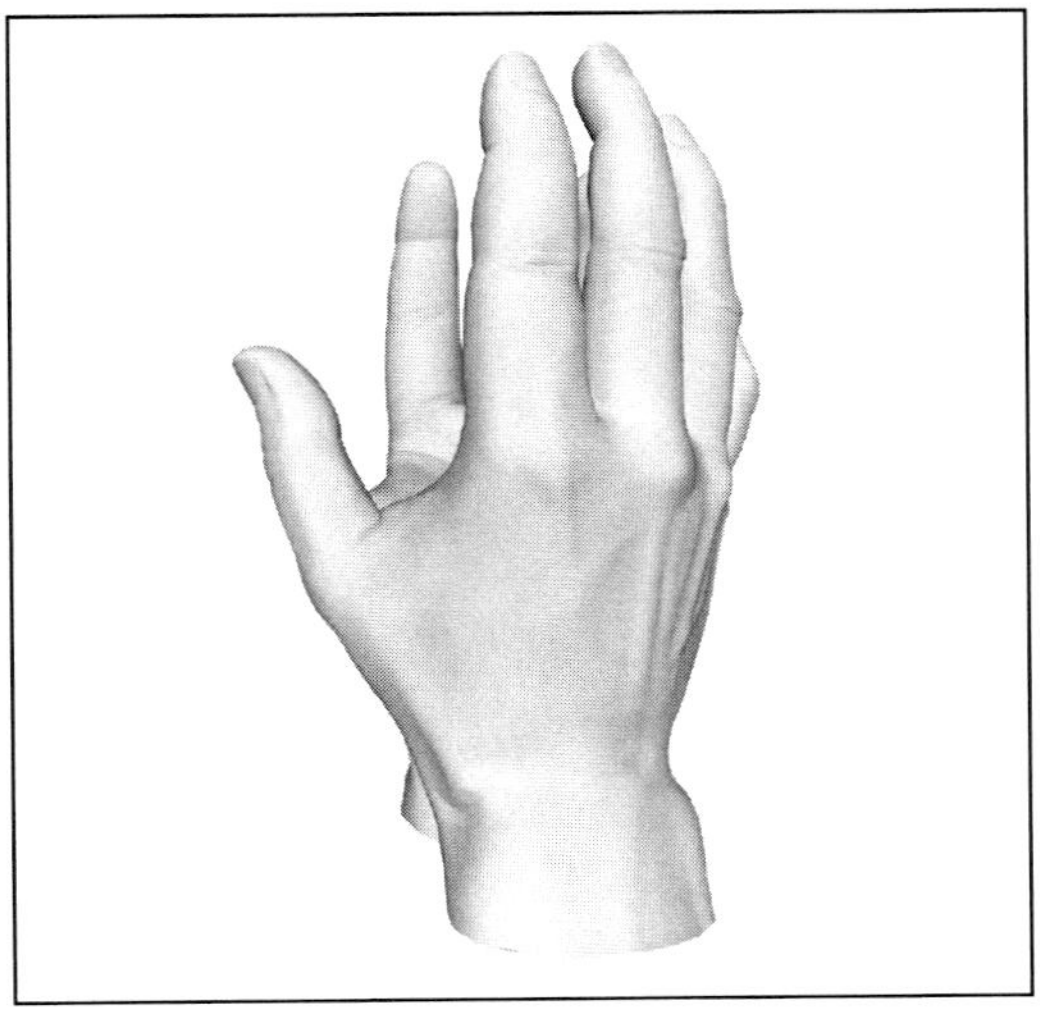

八《はち》大《だい》仏《ぶっ》頂《ちょう》印《いん》七
発《ほっ》生《しょう》仏《ぶっ》頂《ちょう》蓮《れん》華《げ》印《いん》

①両手、虚心合掌する。
②両薬指、中指、人差指を開きたて、指の間を空ける。
※これは開いた蓮華を表す。
※八葉印（二四頁）に同じ。

八大仏頂印《はちだいぶっちょういん》八
無量声仏頂《むりょうしょうぶっちょう》二《に》明王印《みょうおういん》

①両手、虚心合掌をする。
②両親指を並べて掌中に入れ、人差指を屈して親指の上節を押す。
③両中指、薬指、小指は先を付け合わせる。
※商佉印、法螺印ともいう。
※不動十四根本印の商佉印とは異なる。

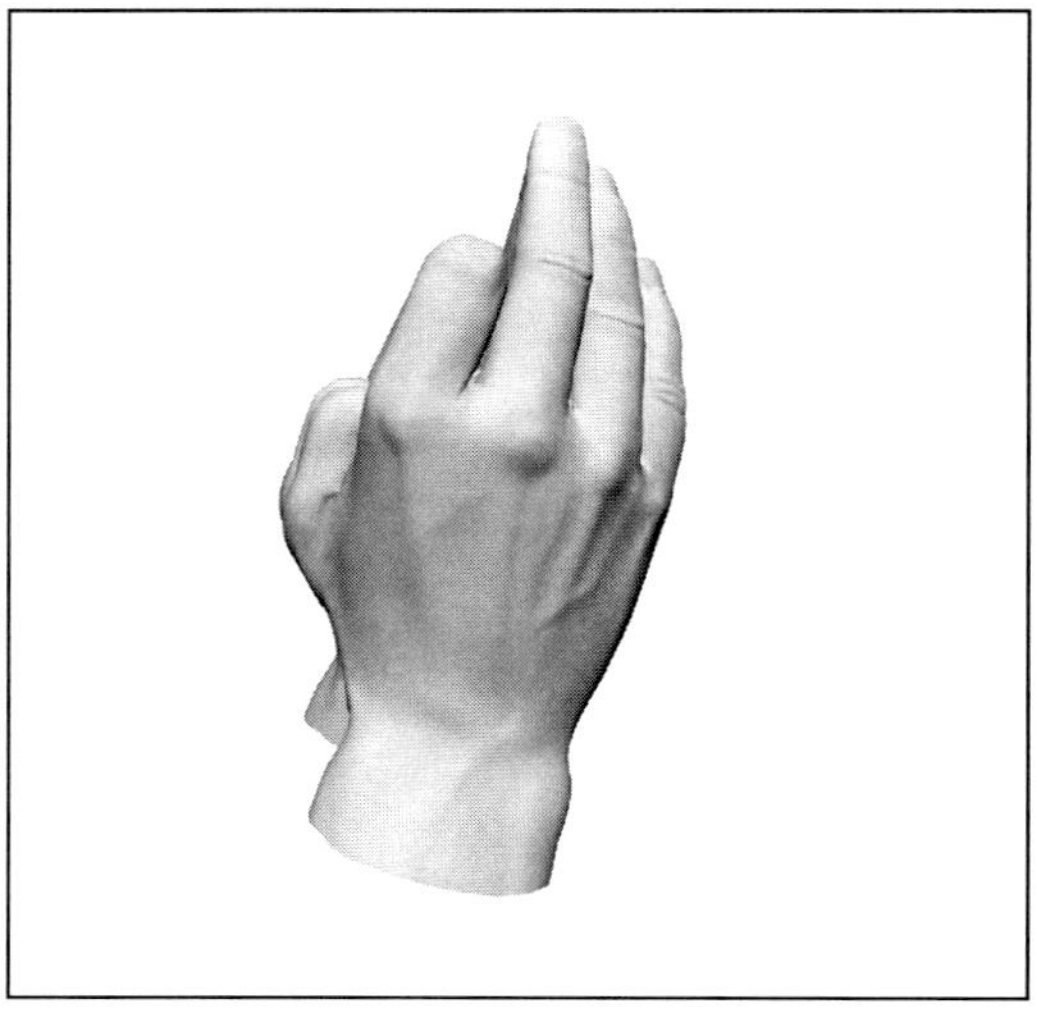

不《ふ》動《どう》剣《けん》印《いん》

①両手、ともに剣印にする。剣印は、小指、薬指を屈して親指で甲を押し、中指、人差指を伸ばす。

②左手の剣印を仰げて鞘とし、右手の剣印を、左手に差し込み納める。

※剣印（二三九頁）に同じ。

※根本印十二渇誐印（二五二頁）に同じ。

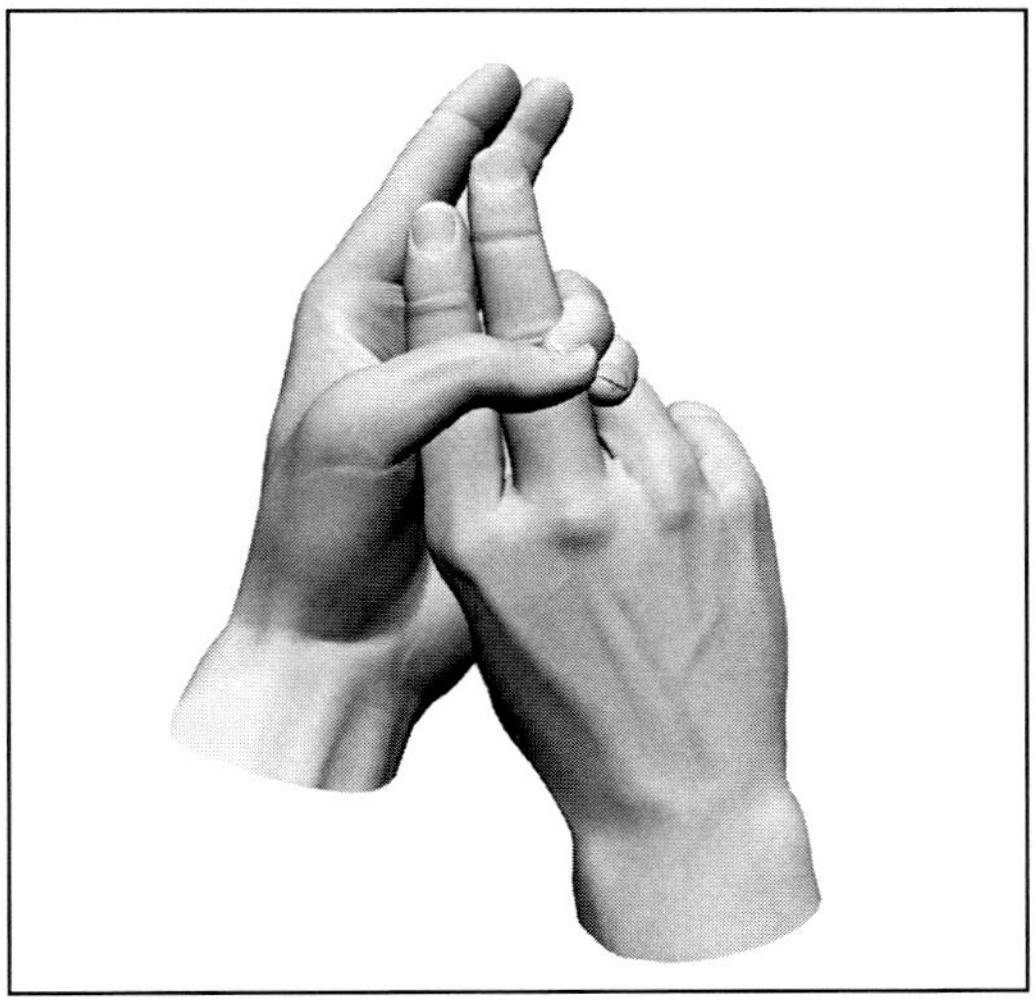

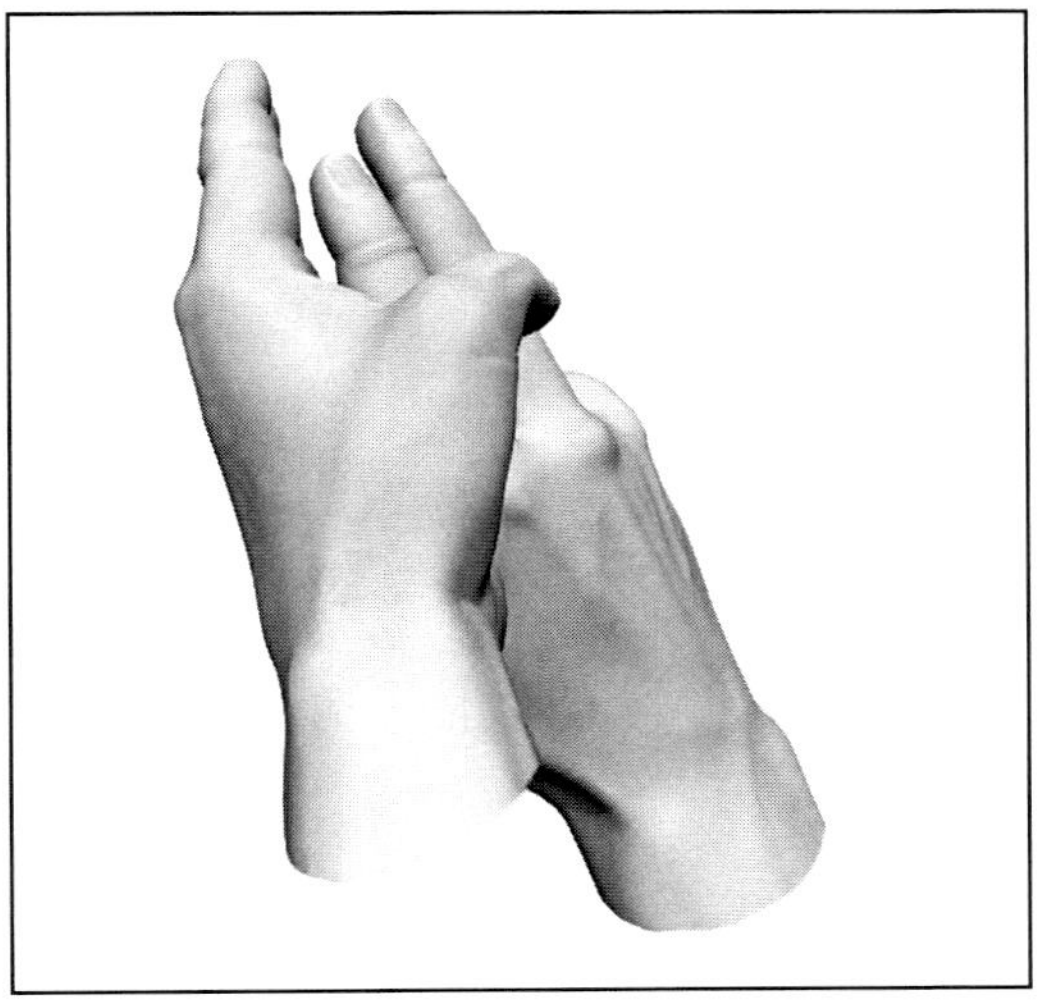

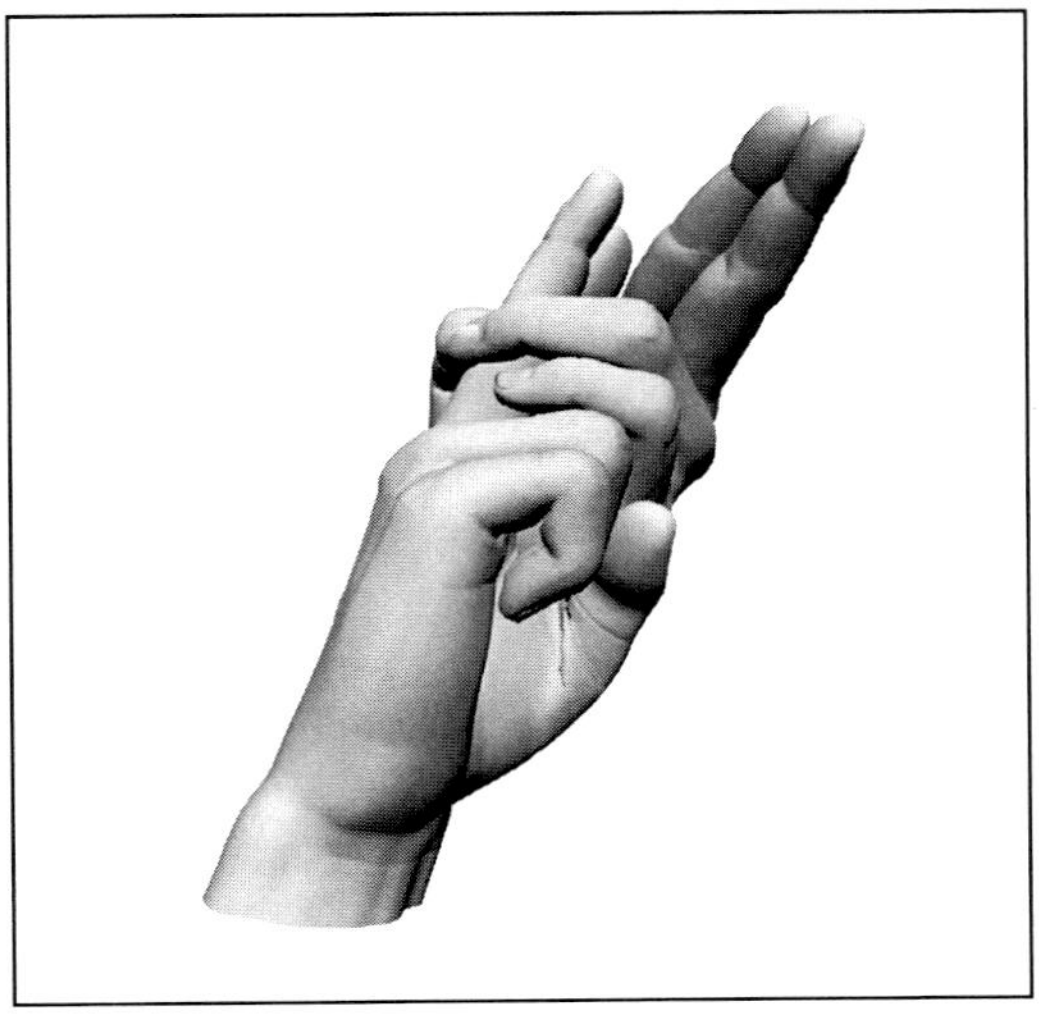

降《ごう》三《ざん》世《ぜ》大《だい》印《いいん》

①両手、忿怒拳にする。
②右手を上（手前）にして交差させ、両小指を相交える。
※左に旋回させて辟除を、右に旋回させ結界を成ず。

※真言は前頁に同じ。

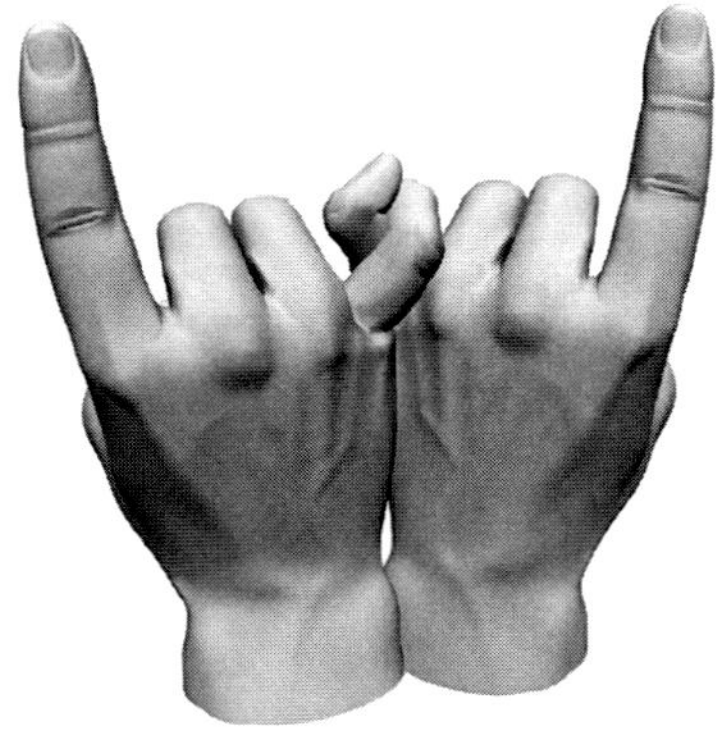

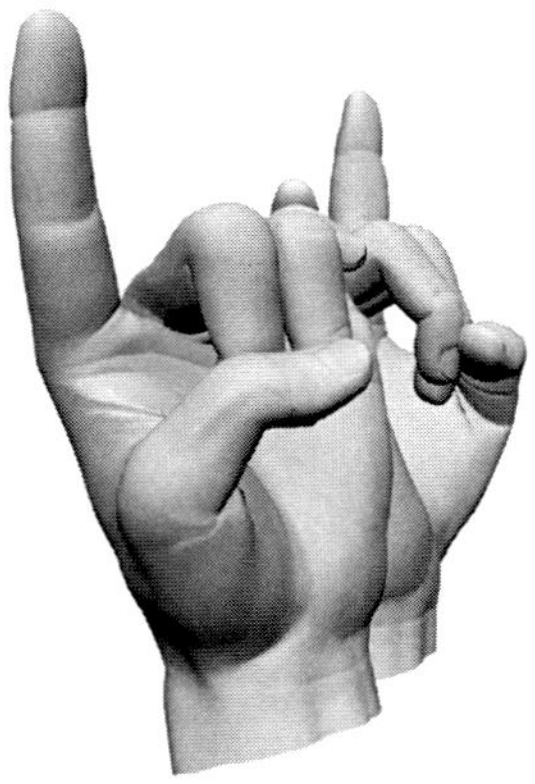

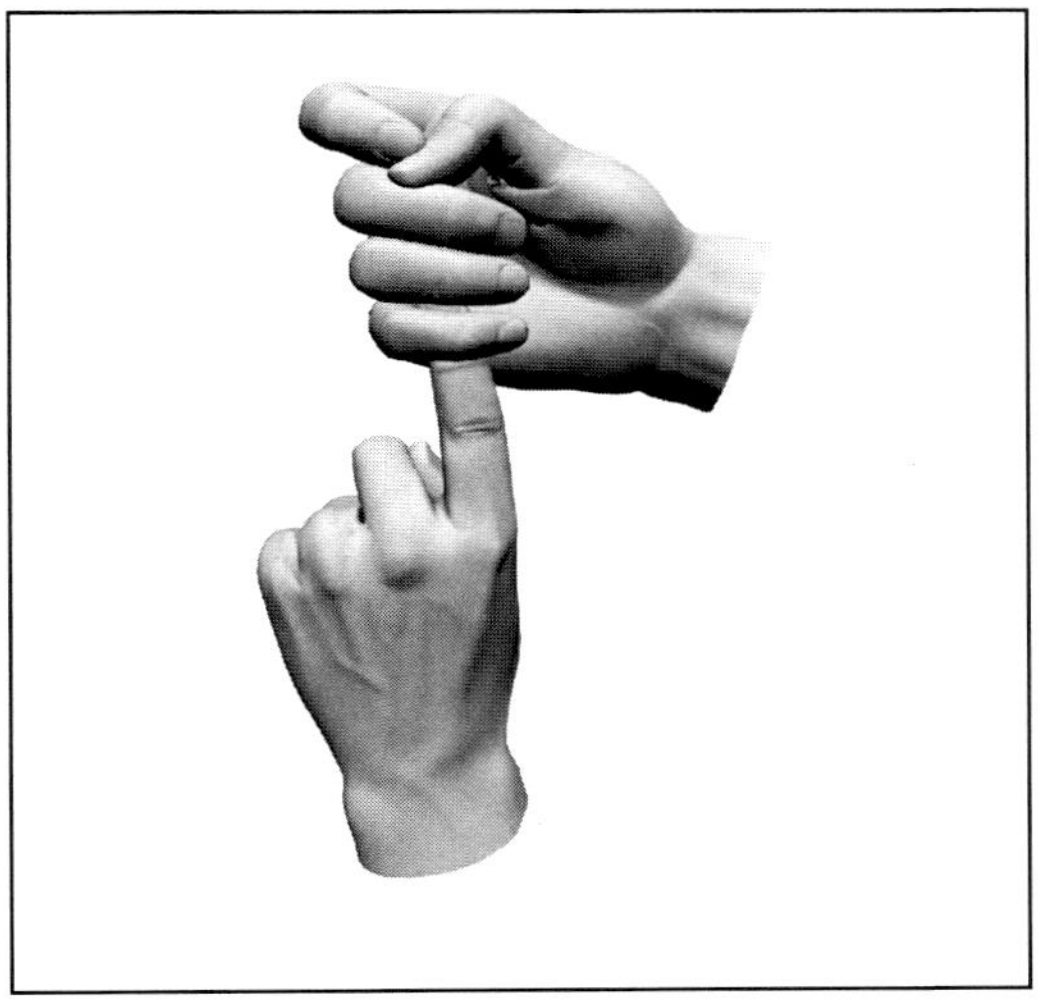

如法尊勝《にょほうそんしょう》智拳印《ちけんいん》

①両手、金剛拳にする。
②左の人差指を伸ばし、右拳の小指で左の人差指の第一節を握る。
③右の人差指の先を右の親指の第一節に置く。
※智拳印（四七頁）に同じ。

尊勝仏頂《そんしょうぶっちょう》
卒都婆印《そとばいん》

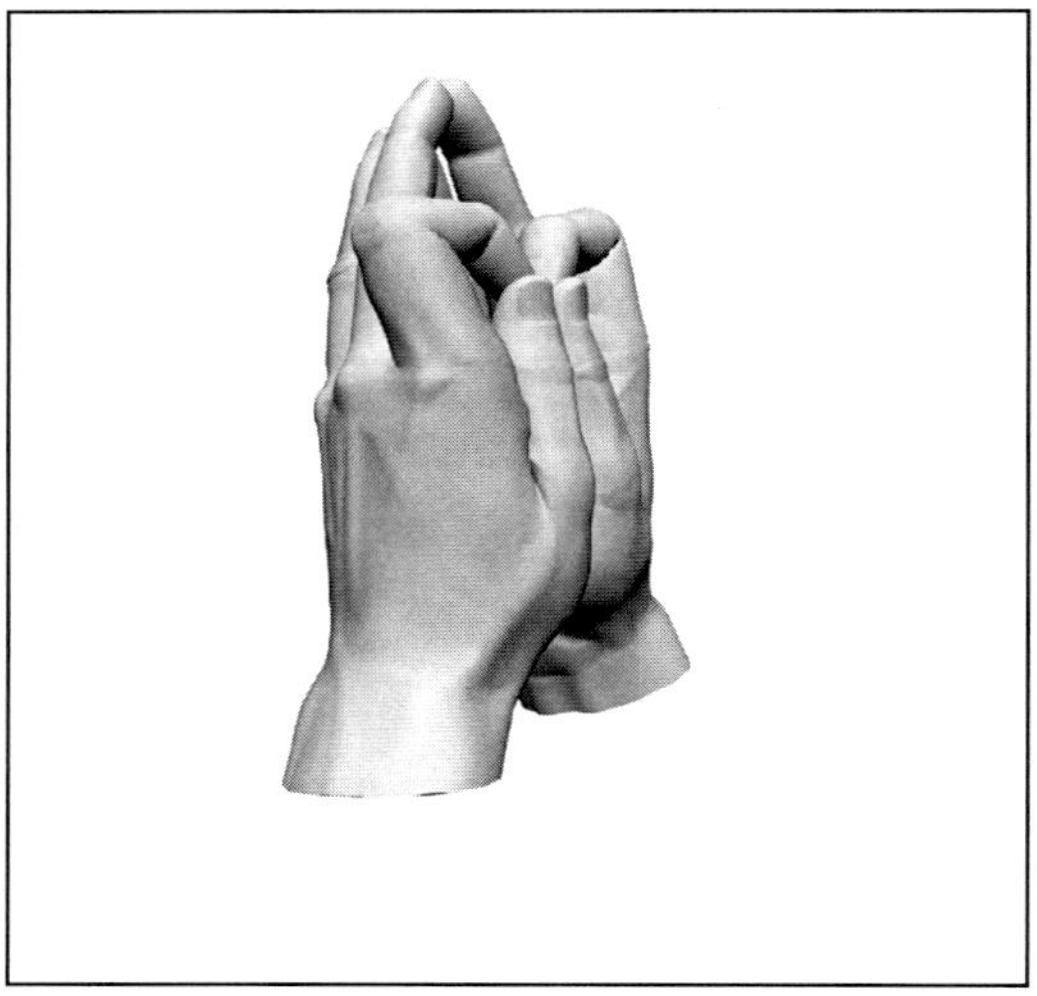

①両手、虚心合掌をする。
②両人差指を屈して、親指の先と付け合わせる。
※卒都婆印ともいう。
※また大慧刀印、大日剣印、無所不至印ともいう。
※塔印ともいい、親指の間を閉じているのを閉塔印、空けるのを開塔印（下図）という。

※真言は前頁に同じ。

尊勝仏頂《そんしょうぶつちょう》
尊勝空印《そんしょうくういん》

①両手、虚心合掌する。
②両人差指を屈して甲を付け合わせる。
③両親指を人差指の先に付けて押し、弾指のようにする。
※金剛合掌とする説もある。
※金輪（宝瓶印）（四六頁）、尊勝空印（五〇頁）に同じ。

※真言は六三頁に同じ。

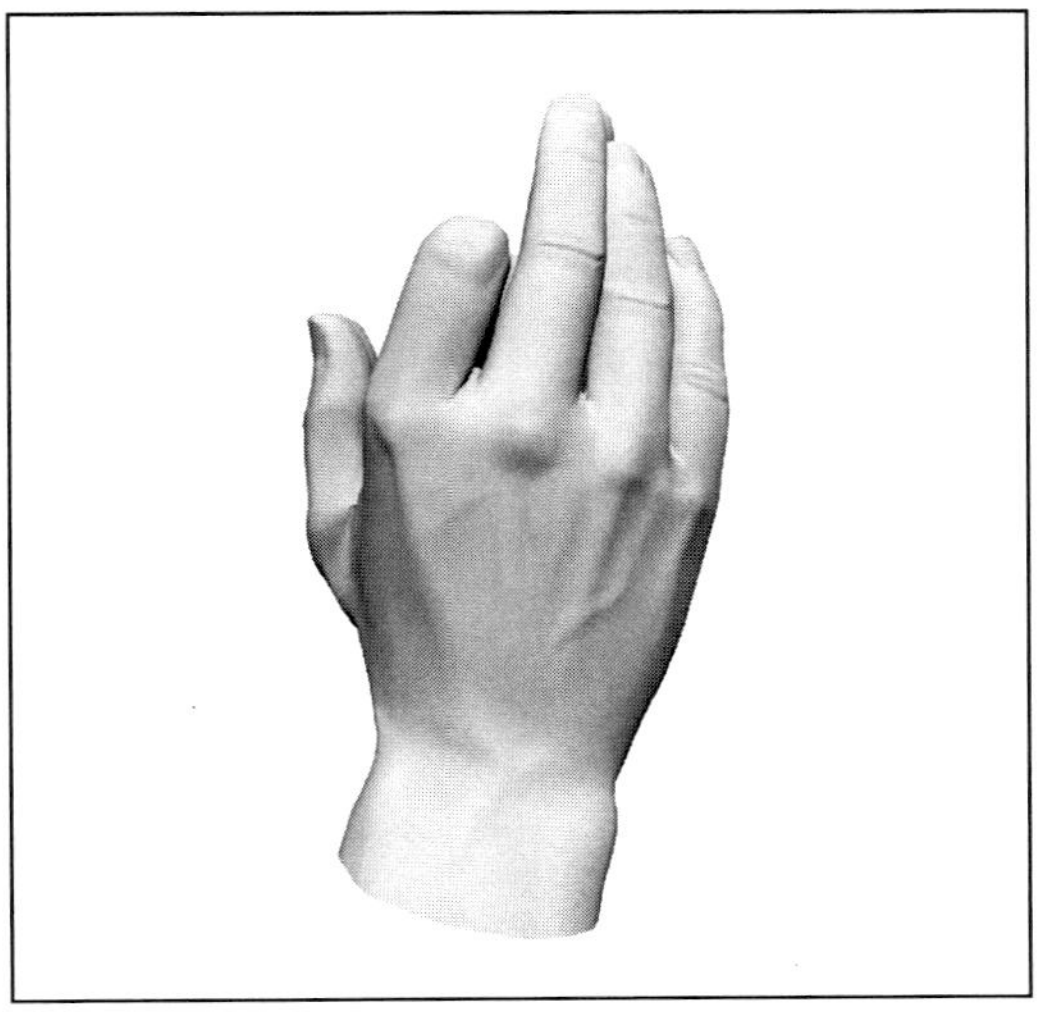

光明真言《こうみょうしんごん》
五色光印《ごしきこういん》

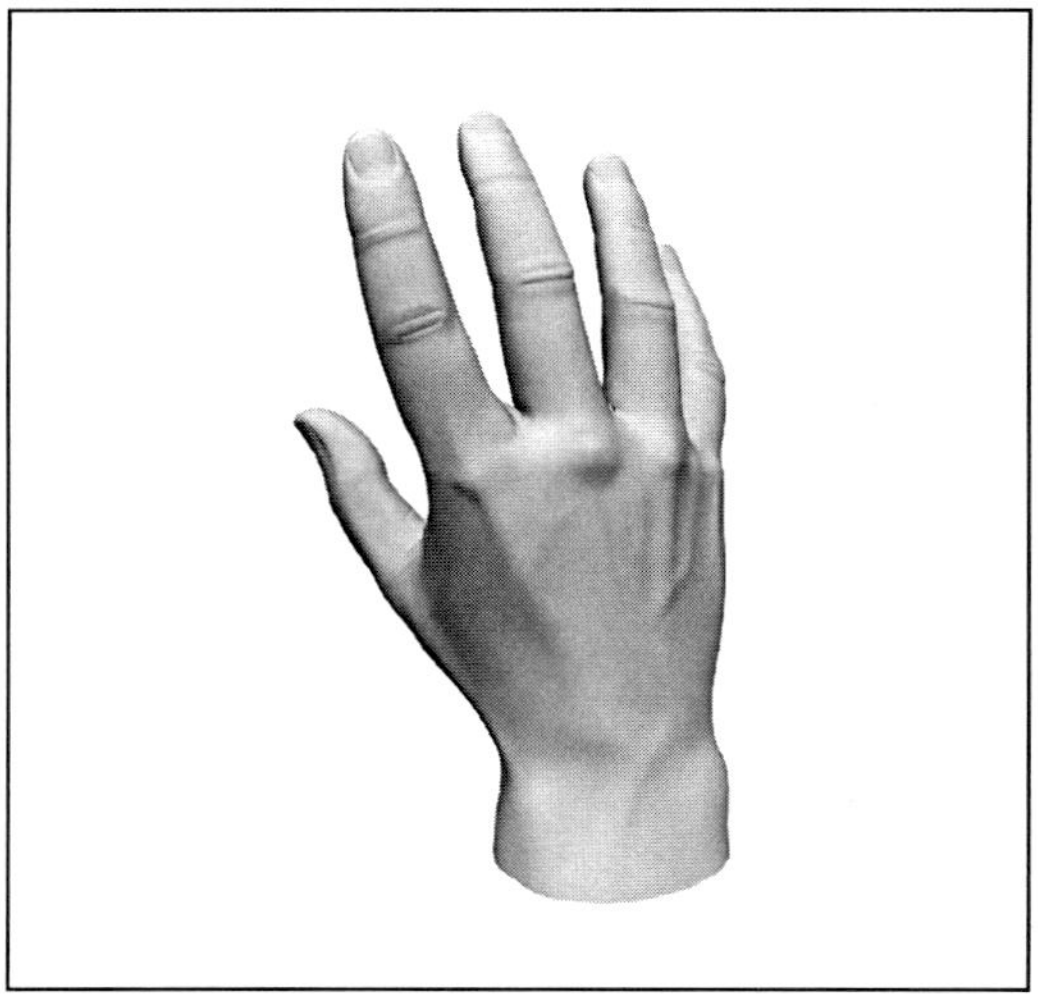

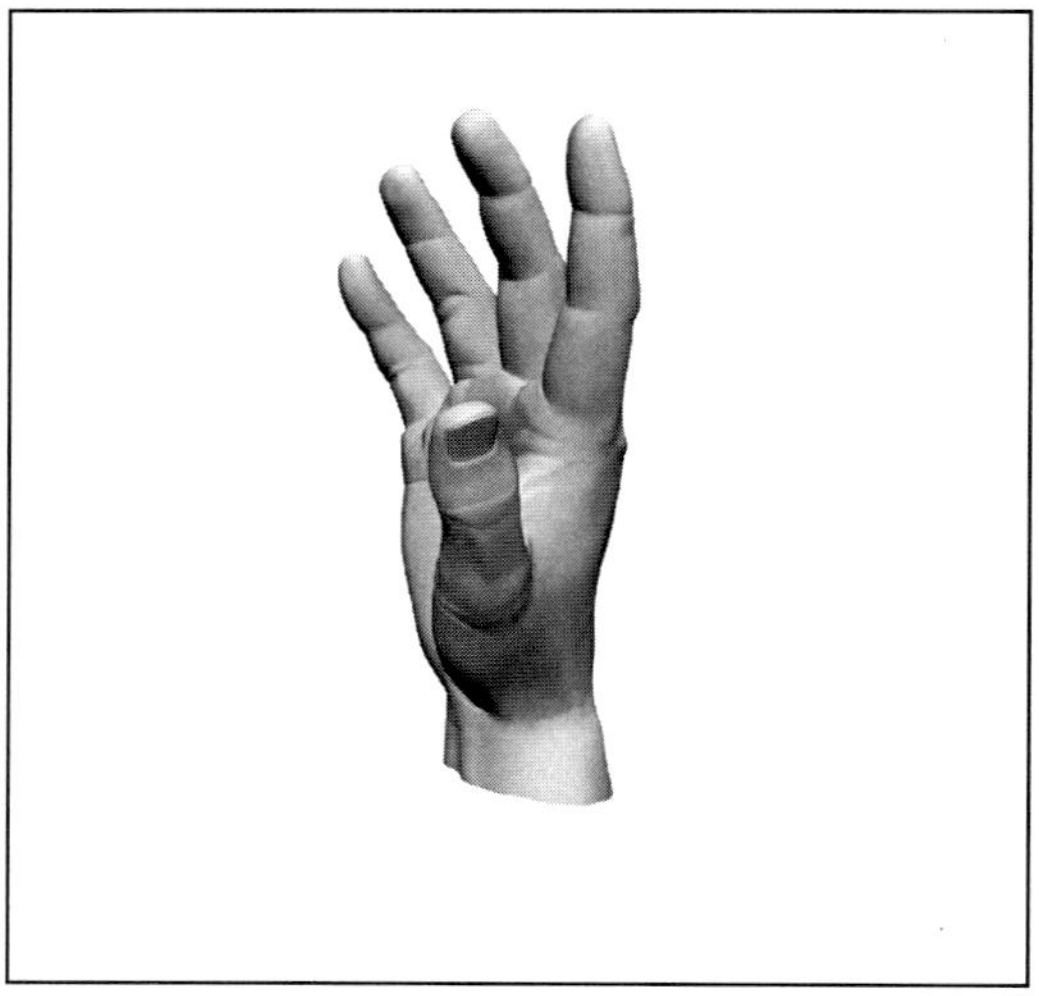

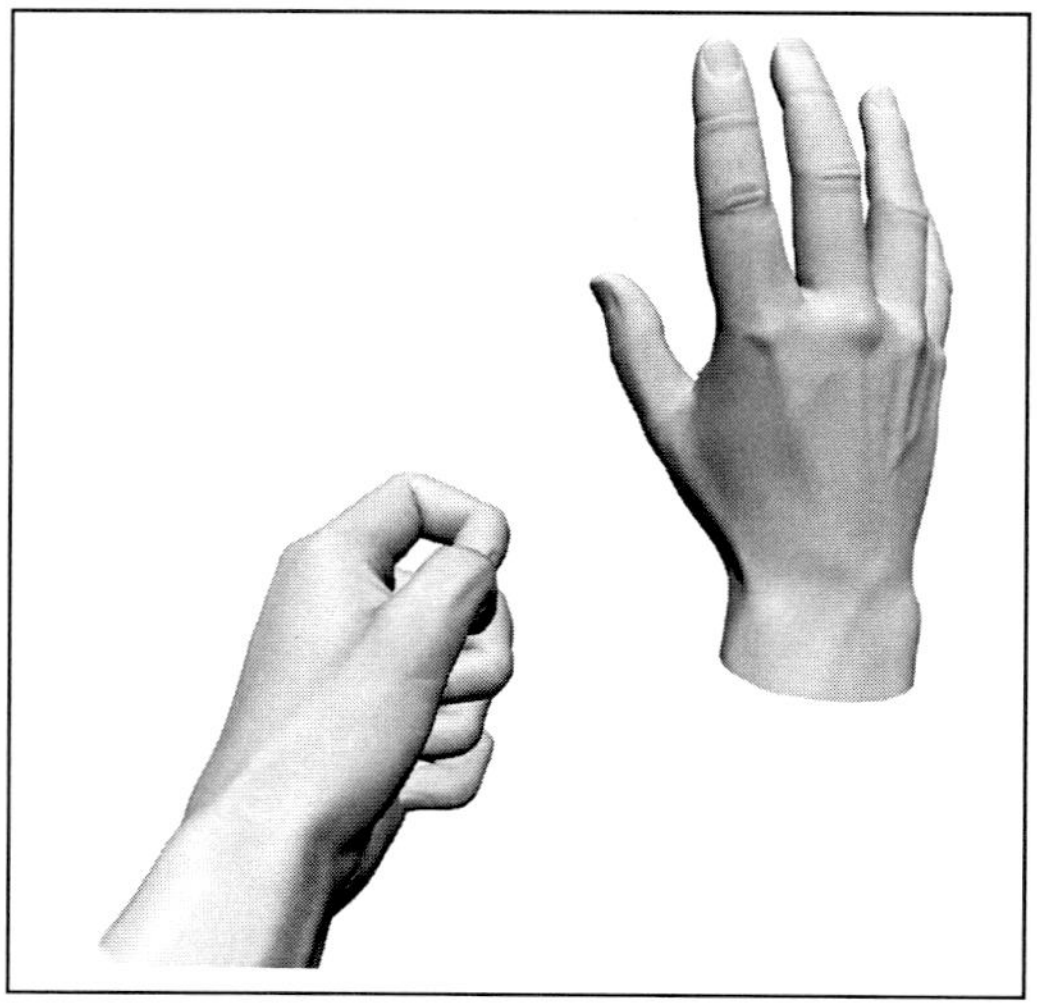

①左手は拳にして腰に置く。
②右手を五指を伸ばして、指の間を空けて、掌を外に向ける。
※指先より、五指それぞれ五色(小指より黄白赤黒青)の光明を放ち、五道の衆生の罪を照らしてこれを照破すと観じる。
※また印を下に向けて物を打つ様をなし、苦の衆生を極楽浄土へ至らしめると観想する。

※真言は六三頁に同じ。

光明真言《こうみょうしんごん》
五色光印《ごしきこういん》二

①両手、五指を伸ばす。
②左手は仰げて左膝の上に置き、指先を下にむけて垂れ下ろして与願のようにする。
③右手は右胸前で掌を外に向けて立て、施無畏のようにする。
※左の五指は、小指より順に地獄、餓鬼、畜生、修羅、人間の五趣と観じる。右手の五指は天、声聞、縁覚、菩薩、仏、また五仏と観じて、光明真言を誦して、悪趣転じて善趣となし、因を果に帰せしめると観想する。

※真言は六三頁に同じ。

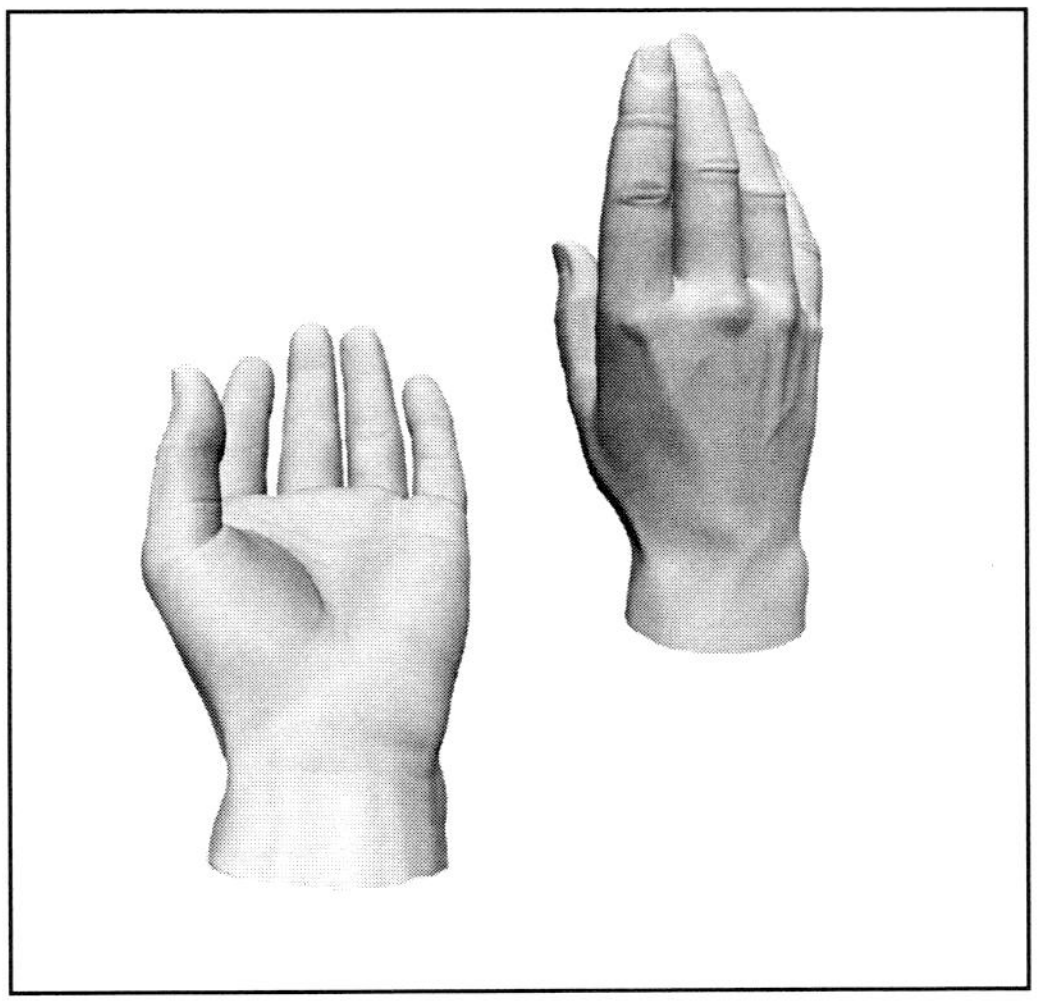

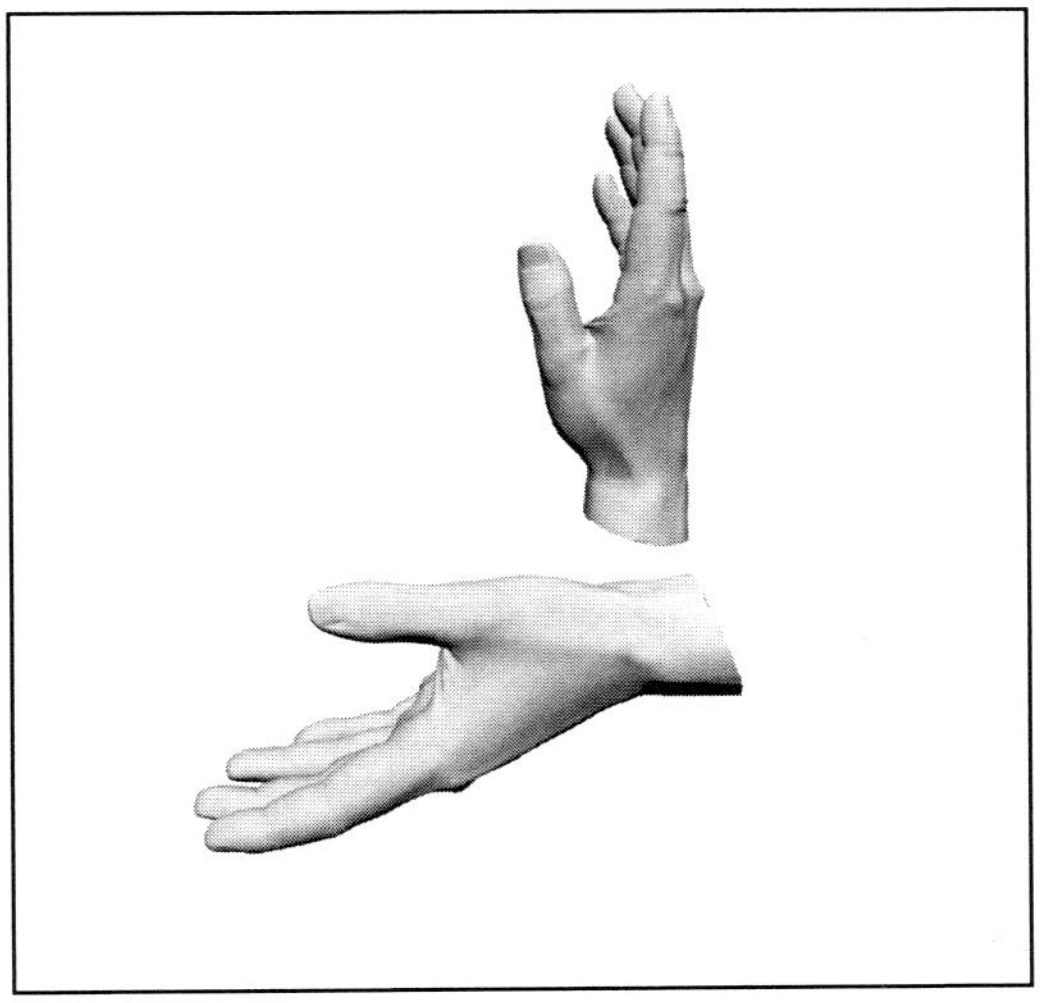

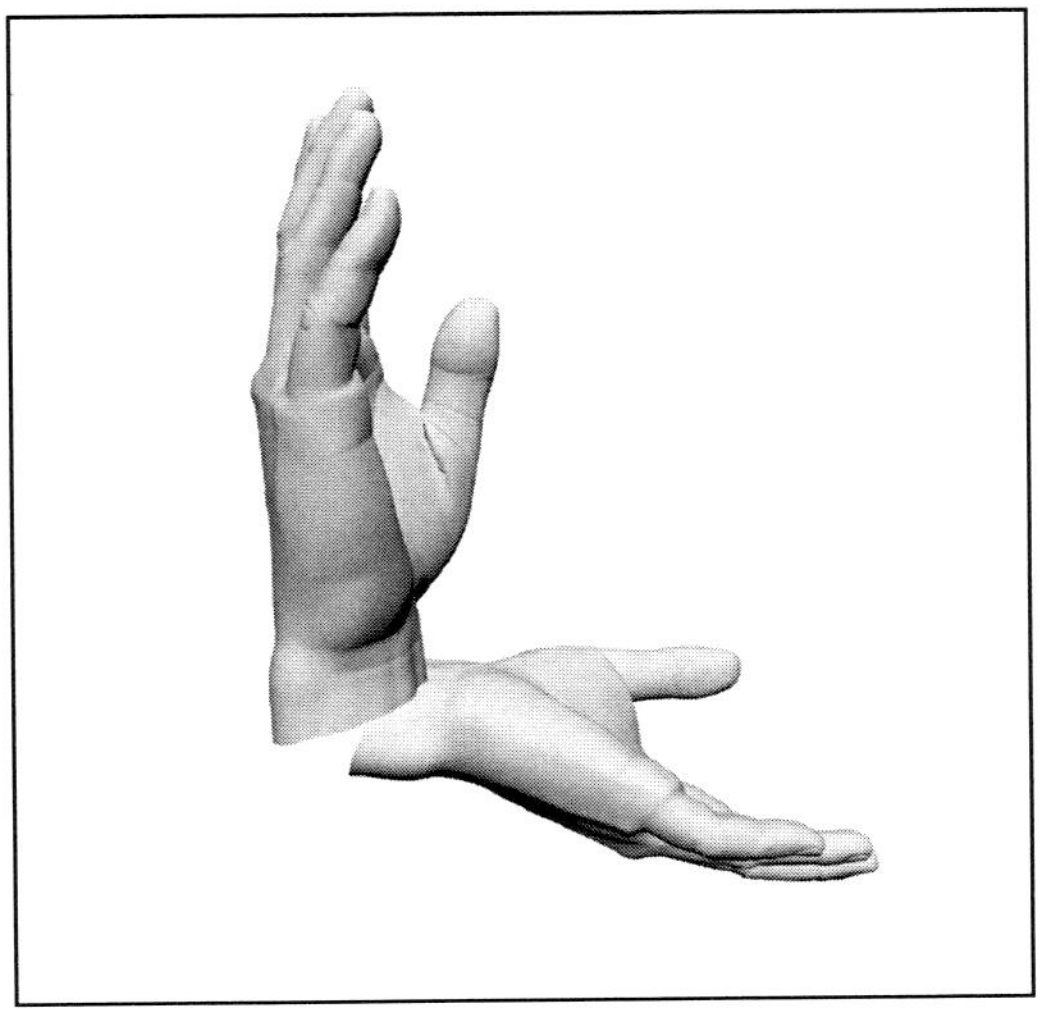

外《げ》五《ご》鈷《こ》印《いん》

①両手、外縛する。
②両小指、中指、親指を立て合わせる。
③両人差指を立て屈して鉤のようにし、中指の背に置いて、中指にはつけない。
※これは、五鈷杵を立てた形を表す。

※また五鈷印は、大羯磨印、五峰印、五智印、五大印ともいう。
※五鈷印は、外五鈷印のほかに、内五鈷印、半五鈷印、内縛都五鈷印、外縛都五鈷印などがある。
※外五鈷印は、外縛五鈷印、智塔印、大卒都婆印、十真如印などともいう。
※真言は六三頁に同じ。

後七日《ごしちにち》

①両手、蓮華合掌する。
②親指以外の指の先を付け合わせたまま、両手を左右に開く。
③両親指は、人差指の側に付ける。
※また鉢印ともいう。

※真言は六三頁に同じ。

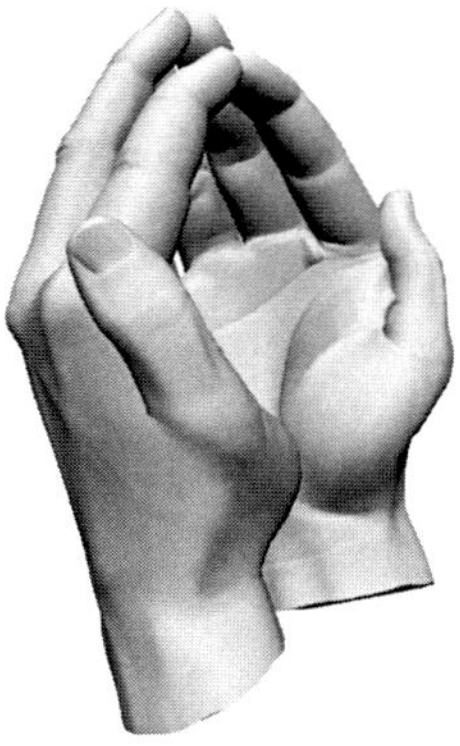

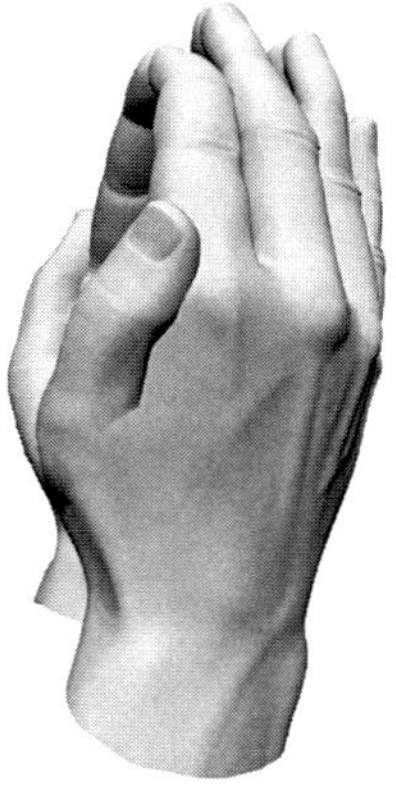

宝生印《ほうしょういん》

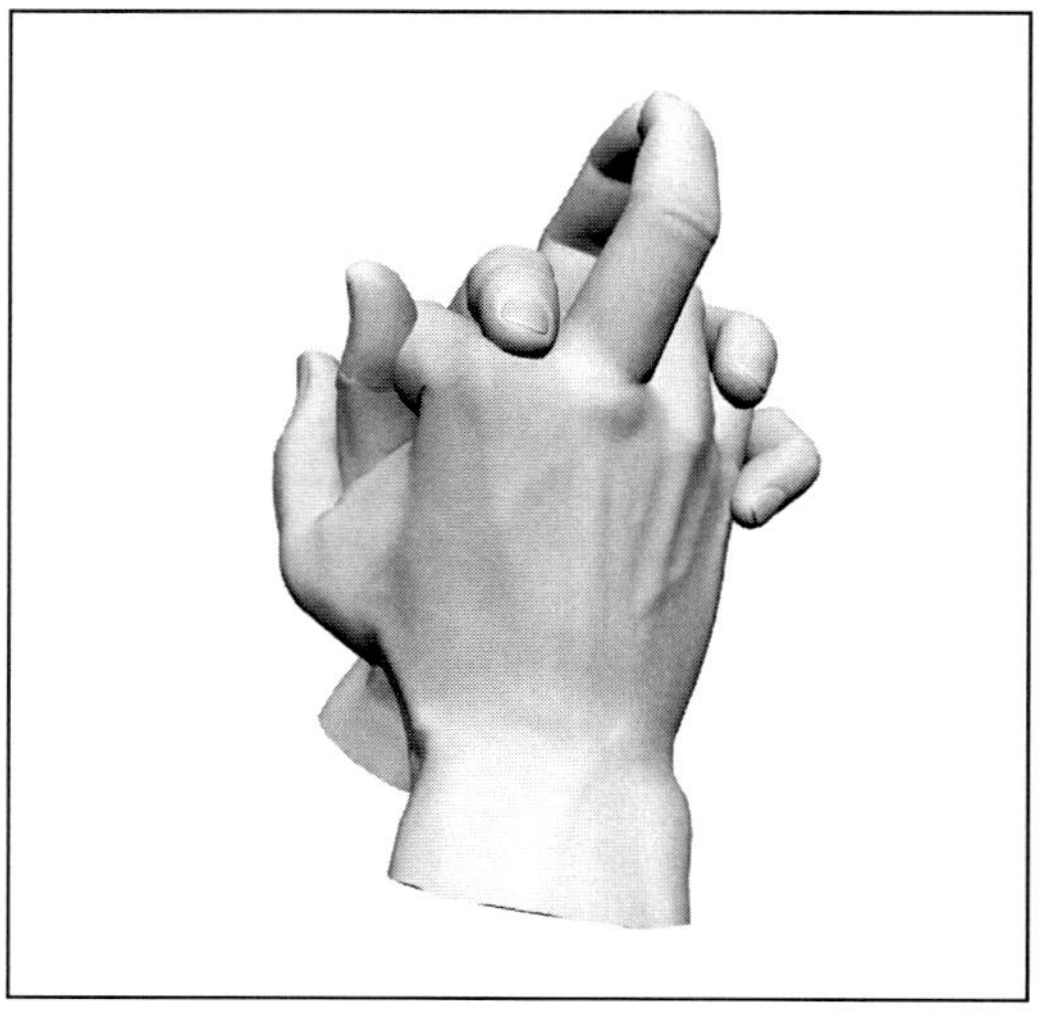

①両手、外縛する。

②両中指を立て合わせて屈し、宝形にする。

※これは、三昧耶会の宝生仏の印。

宝《ほう》菩《ぼ》薩《さつ》印《いん》

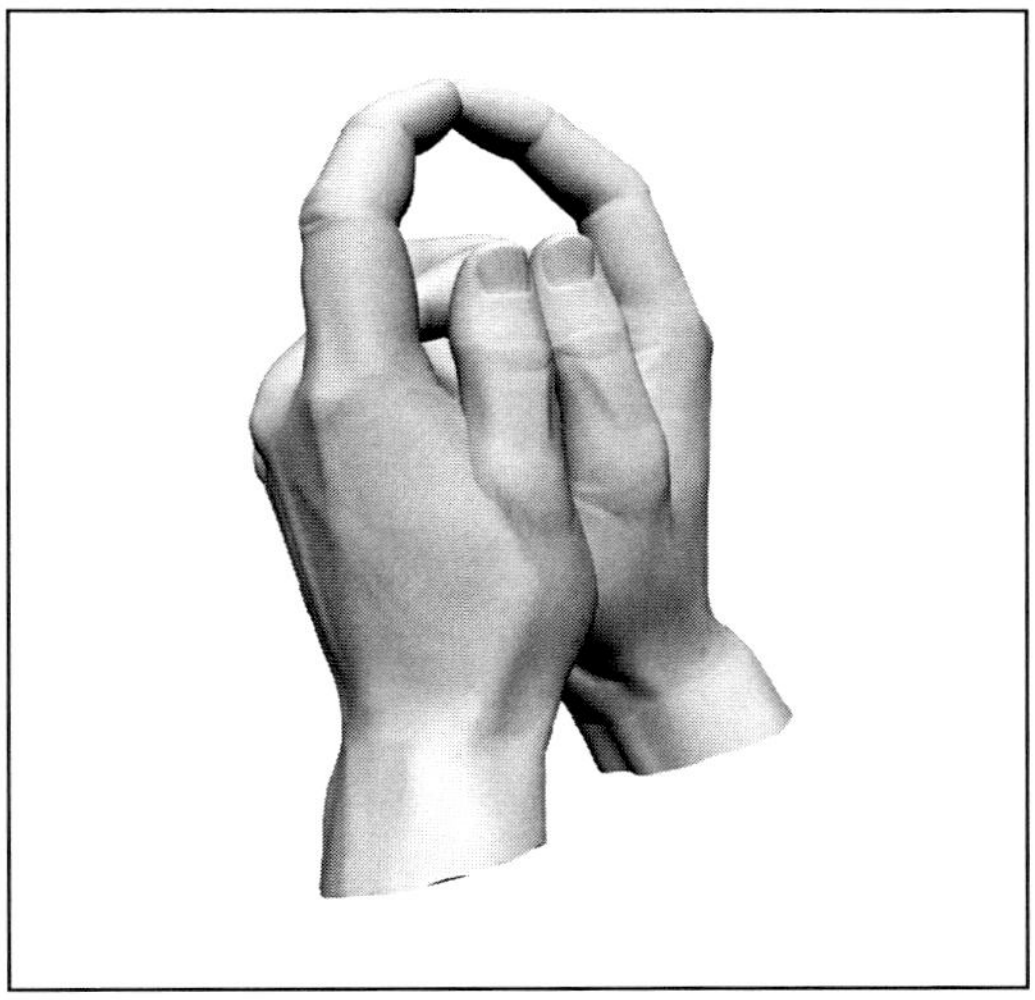

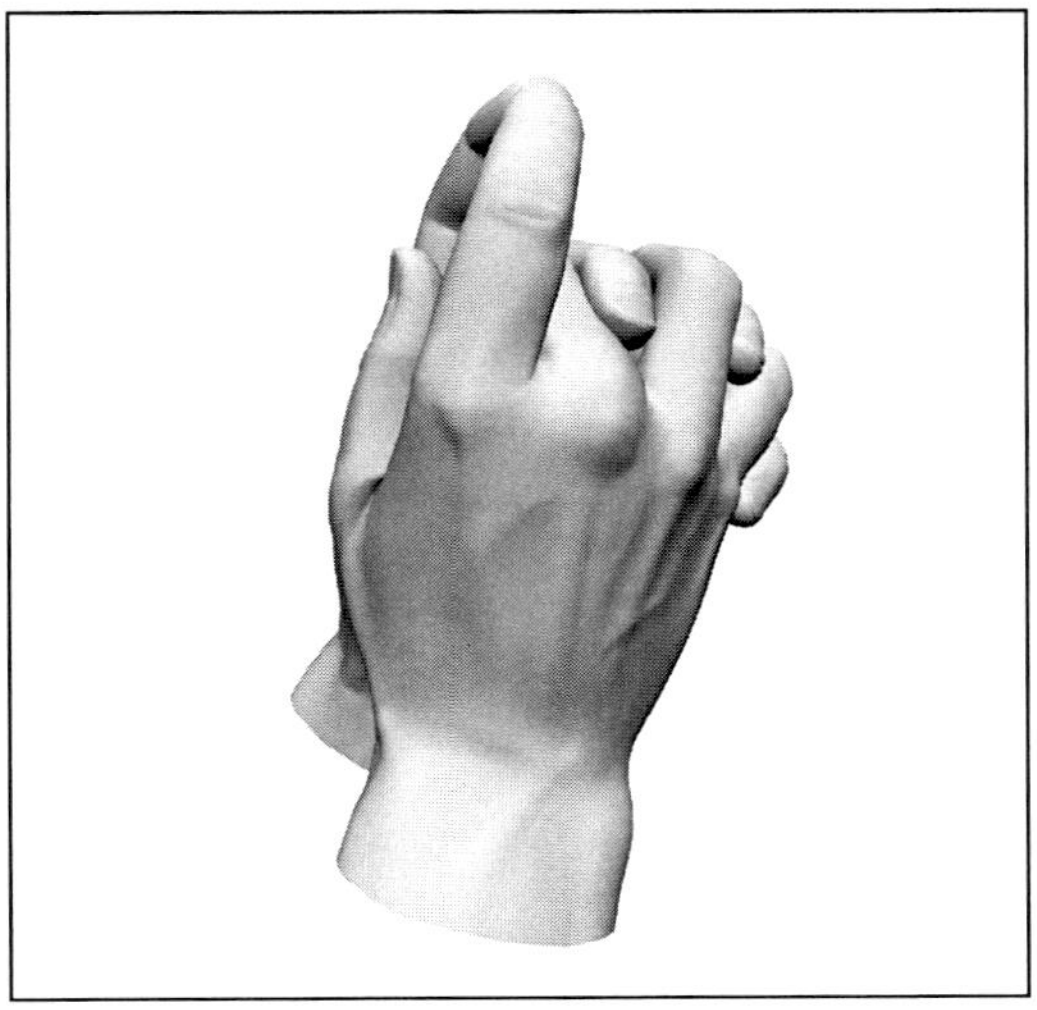

①両手、外縛する。
②両親指を並び立てる。
③両人差指を立て合わせ、屈して宝形にする。
※三昧耶会の金剛宝菩薩の印。

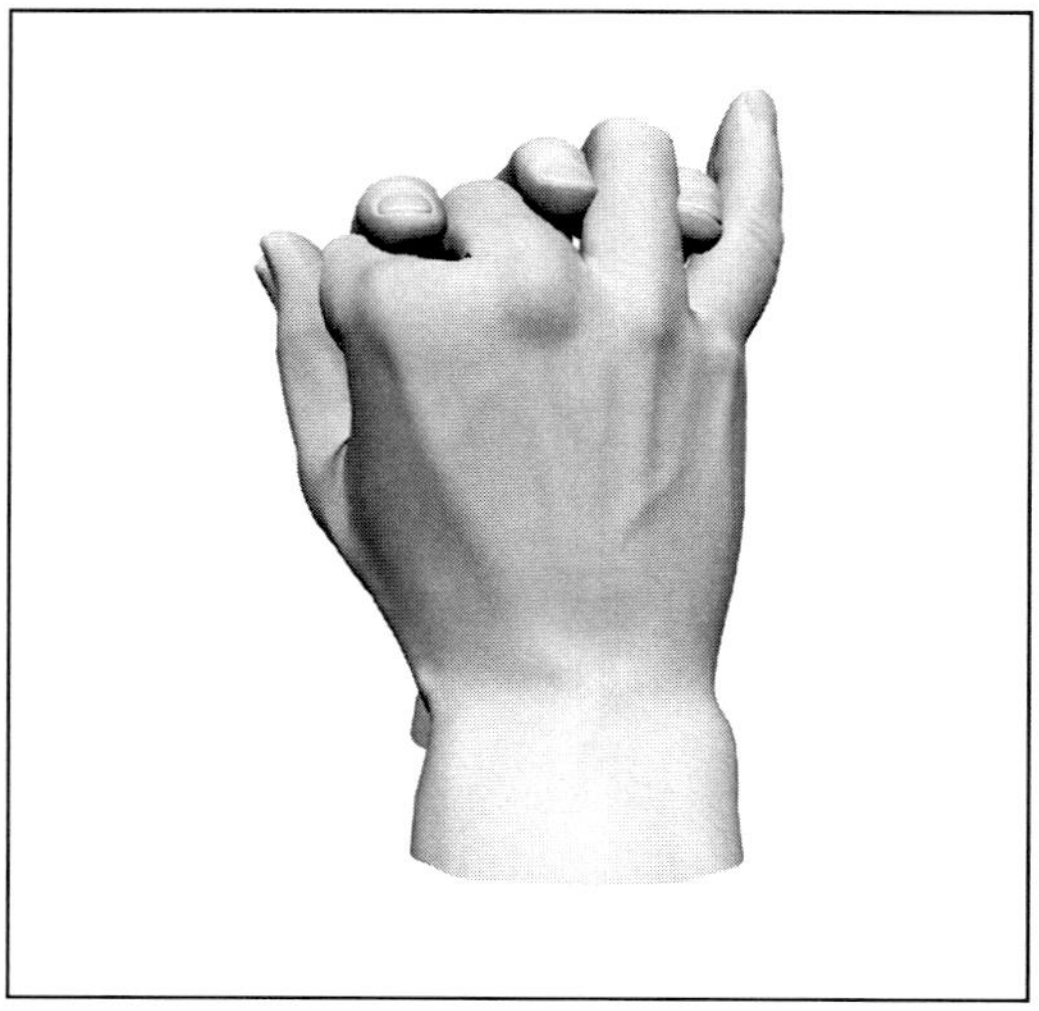

孔《く》雀《じゃく》経《きょう》

①両手、外縛する。
②両小指と親指を直ぐ立て合わせて相支える。
③両親指は孔雀の首、両小指は孔雀の尾を表し、他の六指は羽翼をしめす。
※真言を誦しながら、翼を動かす。これは、不祥を払う義である。

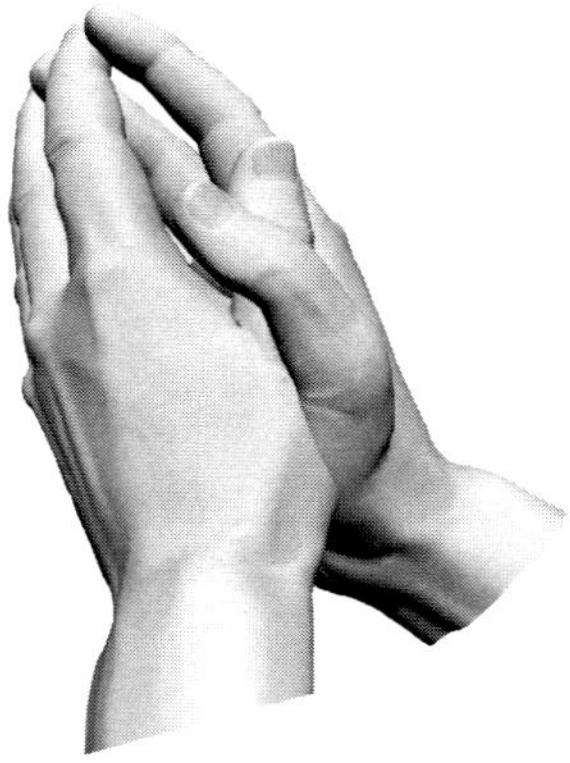

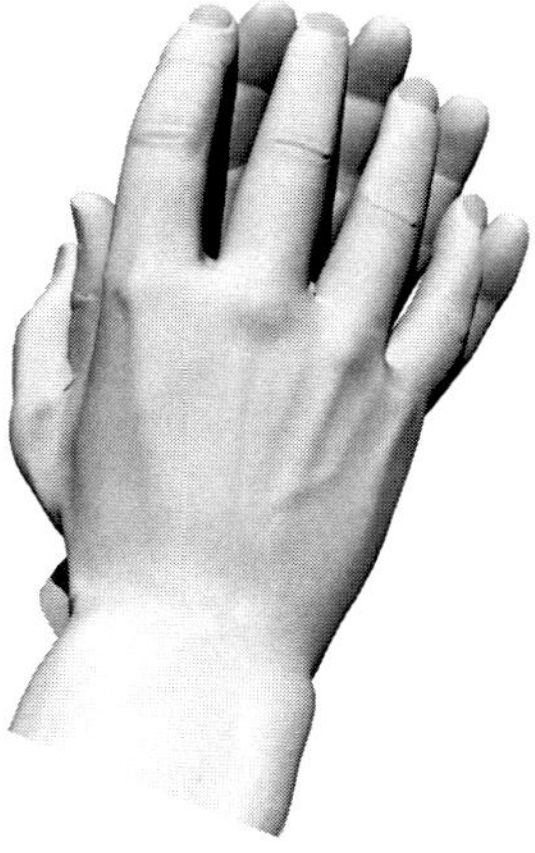

七仏普印《しちぶつふいん》

①両手、金剛合掌をする。

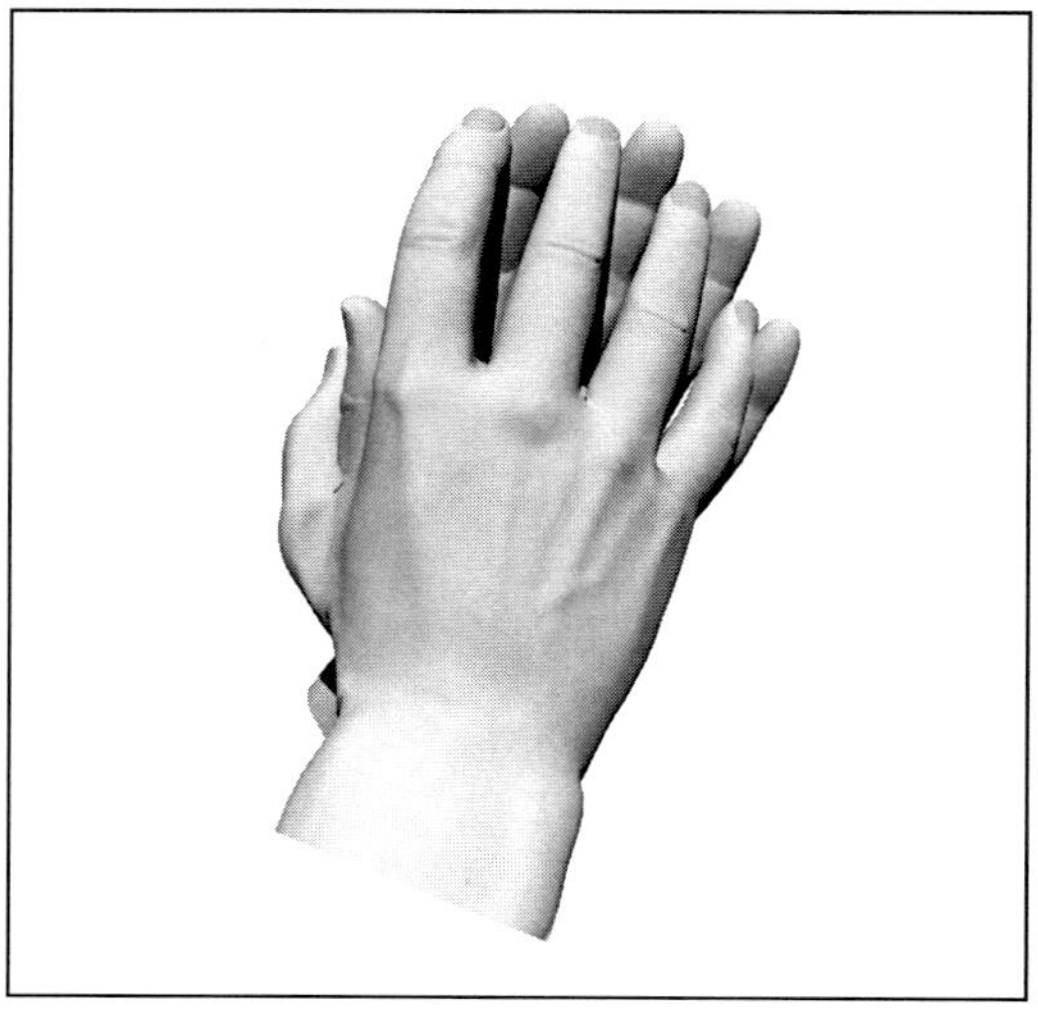

慈《じ》氏《し》金剛掌《こんごうしょう》旋転《せんてん》

①両手、金剛合掌をする。

②金剛合掌したまま、左に転じる（左手を仰げ、右手を伏せる形）。

③次に右に転じる（右手を仰げ、左手を伏せる形）。

※これは如来神通力をもって、速やかに加持することを表す。

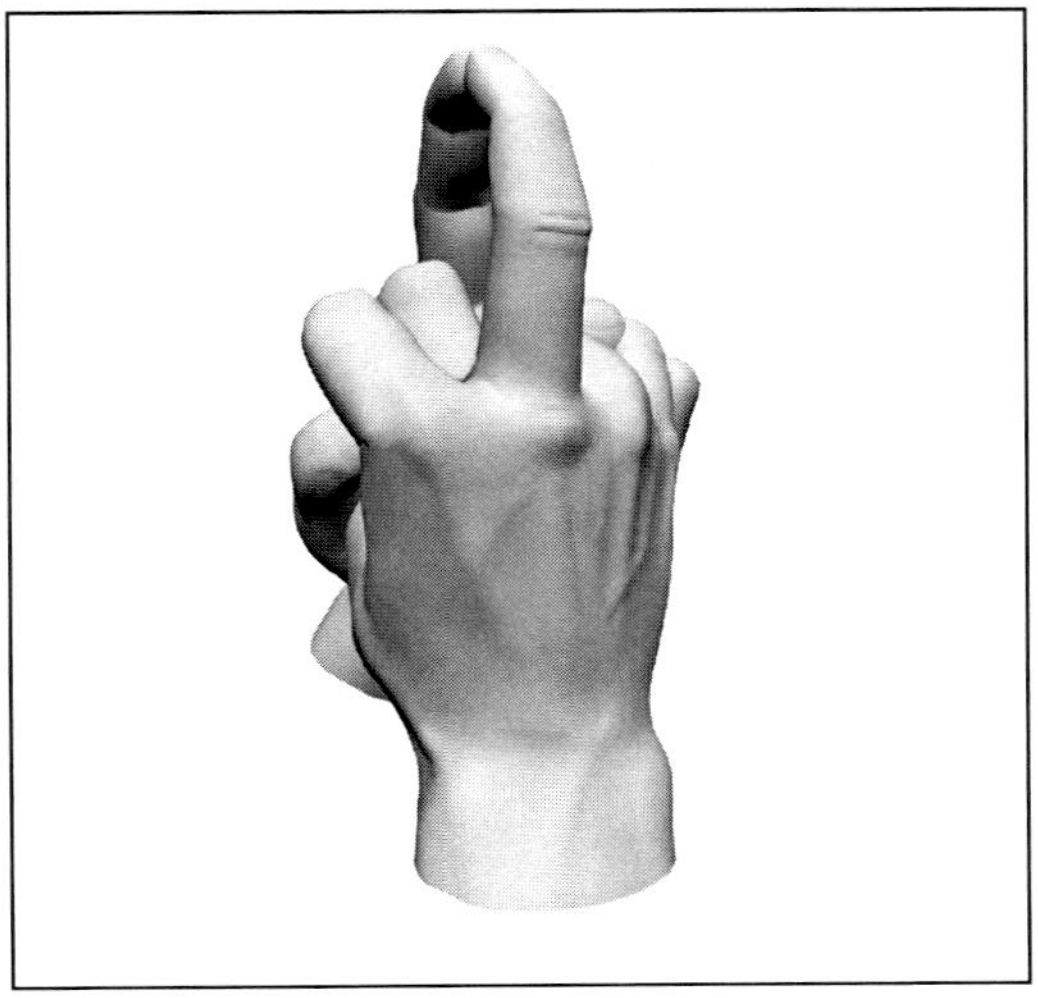

縁《えん》覚《がく》

①両手、内縛する。
②両中指を立てて屈し、指先を付け合わせ、環のようにする。
※これは、錫杖の形。

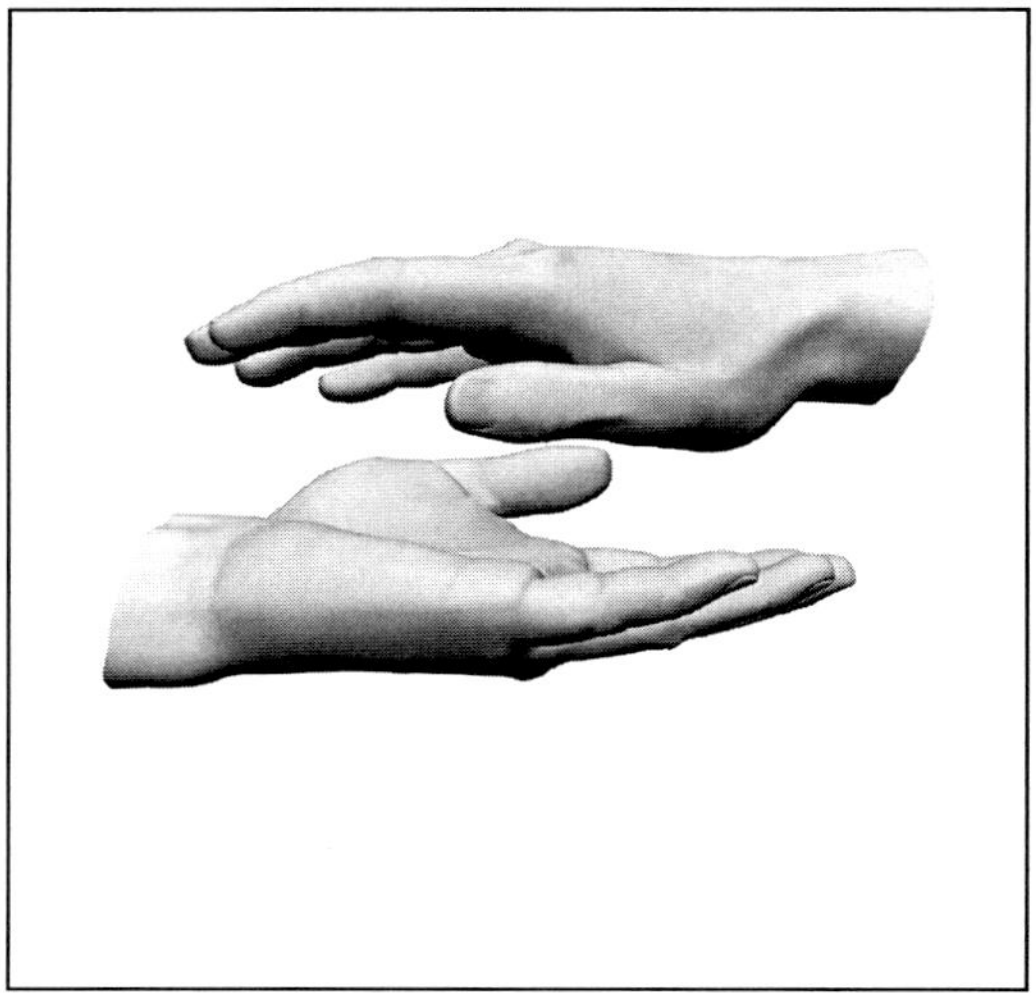

声聞梵篋印《しょうもんぼんきょういん》

①両手、五指を伸べる。
②左手を仰げ、右手を伏せる。
③両掌を向かい合わせ、掌をやや屈する。
※梵篋印（七九頁）に同じ。

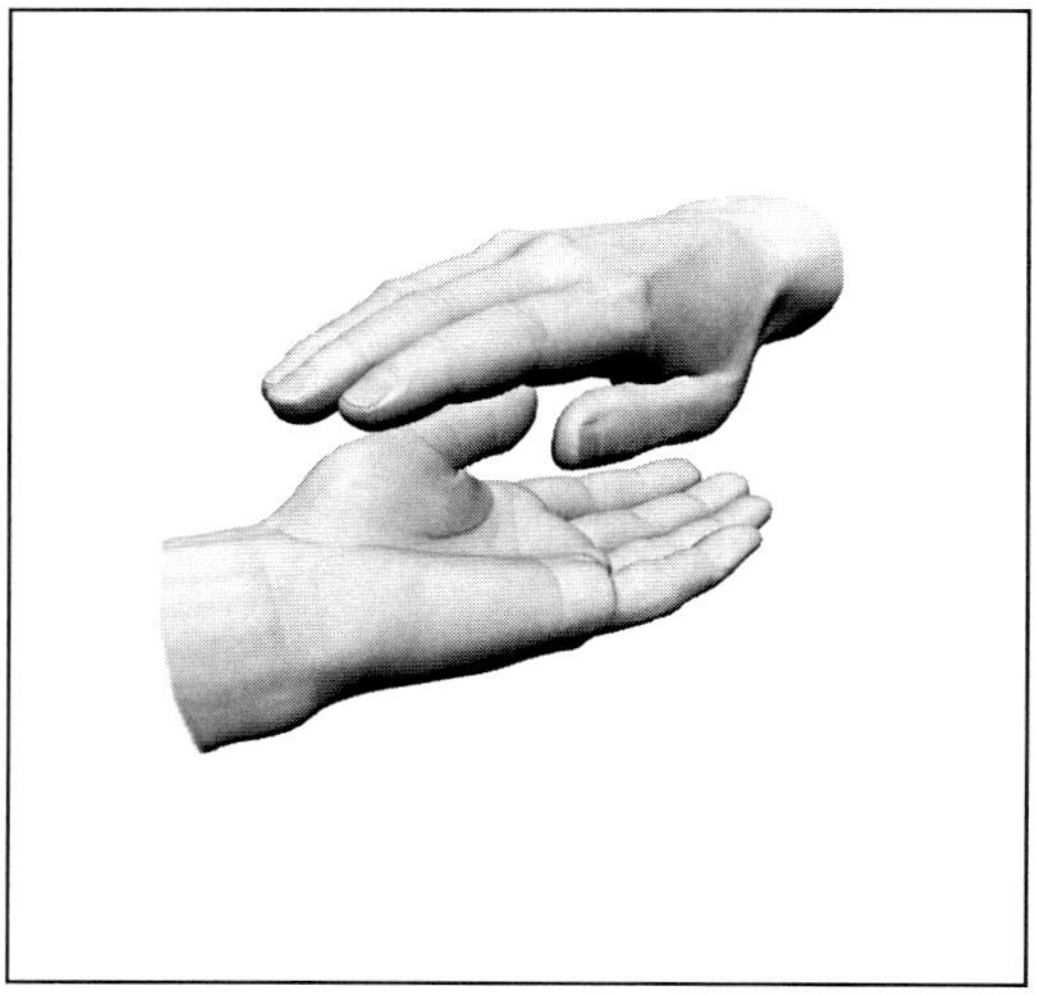

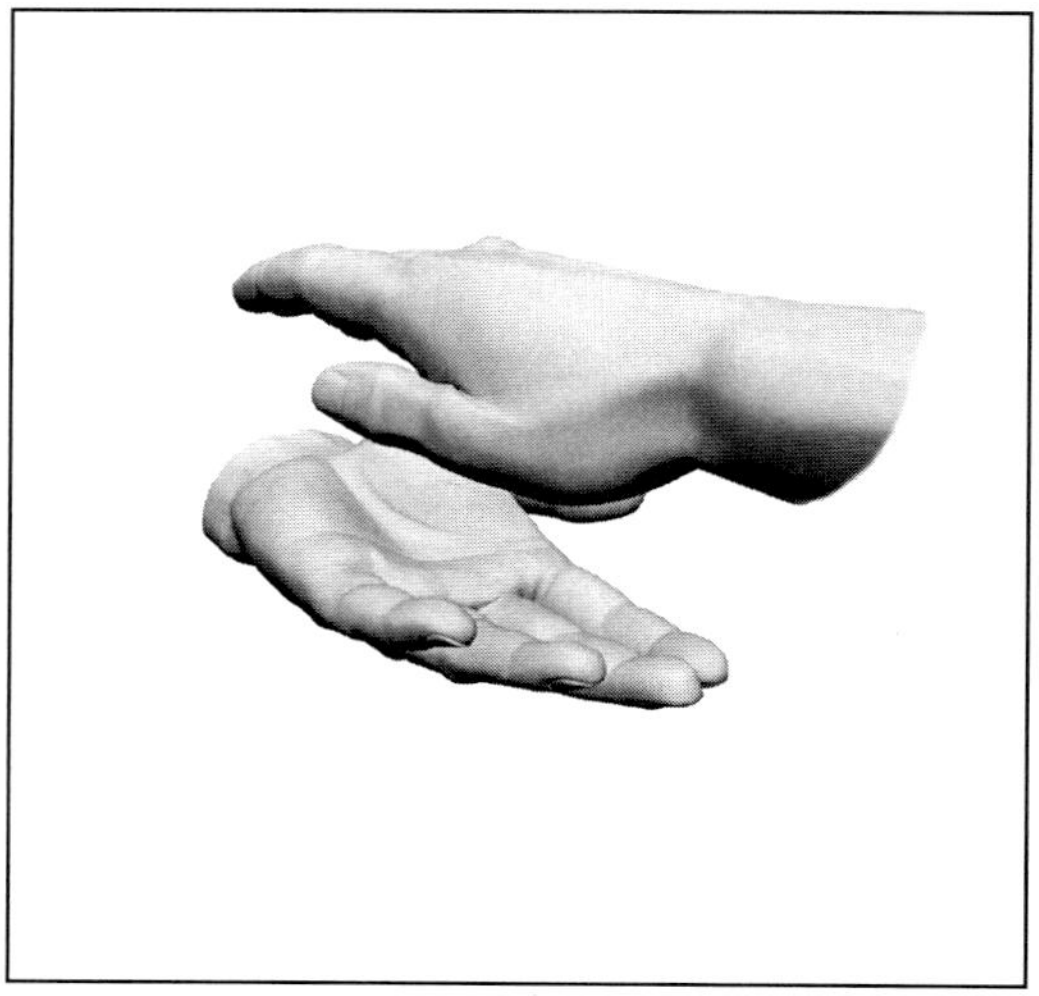

仁《にん》王《のう》経《きょう》根《こん》本《ぽん》印《いん》

①両手、背を合わせる。
②両小指、人差指を屈し、両親指でその甲を押す。
③両中指と薬指は背を合わせて直ぐ立てる。
※中指と薬指は経台を表わす。
※また、般若波羅蜜多根本印、般若無尽蔵、般若眼、般若根本、金剛般若心ともいう。

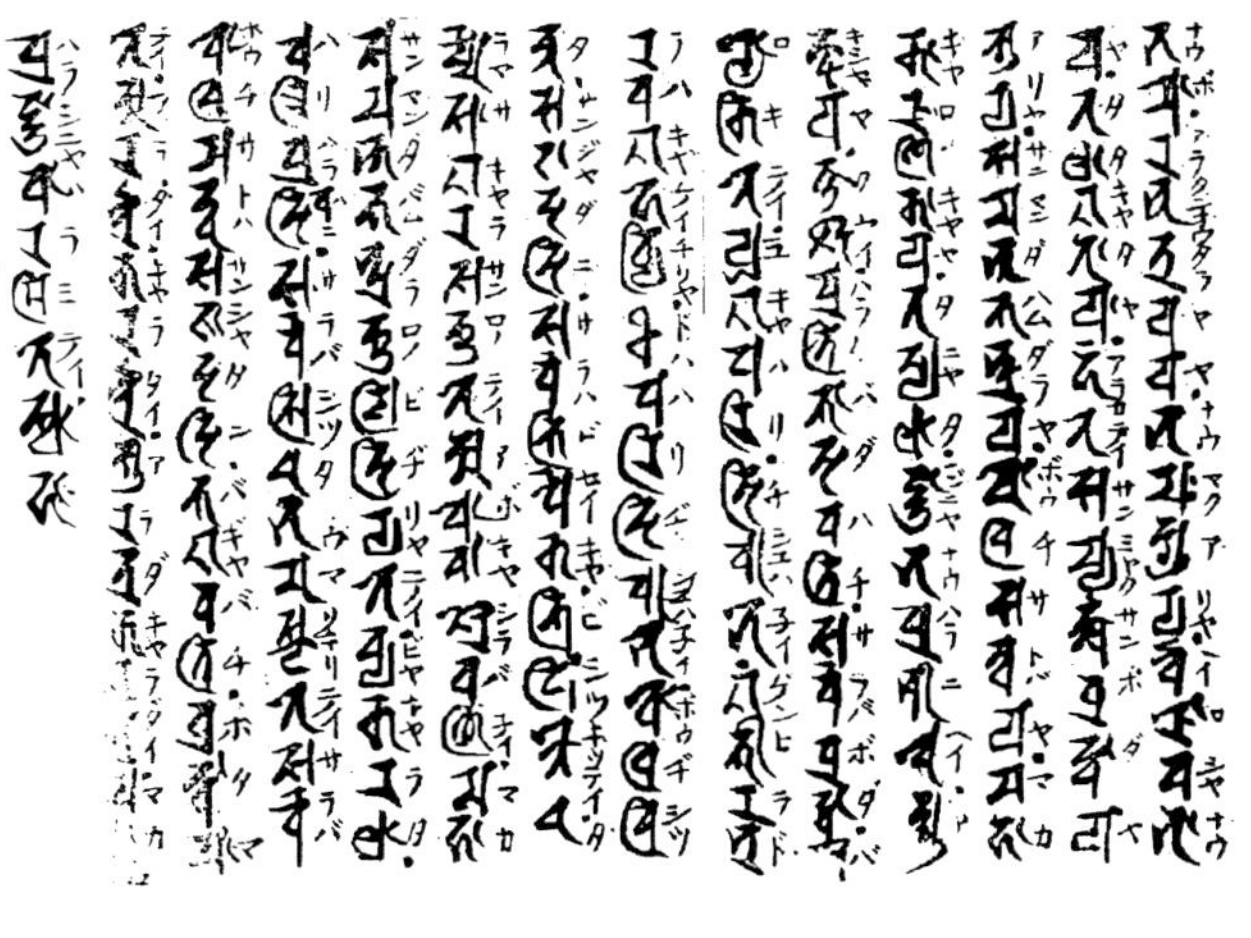

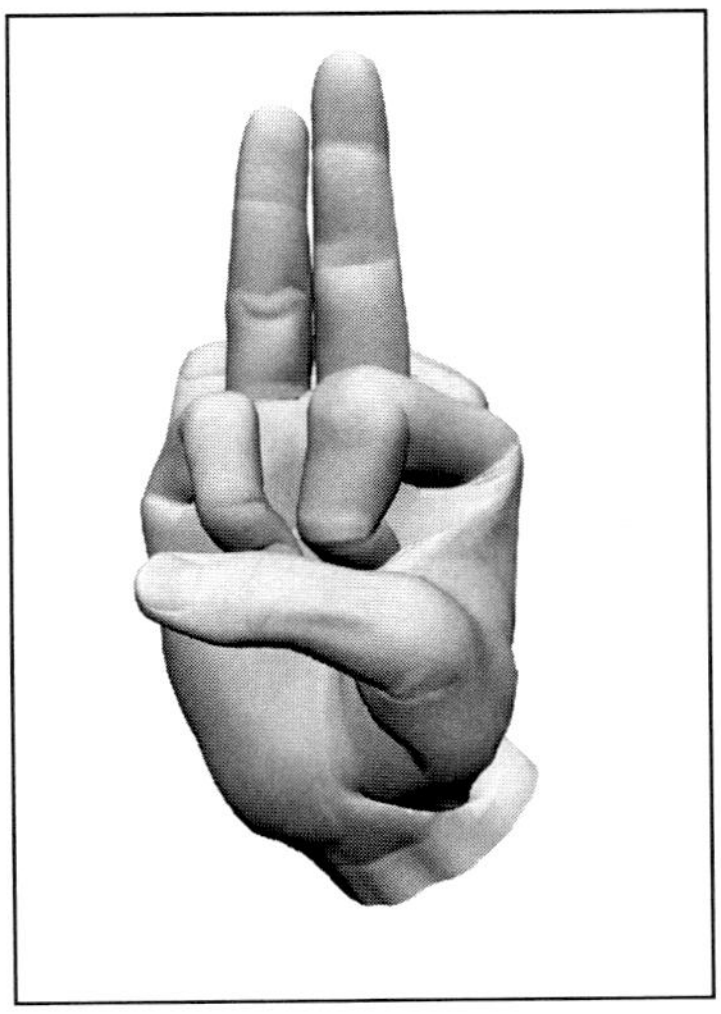

三《さ》昧《ま》耶《や》印《いん》

（号般若無尽蔵《はんにゃむじんぞうとごうす》）

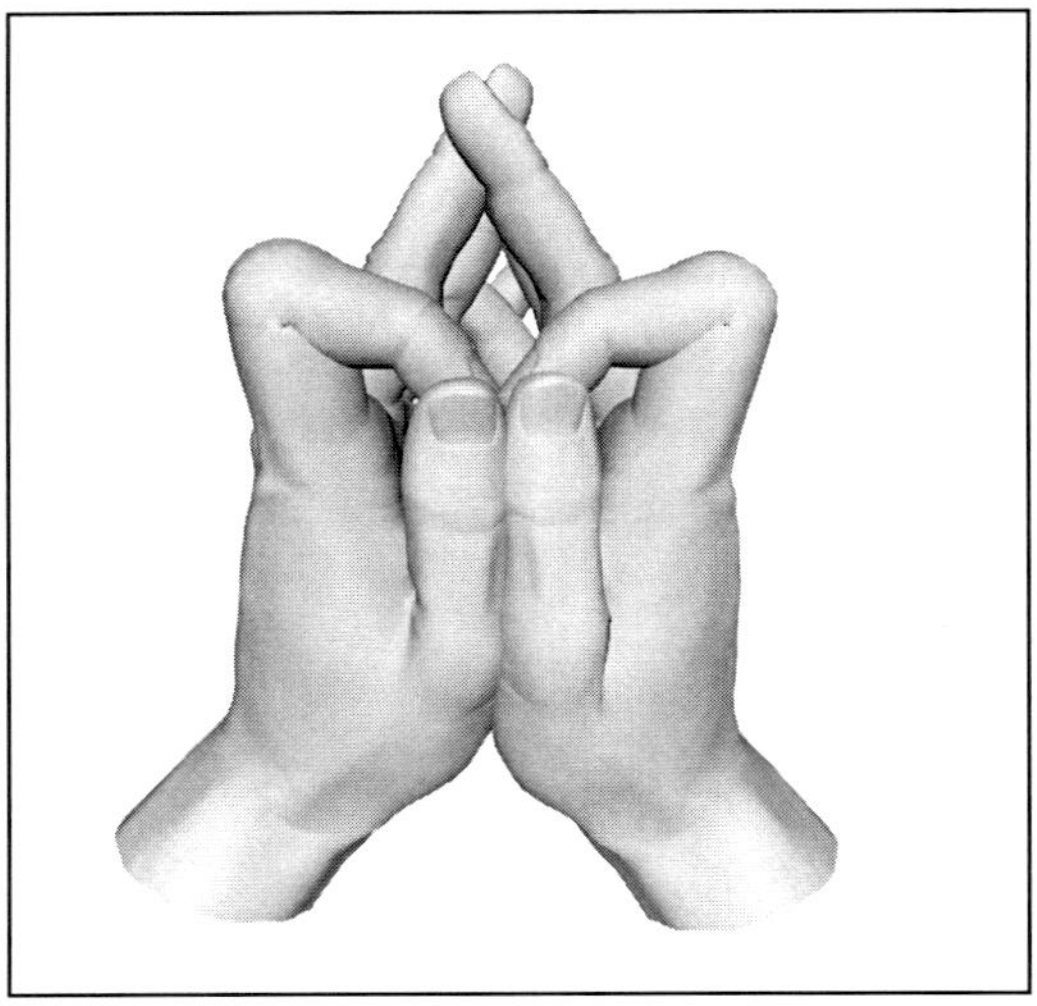

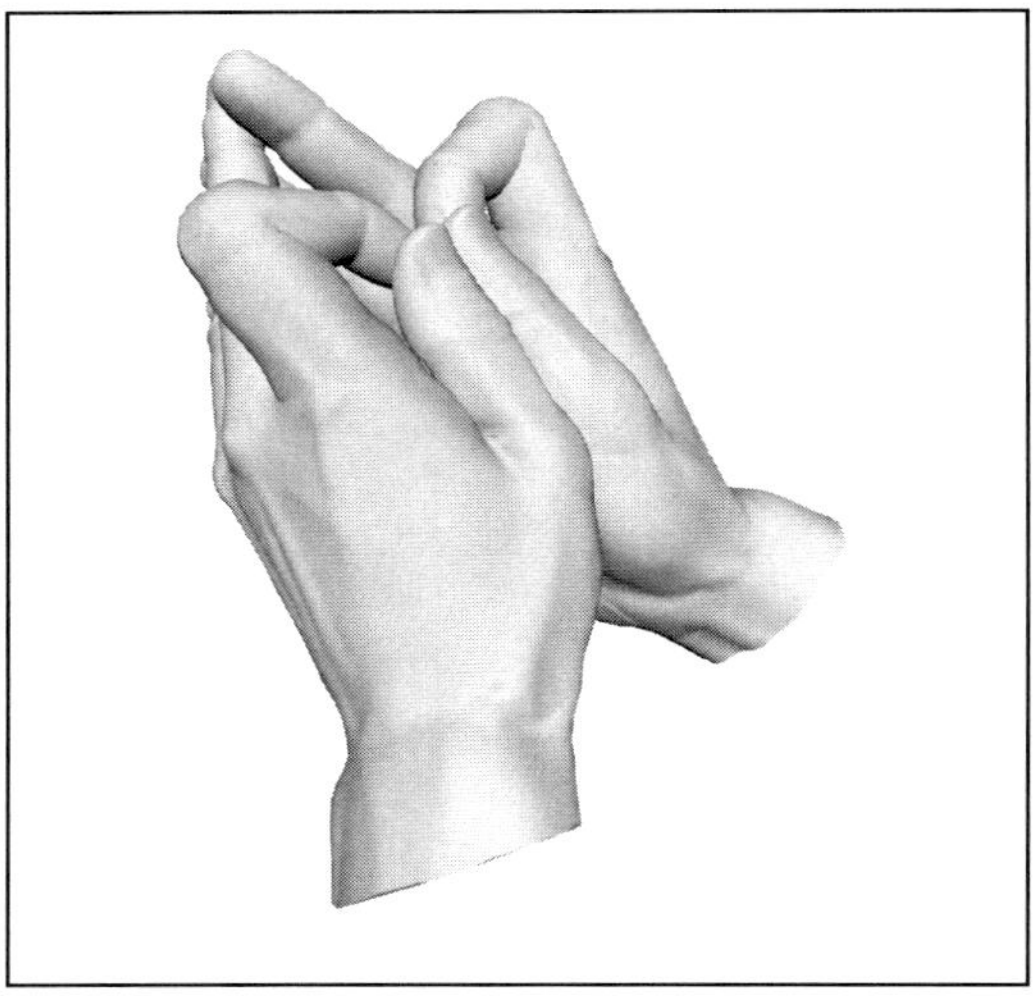

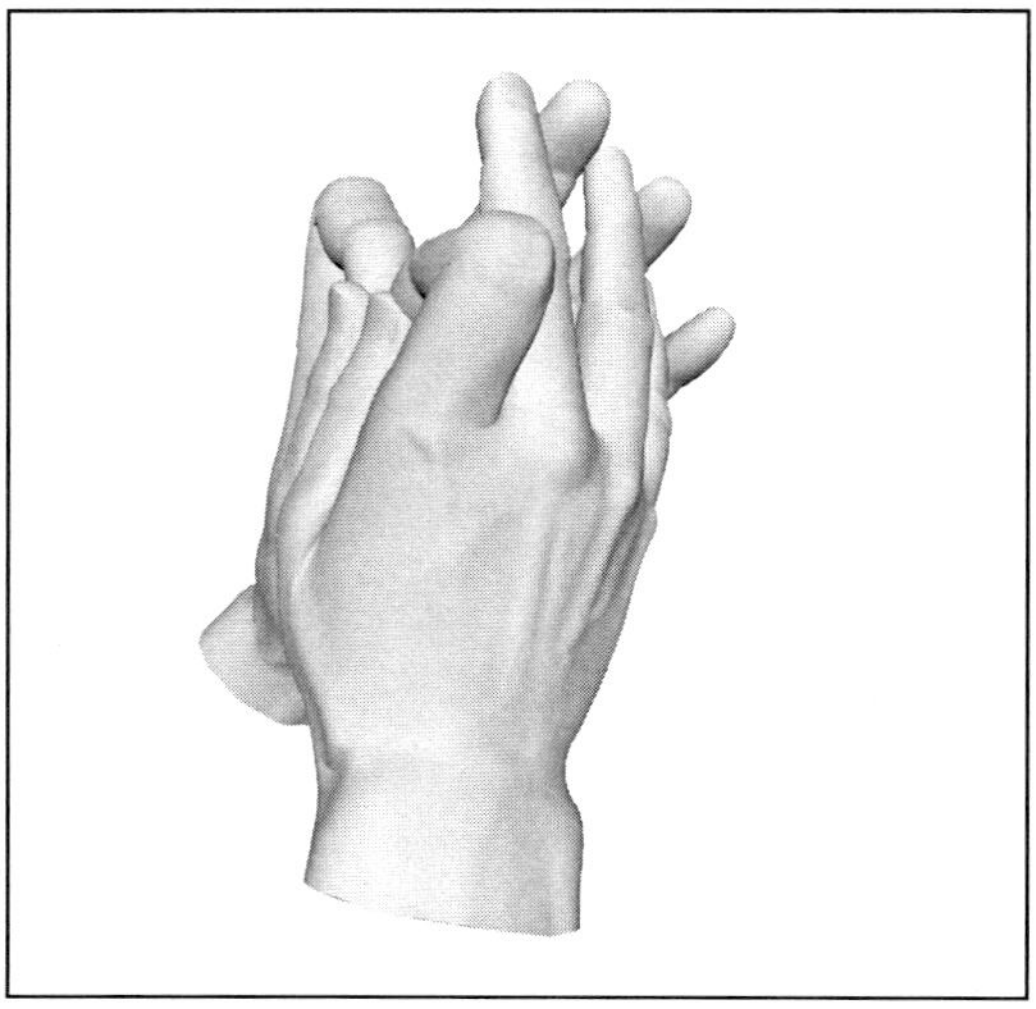

①金剛合掌をする。

②両人差指を屈して指先を付け、親指で捻じる。

梵《ぼん》篋《きょう》印《いん》

①両手、五指を伸べる。
②左手を仰げ、右手を伏せる。
③両掌を向かい合わせ、掌をやや屈する。

※真言は七七頁に同じ。

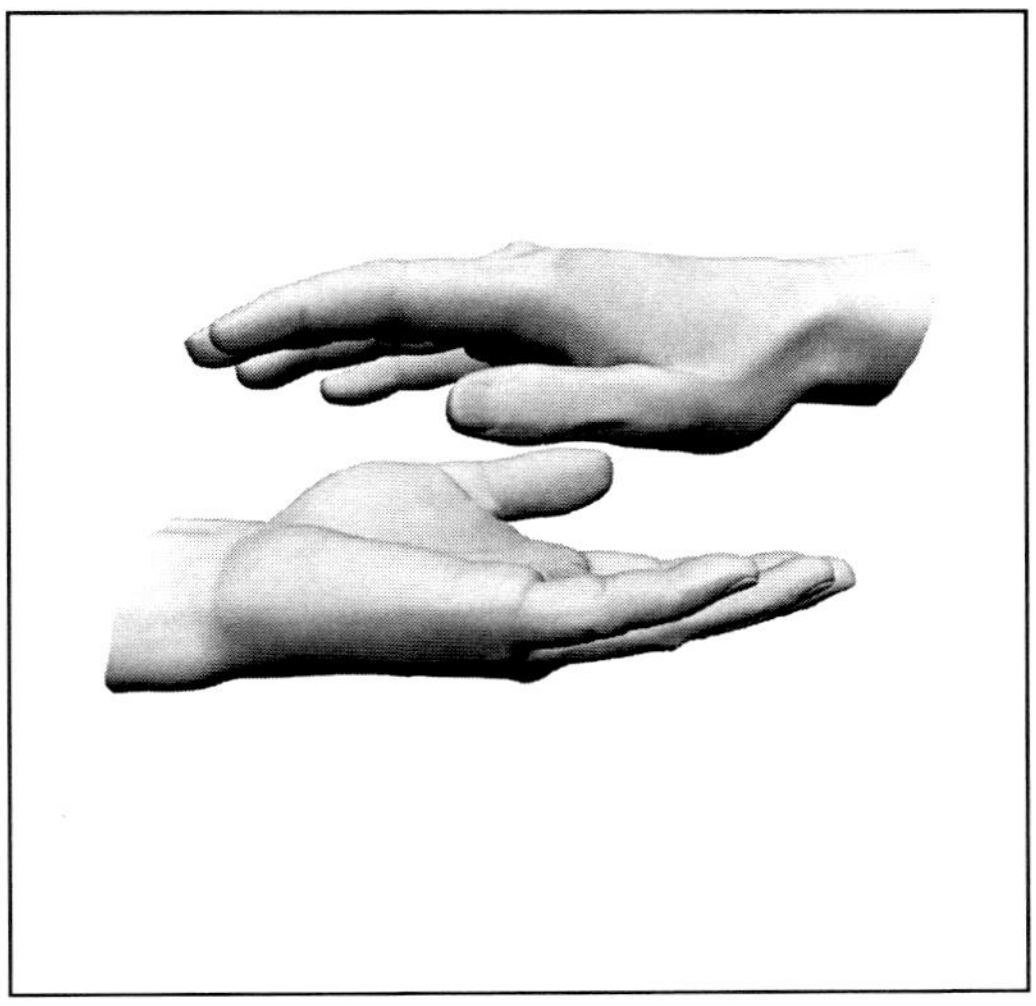

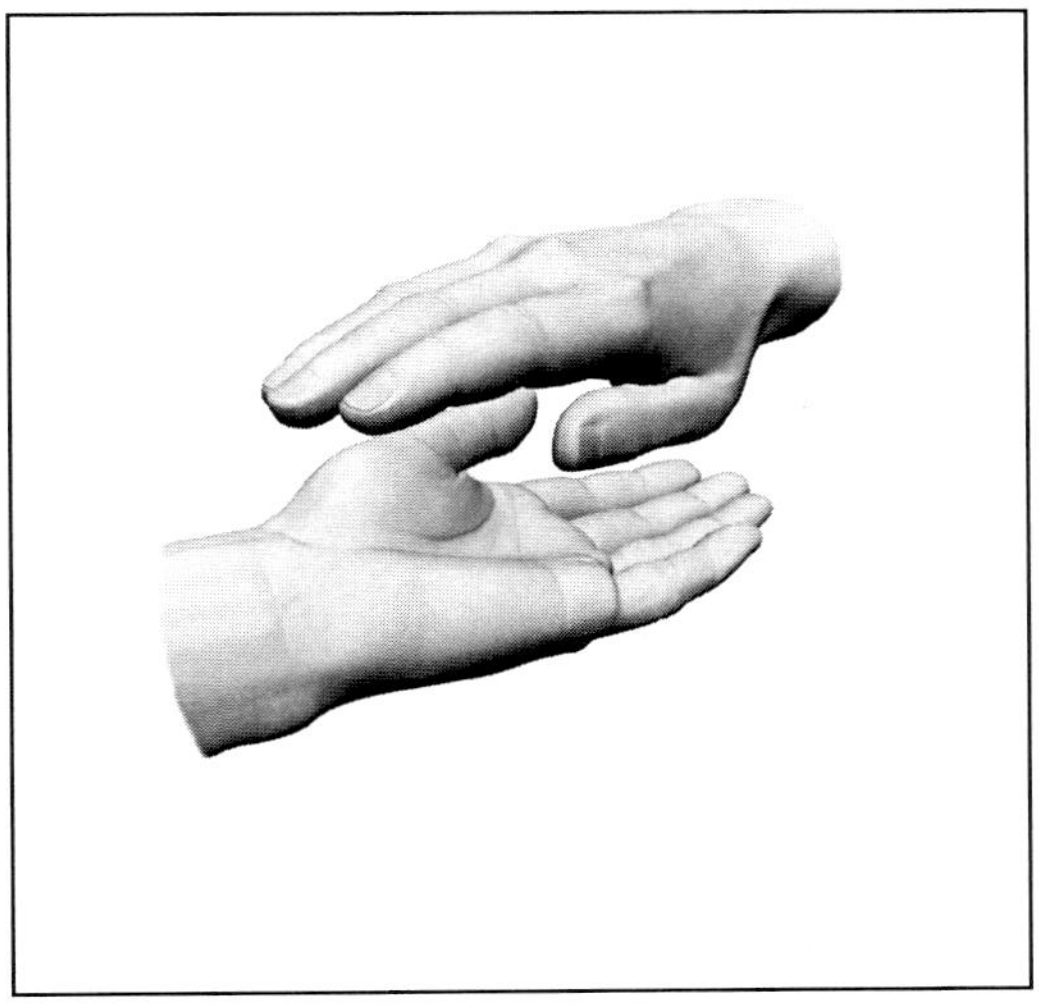

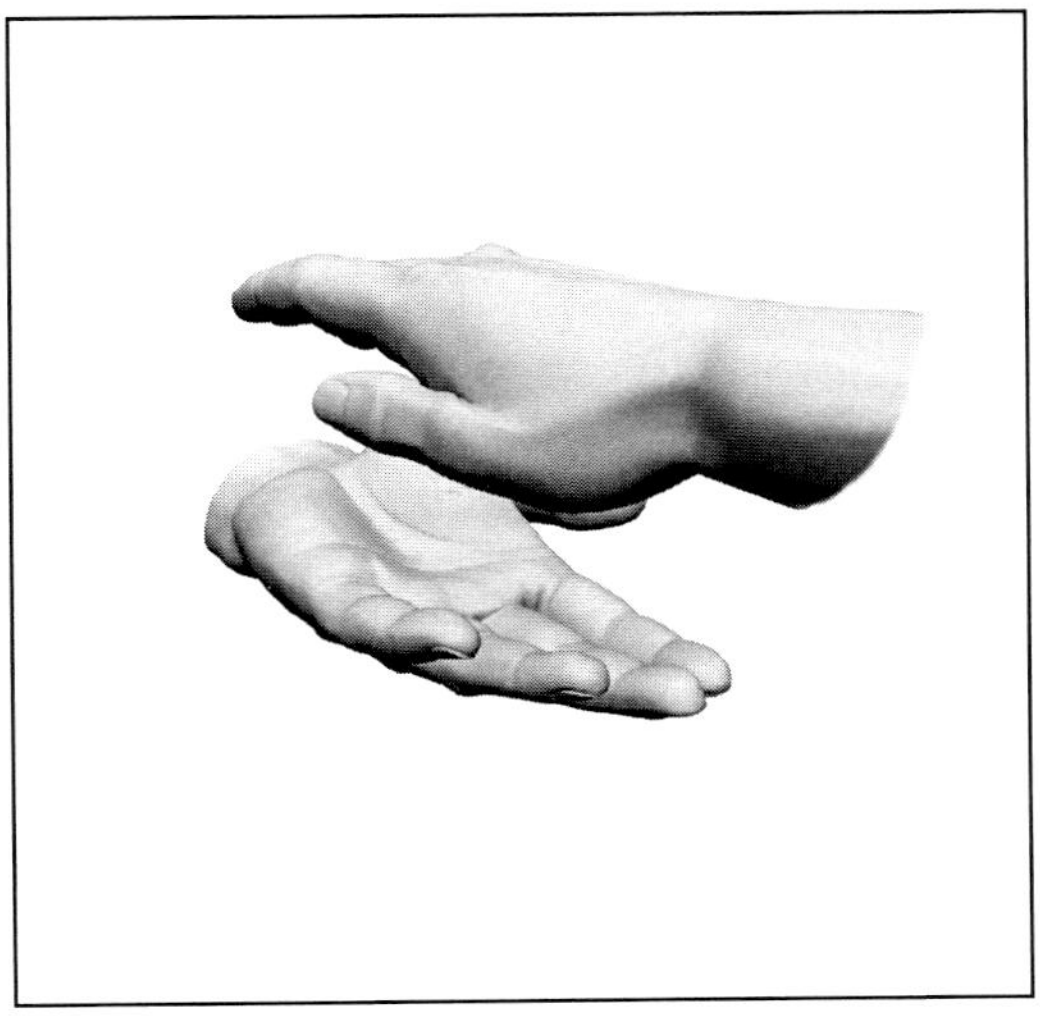

請雨経《しょううきょう》
智吉祥印《ちきちじょういん》

①両手を伸ばし、両親指で中指を捻じる。

②左手を仰げて右手を伏せ、左手の上を右手で覆う。

※智吉祥印一（二八頁）に同じ。

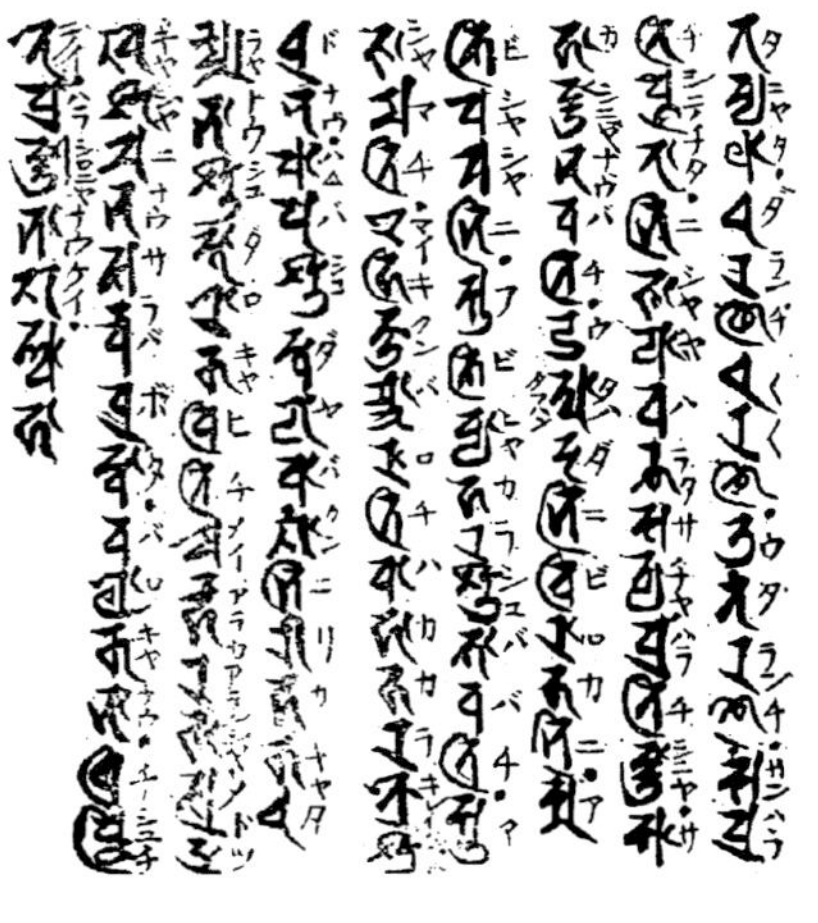

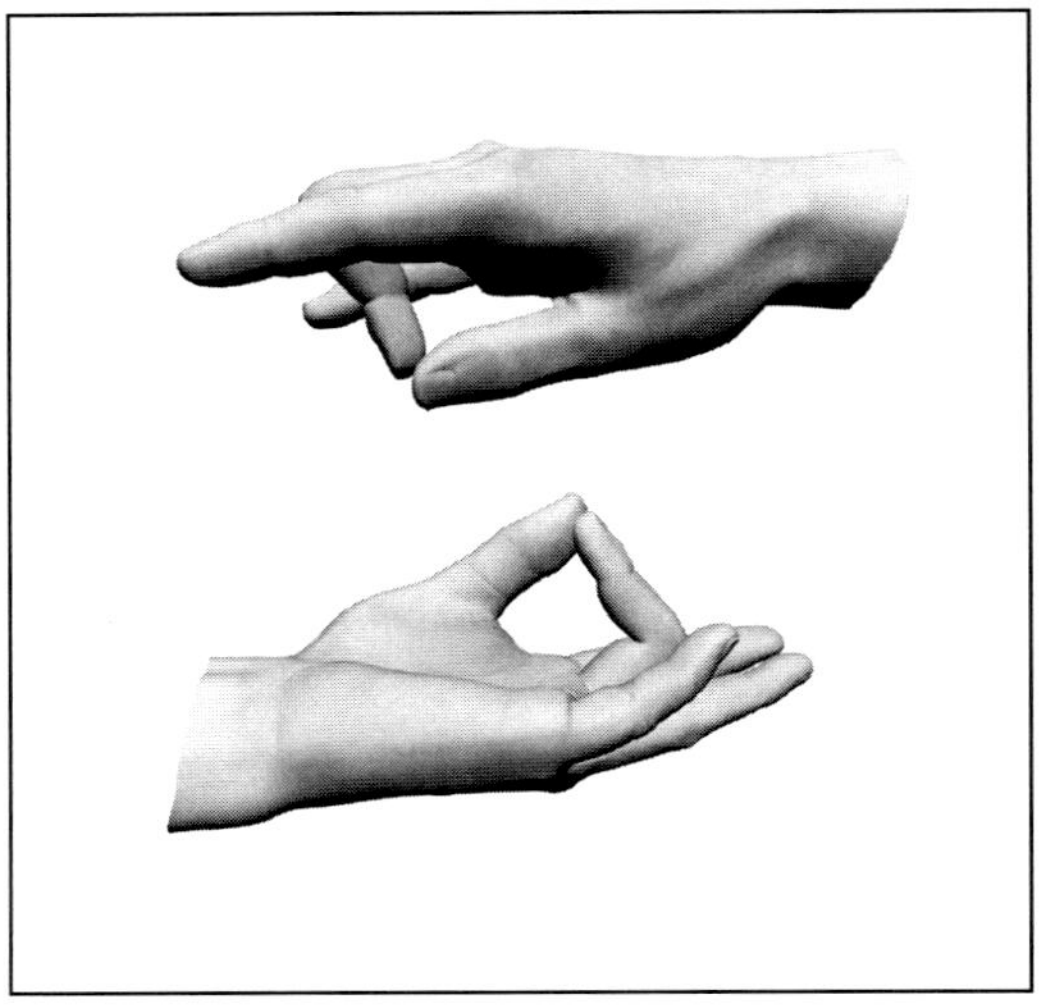

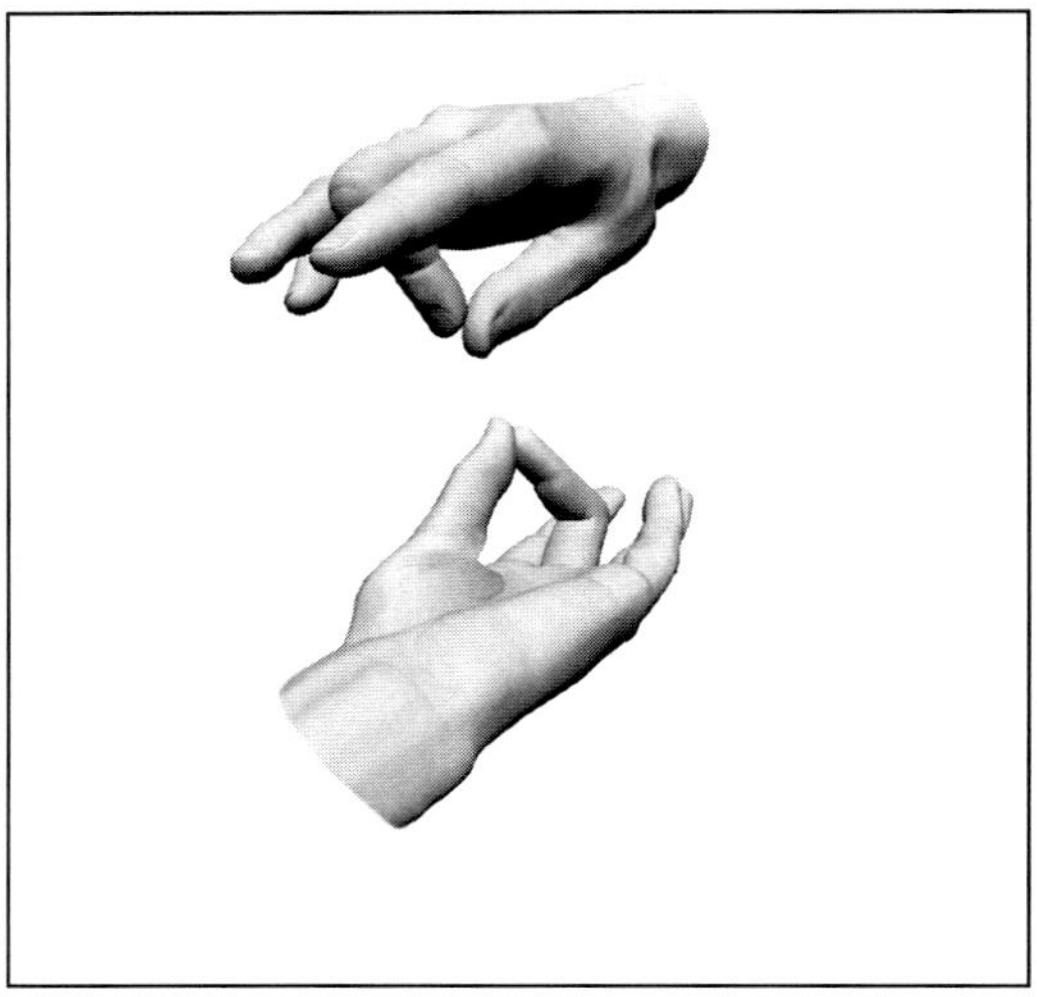

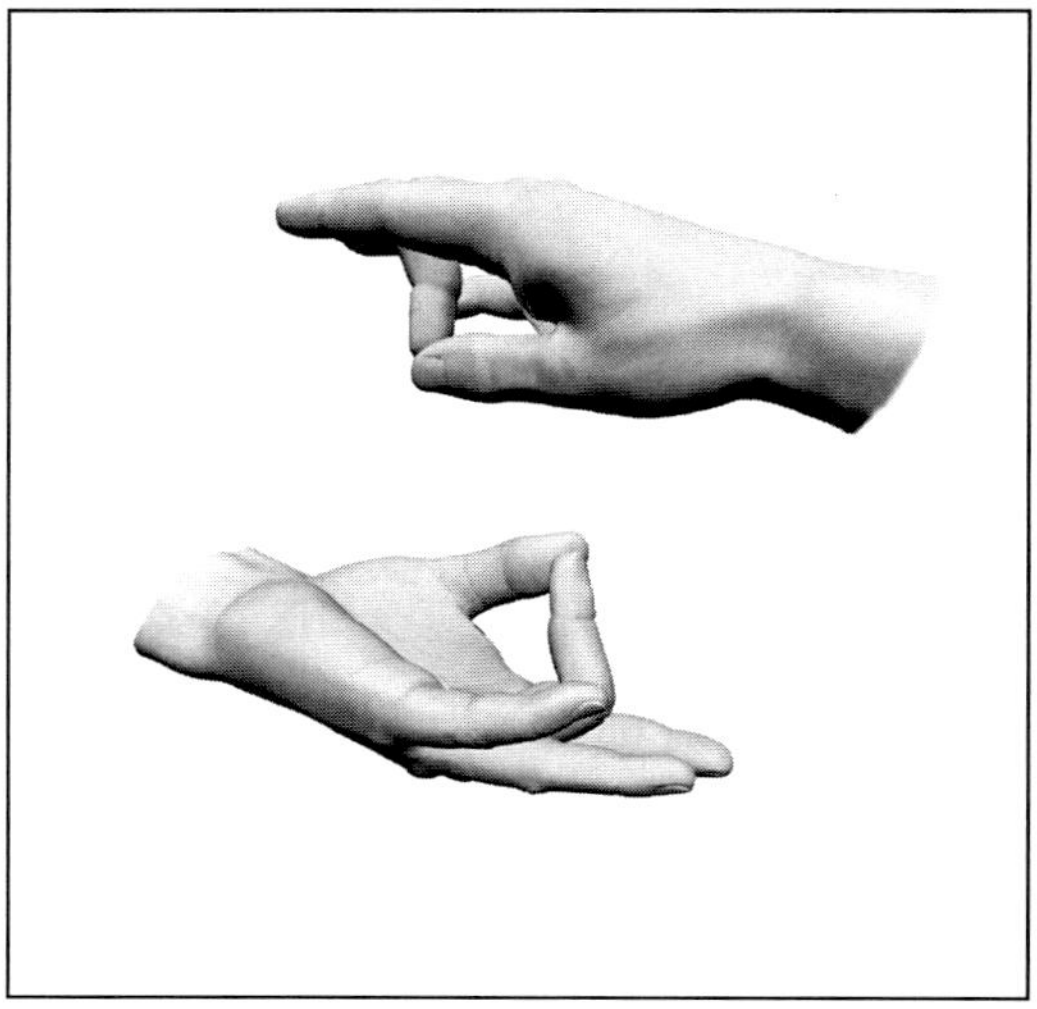

鉢《はち》印《いん》

①左右の掌を仰げ、左手の上に右手を乗せる。
②両親指の先を付け合わせる。
※釈迦鉢印（二七頁）に同じ。

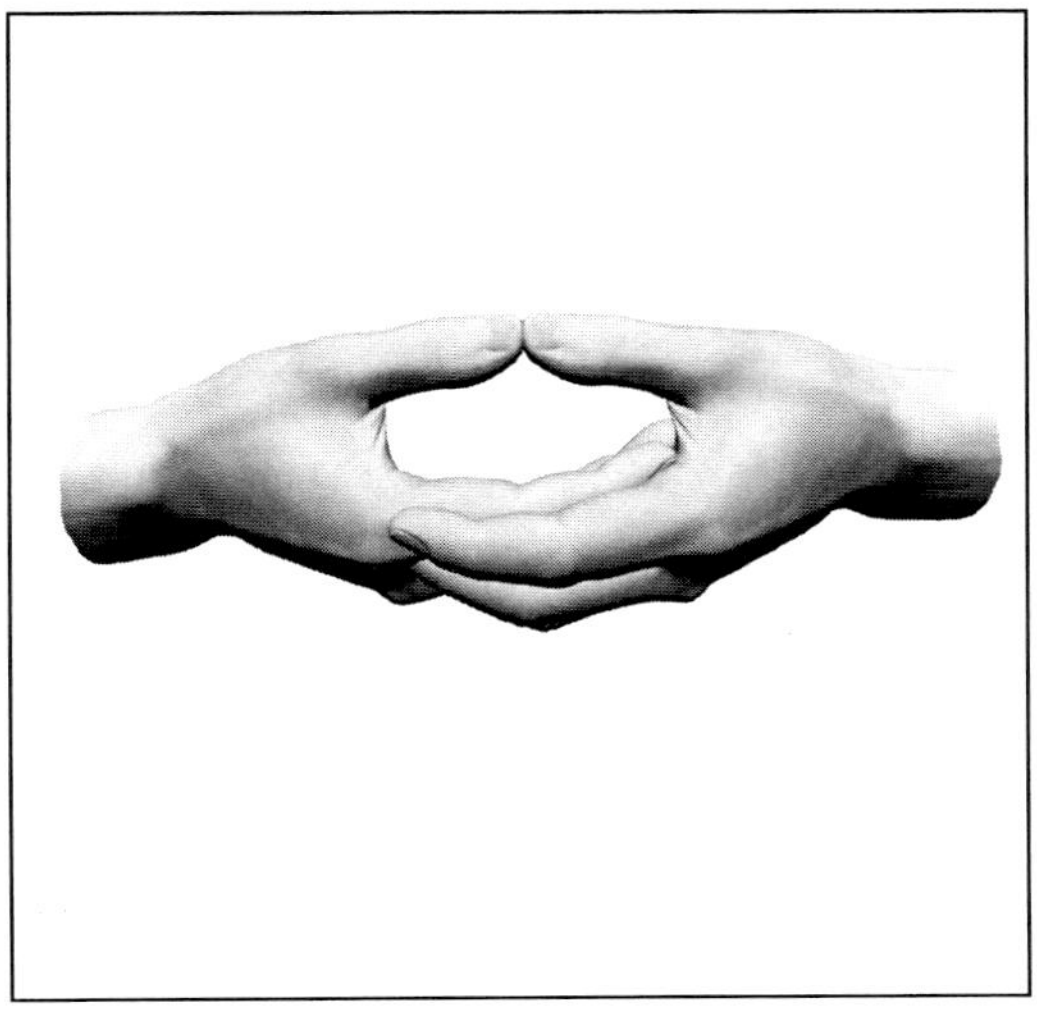

天《てん》鼓《く》雷《らい》印《いん》

①両手、虚心合掌をする。
②両小指を屈して掌中に入れる。

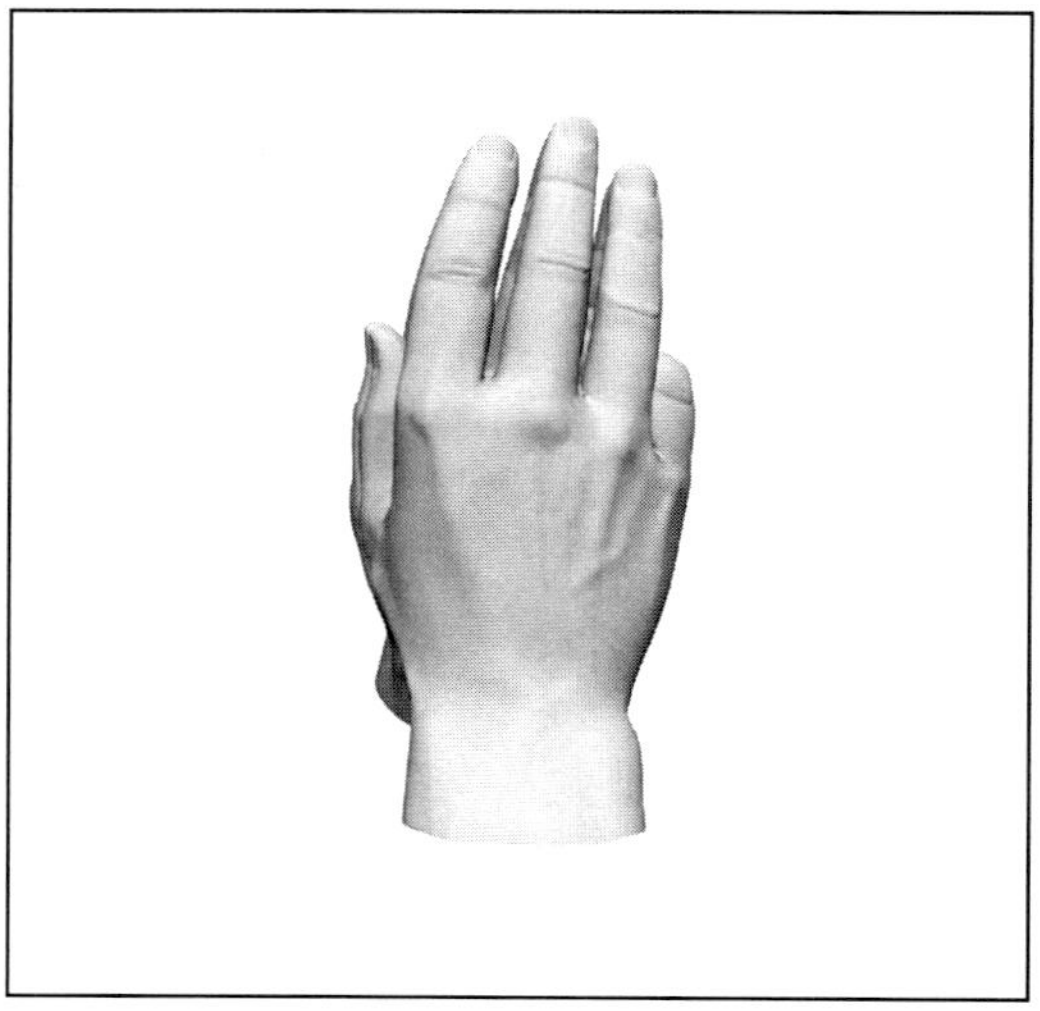

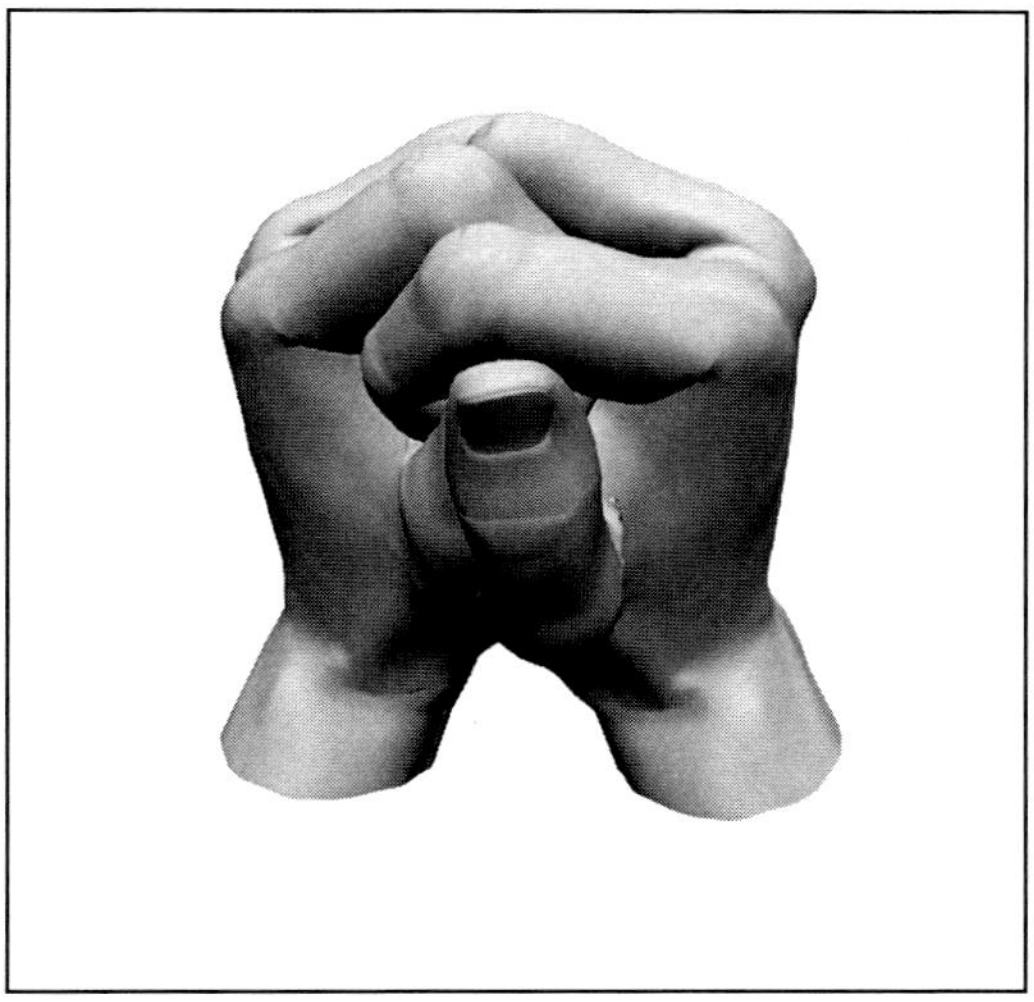

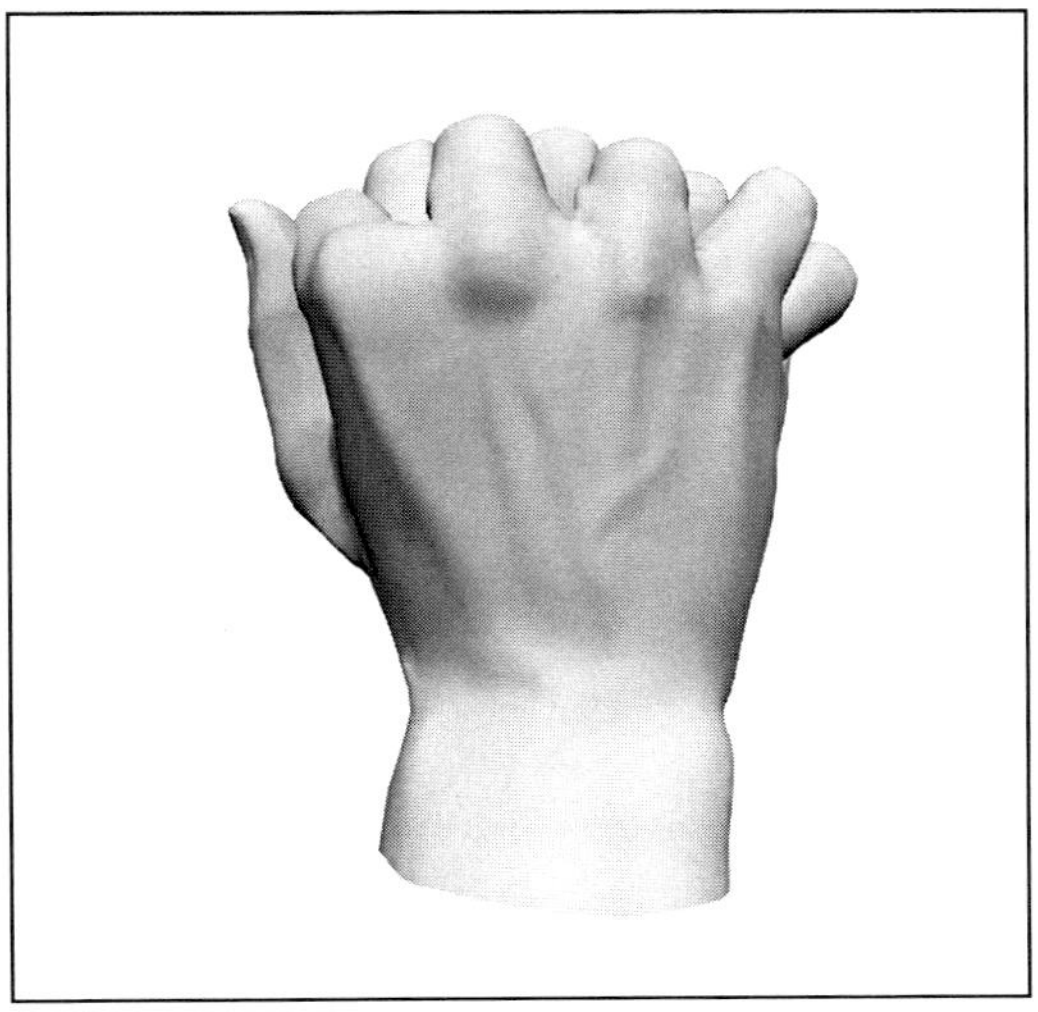

聖観音《しょうかんのん》

①両手、内縛する。
②右親指を立てる。
※観音印（二五頁）に同じ。

※真言は八一頁に同じ。

聖観音《しょうかんのん》二

①両手、外縛する。
②両人差指を立て合わせ、屈して蓮葉のようにする
③両親指を並び立てる。

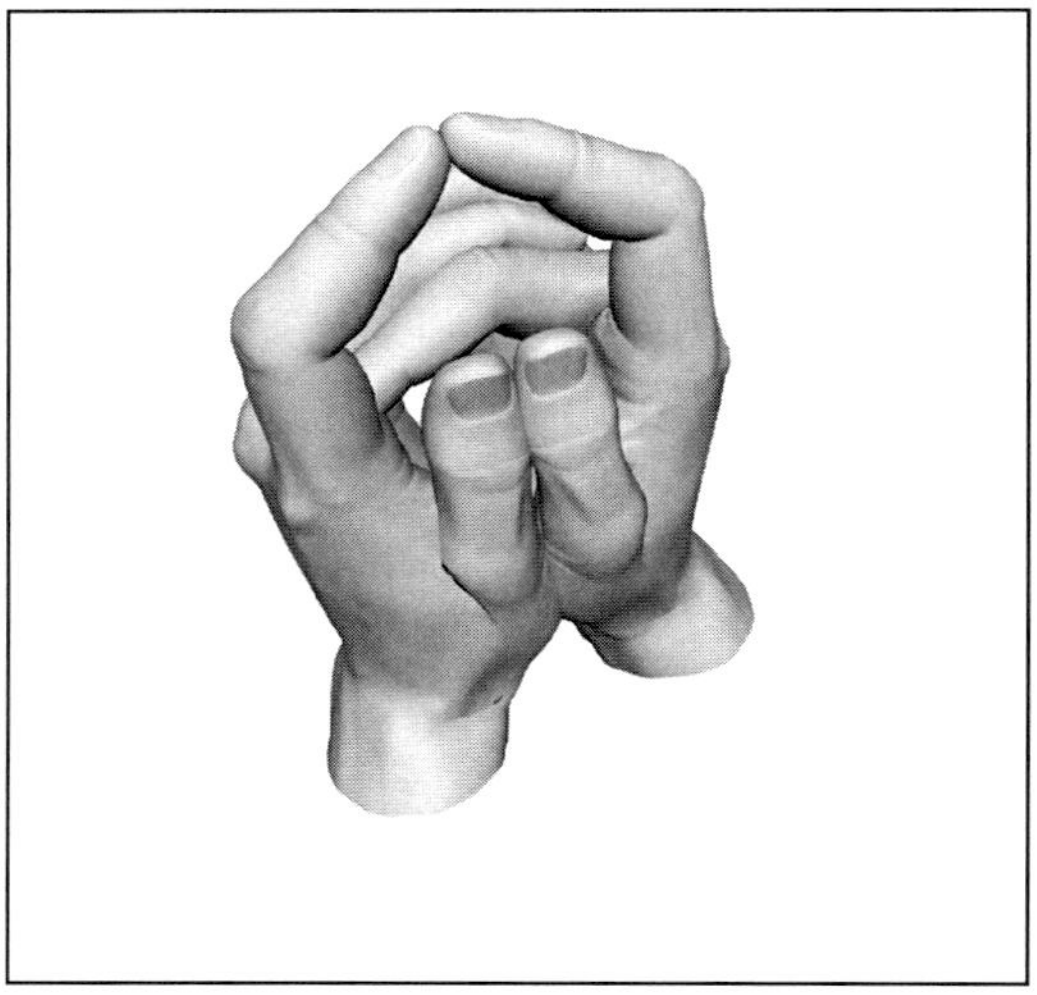

※真言は八一頁に同じ。

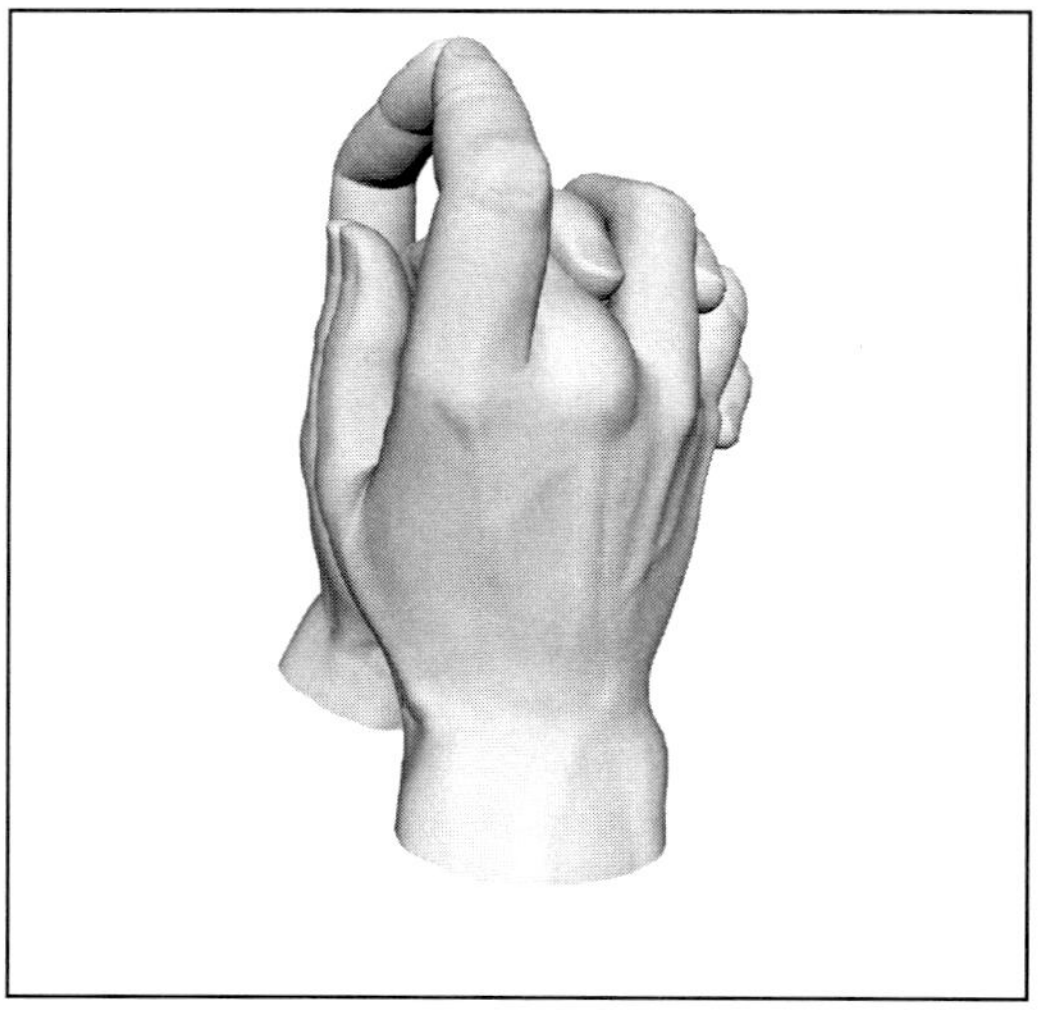

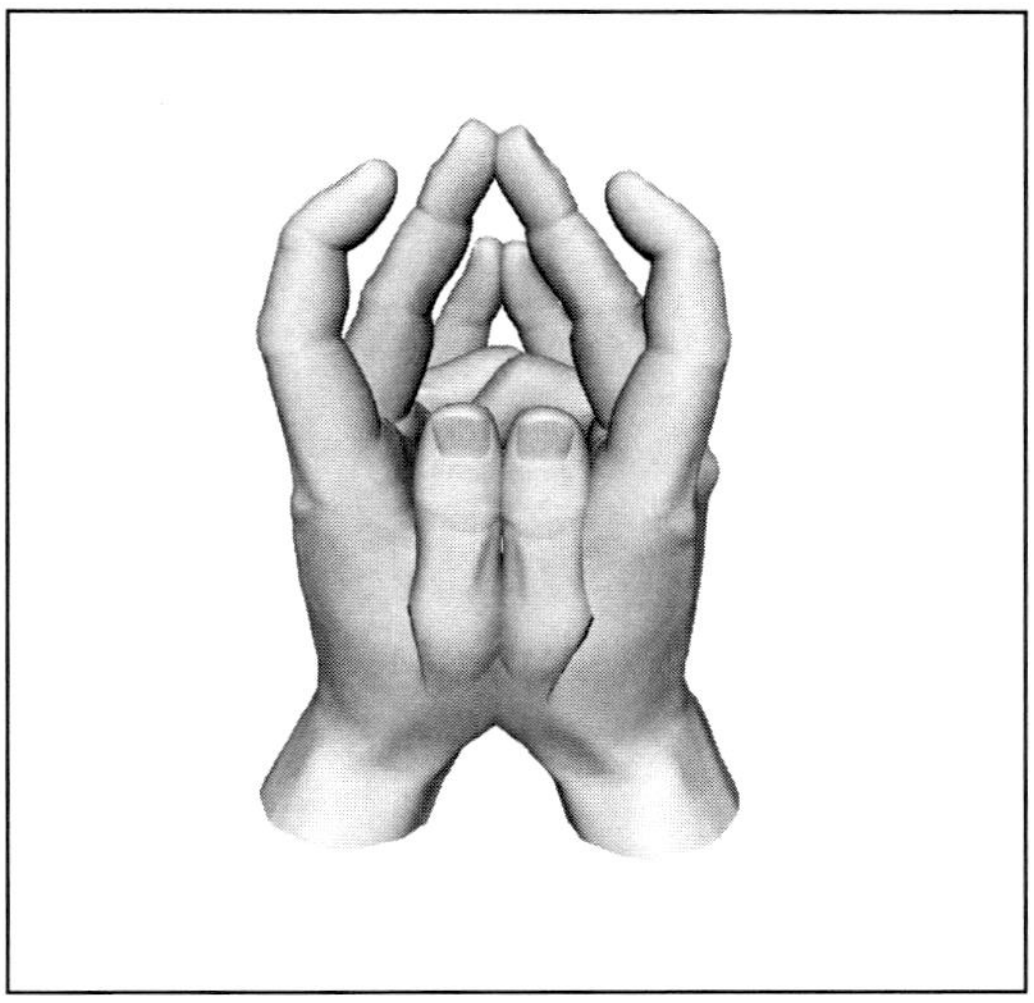

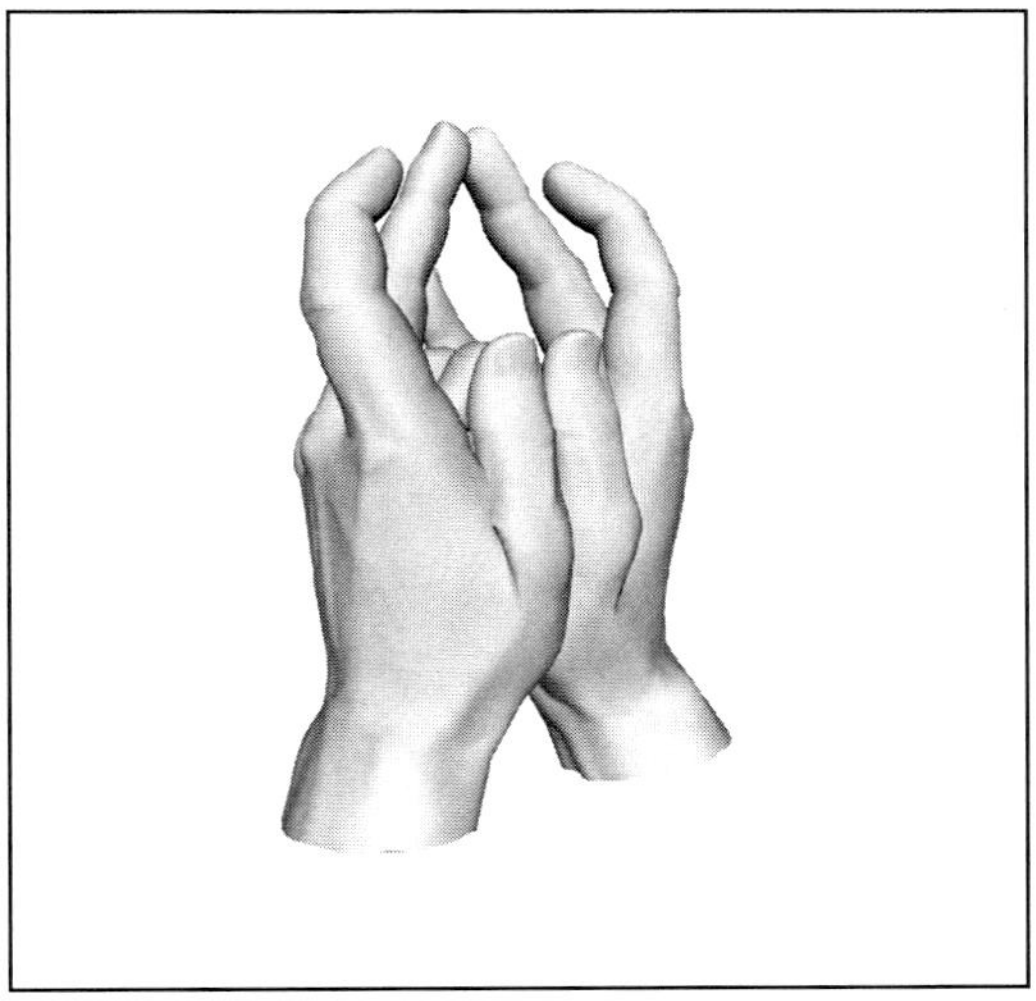

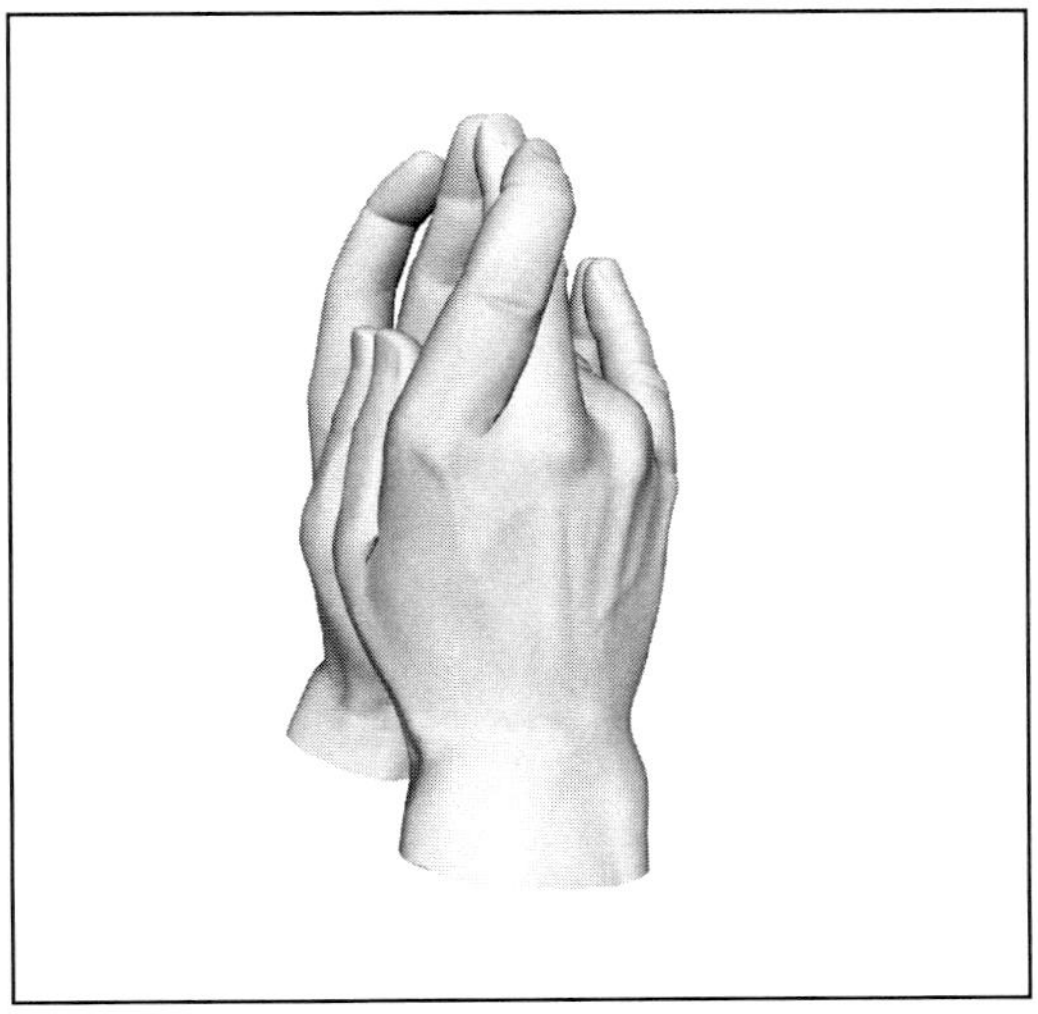

金剛手内五鈷印《こんごうしゅないごこいん》

①両手、内縛する。

②両小指、中指、親指を立て合わせる。

③両人差指は屈して、中指の背に回し、中指にはつけない。

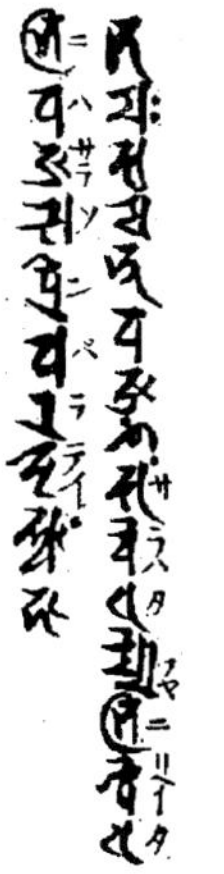

輪蓋竜王金剛合掌《りんがいりゅうおうこんごうがっしょう》

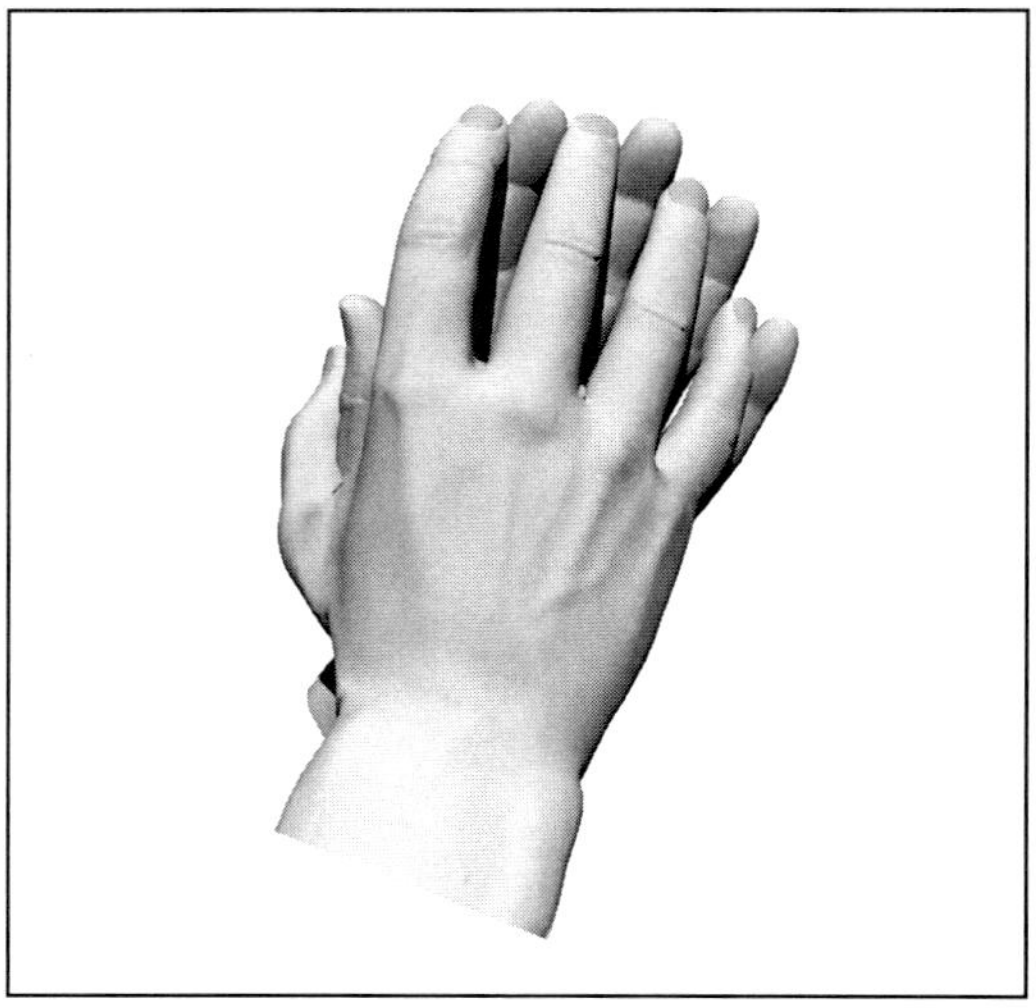

①両手、金剛合掌する。

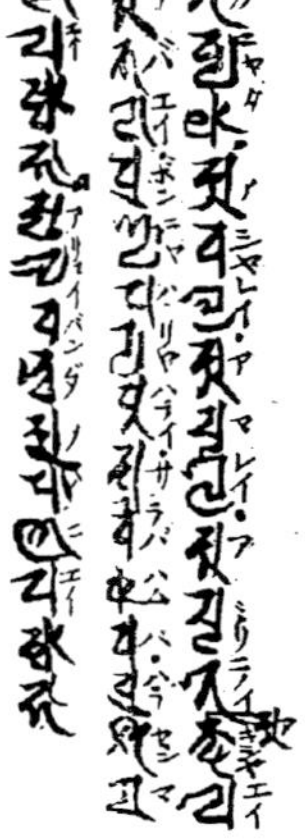

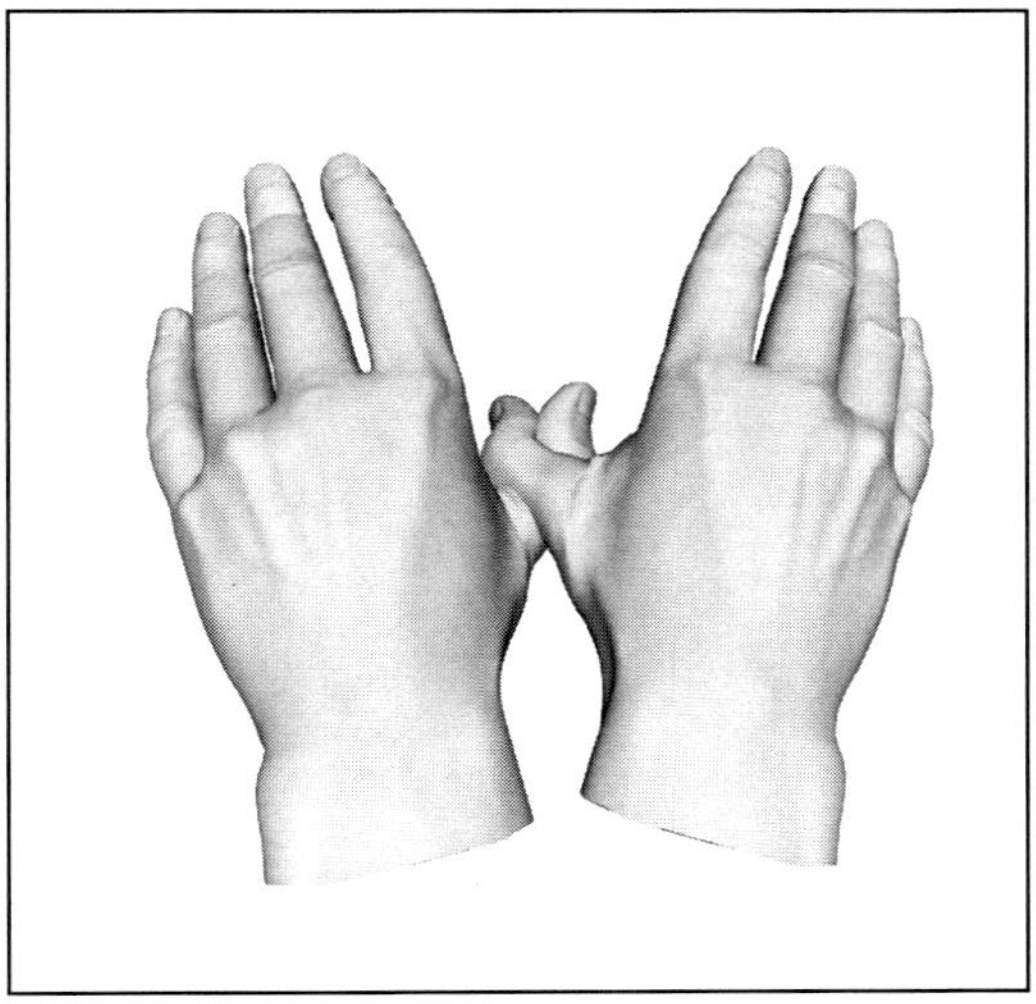

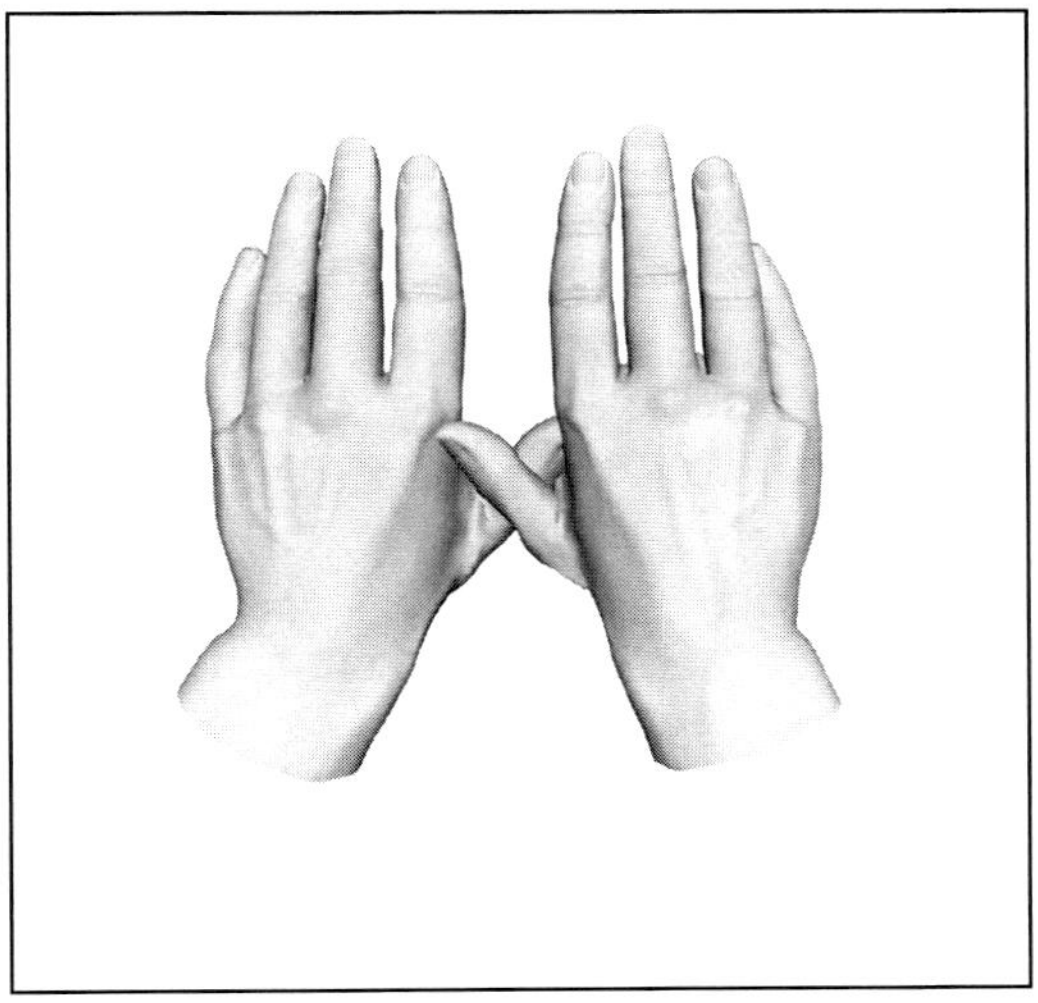

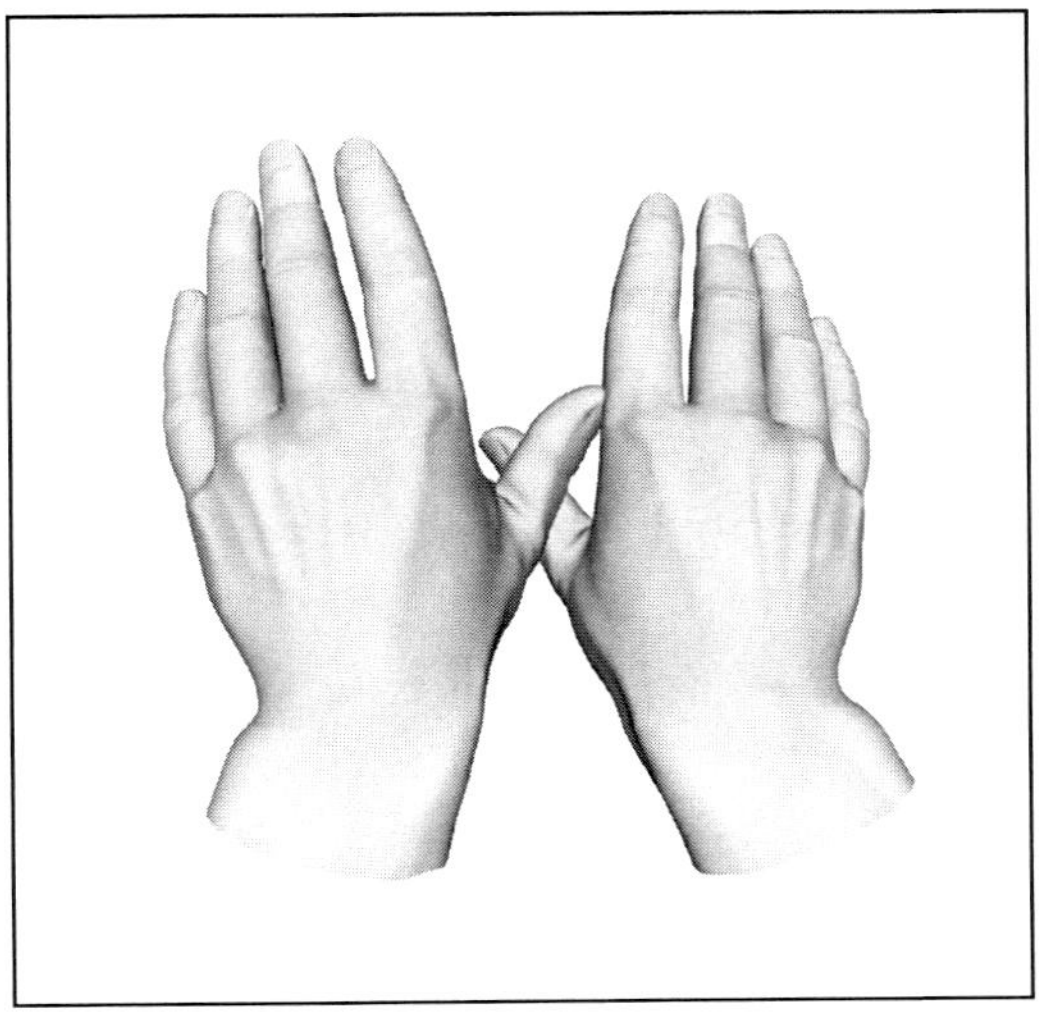

難《なん》陀《だ》抜《ばつ》難《なん》陀《だ》二《に》竜王《りゅうおう》

①両手、十指と伸べて伏せる。
②両親指を相交える。
※右親指を上にして左親指と重ねれば難陀竜王印、左親指を上にして右親指に重ねれば抜難陀竜王印。
※また、九頭竜印、諸竜印、一切竜印ともいう。

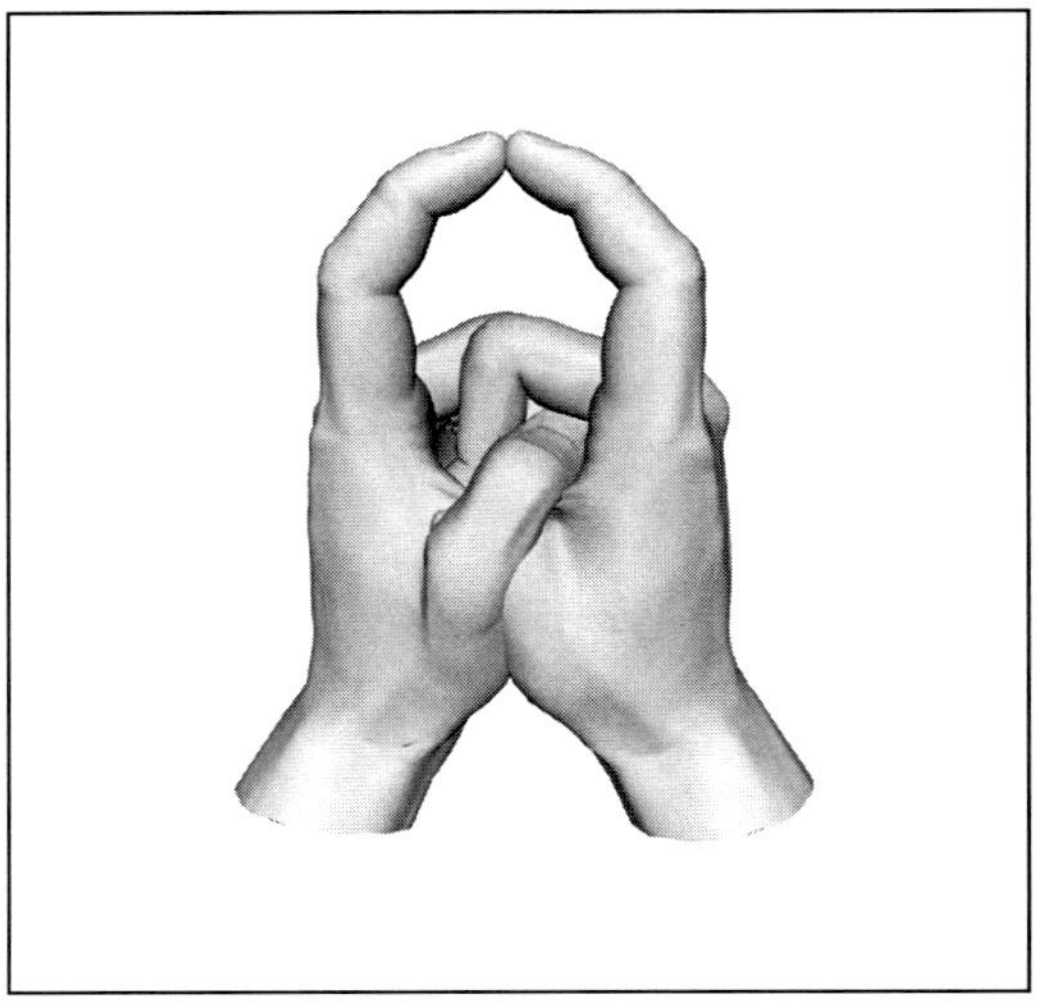

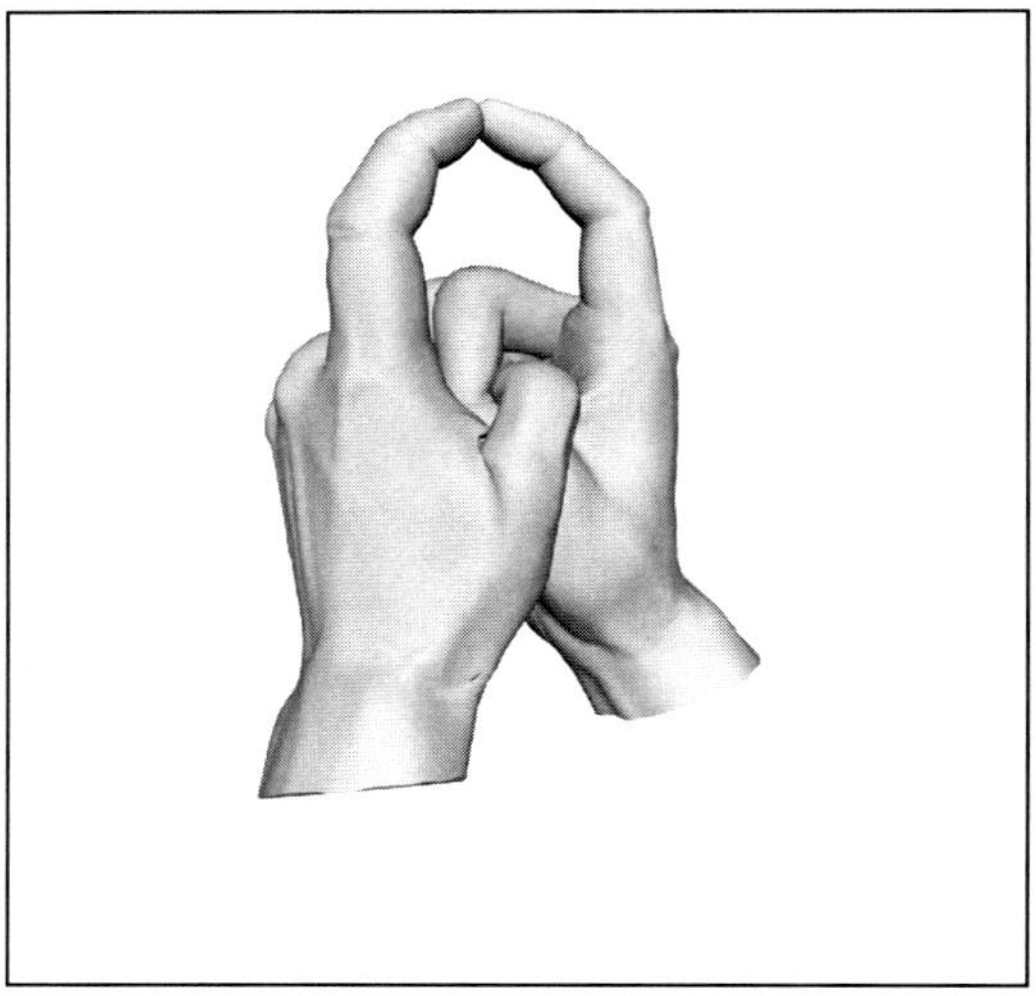

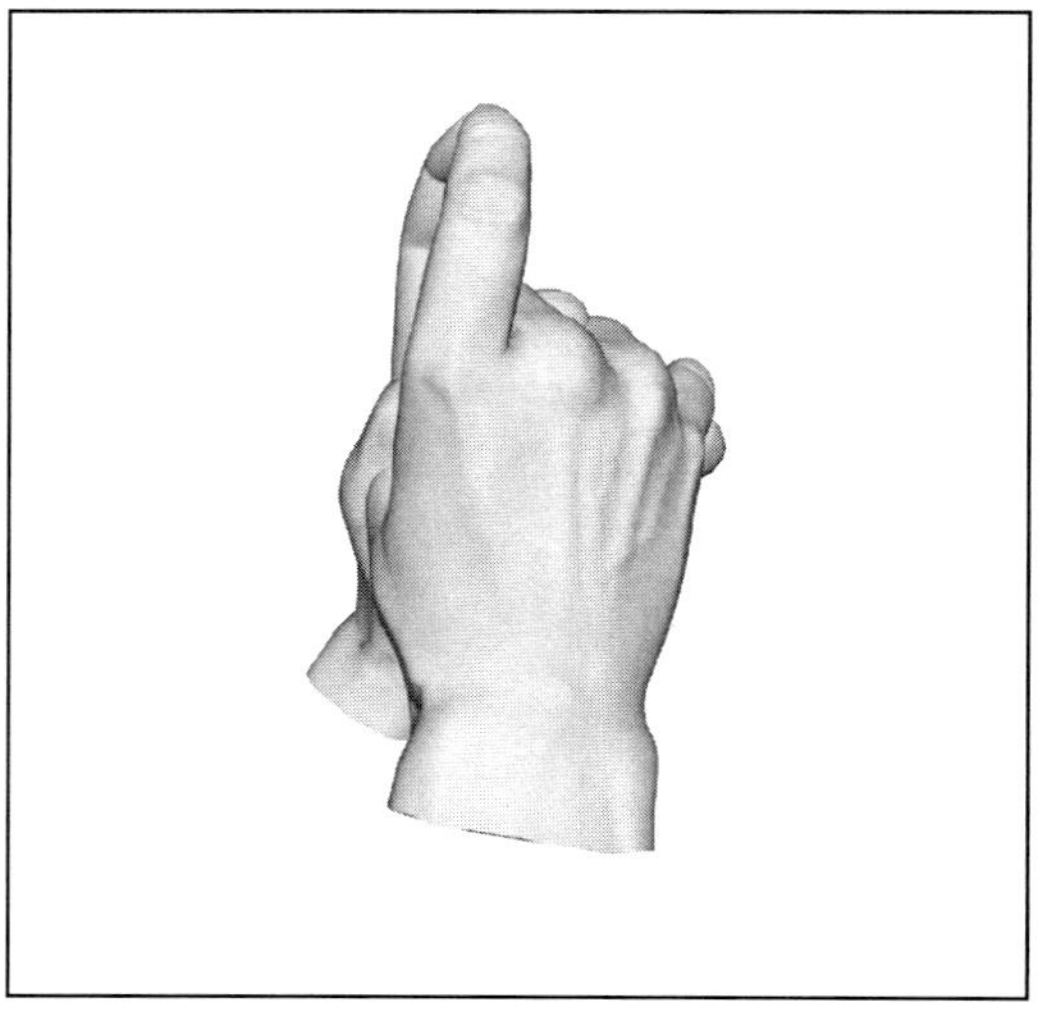

竜《りゅう》王《おう》

①両手、内縛する。

②両人差指を立て合わせて屈し、宝形のようにする。

※水天（竜索印）（二八九頁）、十二天（水天二）（三〇二頁）に同じ。

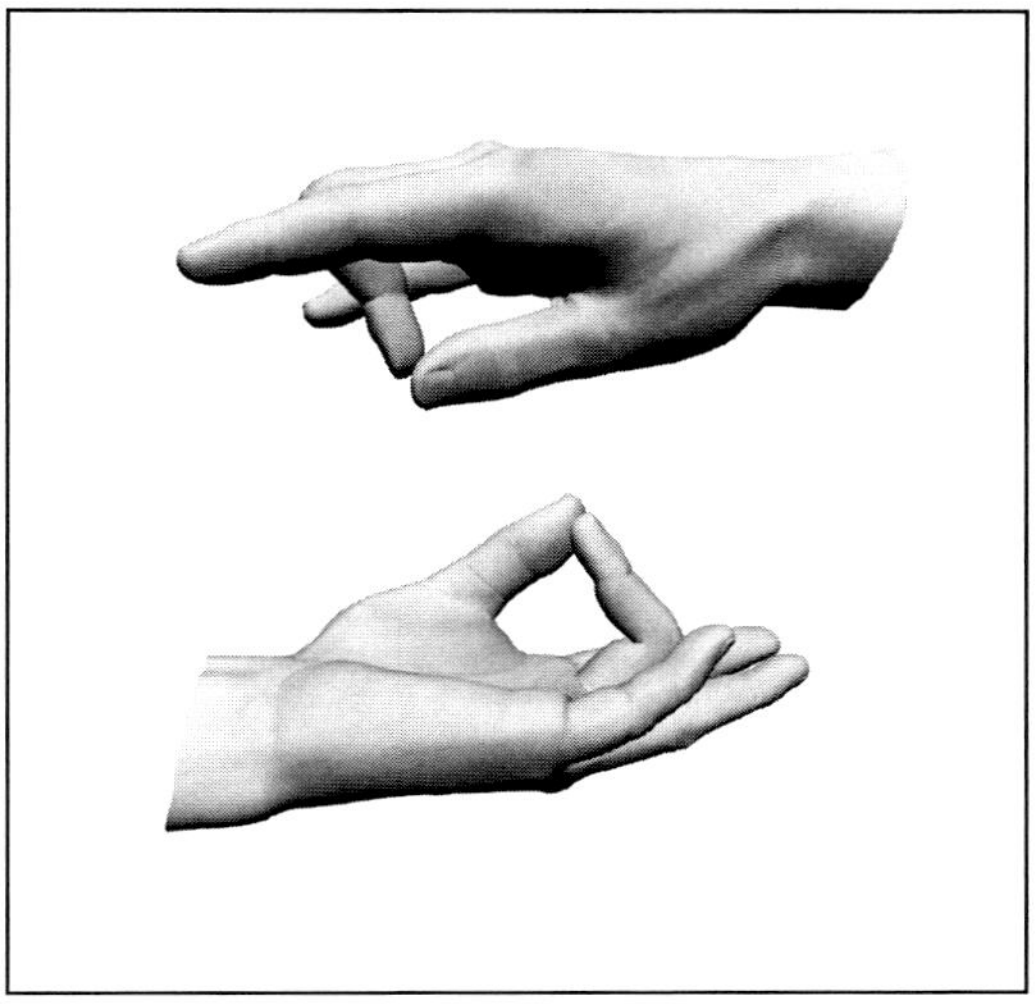

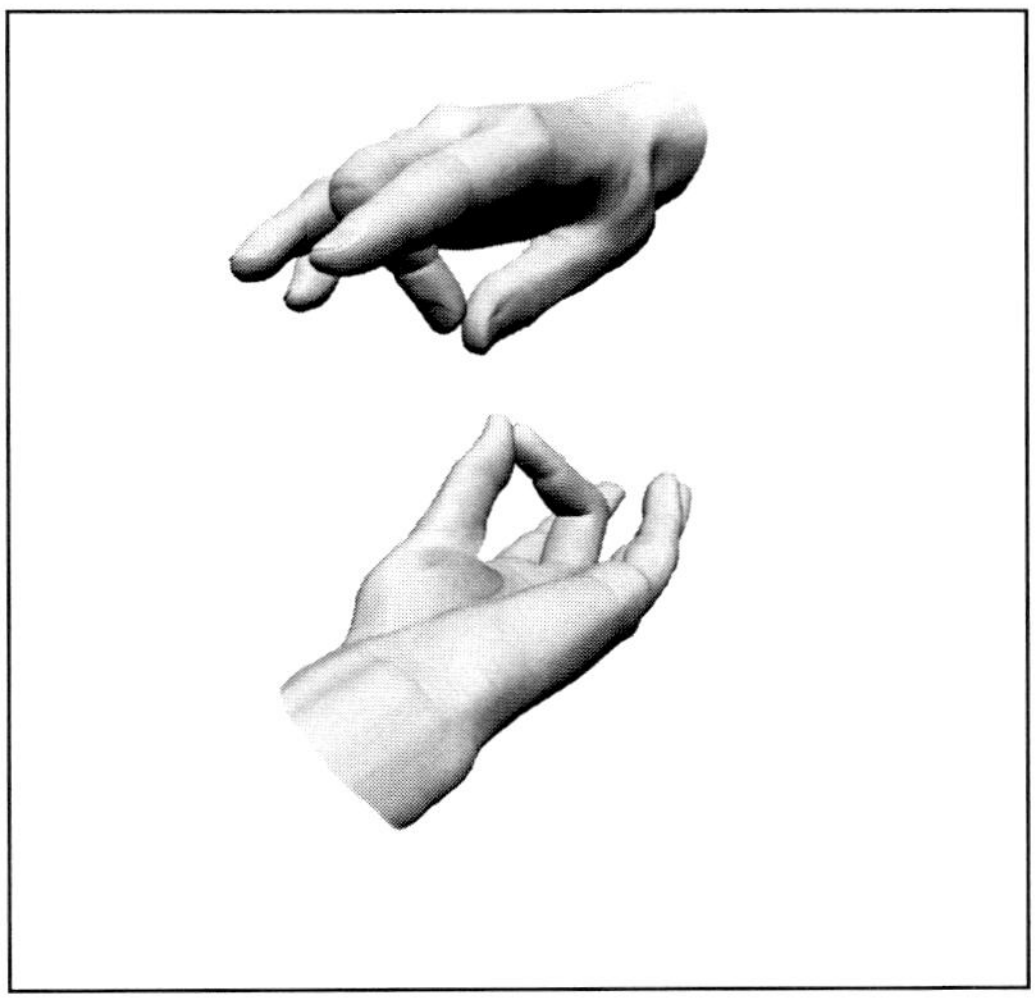

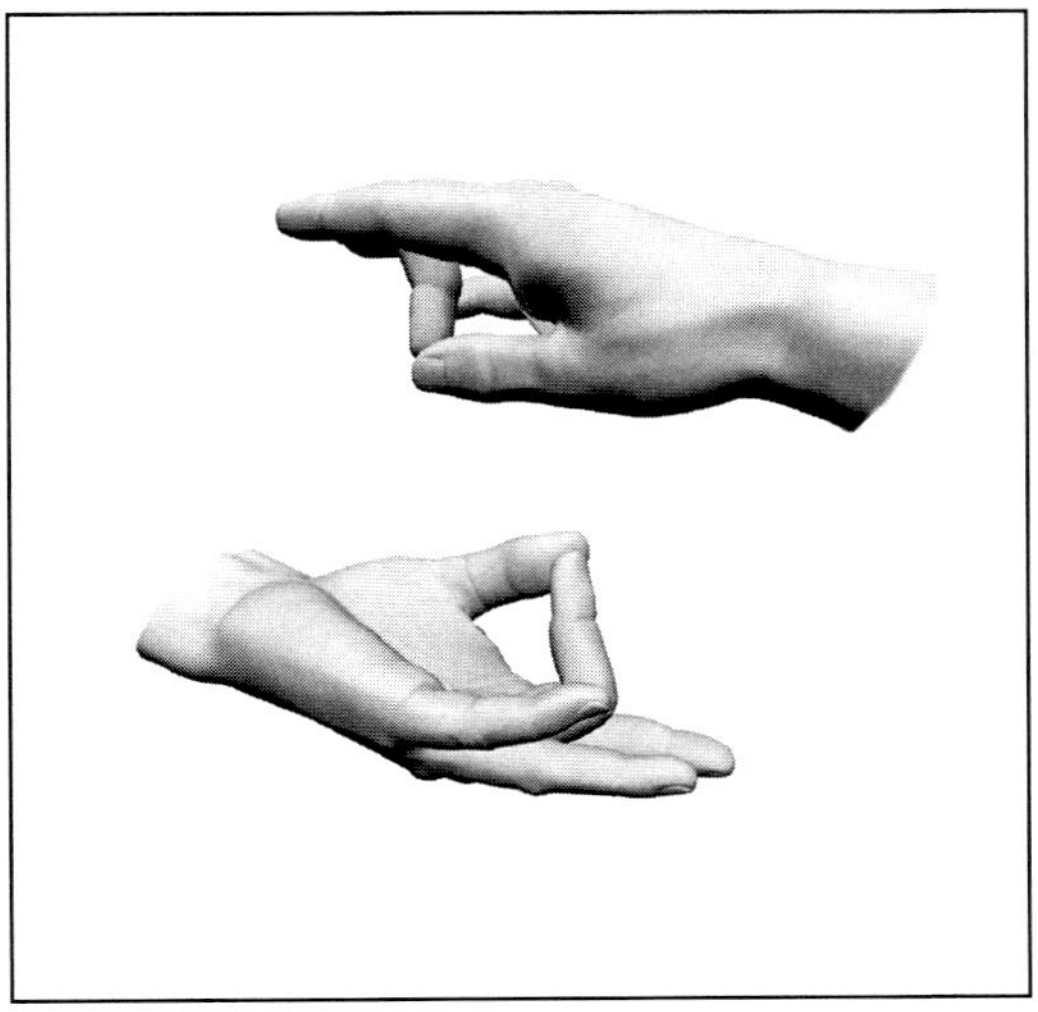

釈《しや》迦《か》智《ち》吉祥印《きちじょういん》

①両手を伸ばし、両親指で中指を捻じる。
②左手を仰げて右手を伏せ、左手の上を右手で覆う。
※智吉祥印（二八頁）に同じ。

※真言は八一頁に同じ。

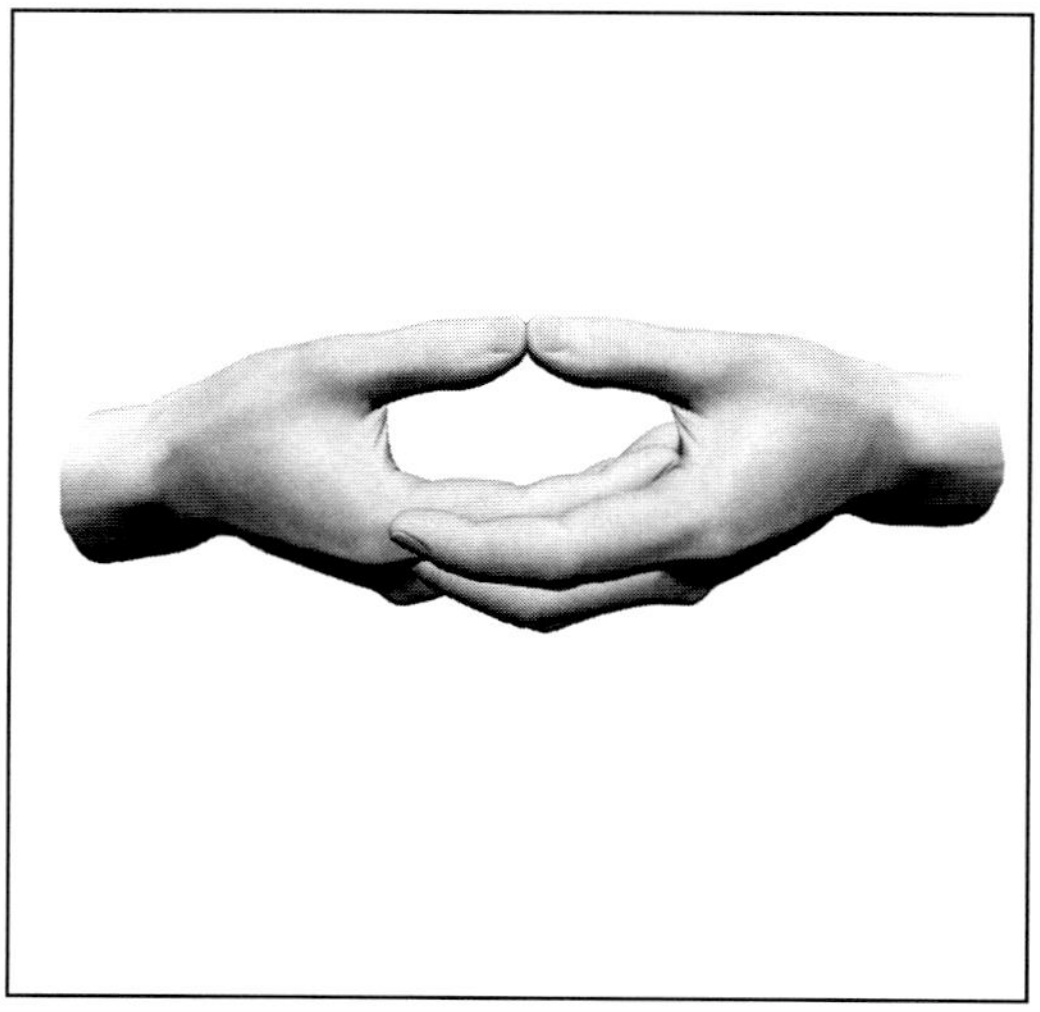

多《た》宝《ほう》法《ほつ》界《かい》定《じょう》印《いん》

①左右の掌を仰げ、左掌の上に右手を乗せる。
②両親指の先を付け合わせる。
※薬師法界定印（三〇頁）に同じ。

無《む》量《りょう》寿《じゅ》命《みょう》決《けつ》定《じょう》如《にょ》来《らい》普《ふ》印《いん》

①両手、金剛合掌する。

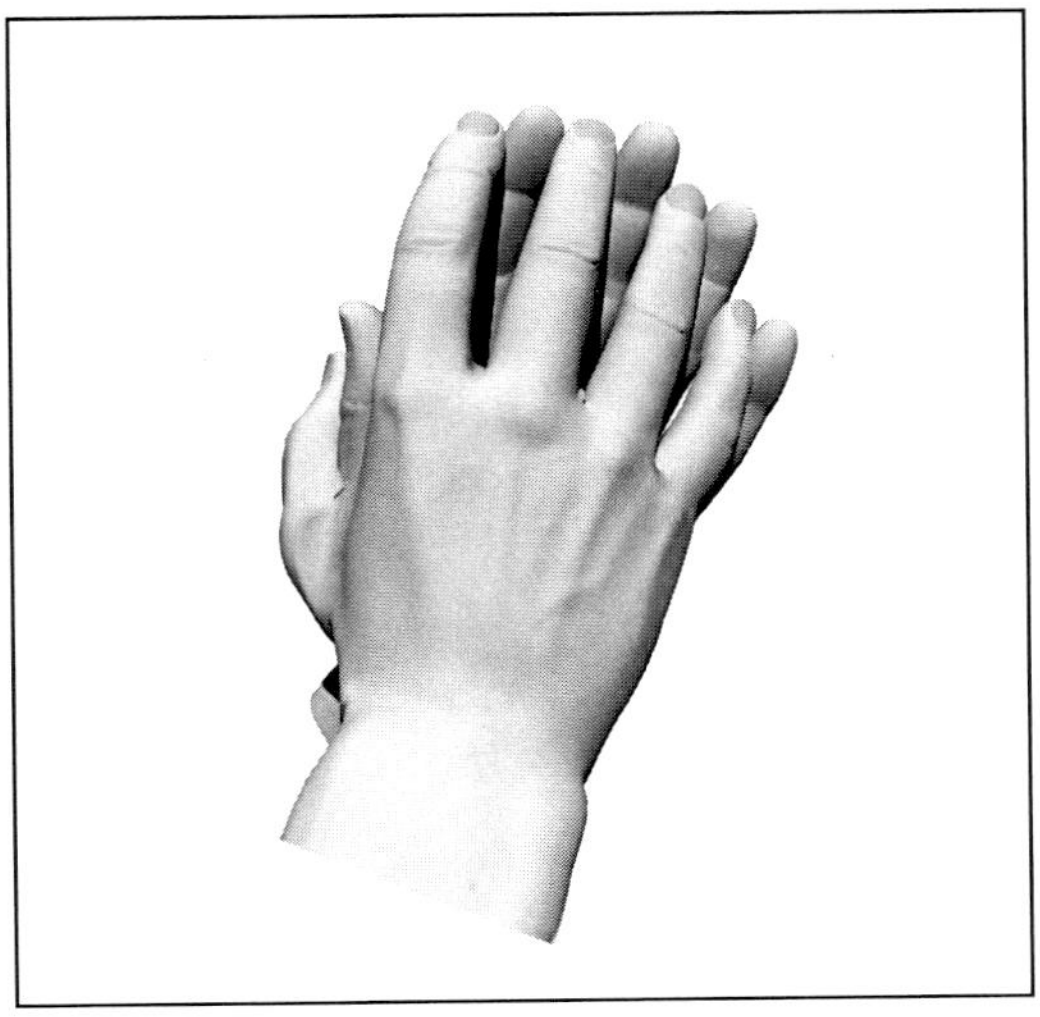

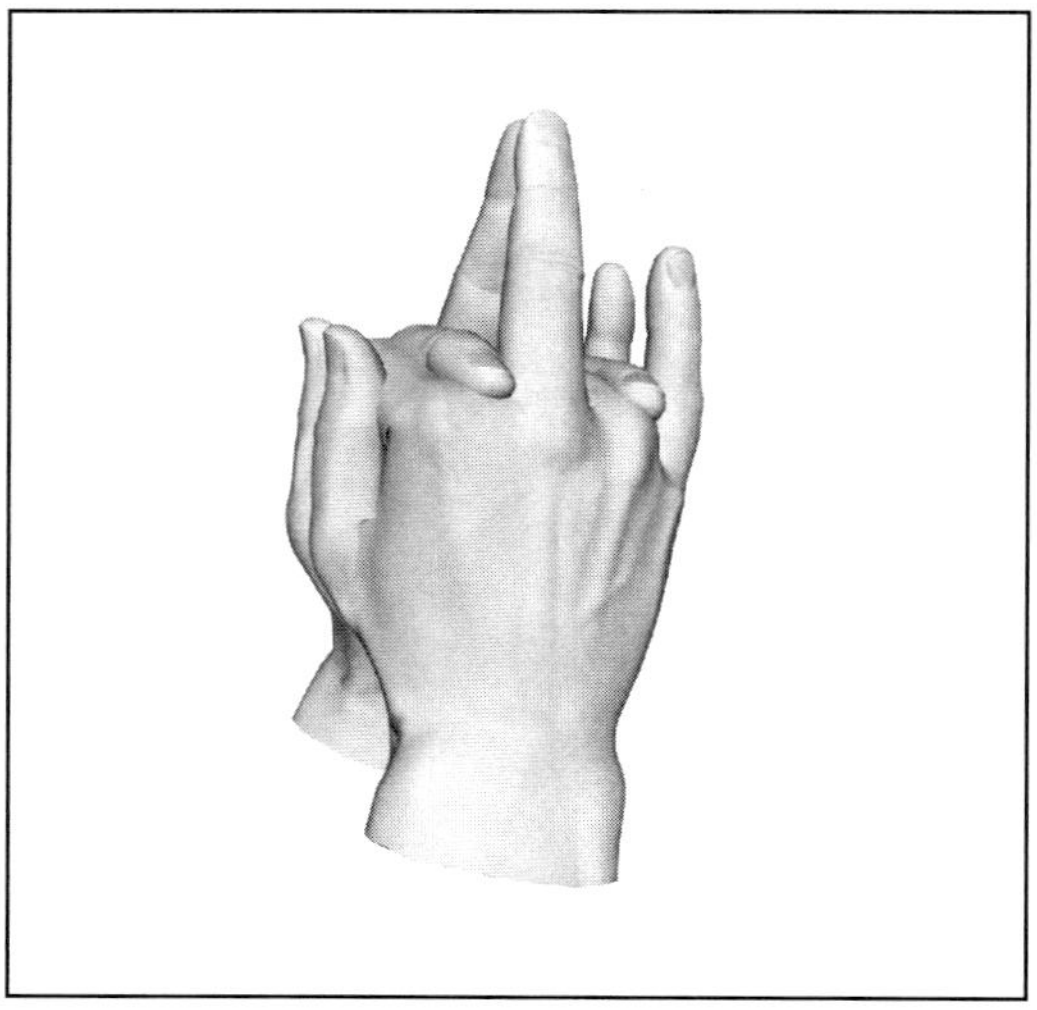

理趣経《りしゅきょう》 金剛薩埵《こんごうさった》

①両手、外縛する。
②両中指を立て合わせて針のようにする。
③両小指と親指を開き立てる。
※三昧耶会の金剛薩埵の印。

※真言は前頁に同じ。

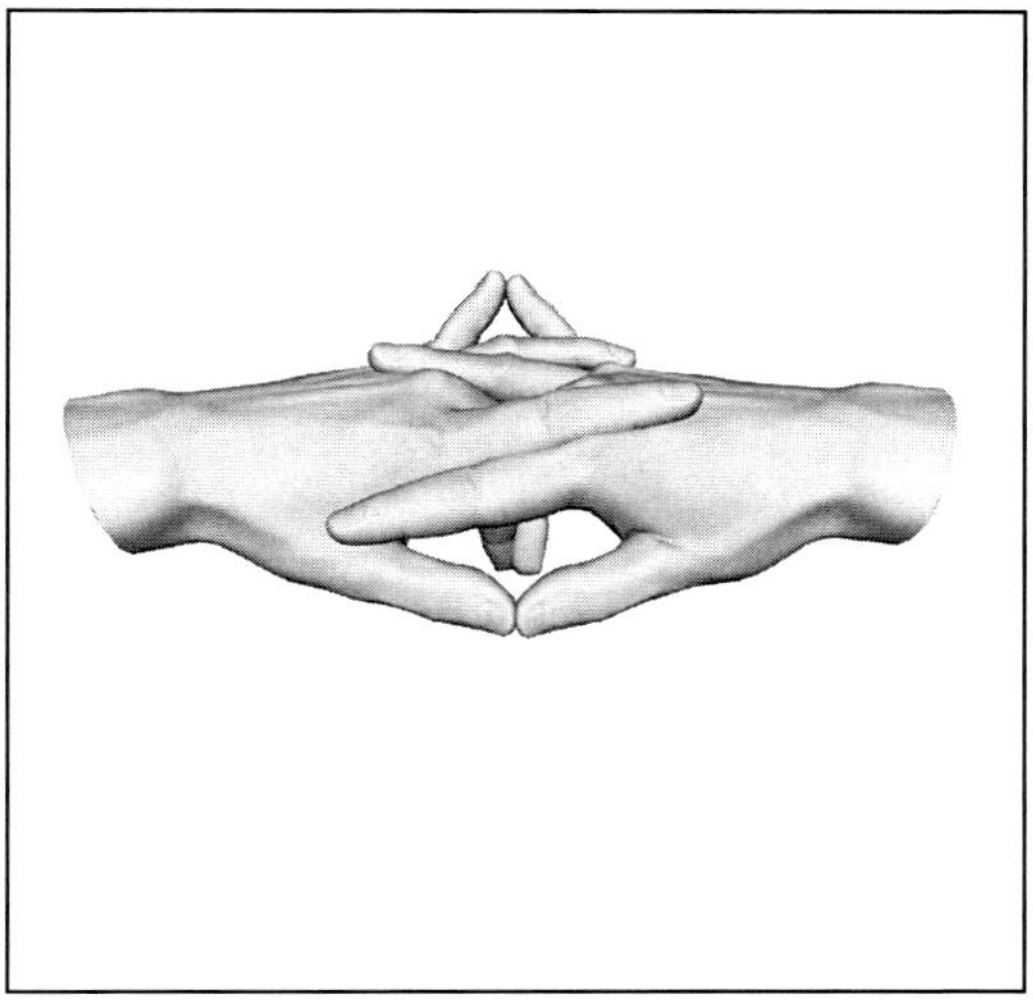

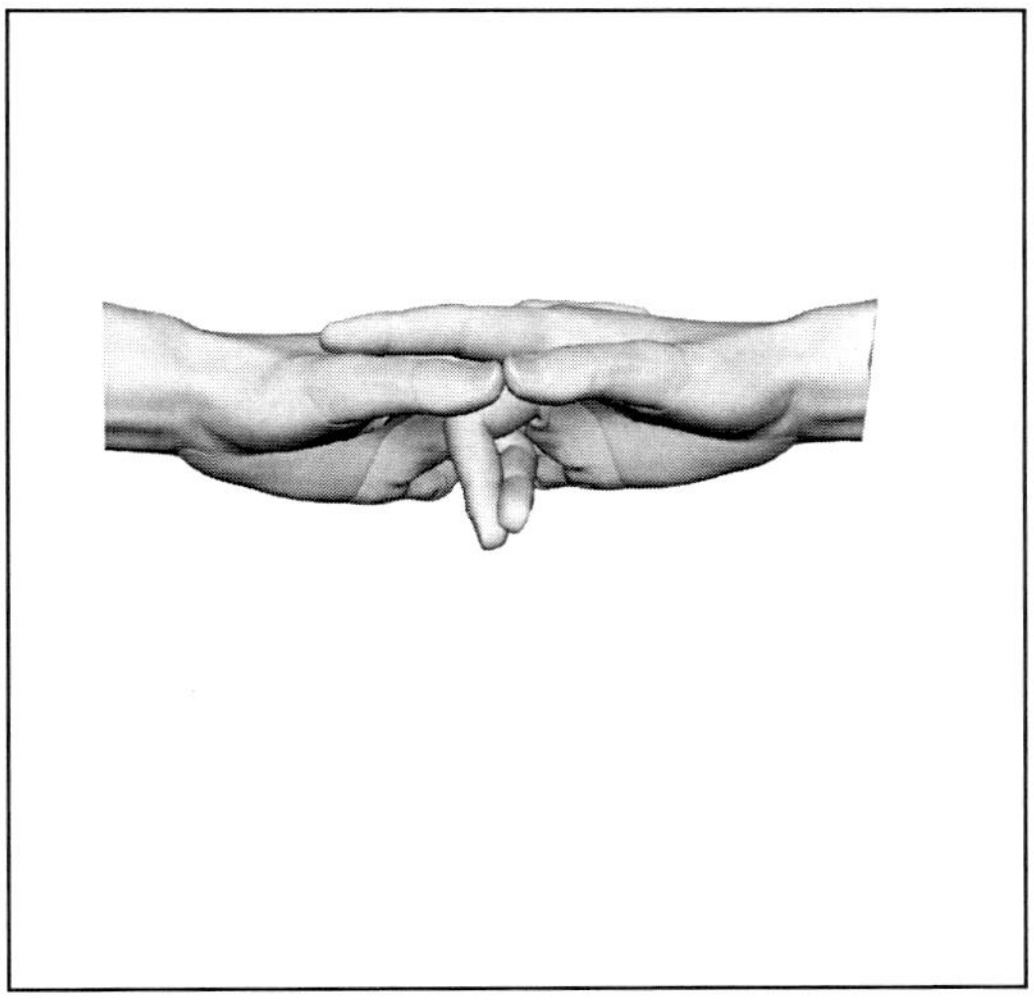

理《り》趣《しゅ》経《きょう》惣《そう》印《いん》

①両手、外縛する。

②両親指と小指を立て合わせ、掌を開く。

③両中指を掌中に入れ相交え、指の腹を合わせる。

※これは、弓に箭を番《つが》えた形を表す。両親指と小指は浄菩提心独股の弓、両中指は定慧不二の箭、あるいは同体大悲の箭の義である。

※また、極善三昧耶印、喜悦三昧耶印、悦喜三昧耶印、喜三昧耶印、極喜三昧耶理趣印、大三昧耶真実印、素羅多大誓真実印、大楽金剛不空三昧耶随心印、大誓真実契、一切諸仏如来安楽悦意歓喜三昧耶印、普賢菩薩三昧耶印、大独股印、大慾印などともいう。

理《り》趣《しゅ》経《きょう》段《だん》々《だん》印《いん》初《しょ》段《だん》
金《こん》剛《ごう》薩《さつ》埵《た》初《しょ》集《しゅう》会《え》

①両手、金剛拳にする。
②右拳は胸にあて、左拳は左膝に置く。
③右拳を三度上下させる。
※三度上下には、五指を開いて杵を弄するようにする、ともする。
※金剛薩埵鈴智杵印。

段々印はみな、この真言（一一三頁まで）。

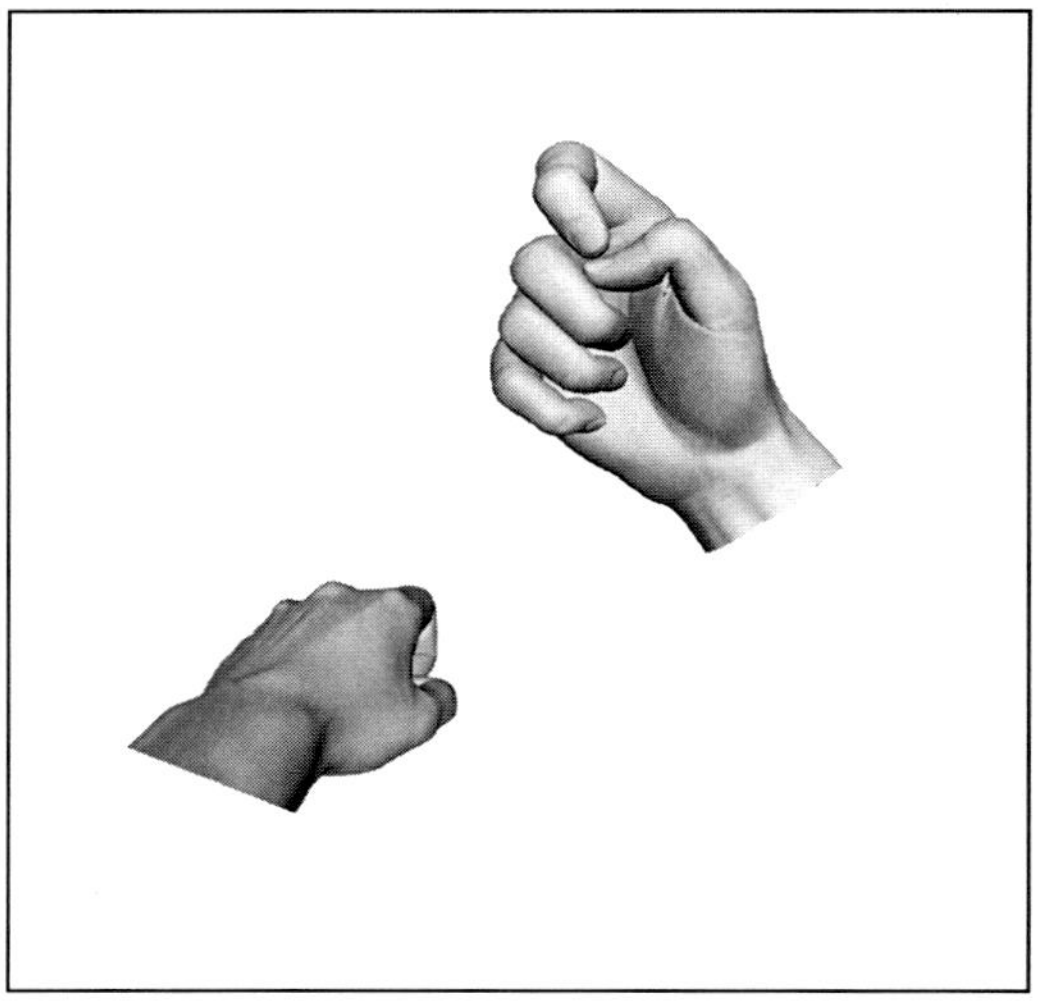

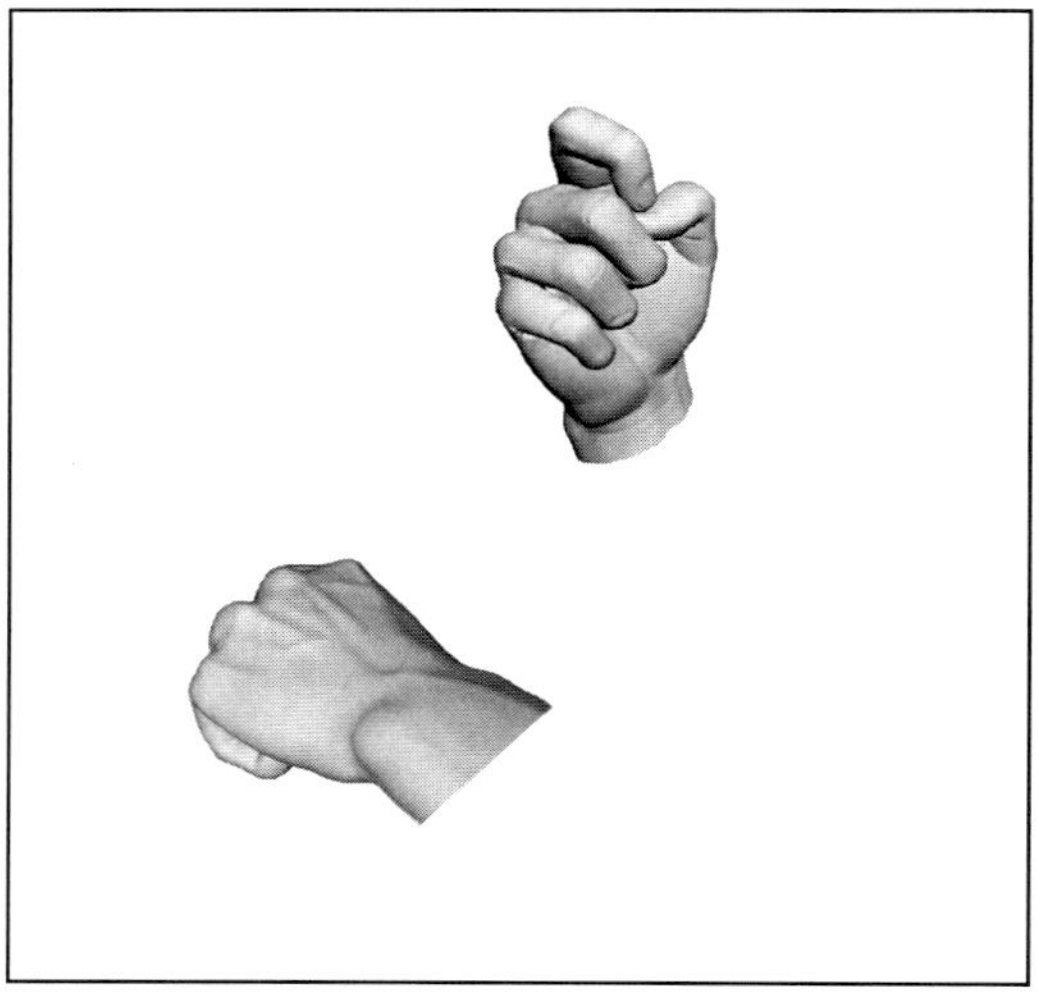

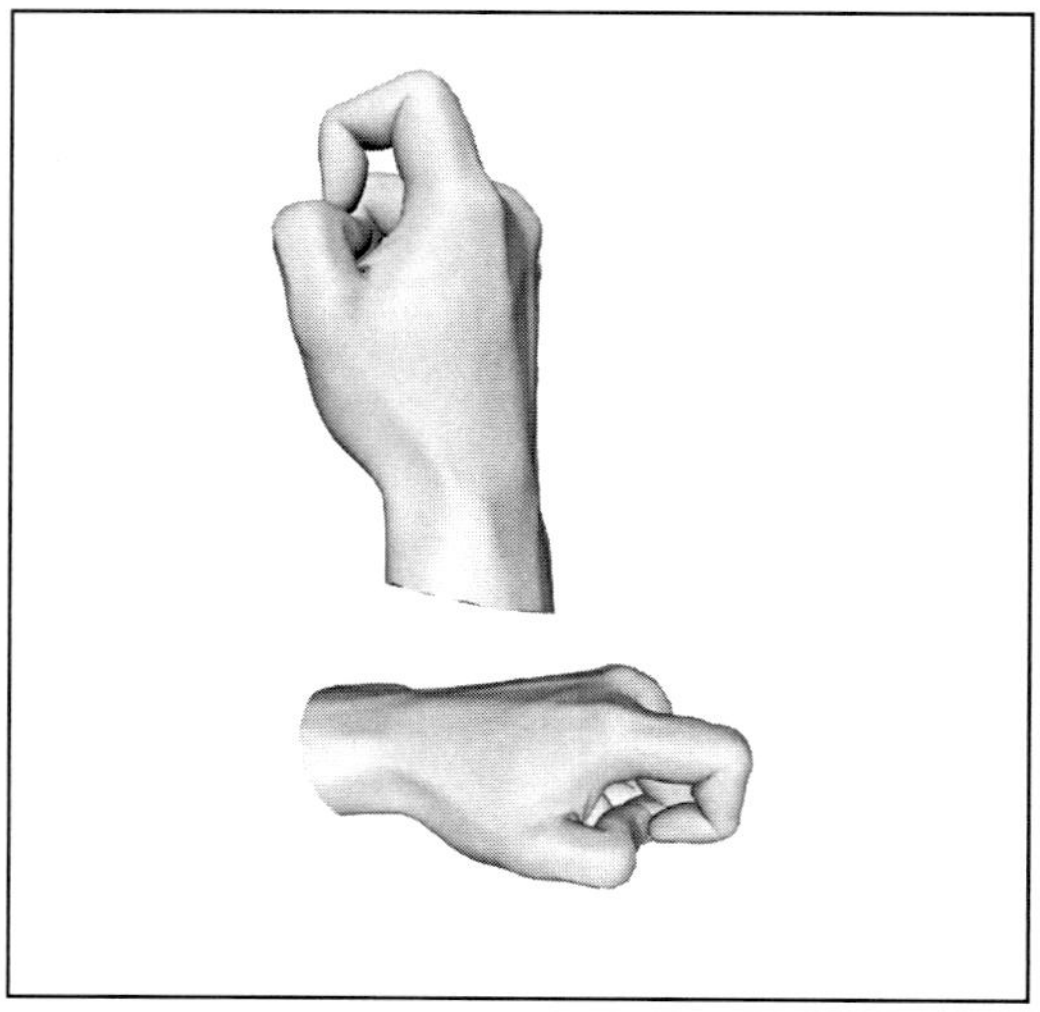

理《り》趣《しゅ》経《きょう》二《に》段《だん》
毘《び》盧《る》遮《しゃ》那《な》理《り》趣《しゅ》会《え》段《のだん》

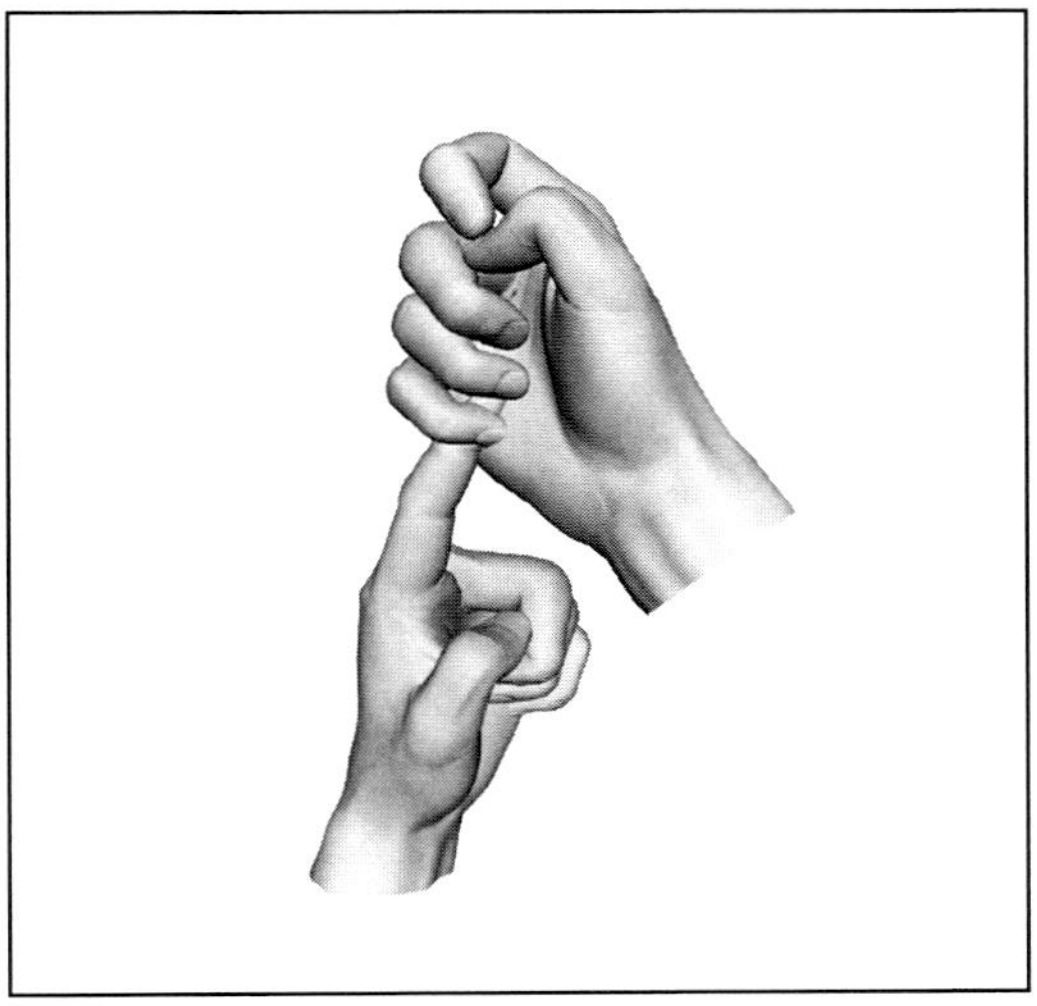

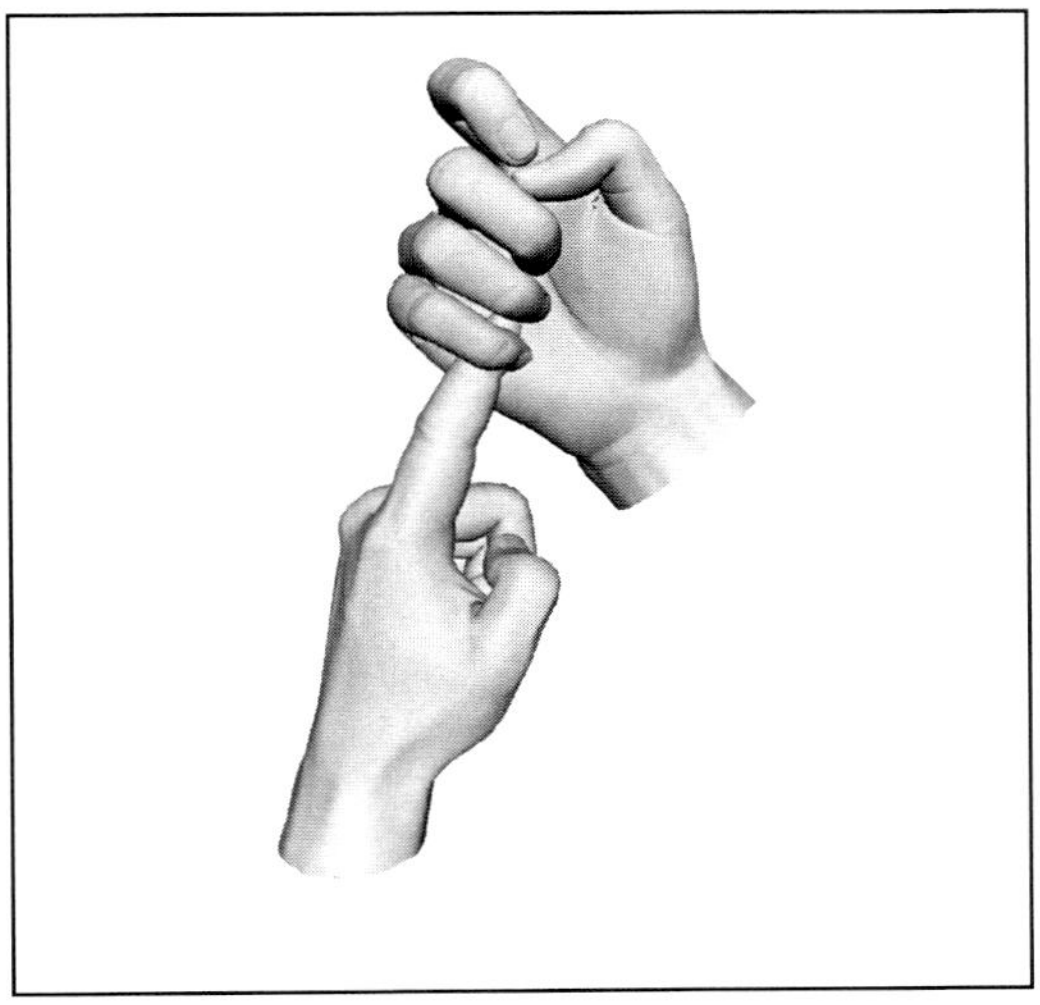

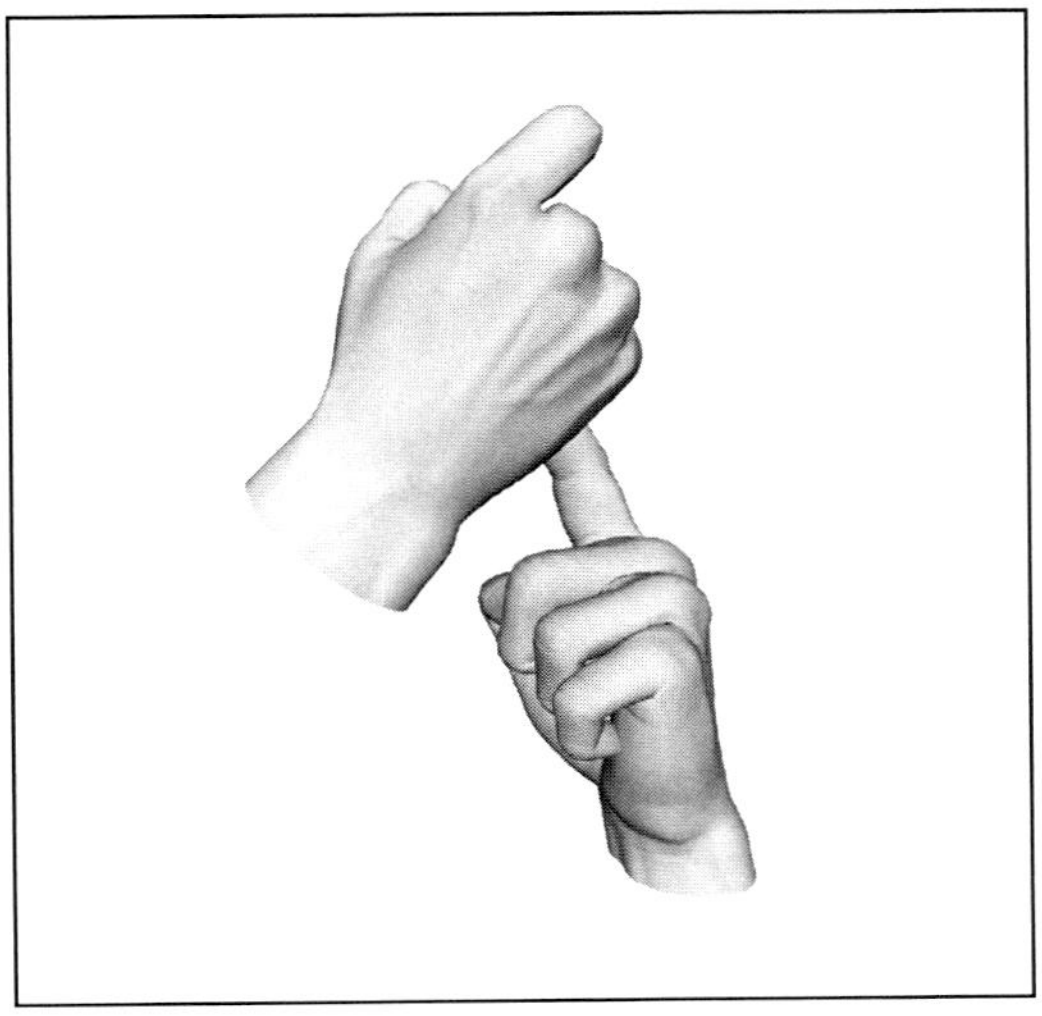

①両手、金剛拳にする。
②左の人差指を伸ばし、右拳の小指で左の人差指の第一節を握る。
③右の人差指の先を右の親指の第一節に置く。
※智拳印（四七頁）に同じ。

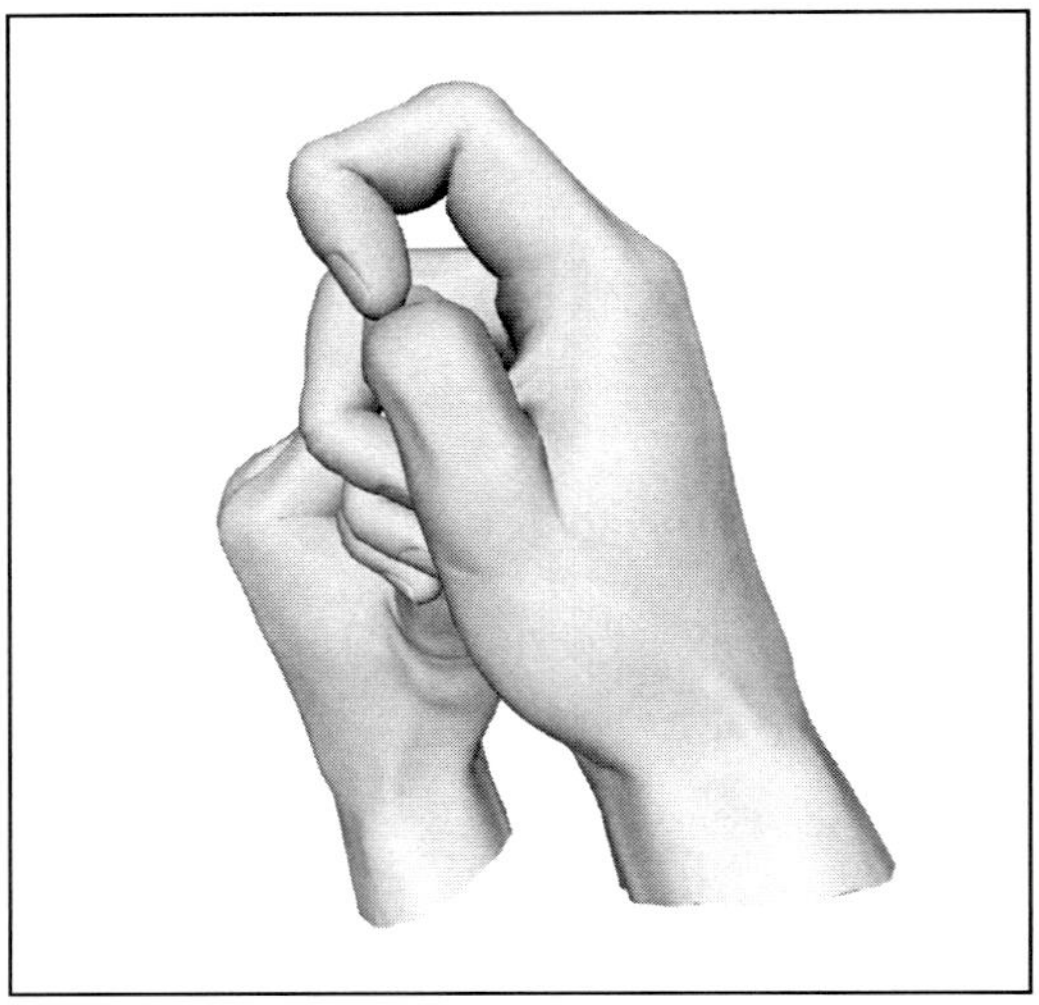

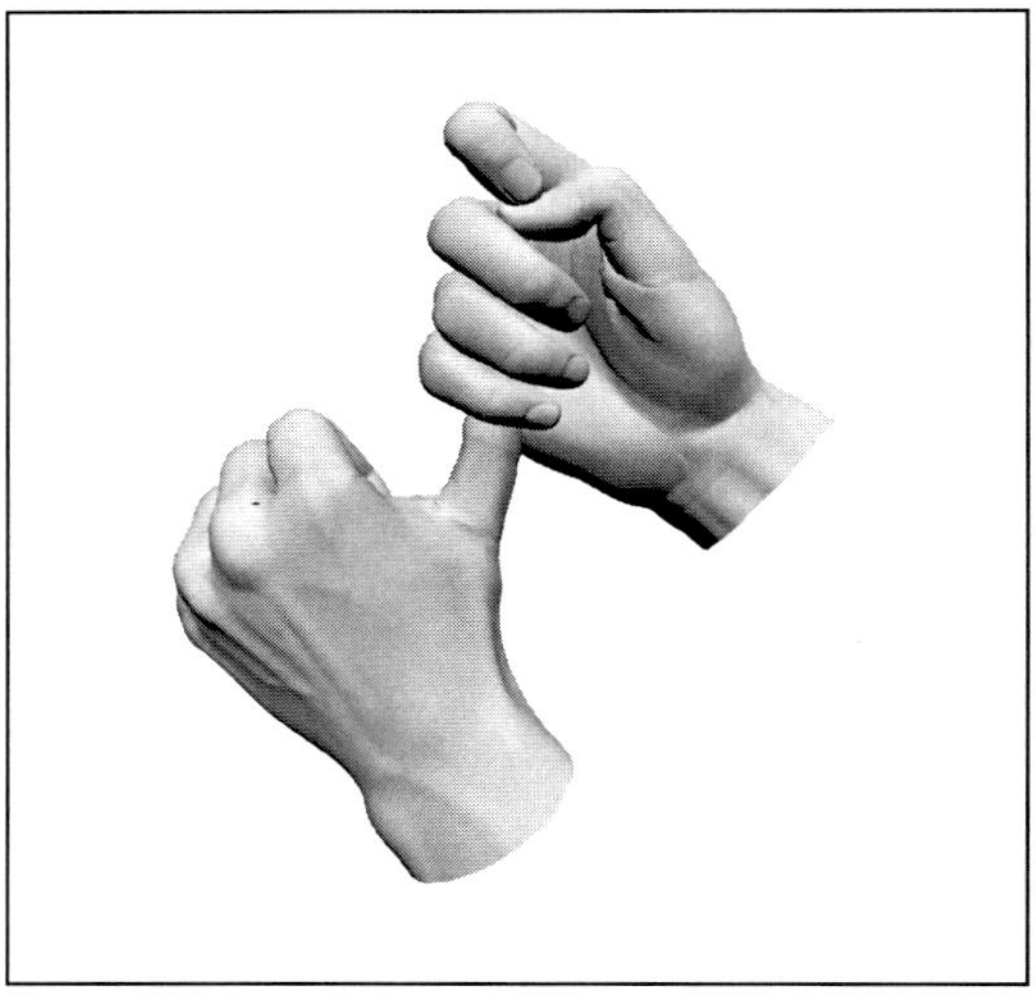

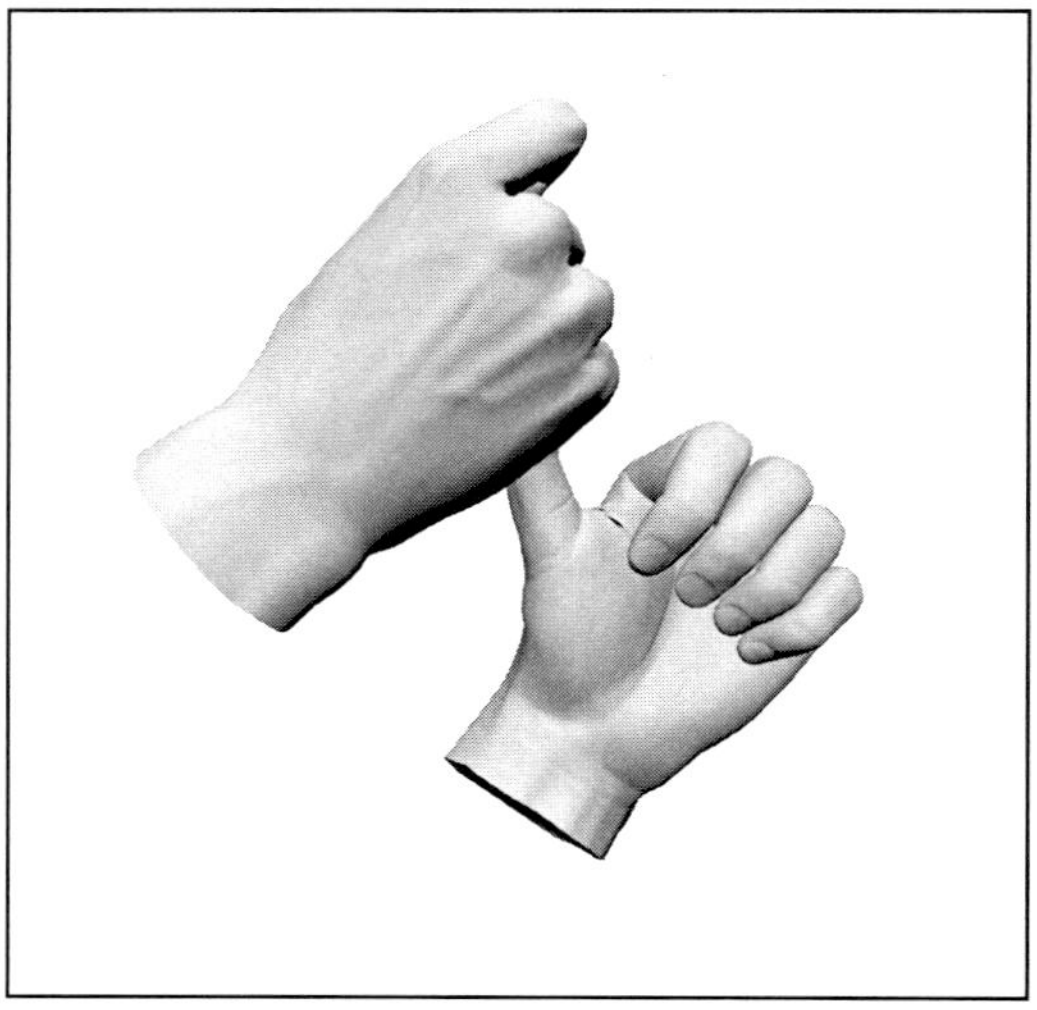

理《り》趣《しゅ》経《きょう》二《に》段《だん》　毘《び》盧《る》遮《しゃ》那《な》理《り》趣《しゅ》会《え》段《のだん》二《に》或《あるい》は如来拳印《にょらいけんいん》

①左手を蓮華拳にして、親指を立て伸ばす。

②右手は金剛拳にして、左の親指を握る。

理《り》趣《しゅ》経《きょう》三段　降《ごう》三《ざん》世《ぜ》

①両手、忿怒拳にする。

②右手を上（手前）にして交差させ、両小指を相交える。

※左に旋回させて辟除を、右に旋回させ結界を生ず。

※降三世（大印）（二五五頁）に同じ。

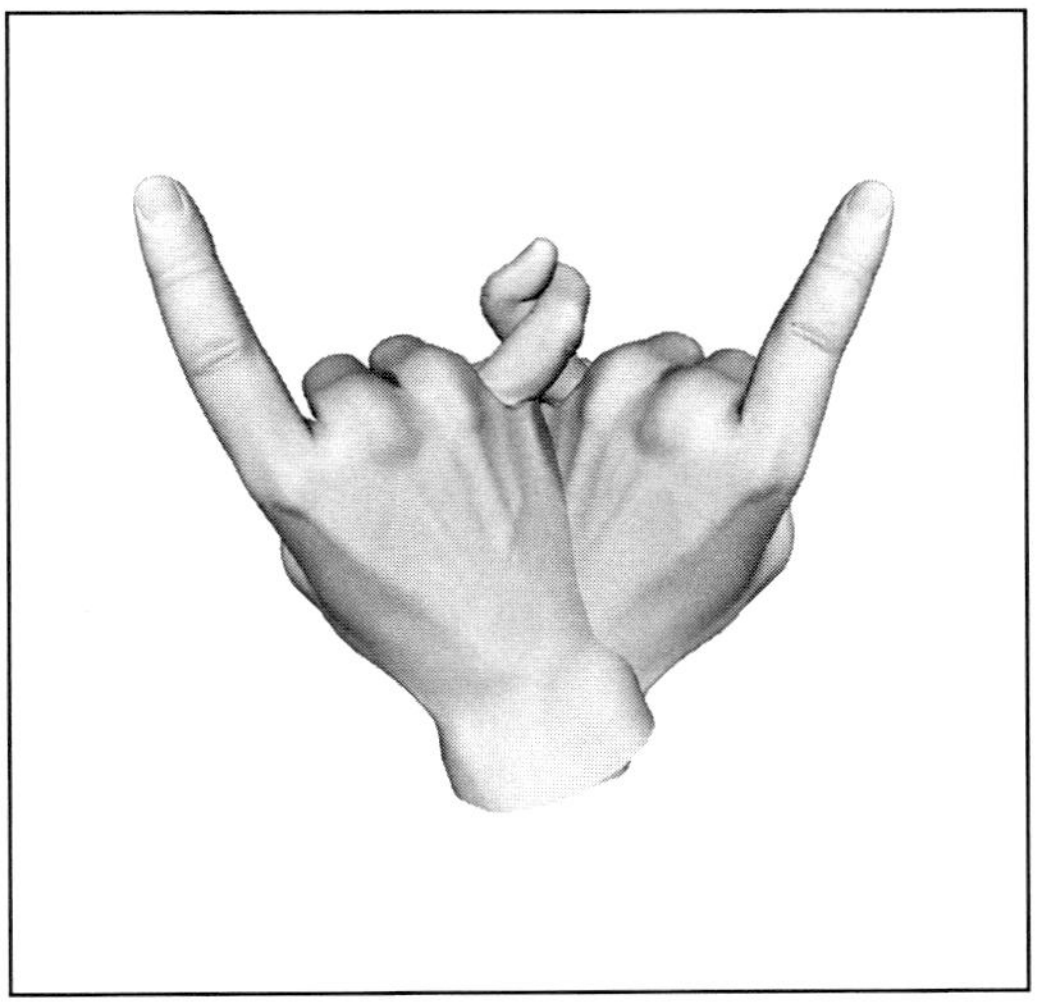

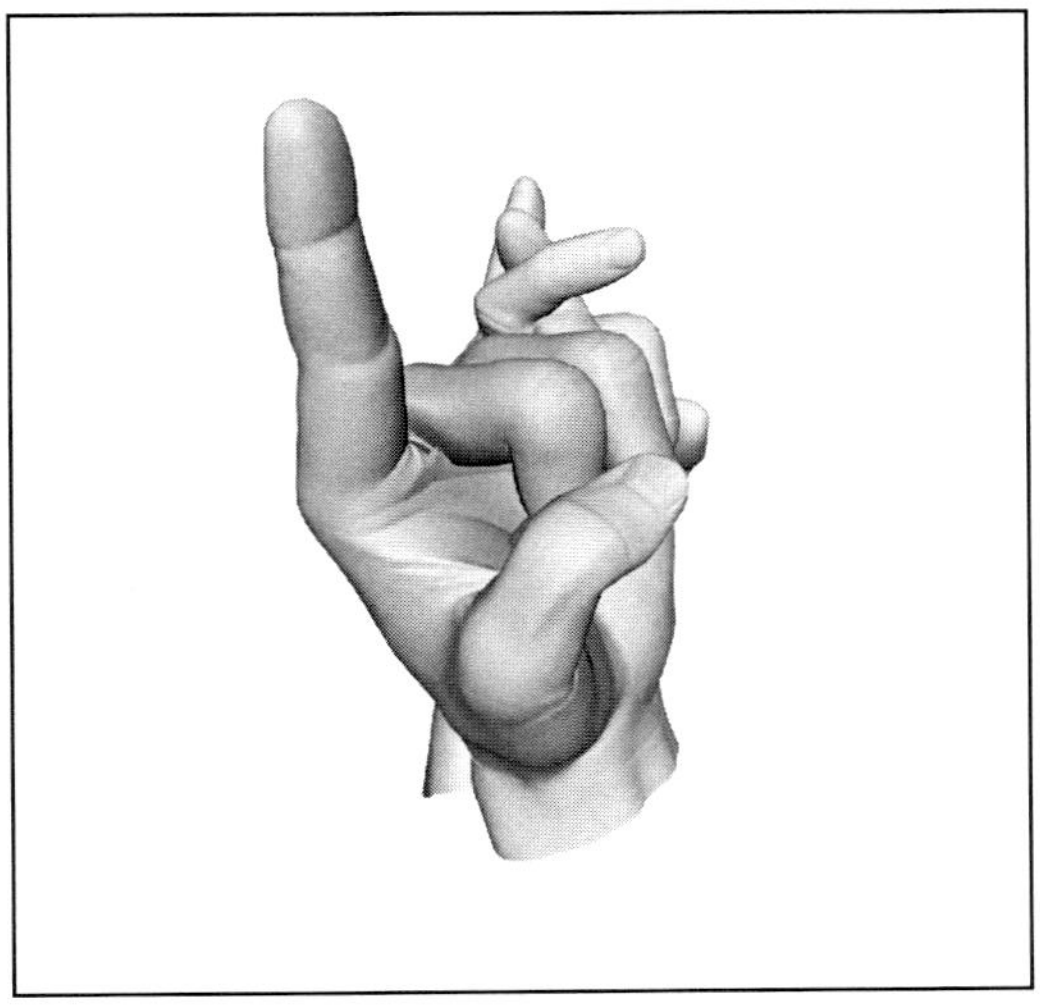

理《り》趣《しゅ》経《きょう》四段
観《かん》自《じ》在《ざい》菩《ぼ》薩《さつ》

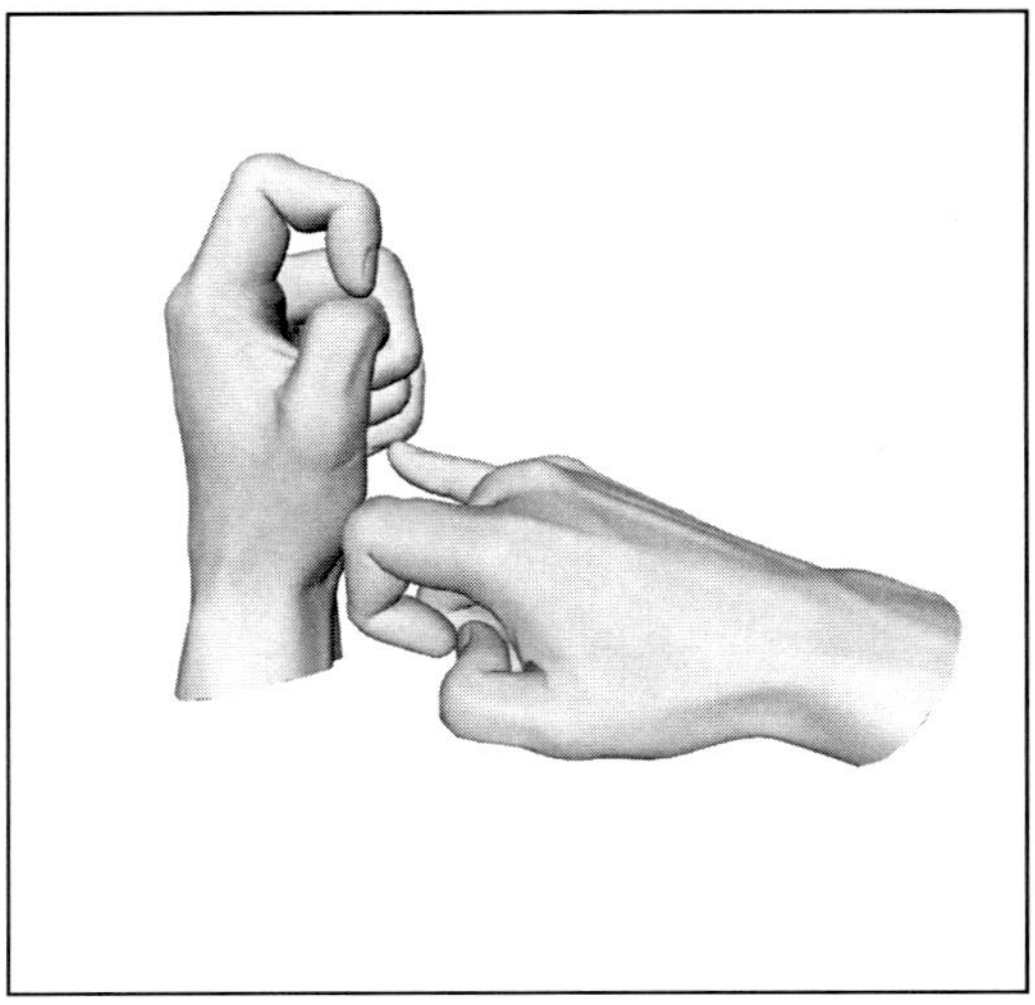

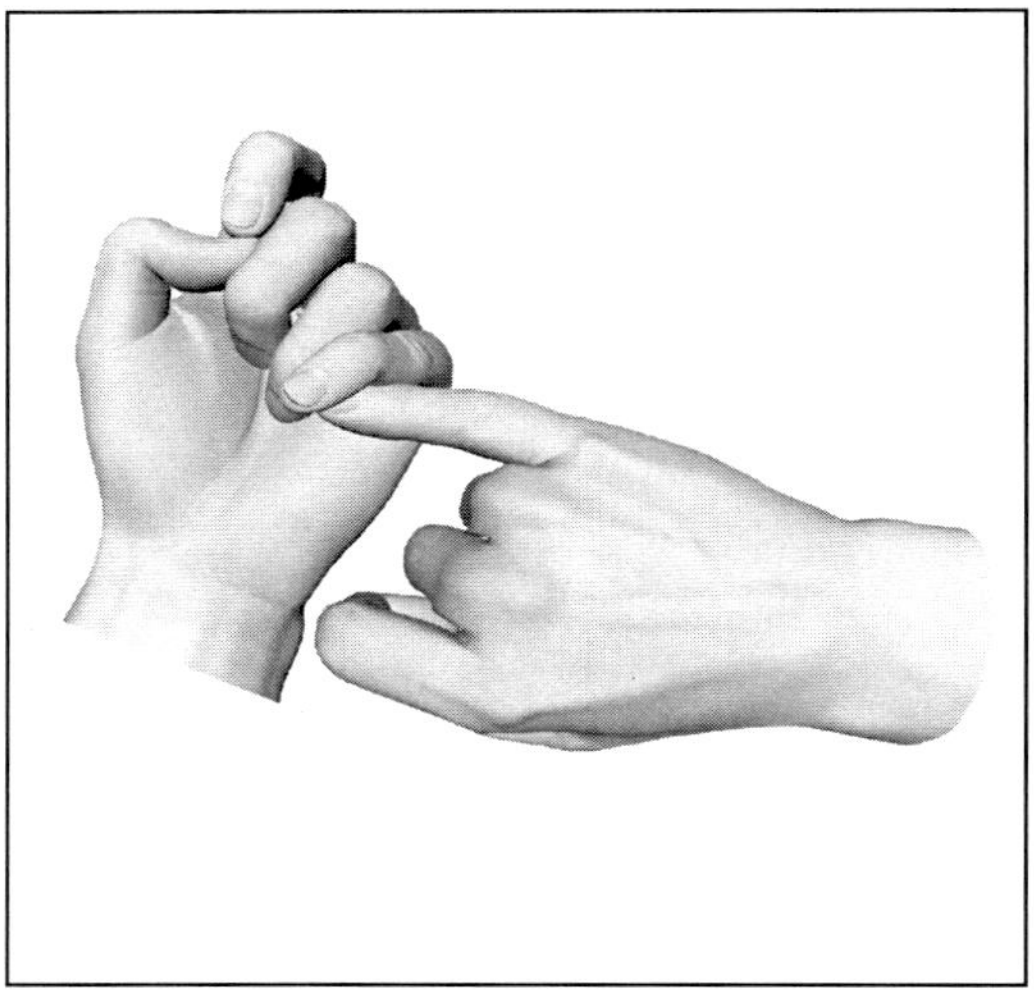

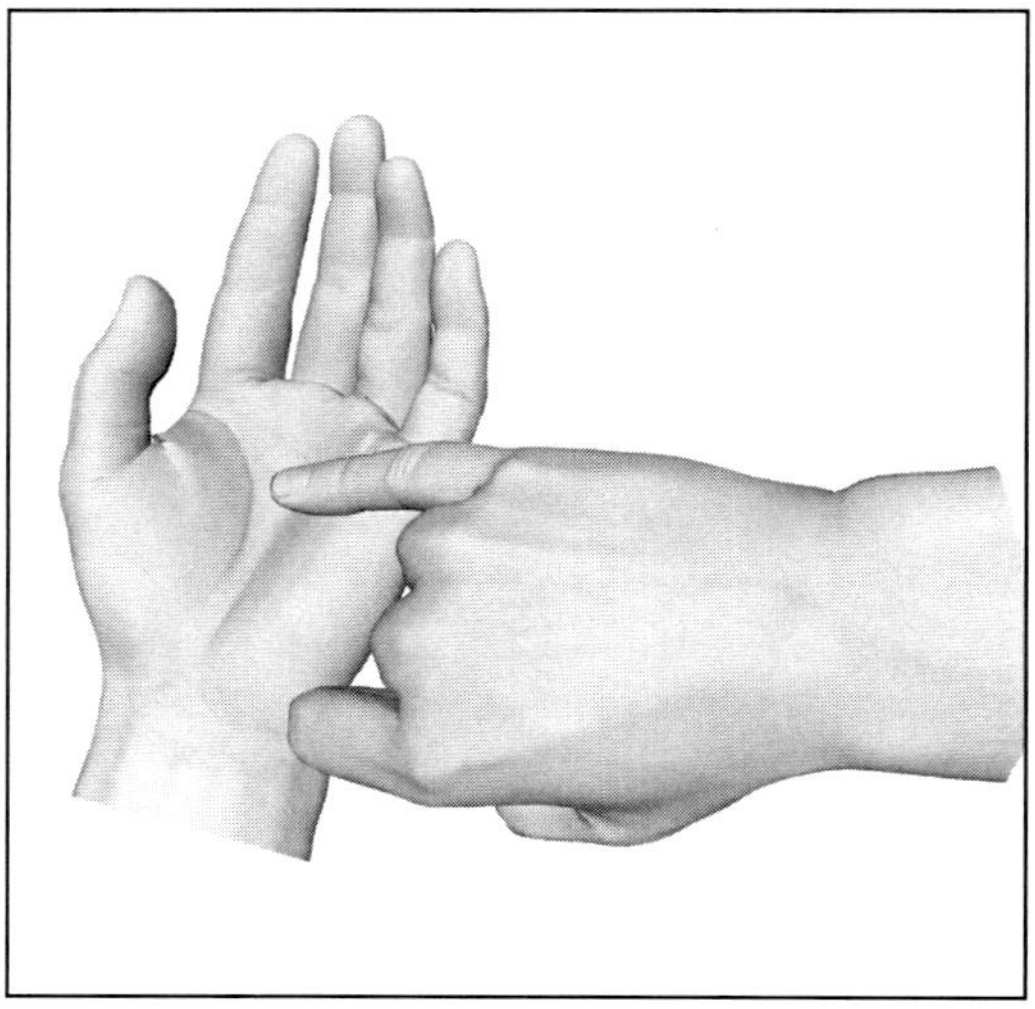

①両手、金剛拳にする。
②左拳を仰げて左胸前に置く。
③右拳を伏せて小指を立てて伸ばす。
④右小指の爪甲で、左の小指から順に開いていく。
⑤左の掌を中指、薬指、小指の順に三度、内に向かって掻く。
※左手は衆生界を表し、衆生の心の蓮を開く義である。

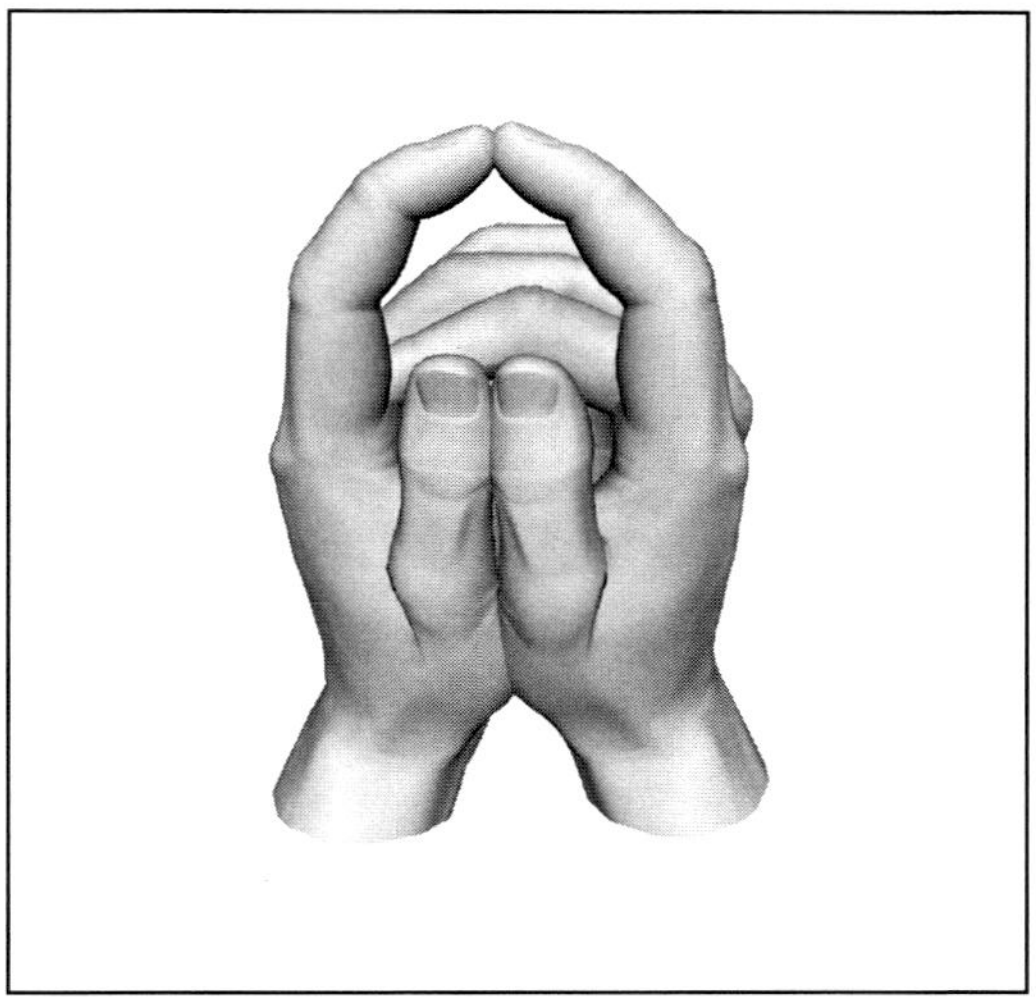

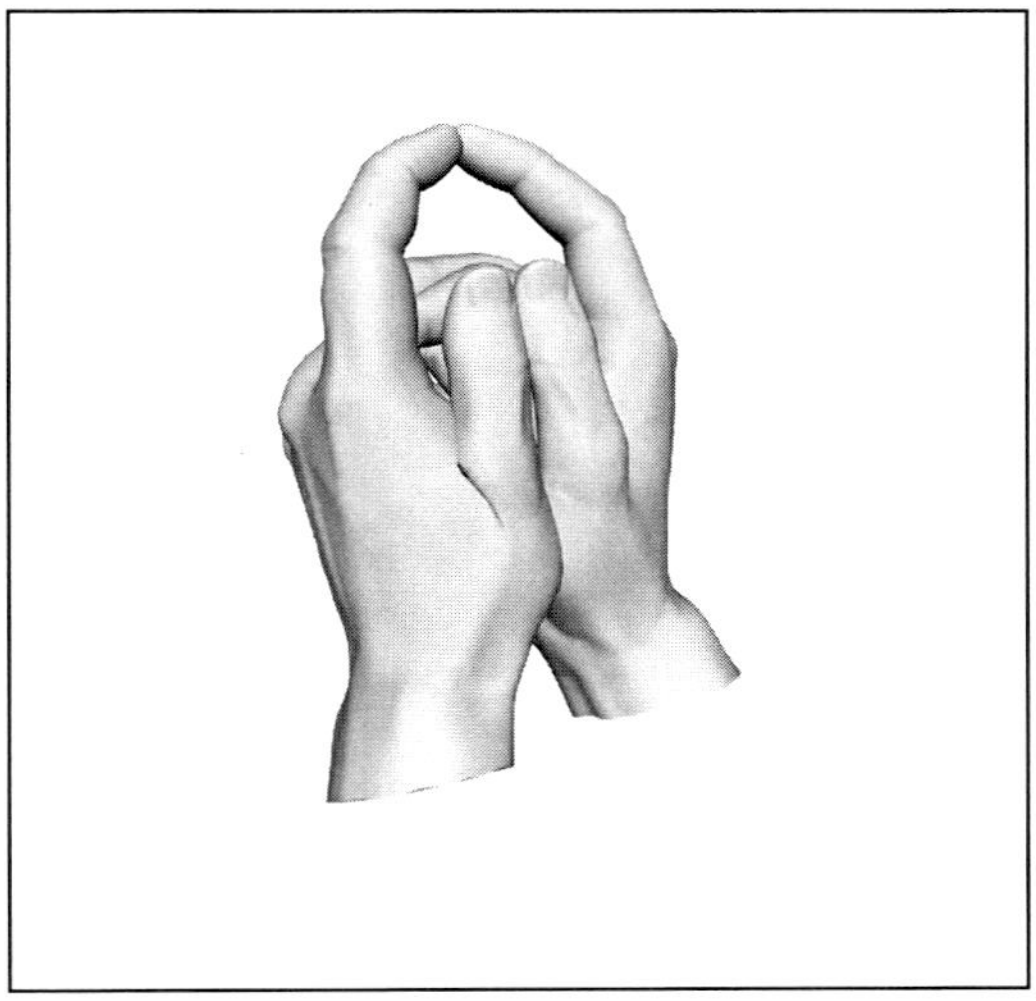

理《り》趣《しゅ》経《きょう》五段
虚《こ》空《くう》蔵《ぞう》菩《ぼ》薩《さつ》

①両手、外縛する。
②両人差指を立て合わせて屈し、宝形にする。
③両親指は並び立てる。
※頭頂に置く。
※宝菩薩印（七一頁）、虚空蔵三昧耶印（一八五頁）に同じ。

理趣経《りしゅきょう》六段
金剛拳菩薩《こんごうけんぼさつ》

①両手、金剛拳にする。
②左手を仰げ、右手を伏せて、その上に重ねる。
※拳菩薩の羯磨印。
※また、不空成就印ともいう。

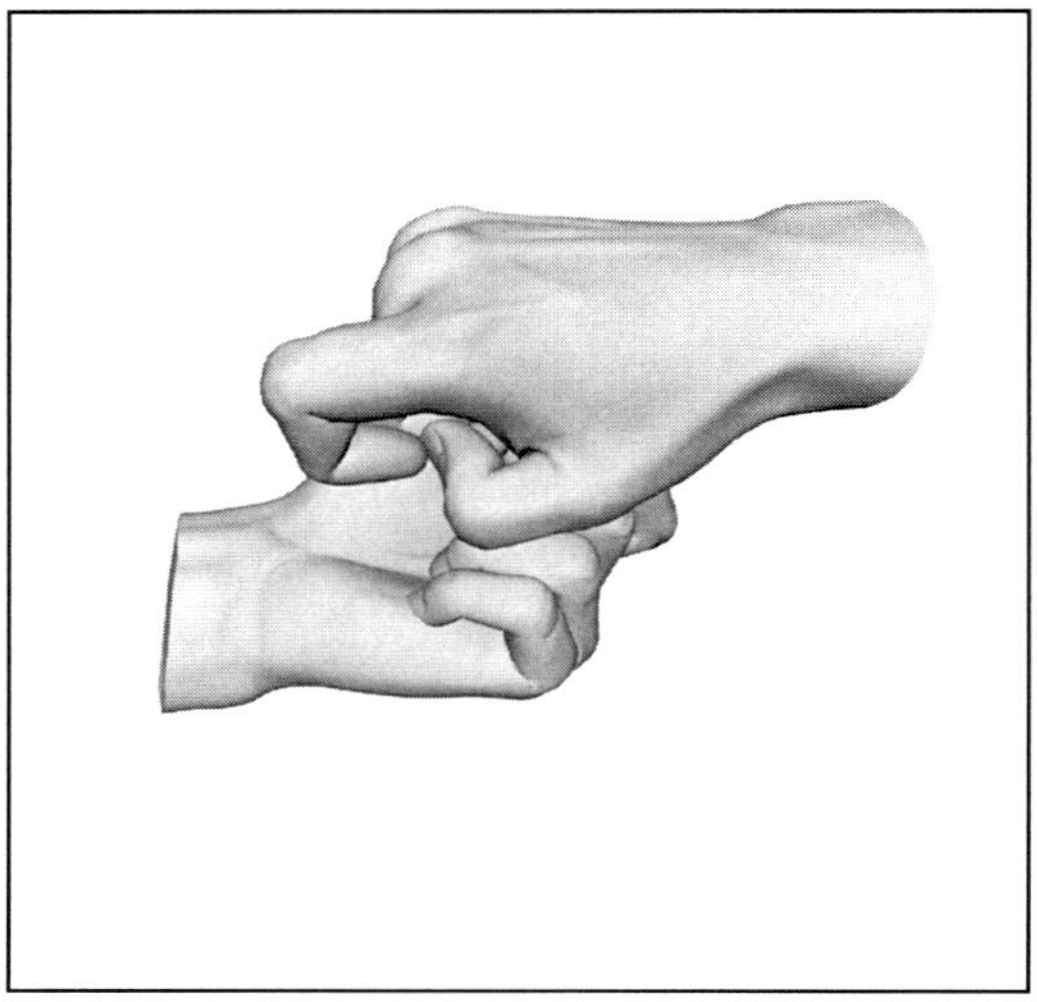

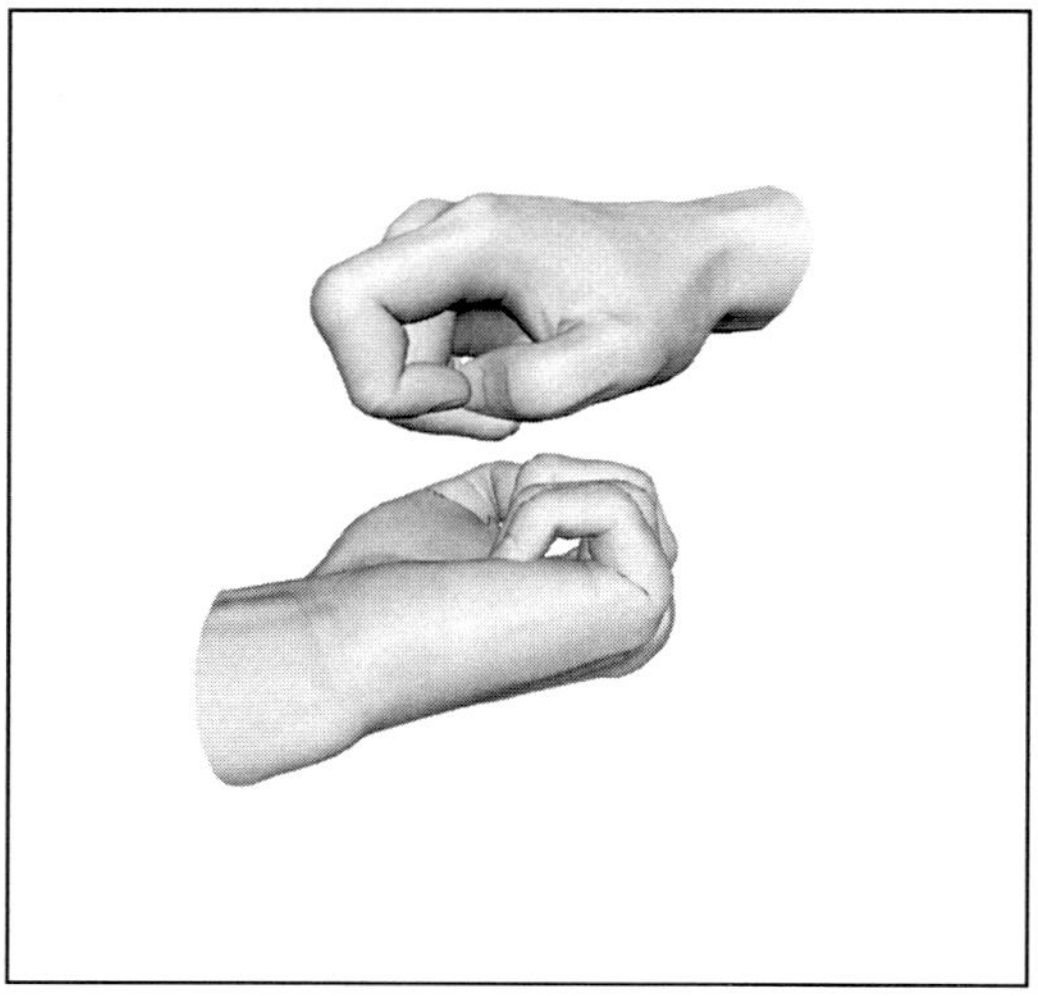

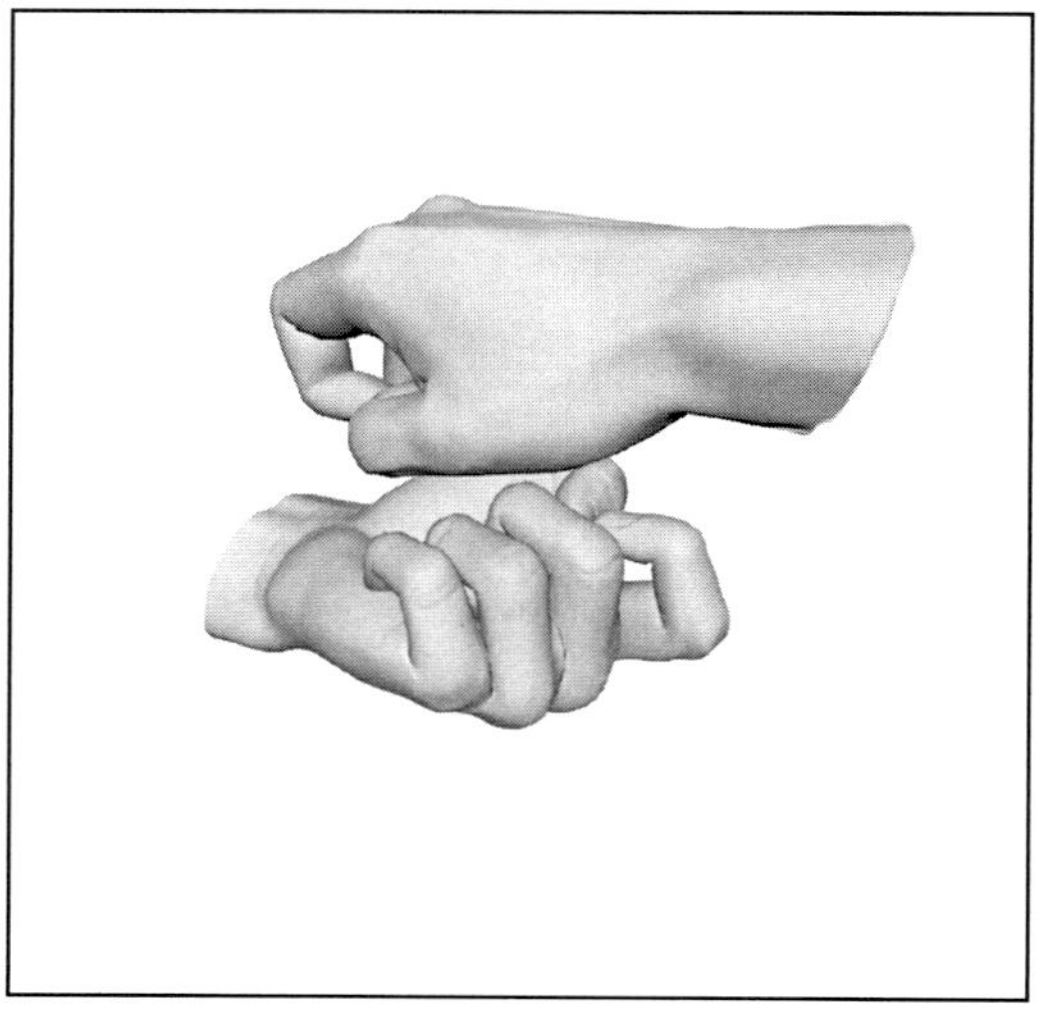

理趣経《りしゅきょう》七段
文殊師利菩薩《もんじゅしりぼさつ》一

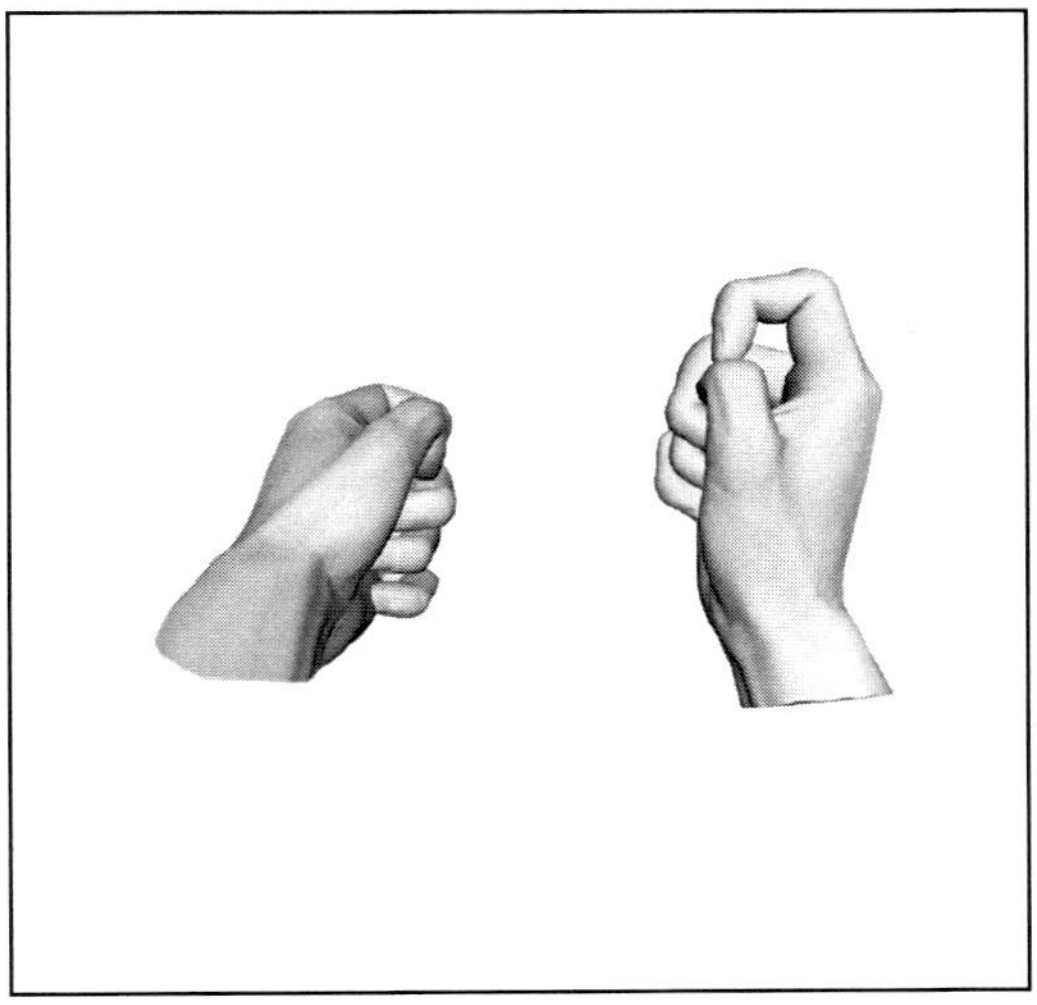

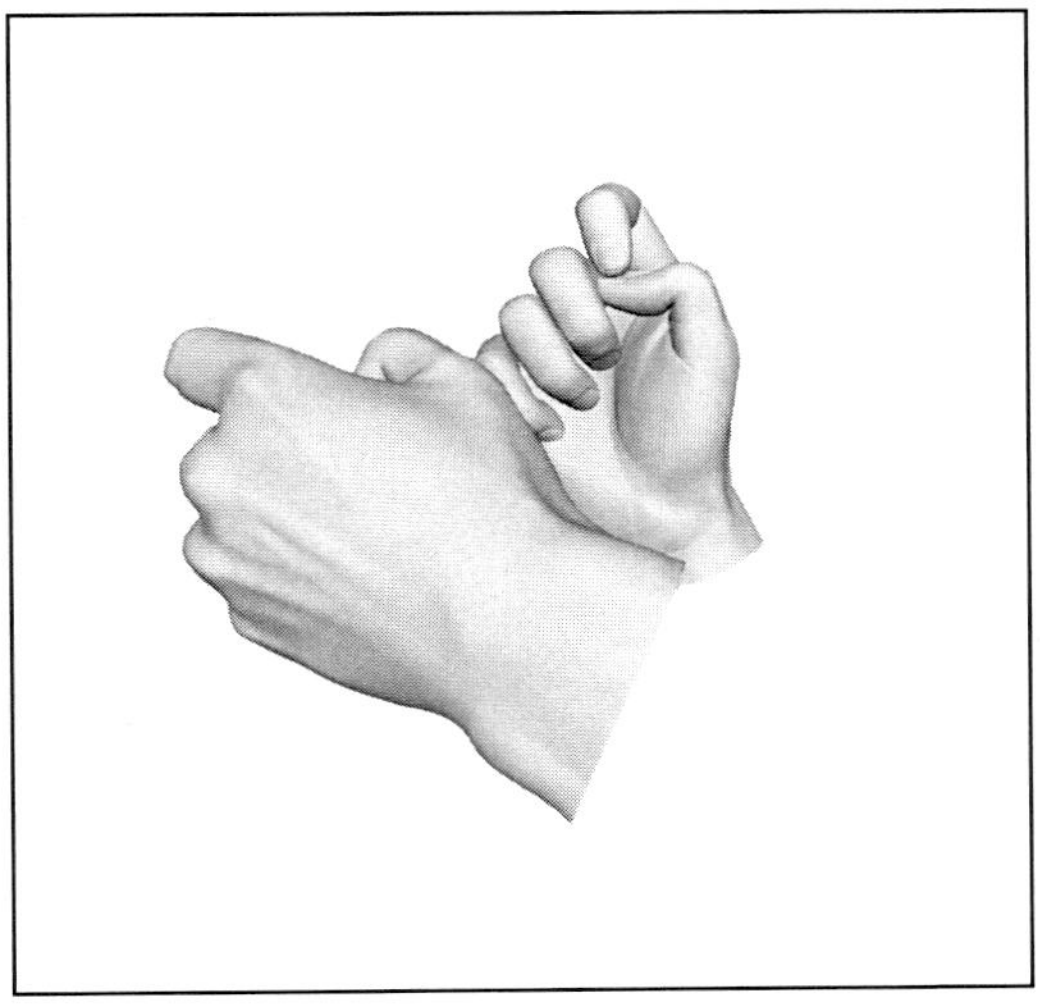

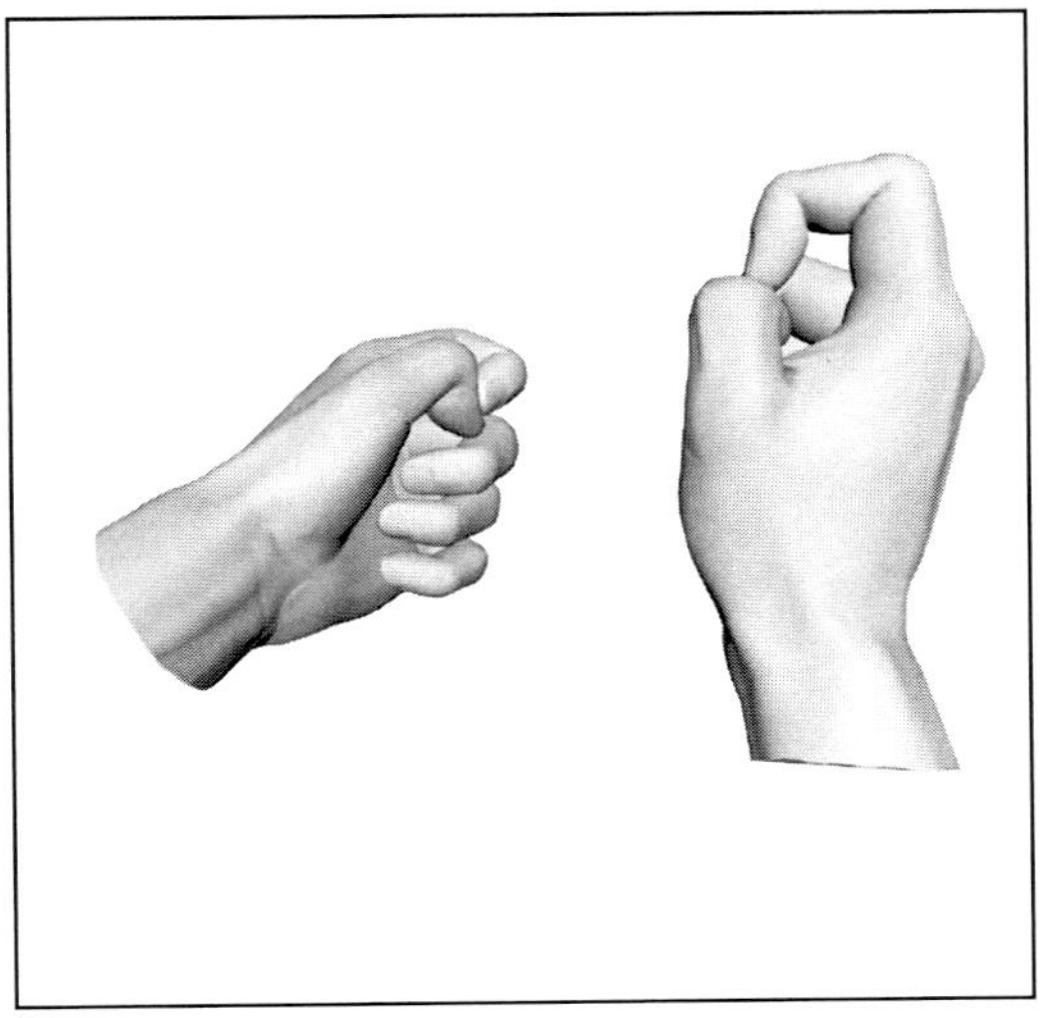

①両手、金剛拳にする。
②左拳を左ひざの上に置き、梵篋を持つ様をなす。
③右拳は右の膝の上に置き、剣を持つ様をなす。

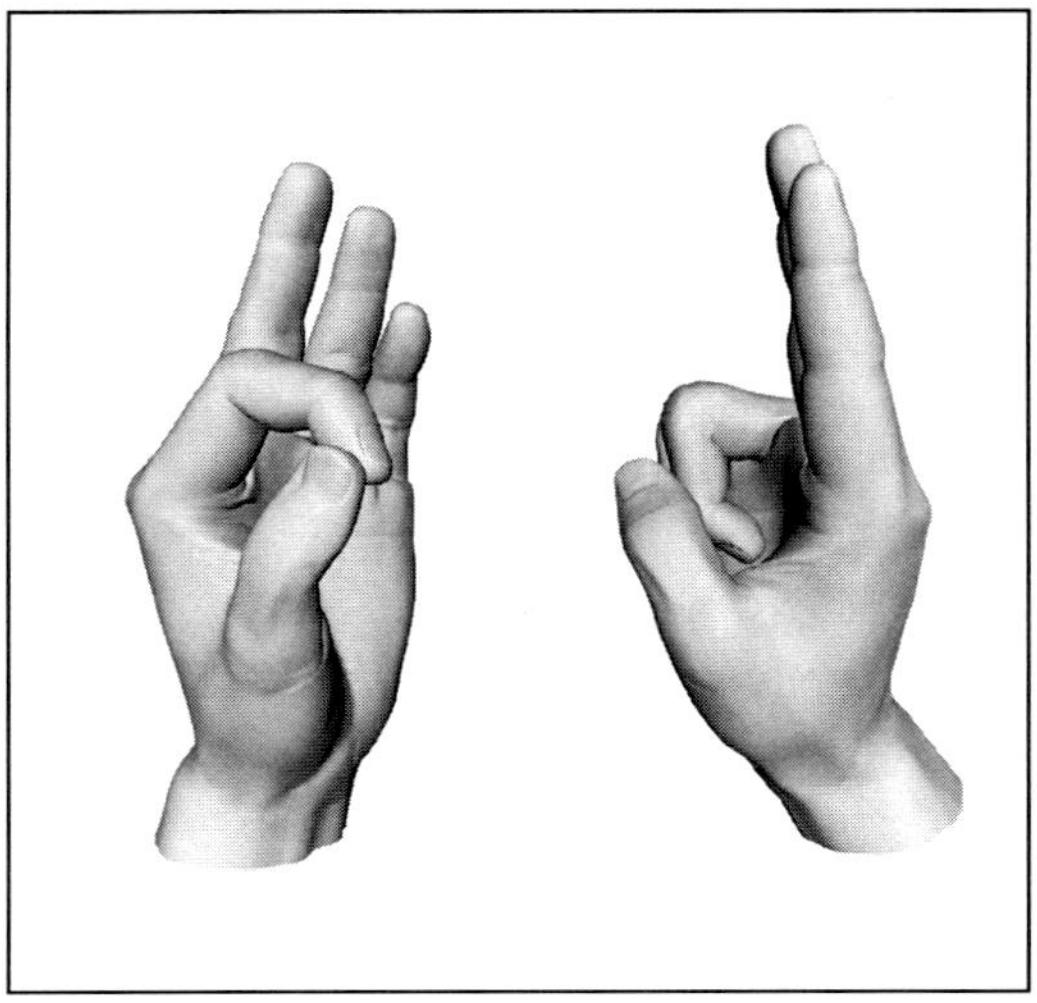

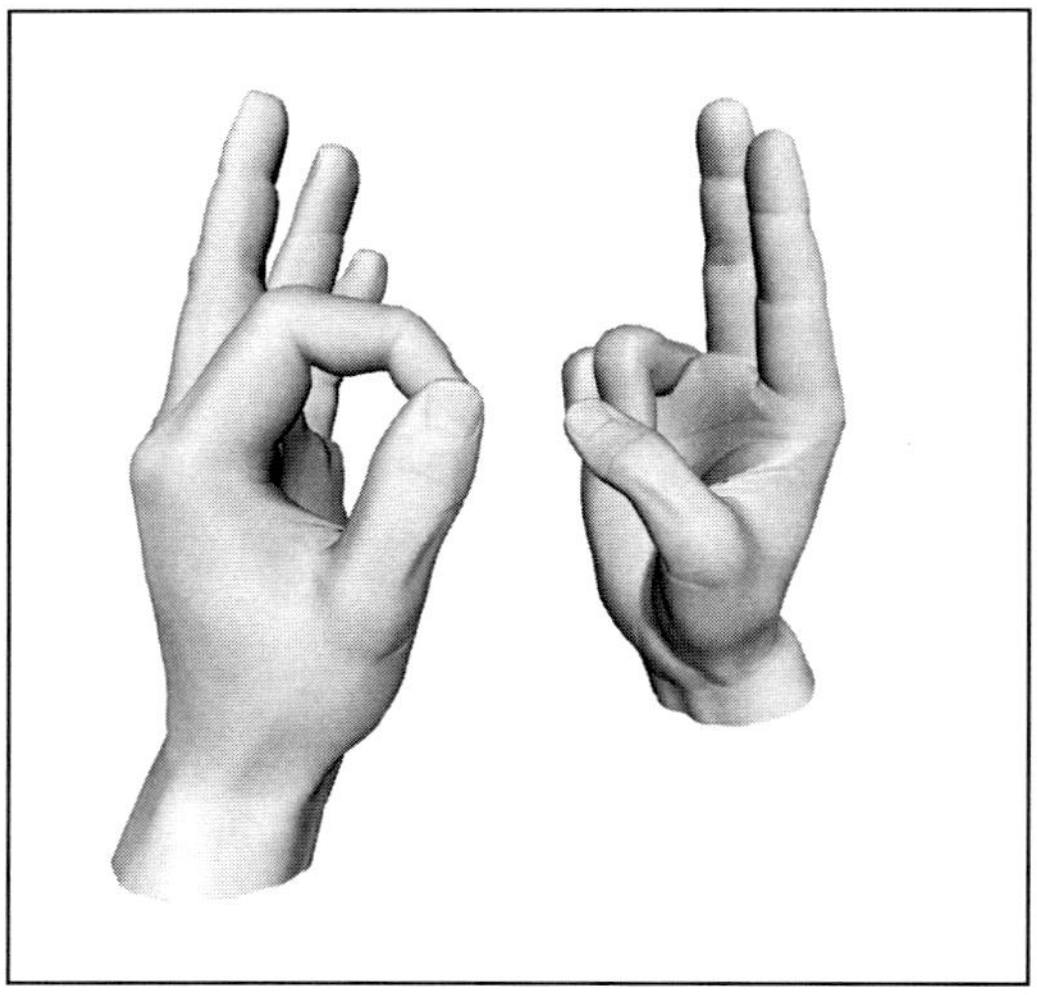

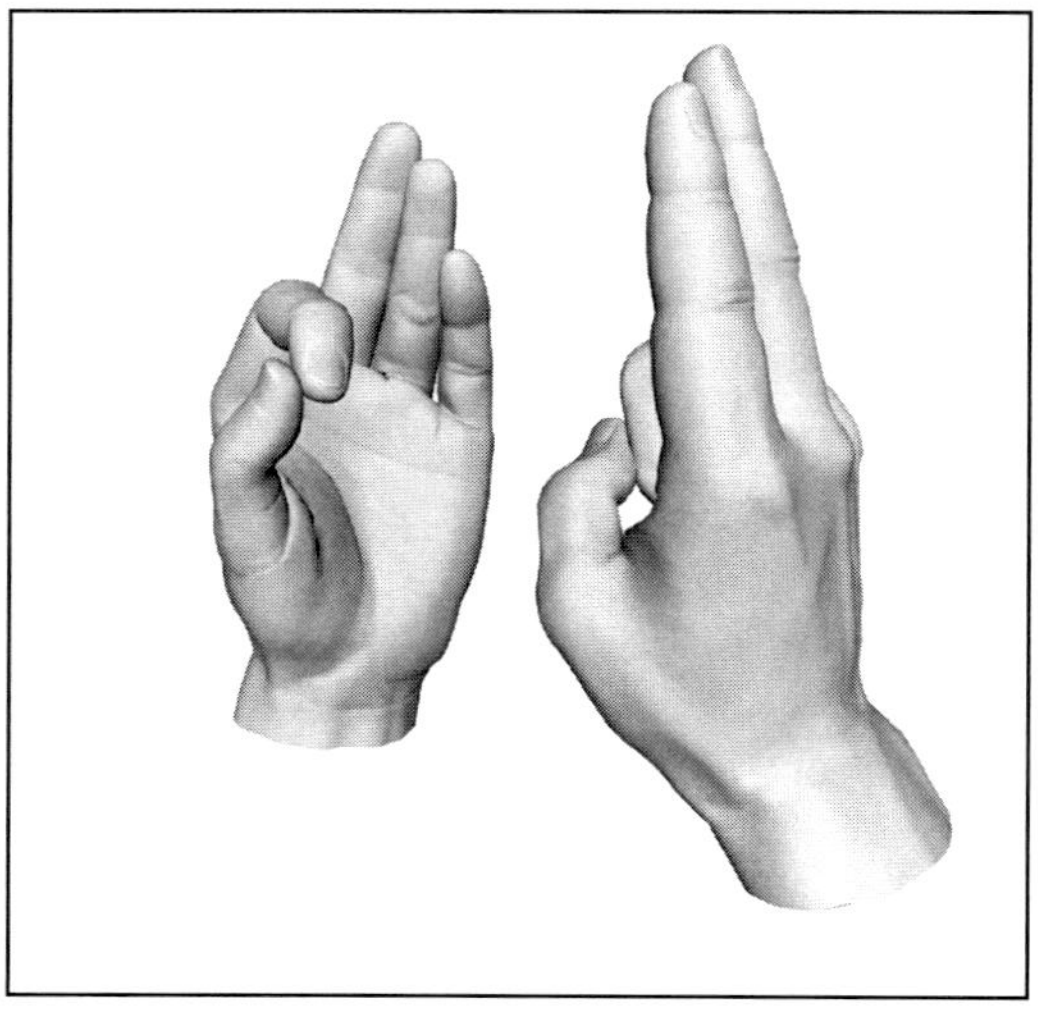

理《り》趣《しゅ》経《きょう》七段
文殊《もんじゅ》師利《しり》菩薩《ぼさつ》二

①左手は花印、すなわち五指を伸ばし、親指、人差指を捻じる。花を持つと観じて胸に当てる。
②右手は剣印、すなわち五指を伸ばし、小指と薬指を屈して親指でその甲を押し、直ぐ立てる。
③右の剣で、左に花を切る様を三度、これは凡夫の隔執を切る意を表す。

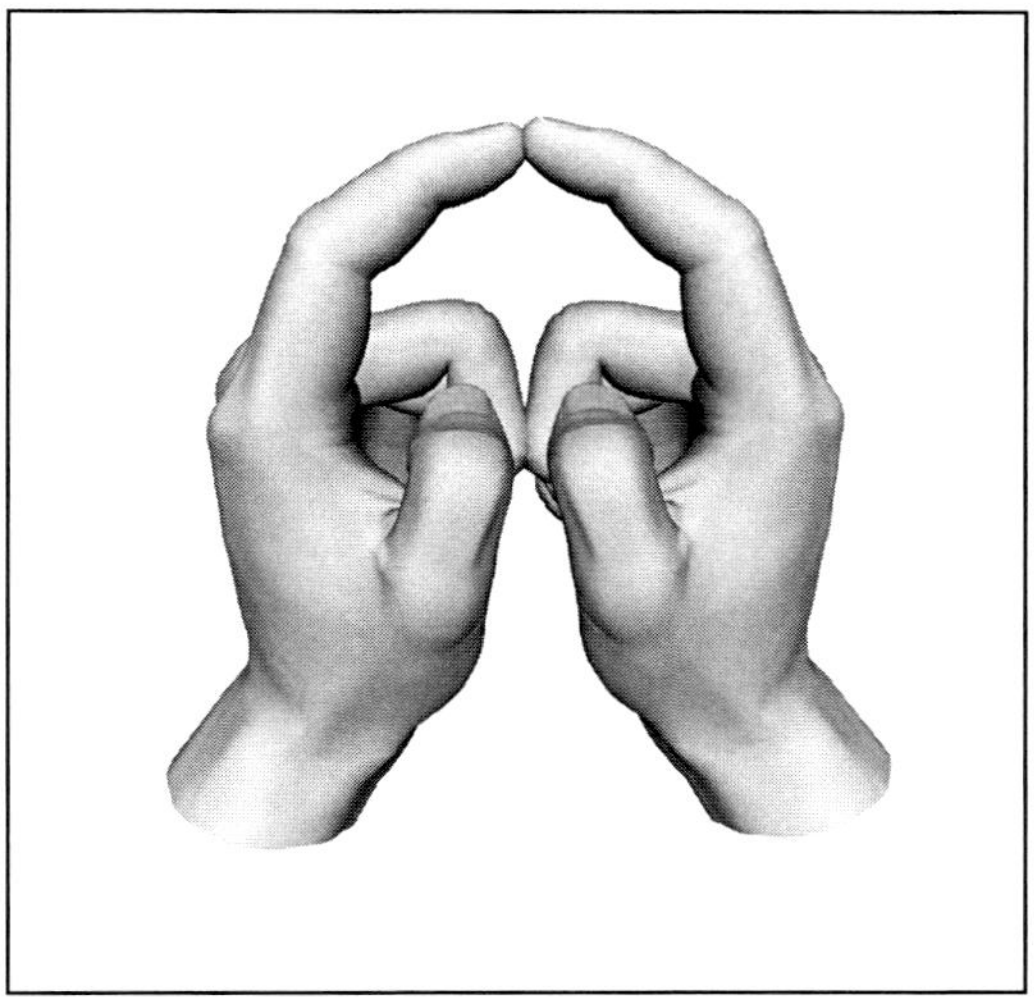

理《り》趣《しゅ》経《きょう》八段

纔《さい》発《ほっ》意《ち》菩《ぼ》薩《さっ》

①両手、金剛拳にする。
②両人差指を円やかに屈して立て合わせる。
※これは金剛輪印。
※両人差指を円形になすのは一輻輪をあらわし、他の輻輪を摂すると観じる。

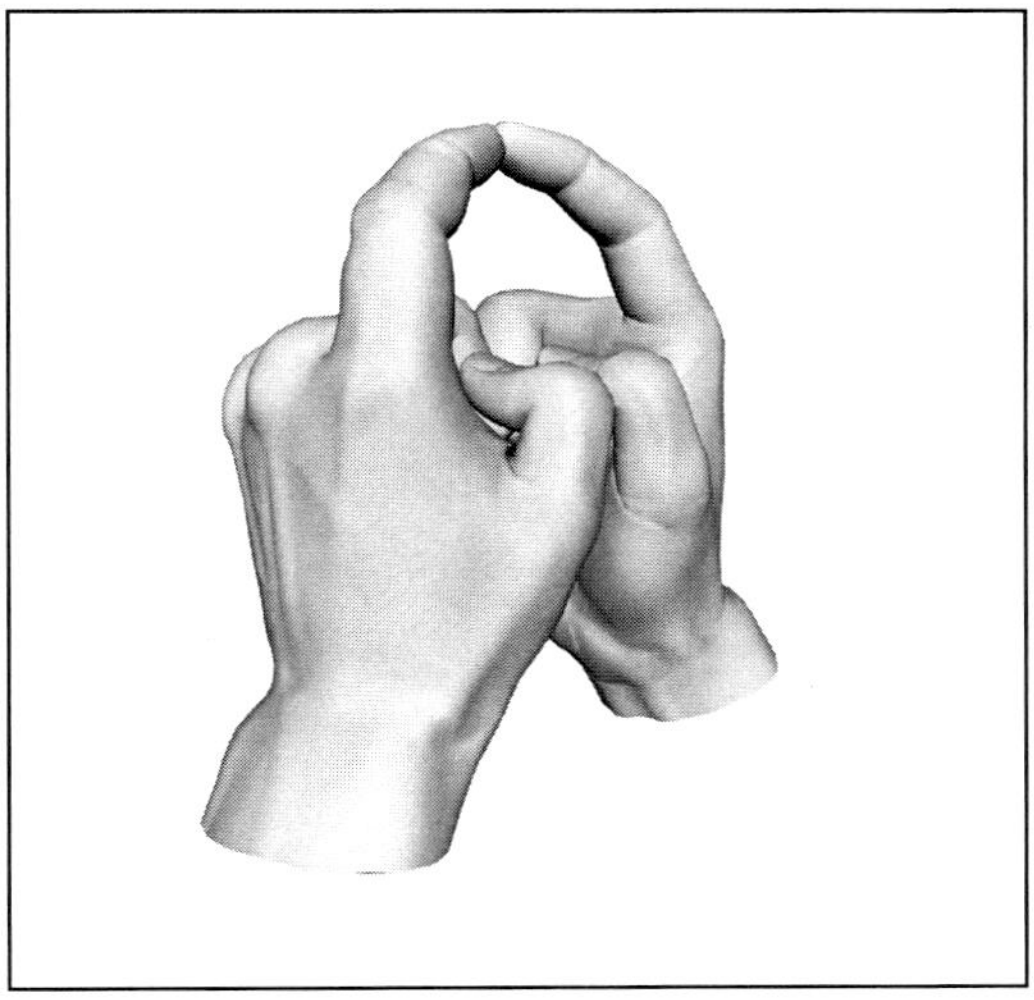

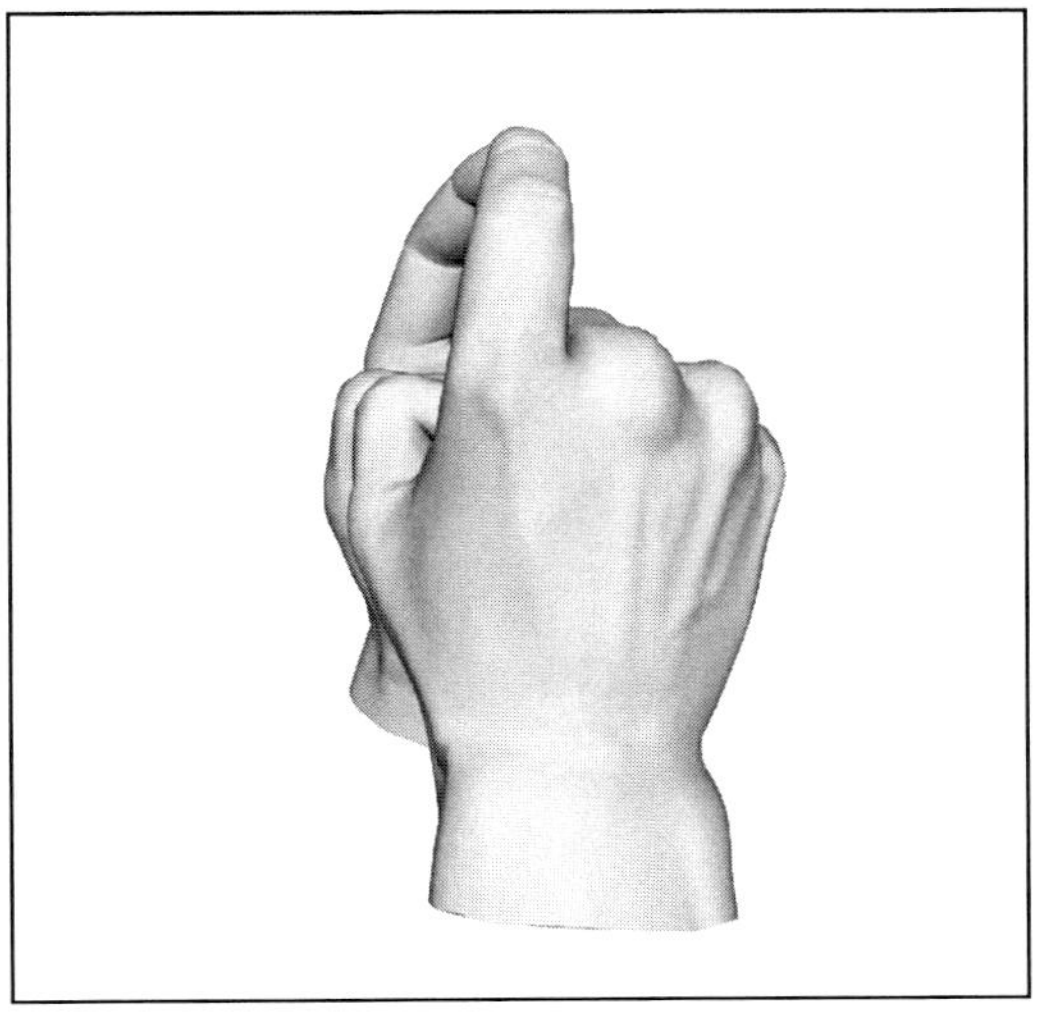

理趣経《りしゅきょう》九段
虚空庫菩薩《こくうこぼさつ》一

①両手、剣印にする。
②左手を手前にして胸前で交差させる。

理《り》趣《しゅ》経《きょう》九段
虚《こ》空《くう》庫《こ》菩《ぼ》薩《さつ》二

①両手、外縛して掌を開く。

②両小指、親指を屈し、親指で小指の甲を押す。

③印を伏せて三度、右に旋回させる。

※金剛界三昧耶会の金剛業菩薩の印。

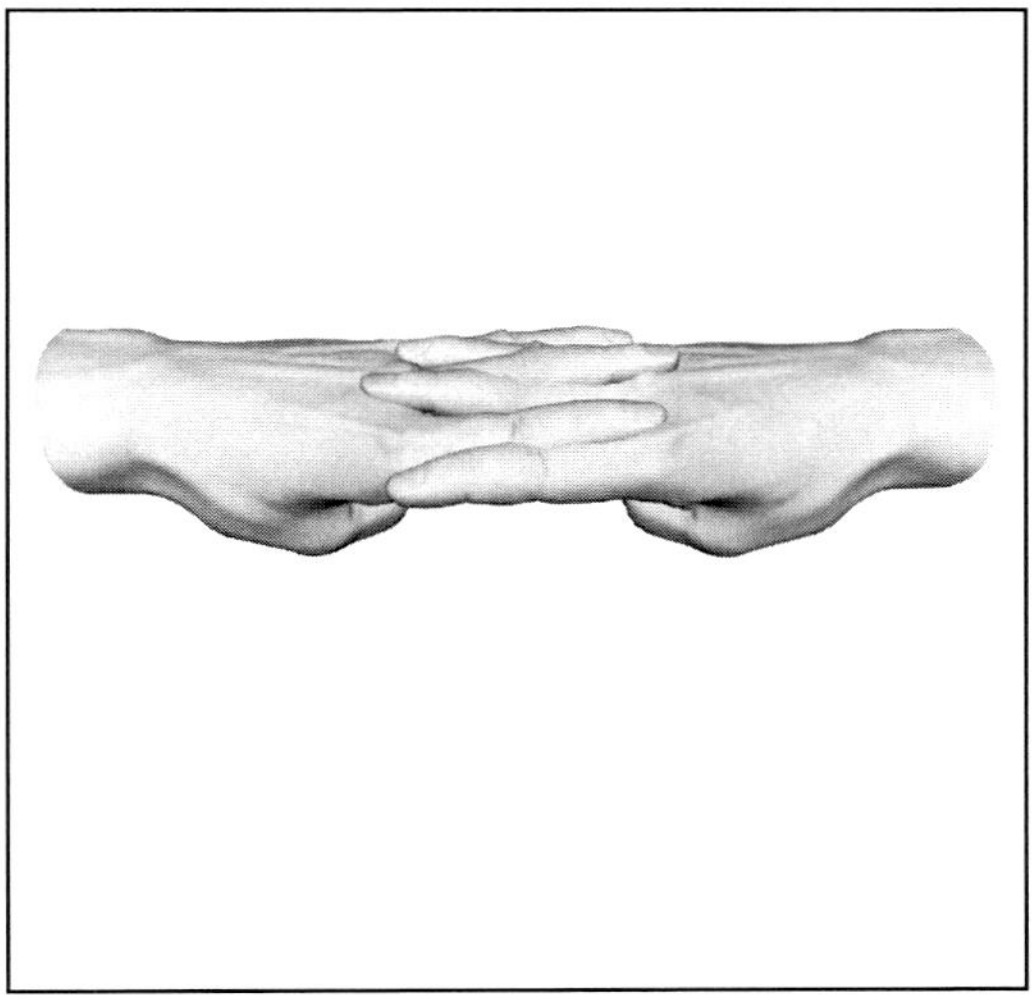

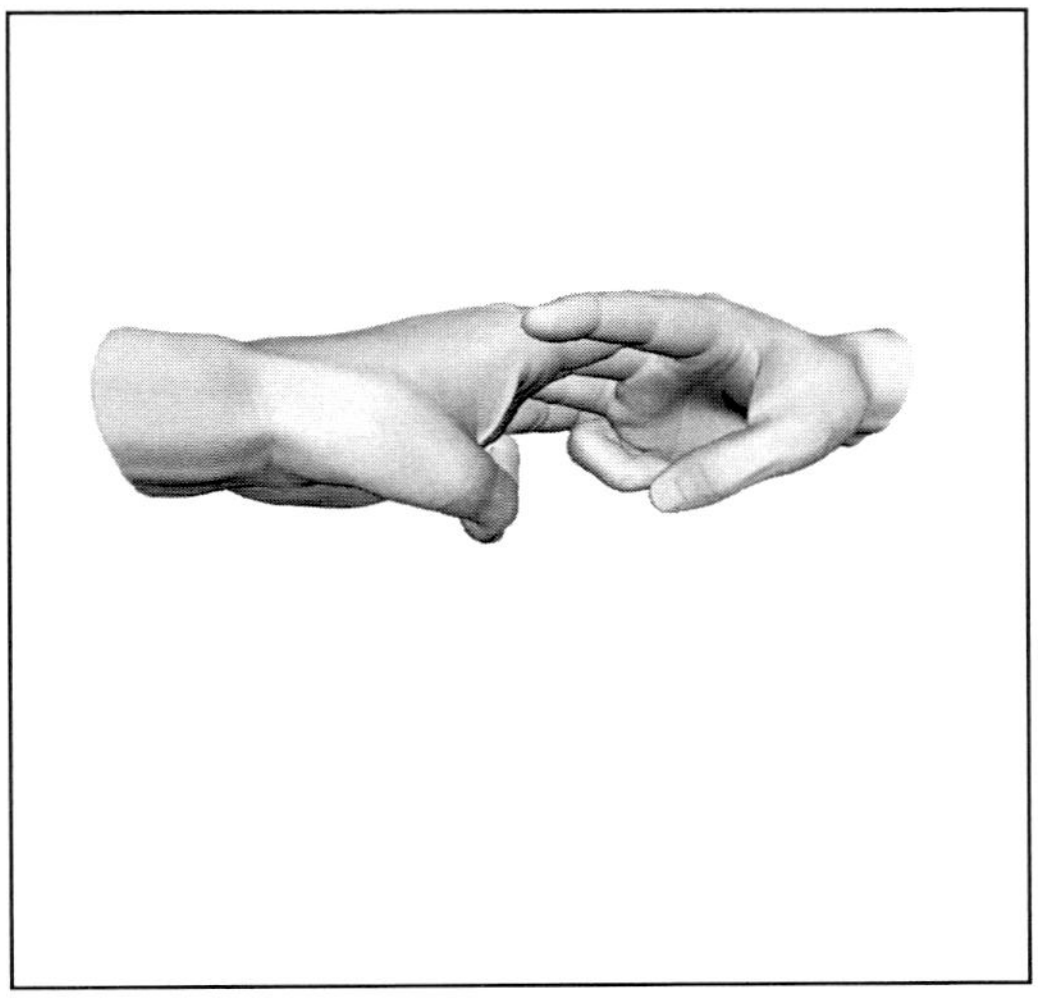

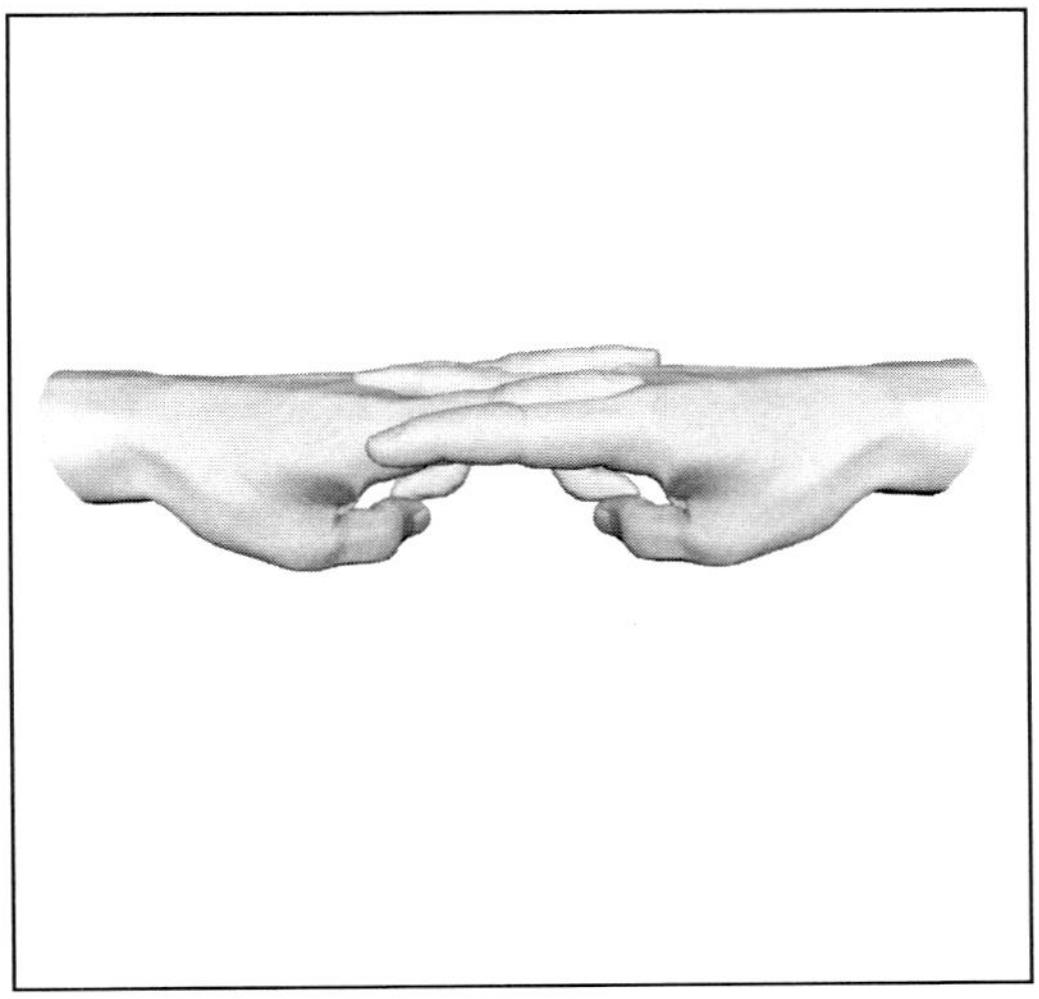

理《り》趣《しゅ》経《きょう》十段
摧《さい》一《いっ》切《さい》魔《ま》菩《ぼ》薩《さつ》

①両手、金剛拳にする。
②両小指、人差指を立ててやや屈する。
③印を口の両辺に当てる。
※金剛夜叉、金剛界羯磨会の金剛牙菩薩の印。

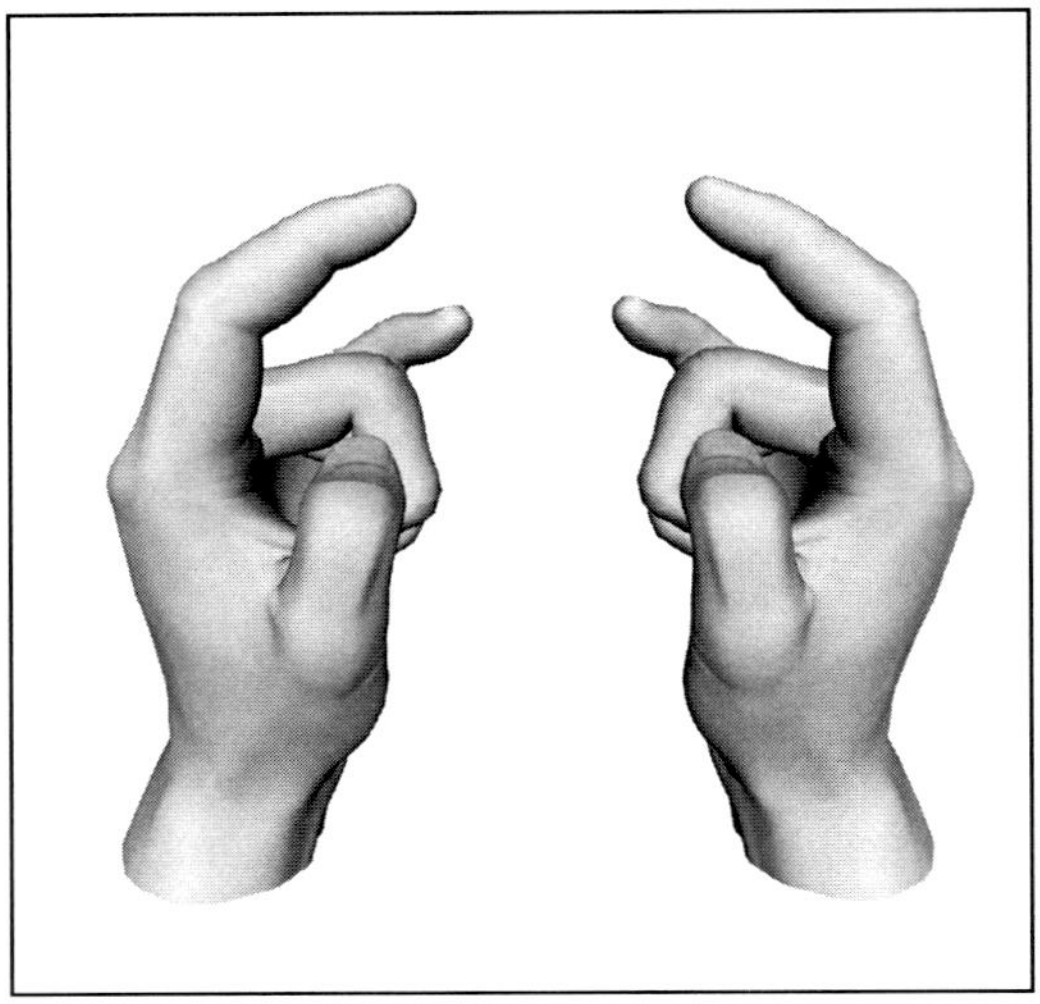

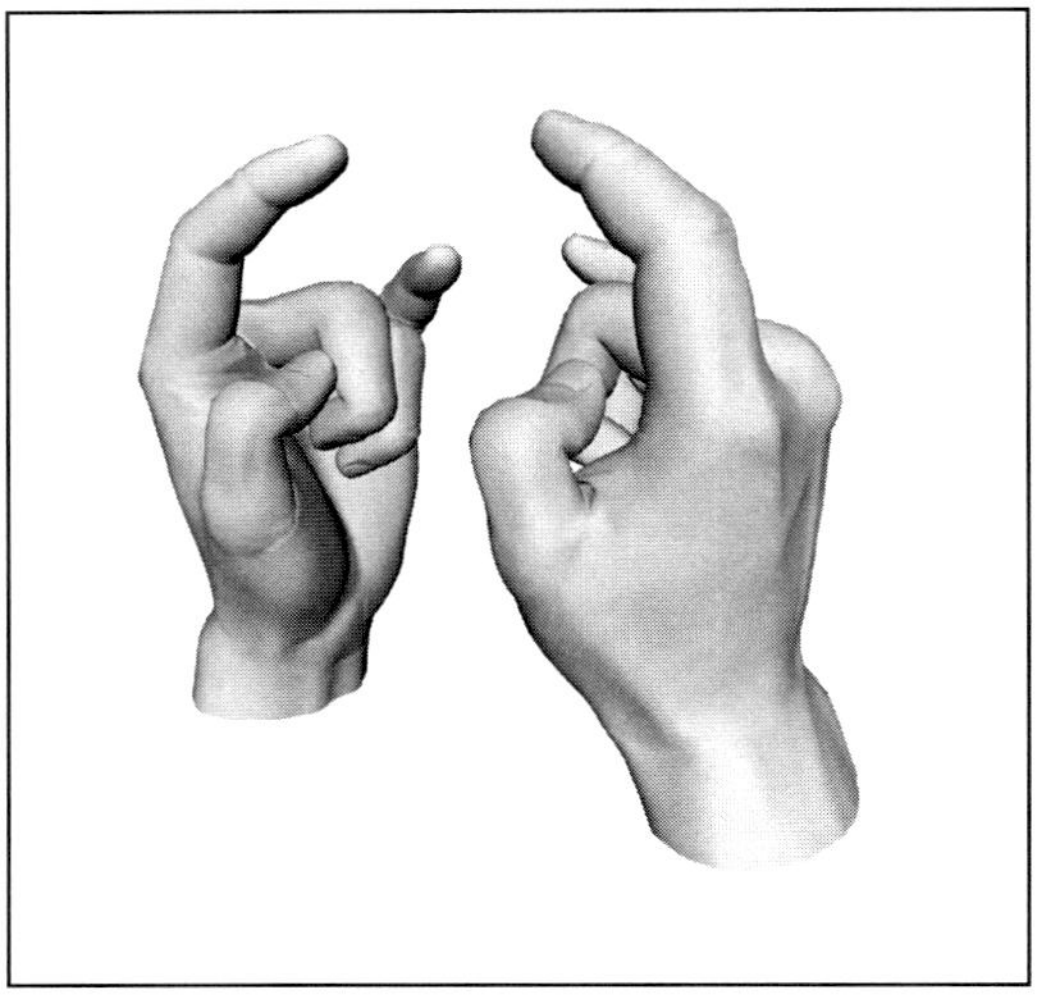

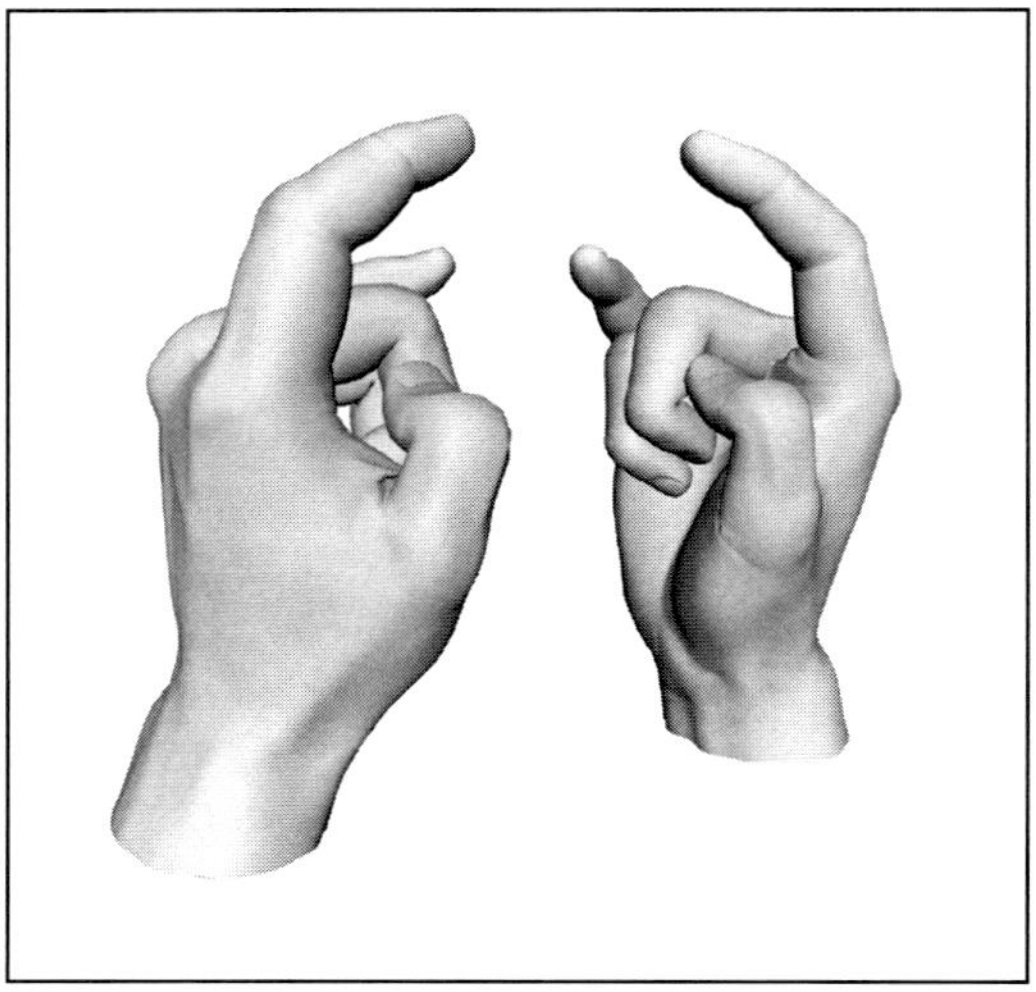

理《り》趣《しゅ》経《きょう》十一段
降《ごう》三《ざん》世《ぜ》教《きょう》令《りょう》輪《りん》

①両手、金剛合掌する。
※普賢印。

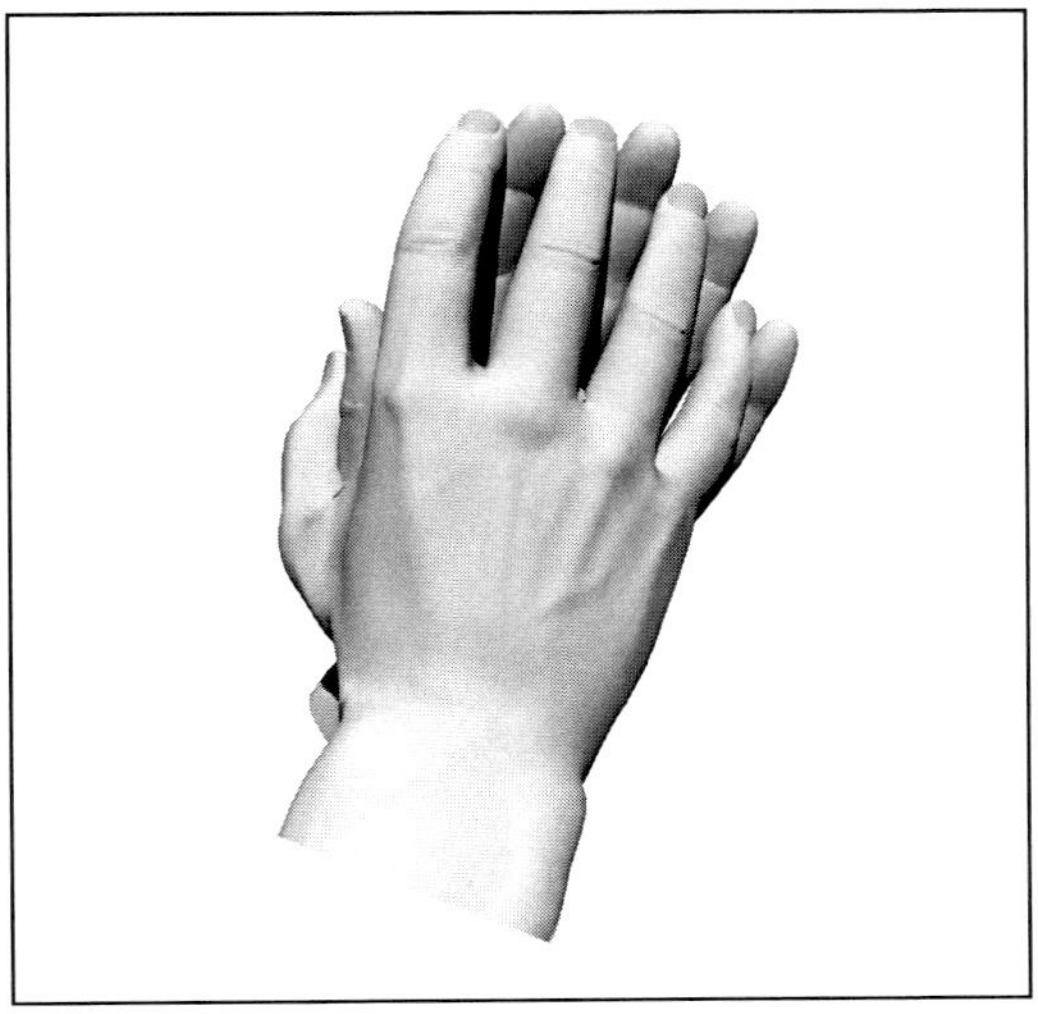

理《り》趣《しゅ》経《きょう》十二段
外《げ》金《こん》剛《ごう》会《え》

①両手、内縛する。

②両小指、中指、親指を立て合わせる。

③両人差指は屈して、中指の背に回し、中指にはつけない。

※内五鈷印（二六二頁）に同じ。

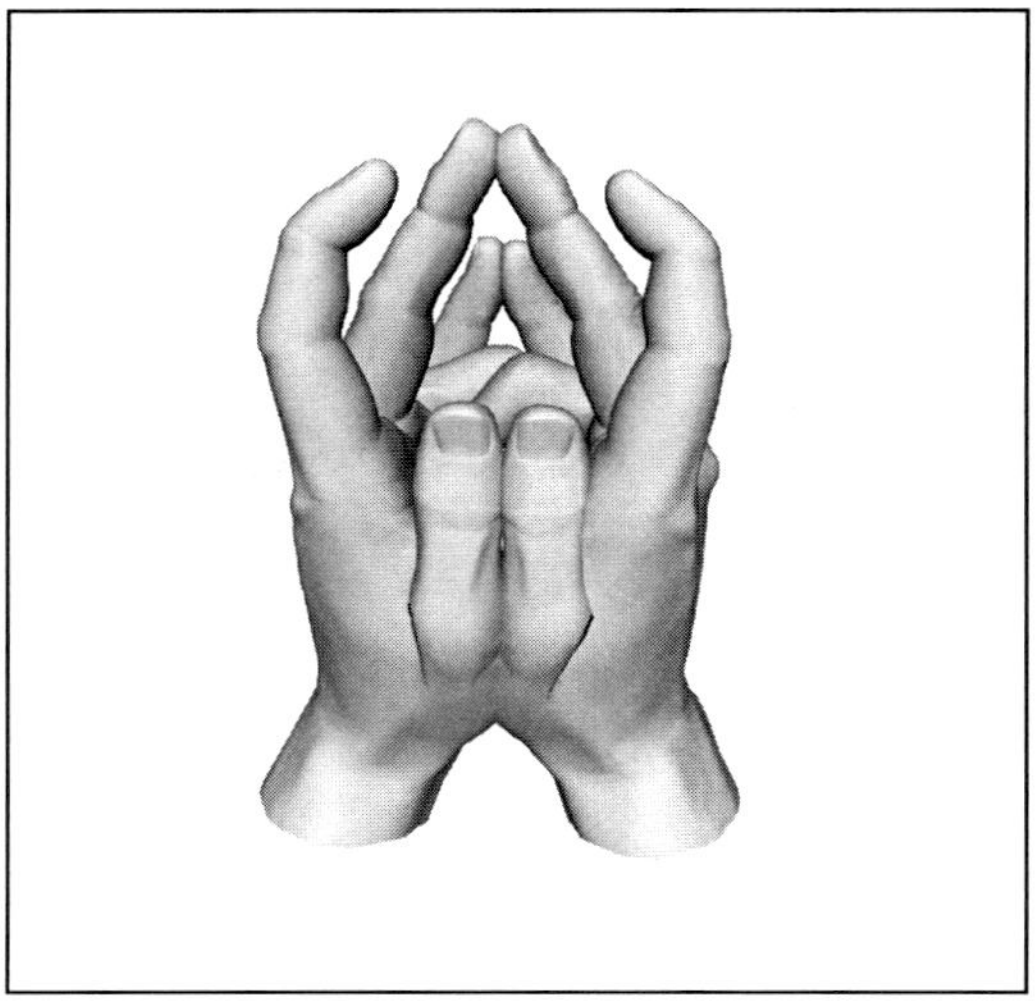

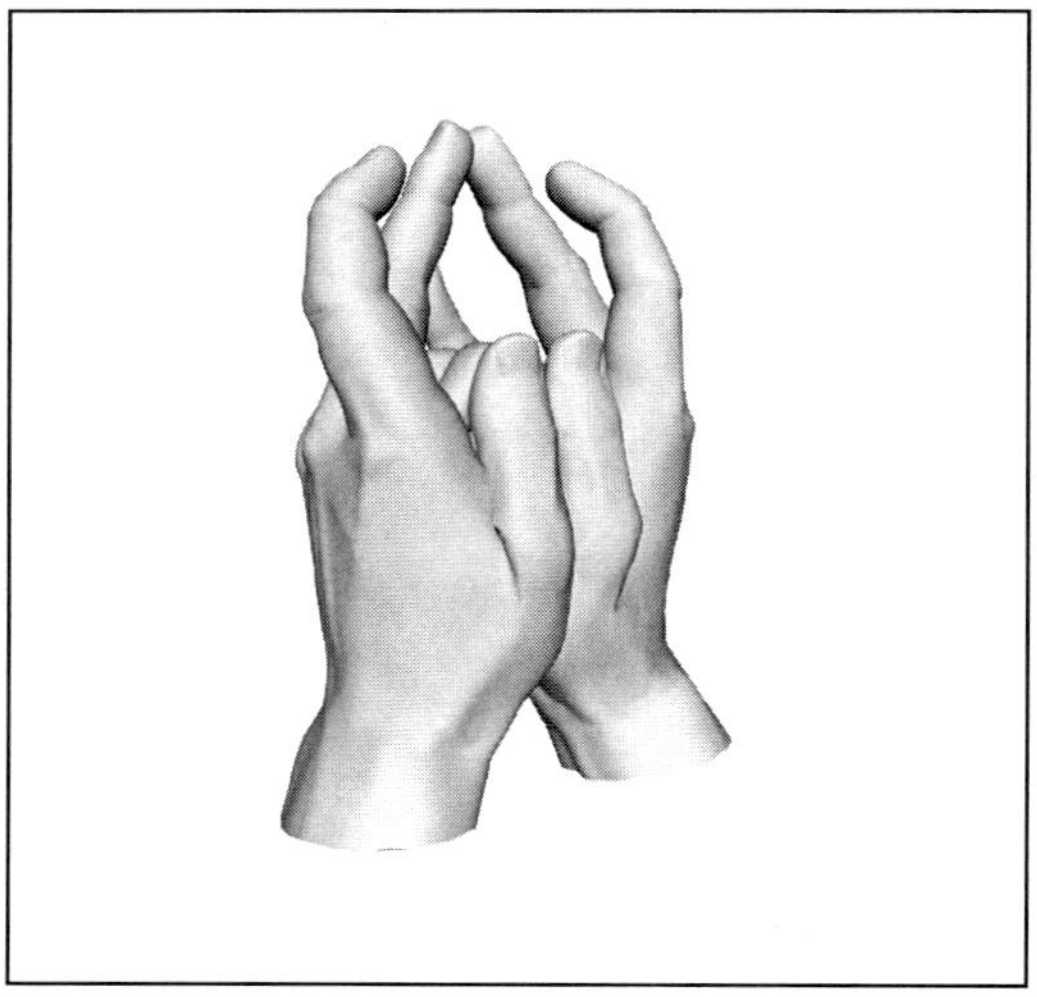

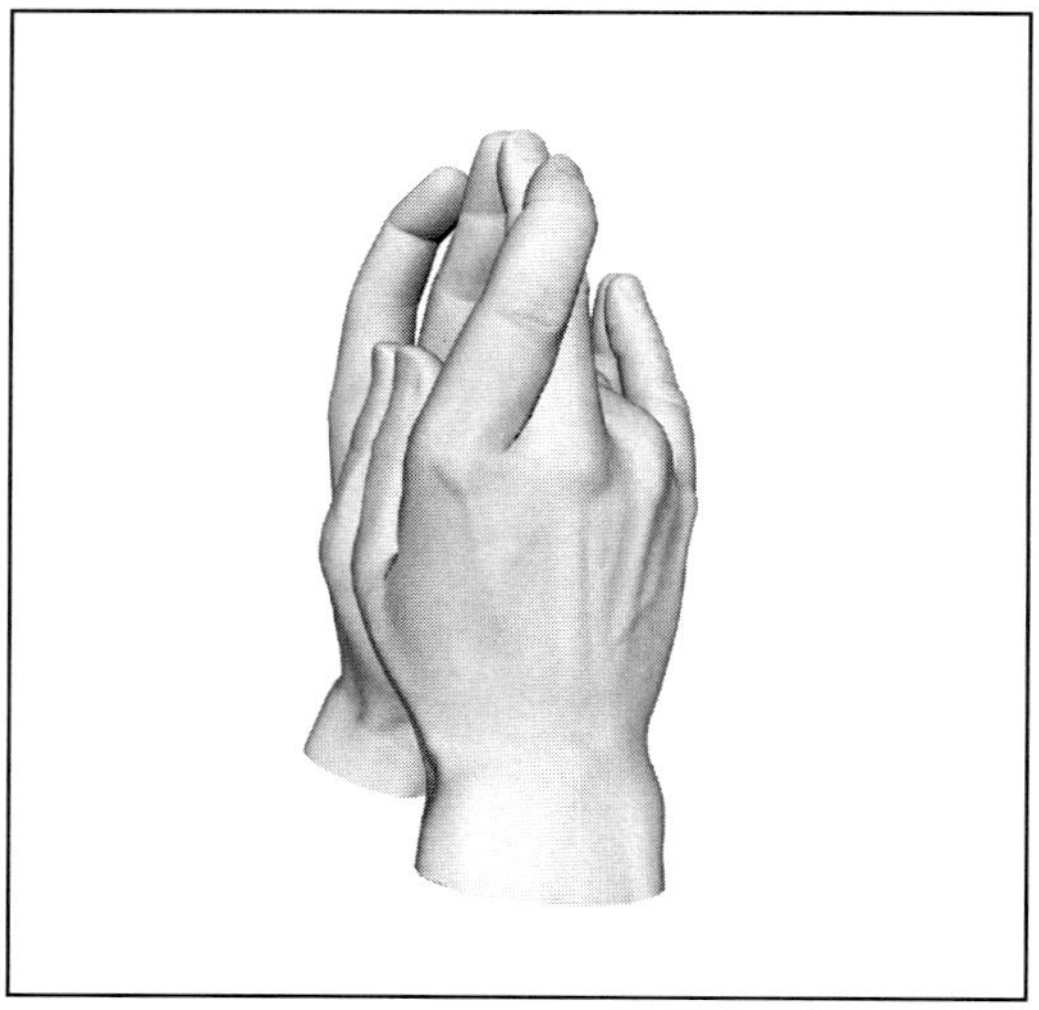

理《り》趣《しゅ》経《きょう》十三段
七《しち》母《も》天《てん》

①左拳は腰に置く。

②右手は蓮華拳にして人差指をやや屈して立て、三度来去する。

※有情を引入する意を表す。

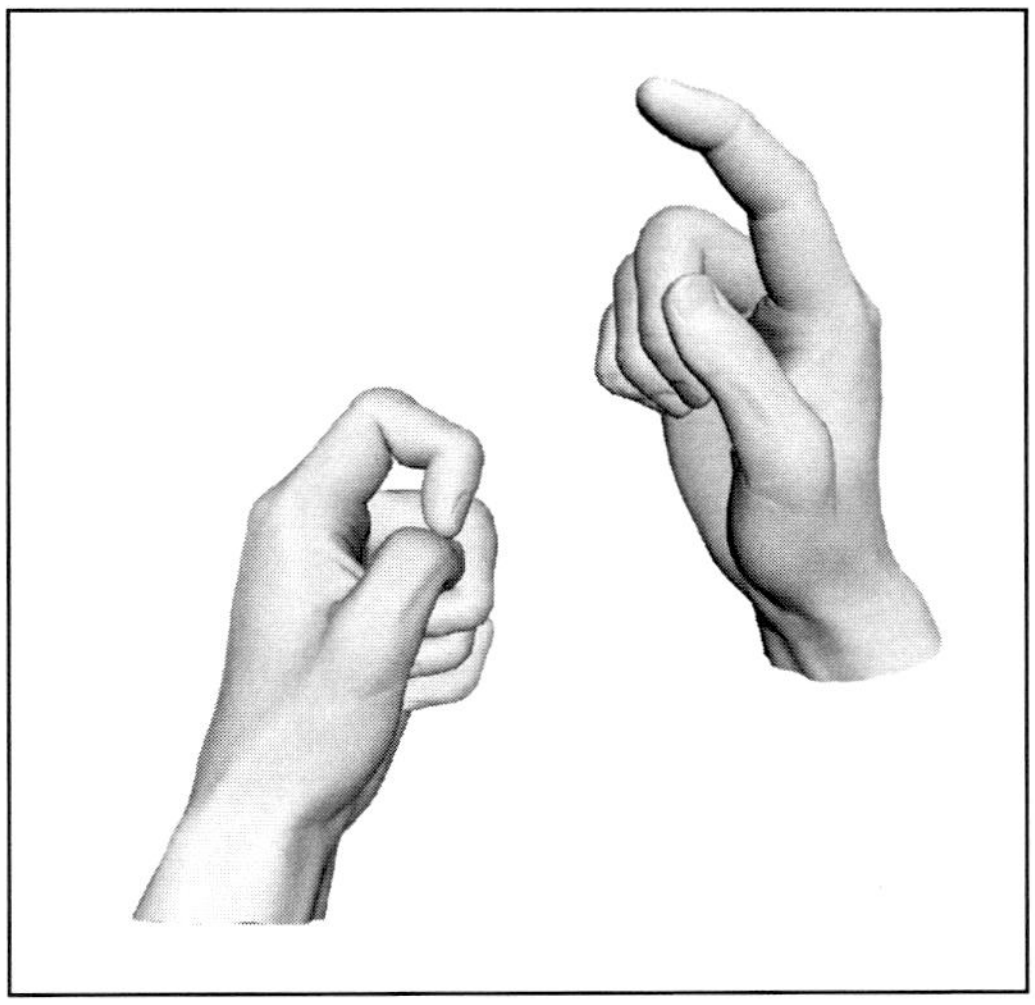

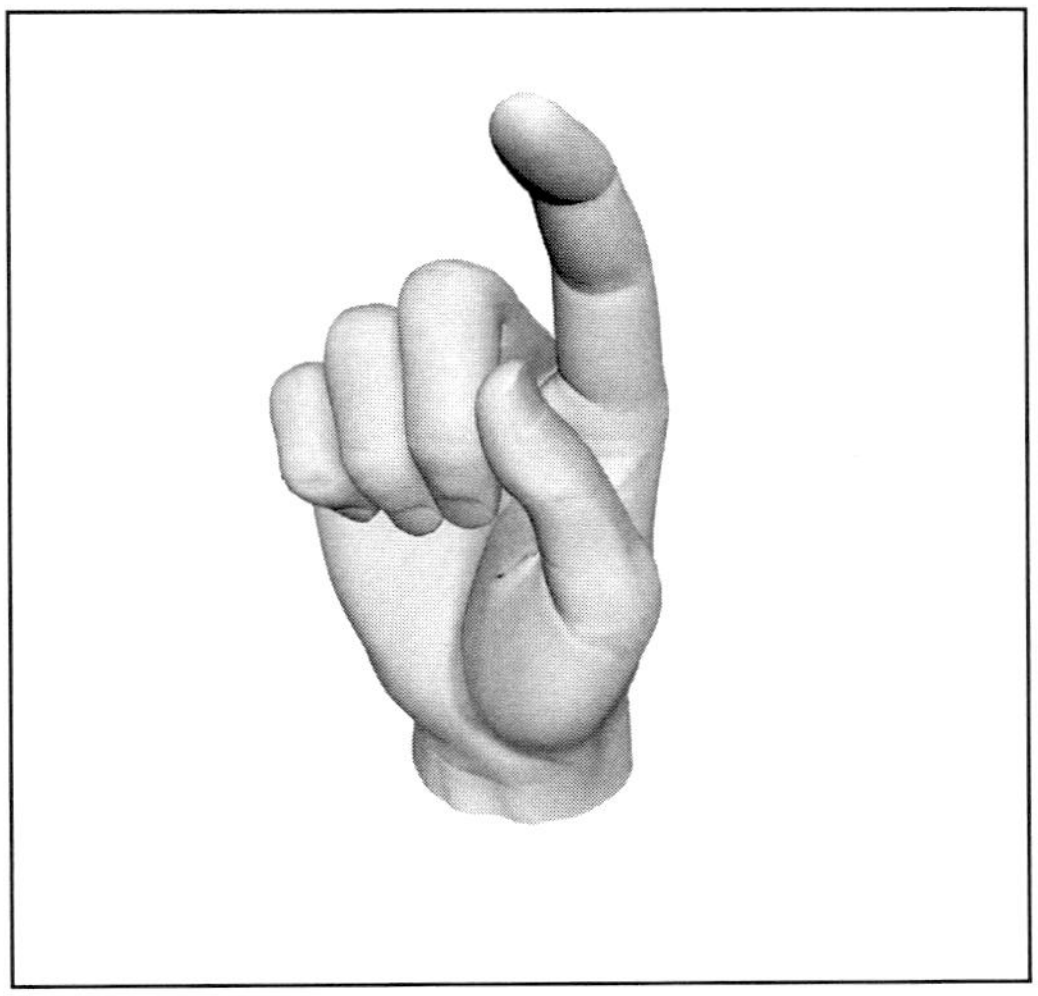

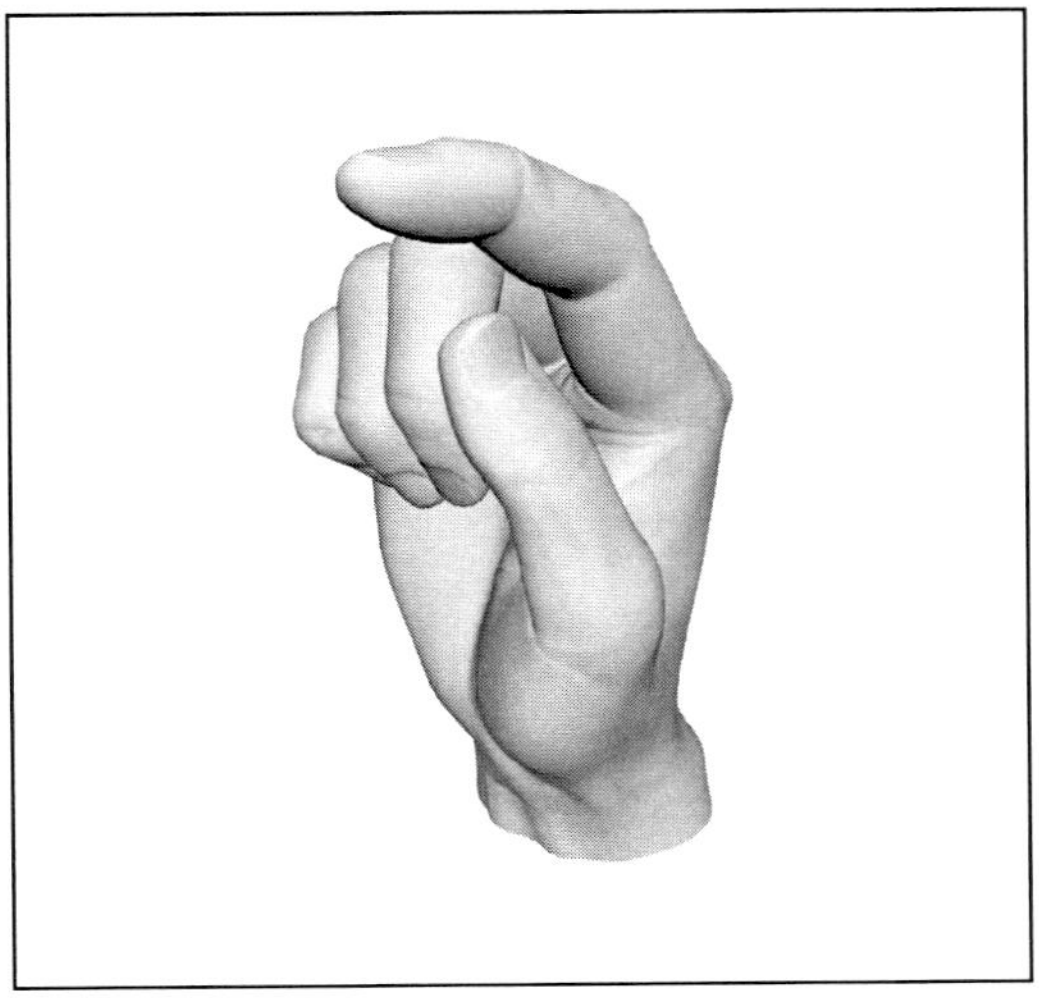

理《り》趣《しゅ》経《きょう》十四段 三《さん》兄《けい》弟《てい》

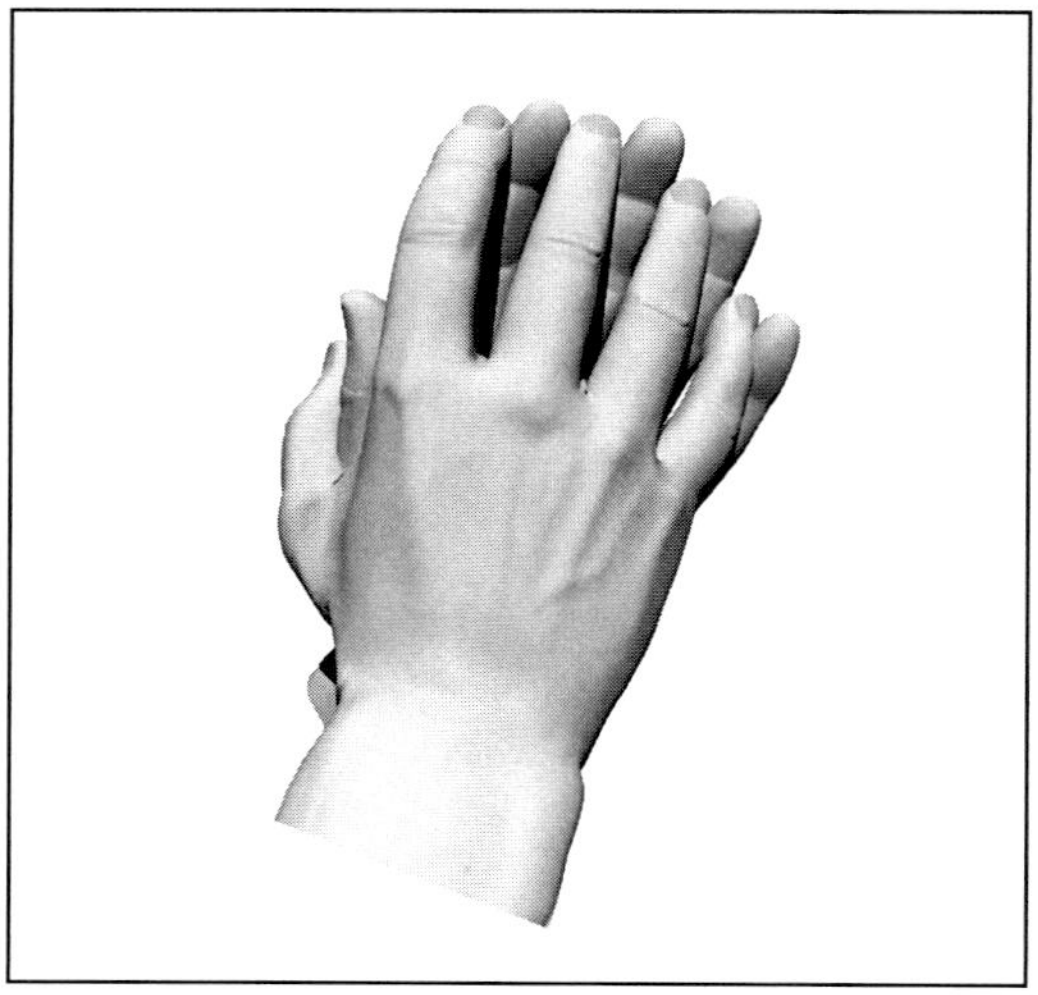

①両手、金剛合掌する。

理《り》趣《しゅ》経《きょう》十五段
四《し》姉《し》妹《まい》

①両手、金剛合掌する。

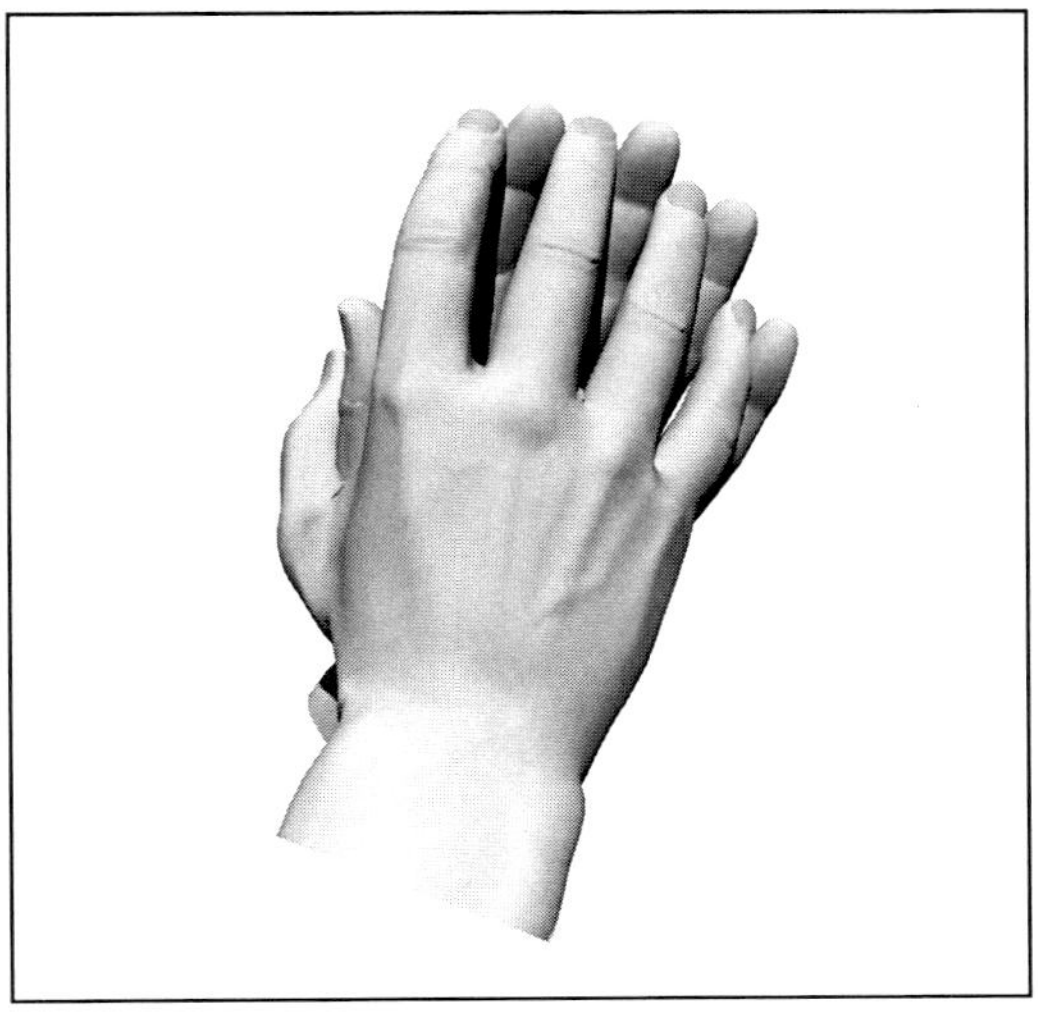

理《り》趣《しゅ》経《きょう》十六段
五《ご》部《ぶ》曼《まん》荼《だ》羅《ら》外《げ》五《ご》鈷《こ》印《いん》

①両手、外縛する。

②両小指、中指、親指を立て合わせる。

③両人差指を立て屈して鉤のようにし、中指の背に置いて、中指にはつけない。

※外五鈷印（六八頁）に同じ。

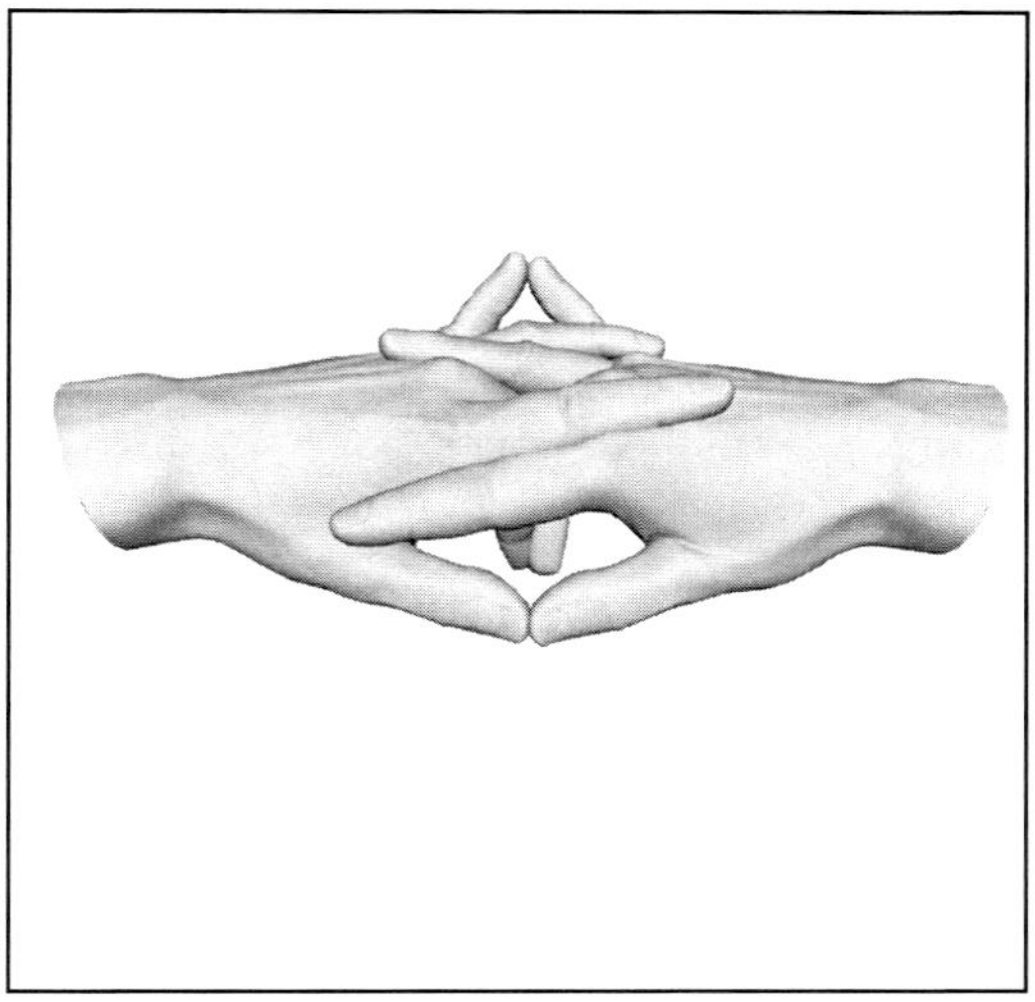

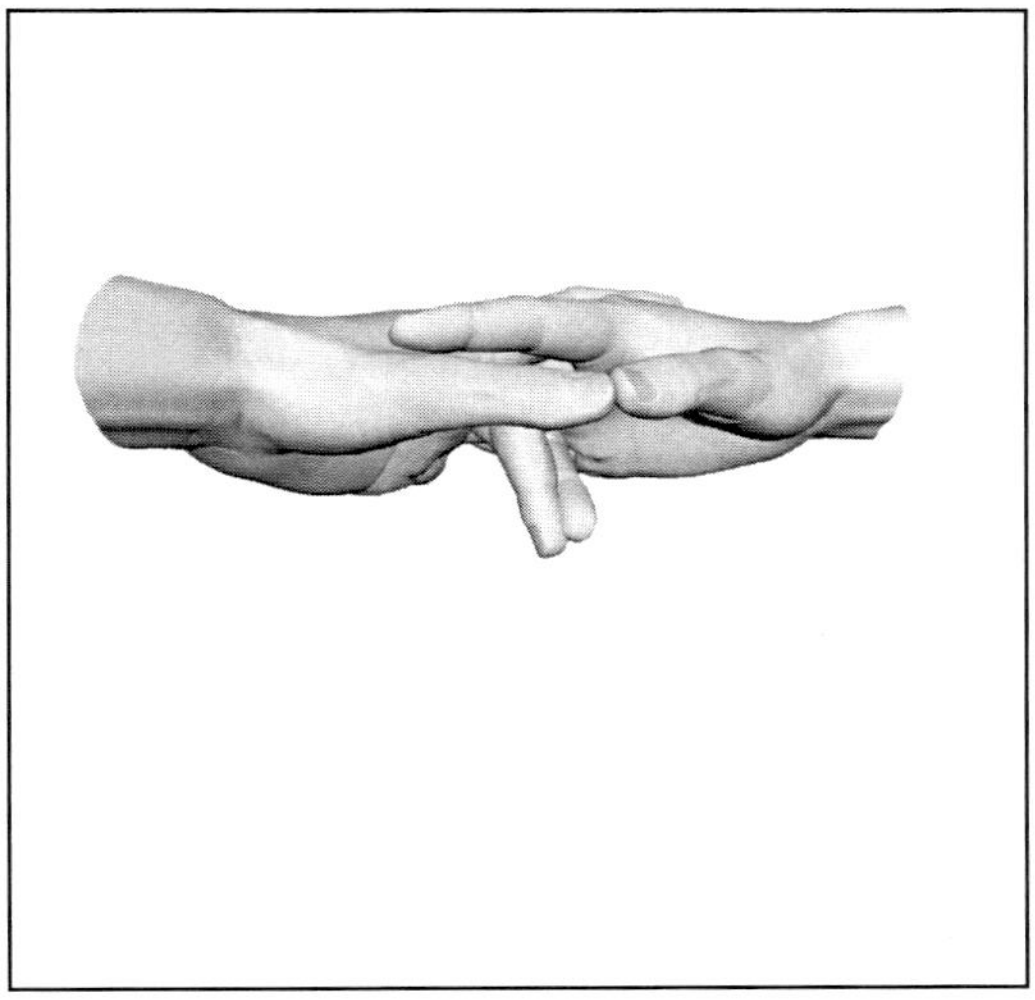

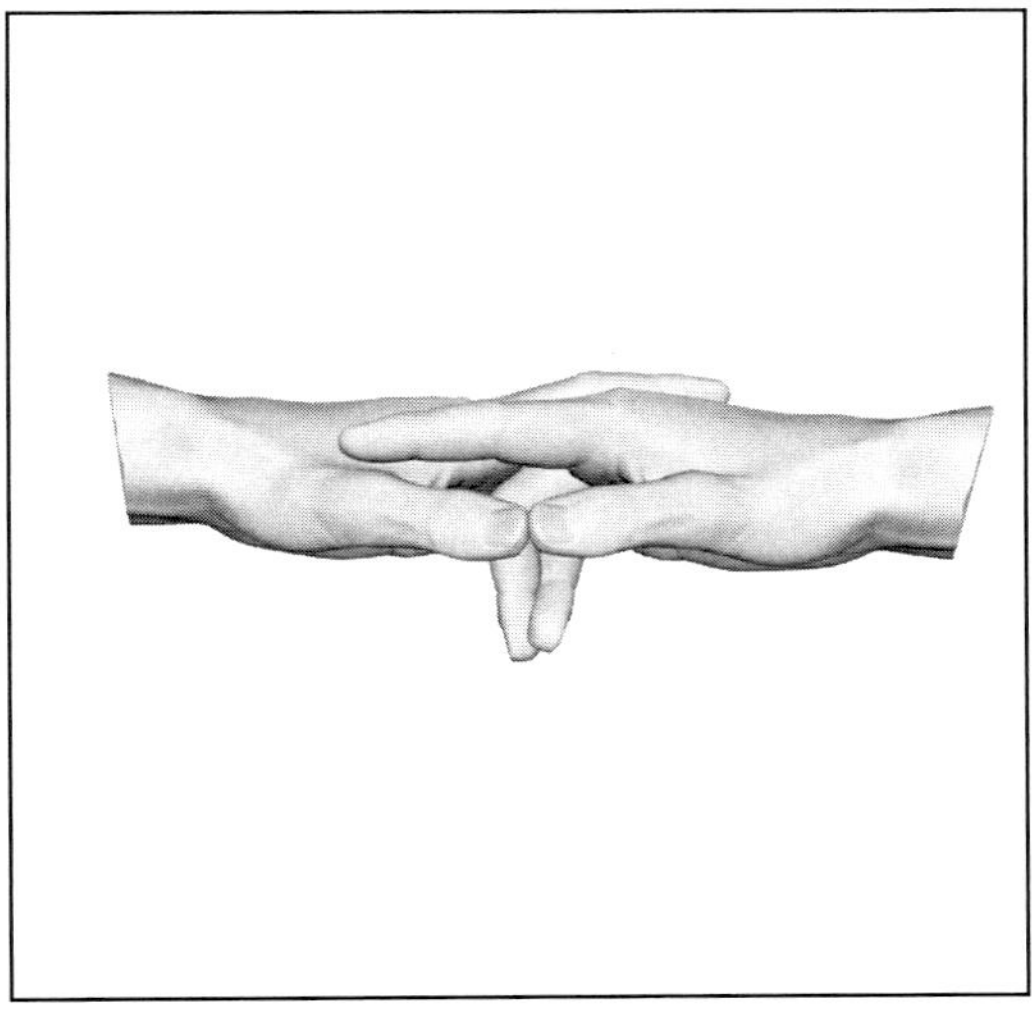

理趣経《りしゅきょう》十七段
金剛薩埵《こんごうさった》五秘密《ごひみつ》
大独鈷印《だいどっこいん》

①両手、外縛する。
②両親指と小指を立て合わせ、掌を開く。
③両中指を掌中に入れ相交え、指の腹を合わせる。
※また、極喜三昧耶印、大独鈷印ともいう。
※理趣経惣印（九三頁）に同じ。

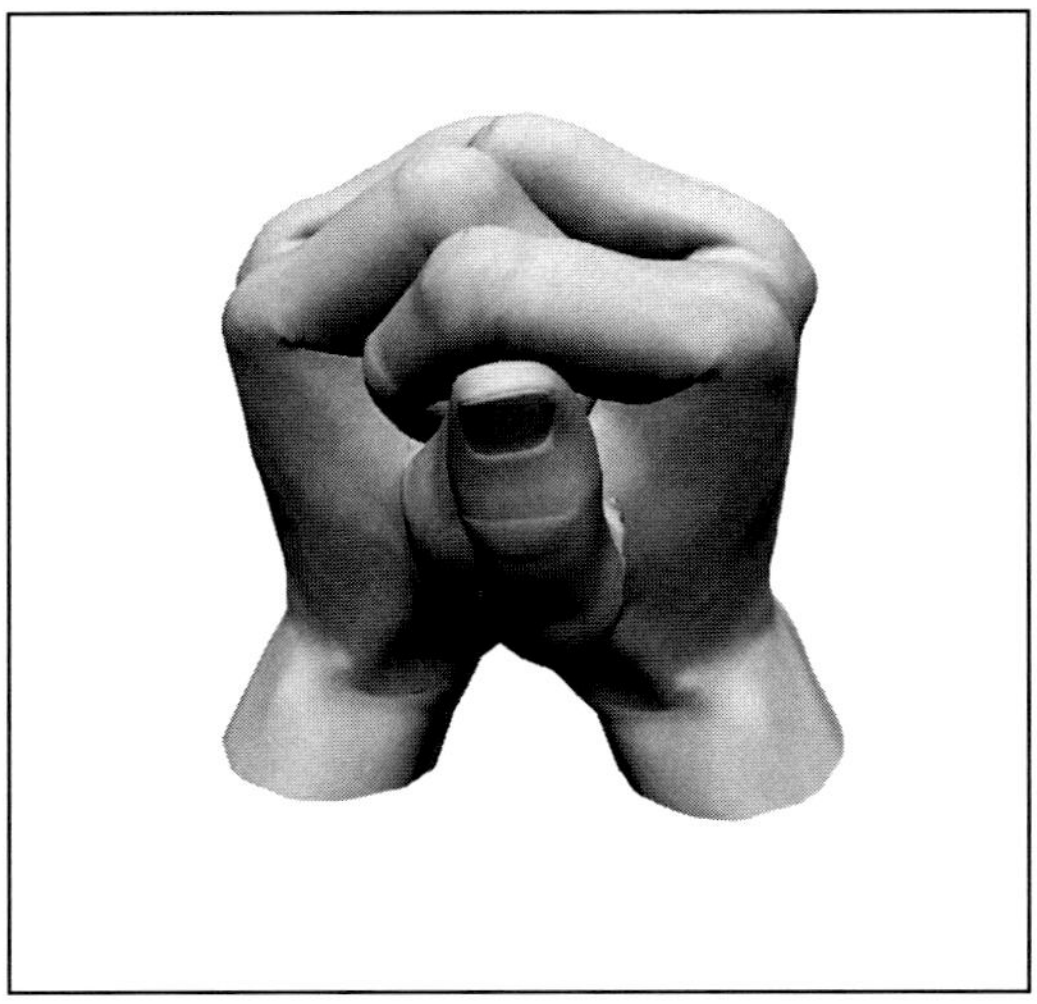

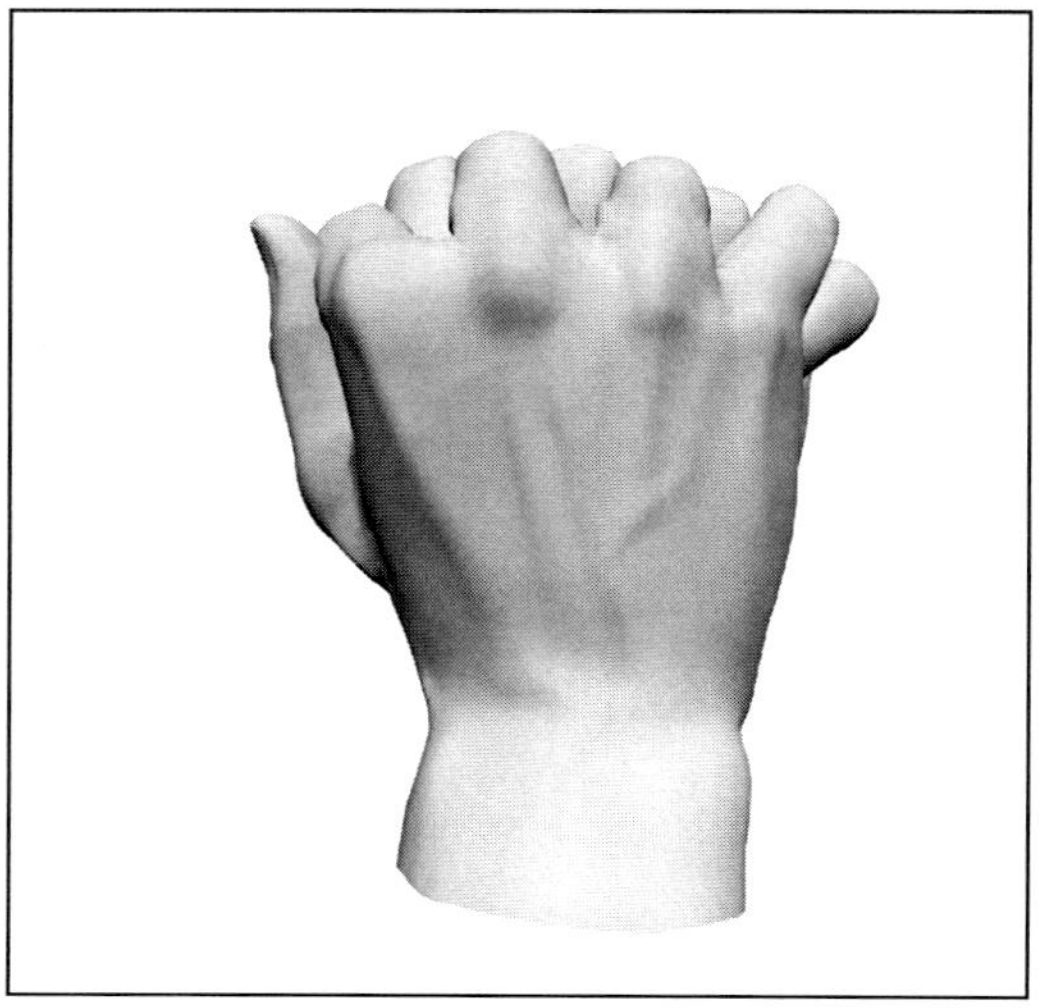

六《ろく》字《じ》経《きょう》

①両手、内縛する。

②右親指を立てる。

※また、蓮華部心印、蓮華部心三昧耶ともいい、蓮華部召請印である。

六字経《ろくじきょう》観宿伝印《かんしゅくでんいん》

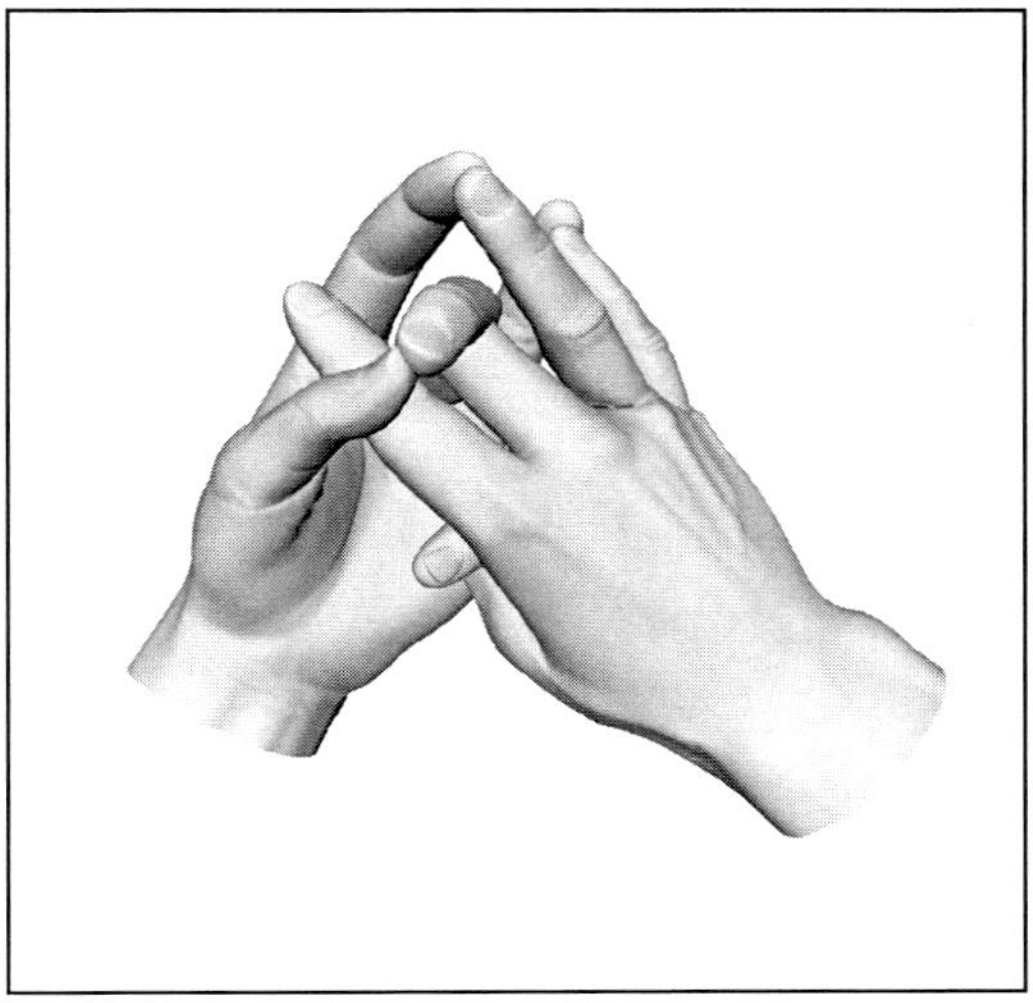

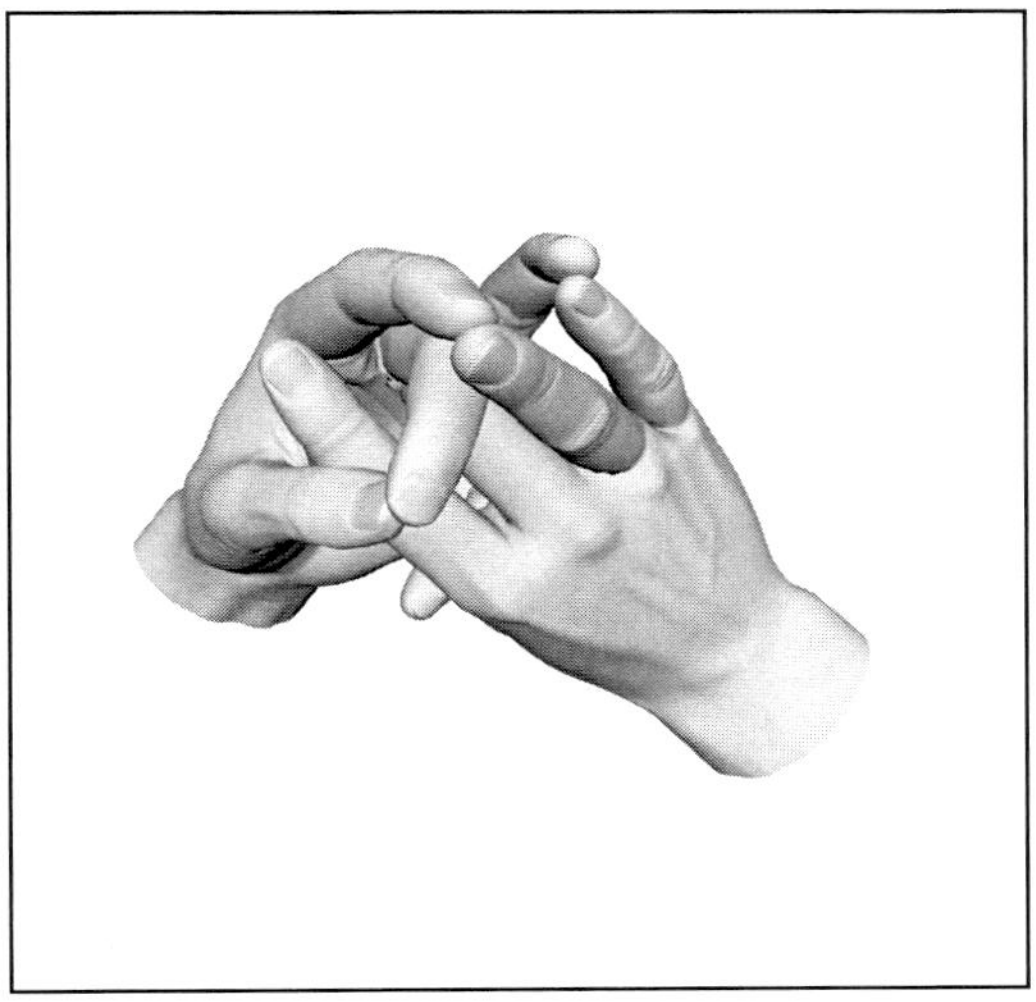

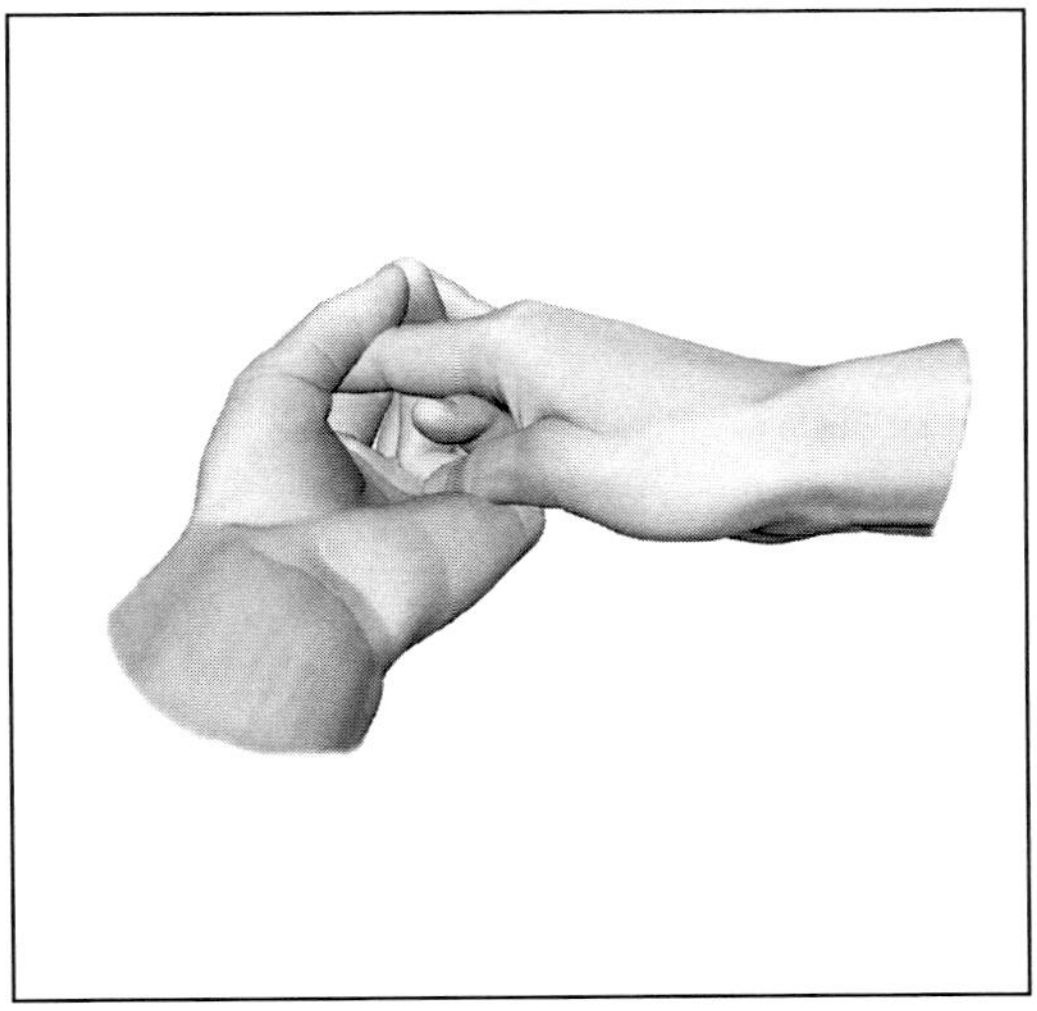

①両手、親指で中指を捻じる。
②左手を仰げ、右手を伏せる。
③右人差指を、左の親指と中指の環の間に入れる。
④左の小指を、右の親指と中指の環の間に入れる。
⑤右の薬指と左の人差指、右の小指と左の薬指を、付け合わせる。
※これを、六字経の法の本尊・六字明王の根本印とする。
※また、輪印、陰陽反閉印ともいう。
※真言は前頁に同じ。

六字経《ろくじきょう》明仙伝印《みょうせんでんいん》

①両手内縛して、両中指を立て合わせる。
②両人差指を立て、屈して鉤形のようにして、三鈷杵のようにする。
③両親指を並び立てる。
※内縛三鈷印（二七五頁）に同じ。

※真言は一一四頁に同じ。

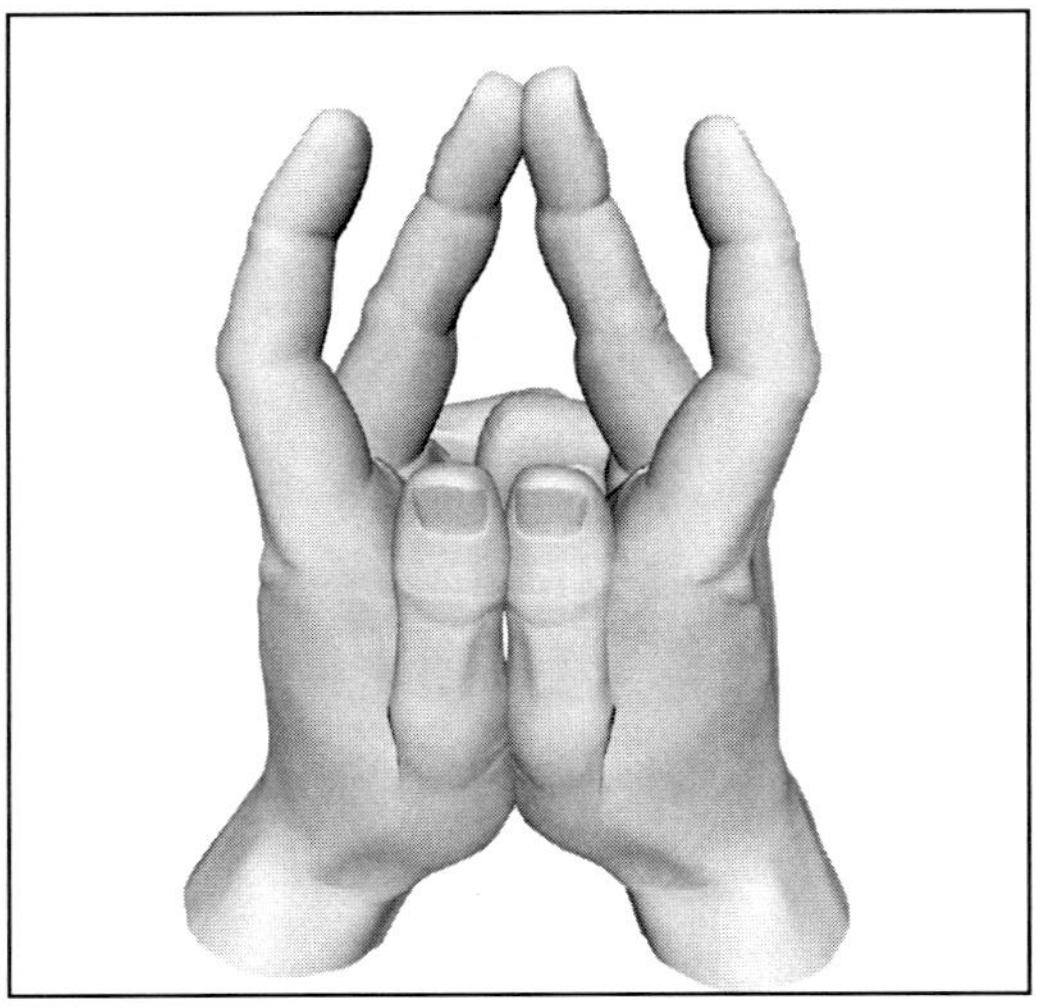

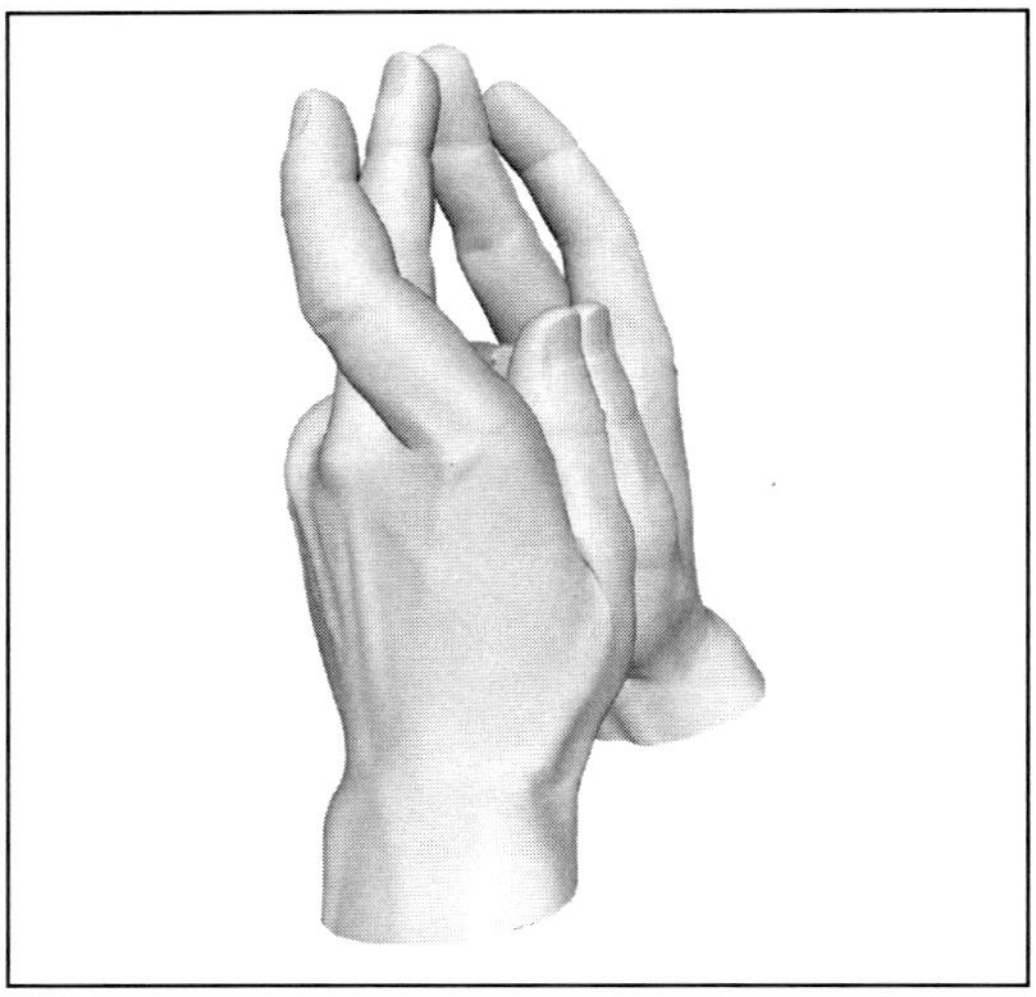

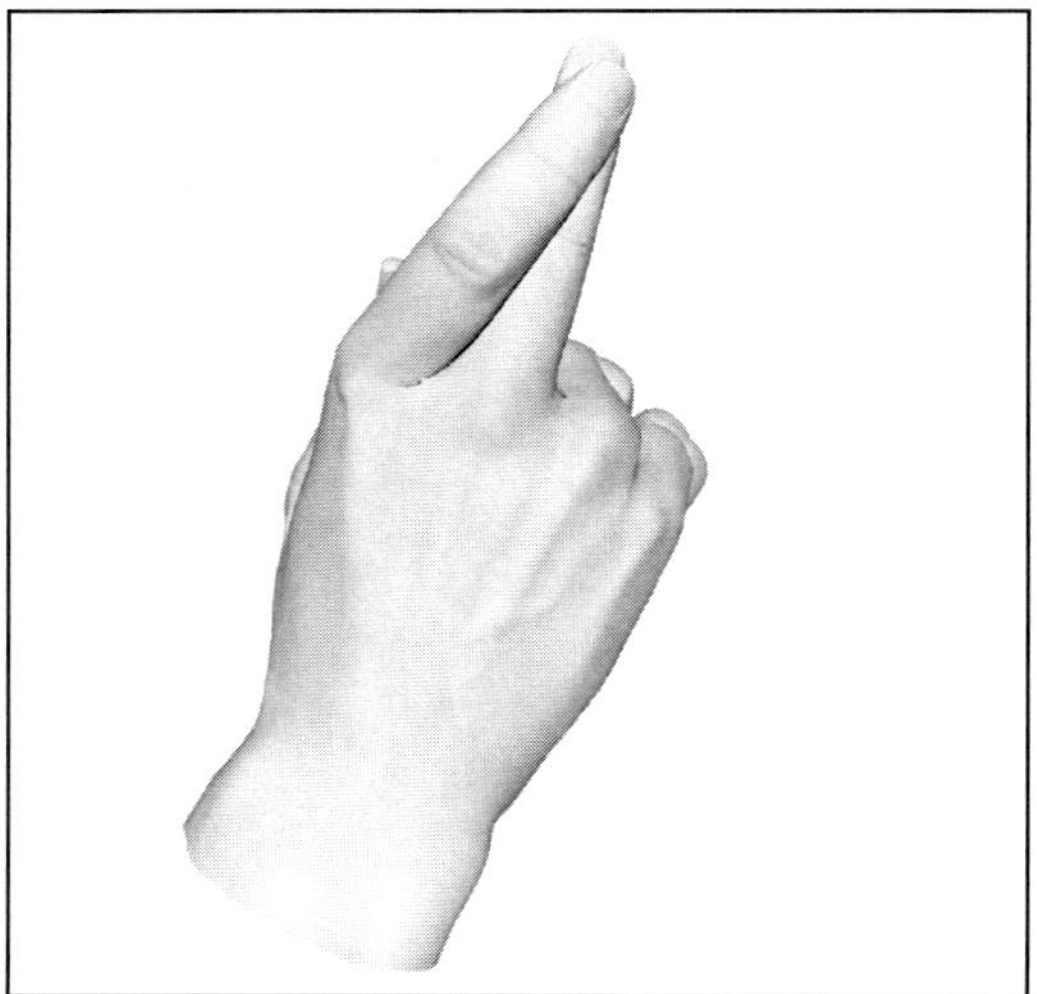

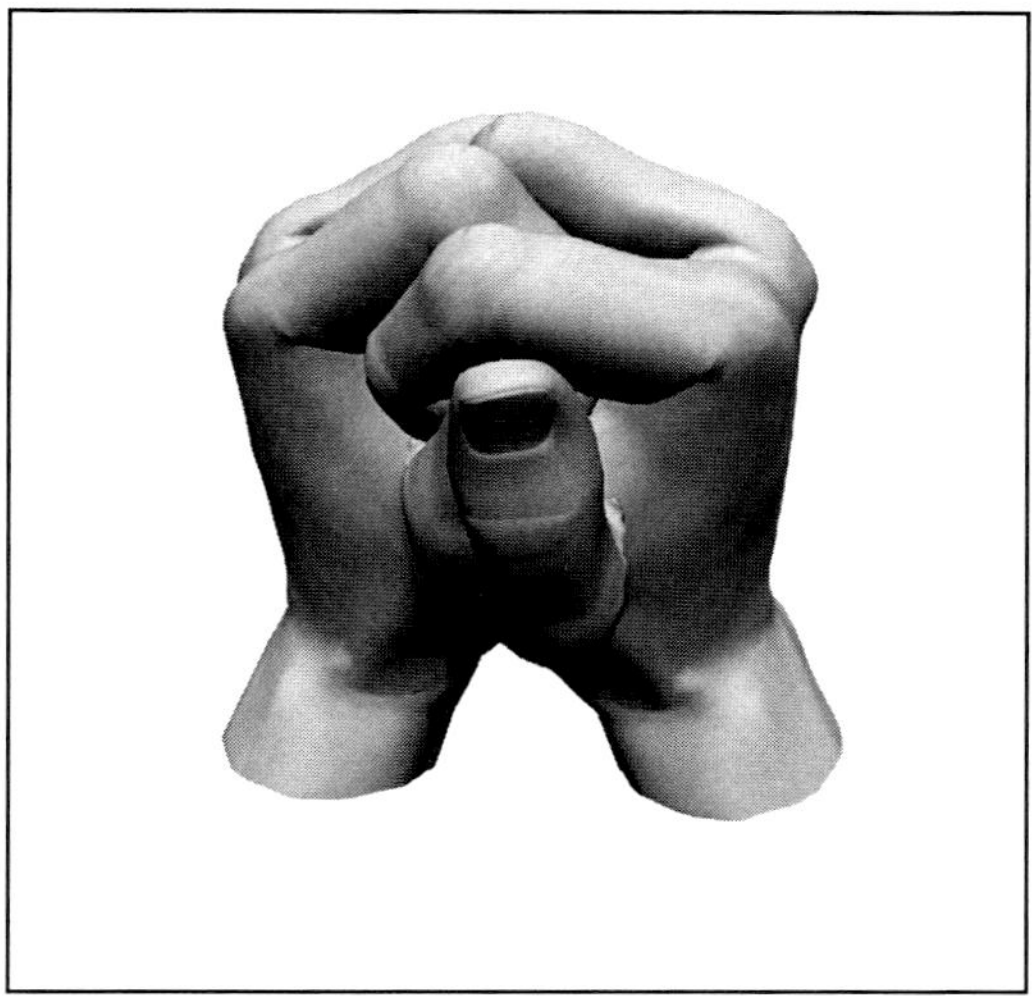

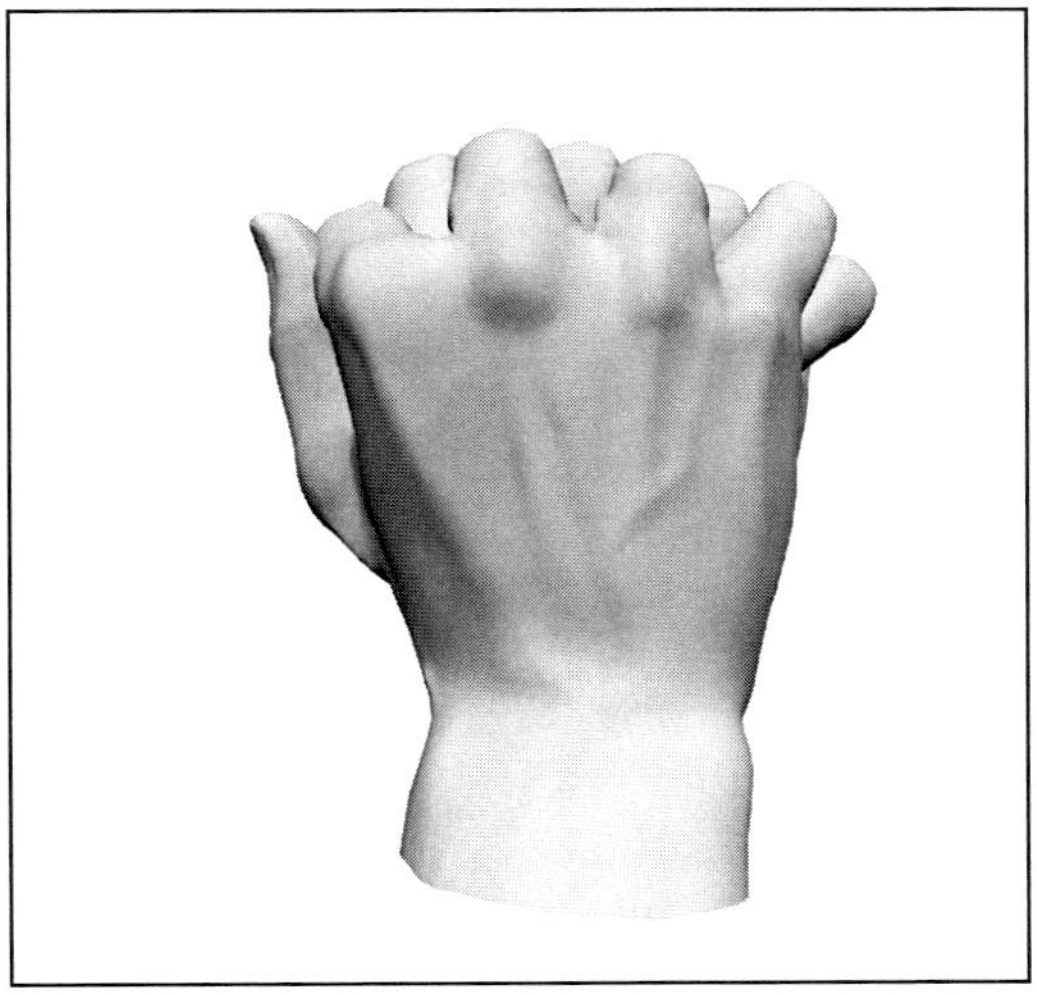

聖観音《しょうかんのん》心印《しんいん》

①両手、内縛する。
②右親指を立てる。
※また、蓮華部心印、蓮華部心三昧耶ともいい、蓮華部召請印である。
※観音印（二五頁）に同じ。

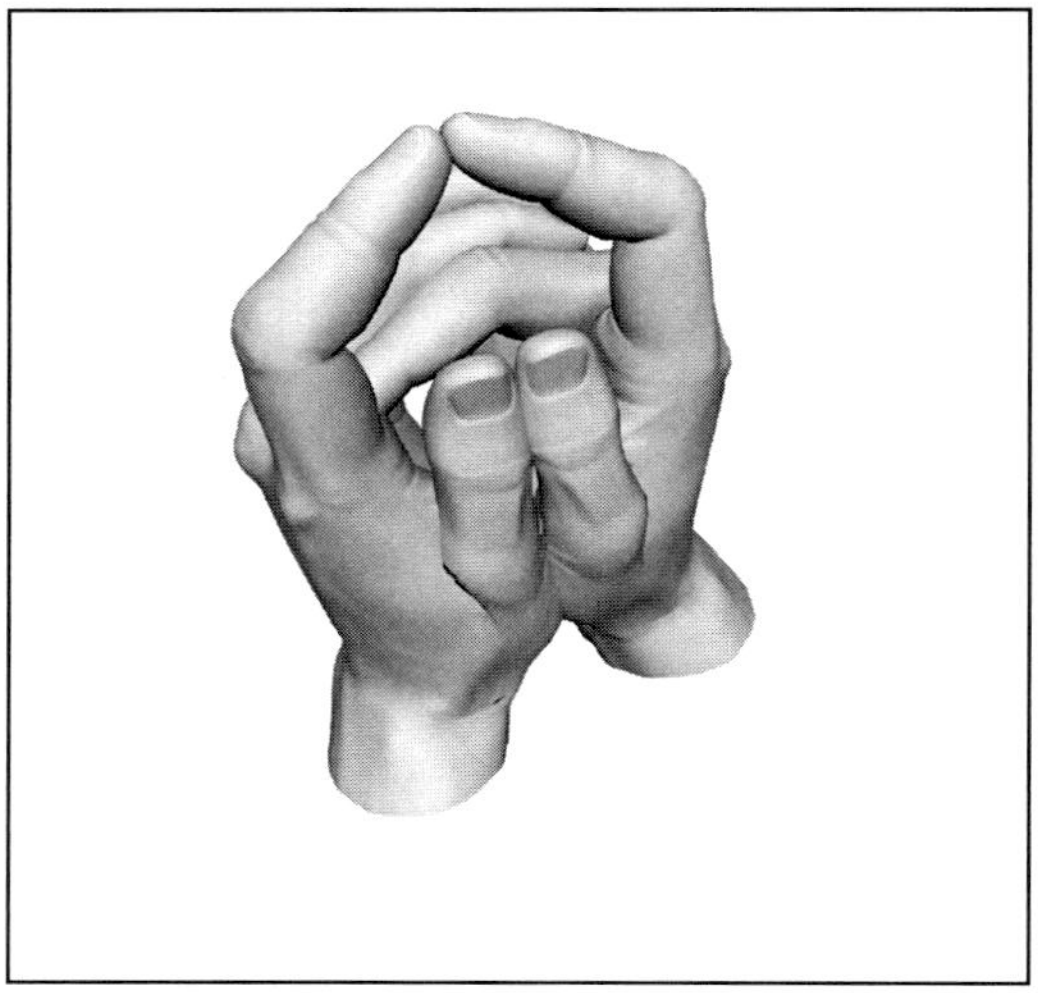

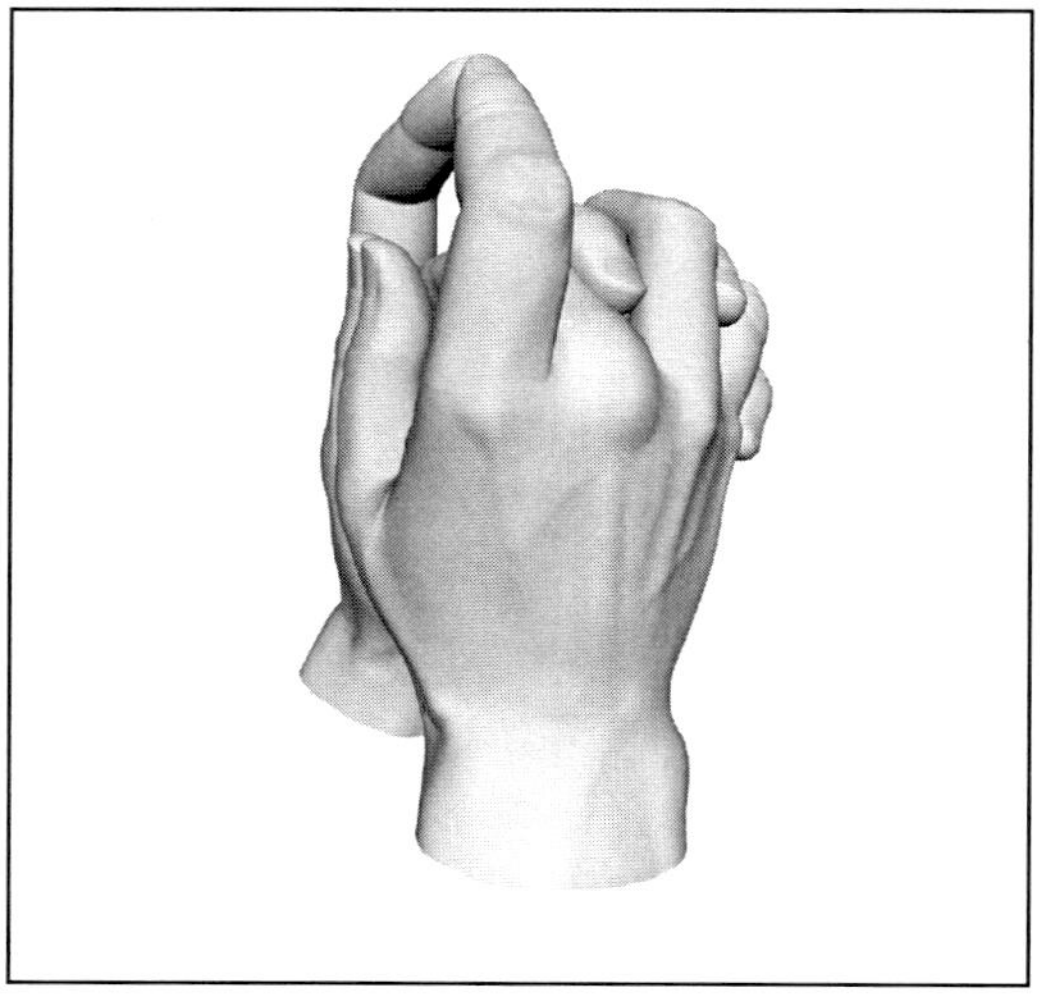

聖観音《しょうかんのん》二

①両手、外縛する。
②両人差指を立て合わせ、屈して蓮葉のようにする
③両親指を並び立てる。
※前出（八四頁）。

大日《だいにち》剣印《けんいん》

①両手、虚心合掌をする。

②両人差指を屈して、親指の先と付け合わせる。

※卒都婆印だが、開塔印（親指の間を開く）である。

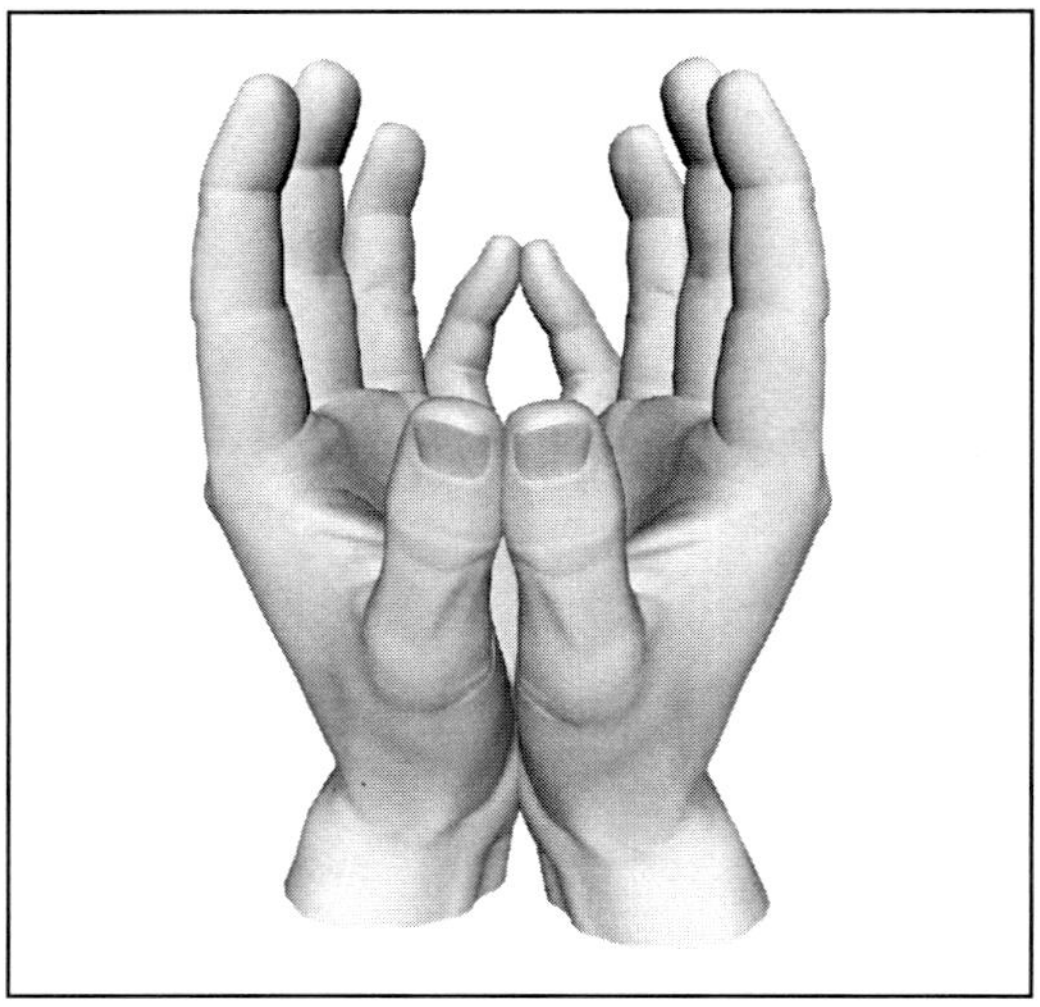

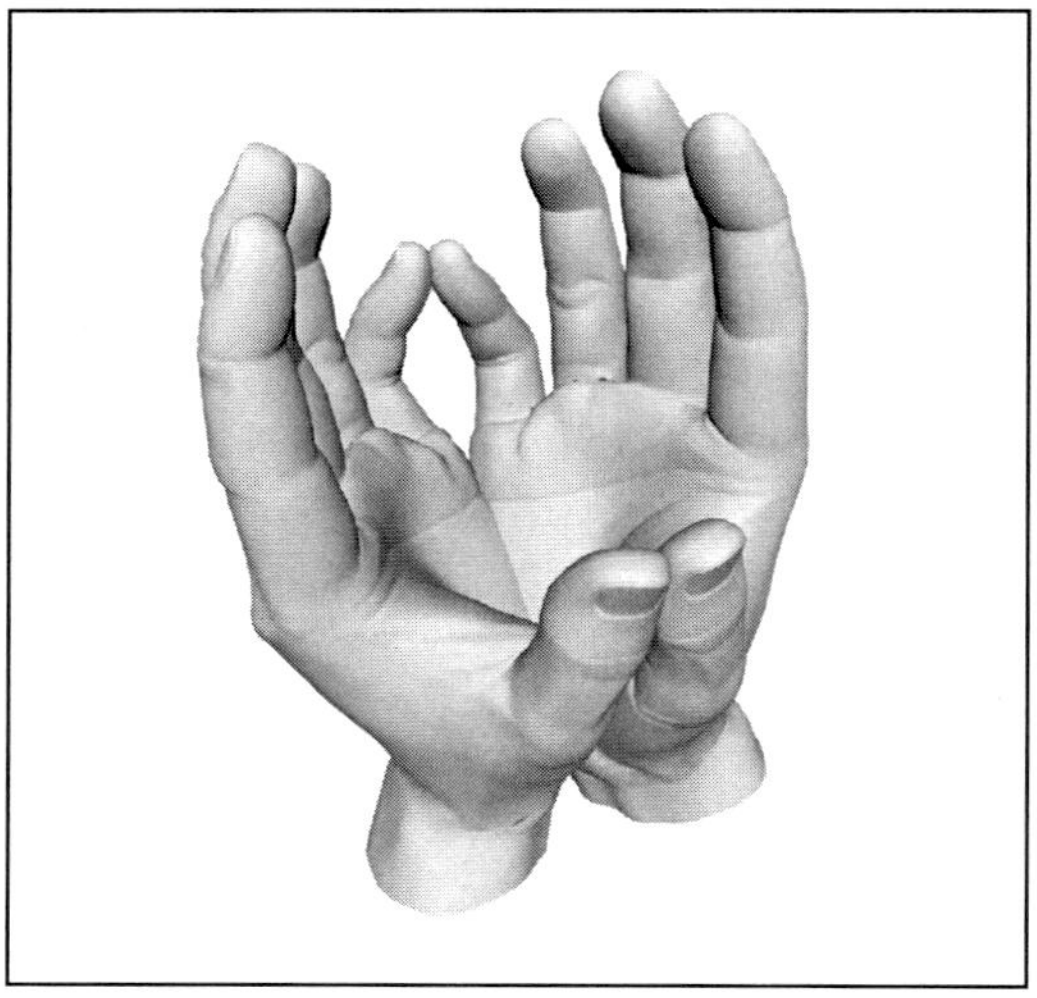

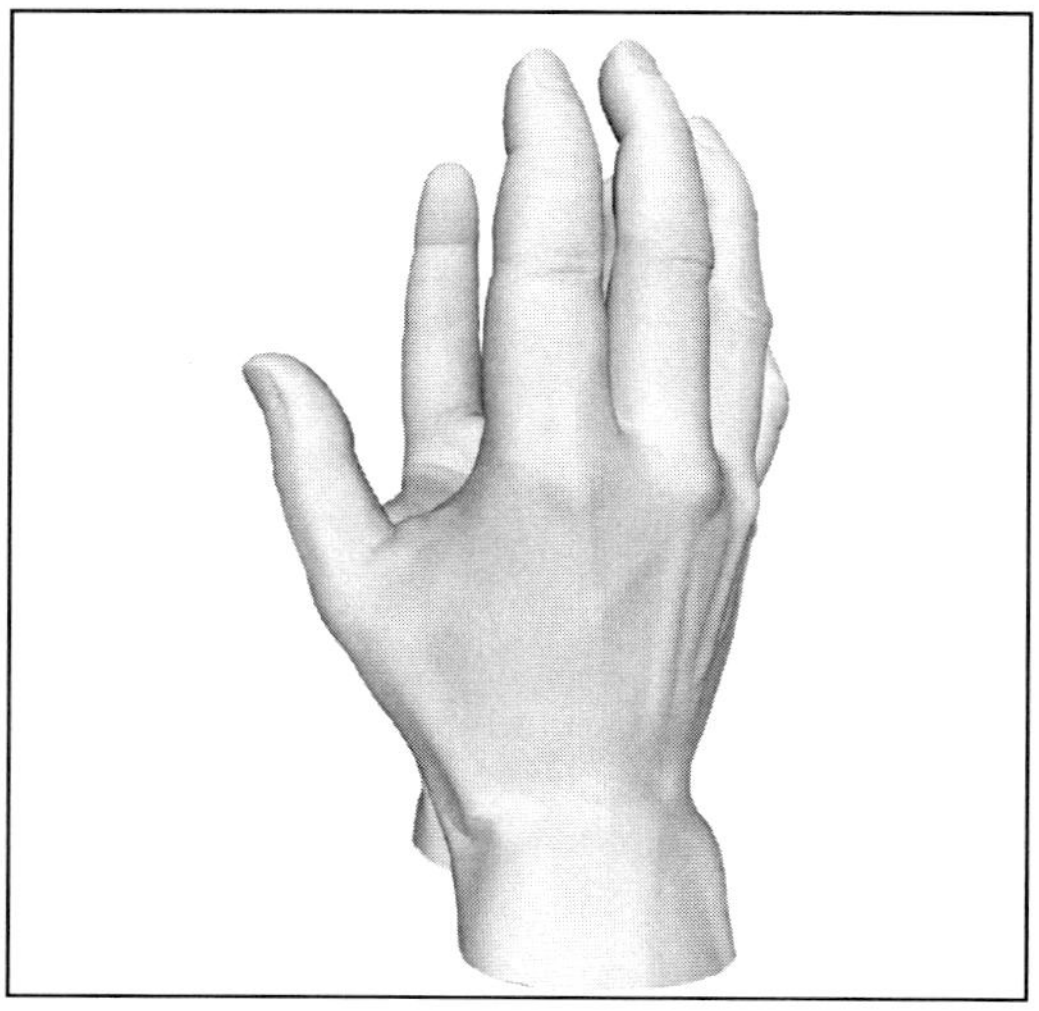

千手八葉印《せんじゅはちよういん》

①両手、虚心合掌する。

②両薬指、中指、人差指を開きたて、指の間を空ける。

※これは開いた蓮華を表す。

※八葉印（二四頁）に同じ。

千手根本印《せんじゅこんぽんいん》

①両手、金剛合掌する。
②そのまま両手をやや屈し、両掌を離す。
③両中指は、指先を付け合わせる。
④両小指と親指は直ぐ立てる。
※この印は九山八海印、補陀落九峰印、蓮華五股印ともいい、この形は千手観音の浄土・補陀落山を表している。

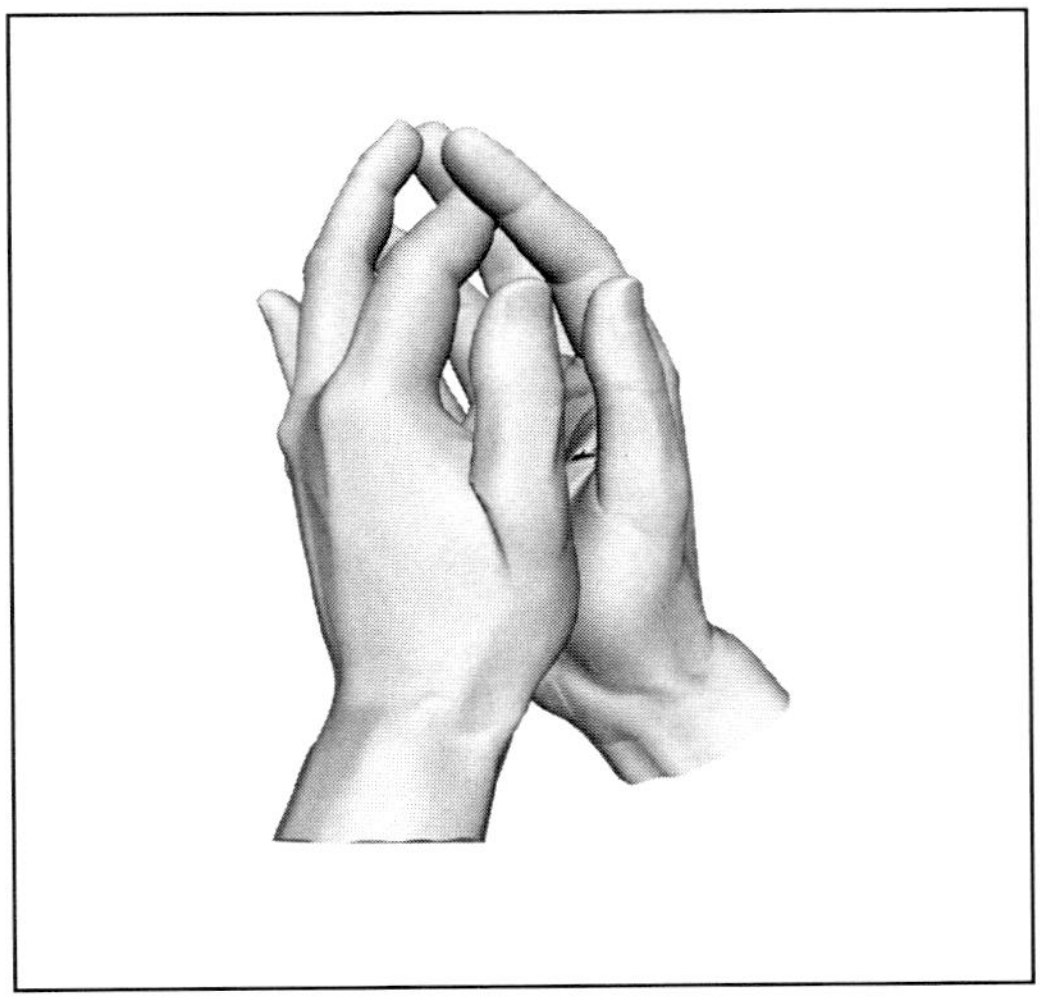

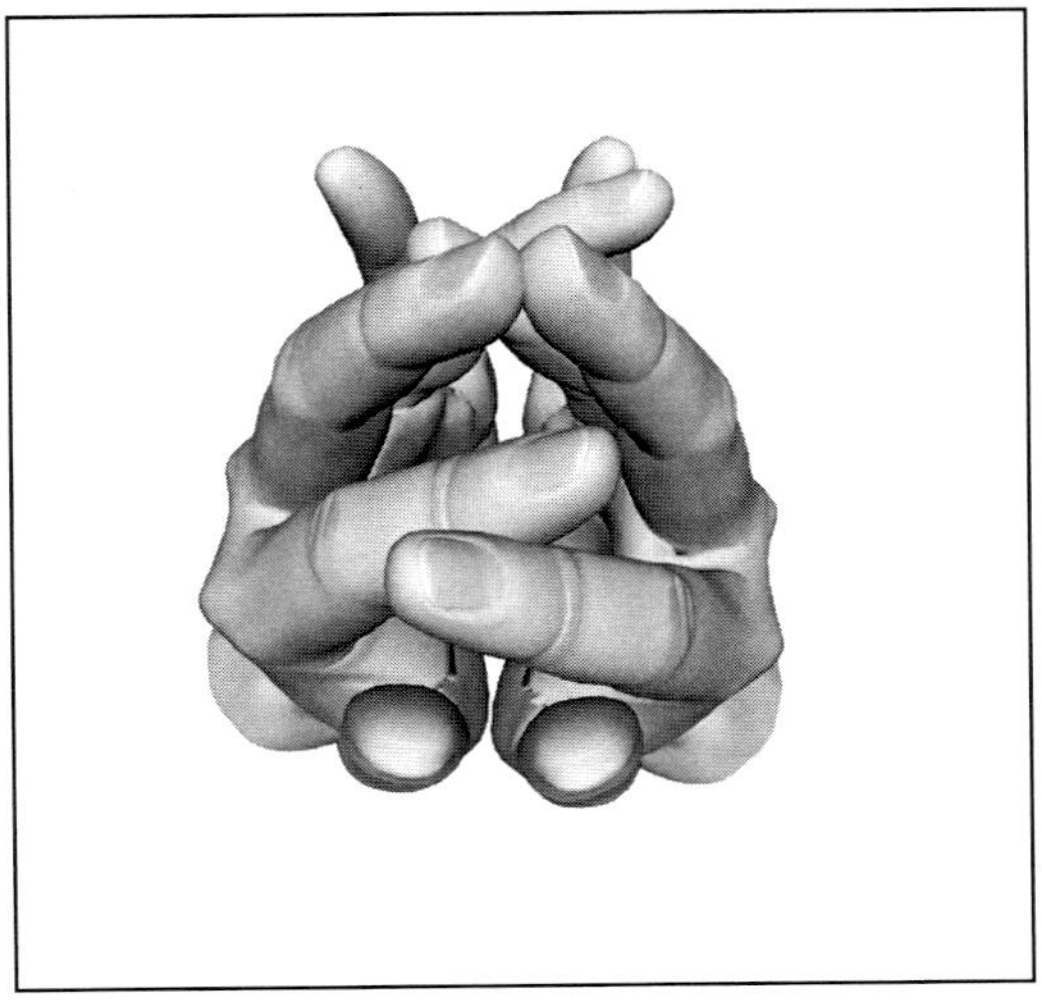

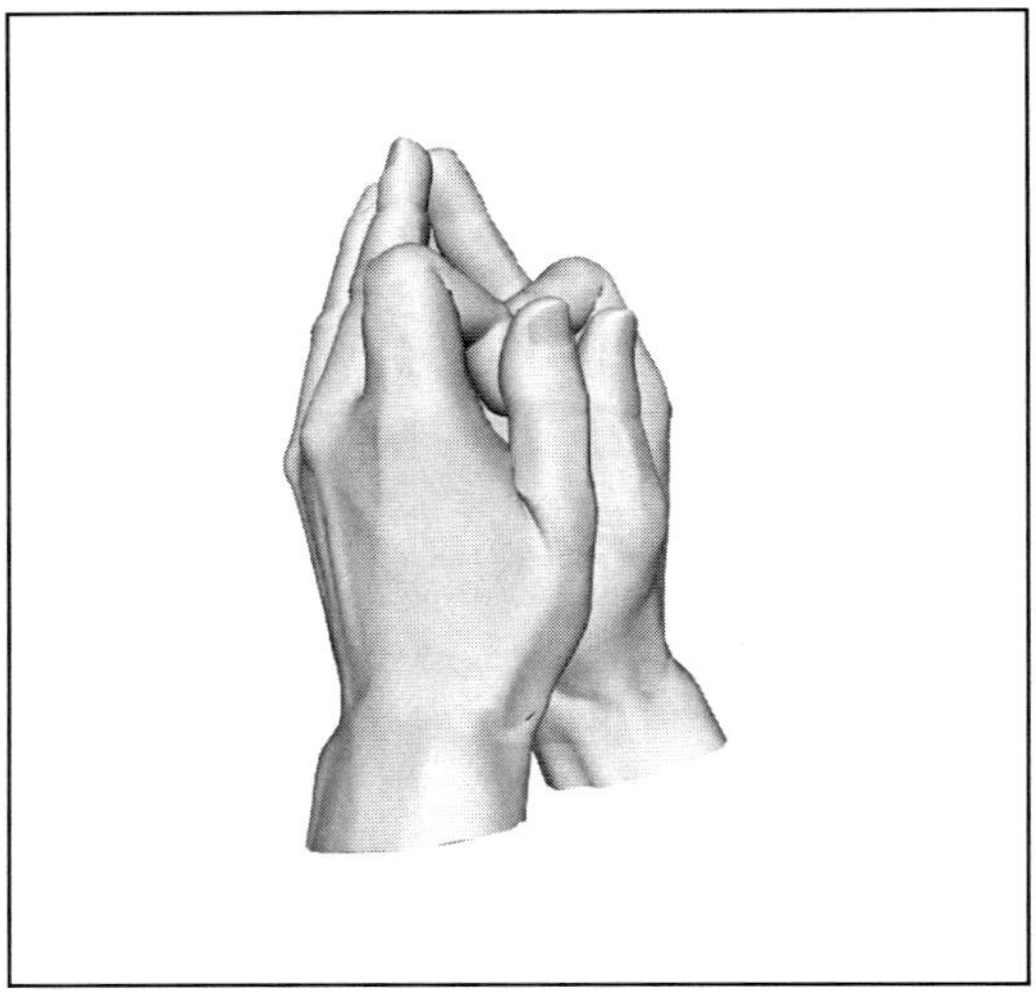

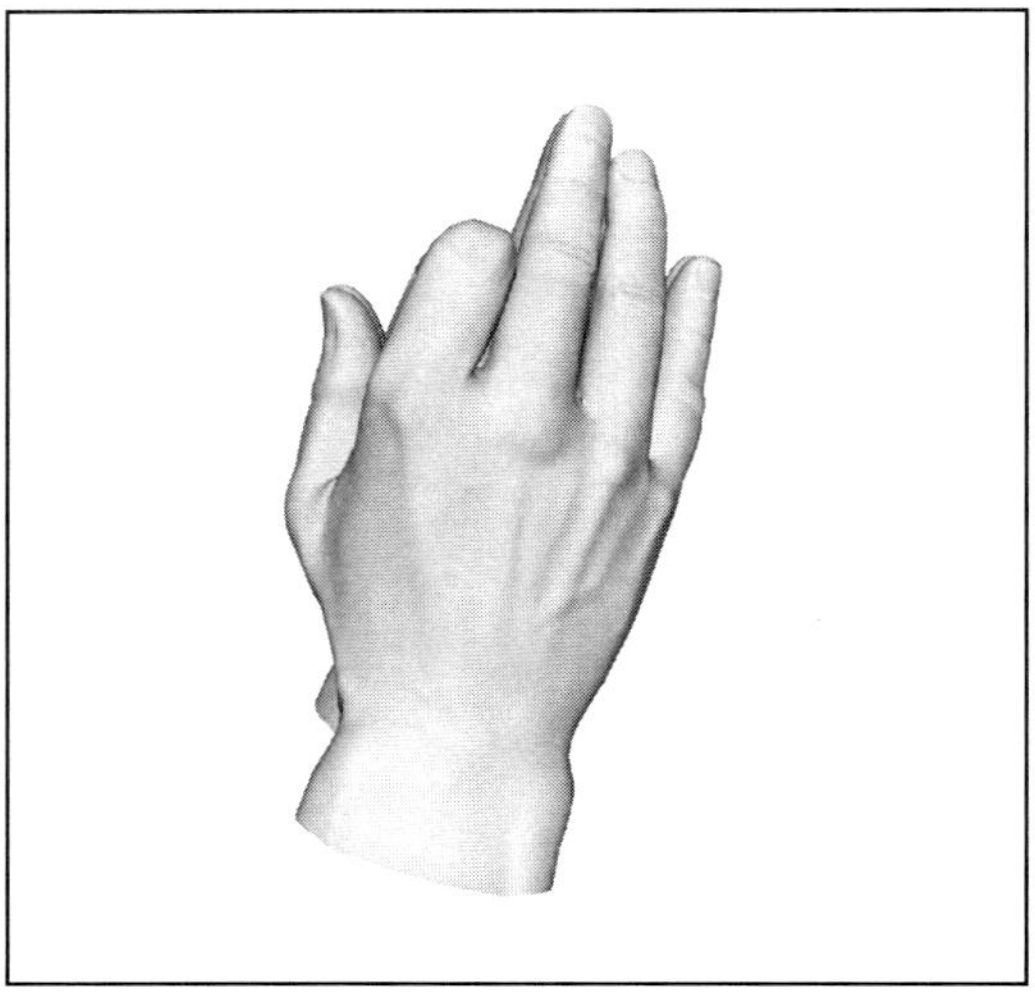

馬《ば》頭《とう》

①両手、虚心合掌（または蓮華合掌）する。

②両人差指を屈して、甲を付け合わせる。

③両親指は並び立てて、人差指から極わずか離し（麦粒程度）、指の甲をやや仰げる。

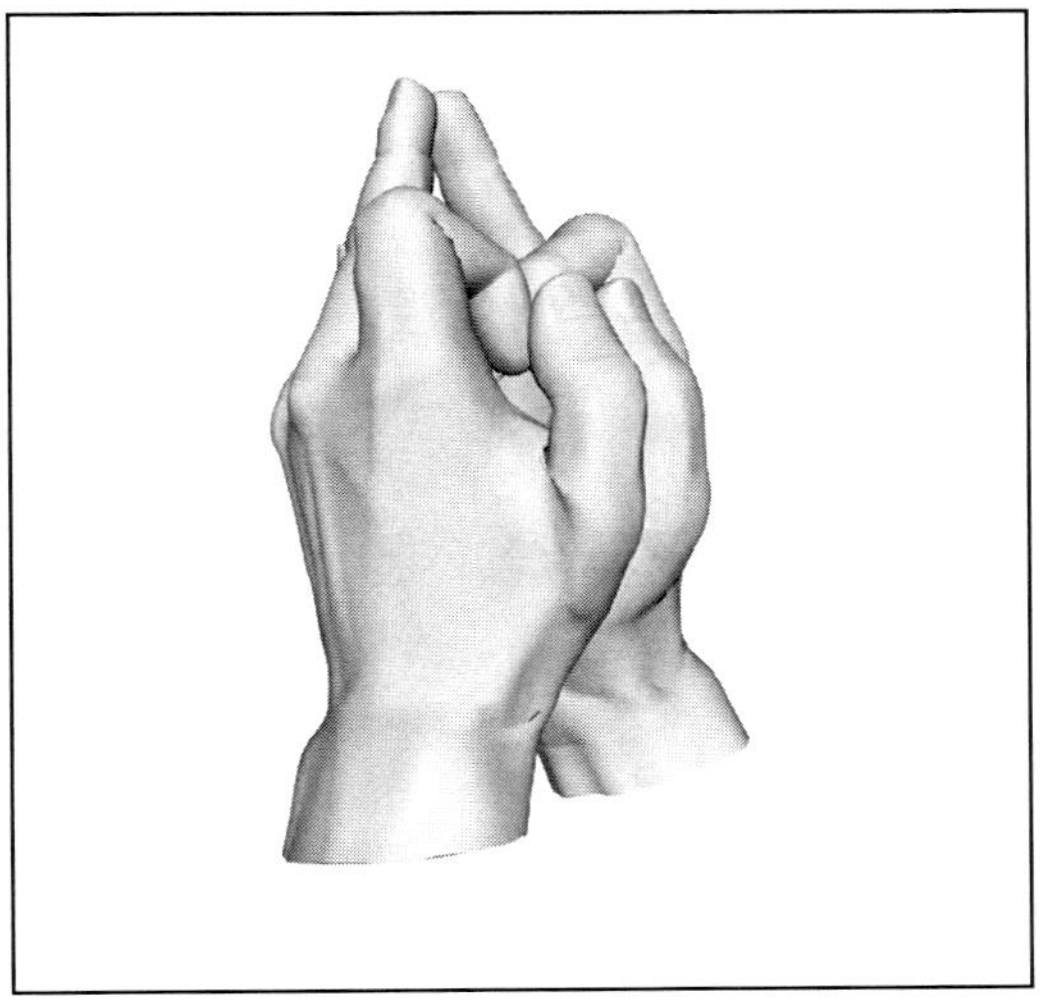

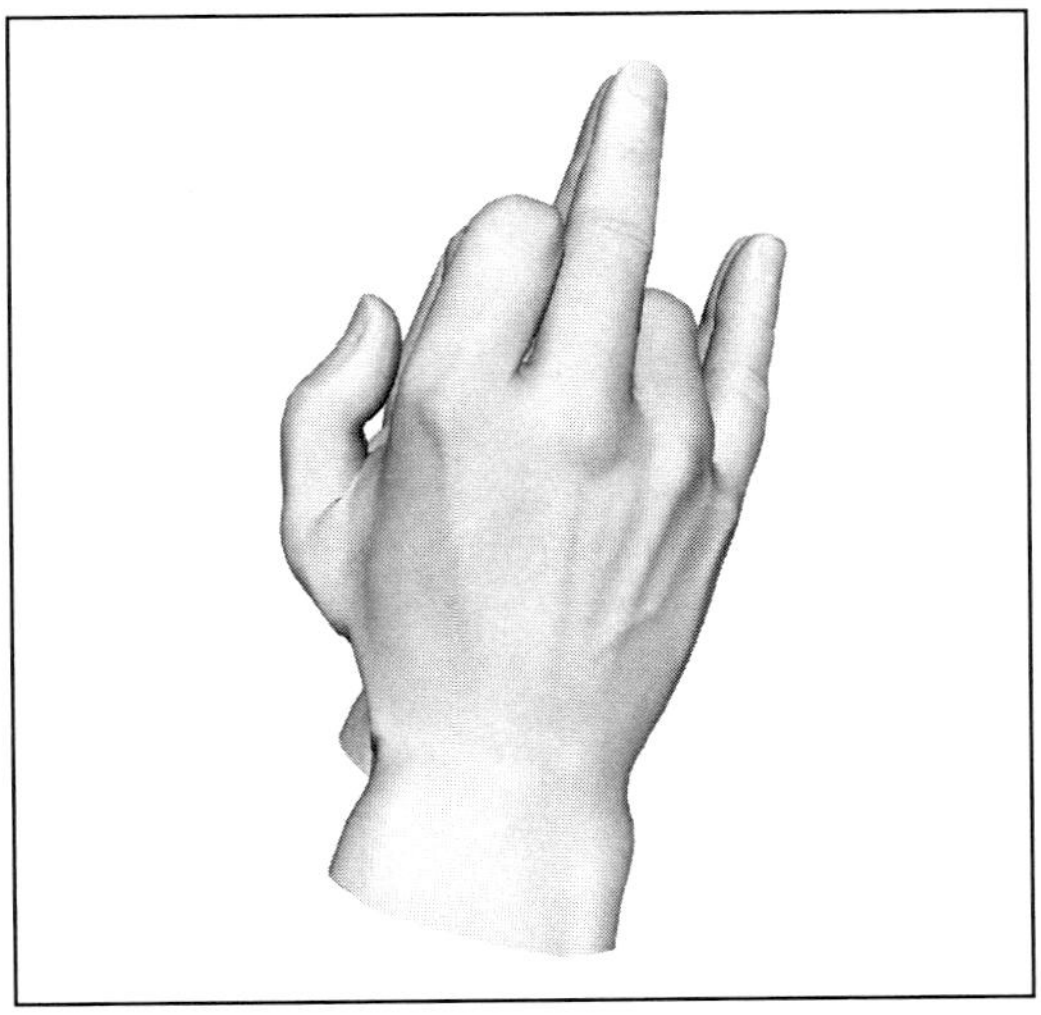

馬《ば》頭《とう》二

①両手、虚心合掌する。
②両薬指、人差指を屈して甲を合わせる。
③両親指は並び立てて、人差指から極わずか離し、指先をやや屈する。
※これは三昧耶形の白馬頭を表すといい、両小指は耳、両薬指は目、両中指は鼻、両人差指と親指の間は口を表している。

※真言は前頁に同じ。

馬頭《ばとう》三

摂毒印《しょうどくいん》一

①両手、内縛する。

②両親指を並び立て、第一節をやや屈する。

※摂一切諸毒印ともいう。

※真言は一二二頁に同じ。

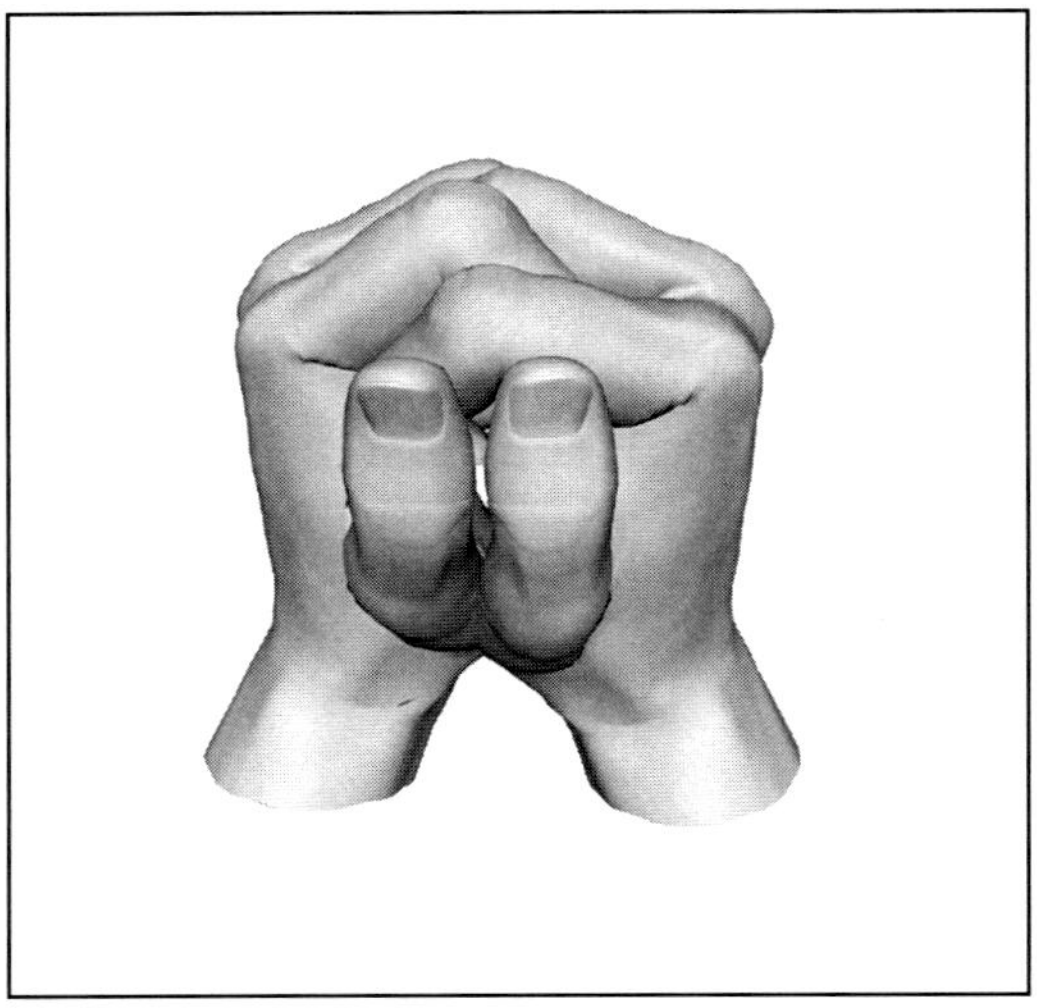

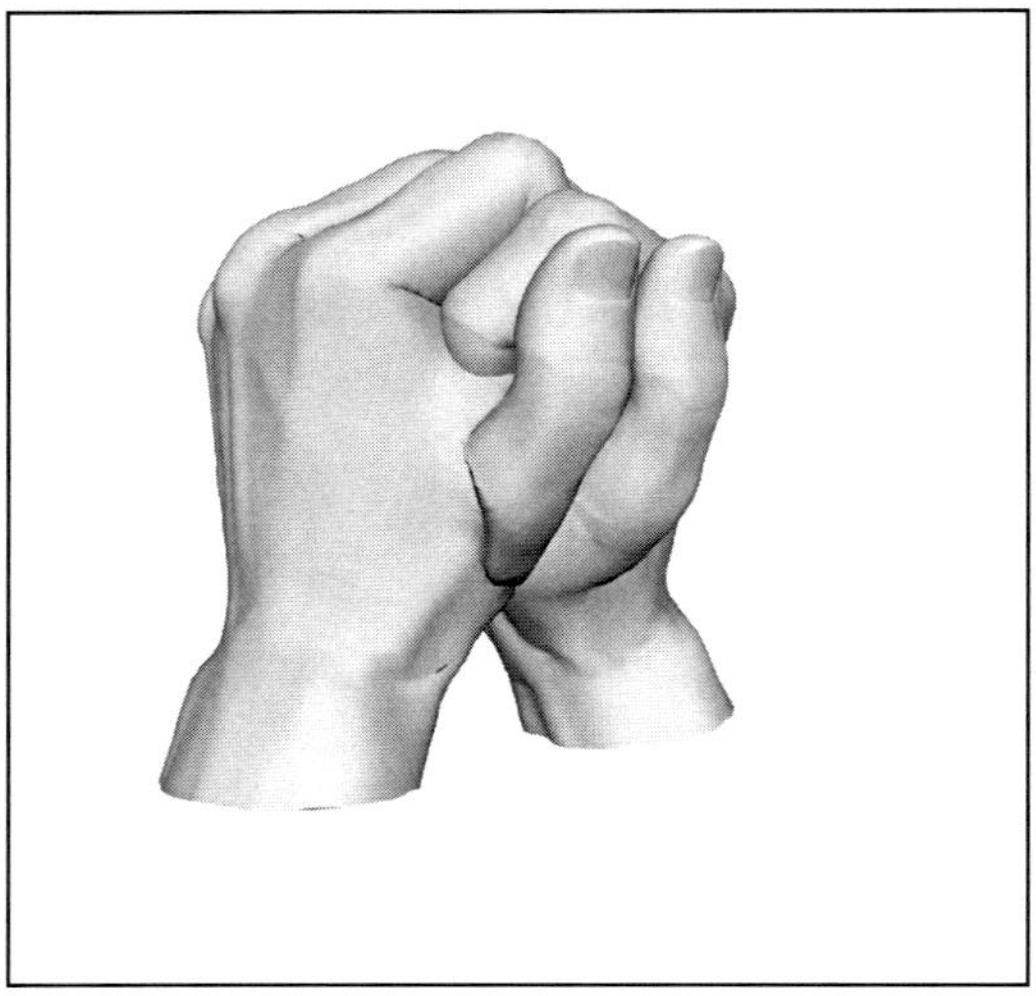

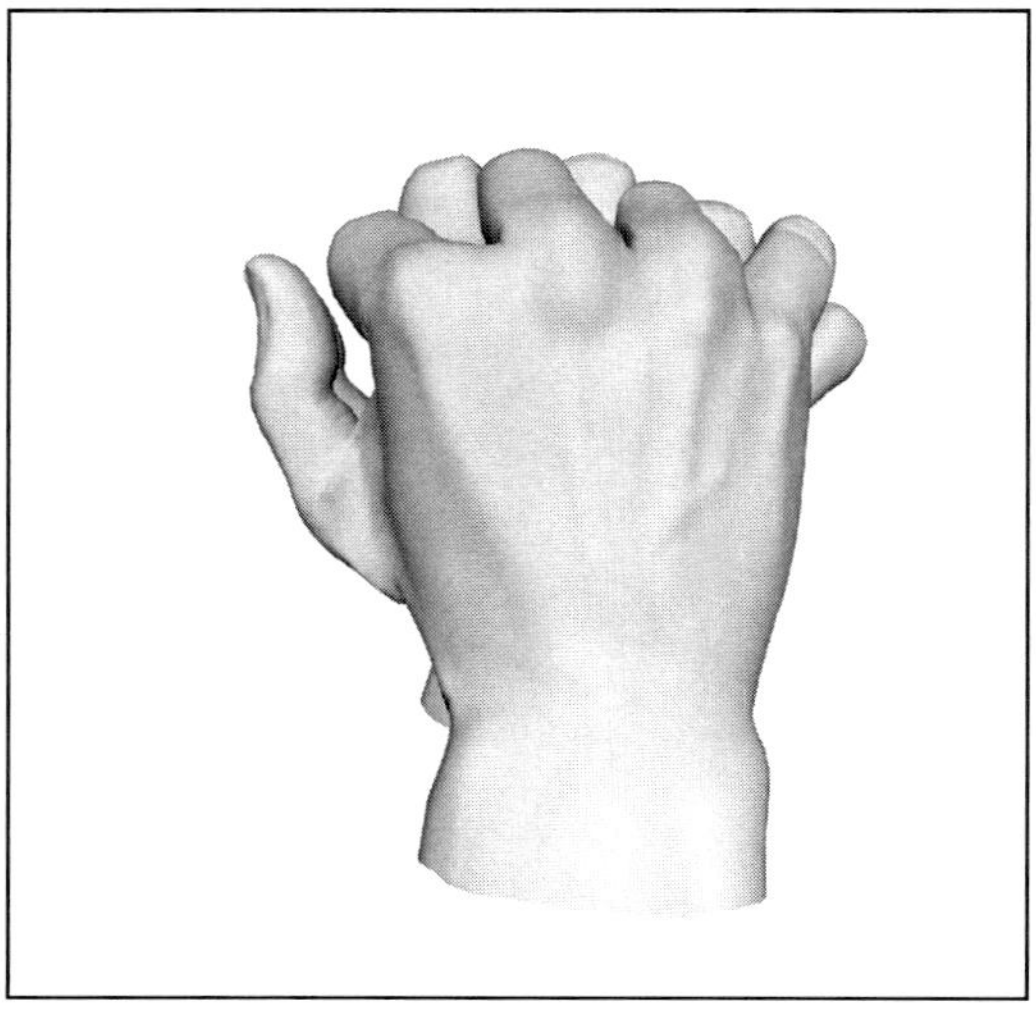

馬頭《ばとう》四 摂毒印《しょうどくいん》二

①両手、金剛合掌する。

②両薬指を中指の背に回しつける。

③両人差指を中指の背に回し、第一節に付ける。

④両小指は屈して甲を合わせる。

⑤親指は屈して掌中に入れ、小指を押す。

※悪難噉食印という。

※真言は一二三頁に同じ。

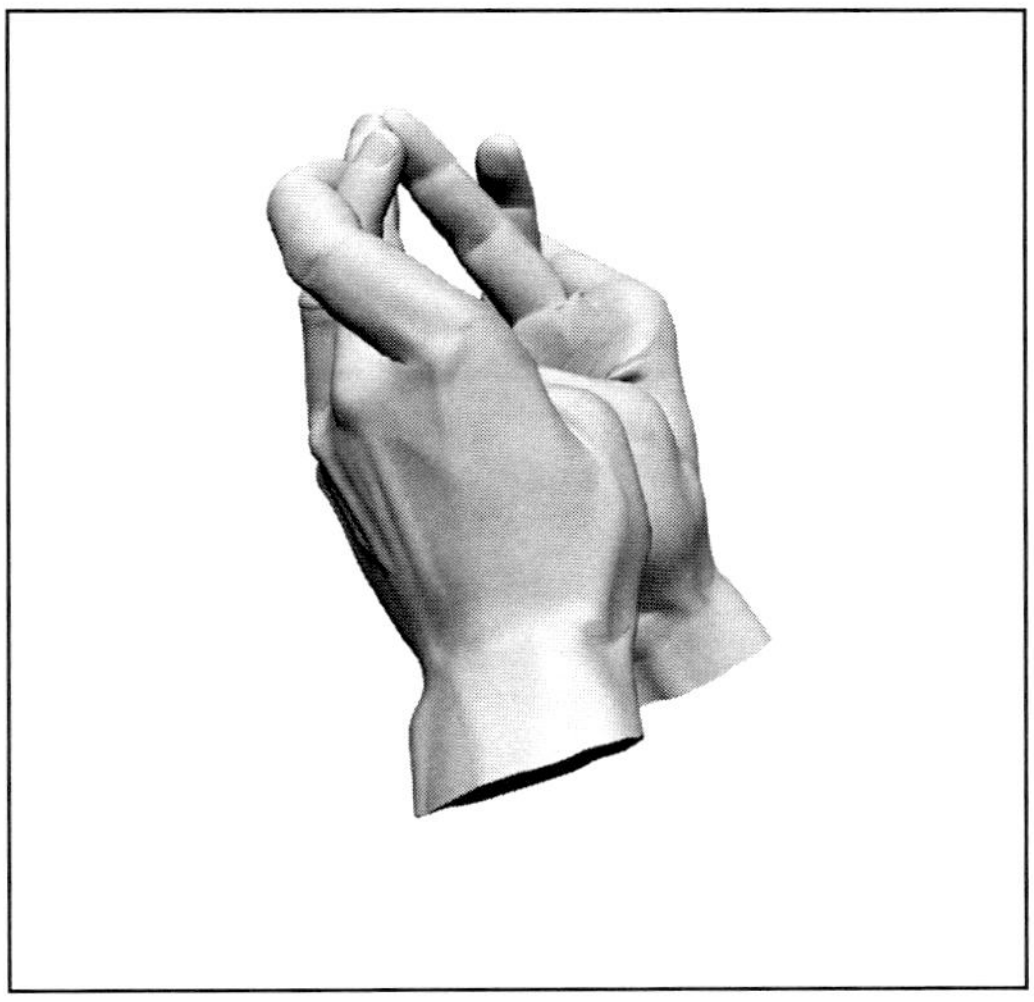

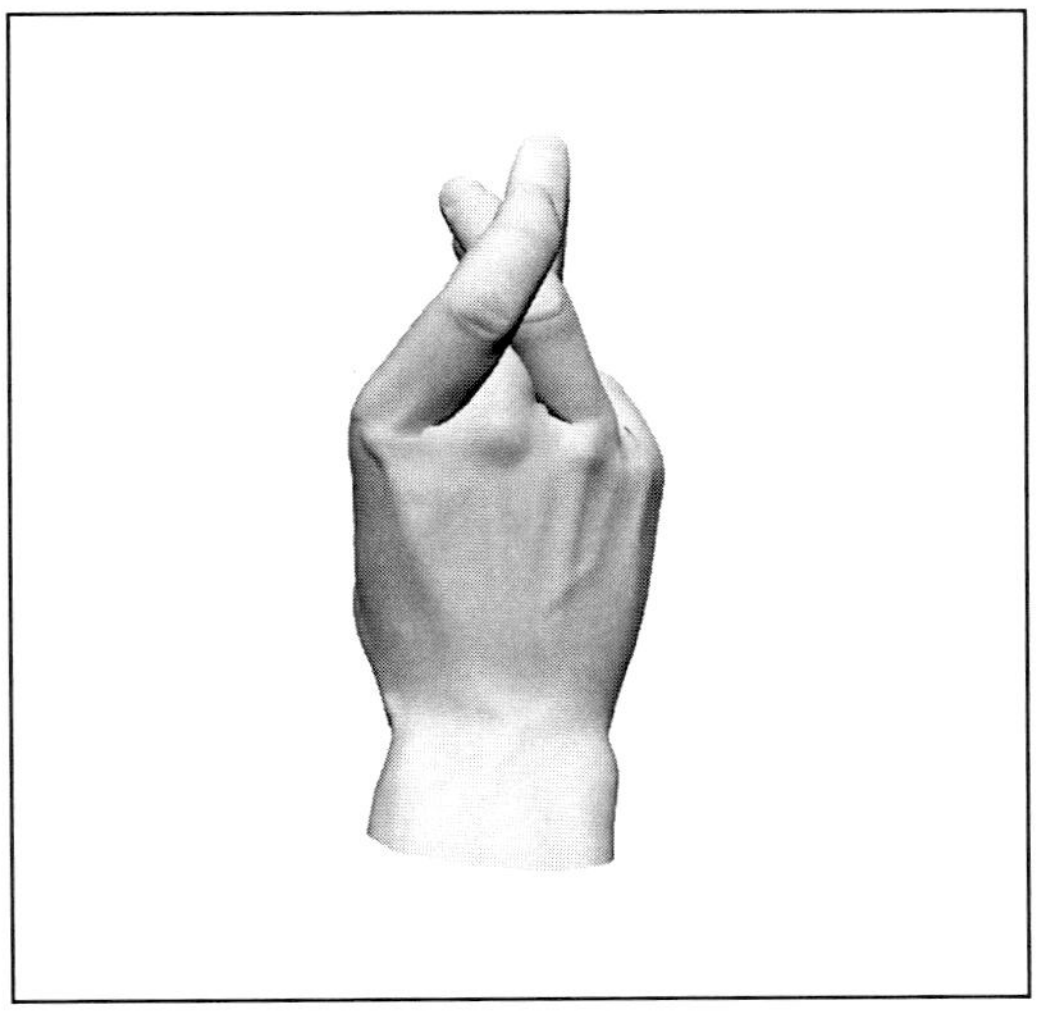

十《じゅう》一《いち》面《めん》根《こん》本《ぽん》印《いん》

①両手、金剛合掌して、十指を深く交える。
※印を頭頂に挙げる。
※十指で十面を表し、自己の面とを合わせて十一面と観じる。行者が十一面観音の身となる義である。

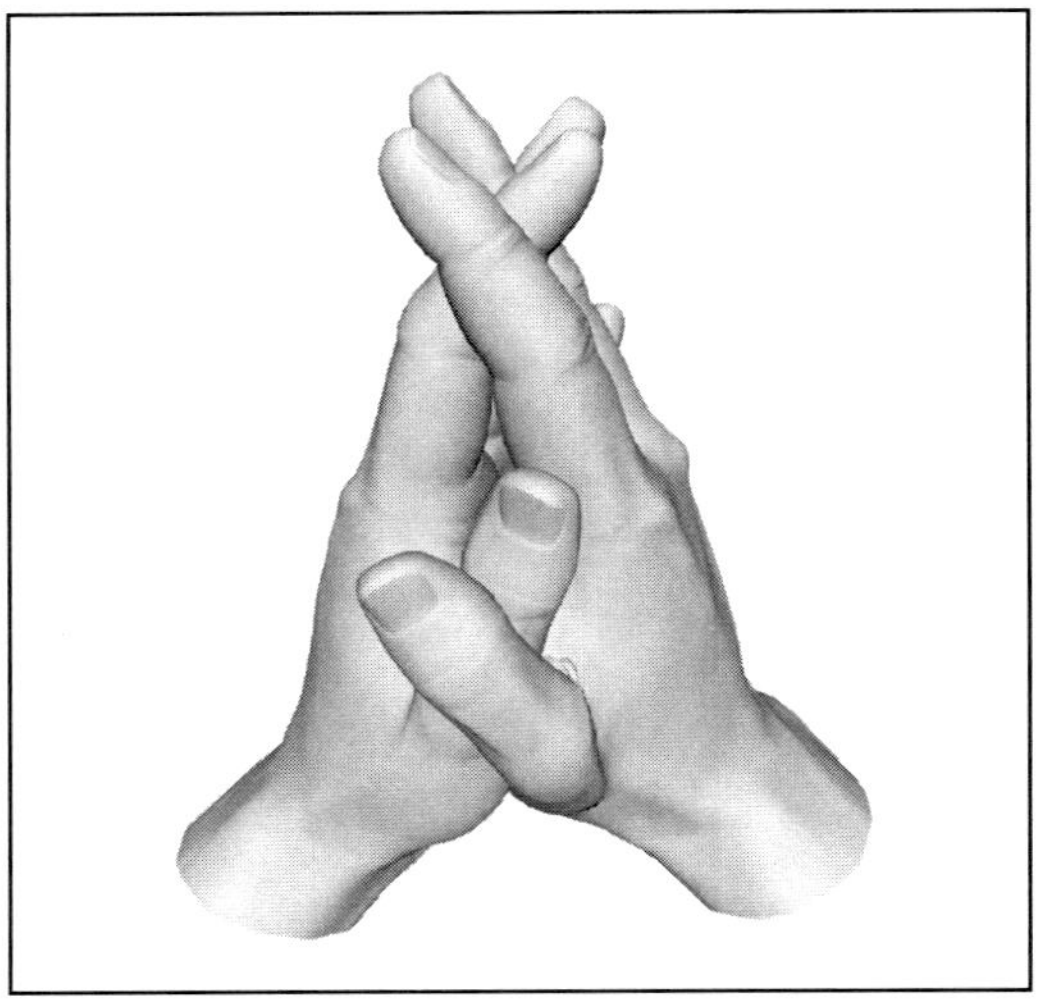

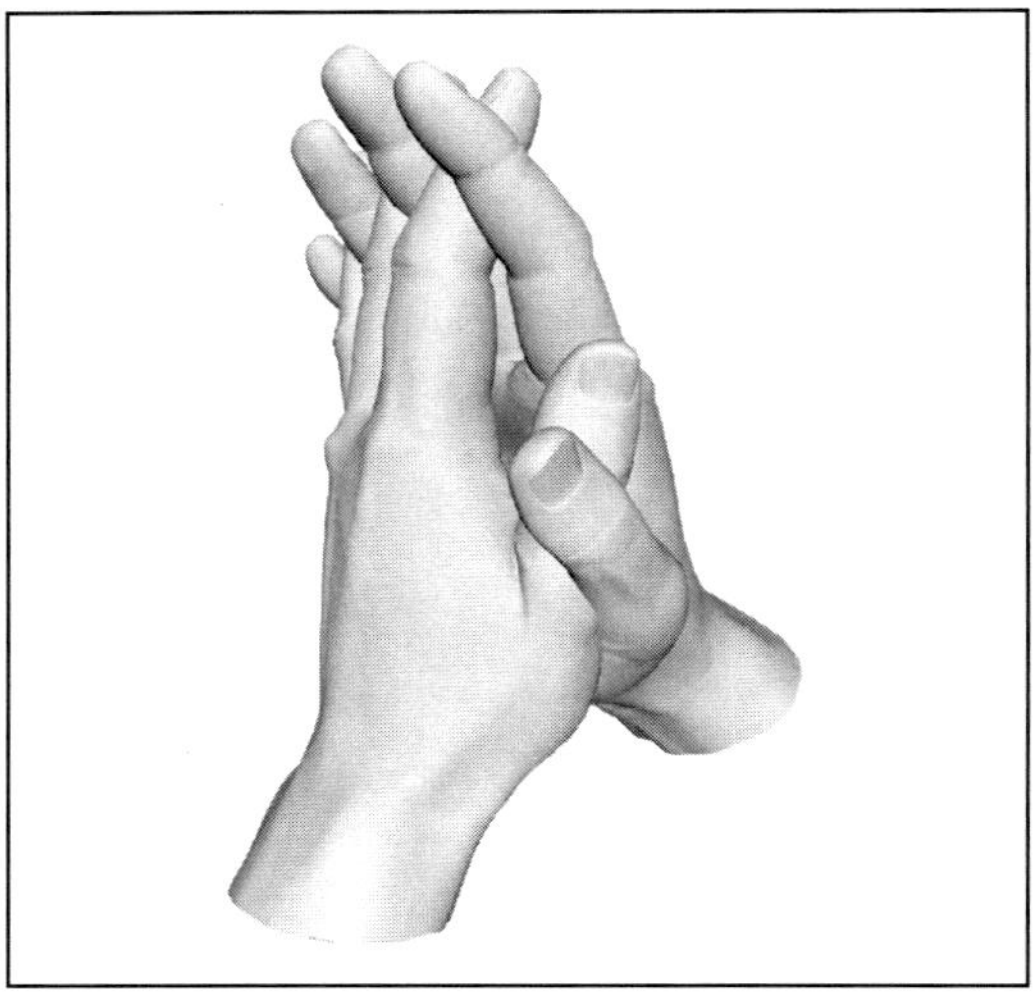

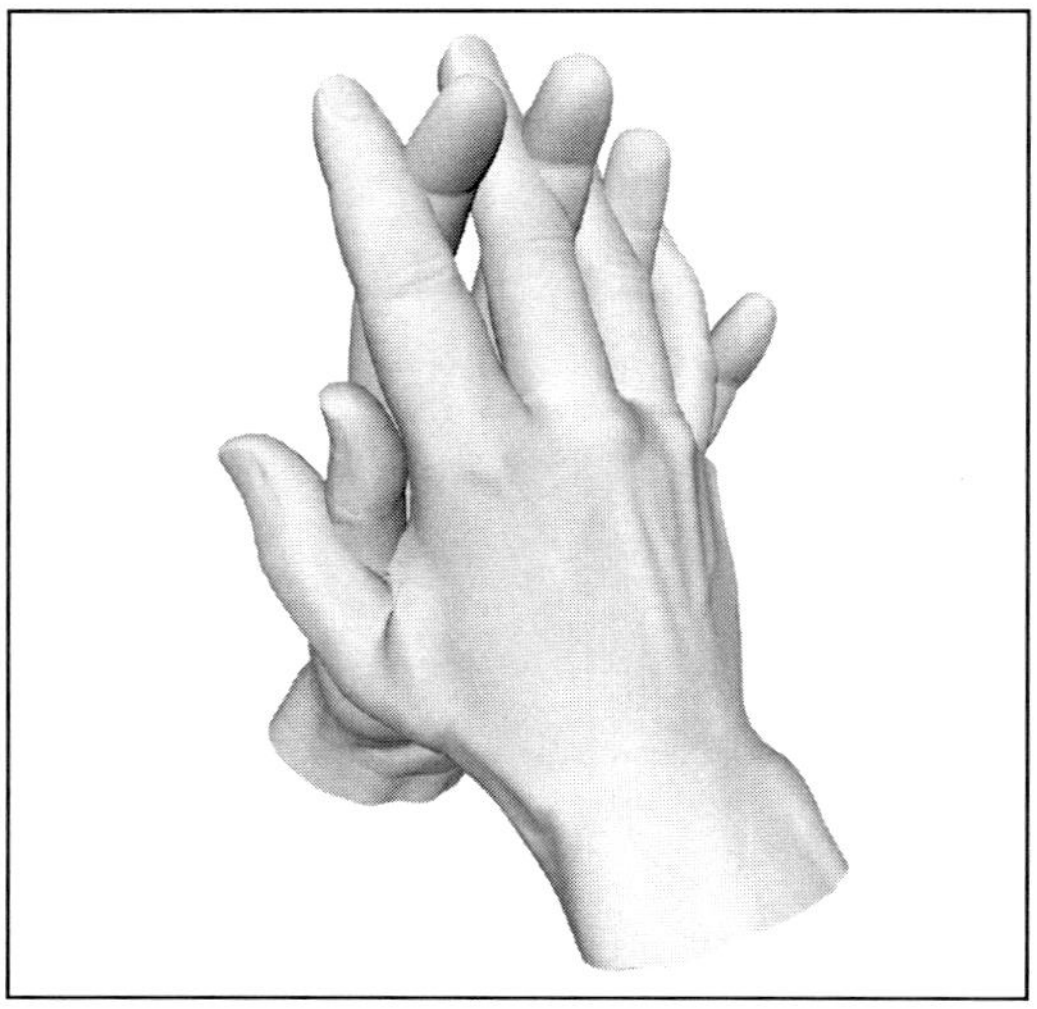

准胝《じゅんでい》第一根本契《こんぽんげい》

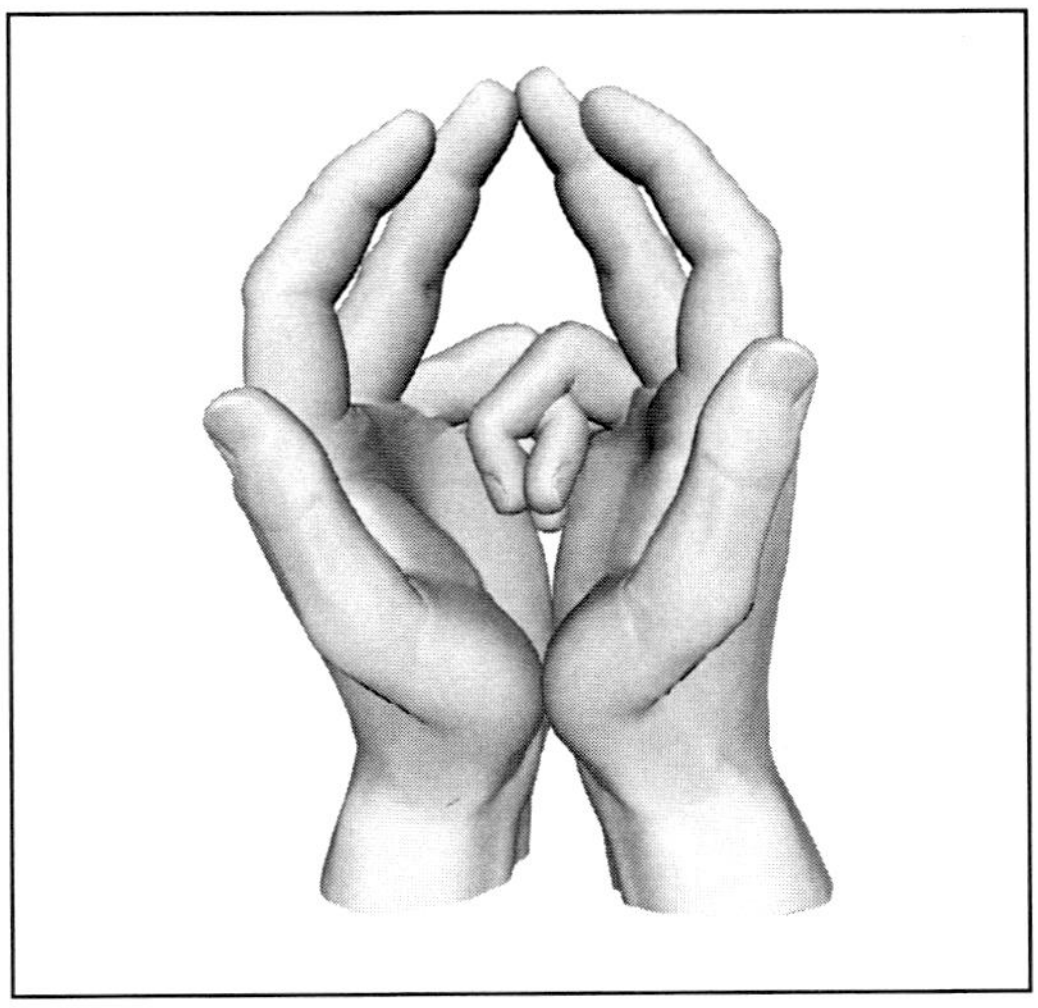

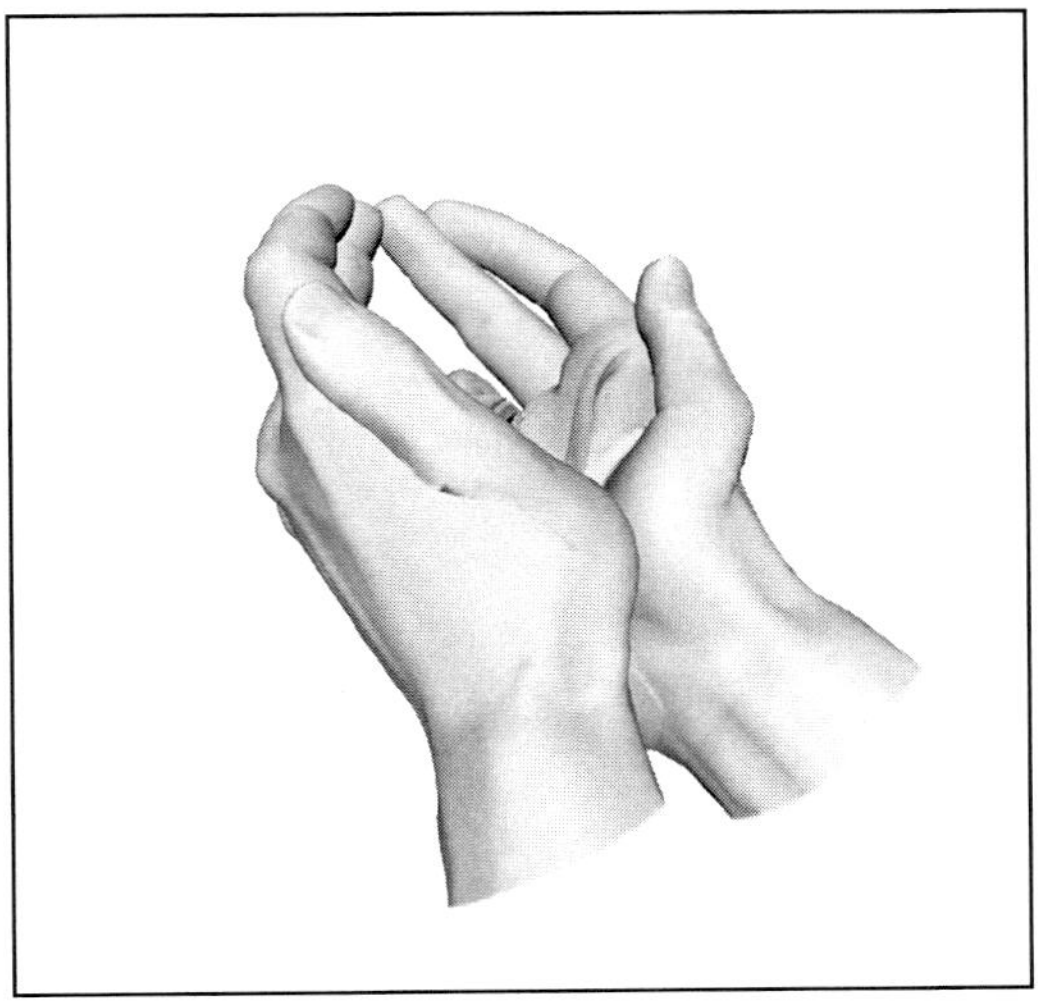

①両小指、薬指を屈して掌中に入れ、相交える。
②両中指を当て合わせる。
③両人差指は立てて屈し、中指の上節の側につける。
④両親指は人差指の側に付ける。
※また、人差指は屈して開くとする説もある（下図）。
※三股印ともいう。

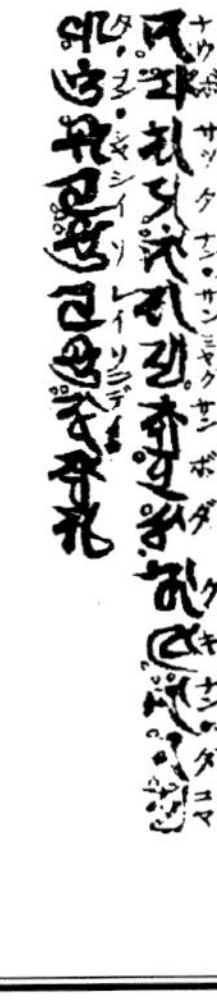

第二　准胝《じゅんでい》根本契《こんぽんげい》

①両手、内縛する。
②両人差指を立て合わせる。
③両親指は並び立てる。
※甲冑印ともいう。

※真言は前頁に同じ。

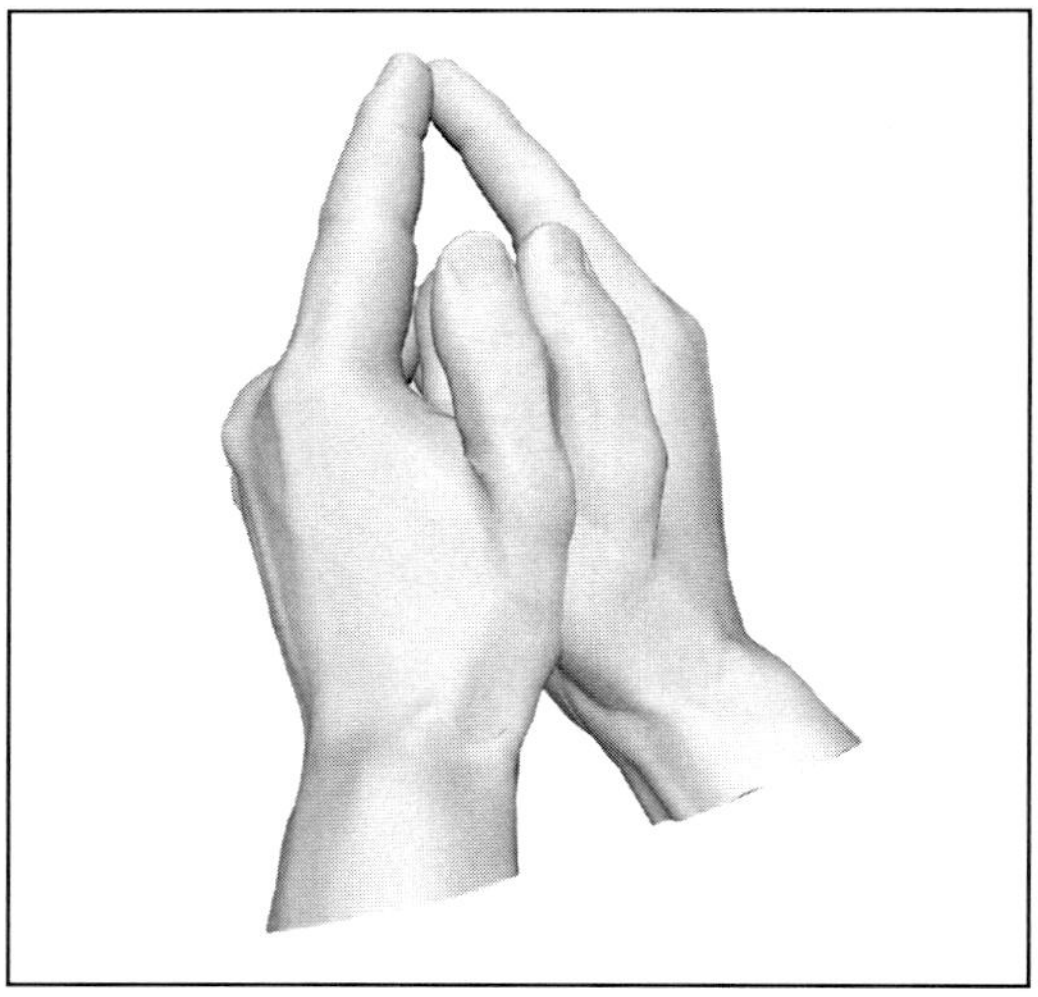

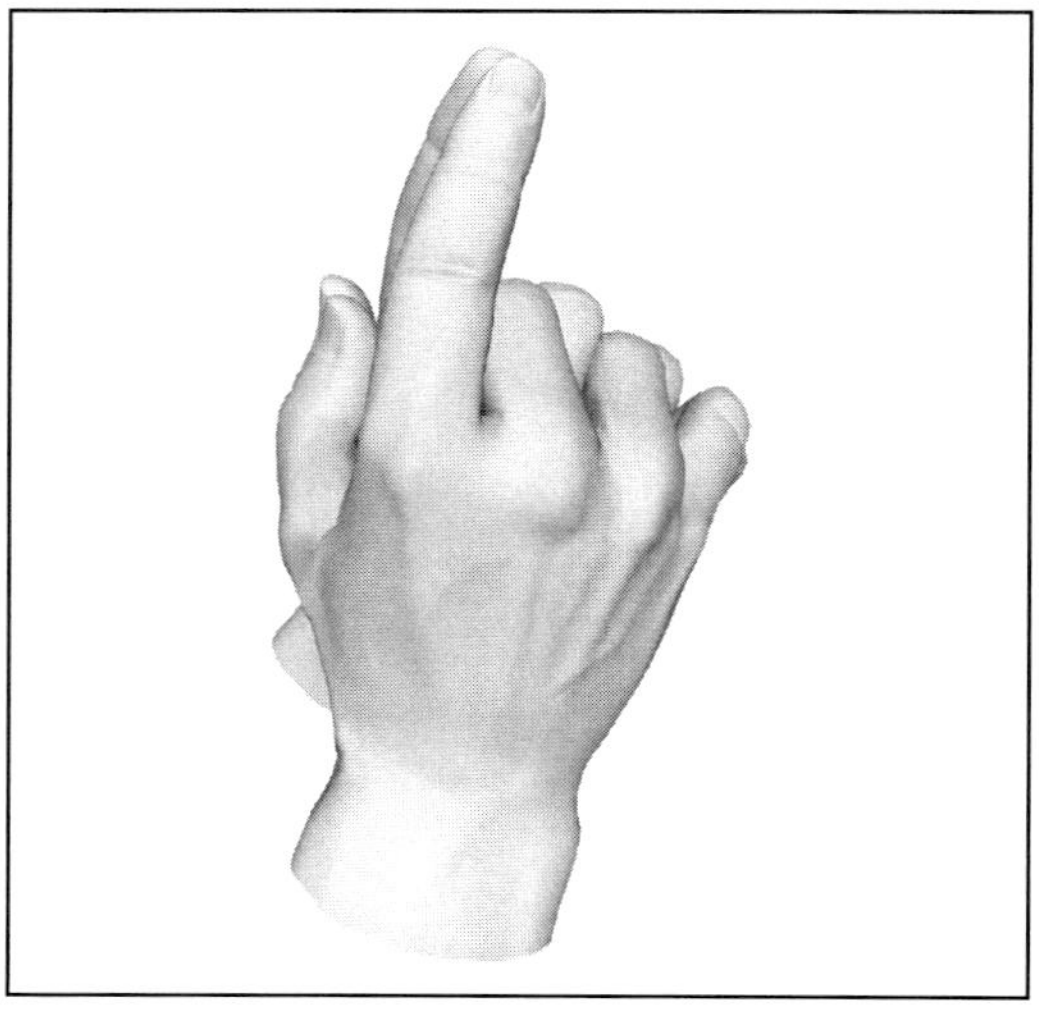

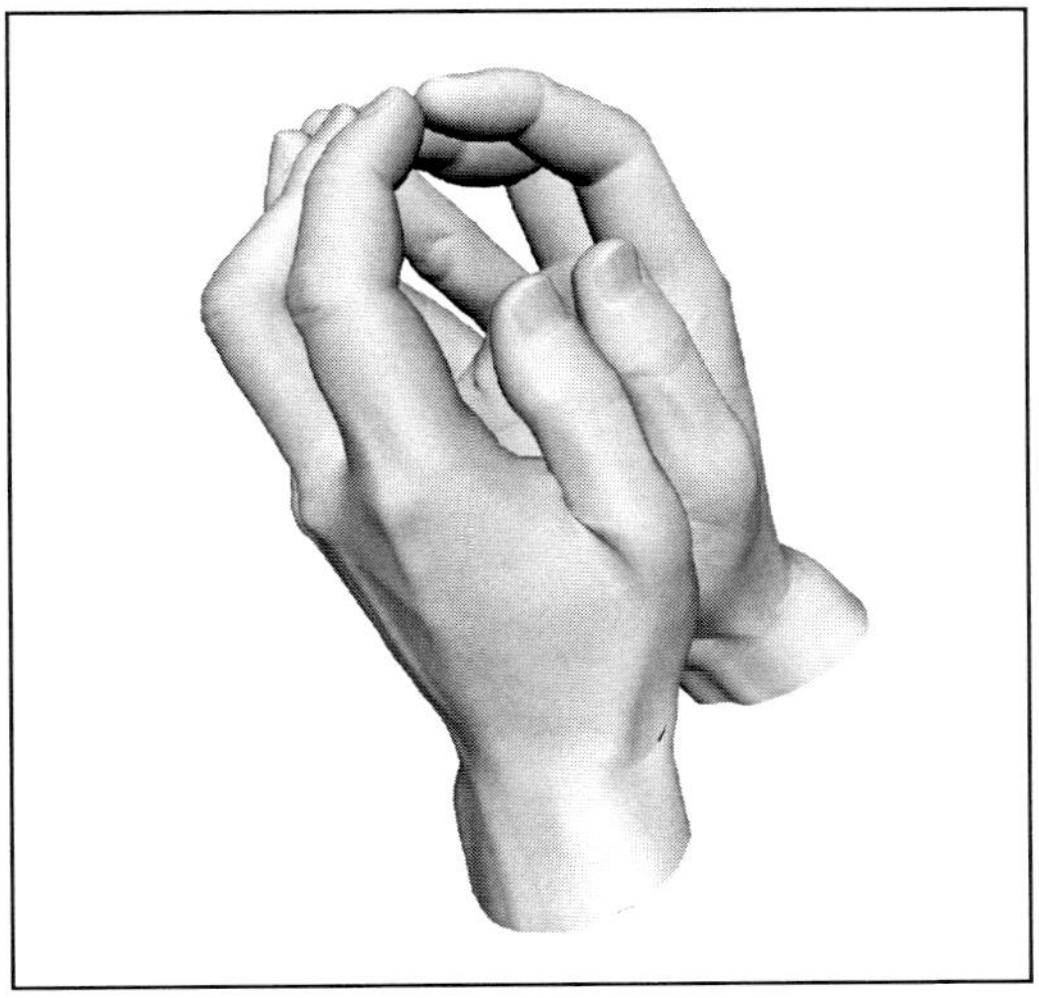

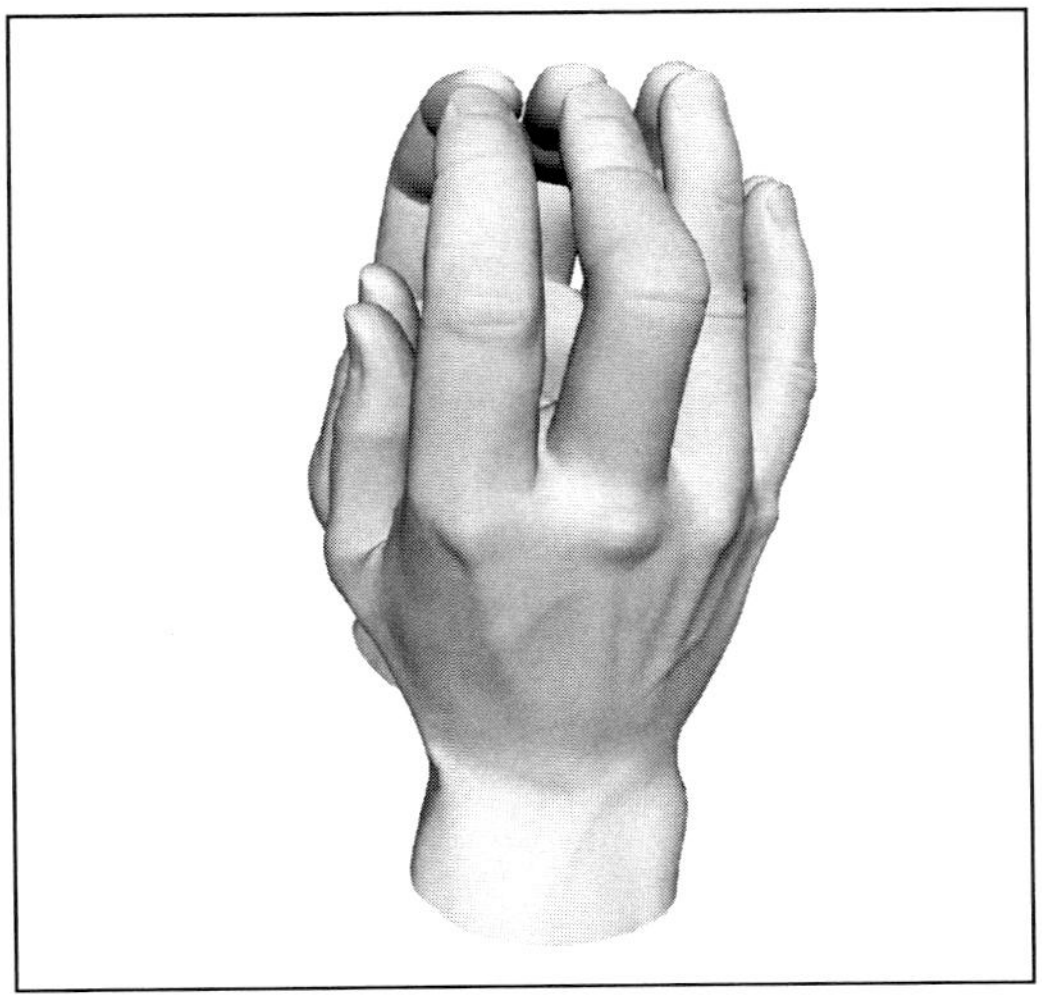

如《にょ》意《い》輪《りん》根《こん》本《ぽん》印《いん》

①両手、虚心合掌する。
②両人差指は屈して宝形にする。
③両中指は蓮葉のようにする。
④他の指は直ぐ立て合わせ、幢《どう》のようにする。
※これは幢上に蓮華があり、蓮華の上に宝珠がある形を現している。

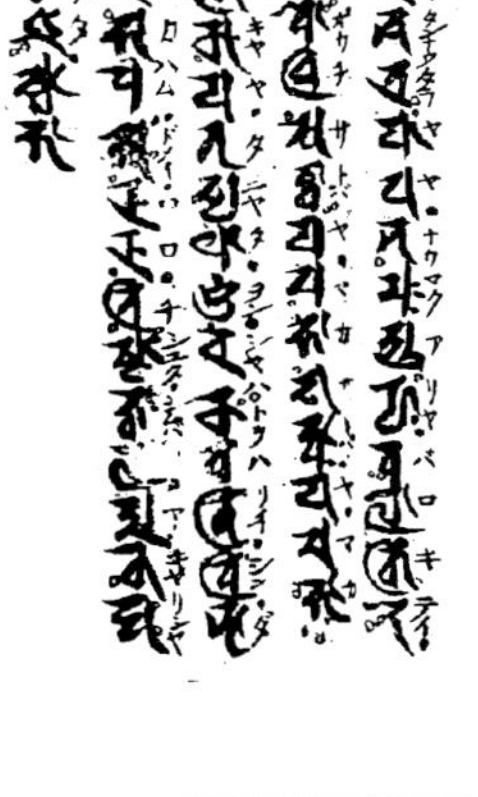

如《によ》意《い》輪《りん》心《しん》印《いん》

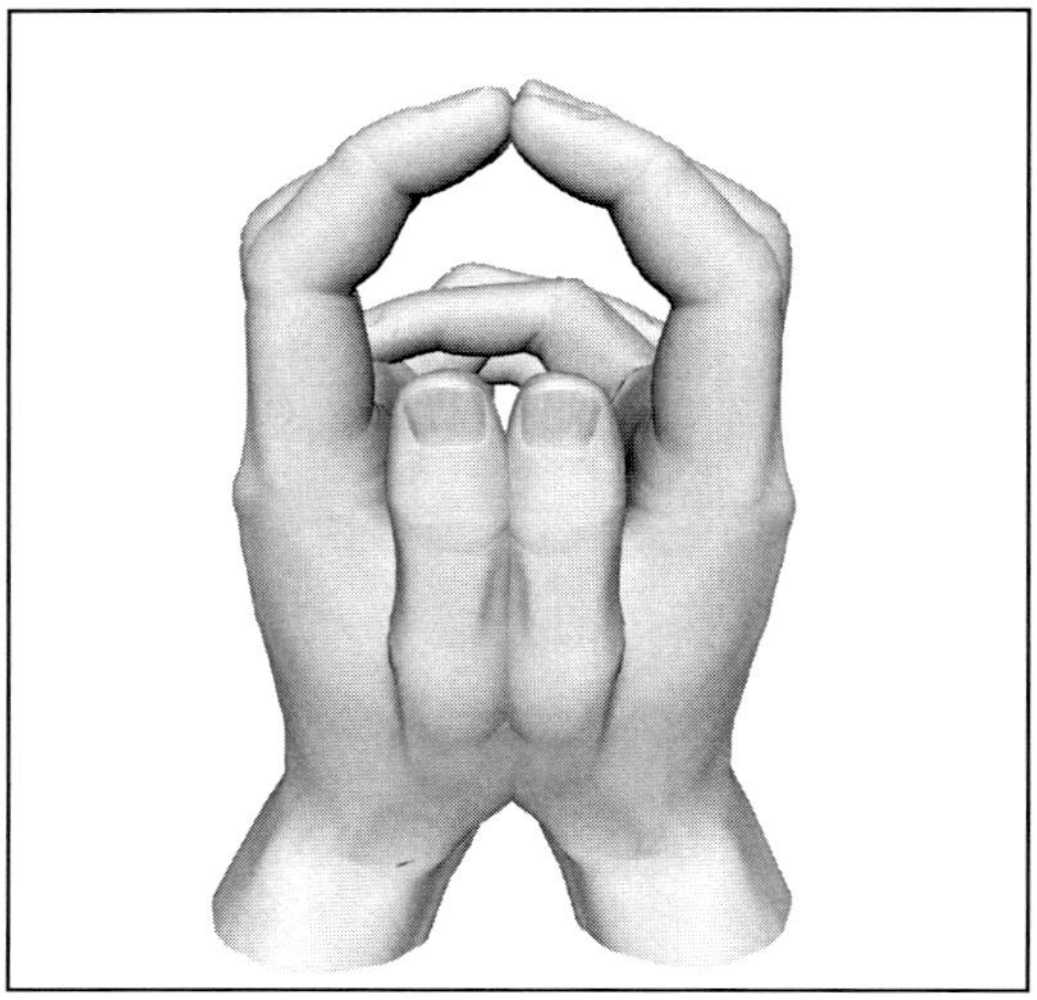

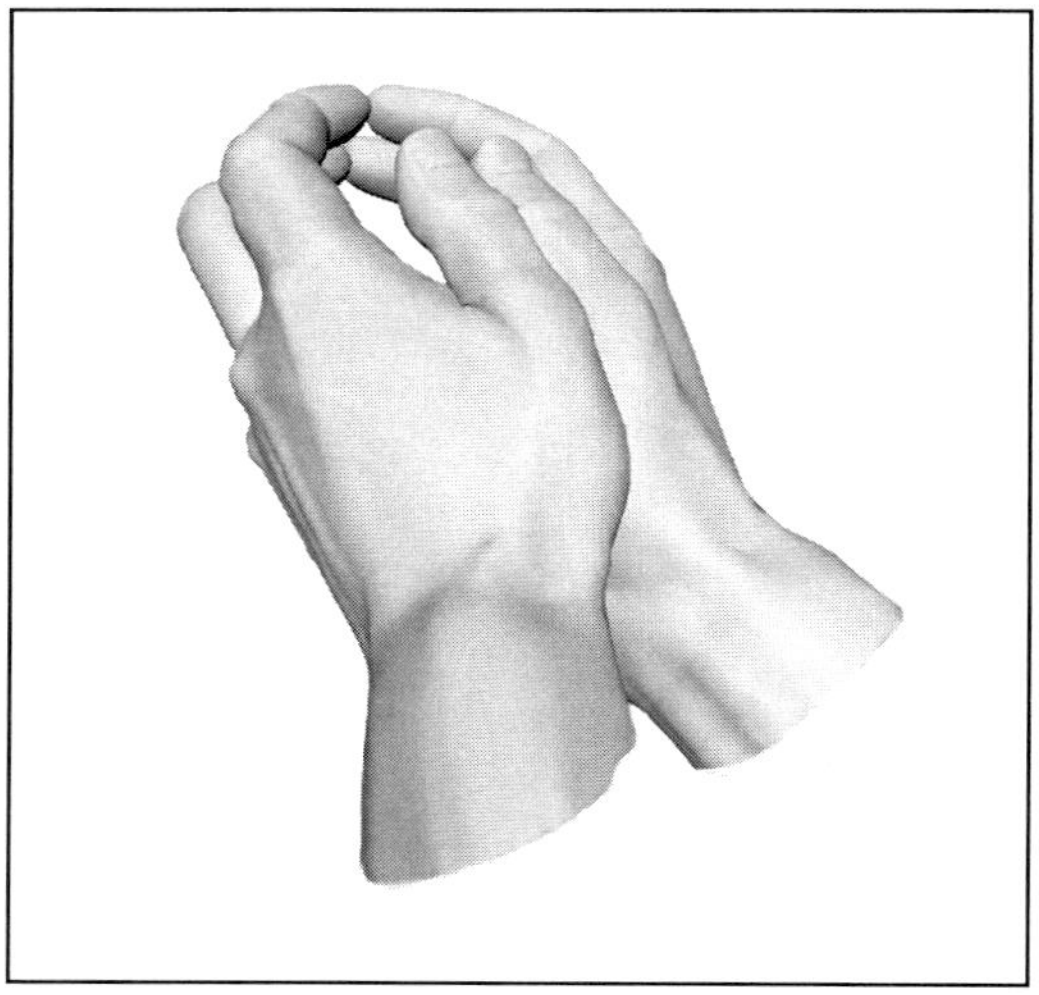

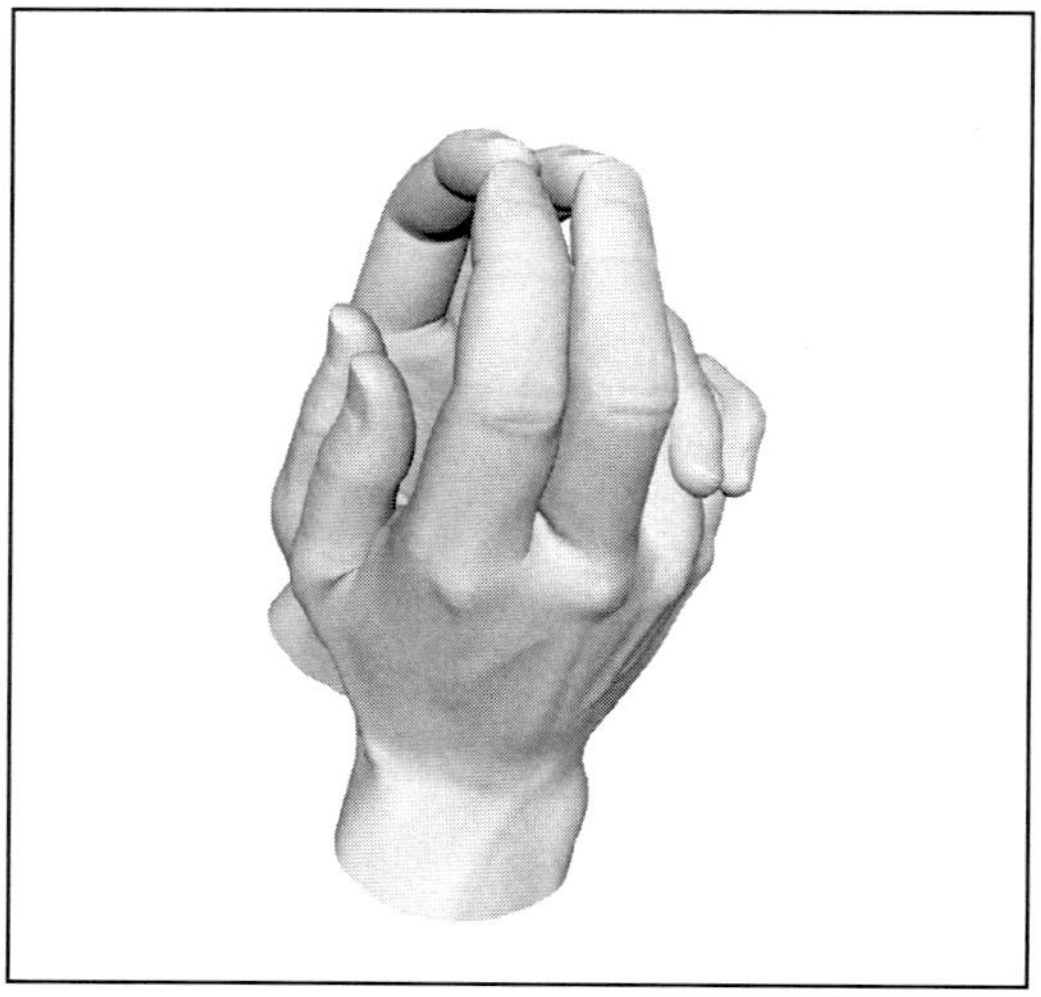

①両手、虚心合掌する。
②両小指、薬指を屈して外へ縛する。
③両人差指は屈して宝形にする。
④両中指は屈して蓮葉のようにする。
⑤両親指は並び立てる。

如《によ》意《い》輪《りん》随《ずい》心《しん》印《いん》

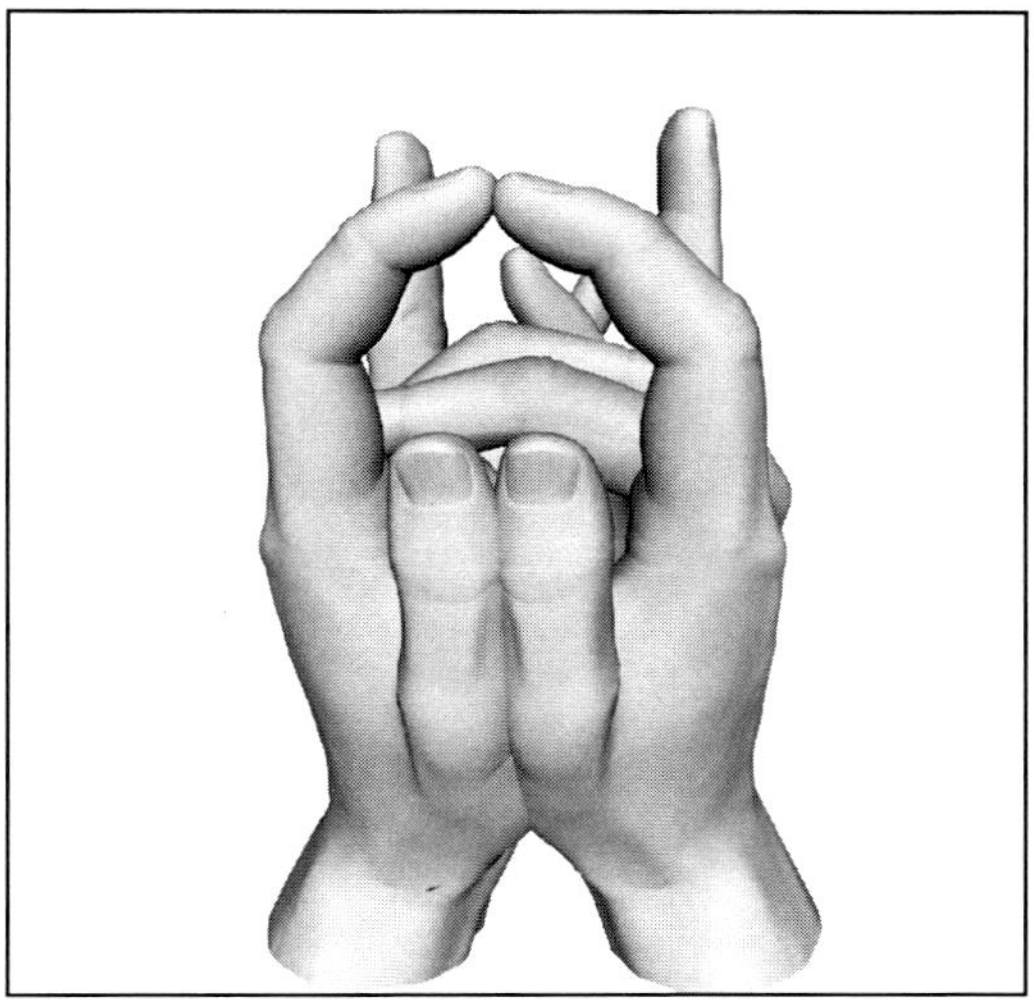

①前頁、如意輪心印に準じて、中指を外縛し、小指は立てて相交える。

②または両手外縛して、両人差指を立て合わせ、屈して宝形にする。

③両薬指と親指は直ぐ立てて幢のようにする。

④両小指は相交える。

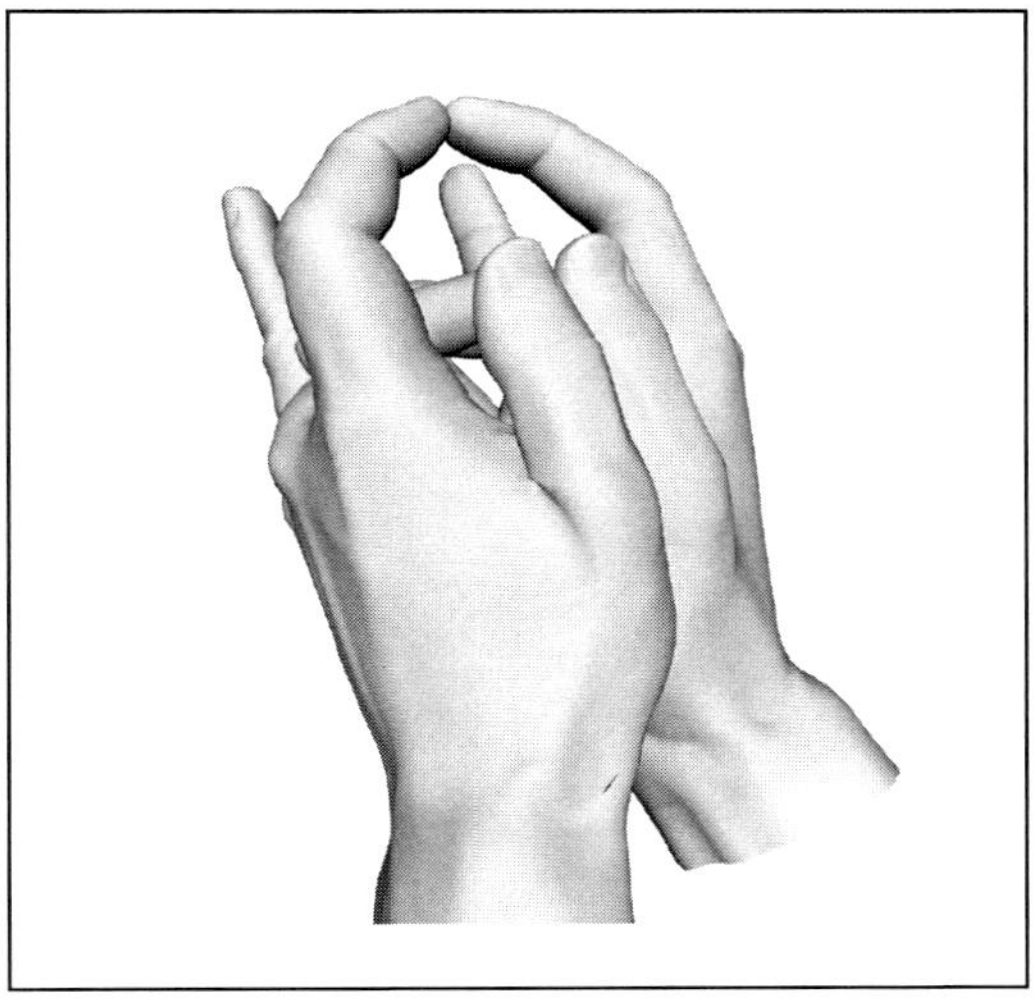

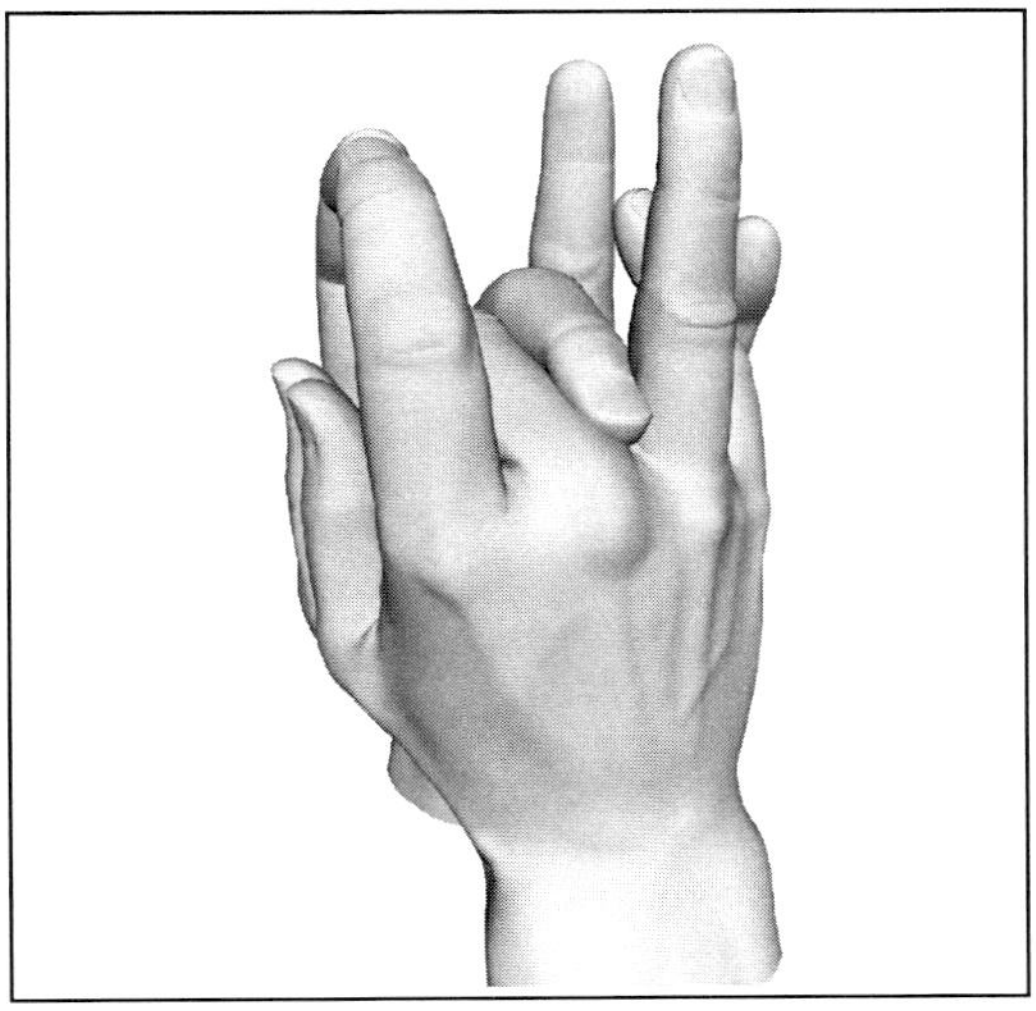

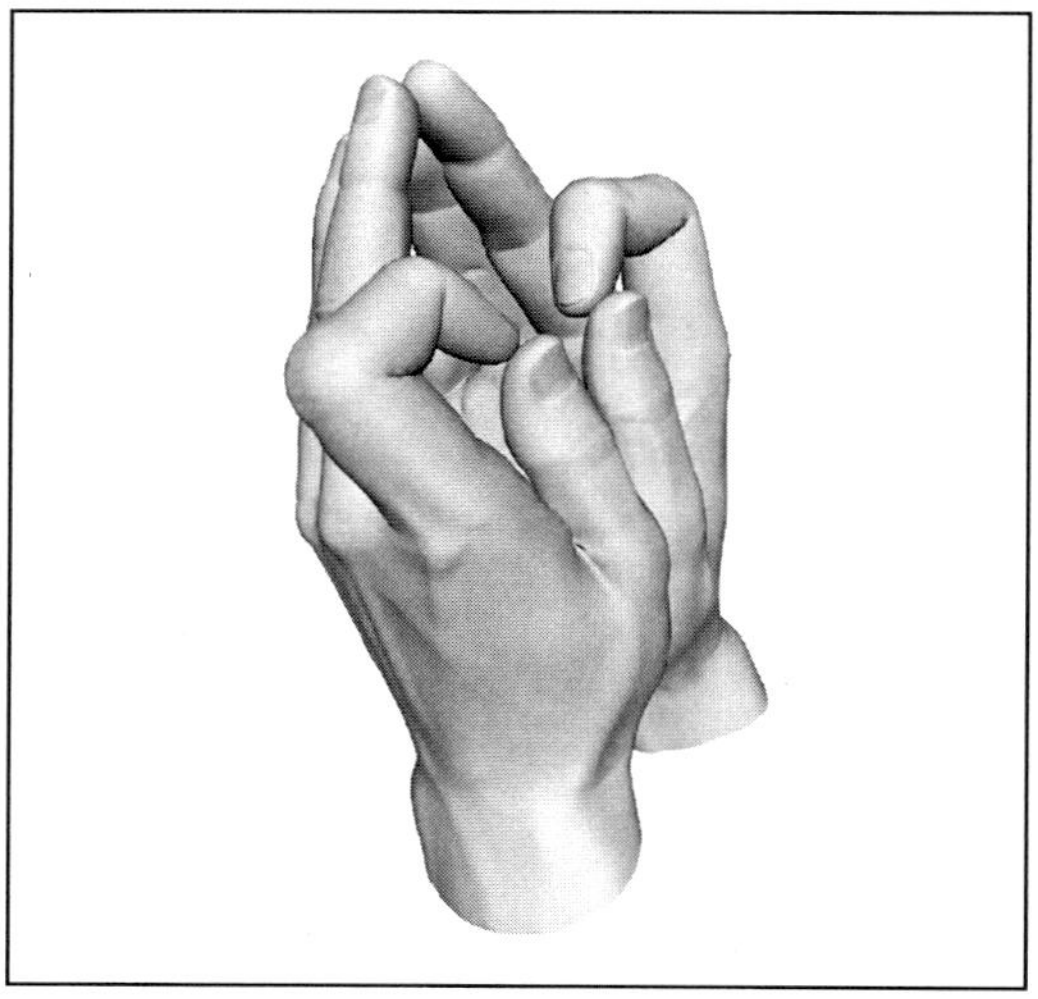

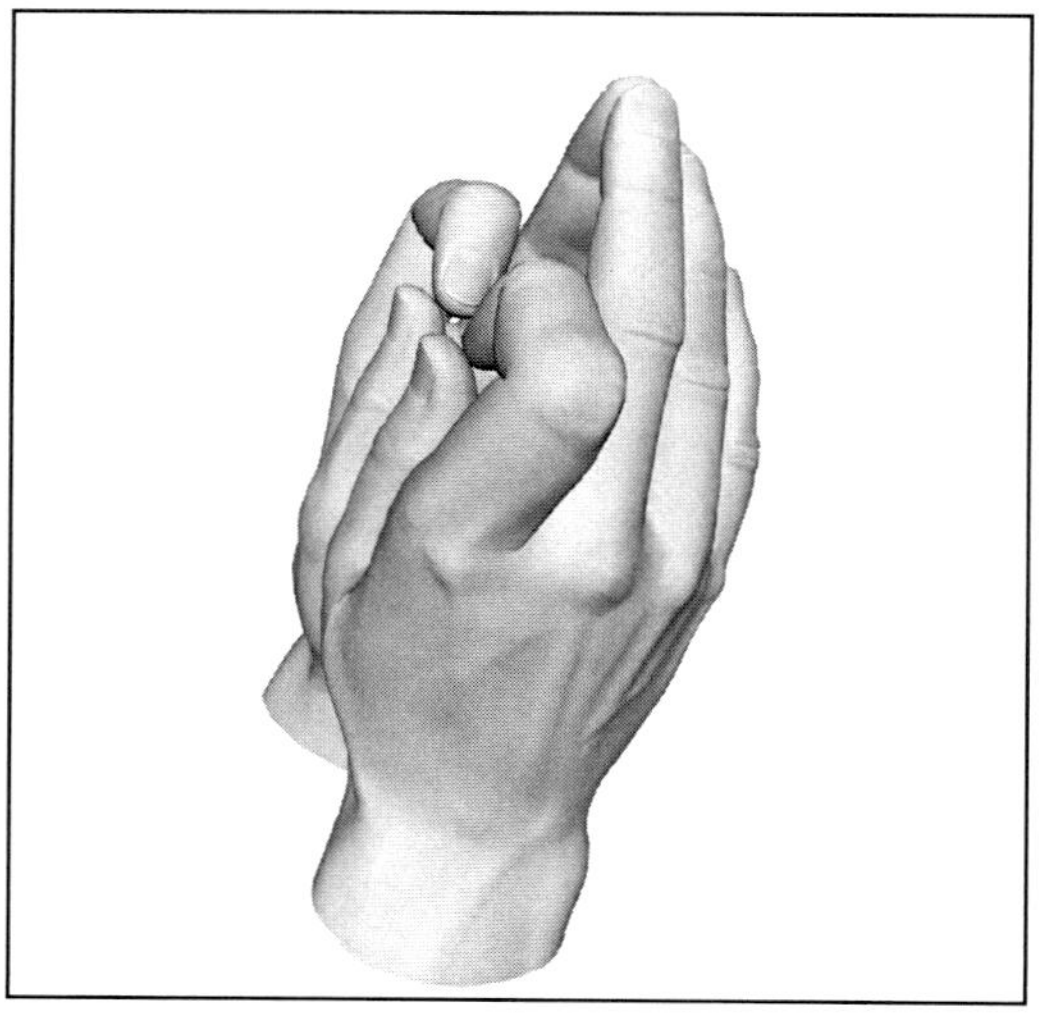

如《にょ》意《い》輪《りん》塔《とう》印《いん》

①両手、虚心合掌する。

②両親指を掌中に入れ中指に寄せる。

③両人差指を屈して、親指に付ける。

※尊勝仏頂卒都婆印（六四頁）に同じ。

蓮《れん》華《げ》三《さ》昧《ま》耶《や》印《いん》

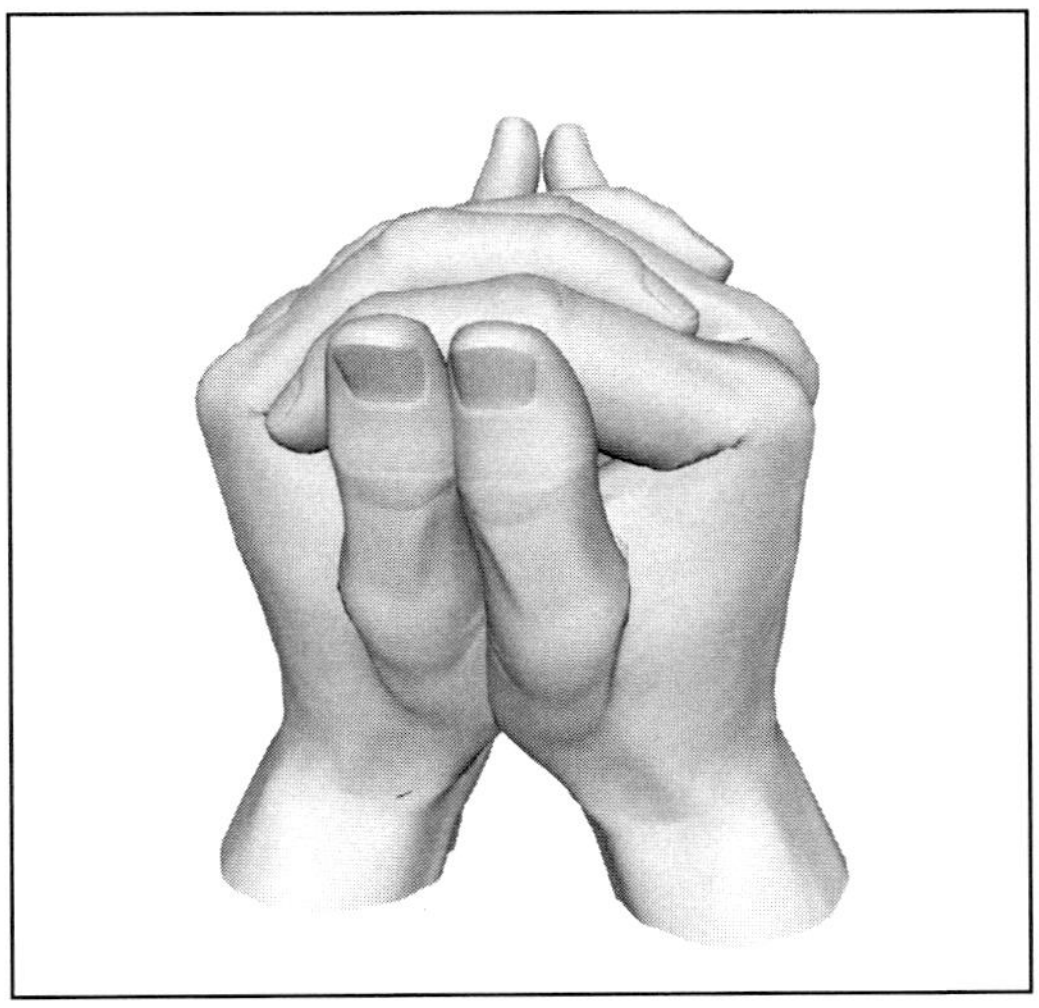

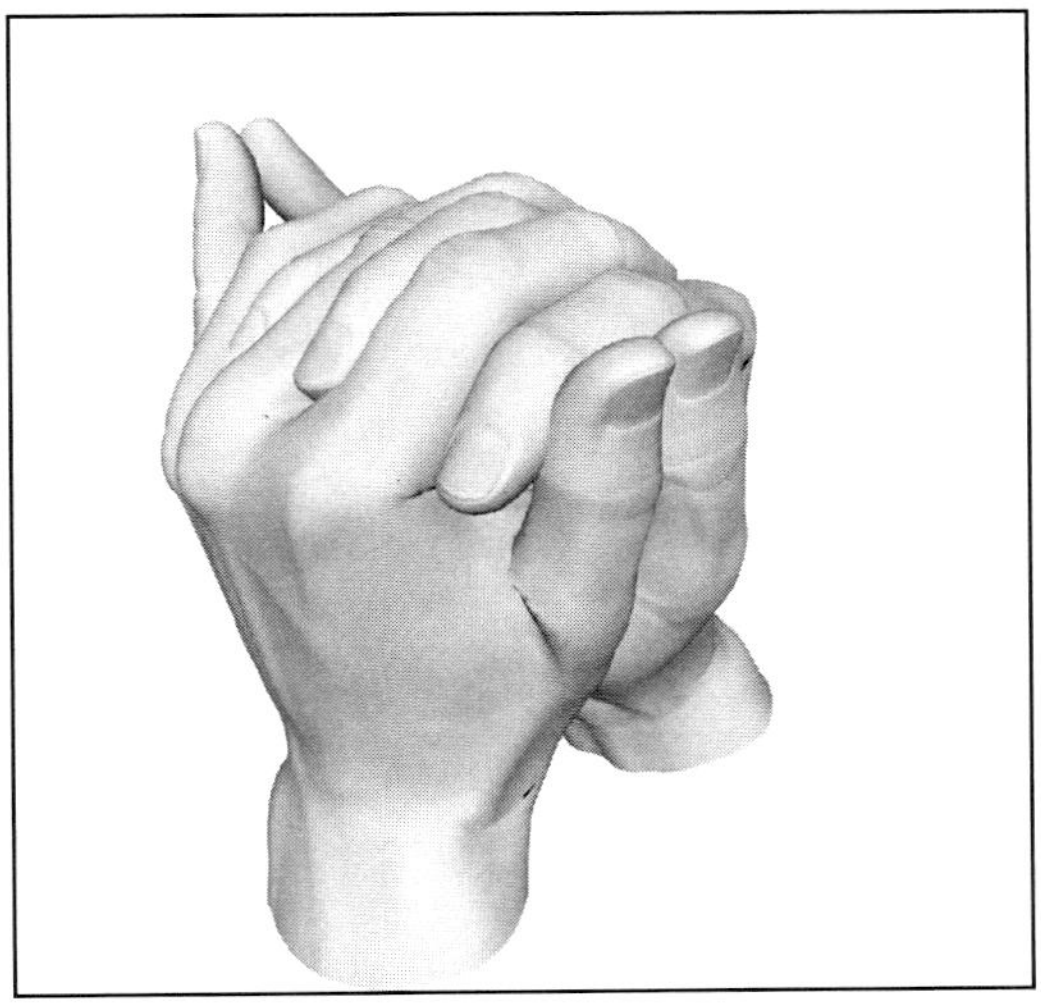

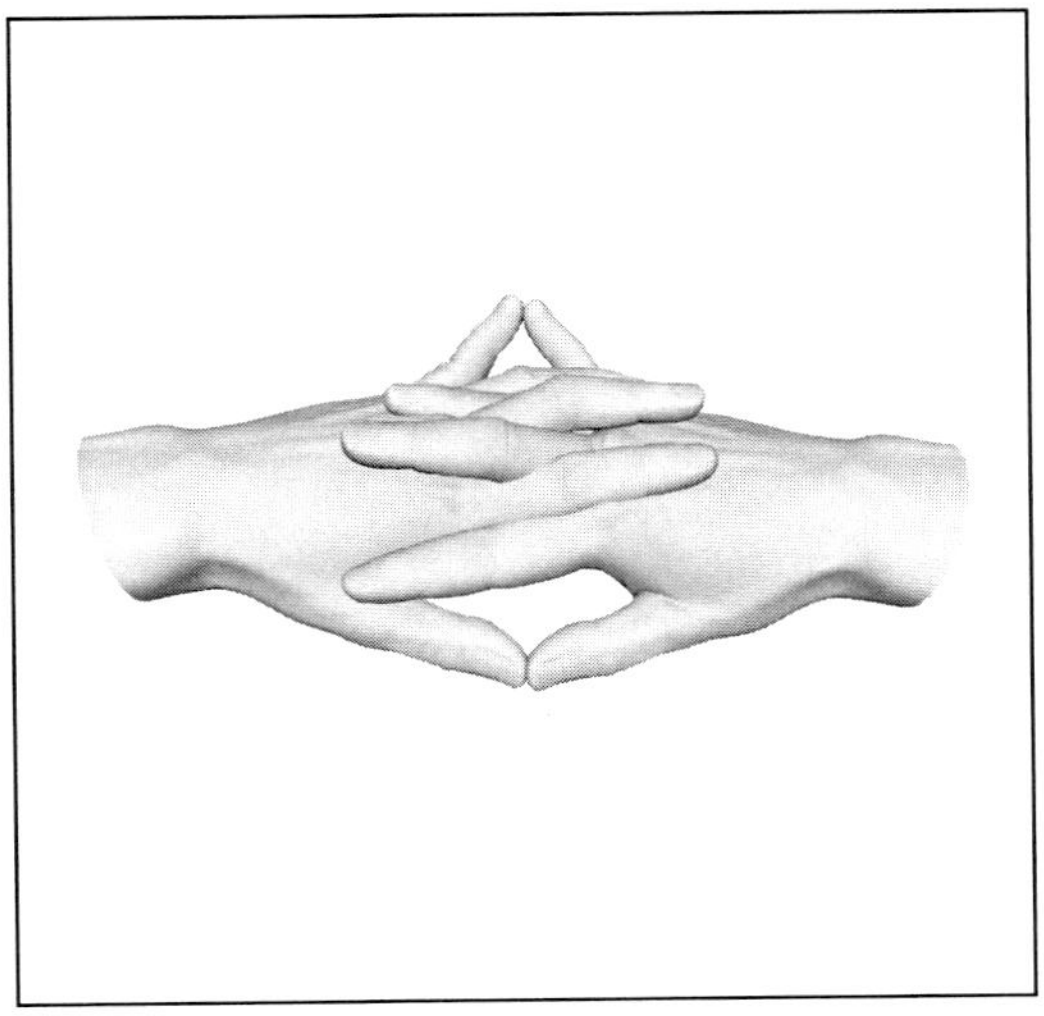

①両手、外縛する。
②両小指は立て合わせ、親指は並び立てる。
③口の上に置く。
※両人差指、中指、薬指の六指に、立て合わせた両親指と小指を合わせて八葉印とする。
※一節に掌を開くとする説もある（下図）。

※真言は前頁に同じ。

不《ふ》空《くう》羂《けん》索《じやく》

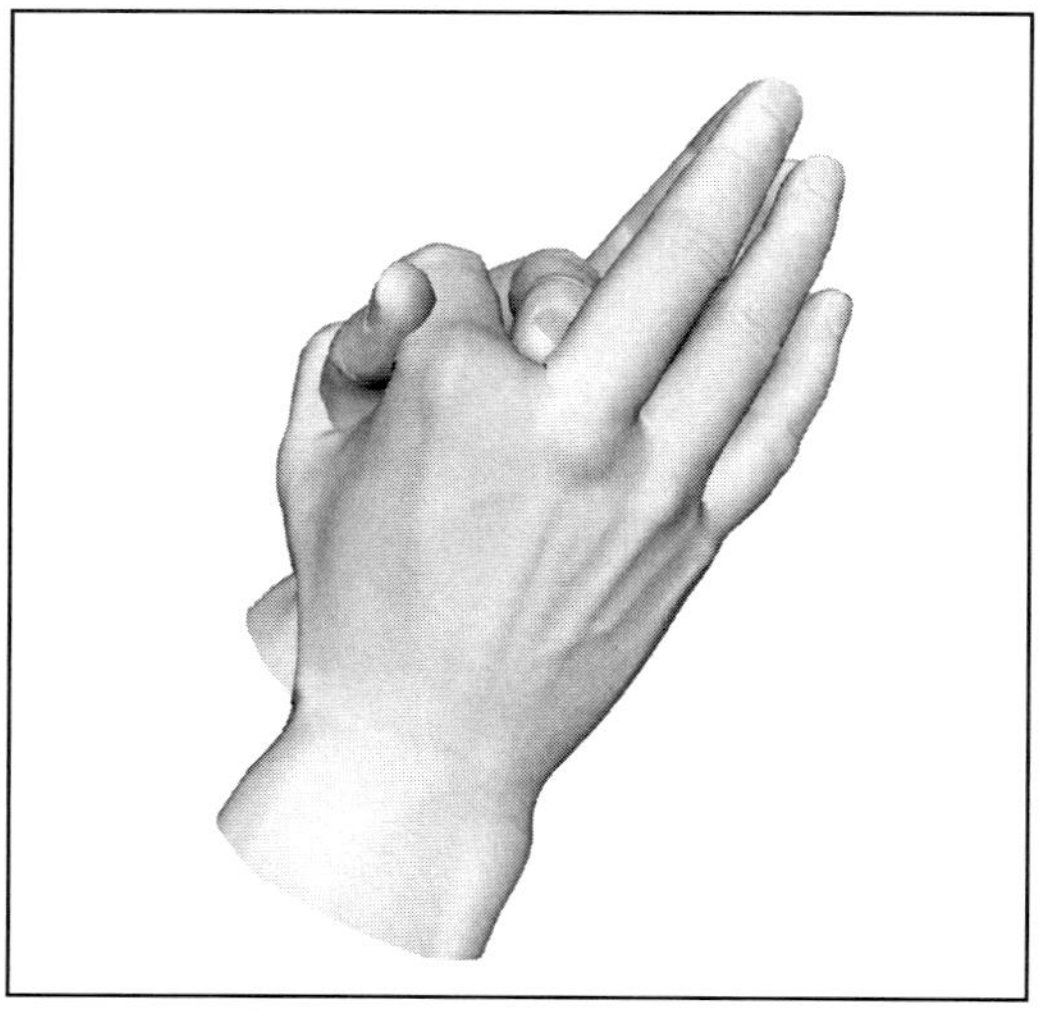

①両手、蓮華合掌する。
②両人差指を屈して、外縛する。
③右親指先を、左の親指と人差指の間に入れる。
※蓮華羂索印ともいう。

灌頂密印《かんじょうみついん》

①両手、虚心合掌する。
②両親指を掌中に入れ中指に寄せる。
③両人差指を屈して、親指に付ける。
※尊勝仏頂卒都婆印（六四頁）に同じ。

※真言は前頁に同じ。

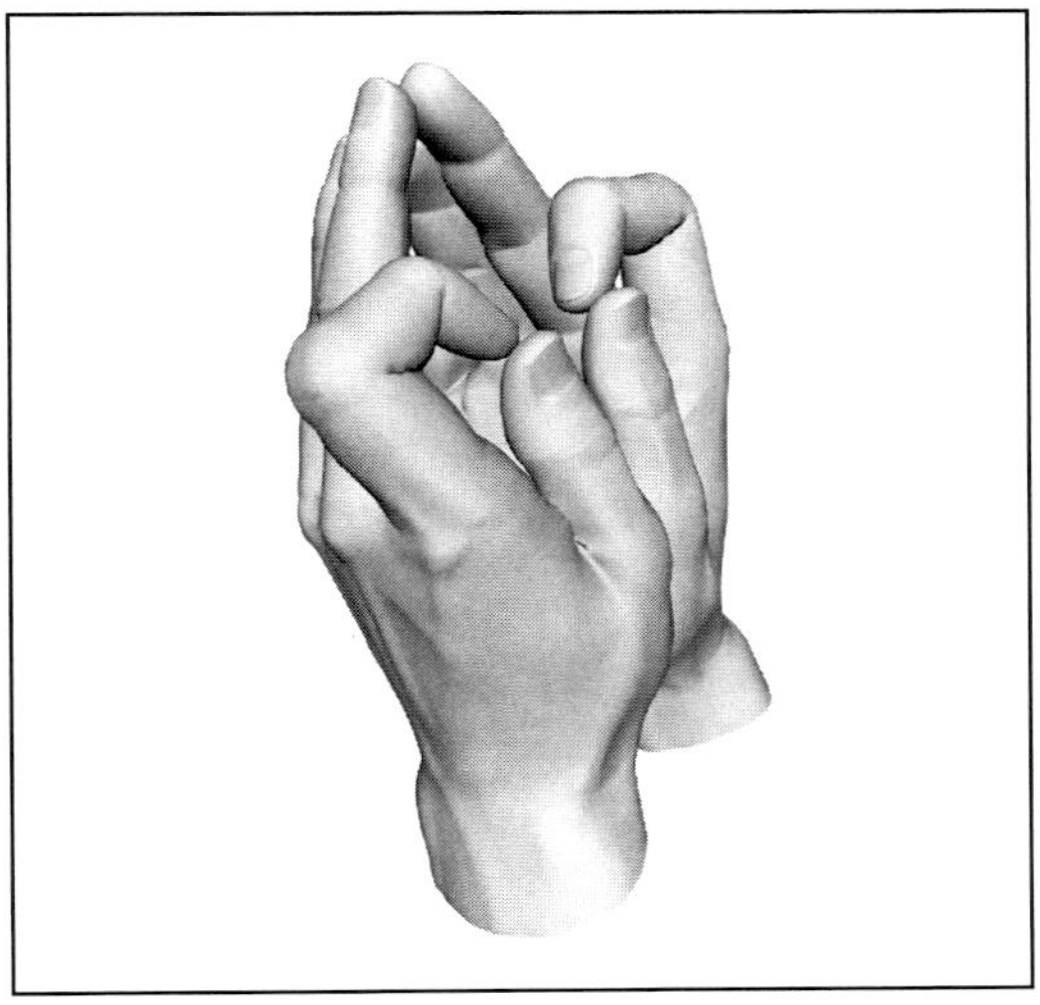

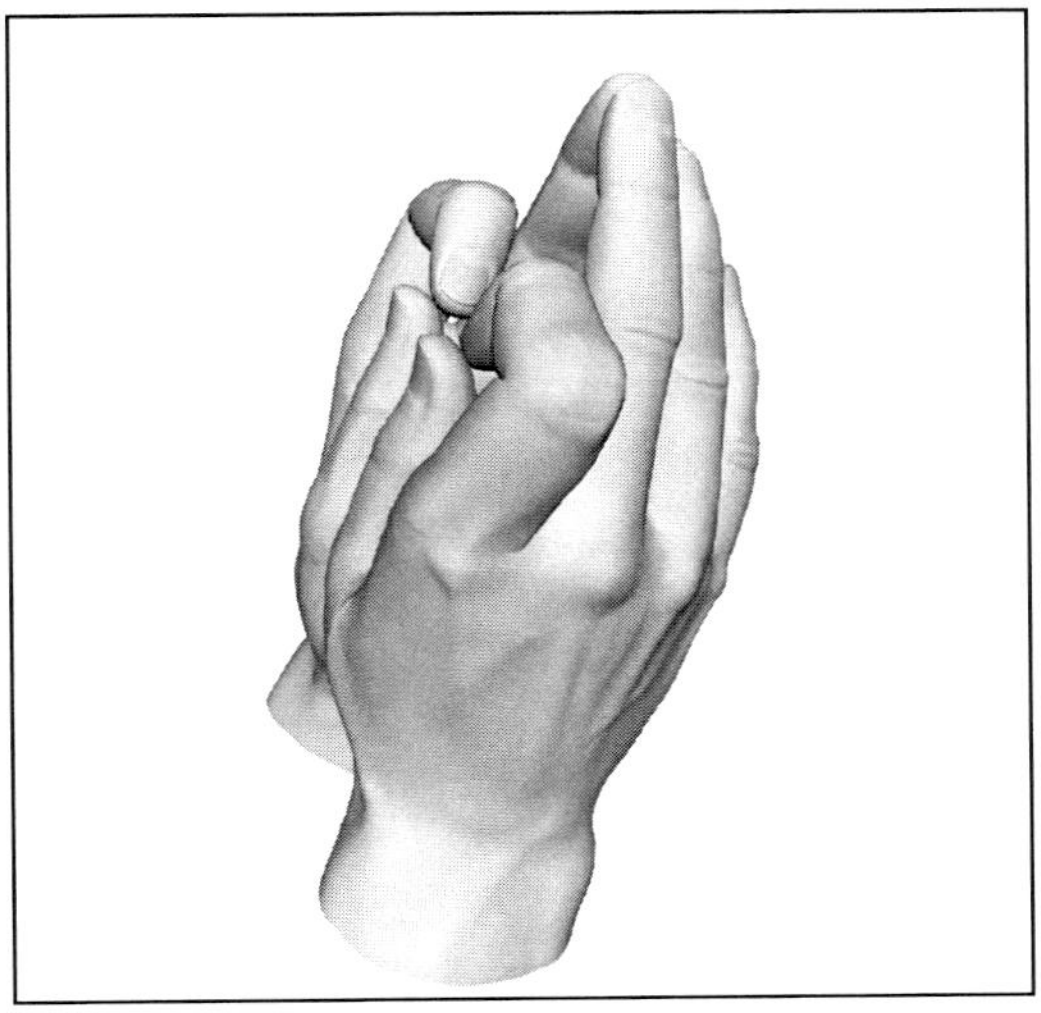

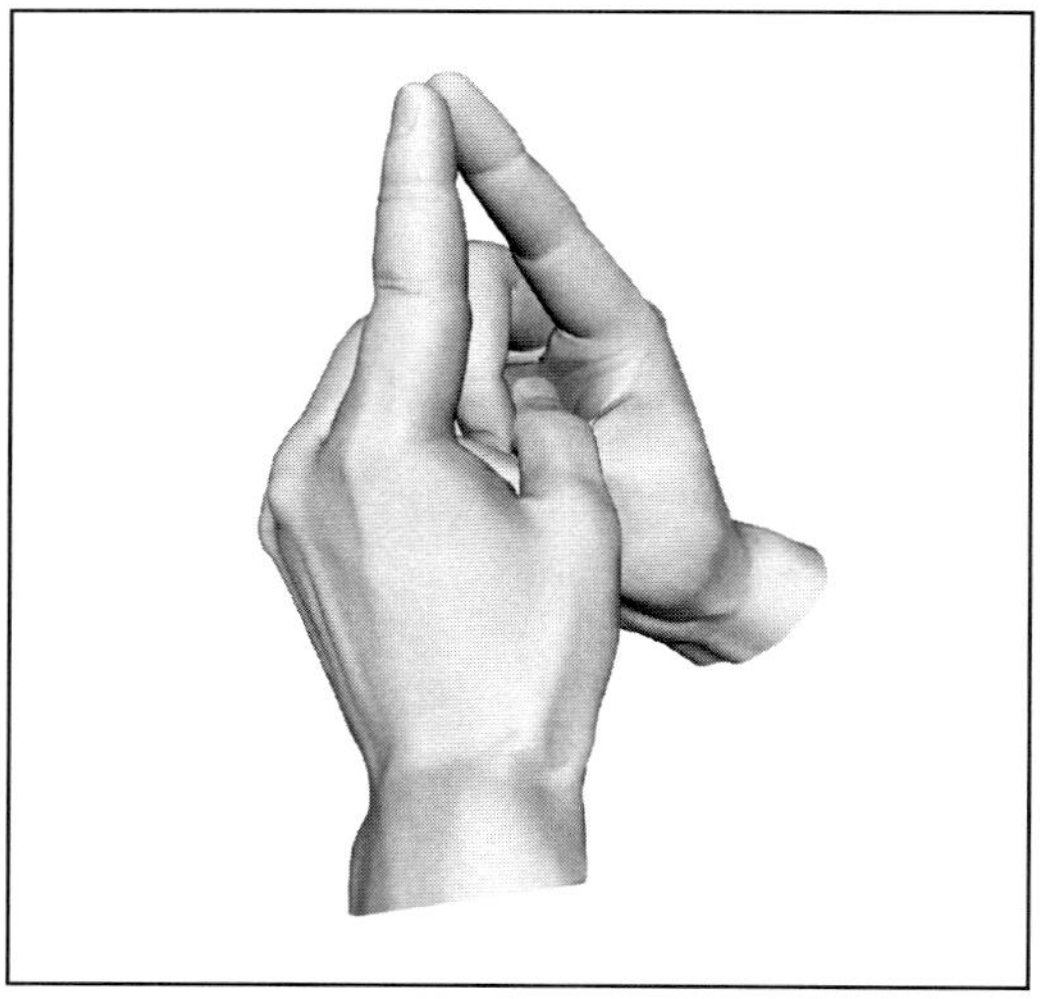

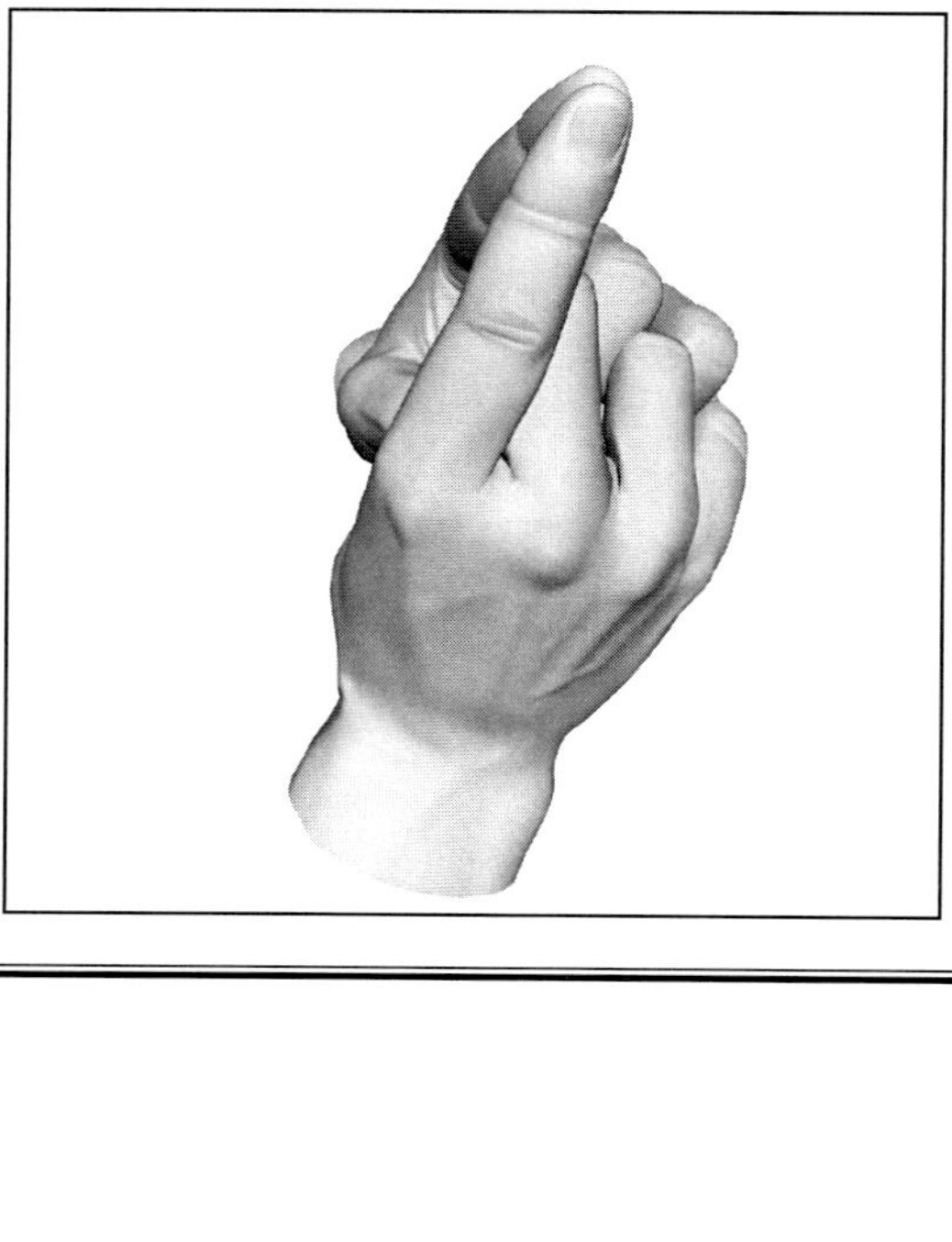

不《ふ》動《どう》独《とっ》鈷《こ》印《いん》

①両手、内縛する。

②両親指を両薬指の側に付け、両中指の先を両親指の面に付ける。

③両人差指は立て合わせる。

※不動根本印と同じ。

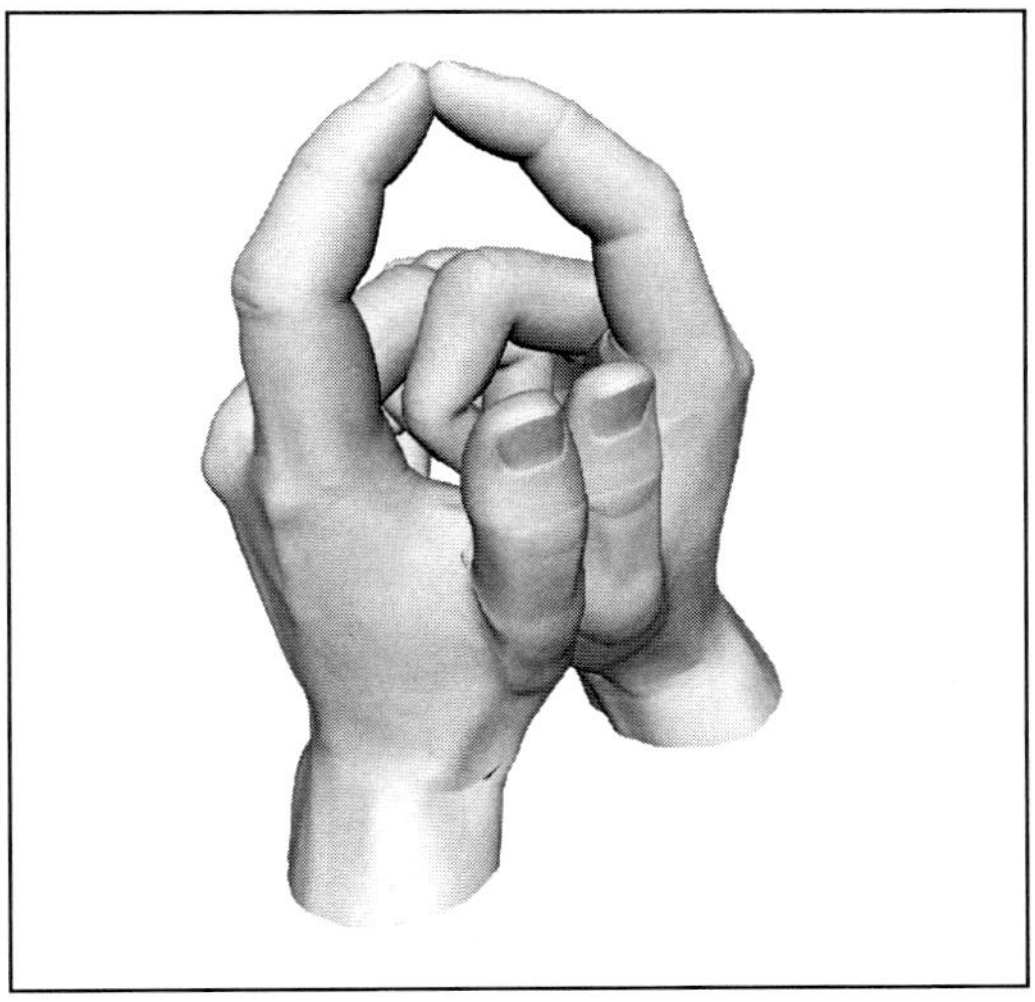

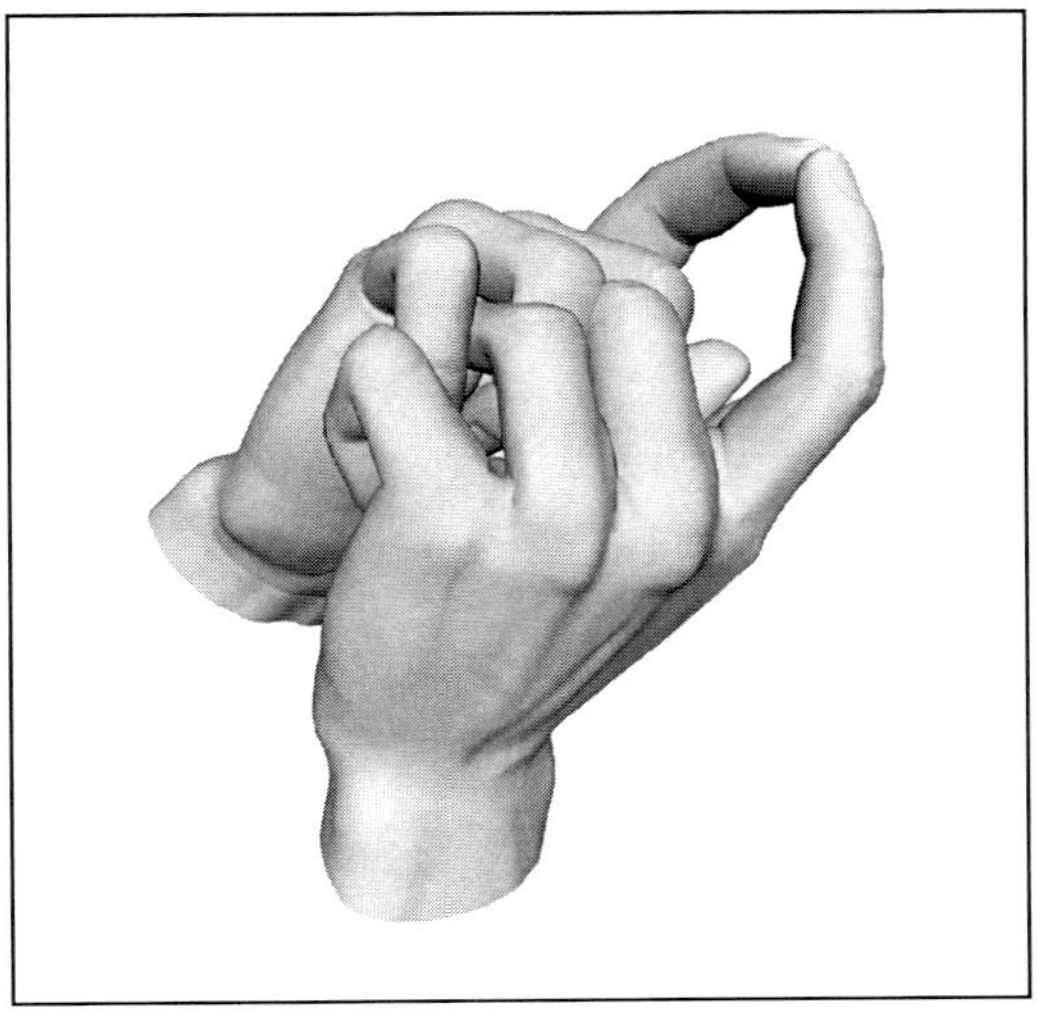

白衣《びゃくえ》

①両手、内縛する。

②両人差指を屈して、円く立て合わせる。

③両親指は並び立てる。

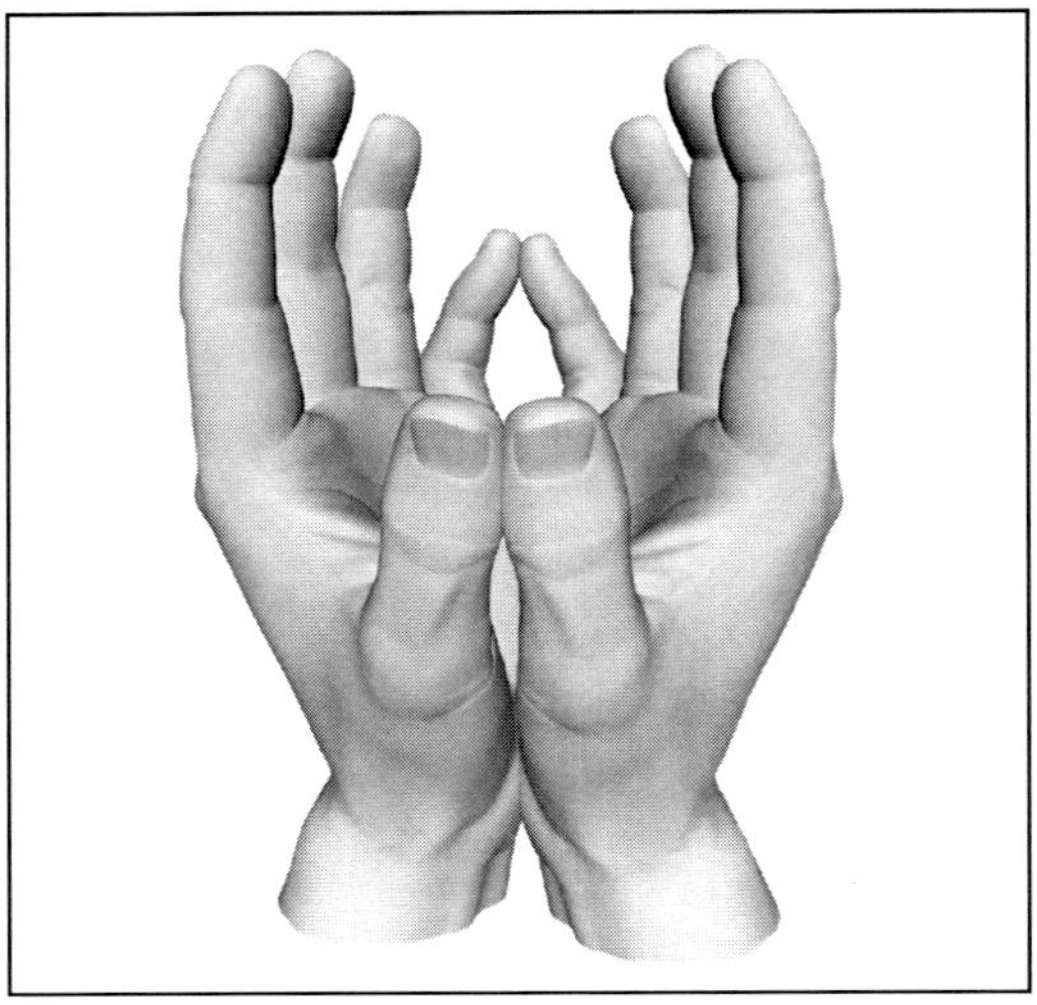

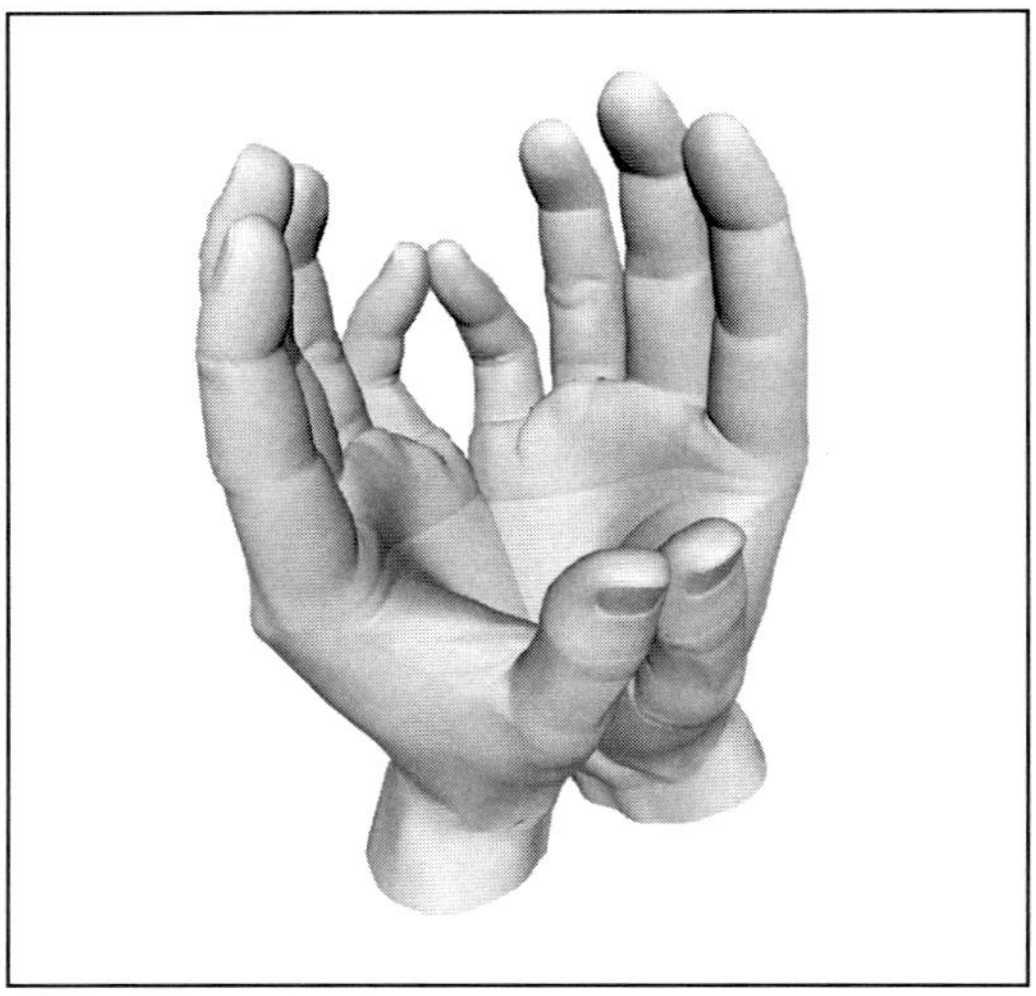

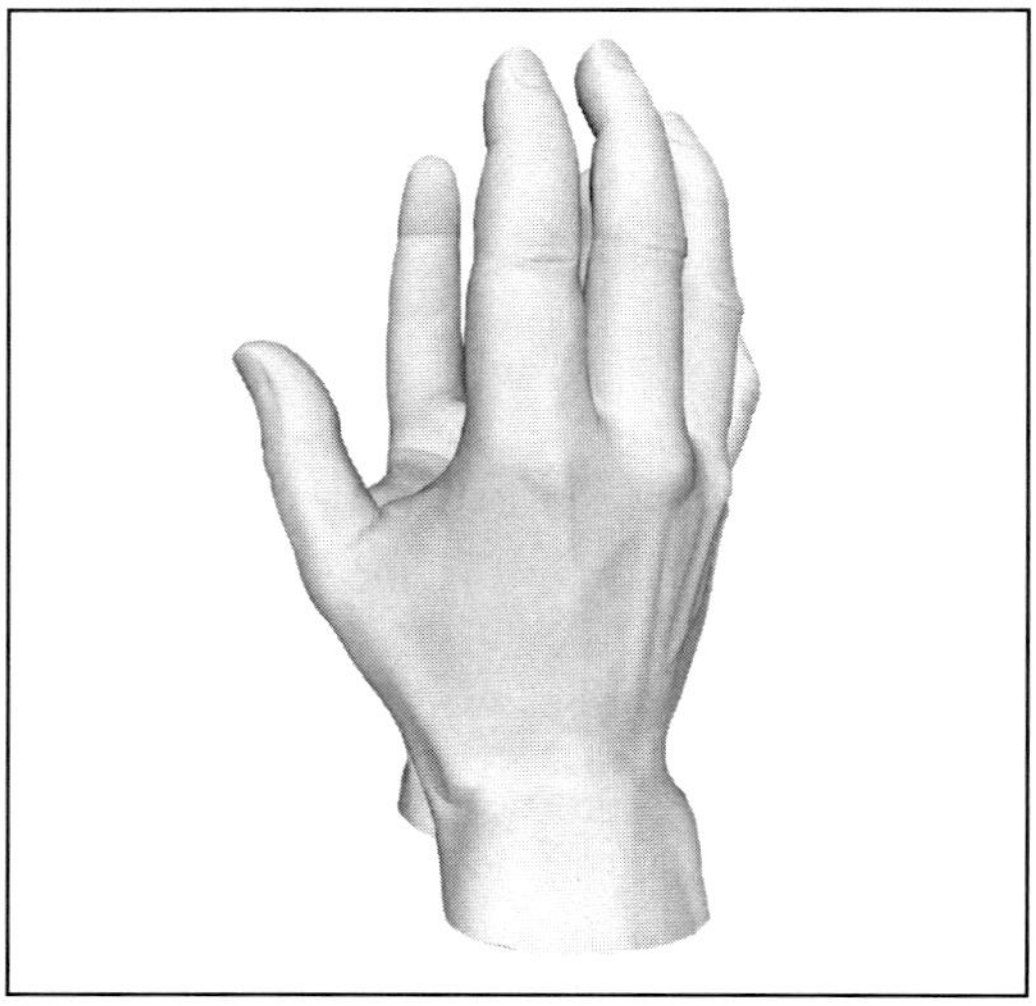

葉《よう》衣《え》八《はち》葉《よう》印《いん》

①両手、虚心合掌する。

②両薬指、中指、人差指を開きたて、指の間を空ける。

※八葉印（二四頁）に同じ。

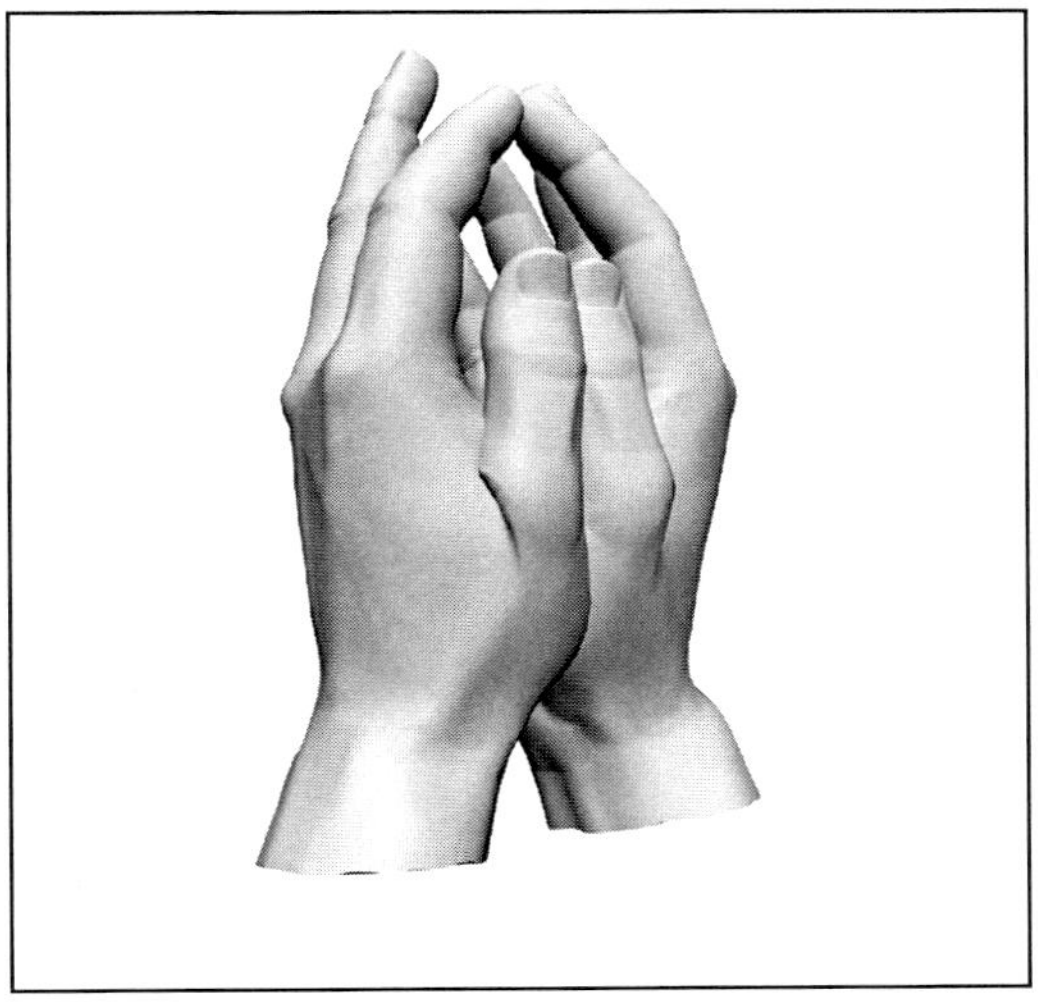

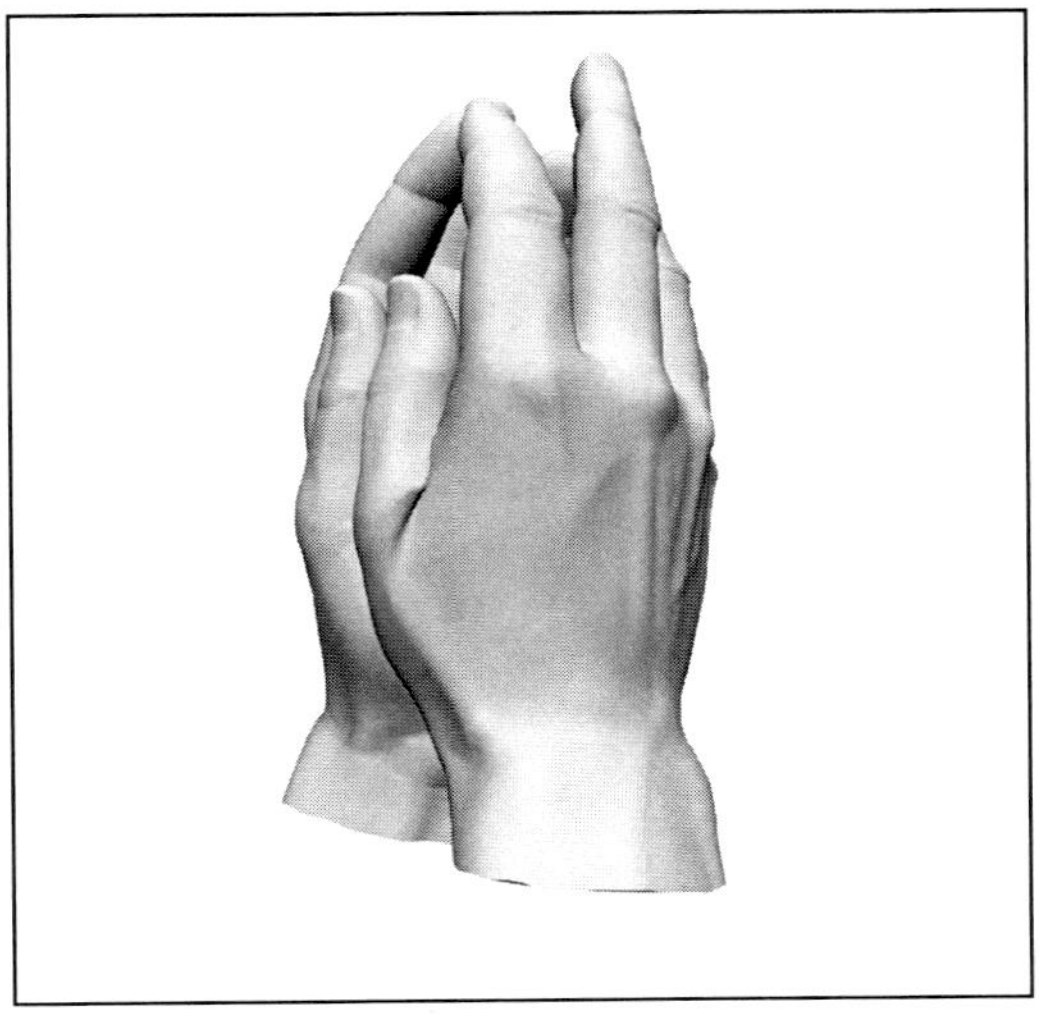

大《だい》勢《せい》至《し》

①両手、虚心合掌をし、十指をやや屈して未割蓮華のようにする。
②または、虚心合掌して中指をやや開くともする。
※未敷蓮華の印。
※勢至印（二六頁）に同じ。

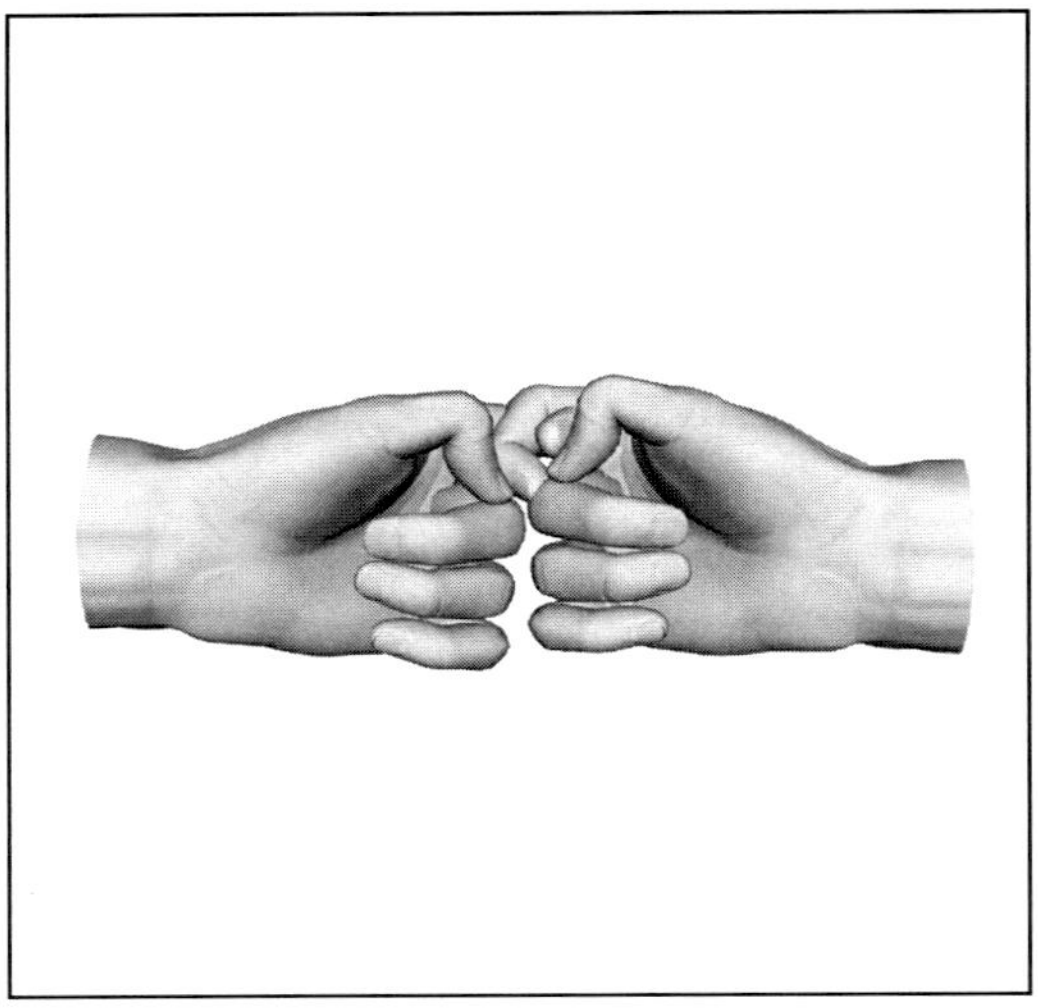

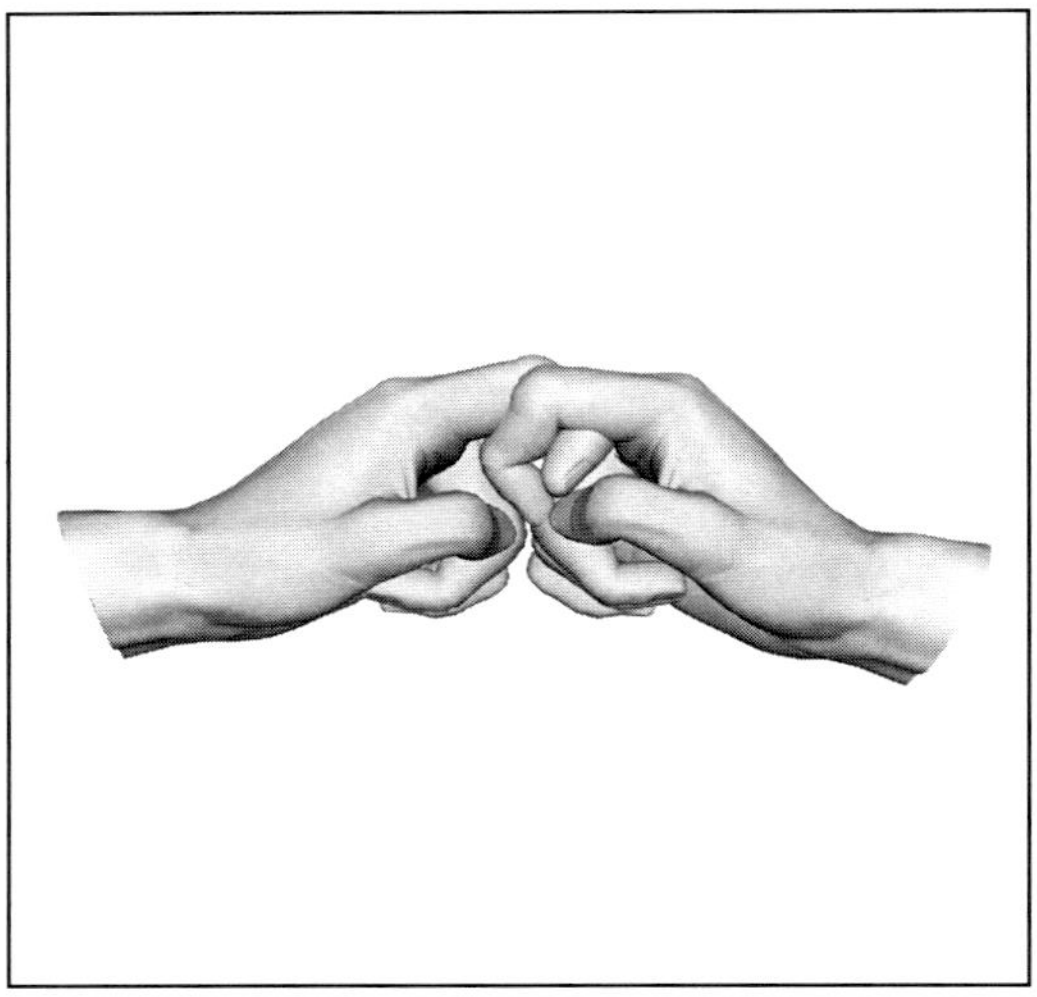

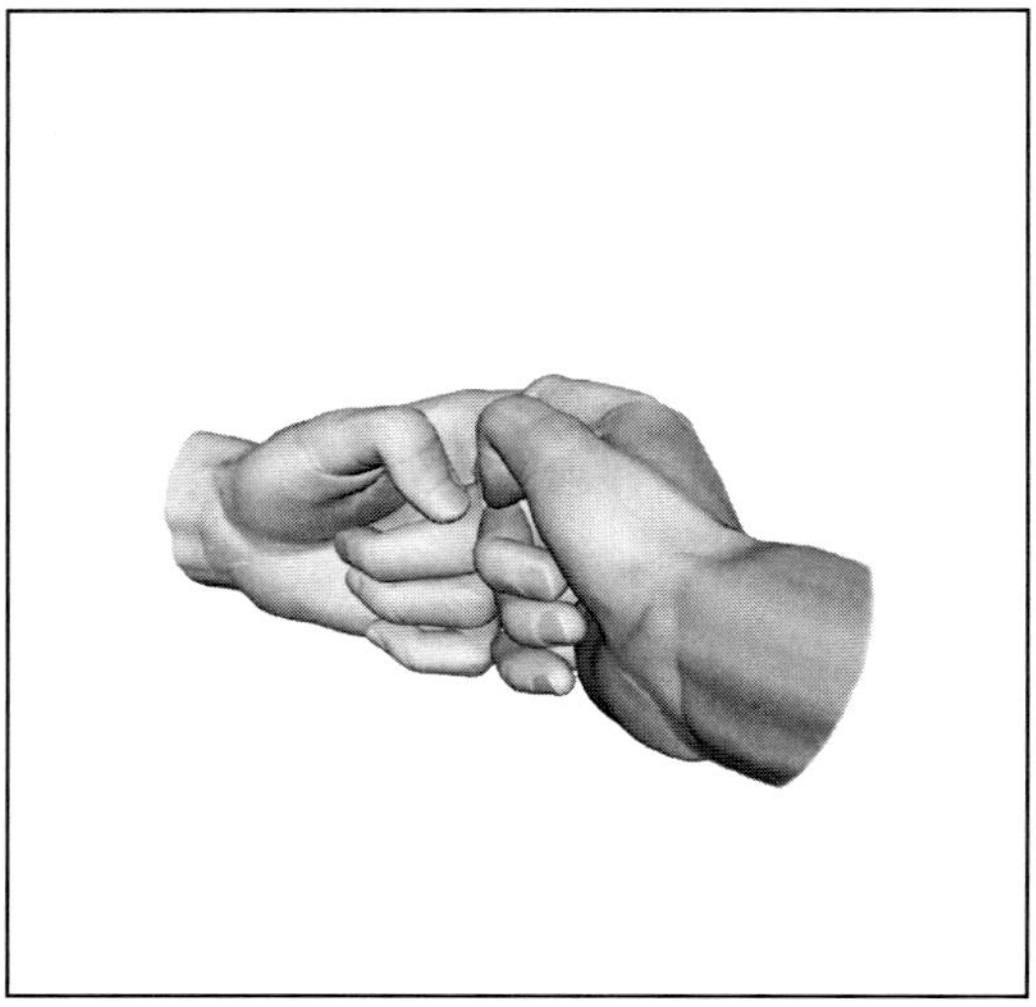

延《えん》命《めい》

①両手、金剛拳にする。
②右で左を押さえて、両人差指を相鉤する。
③印を頭頂に置く。

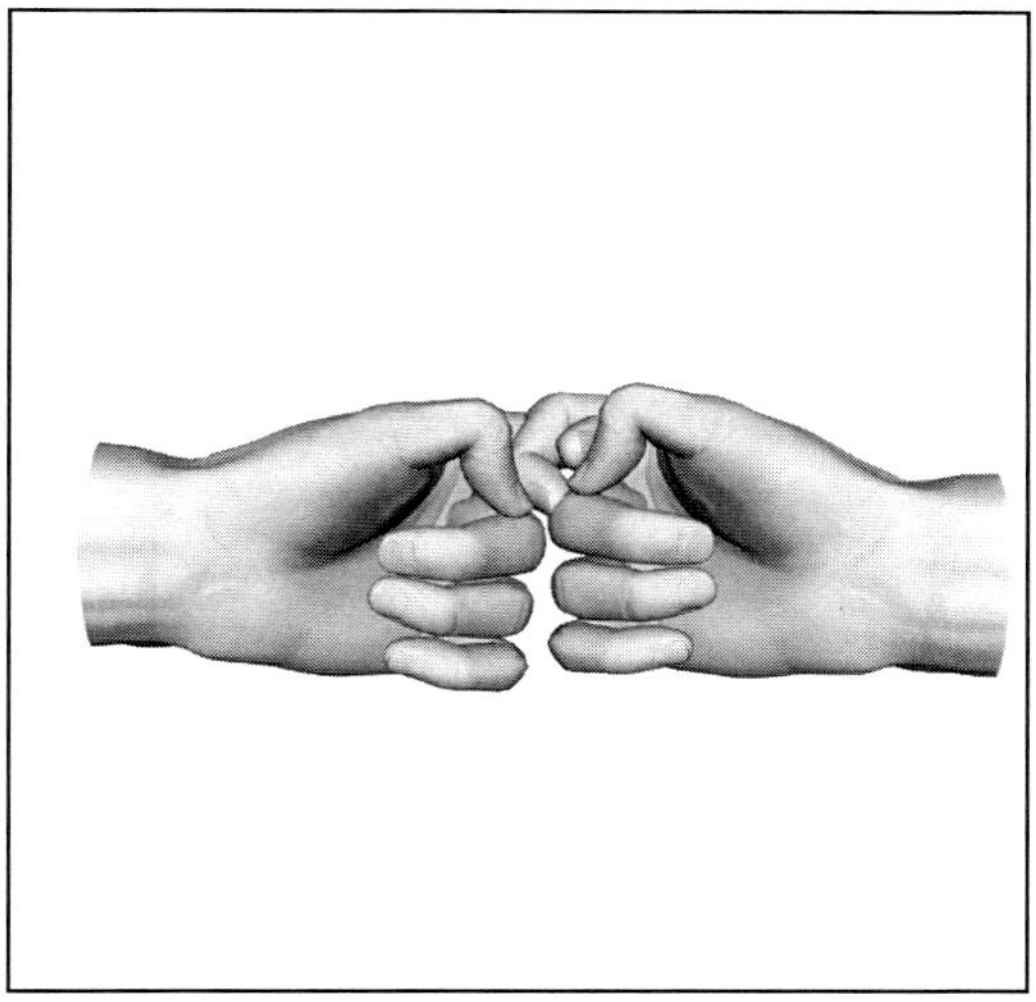

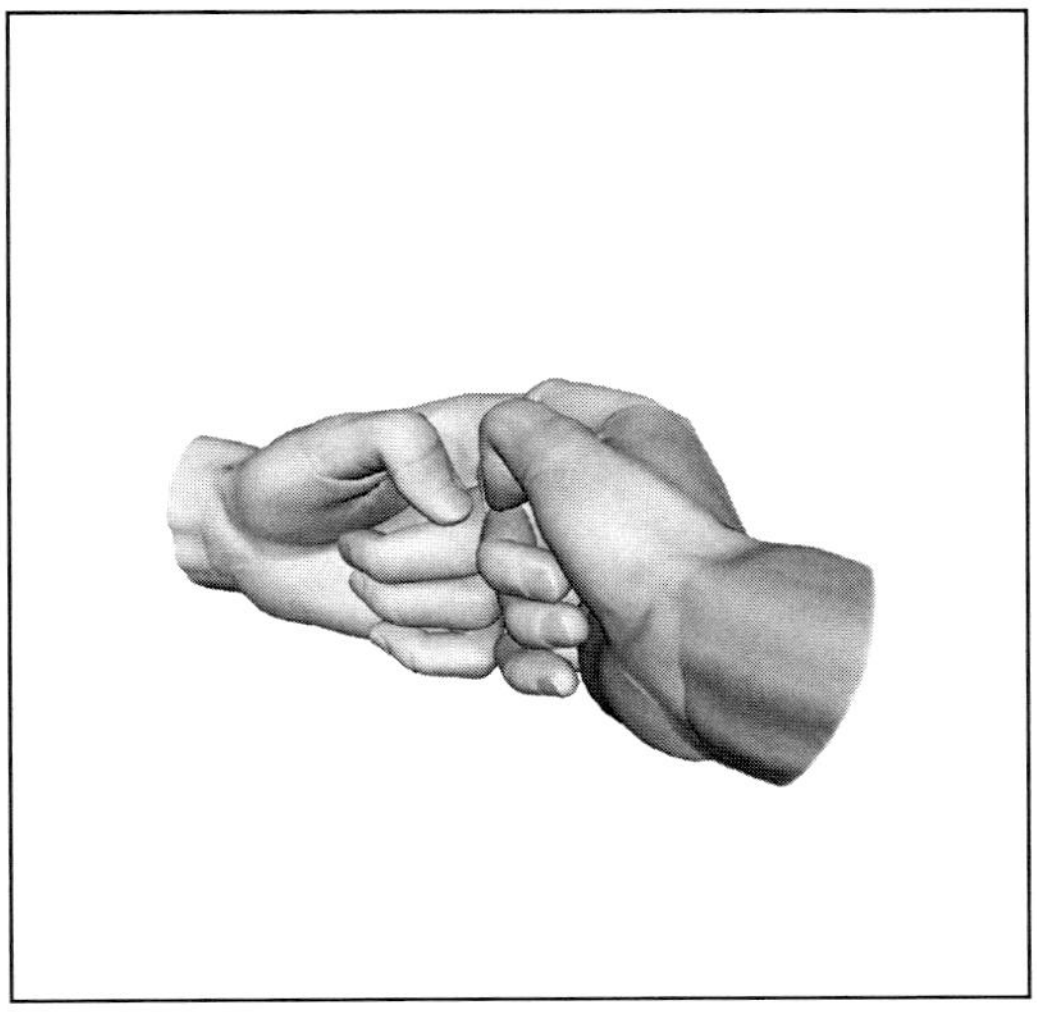

普賢延命《ふげんえんめい》

①両手、金剛拳にする。
②右で左を押さえて、両人差指を相鉤する。
③印を頭頂に置く。
※延命（前頁）に同じ。

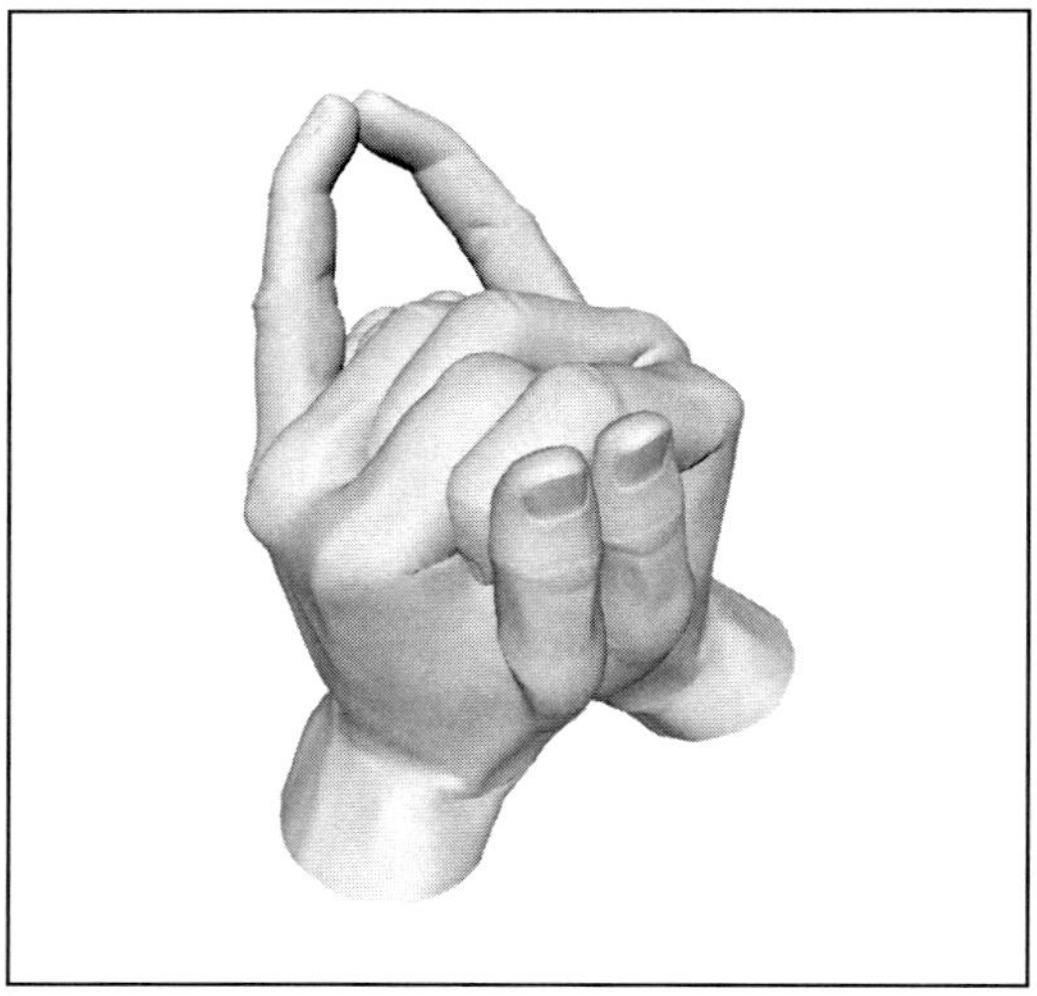

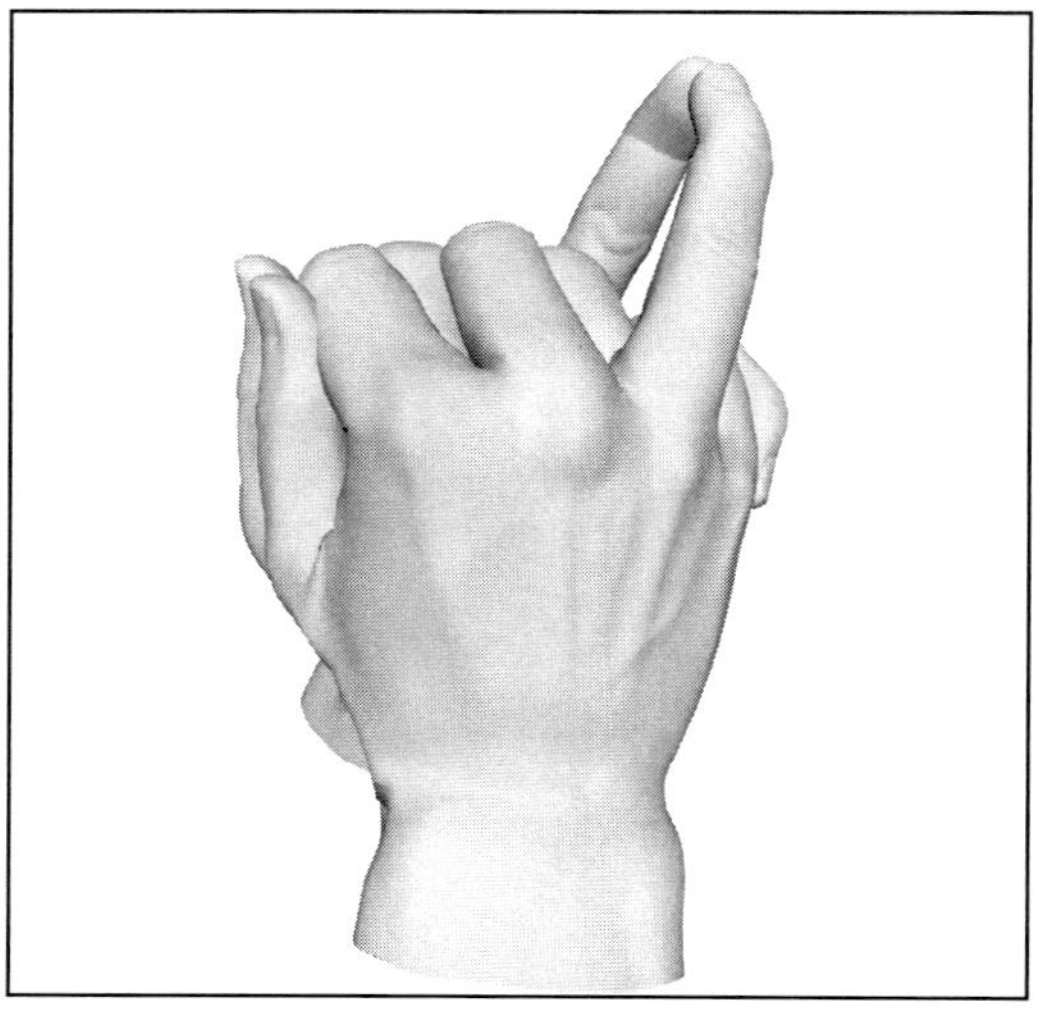

四天王通心印《してんのうつうしんいん》

①両手、内縛する。
②両薬指を立てて付け合わせ、第一節を屈して、相支える。
③親指を掌中に入れ、来去する。

四《し》天《てん》王《のう》通《つう》心《しん》印《いん》

又《また》印《のいん》

①右手の五指を伸ばし、親指を掌中に入れ、人差し指を屈して捻じ、臍の辺に置く。

②左手は拳にして人差し指を伸ばし、左膝に置く。

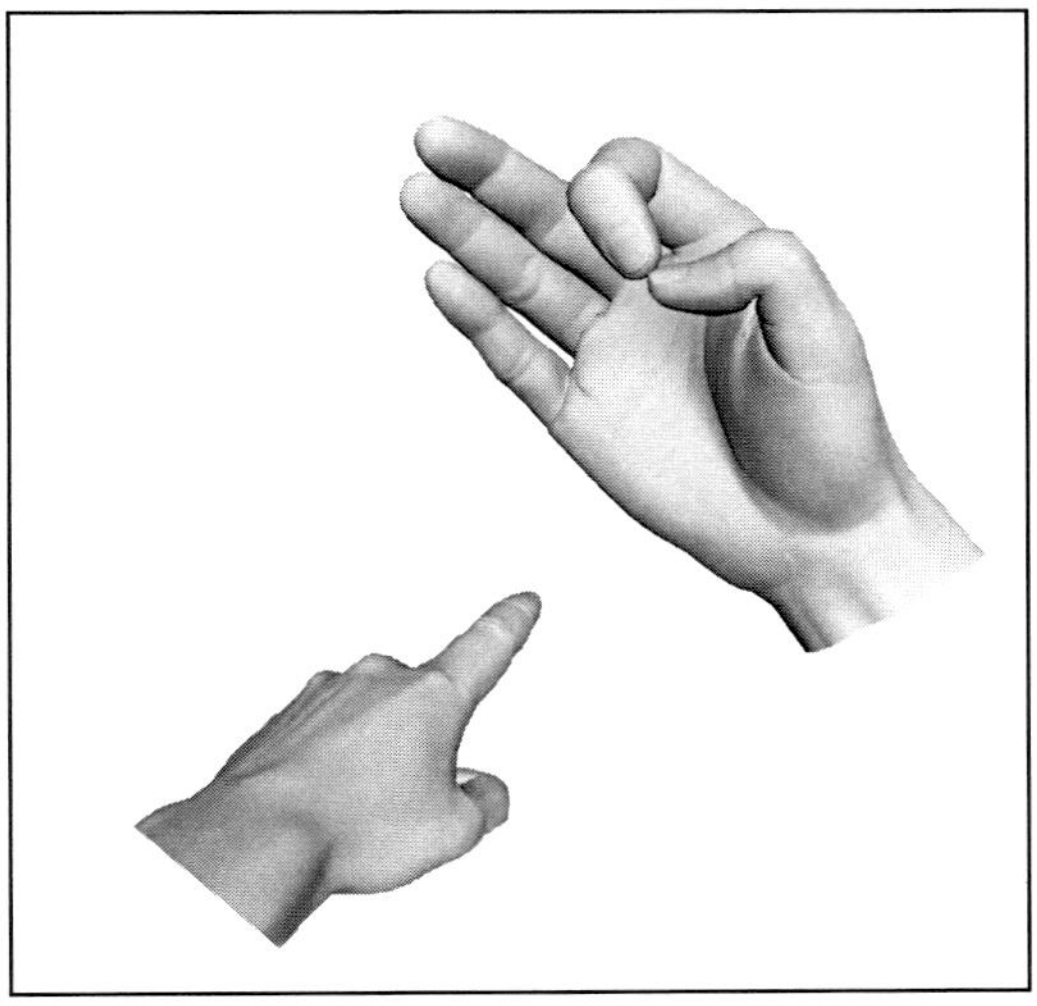

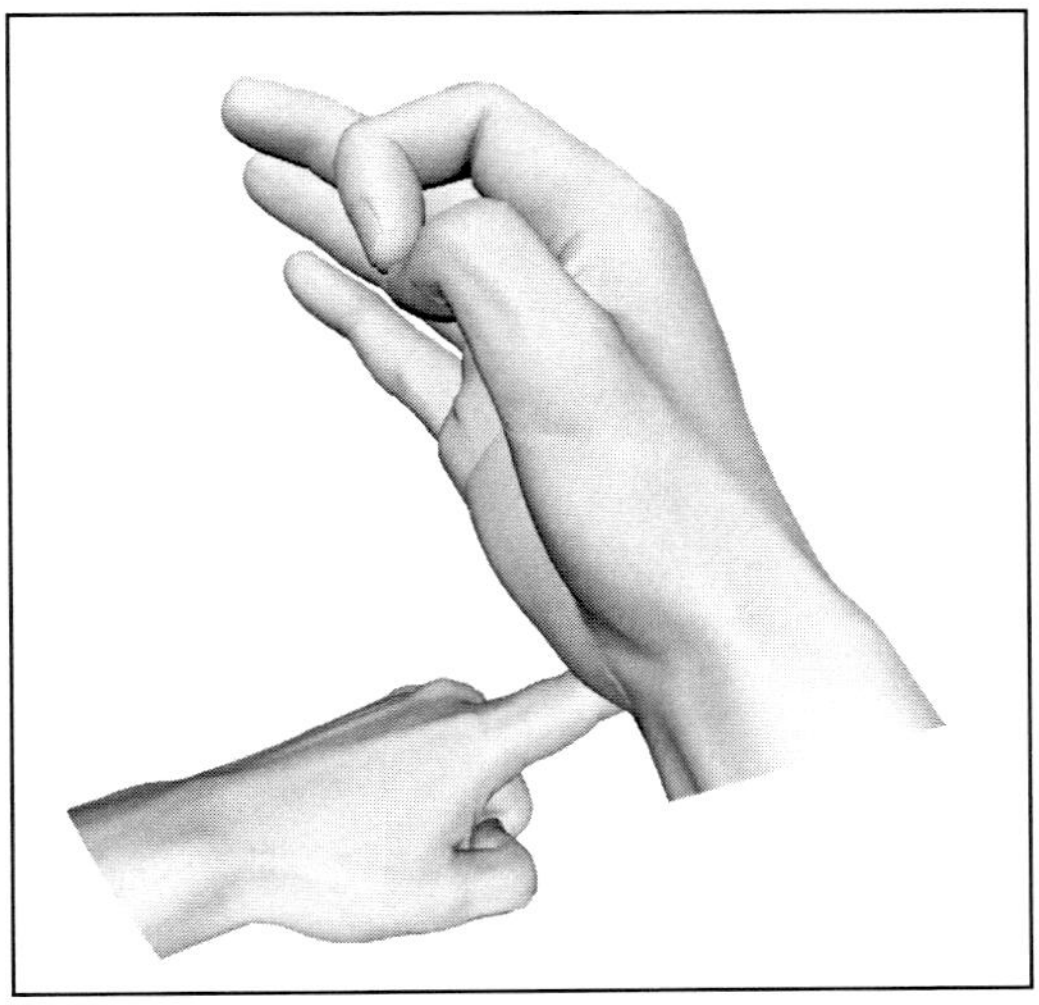

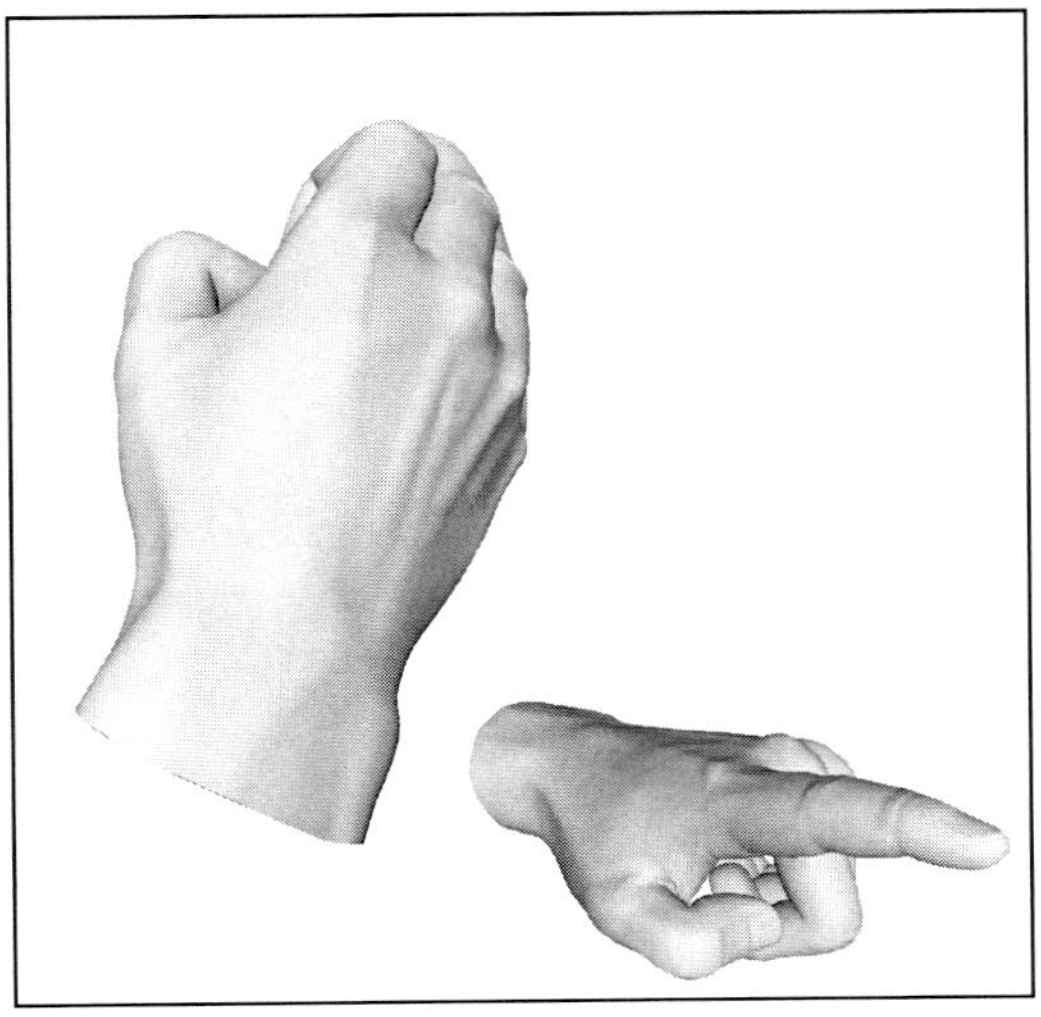

東方天《とうほうてん》（各別印《かくべついん》）

①両手、金剛拳にする。
②両人差指を伸ばしてやや屈する。
③両親指は伸ばして中指の側に付ける。
④腕を胸前で交差させる。

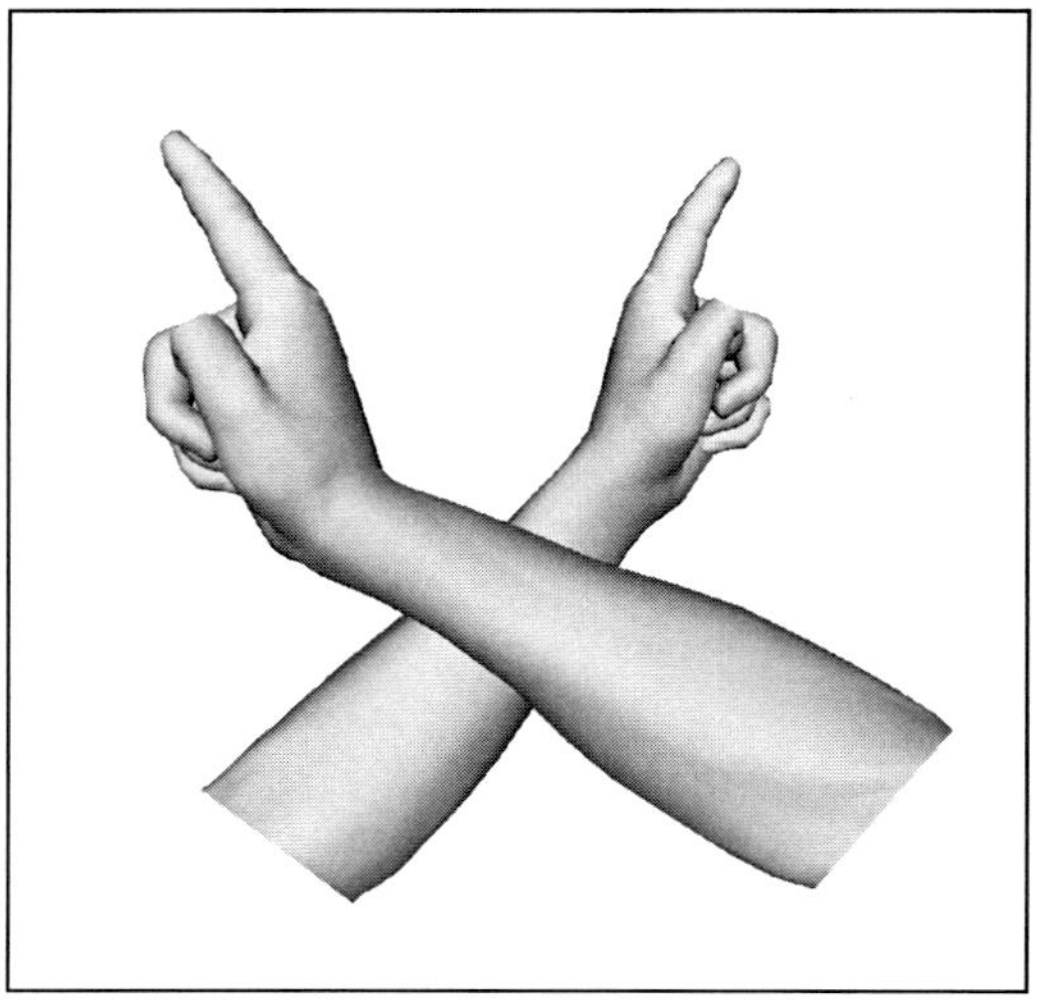

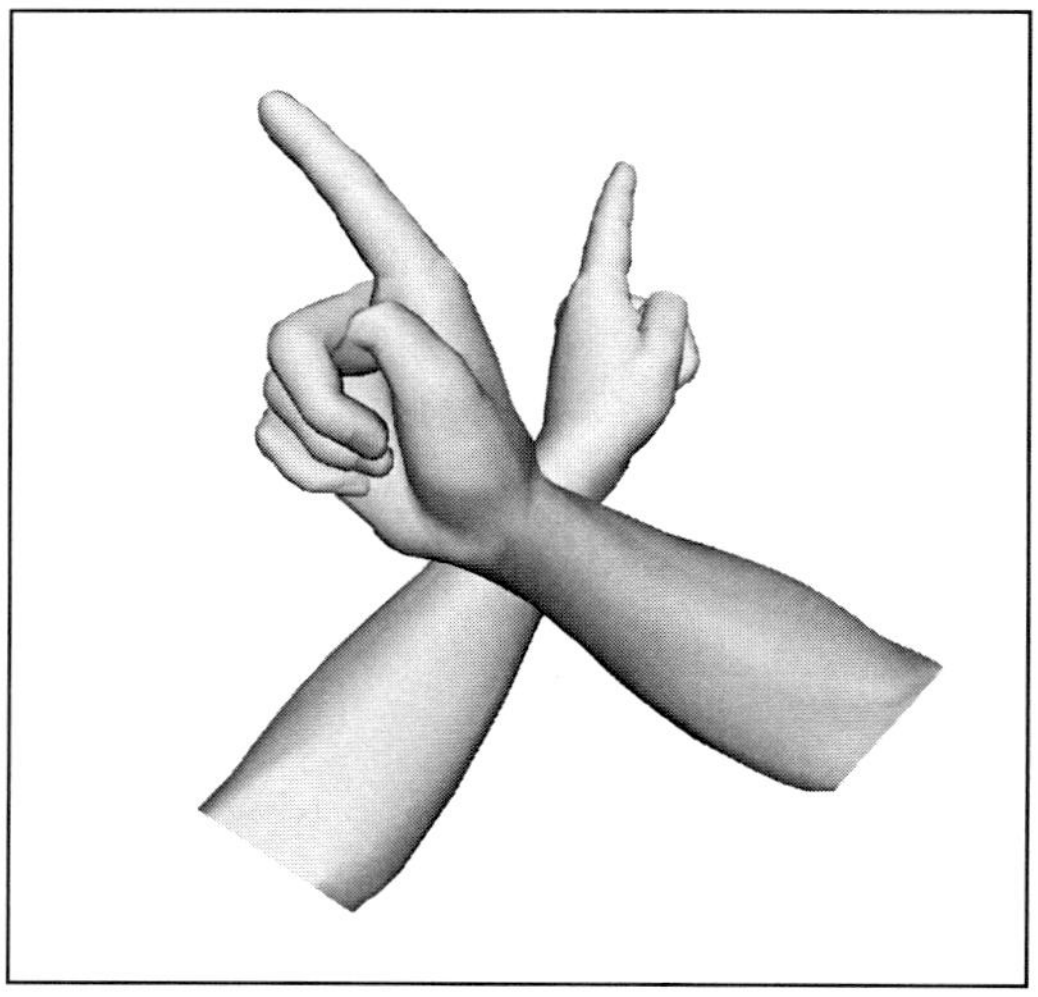

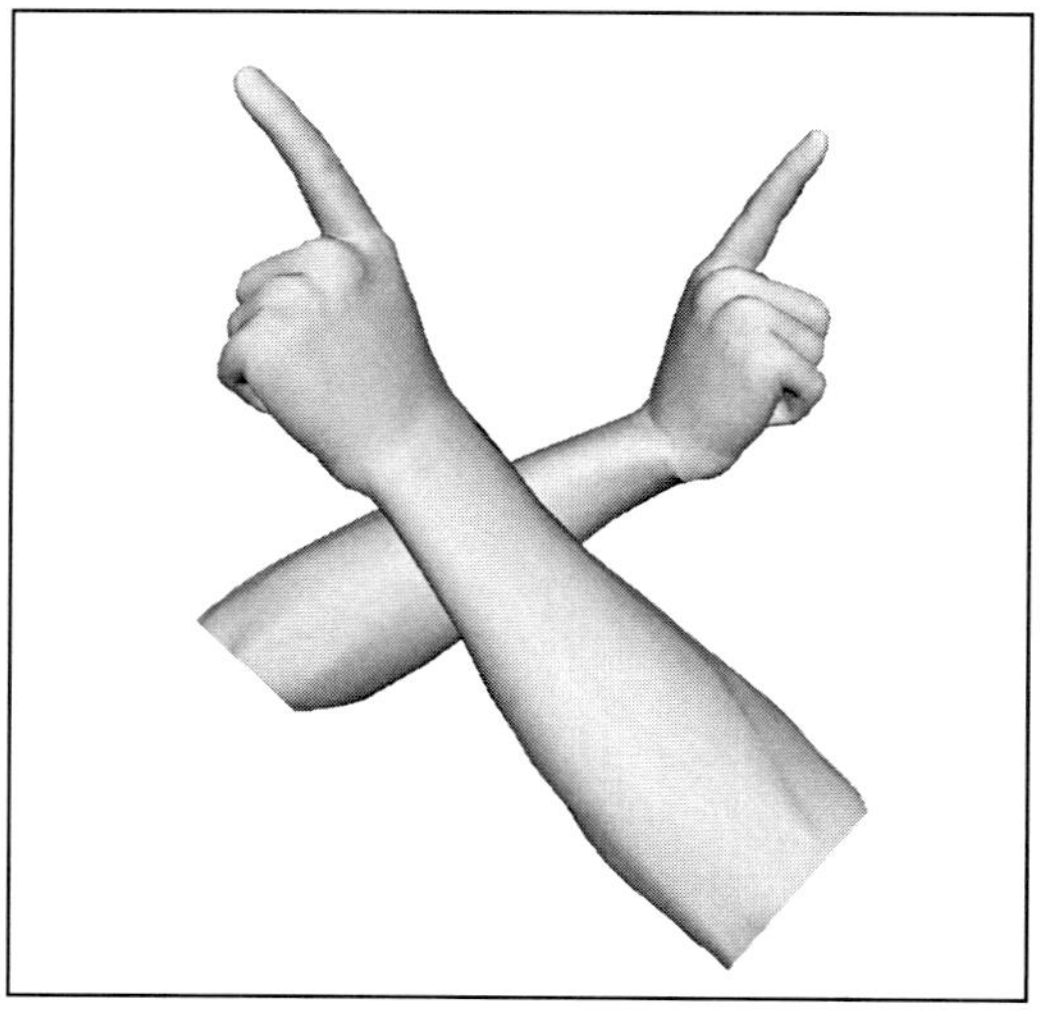

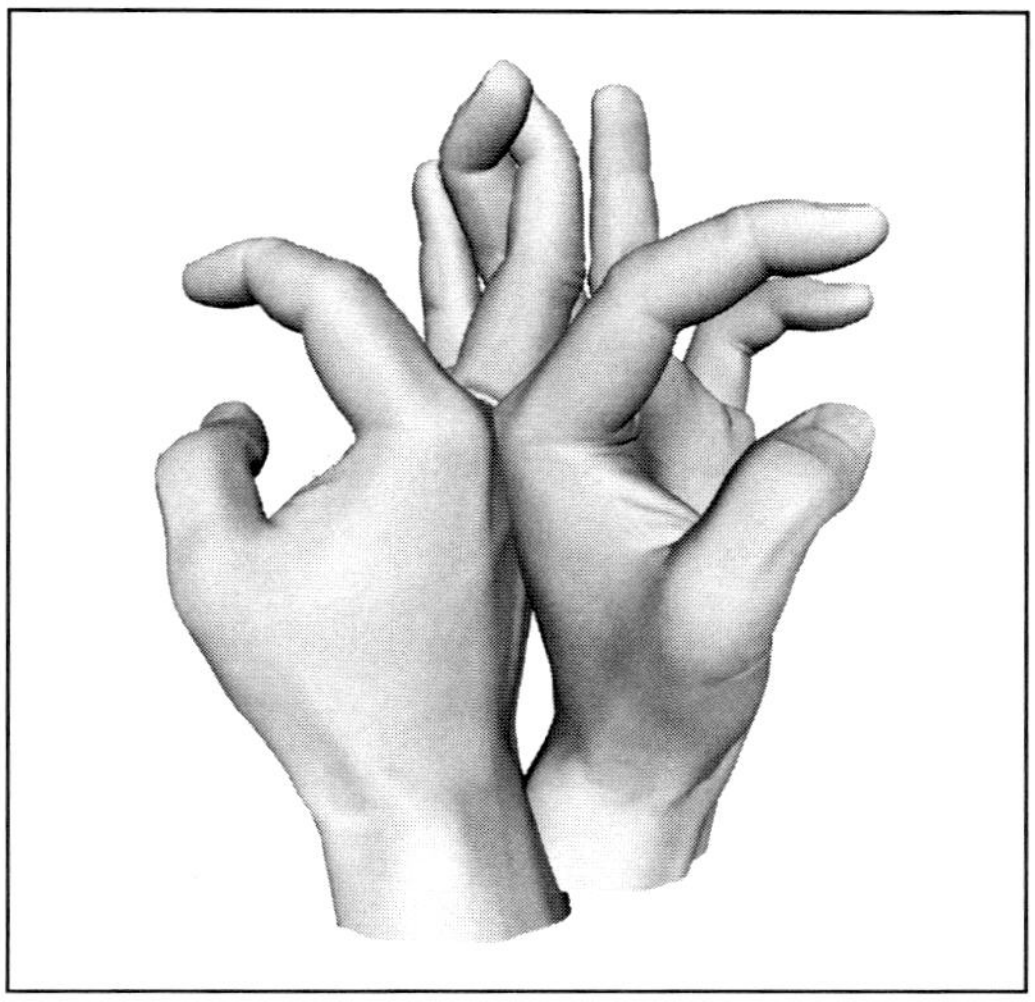

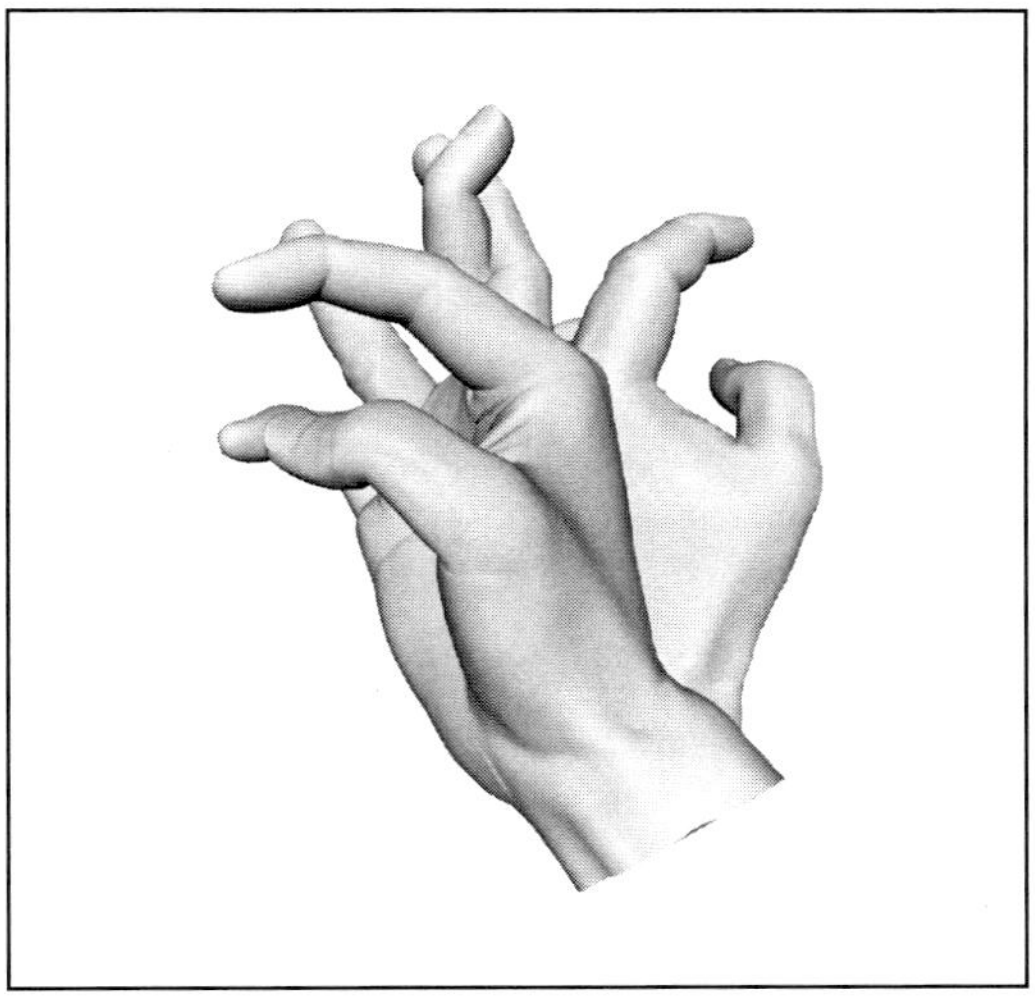

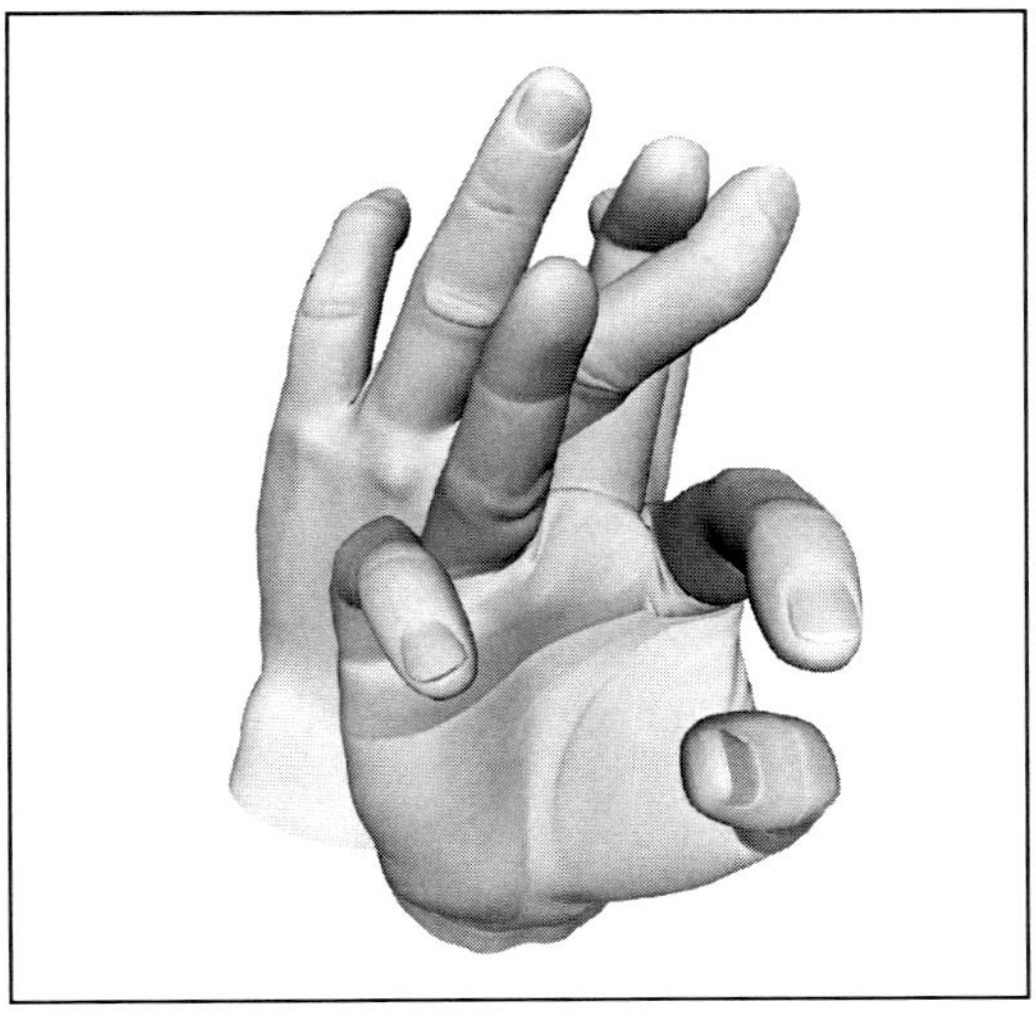

（各別印《かくべついん》）
南方天《なんぽうてん》

①右手を上（手前）にして、両手の背を合わせる。
②両中指を伸ばして相鉤する。
③両薬指は直ぐ伸ばし、他の指は屈する。
④親指で来去する。

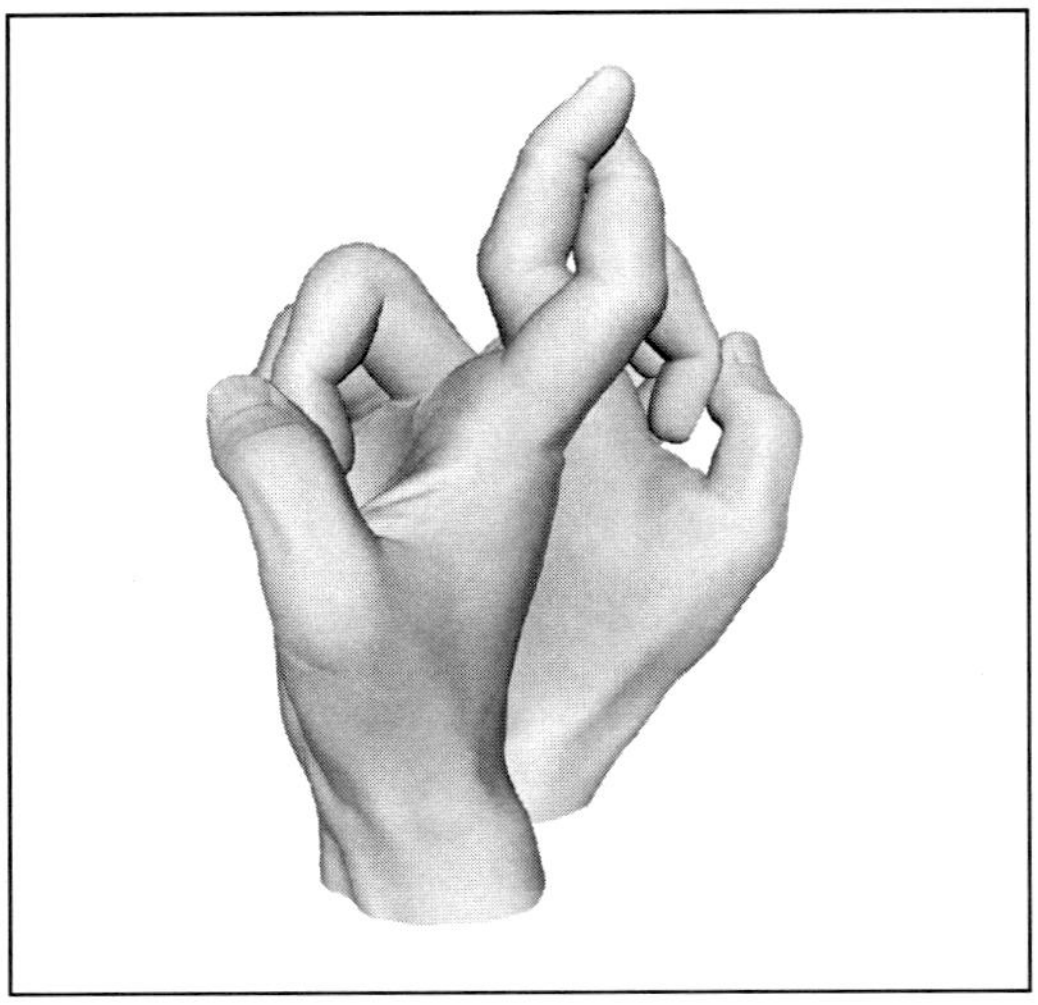

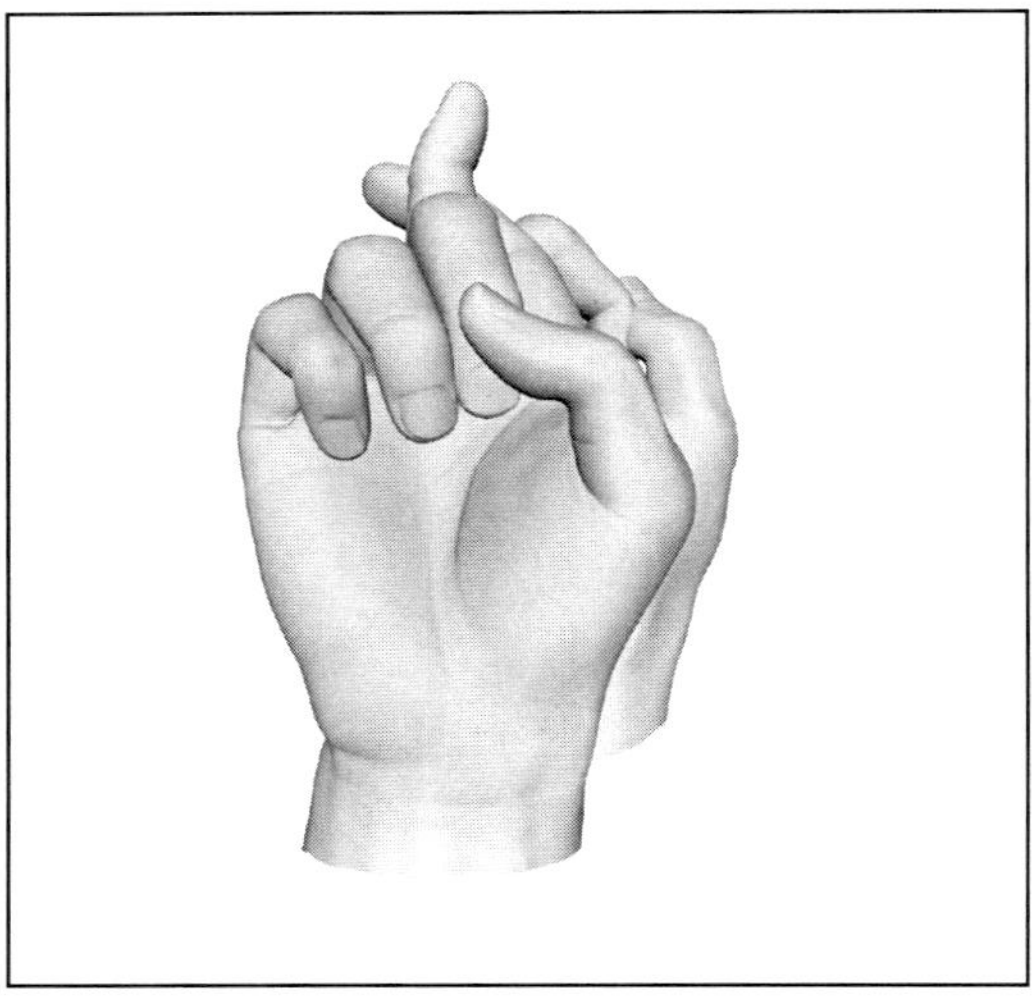

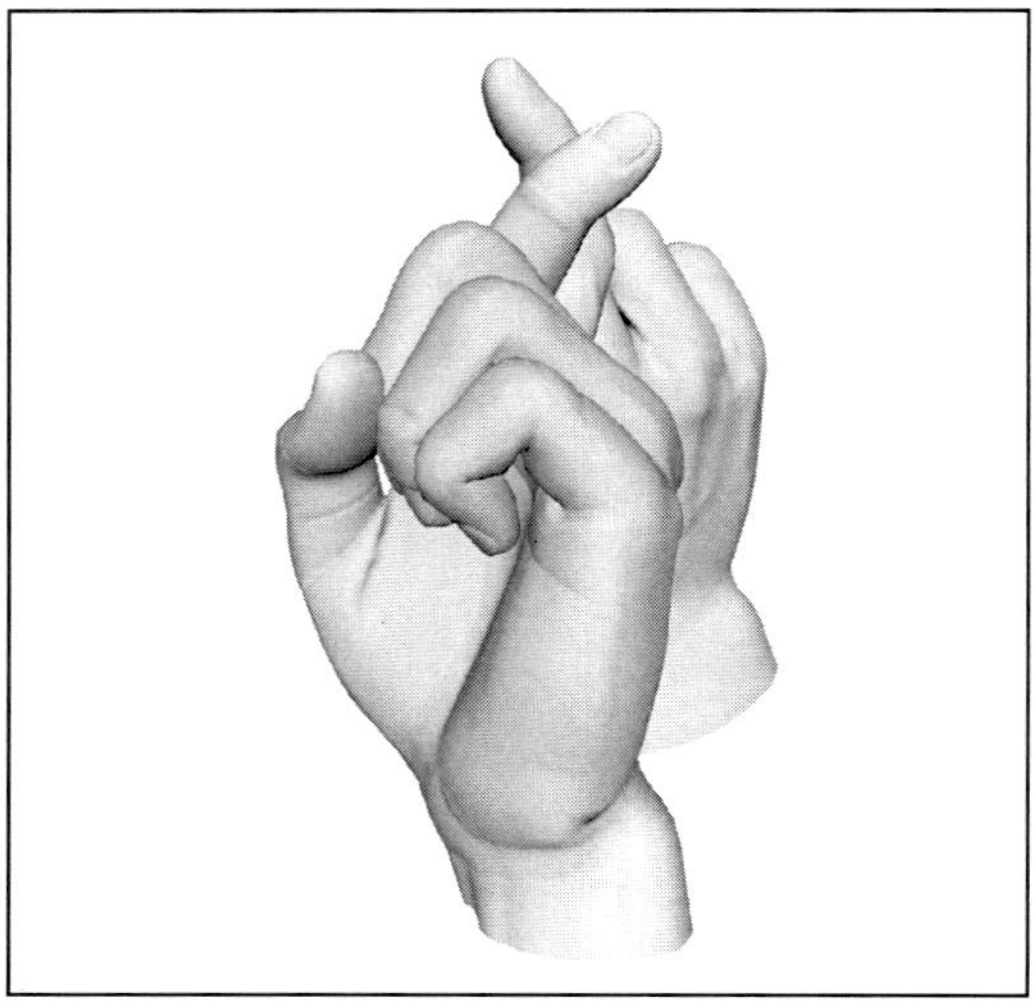

（各別印《かくべついん》）西方天《さいほうてん》

①両手、拳にして右手を上（手前）にして交差させ、背を合わせる。

②両人差指を立てて相鉤する。

③両小指、薬指、中指を屈して掌中に入れ、両親指で中指の甲を押す。

北方天《ほっぽうてん》（各別印《かくべついん》）

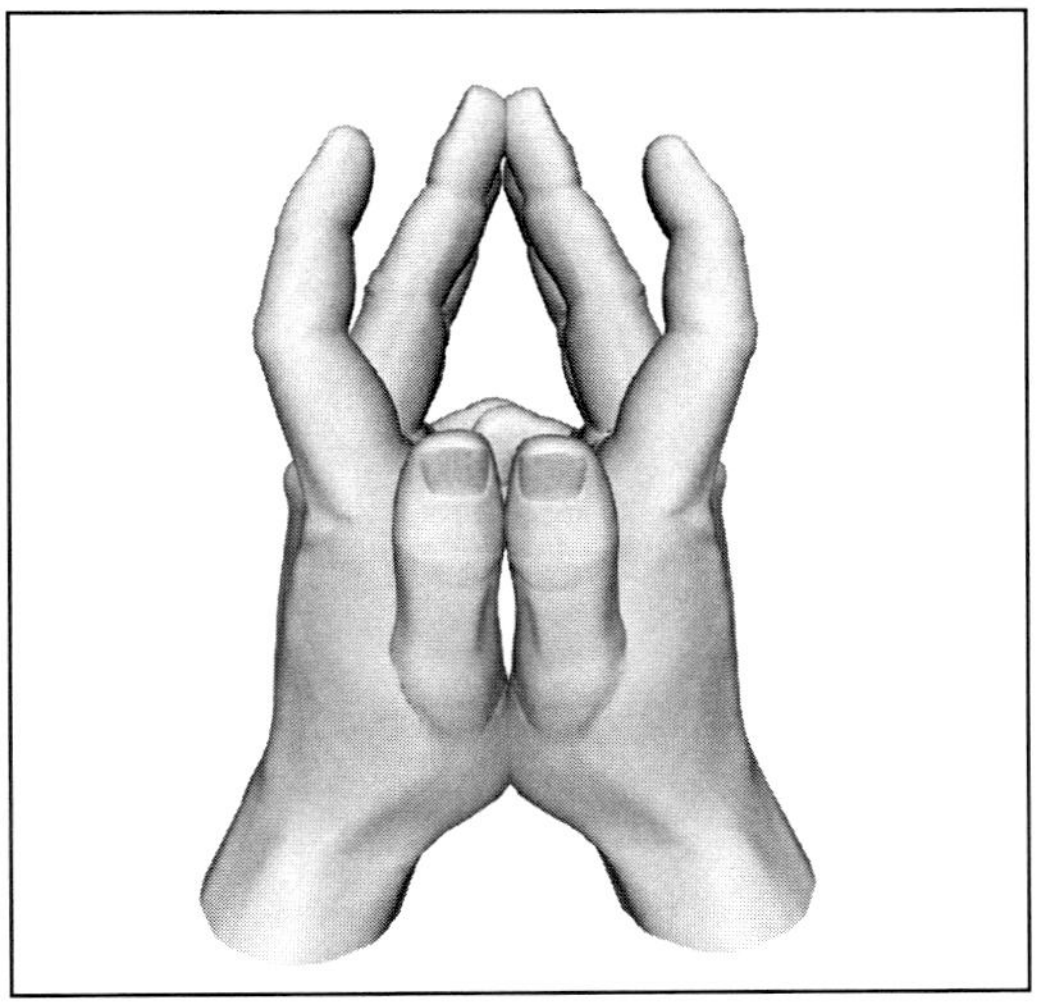

①両手、虚心合掌する。
②両小指を掌中に入れ、交える。
③両人差指は開いて中指の背に回し、中指にはつけない。
④両親指は並べ立てる。

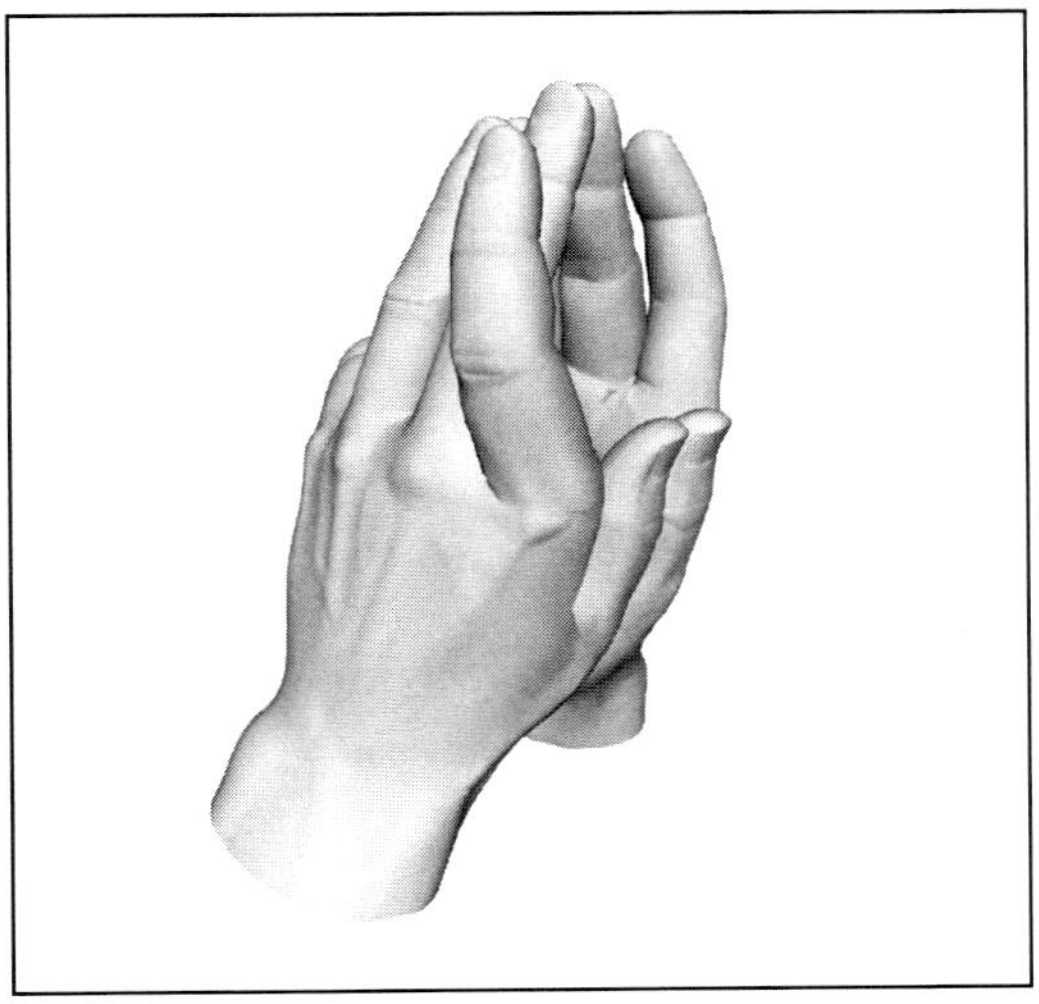

（各別印《かくべついん》）
持国天《じこくてん》

①両手、金剛拳にする。
②両人差指を伸ばしてやや屈する。
③両親指は伸ばして中指の側に付ける。
④腕を胸前で交差させる。

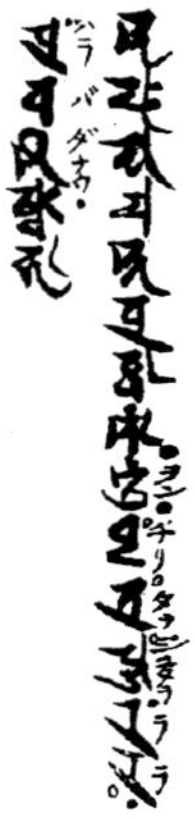

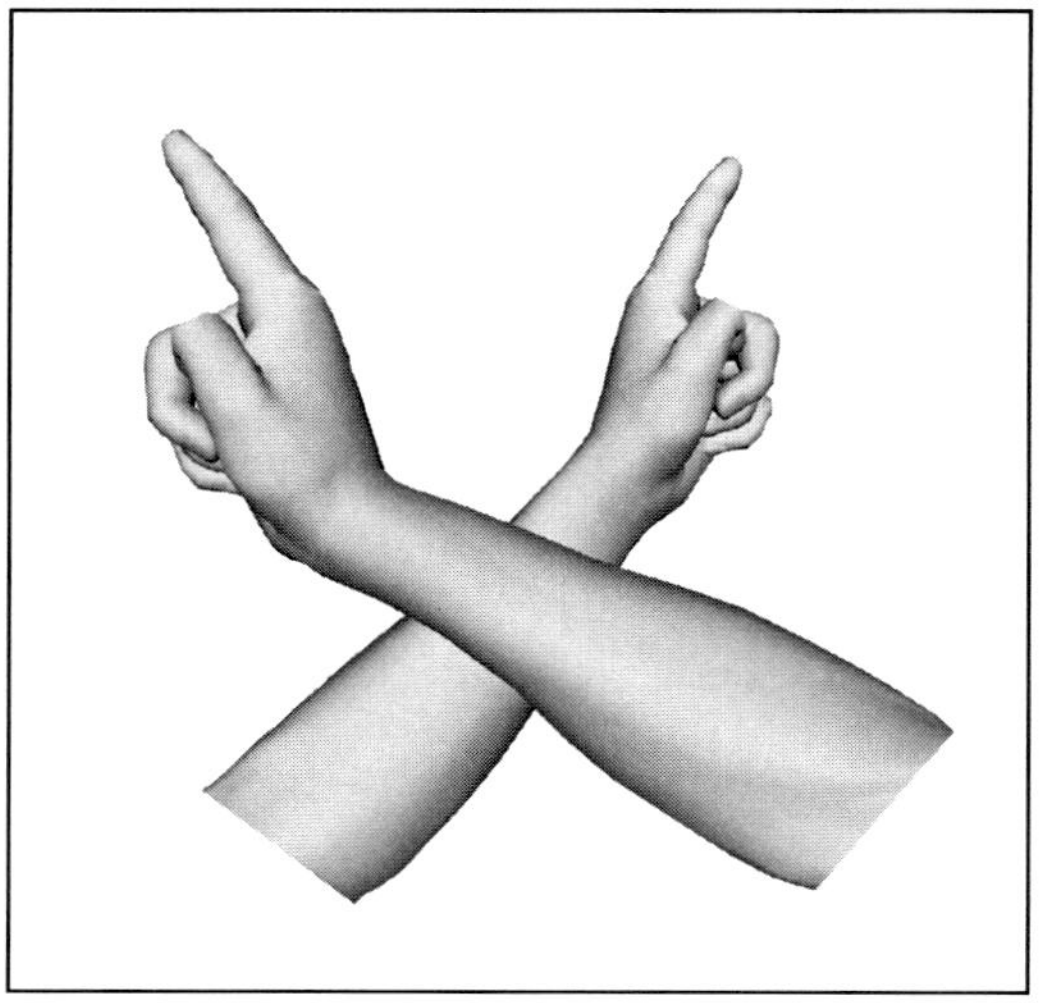

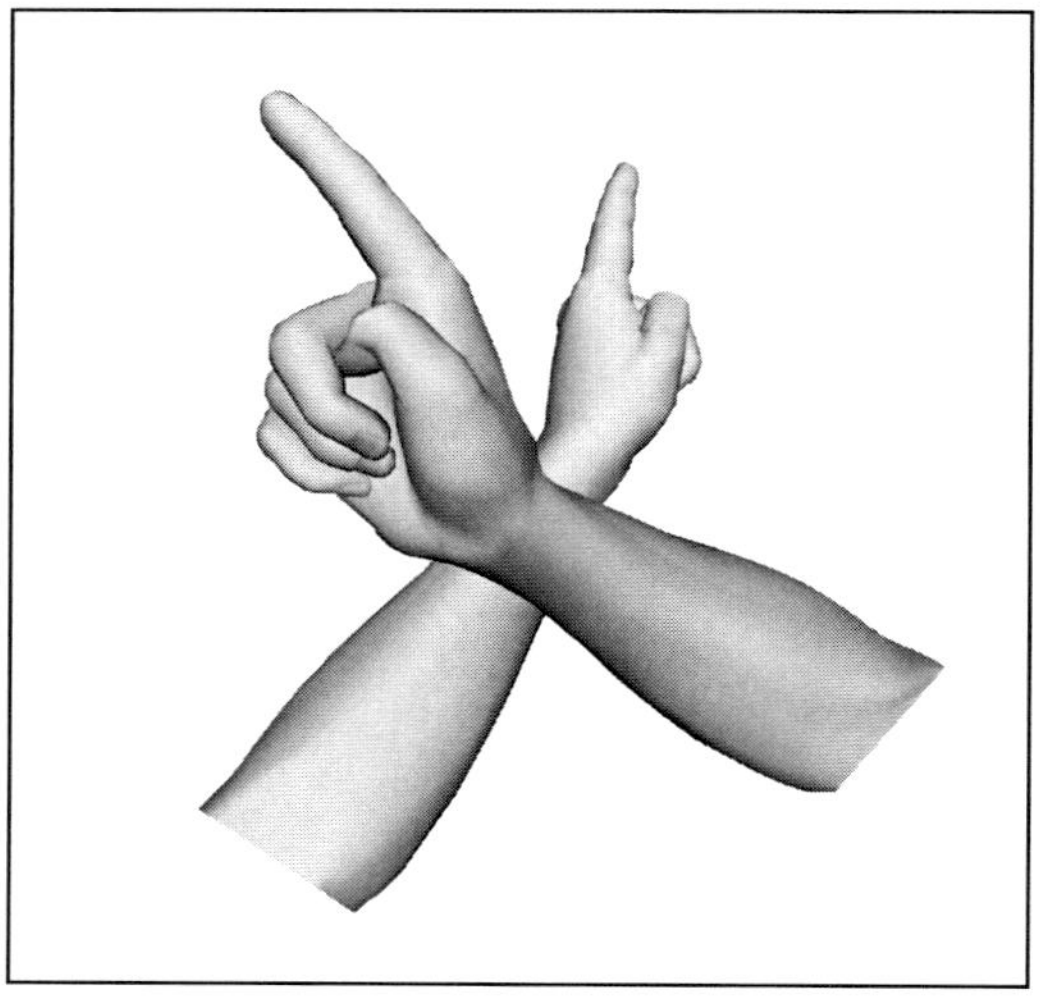

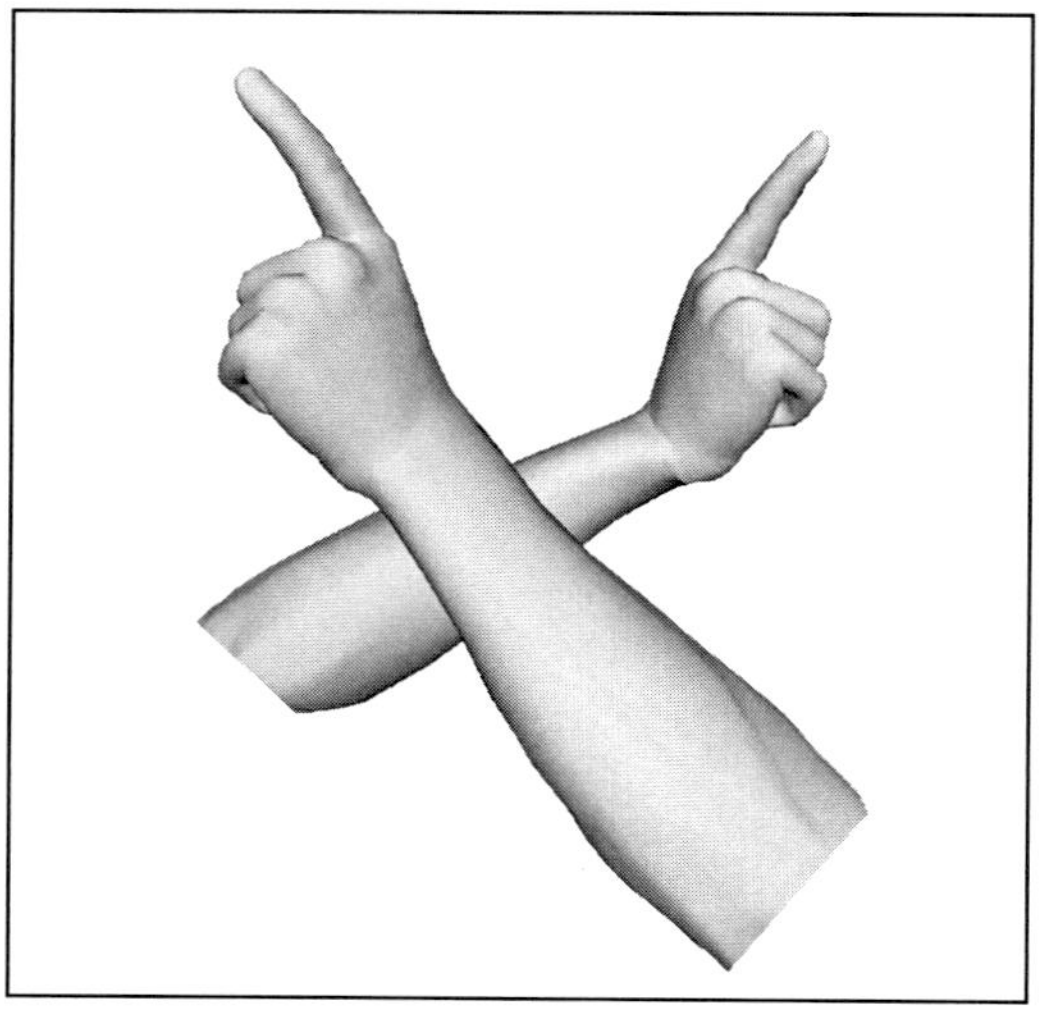

増長天《ぞうじょうてん》（各別印《かくべついん》）

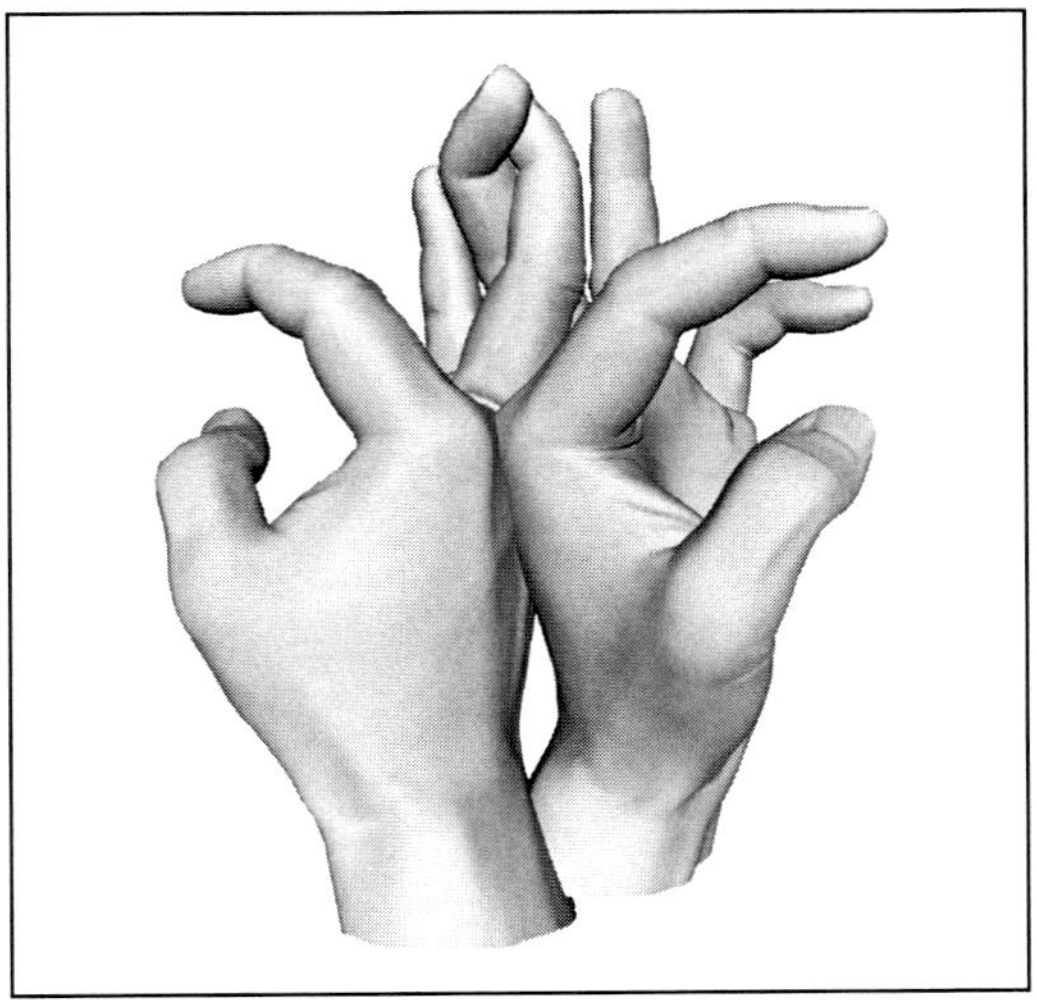

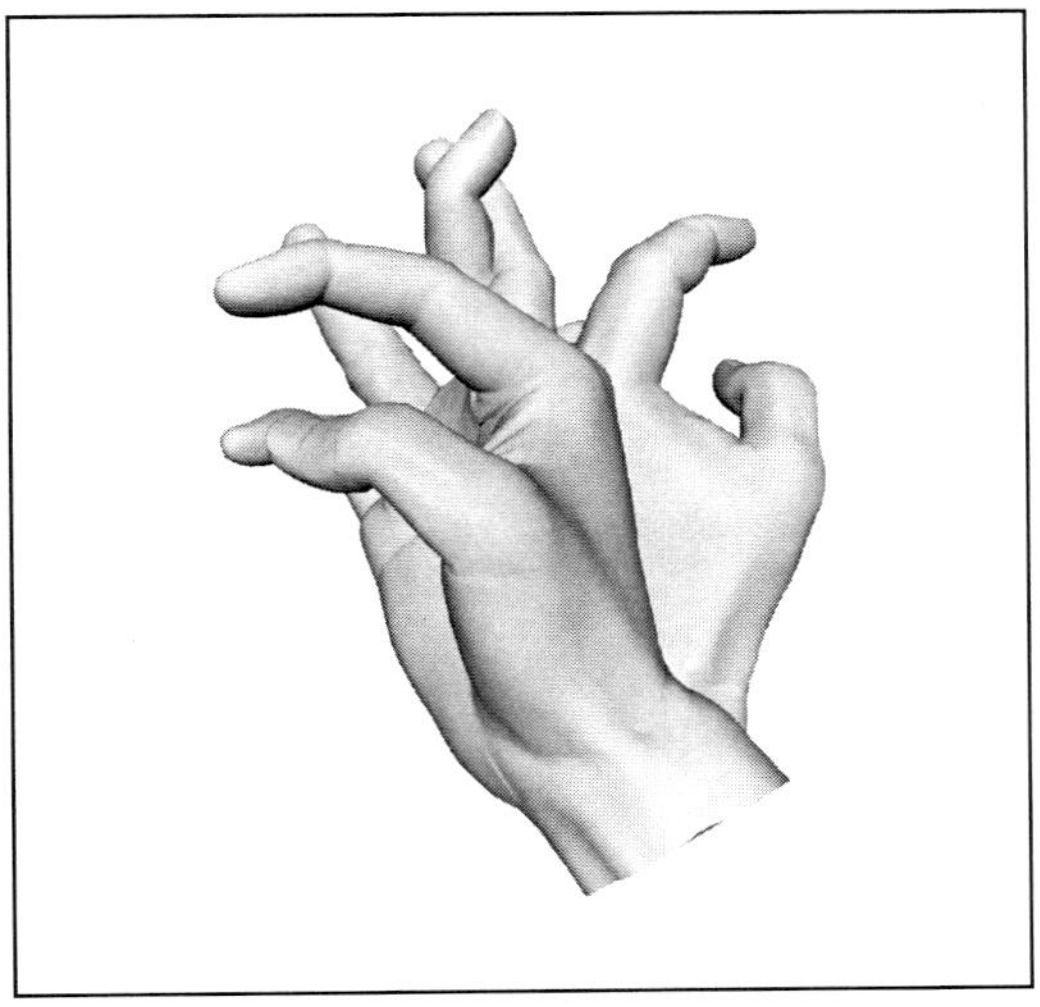

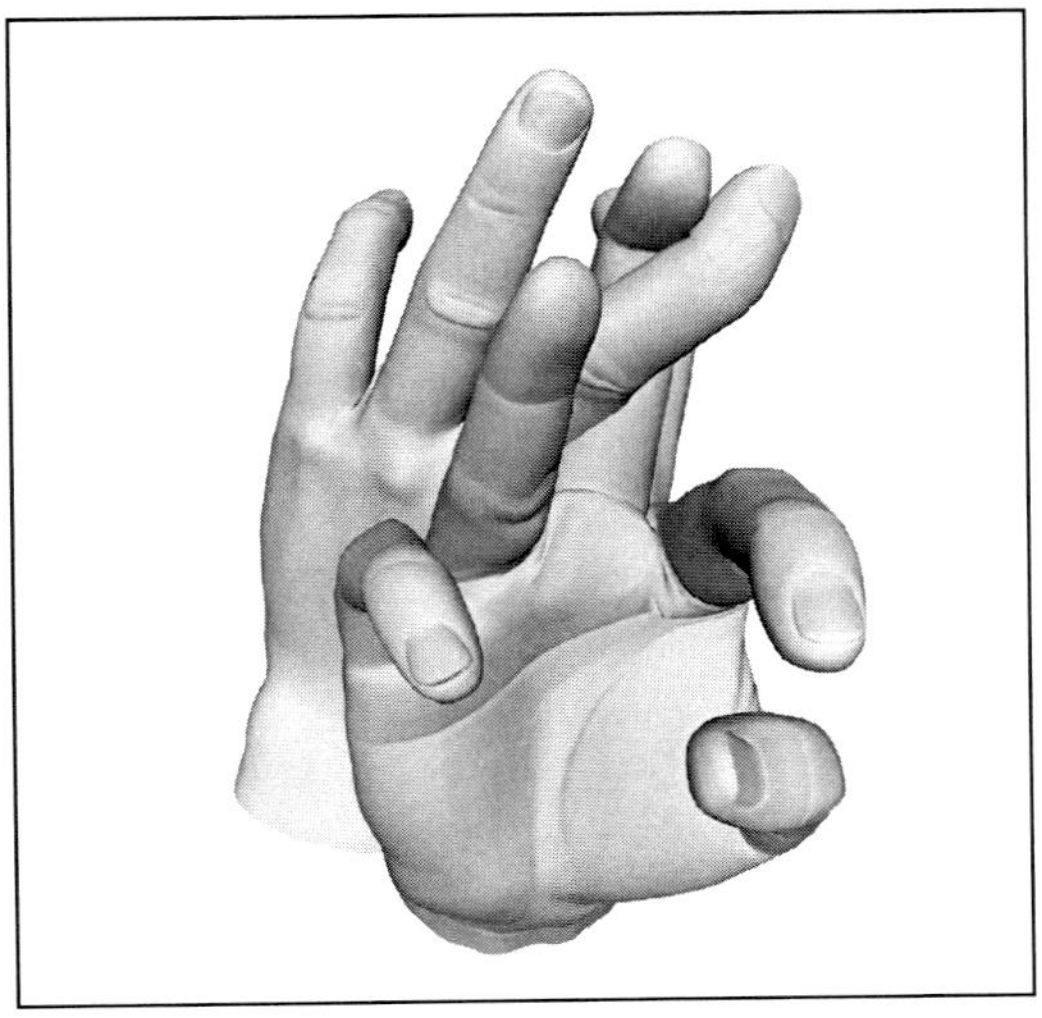

①右手を上（手前）にして、両手の背を合わせる。
②両中指を伸ばして相鉤する。
③両薬指は直ぐ伸ばし、他の指は屈する。

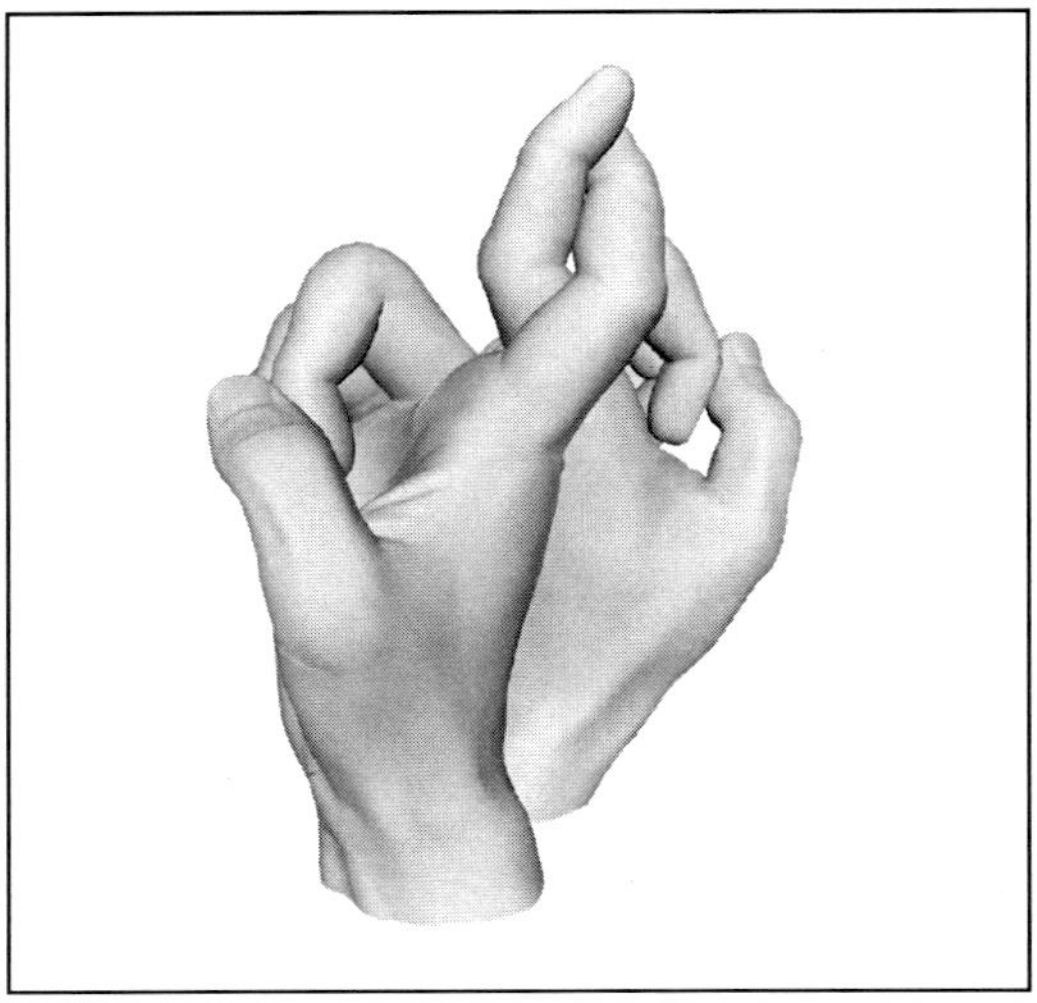

（各別印《かくべついん》）

広目天《こうもくてん》

①両手、拳にして右手を上（手前）にして交差させ、背を合わせる。
②両人差指を立てて相鉤する。
③両小指、薬指、中指を屈して掌中に入れ、両親指で中指の甲を押す。

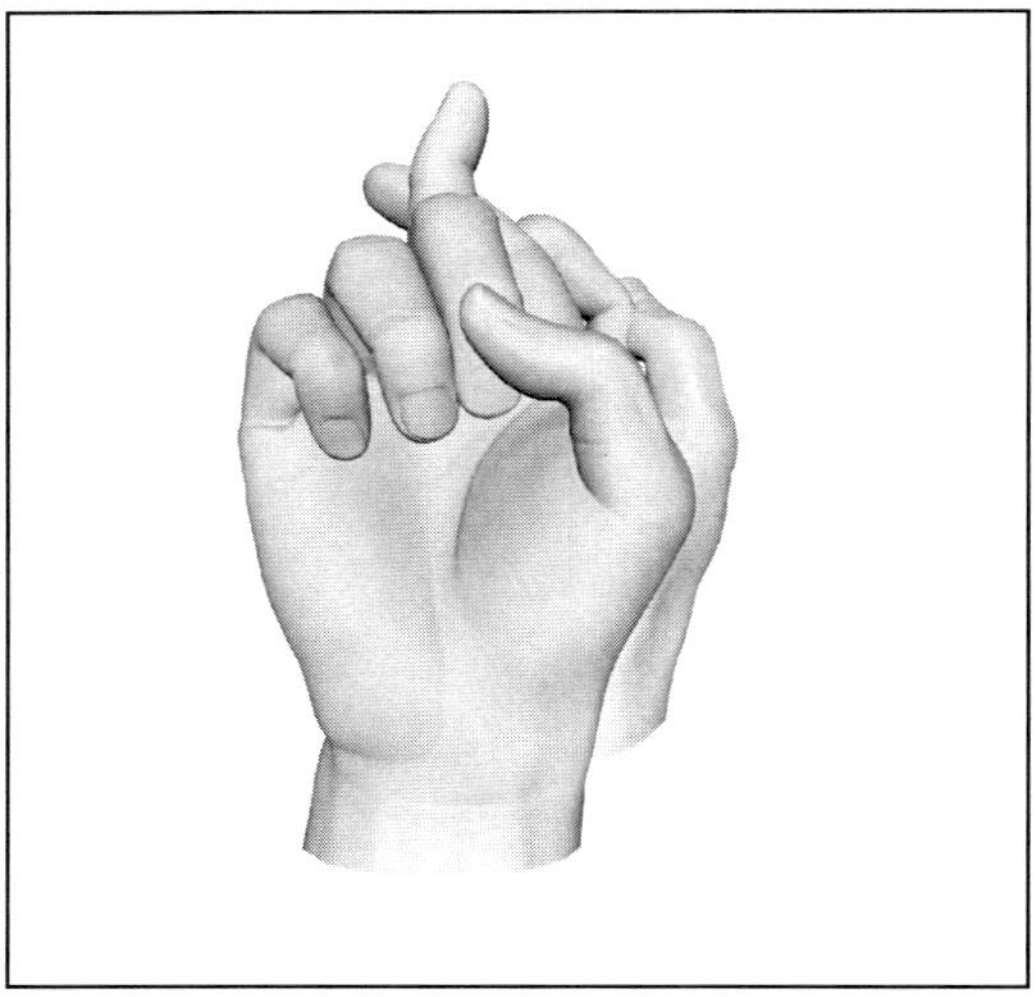

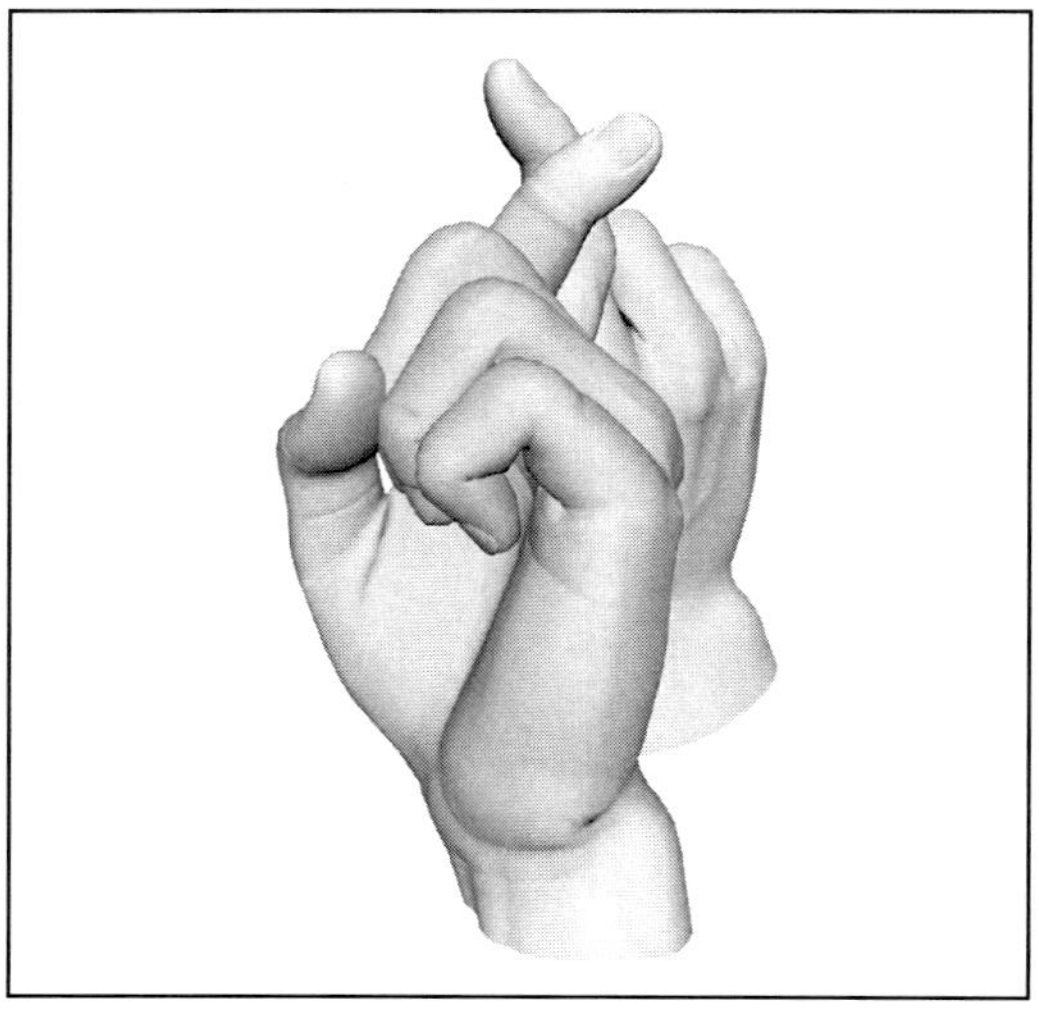

多聞天《たもんてん》（各別印《かくべついん》）

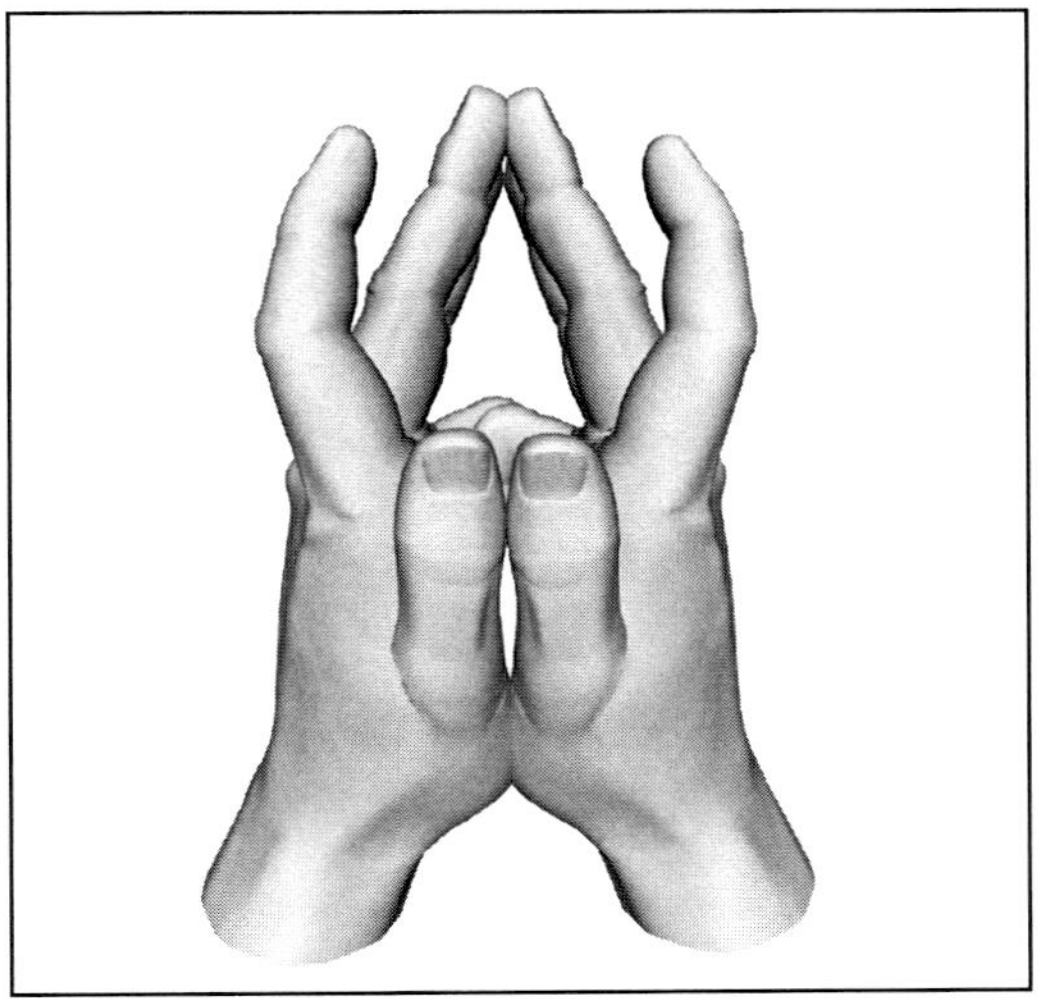

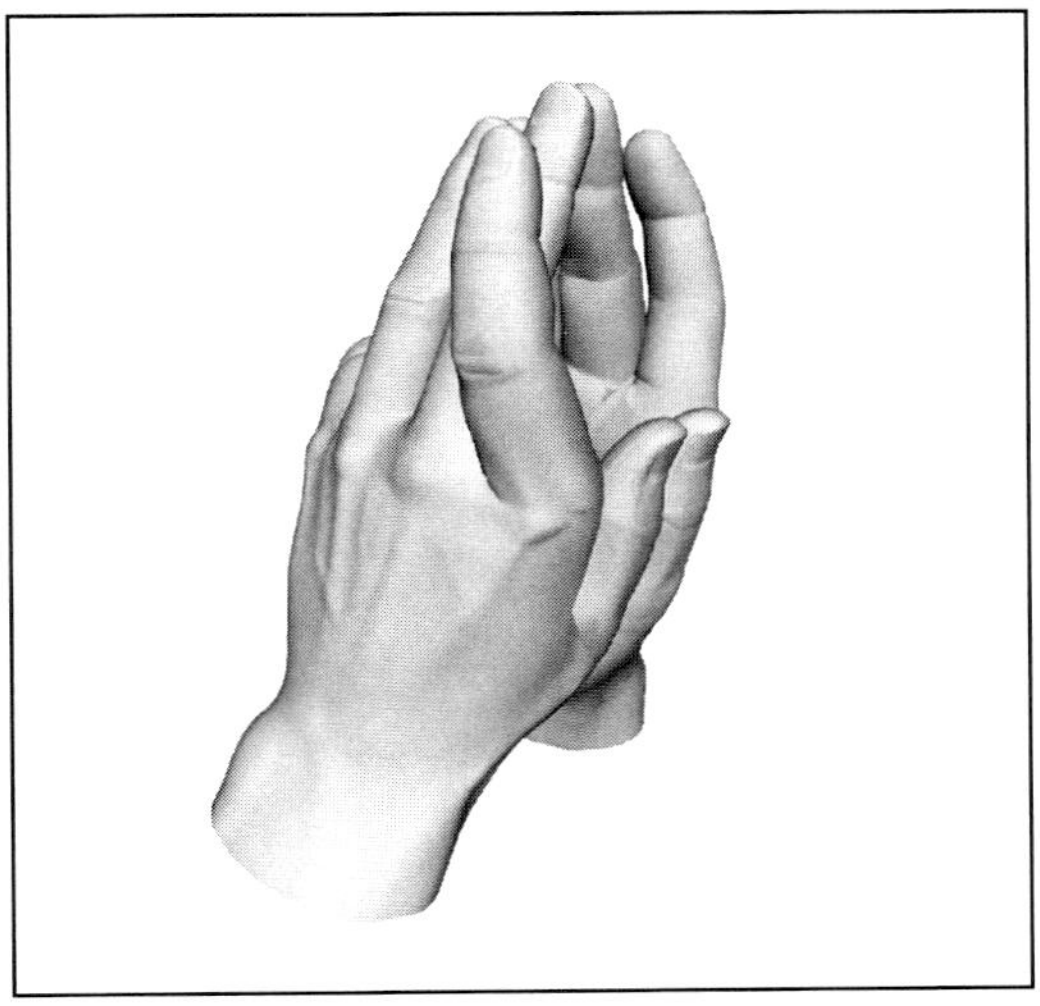

①両手、虚心合掌する。
②両小指を掌中に入れ、交える。
③両人差指は開いて中指の背に回し、中指にはつけない。
④両親指は並べ立てる。

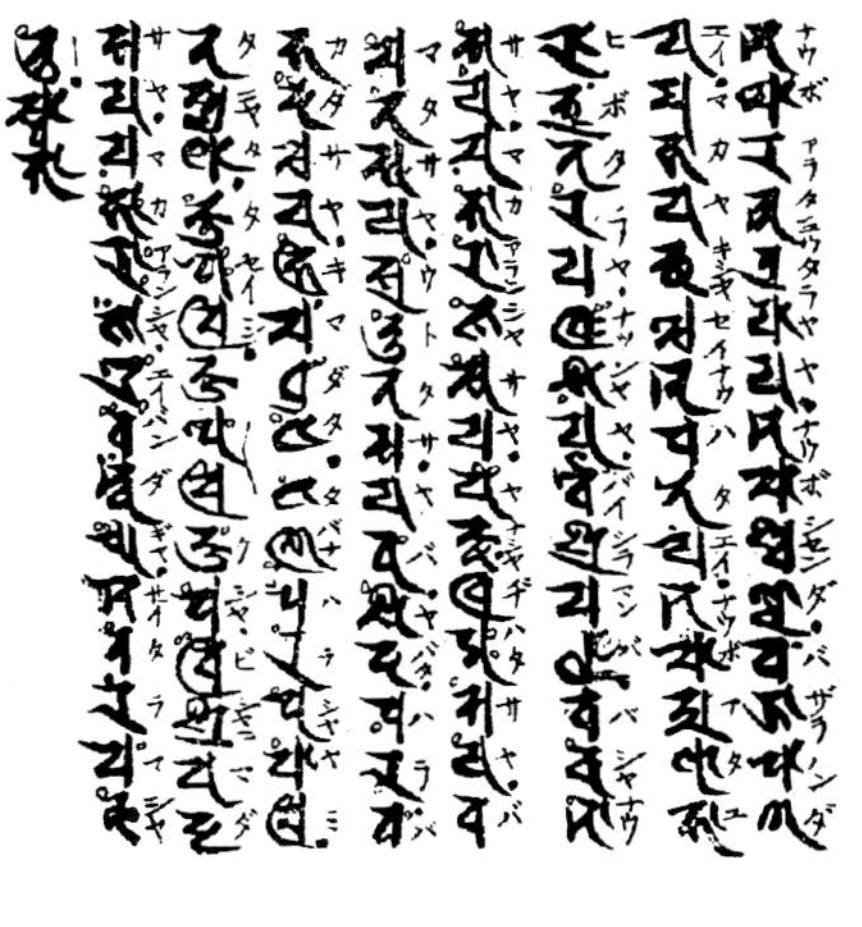

五《ご》秘《ひ》密《みつ》一
外《げ》五《ご》鈷《こ》印《いん》

①両手、外縛する。
②両小指、中指、親指を立て合わせる。
③両人差指を立て屈して鉤のようにし、中指の背に回し、中指にはつけない。
※これは、五鈷杵を立てた形を表す。
※外五鈷印（六八頁）に同じ。

五《ご》秘《ひ》密《みつ》二
羯《かつ》磨《ま》印《いん》

①両手、外縛する。

②両親指と小指を立て合わせ、掌を開く。

③両中指を掌中に入れて相交え、指の腹を合わせる。

※これは、弓に箭を番えた形を表す。

※理趣経惣印（九三頁）に同じ。

※真言は前頁に同じ。

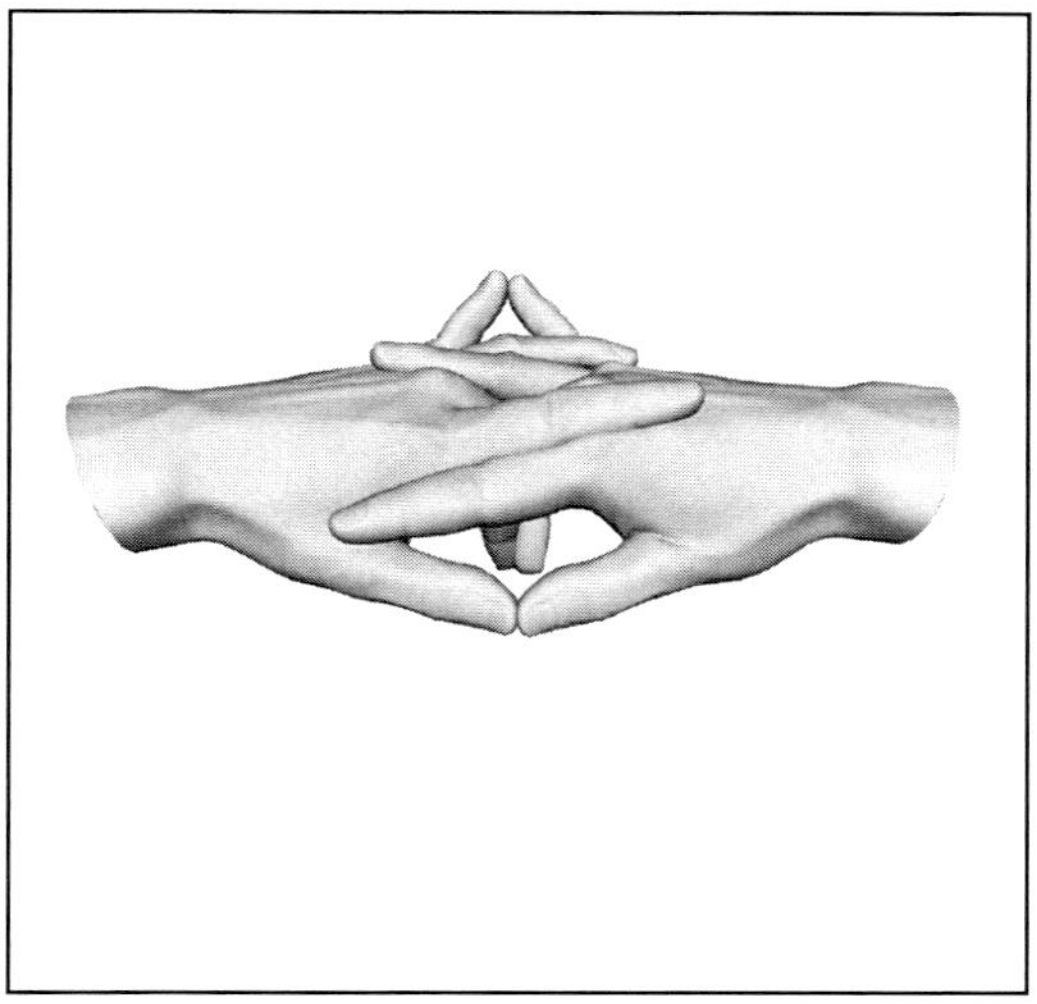

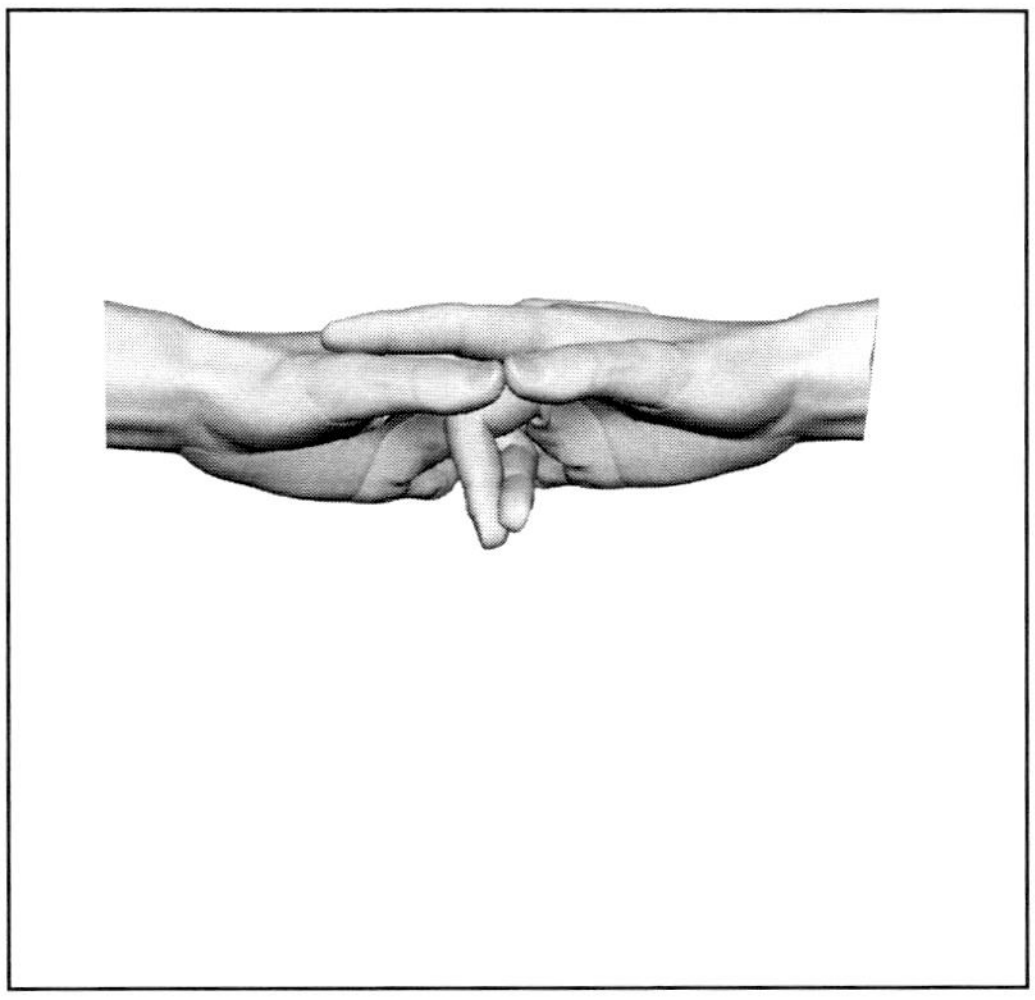

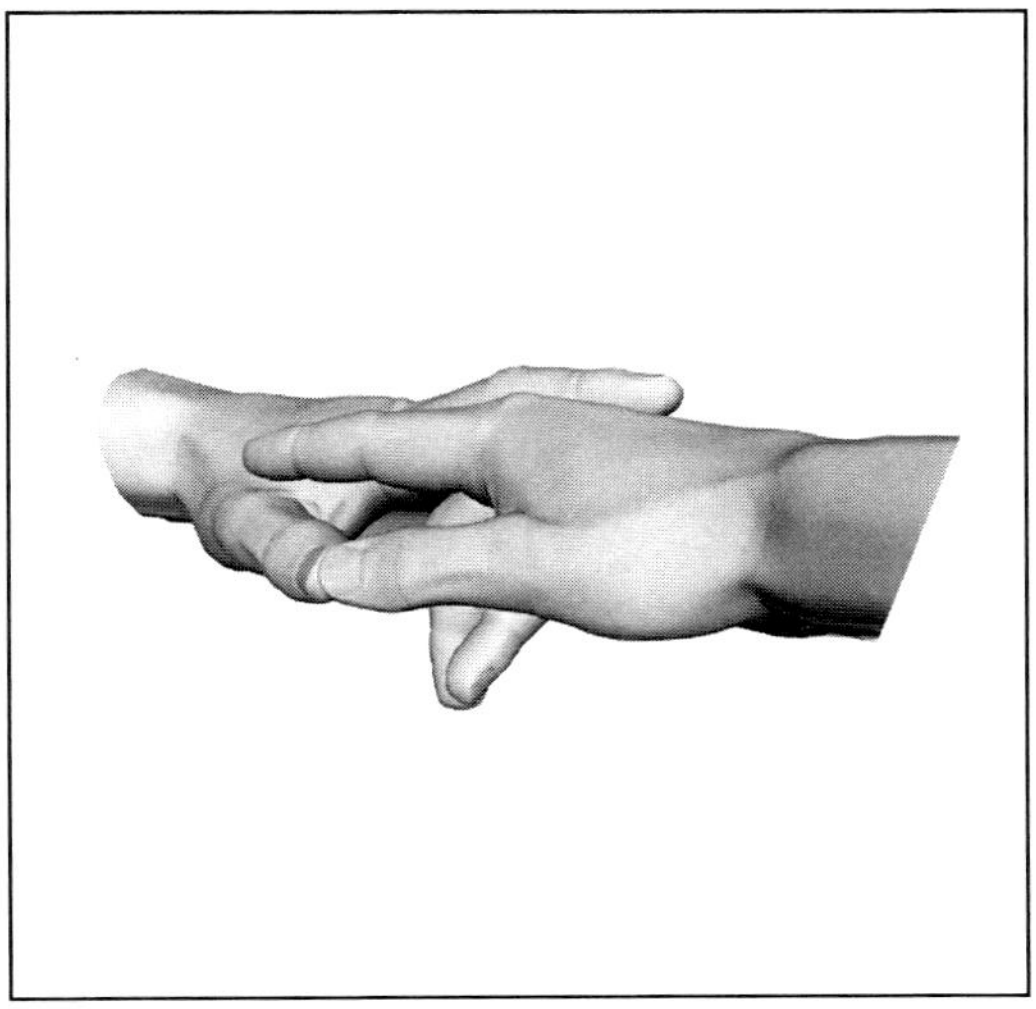

金剛薩埵《こんごうさった》羯磨印《かつまいん》

①両手、金剛拳にする。
②右拳は胸にあて、左拳は左膝に置く。
③右拳を三度上下させる。
※三度上下には、五指を開いて杵を弄するようにする、などともする。
※金剛薩埵鈴智杵印。
※理趣経段々印初段金剛薩埵初集会（九四頁）に同じ。

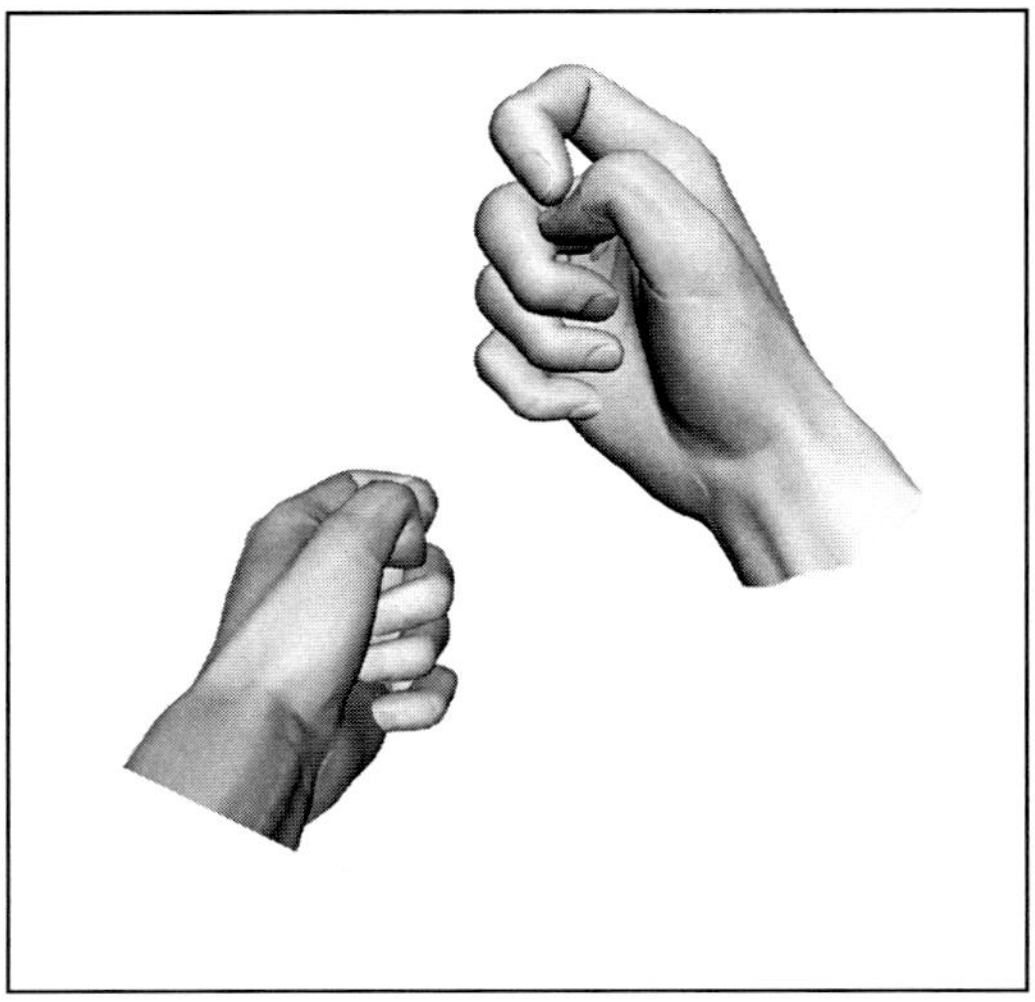

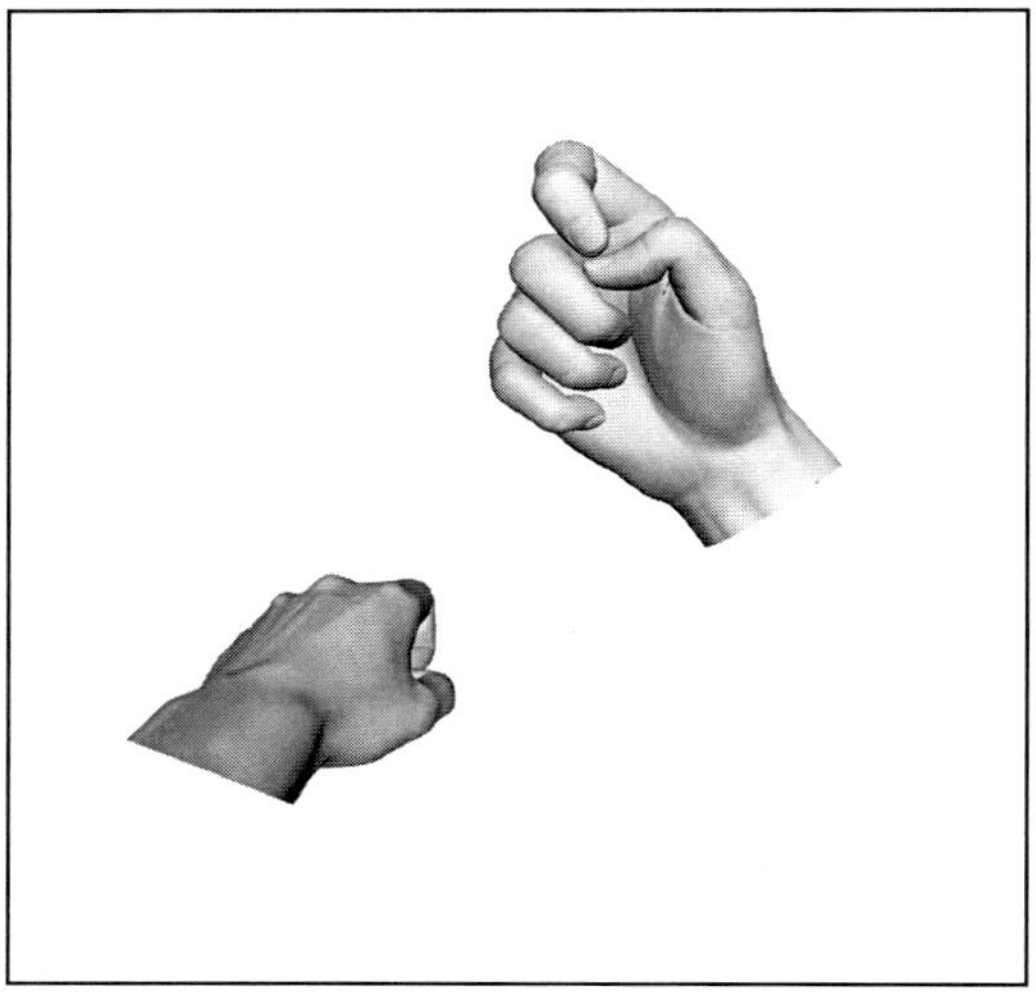

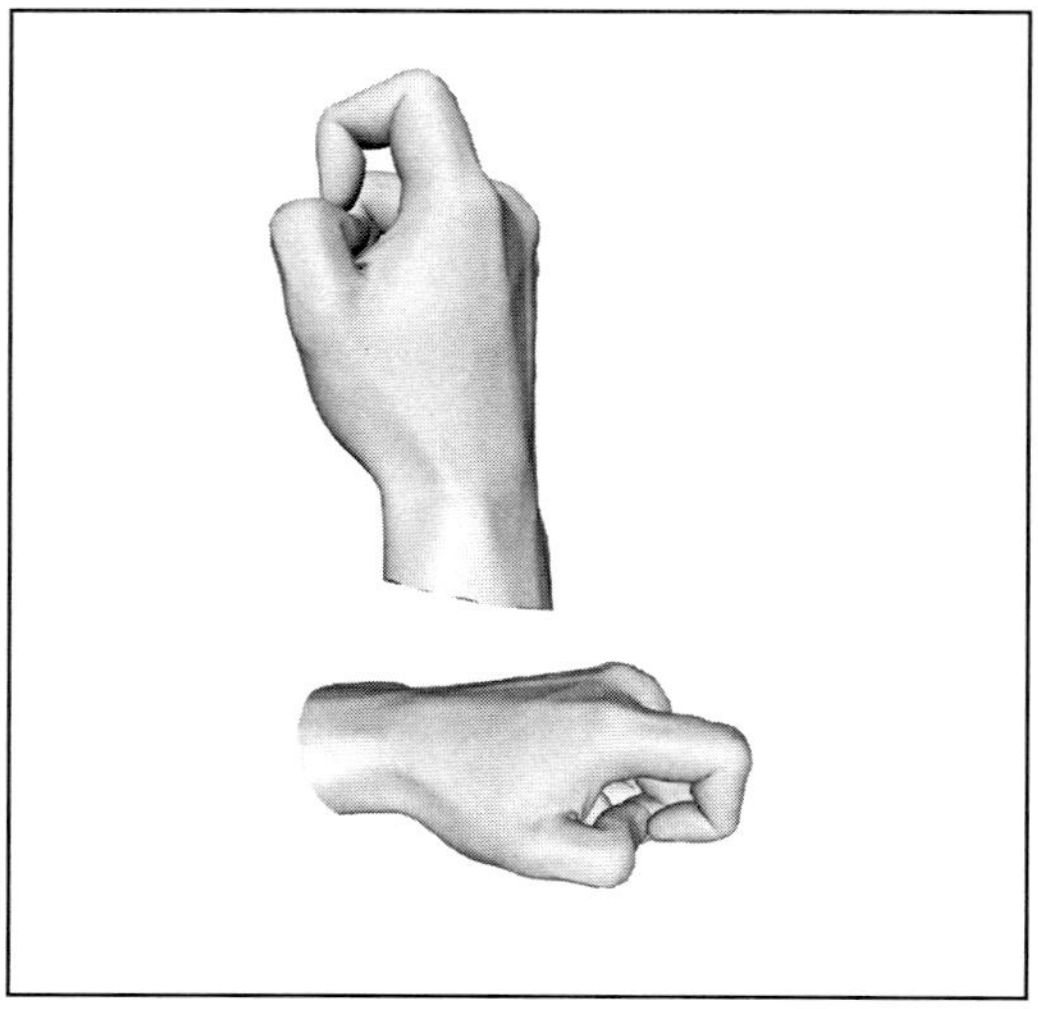

欲《よく》金《こん》剛《ごう》羯《かつ》磨《ま》印《いん》

①両手、金剛拳にする。

②右拳は弓を取るさまを、左拳は箭を引くさまをする。

※真言は一五四頁に同じ。

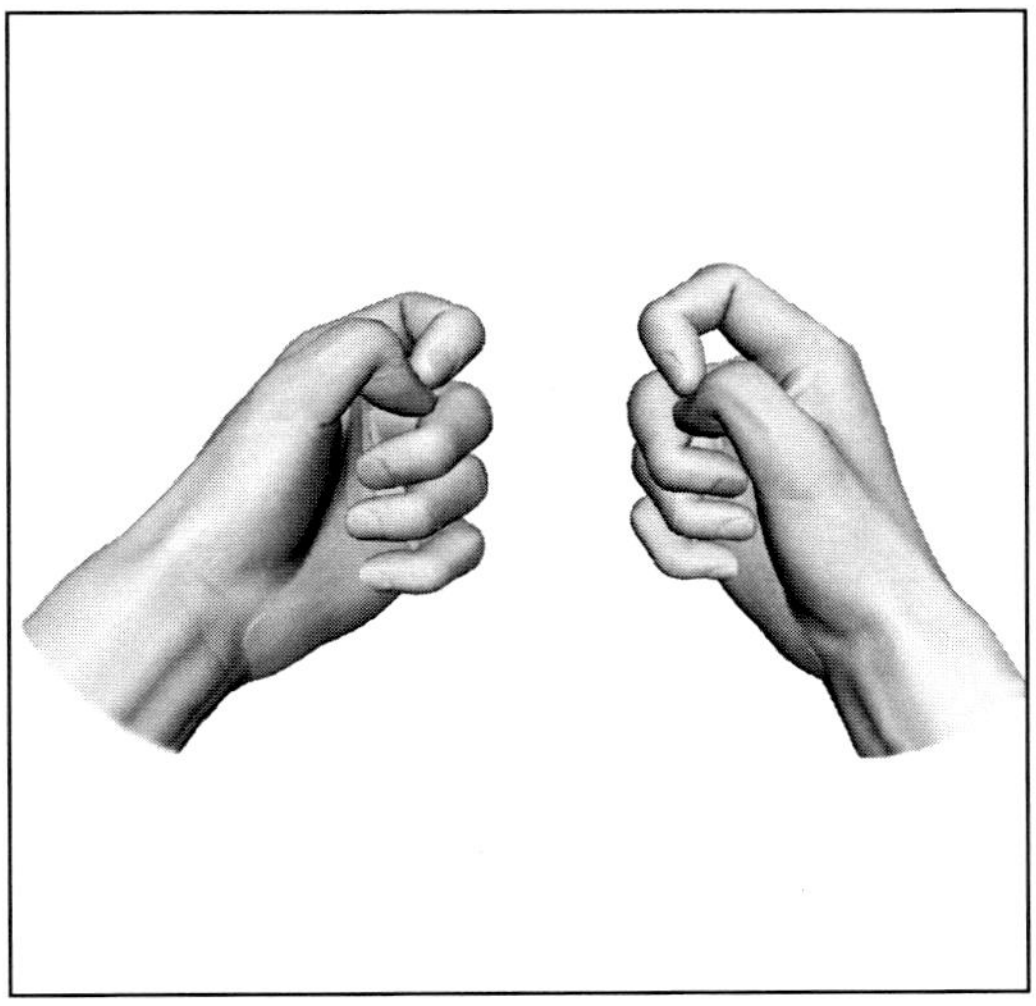

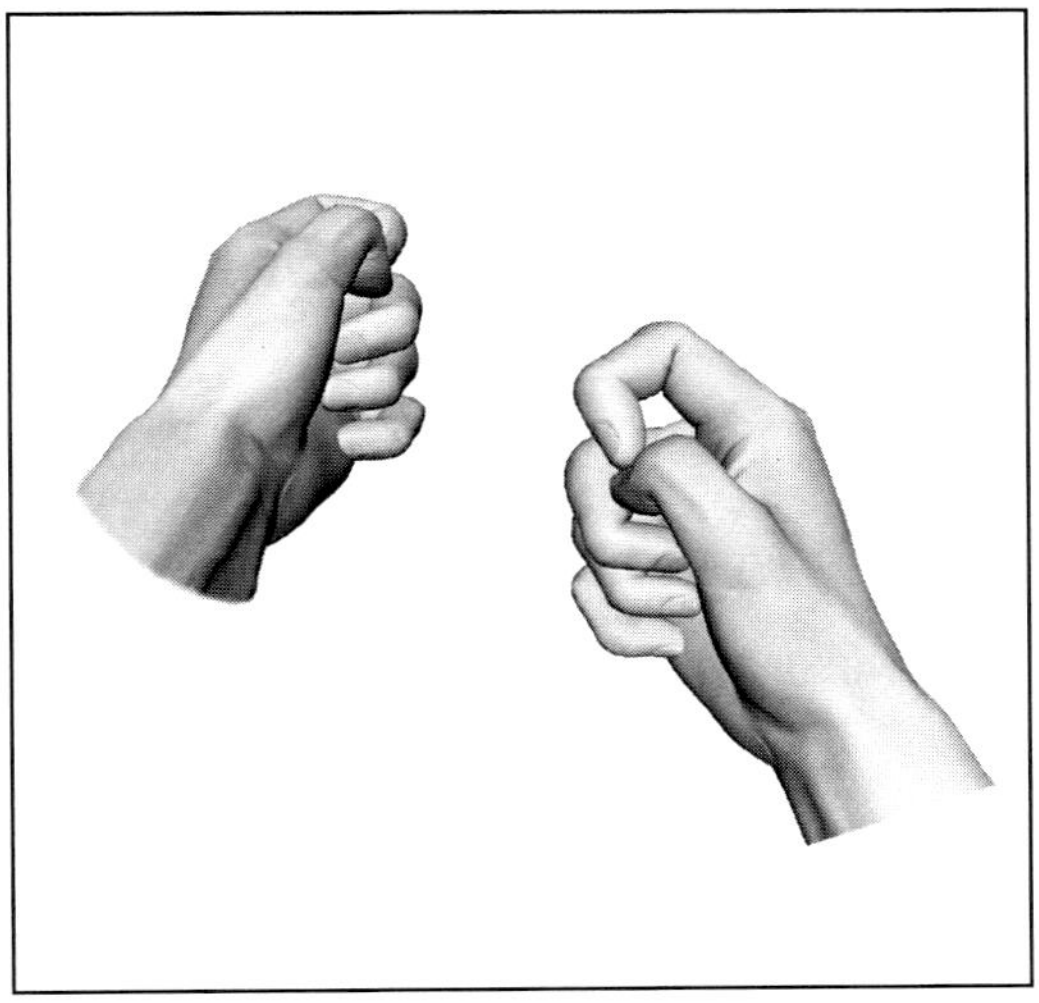

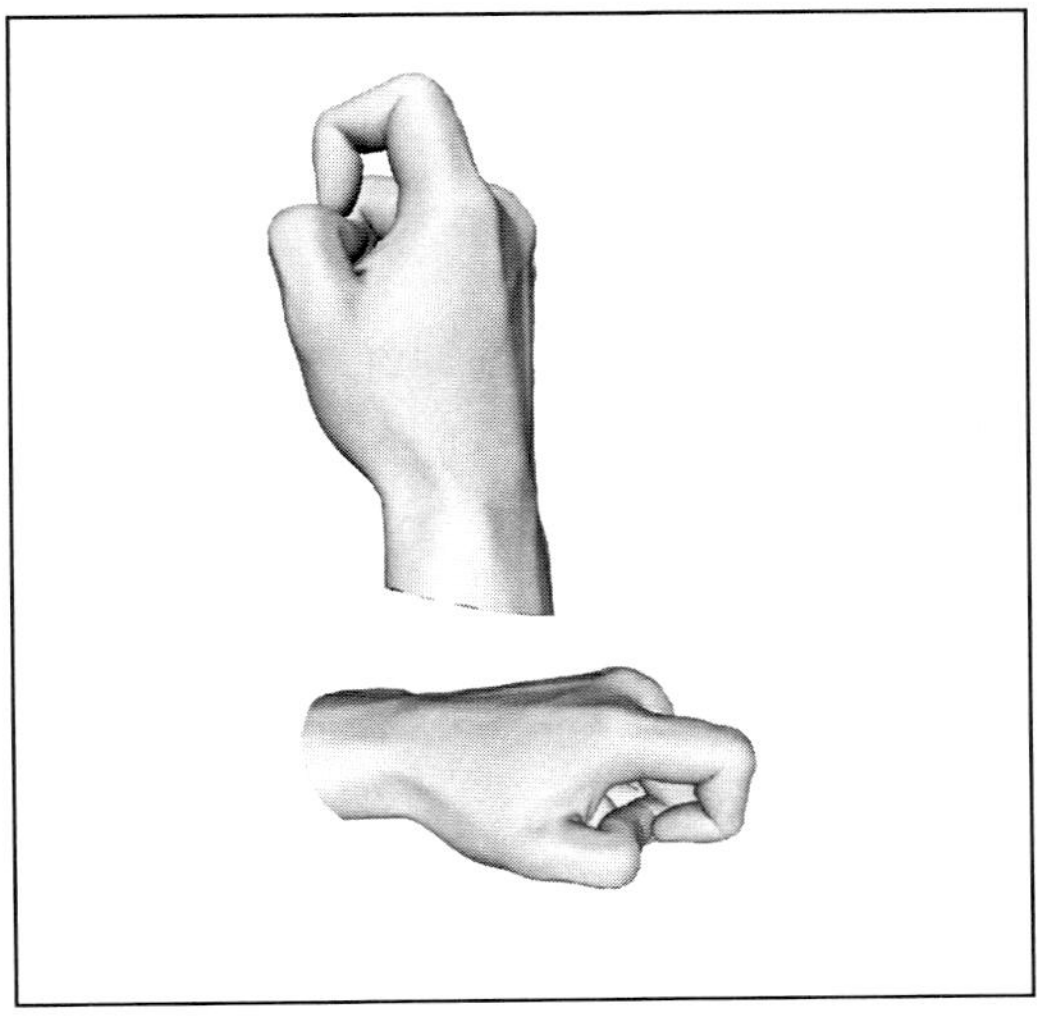

計《け》里《り》計《け》羅《ら》羯《かつ》磨《ま》印《いん》

①両手、金剛拳にする。

②右腕を手前にして、両腕を交差させ、胸を抱くようなさまをする。

※真言は一五四頁に同じ。

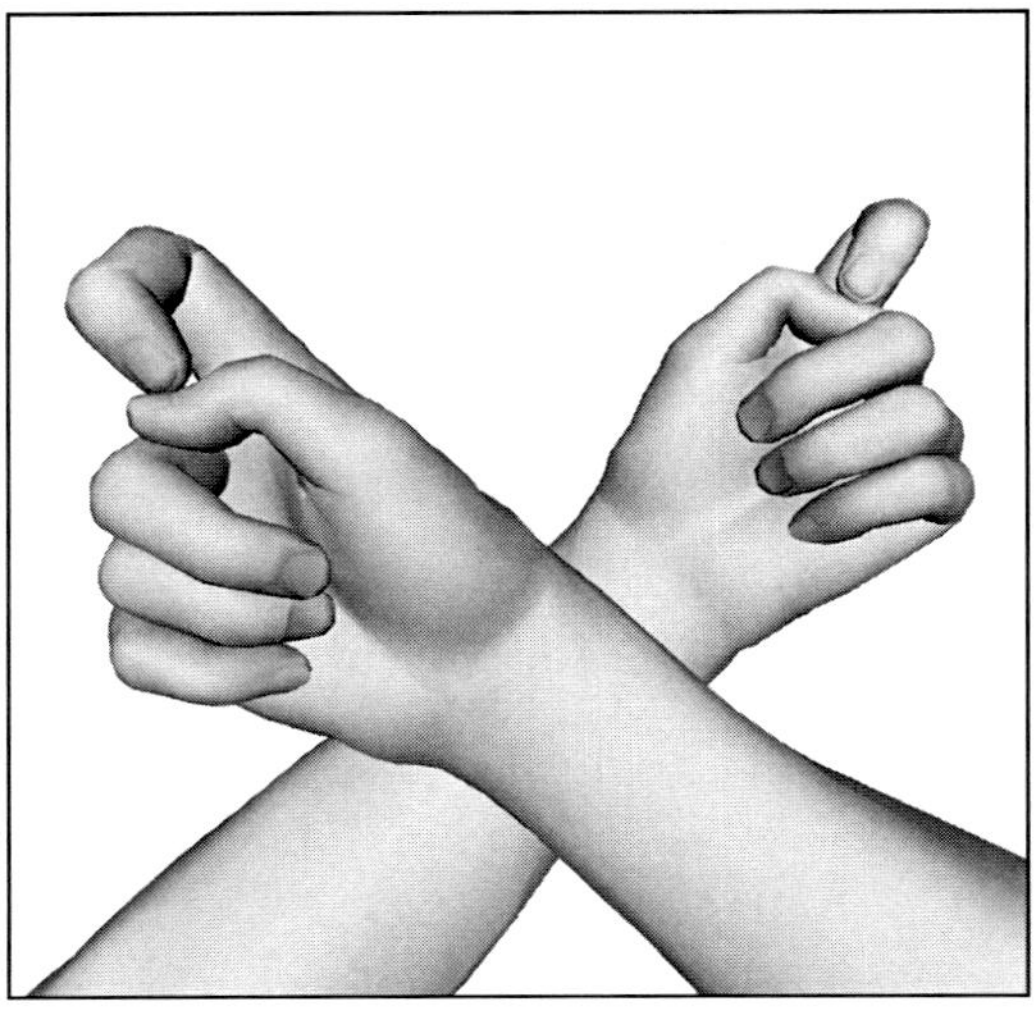

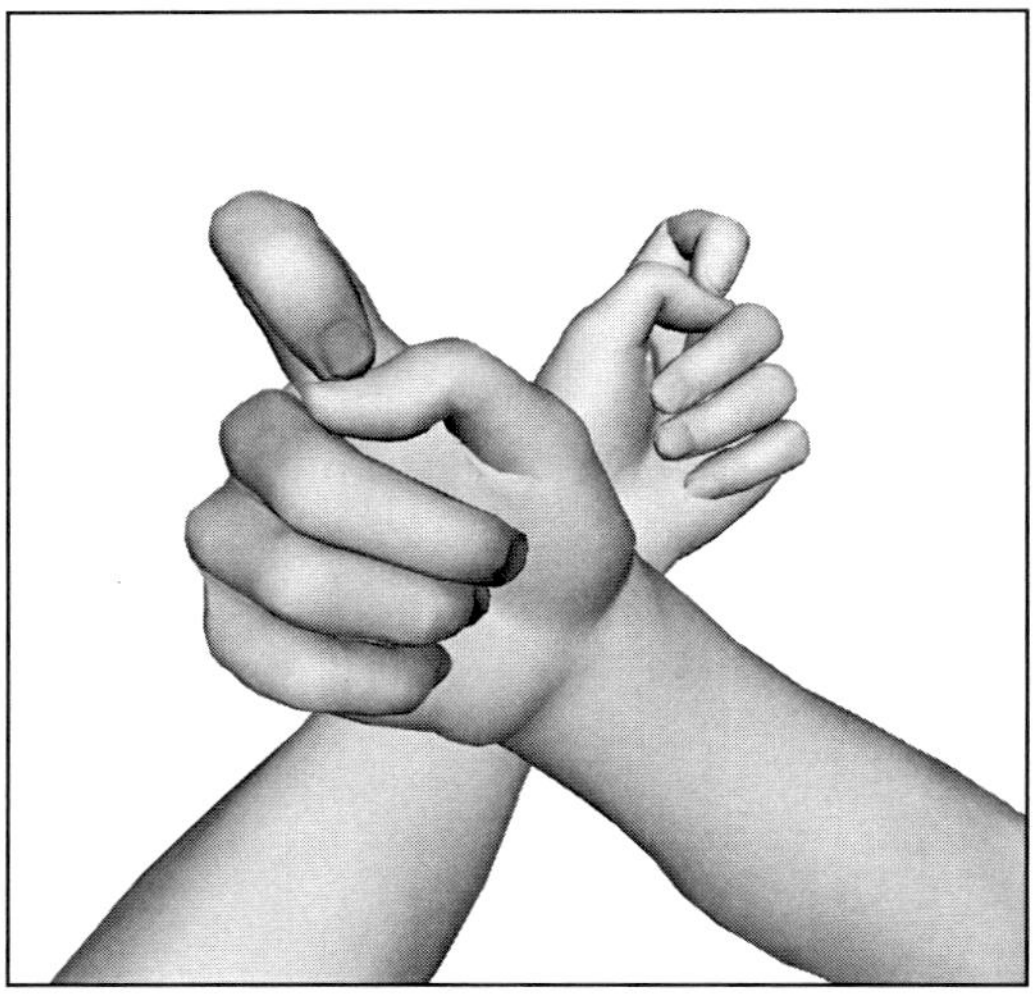

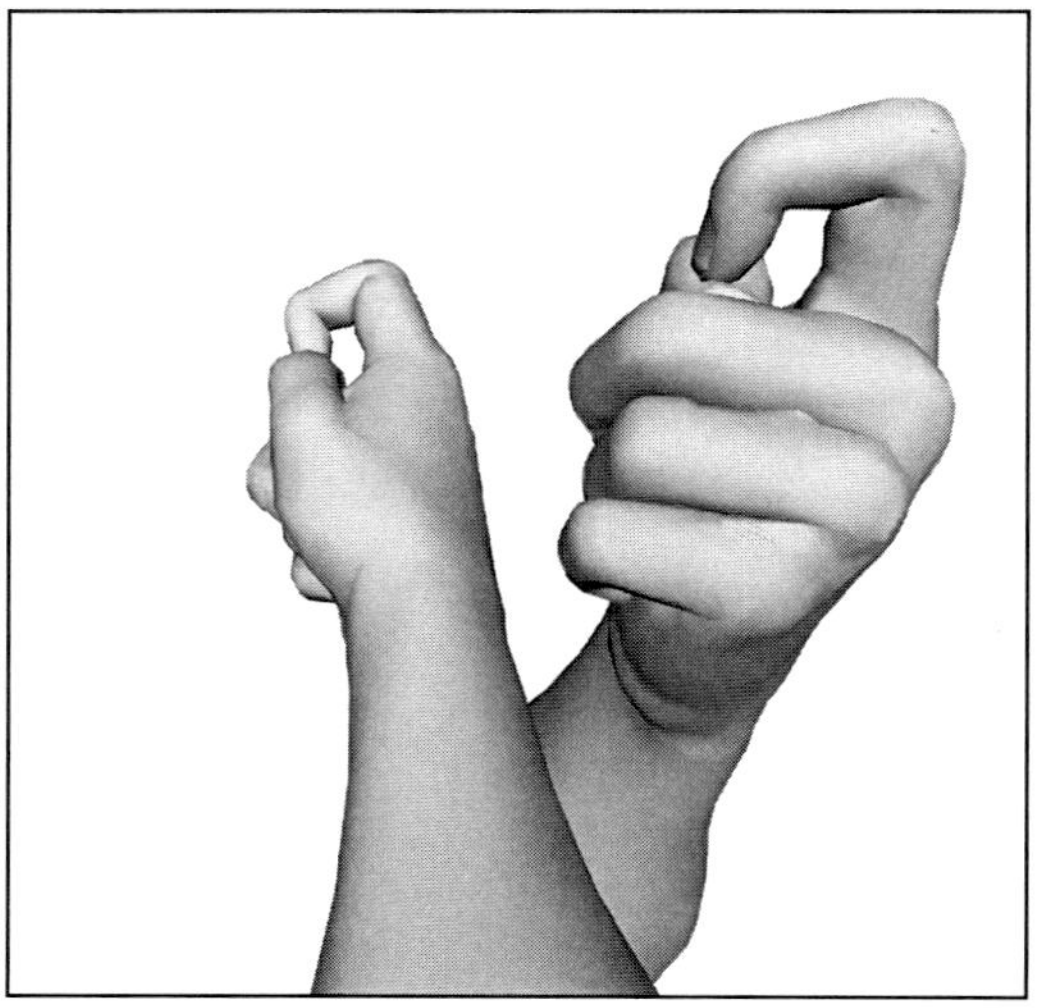

愛《あい》金剛《こんごう》羯磨《かつま》印《いん》

①両手、金剛拳にする。

②右腕を立てて幢のようなさまをなし、左拳を右肱に置く。

※真言は一五四頁に同じ。

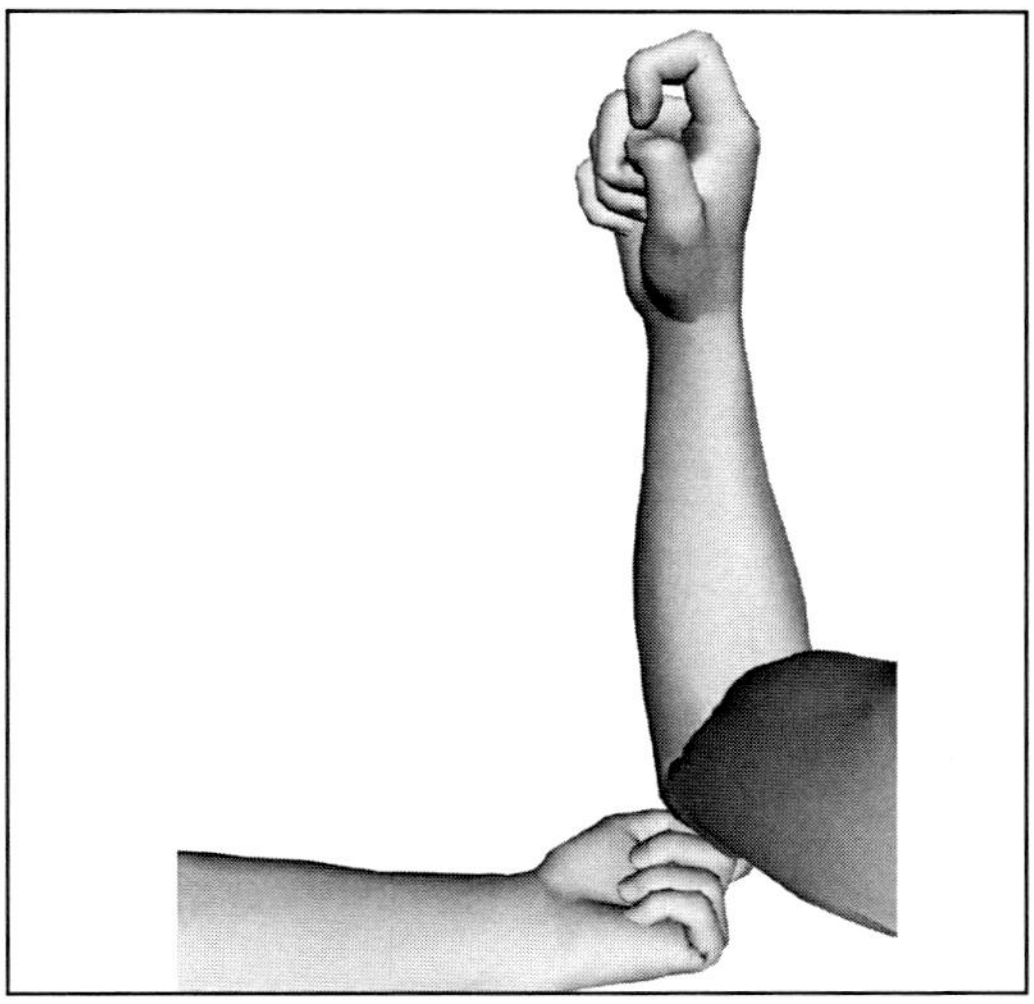

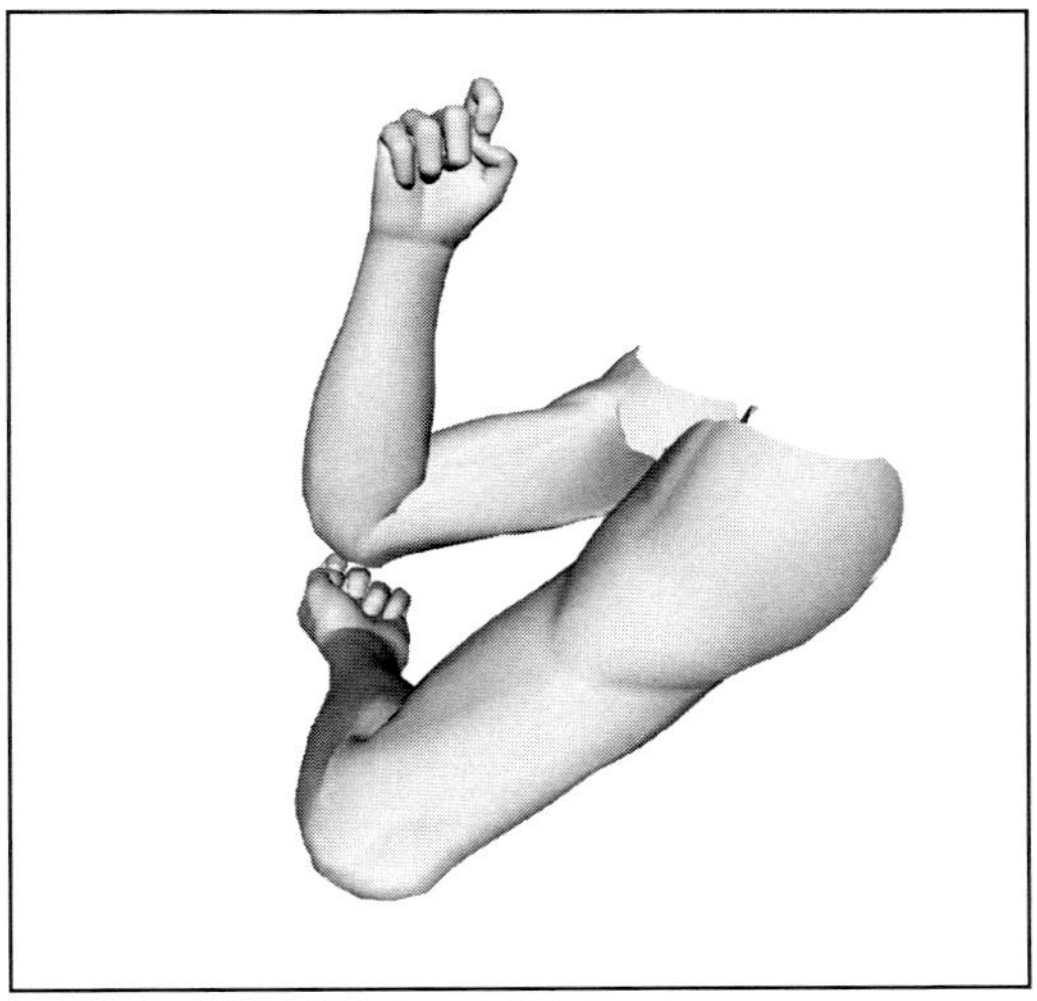

金剛慢羯磨印《こんごうまんかつまいん》

①両手、金剛拳にして、股の上に置く。

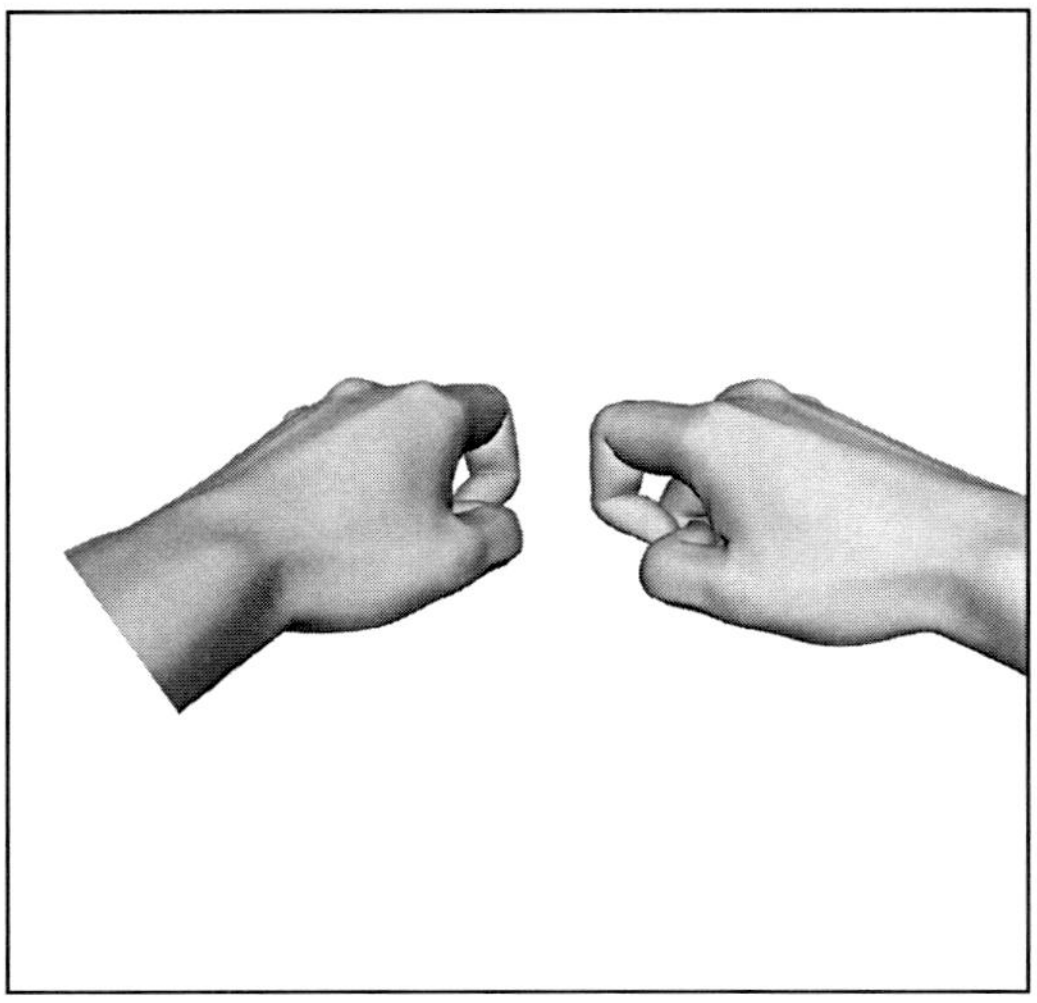

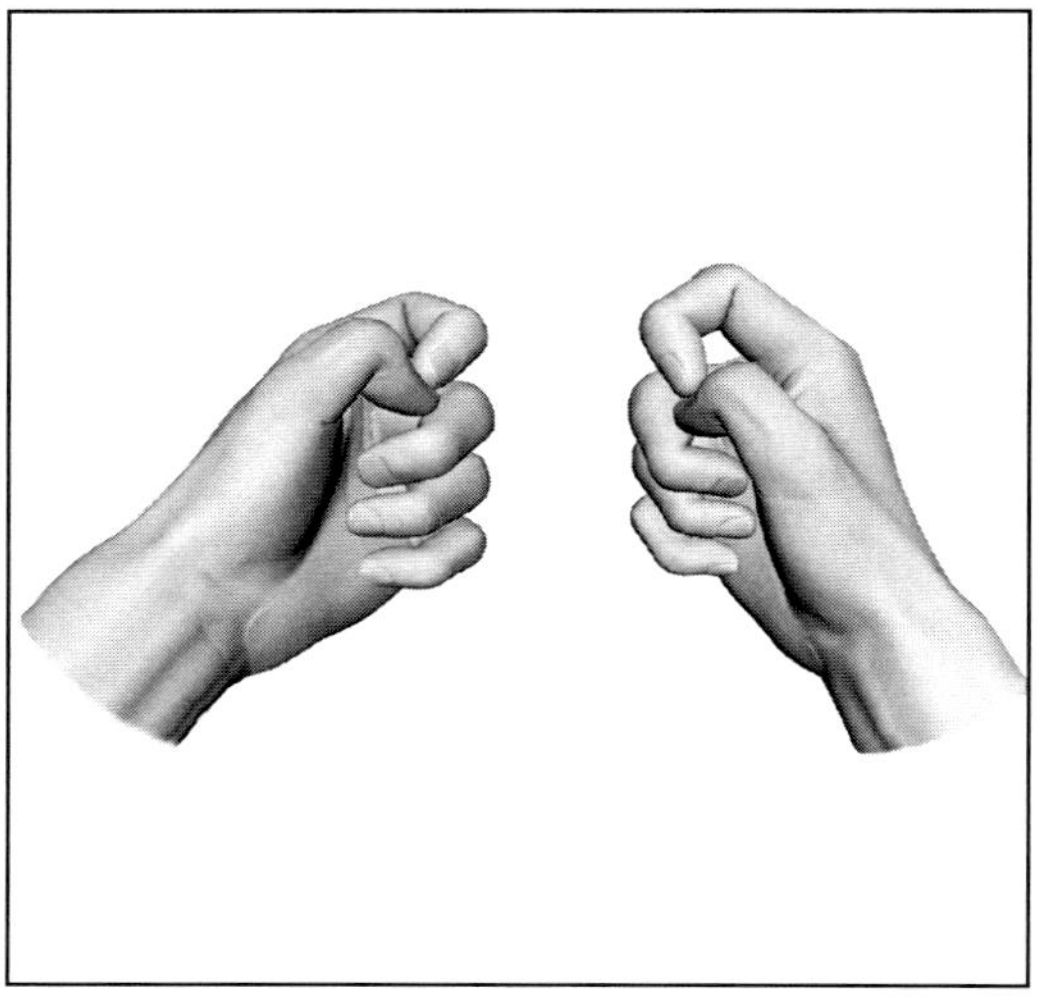

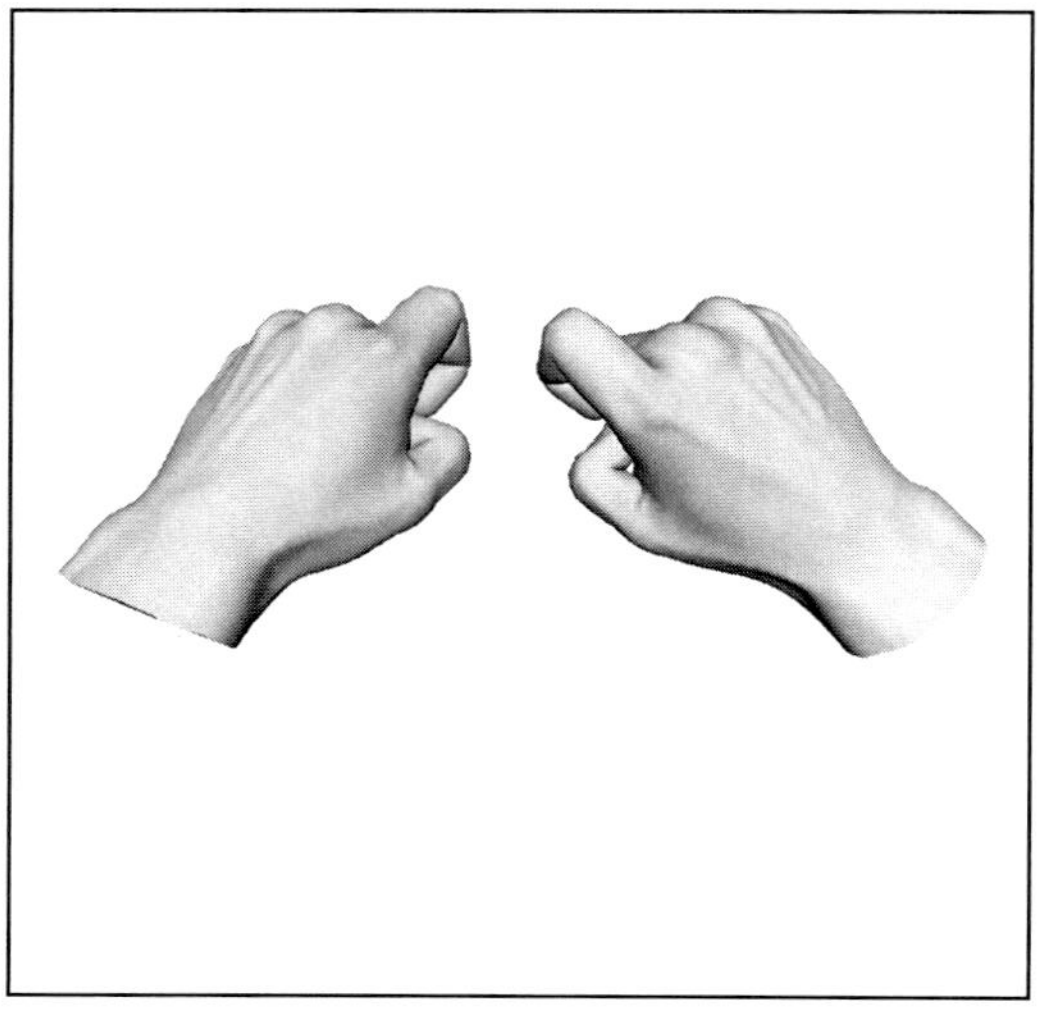

※真言は一五四頁に同じ。

金剛薩埵《こんごうさった》三昧耶印《さまやいん》

①両手、外縛する。

②両親指と小指を立て合わせ、掌を開く。

③両中指を掌中に入れ相交え、指の腹を合わせる。

※極喜三昧耶印ともいう。

※理趣経惣印（九三頁）に同じ。

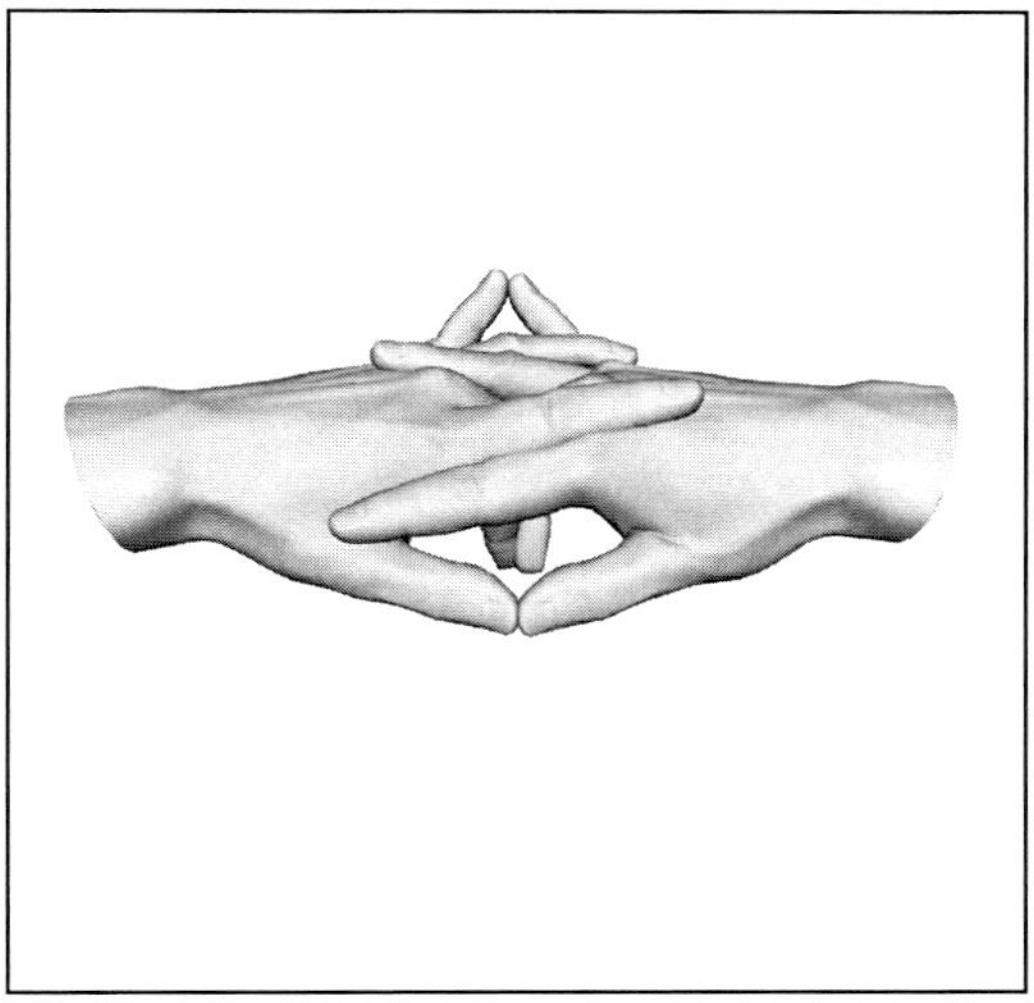

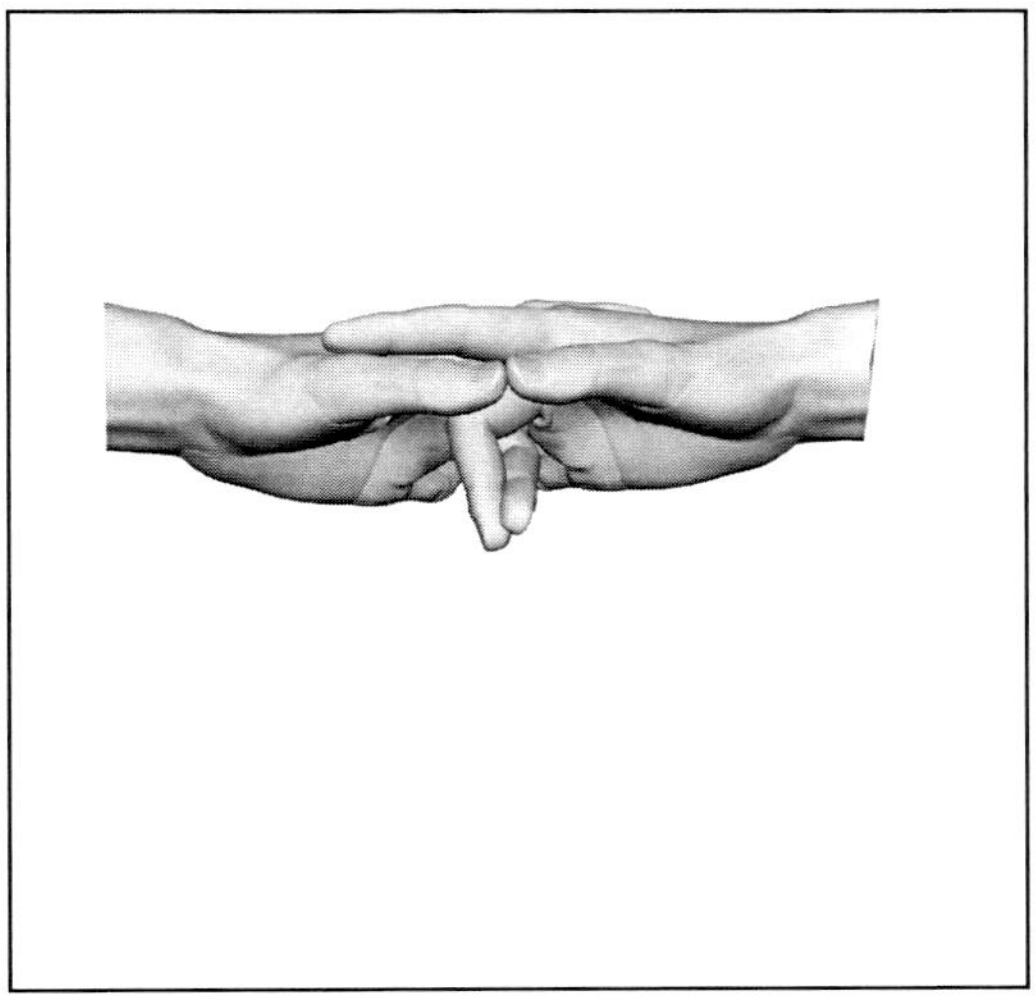

※真言は一五四頁に同じ。

欲金剛《よくこんごう》三昧耶印《さまやいん》

前頁の極喜三昧耶印（金剛薩埵三昧耶印）に準じて、

①掌を閉じ、両人差指を屈して背を合わせる。

②両親指を並び立てて、人差指の側を押す。

※真言は一五四頁に同じ。

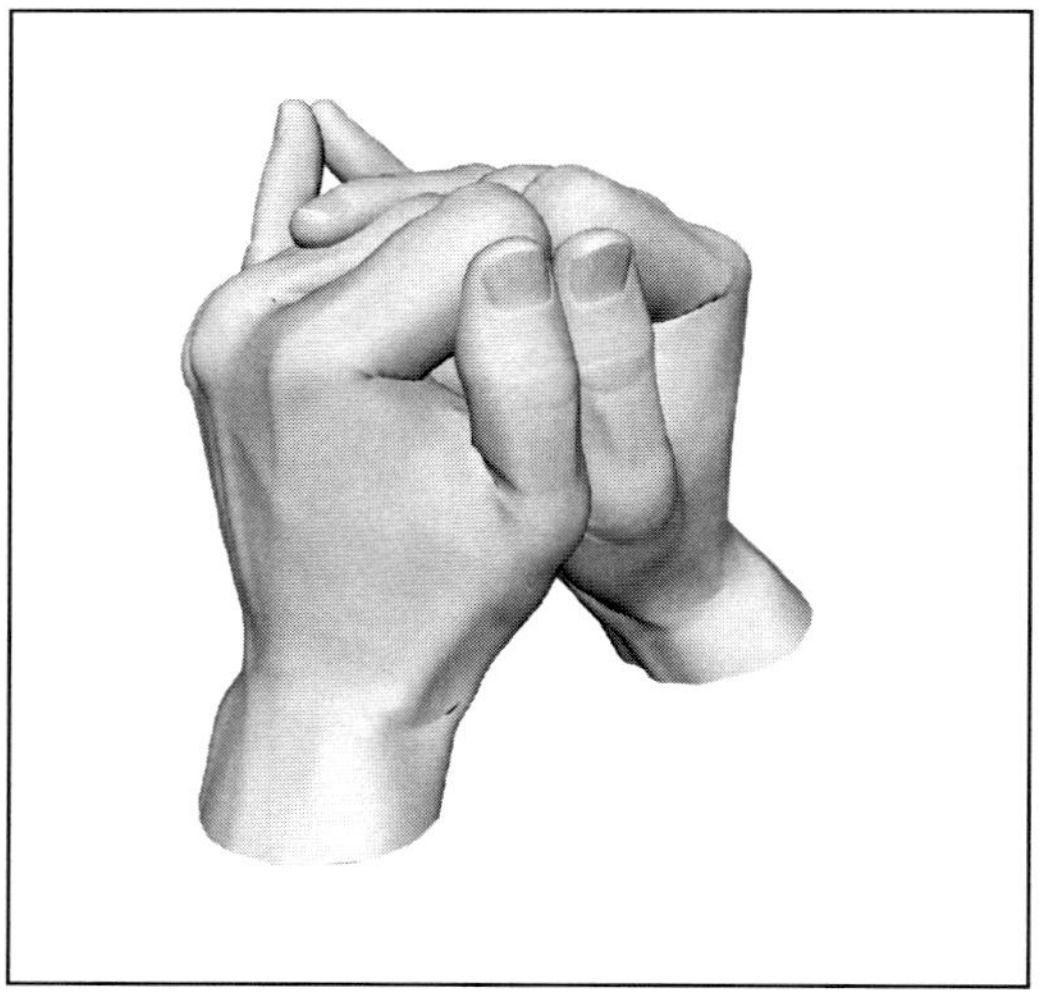

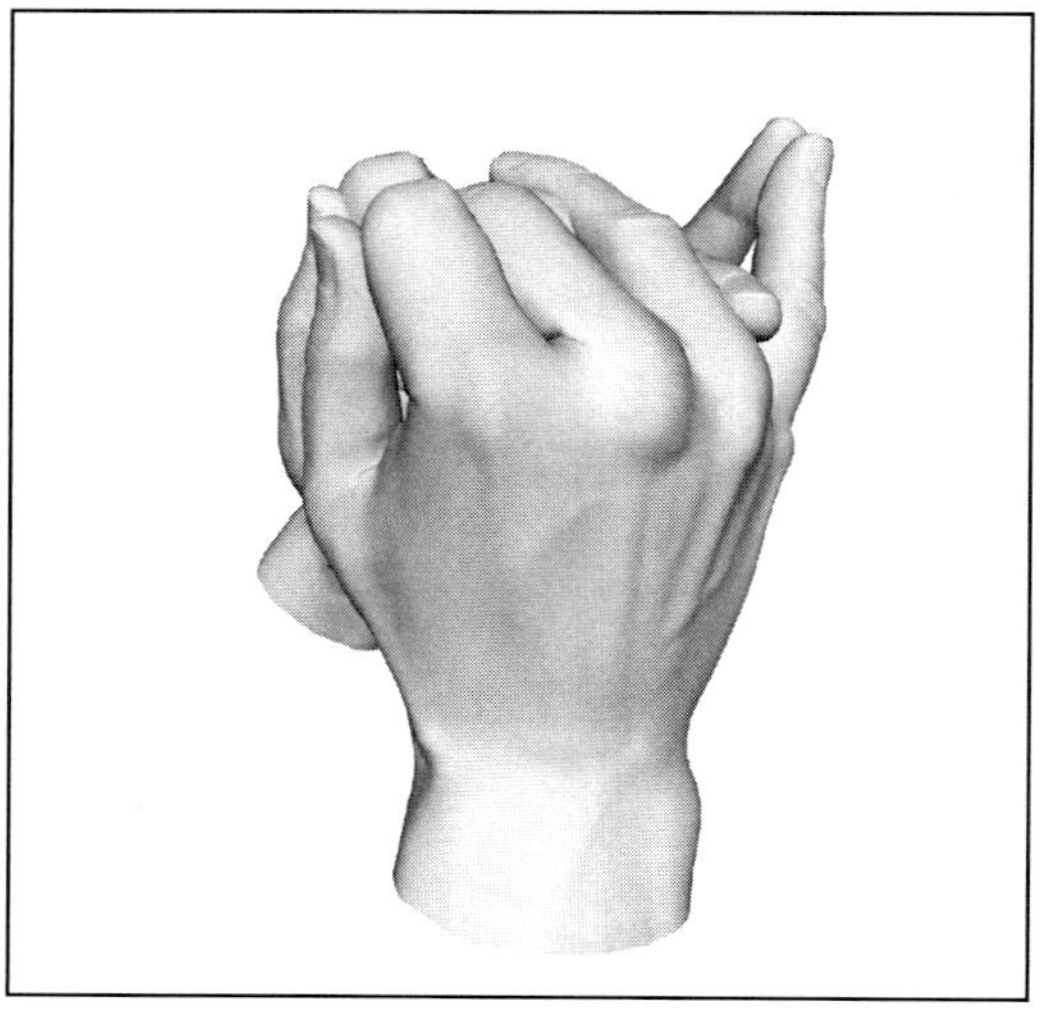

計《け》里《り》計《け》羅《ら》三《さ》昧《ま》耶《や》印《いん》

前頁の欲金剛三昧耶印に準じて、①両親指は右で左を押して相交える。

※真言は一五四頁に同じ。

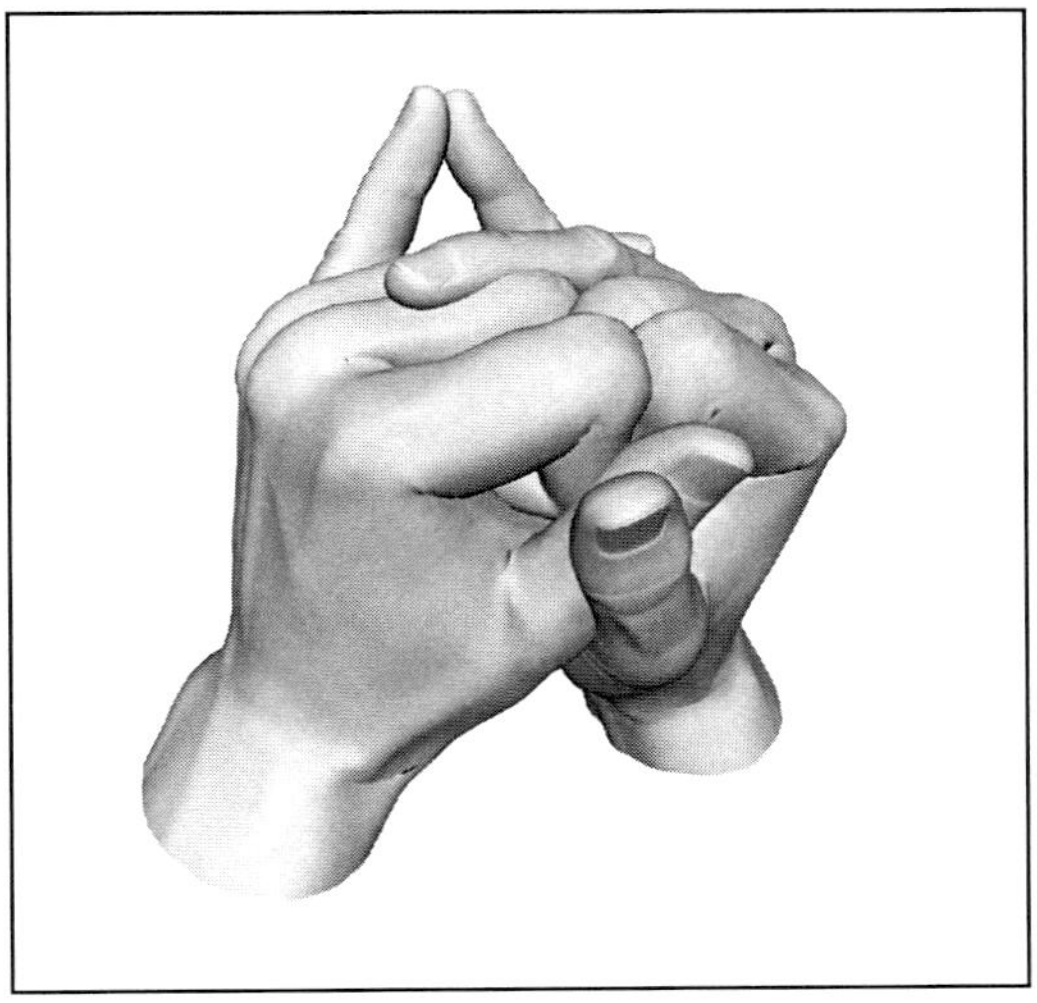

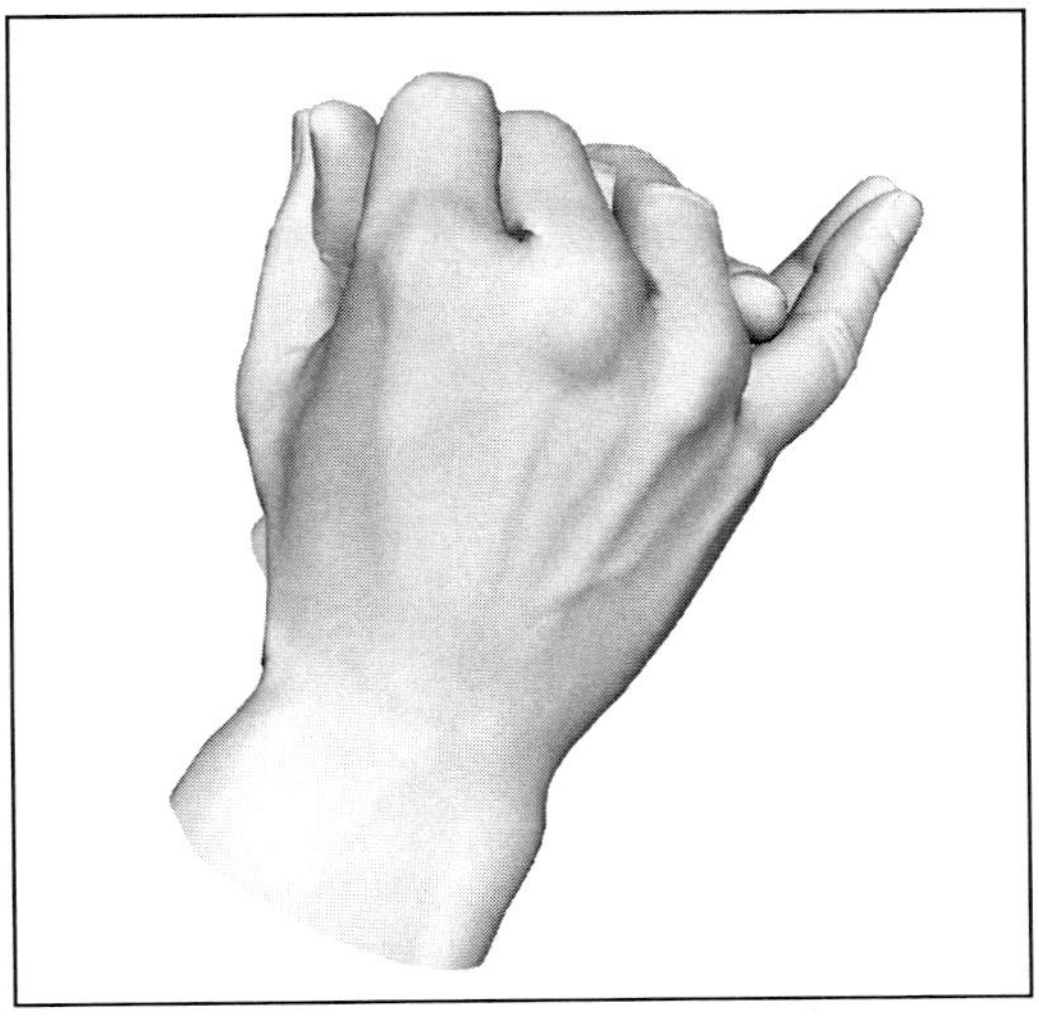

愛金剛《あいこんごう》三昧耶印《さまやいん》一

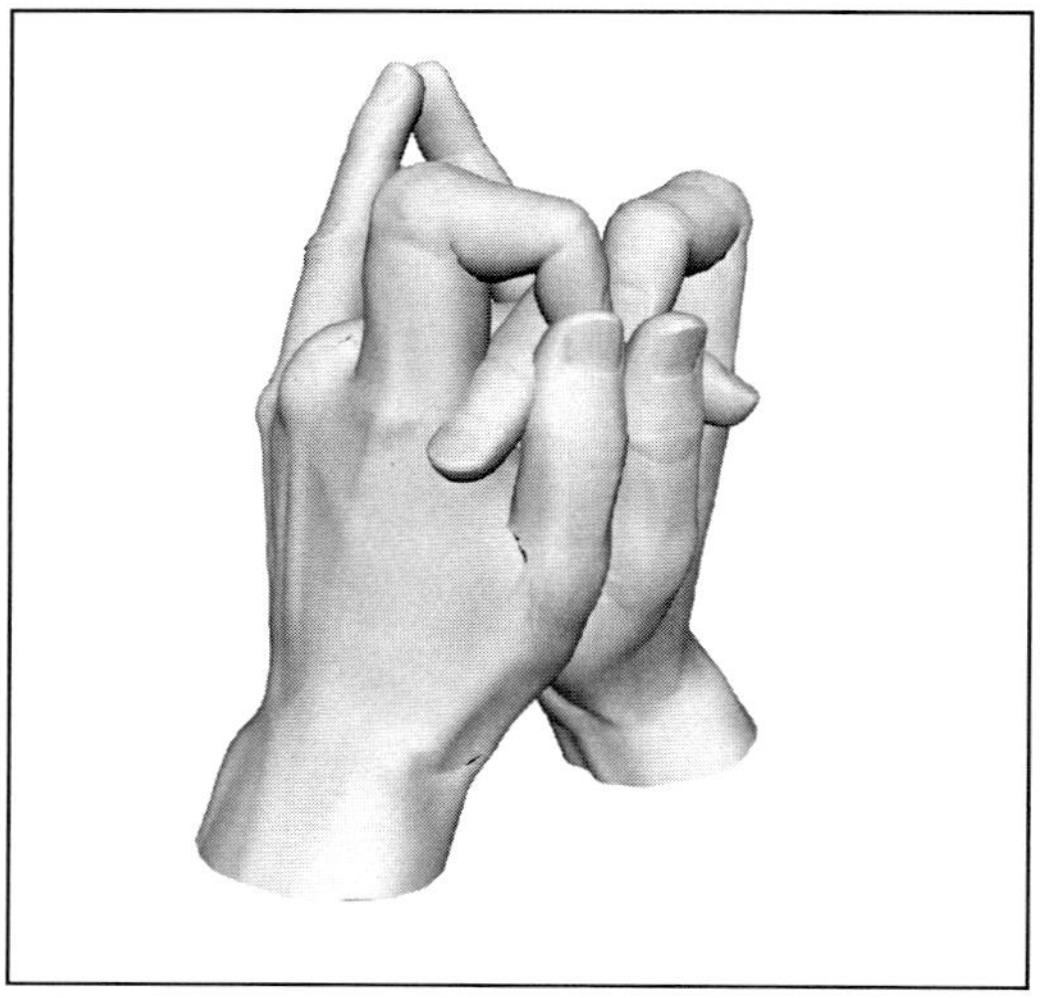

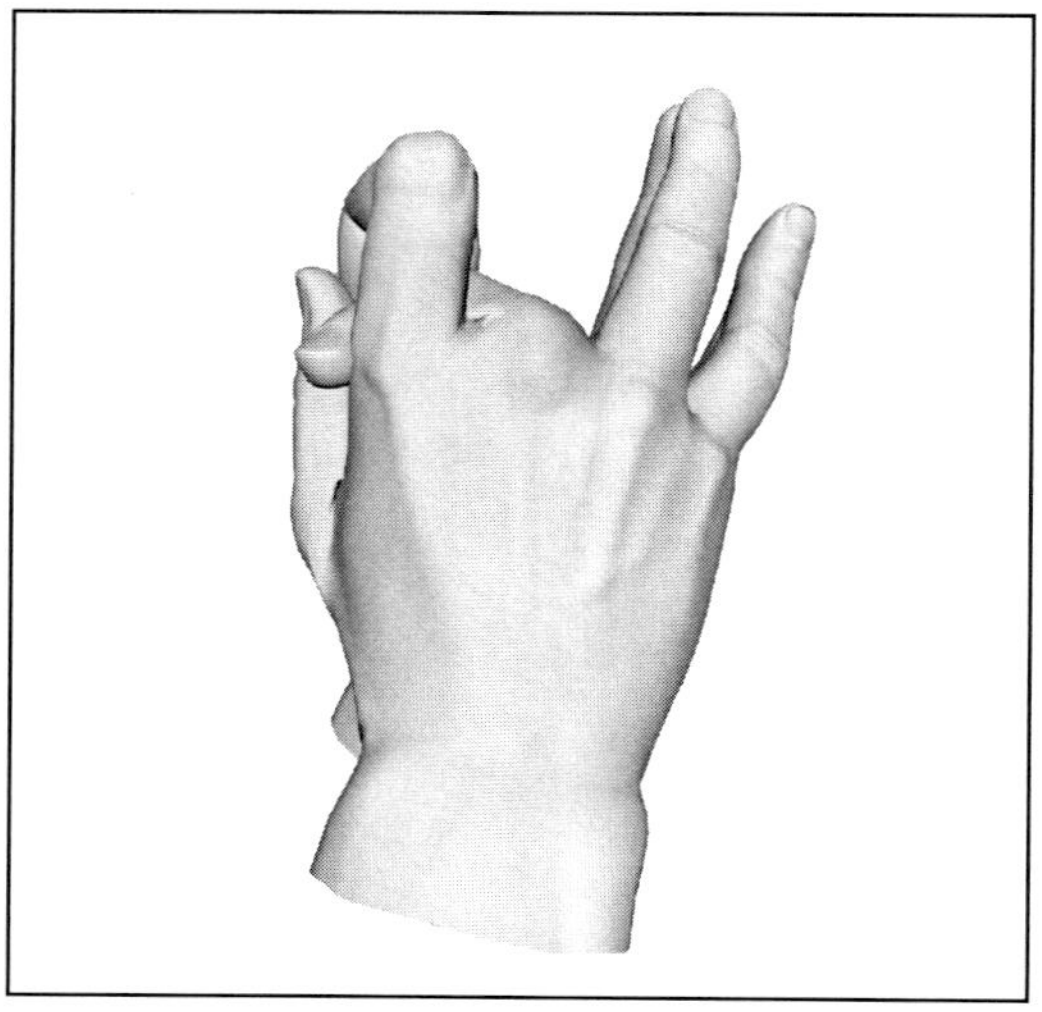

極喜三昧耶印に準じて、
①両小指、薬指を針のように立て合わせる。
②両中指は屈して交え、虎口（人差指と親指の間）に入れる。
③両人差指は屈して中指を鉤し、両親指を並び立てて、その側を押す。

※真言は一五四頁に同じ。

愛金剛《あいこんごう》三昧耶印《さまやいん》二

※または、一六一頁の計里計羅三昧耶印に準じて、中指は屈して掌中に入れ相交え、
①両小指と薬指と立て合わせ、両親指を並び立てる。
②両人差指を屈して、指先をつけて相支え、親指の先と付け合わせる。

※真言は一五四頁に同じ。

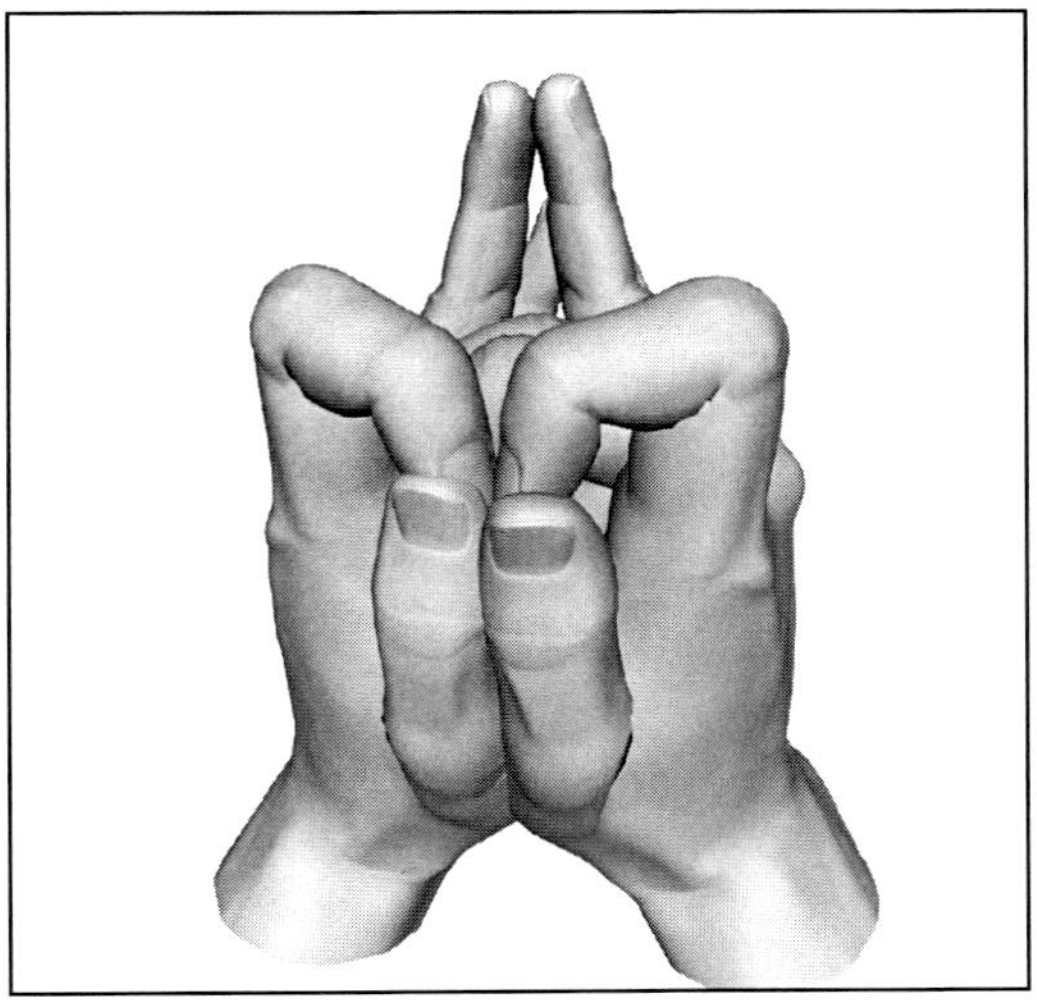

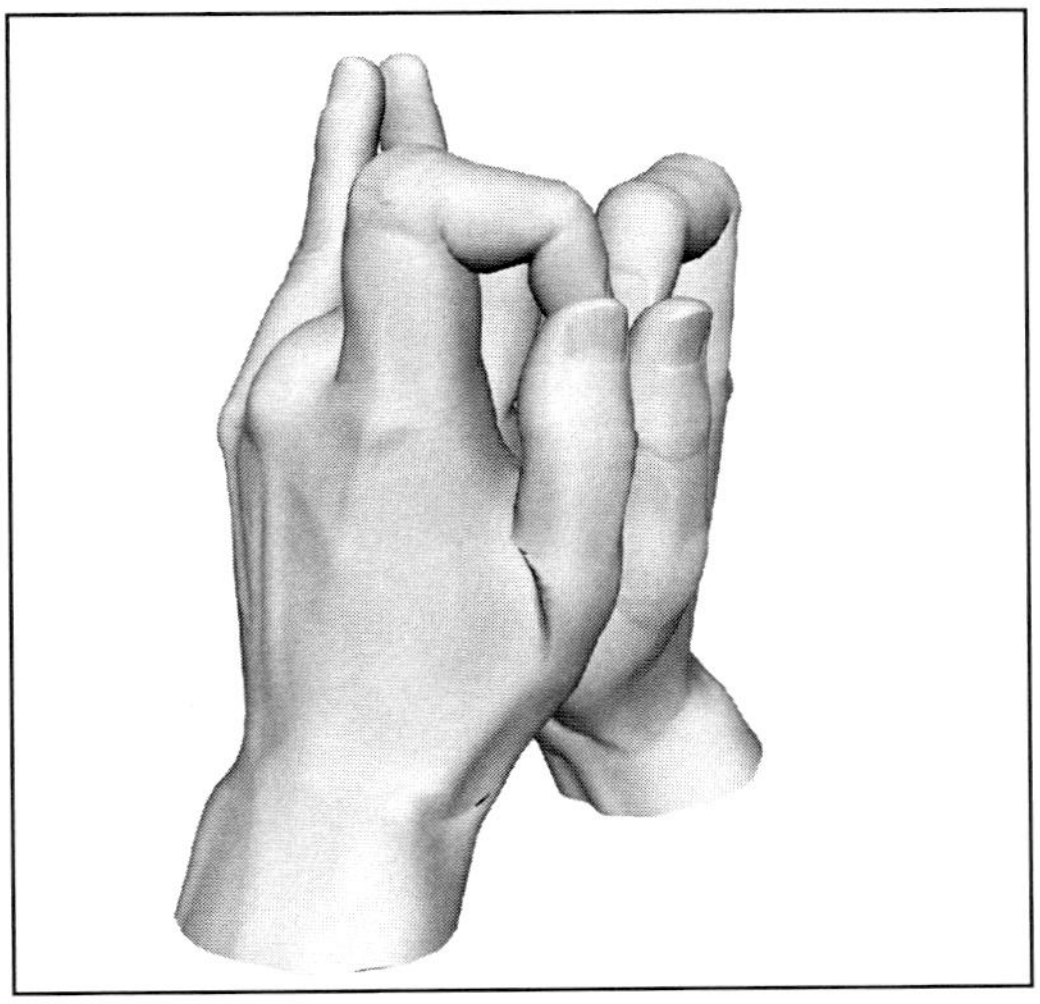

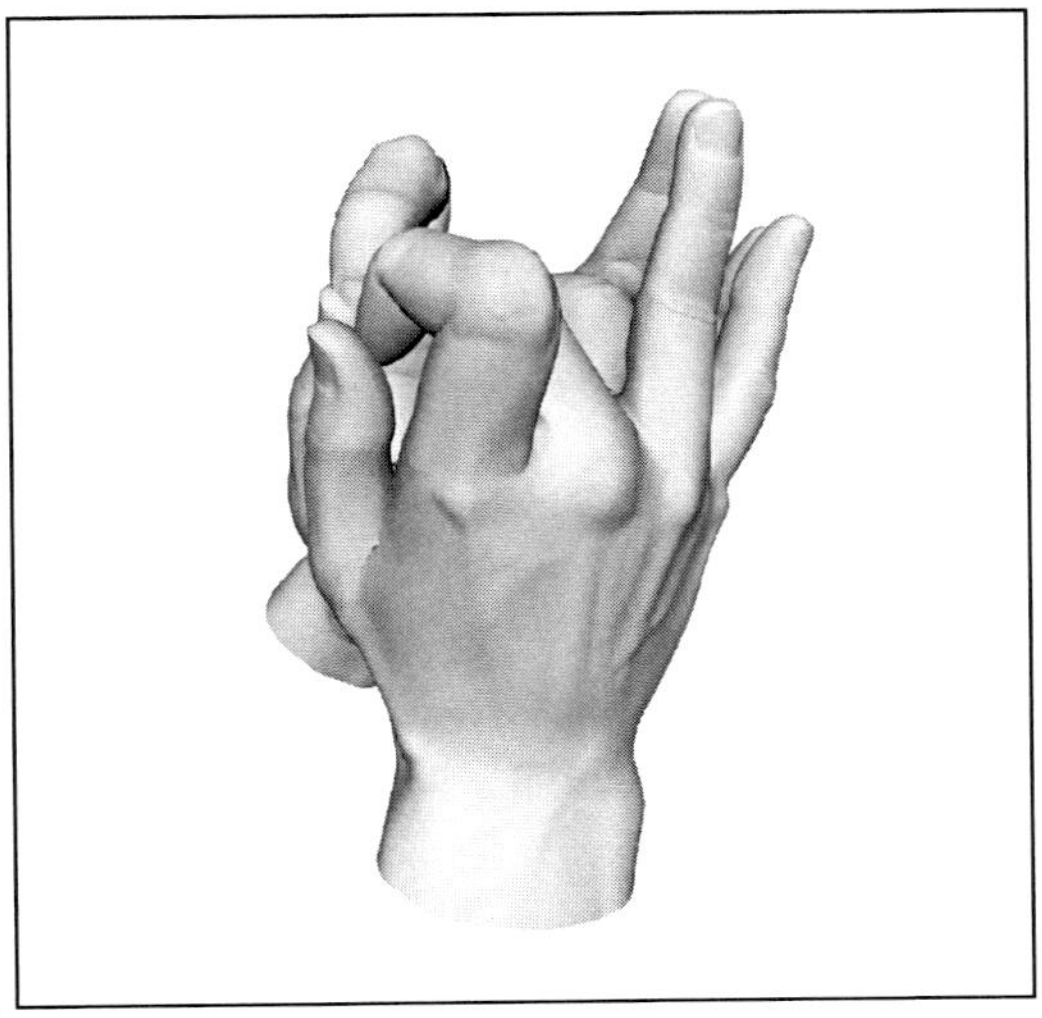

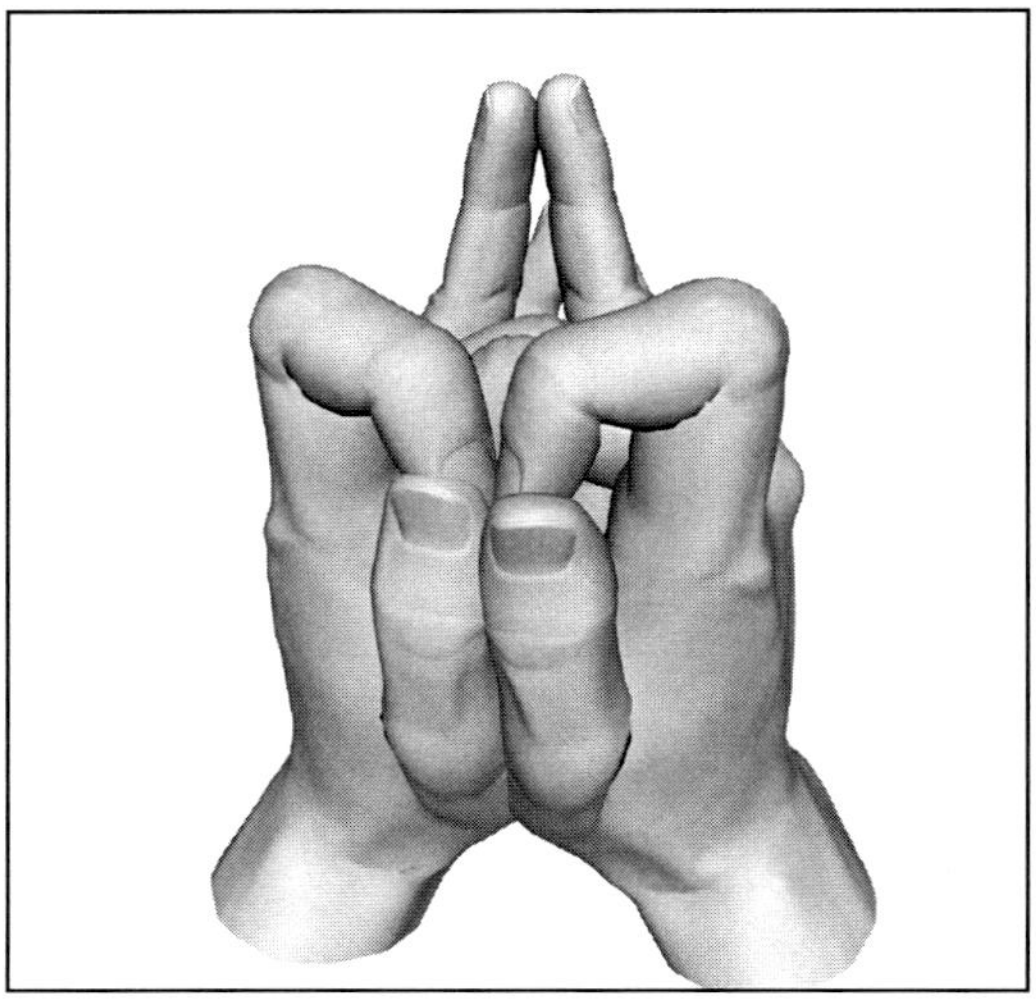

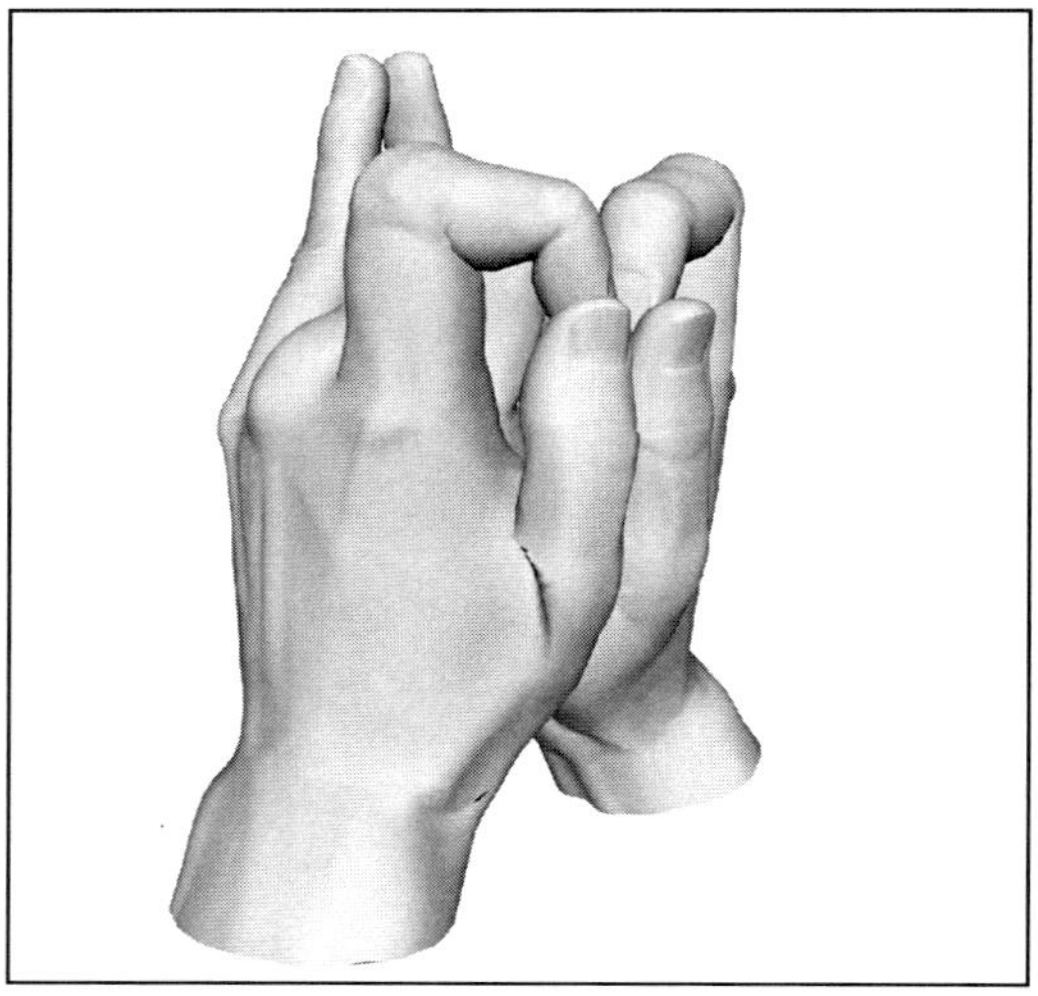

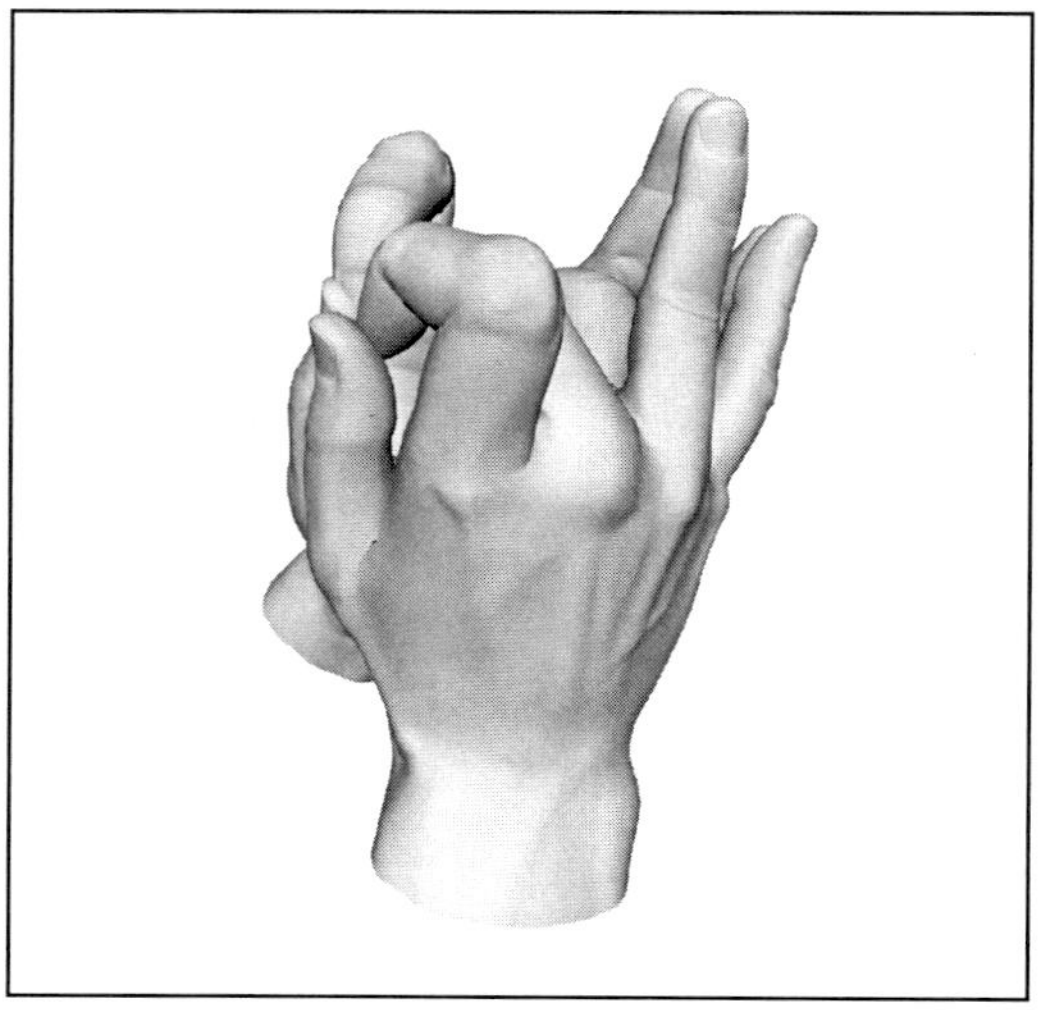

金剛慢《こんごうまん》三昧耶印《さまやいん》

前頁の愛金剛三昧耶印二を結び、
①印で右股に触れる。
②次いで左股に触れる。

※真言は一五四頁に同じ。

普《ふ》賢《げん》

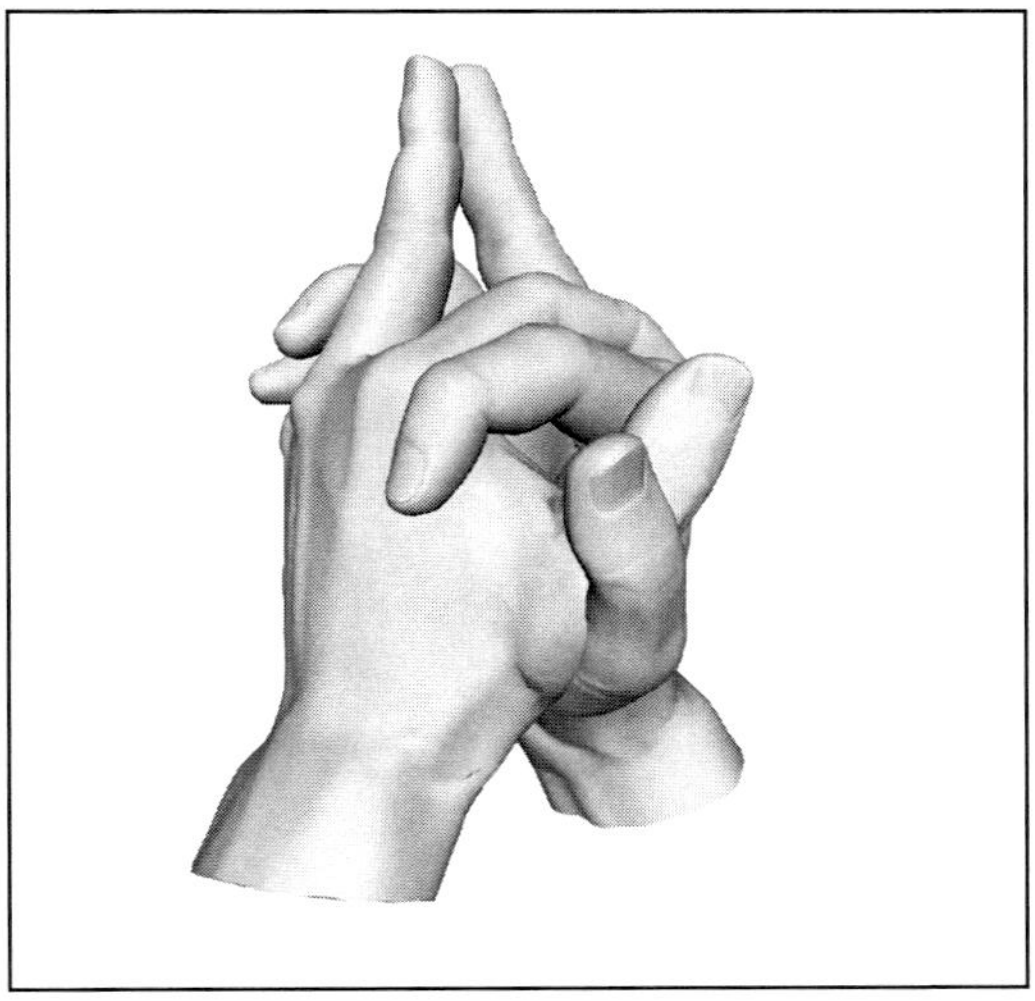

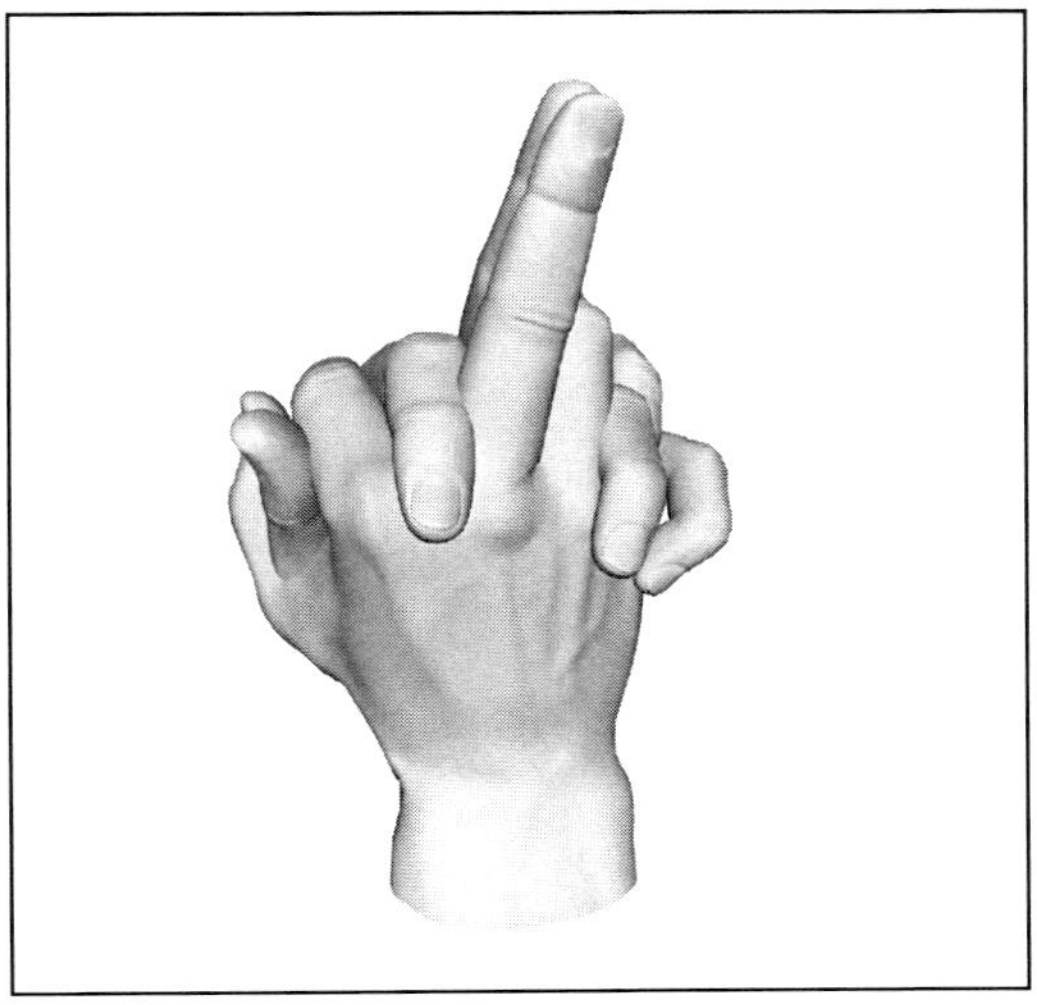

①両手、外縛する。
②両中指を立て合わせる。
※普賢三昧耶印といい、普賢菩薩の根本印。また、普賢は金剛薩埵と同体とされ、金剛薩埵三昧耶印とも言う。

普賢《ふげん》

外五鈷印《げごこいん》

①両手、外縛する。
②両小指、中指、親指を立て合わせる。
③両人差指を立て屈して鉤のようにし、中指の背に置いて、中指には付けない。
※外五鈷印（六八頁）に同じ。

※真言は前頁に同じ。

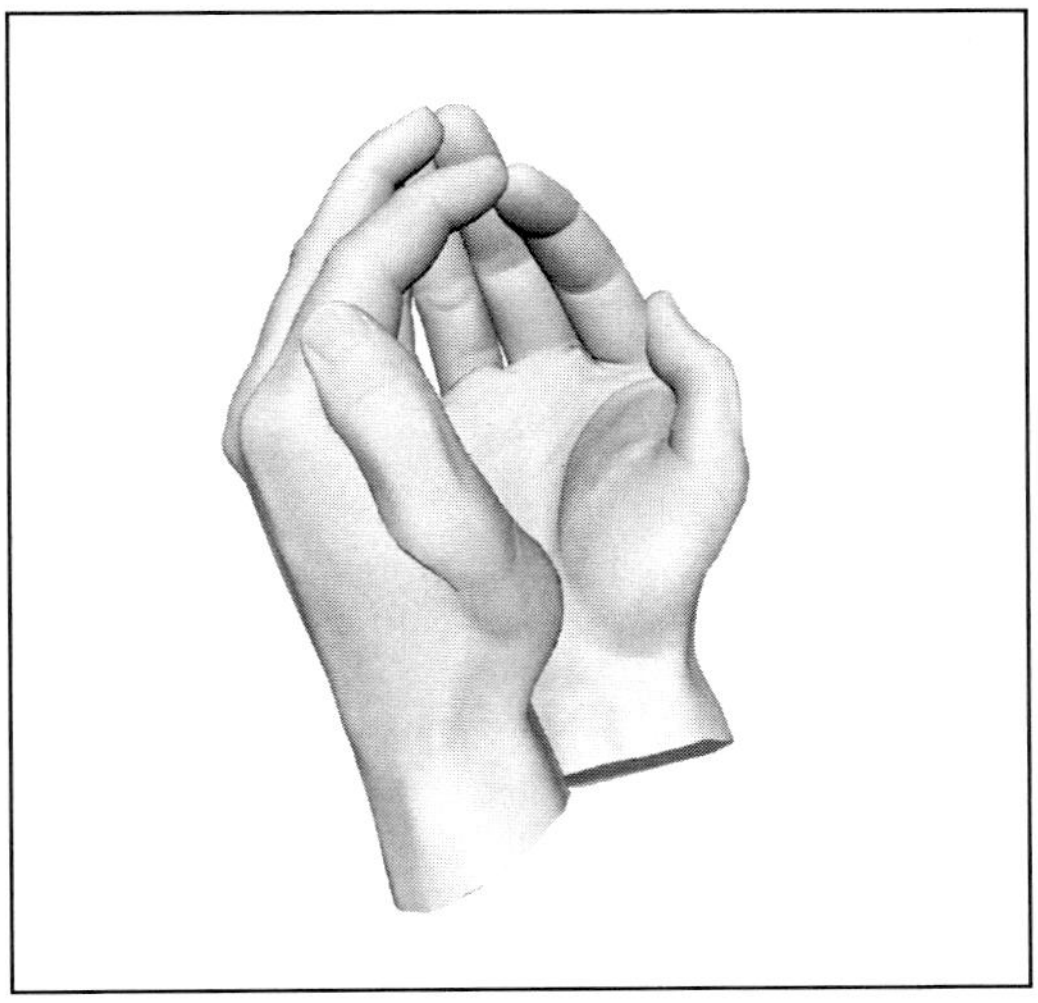

普賢《ふげん》 一切《いつさい》支《し》分《ぶん》生《しょう》印《いん》

両手、蓮華合掌して、両人差指を並び立て、端をやや屈する、とする（下図）。

しかし、伝では合掌をやや開いて、両親指を側に付け、掌で水を掬うような形をする（鉢印）。

※真言は一六五頁に同じ。

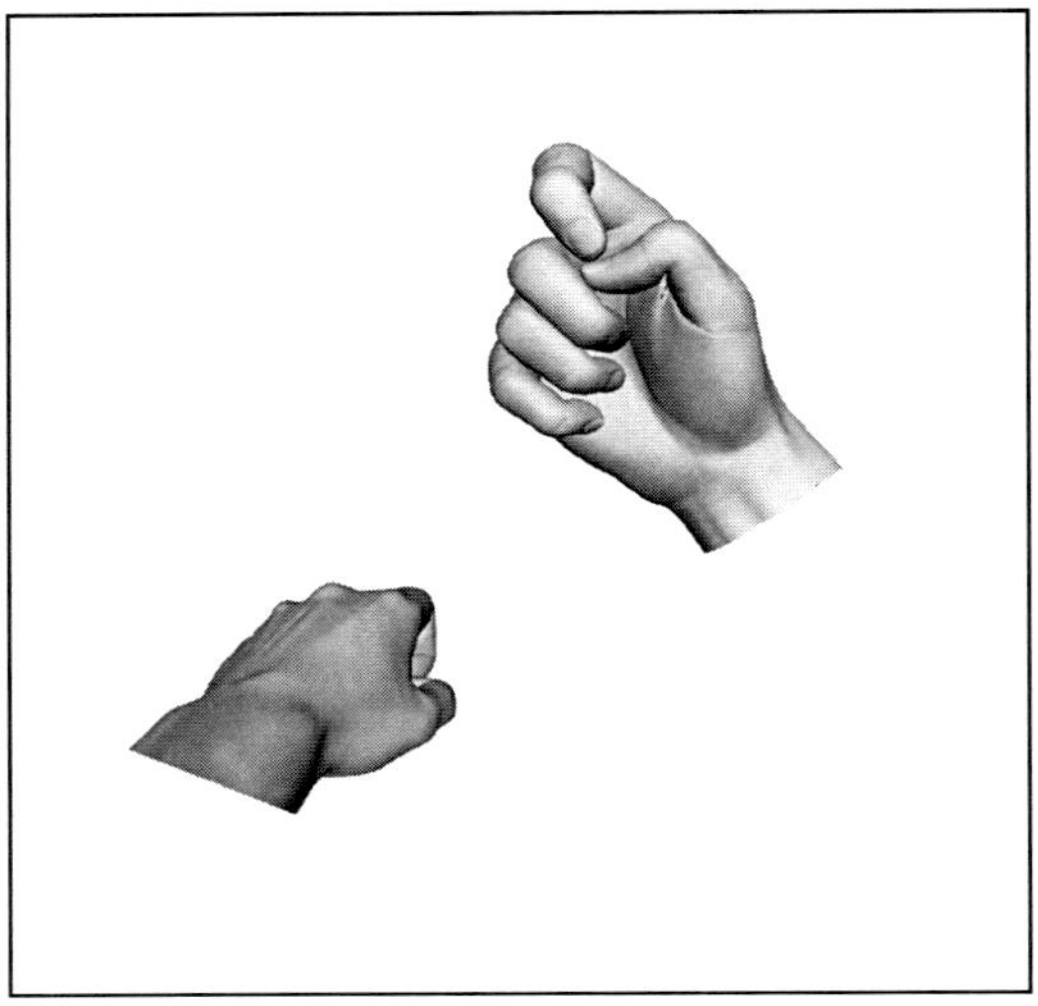

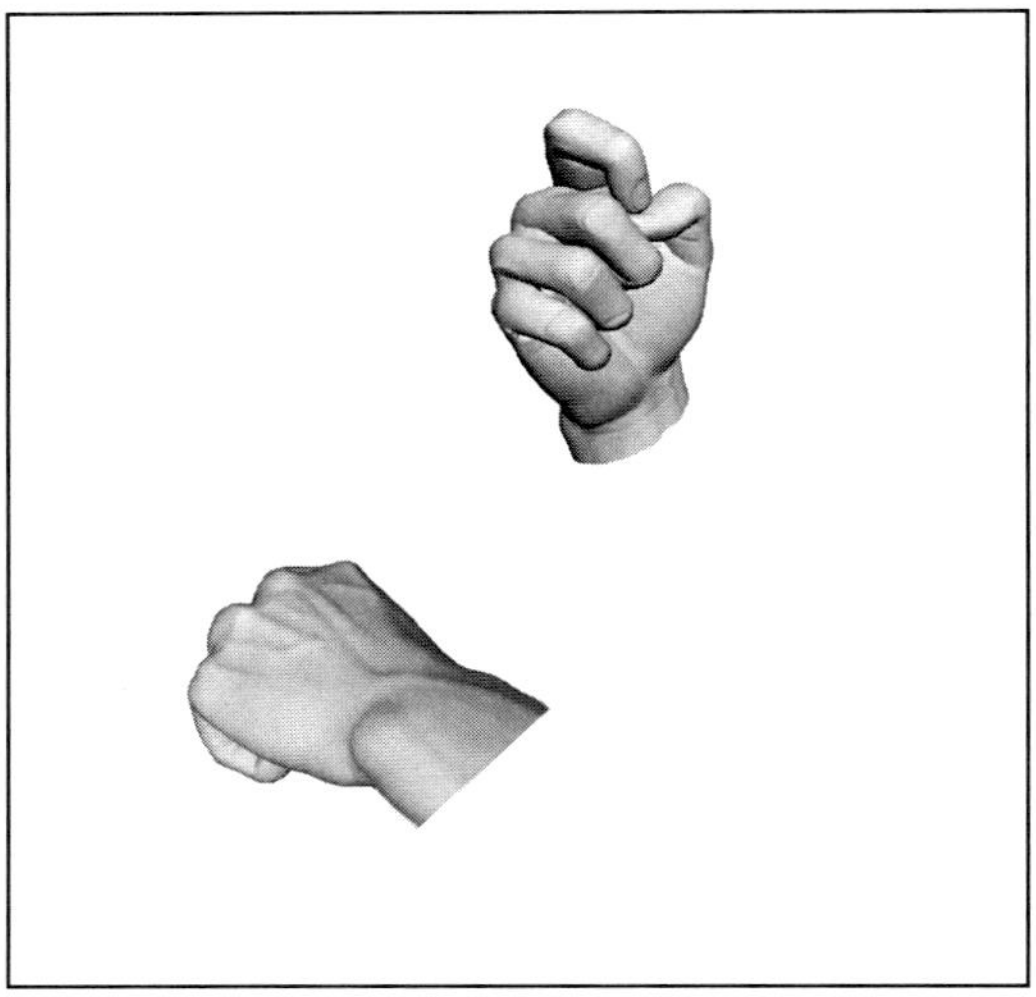

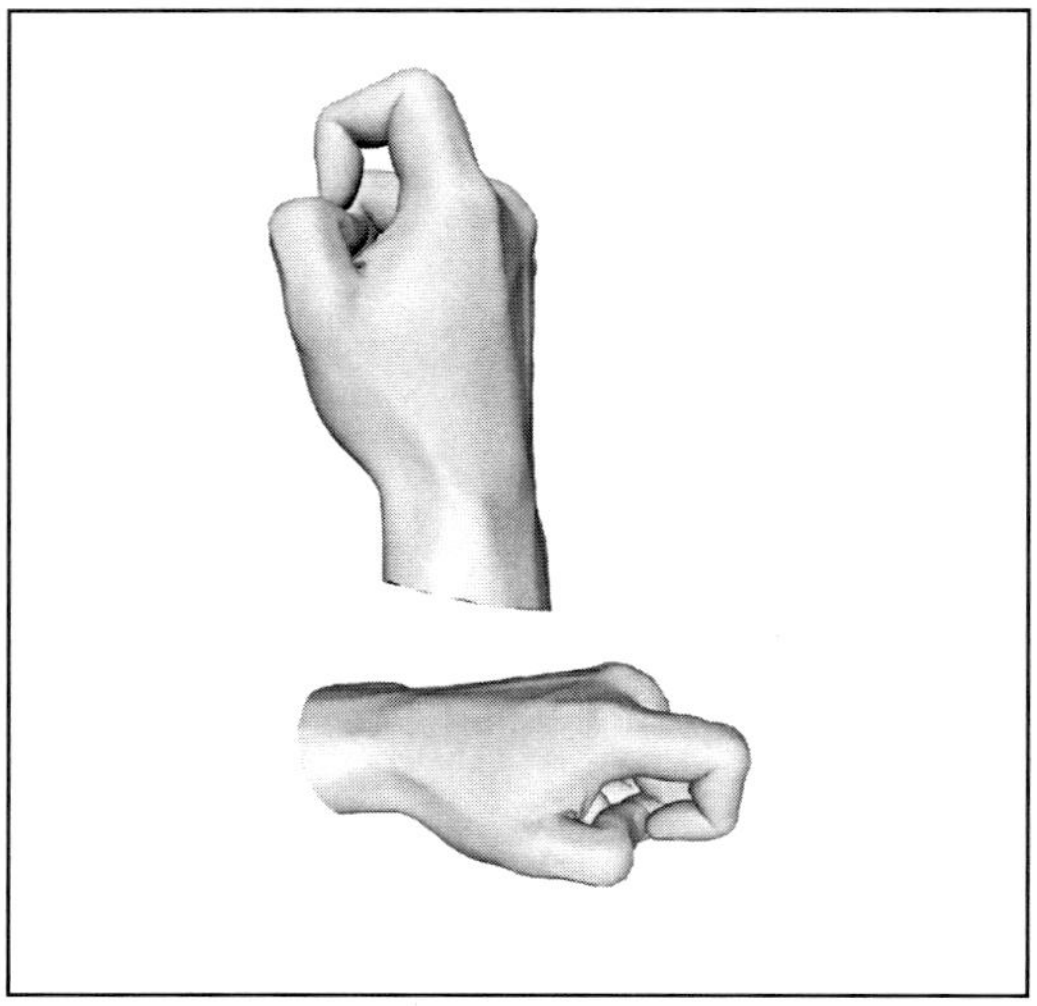

金剛薩埵《こんごうさった》羯磨印《かつまいん》

①両手、金剛拳にする。
②右拳は胸にあて、左拳は左膝に置く。
③右拳を三度上下させる。
※三度上下には、五指を開いて杵を弄するようにする、などともする。
※金剛薩埵鈴智杵印。
※理趣経段々印初段金剛薩埵初集会（九四頁）に同じ。

五《ご》秘《ひ》密《みつ》三《さ》昧《ま》耶《や》印《いん》

①両手、外縛する。
②両中指を立て合わせて針のようにする。
③両小指と親指を開き立てる。
※三昧耶会の金剛薩埵の印。
※理趣経金剛薩埵（九二頁）に同じ。

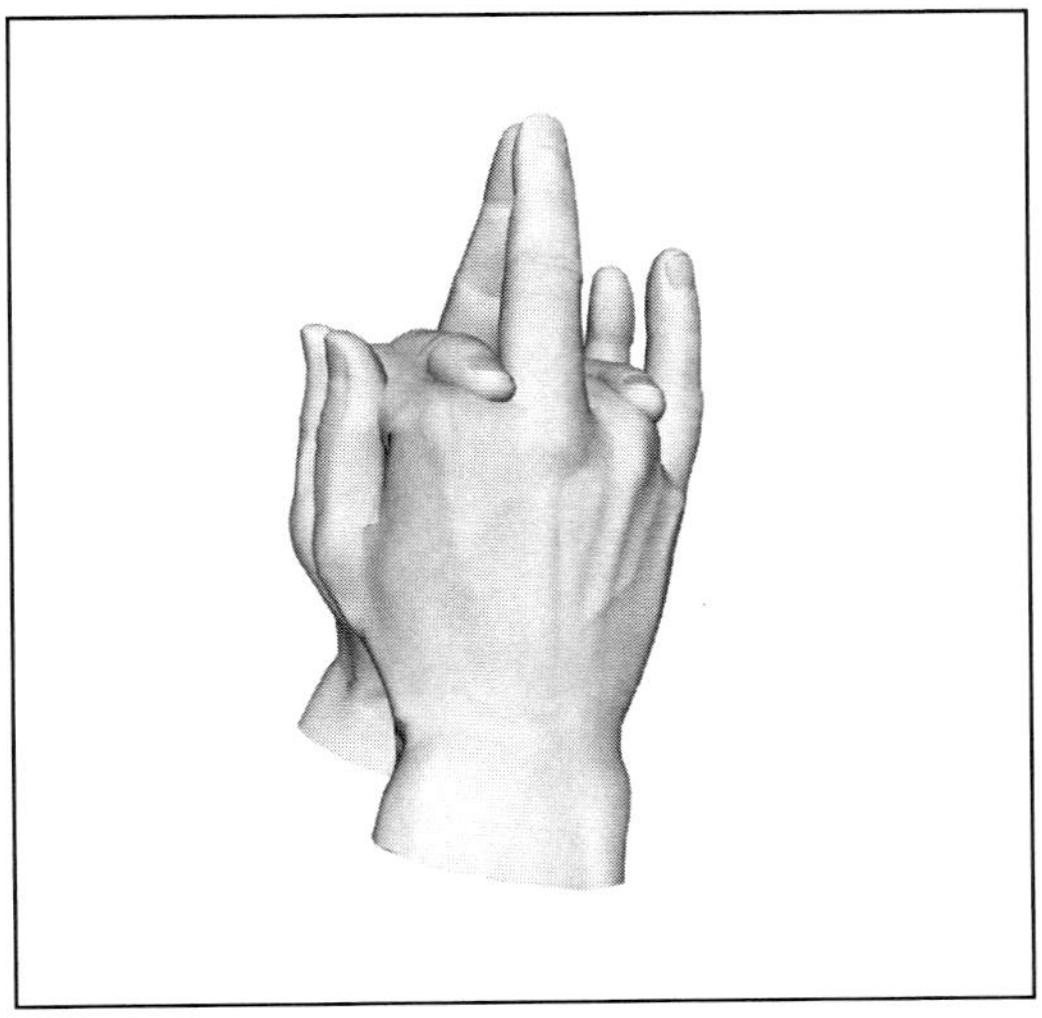

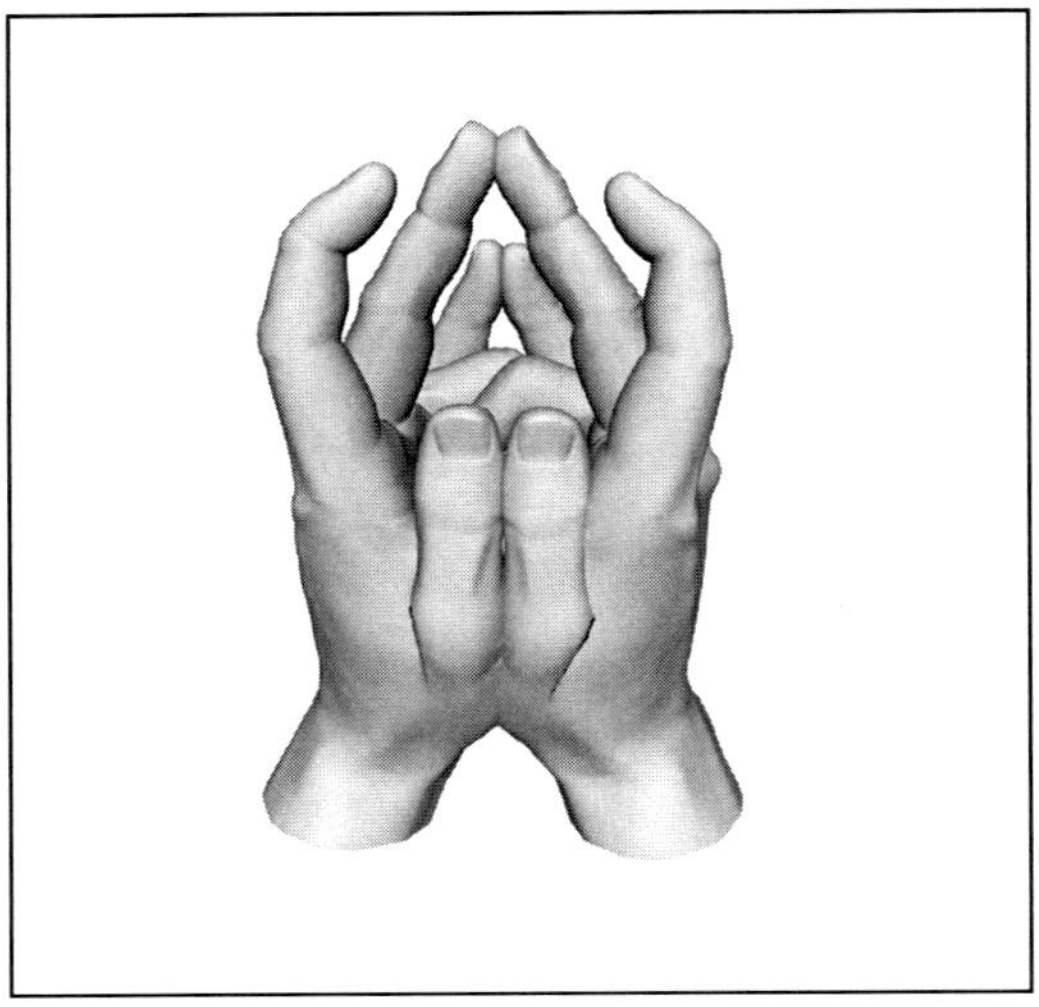

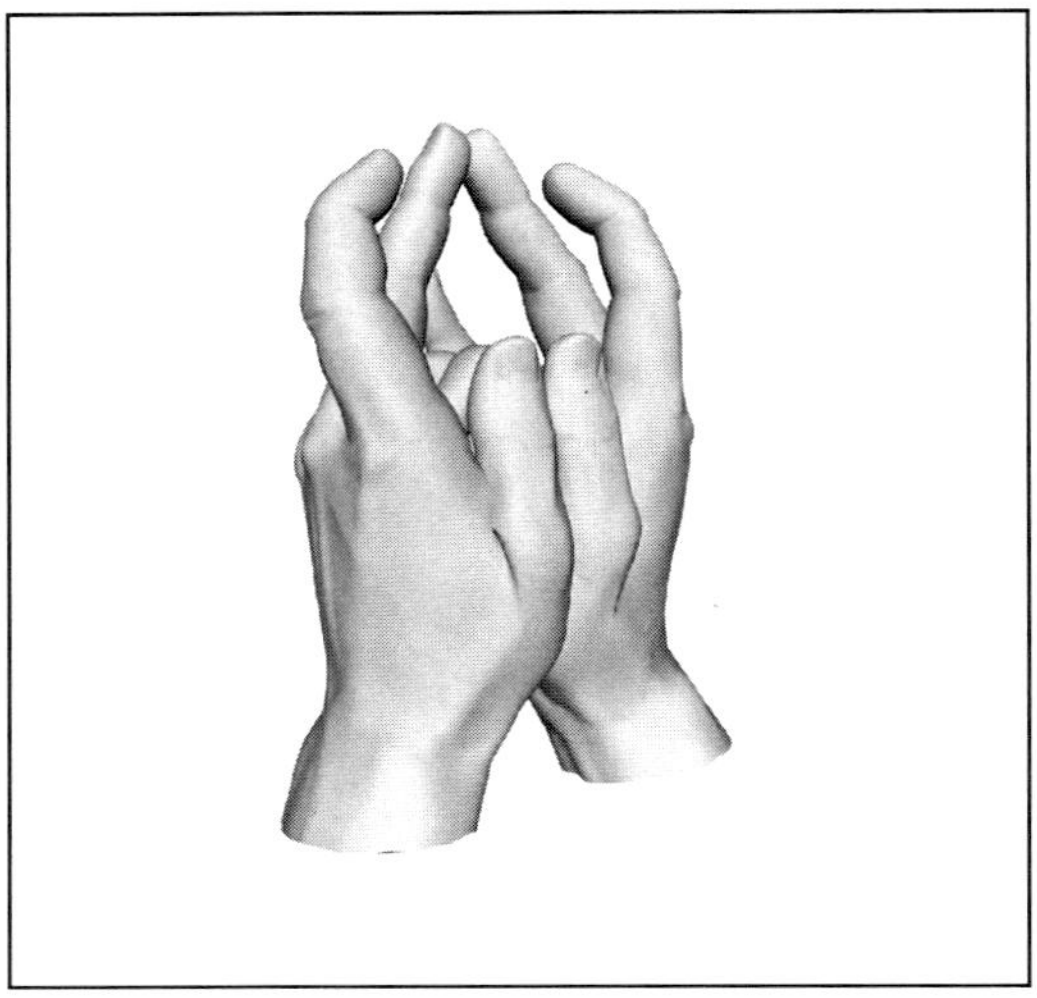

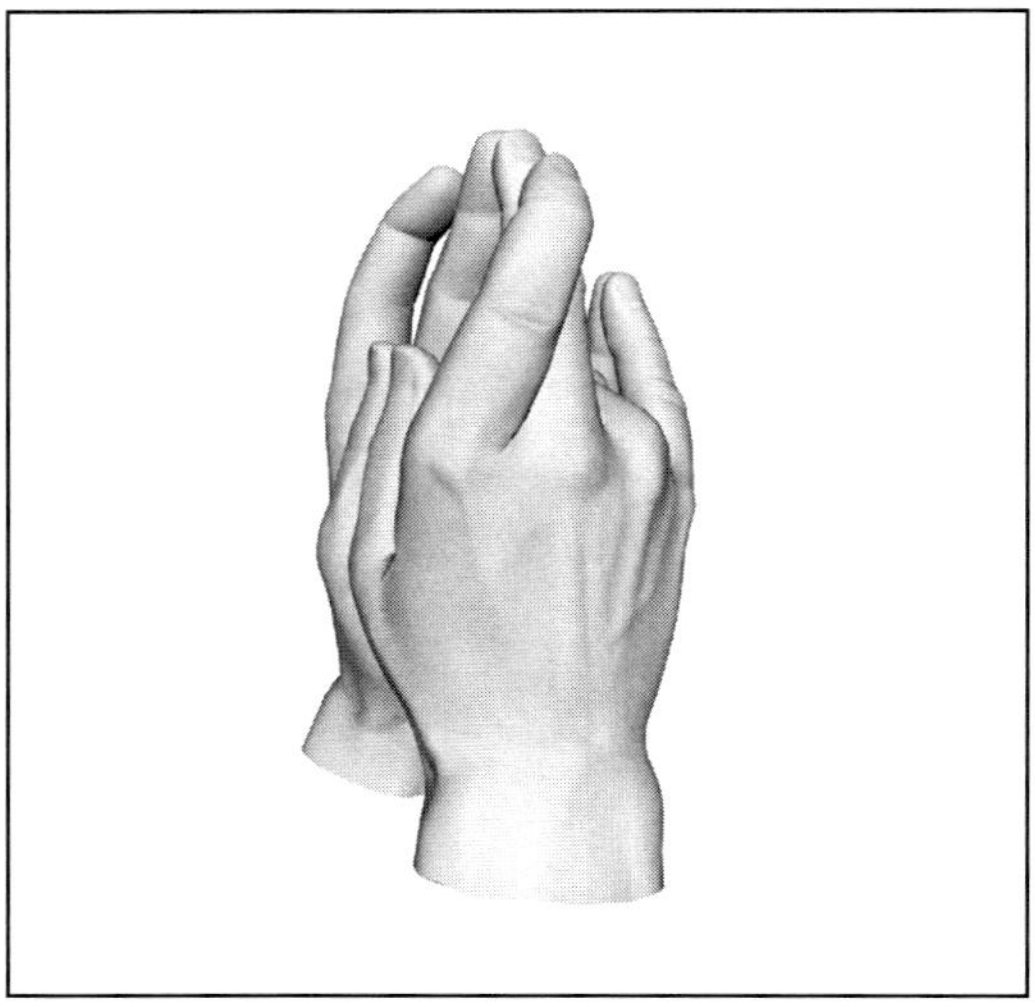

五《ご》大《だい》虚《こ》空《くう》蔵《ぞう》惣《そう》印《いん》

内《ない》五《ご》鈷《こ》印《いん》

①両手、内縛する。
②両小指、中指、親指を直ぐに立て合わせる。
③両人差指を立てて屈し、中指の背に回して、中指には付けない。

五《ご》大《だい》虚《こ》空《くう》蔵《ぞう》惣《そう》印《いん》
外《げ》五《ご》鈷《こ》印《いん》

①両手、外縛する。
②両小指、親指を立て合わせる。
③両中指は立てて屈し、宝形にする。
④両人差指を立て屈して鉤のようにし、中指の背に回し、中指には付けない。
※中指や、他の指の端にも、宝珠を観想する。

※外五鈷印（六八頁）に同じ。
※真言は前頁に同じ。

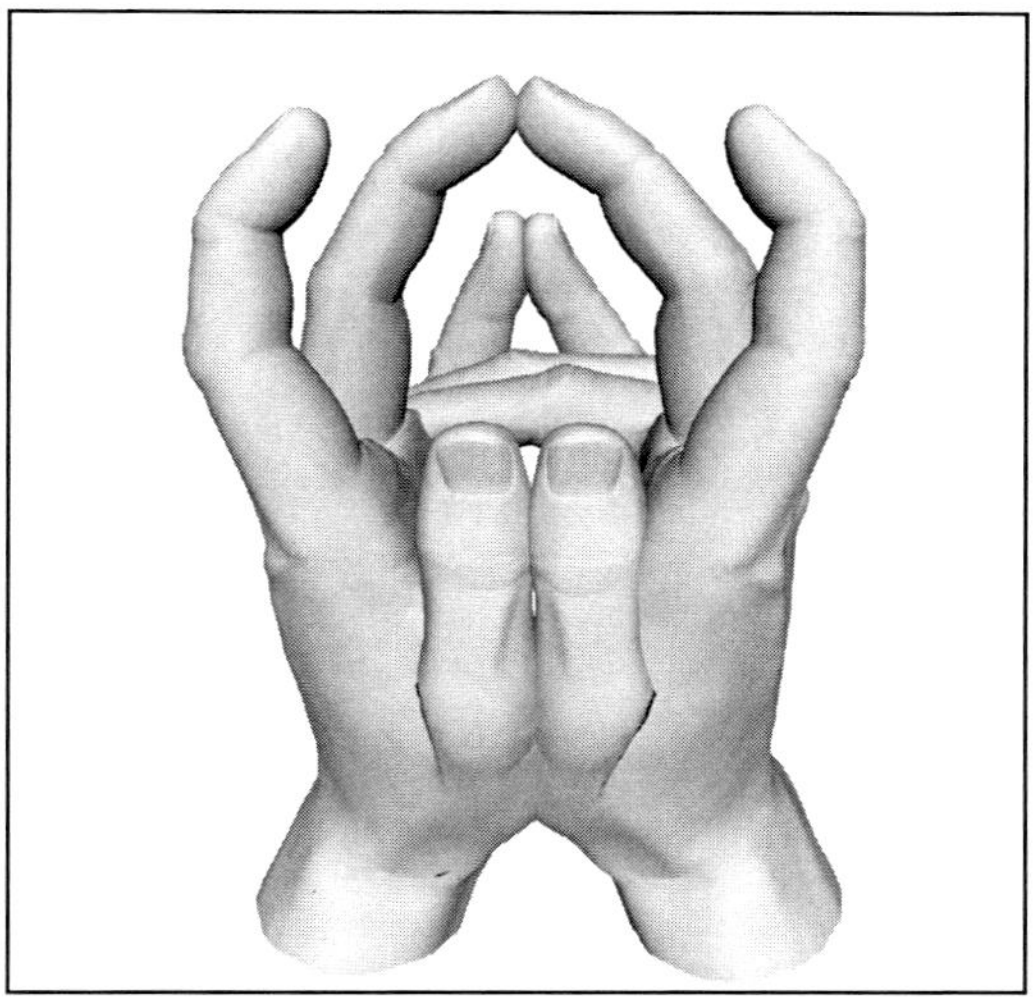

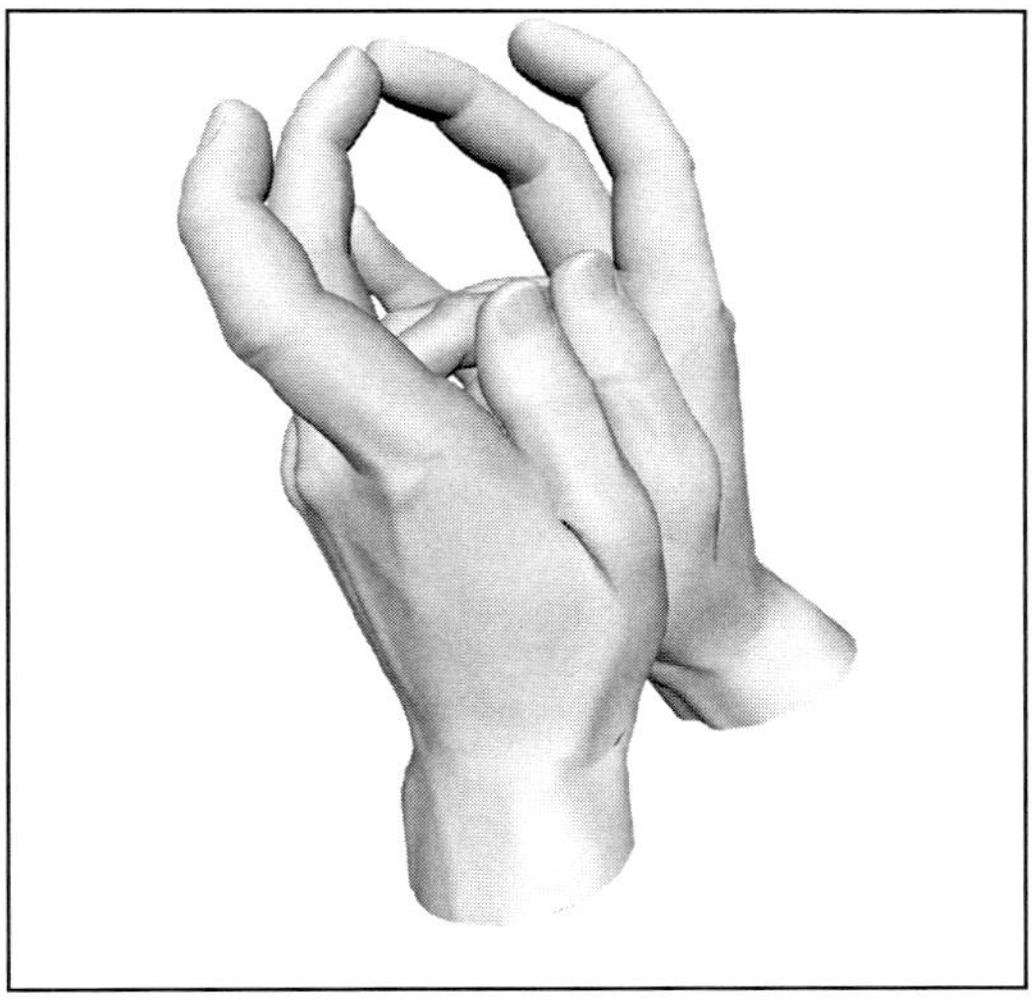

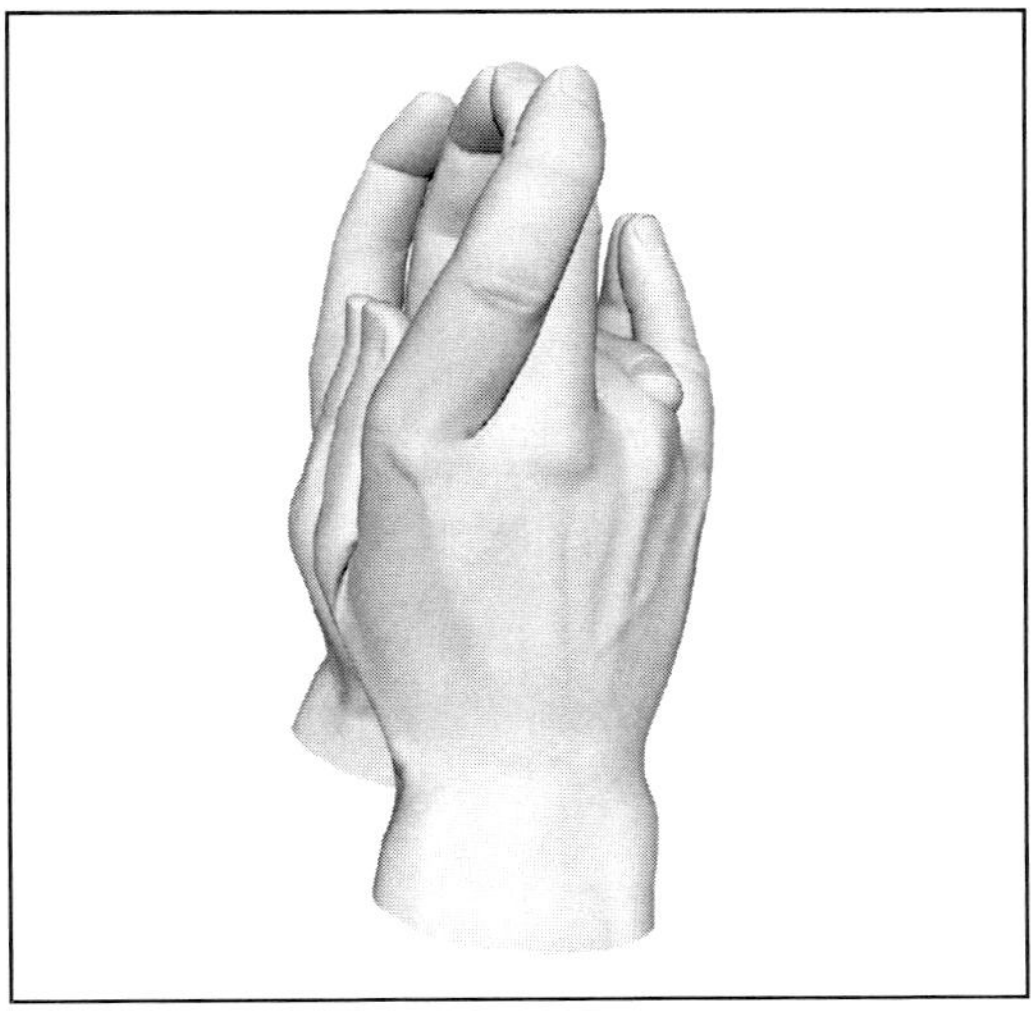

（各別印《かくべついん》）
法界虚空蔵《ほっかいこくうぞう》

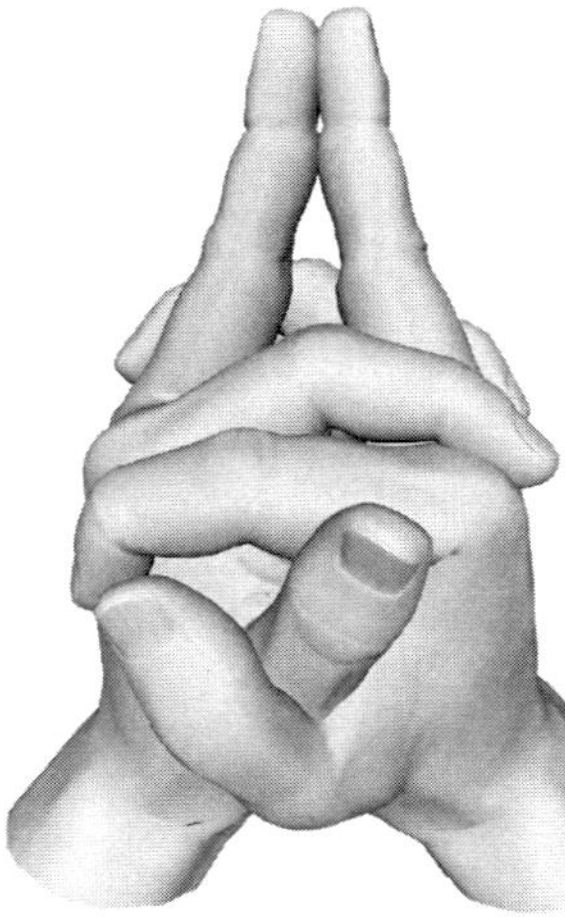

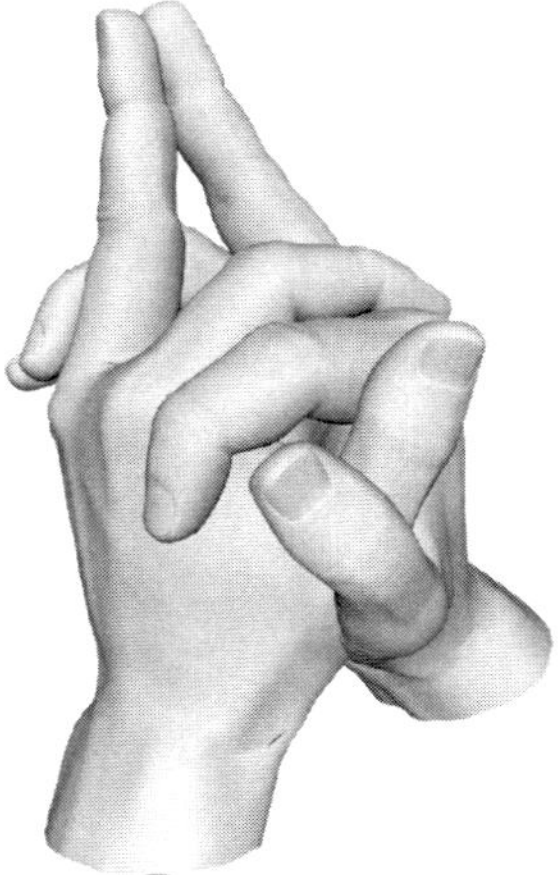

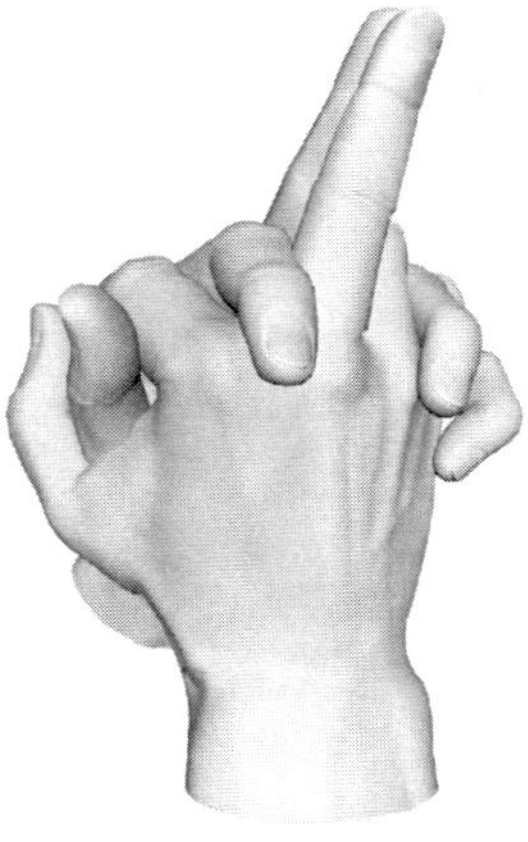

①両手、外縛する。
②両中指を直ぐ立て合わせる。

※真言は一七〇頁に同じ。

金剛虚空蔵《こんごうこくうぞう》（各別印《かくべついん》）

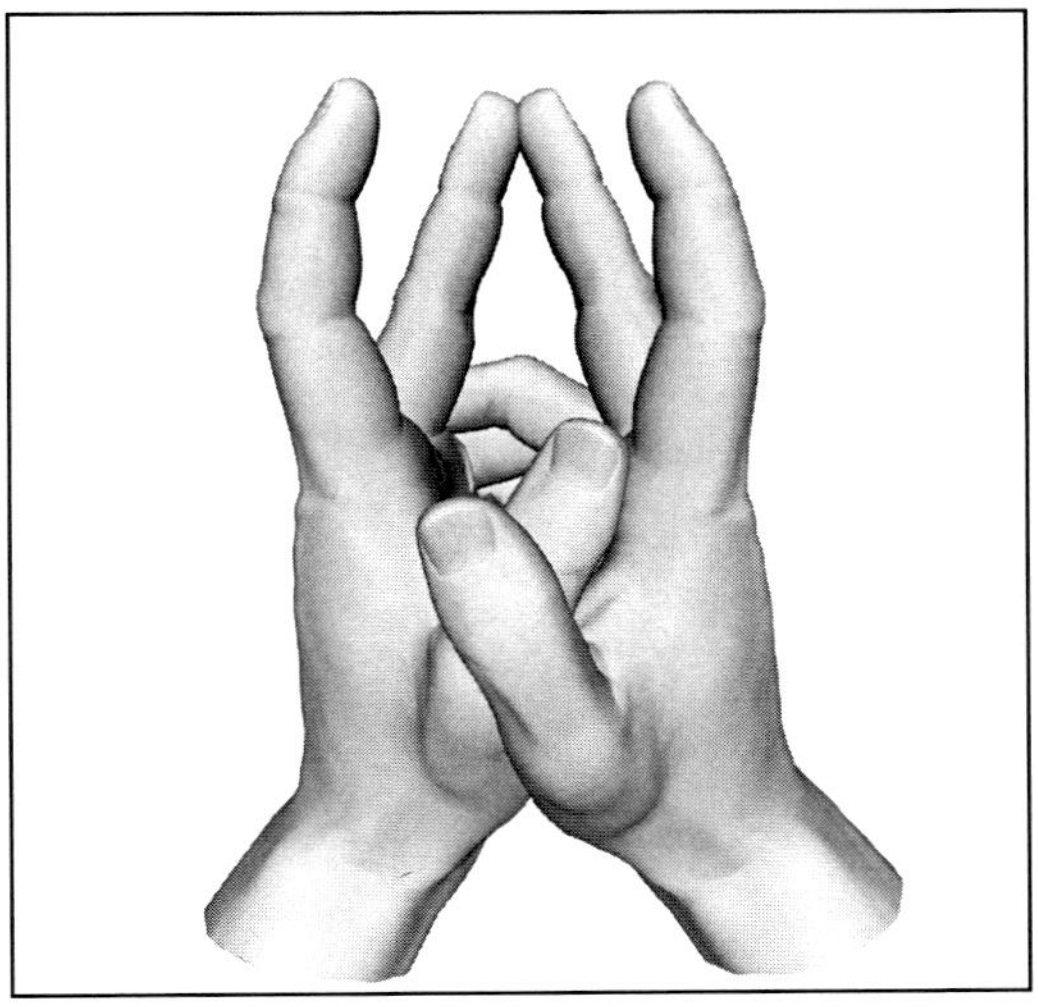

①前頁の法界虚空蔵印から、人差指を立て、屈して三股のようにする。

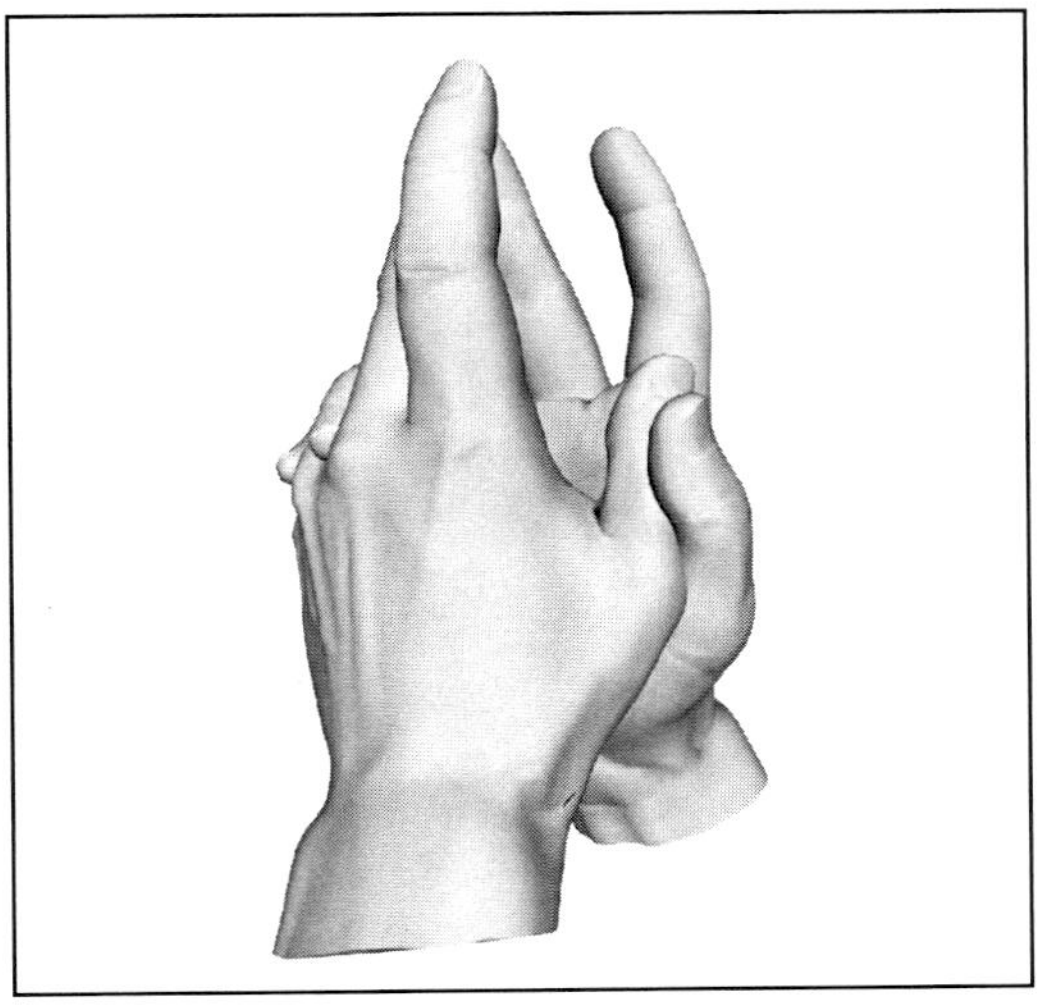

※真言は一七〇頁に同じ。

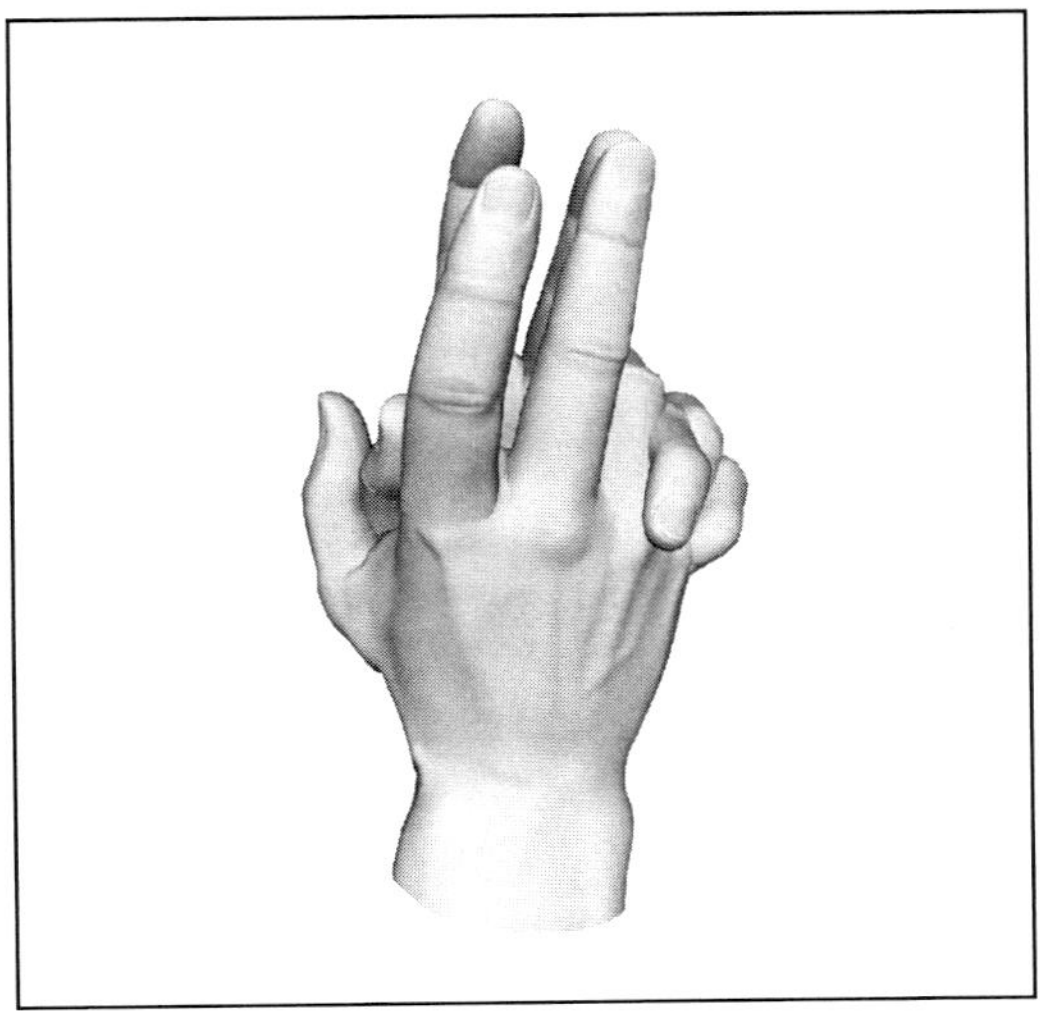

宝光虚空蔵《ほうこうこくうぞう》（各別印《かくべついん》）

①法界虚空蔵印を結び、両人差指を立て合わせ、屈して宝形のようにする。

※真言は一七〇頁に同じ。

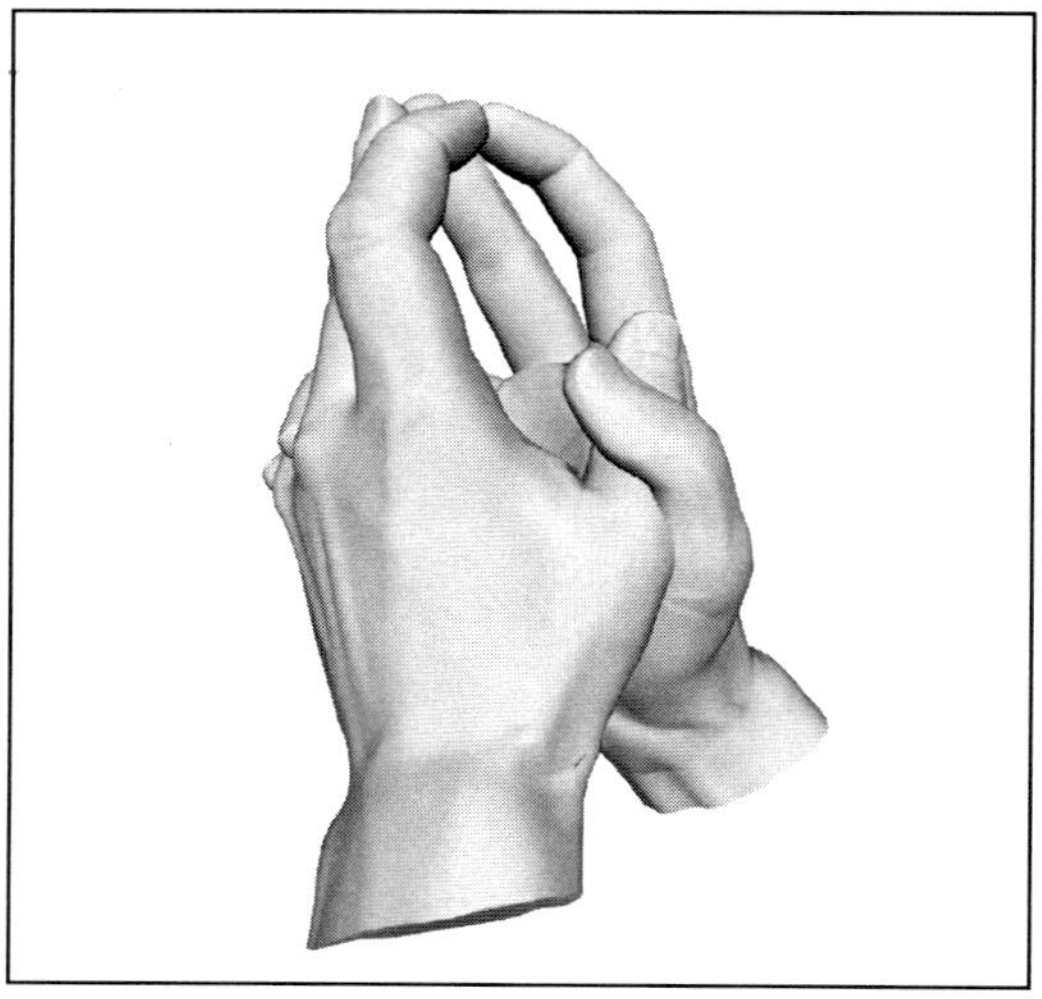

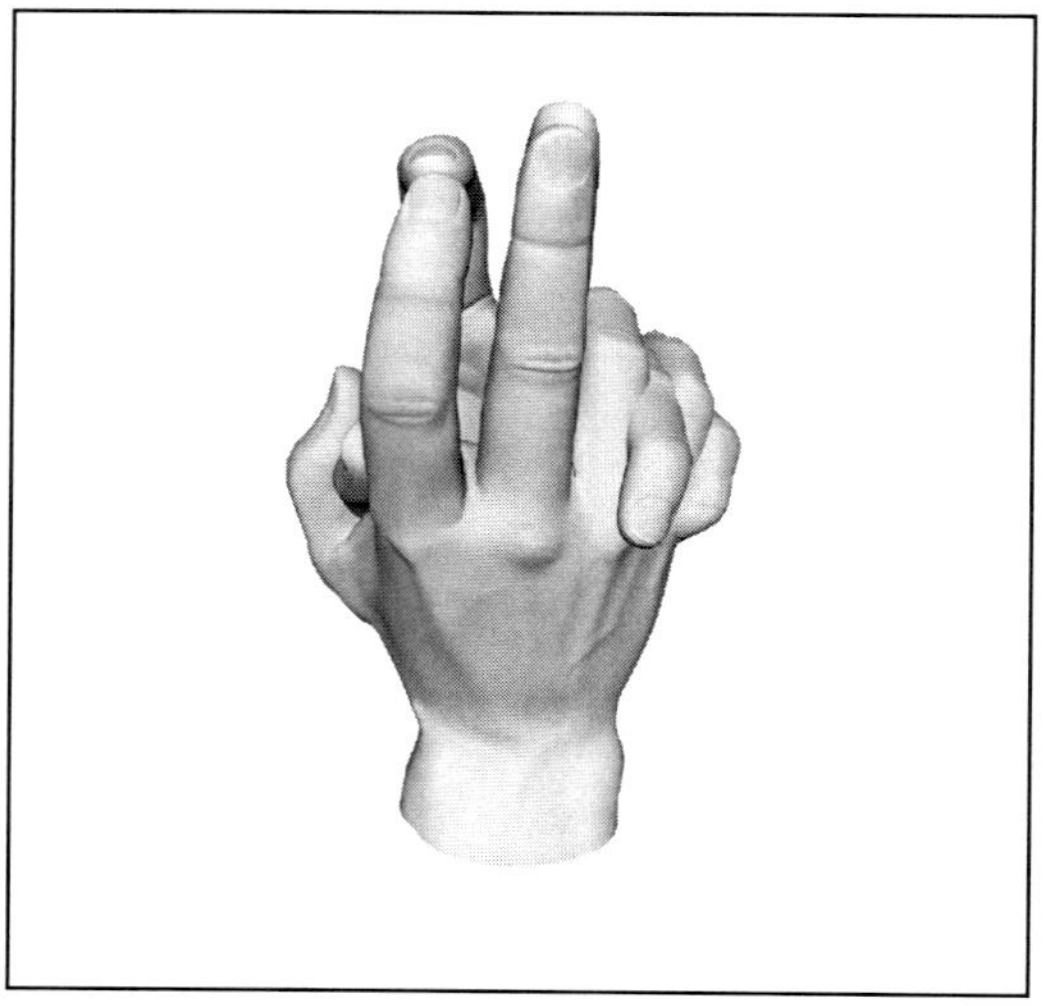

蓮《れん》華《げ》虚《こ》空《くう》蔵《ぞう》（各《かく》別《べつ》印《いん》）

①法界虚空蔵印を結び、両人差指を立てて屈し、蓮葉のようにする。

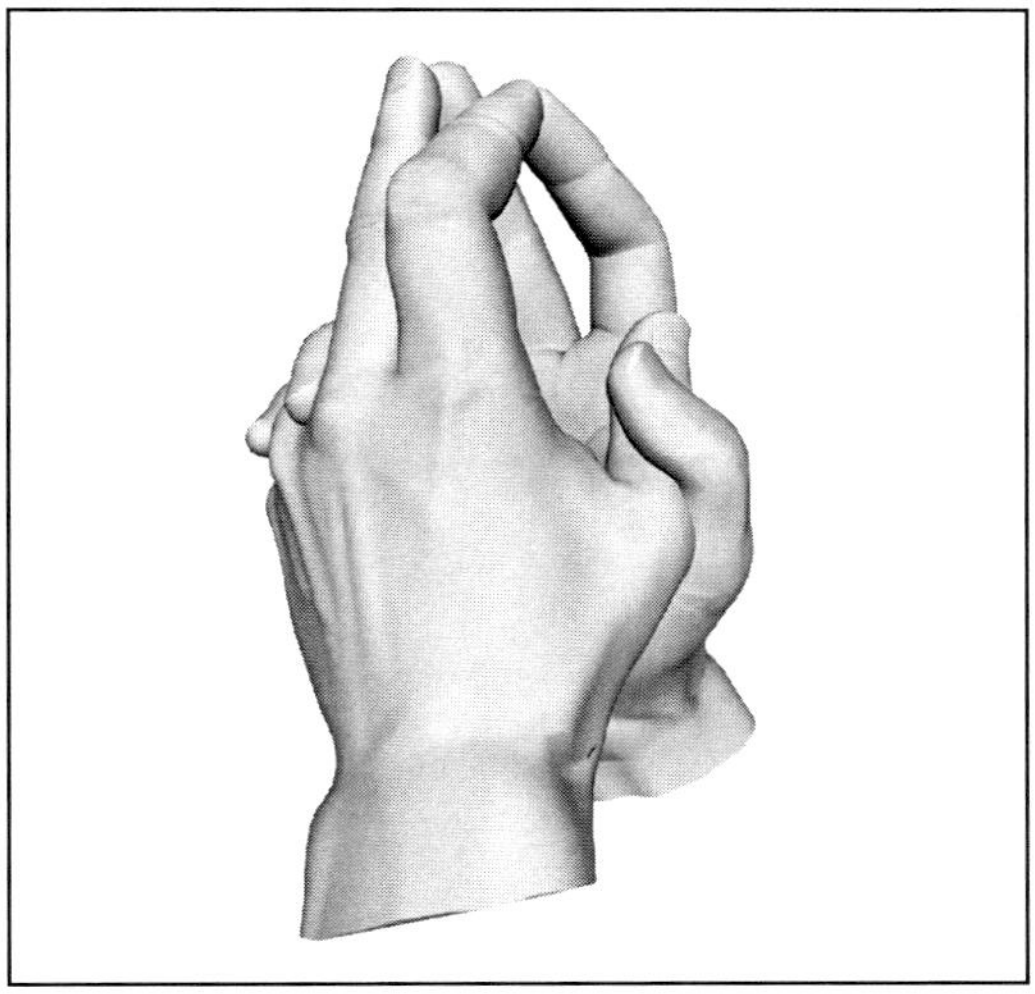

※真言は一七〇頁に同じ。

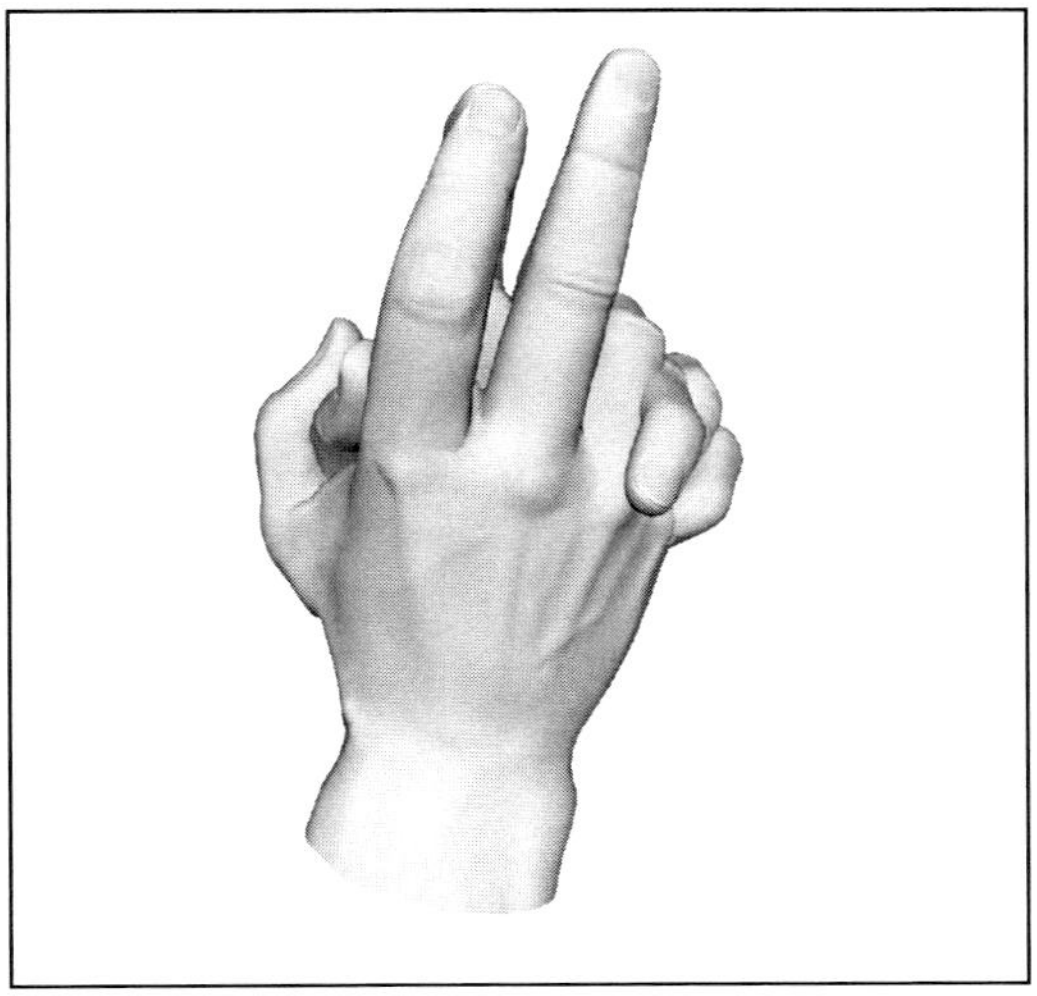

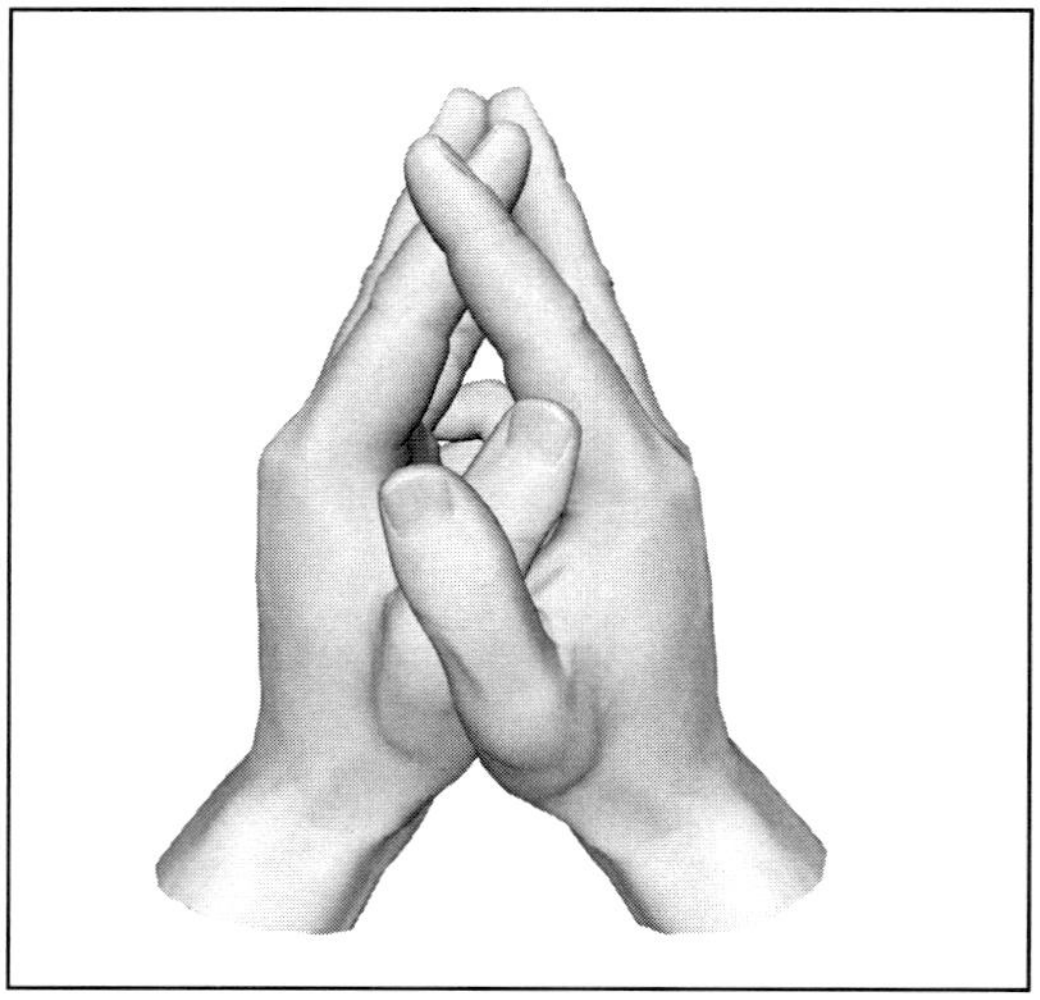

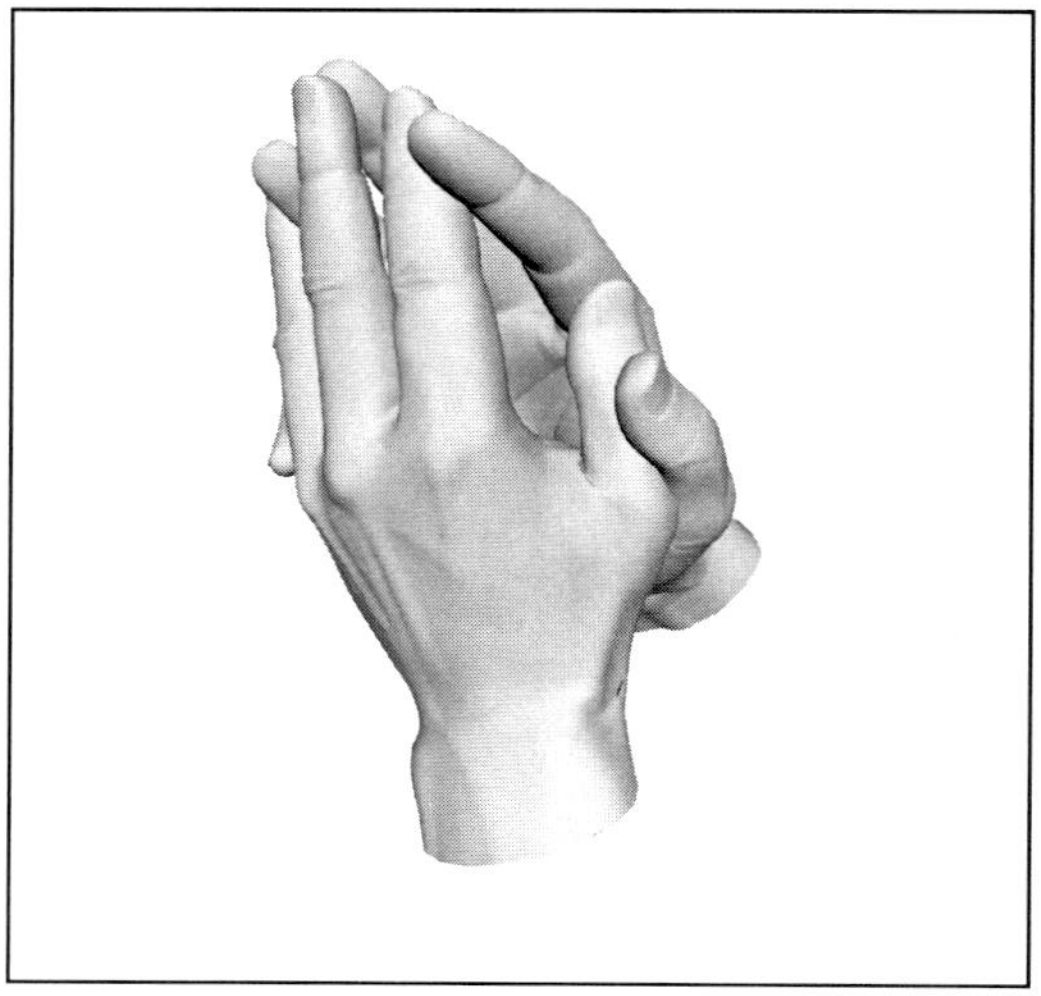

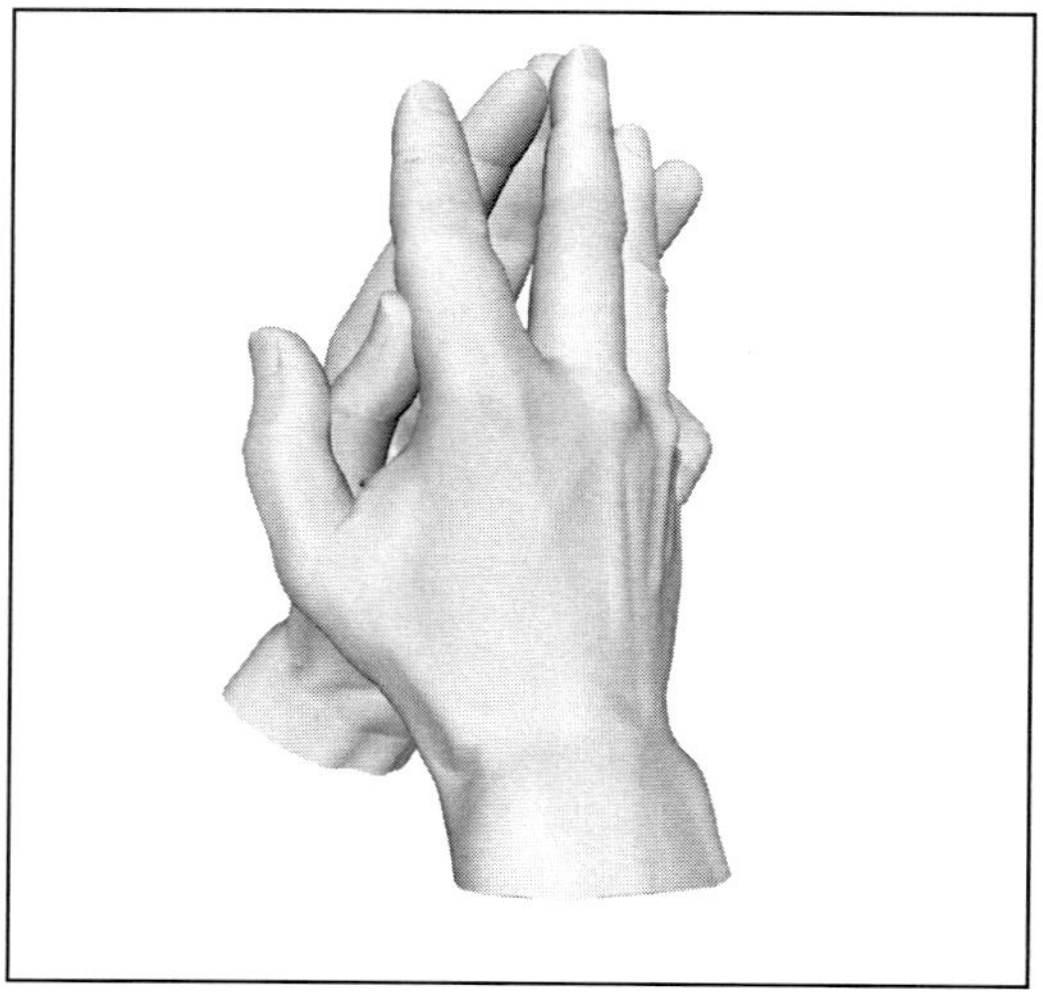

業用《ごうゆう》虚《こ》空《くう》蔵《ぞう》(各《かく》別《べつ》印《いん》)

①両手、金剛合掌する。

②両中指先を付け合わせる。

※真言は一七〇頁に同じ。

法界虚空蔵《ほっかいこくうぞう》二（各別印《かくべついん》）

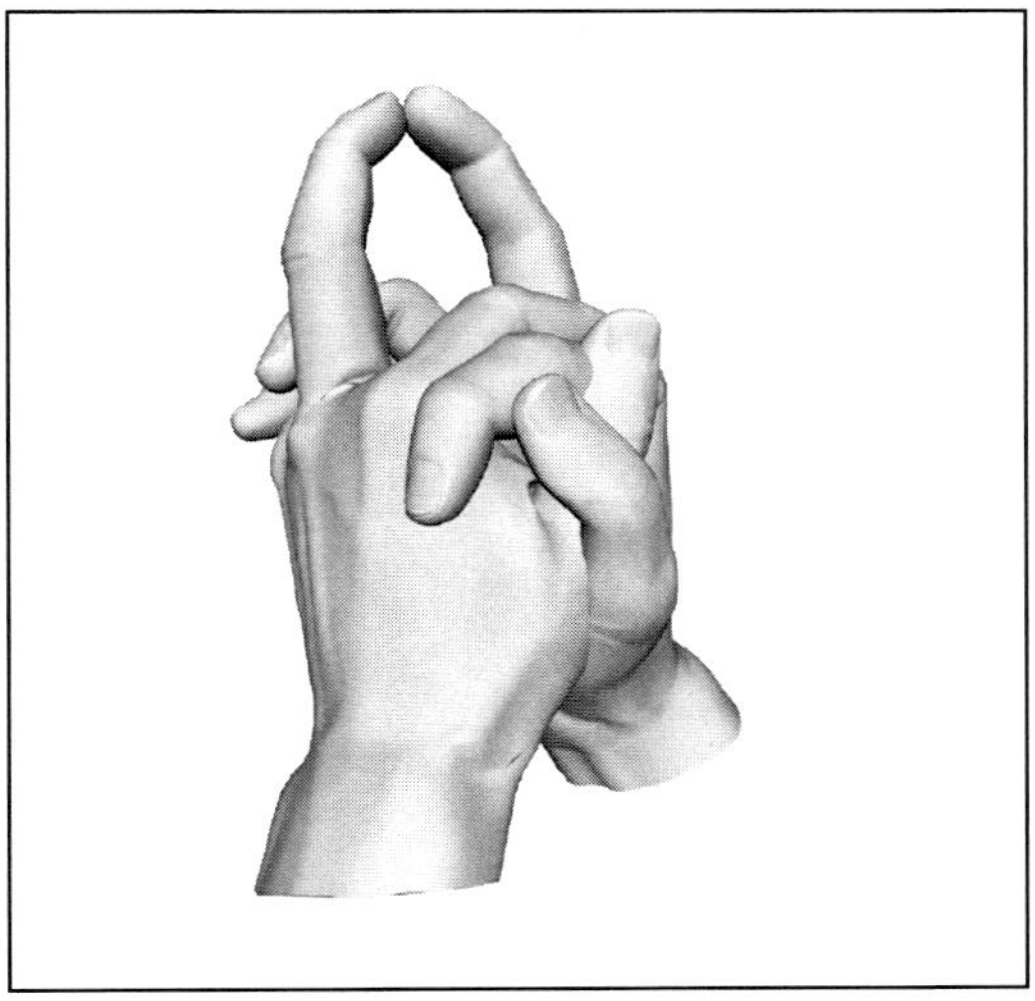

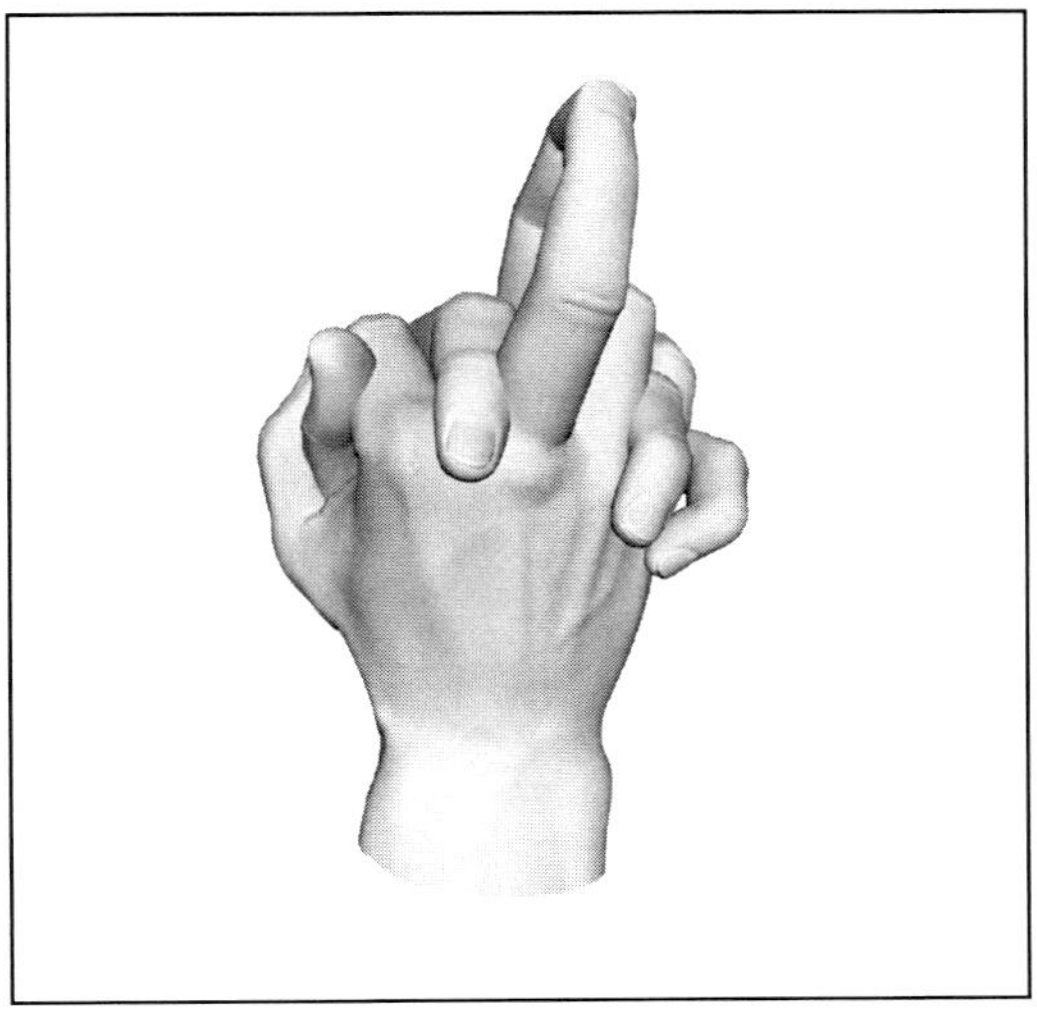

①前の法界虚空蔵印（一七二頁）を結ぶ。すなわち、両手外縛して両中指を立て合わせる。

②両中指を屈して、宝形にする。

※真言は一七〇頁に同じ。

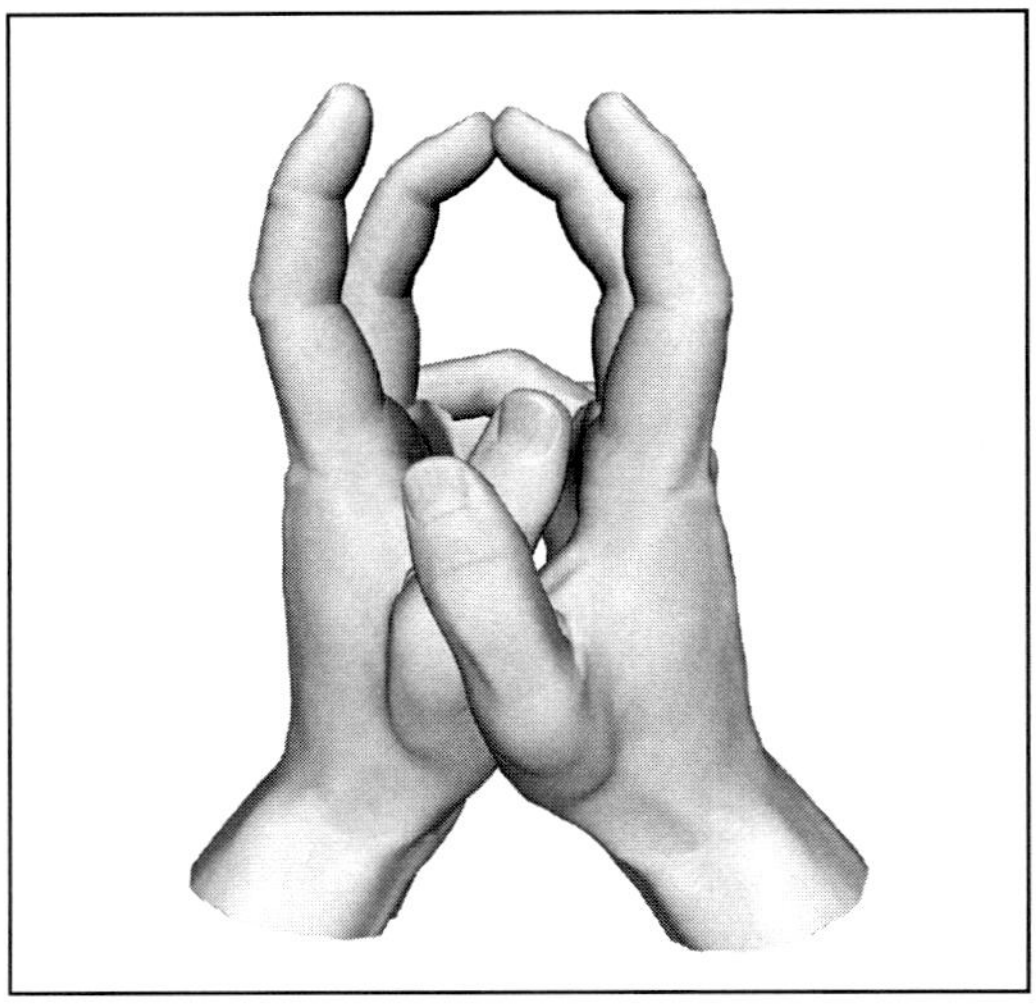

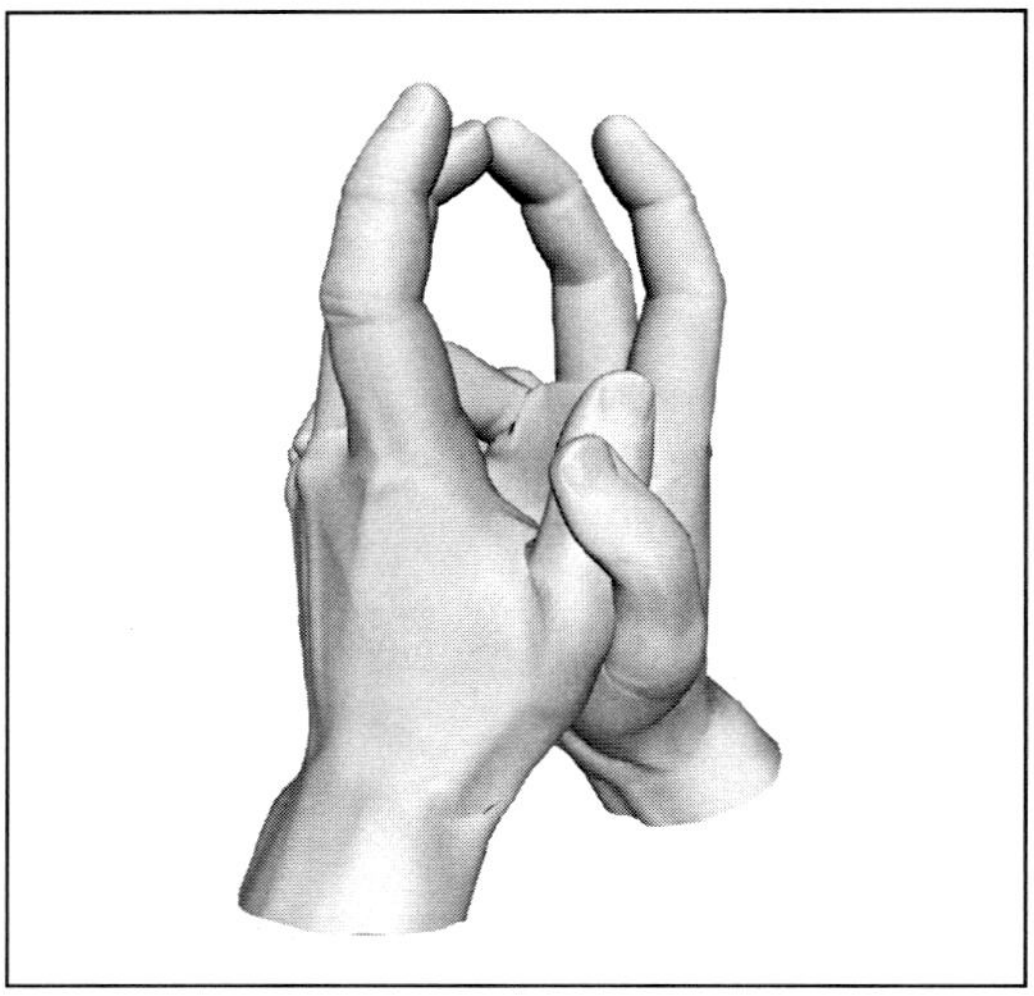

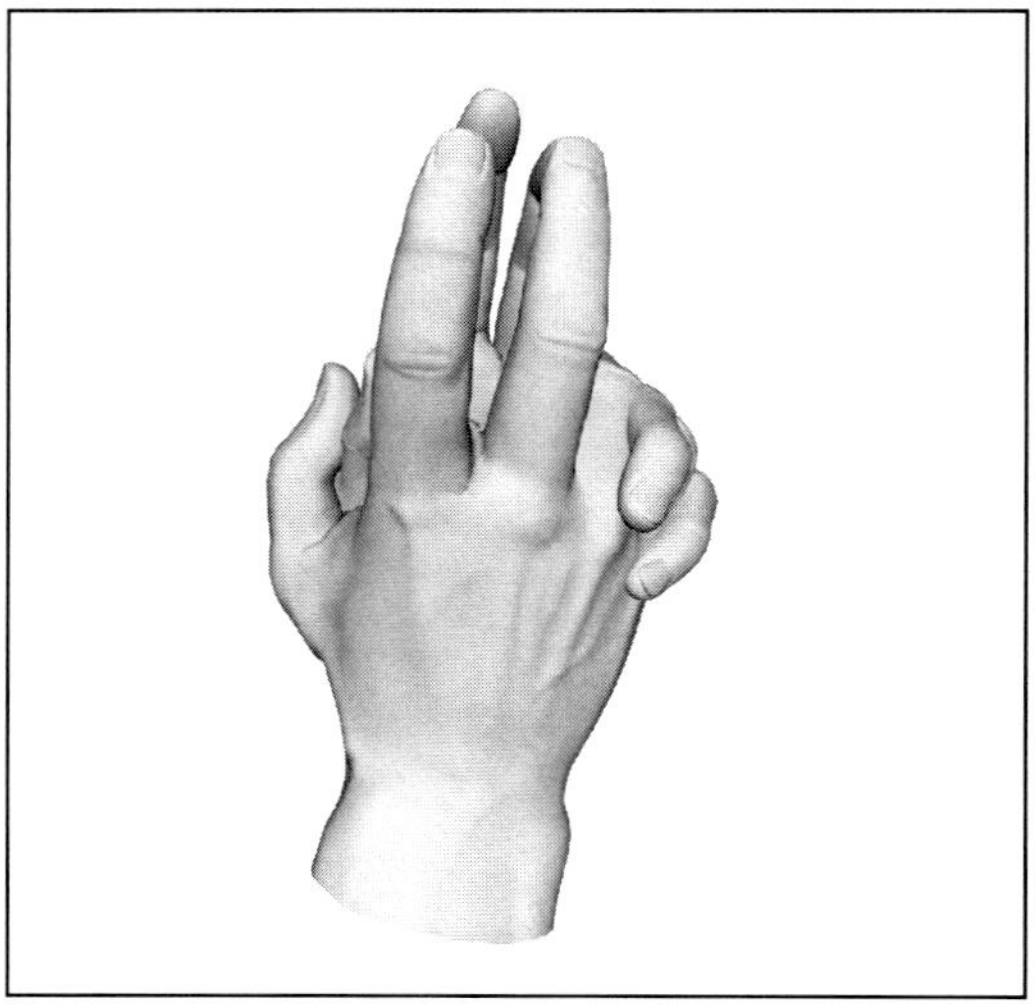

金剛《こんごう》虚空蔵《こくうぞう》二（各別印《かくべついん》）

①前の金剛虚空蔵印（一七三頁）を結ぶ。即ち両手外縛して両中指を立て合わせ、両人差指を立てて屈し、三鈷のようにする。
②両中指を屈して宝形にする。

※真言は一七〇頁に同じ。

宝《ほう》光《こう》虚《こ》空《くう》蔵《ぞう》二 （各《かく》別《べつ》印《いん》）

①前の宝光虚空蔵印（一七四頁）を結ぶ。すなわち、両手外縛し、両中指を立て合わせ、両人差指を立てて屈し、宝形のようにする。
②両中指を屈して宝形にする。

※真言は一七〇頁に同じ。

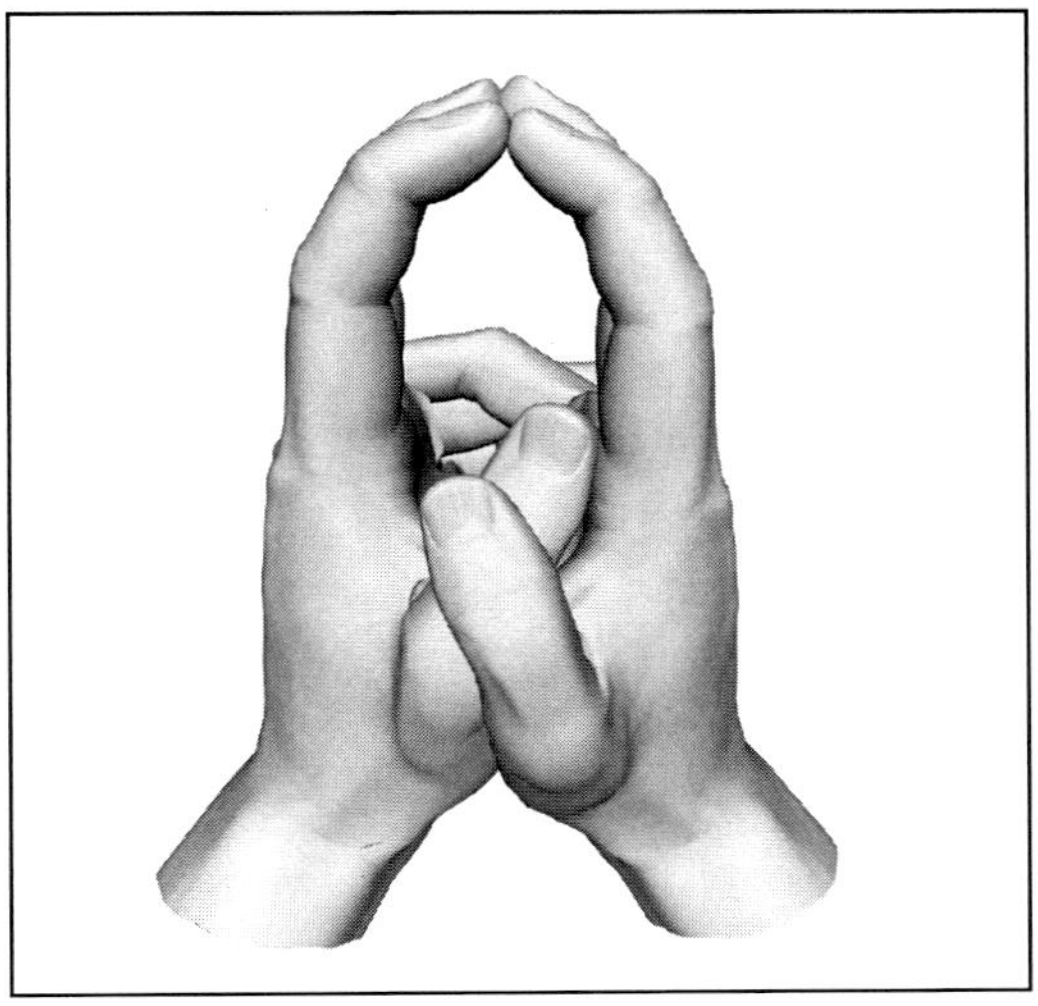

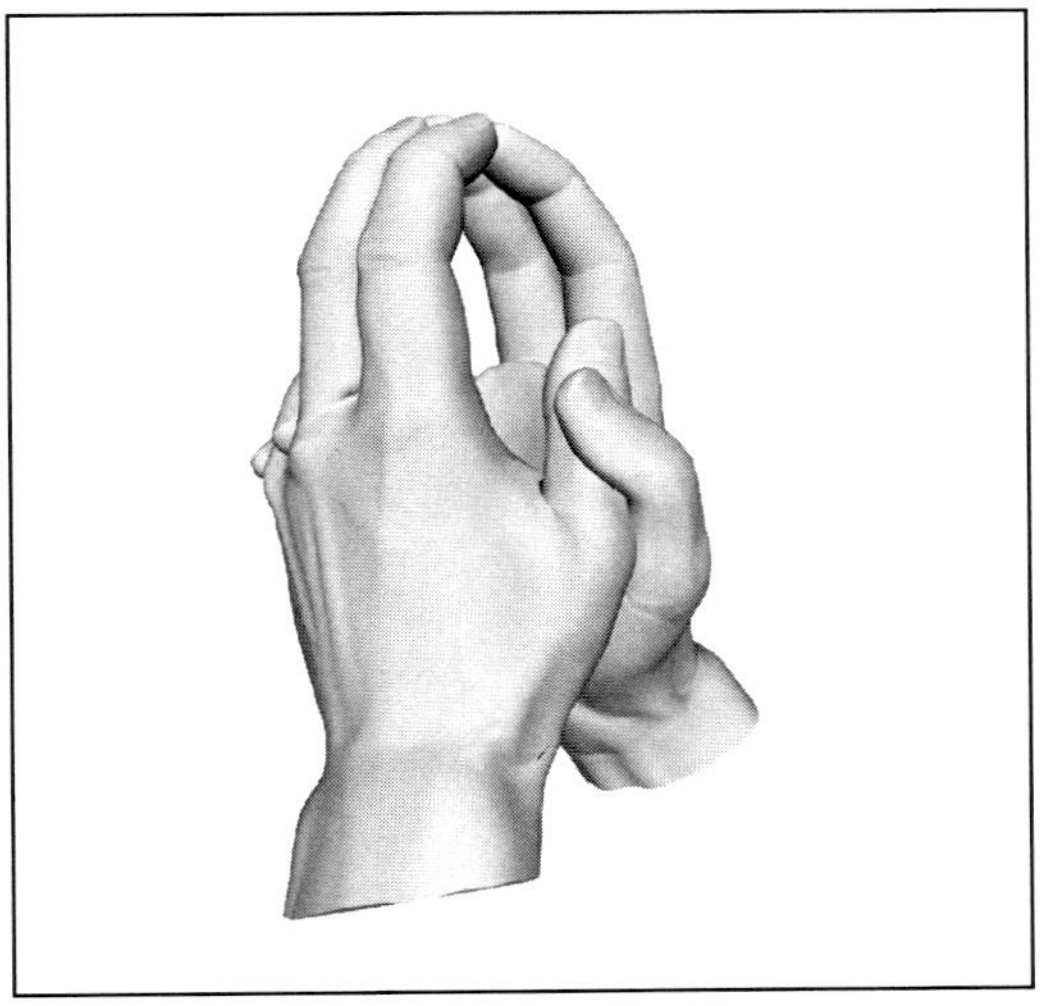

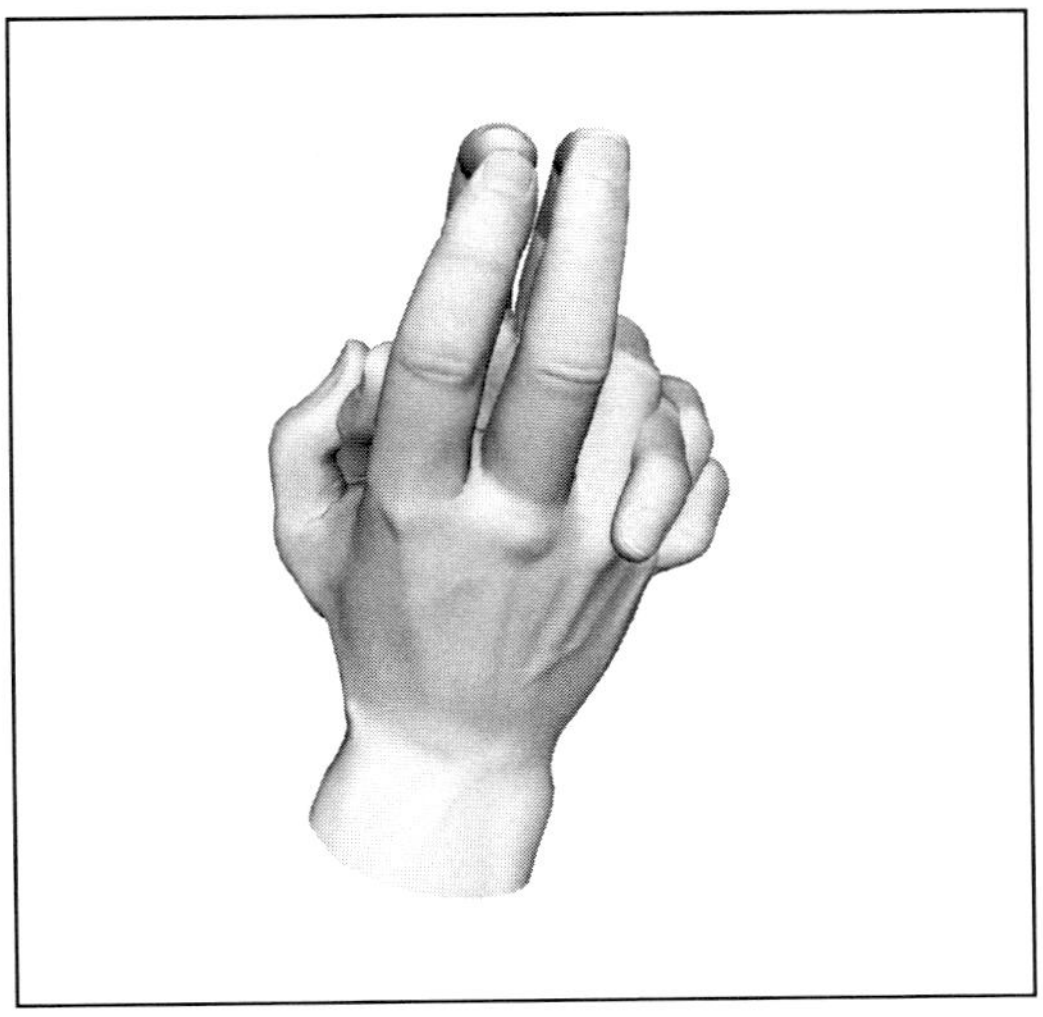

蓮《れん》華《げ》虚《こ》空蔵《くうぞう》二（各別印《かくべついん》）

①前の蓮華虚空蔵印（一七五頁）を結ぶ。すなわち、両手外縛して中指を立て合わせ、両人差指を立て合わせて屈し、蓮葉のようにする。

②両中指を屈して、宝形にする。

※真言は一七〇頁に同じ。

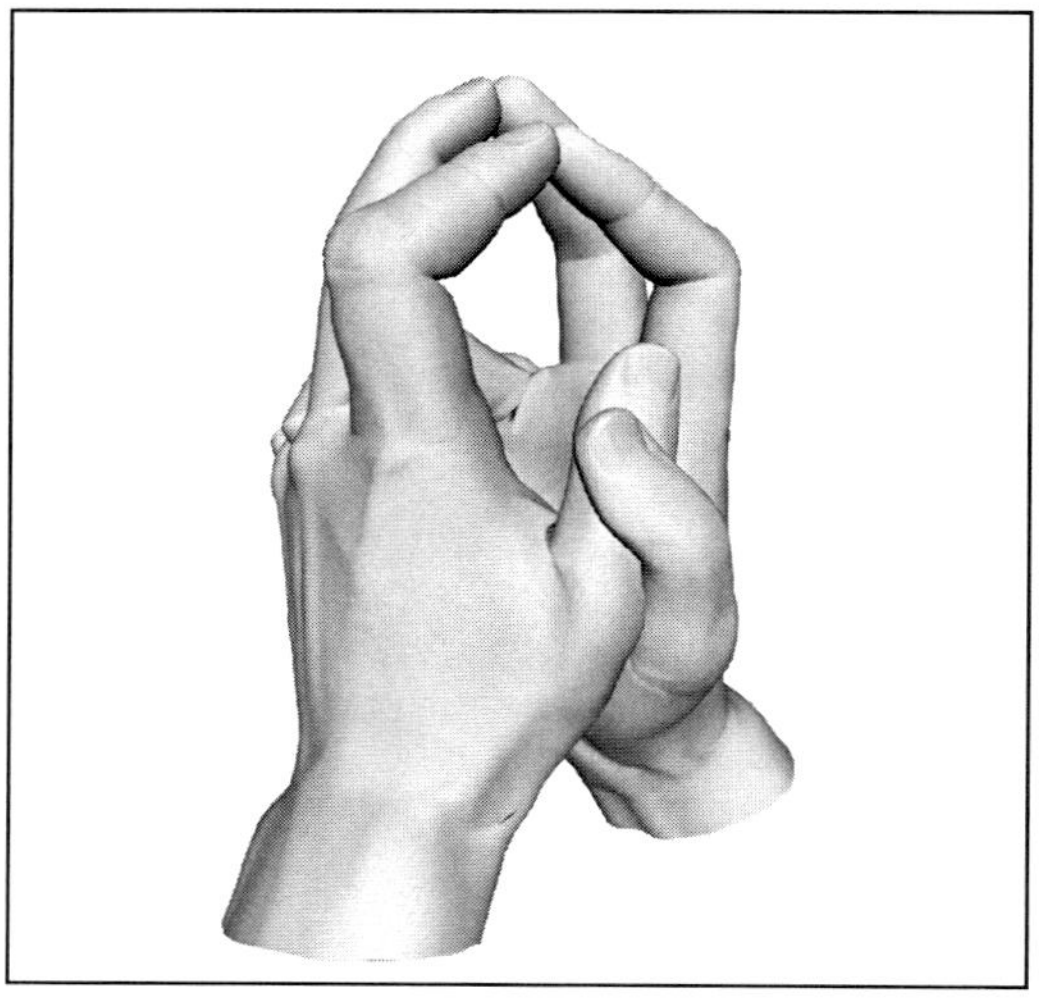

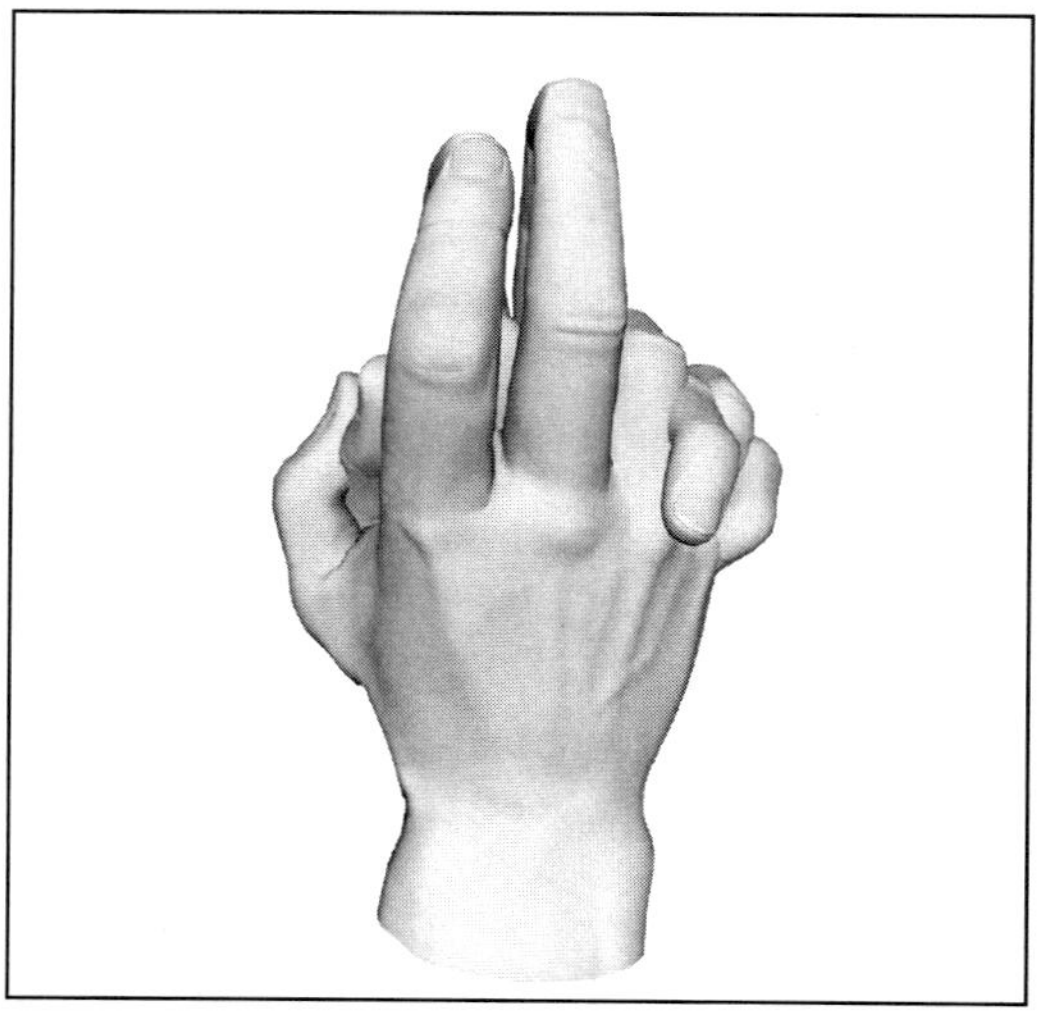

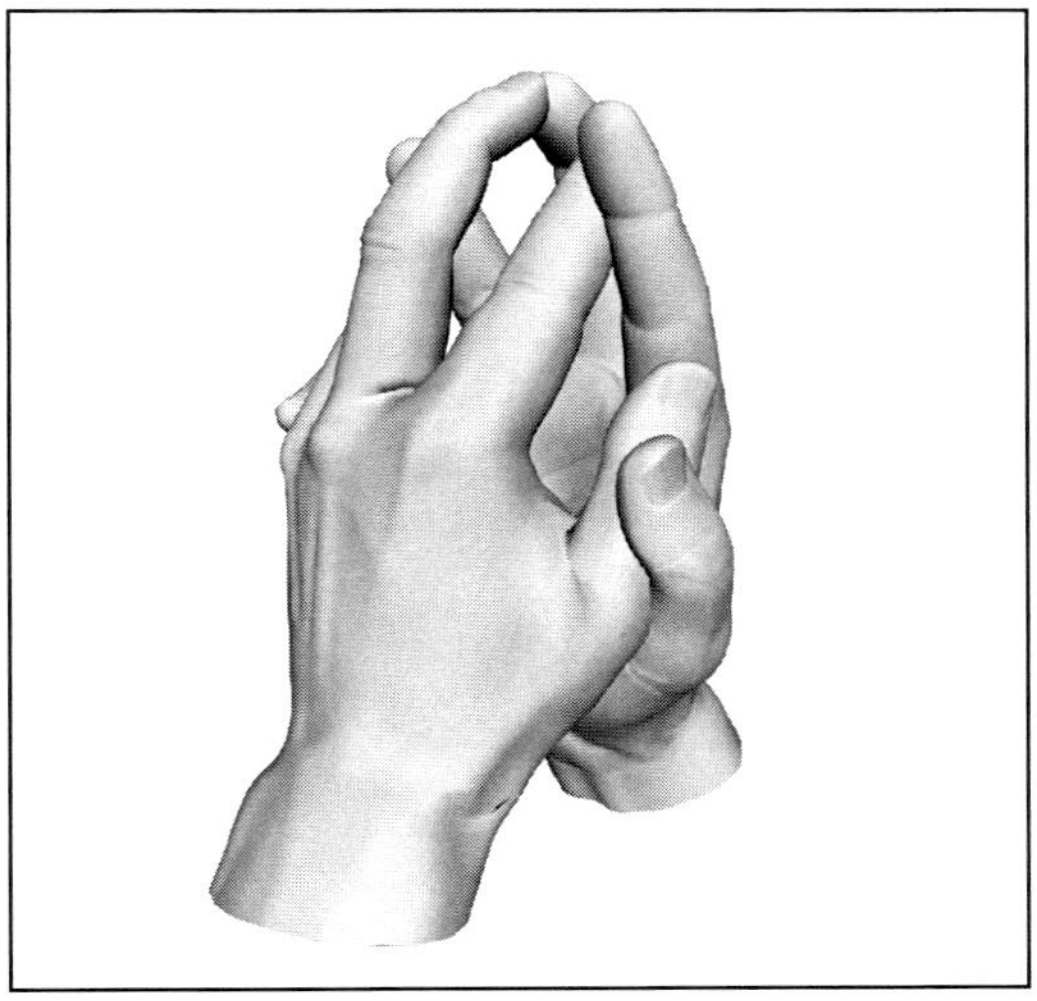

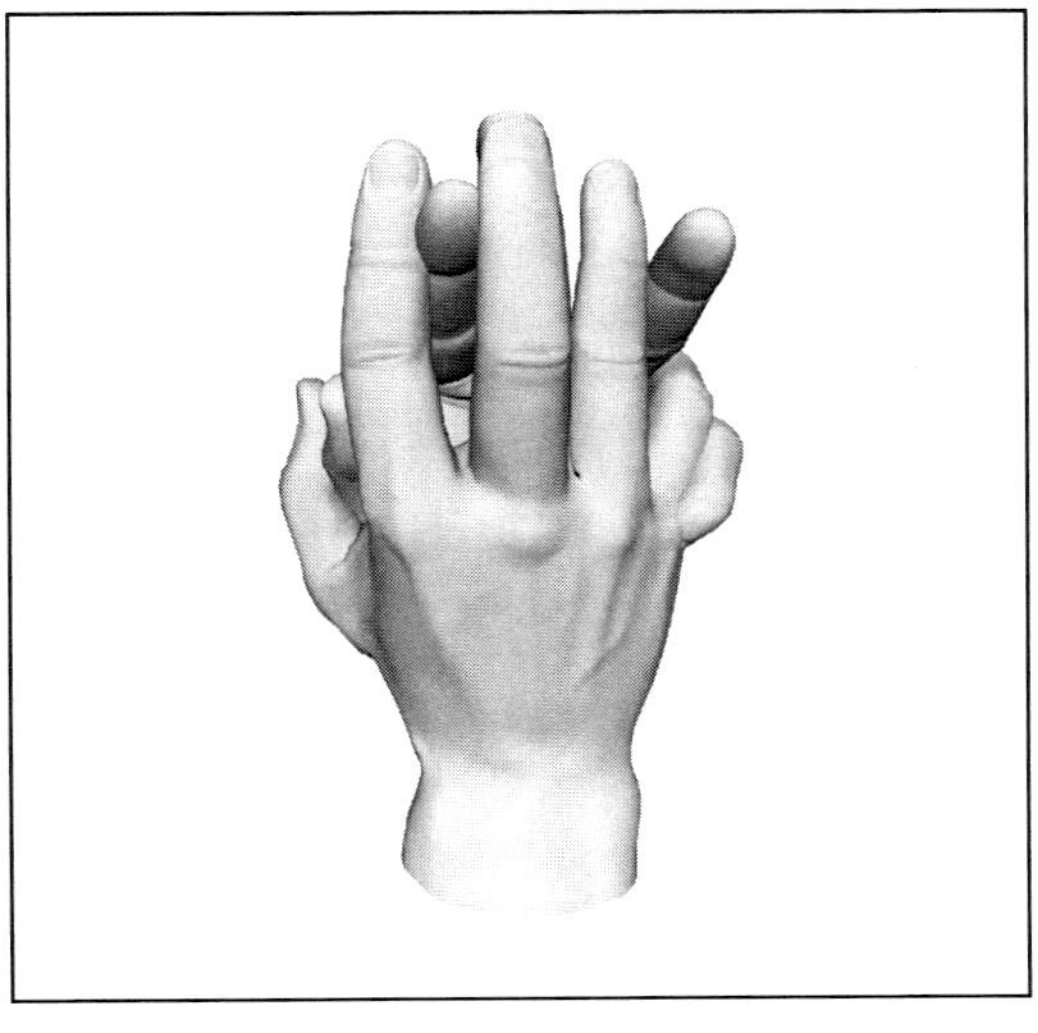

業《ごう》用《ゆう》虚《こ》空《くう》蔵《ぞう》二（各《かく》別《べつ》印《いん》）

①両手、外縛する。

②両中指を立て合わせて屈し、宝形にする。

③両人差指、薬指を立て、互いに交差させる。

※真言は一七〇頁に同じ。

金《こん》剛《ごう》吉《きち》祥《じょう》印《いん》

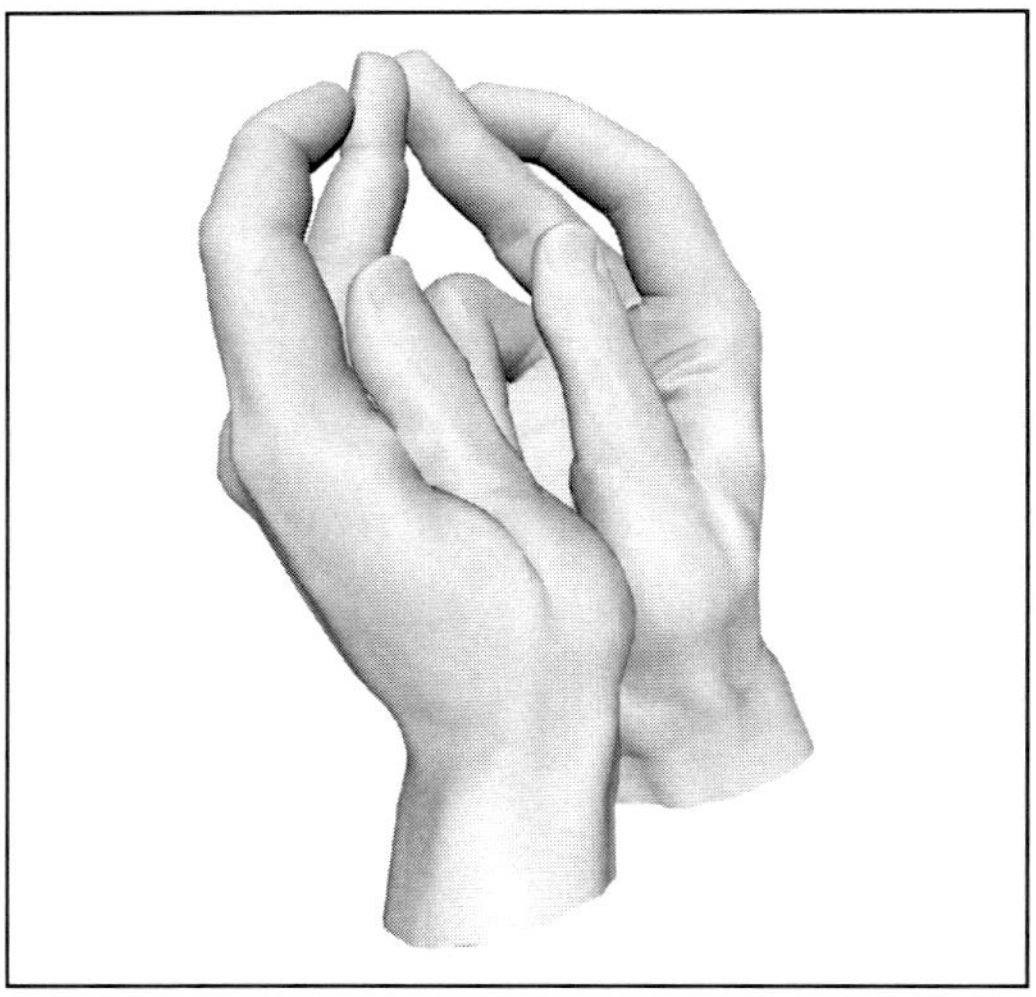

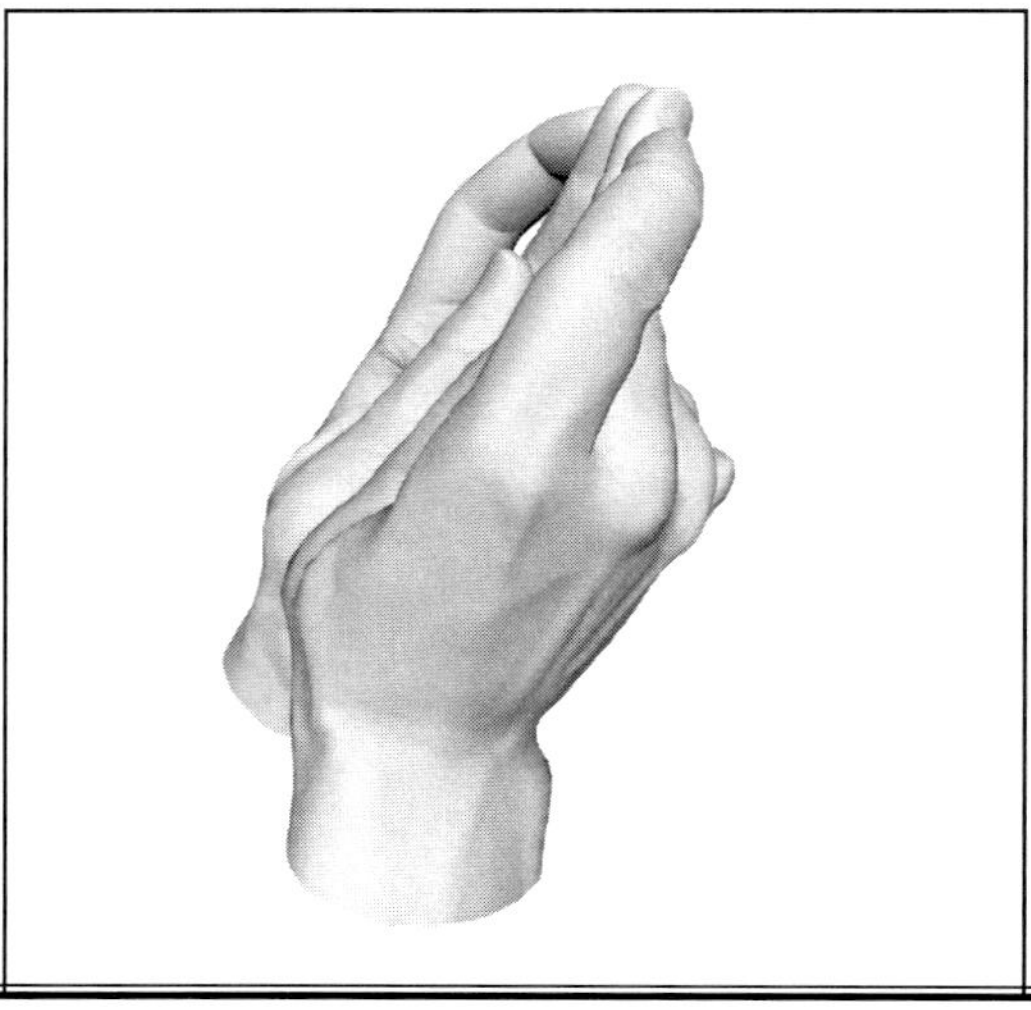

①両手、金剛合掌する。
②両小指を掌中に屈して交える。
③両薬指を並べて屈し掌中に入れる。
④両中指は針のように立て合わせる。
⑤両人差指は屈して、中指の背に回し、中指の第一節につける。
⑥両親指は並び立て、掌中に入れて中指の元を押す。

※金剛吉祥成就印、吉祥成就印ともいう。また師子冠印とも。
※天変怪異を除くに用いる。

破《は》諸《しょ》宿《しゅく》曜《よう》印《いん》

①両手、指の節をこごめて内縛する。
②両親指を並び立ててやや屈し、人差指の屈節の上を押す。
※外縛とする説もある。
※前出（四二頁）。

成《じょう》就《じゅ》一《いっ》切《さい》明《みょう》印《いん》

①両手とも不動剣印をする。
②左剣印を仰げ、右拳印を伏せ、互いの掌中に差し入れる。
※前出（四三頁）。

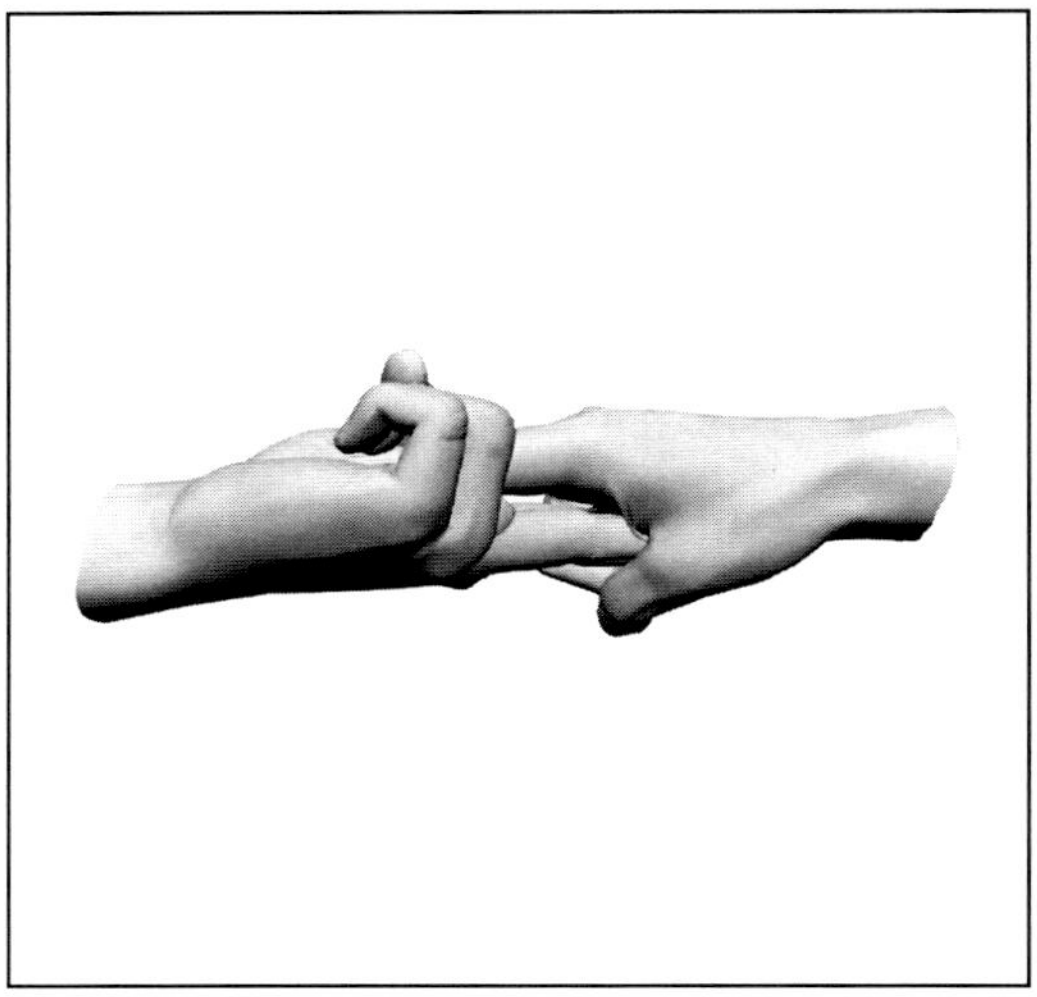

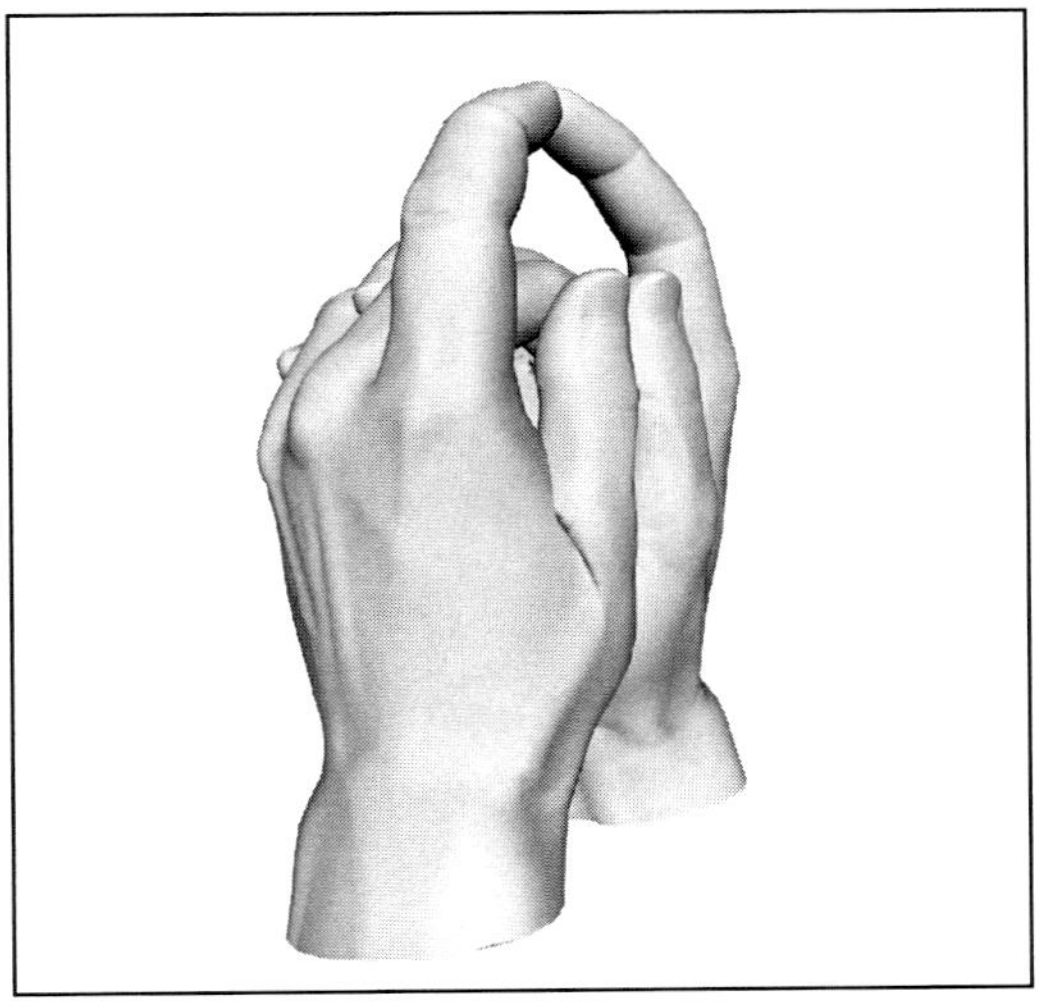

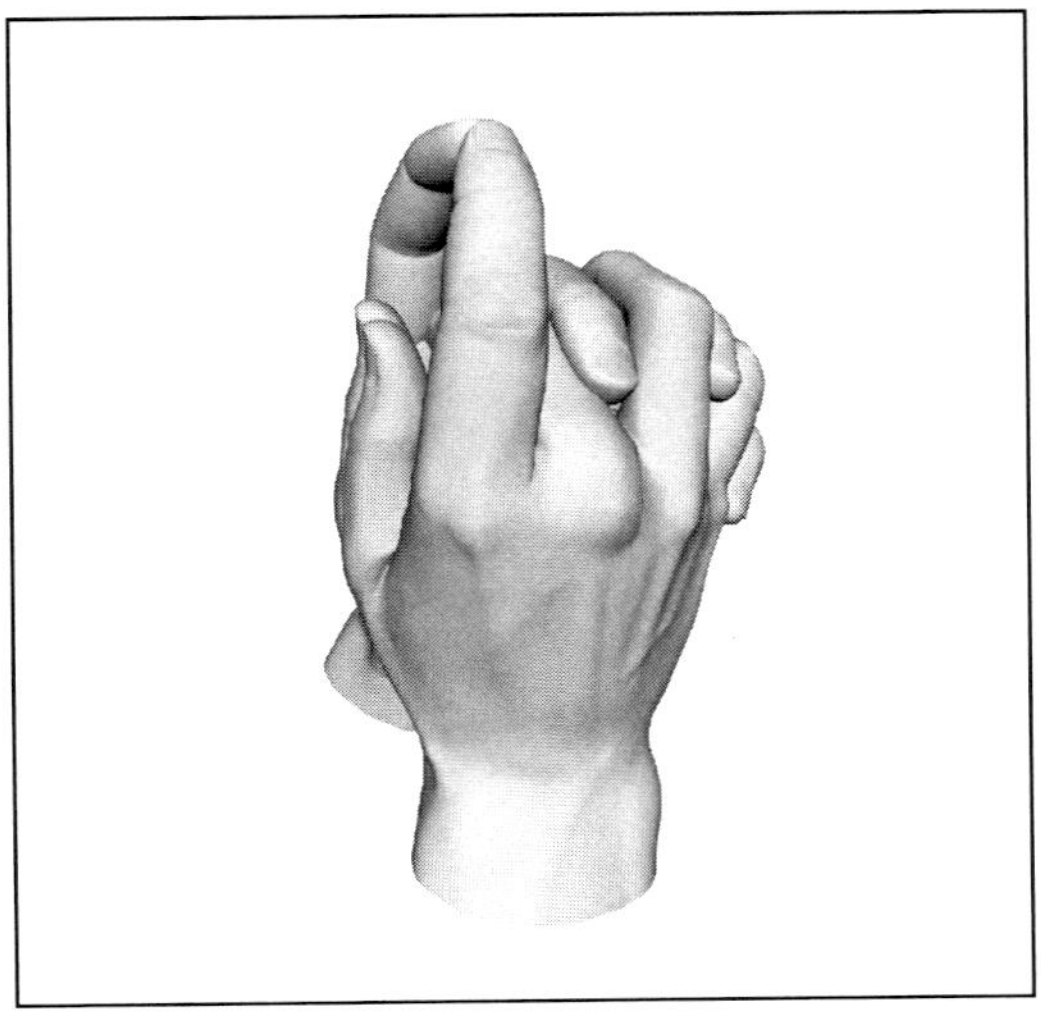

虚空蔵三昧耶印《こくうぞうさまやいん》

①両手、外縛する。
②両親指を並び立てる。
③両人差指を立て合わせ、屈して宝形にする。
※宝菩薩印（七一頁）に同じ。

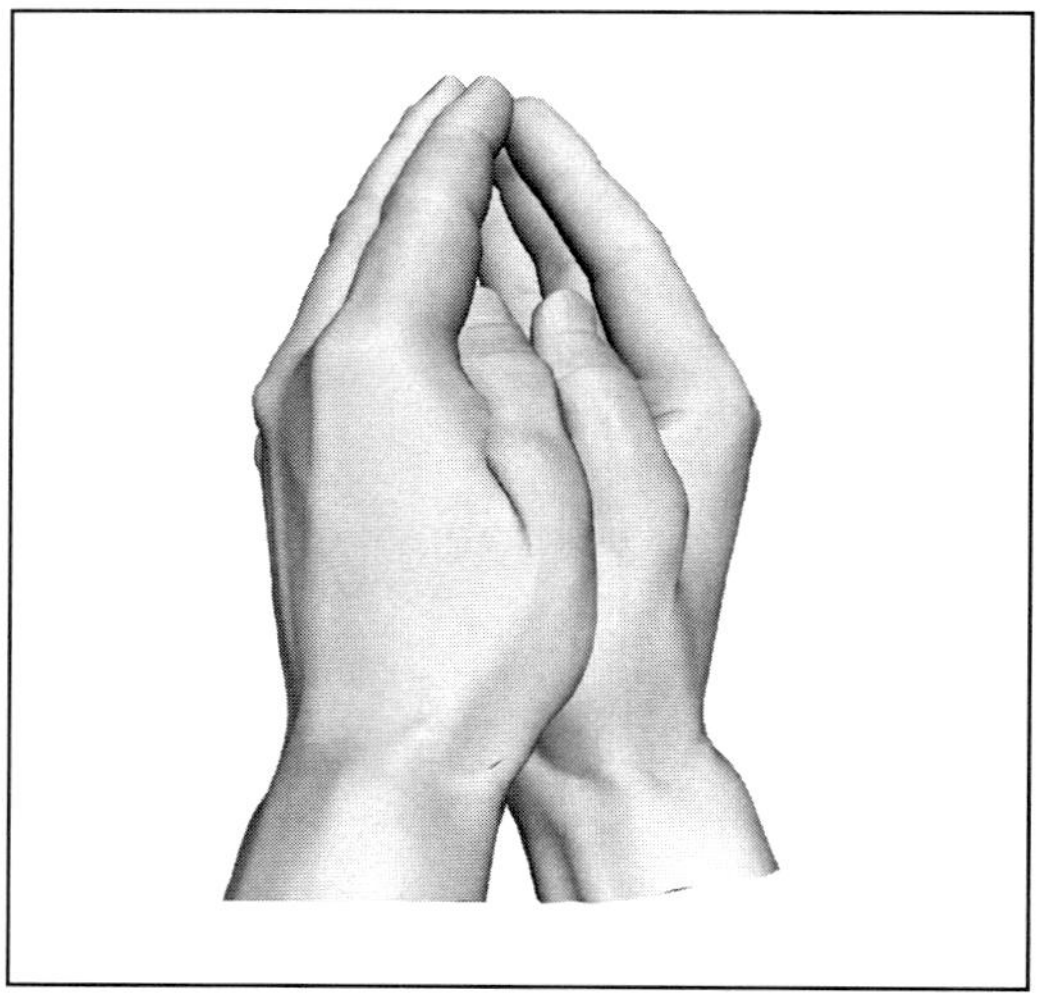

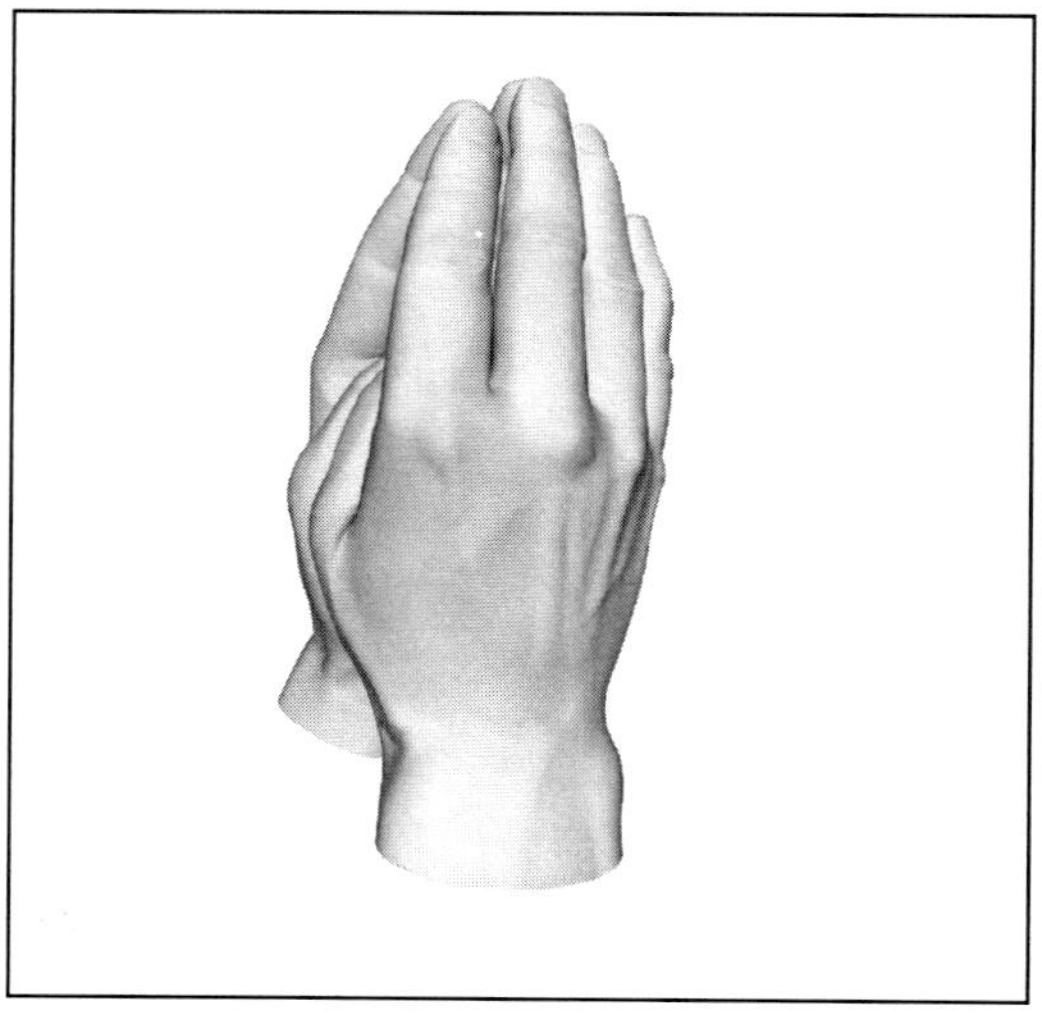

虚《こ》空《くう》蔵《ぞう》二

①両手、虚心合掌をする。

②両親指を並び立てて屈し、掌中に入れる。

※これは胎蔵部の虚空蔵である。

※真言は前頁に同じ。

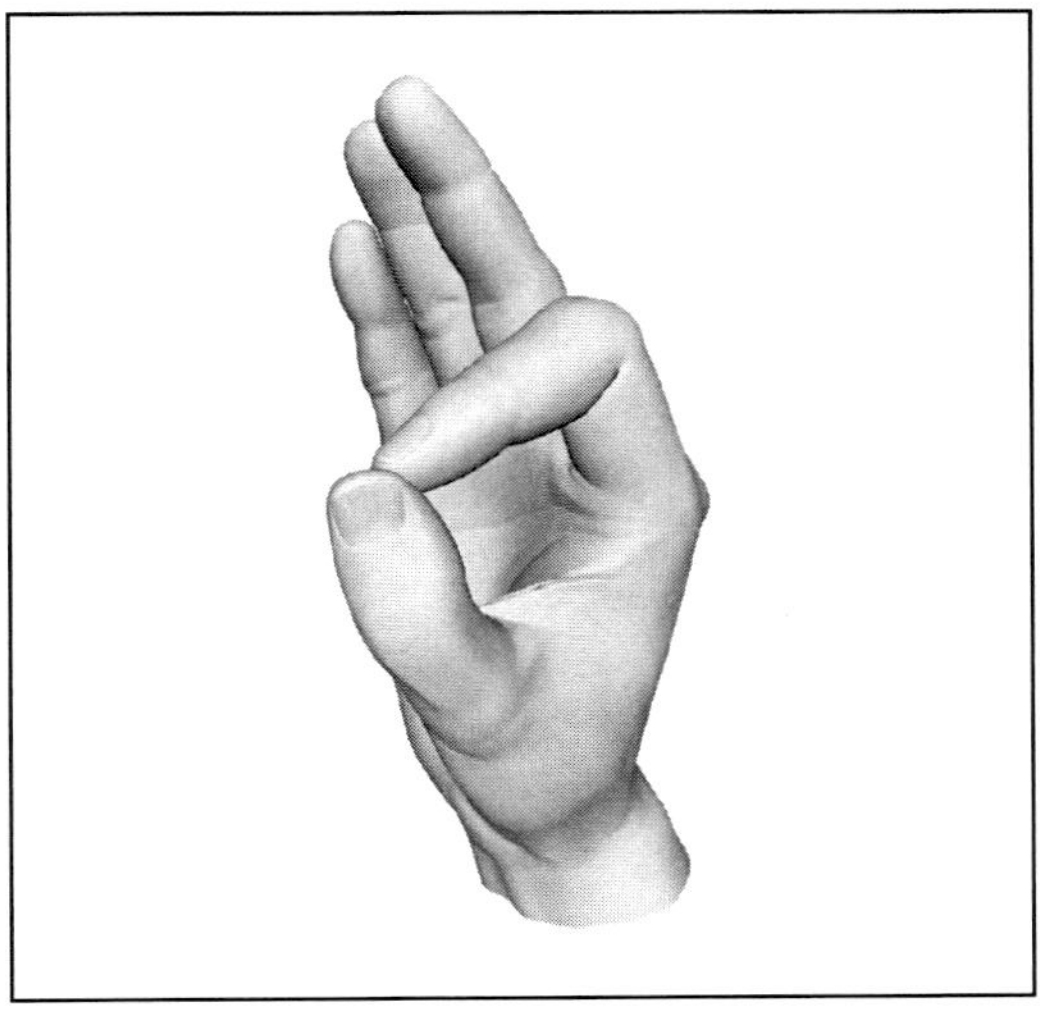

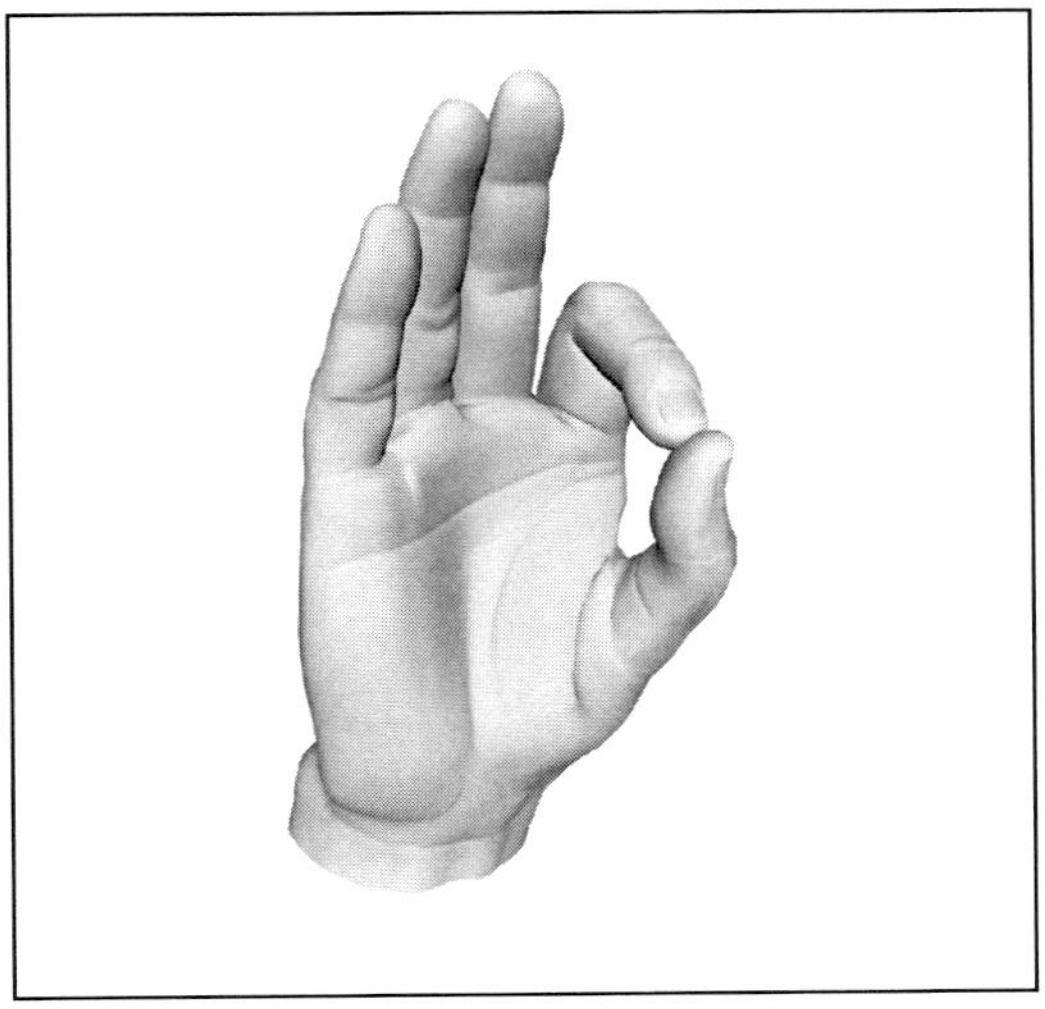

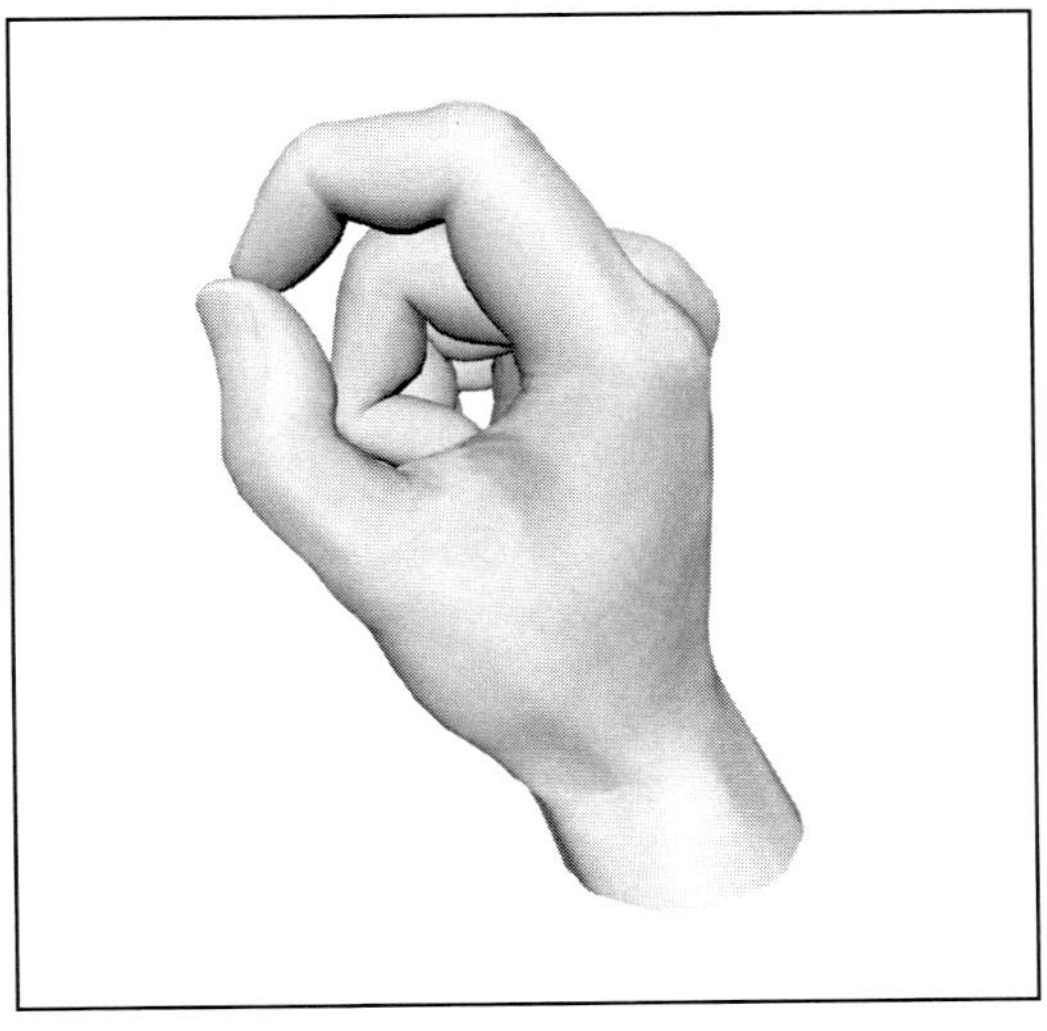

虚空蔵《こくうぞう》三

①右手五指を伸ばす。
②人差指を第二節で屈し、第一節を直にし、香を捻るようにして親指を捻じる。
※また、右手を握り、親指と人差指で捻じて宝形とする伝（下図）。拳にして人差指を第二節で屈し直にして親指に捻じるとする伝もある。

※真言は一八五頁に同じ。

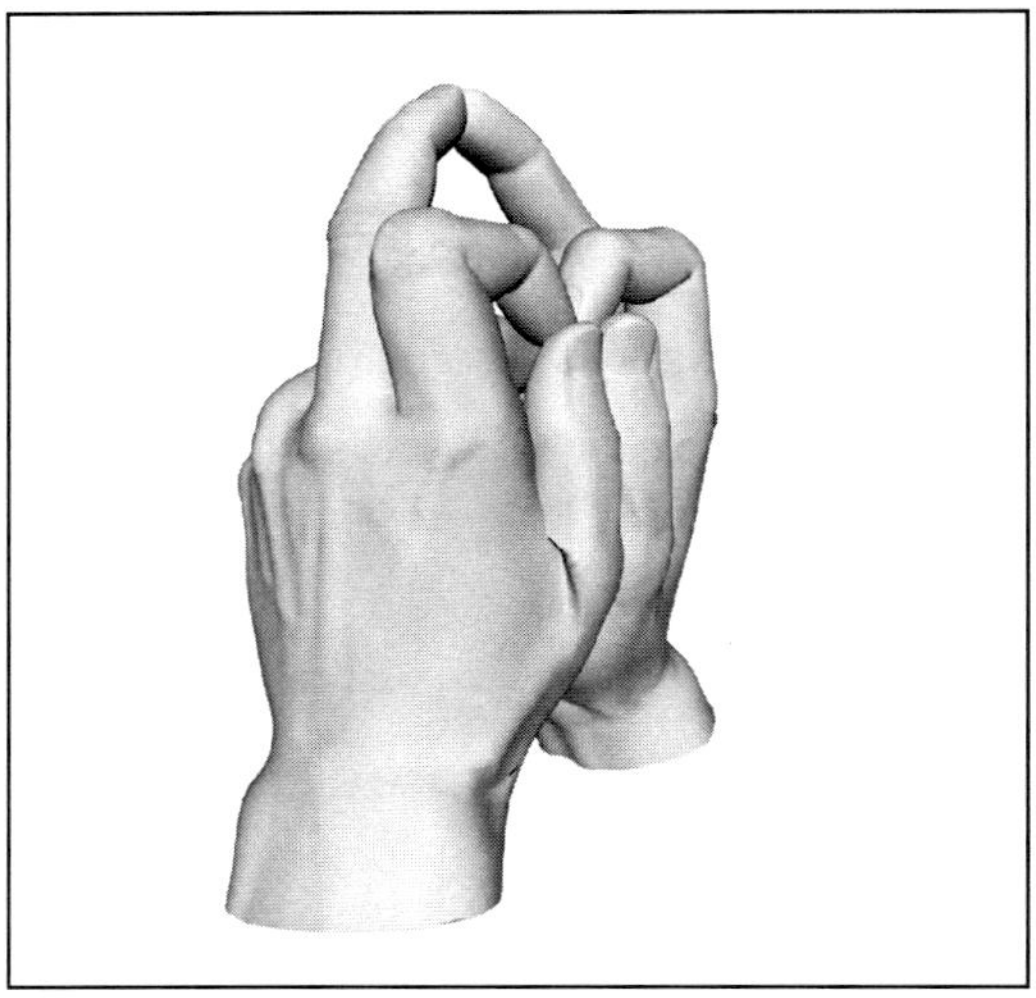

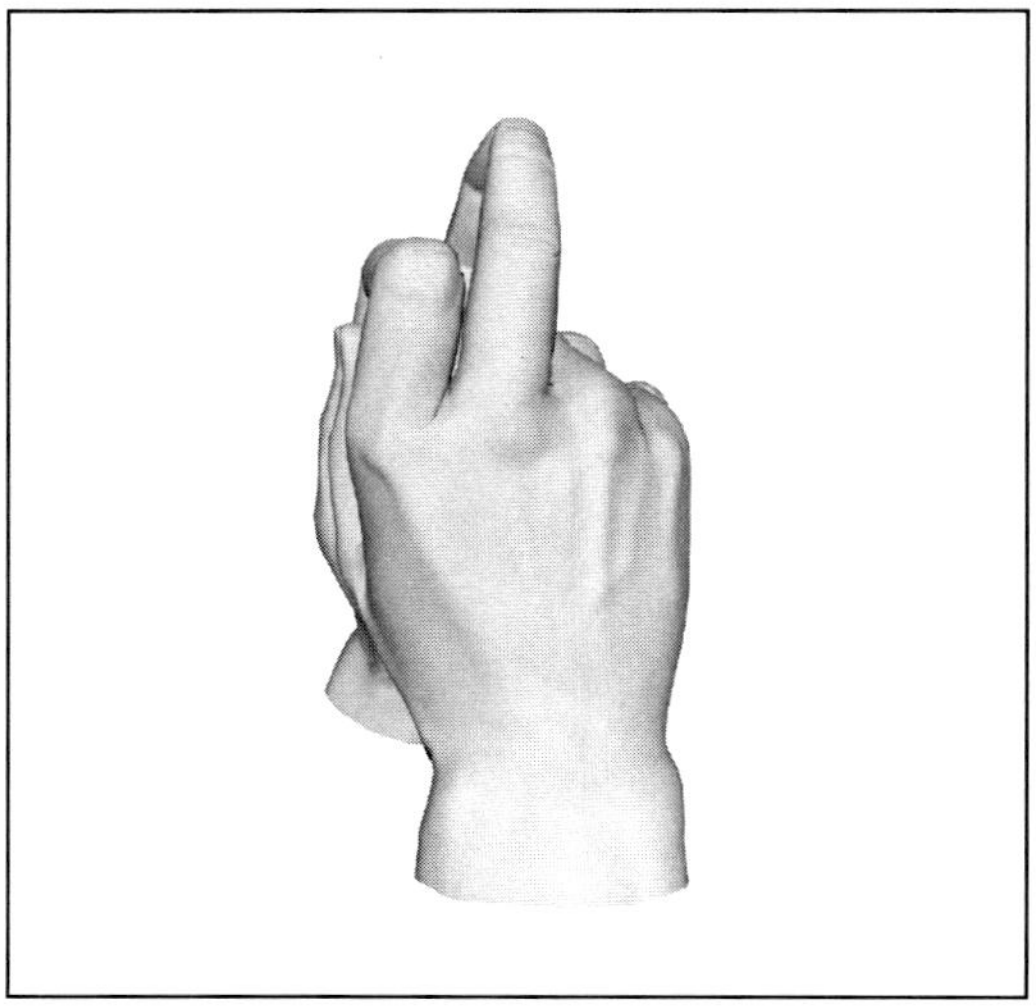

虚空蔵菩薩《こくうぞうぼさつ》 宝珠印《ほうじゅいん》

①両手、内縛(あるいは外縛)する。
②両中指を立て合わせ、屈して宝珠の形をする。
③両親指を並び立てる。
④両人差指を立てて屈し、親指の先に付ける。
※立て合わせた中指での宝珠、両親指と人差指での宝珠の三つから三弁宝珠を象ったものとする。

※結印には異説が多い。

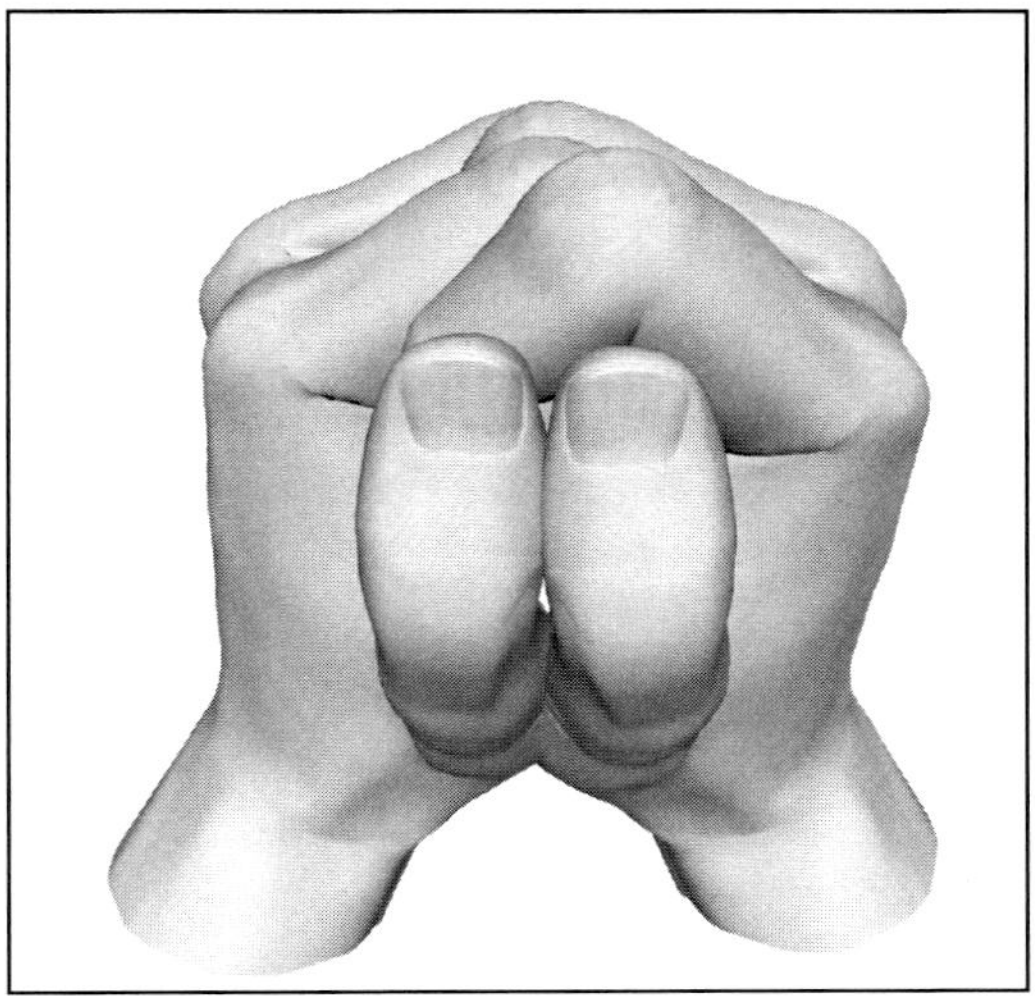

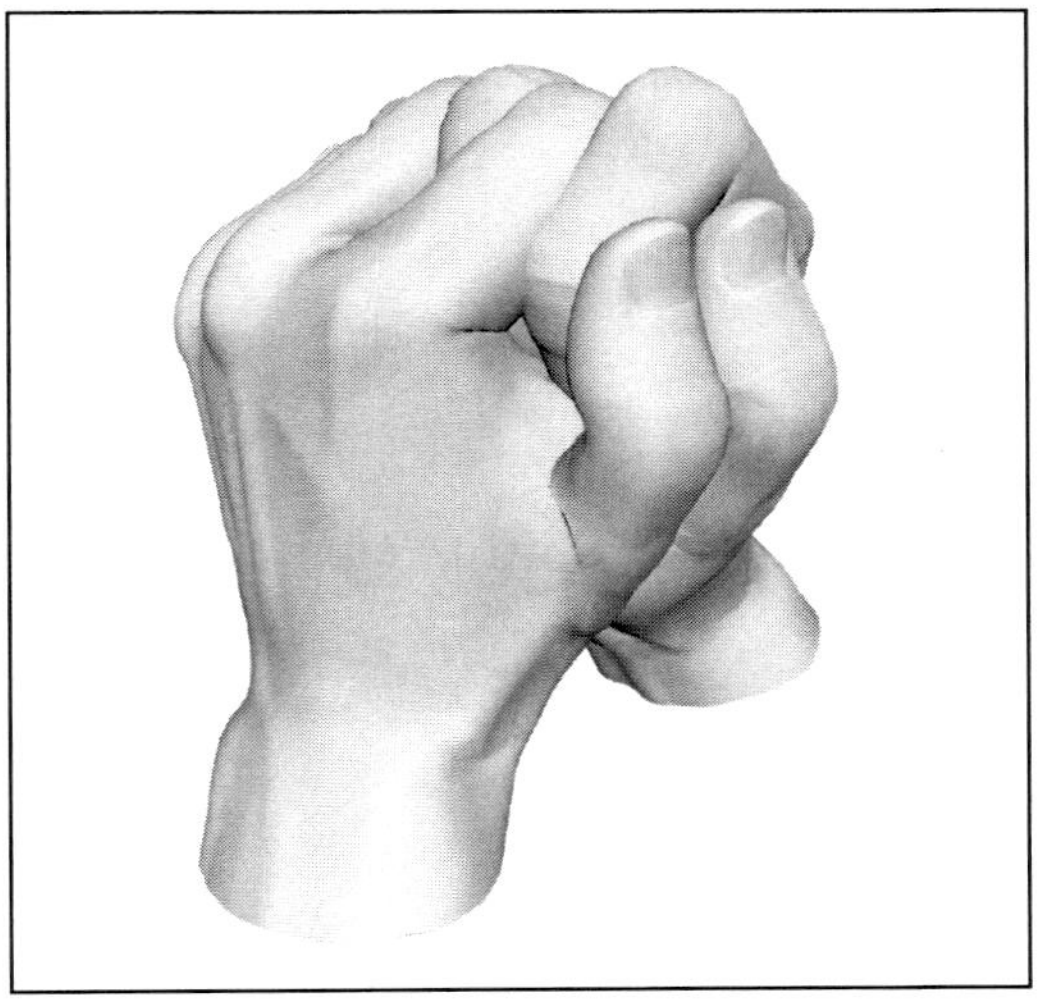

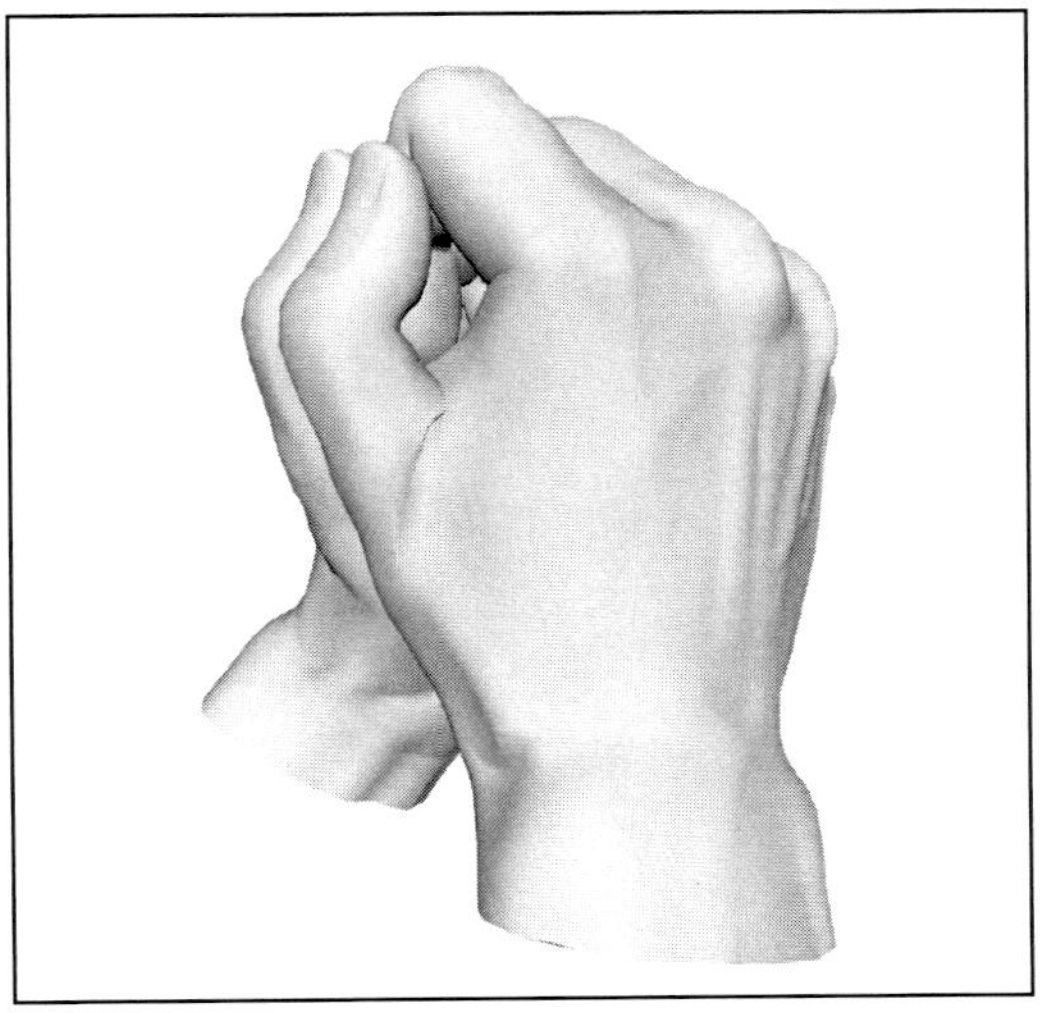

八字文殊《はちじもんじゅ》大精進印《だいしょうじんいん》

①両手、指の節をこごめて内縛する。

②両親指を並び立ててやや屈し、人差指の屈節を押す。

※破諸宿曜印（一八三頁）に同じ。

八《はち》字《じ》文殊《もんじゅ》二

①両手、虚心合掌する。
②両中指を両薬指の背に付ける。
③両親指を並び立て、両人差指を屈して先を付け合わせ、親指の端に付ける。

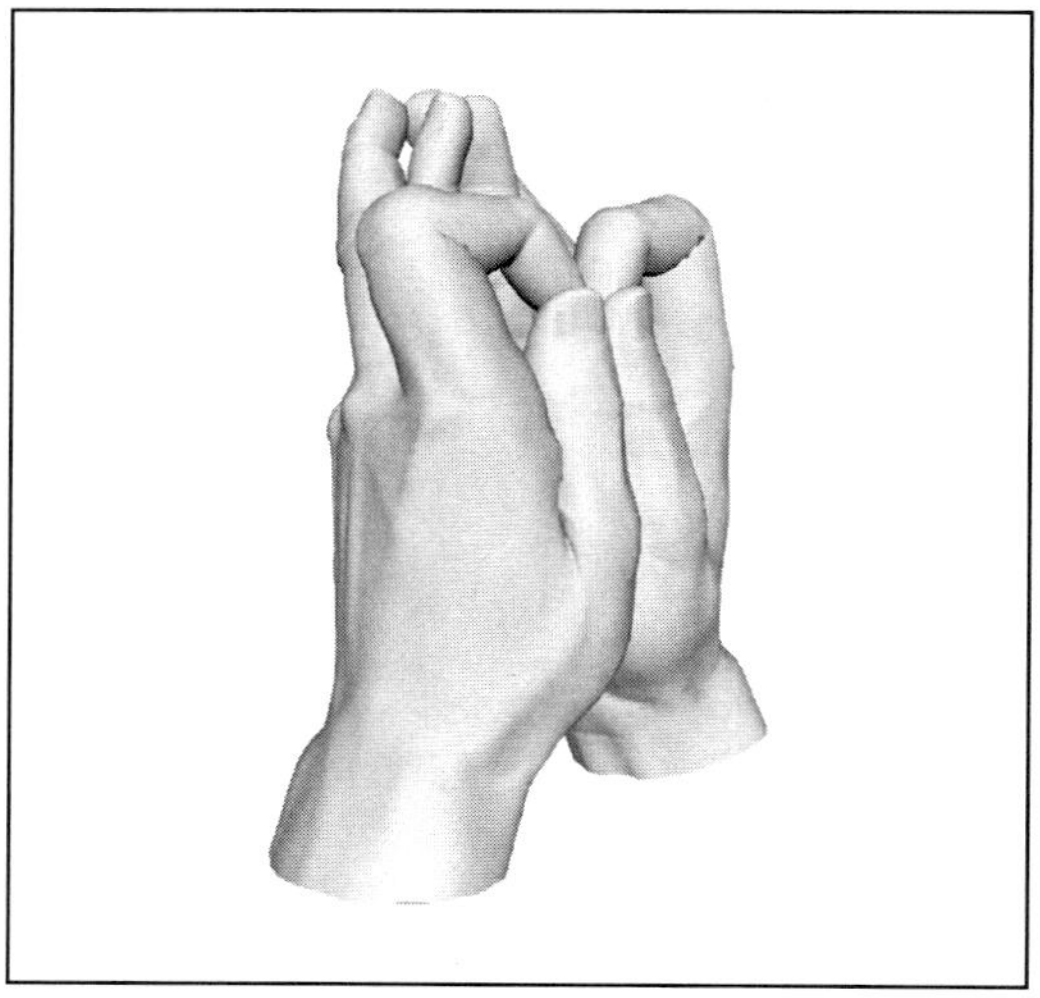

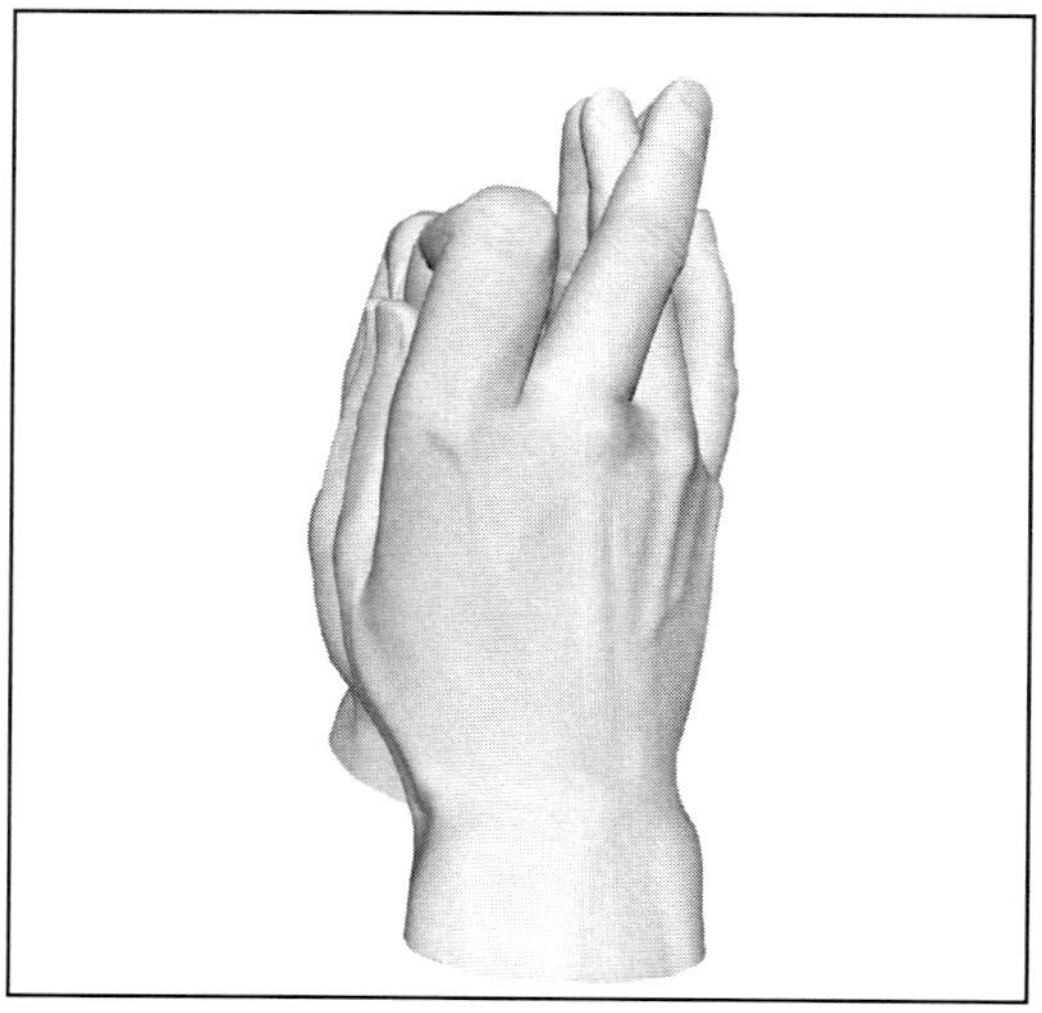

八大童子《はちだいどうじ》一 請召童子《しょうちょうどうじ》

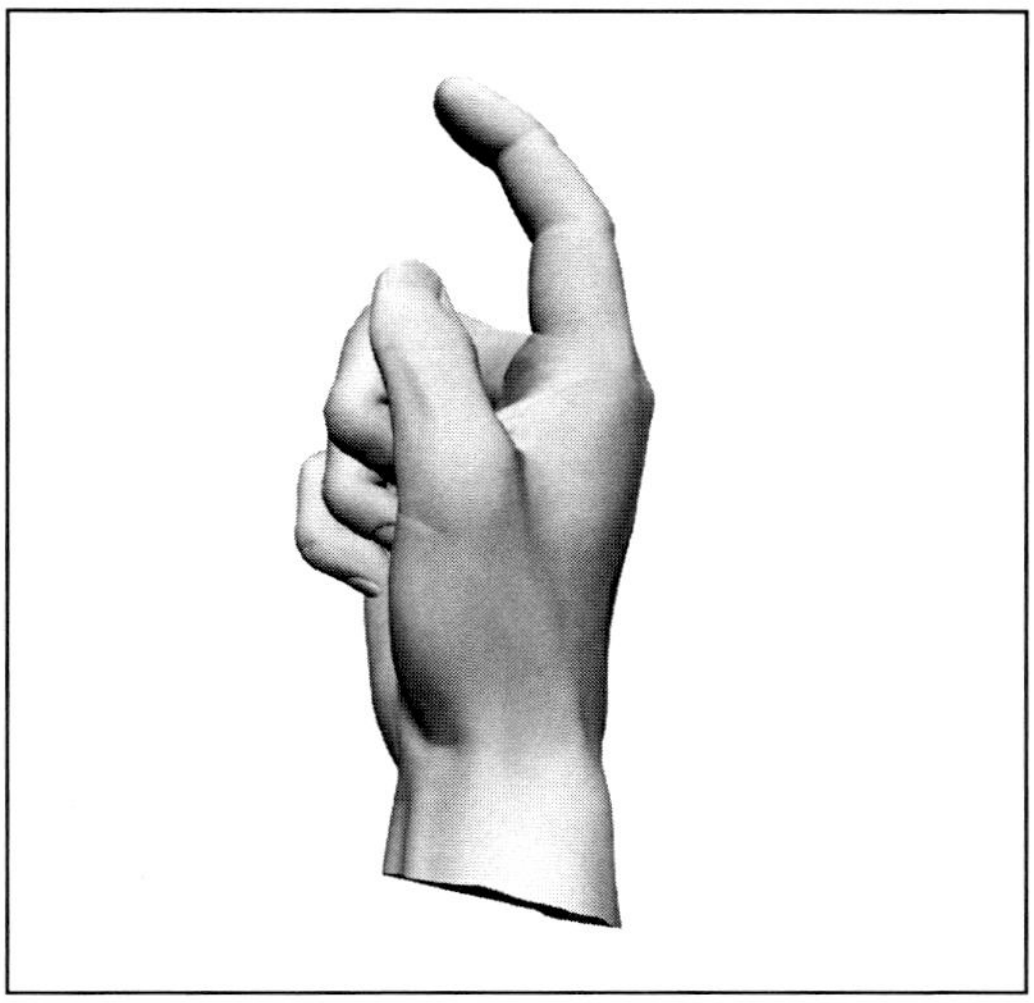

①右手を蓮華拳にする。
②人差指を伸ばしてやや屈する。

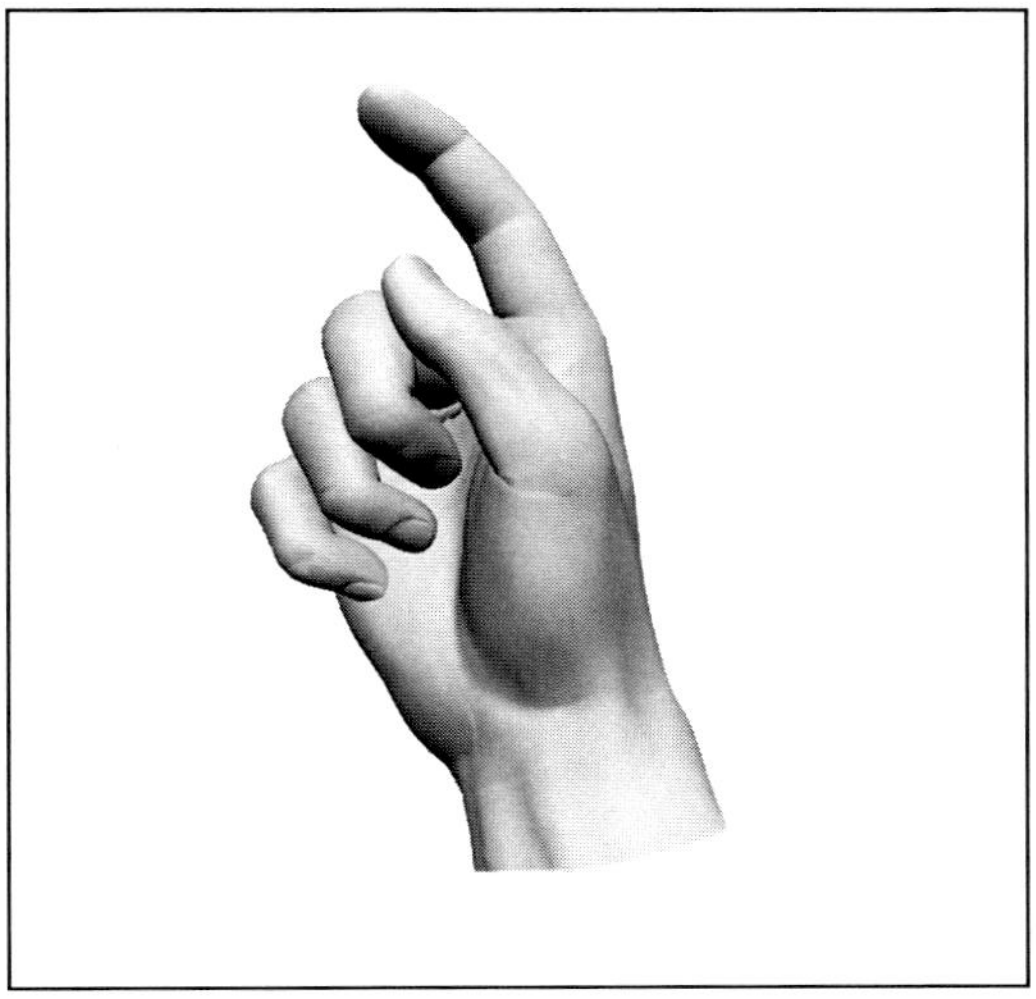

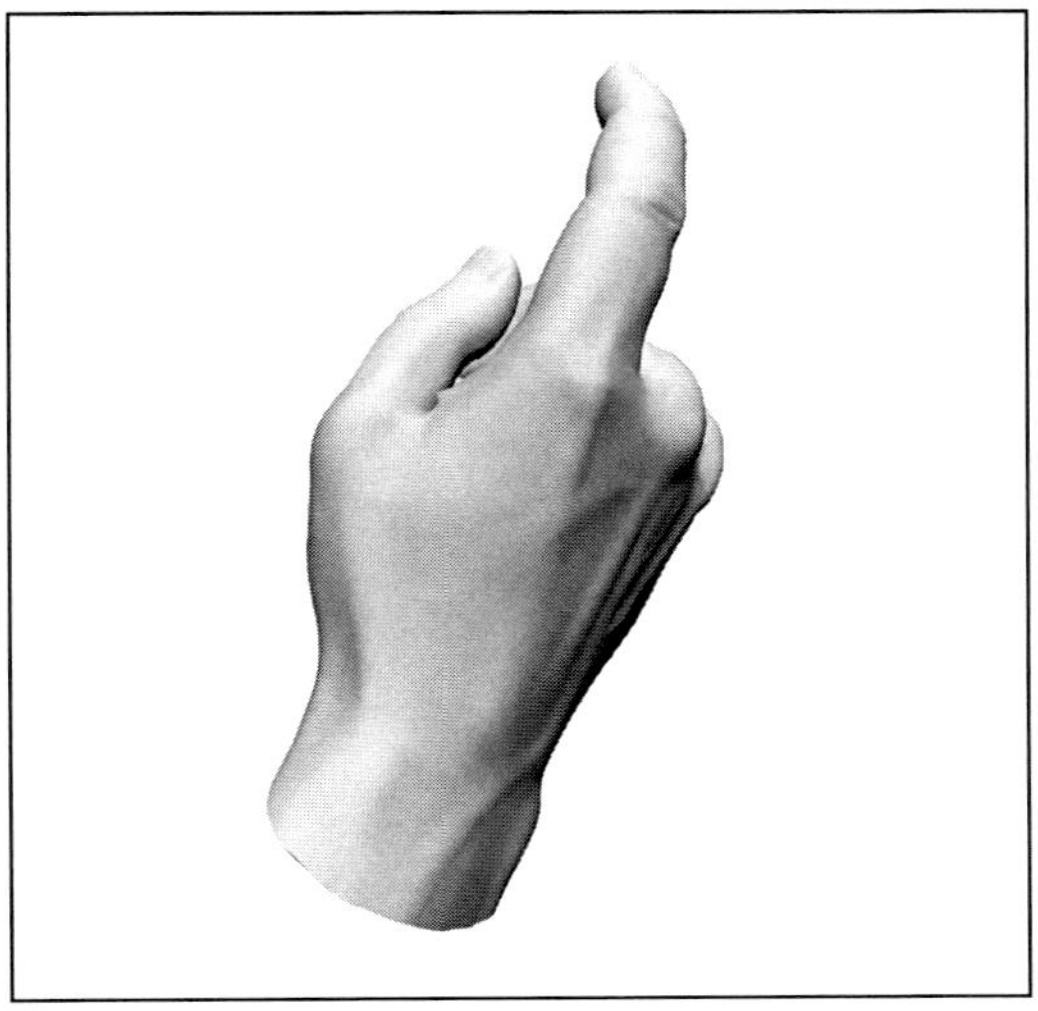

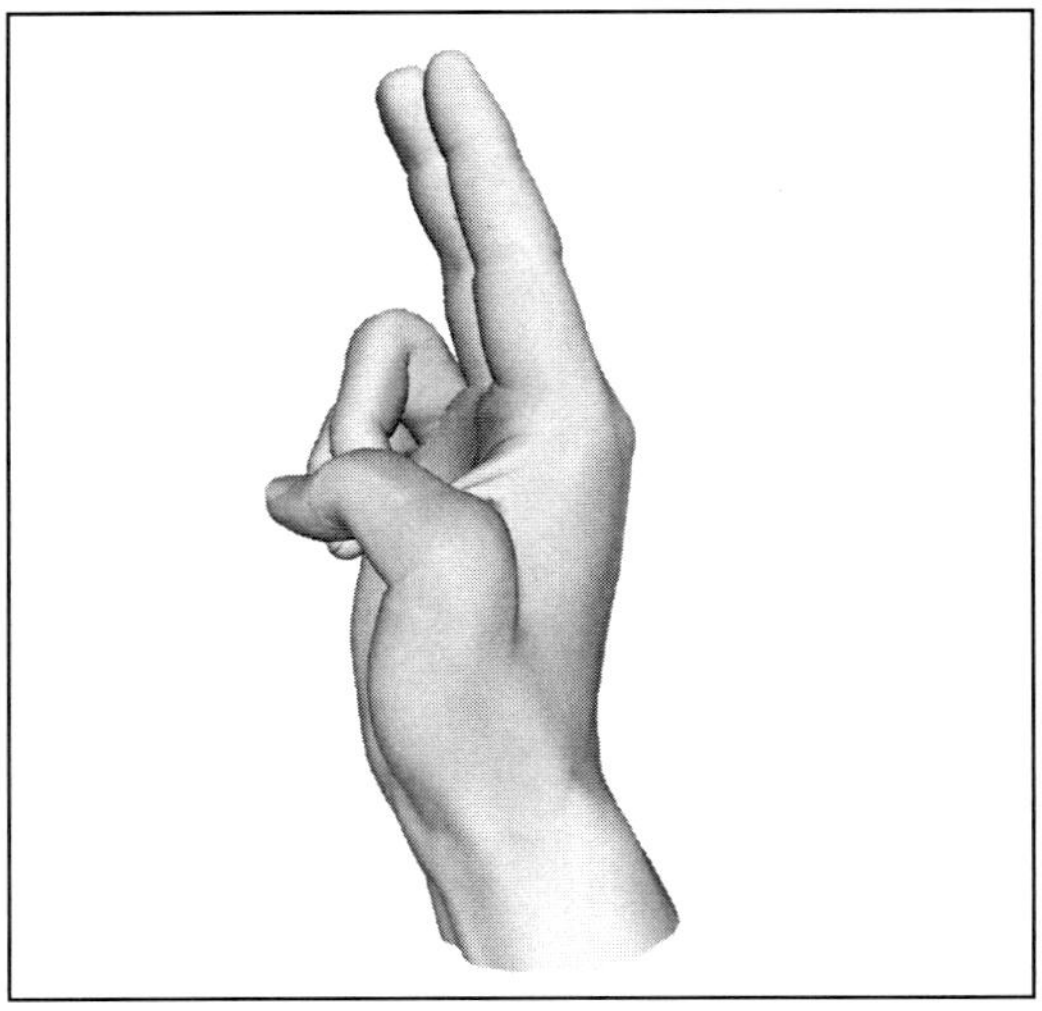

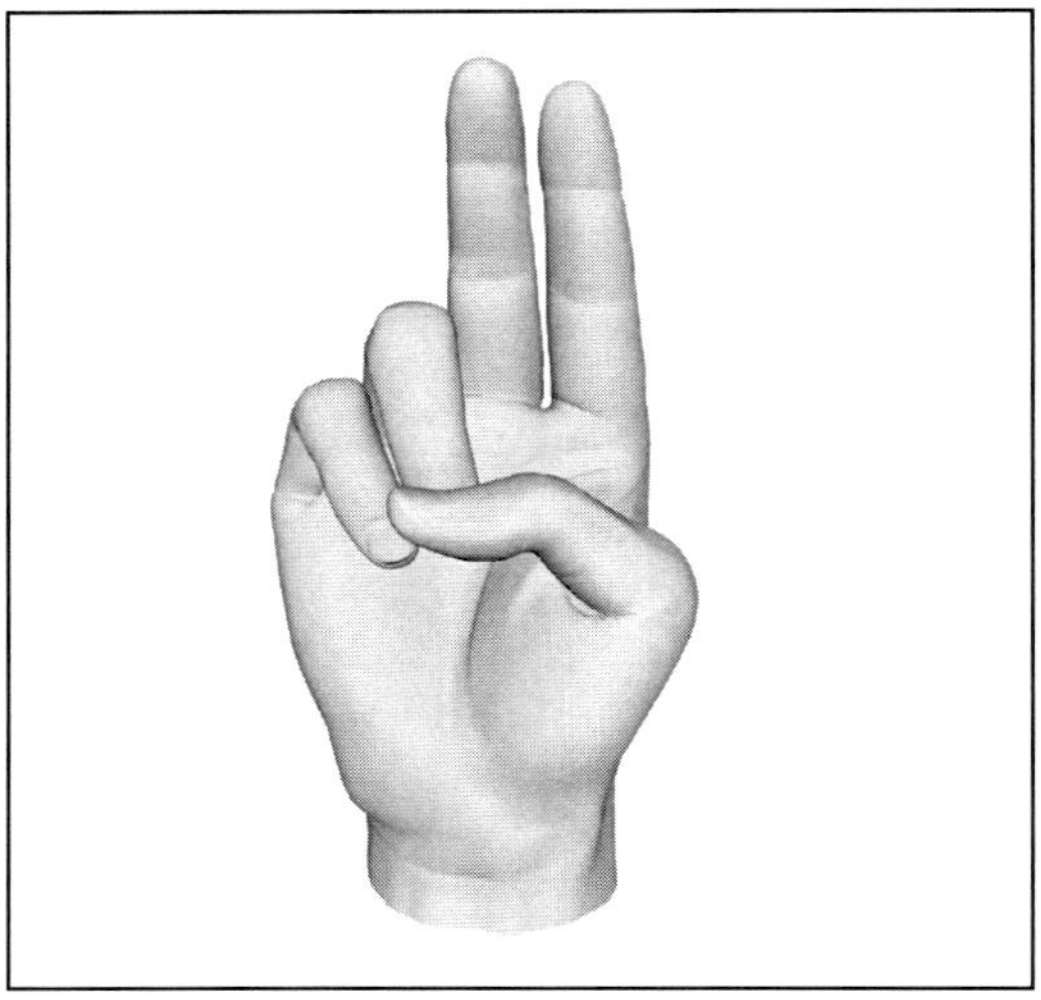

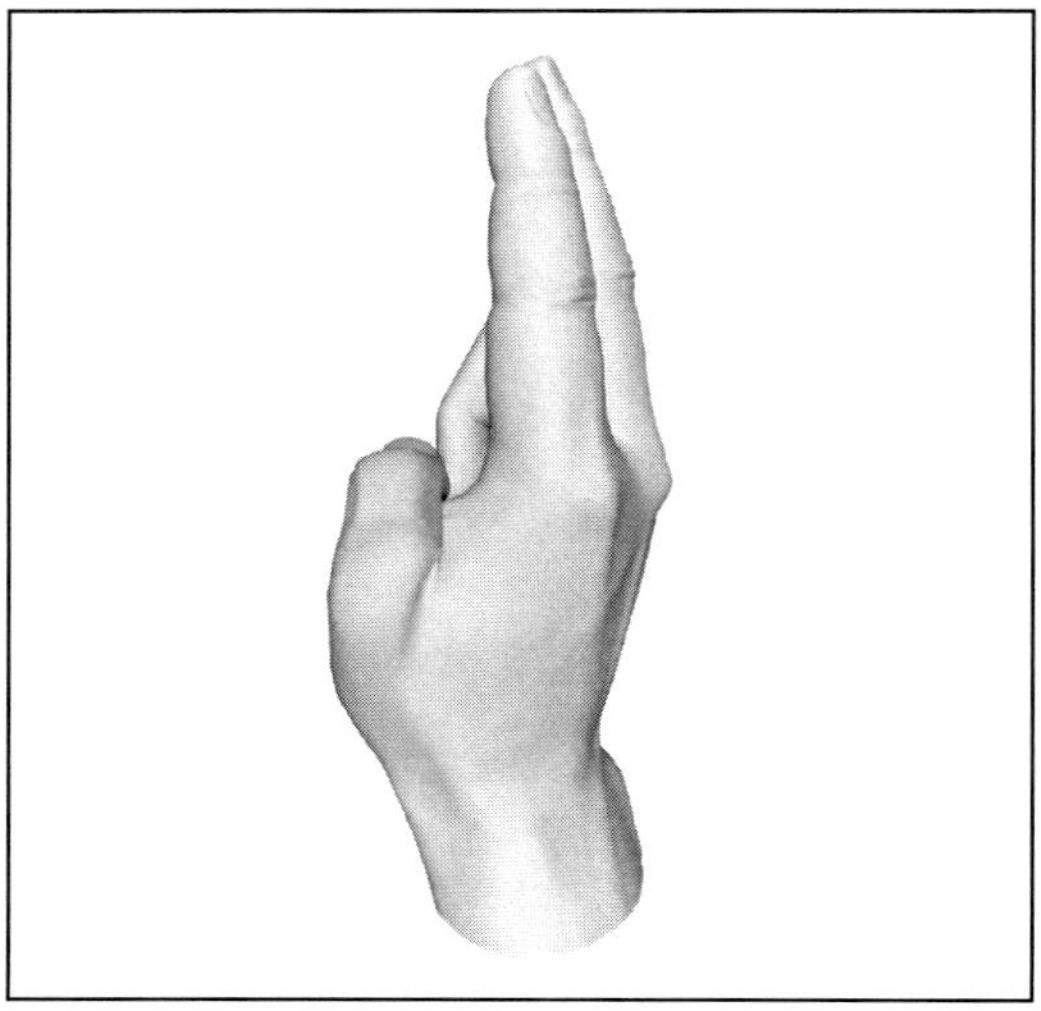

八大童子《はちだいどうじ》二 計設尼《けいしに》

①右手を蓮華拳にする。
②人差指と中指を立て伸ばす。
③薬指、小指を屈して掌中に入れ、親指でその甲を押す。
※これは剣印である。

八大童子《はちだいどうじ》三 救《く》護《ご》慧《え》

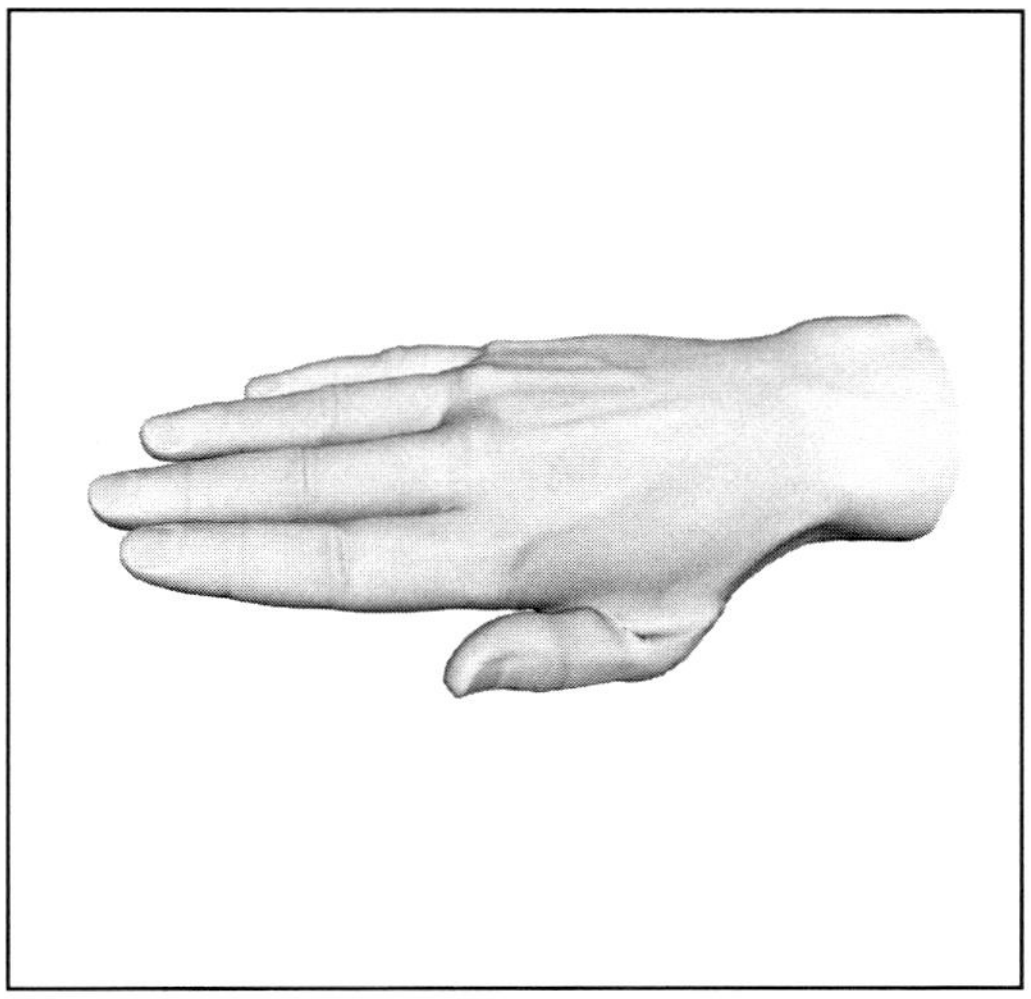

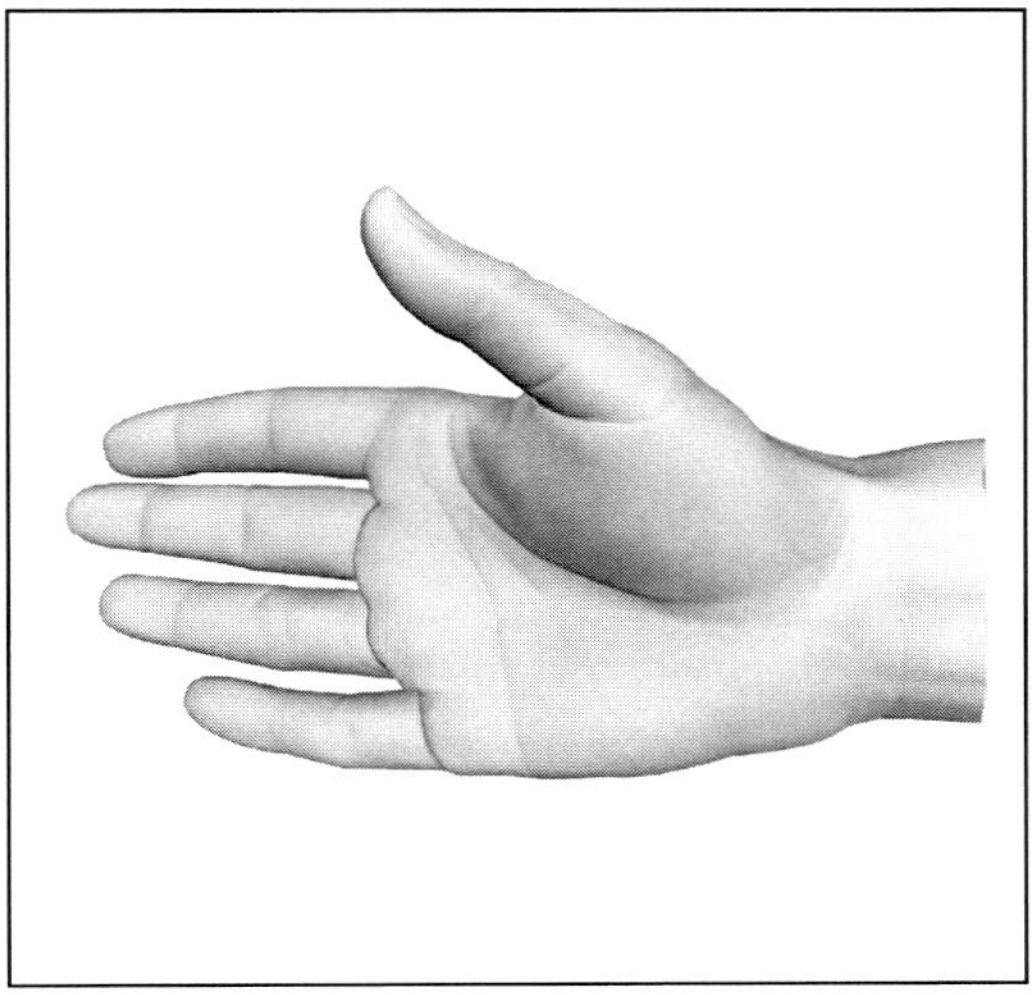

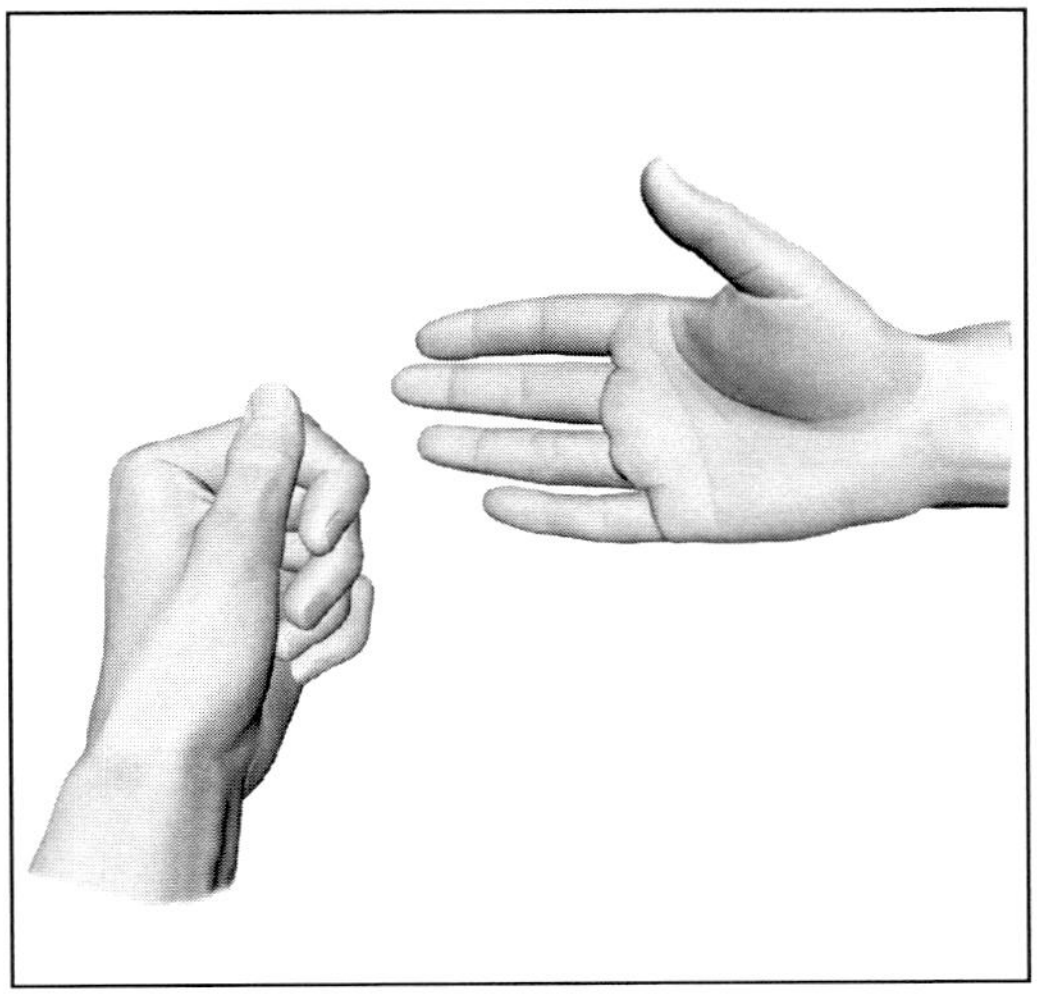

①右手、掌を身に向け、親指を立てて他の四指は伸ばす。
②左は胎拳にして腰に置く。
※また、救意慧、哀愍慧菩薩ともいう。

八《はち》大《だい》童《どう》子《じ》四 烏《う》波《ば》計《けい》室《し》尼《に》

①右手蓮華拳にする。
②中指を立て伸ばし、戟のようにする。
③親指は、小指、薬指、人差指の甲を押す。

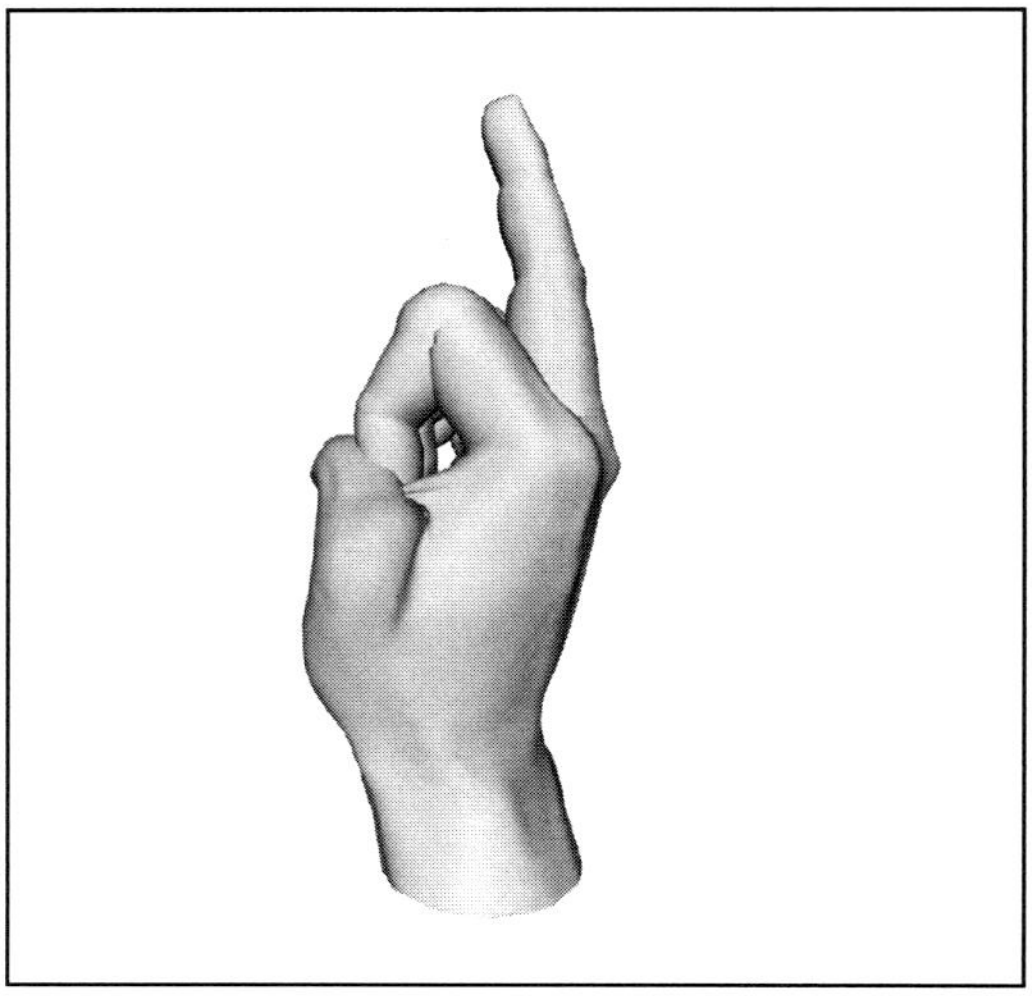

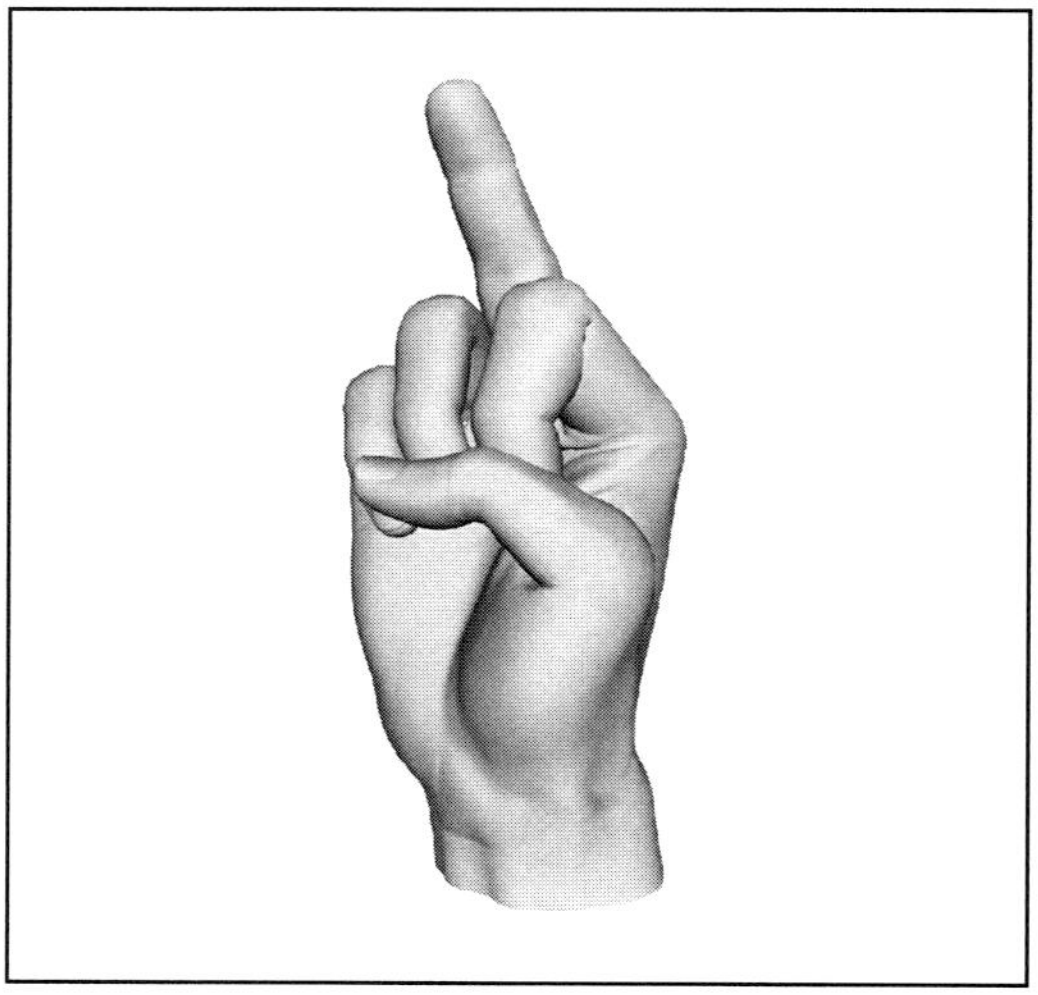

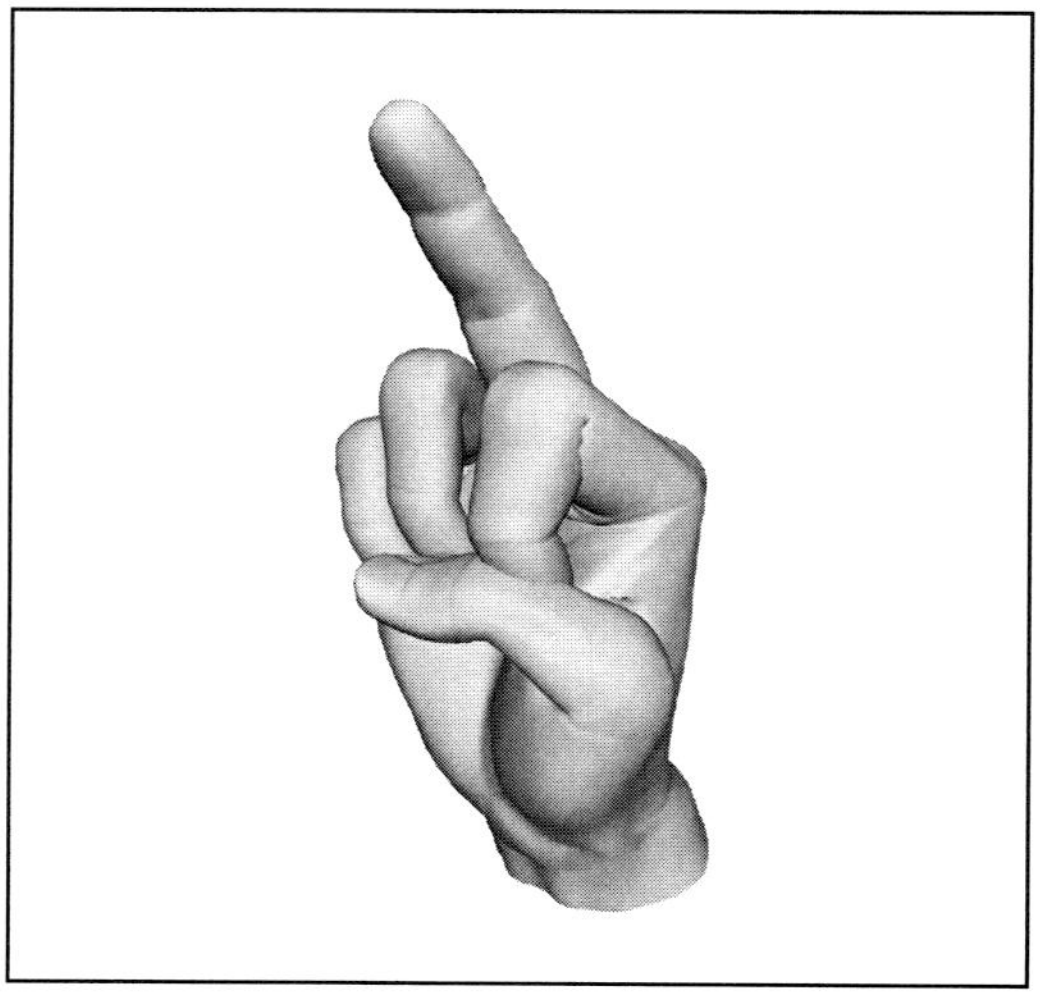

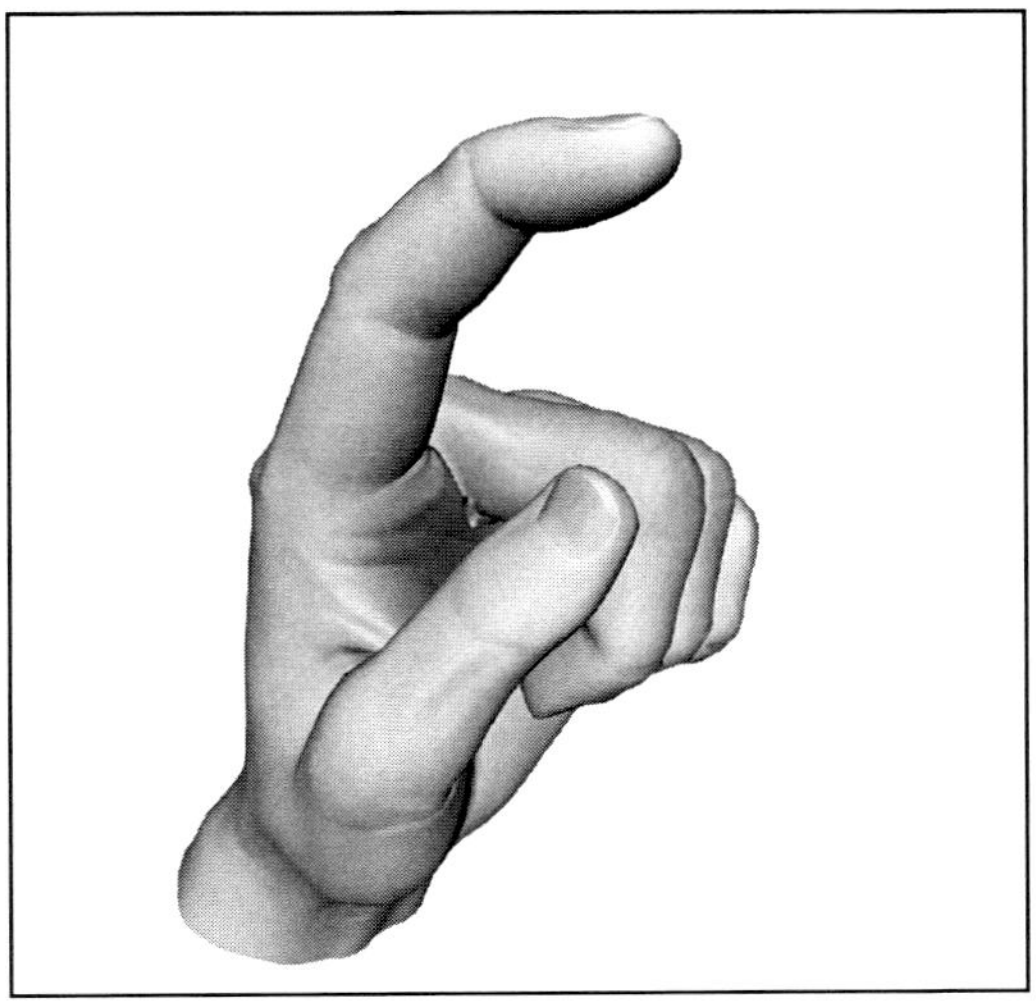

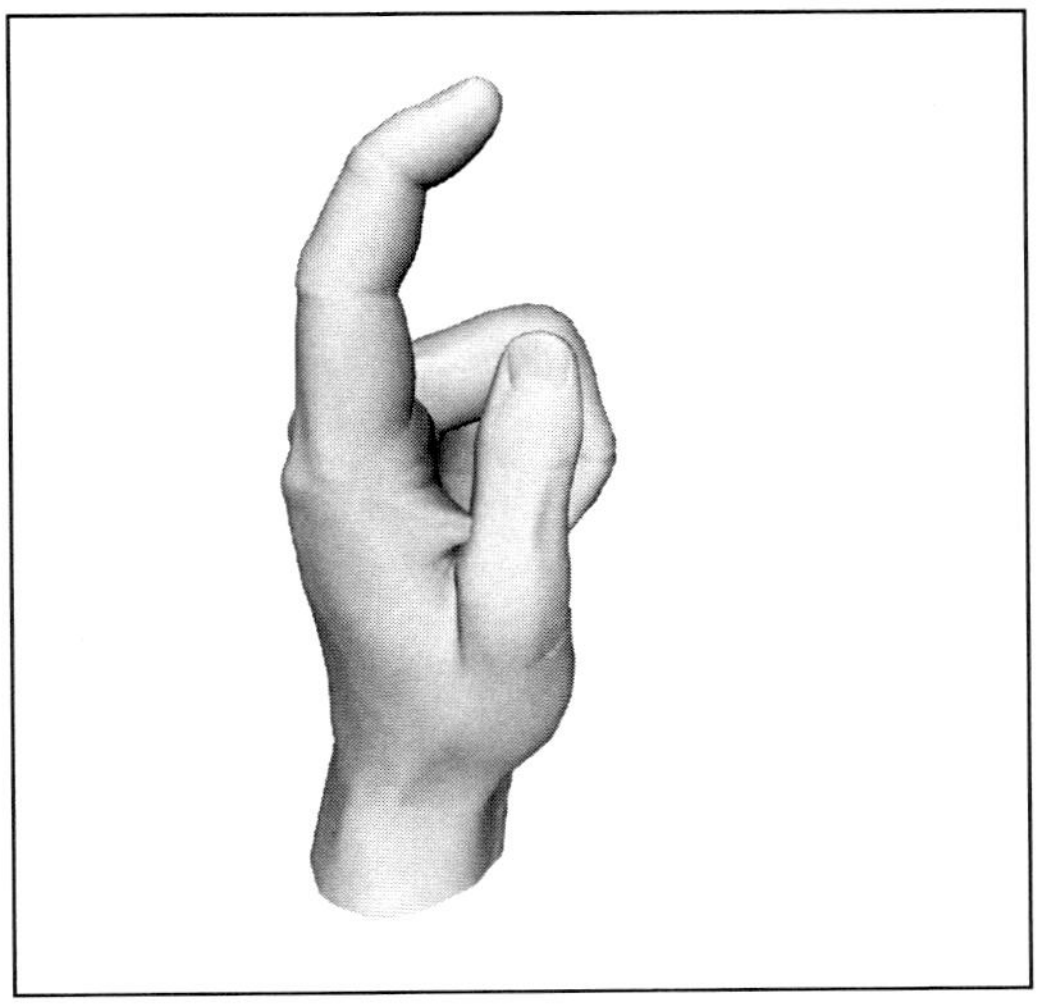

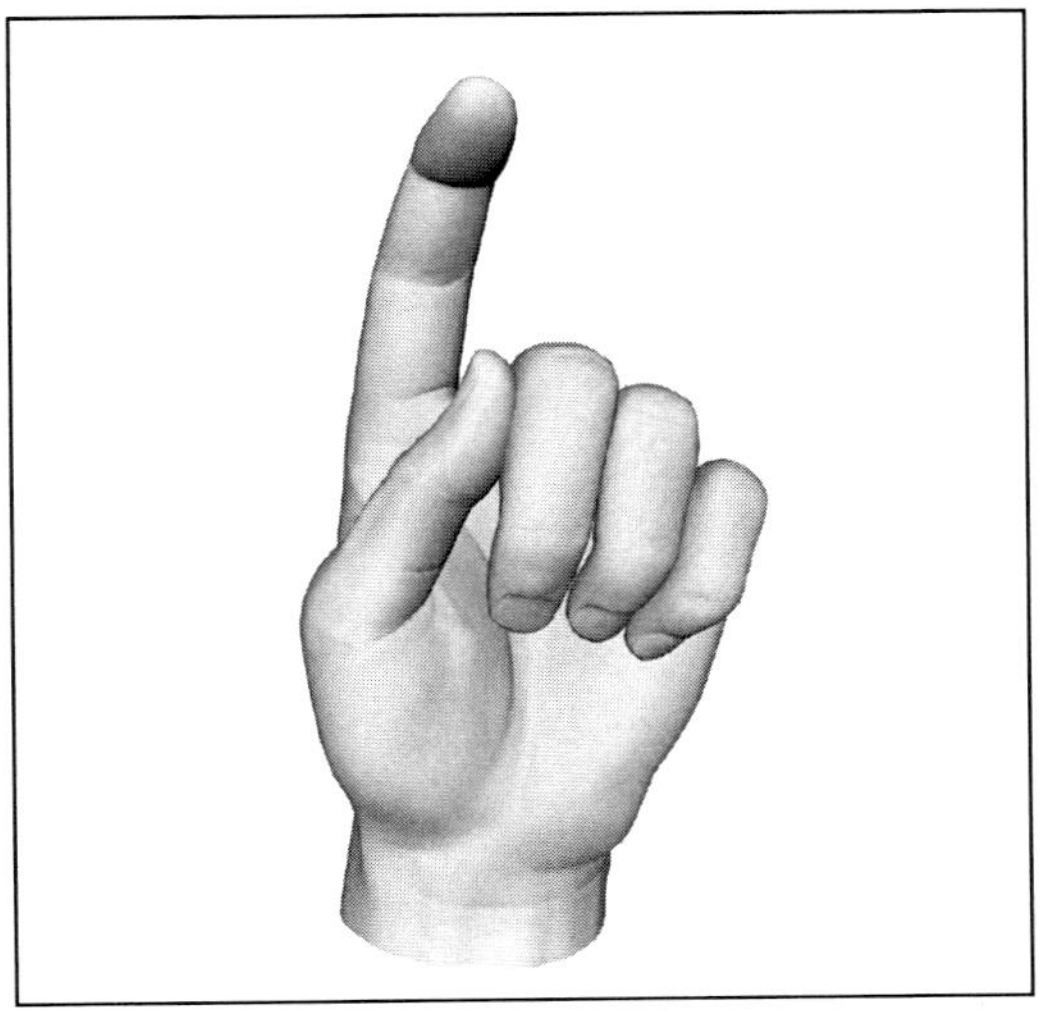

八《はち》大《だい》童《どう》子《じ》五　光《こう》網《もう》

①左手を蓮華拳にする。

②人差指を立て伸ばし、やや屈する。

八大童子《はちだいどうじ》 六
地慧幢《じえどう》

①左手を蓮華拳にする。
②小指と薬指を立て伸ばす。
※また、財慧、智幢ともいう。

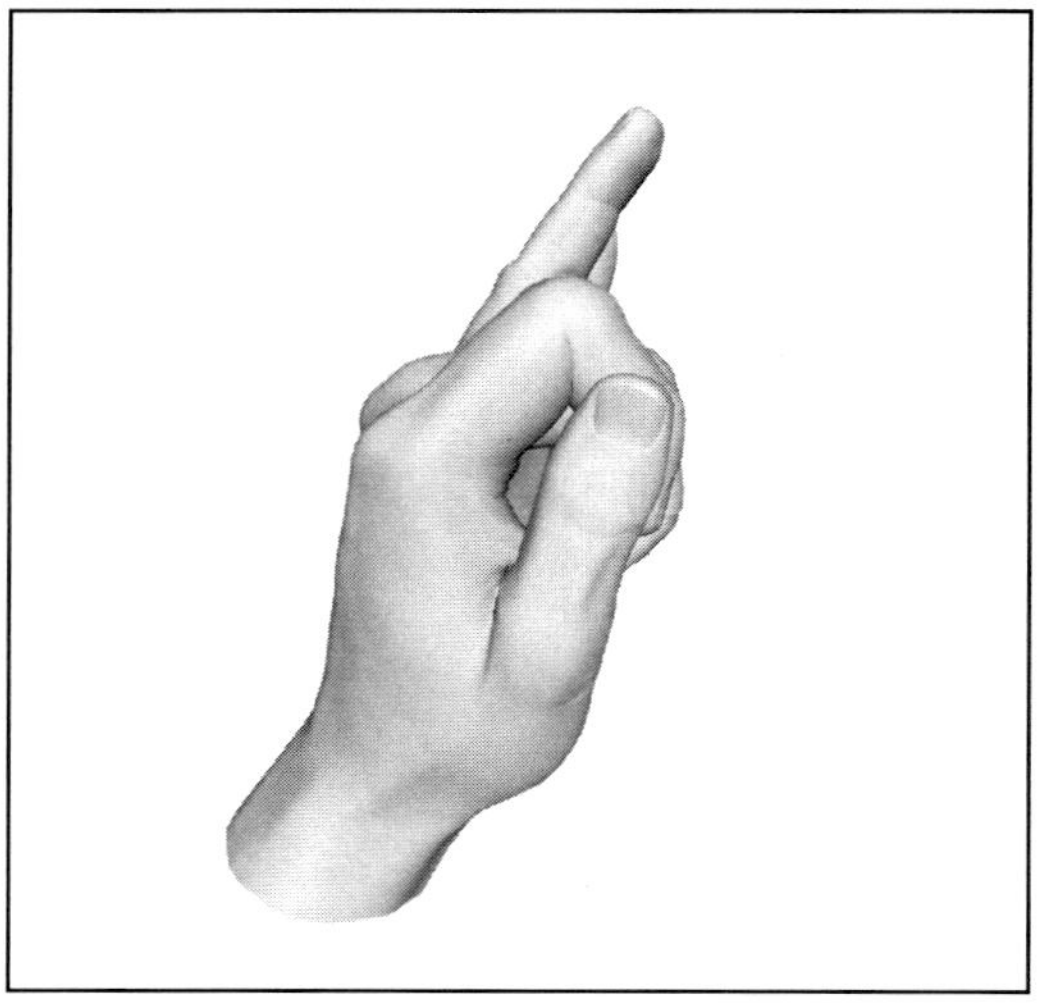

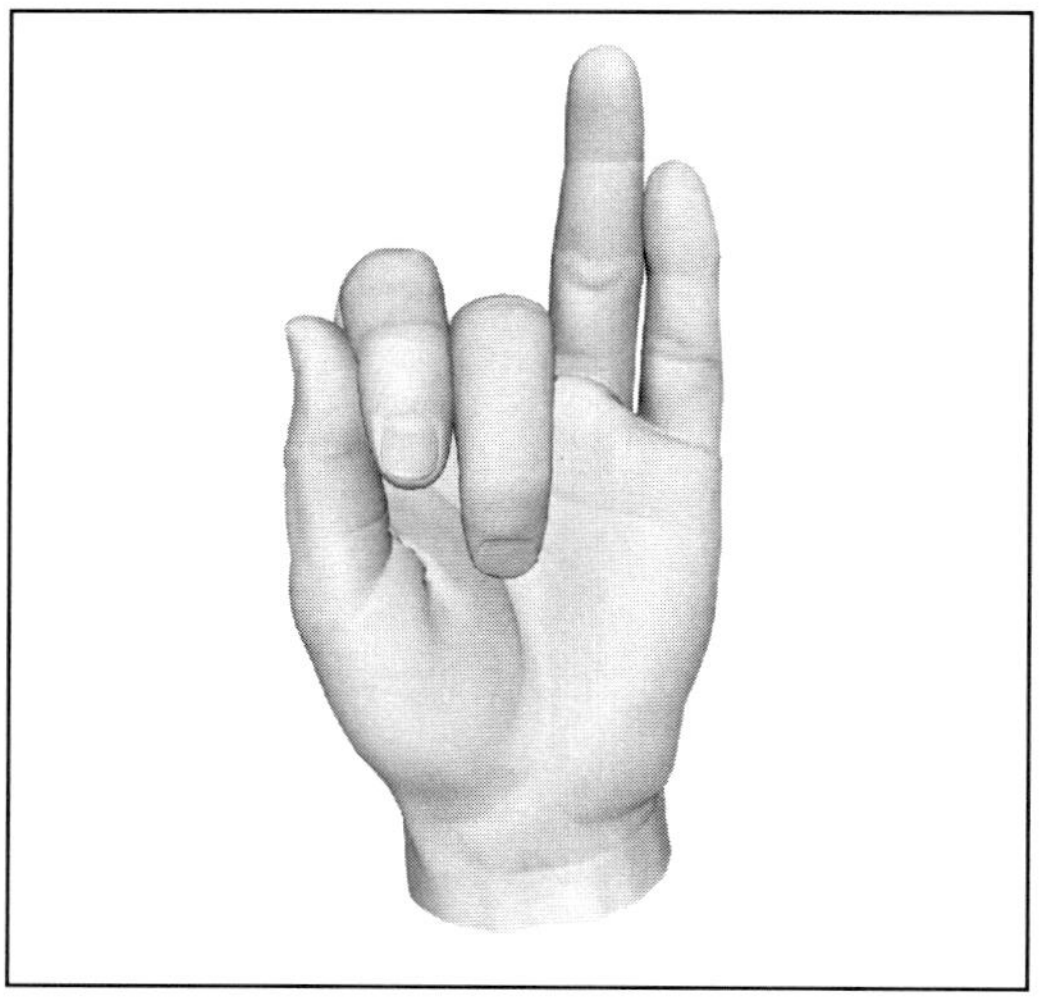

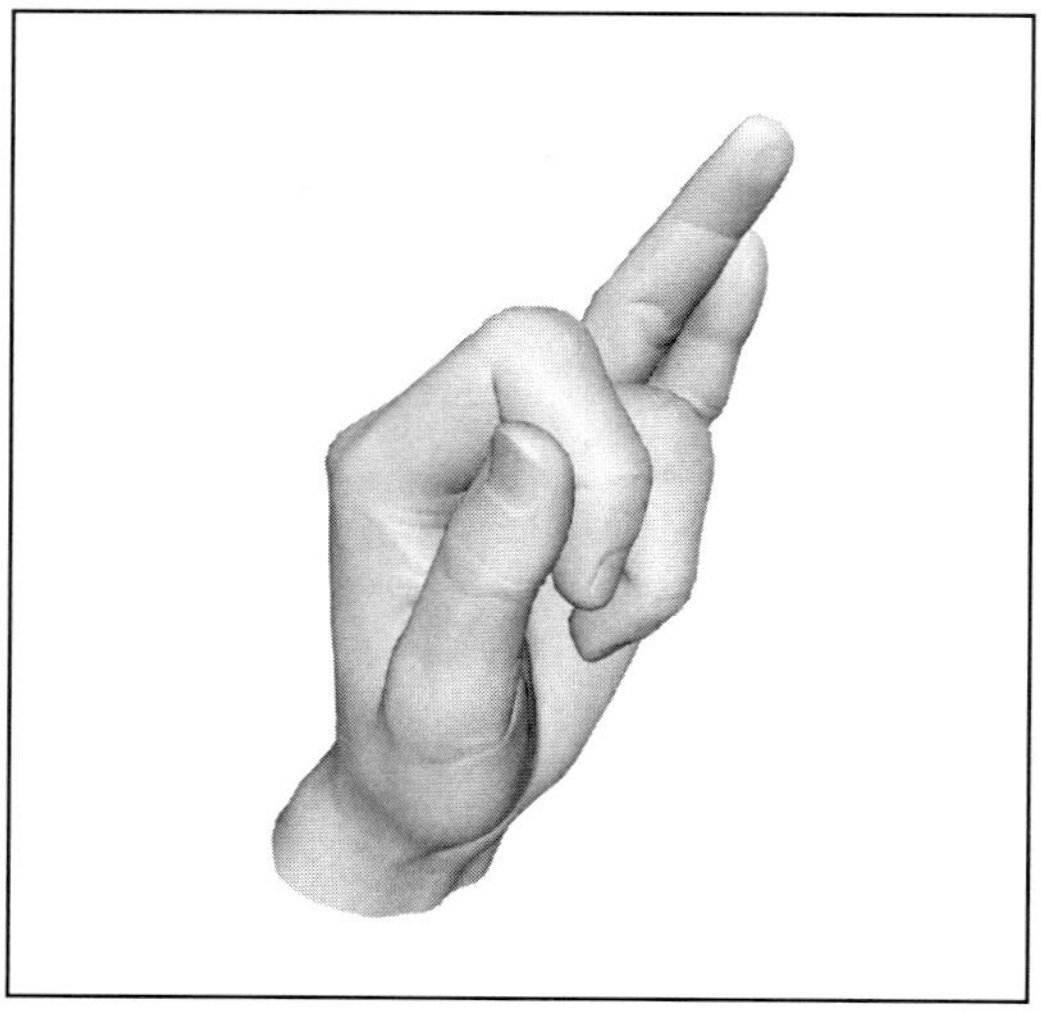

八大童子《はちだいどうじ》七
無垢光《むくこう》

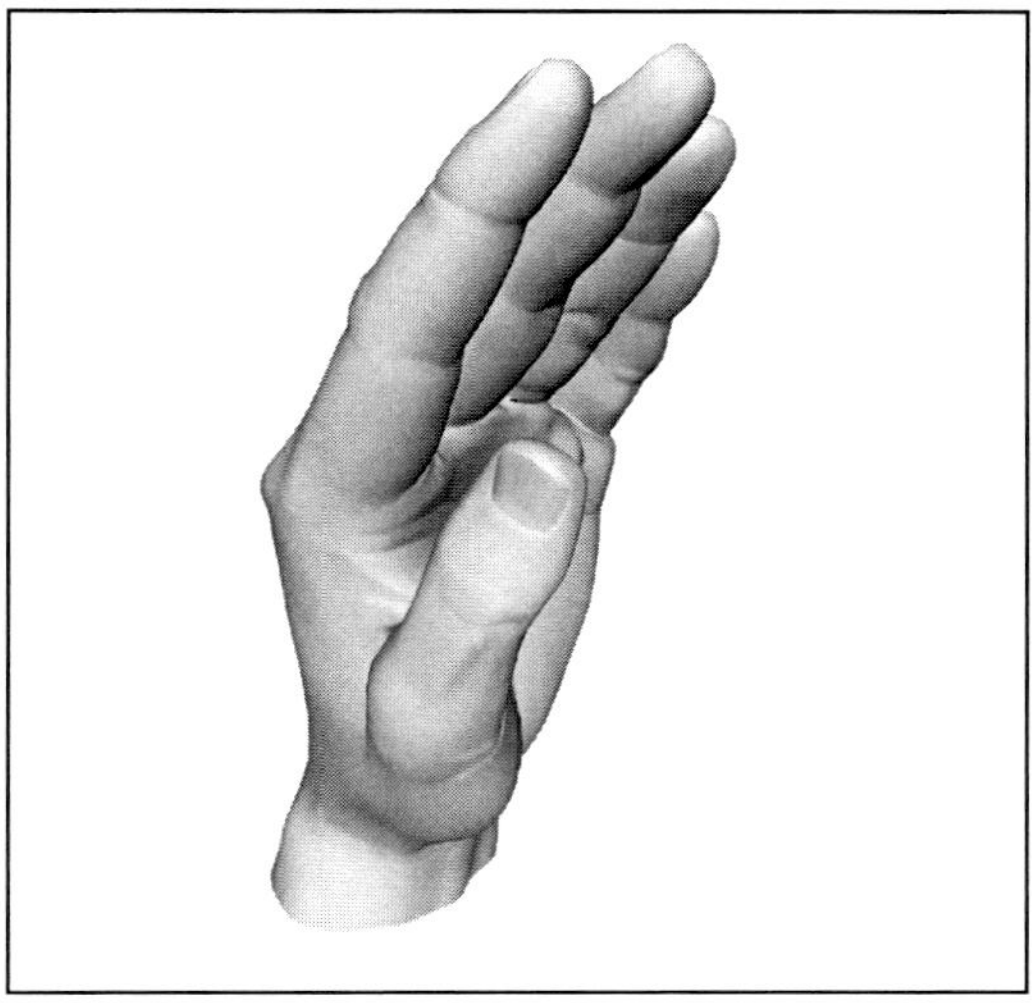

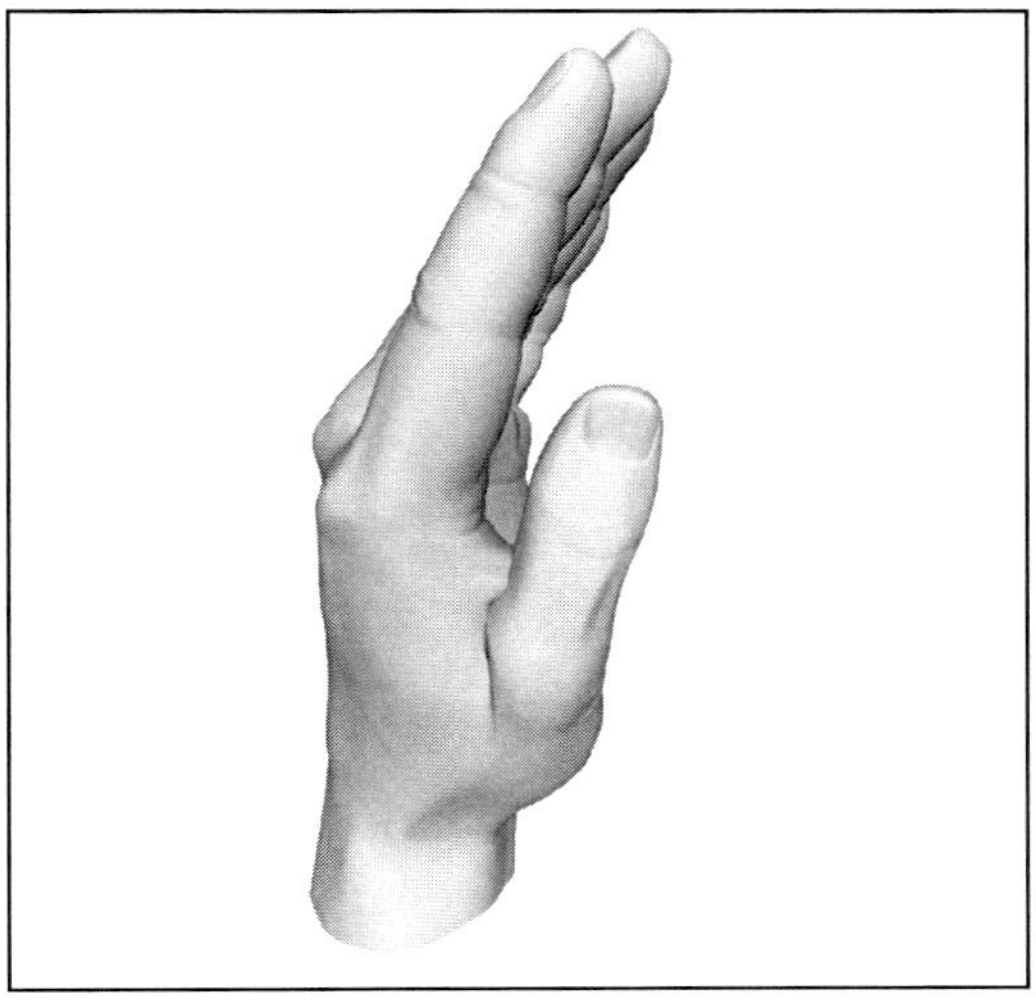

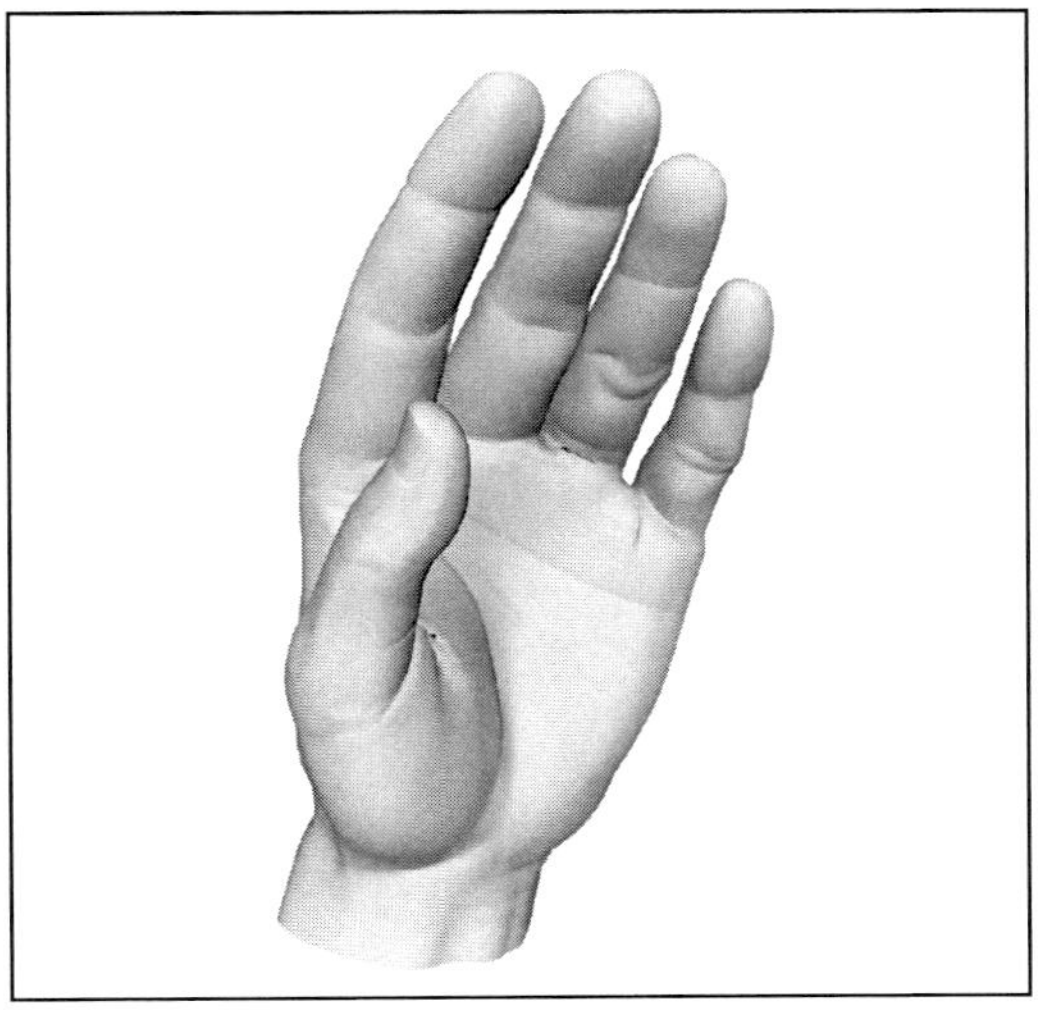

①左手の五指を伸ばし、いずれも第一節でやや屈する。

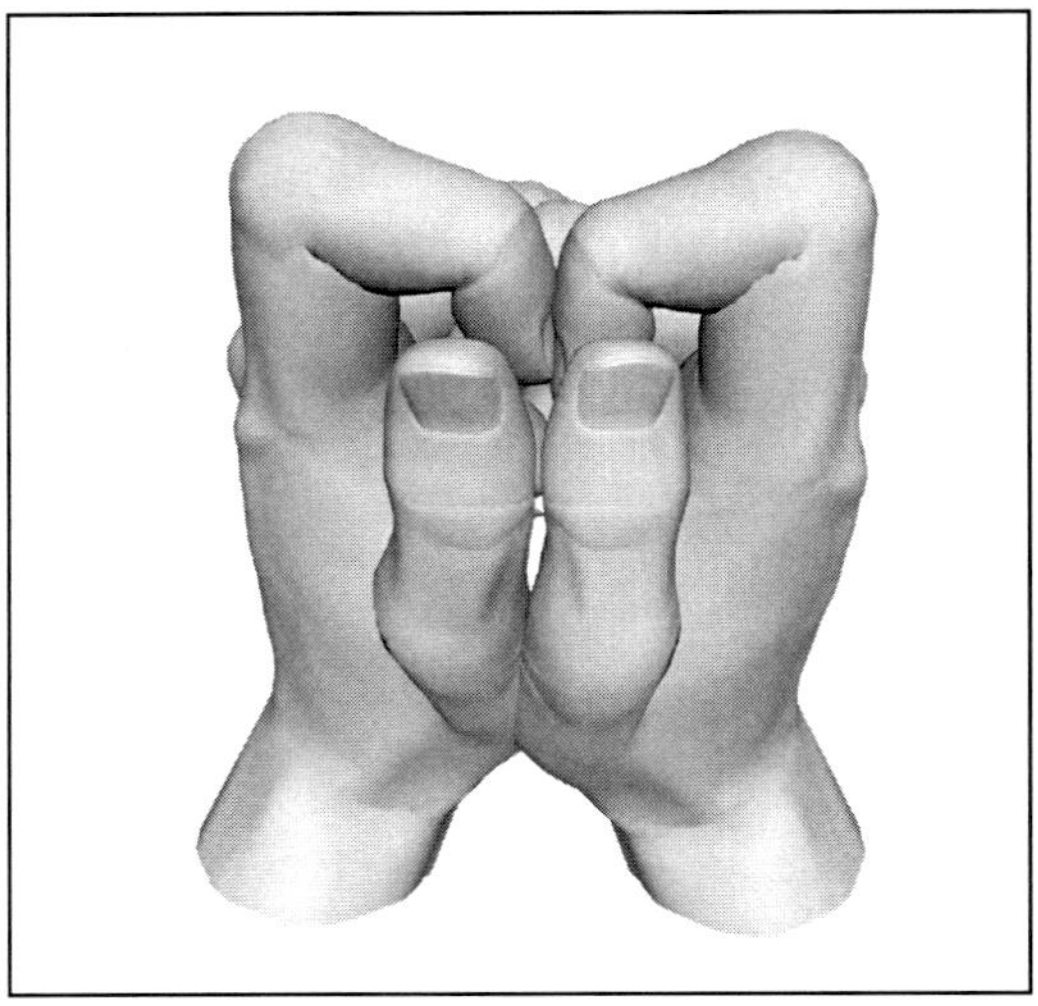

八大童子《はちだいどうじ》八
不可思議慧《ふかしぎえ》

①両手、内縛する。
②両人差指を伸ばし、屈して甲を合わせる。
③両親指は並び立てる。

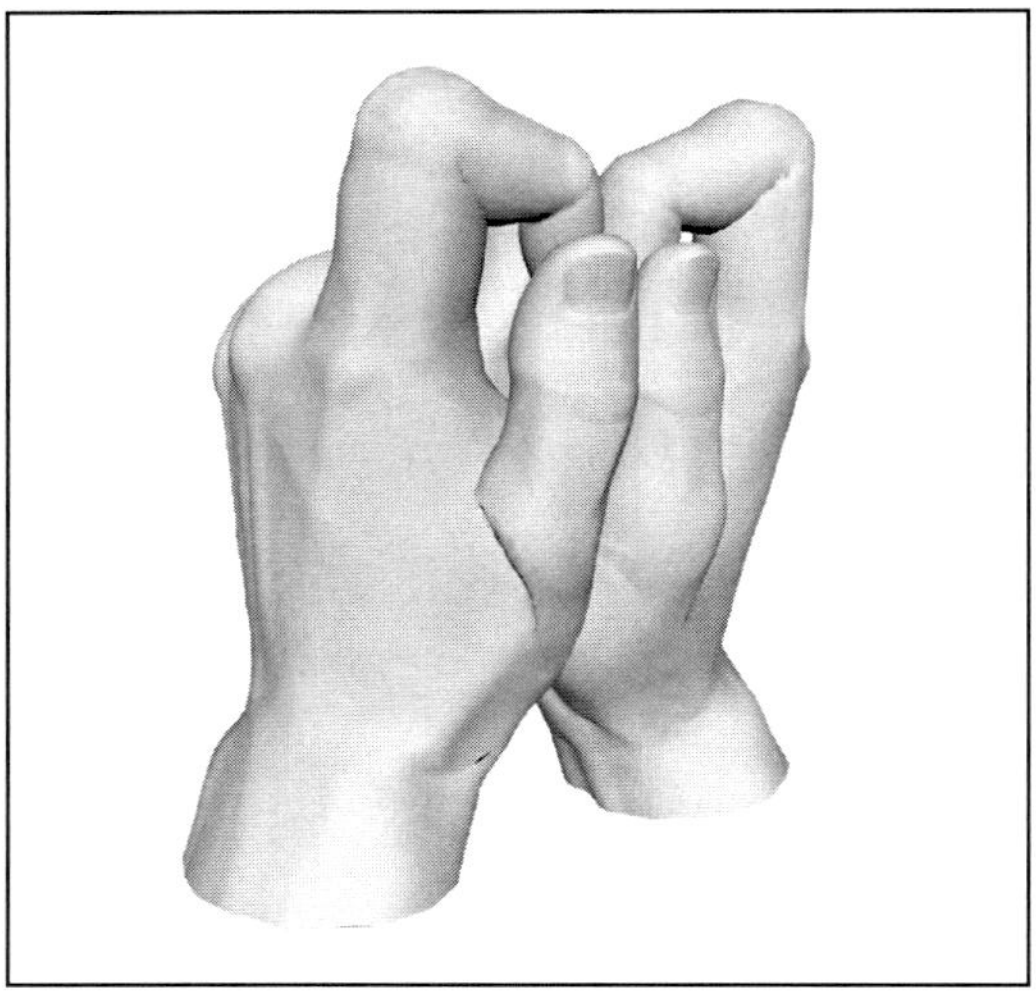

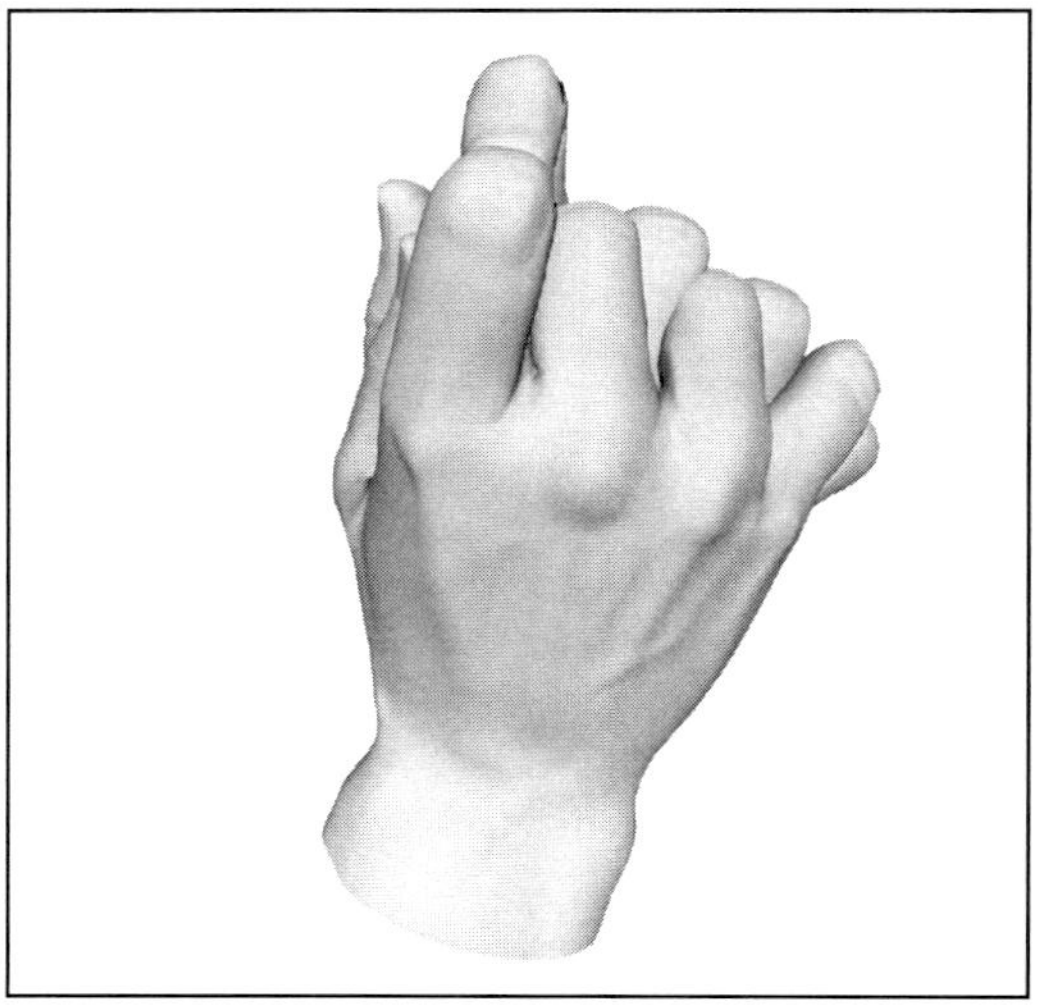

小野説《おのせつ》 大精進印《だいしょうじんいん》

①両手、虚心合掌する。
②両人差指を伸ばし、屈して指先を合わせる。
③両親指は並び立てる。

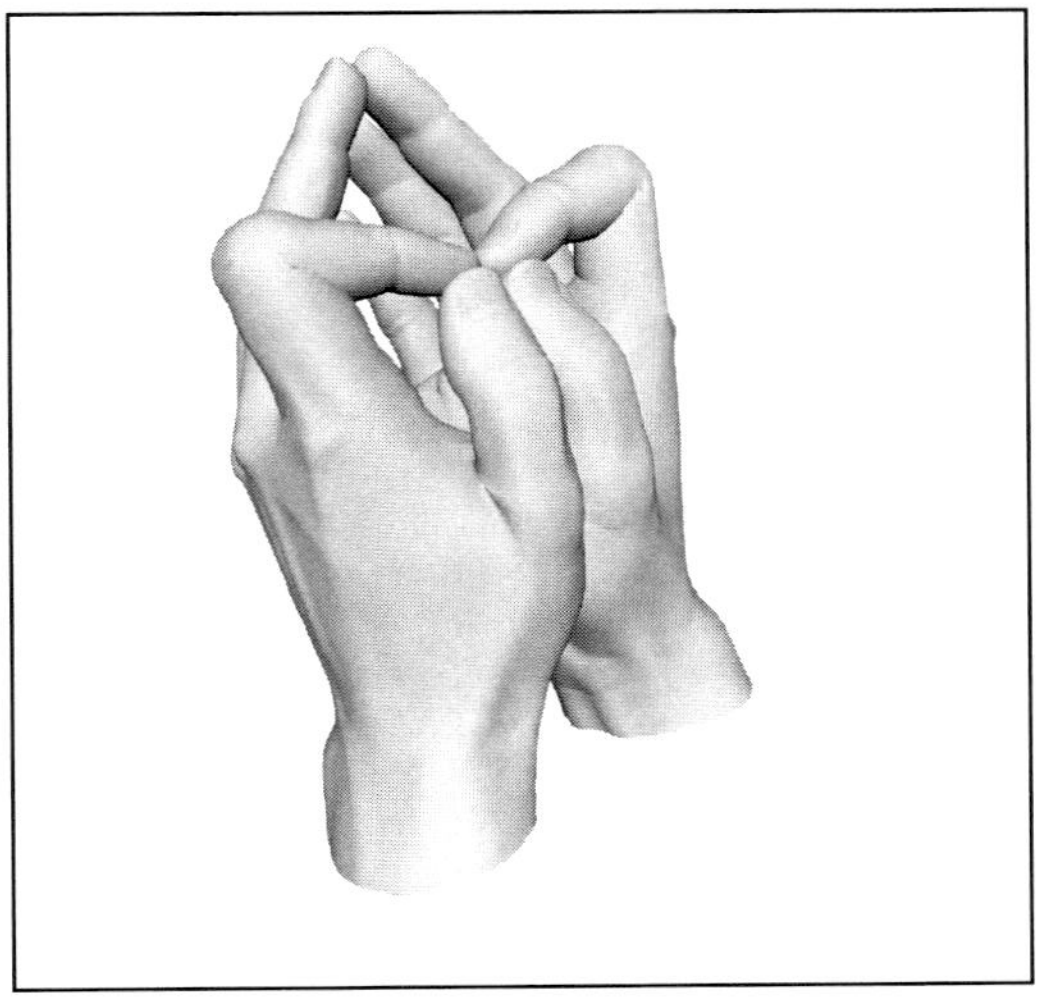

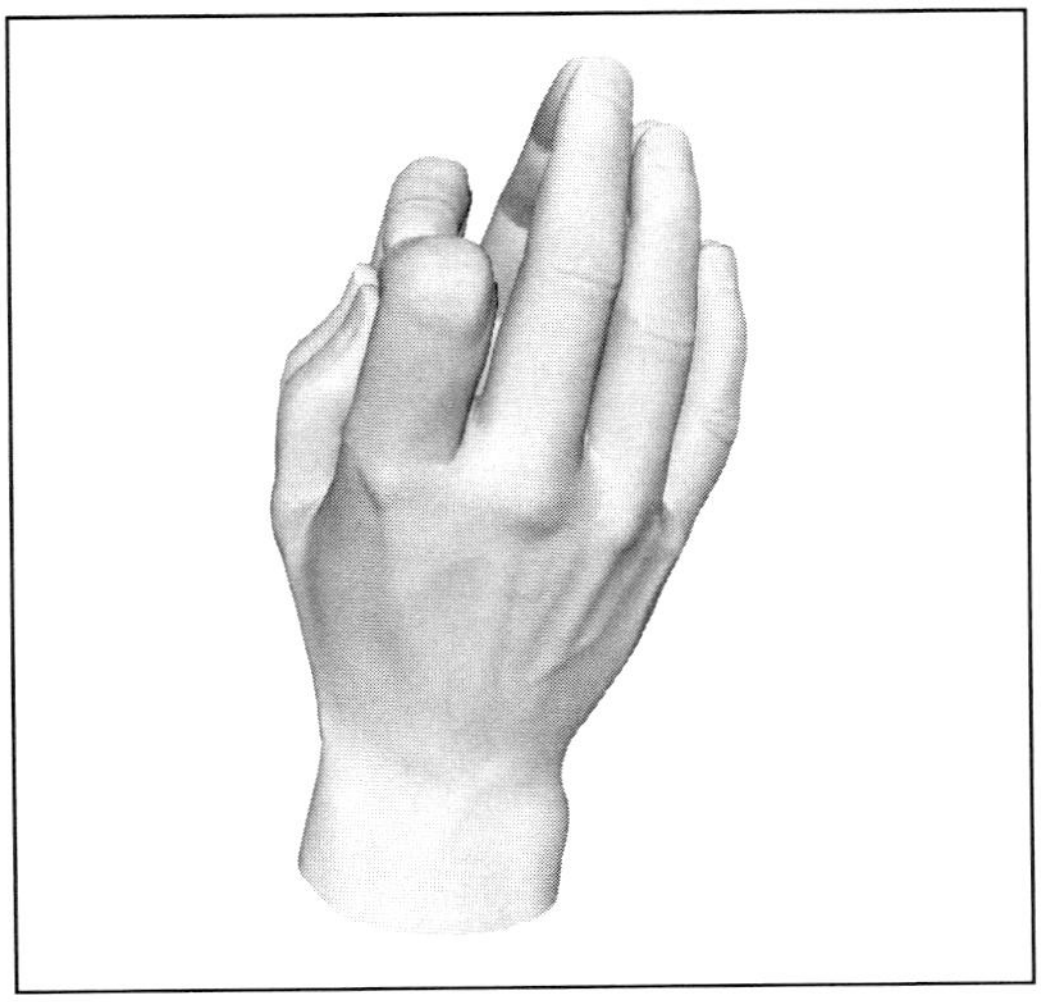

如意宝印《にょいほういん》

①両手、金剛合掌する。
②両人差指はやや屈して、先を付け合わせ相支える。
③両親指は交えたまま、掌中に入れる。
※親指は並び立てるとする伝もある。
※これは普供養印で、如意宝珠を表す。

※また如意宝珠印、如意珠印、宝印、宝珠印、大精進如意宝印ともいう。

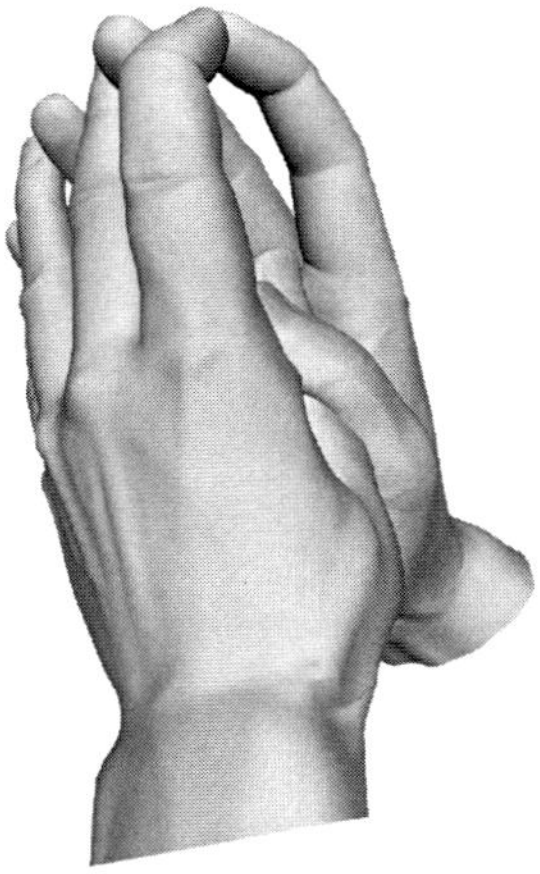

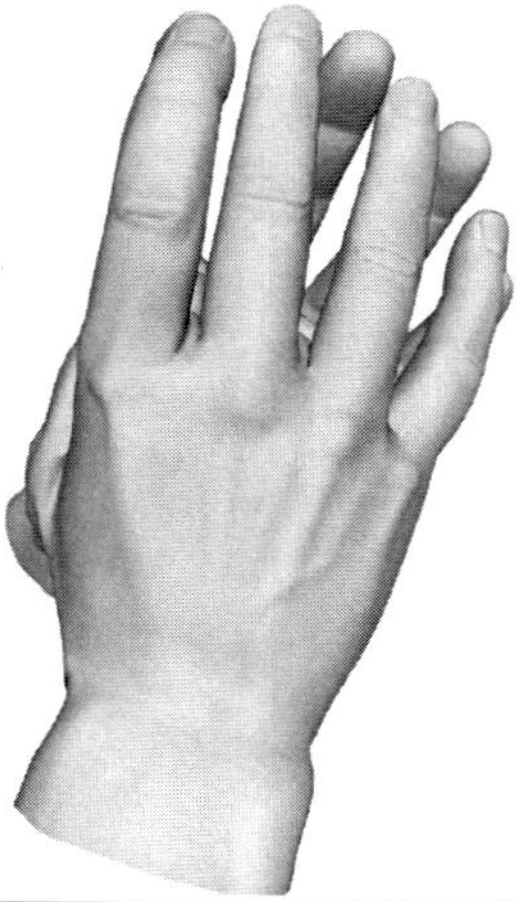

五《ご》字《じ》文《もん》殊《じゅ》金《こん》剛《ごう》剣《けん》印《いん》

①両手、外縛する。

②両中指を立て合わせて、第一節を屈して剣印にする。

※文殊剣印ともいう。

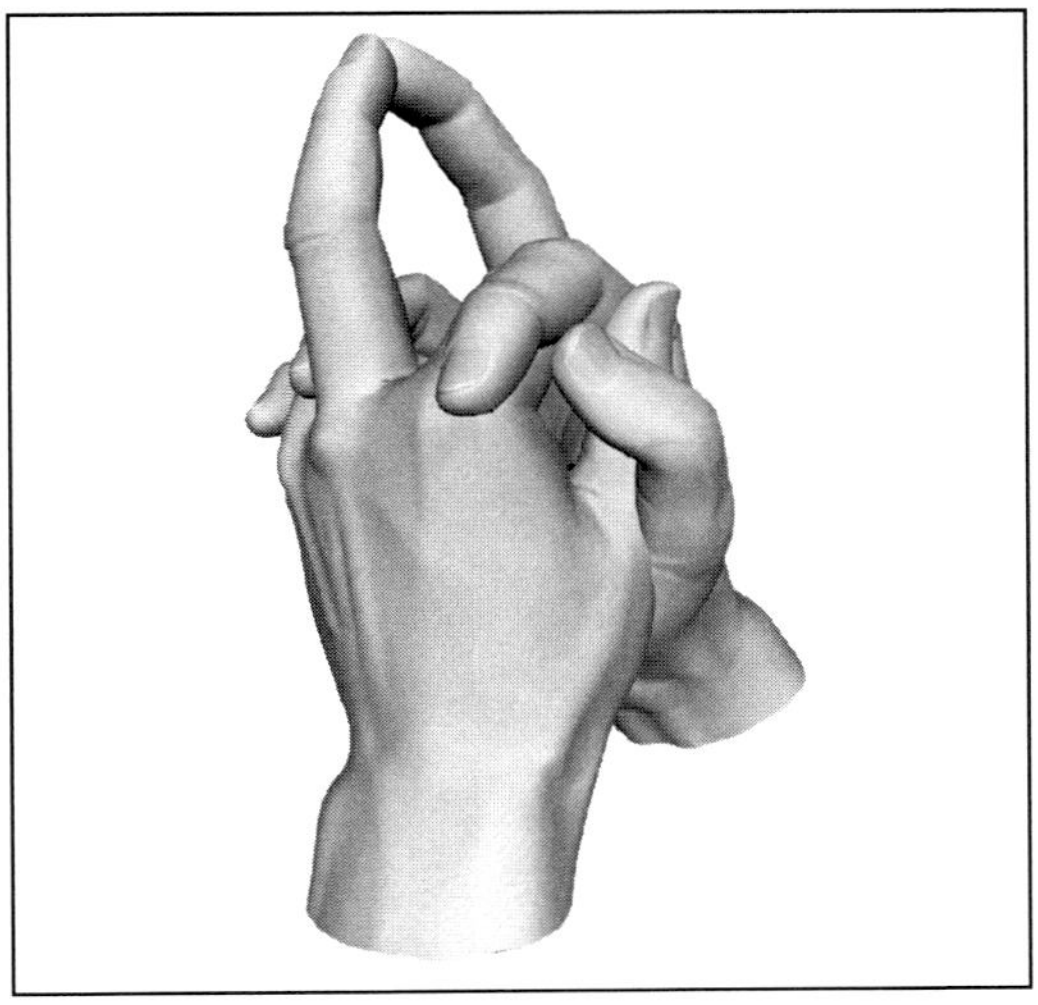

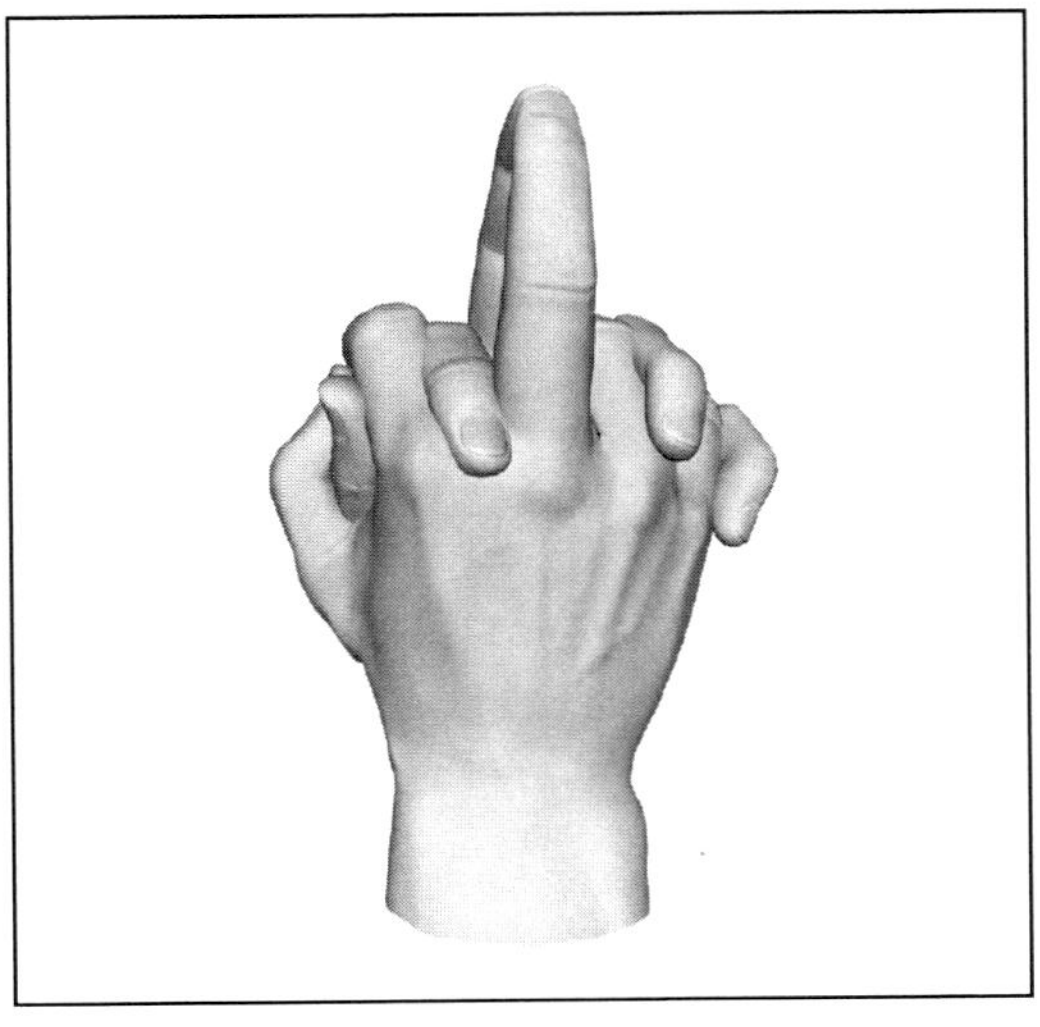

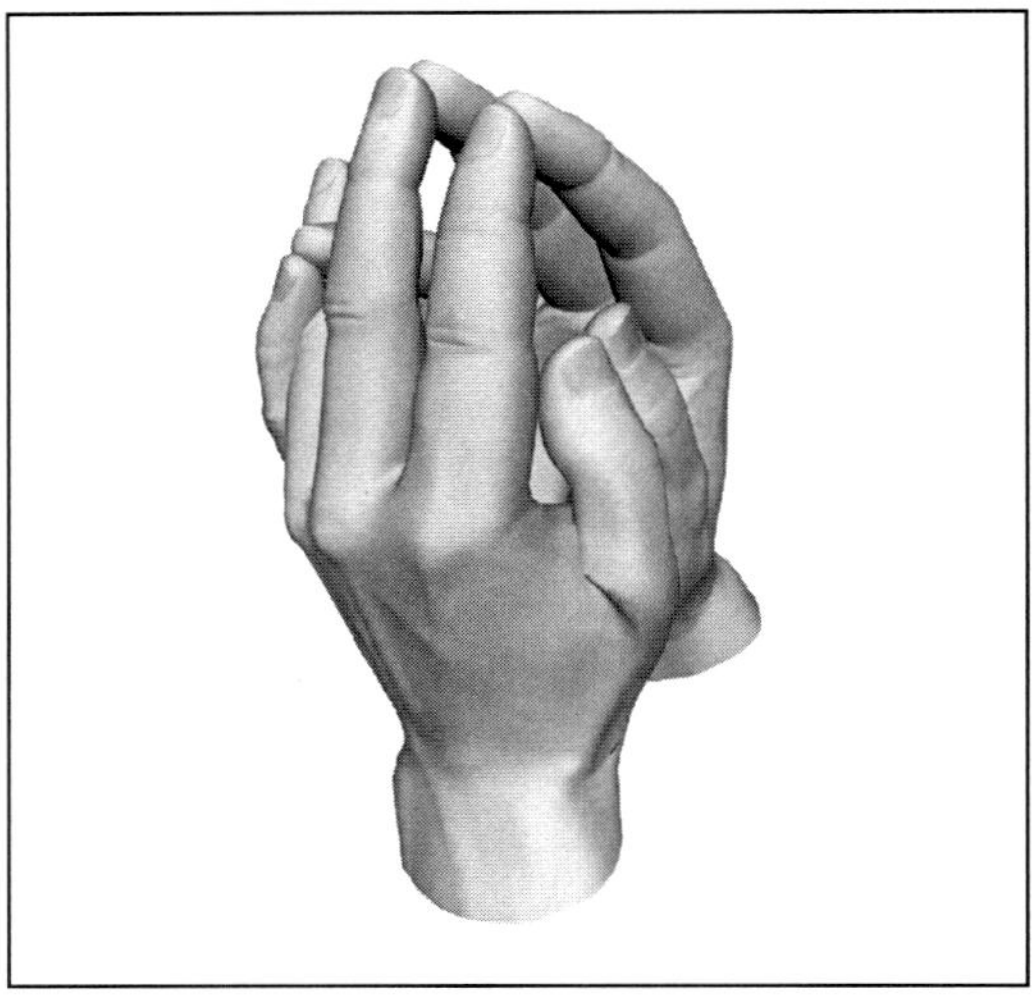

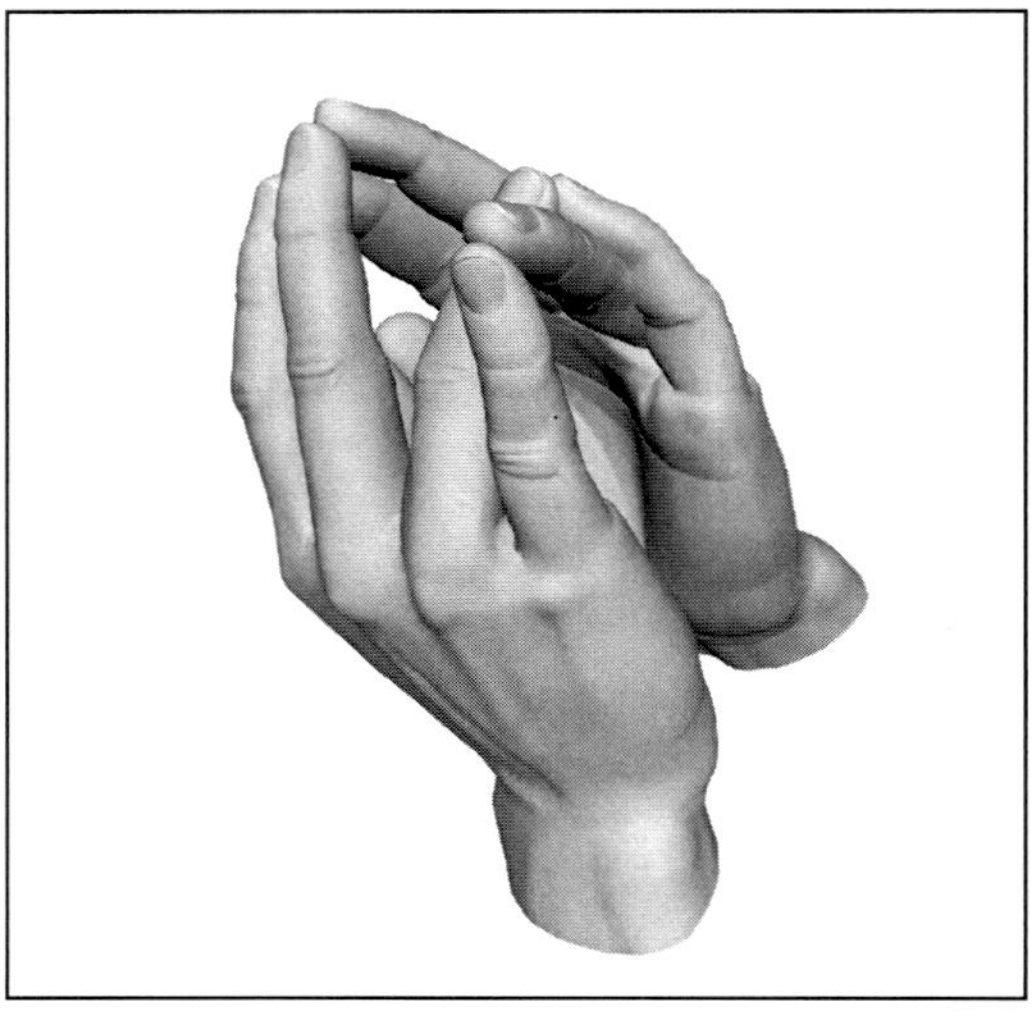

五《ご》髻《けい》印《いん》

①両手、虚心合掌をする。
②右の小指と左の薬指の先を合わせる。
③左の小指と右の薬指の先を合わせる。
※胸と両肩、喉、頭頂の五処を印する。
※また別の伝として、金剛合掌し、
①右小指と左薬指の面を付け合わせ、左小指と右薬指の面を付け合わせる。
②右人差指と左中指の面を付け合わせ、左人差指と右中指の面を付け合わせる。
③両親指は並び立てる。
とし、この印を五字文殊師利の印とする。

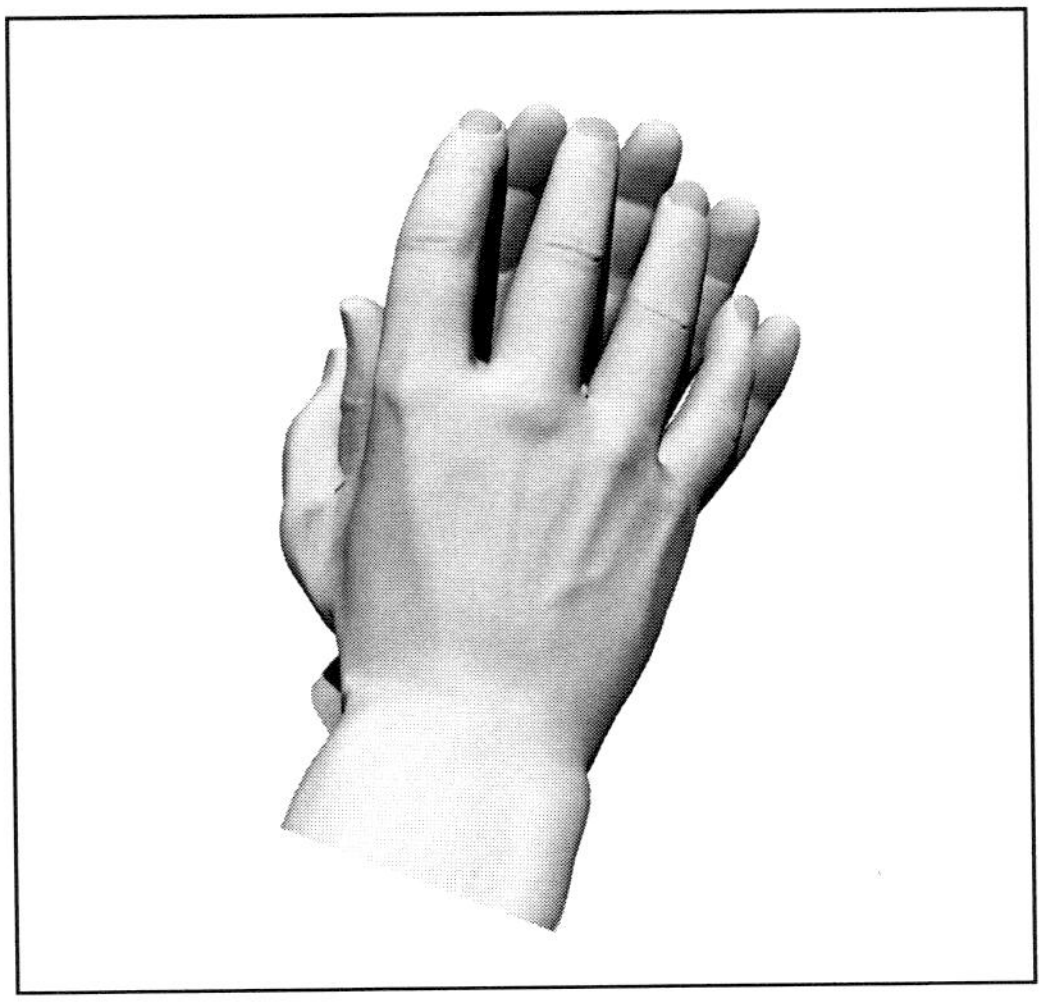

弥勒《みろく》

八葉院印《はちょういんのいん》

①両手、金剛合掌をする。

※慈氏金剛掌旋転（七四頁）に同じ。

弥勒宝瓶印《みろくほうびょういん》

①両手、虚心合掌をする。
②両人差指を屈して、親指の先と付け合わせる。
※尊勝仏頂卒都婆印（六四頁）に同じ。

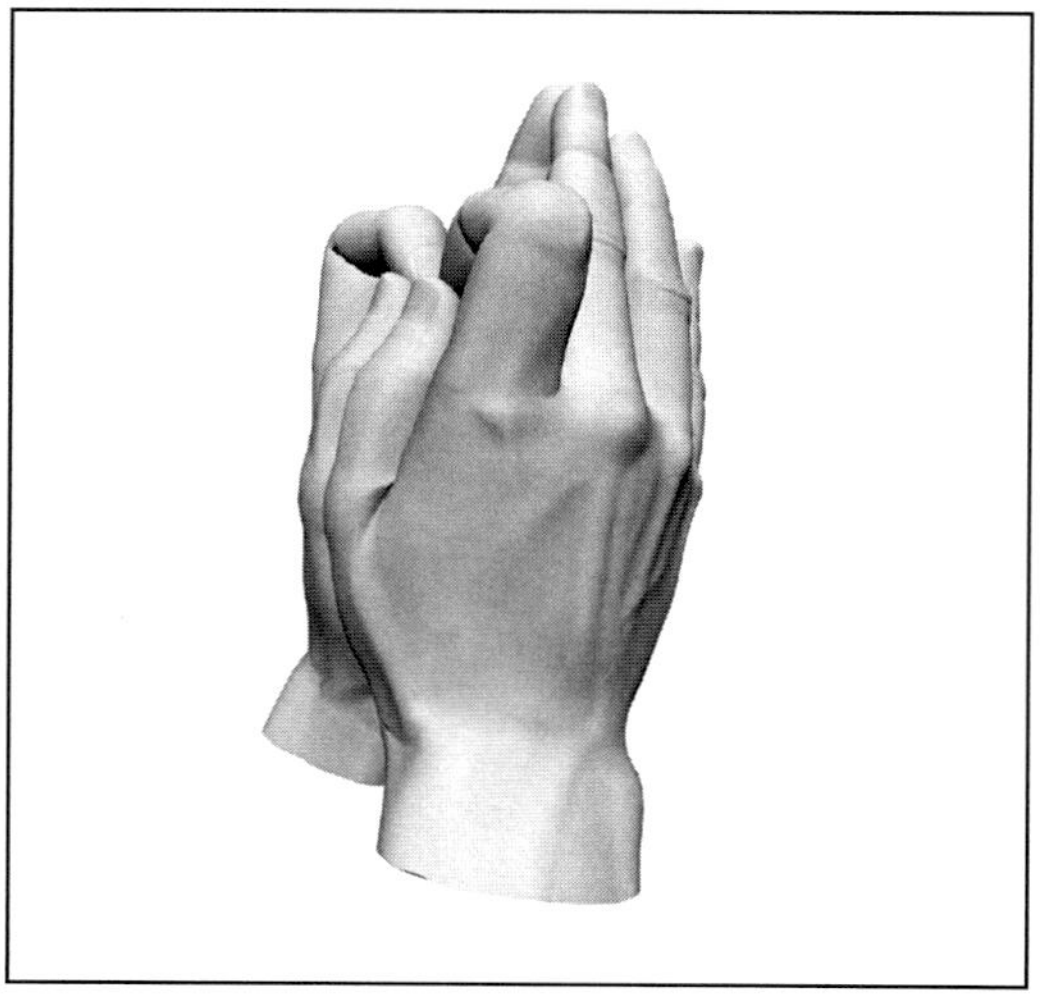

大勝金剛《だいしょうこんごう》

①両手、内縛する。
②両中指を立て合わせ、上節を屈して剣形にする。
※本三昧耶印であり、根本心最勝転輪印という。

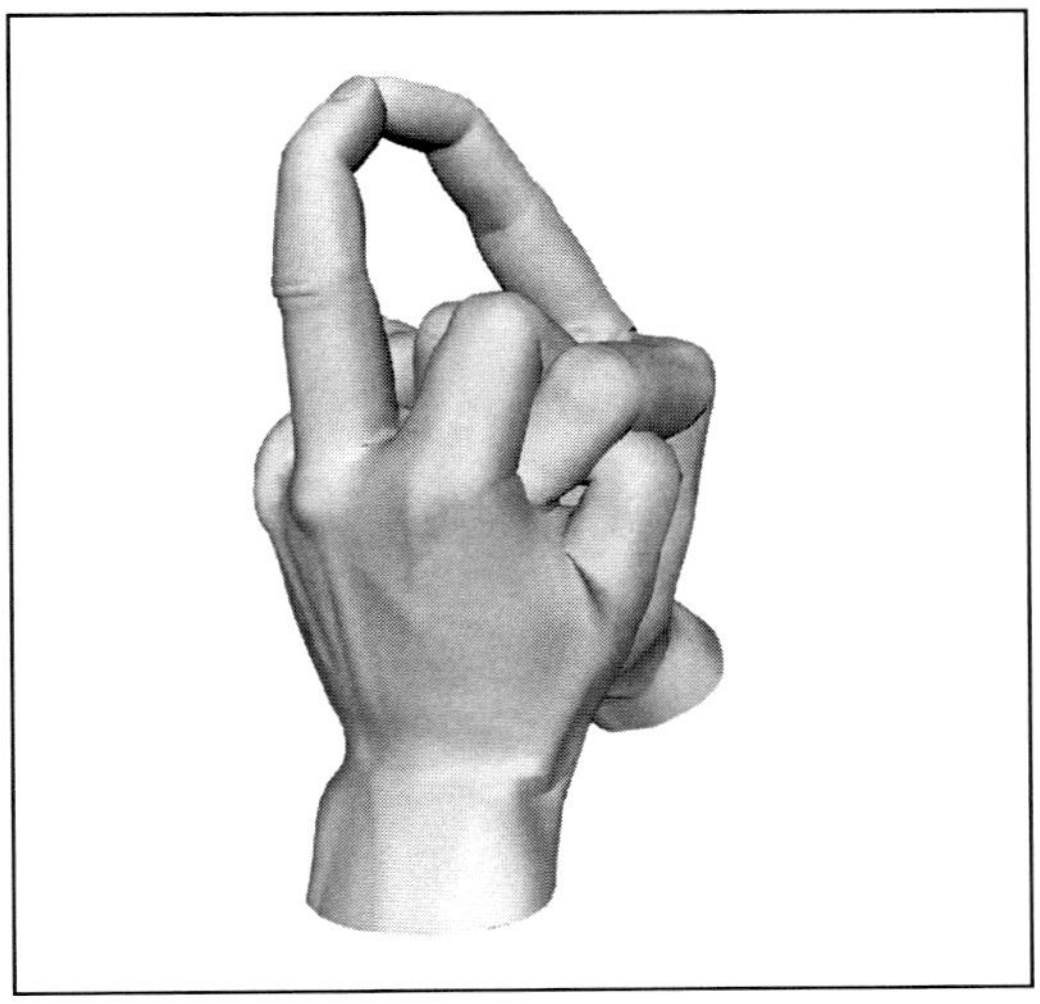

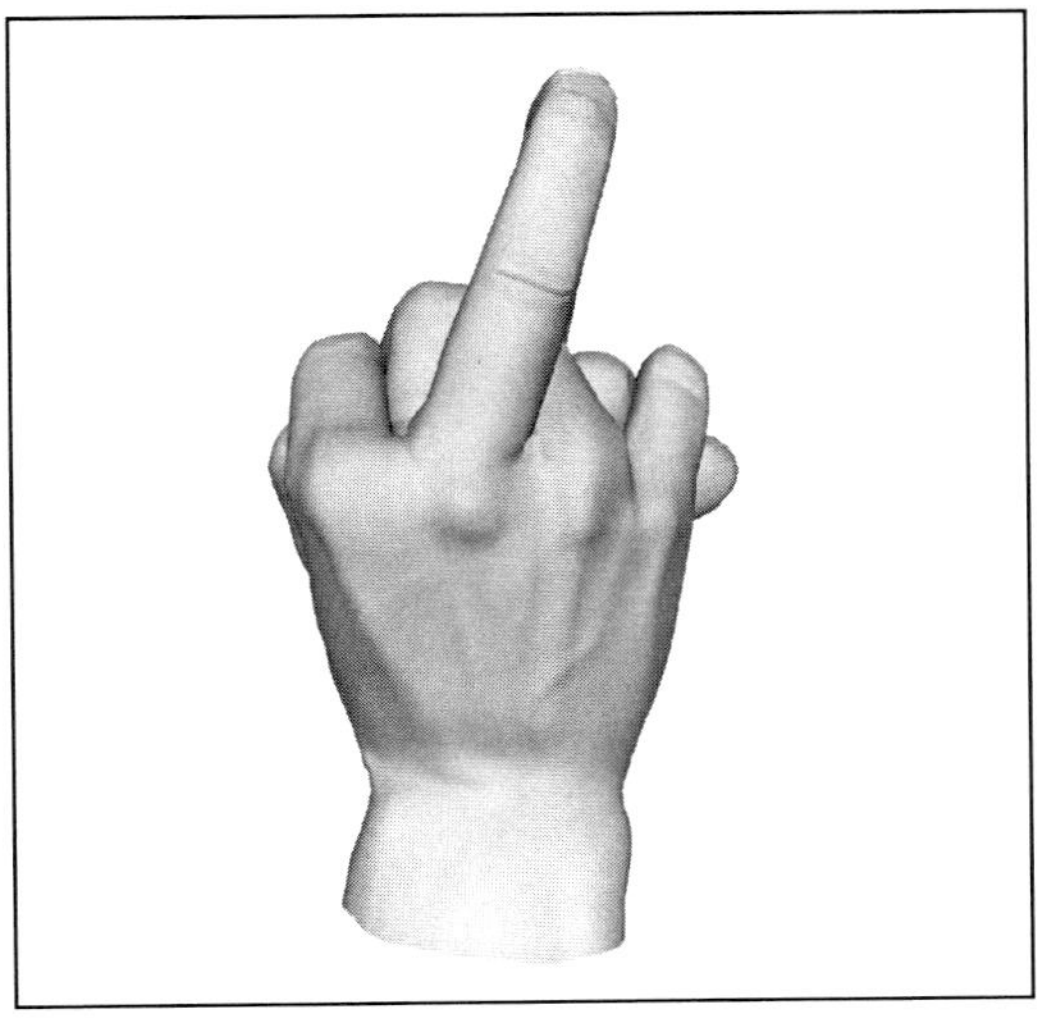

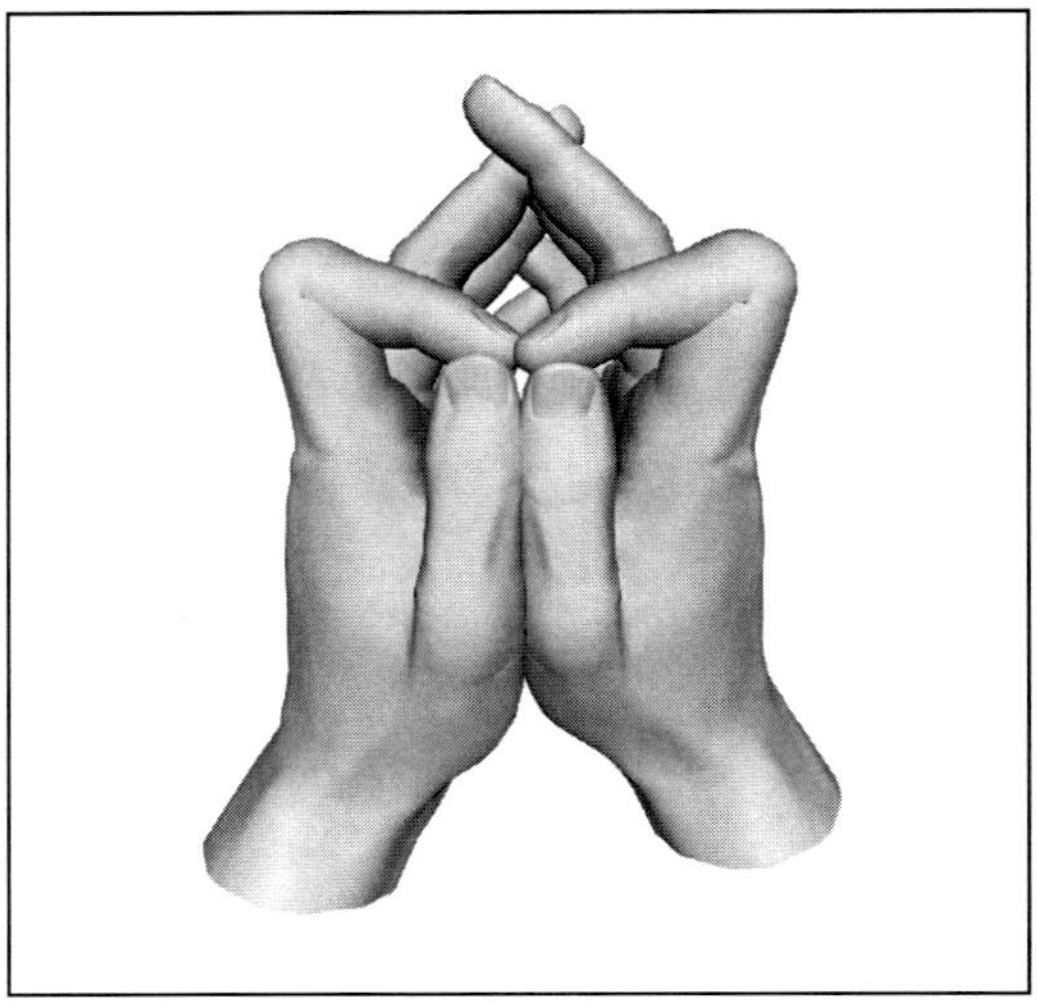

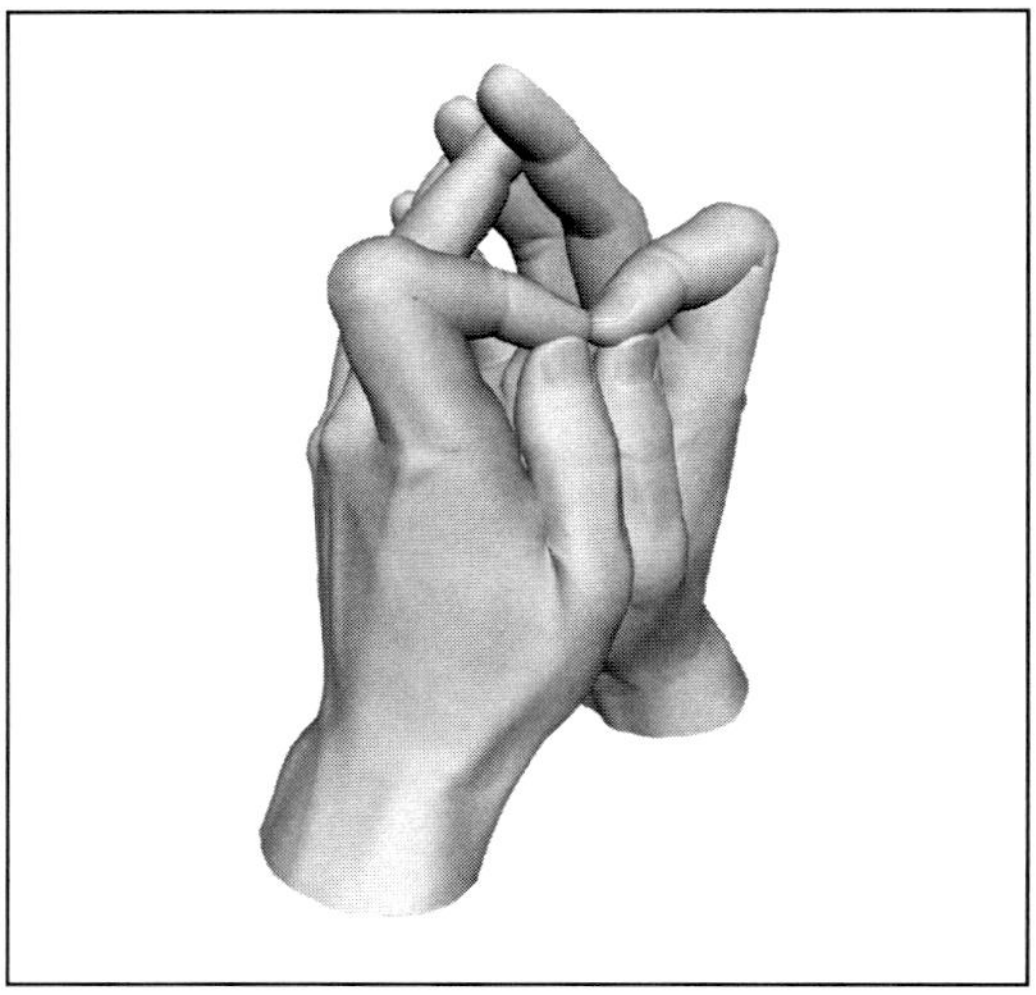

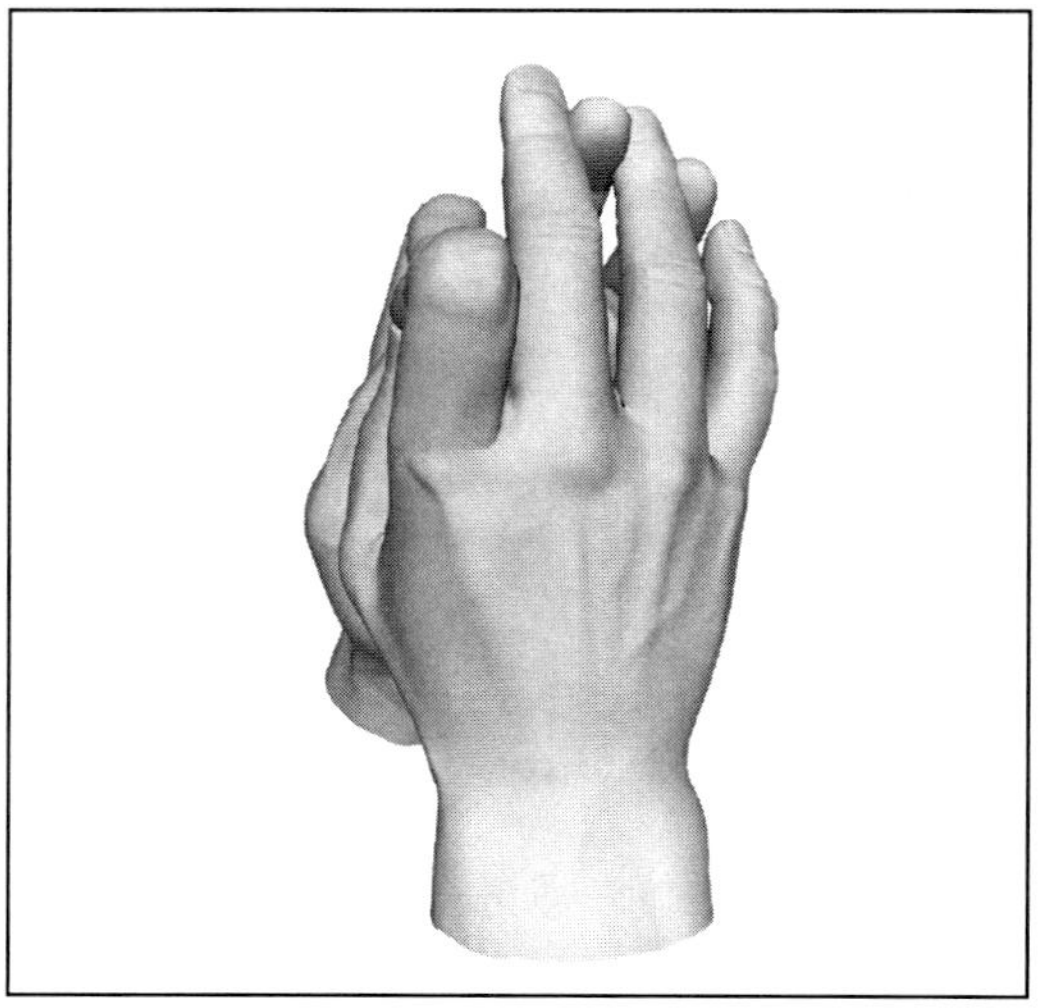

般若菩薩《はんにゃぼさつ》大慧刀印《だいえとういん》

①両手、金剛合掌をする。
②両親指を並び立てる。
③両人差指を屈して、両親指の頭を押さえる。
※これは、般若心経法に用いる印で、常には虚心合掌して印を組む。

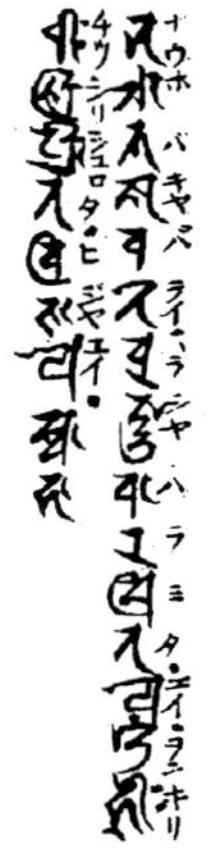

般若菩薩《はんにゃぼさつ》経台印《きょうだいいん》

本尊三昧耶印《ほんぞんさまやいん》

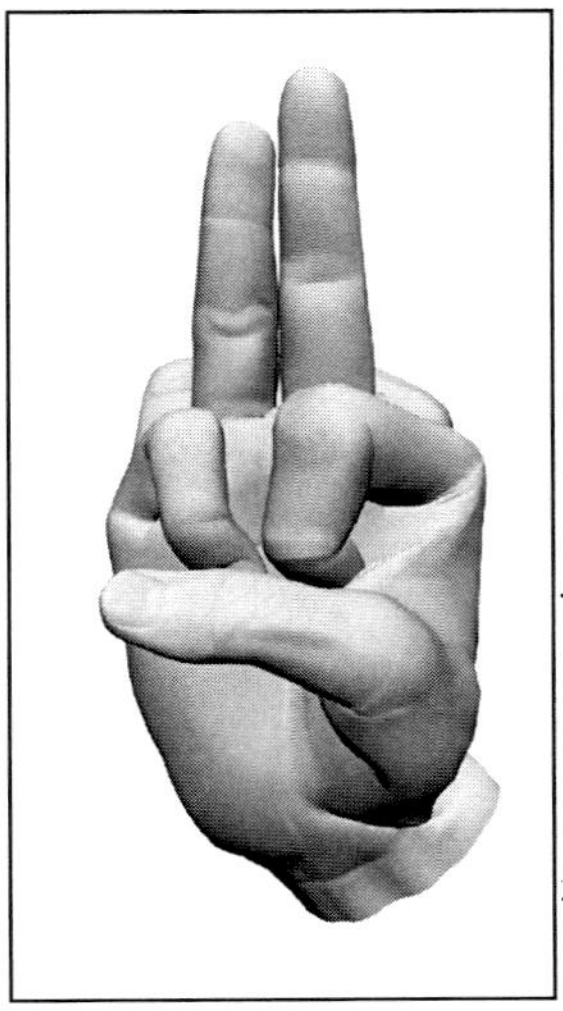

①両手、背を合わせる。
②両小指、人差指を屈し、両親指でその甲を押す。
③両中指と薬指は背を合わせて直ぐ立てる。
※中指と人差指は経台を表している。
※般若無尽蔵印とも、般若根本印ともいう。

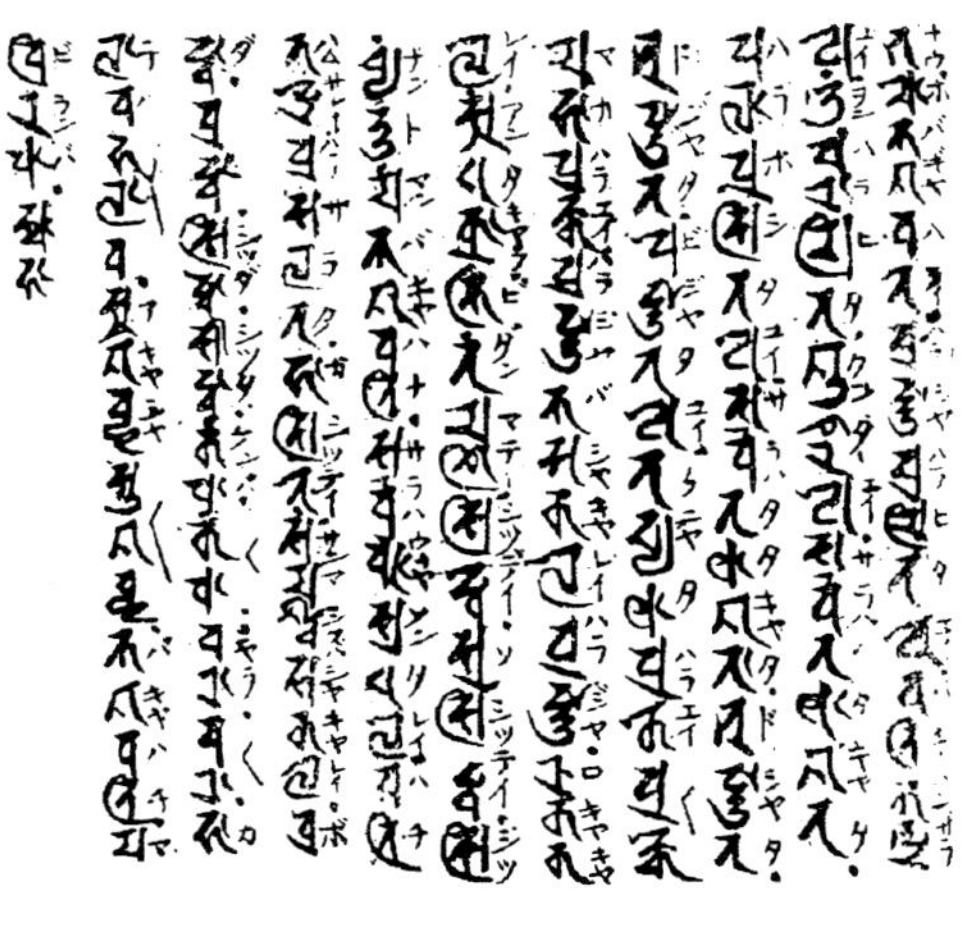

あるいは

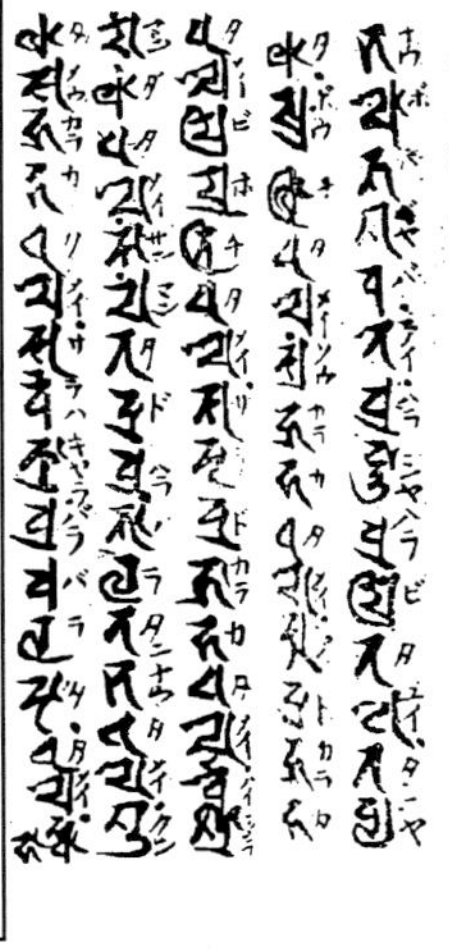

般若菩薩《はんにゃぼさつ》
梵篋印《ぼんきょういん》

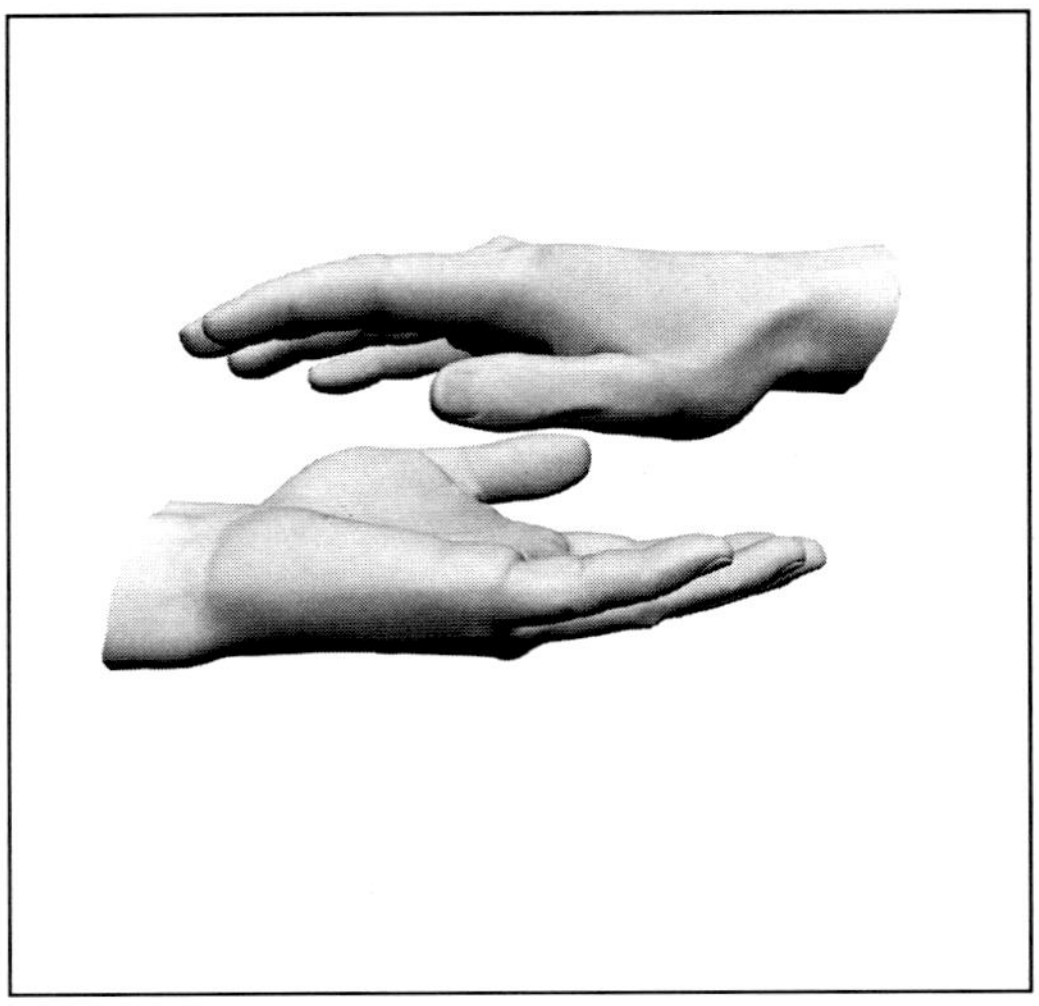

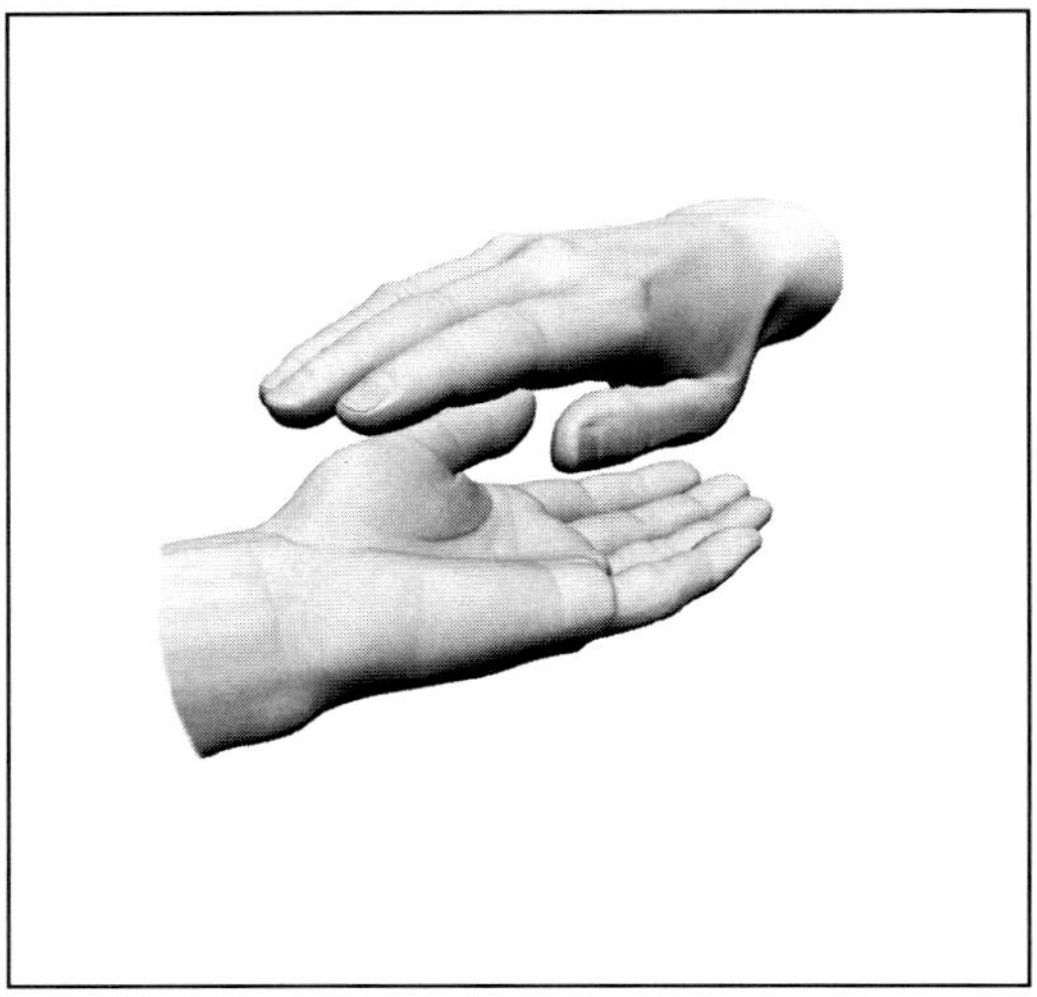

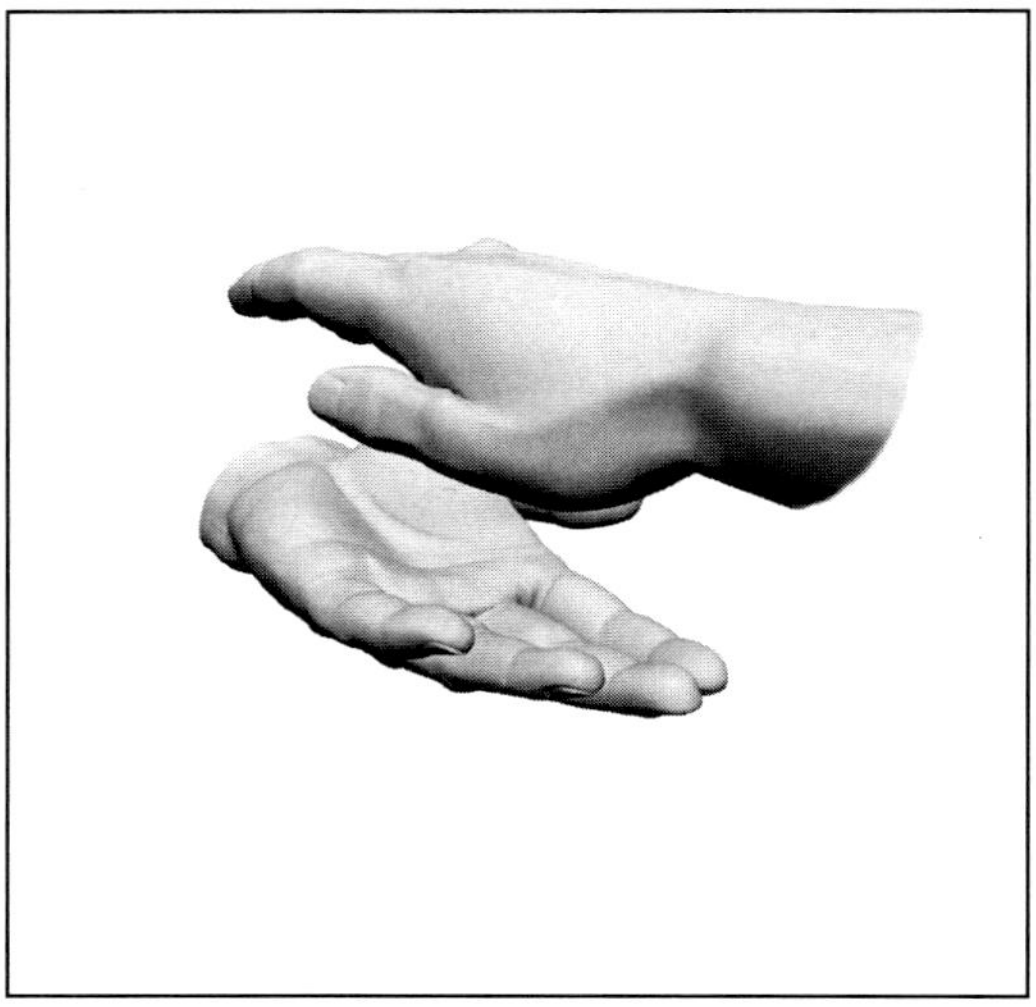

①両手、五指を伸べる。
②左手を仰げ、右手を伏せる。
③両掌を向かい合わせ、掌をやや屈する。
※梵篋印（七九頁）に同じ。

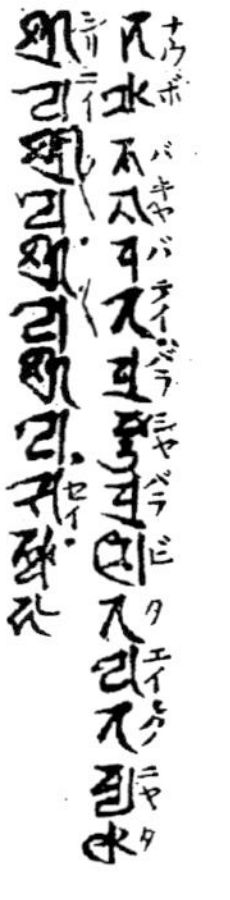

随《ずい》求《ぐ》梵《ぼん》篋《きょう》印《いん》

①両手、五指を伸べる。
②左手を仰げ、右手を伏せる。
③両掌を向かい合わせ、掌をやや屈する。
※大随求菩薩の随心印。
※梵篋印（七九頁）に同じ。

※真言は前頁に同じ。

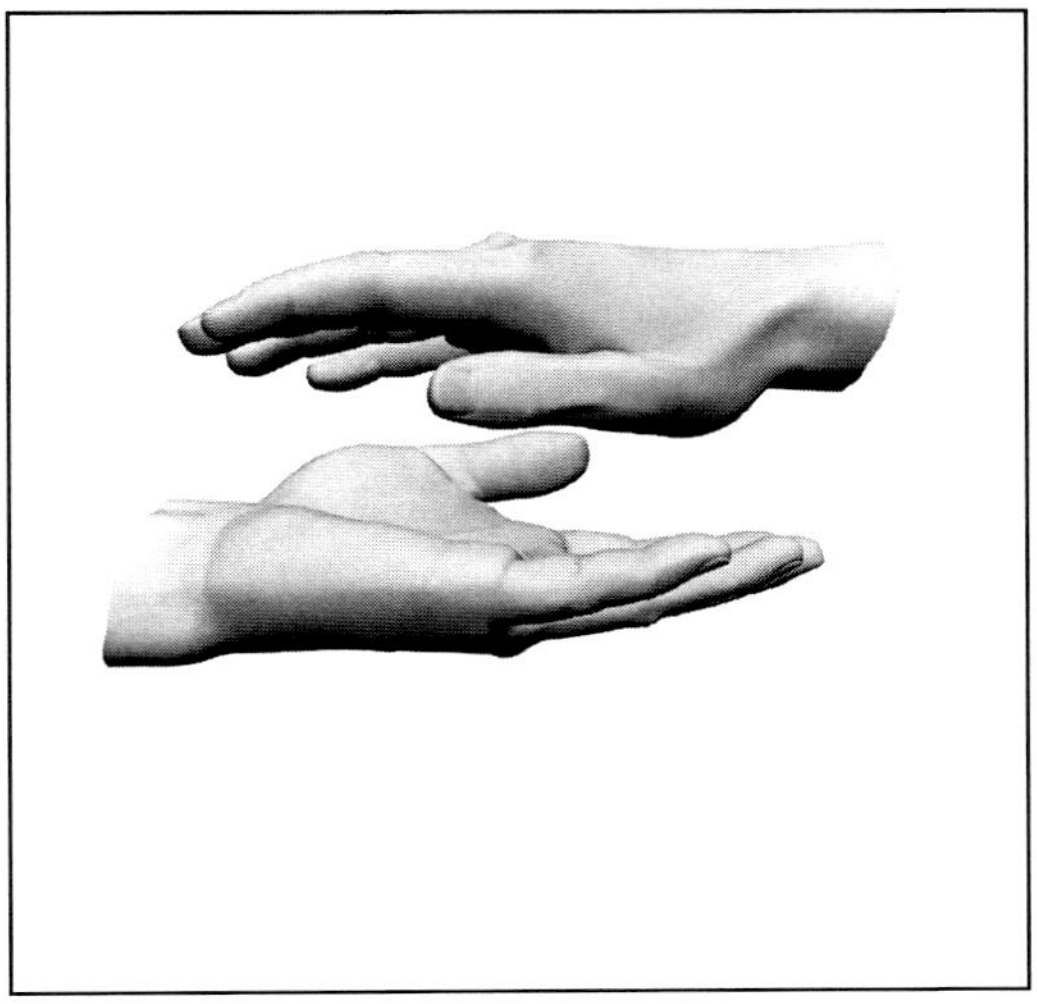

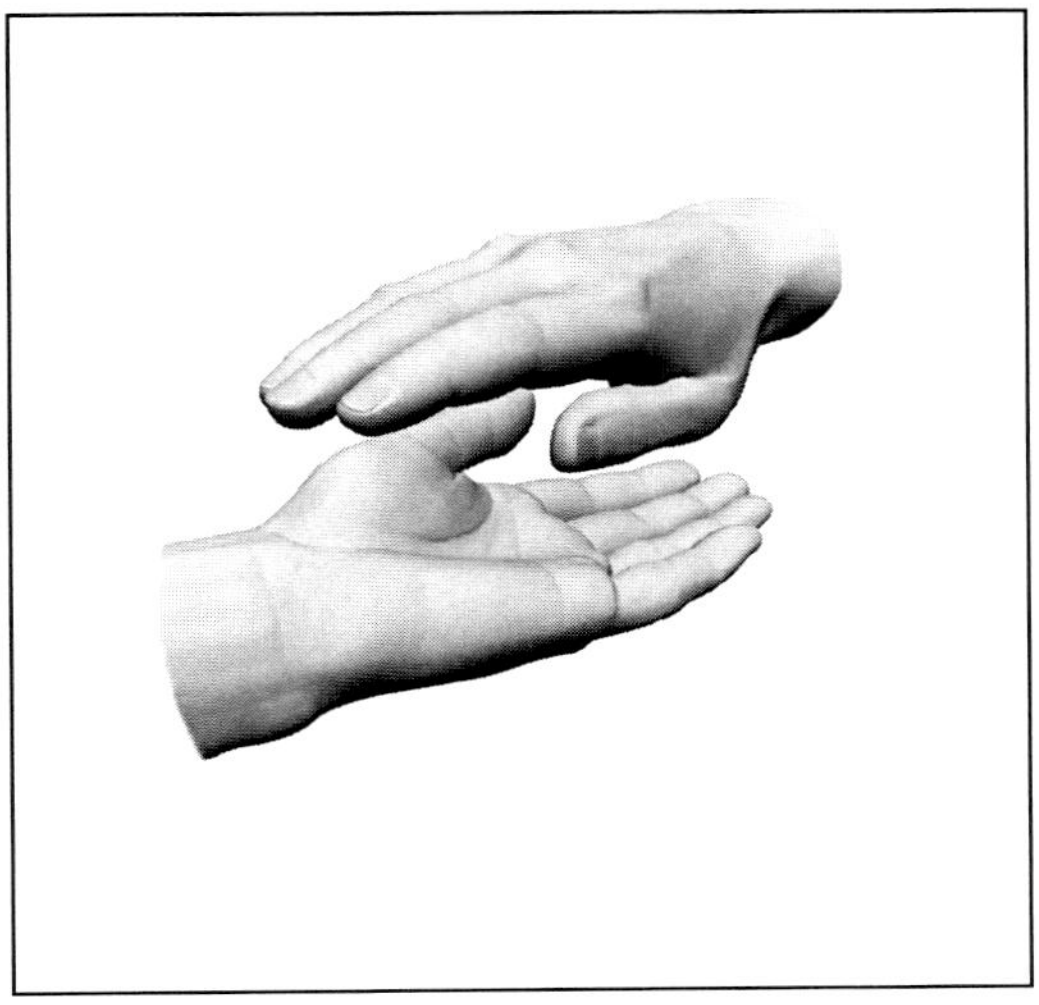

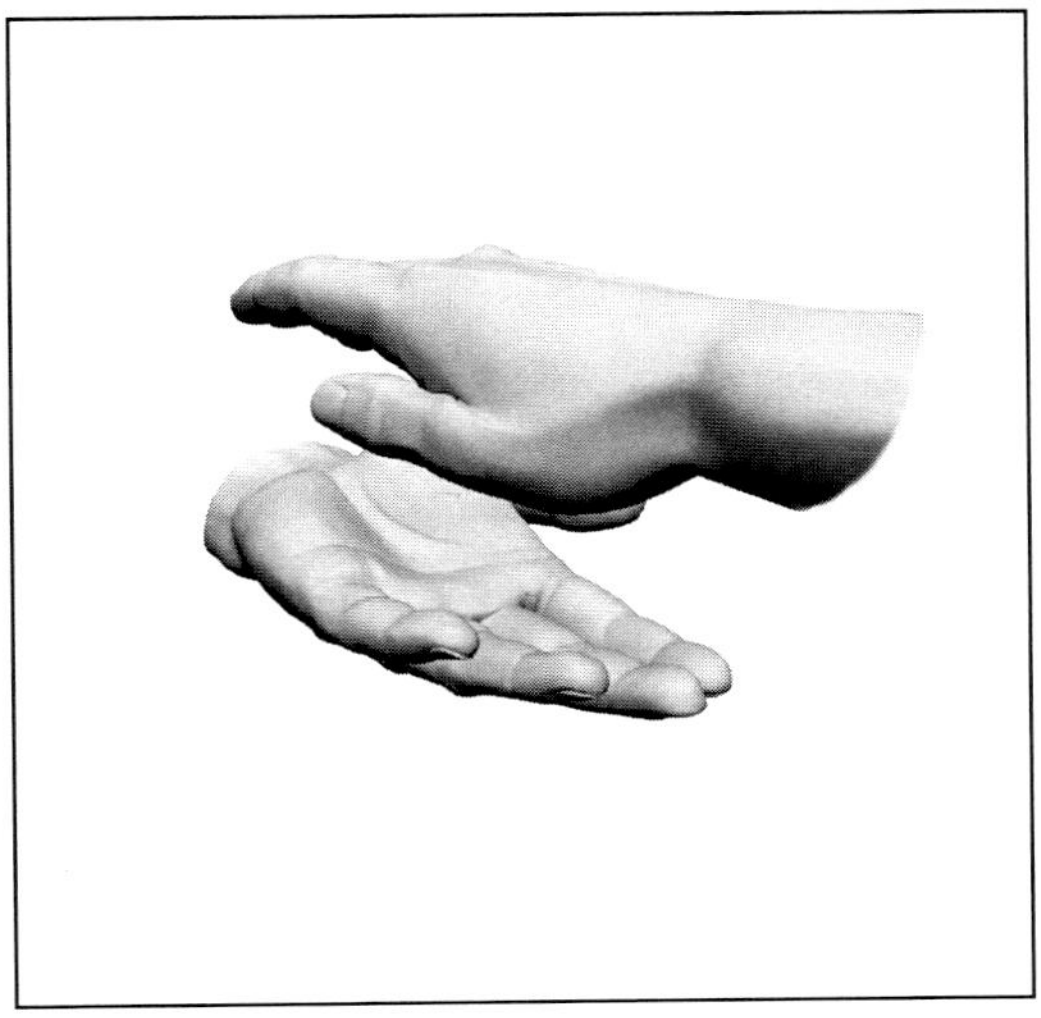

随《ずい》求《ぐ》八《はち》印《いん》一
金《こん》剛《ごう》杵《しょ》

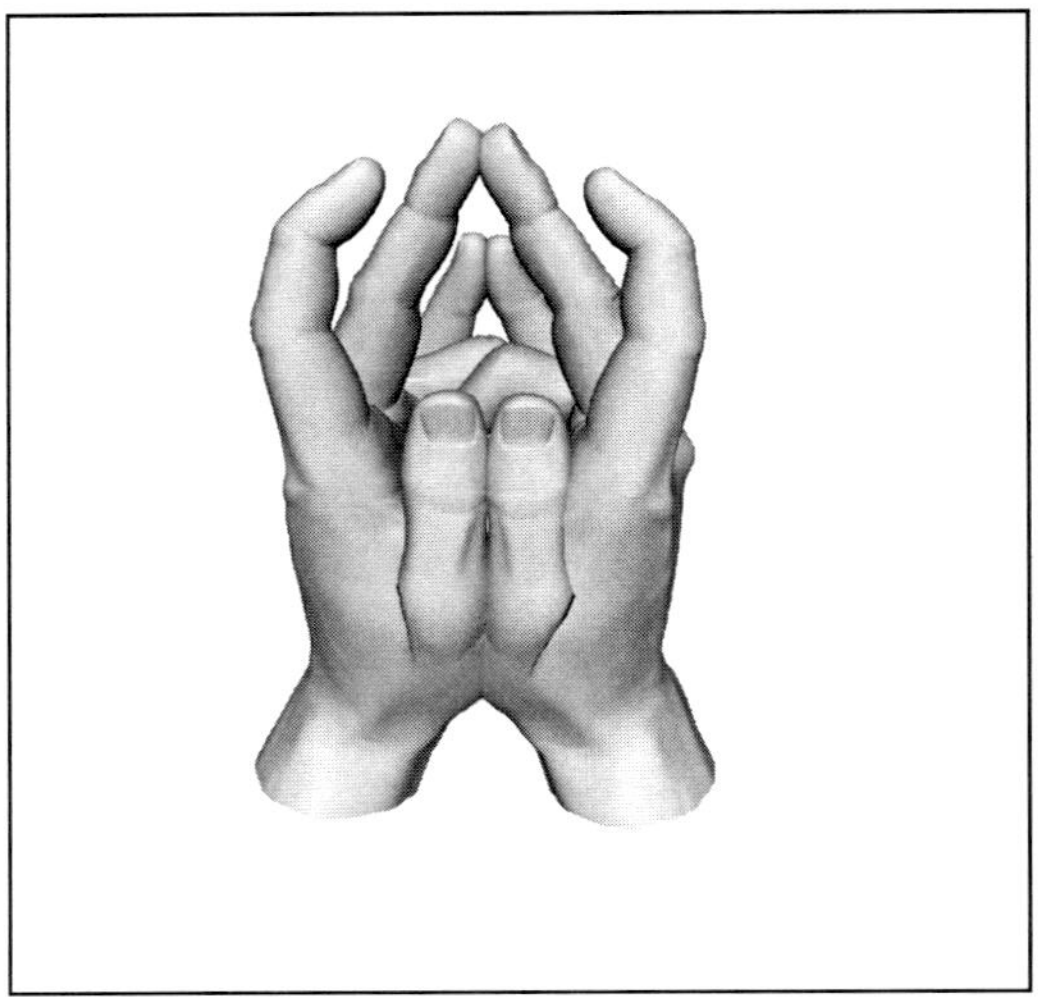

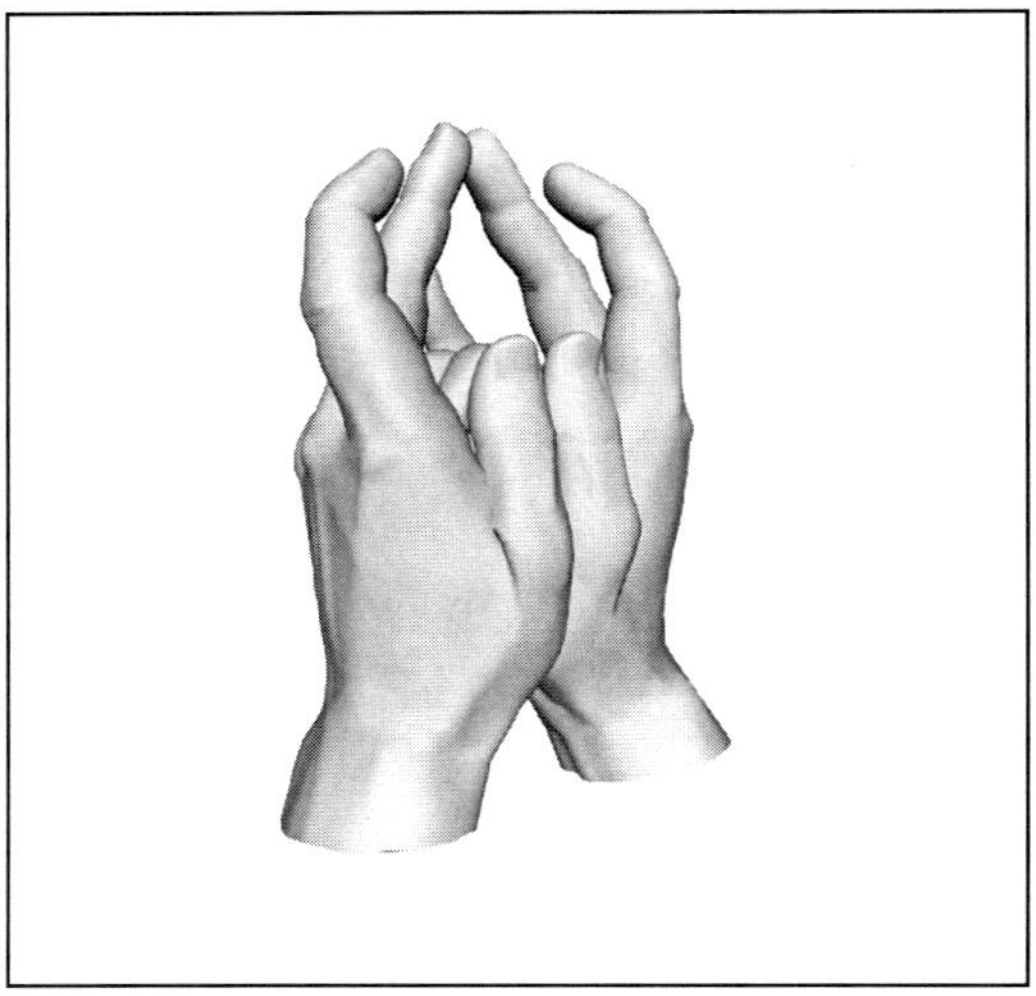

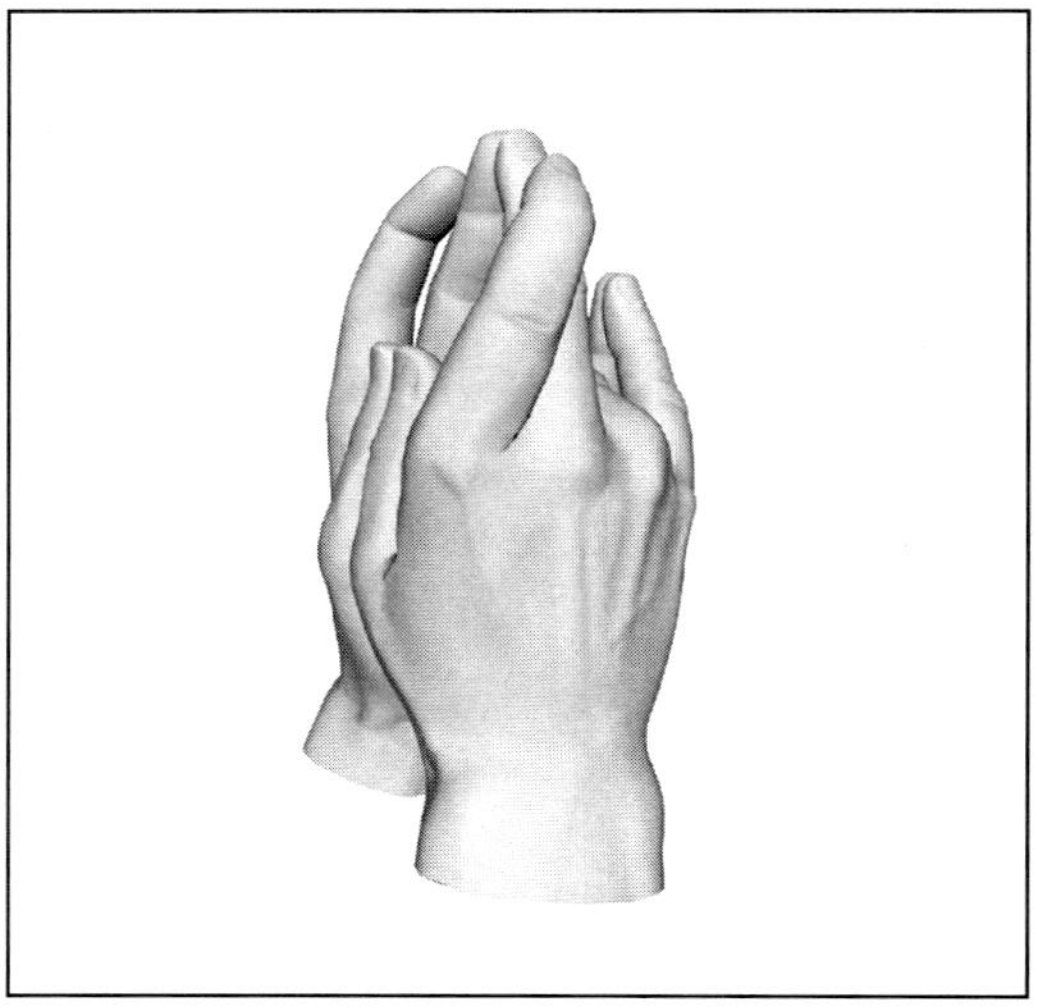

①両手、内縛する。

②両小指、中指、親指を立て合わせる。

③両人差指は屈して、中指の背に回し、中指には付けない。

※金剛手内五鈷印（八五頁）、五大虚空蔵惣印内五鈷印（一七〇頁）に同じ。

※真言は二〇八頁に同じ。

随《ずい》求《ぐ》八《はち》印《いん》二

鉞《えつ》斧《ふ》

①両手、五指を舒べる。
②左手を伏せ、右手を仰げ、手の背（甲）を合わせる。
③十指を交差させる。

※真言は二〇八頁に同じ。

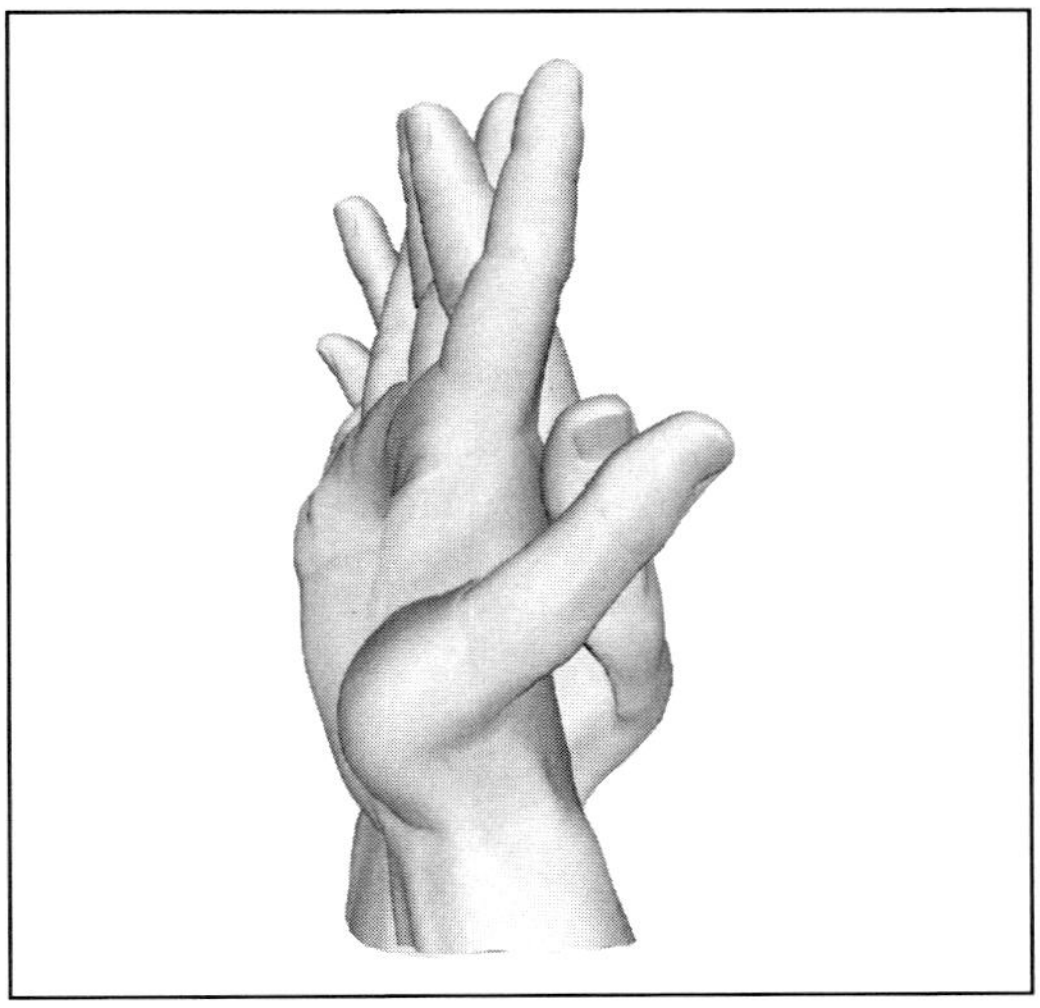

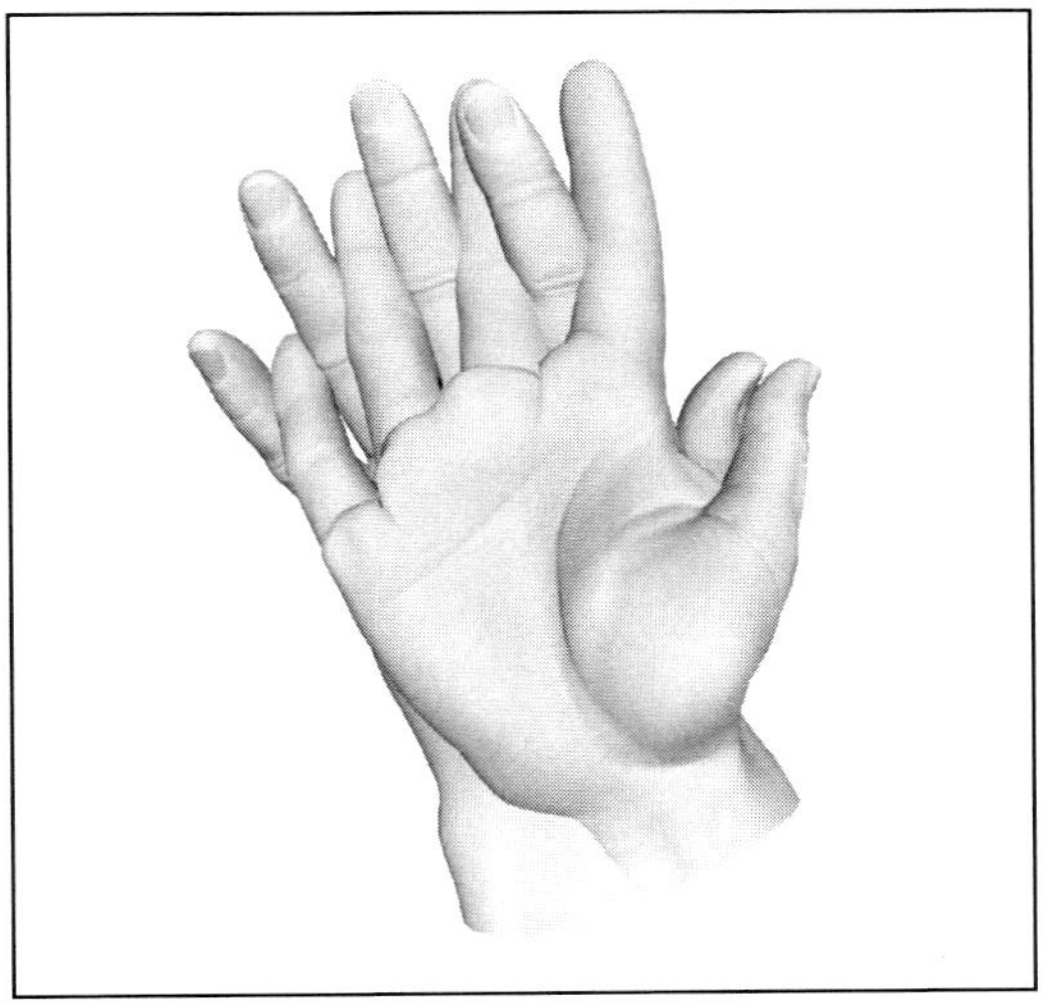

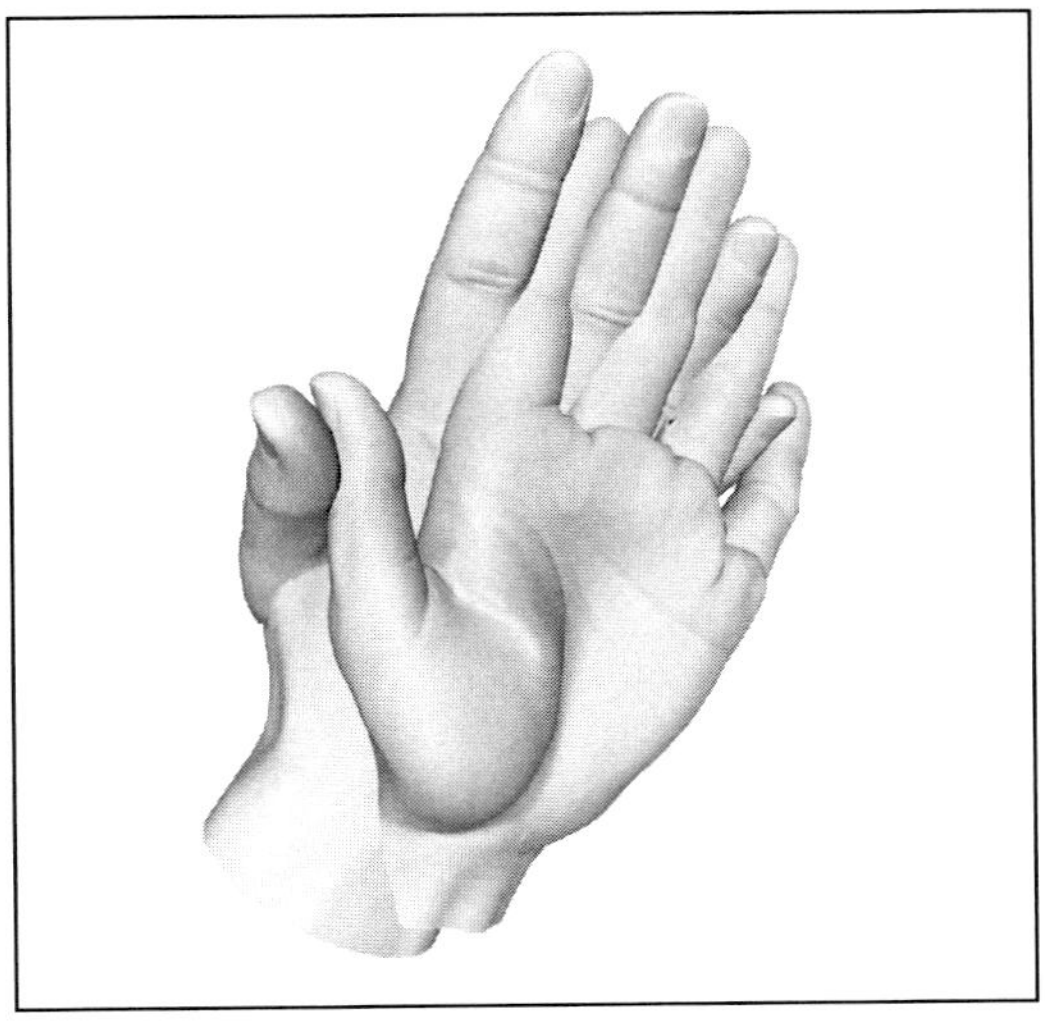

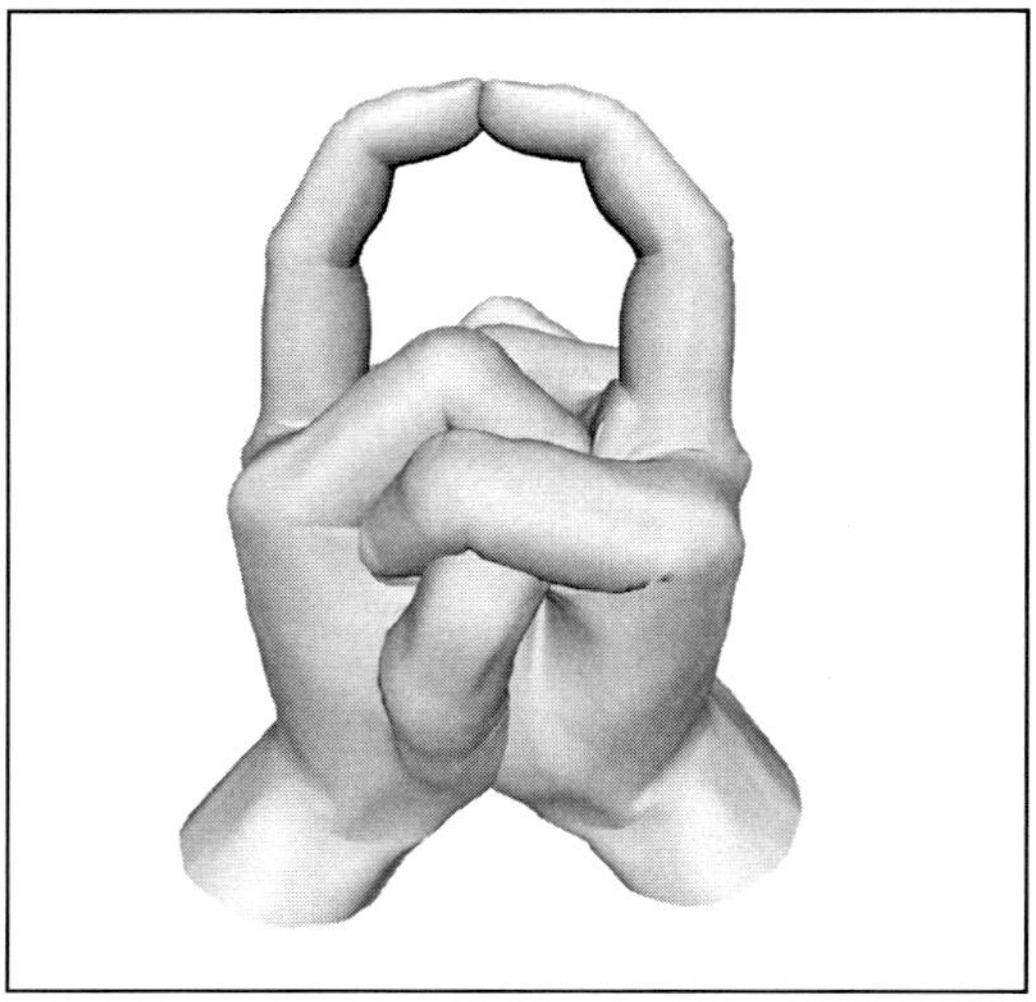

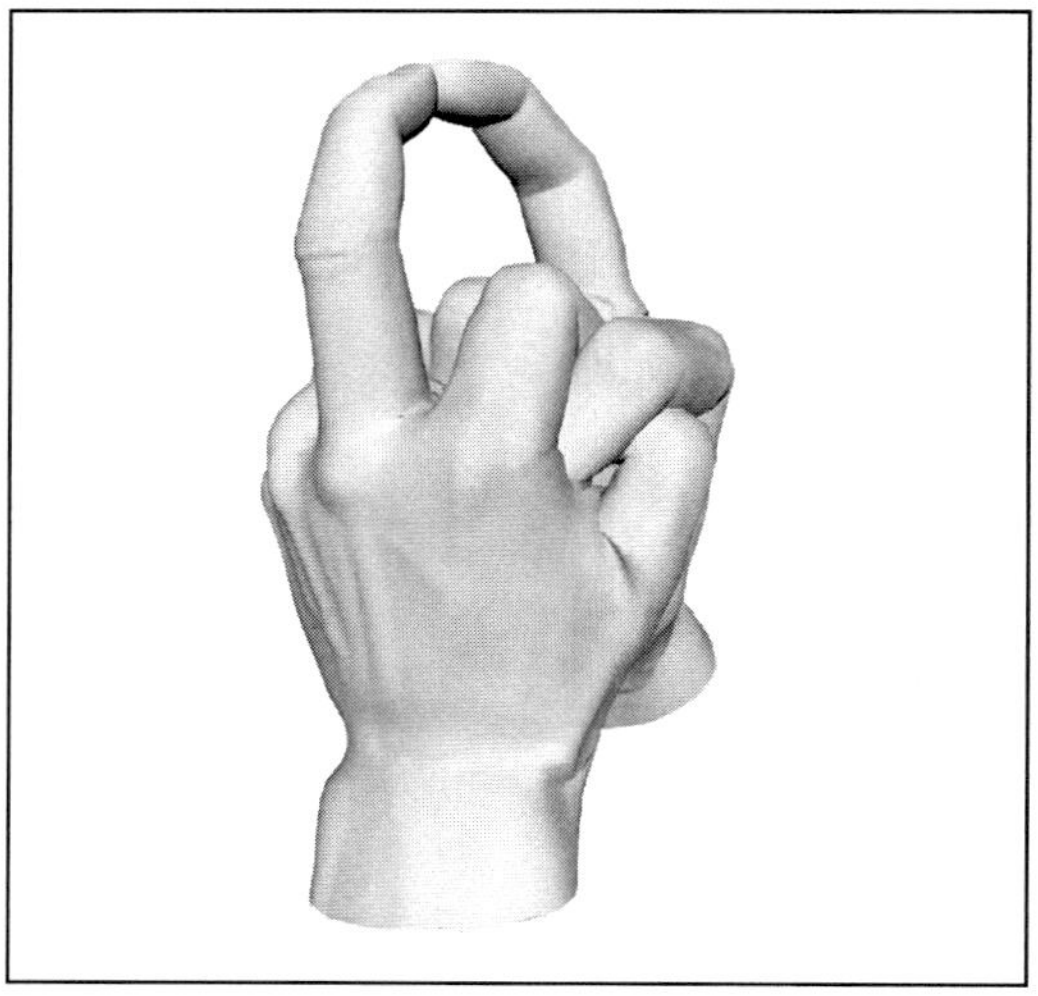

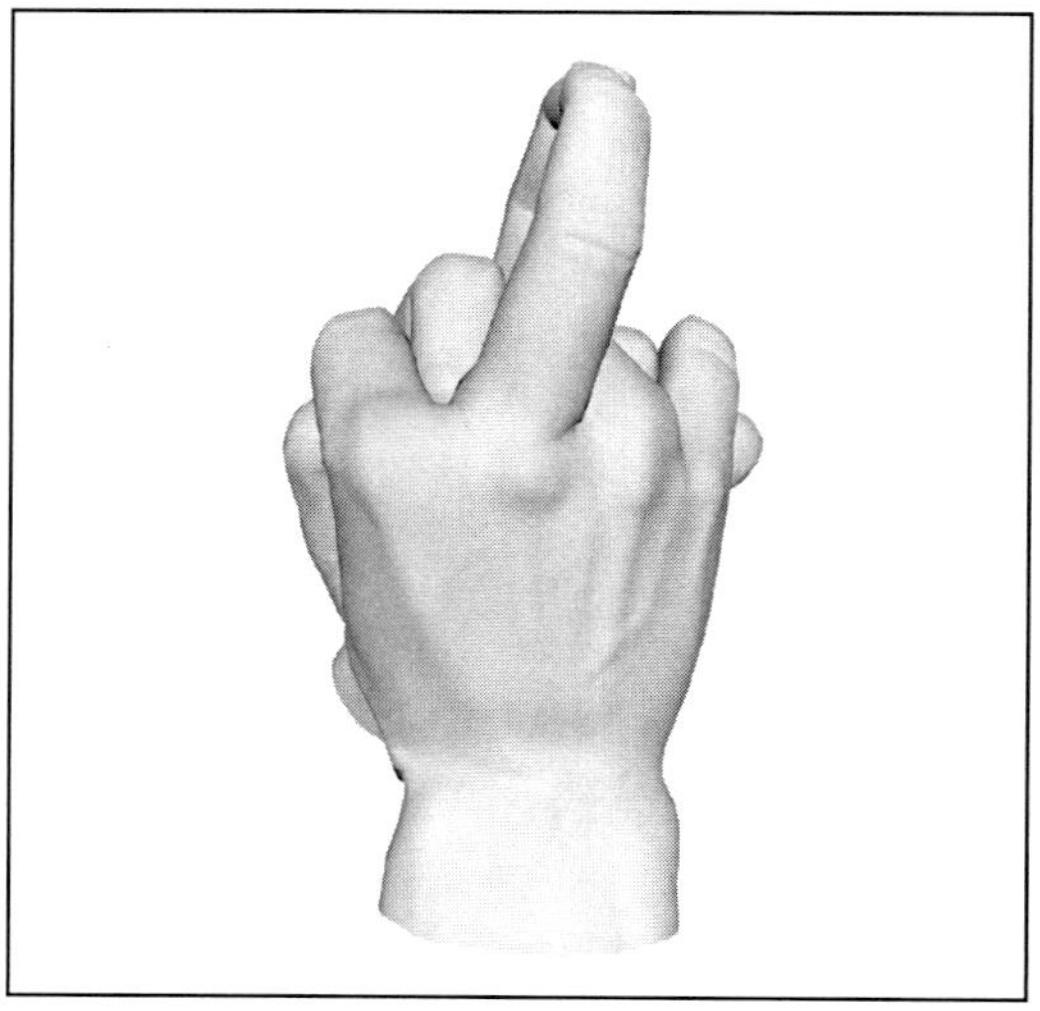

随《ずい》求《ぐ》八《はち》印《いん》三
索《さく》

①両手、内縛する。

②両中指を立て合わせ、屈して円やかにする。

※真言は二〇八頁に同じ。

随《ずい》求《ぐ》八《はち》印《いん》四　剣《けん》

①両手、虚心合掌をする。
②両人差指を屈して、親指の先と付け合わせる。
※尊勝仏頂卒都婆印。
※また大慧刀印、大日剣印、無所不至印ともいう。

※真言は二〇八頁に同じ。

随《ずい》求《ぐ》八《はち》印《いん》五輪《りん》

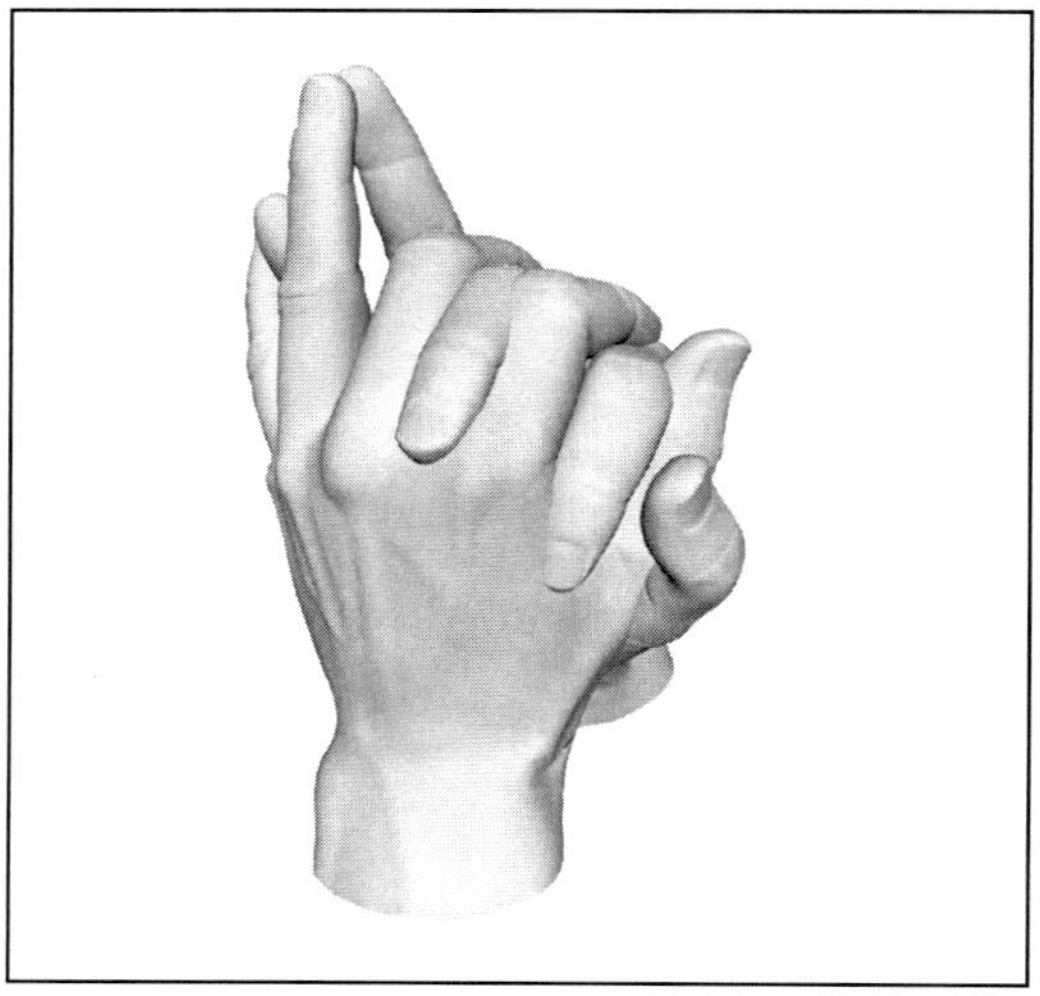

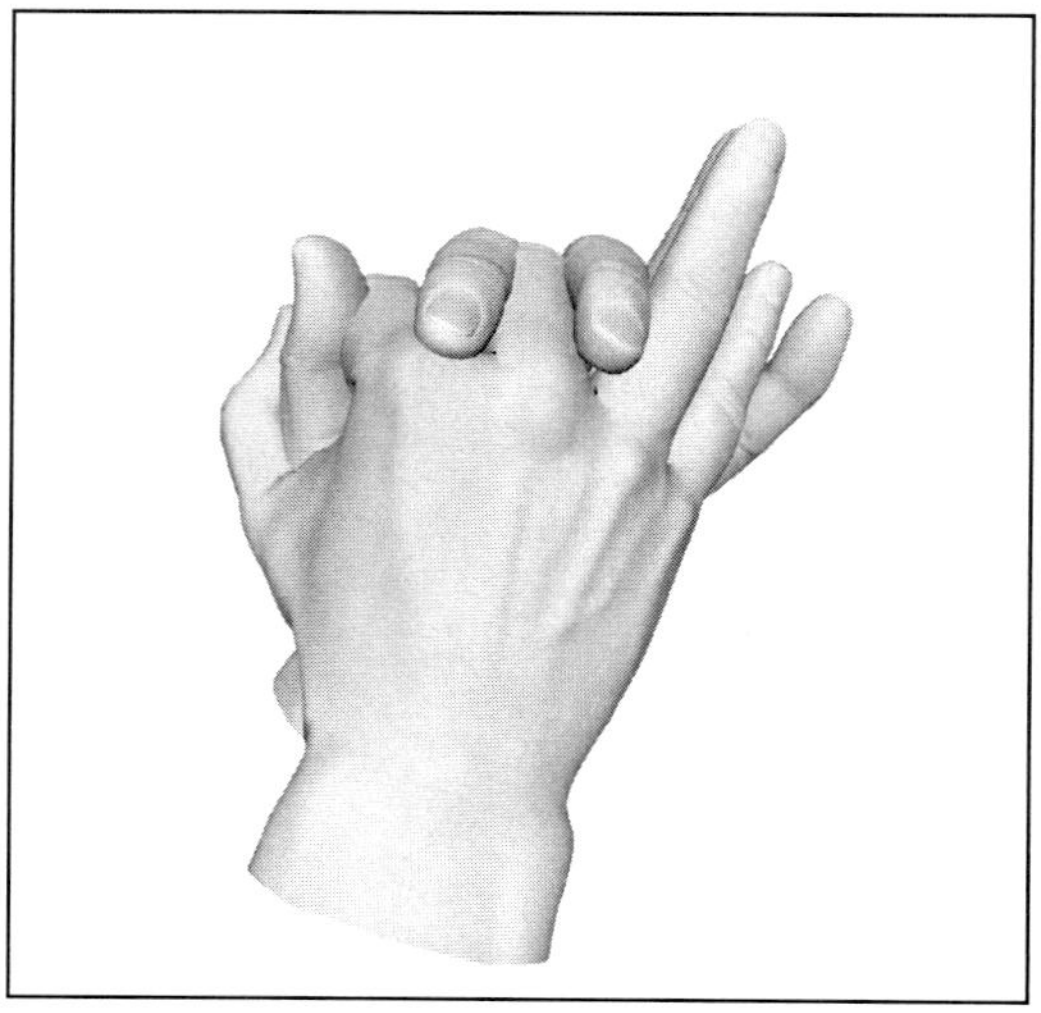

①両手、外縛する。
②両薬指を立て合わせる。
③両小指を立て、交差させる。

※真言は二〇八頁に同じ。

随《ずい》求《ぐ》八《はち》印《いん》六　三《さん》股《こ》戟《げき》

①両手、虚心合掌をする。
②両小指を屈して掌中に入れる。
③両親指を並べて屈し、掌中に入れ、小指の甲を押す。
④両人差指、中指、薬指は立て合わせ、各指の間を空ける。
これは三股戟の形である。

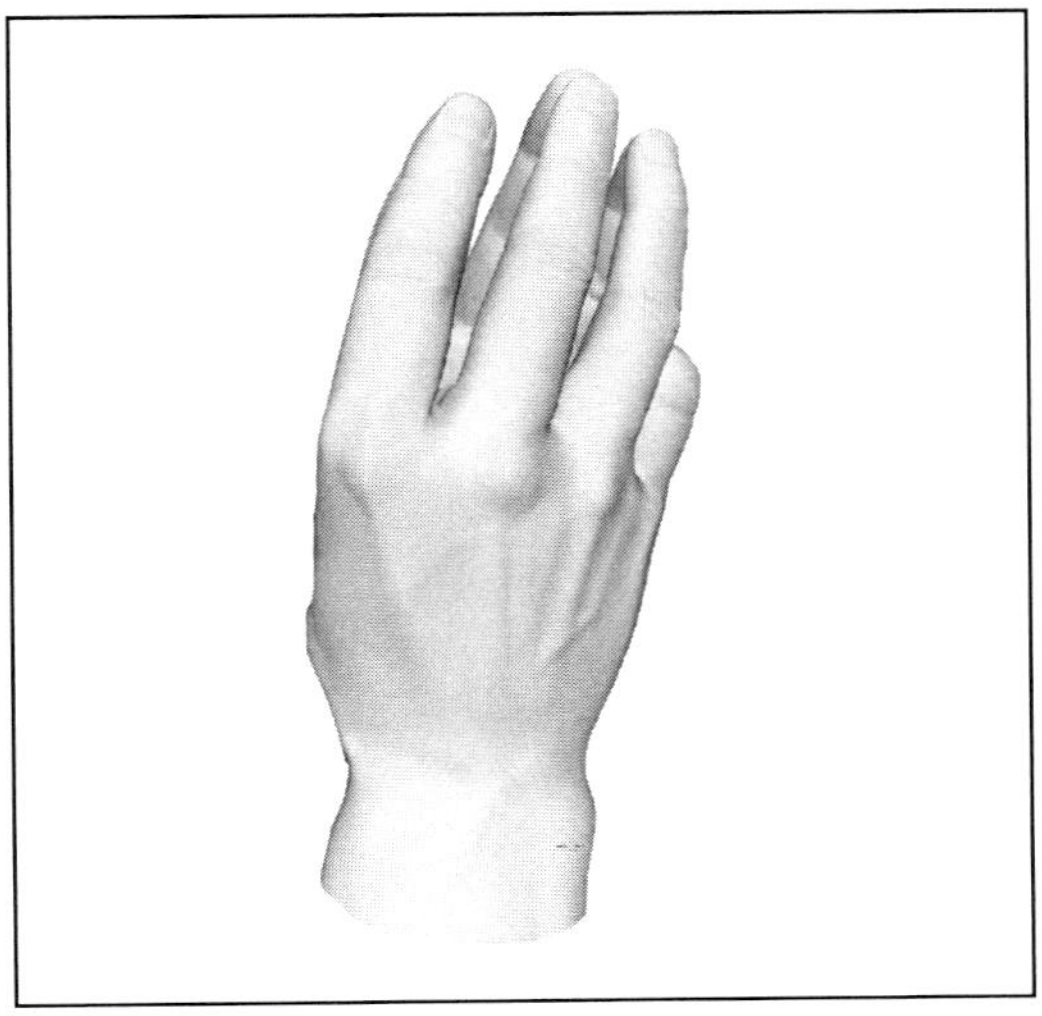

※真言は二〇八頁に同じ。

随《ずい》求《ぐ》八《はち》印《いん》七
如《にょ》意《い》宝《ほう》

①両手、外縛する。
②両親指を並び立てる。
③両人差指を立て合わせ、屈して宝形にする。
※宝菩薩印（七一頁）に同じ。

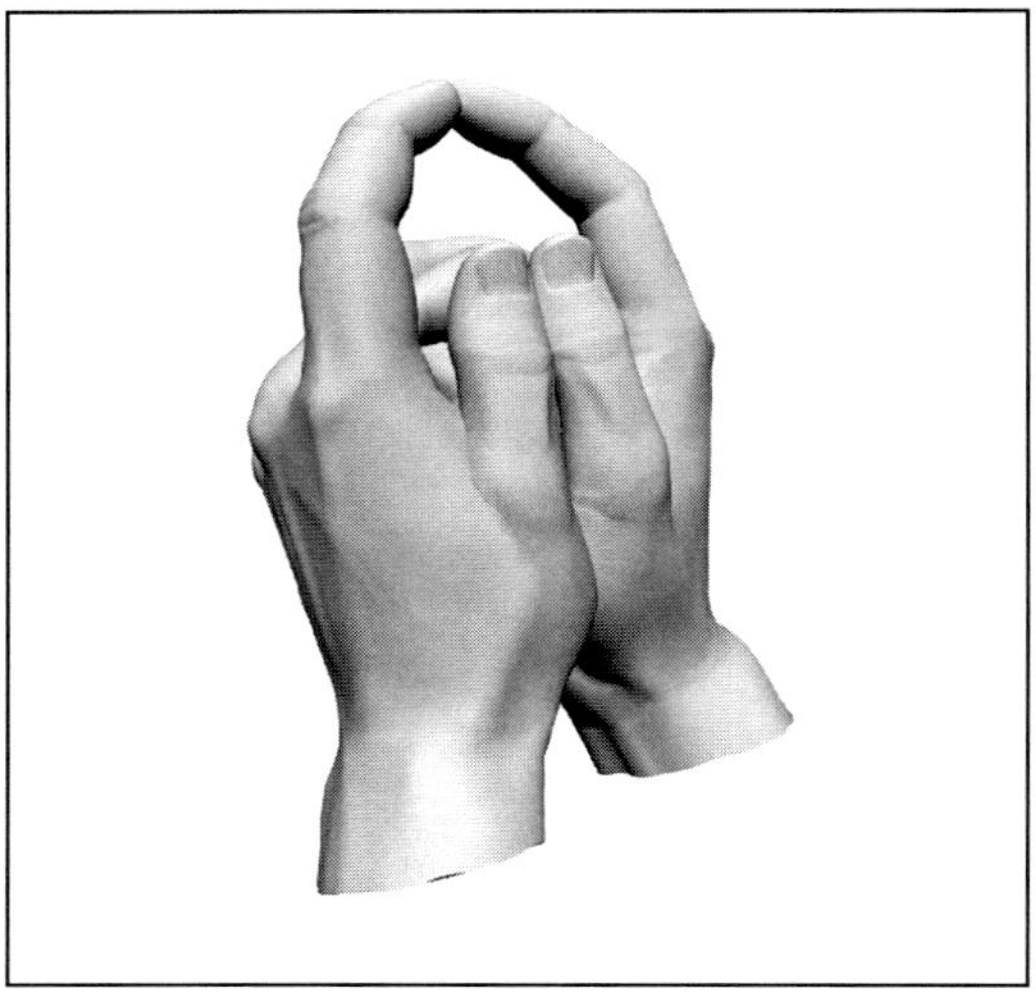

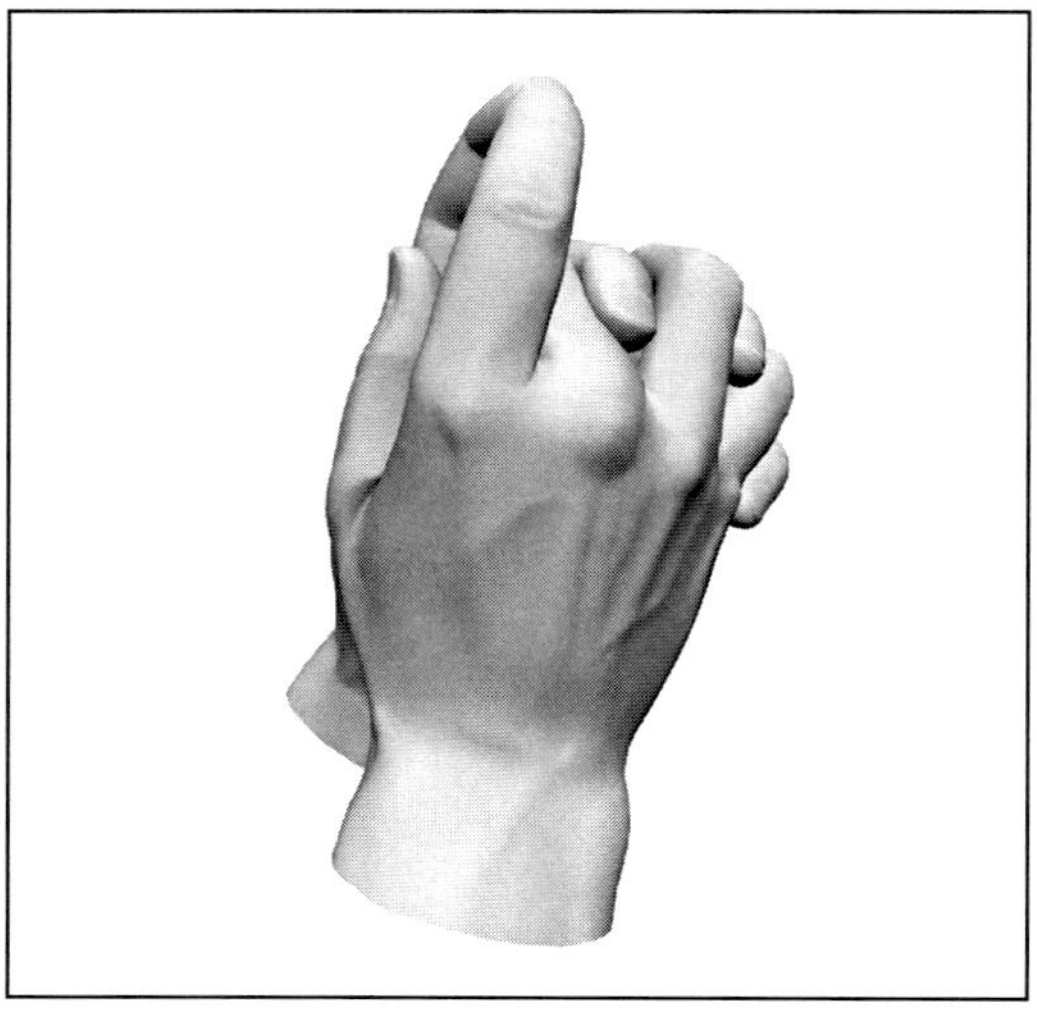

※真言は二〇八頁に同じ。

随求《ずいぐ》八印《はちいん》八　梵篋《ぼんきょう》

①両手、五指を伸べる。
②左手を仰げ、右手を伏せる。
③両掌を向かい合わせ、掌をやや屈する。
※梵篋印（七九頁）に同じ。

※真言は二〇八頁に同じ。

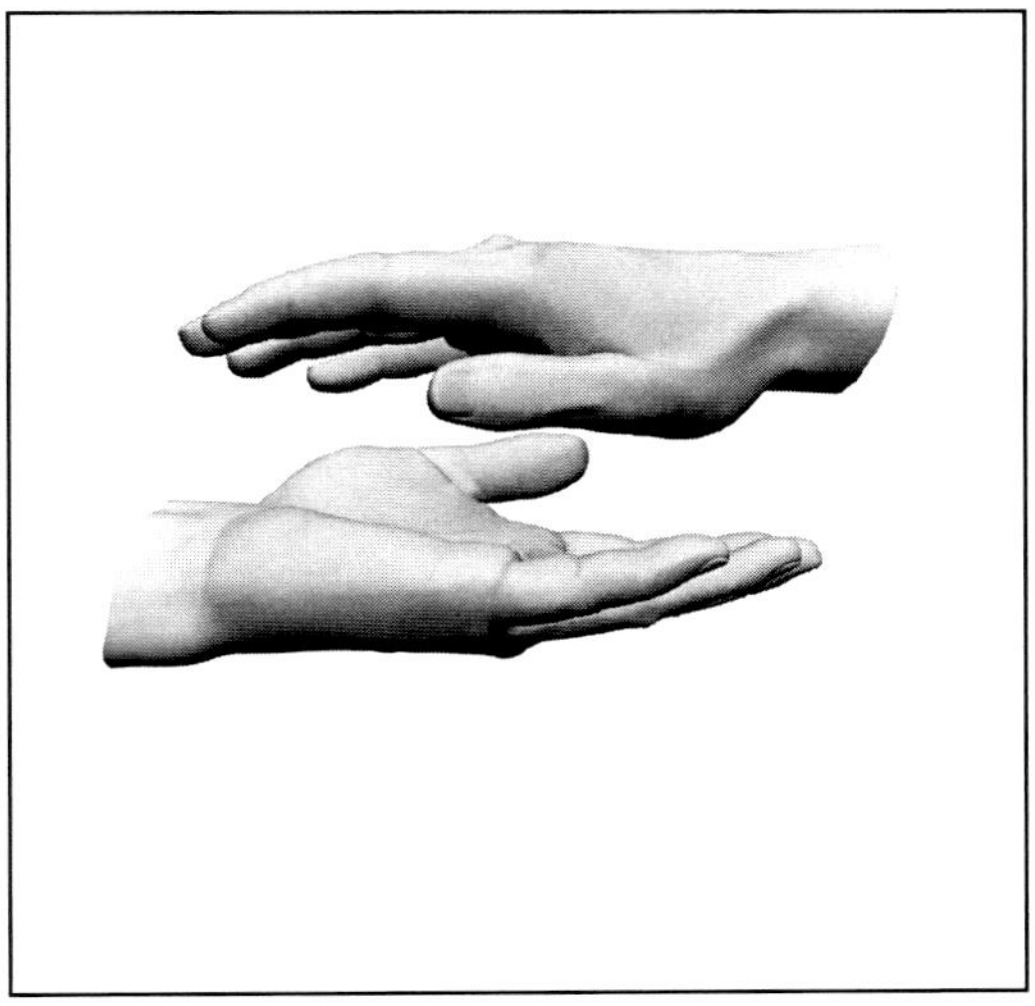

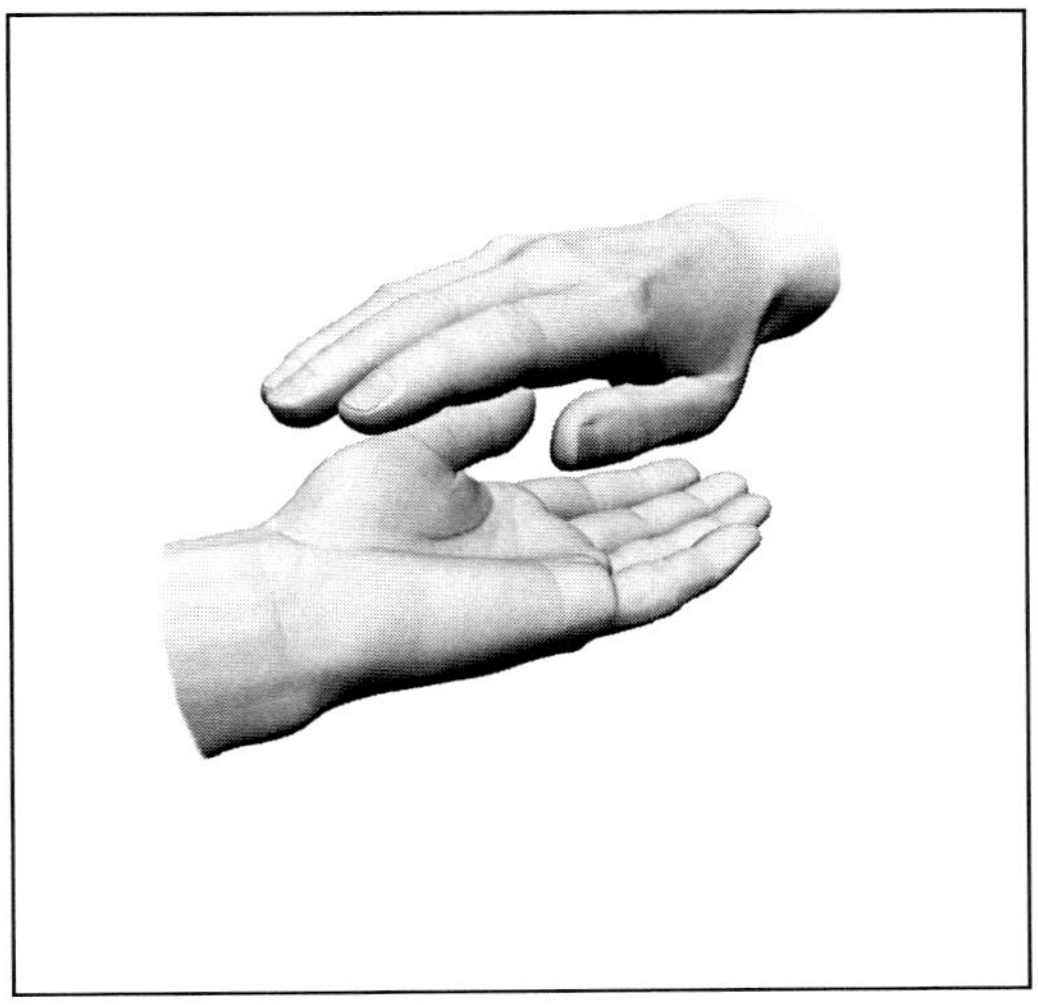

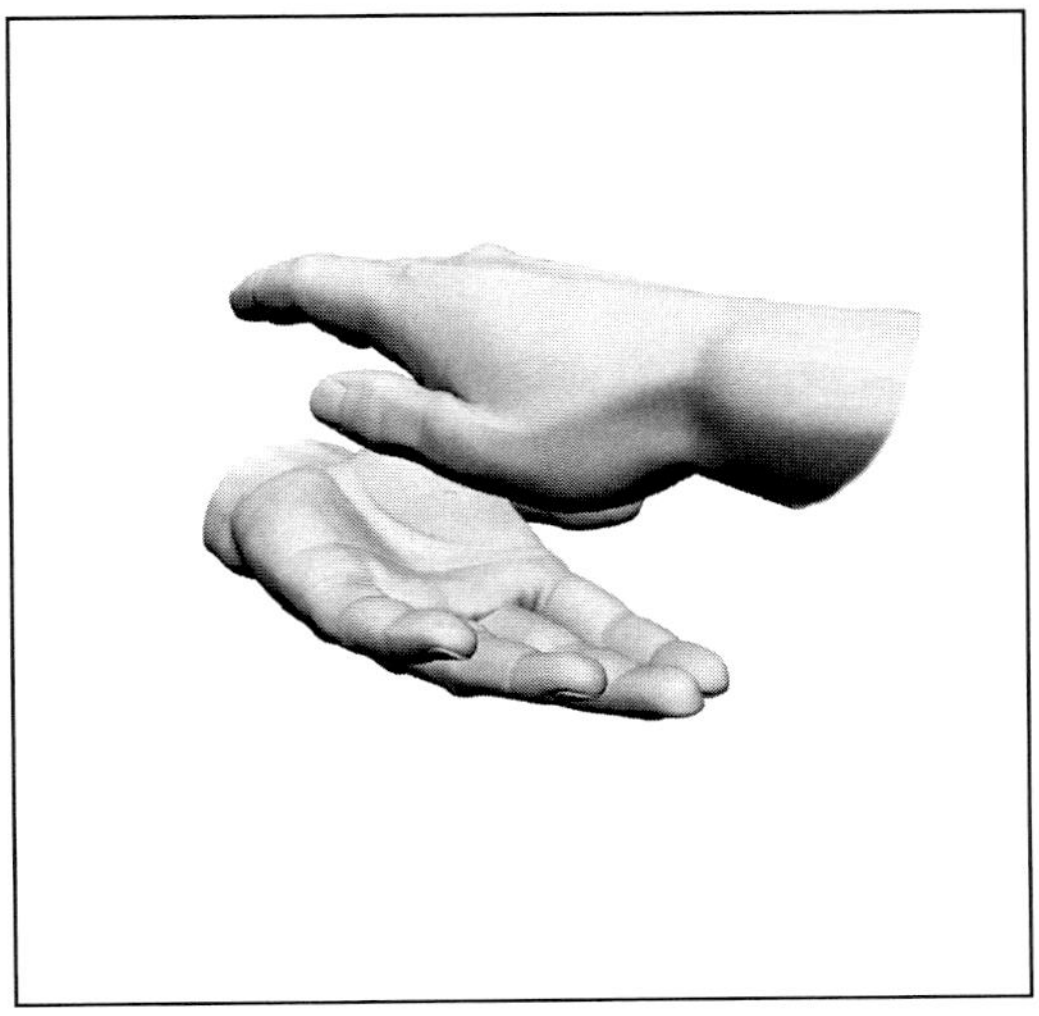

地《じ》蔵《ぞう》一

地蔵院印《じぞういんのいん》

①両手、内縛する。
②両中指を立てる。
※これは、地蔵菩薩の根本印である。
※両中指は旗（幡）を立てた形で、幡の印。
※また両中指は福智を示し、両指より福智出生し、衆生に平等に利益することを表す。

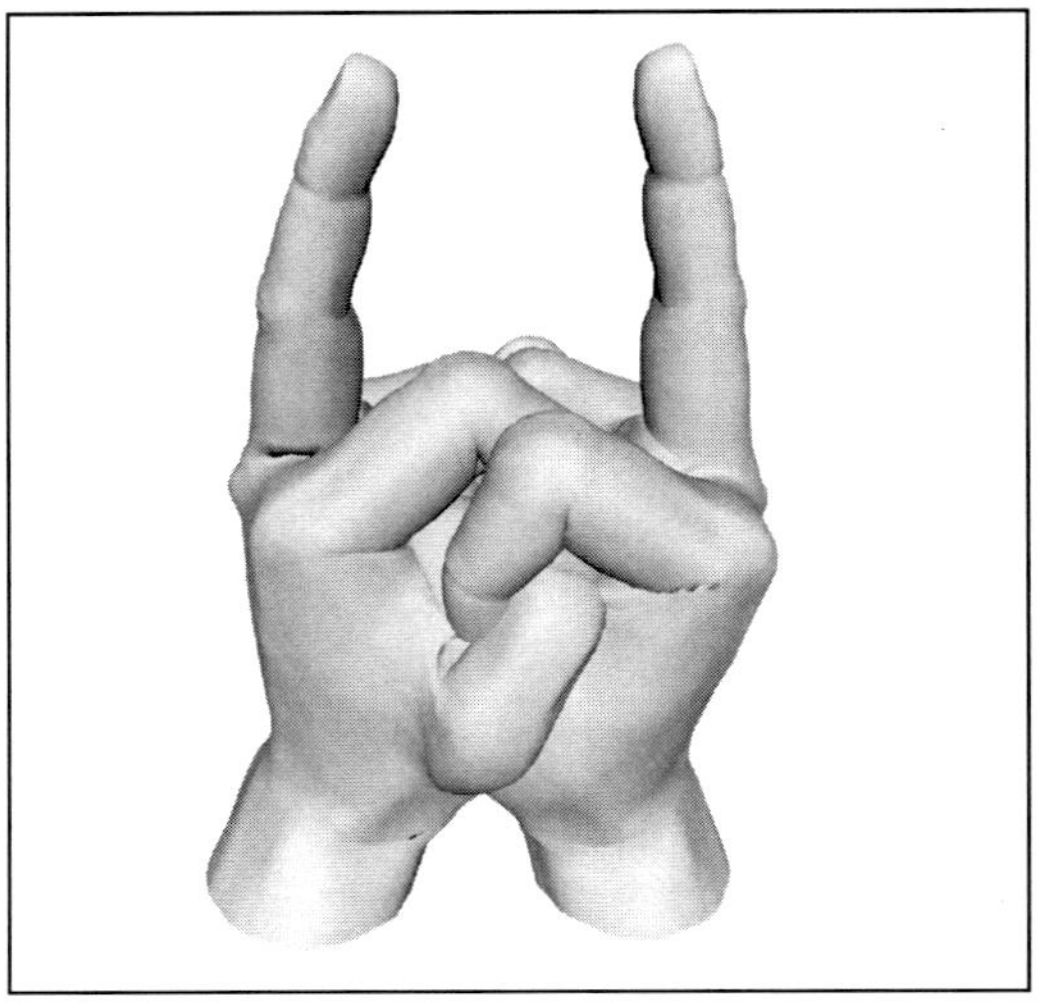

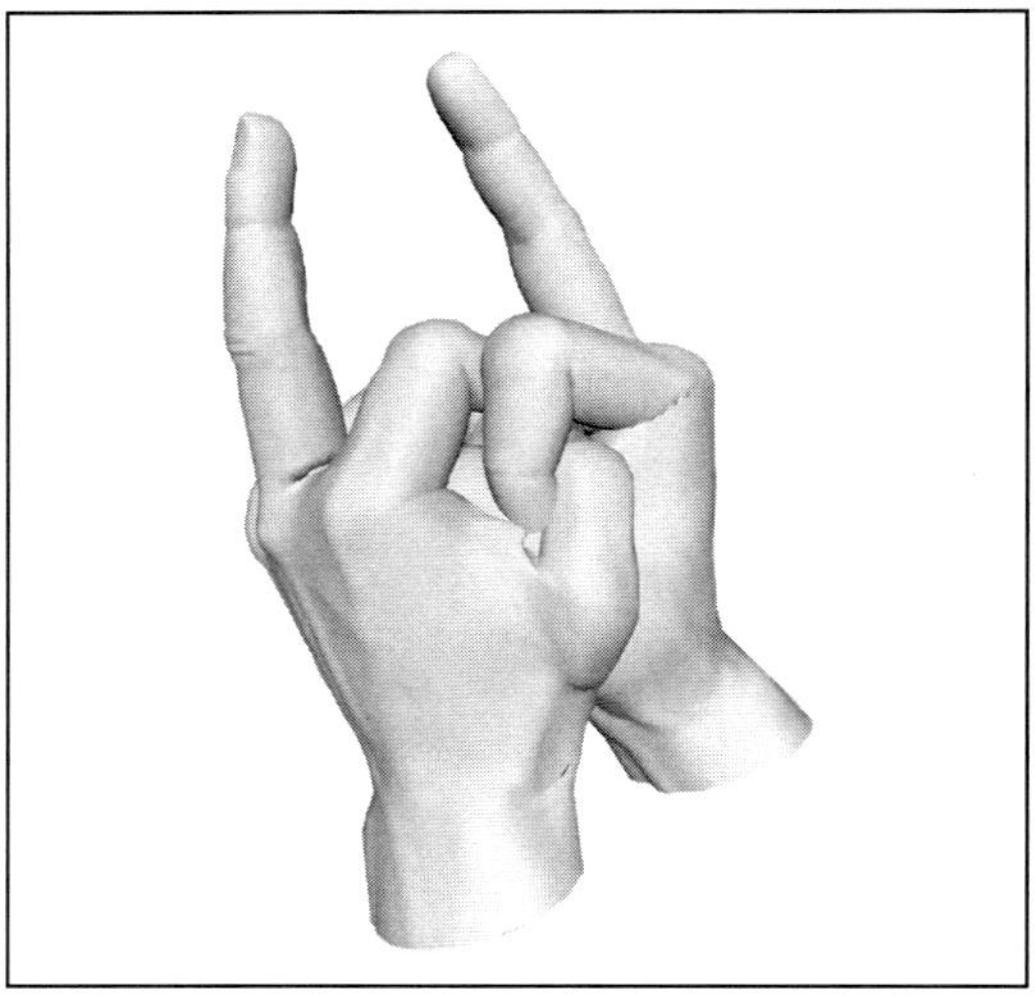

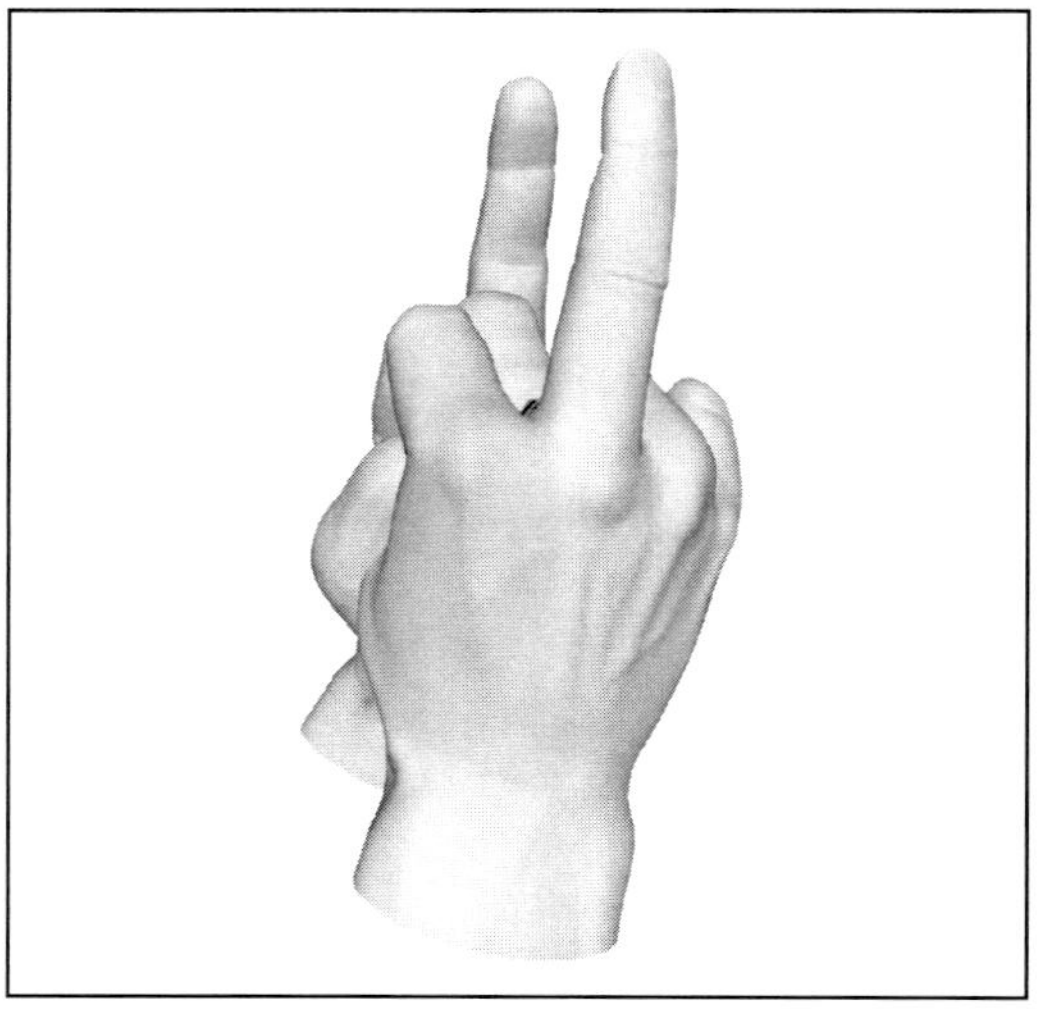

地蔵《じぞう》二
観音院印《かんのんいんのいん》

①両手、内縛する。
②両小指、薬指を立て合わせる。
③両親指は並び立てる。
※これは宝幢（上に宝珠の乗った幢幡）の形を表し、宝珠を観じる。

※真言は前頁に同じ。

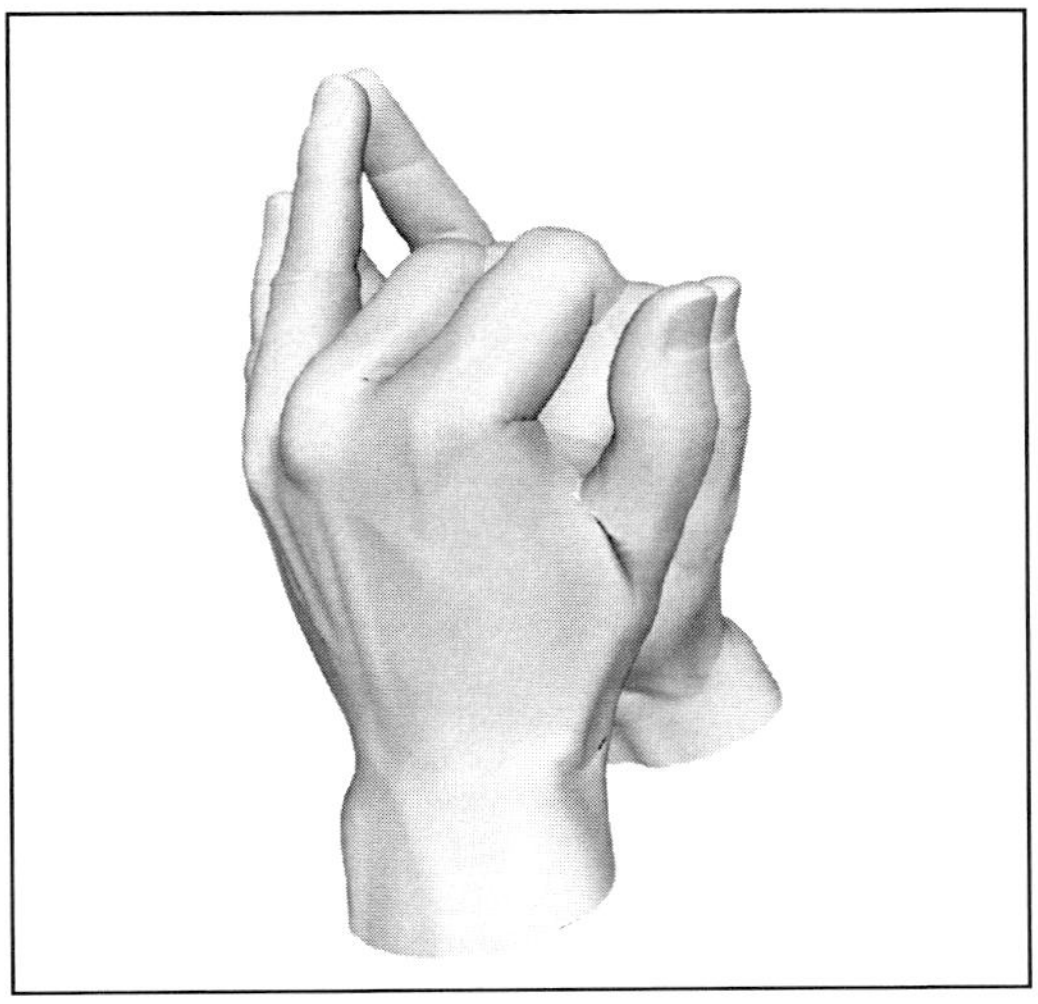

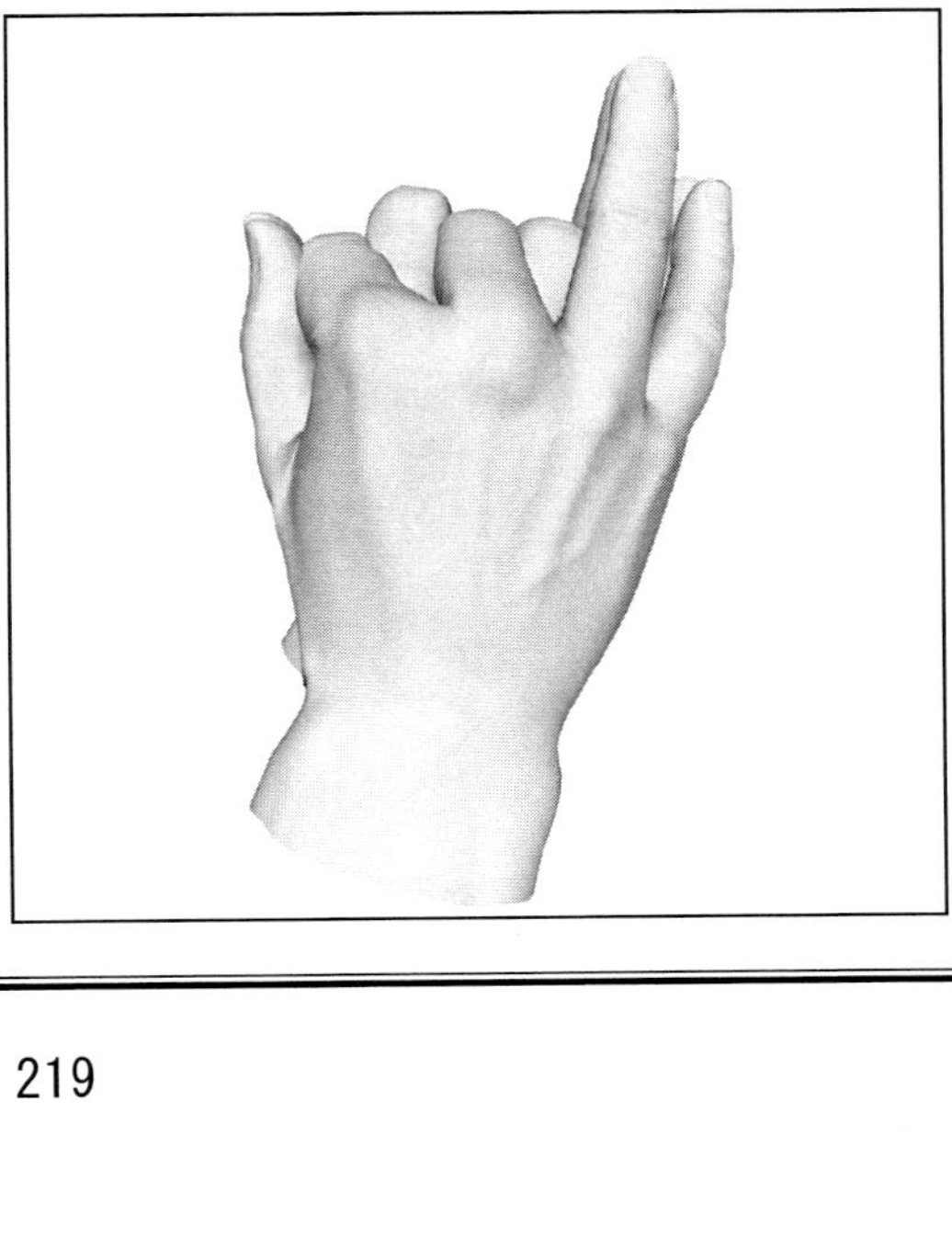

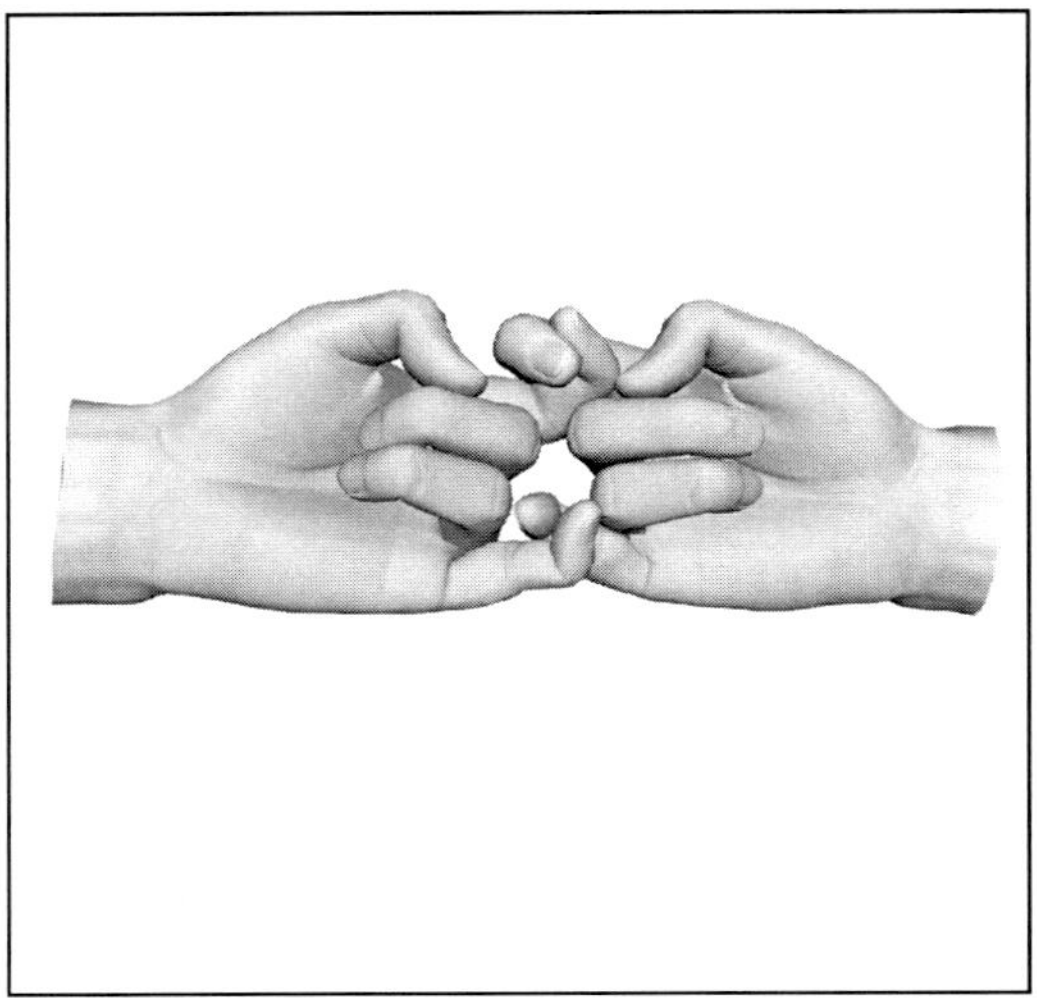

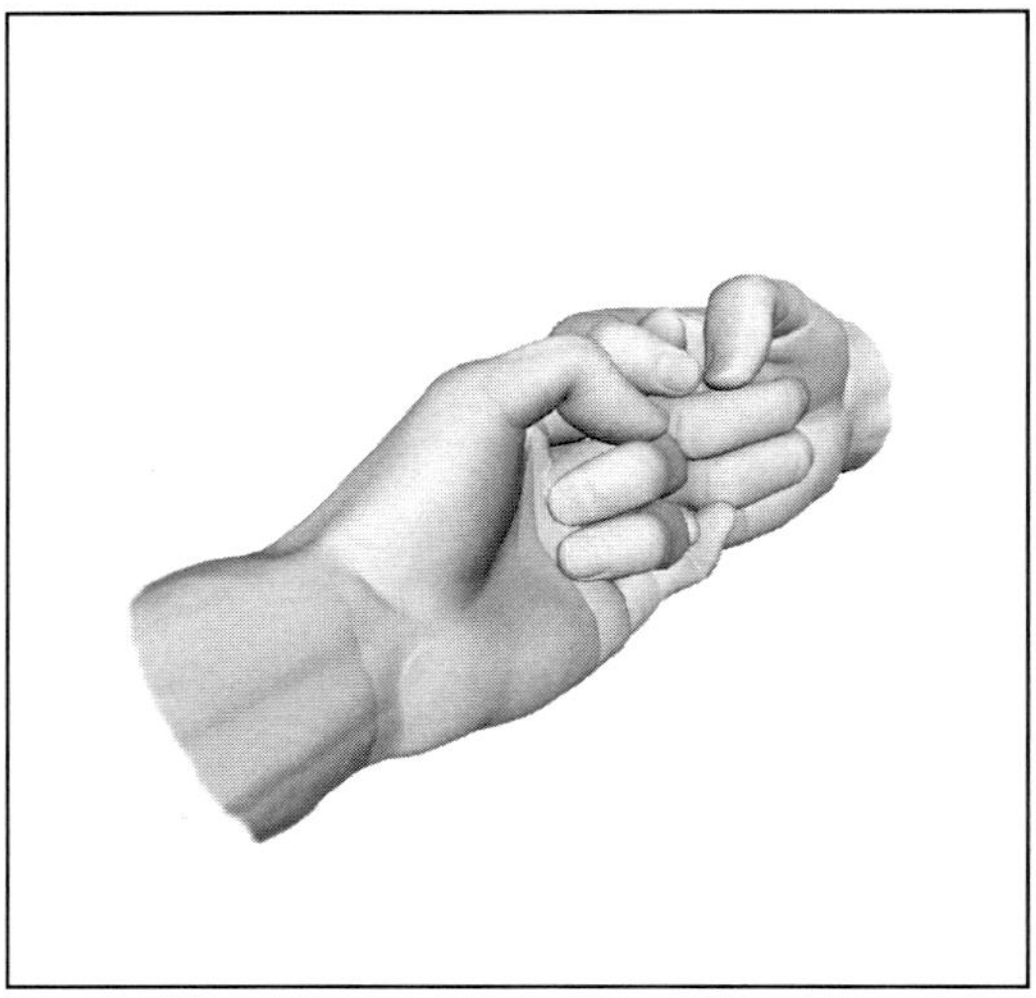

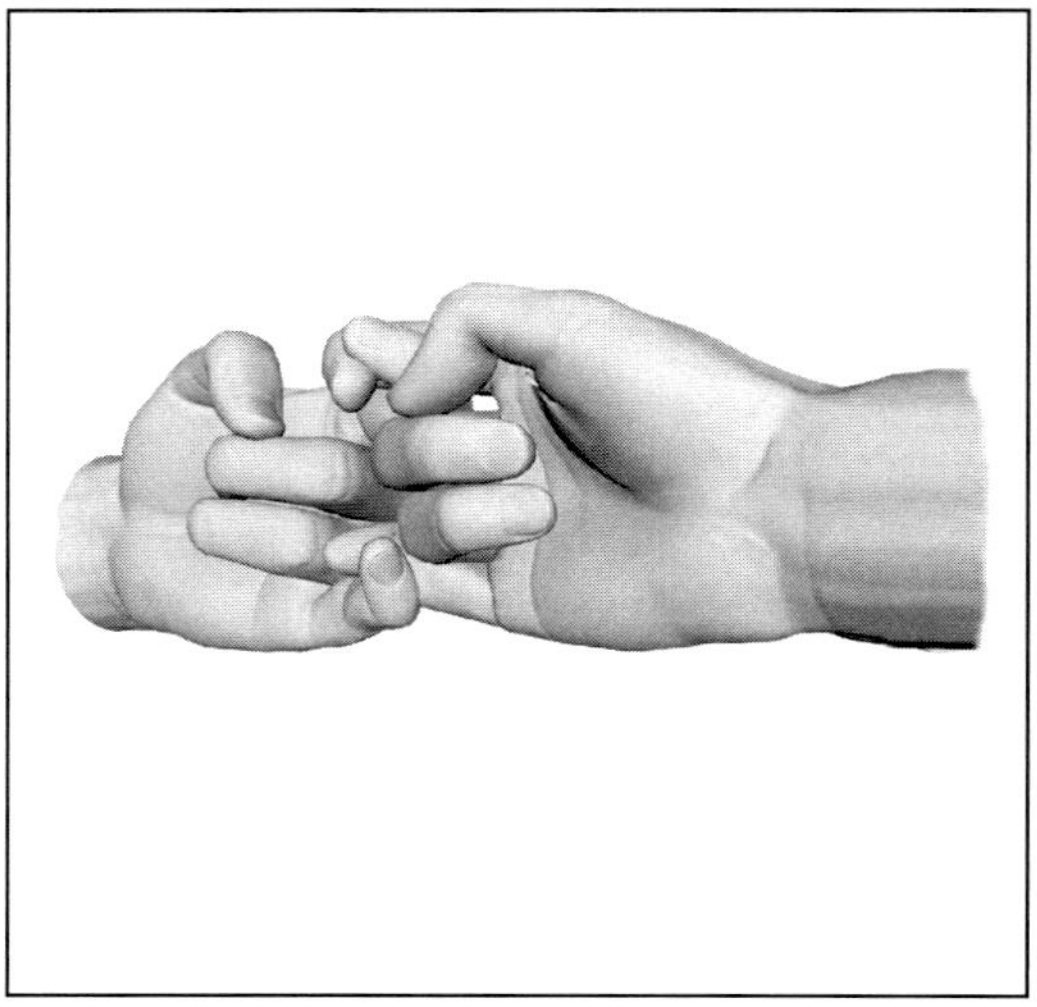

転法輪《てんぼうりん》
小金剛輪印《しょうこんごうりんいん》

①両手、金剛拳にする。
②両人差指、小指を、それぞれ交えて相鉤する。
※これは八輻輪の形である。

請召《しょうちょう》並びに教勅印《きょうちょくのいん》

一切如来鉤印《いっさいにょらいこういん》

①両手、内縛する。

②右人差指を立てて、やや屈し、三度来去する。

※これは大鉤召の印で、如来鉤、金剛鉤ともいう。

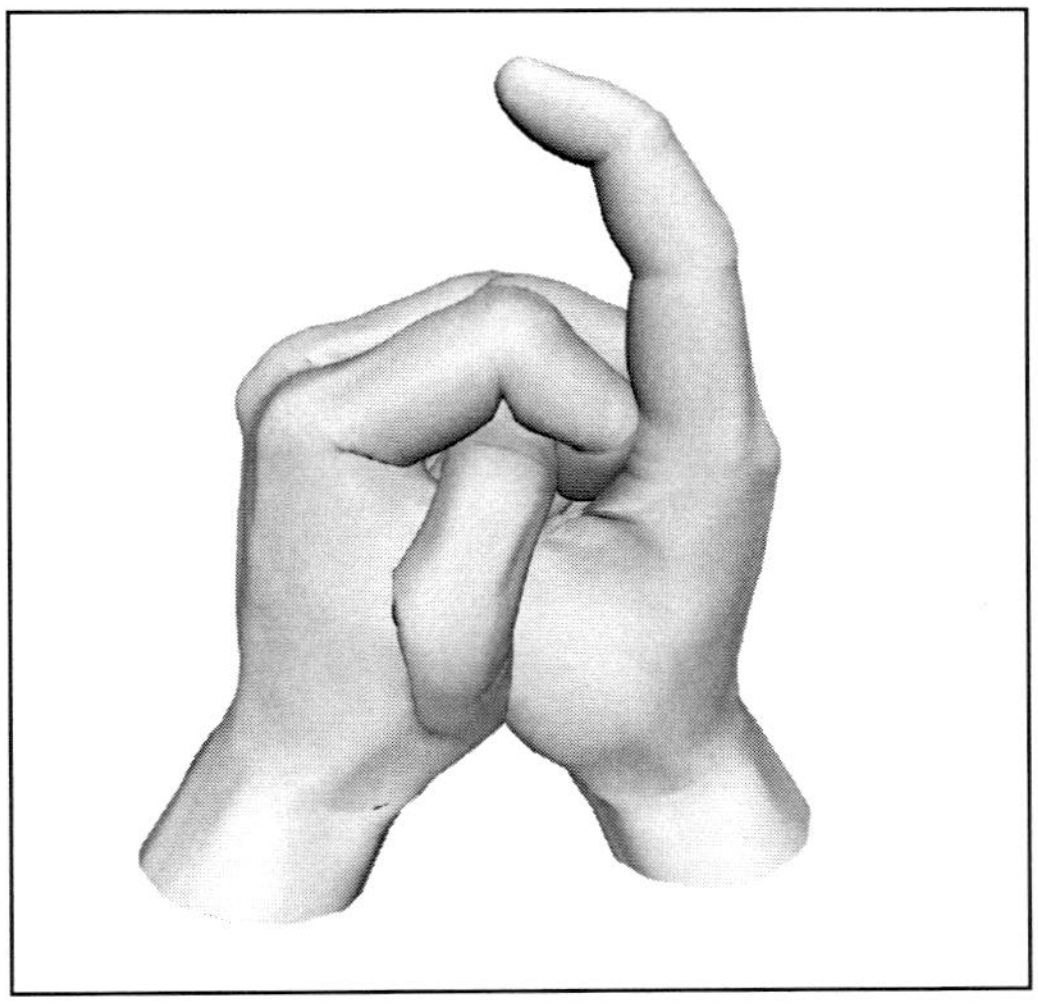

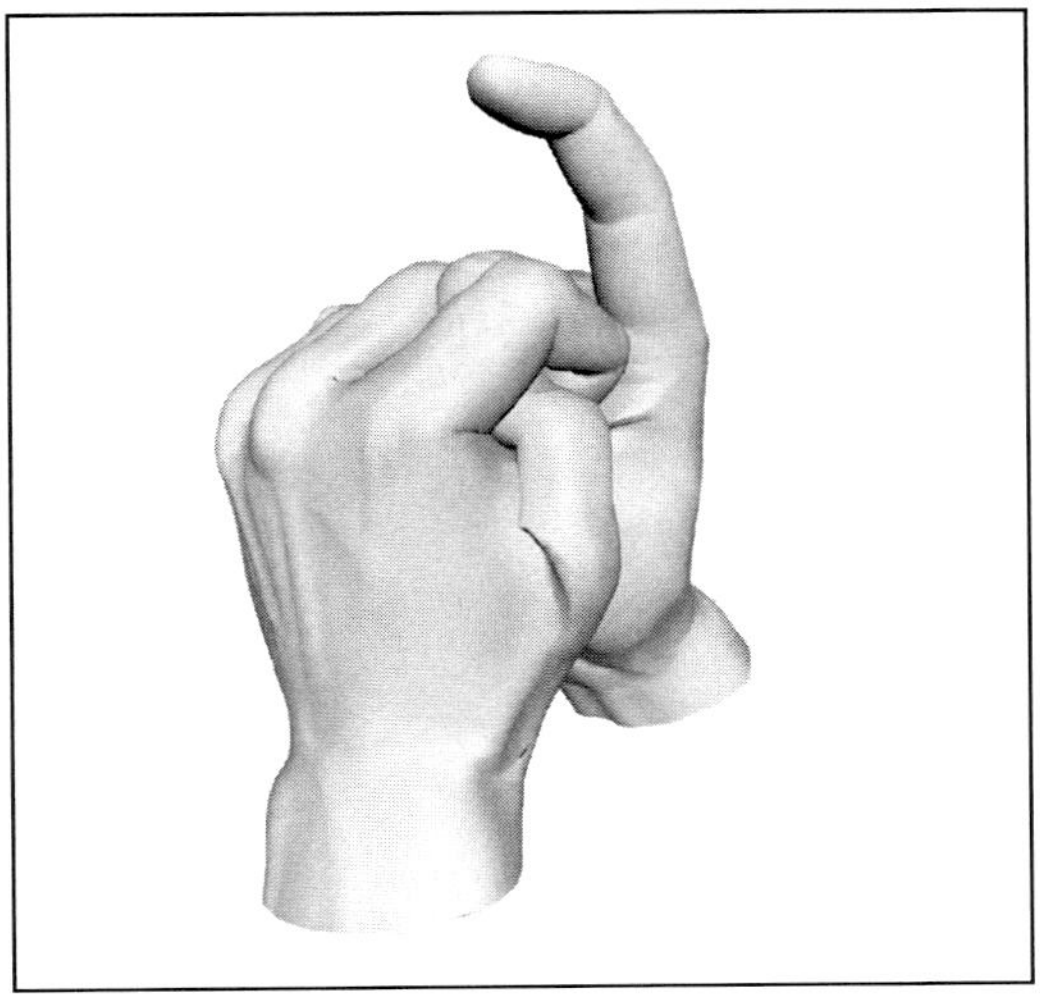

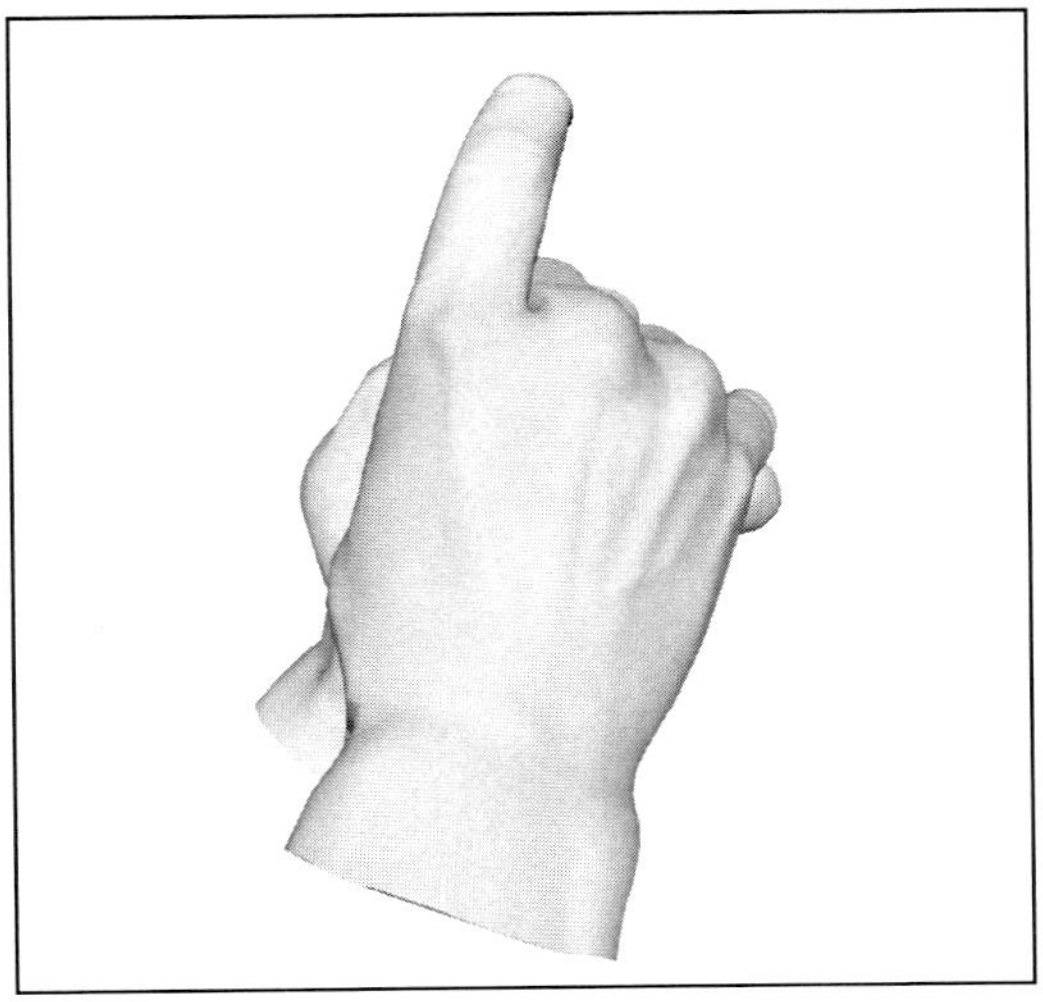

三《さん》世《ぜ》勝《しょう》印《いん》

（降《ごう》三《ざん》世《ぜ》印《いん》）

①両手、忿怒拳にする。

②両小指を相交える。

※左右に旋転する。左は辟除、右は結界の意である。

※右手を上にする説と、左手を上にする説とがあり、図は右手を上にしている。

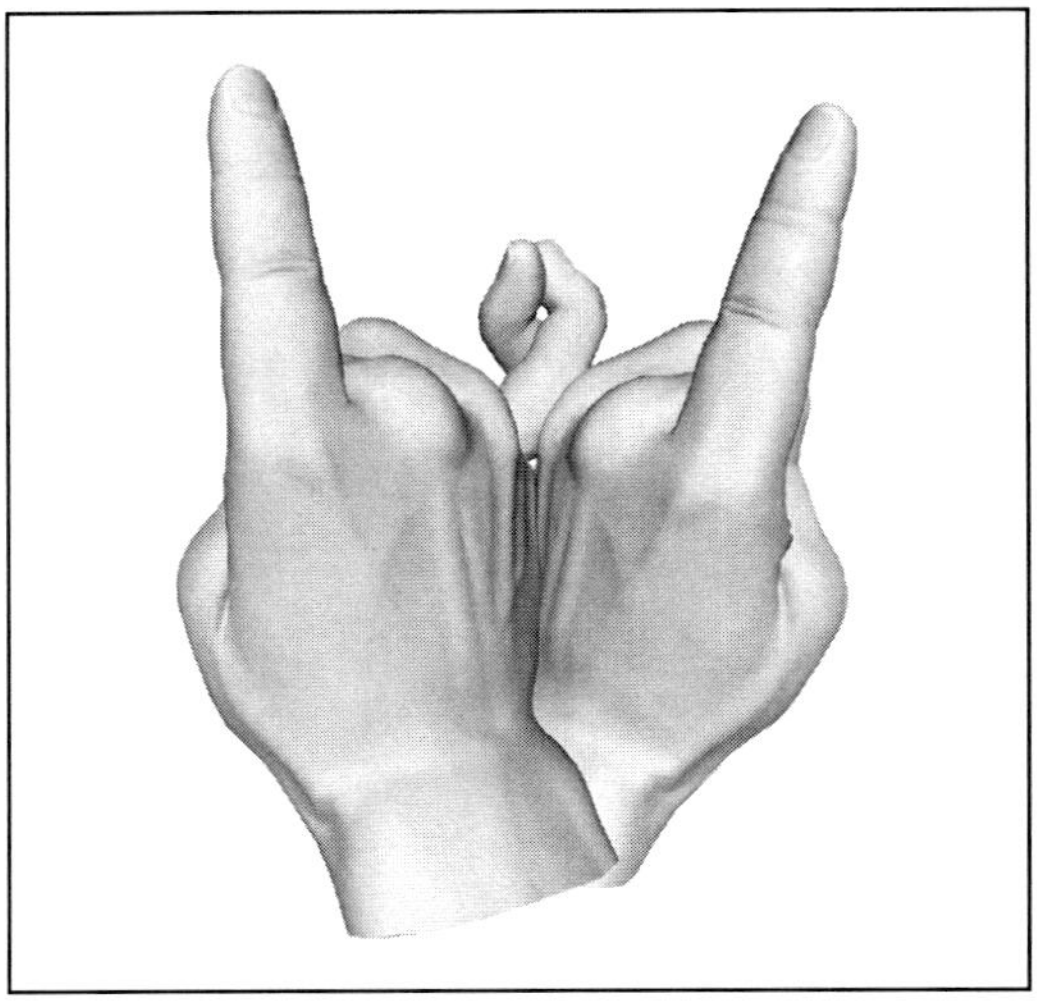

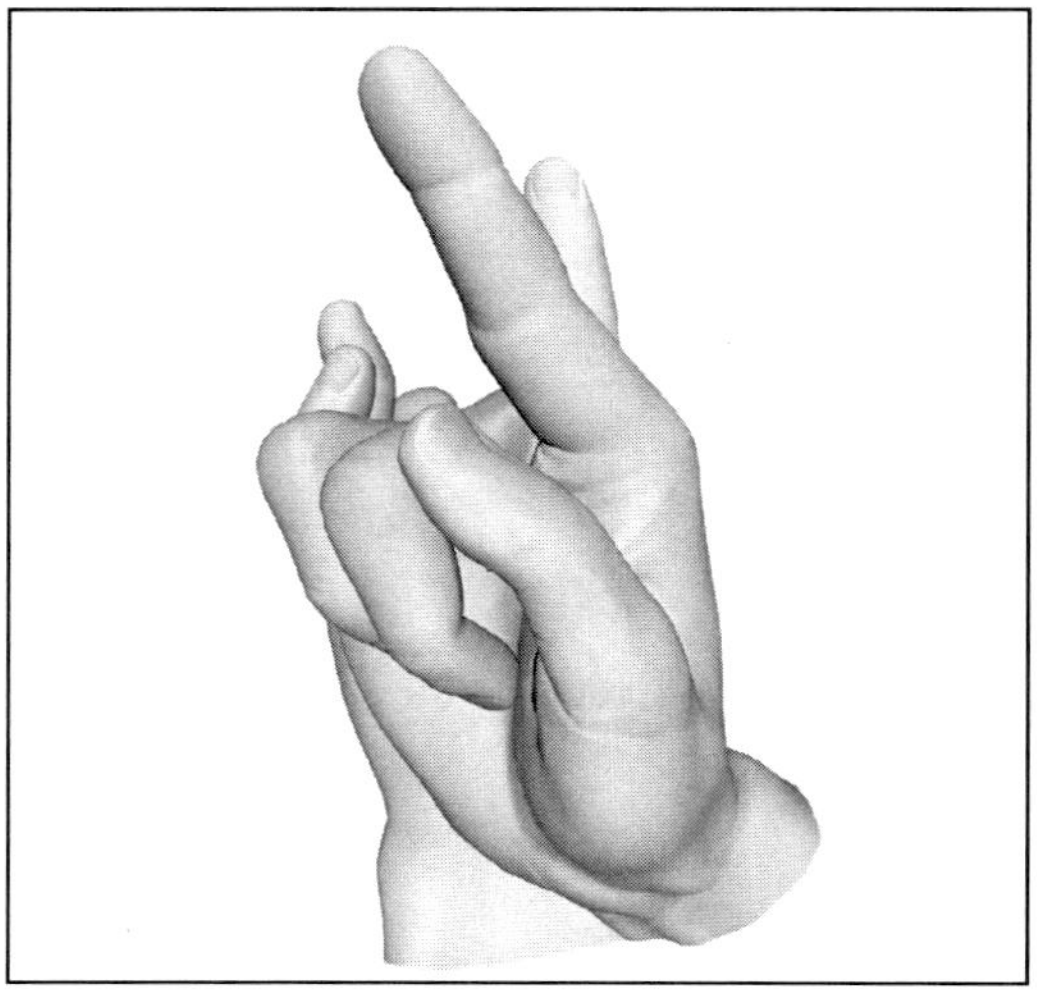

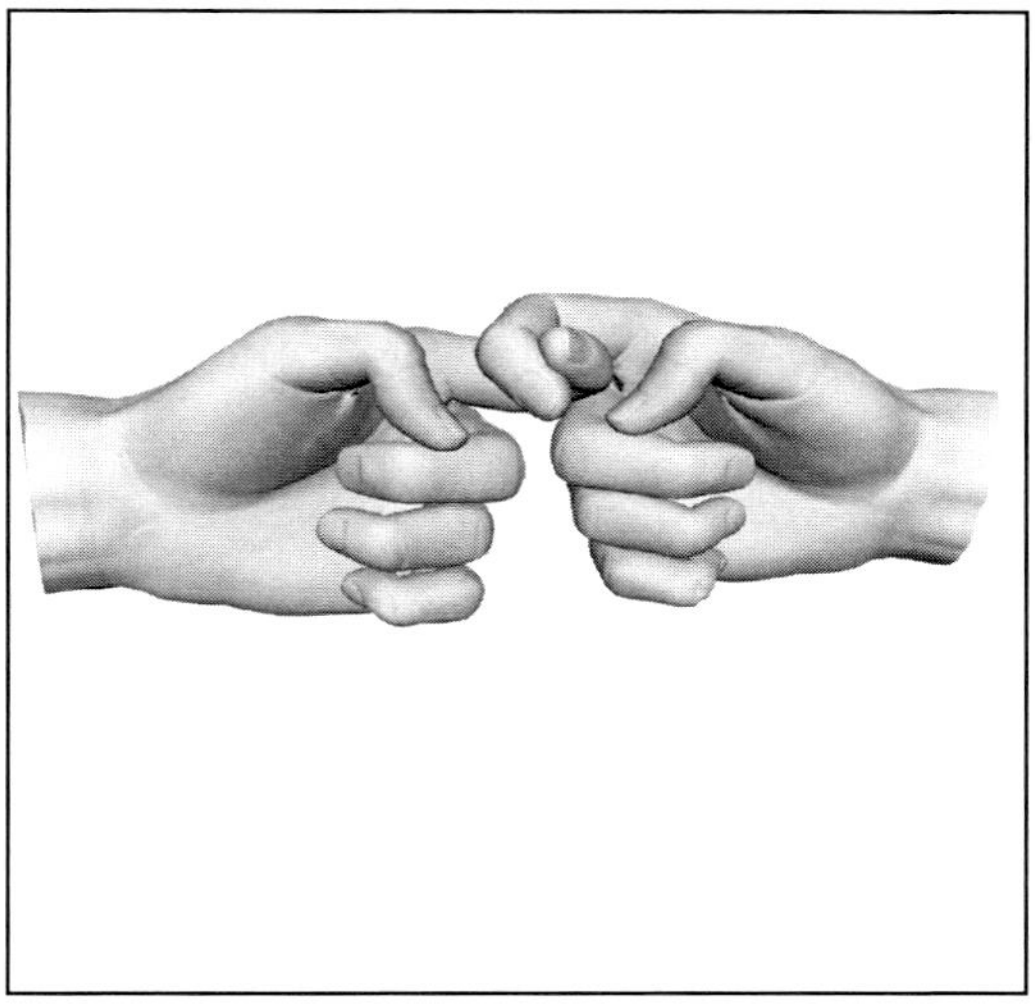

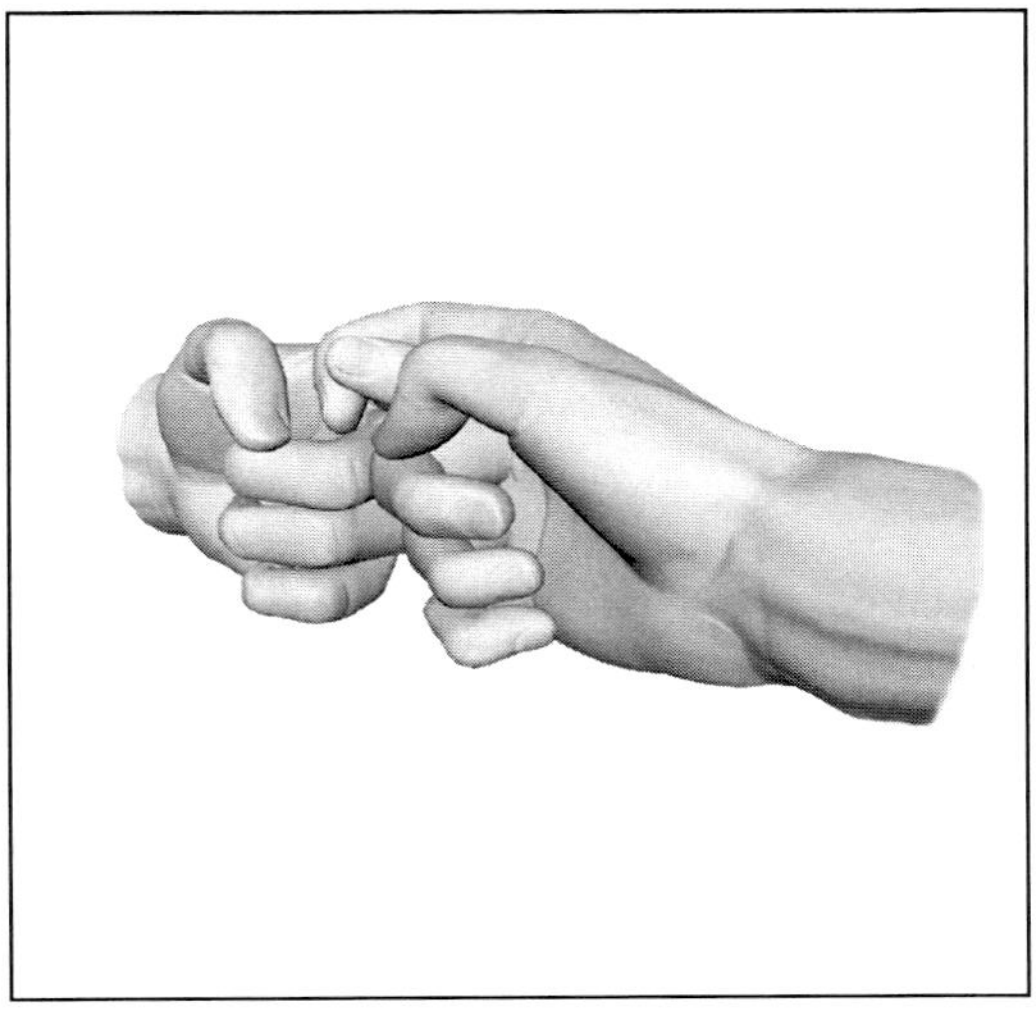

上方諸天《じょうほうしょてん》教勅印《きょうちょくいん》

①両手、金剛拳にする。
②両人差指を伸ばして相交える。
※上界天教勅印ともいう。
※これは四禅八定への教勅印である。

遊《ゆう》虚《こ》空《くう》諸《しょ》天《てん》教《きょう》勅《ちょく》印《いん》

①両手、外縛する。
②両人差指を立てて屈し、第一節の甲を付け合わせる。
③両親指を並び立て、人差指を押す。

※真言は前頁に同じ。

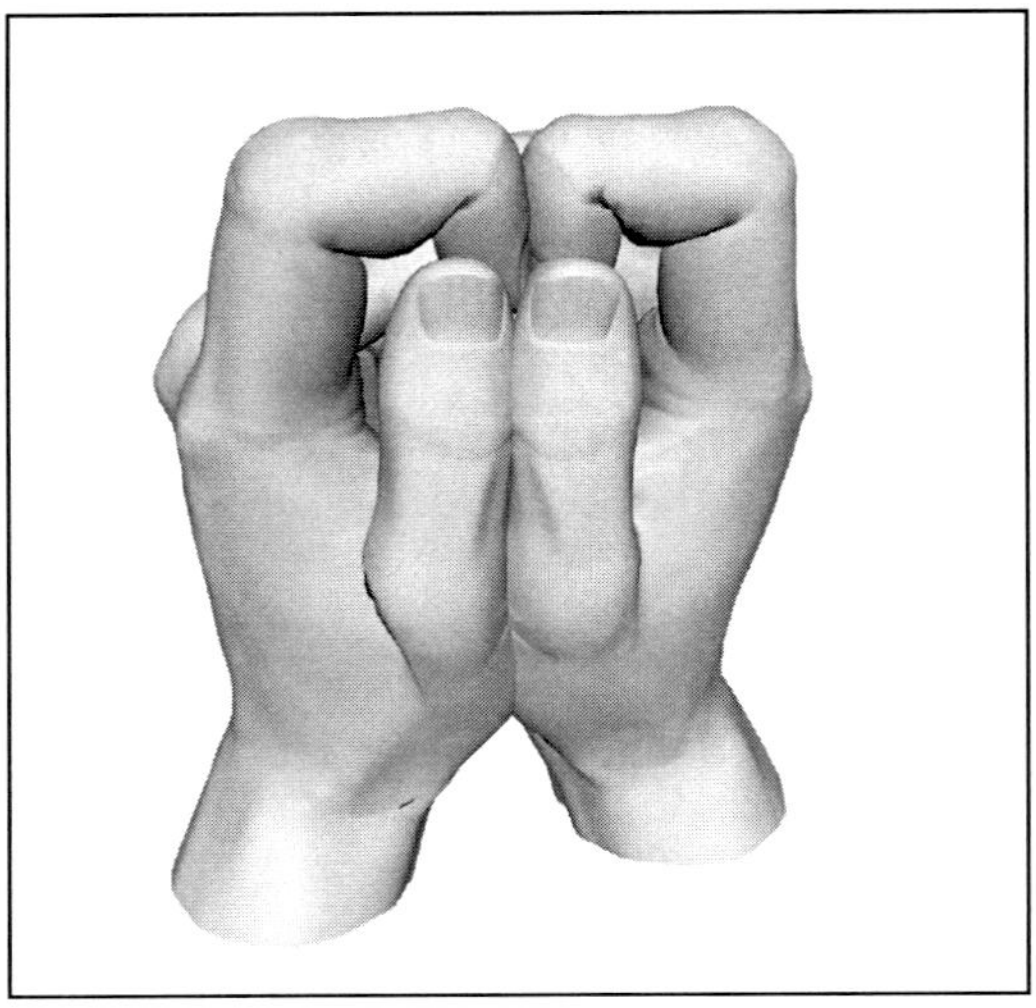

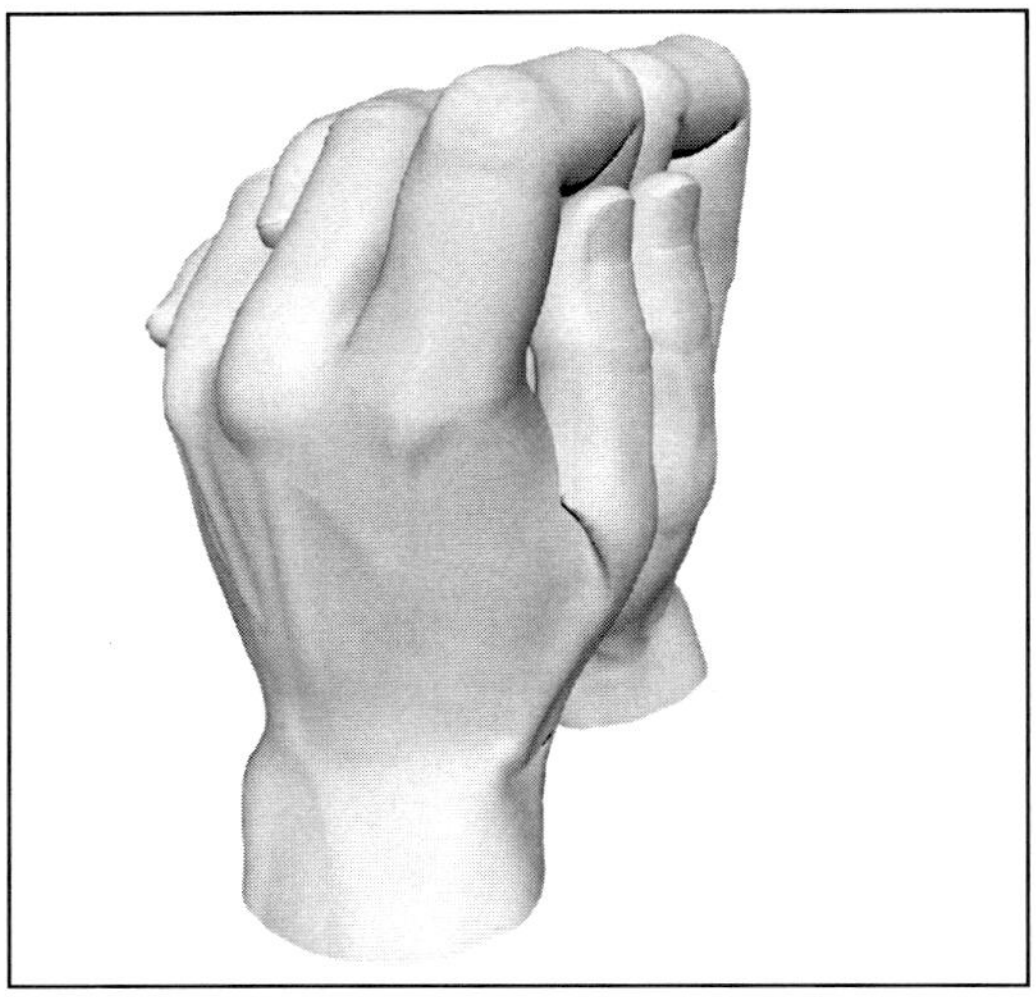

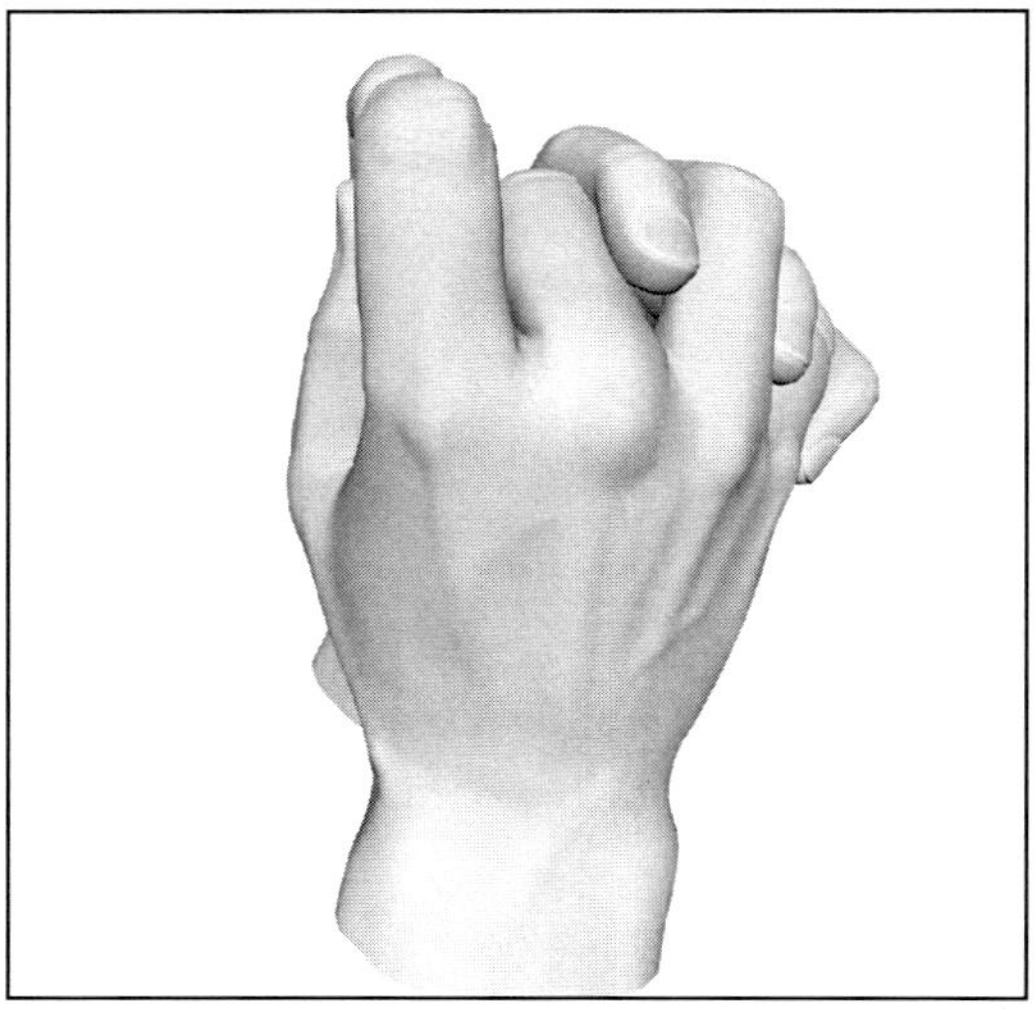

住《じゅう》虚《こ》空《くう》諸《しょ》天《てん》教《きょう》勅《ちょく》印《いん》

①両手、拳にして背を合わせる。
②両人差指、小指を立て伸ばして相交える。
※印を頭頂に置く。
※欲界の四虚空天への教勅印である。

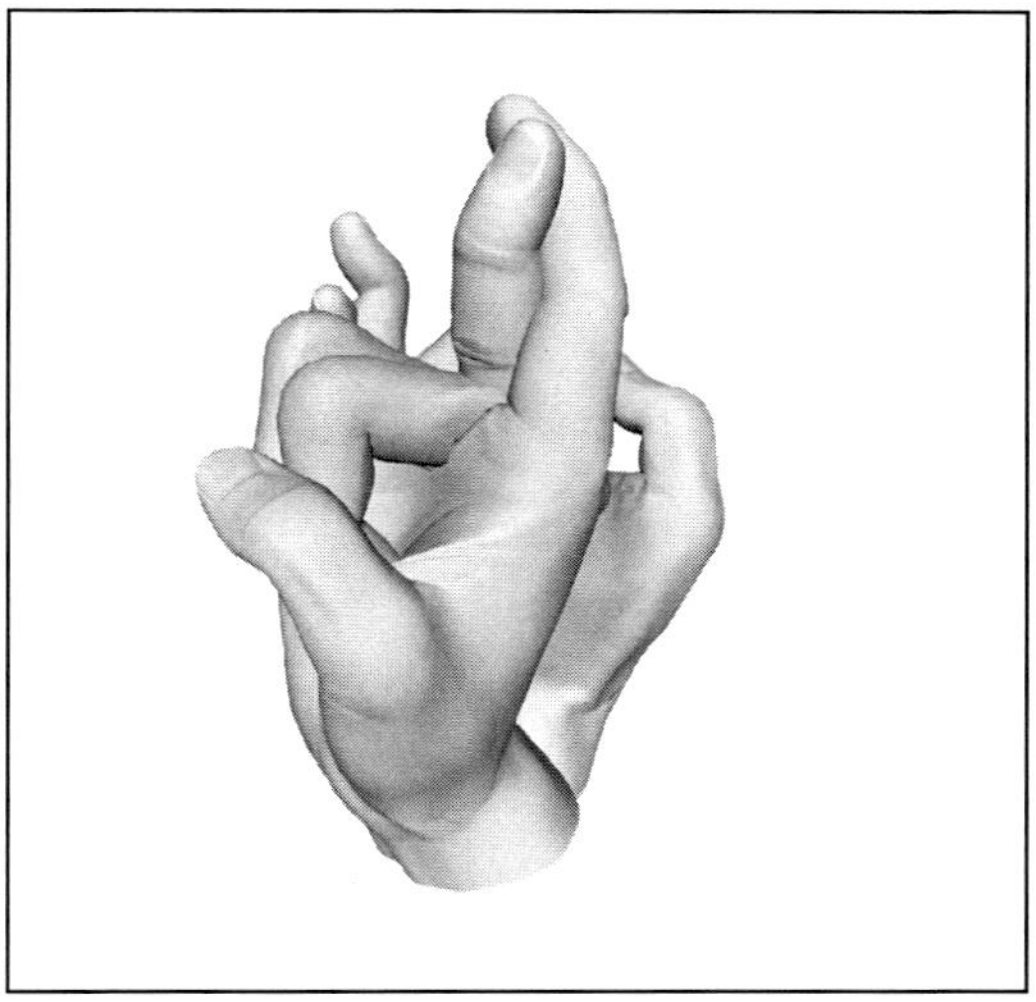

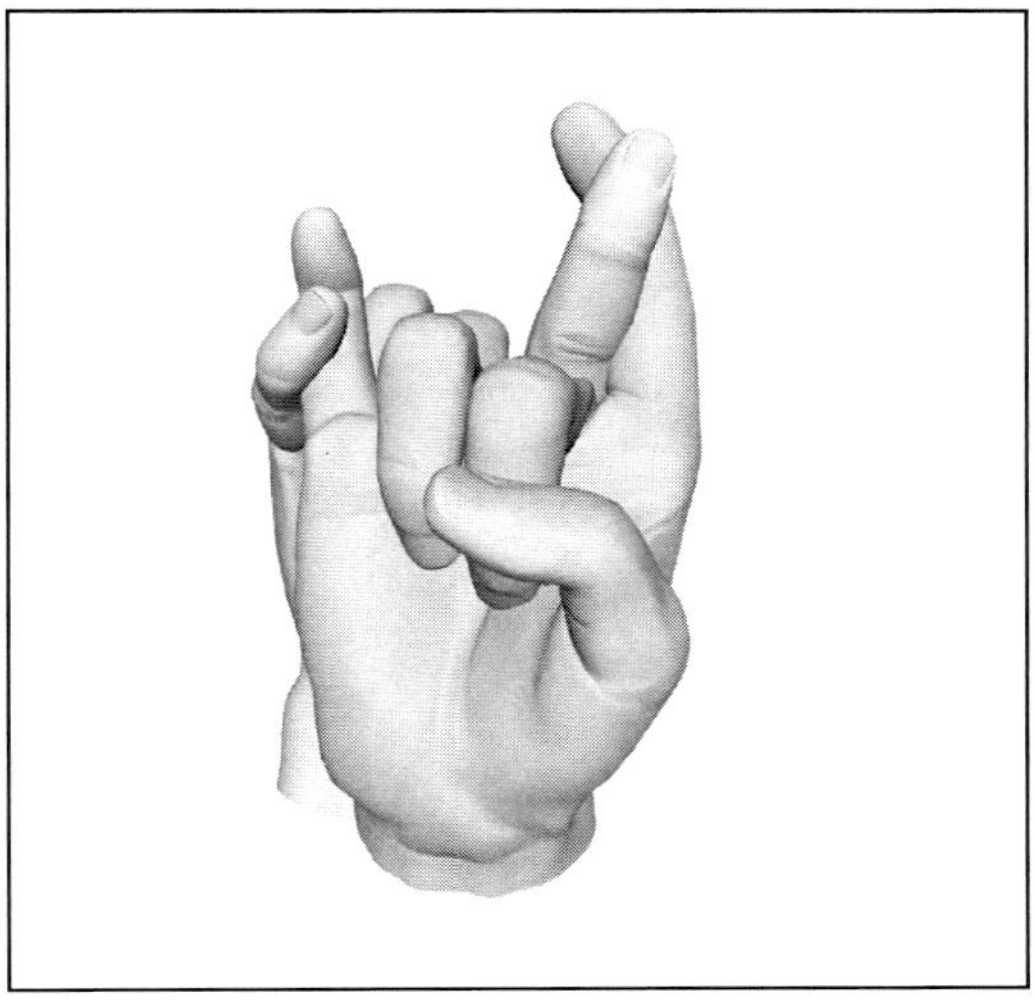

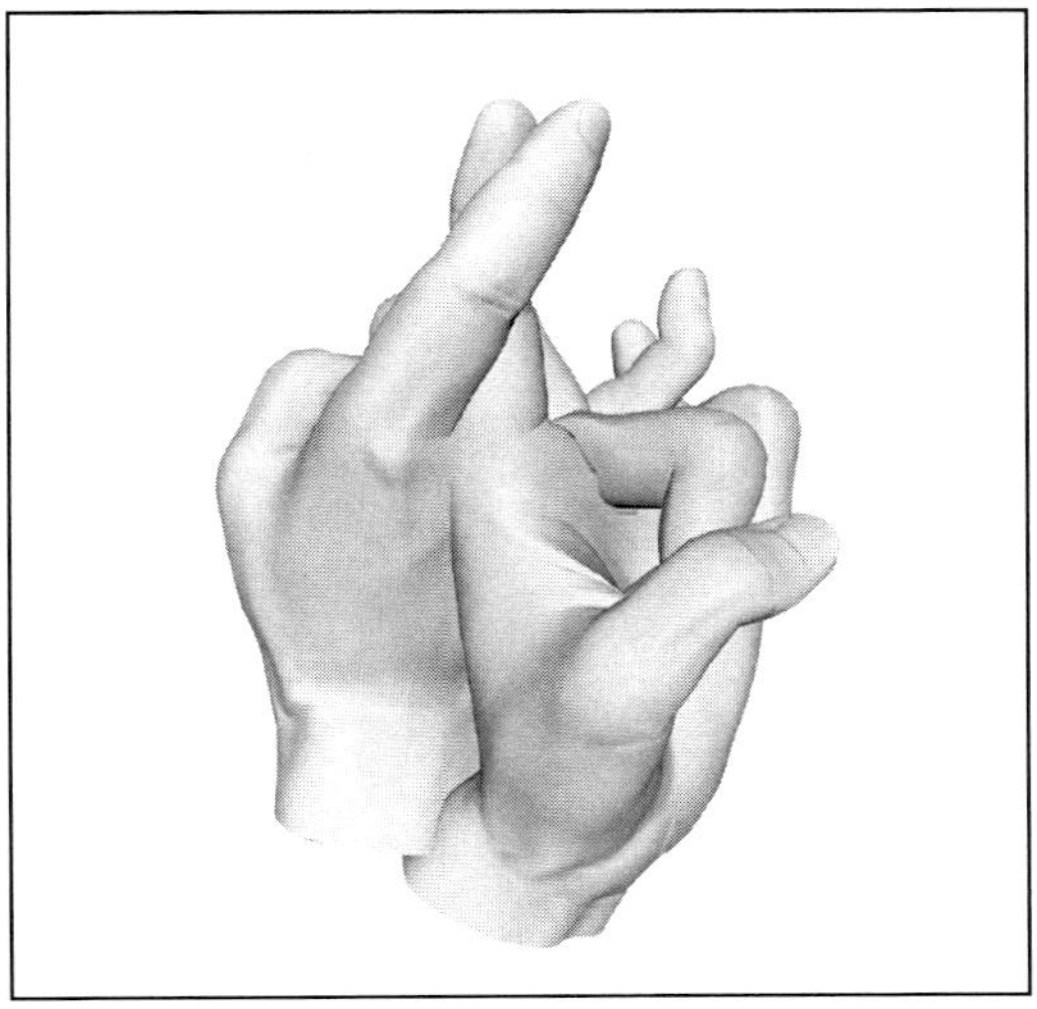

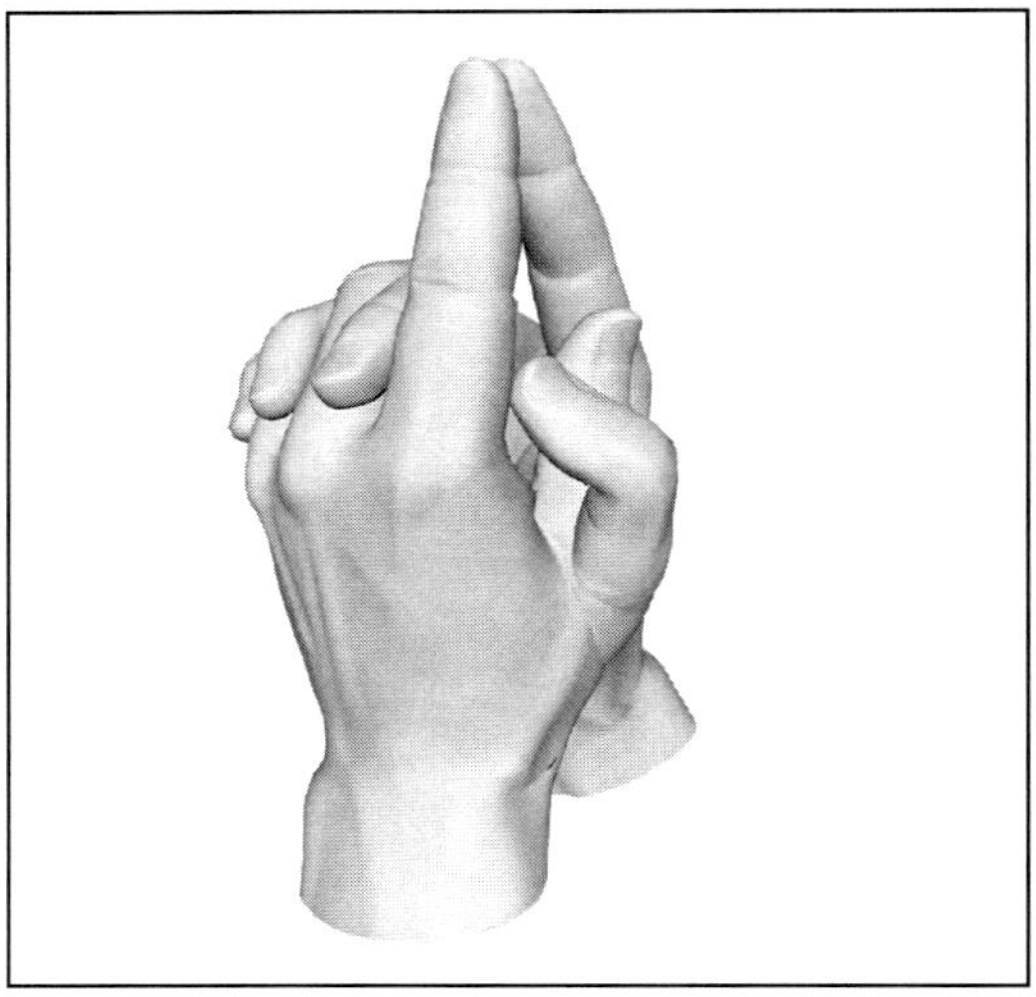

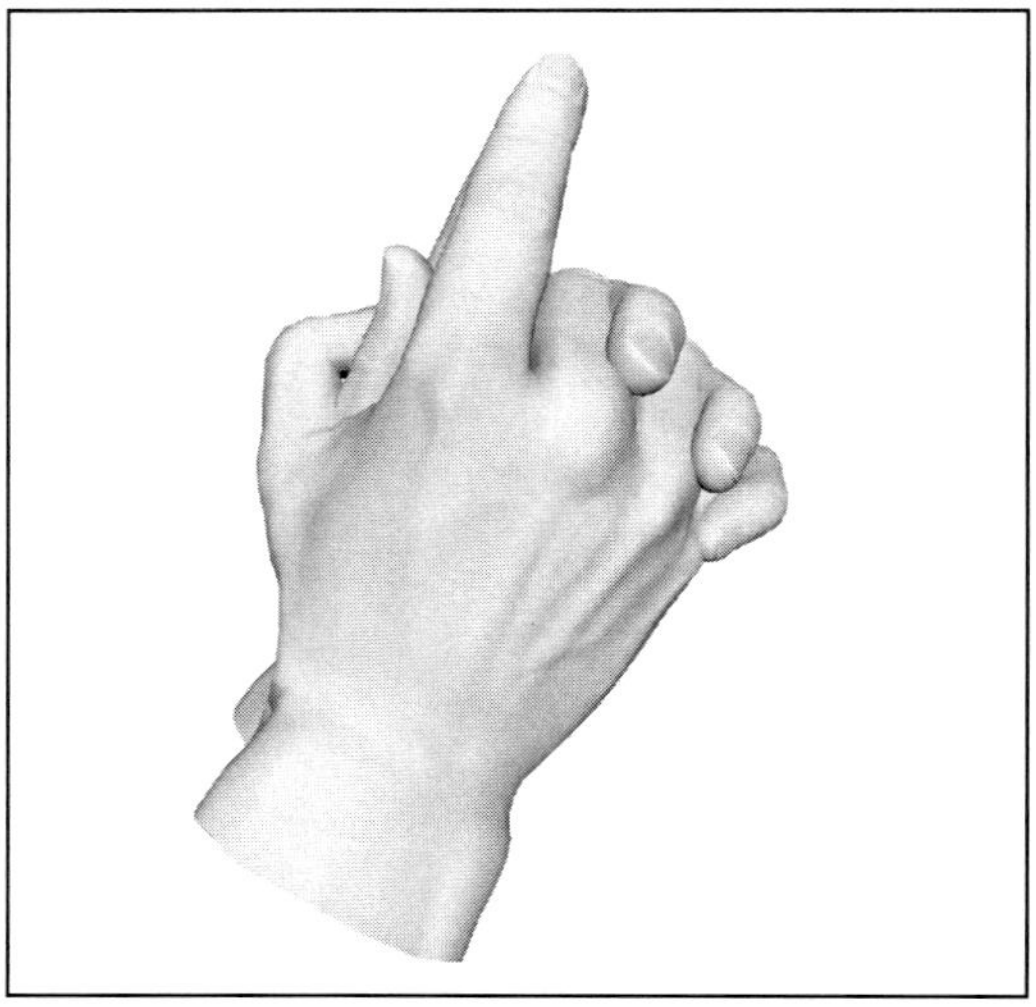

地居諸天《じごしょてん》教勅印《きょうちょくいん》

①両手、外縛する。

②両人差指を立て合わせる。

※地居天教勅印ともいう。

※九山八海の忉利天、四王天、龍神等を教勅する印。

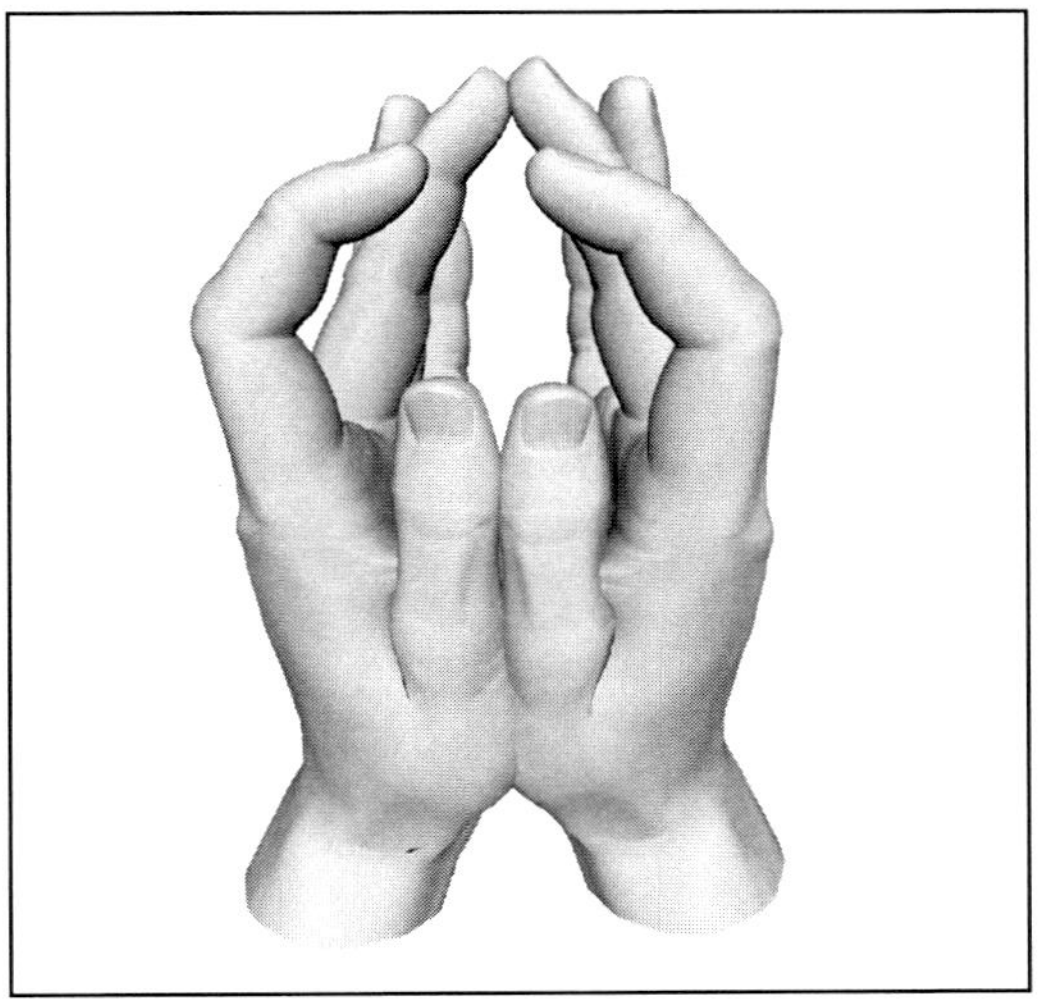

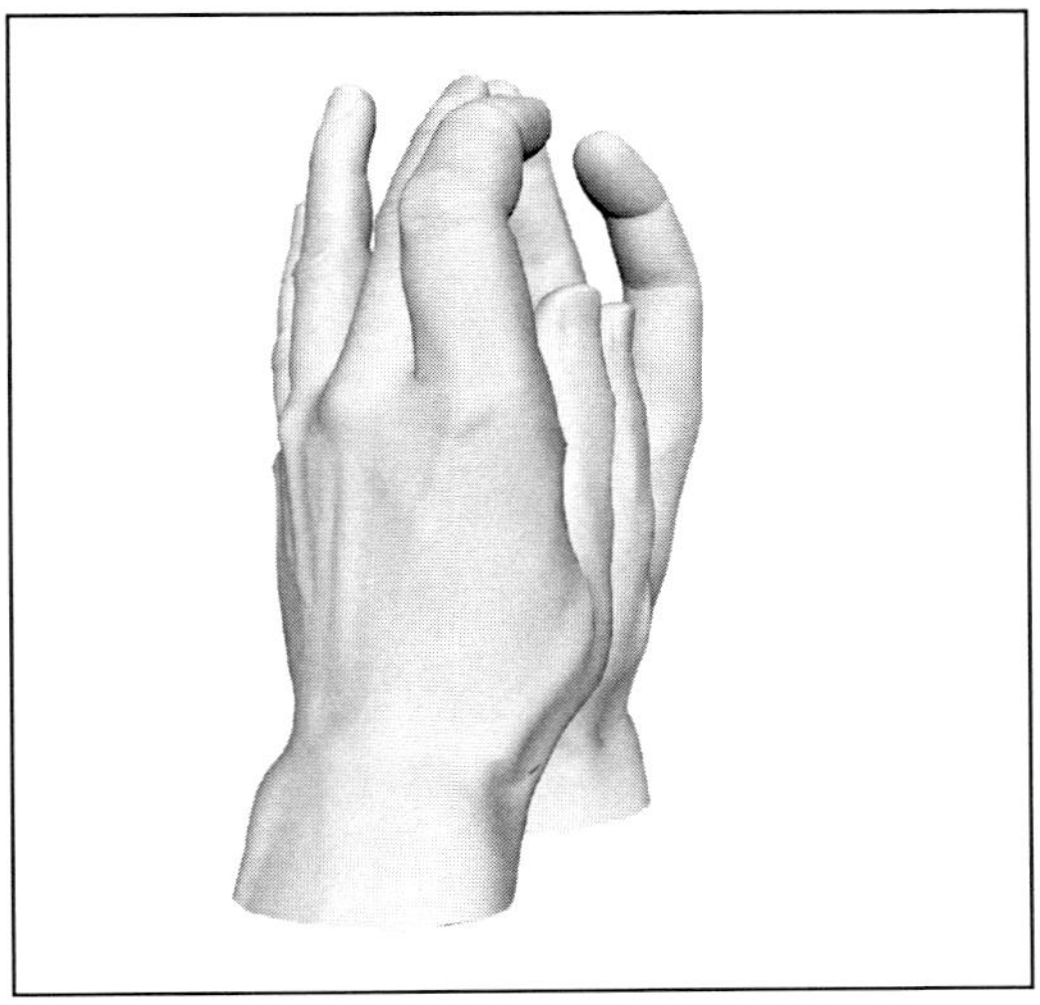

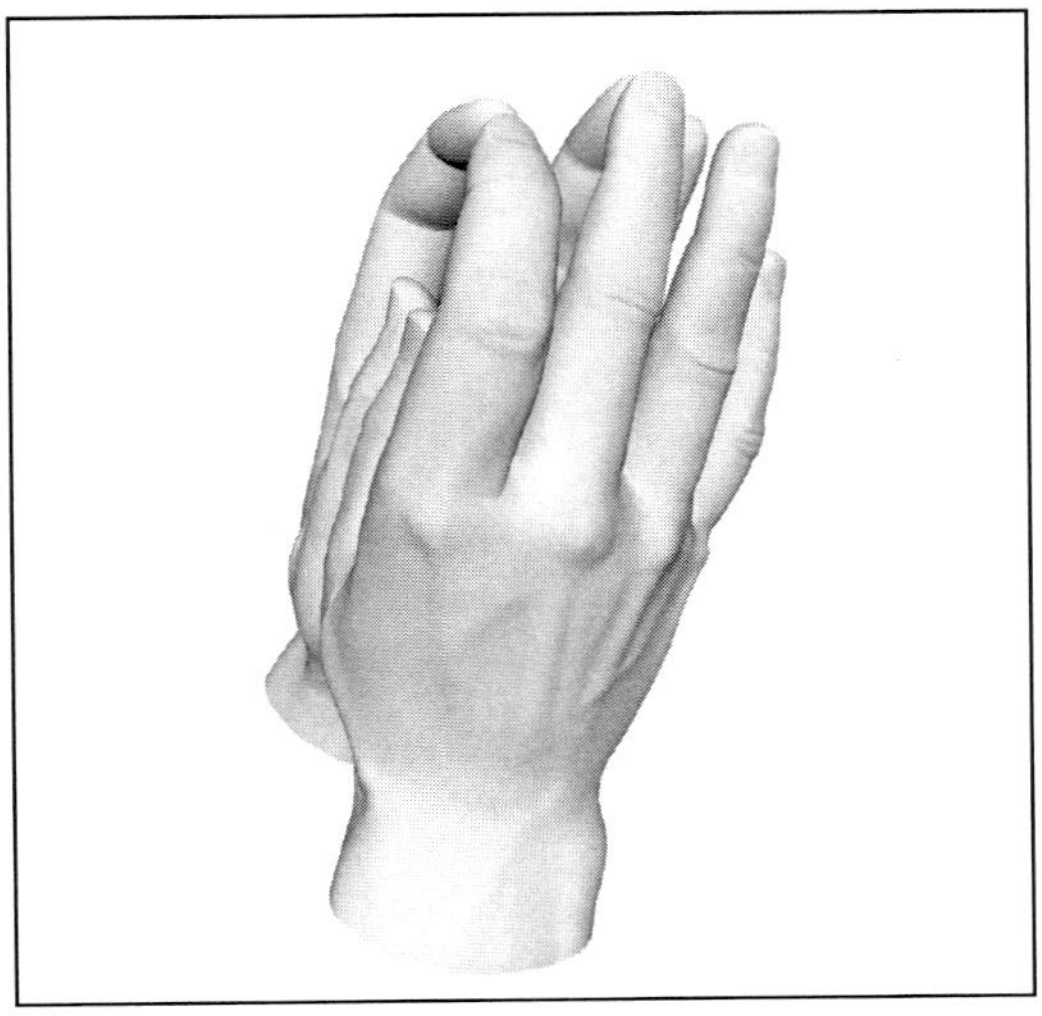

地底諸天《じていしょてん》教勅印《きょうちょくいん》

①両手、五指を伸ばし、掌を向かい合わせる。
②両中指の先を付け合わせ、両親指を並べ付ける。
③両人差指はやや屈して鉤のようにする。
④両薬指と小指は伸ばしたてる。
※印を眉間に置く。
※また地底天教勅印ともいう。

※閻魔、羅刹などへの教勅の印。

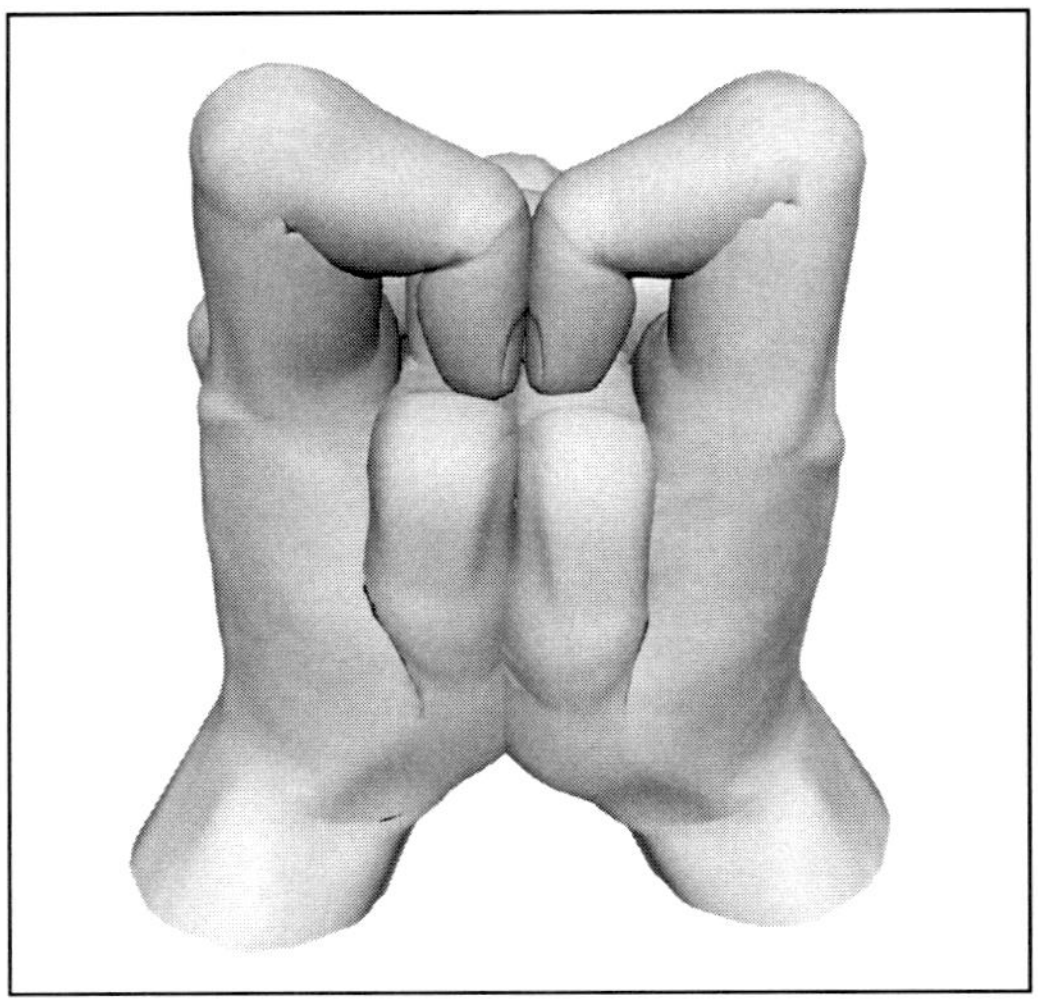

十《じゅう》地《じ》仏《ぶっ》頂《ちょう》印《いん》

①両手、内縛する。
②両親指を並べて掌中に入れ、第一節を屈する。
③両人差指を立てて屈し、親指の甲（あるいは屈部）の上に置く。

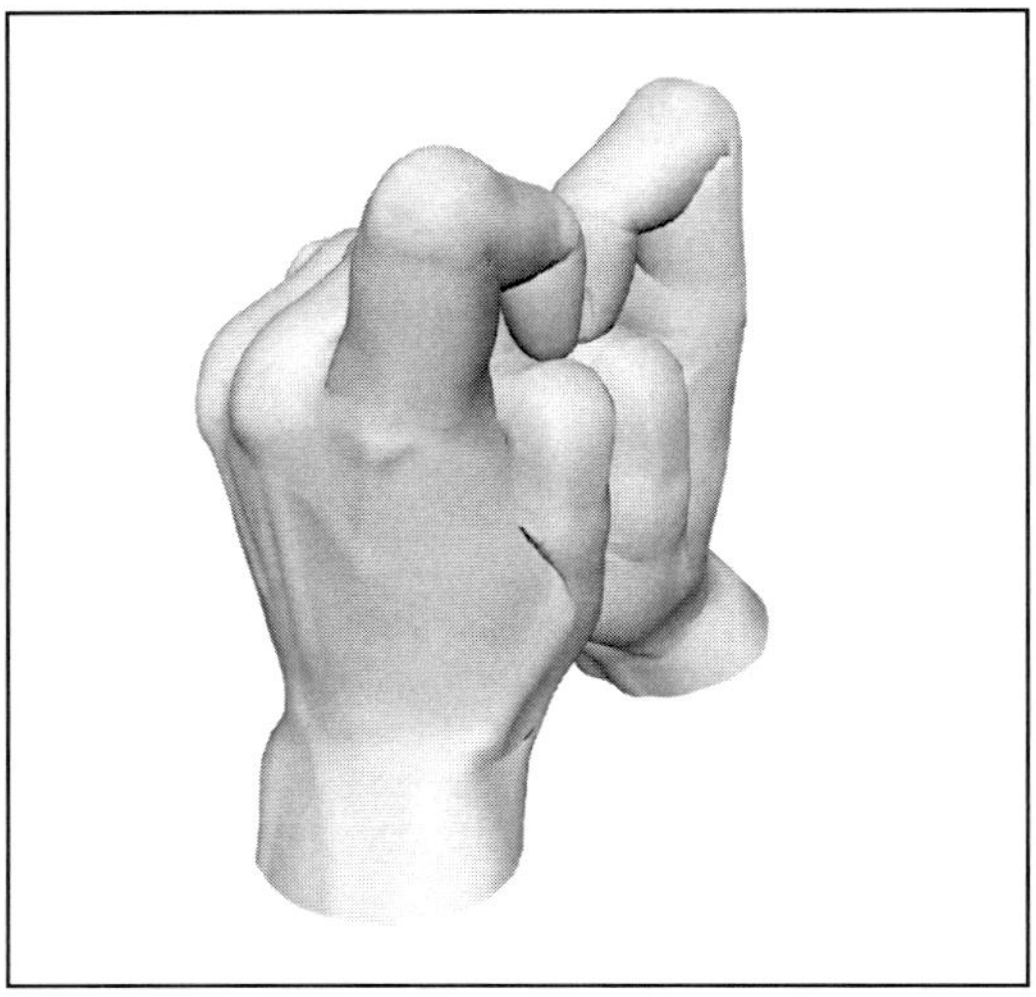

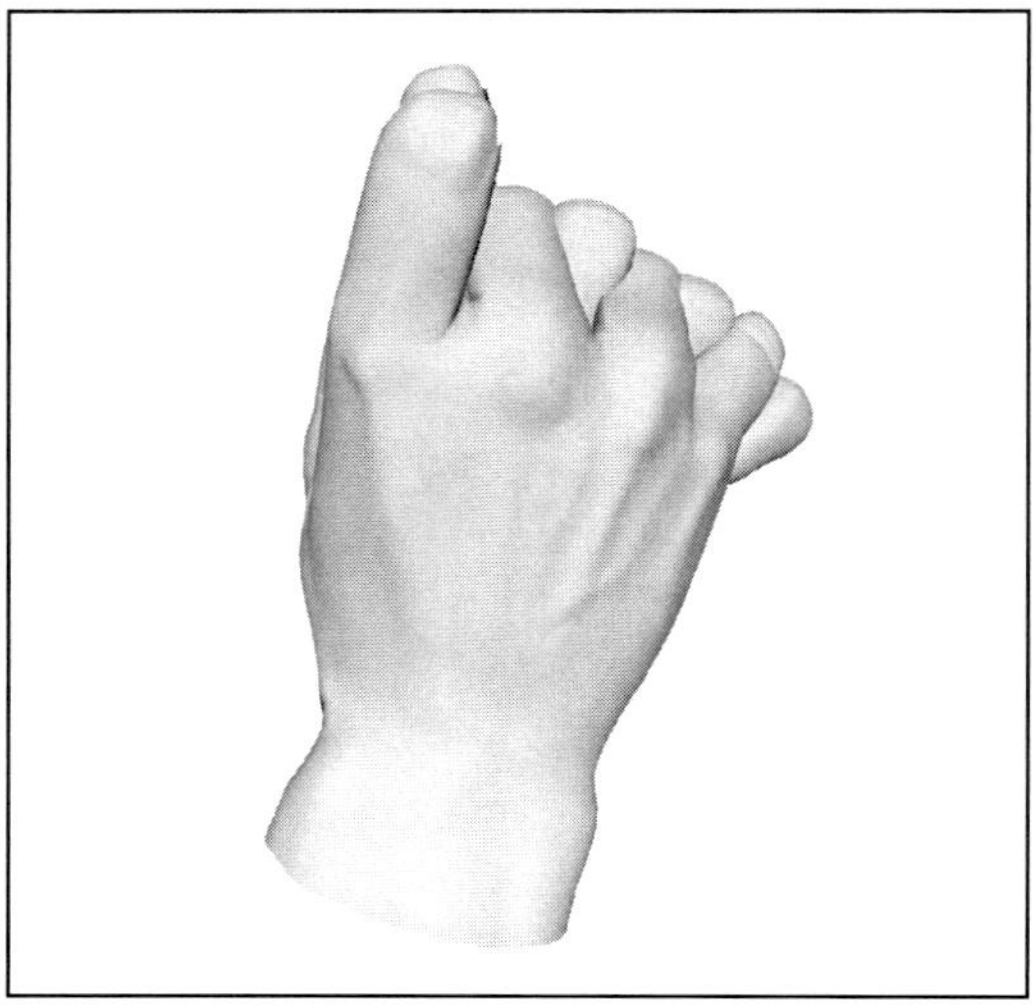

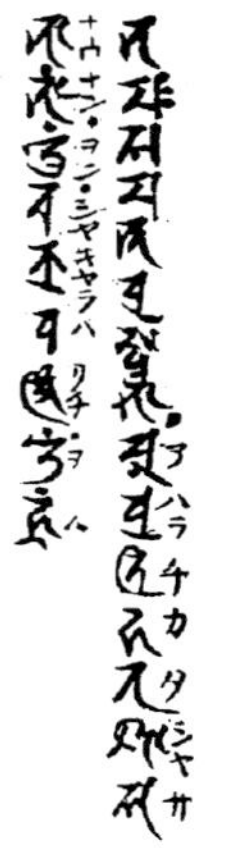

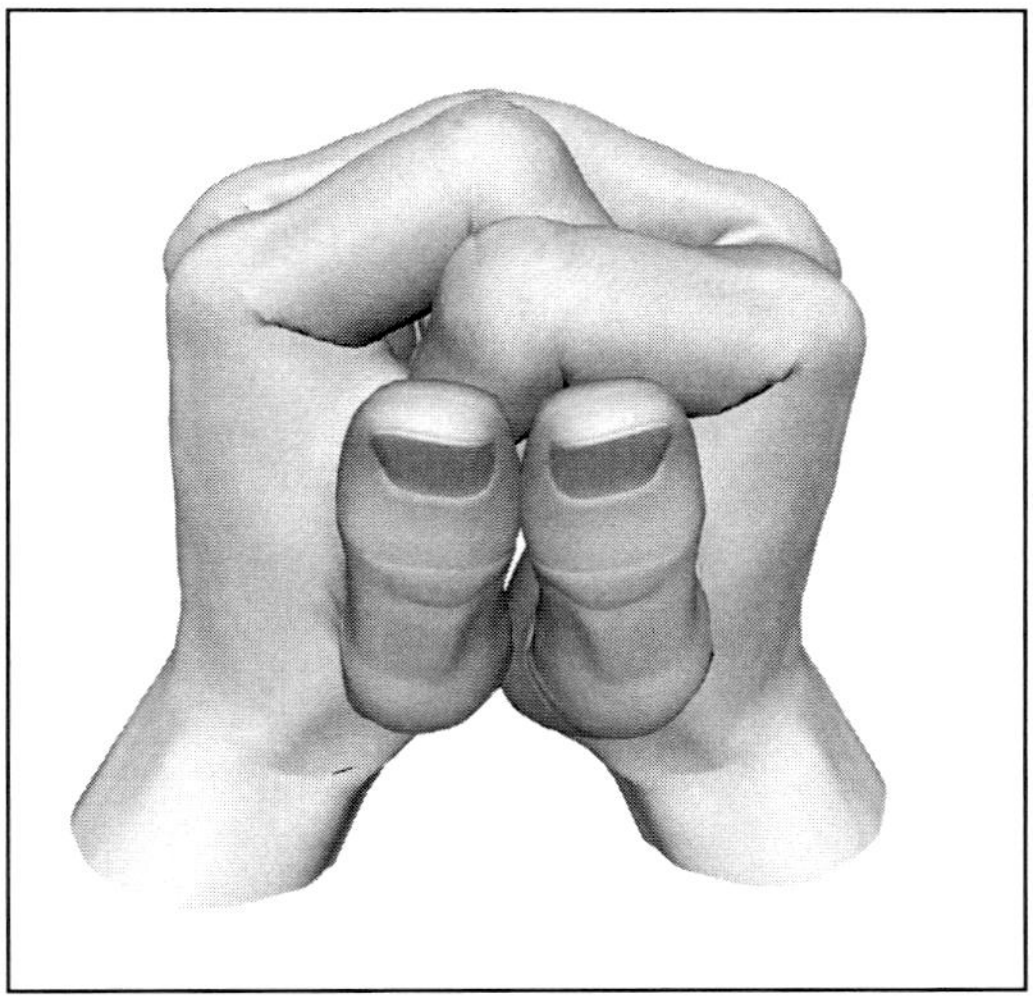

大《だい》釣《ちょう》古《こ》

①両手、内縛する。
②両親指を並び立て、人差指には付けずに、やや屈する。

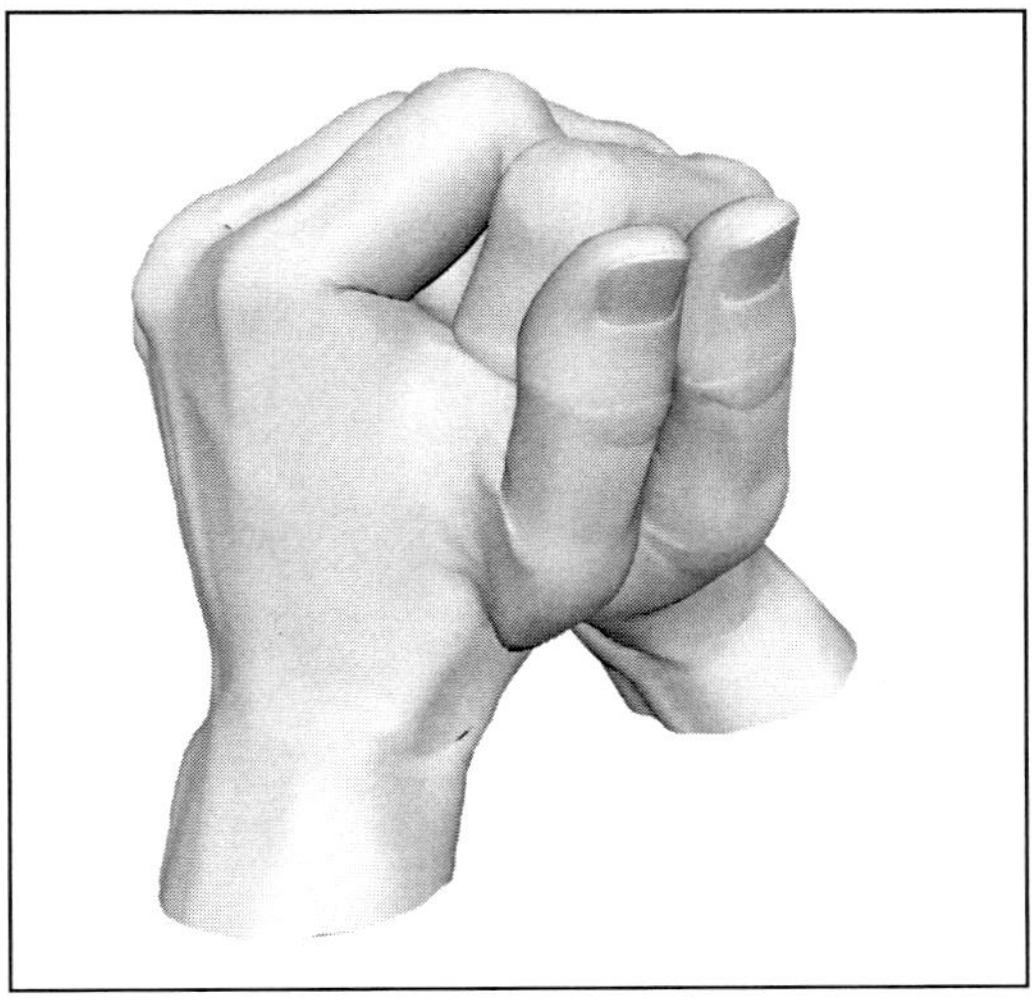

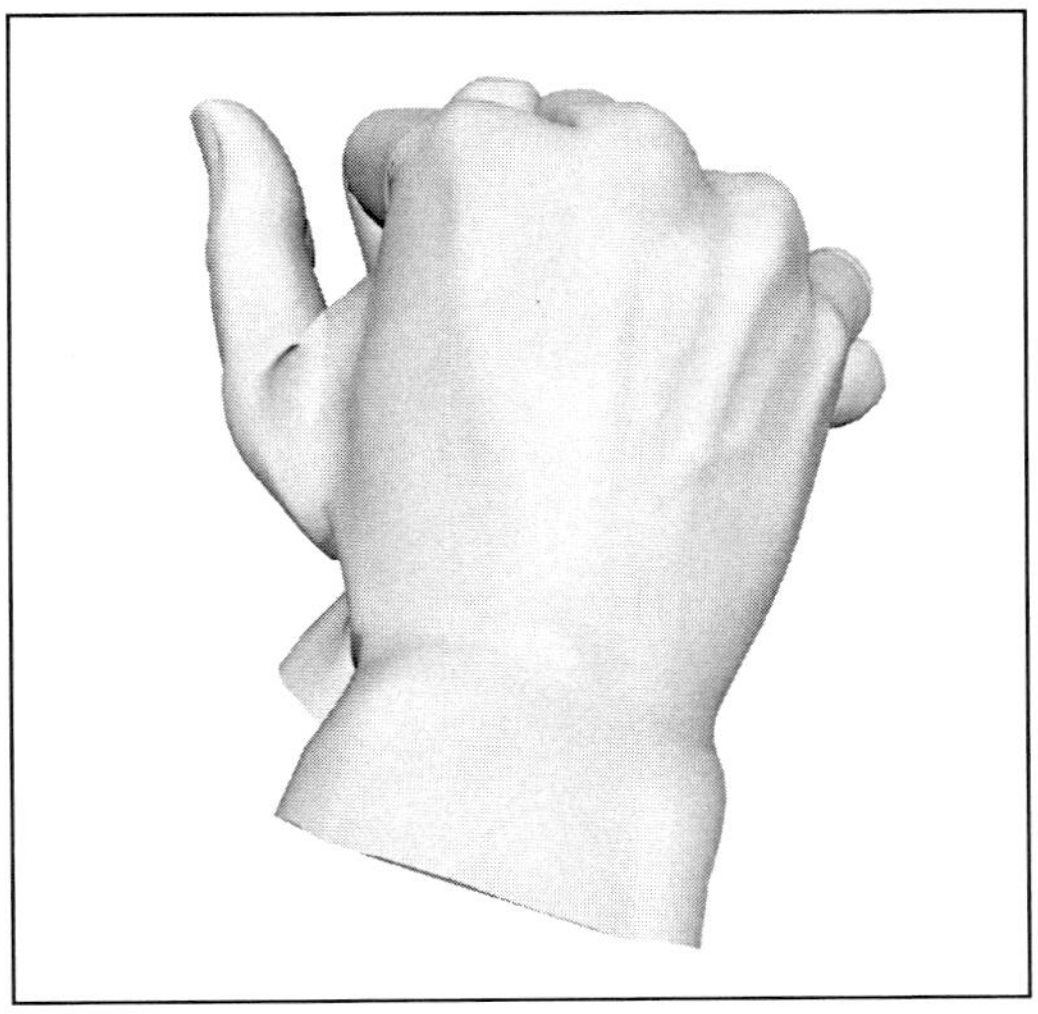

小《しょう》三《さん》古《こ》

①右手、五指を伸ばす。
②中指を屈して掌中に入れる。
③親指で中指の甲を押す。
※小三鈷の印には、いくつかあり、親指で人差指の甲を捻じる金剛部三鈷印、親指で薬指の甲を押す蓮華部三鈷印、小指の甲を親指で捻じる仏部三鈷印がある。

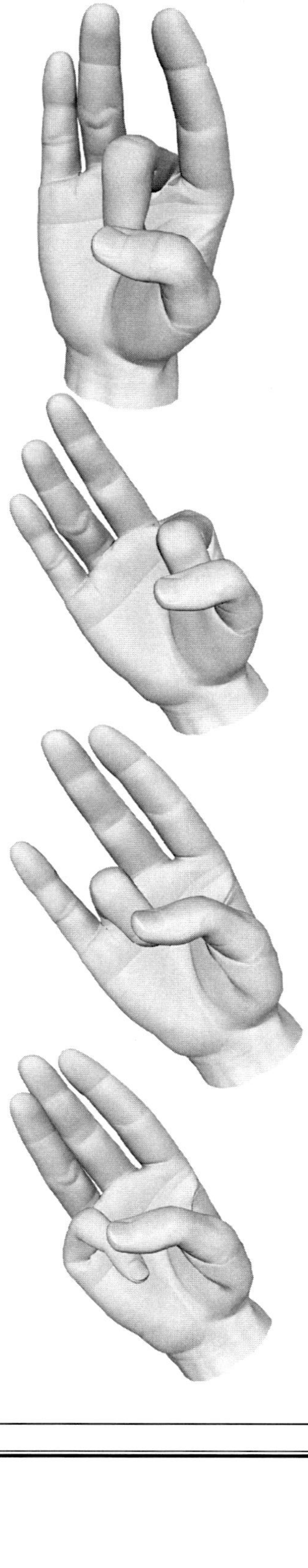

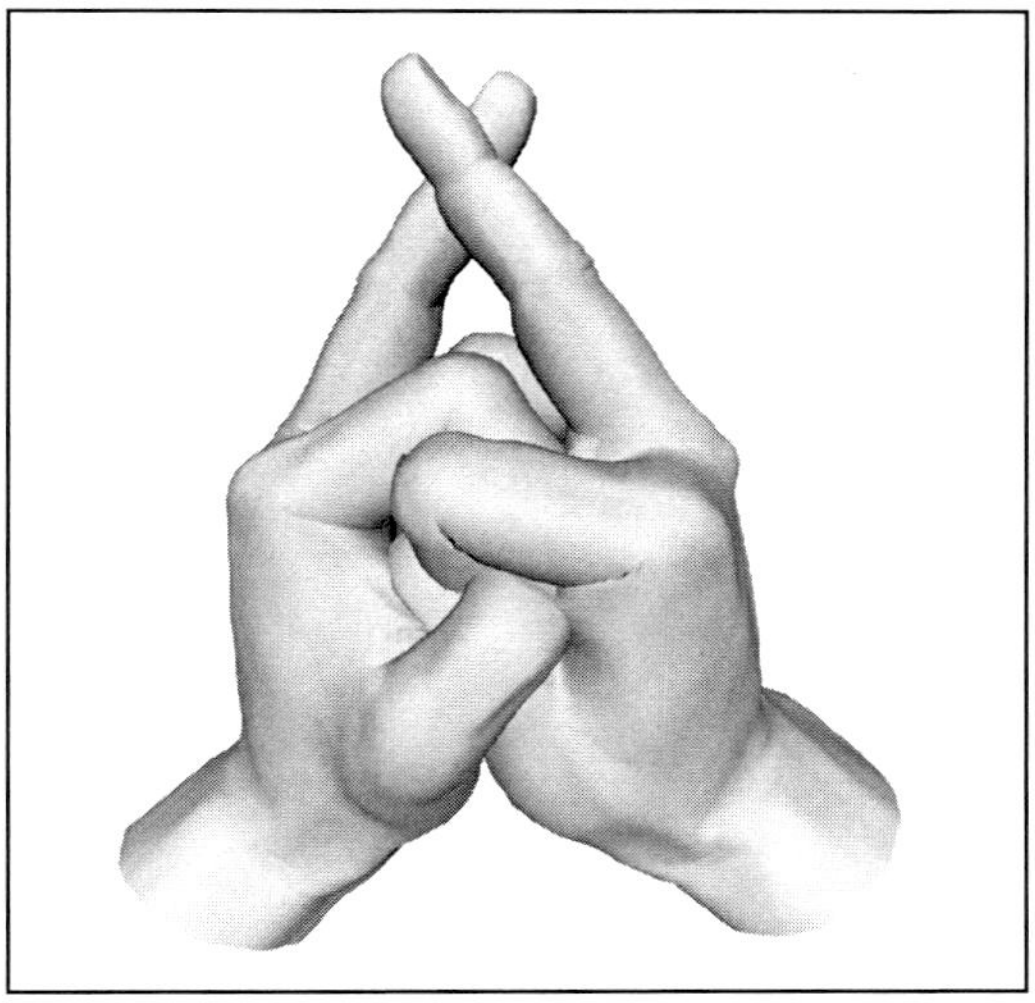

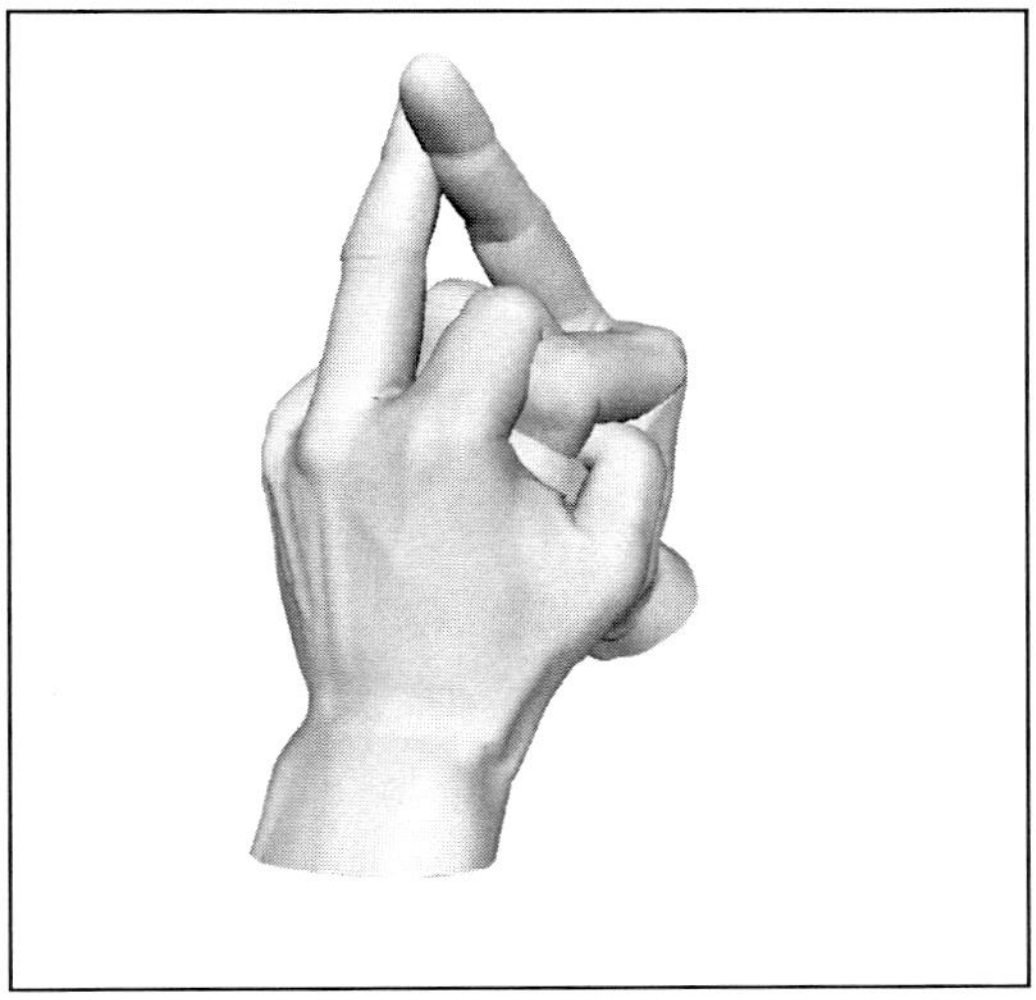

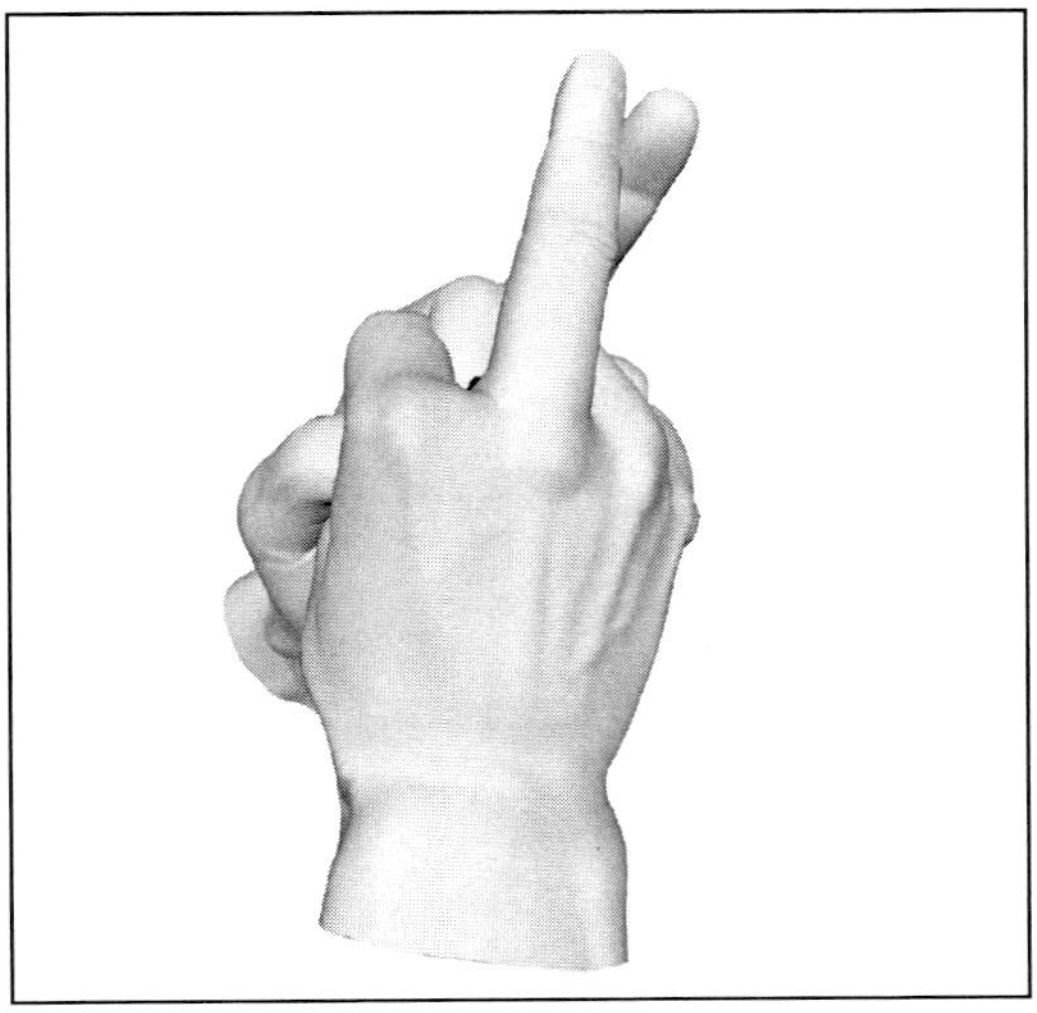

愛染王根本印《あいぜんおうこんぽんいん》

①両手、金剛縛（外縛）をなし、組み替えて内縛する。
②両中指を立て、交差させる。
※愛染明王の持物の弓箭を表している。
※これを染の印といい、行者の四処（胸、額、喉、頭頂）に印する。
※金剛縛は金剛界を、内縛は胎蔵界を表す。

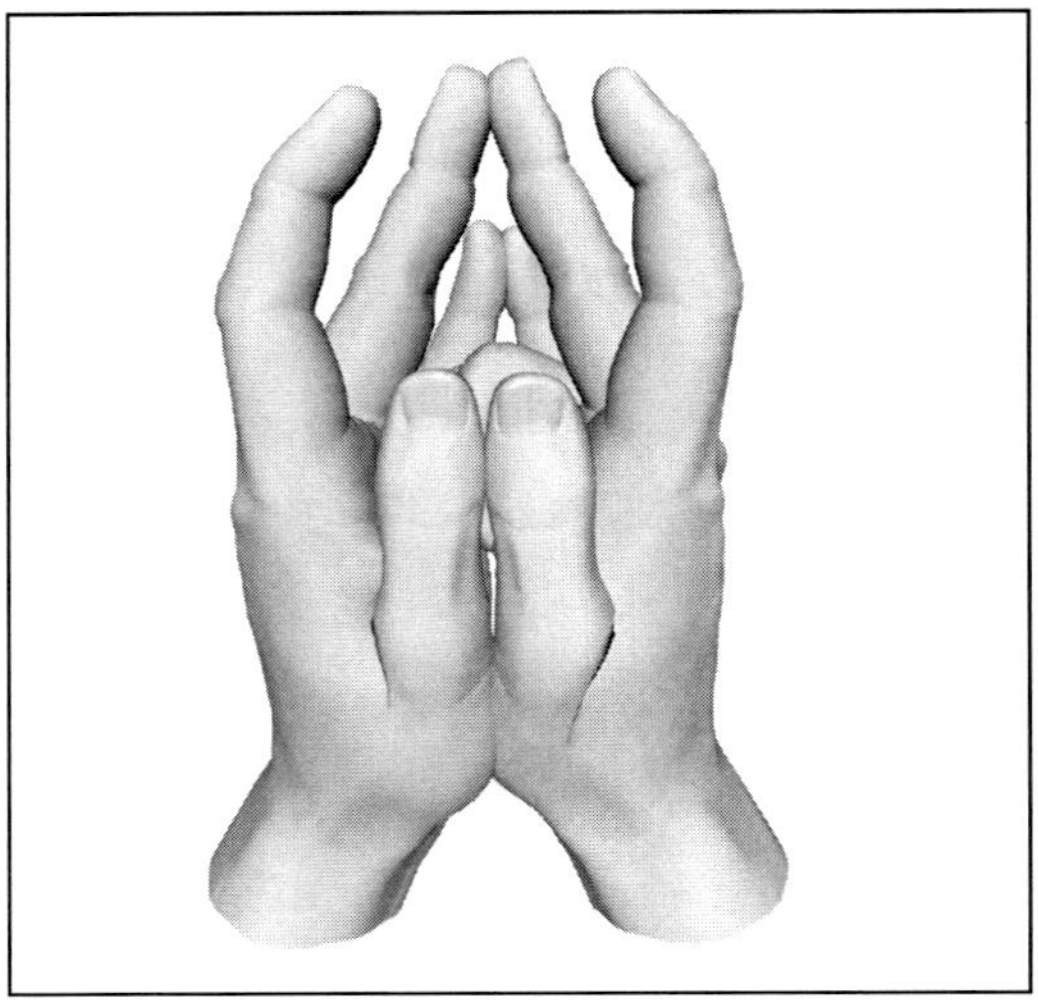

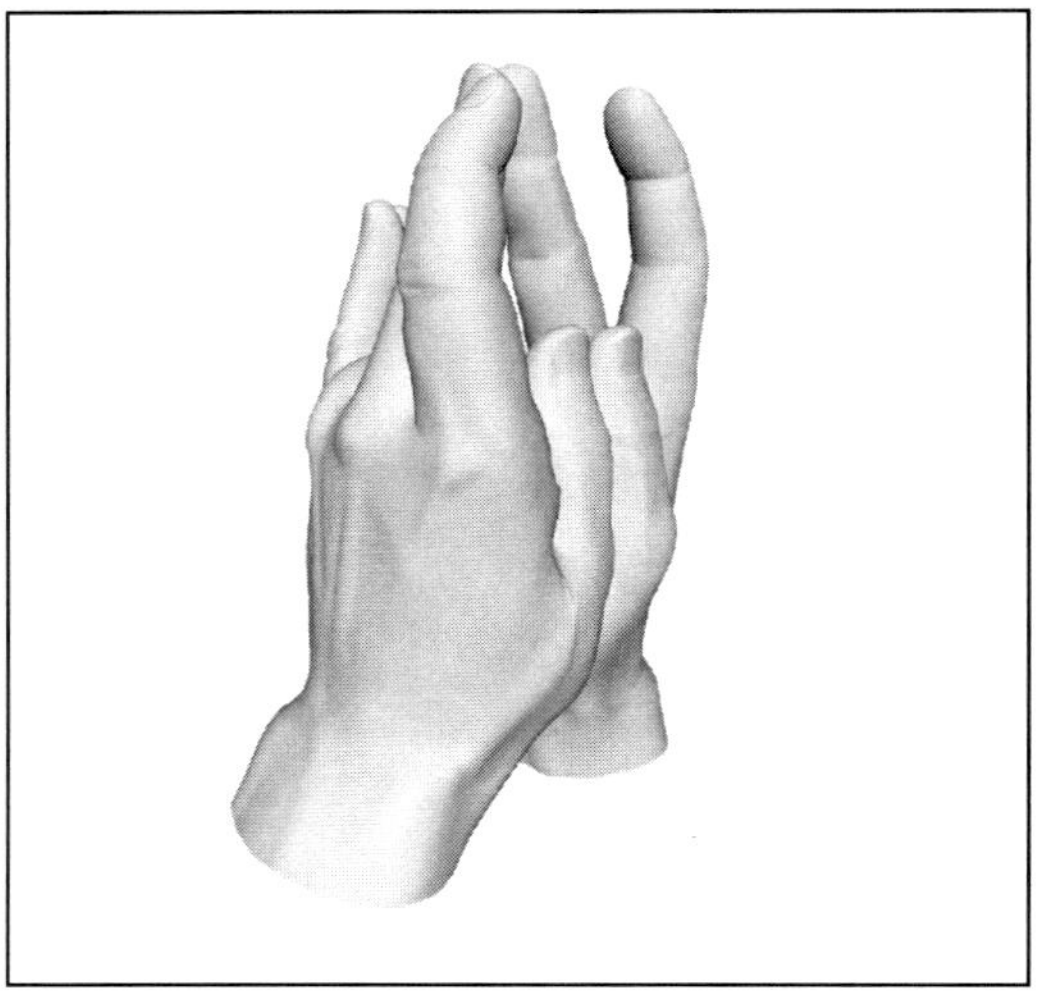

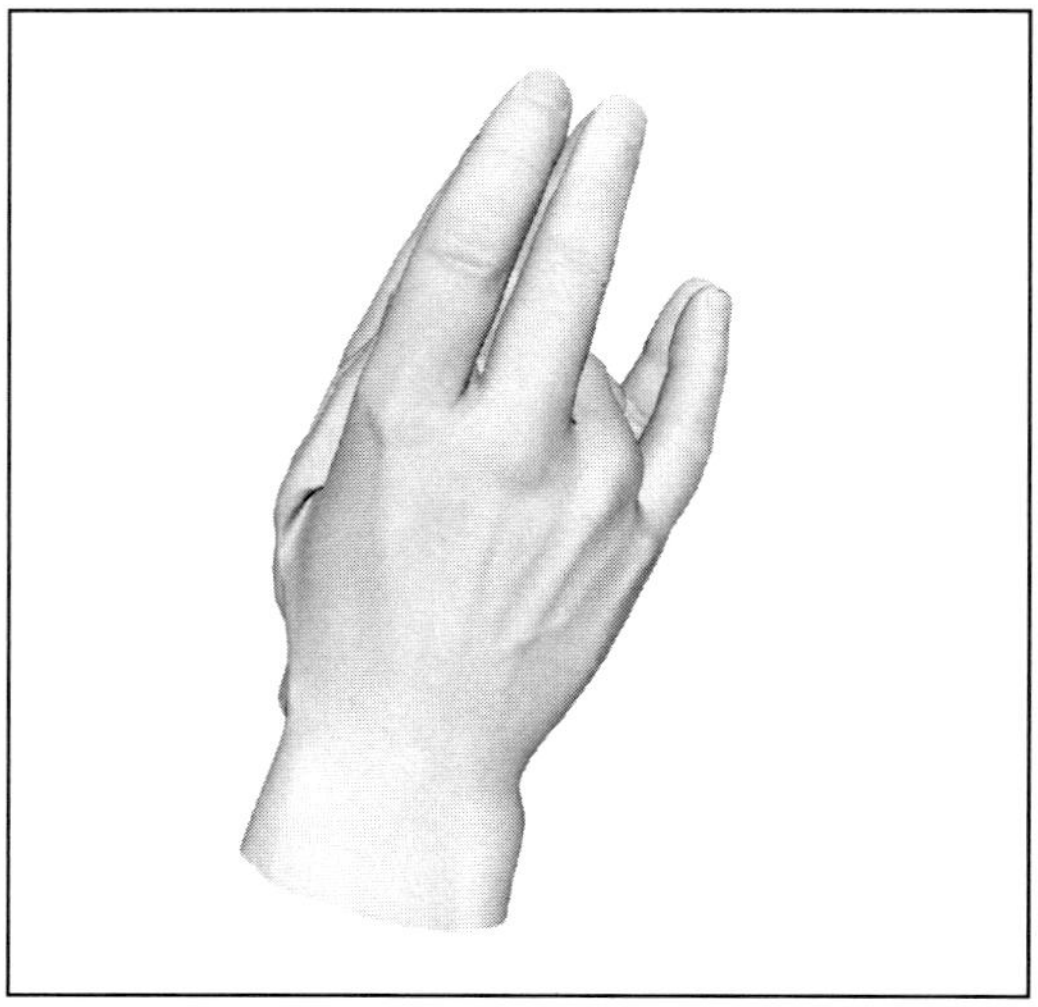

三昧耶《さまや》一字心印《いちじしんいん》

①両手、内縛する。

②両小指、中指、親指を立て合わせる。

③両人差指は屈して、鉤形にする。

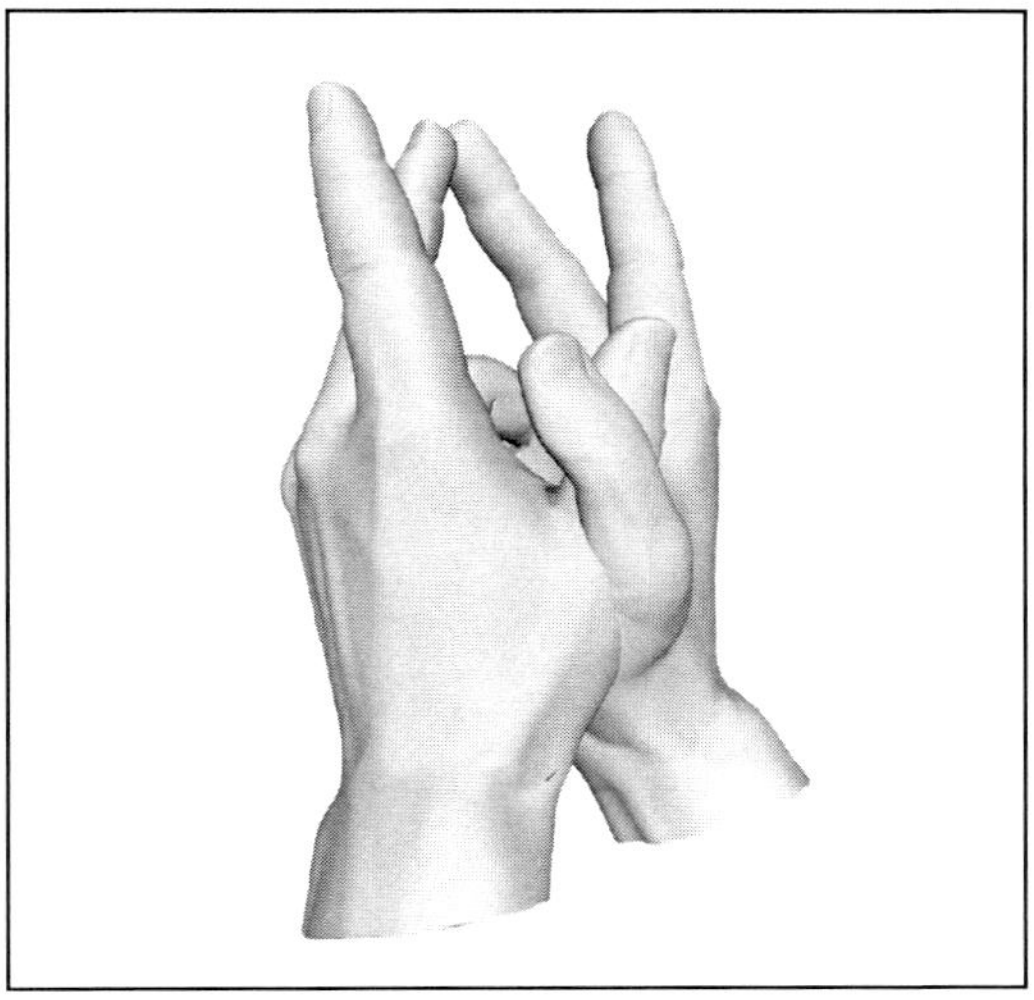

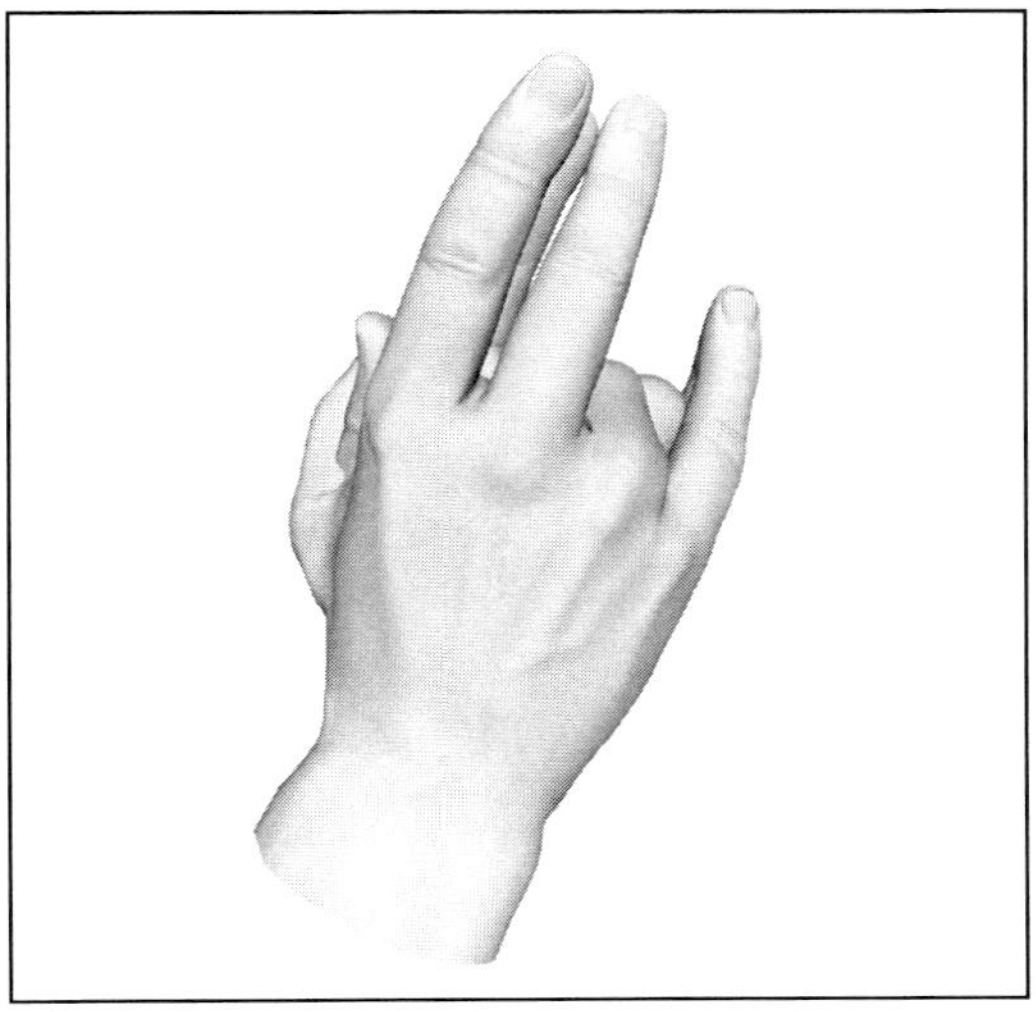

五種相応印《ごしゅそうおういん》 寂災《じゃくさい》

①両手、合掌する。
②両薬指を屈して掌中に入れて相交える。
③両小指と中指は立て合わせる。
④両人差指は開き立てる。
⑤両親指は交差させる。
※これは息災印である。

五《ご》種《しゅ》相《そう》応《おう》印《いん》 増益《ぞうやく》

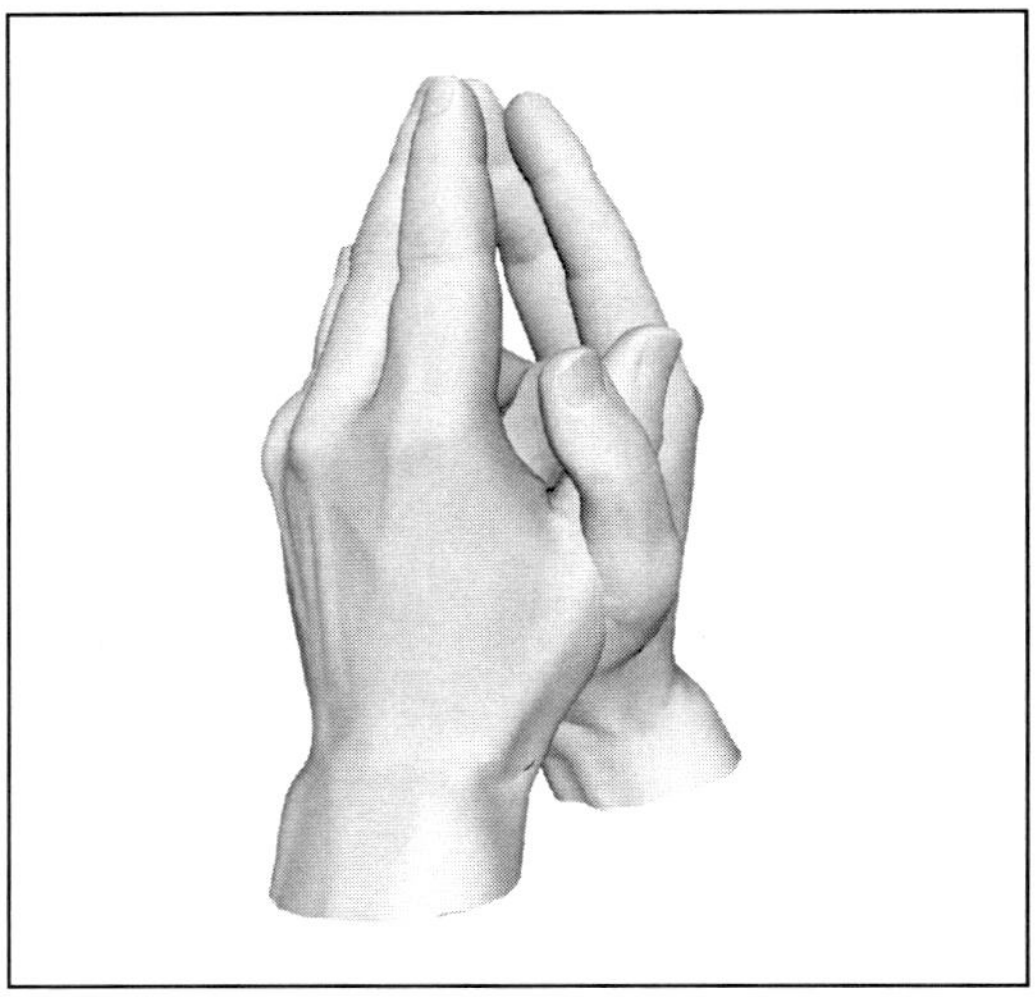

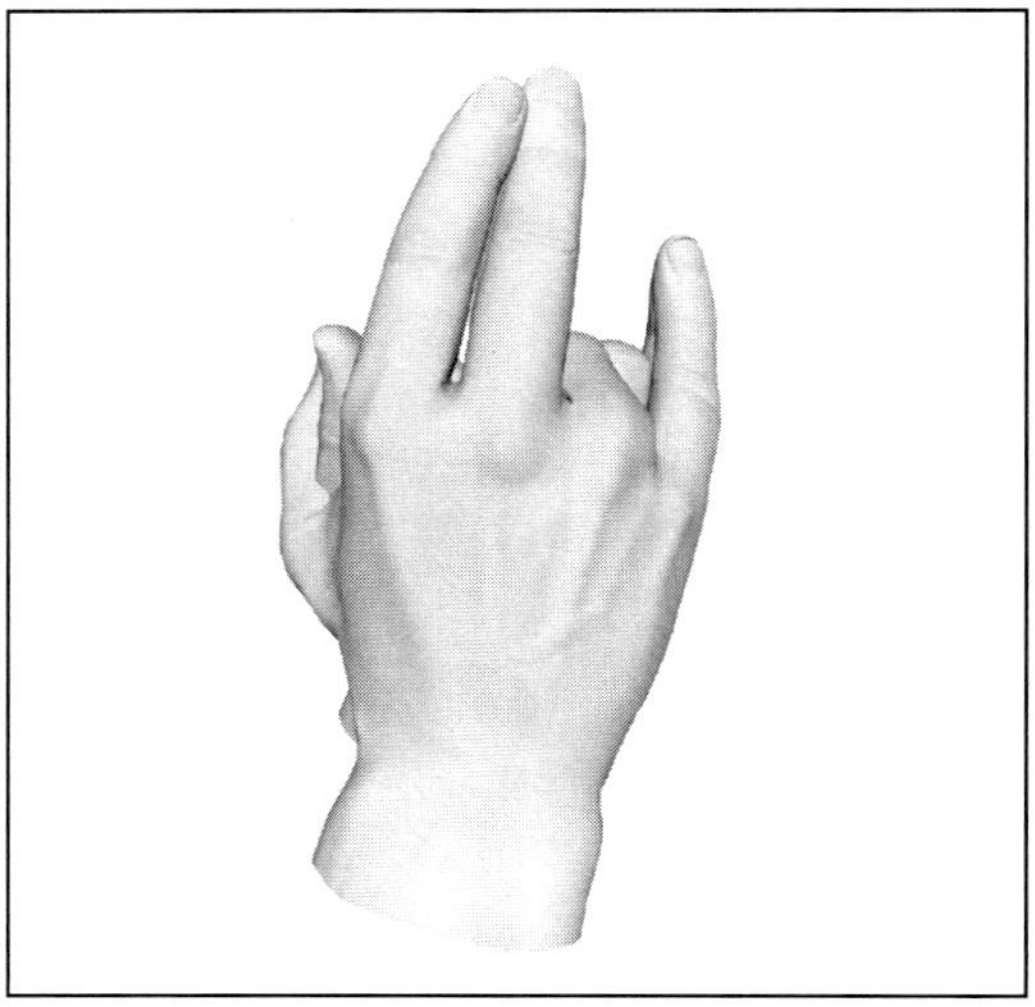

前頁、寂災の印に准じて、
①両手、合掌する。
②両薬指を屈して掌中に入れて相交える。
③両小指と中指は立て合わせる。
④両人差指は中指を捻じる。

※真言は二三三頁に同じ。

五《ご》種《しゅ》相《そう》応《おう》印《いん》

敬《けい》愛《あい》

前々頁、寂災の印に准じて、
①両手、合掌する。
②両薬指を屈して掌中に入れて相交える。
③両小指と中指は立て合わせる。
④両人差指は付け合わせて屈し、蓮葉のようにする。

※真言は二三三頁に同じ。

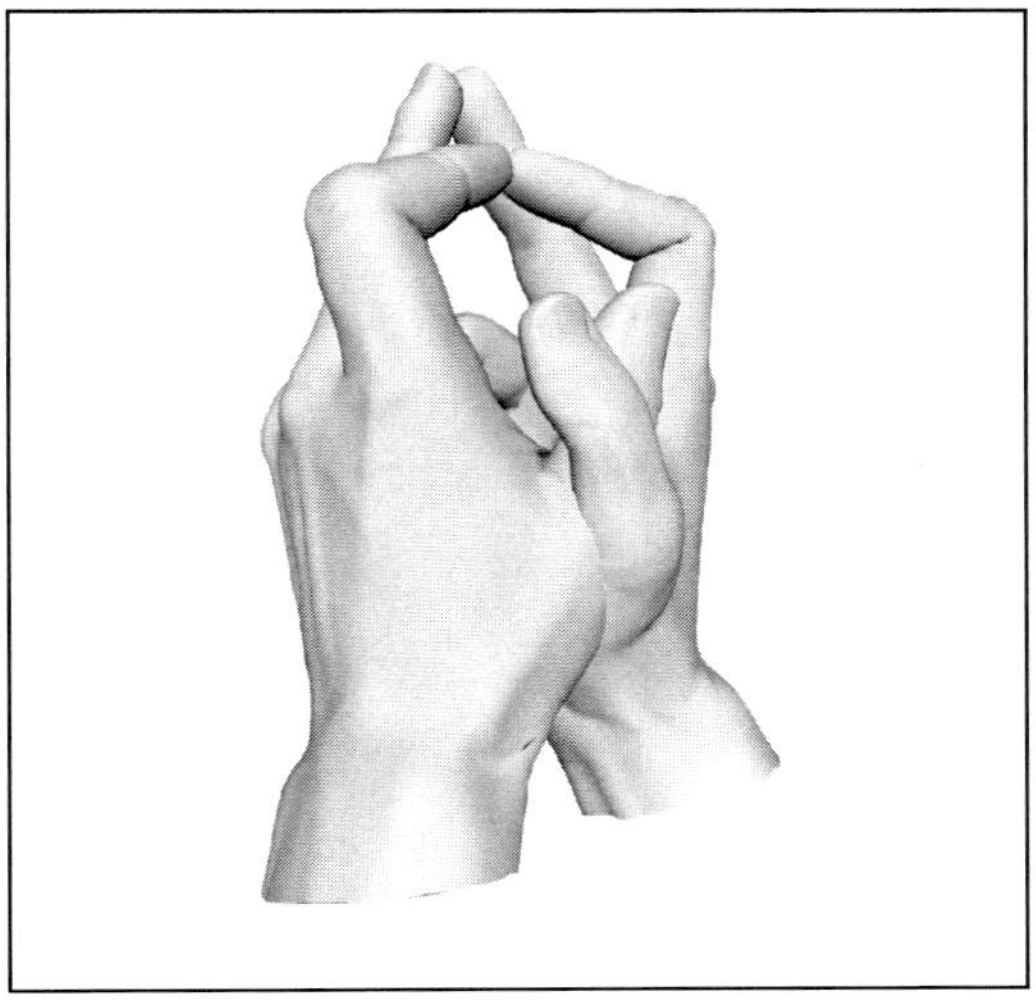

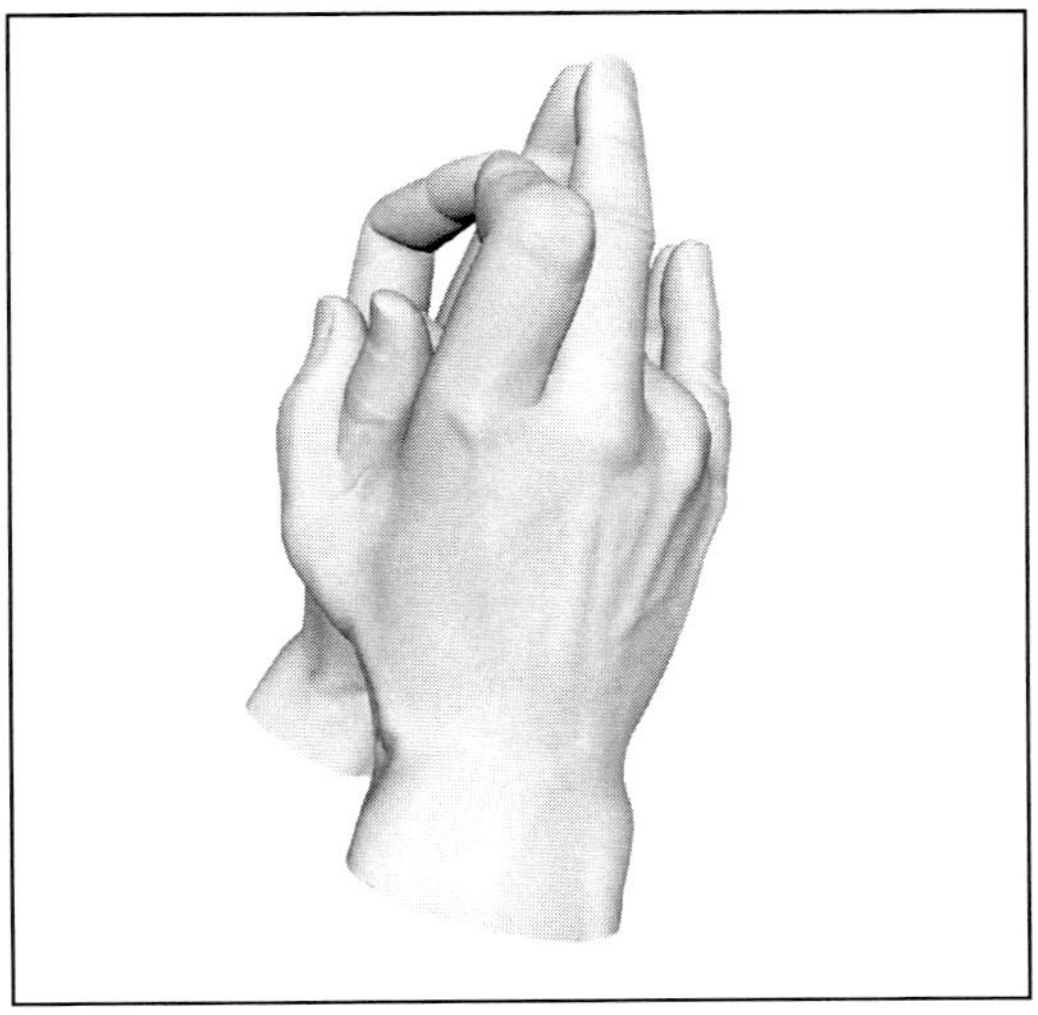

五《ご》種《しゅ》相《そう》応《おう》印《いん》　降《ごう》伏《ぶく》

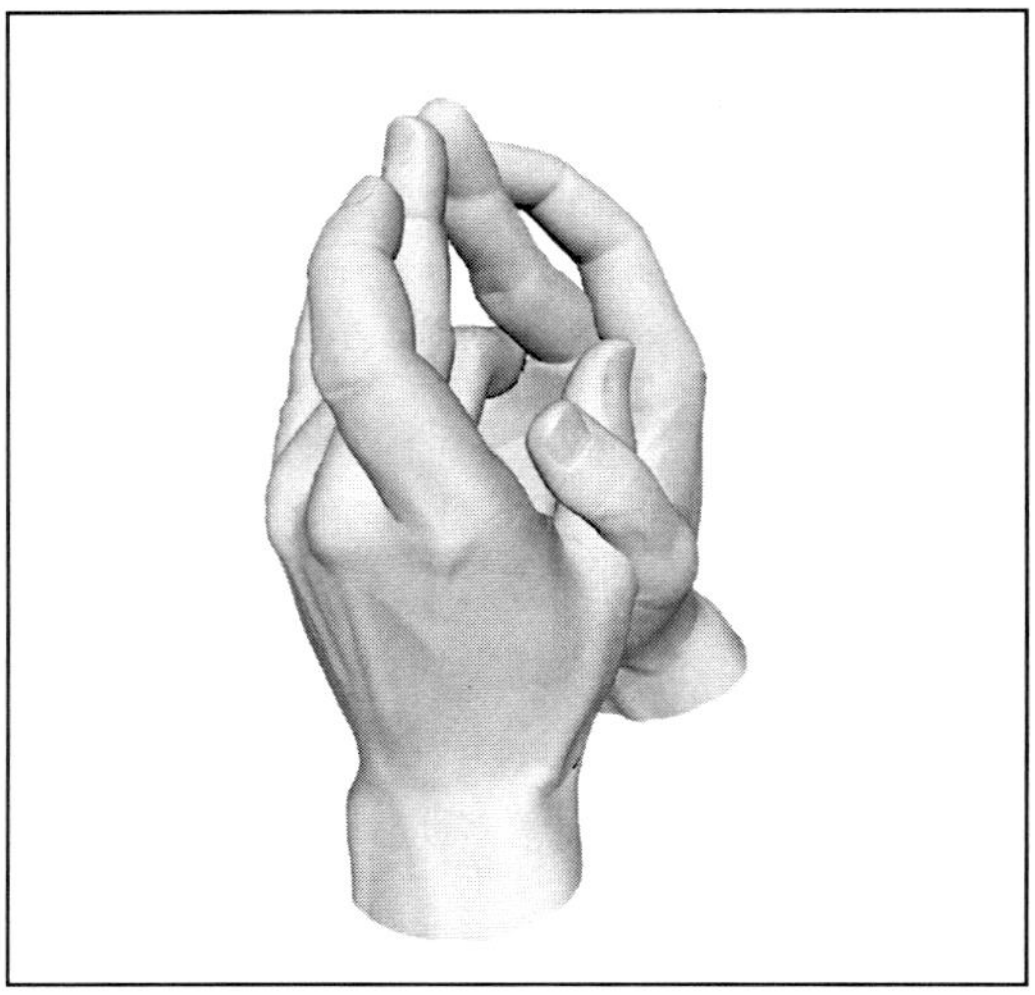

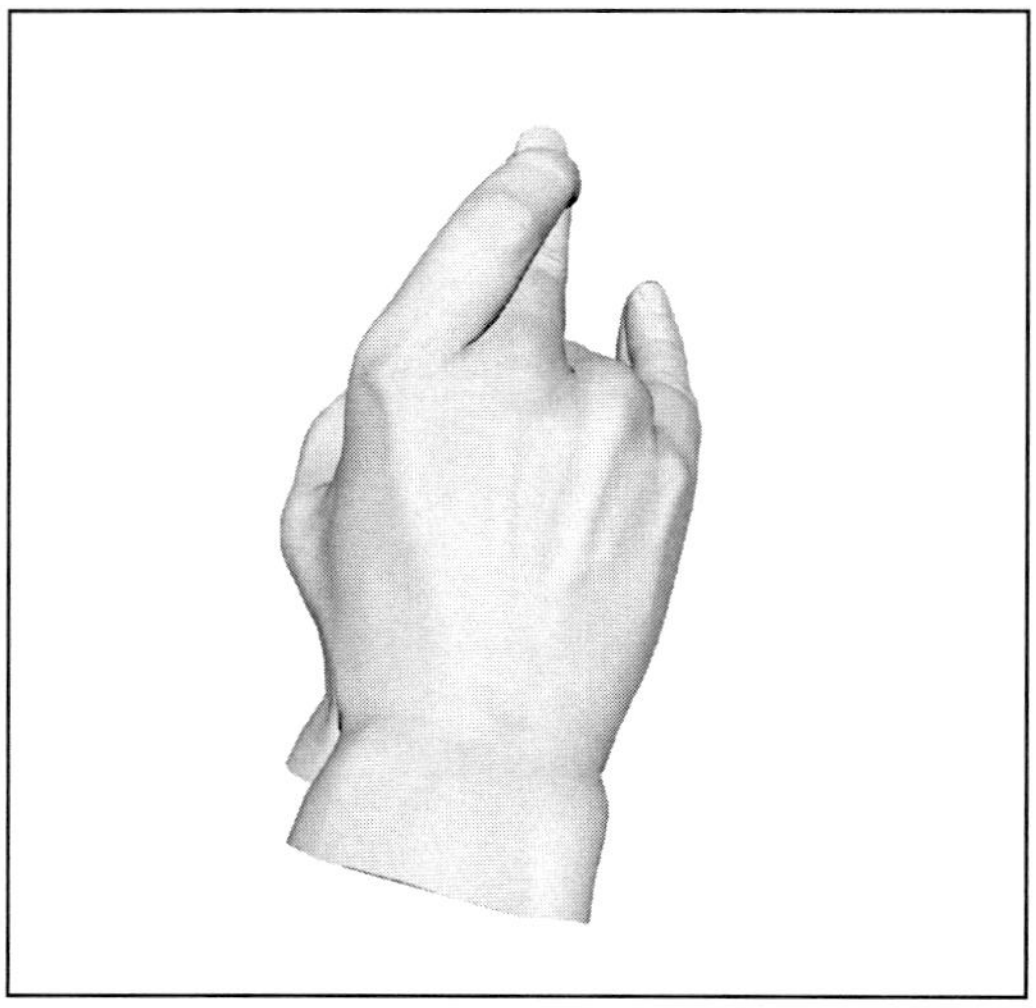

前頁、敬愛の印に准じて、
①両手、合掌する。
②両薬指を屈して掌中に入れて相交える。
③両小指と中指は立て合わせる。
④両人差指は屈して、中指の背に回し上節に念じる。

※真言は二三三頁に同じ。

五《ご》種《しゅ》相《そう》応《おう》印《いん》　鉤《こう》召《ちょう》

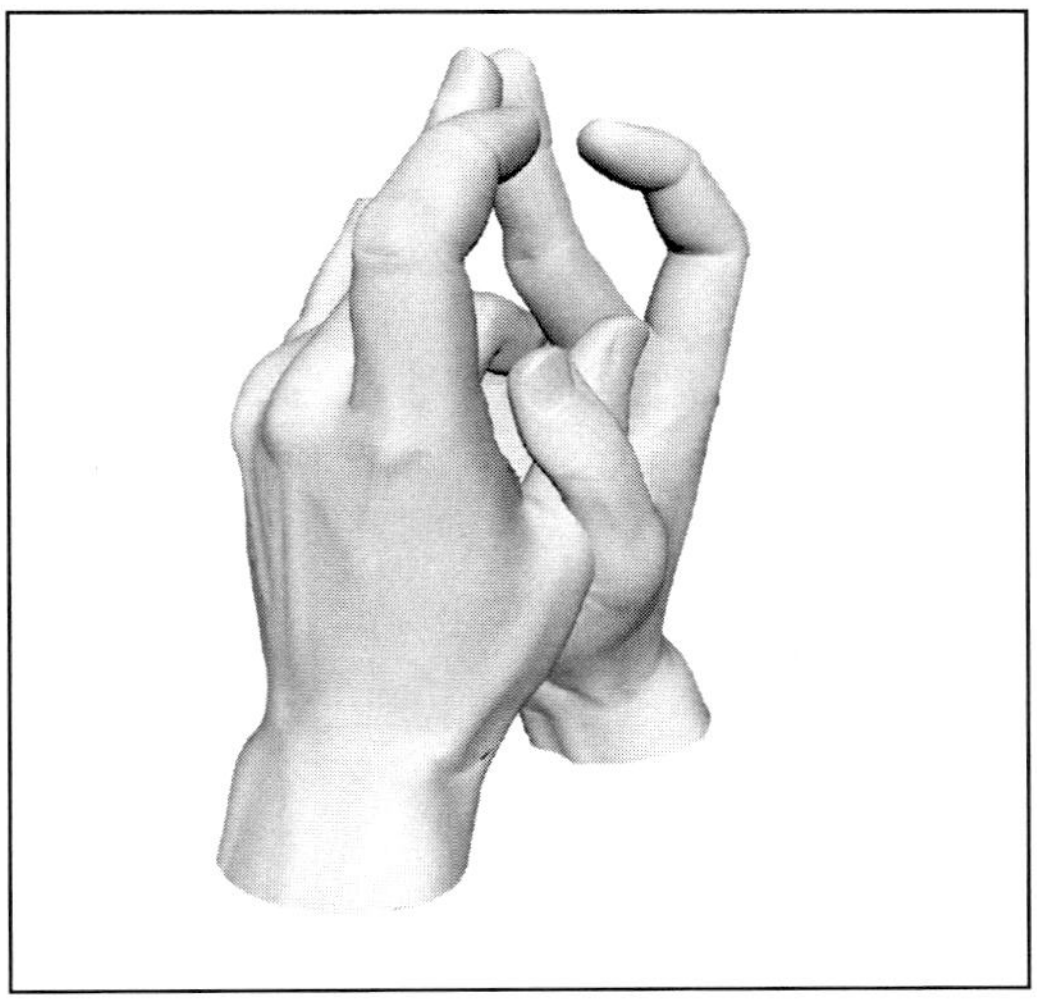

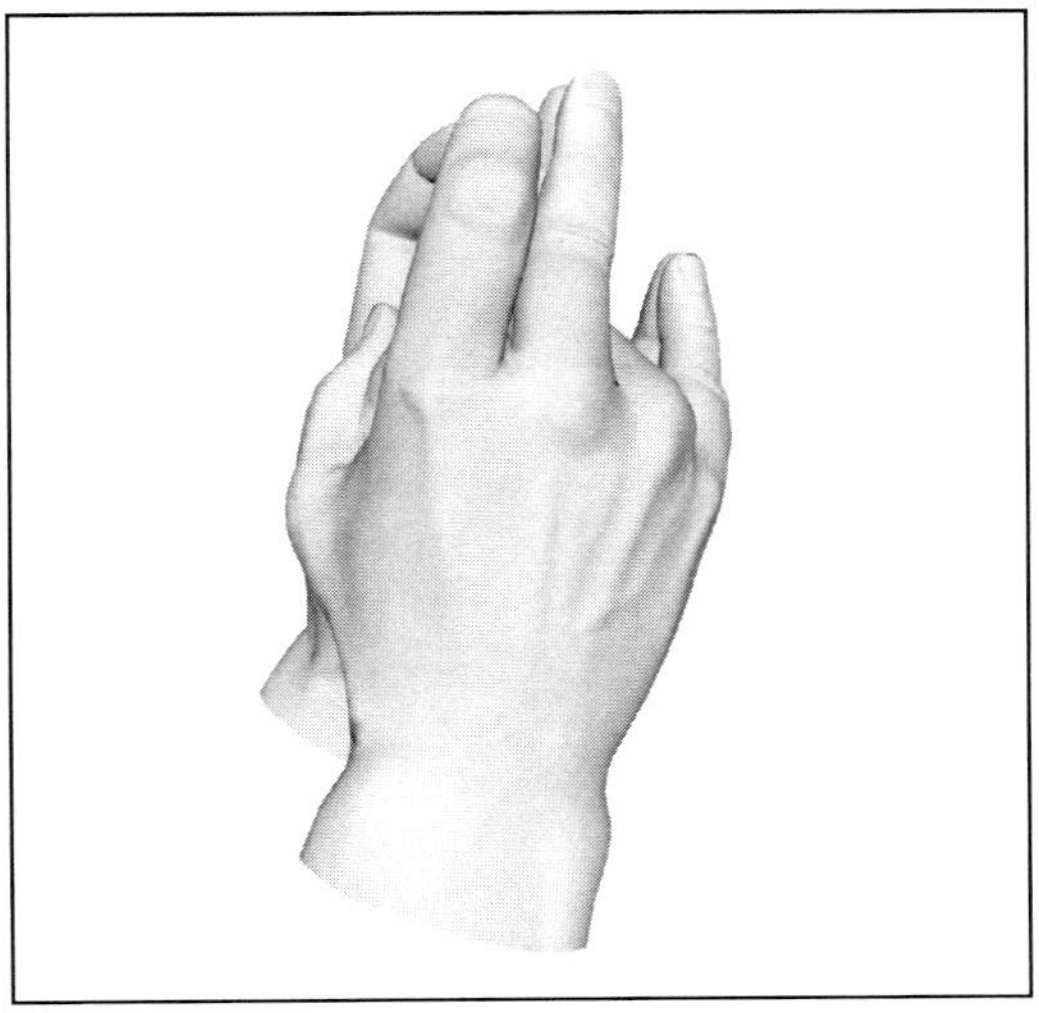

寂災の印（二三三頁）に准じて、

①両手、合掌する。

②両薬指を屈して掌中に入れて相交える。

③両小指と中指は立て合わせる。

④人差指は屈して鉤のようにする。

※伝に内五鈷印になすともいう。

また、内縛して両中指、人差指を立てる。あるいは内縛して両中指を立てる、などとする。

※真言は二三三頁に同じ。

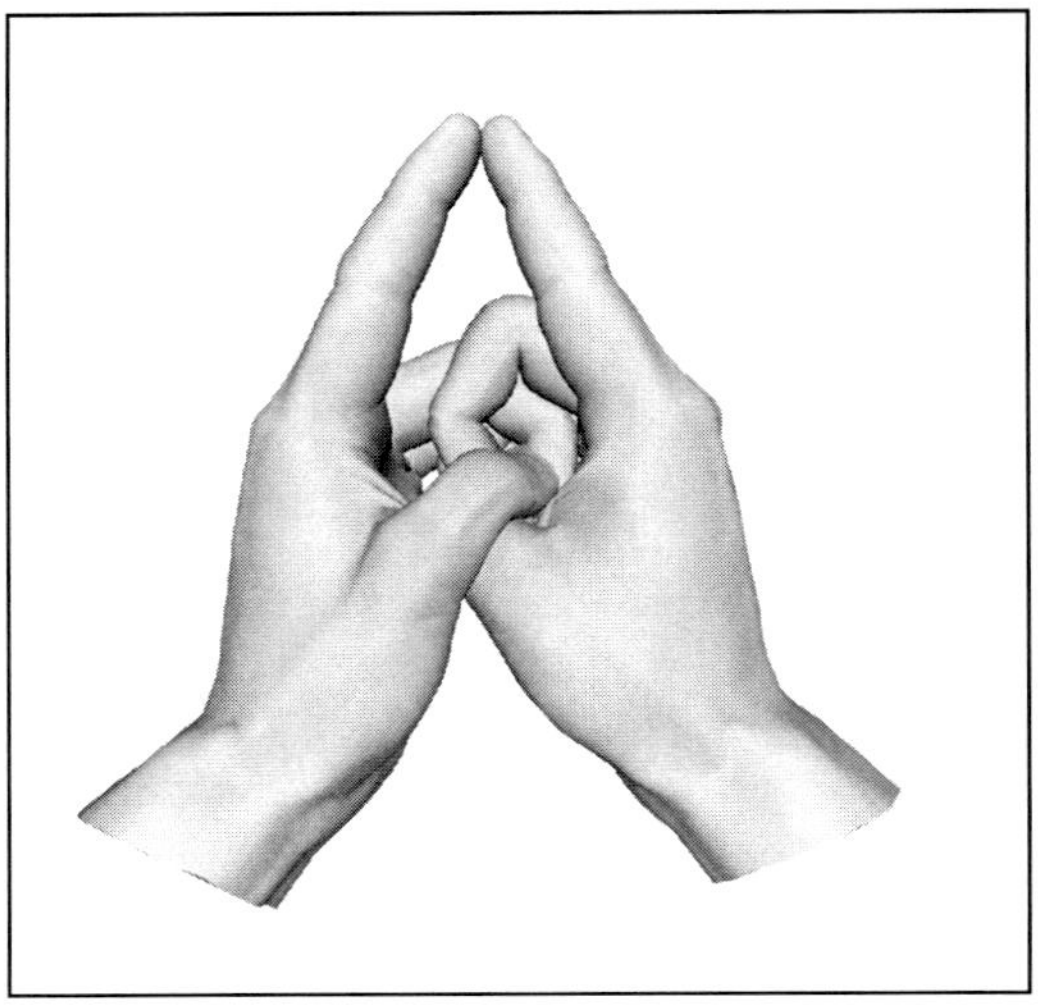

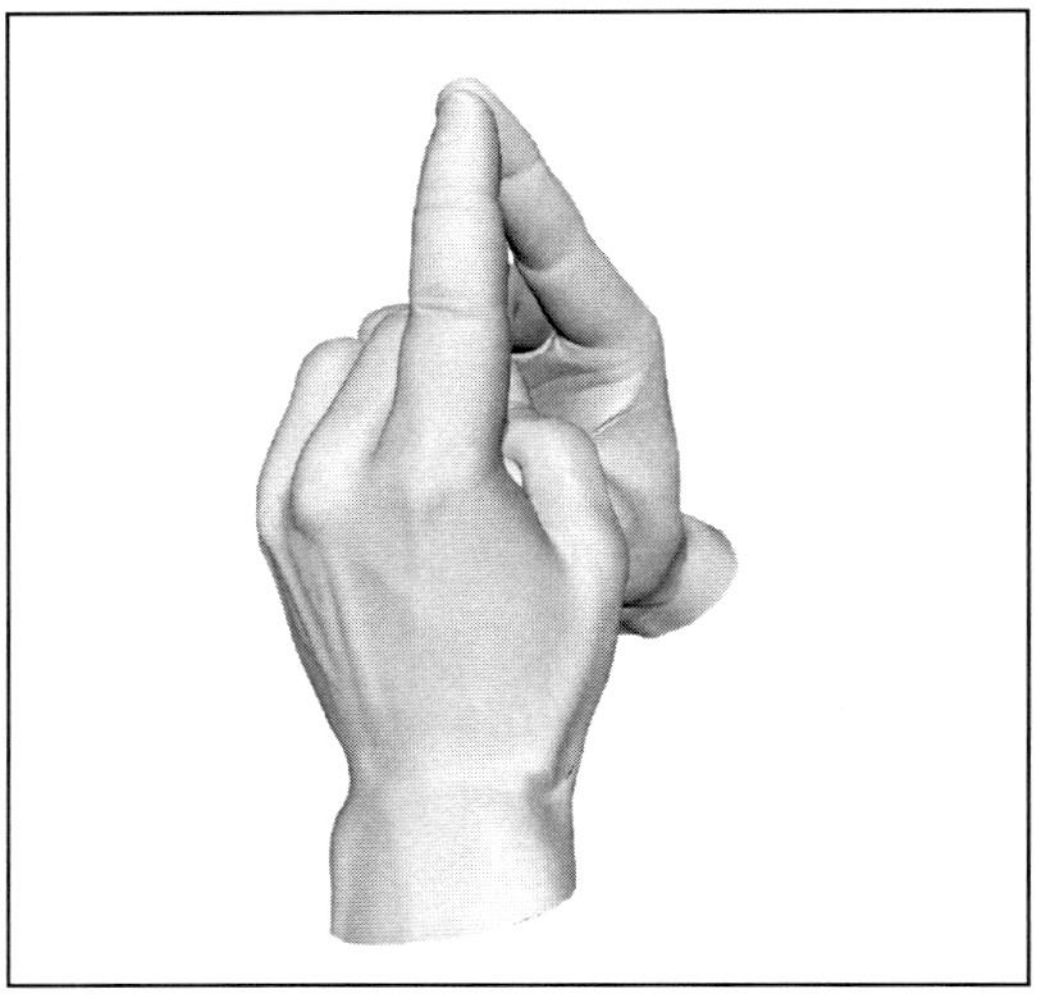

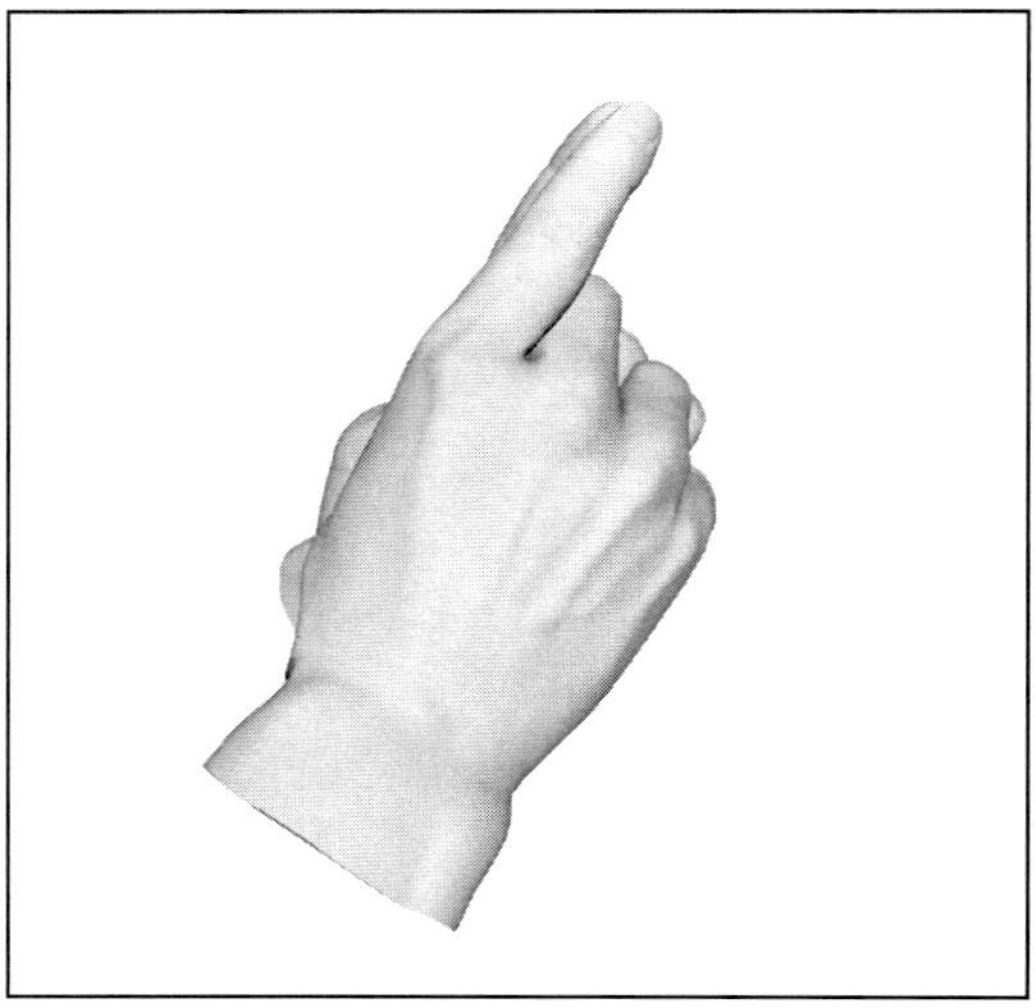

不《ふ》動《どう》根《こん》本《ぽん》印《いん》

①両手、内縛する。
②両人差指を立て合わせる。
③両親指は交差させて屈し、掌中に入れ、それぞれ薬指の甲を押す。
※針印、独鈷印ともいう。

剣《けん》印《いん》

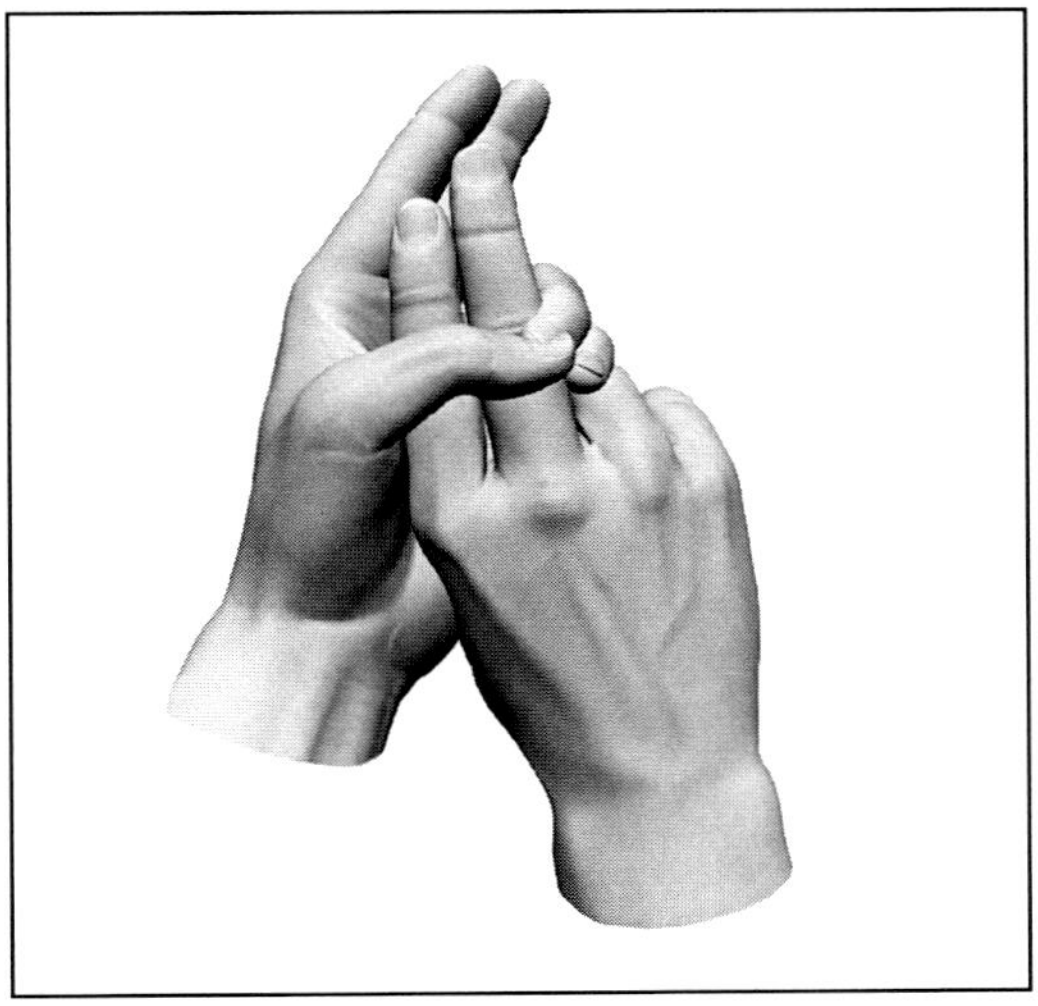

①両手、ともに剣印にする。剣印は、小指、薬指を屈して親指で甲を押し、中指、人差指を伸ばす。

②左手の剣印を仰げて鞘とし、右手の剣印を伏せ、左手に差し込んで納める。

※中指と人差指は不動明王の身を表す。

※辟除障難の印といい、辟除には

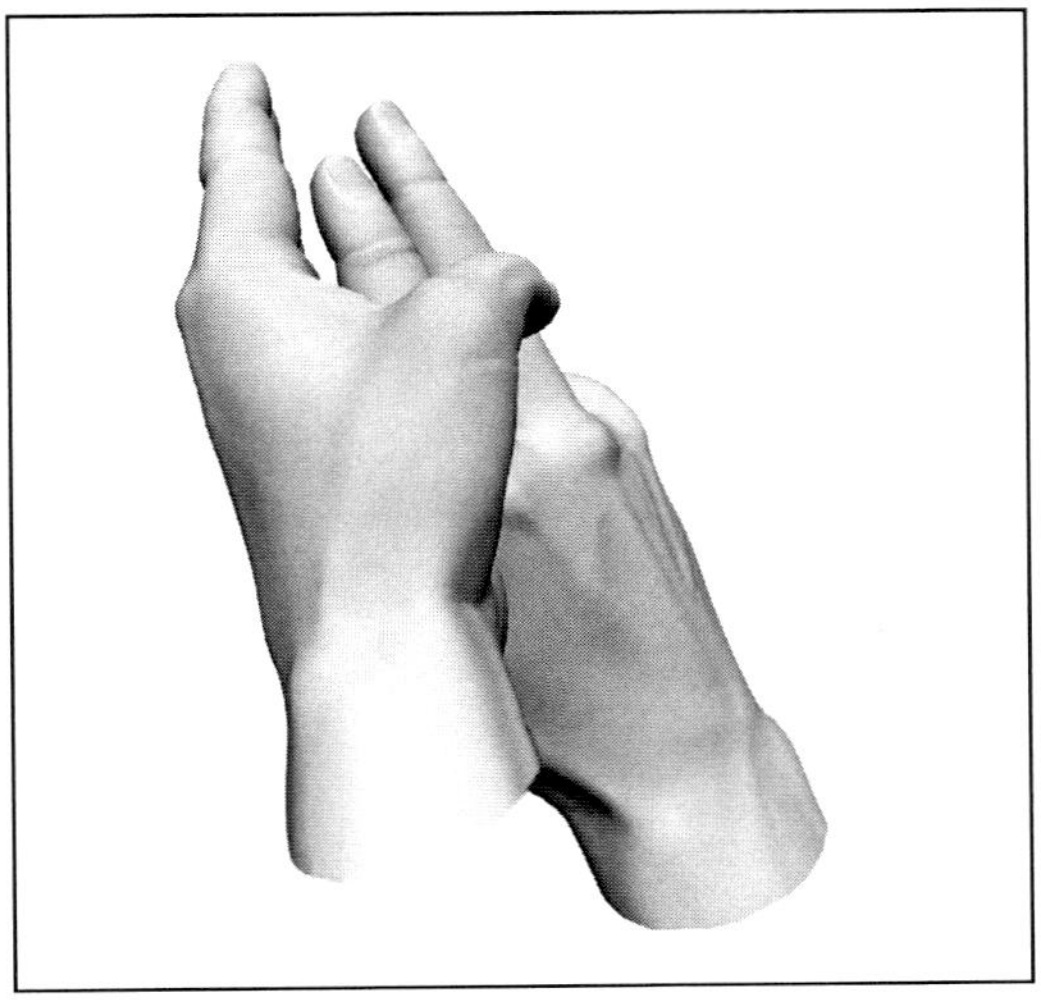

常に用いる印である。

※真言は前頁に同じ。

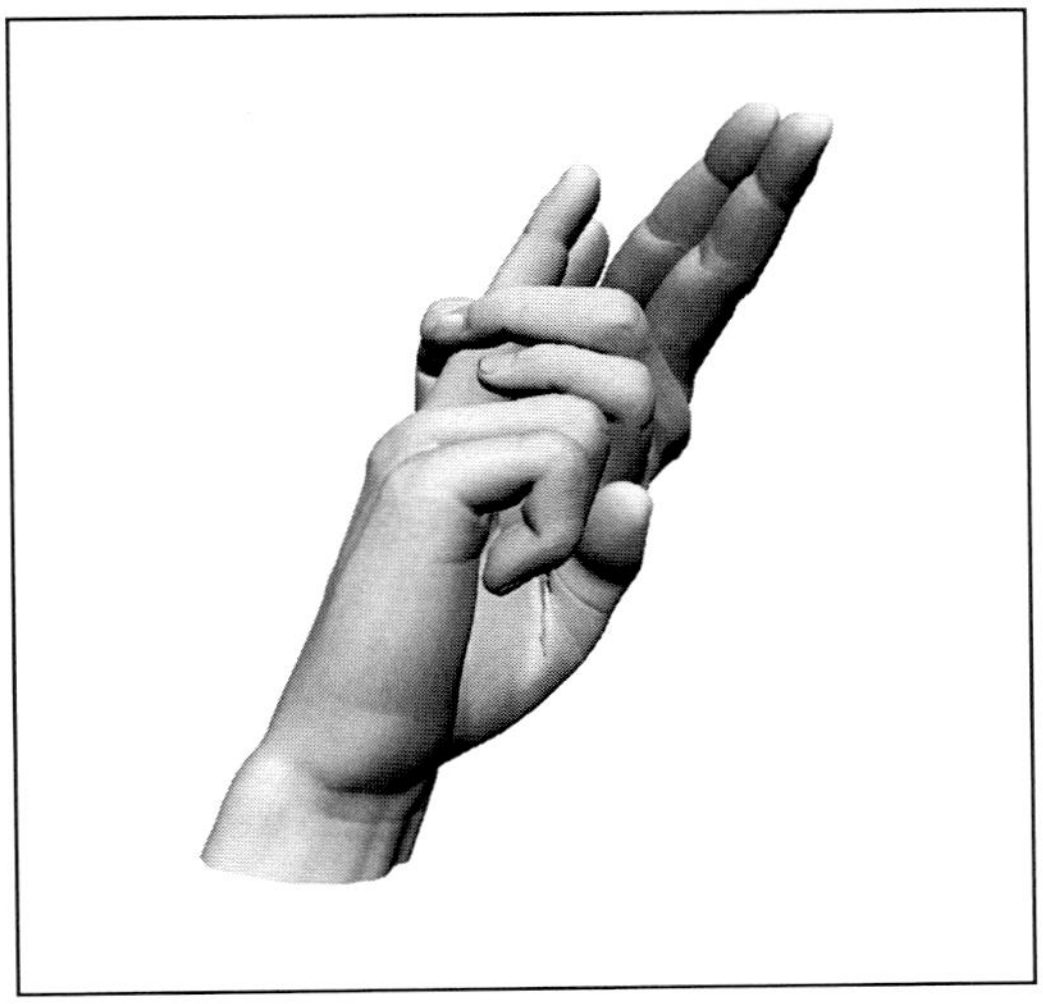

三《さん》三《ざん》昧《ま》耶《や》摂《せっ》召《ちょう》印《いん》

一切如来所生印。

①両手、先ず外縛してから内縛する。

②両小指を開き立てる。

※また、外縛して両小指を開きたて、両親指を並び立てて掌中に入れるとする伝もある（下図）。

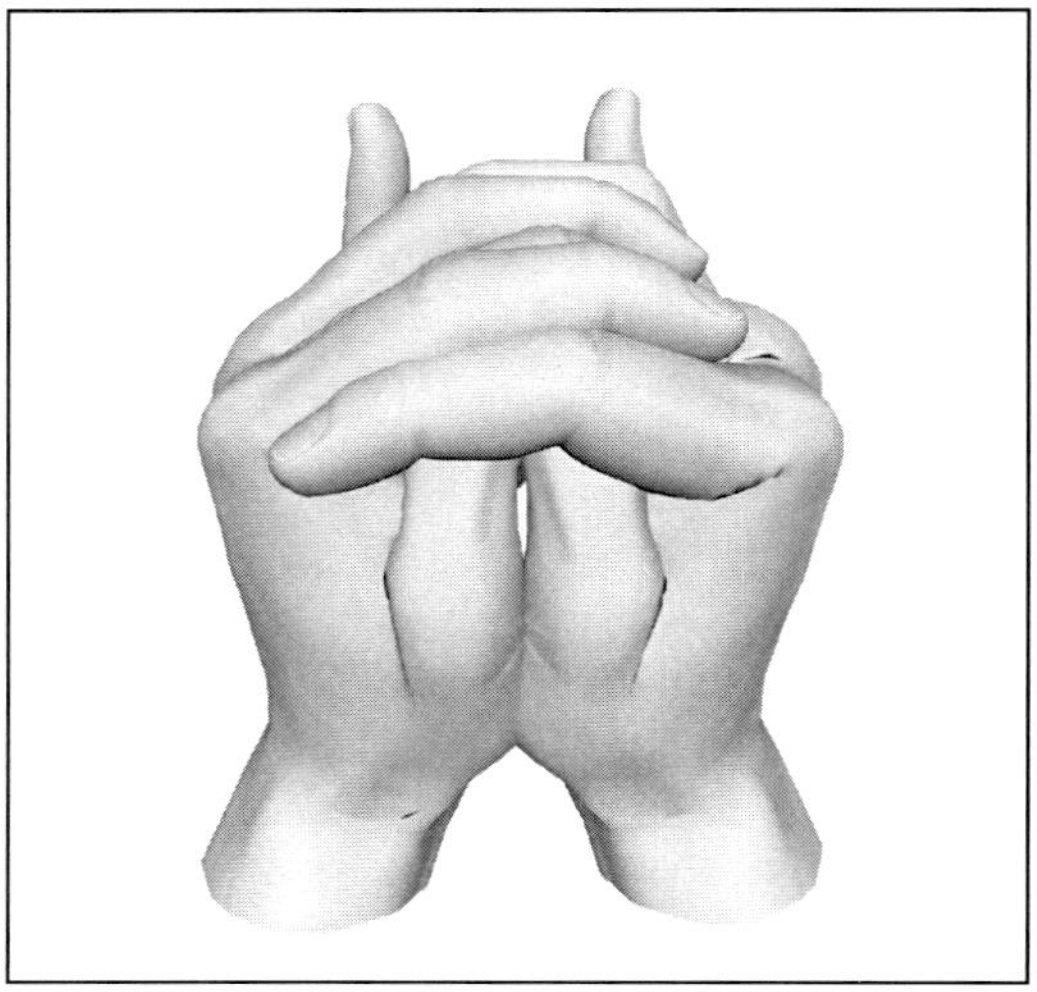

十《じゅう》四《し》根本《こんぽん》印《いん》

第一根本《こんぽん》印《いん》

①両手、内縛する。
②両人差指を立て合わせる。
③両親指は交差させて屈し、掌中に入れ、それぞれ薬指の甲を押す。
※針印ともいう。
※独鈷印（二七〇頁）に同じ。

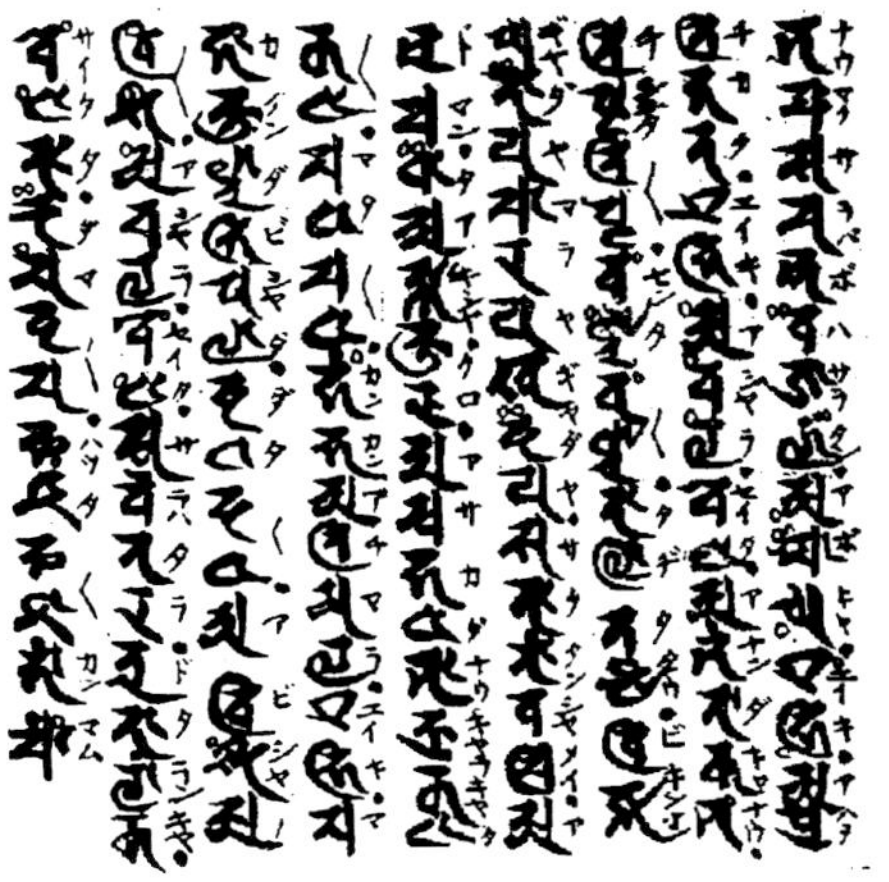

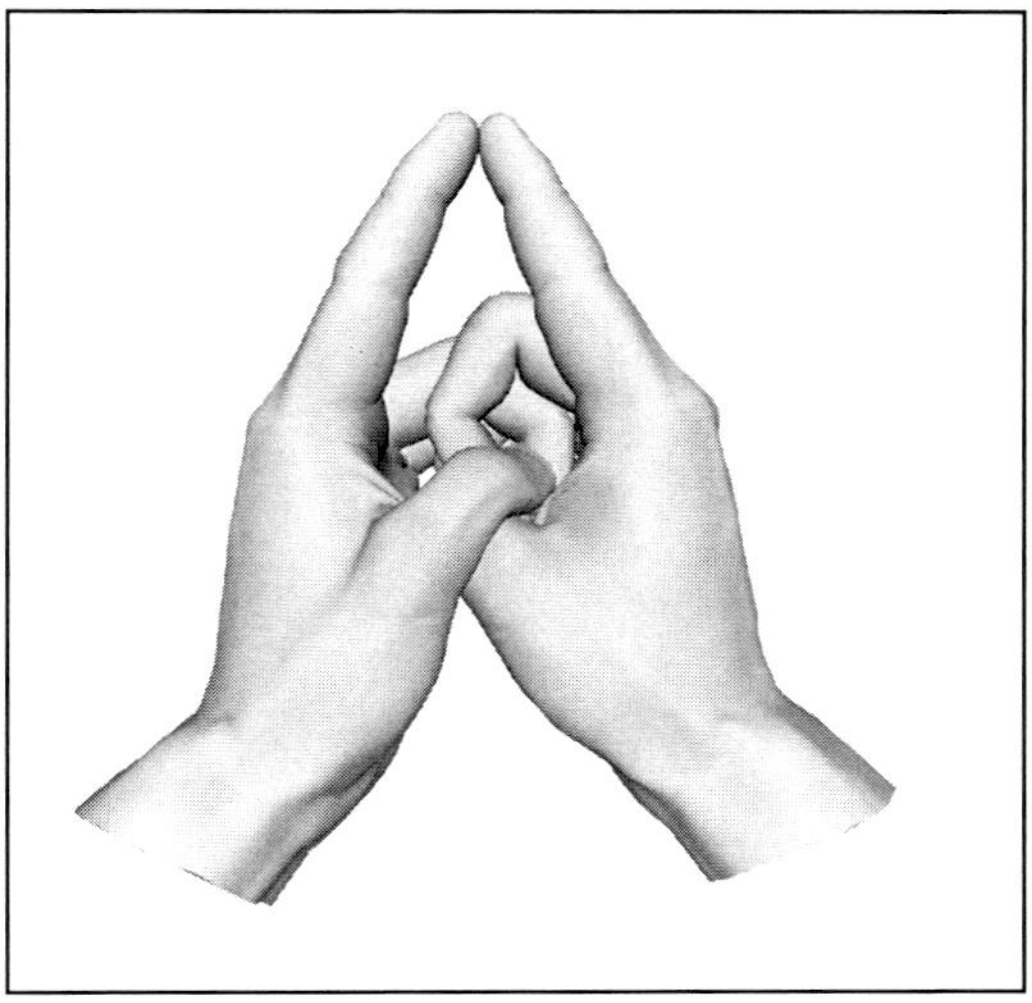

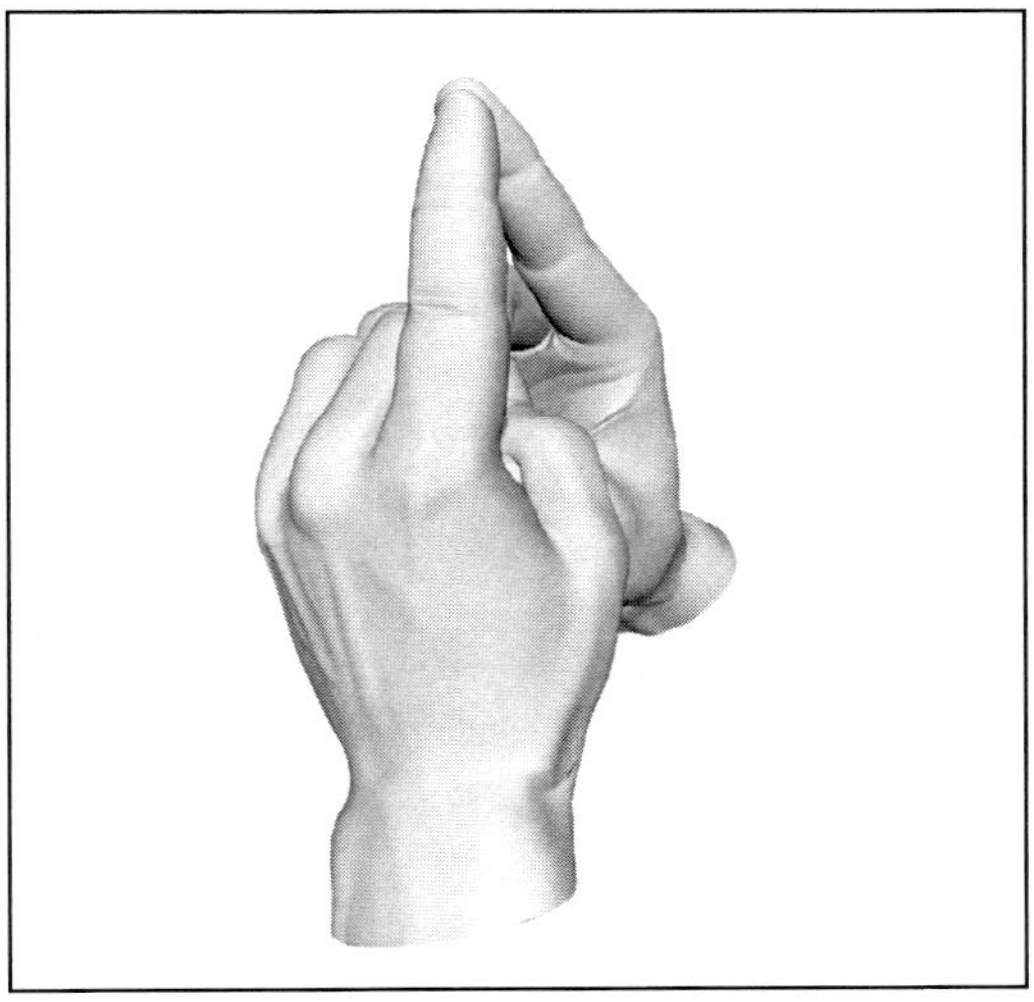

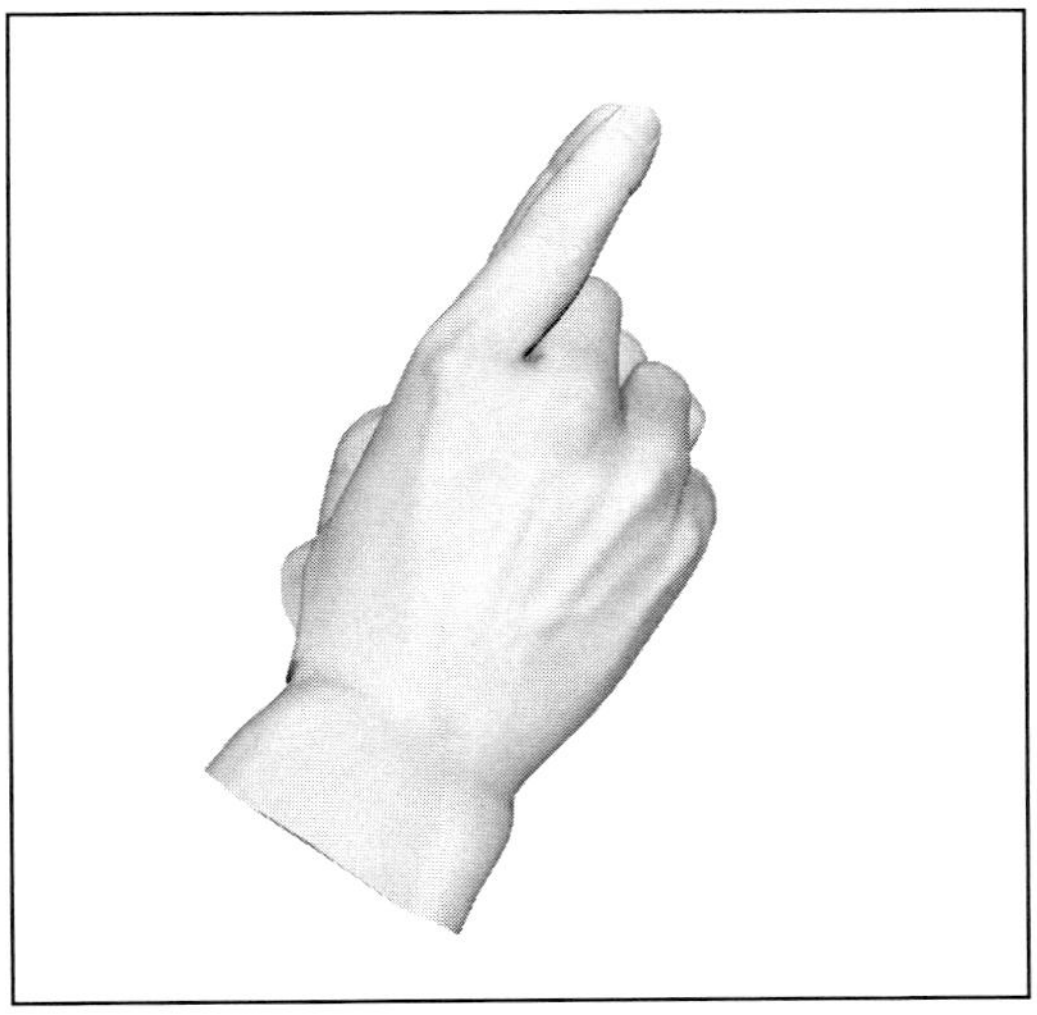

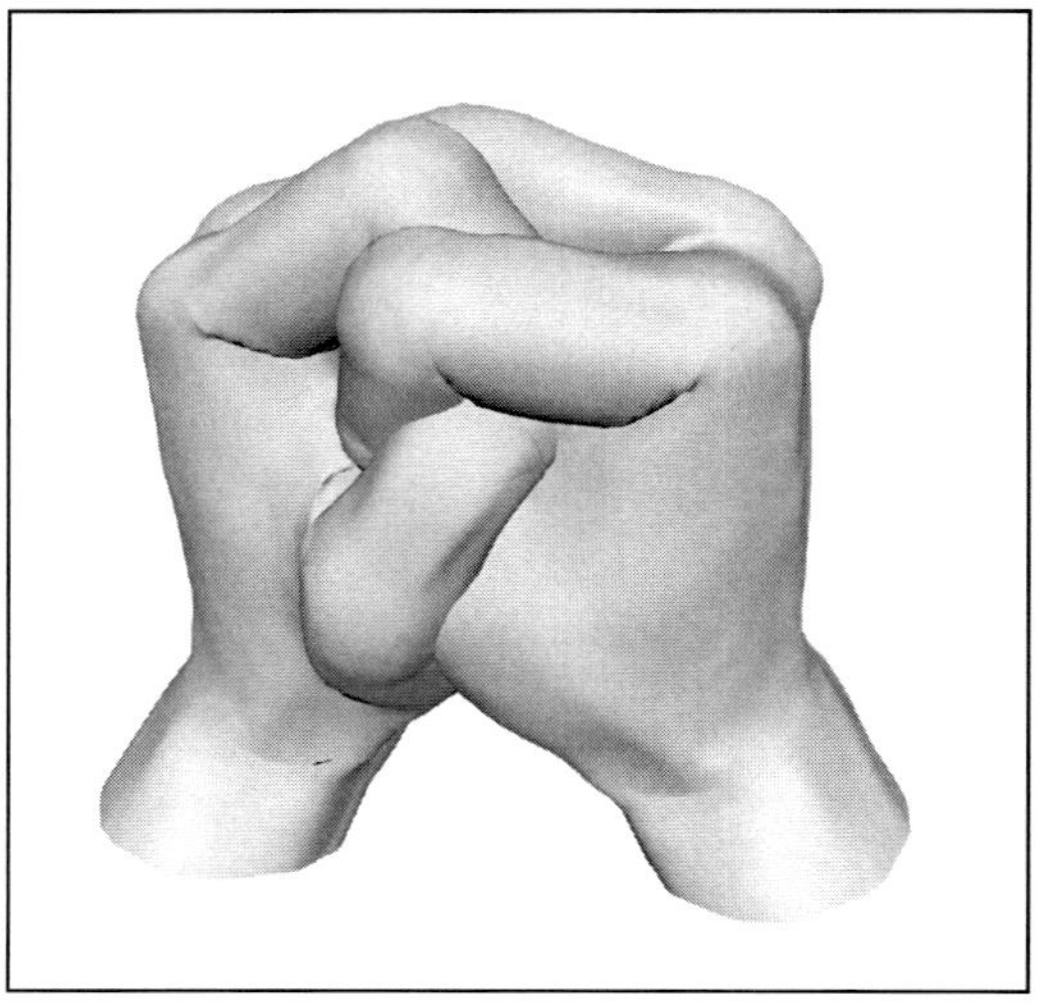

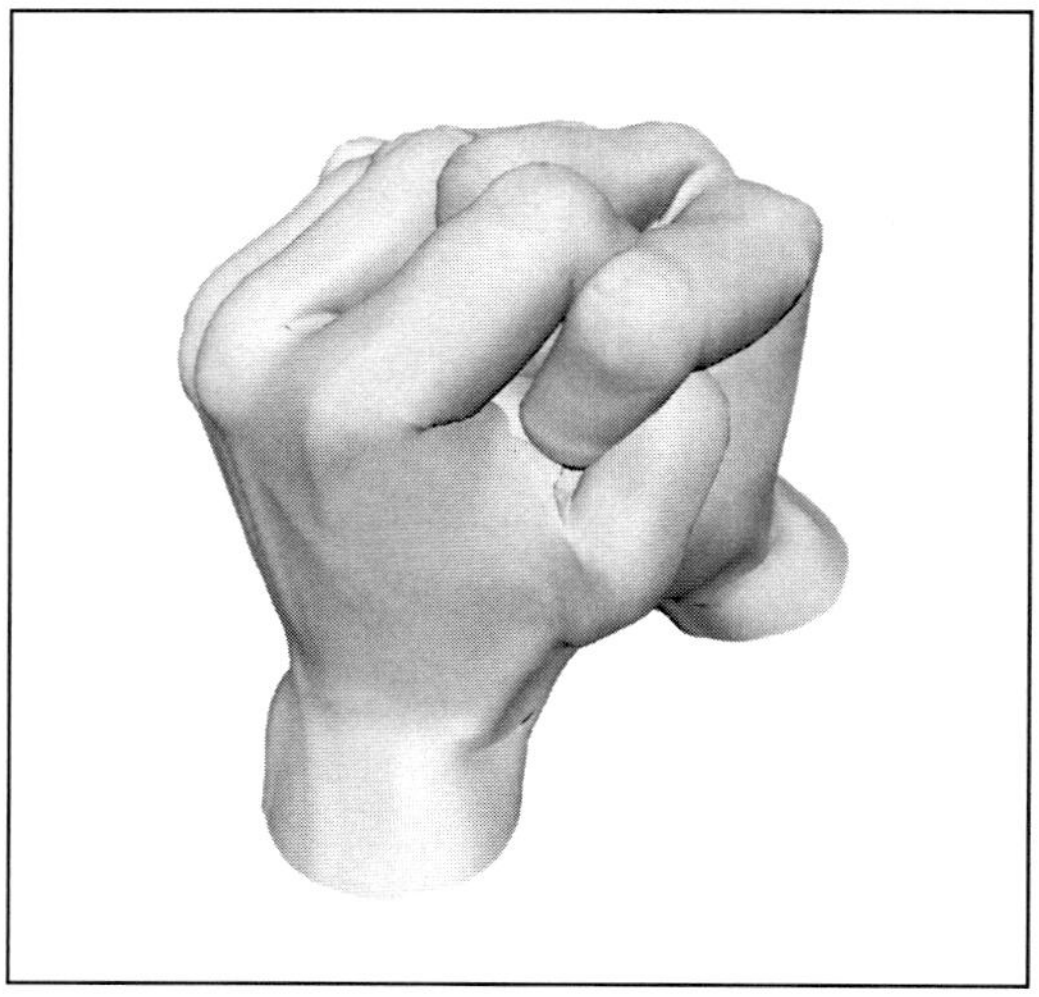

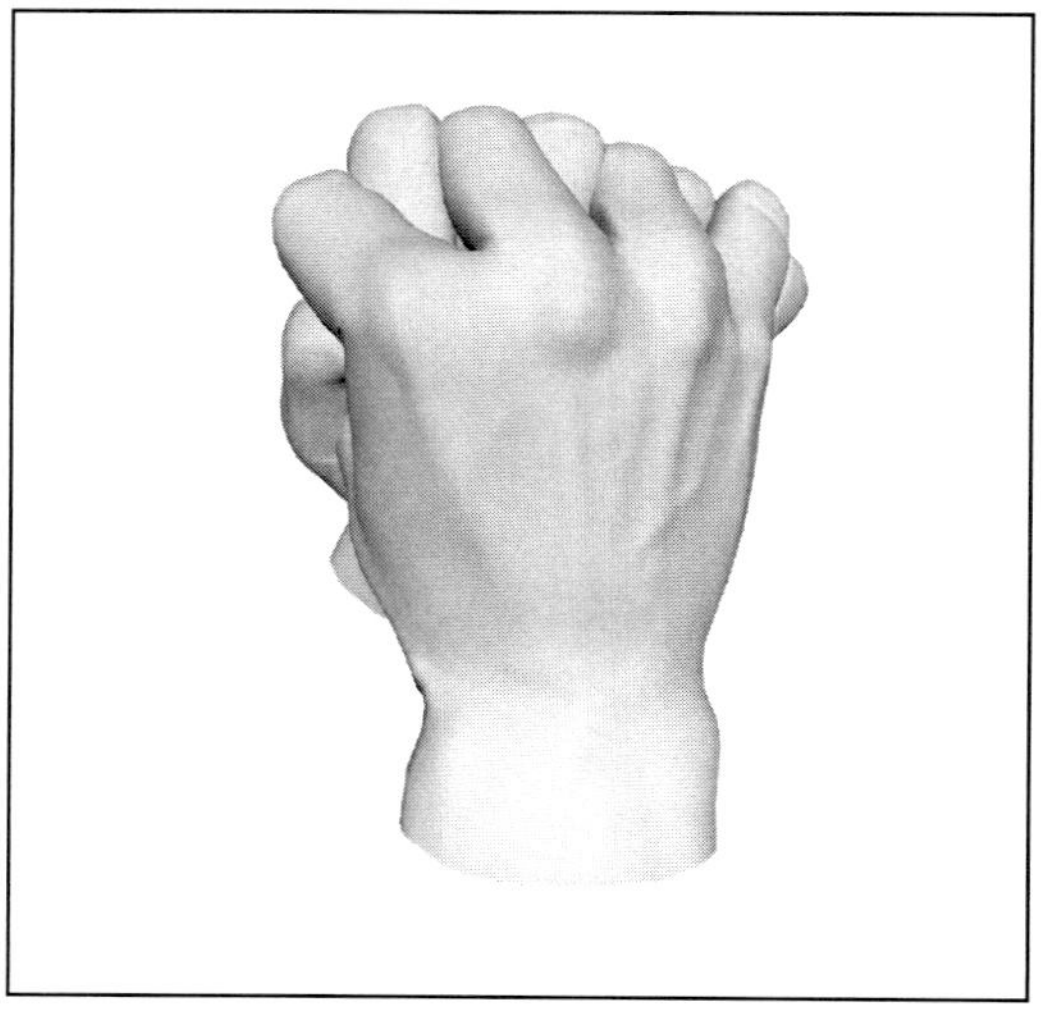

根本印《こんぽんいん》二
宝山印《ほうせんいん》

①両手、内縛する。
②両親指は掌中に入れる。

※真言は前頁に同じ。

根本《こんぽん》印《いん》三 頭《とう》印《いん》

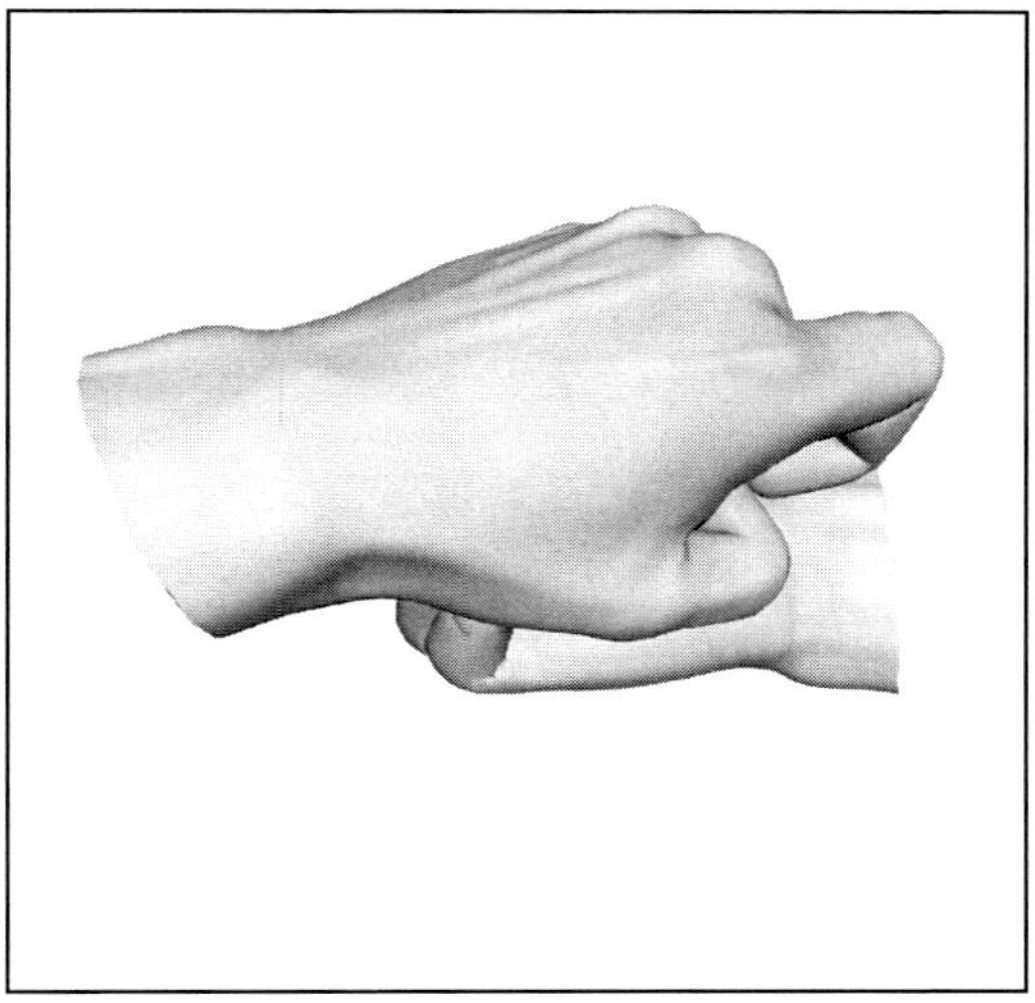

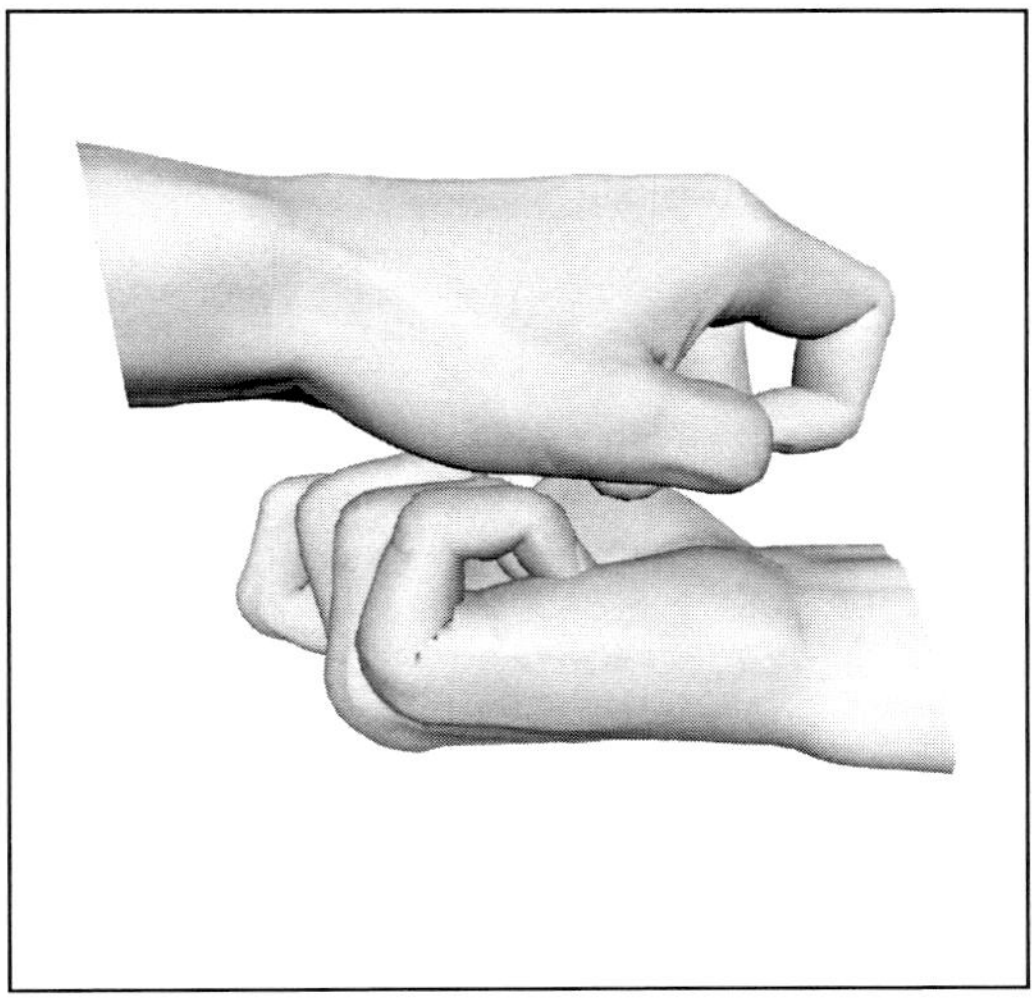

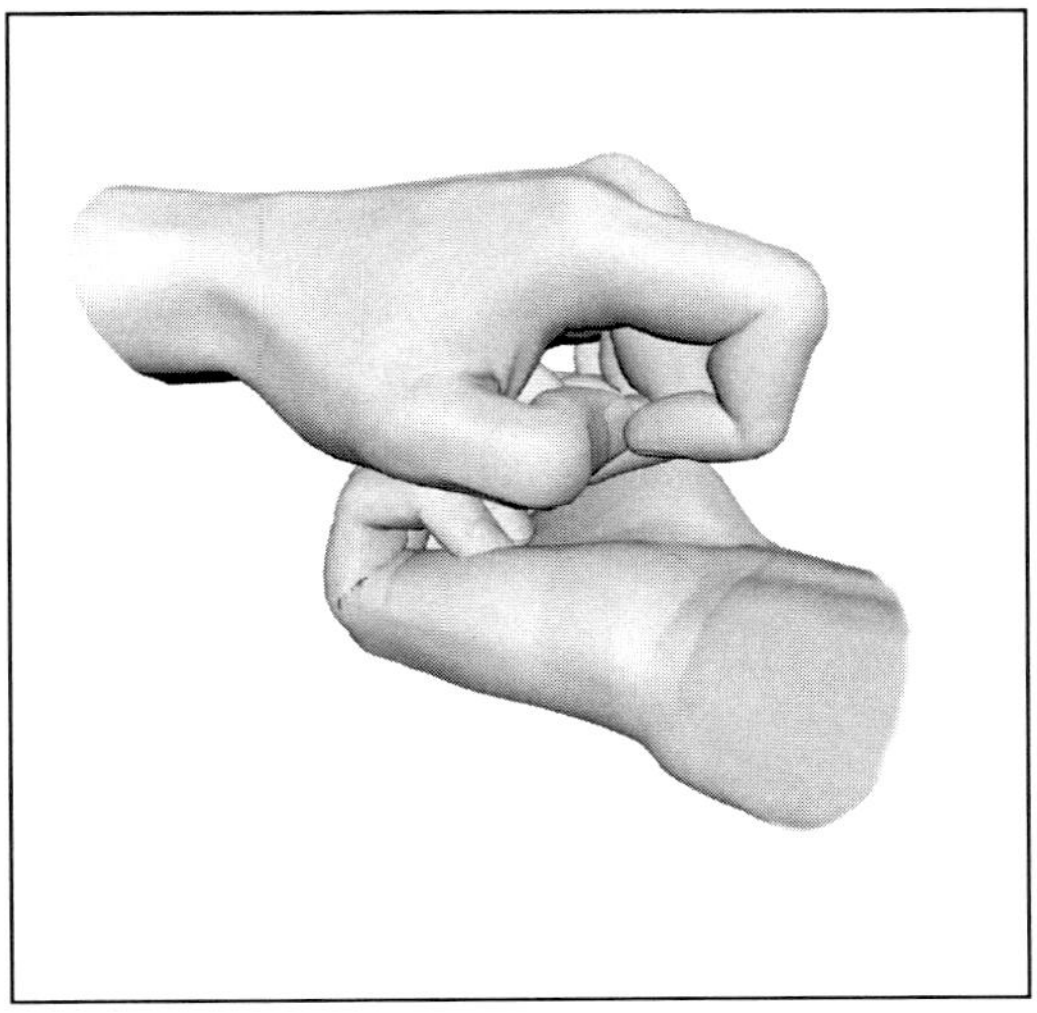

①両手、金剛拳にする。
②右拳を仰げ、左拳は伏せて、覆うようにする。
※両手を胎拳（蓮華拳、一頁）にして頭頂に置く、とする儀軌もある。

※真言は二四一頁に同じ。

根《こん》本《ぽん》印《いん》四

眼《げん》印《いん》

①両手、内縛する。

②両人差指を立て合わせる。

③両親指は交差させて屈し、掌中に入れる。

※眼、眉間に印する。

※また、右手の小指と薬指で親指を握り、中指と人差指を伸ばし、眉間と額にて垂れるを眼印とする儀軌もある（下図）。

※真言は二四一頁に同じ。

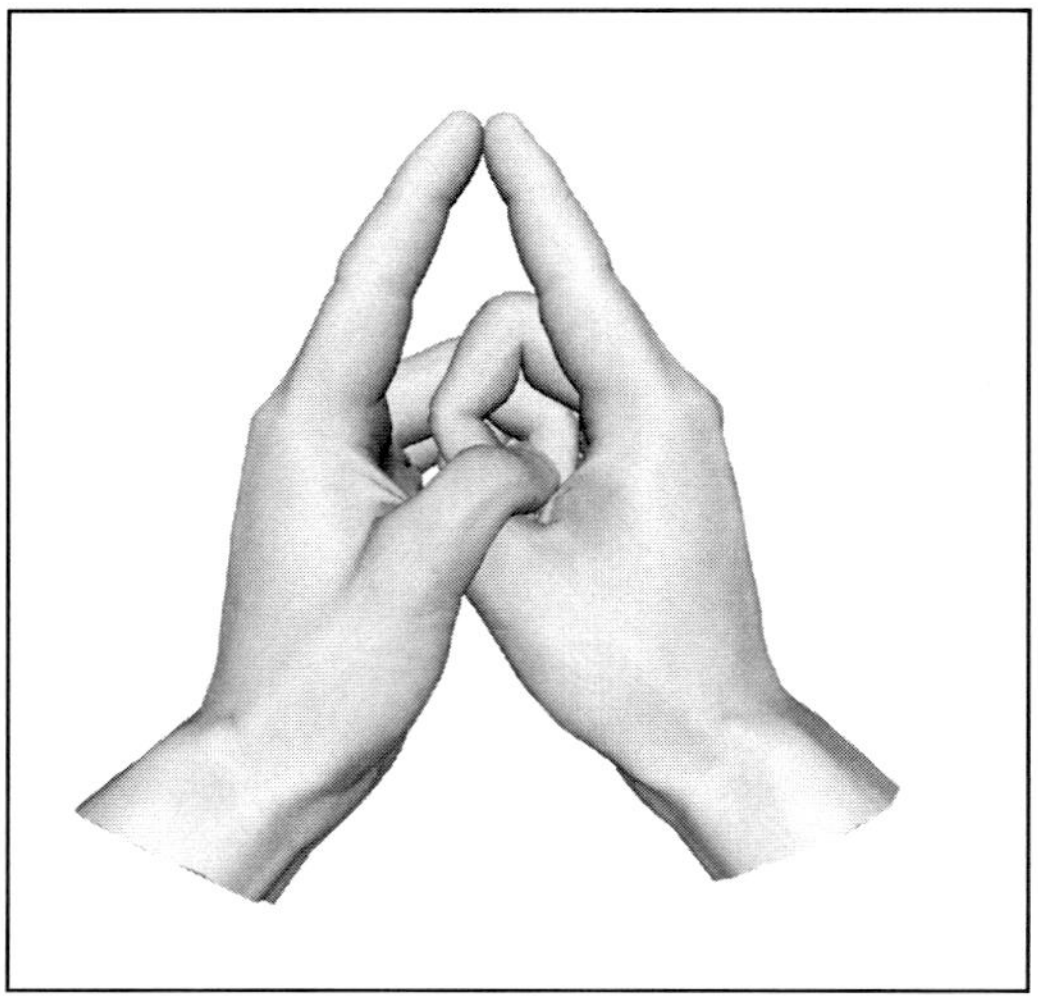

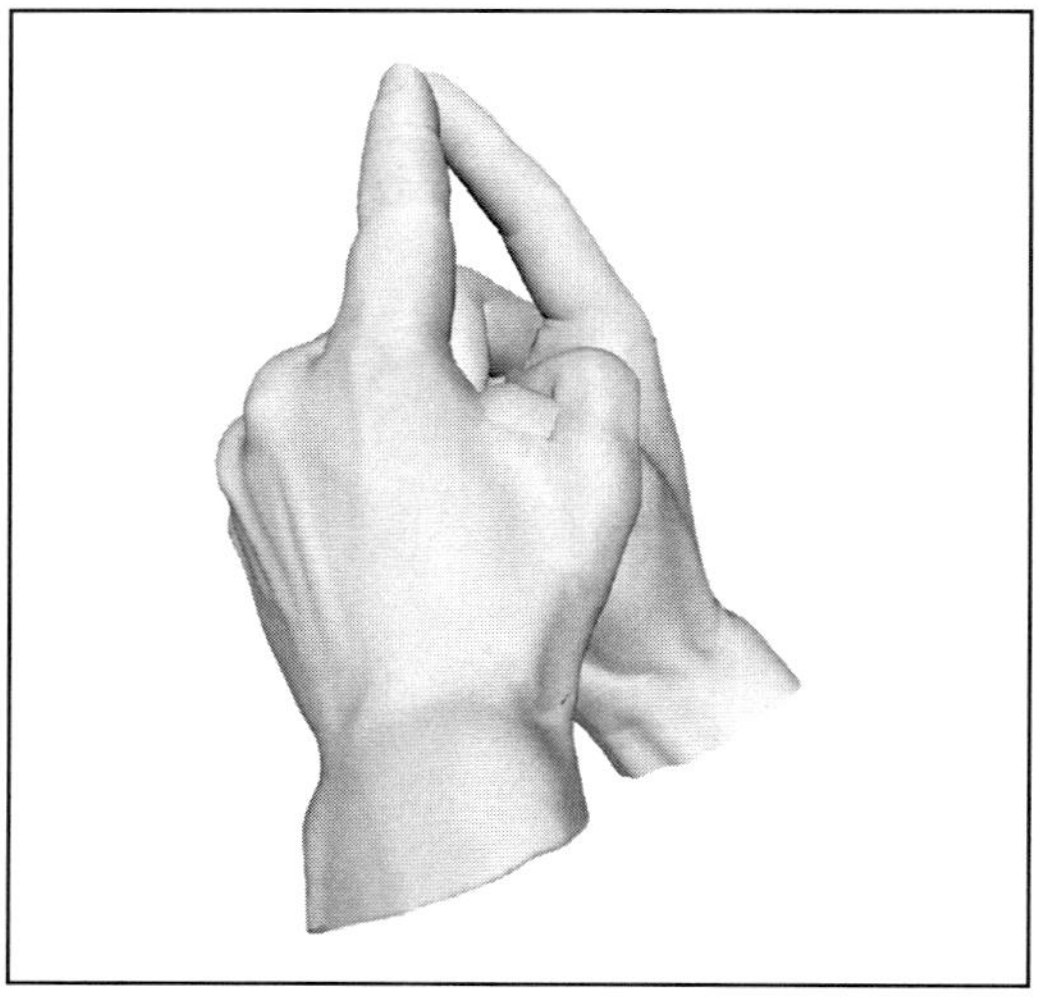

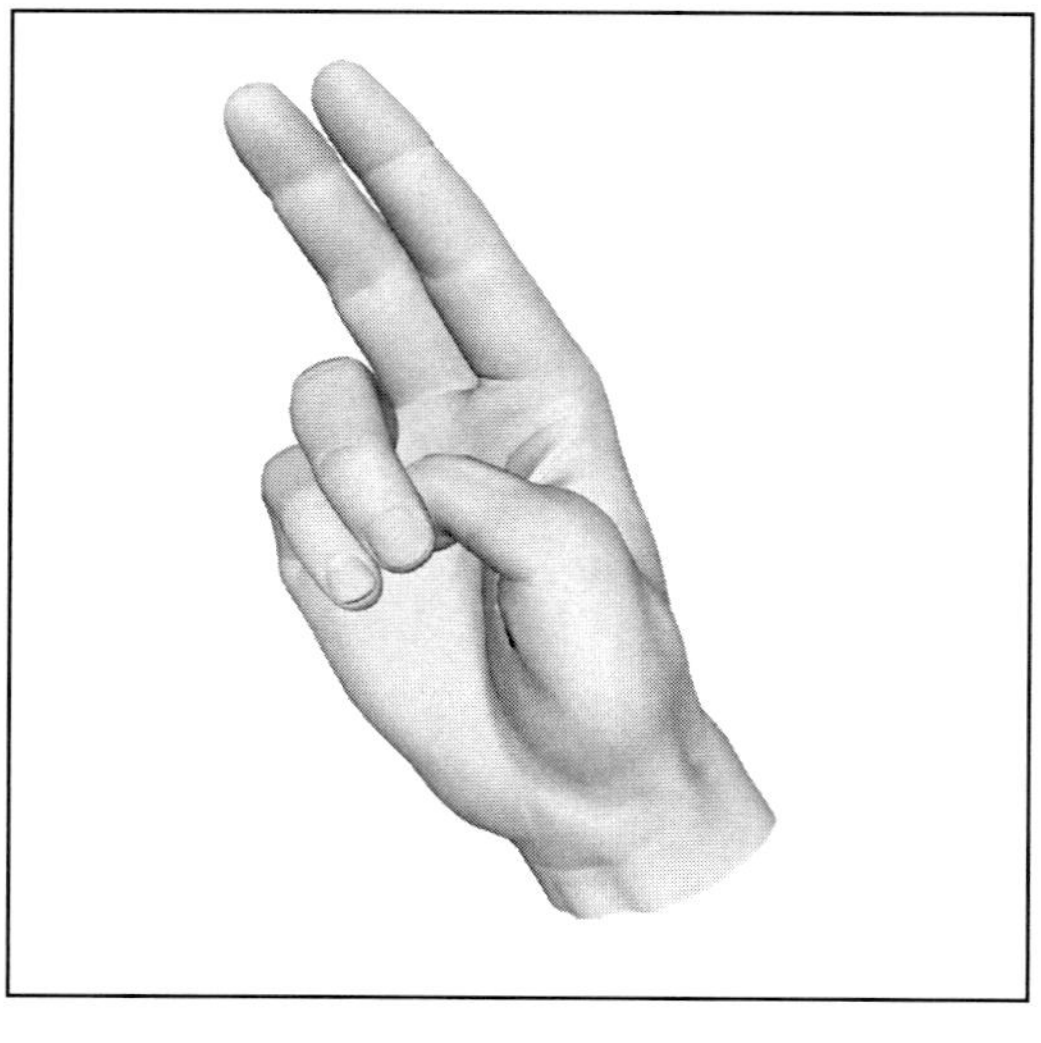

根《こん》本《ぽん》印《いん》五 口《く》印《いん》

①両手、合掌する。
②両小指を屈して交差させ、指先を虎口（親指と人差指の間）に向ける。
③両薬指を屈して並べ、小指の交差部を押す。
④両中指は立て合わせる。
⑤両人差指を屈して、中指の背に回し、合わせる。

⑥両親指は並び立てて屈し、掌中に入れて、それぞれ薬指の甲を押す。
※印を口につける。
※親指を下唇、中指・人差指は上唇、その間を口の形とし、小指を出すのは牙とする。
※真言は二四一頁に同じ。

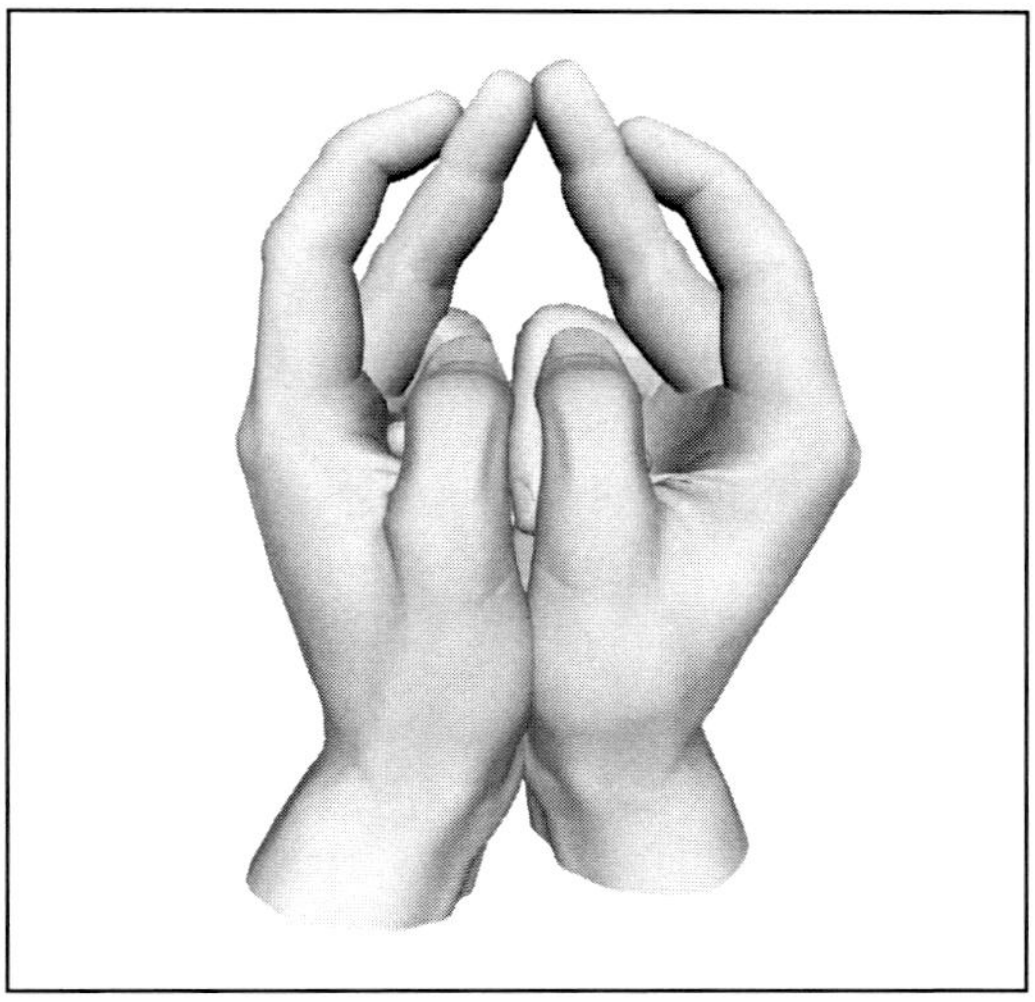

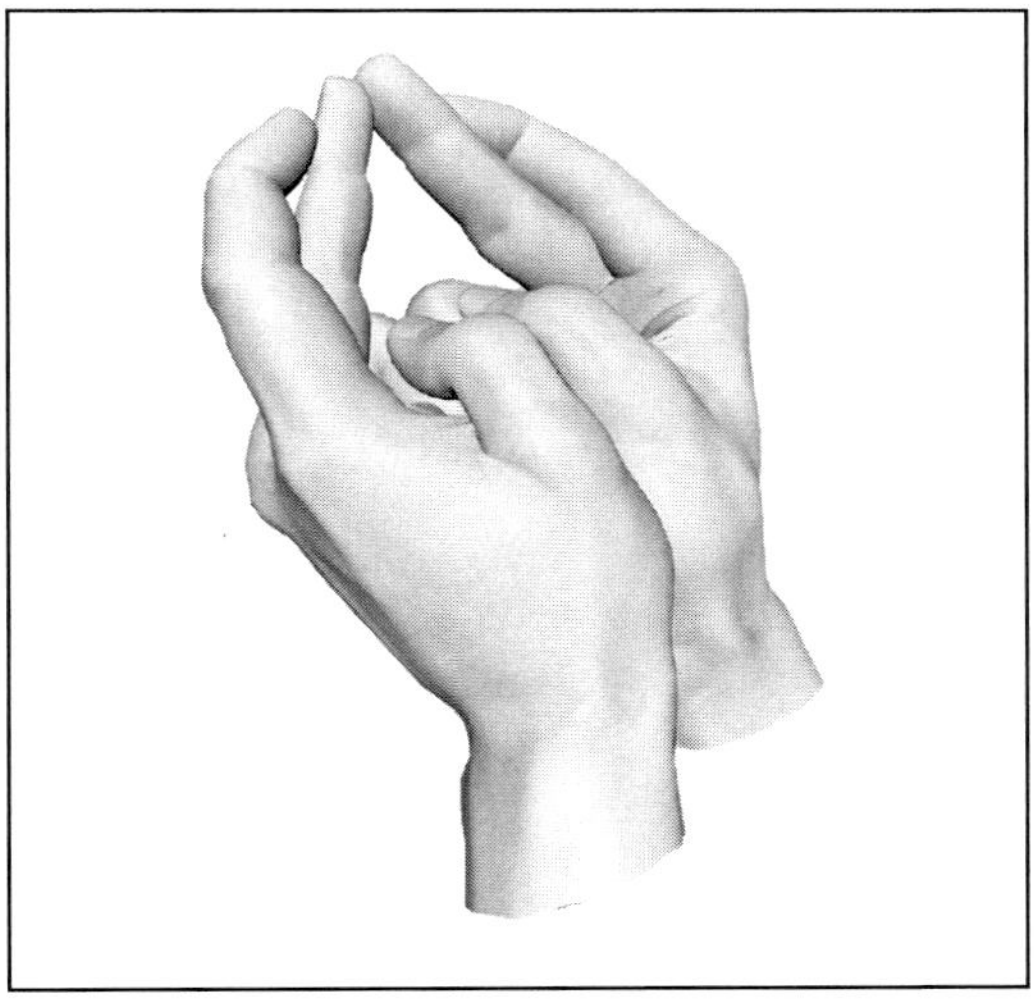

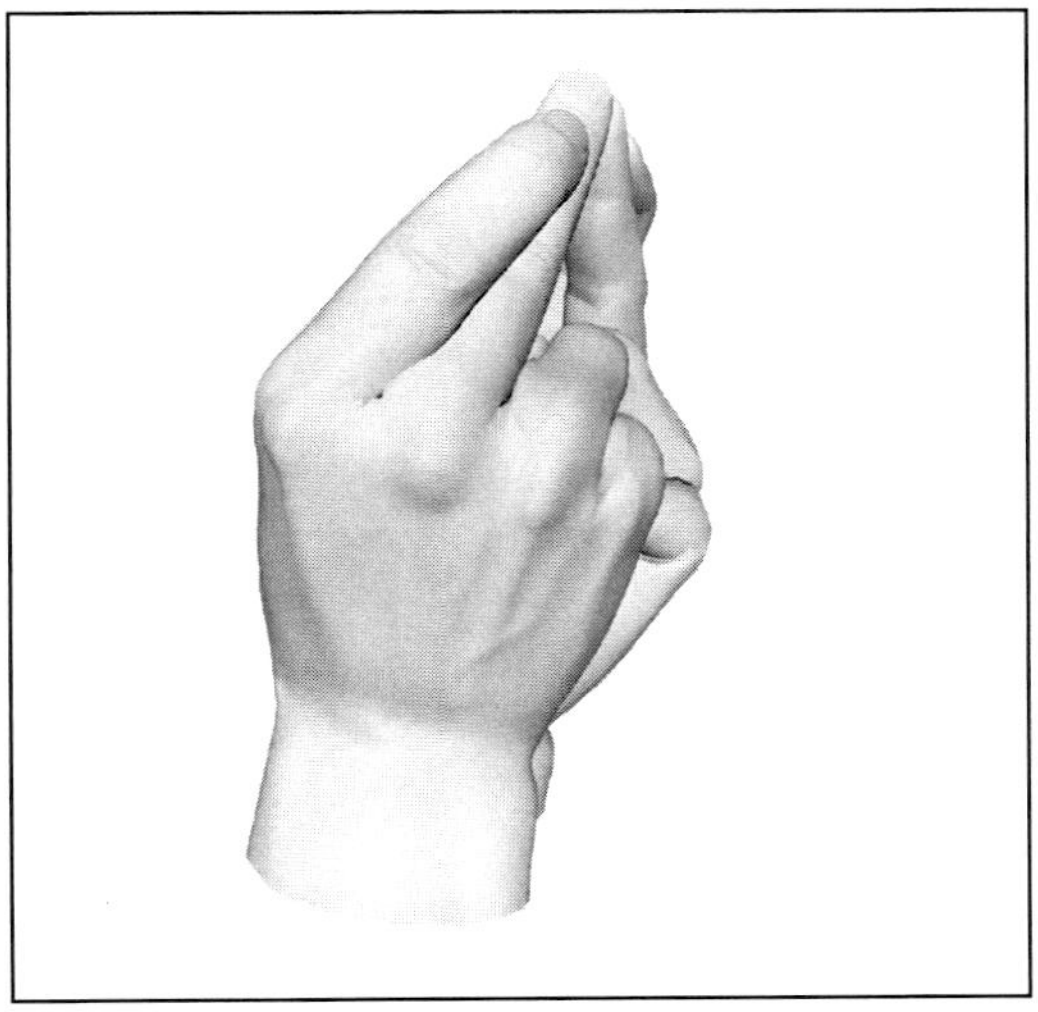

根《こん》本《ぽん》印《いん》六　心《しん》印《いん》

①両手、虚心合掌する。

②両人差指を屈し、両親指と弾指する形を取る。すなわち、人差指を屈して、指先を親指で押す。

※十四印中の最極秘印とする。

※真言は二四一頁に同じ。

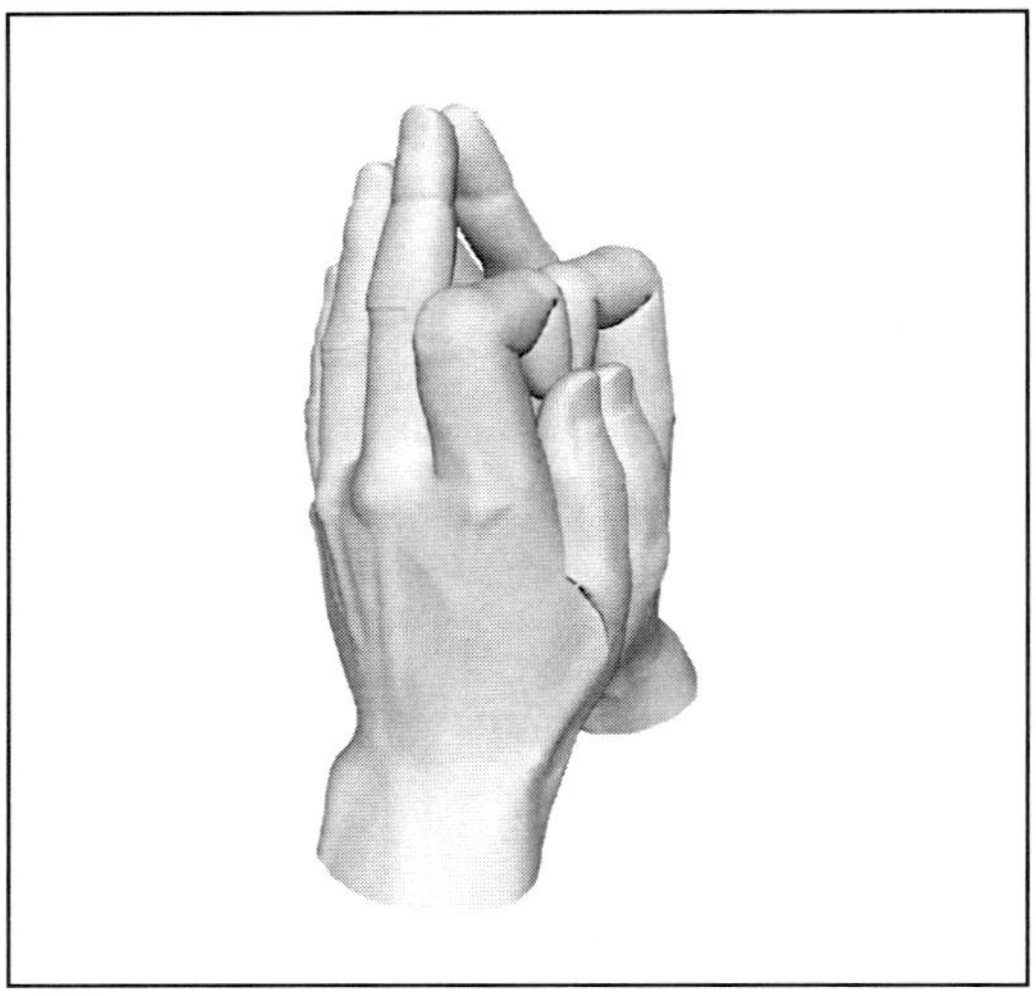

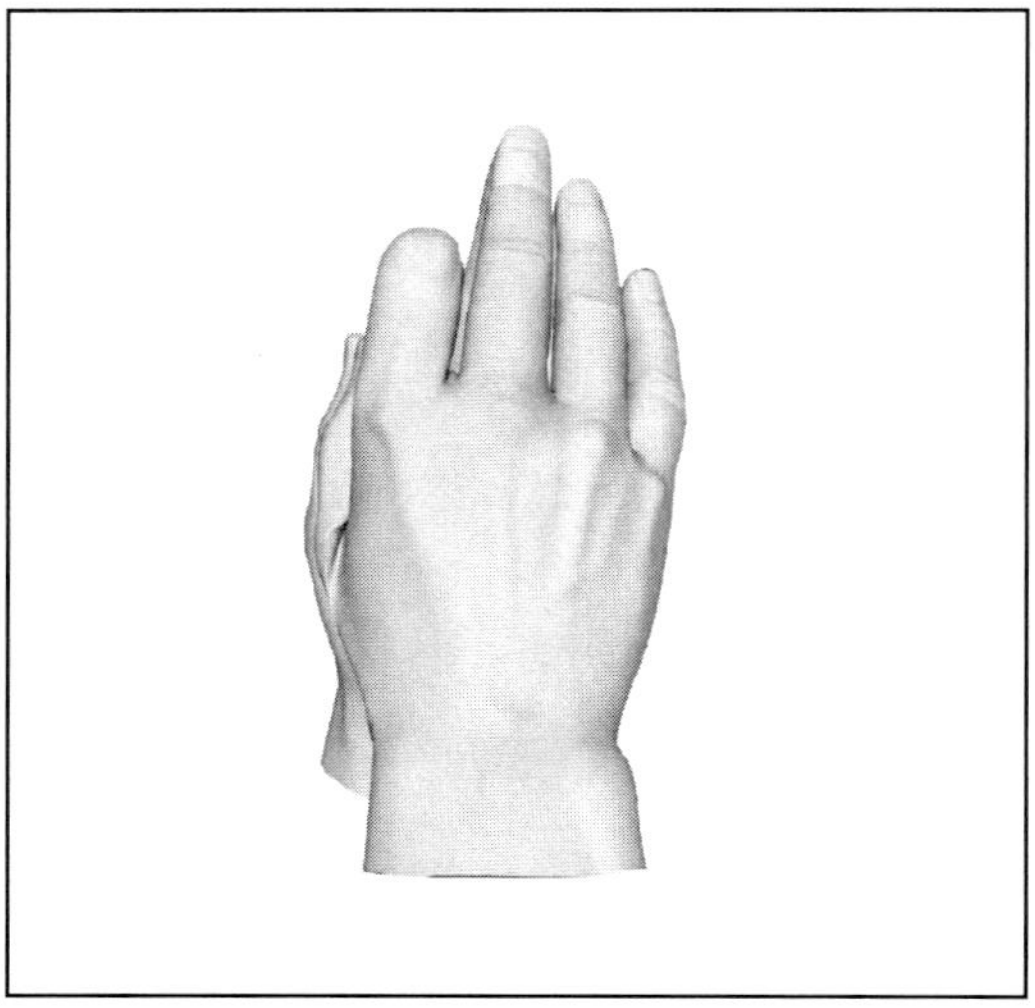

根《こん》本《ぽん》印《いん》七
甲《こう》印《いん》

①両手、虚心合掌をする。
②両中指は直ぐ開き立てる。
③両人差指は開いてやや屈する。
④両薬指はやや屈し、宝形にする。
⑤両小指と親指は開き立てる。
※心、両肩、喉の四処を加持して頭頂に散じる。
※四処加持印という。

※真言は二四一頁に同じ。

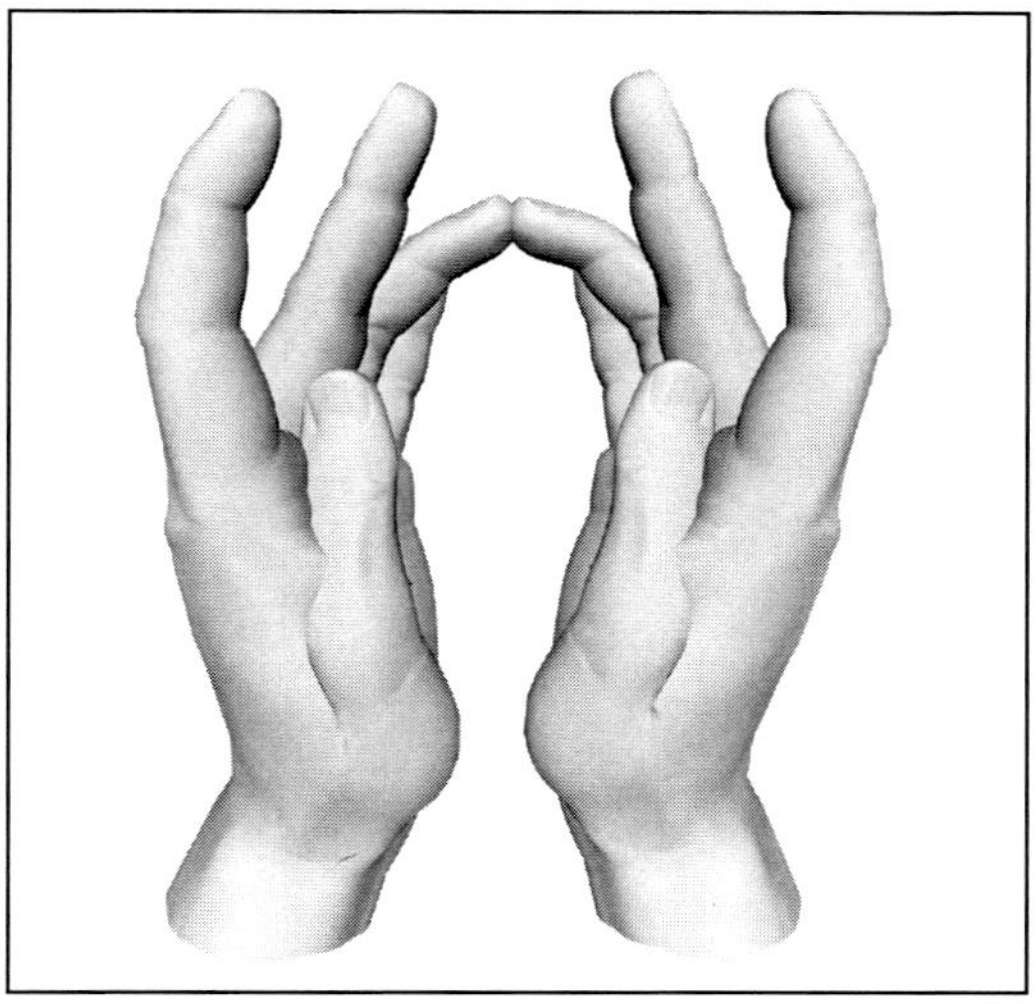

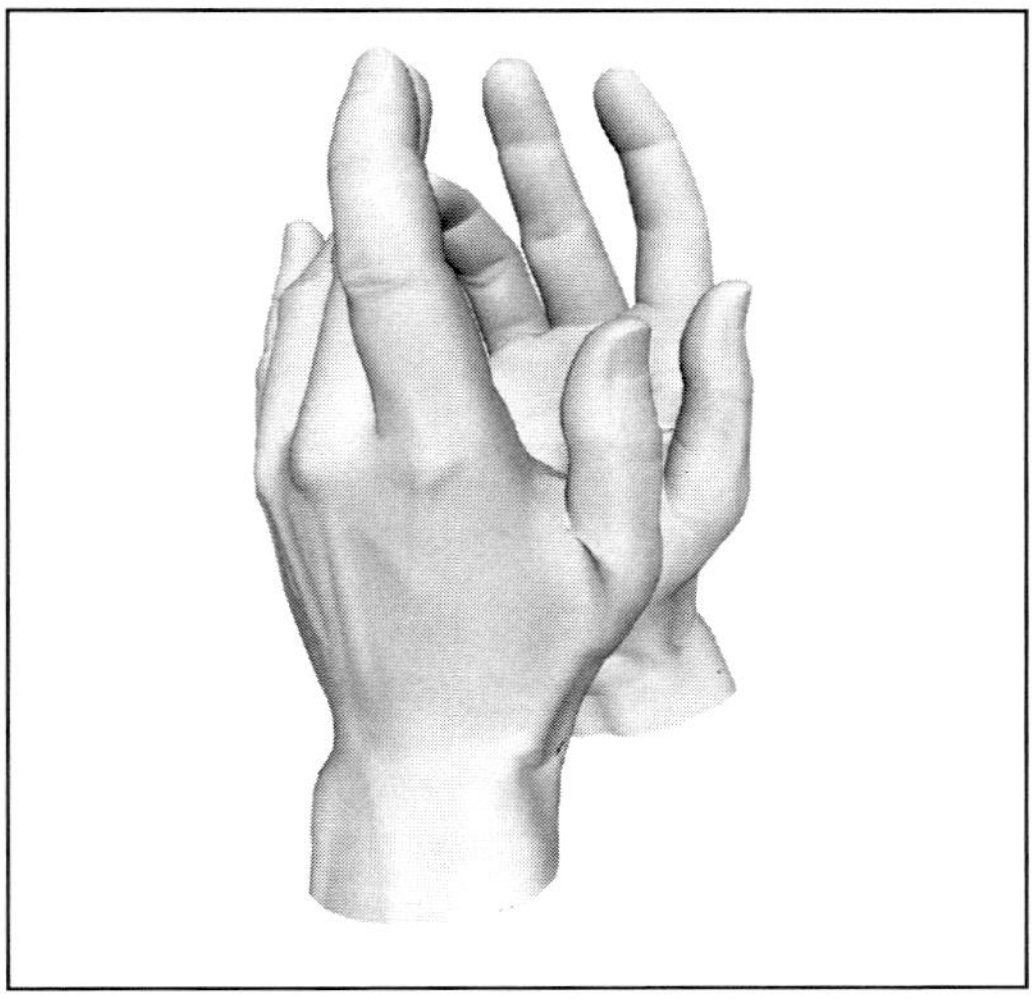

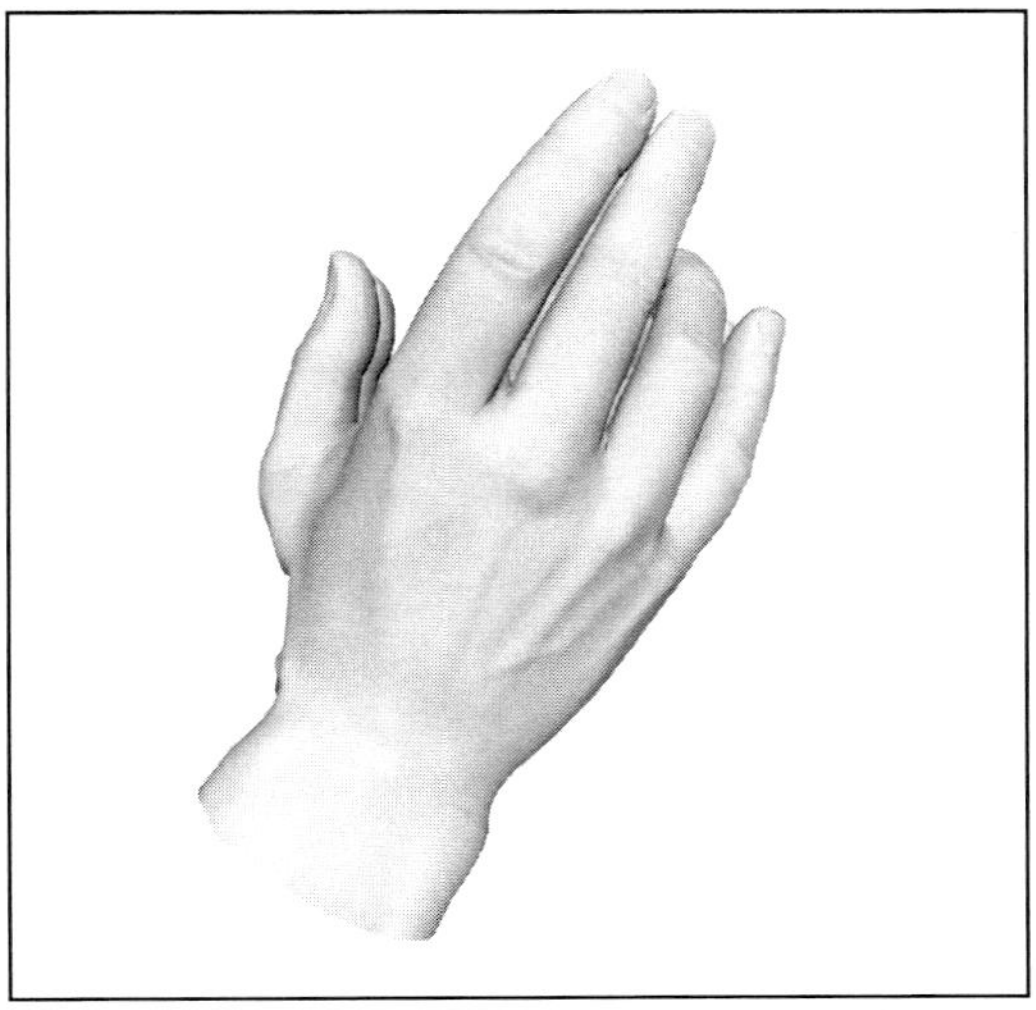

根本印《こんぽんいん》八
師子《しし》奮迅《ふんじん》印《いん》

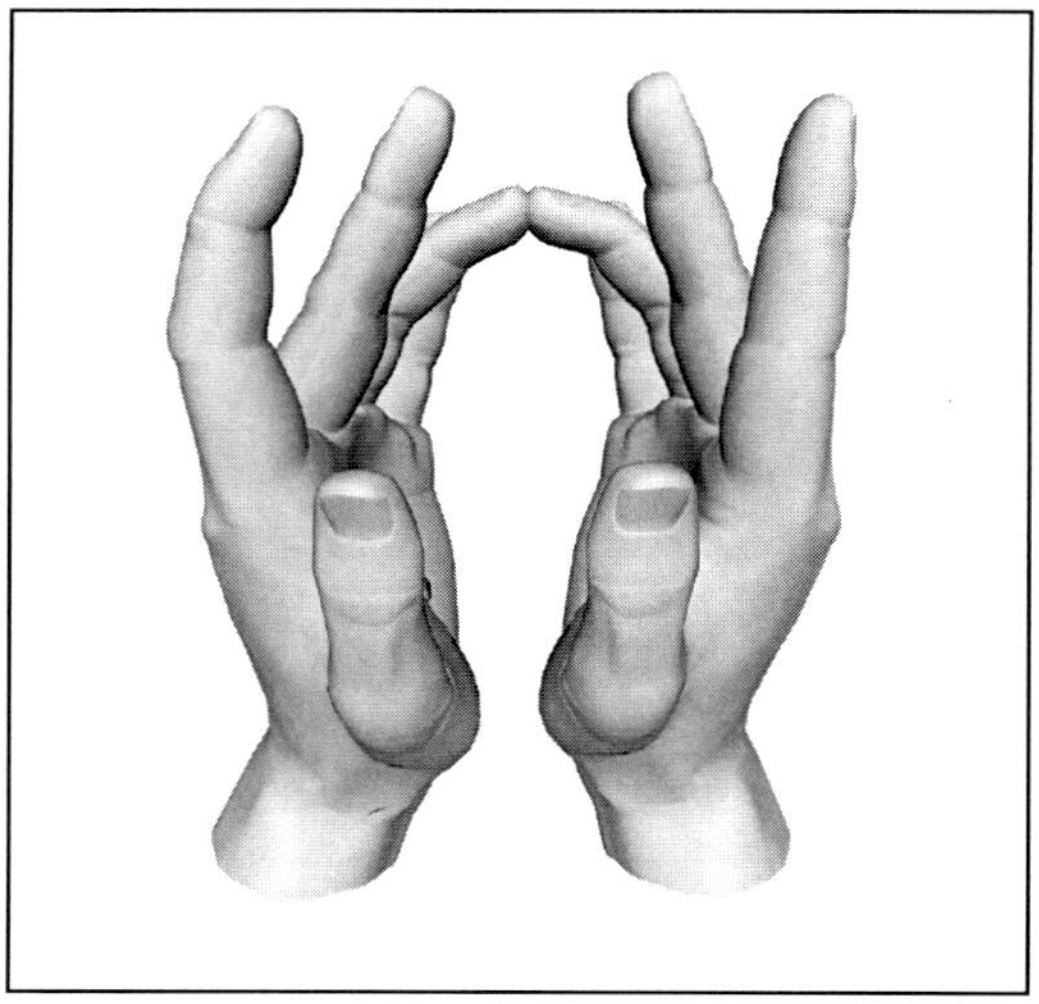

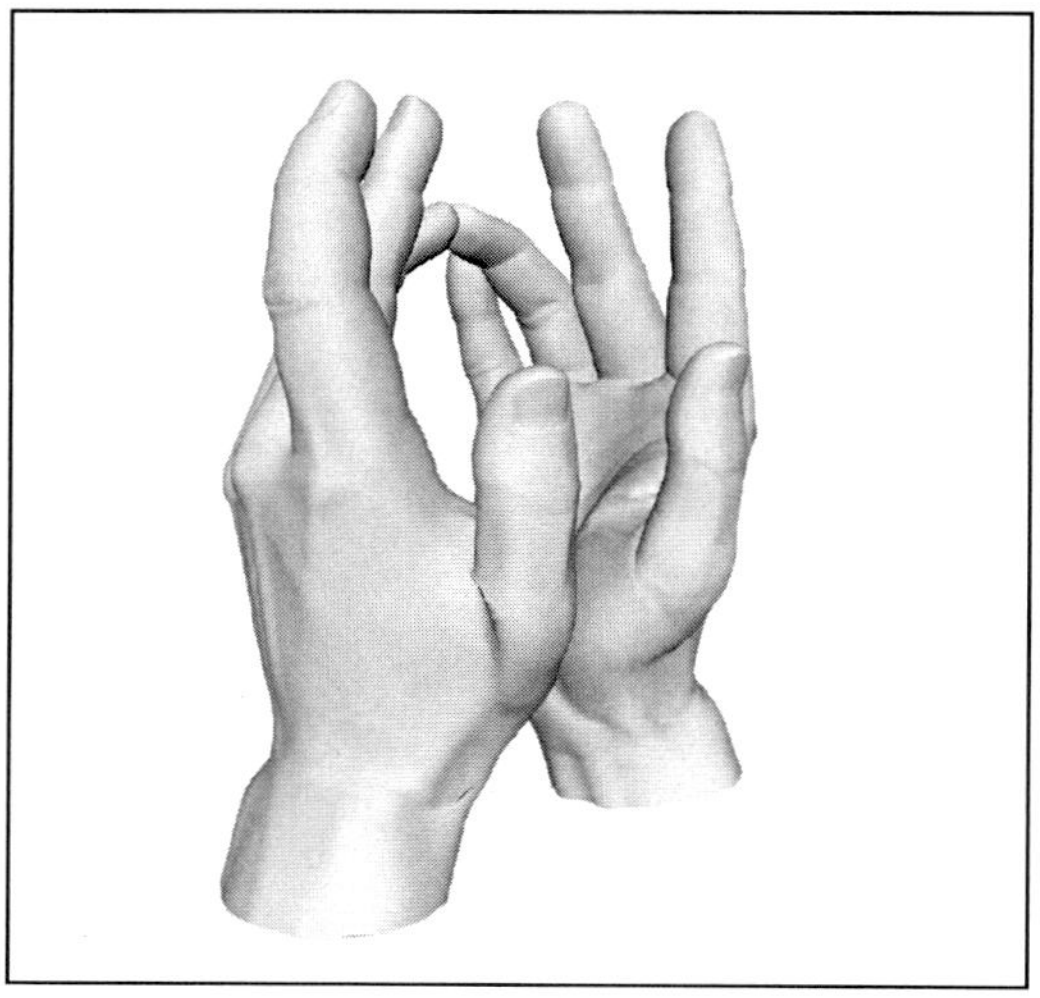

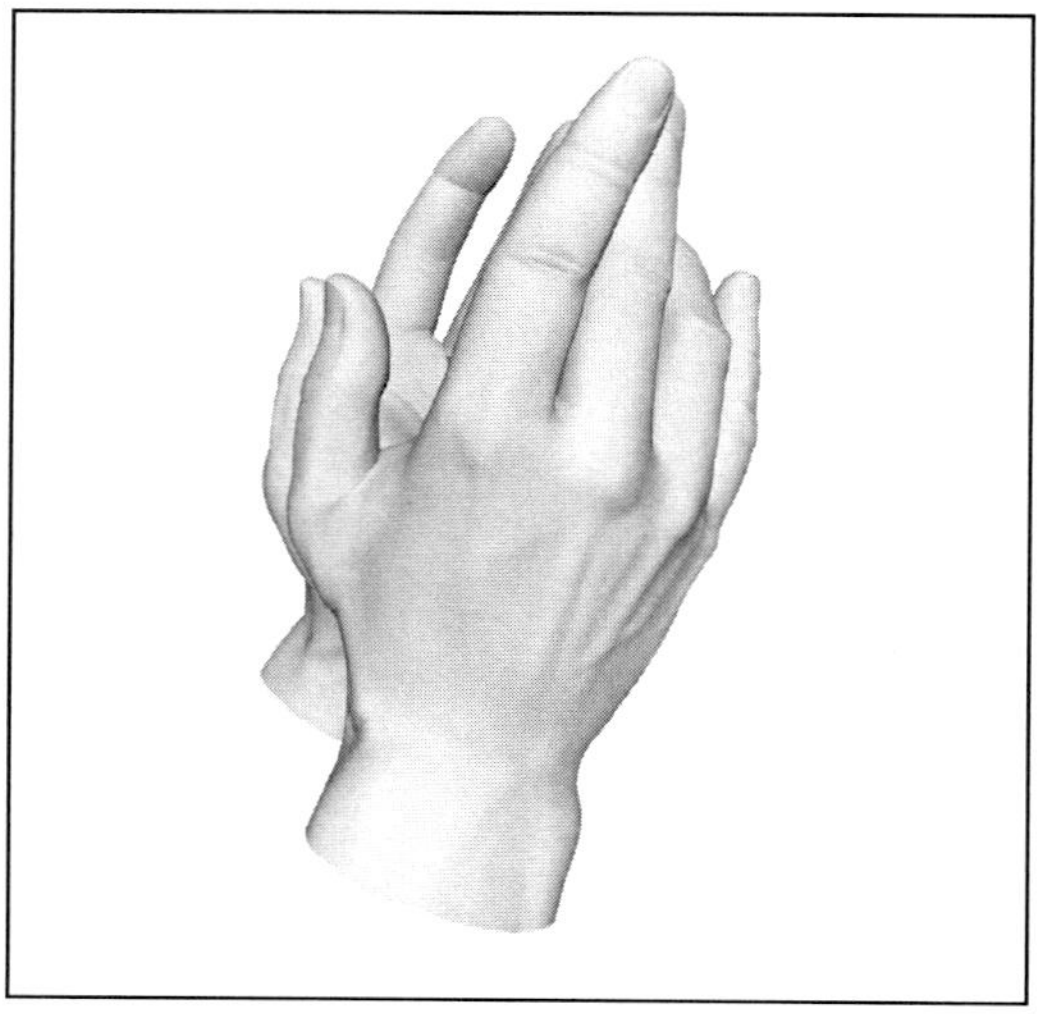

①前印（甲印）を結び、右人差指を伸ばす。
※右人差指を伸ばすのが師子奮迅形で、師子は菩提心を表す。

※真言は二四一頁に同じ。

根本《こんぽん》印《いん》九 火焔《かえん》印《いん》

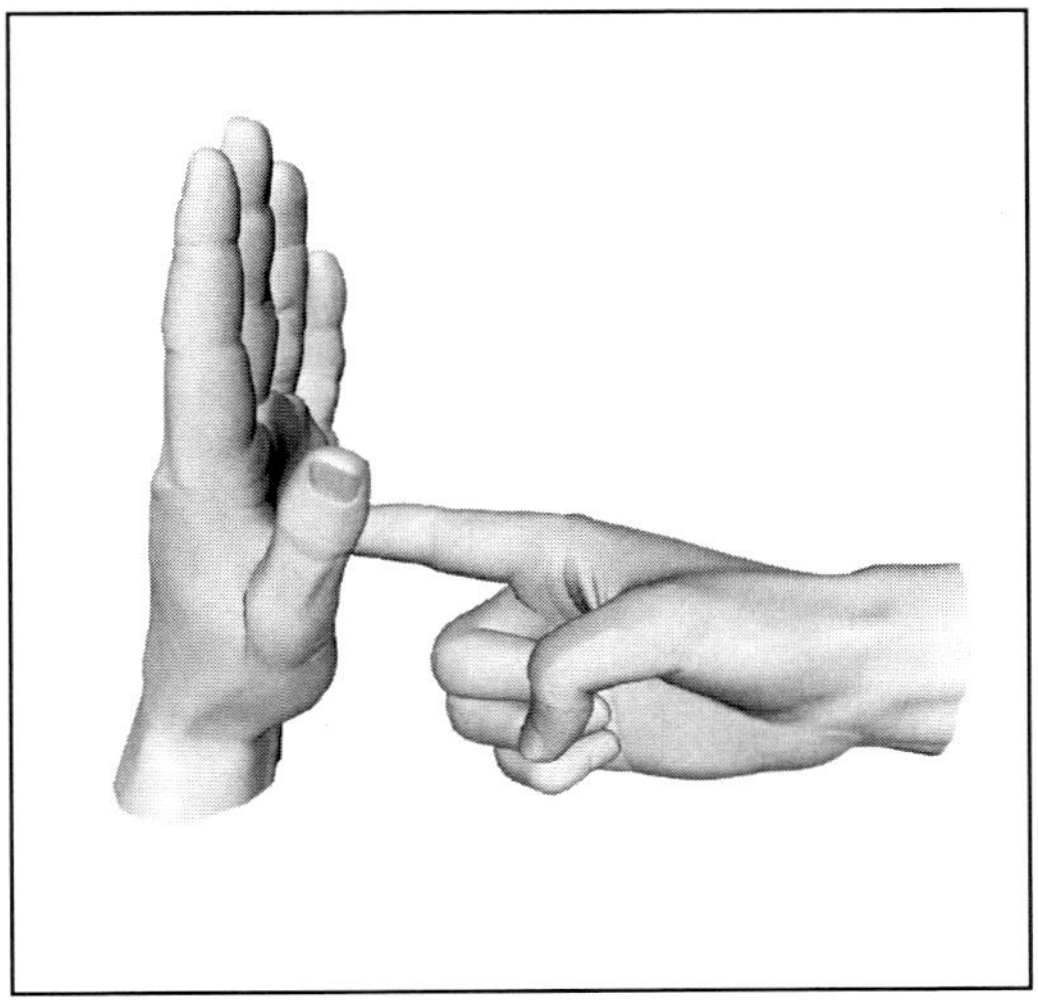

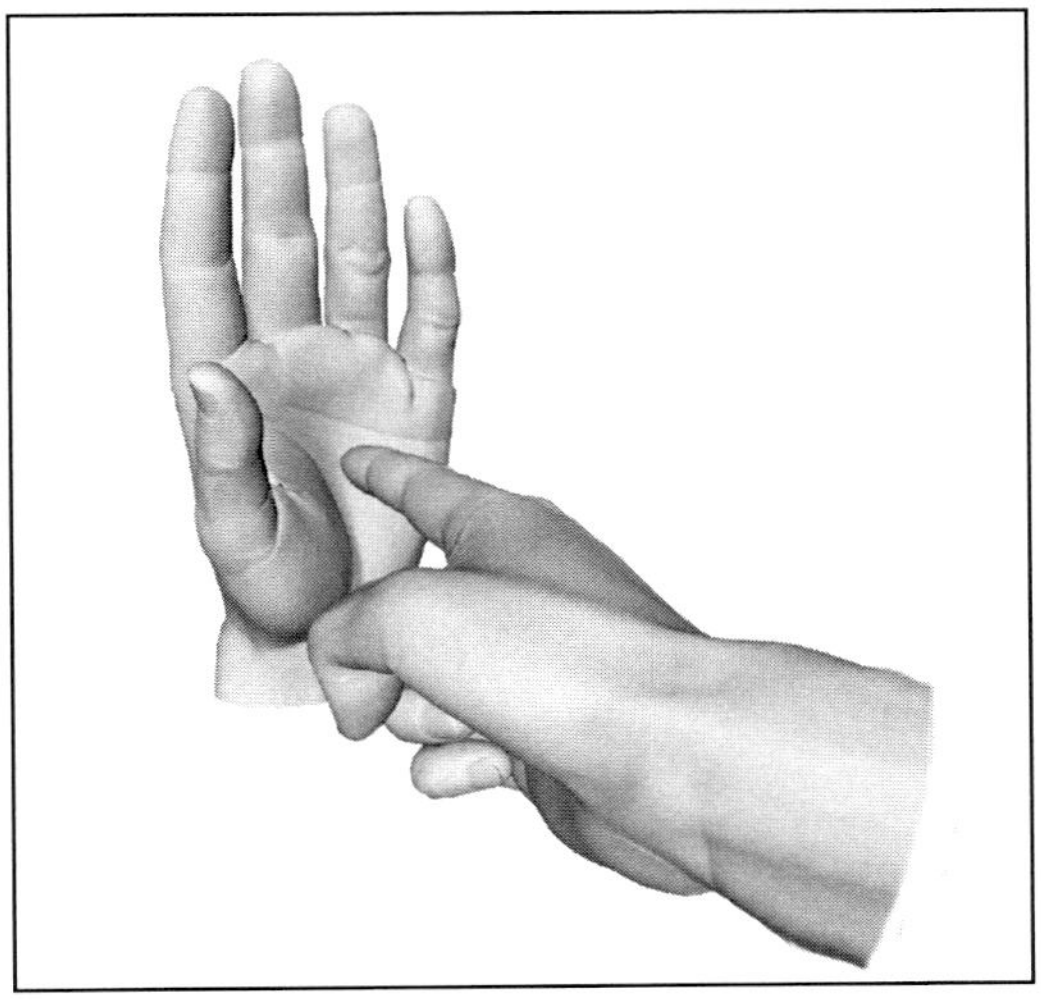

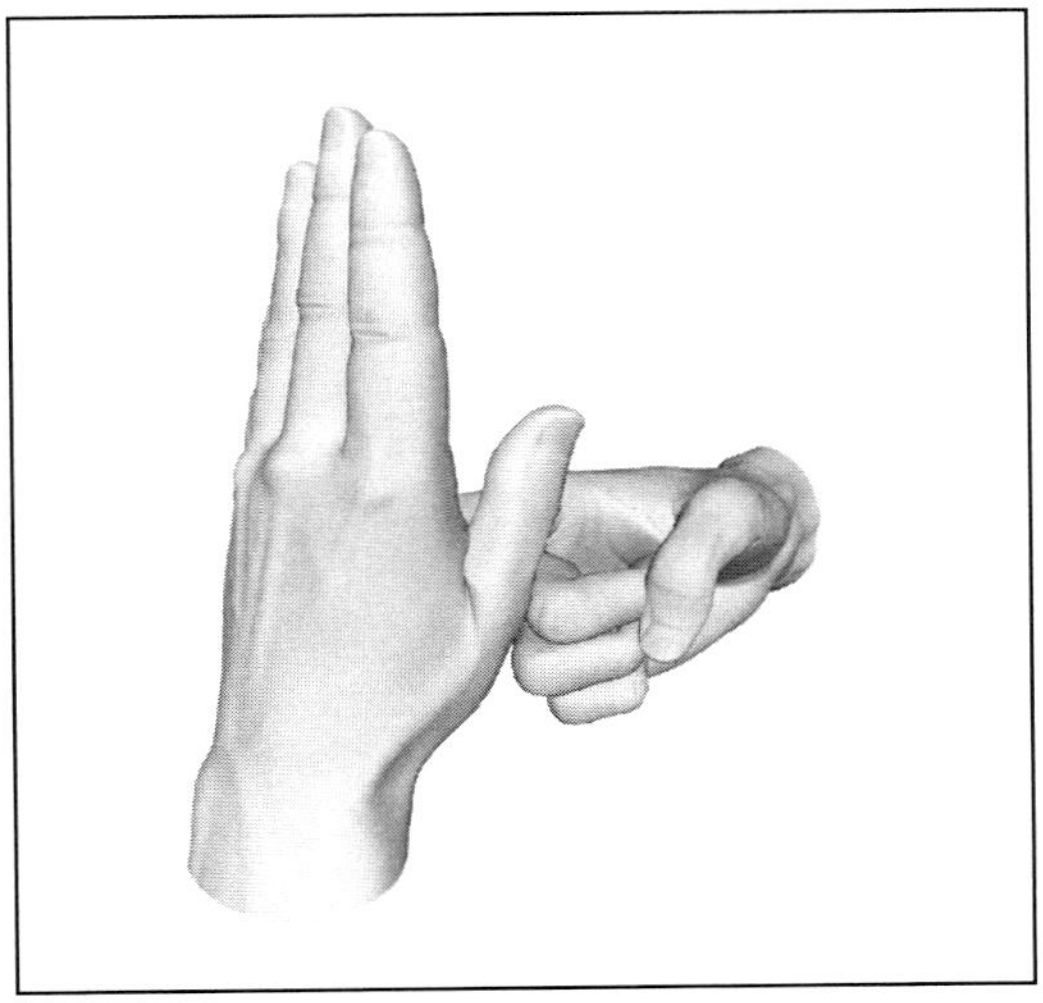

①左手は五指を伸ばす。
②右手は中指、薬指、小指を屈して掌中に入れ、親指で中指と薬指の甲を押し、人差指は立て伸ばす。
③右人差指を左の掌（また左中指の根ともする）に付ける。
※左手は五指を開きたてて火焔のようにする、ともいう。

※真言は二四一頁に同じ。

根本印《こんぽんいん》十火焔輪止印《かえんりんしいん》

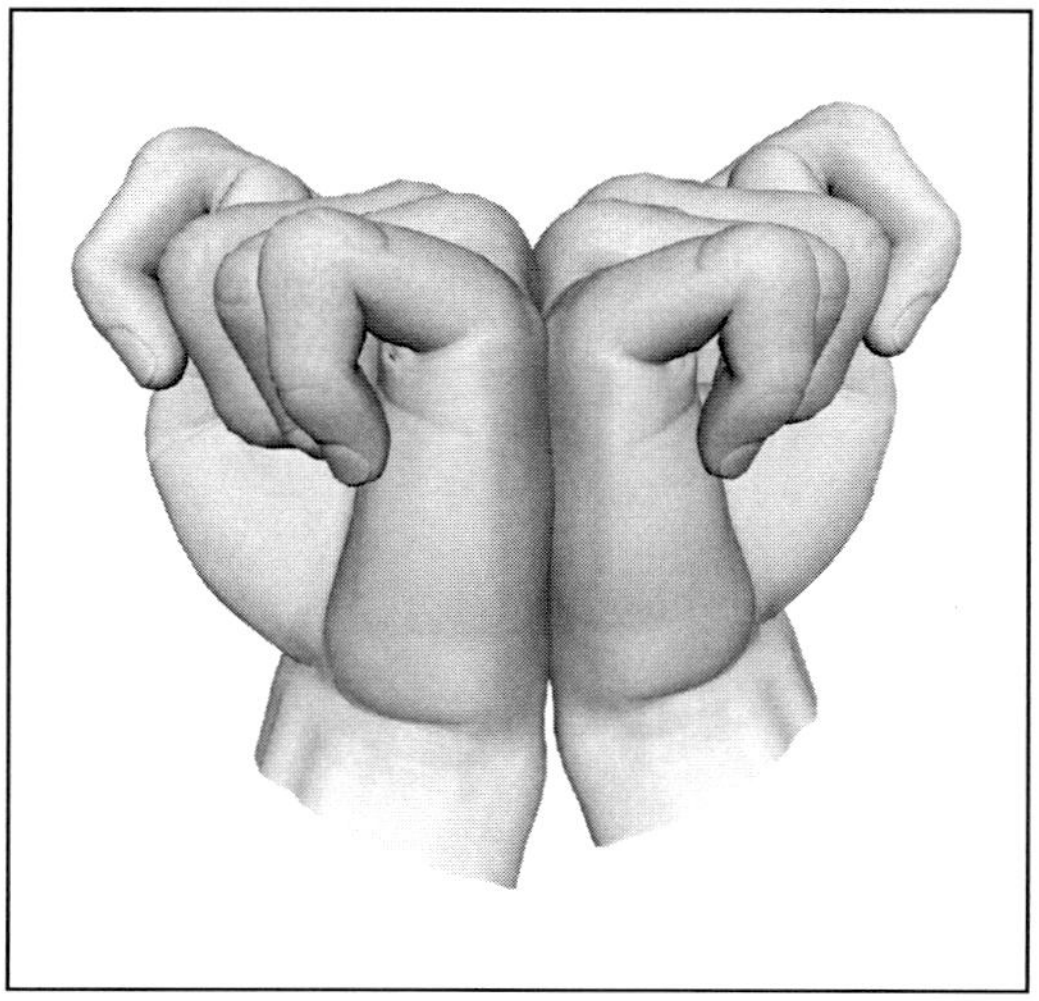

①両手、拳にする。
②両親指を、それぞれ人差指と中指の間に出す。
③両手の背を合わせる。
※火指（中指）と風指（人差指）の間に空指（親指）をおくことで、火滅す、とする。

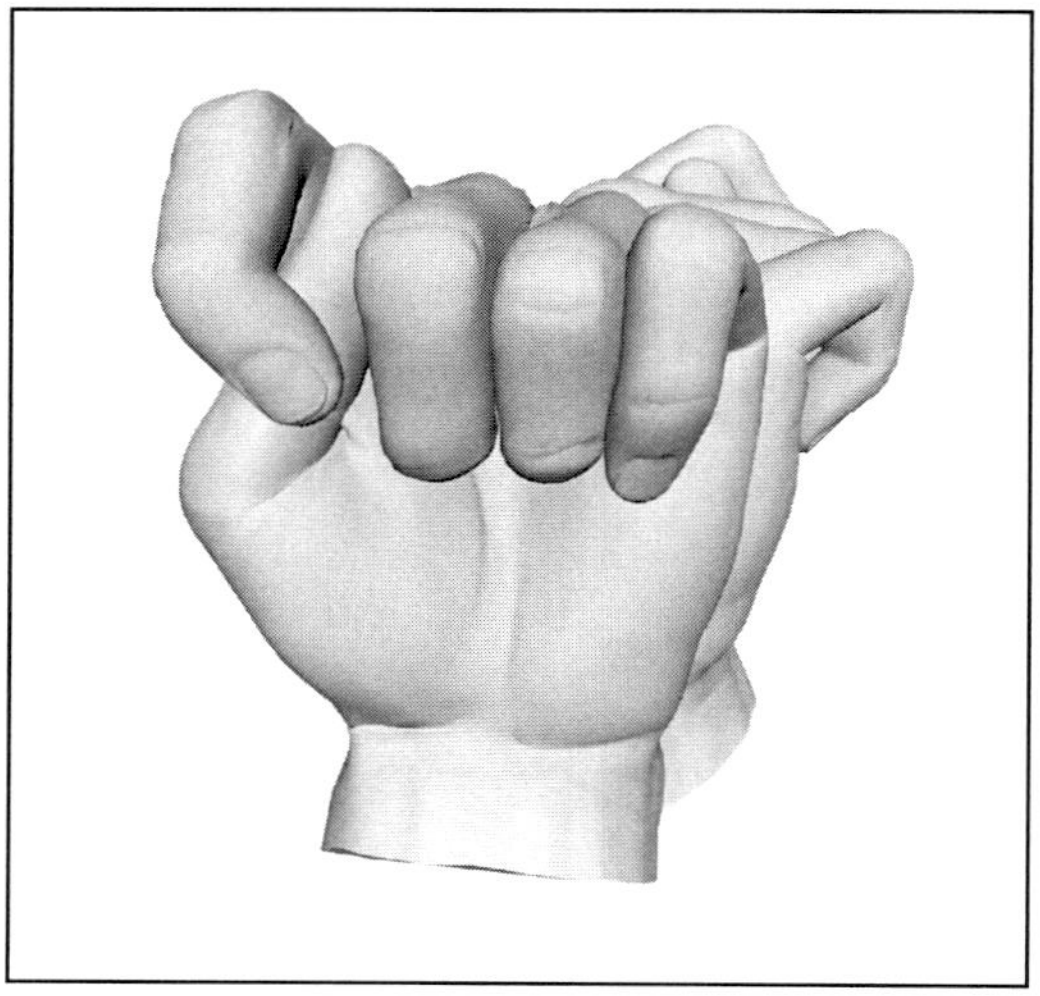

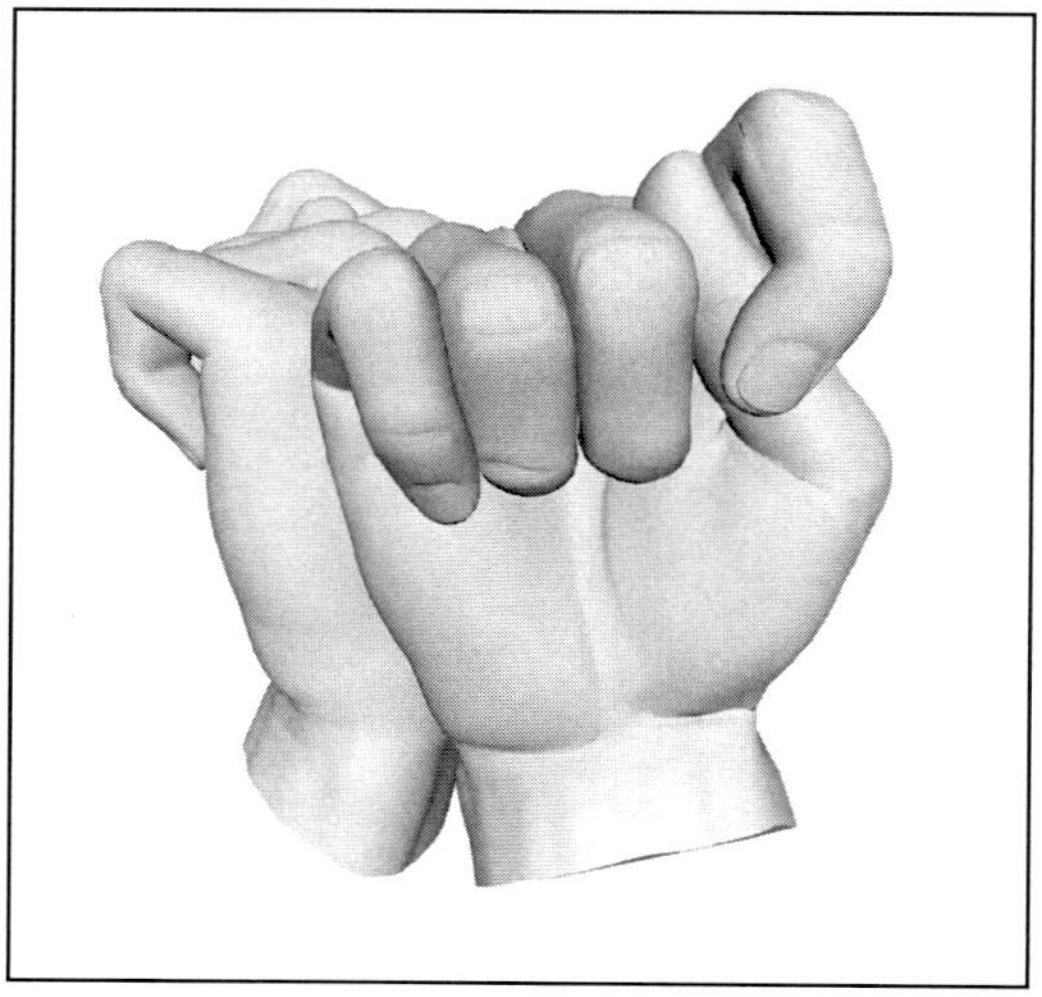

※真言は二四一頁に同じ。

根本印《こんぽんいん》十一
商佉印《しょうぎゃいん》

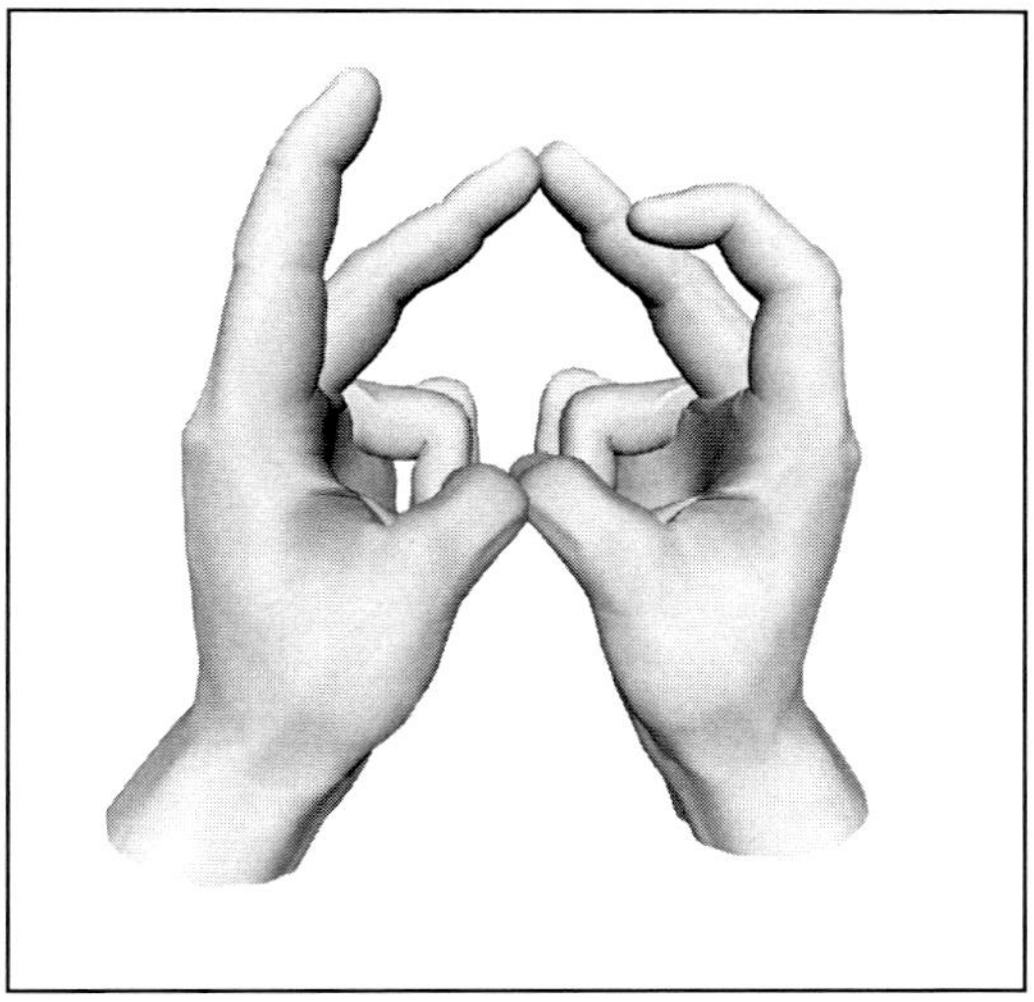

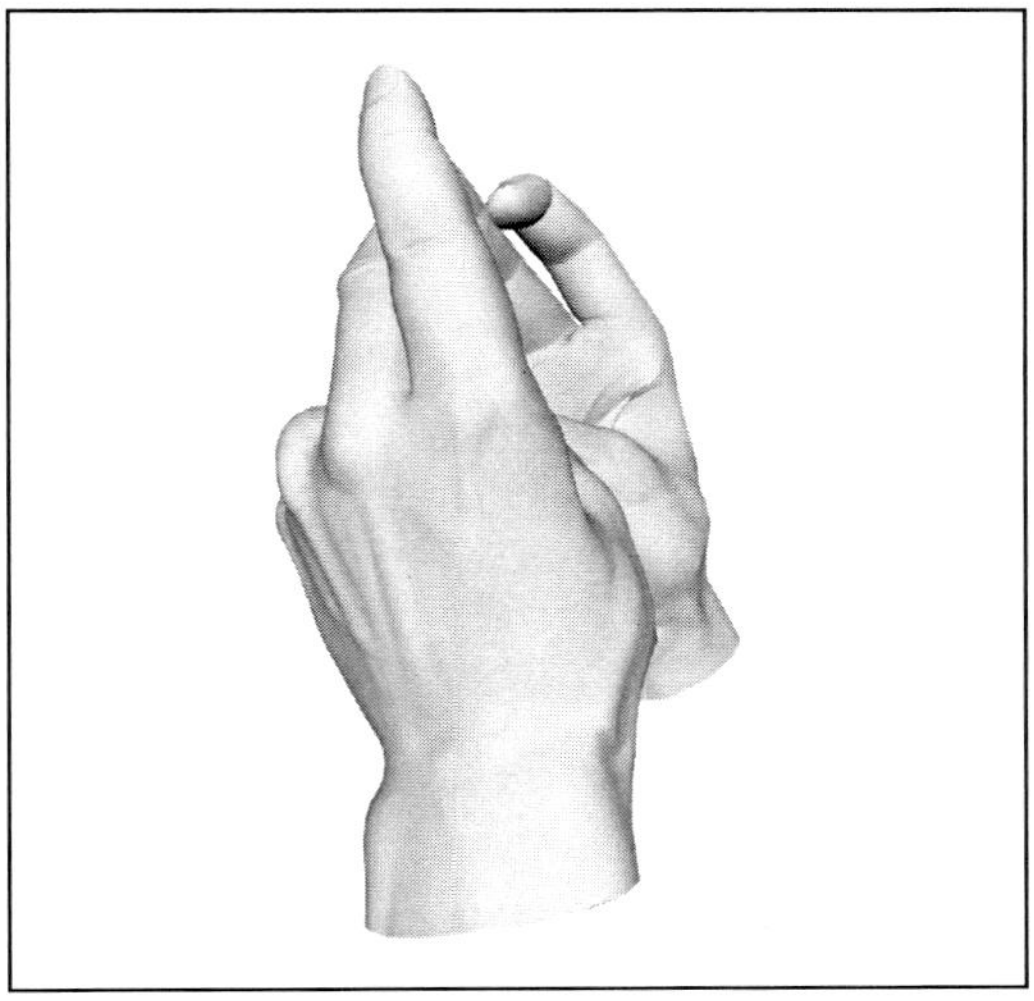

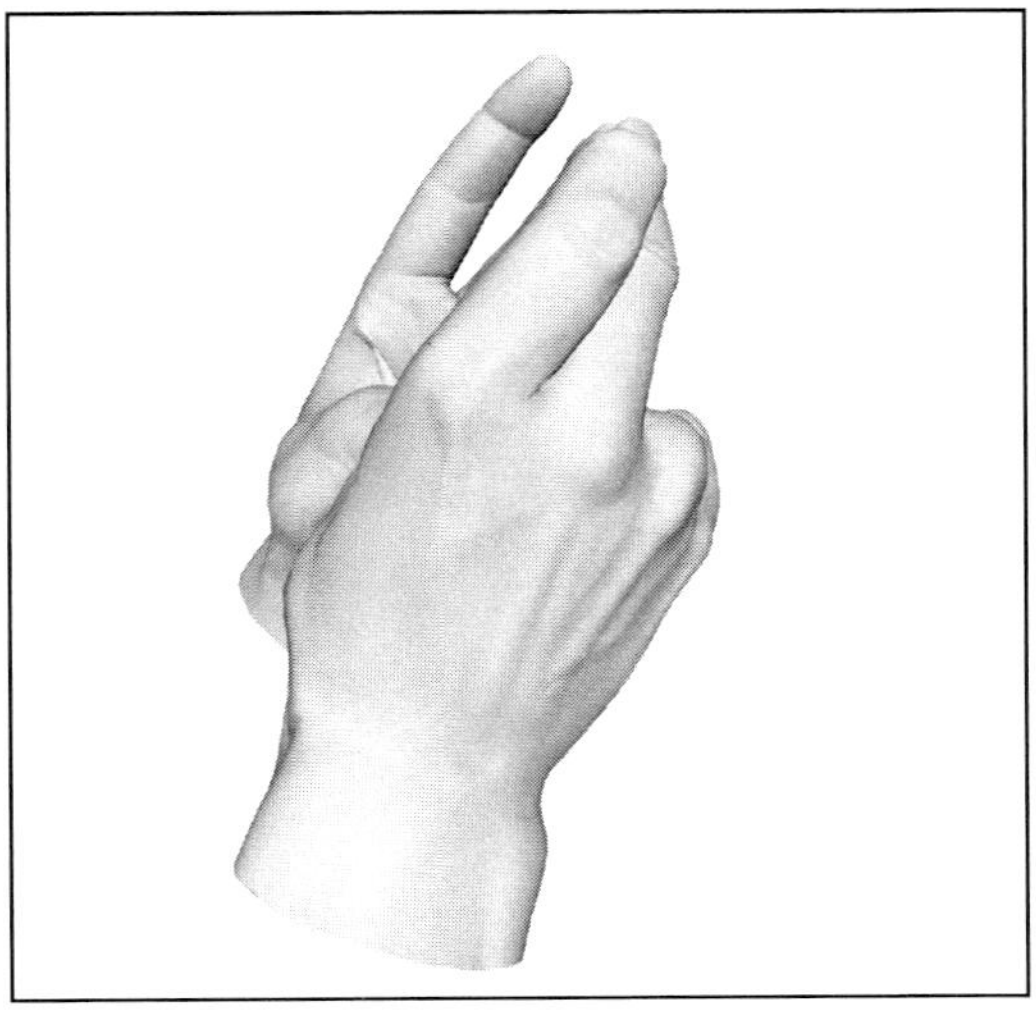

①両手、剣印のようにする。
②両中指と付け合わせる。
③右人差指は屈して、中指の節に付ける。
④左人差指は開き立てる。
※法螺印という。法螺とは説法の義。

※真言は二四一頁に同じ。

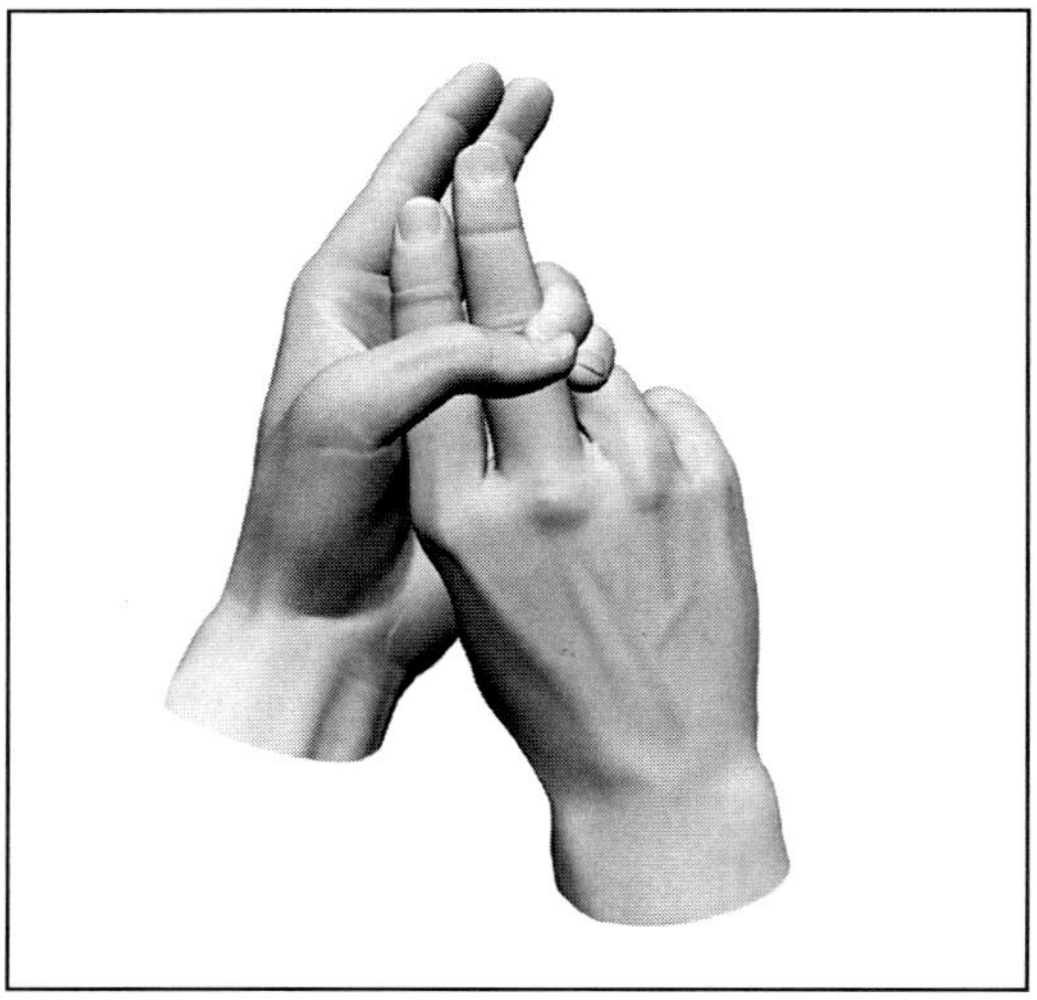

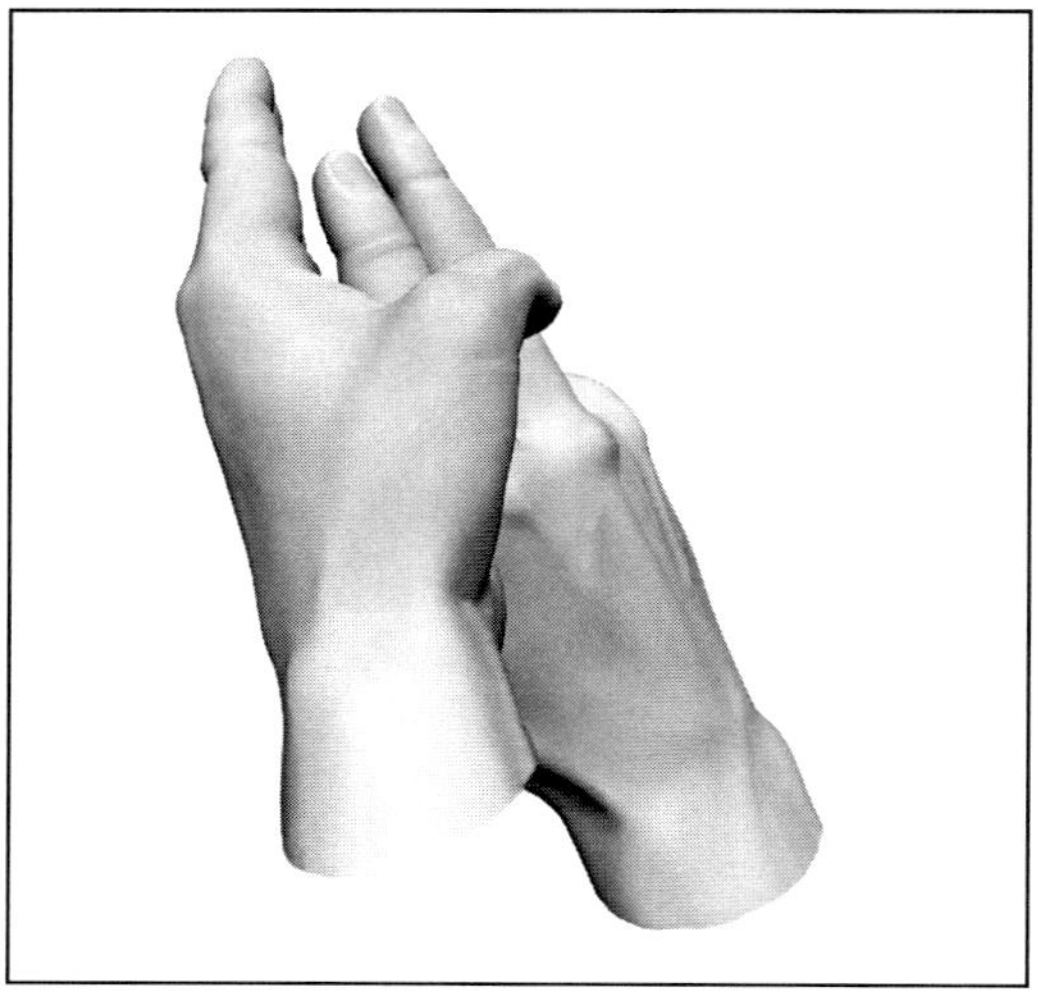

根《こん》本《ぽん》印《いん》十二　渇誐印《かつがいん》

①両手、ともに剣印にする。剣印は、小指、薬指を屈して親指で甲を押し、中指、人差指を伸ばす。②左手の剣印を仰げて鞘とし、右手の剣印を、左手に差し込み納める。

※不動剣印（六一頁）に同じ。

※真言は二四一頁に同じ。

根本印《こんぽんいん》十三
羂索印《けんじゃくいん》

①両手、拳にする。

②右手は人差指を立て伸ばす。左手は、右の人差指を握り、親指と人差指で捻じて環をつくる。

※これは、不動明王の持つ索を表す。

※真言は二四一頁に同じ。

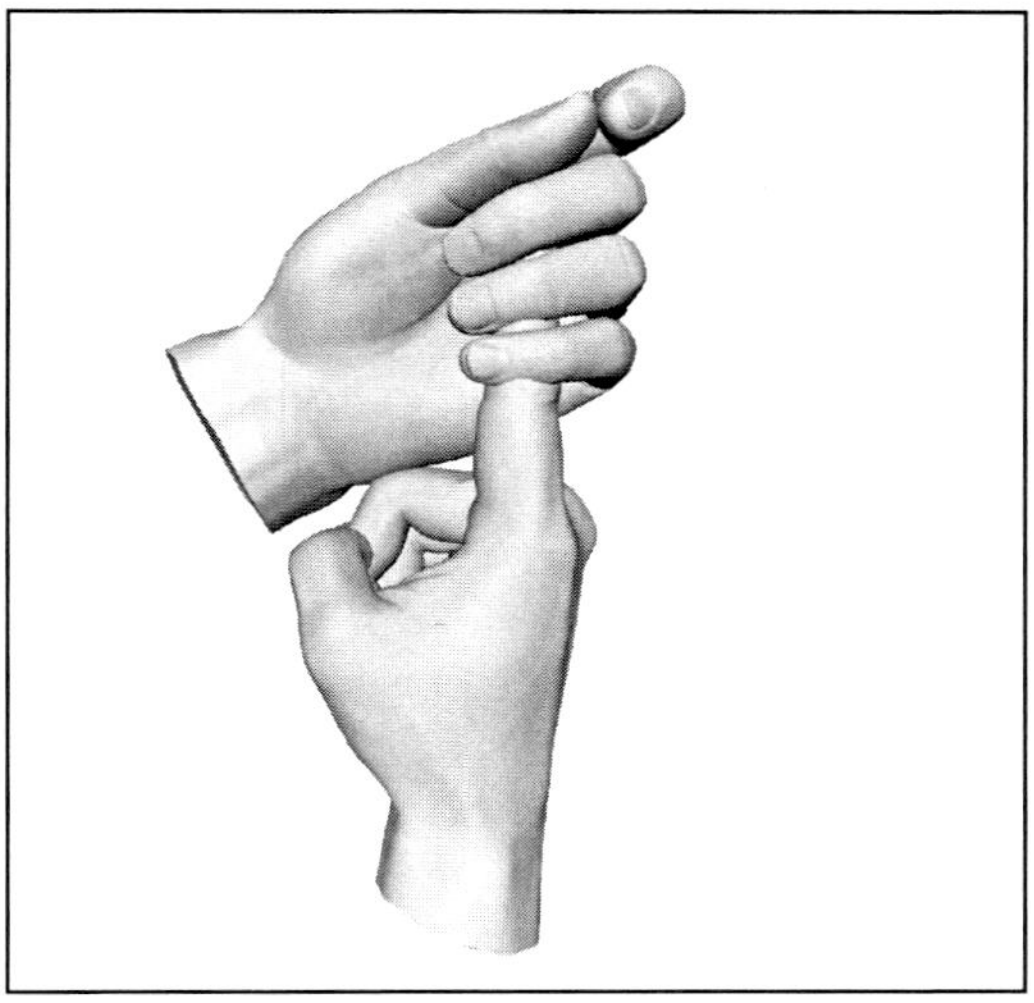

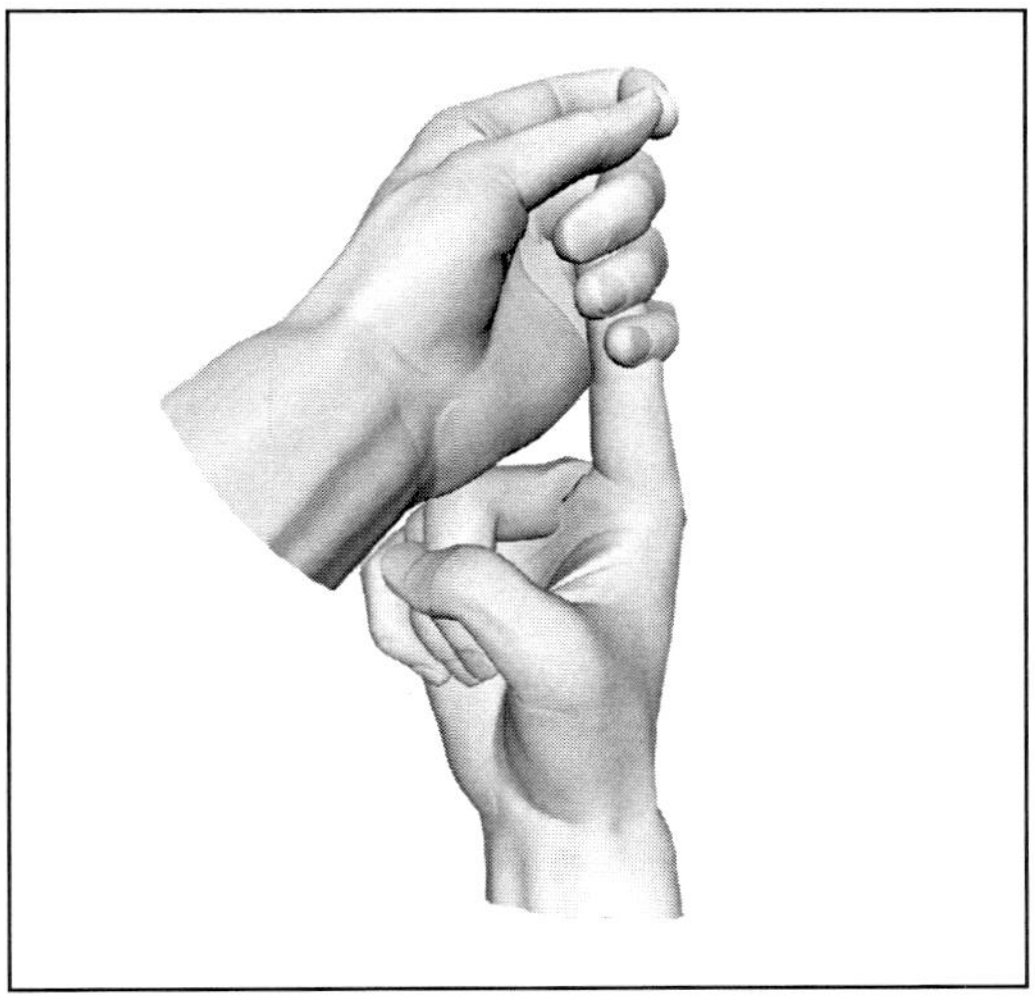

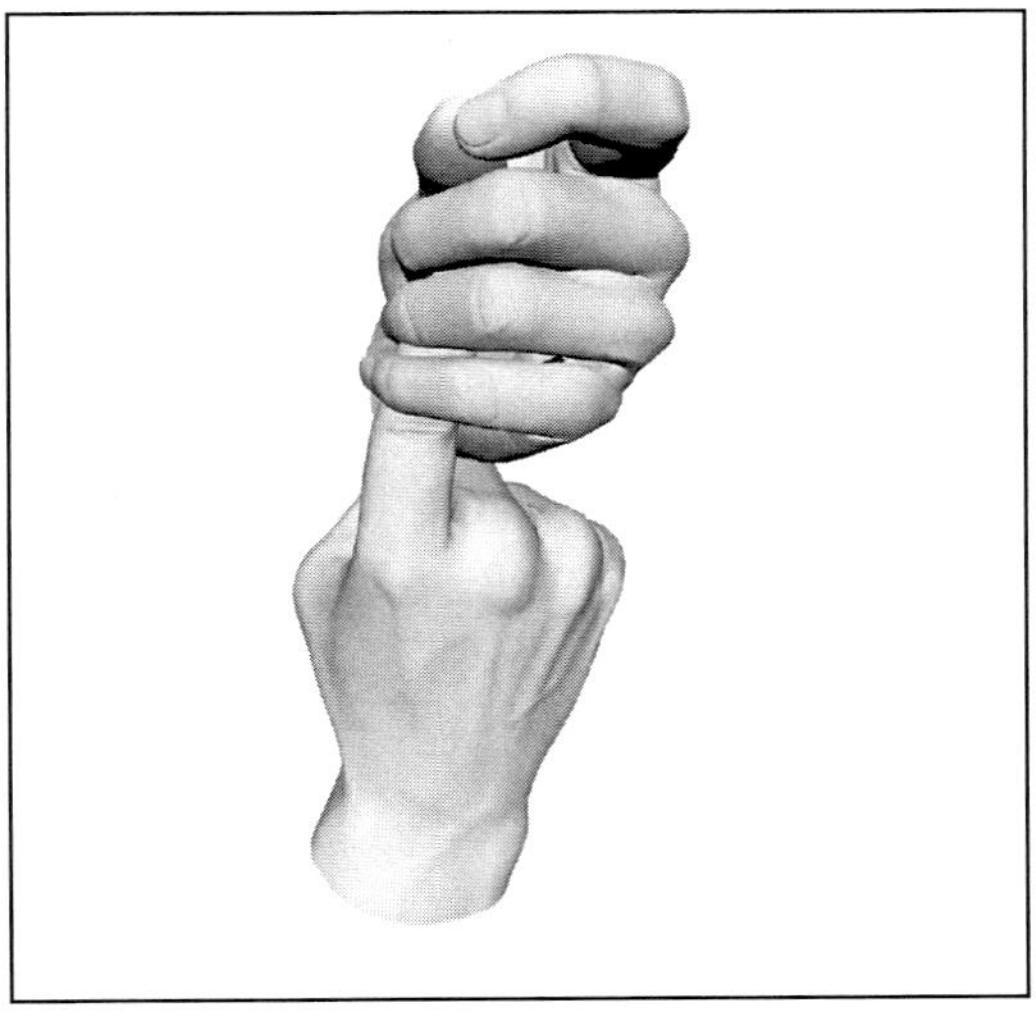

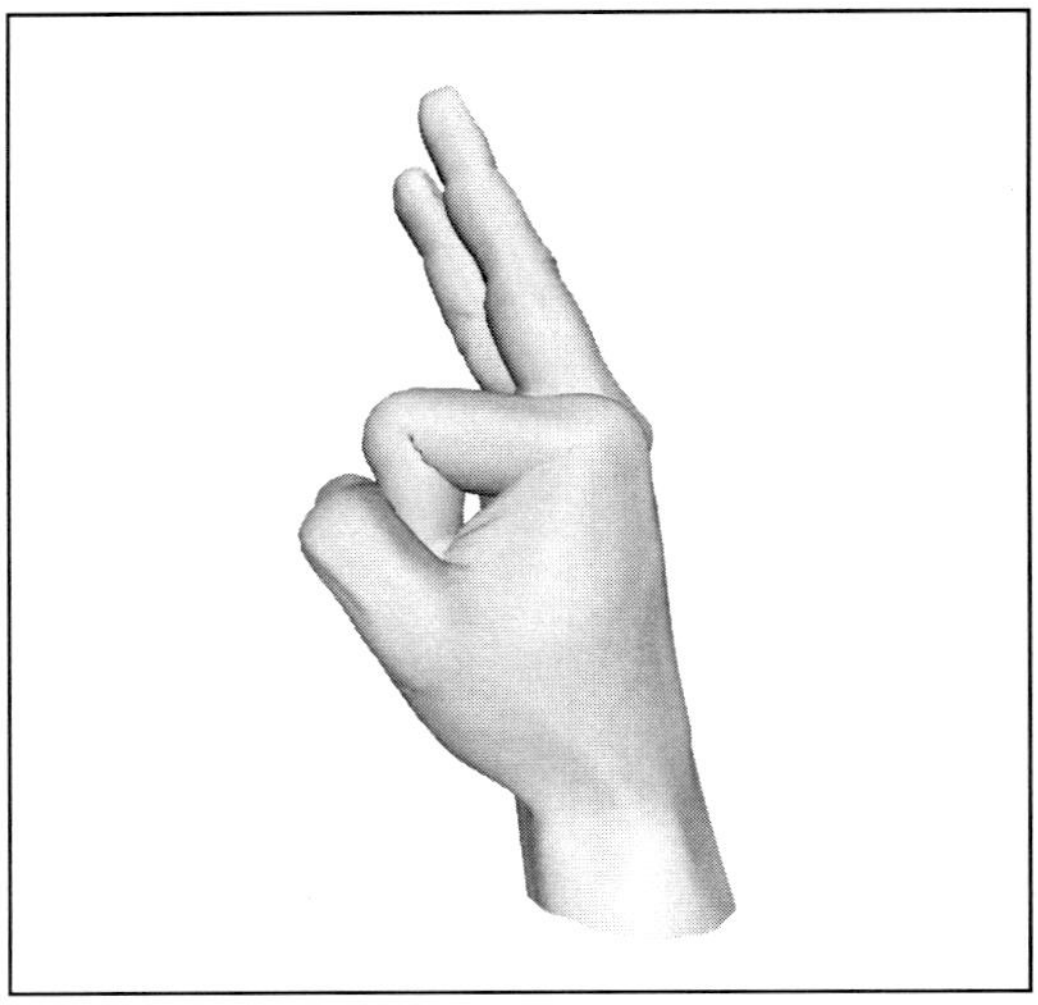

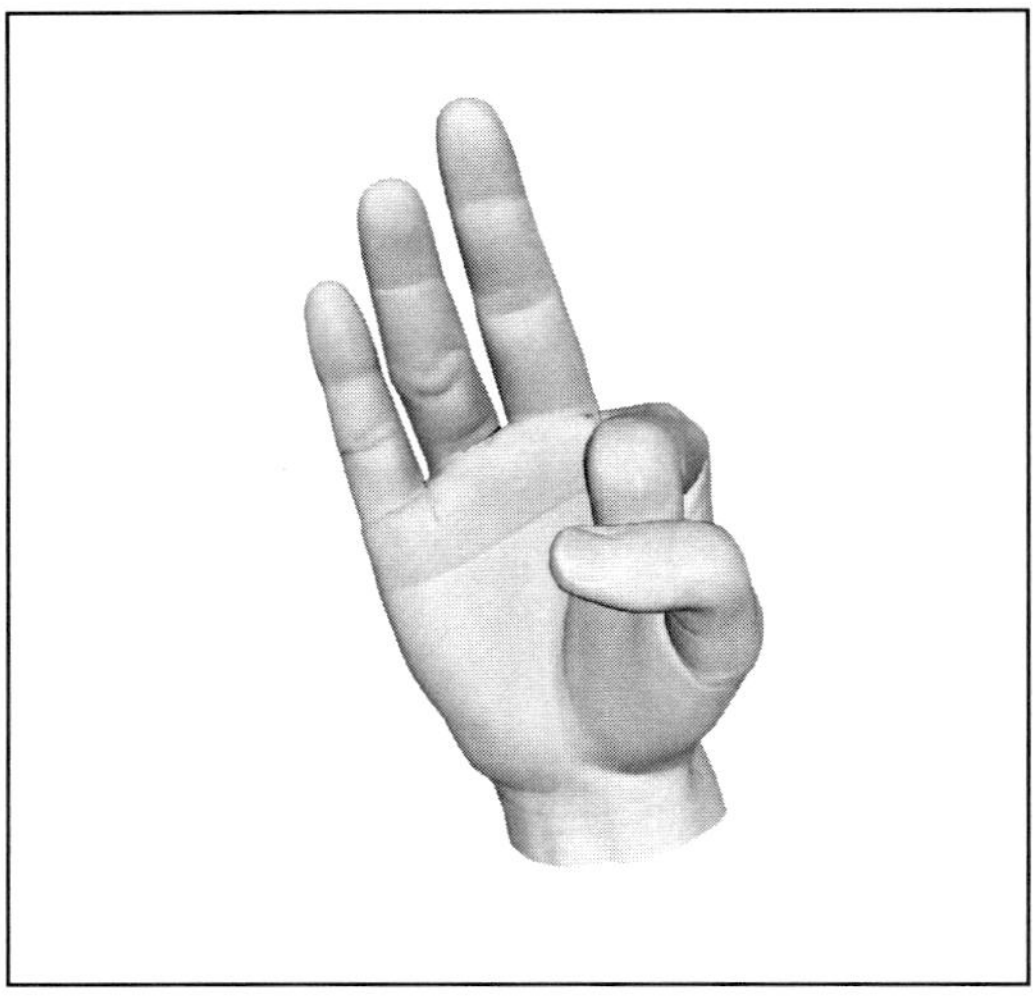

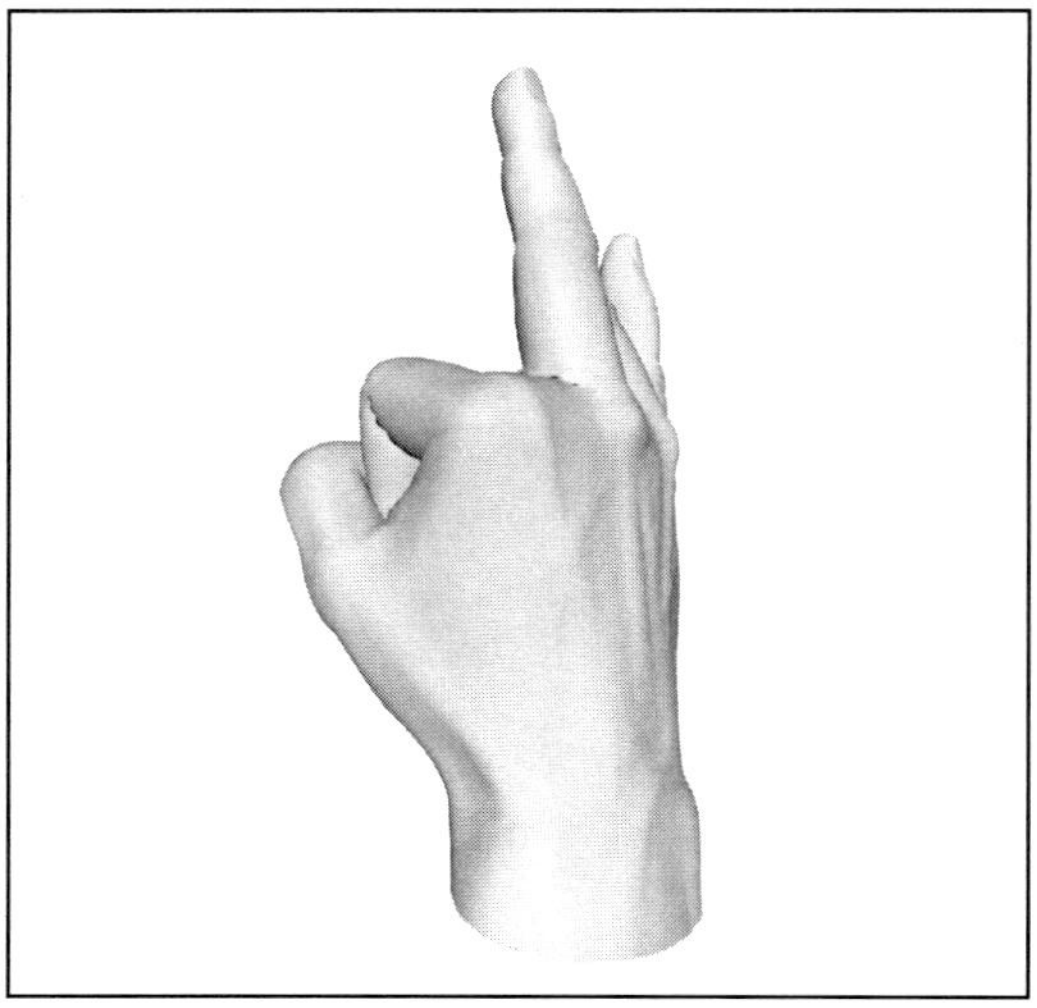

根本印《こんぽんいん》十四　三鈷金剛印《さんここんごういん》

①右手、人差指を屈して親指でその甲を押す。

②他の三指は立て伸ばす。

※無畏清浄印ともいう。

※真言は二四一頁に同じ。

降三世《ごうさんぜ》（大《だい》印《いん》）

①両手、忿怒拳にする。
②両小指を相交える。
※降三世大印（六二頁）に同じ。

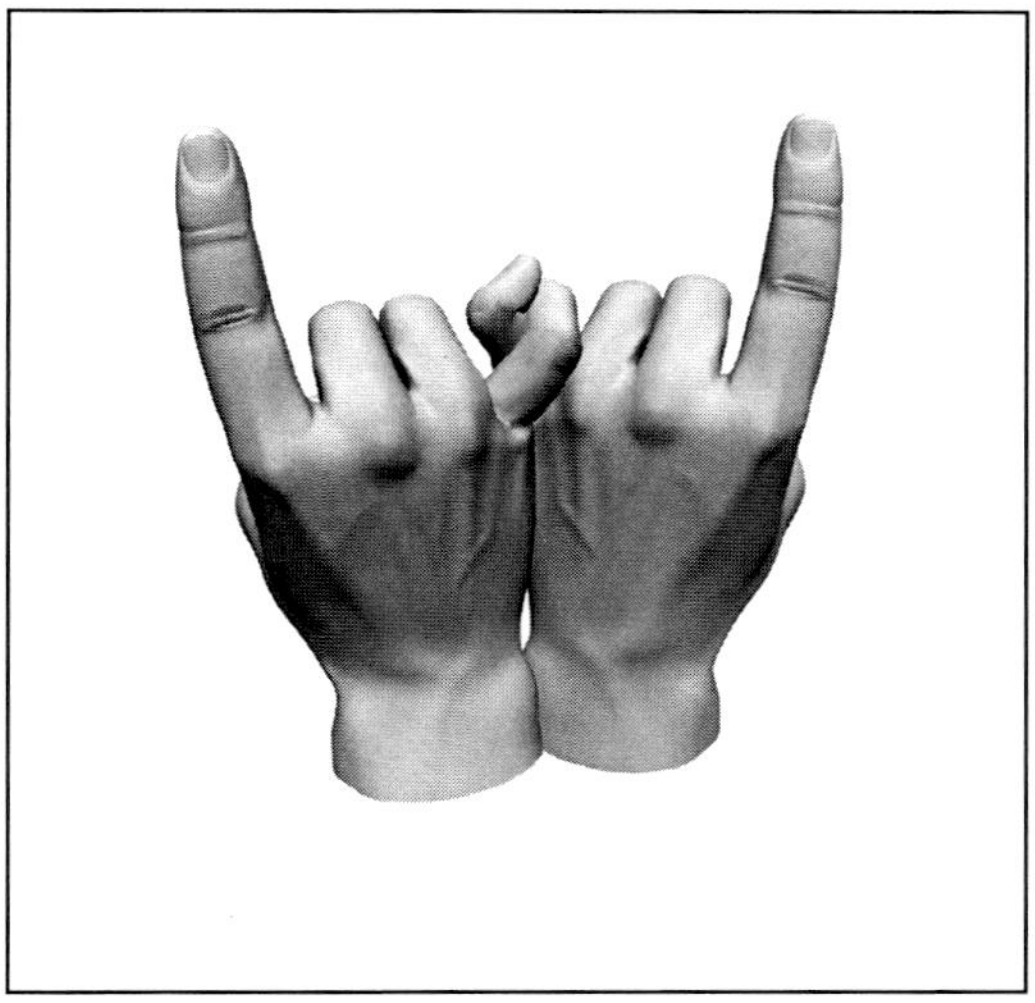

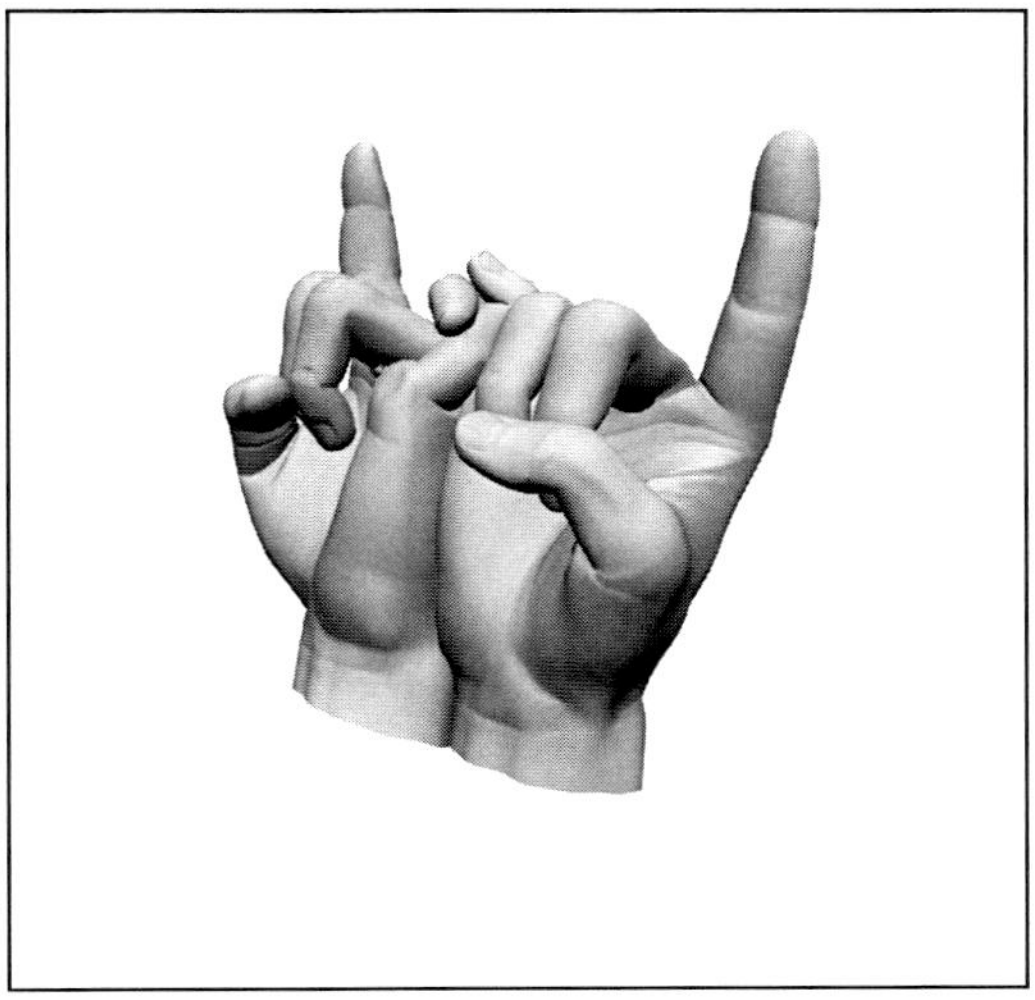

軍《ぐん》荼《だ》利《り》（羯《かつ》磨《ま》印《いん》）

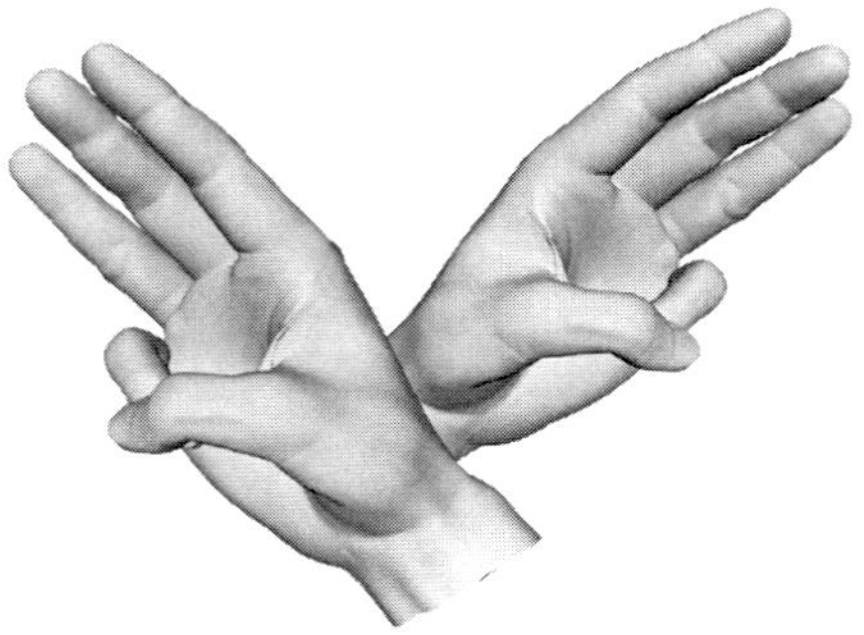

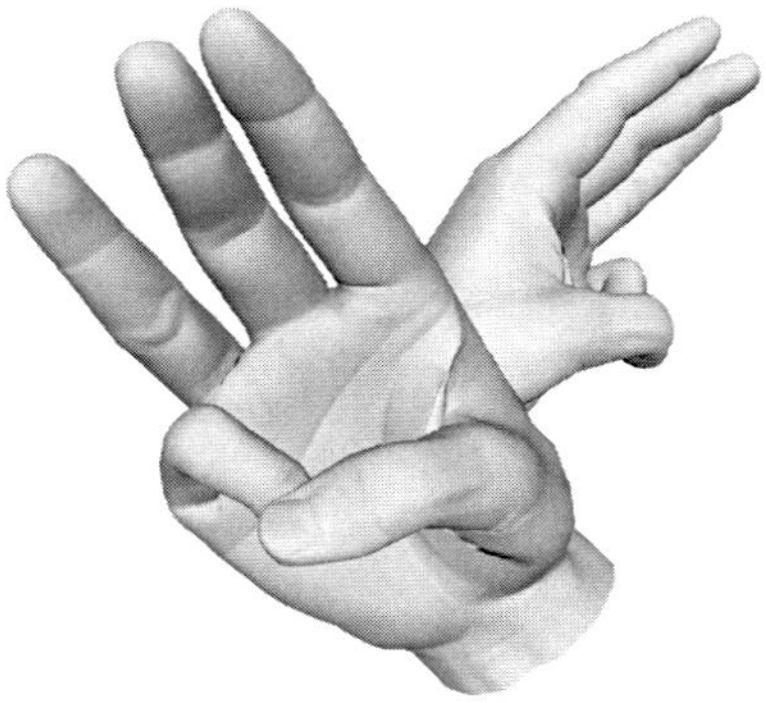

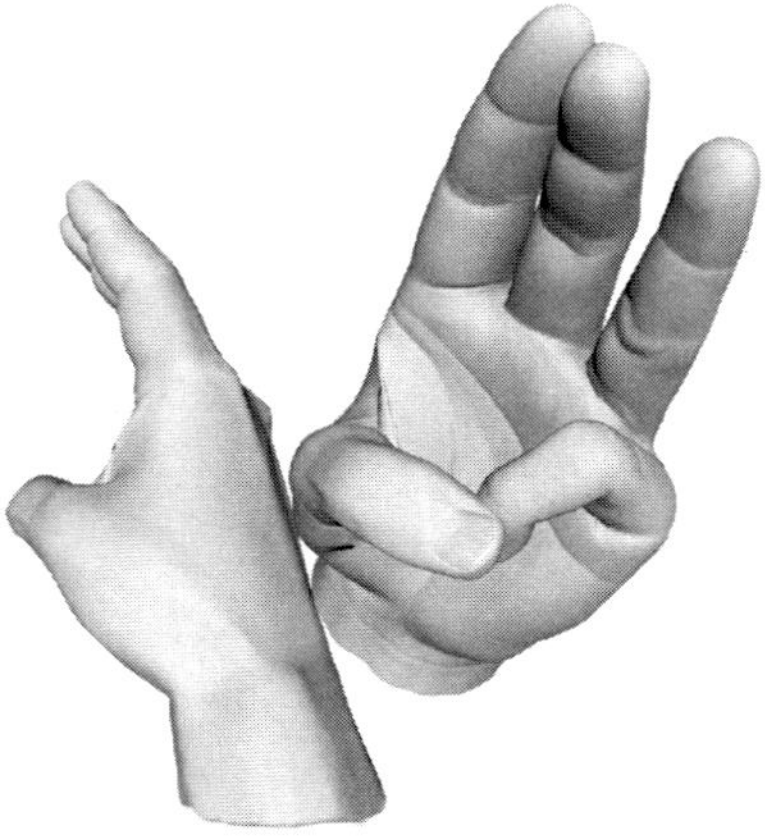

①両手とも五指を伸ばし、親指で小指の甲を押す。
②右を手前にして両腕を交差させる。

軍荼利《ぐんだり》三昧耶印《さまやいん》

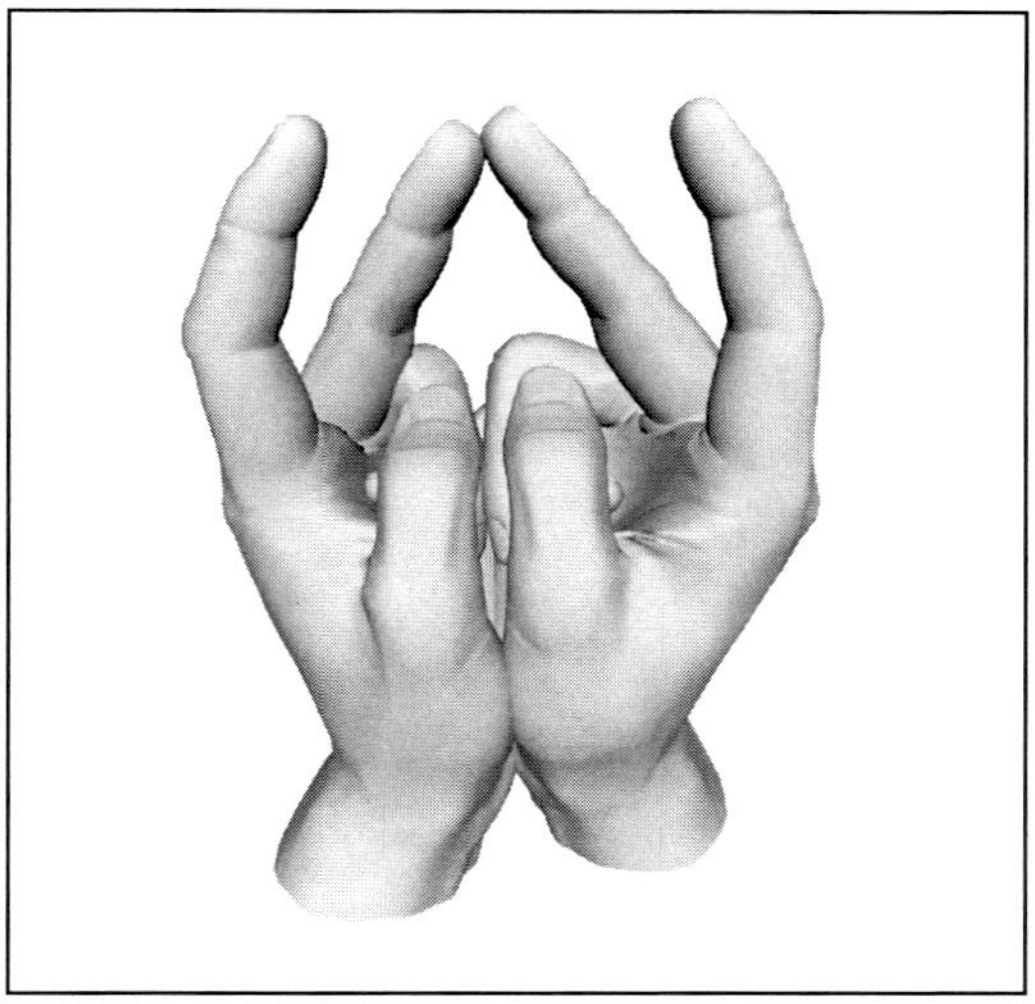

①両手、合掌する。
②両小指を屈して交差させ、指先を虎口（親指と人差指の間）に向ける。
③両薬指を屈して並べ、小指の交差部を押す。
④両中指は立て合わせる。
⑤両人差指を屈して、中指の背に回す。

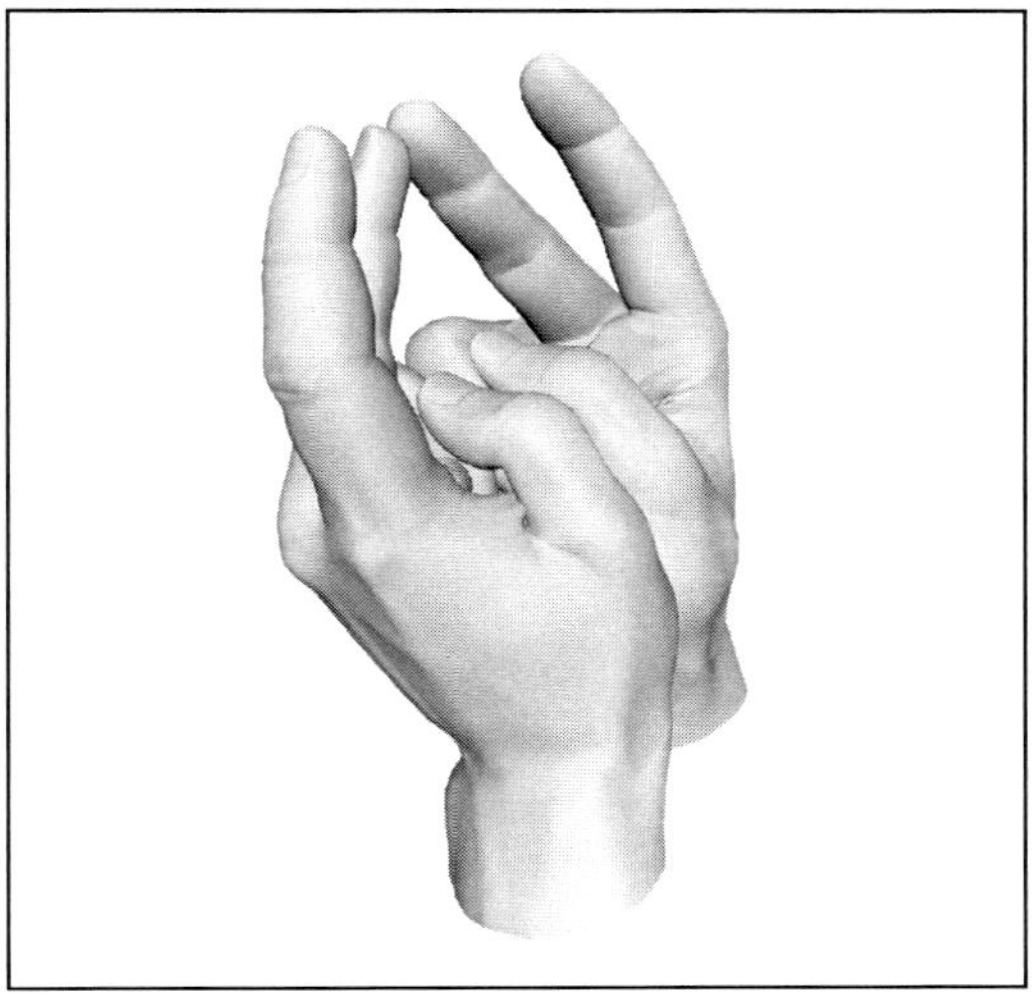

⑥両親指は並び立て、掌中に入れて、それぞれ薬指の甲を押す。

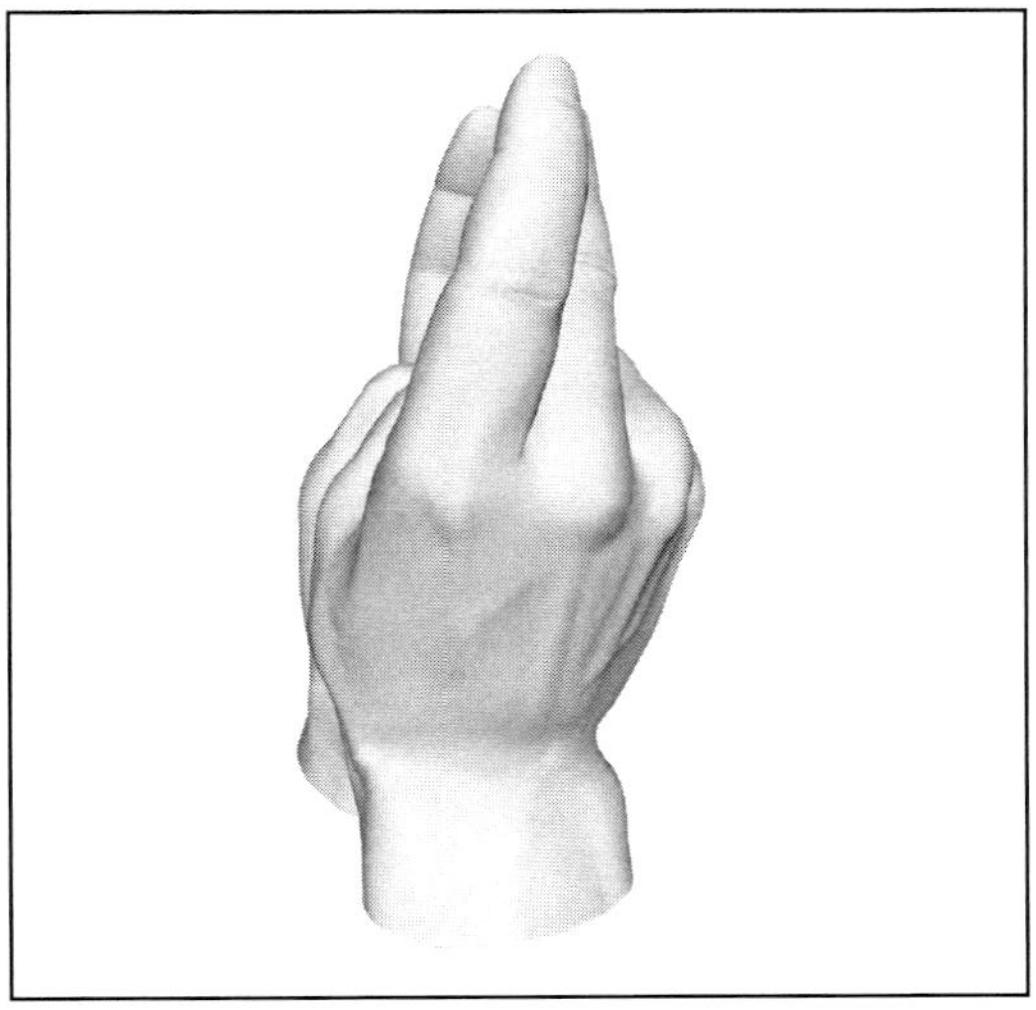

大威徳《だいいとく》（根本印《こんぽんいん》）

①両手、内縛する。
②両中指を立て合わせる。
※これは槊《さく》の形を表す。
※この印を棒印とする説もある。

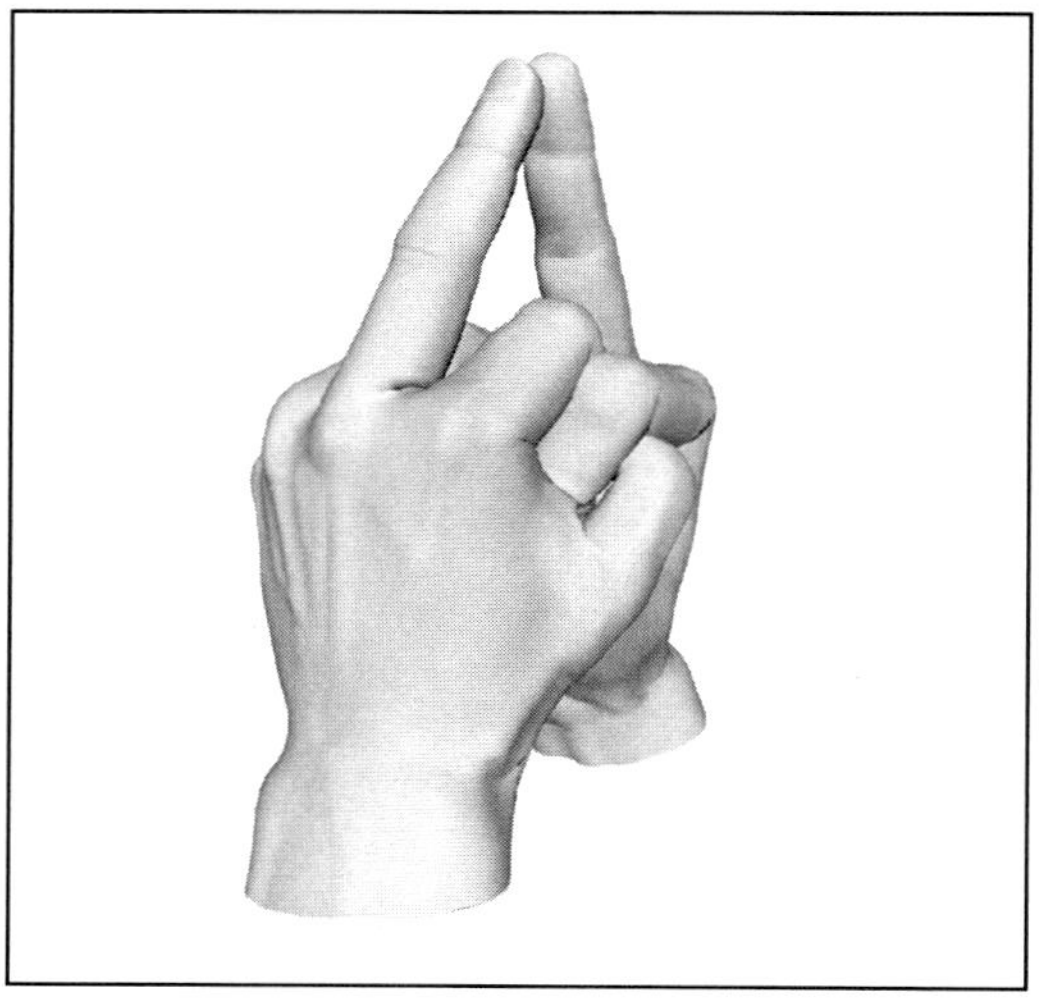

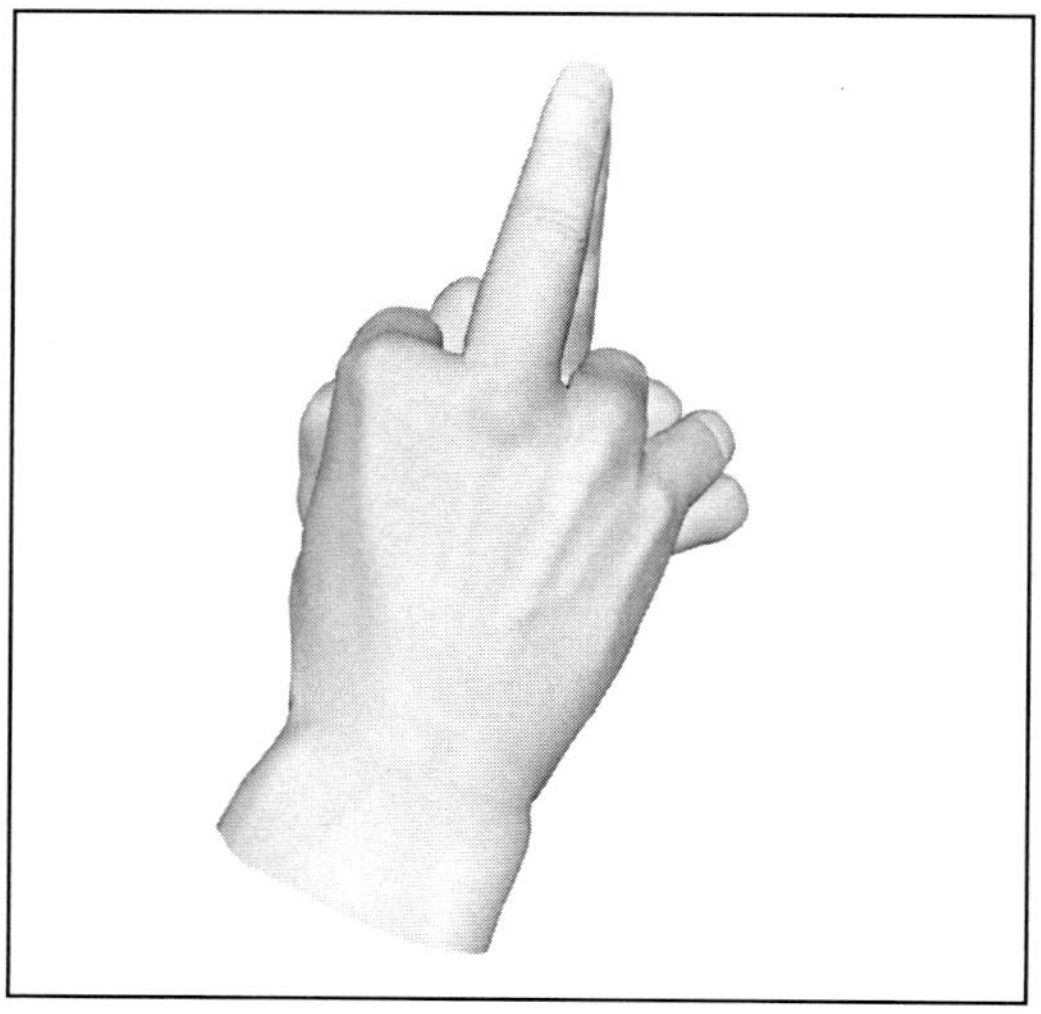

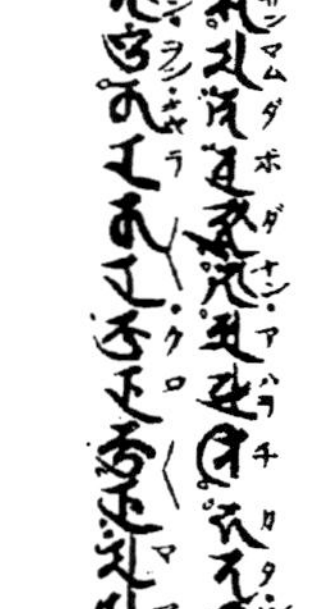

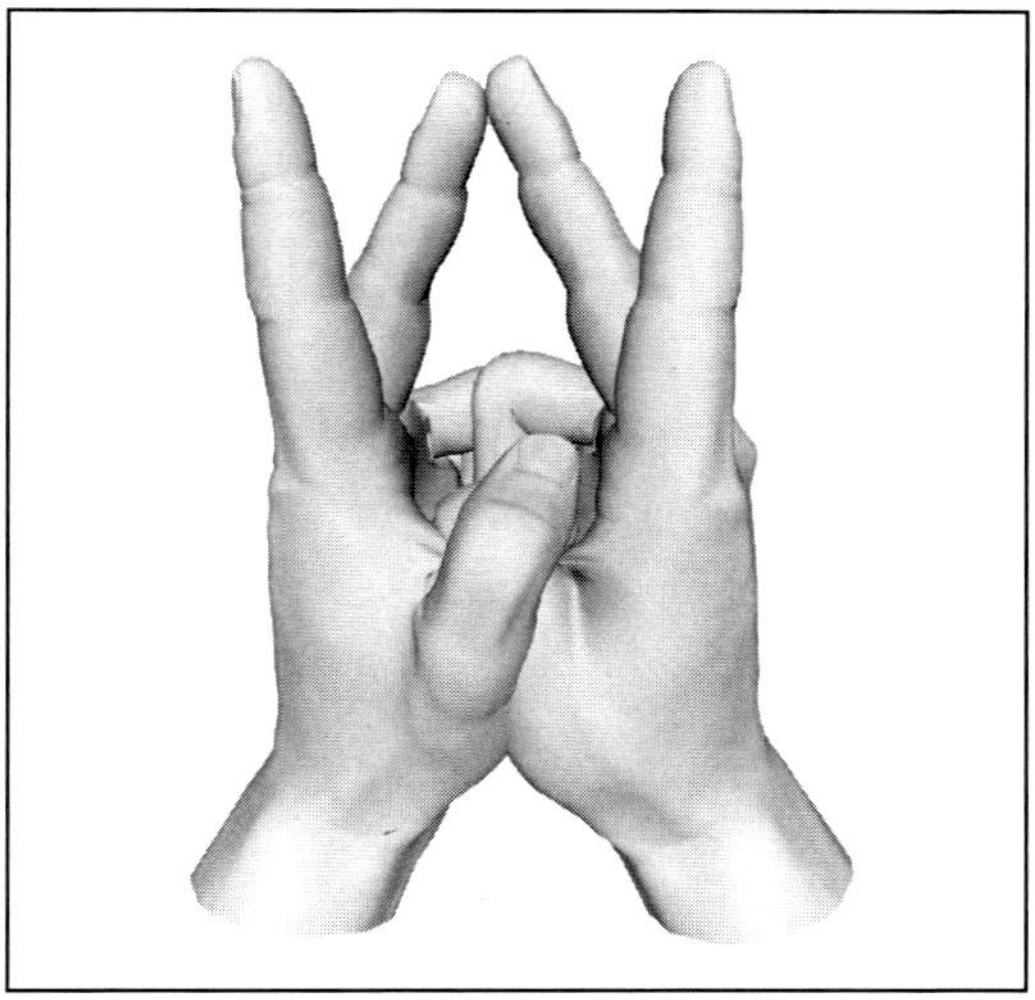

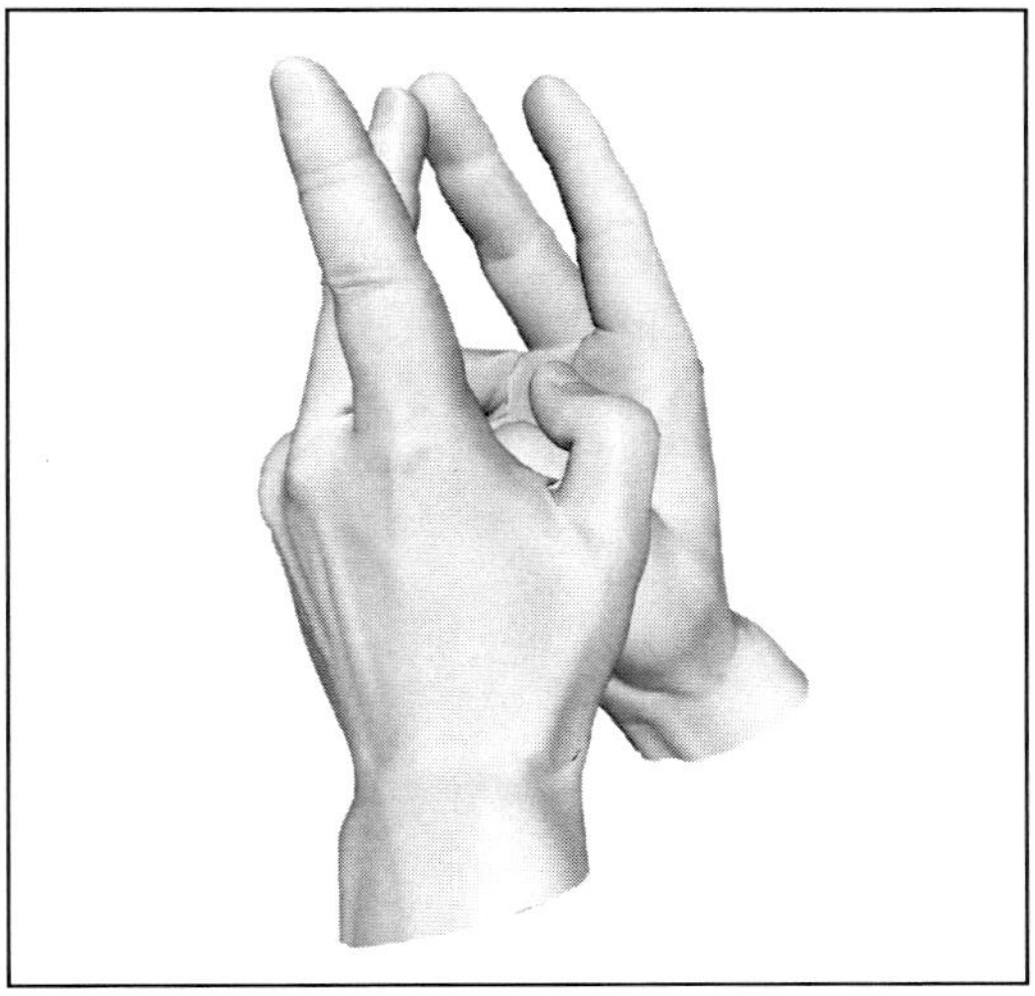

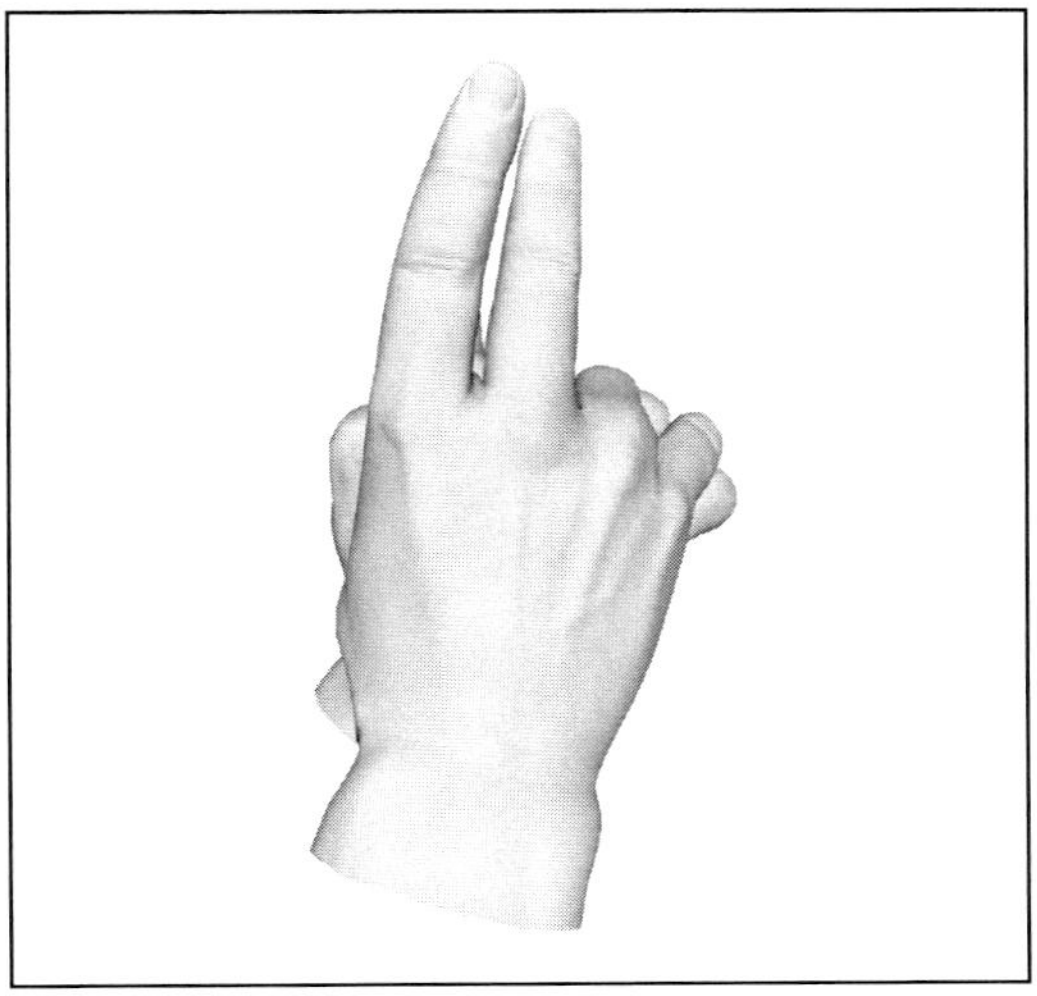

大《だい》威《い》徳《とく》一心印《いっしんいん》

前の根本印で、両人差指を伸ばし、開き立てる。

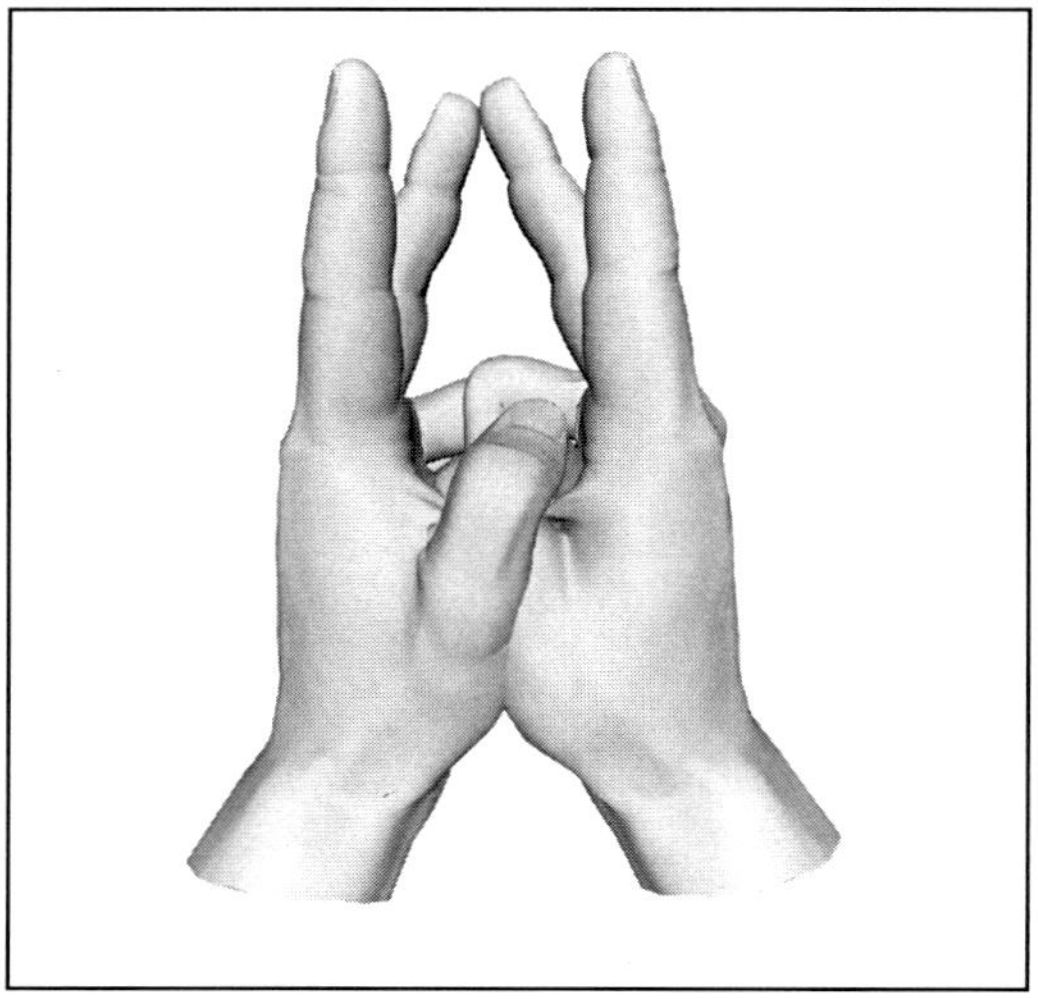

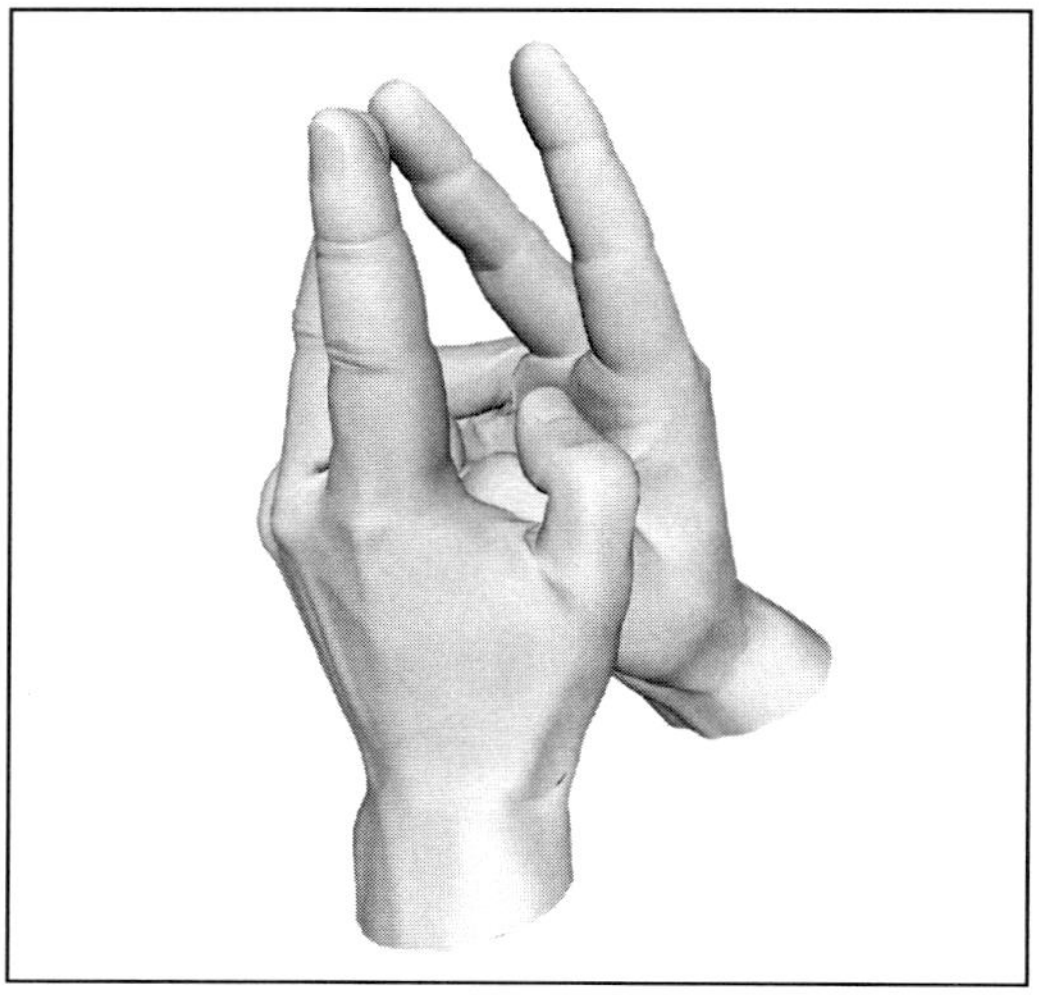

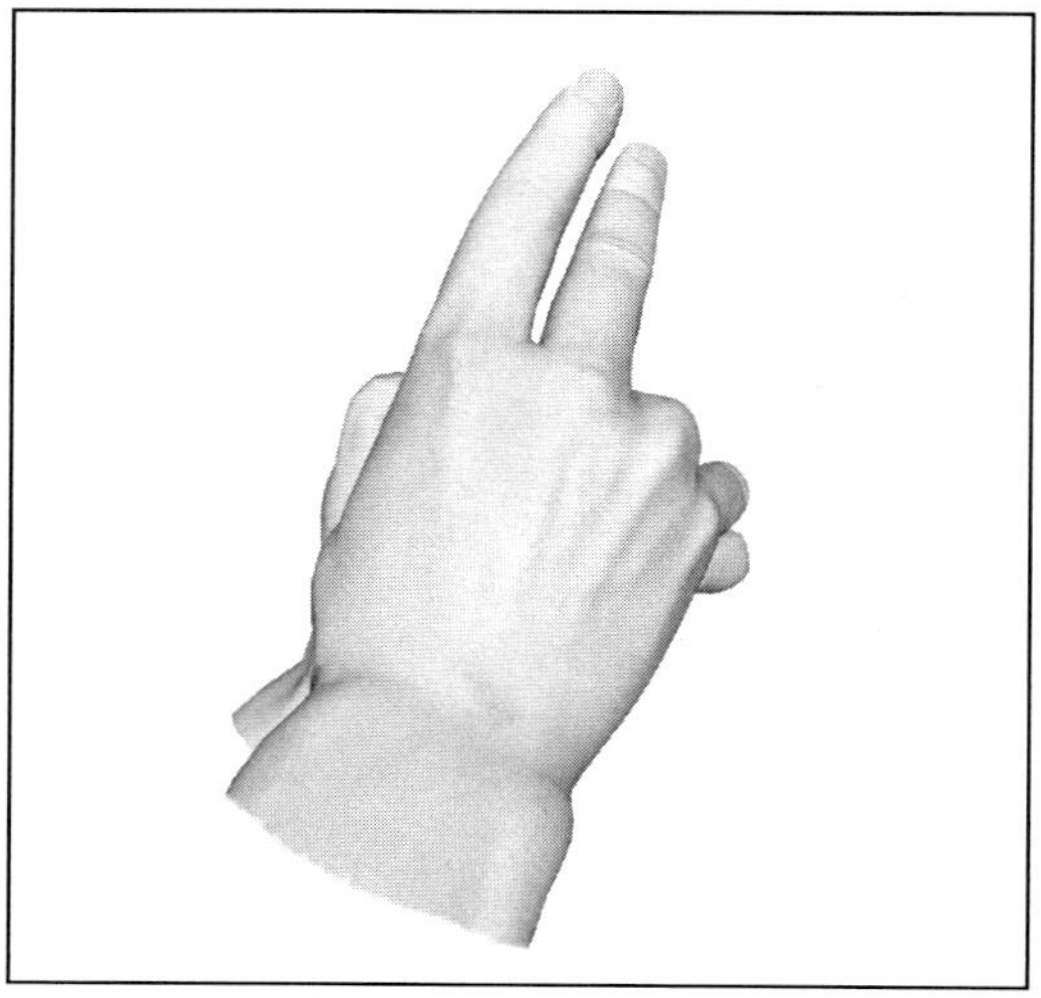

大威徳《だいいとく》心中心印《しんちゅうしんいん》

前頁（二五九頁）の大威徳一心印と同じであるが、両人差指は直ぐ立て伸ばす。

金剛薬叉《こんごうやしゃ》

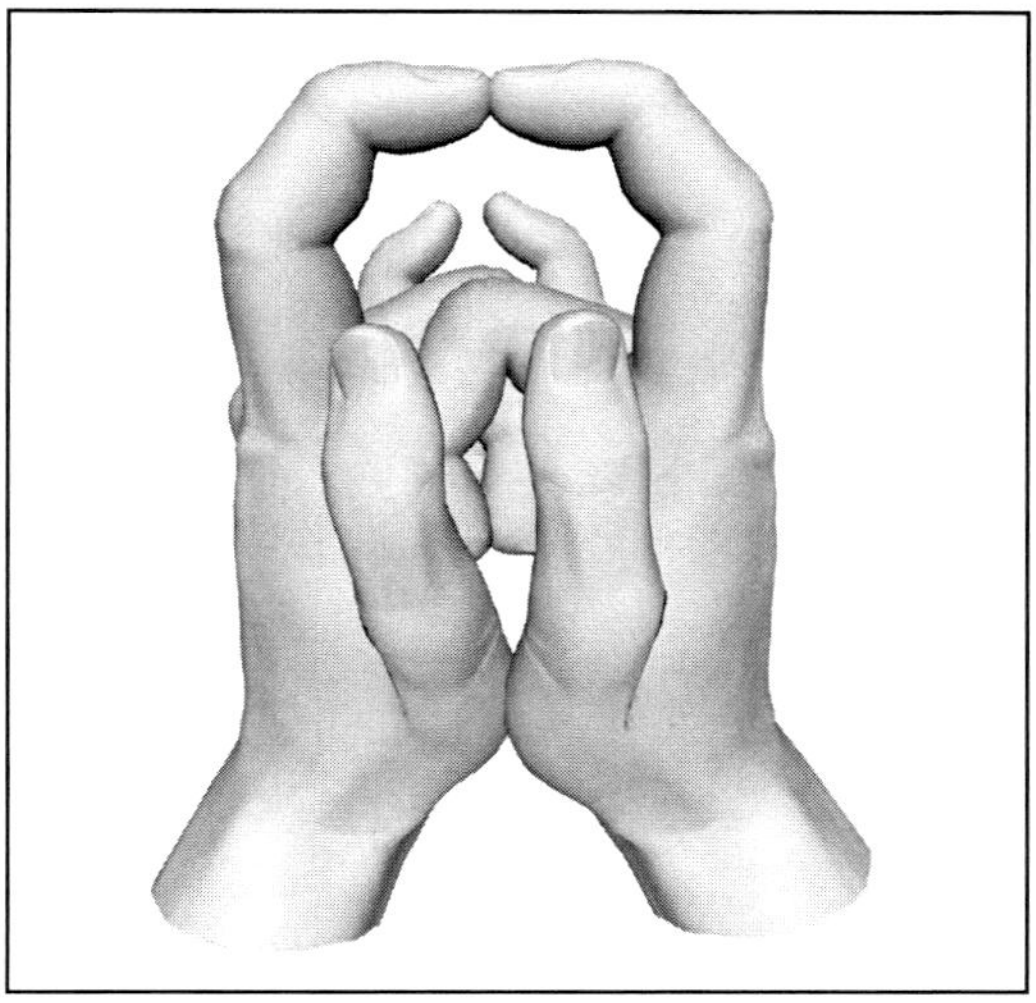

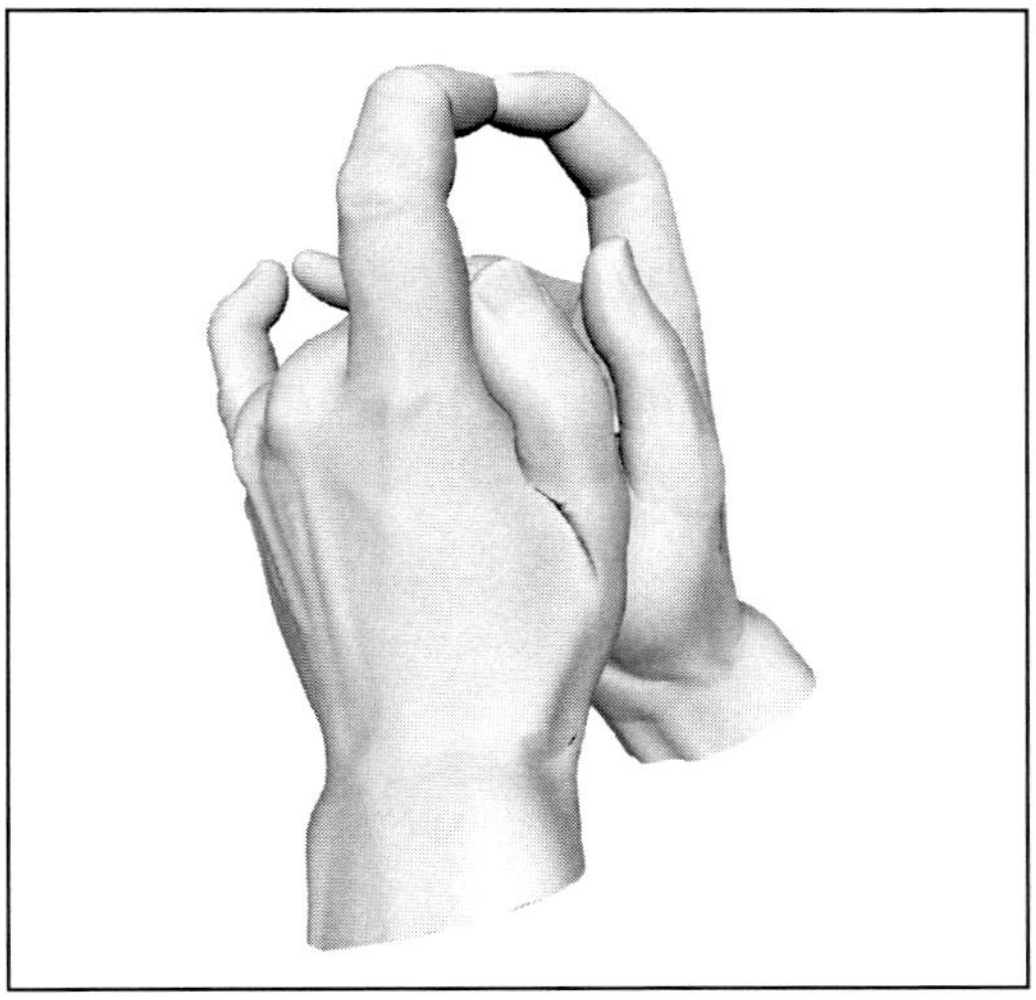

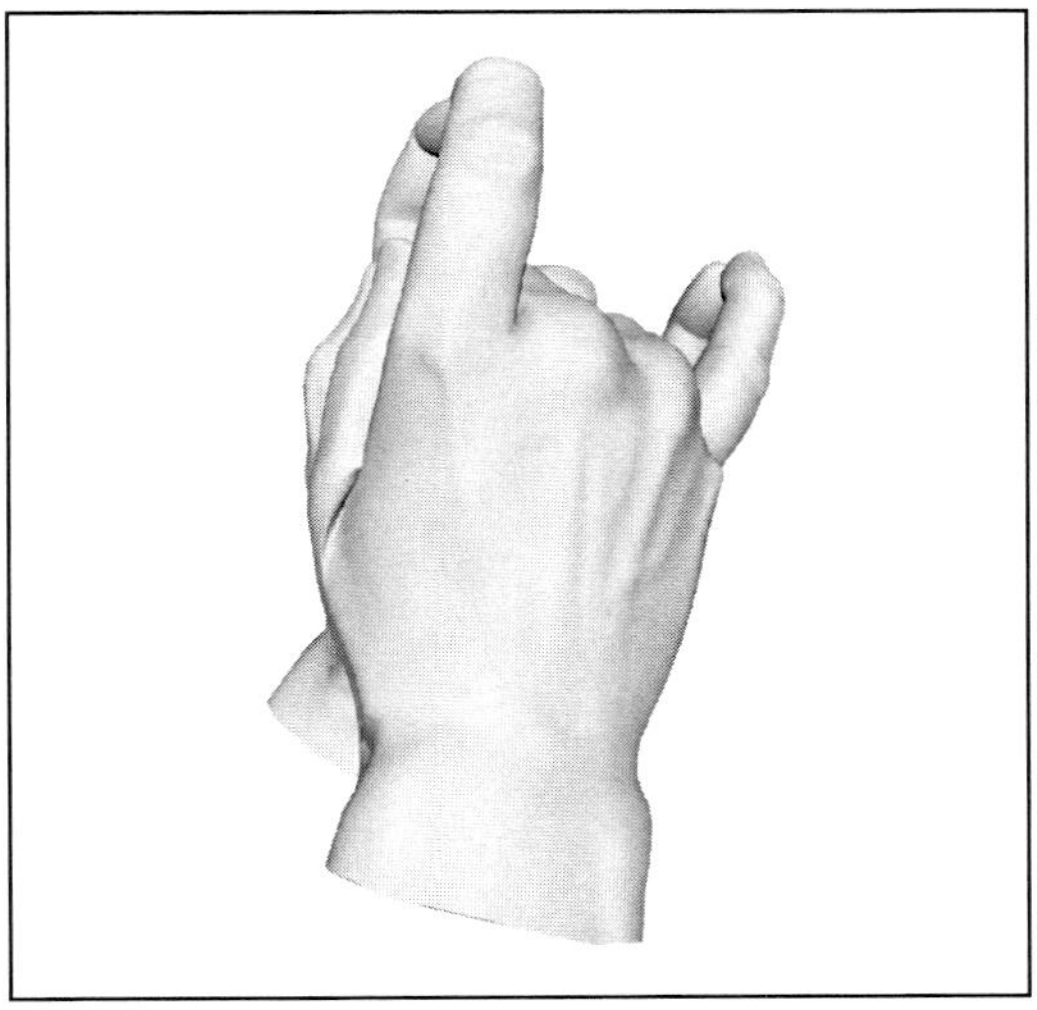

①両手、内縛する。

②両人差指を立てて屈し、先を付け合わせ相支え、間を眼のようにする。

③両親指を第一節を曲げて牙のようにし、人差指の側に置き、ともに付けない。

④両小指は立て伸ばして第一節で屈し、二牙が合い向かう形をする。

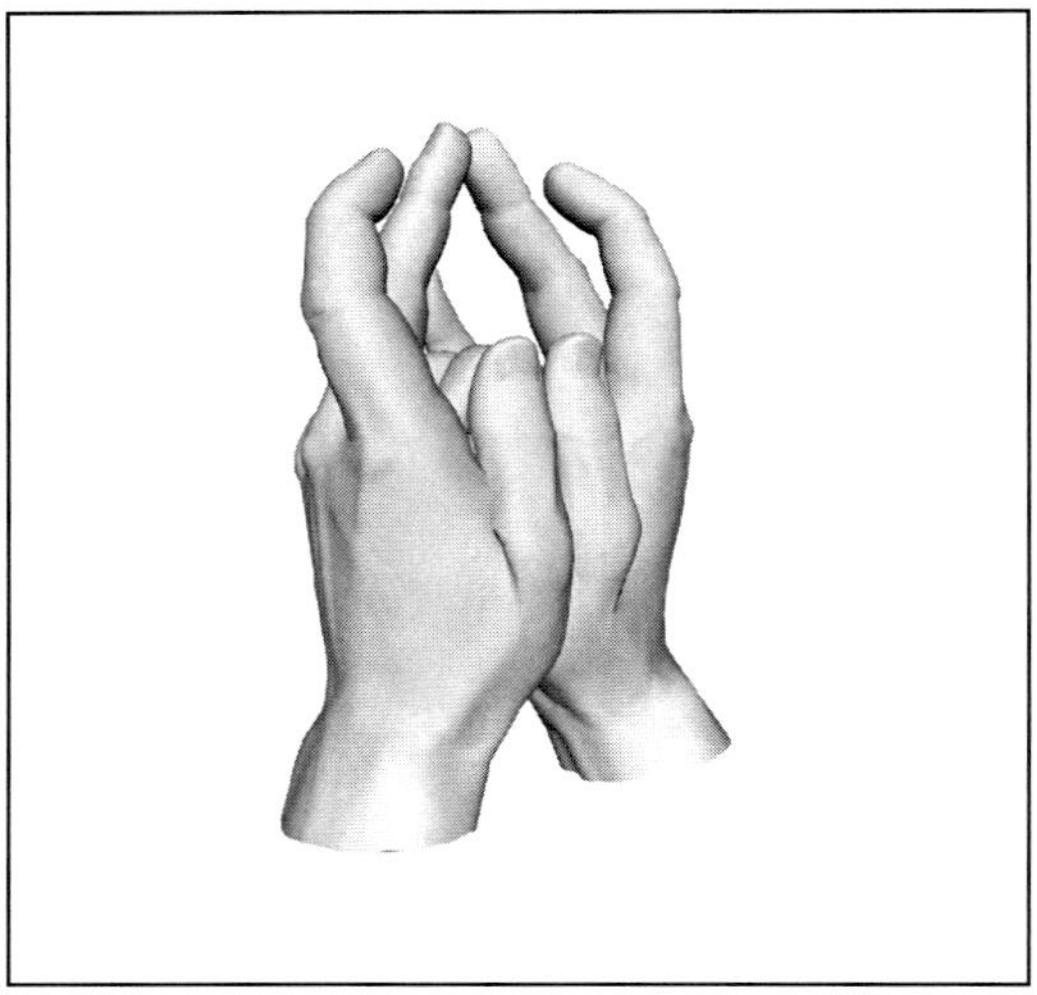

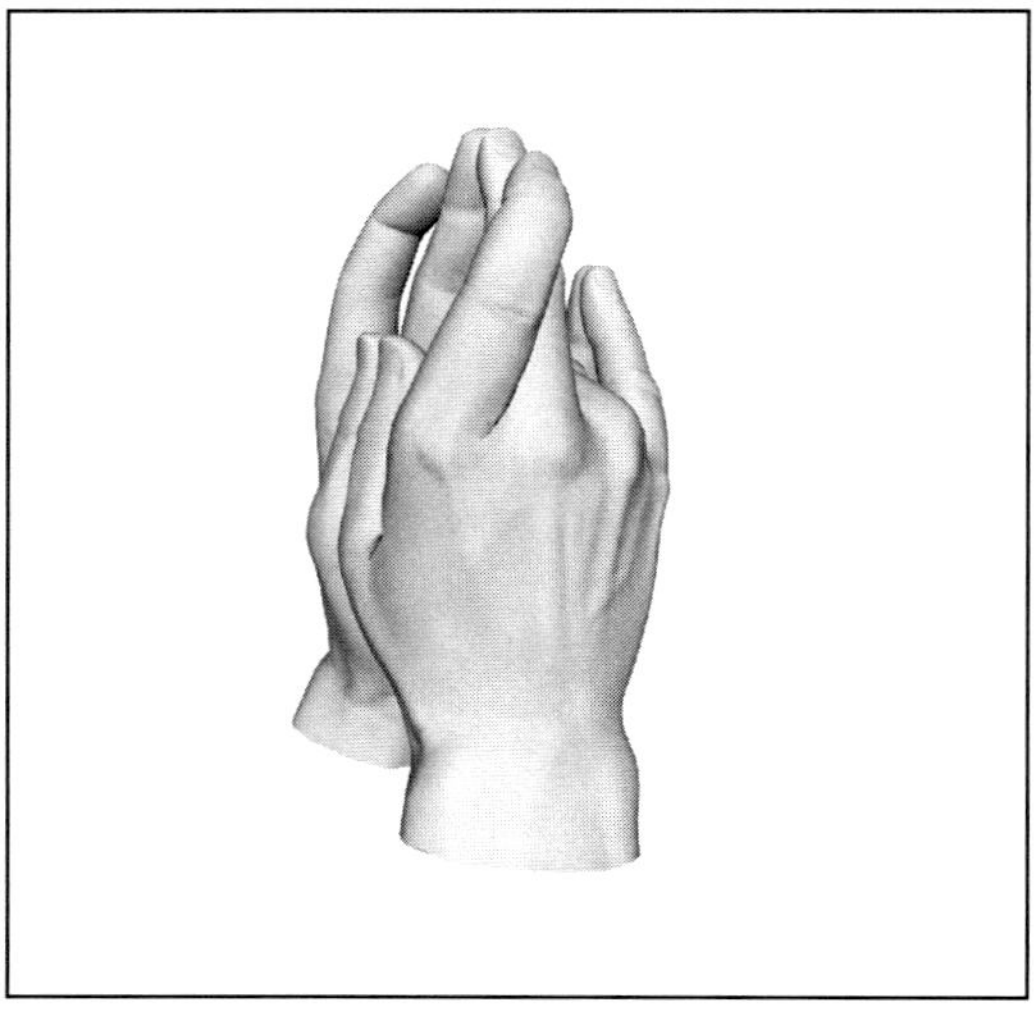

内《ない》五《ご》鈷《こ》印《いん》

①両手内縛し、両中指・小指・親指をまっすぐ立て合わせる。
②両人差指を立てて屈し、鉤のようにして、中指の背の側に置いて背には付けない。
※金剛手内五鈷印（八五頁）に同じ。

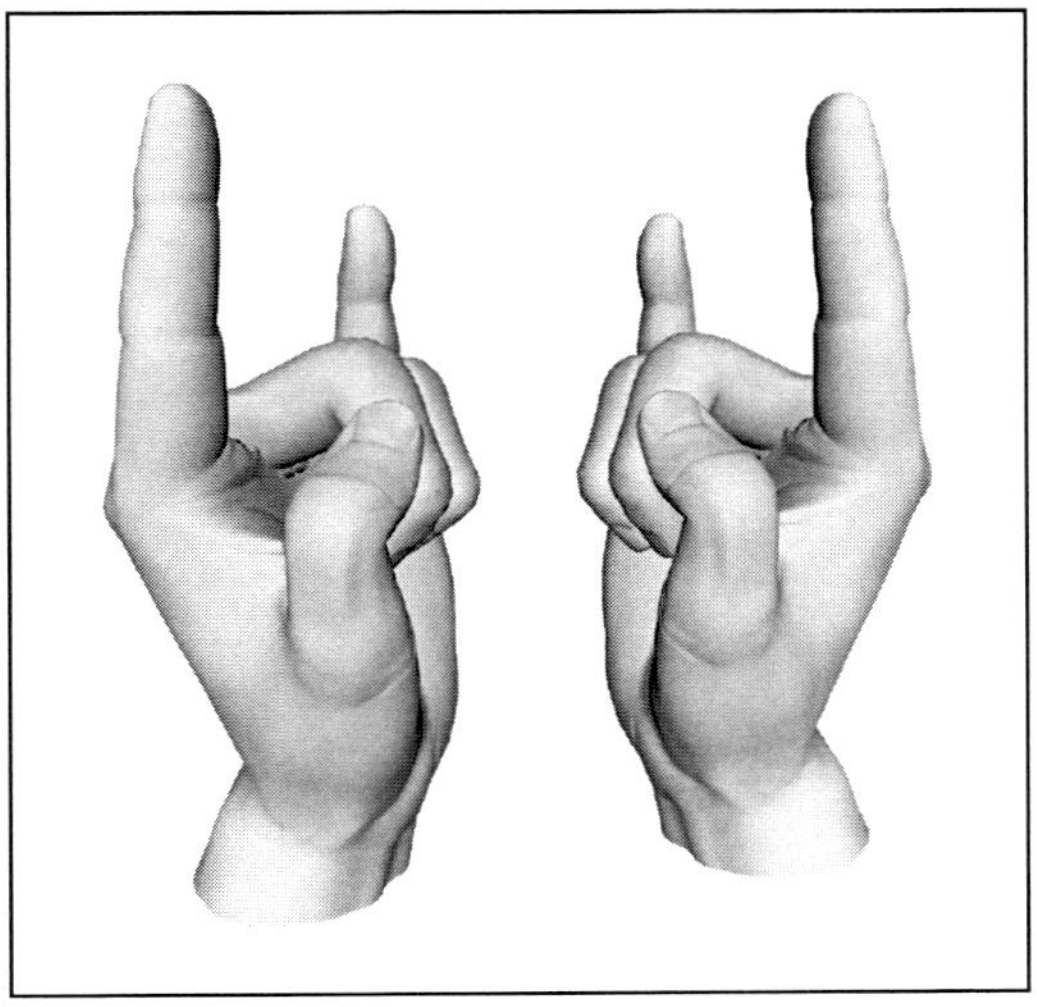

内《ない》五《ご》鈷《こ》印《いん》二

①両手を金剛拳にする。
②小指と人差指を立て伸ばす。
③両頬に置く。

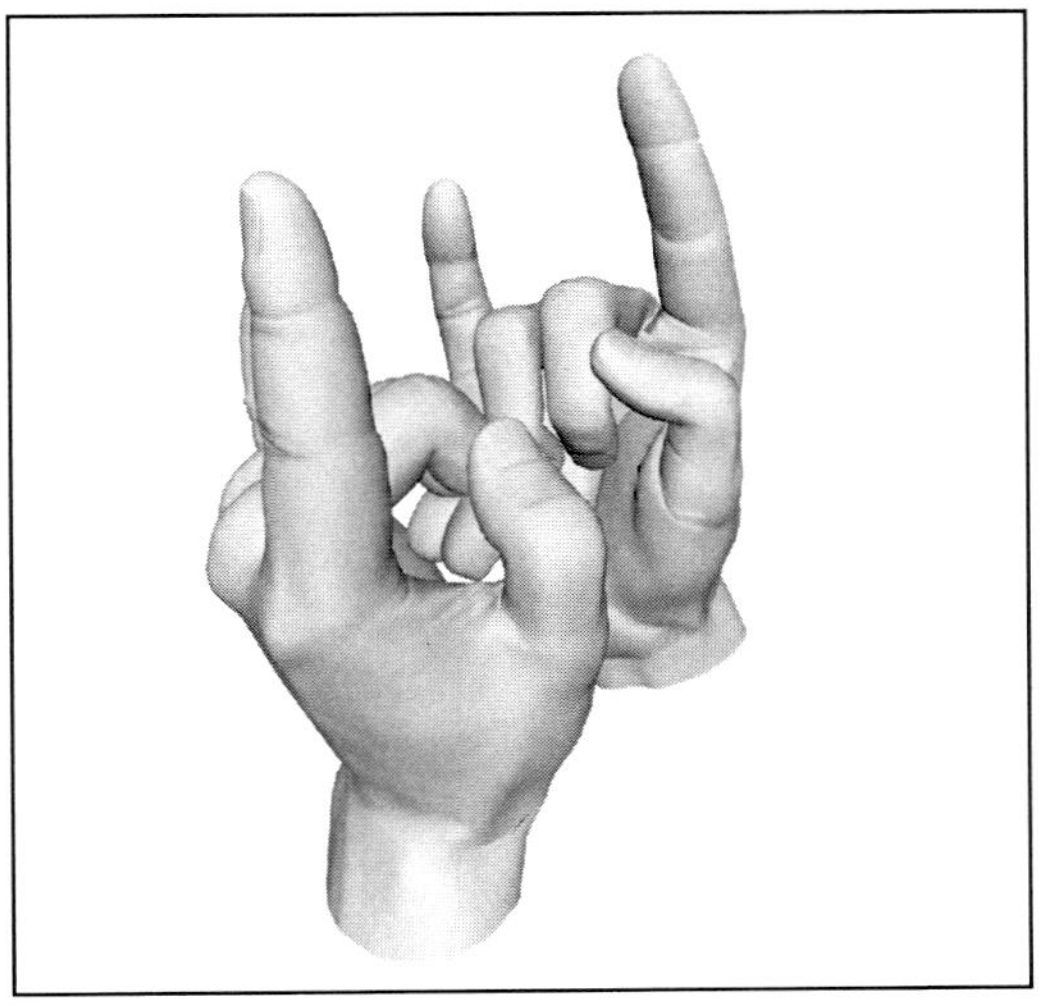

※真言は前頁に同じ。

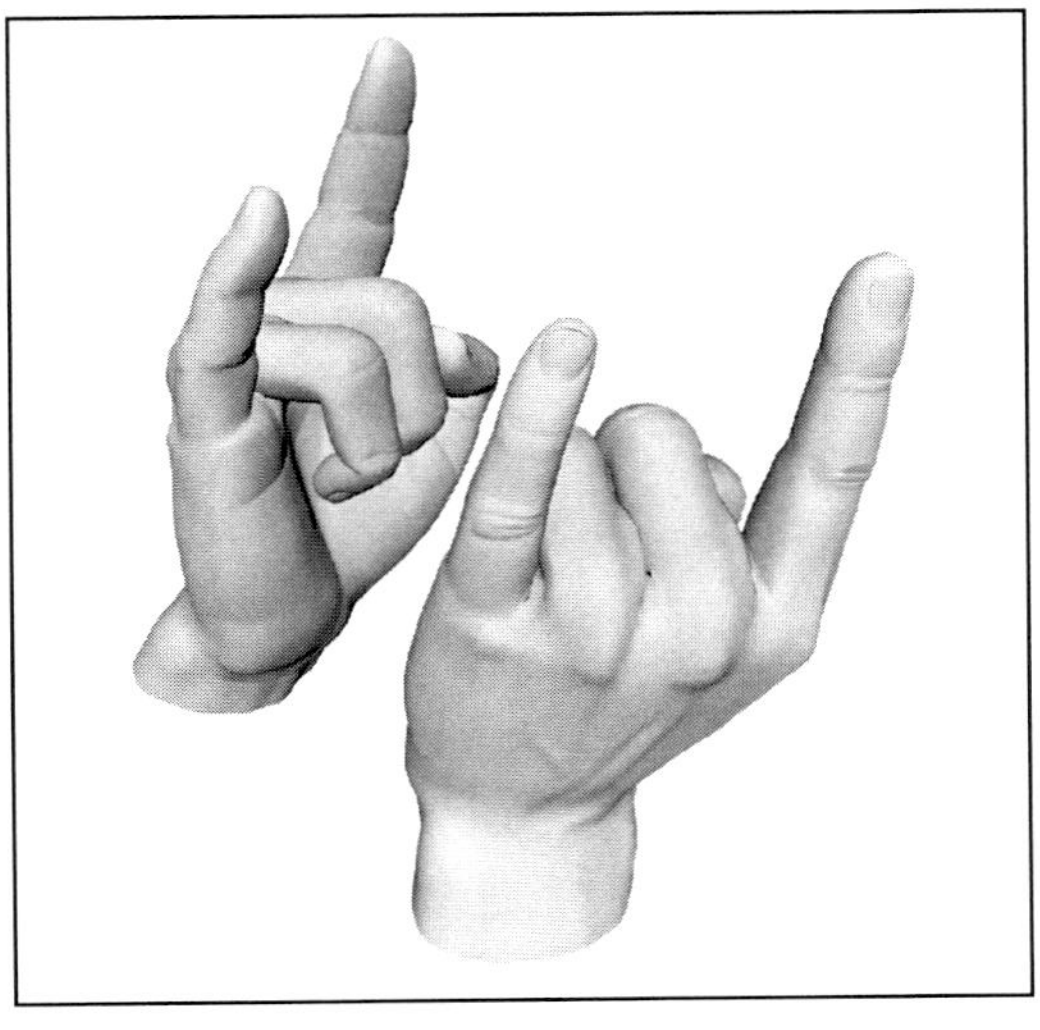

烏《う》枢《す》沙《さ》摩《ま》身《しん》印《いん》

①右の薬指・小指を、左の薬指・小指の背後から中指と薬指との間に入れ、右の親指で右の薬指と小指の甲を押し、左の薬指と小指を握る。

②左の薬指と小指を屈して左の親指で、その甲を押し、環を作り相鉤する。

③両人差指と中指を立て合わせる。

④両人差指を来去する。

※また普焔印ともいう。

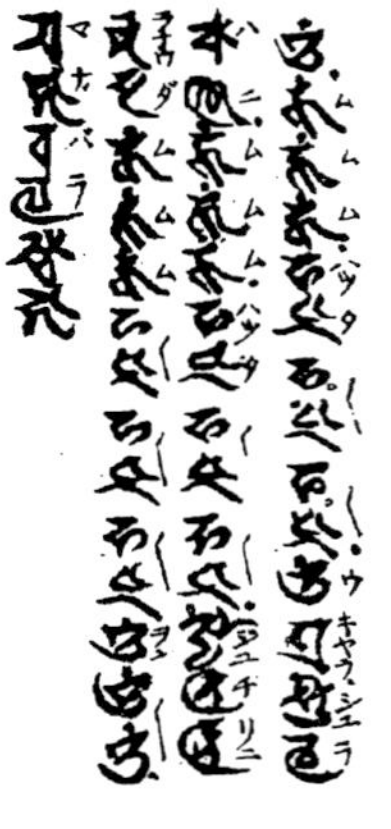

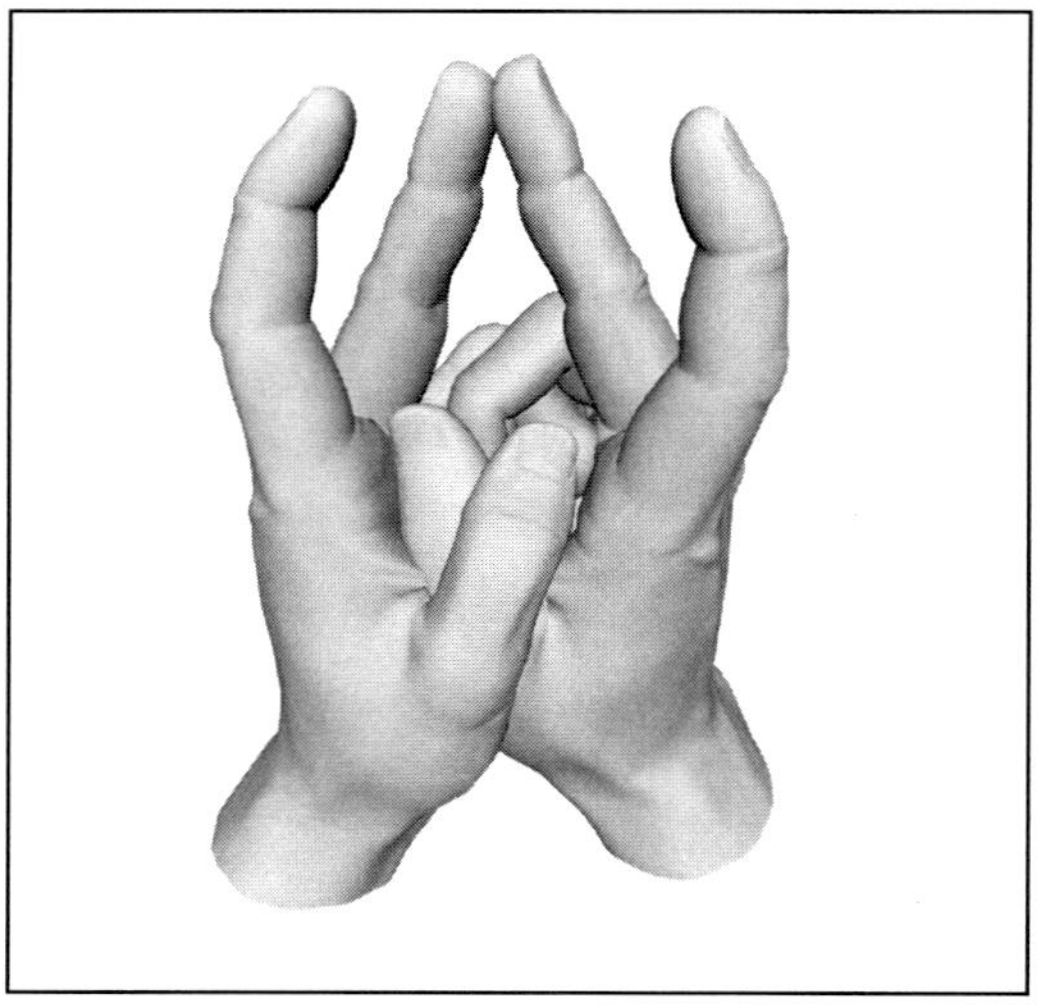

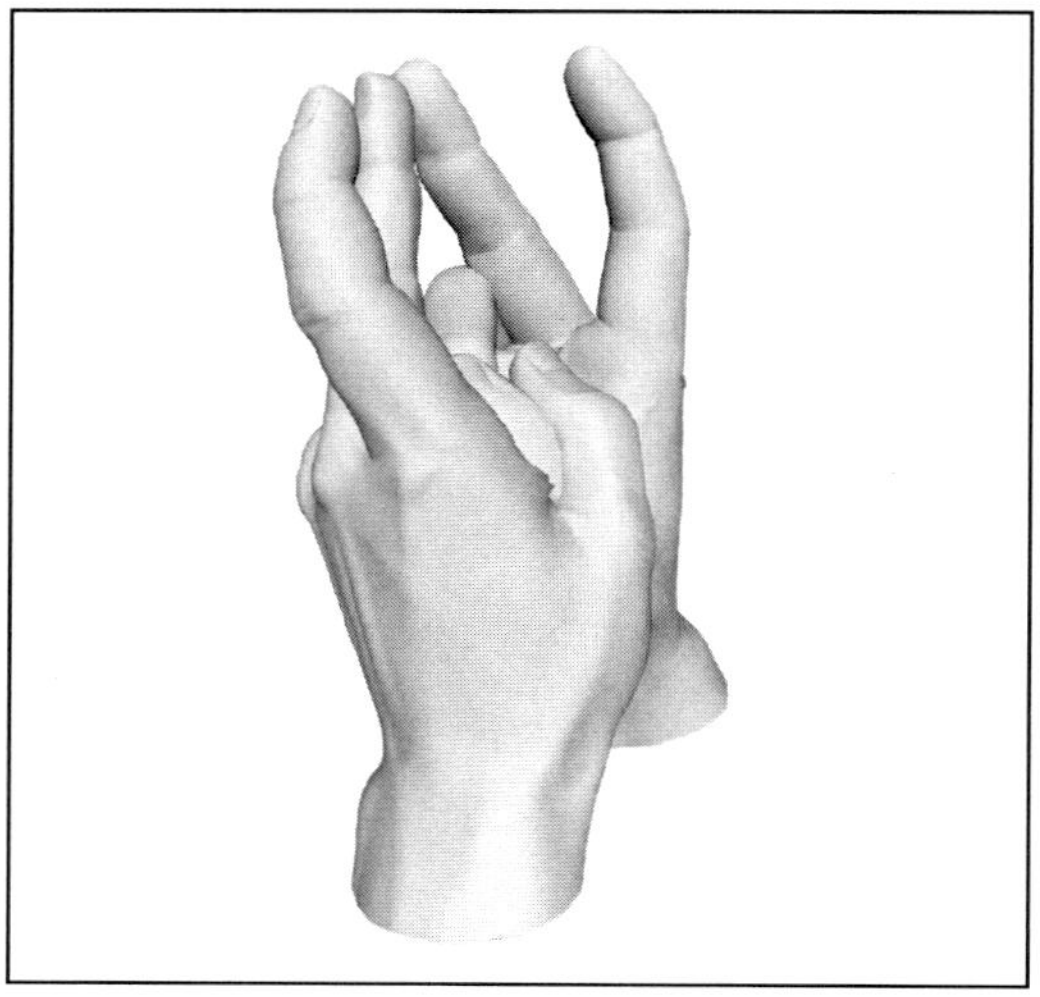

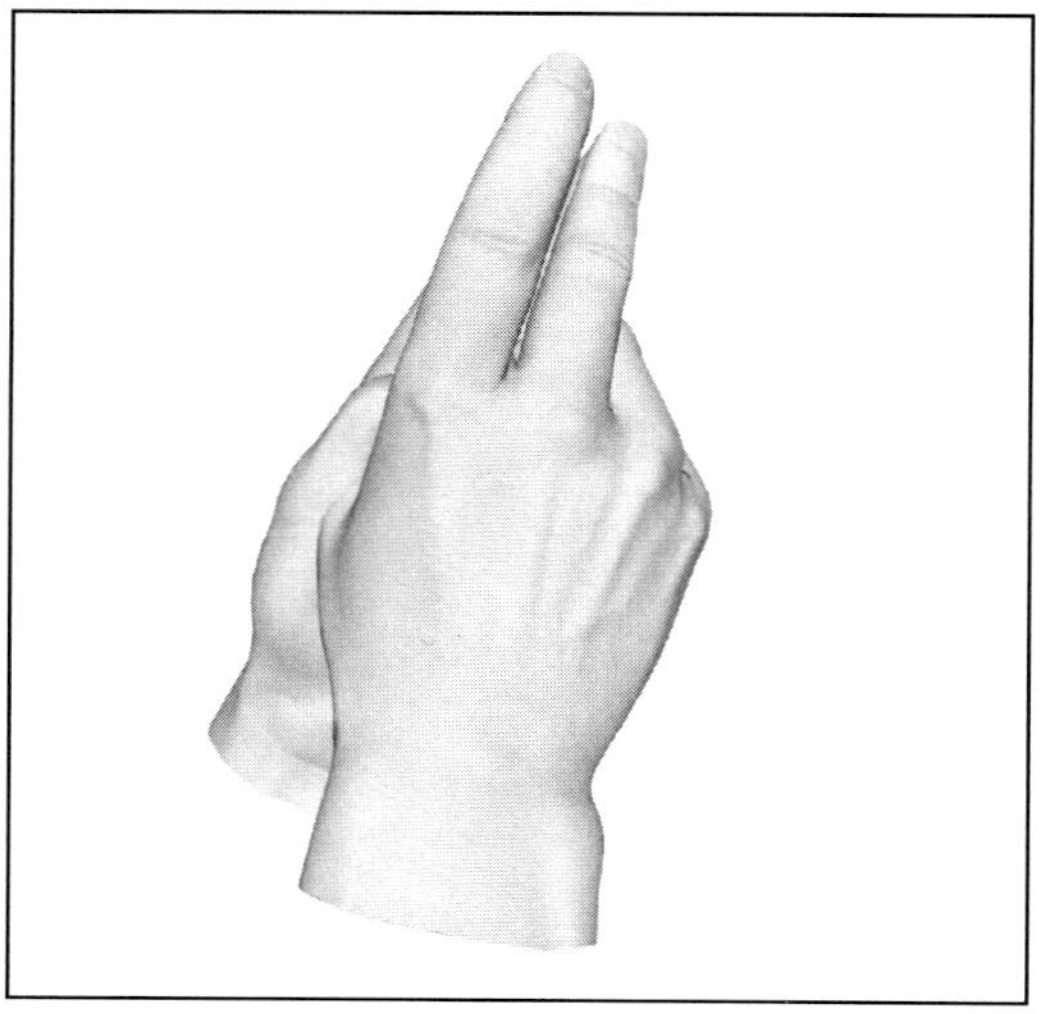

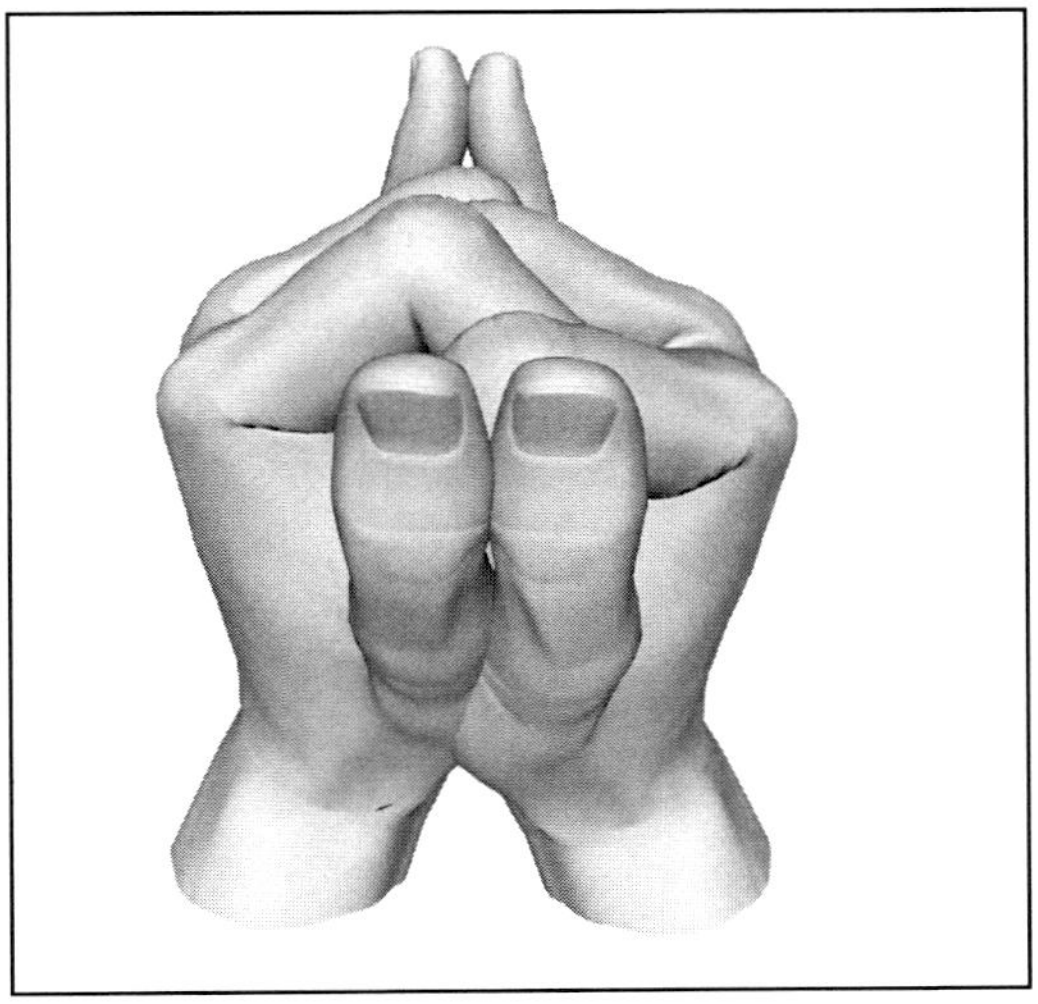

烏枢沙摩《うすさま》
或《ある》説《せつに》用《もちゆ》独鈷《とっこ》印《いん》

①両手、内縛する。

②両小指を立て合わせ、親指は並び立てる。

※立て合わせた親指と小指は独鈷の両頭を表す。

※召請の時には両親指で招き、奉送の時は、親指を外側に弾く。

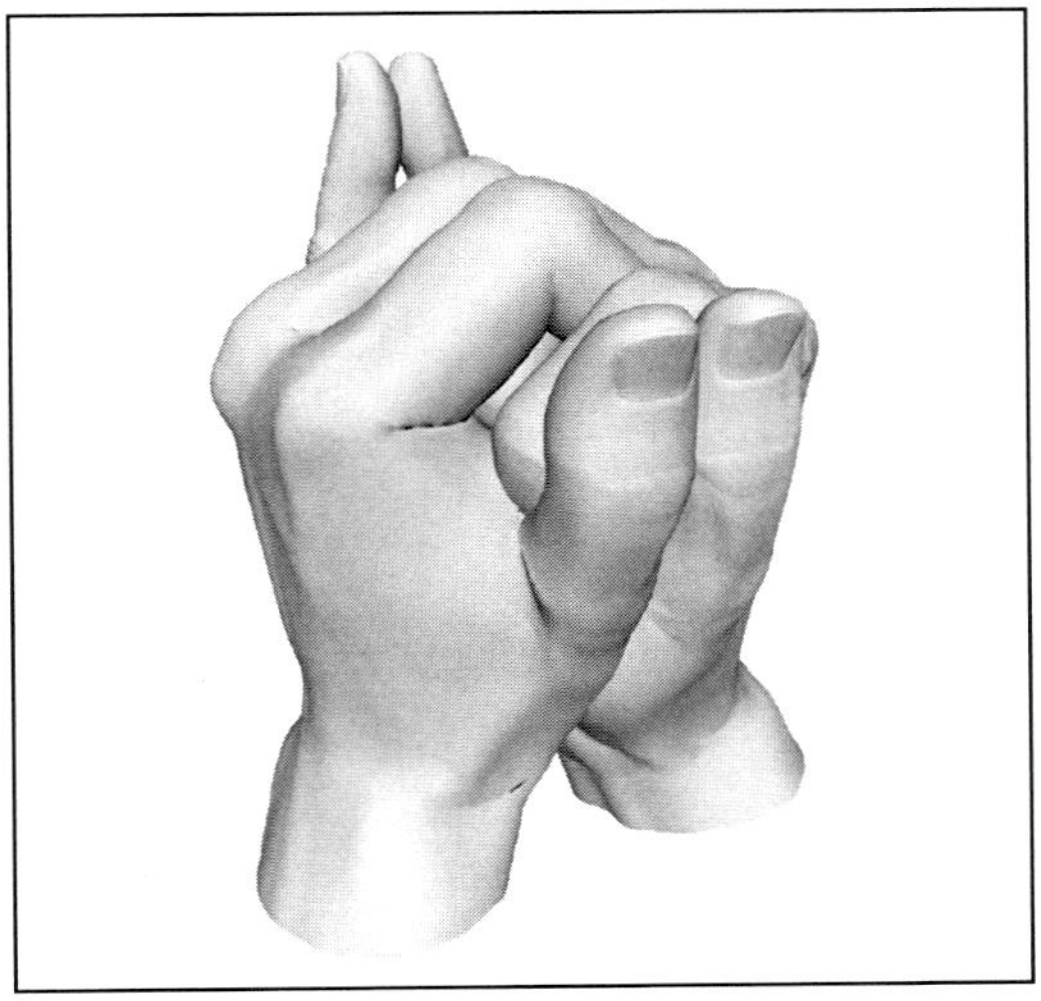

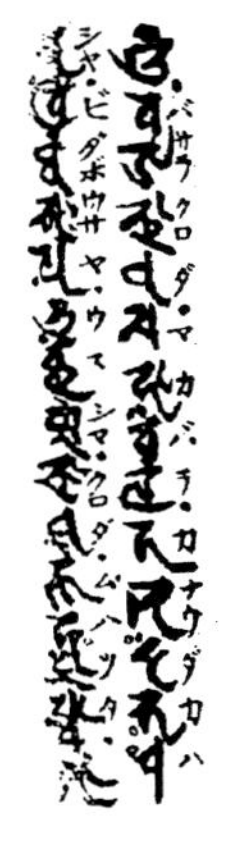

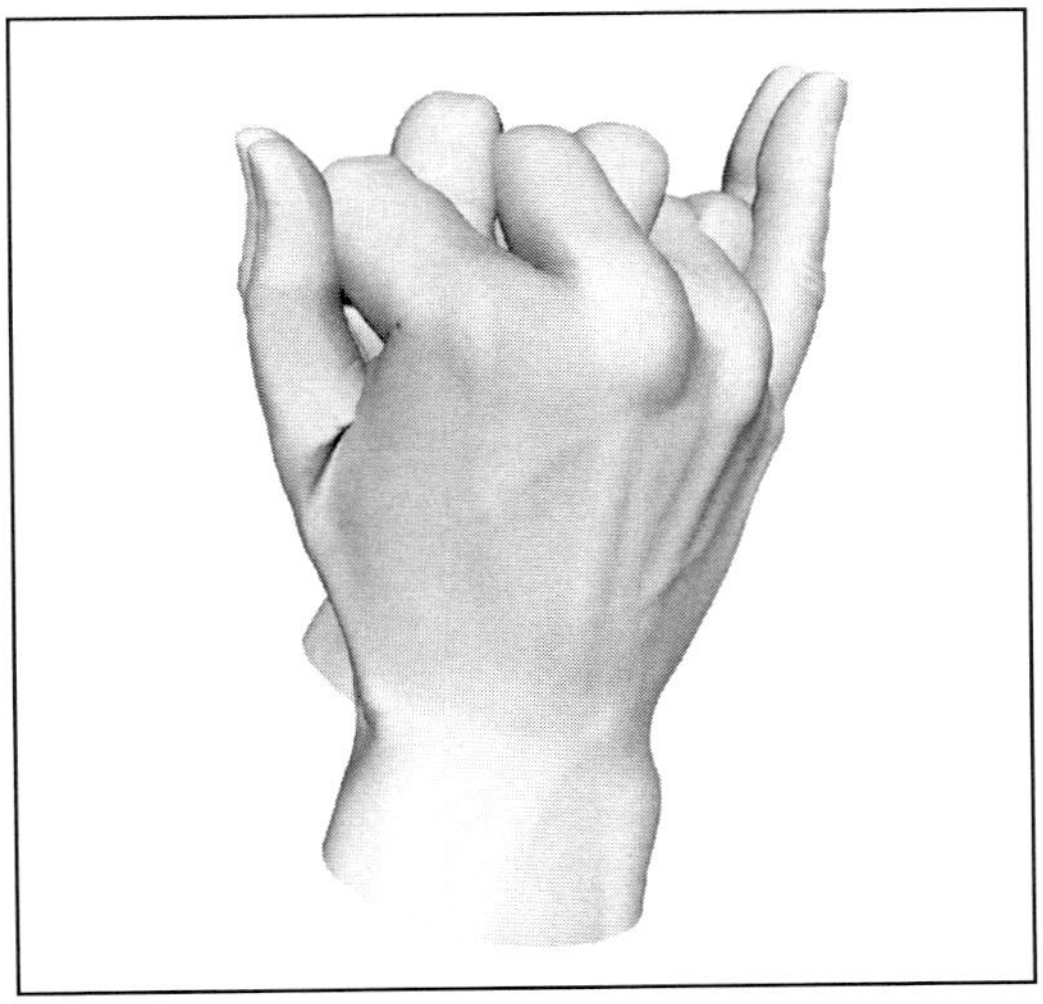

烏枢沙摩《うすさま》又印《またのいん》

①虚心合掌をする。
②両小指を屈して掌中に入れる。
③両親指で小指の甲を抑える。両薬指、中指、人差指は立て合わせ、わずかに相去する。

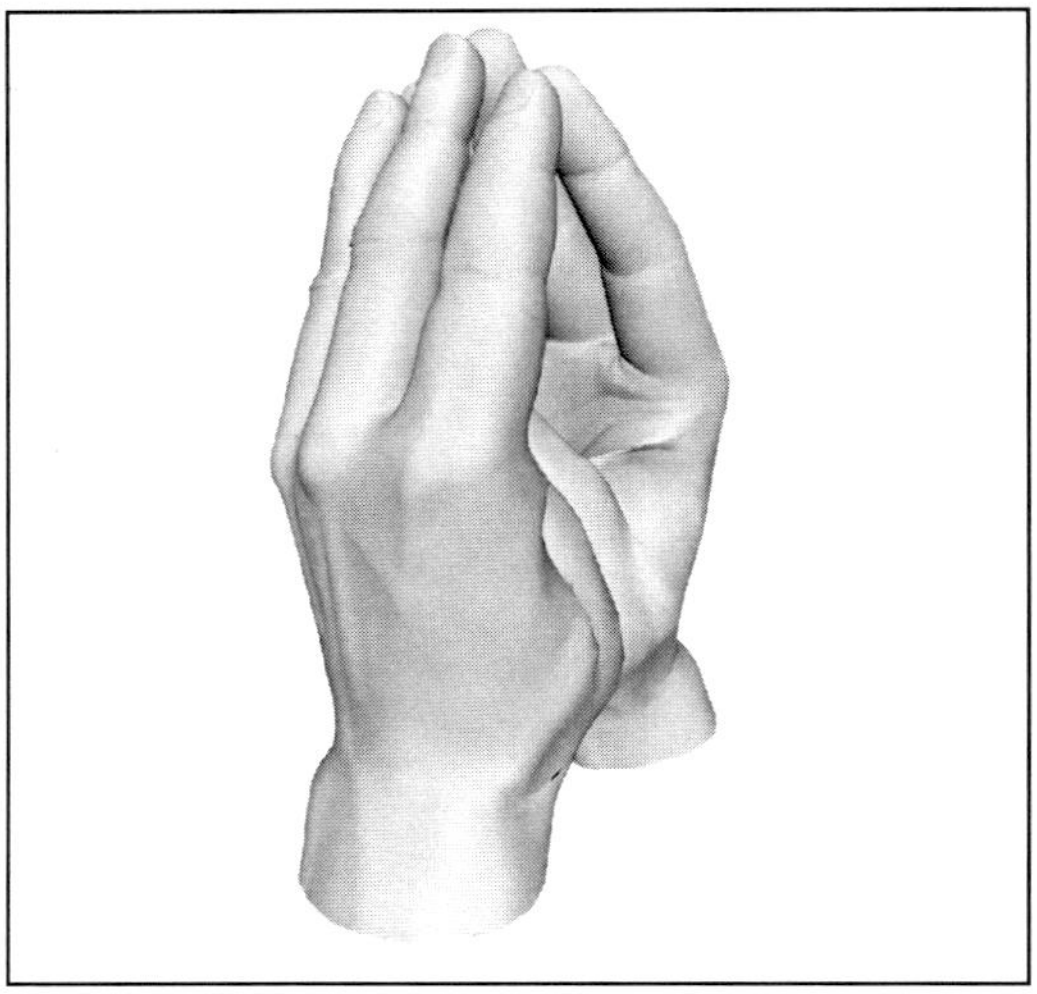

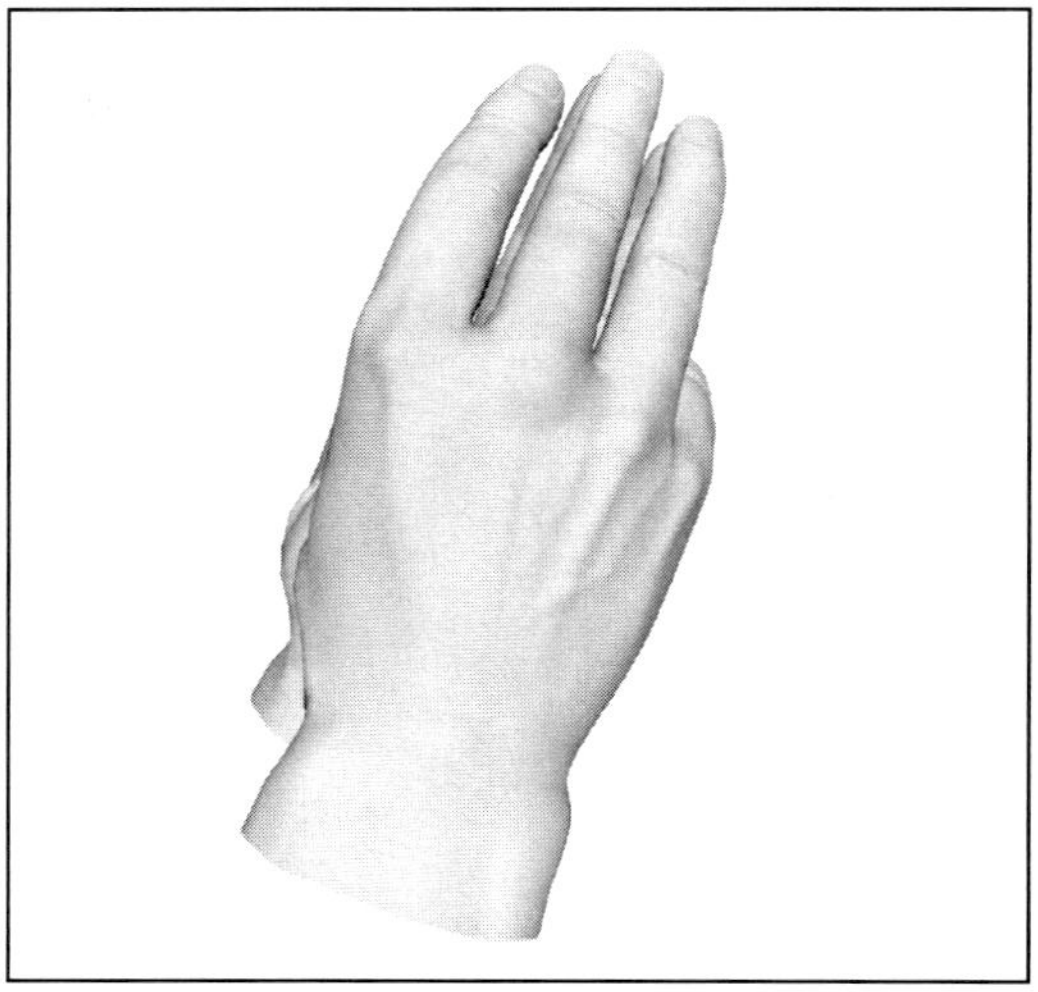

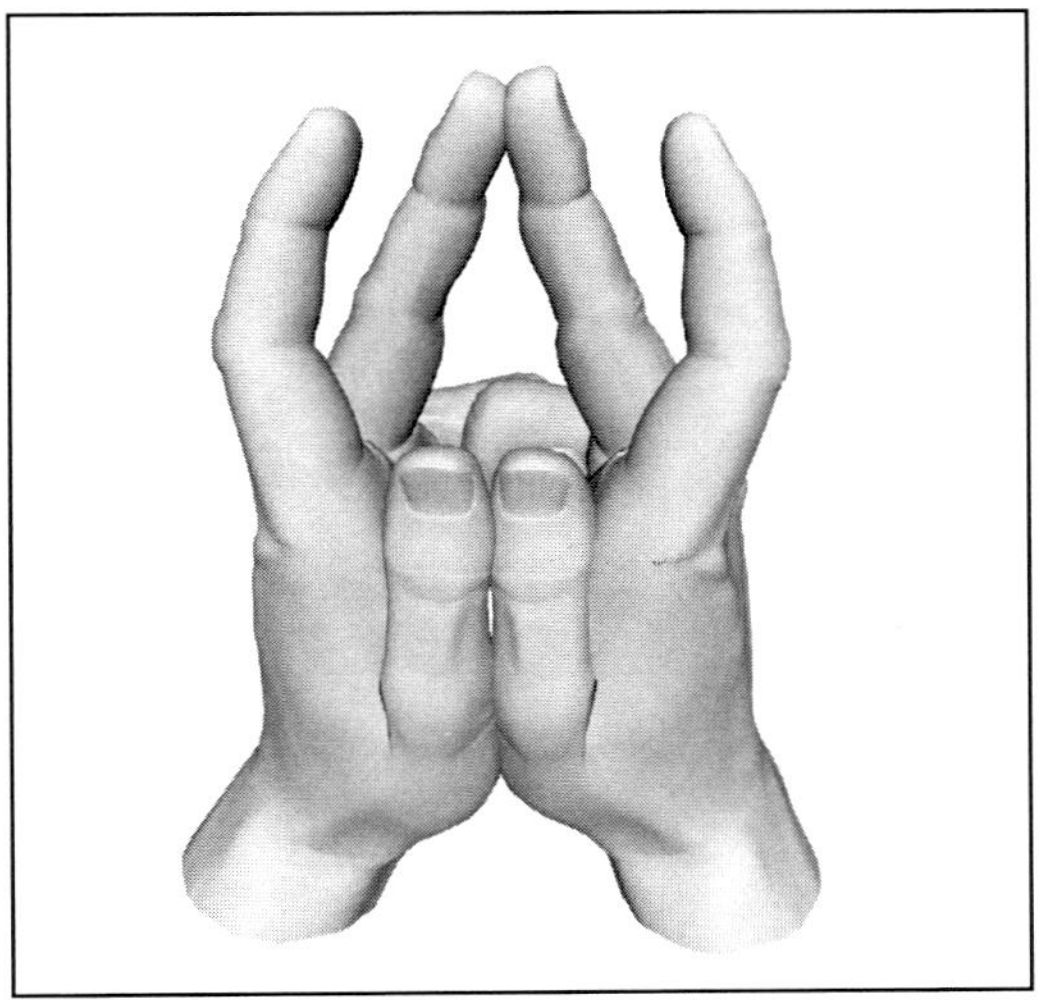

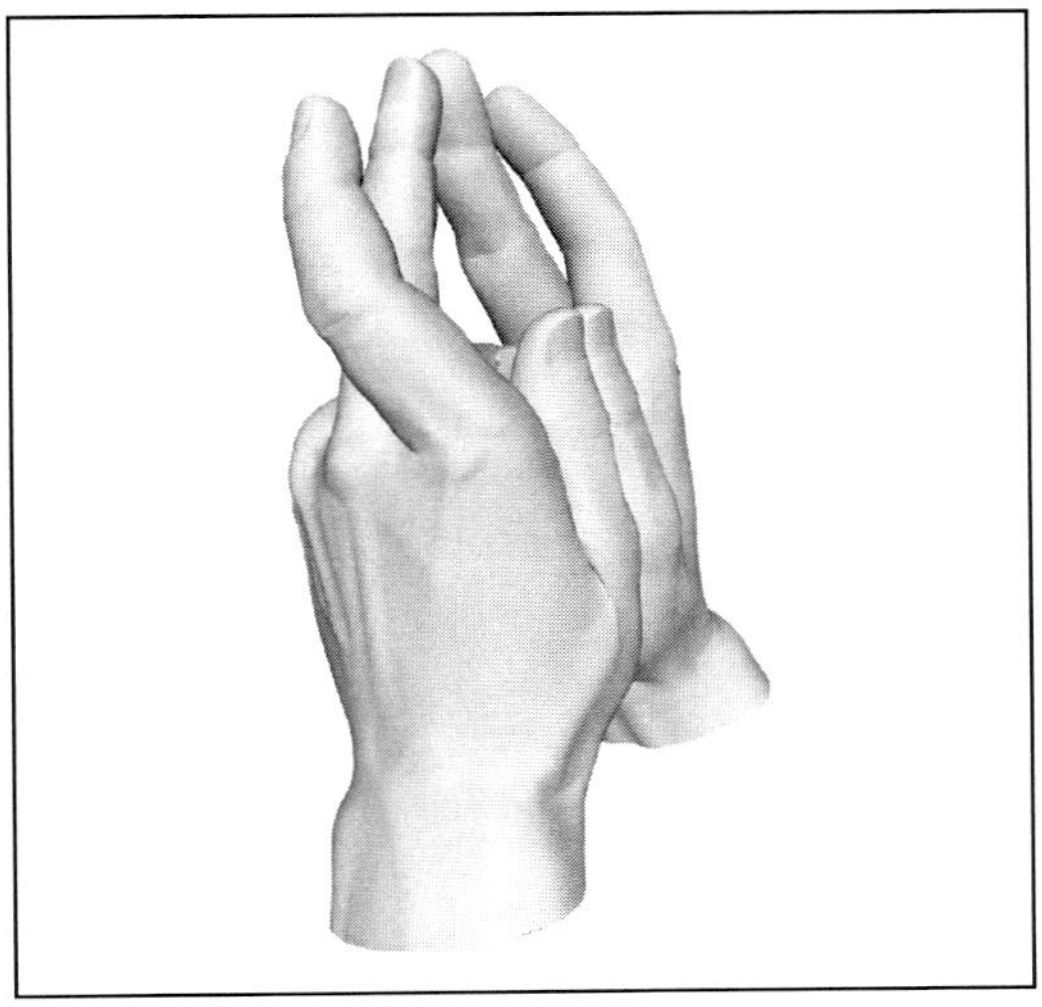

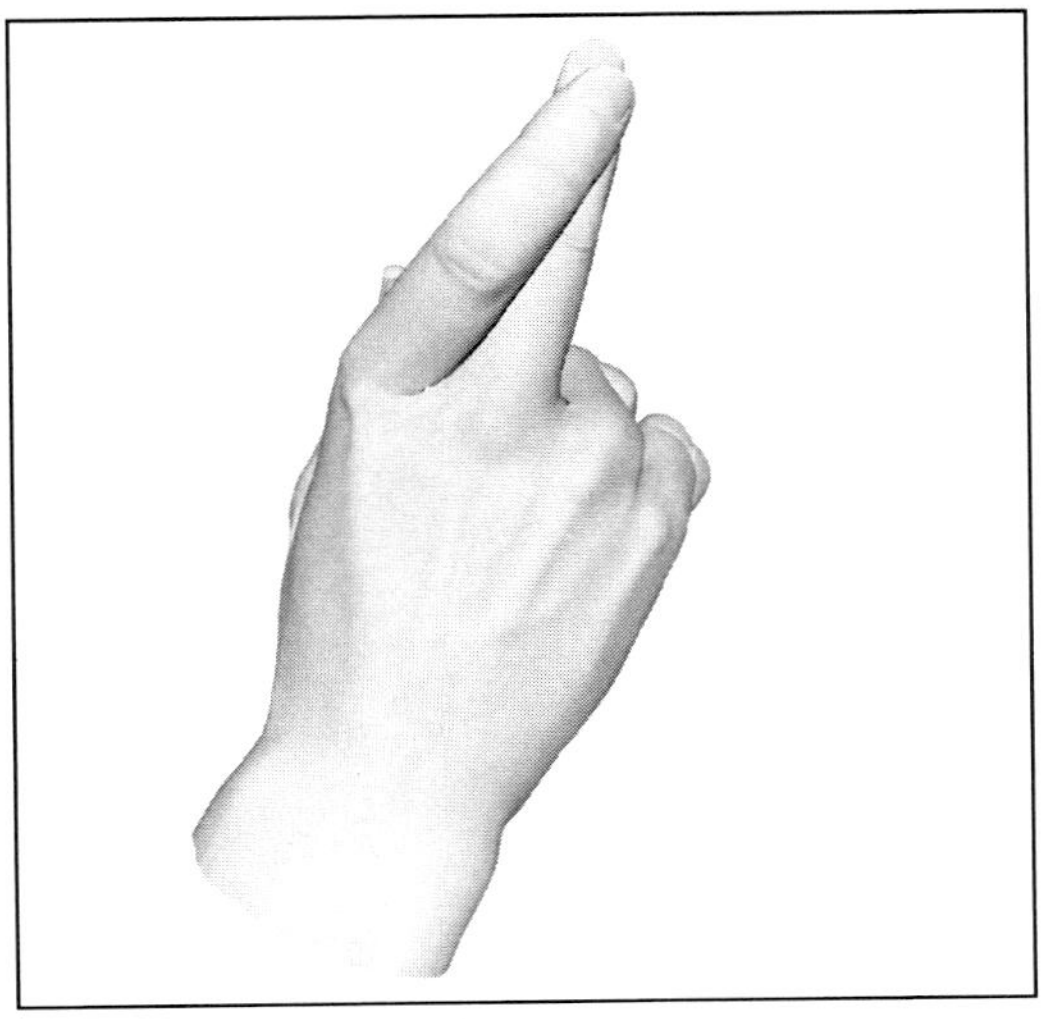

烏《う》枢《す》沙《さ》摩《ま》

師説《しせつには》用《もちゆ》内縛《ないばく》三鈷《さんこ》印《いん》

①両手内縛して、両中指を立て合わせる。

②両人差指を立て、屈して鉤形のようにして、三鈷杵のようにする。

③両親指は並び立てる。

※摩麼雞ともいうが、異説もある。

烏《う》枢《す》沙《さ》摩《ま》又印《またのいん》

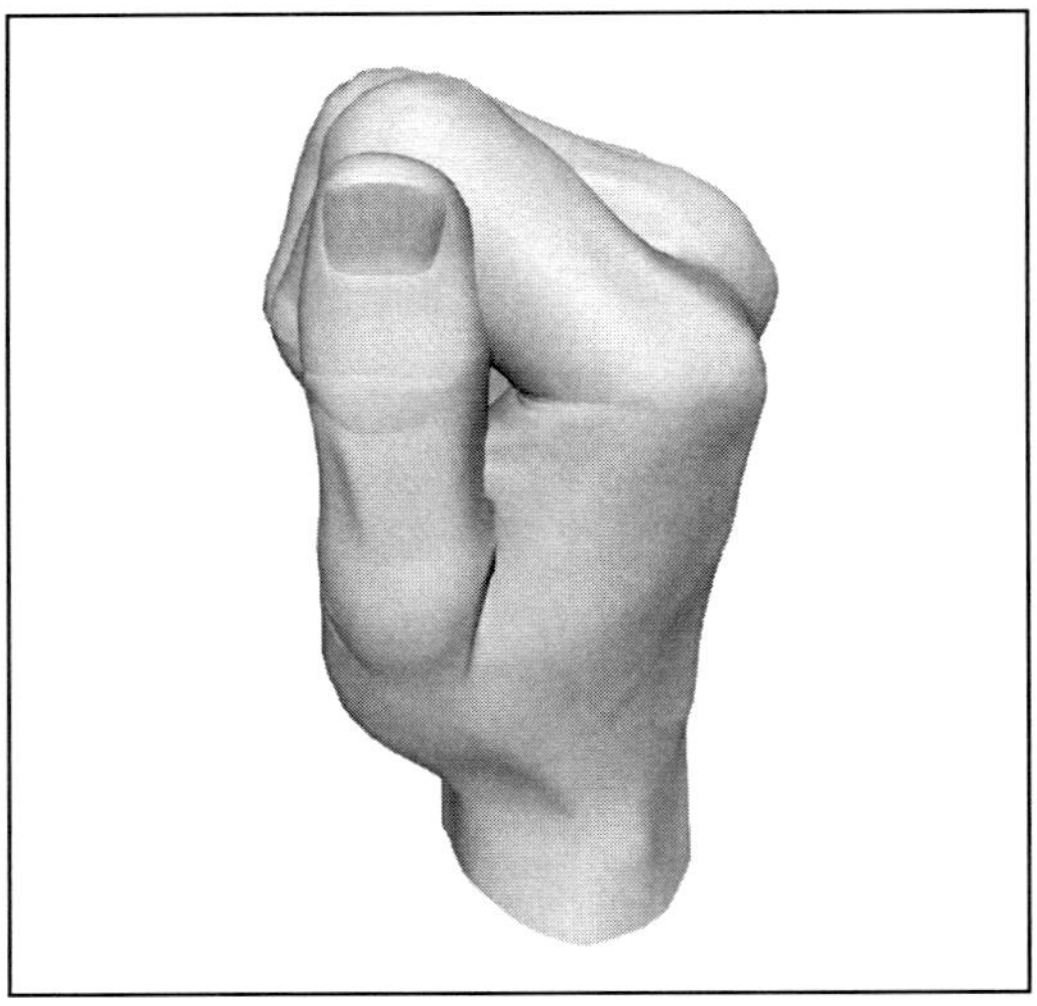

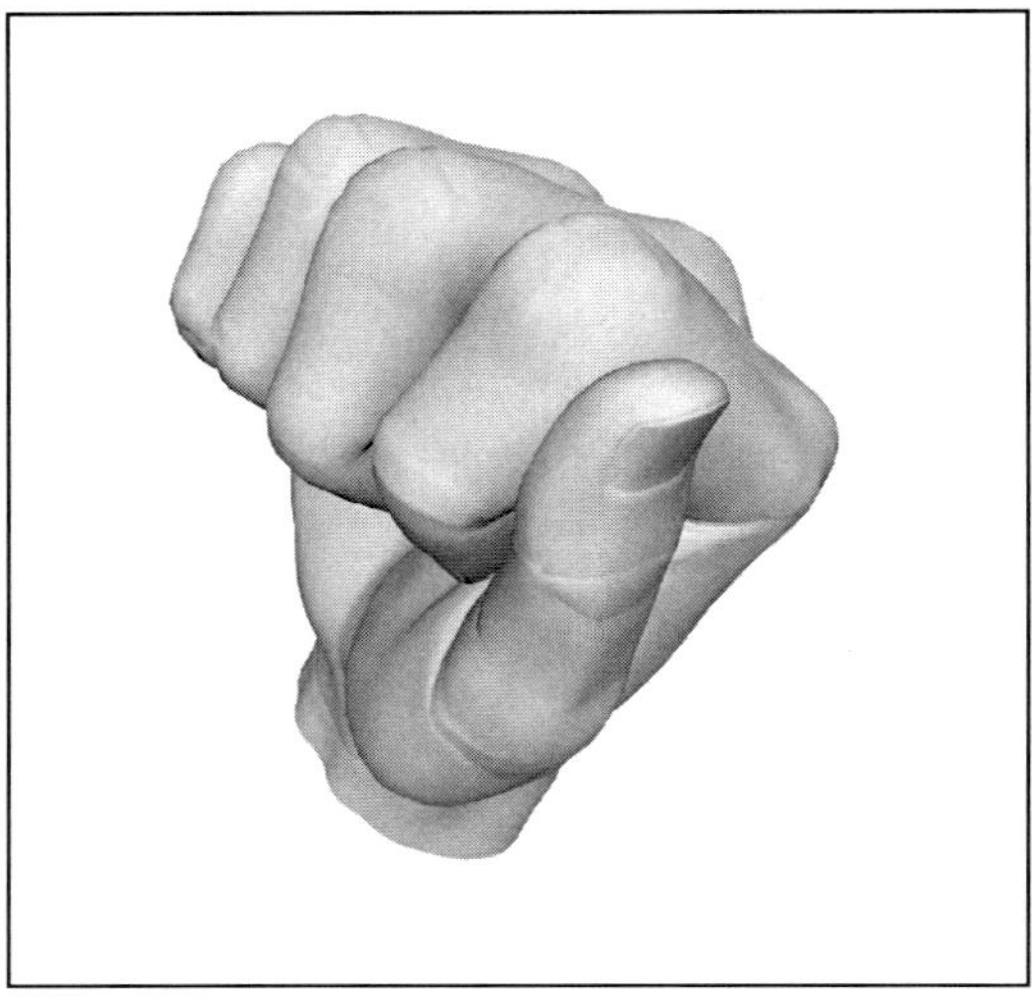

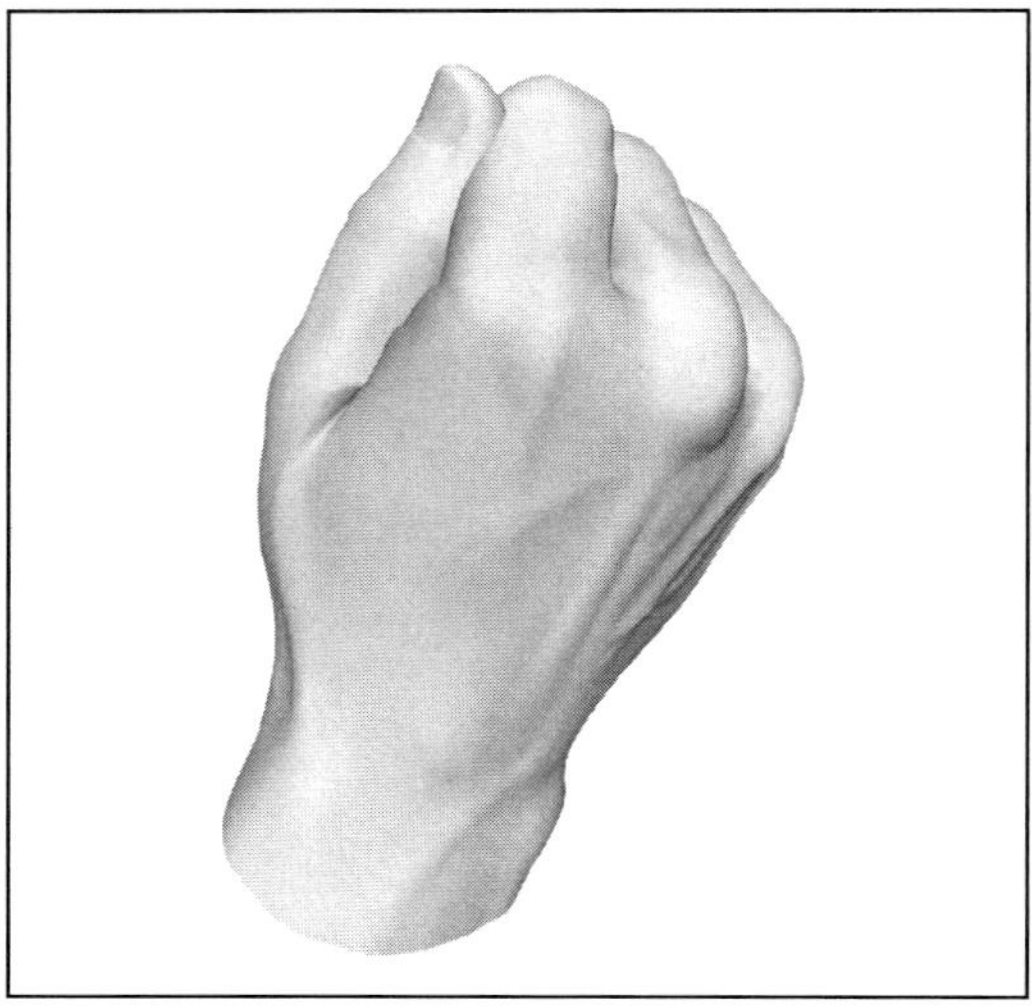

①右手を拳にする。

②親指を立てて人差指の側を押す。

③五処を加持する。

金剛童子《こんごうどうじ》根本印《こんぽんいん》

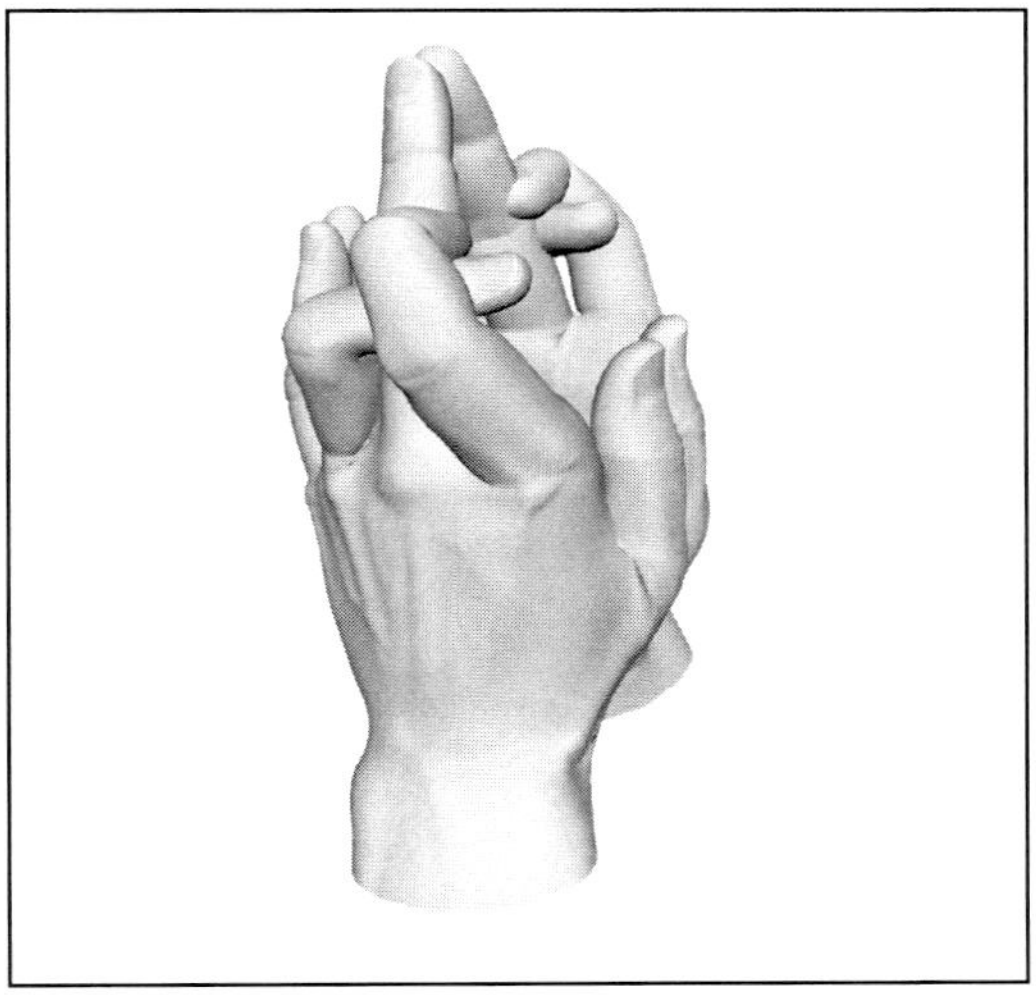

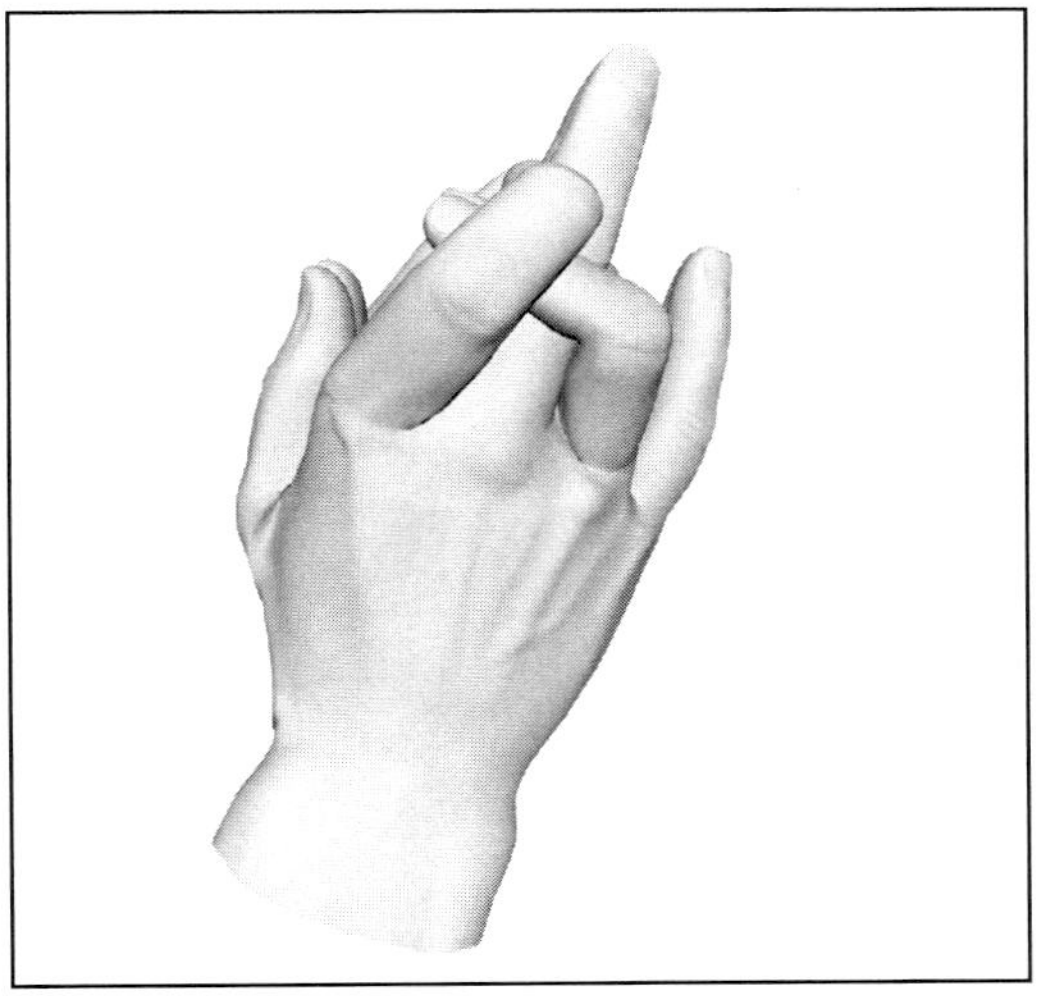

①両中指を立て合わせる。
②両薬指を中指の第二節の外側に横に交える。
③両人差指を鉤にして薬指の甲を押す。
④両親指は並び立てる。
※師子印ともいう。

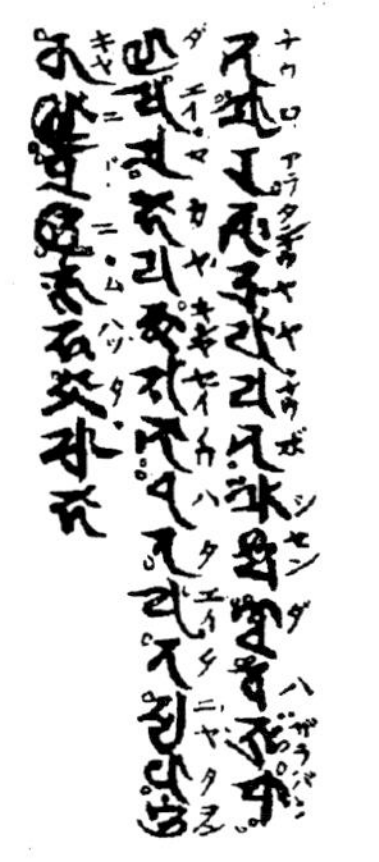

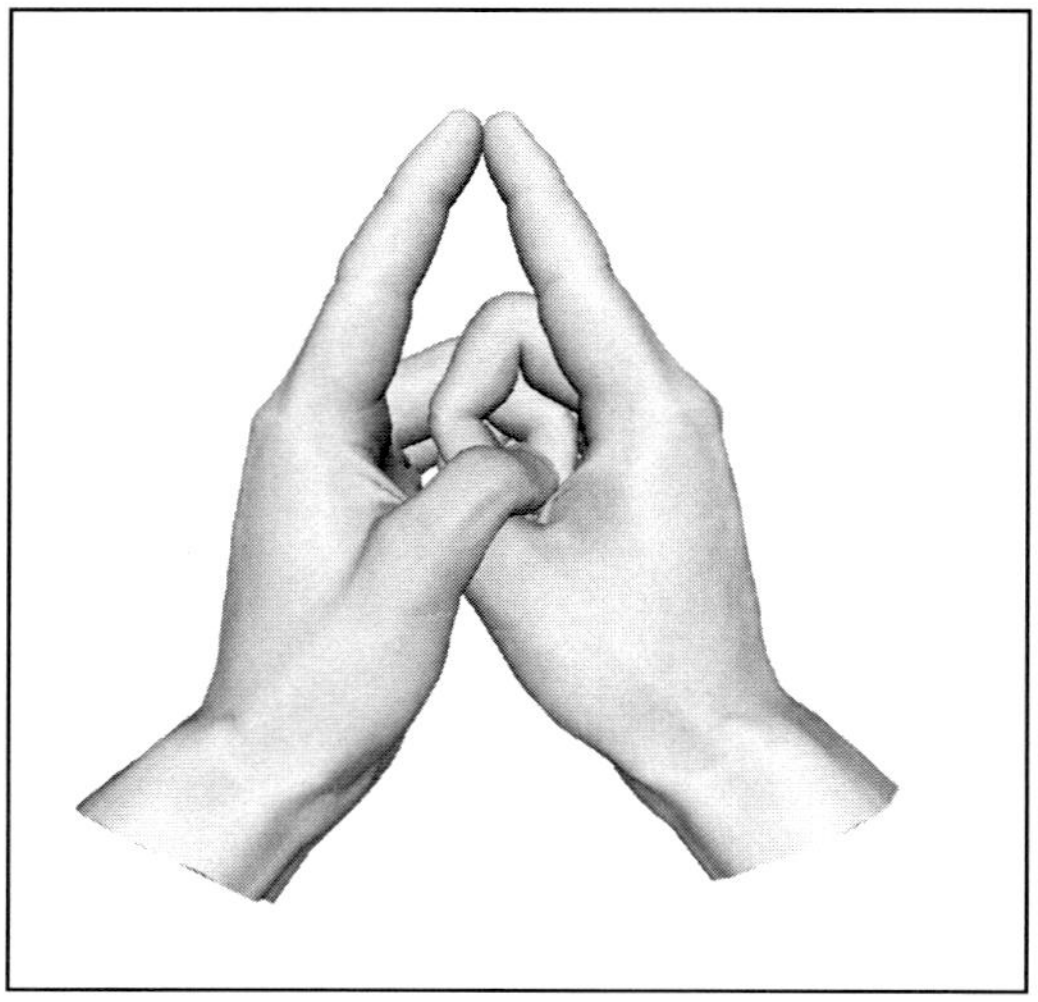

独《とっ》鈷《こ》印《いん》

①両手、内縛する。
②両親指を掌中に入れて小指の甲を押す。
③両人差指を立て合わせる。

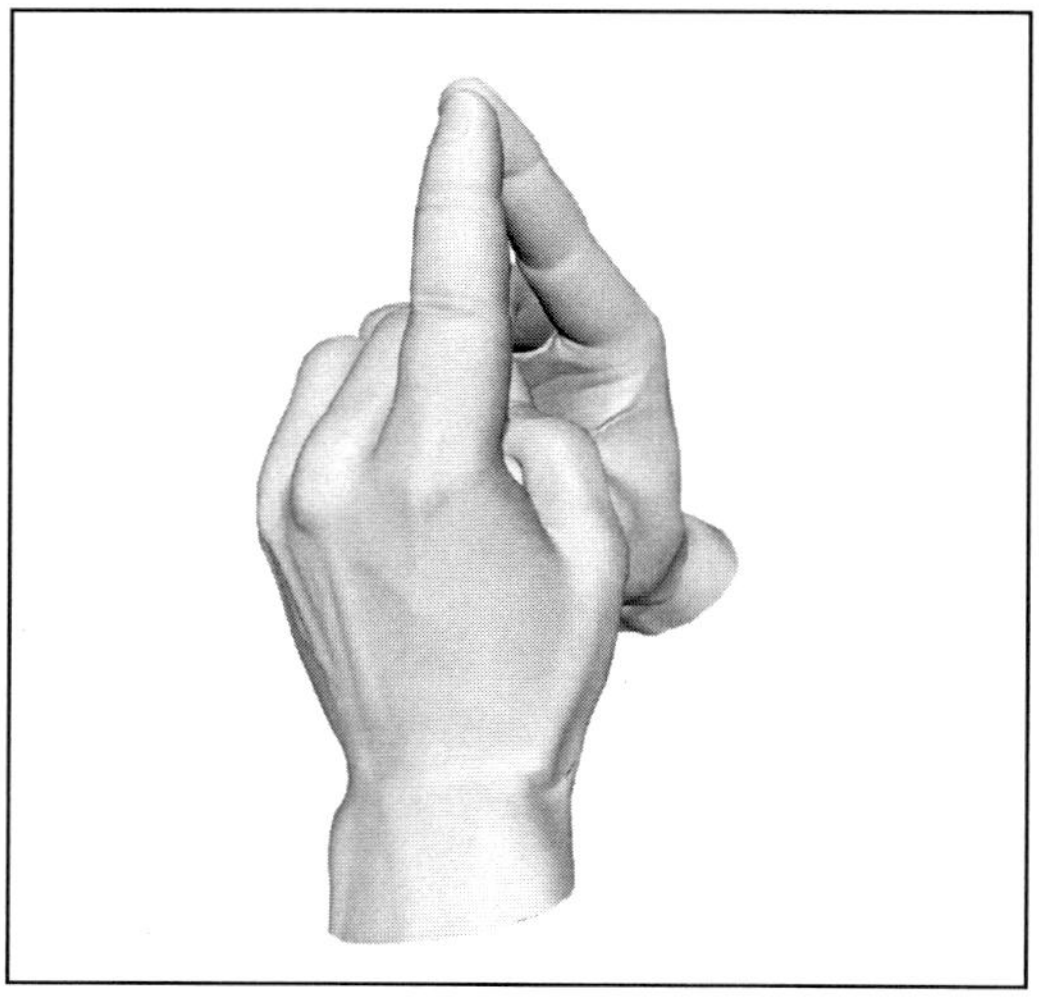

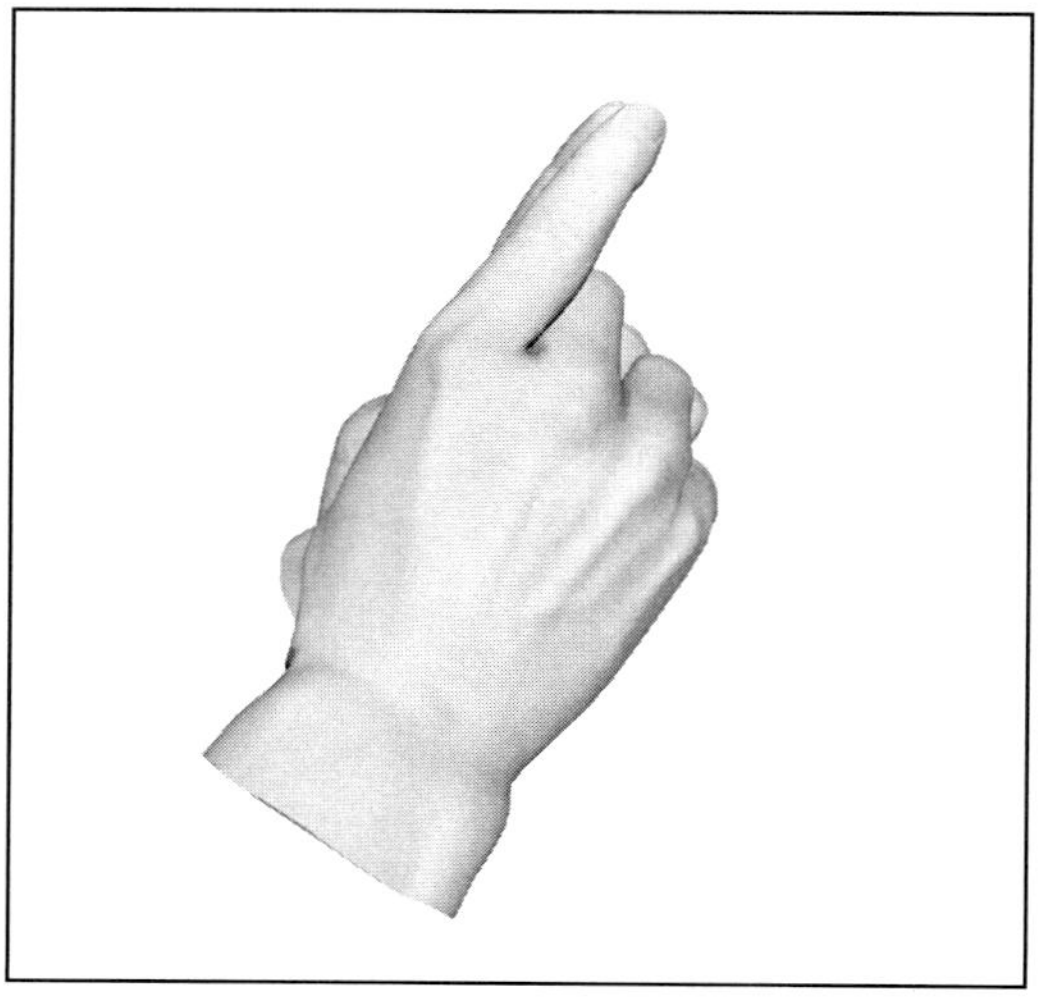

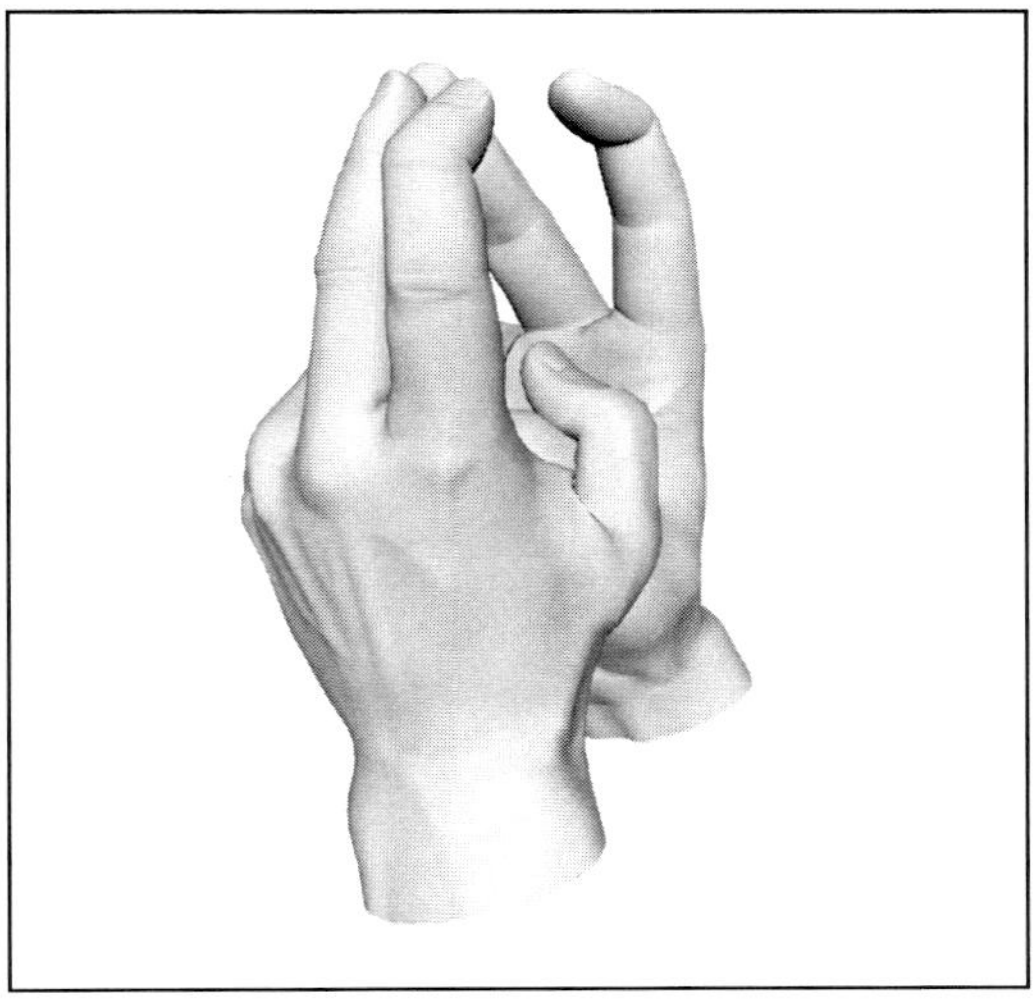

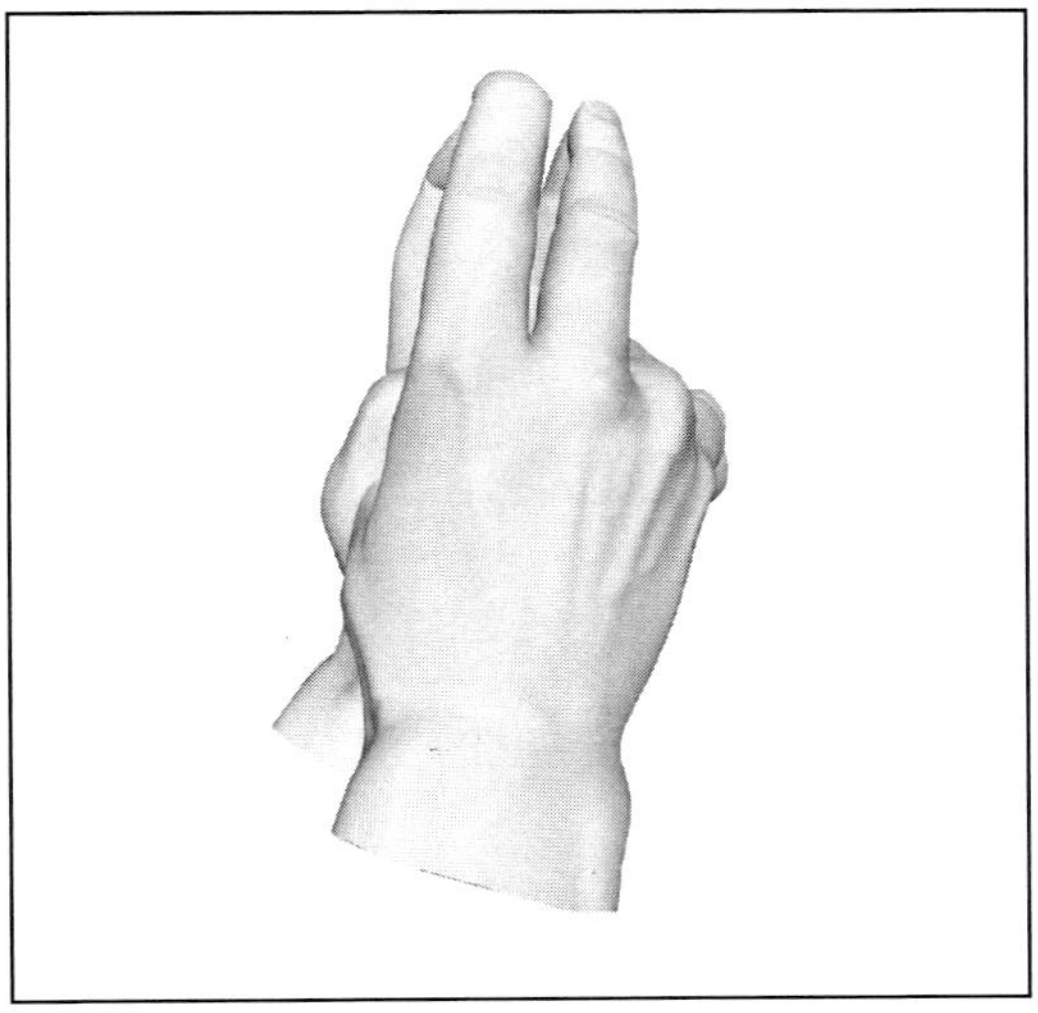

毘沙門《びしゃもん》

①両手を内縛する。
②両中指を立て合わせる。
③両人差指を立て、屈して鉤のようにする。

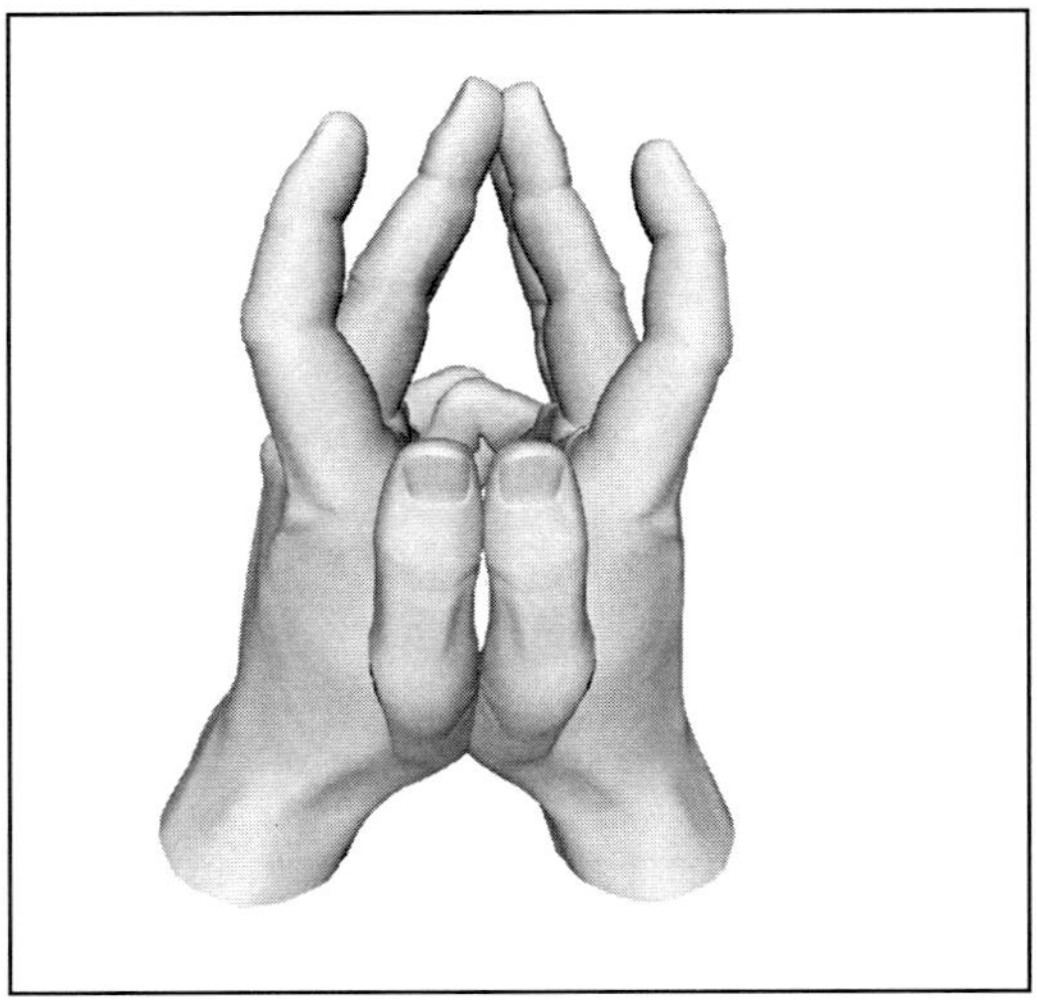

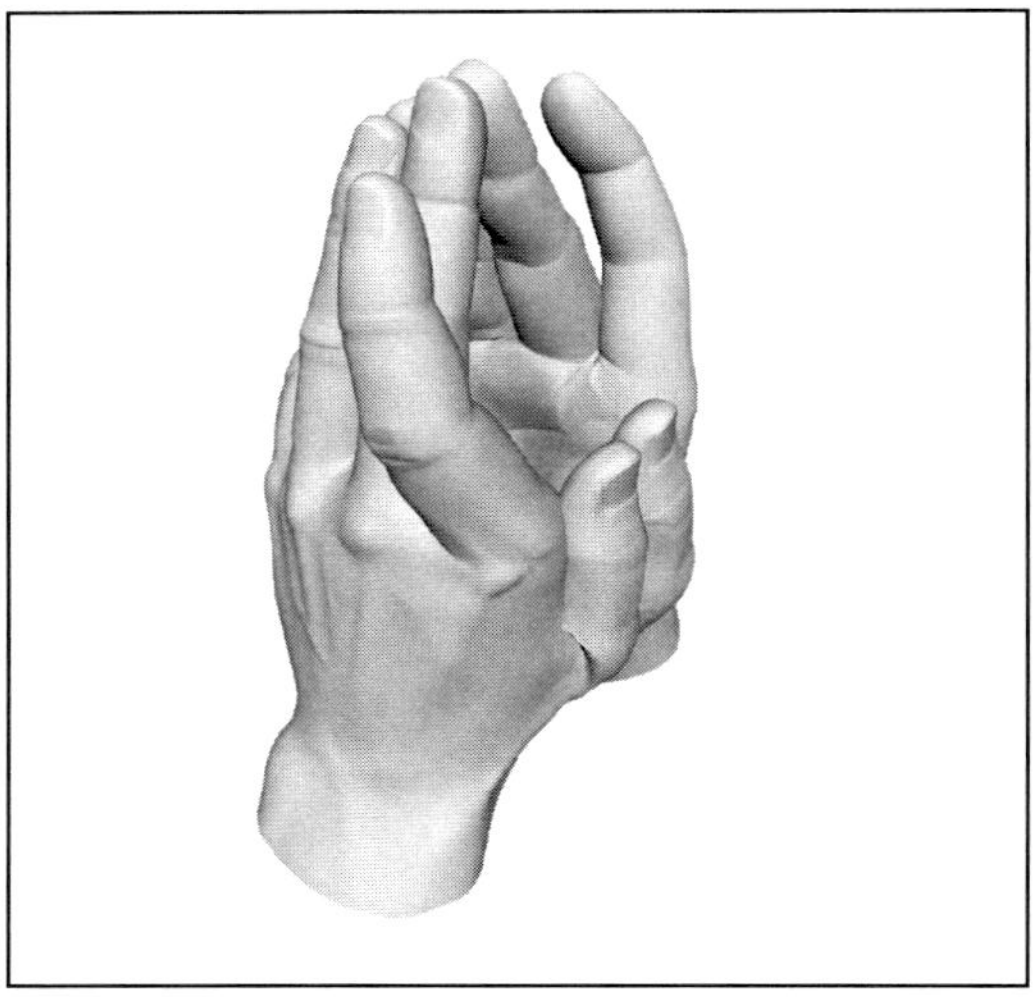

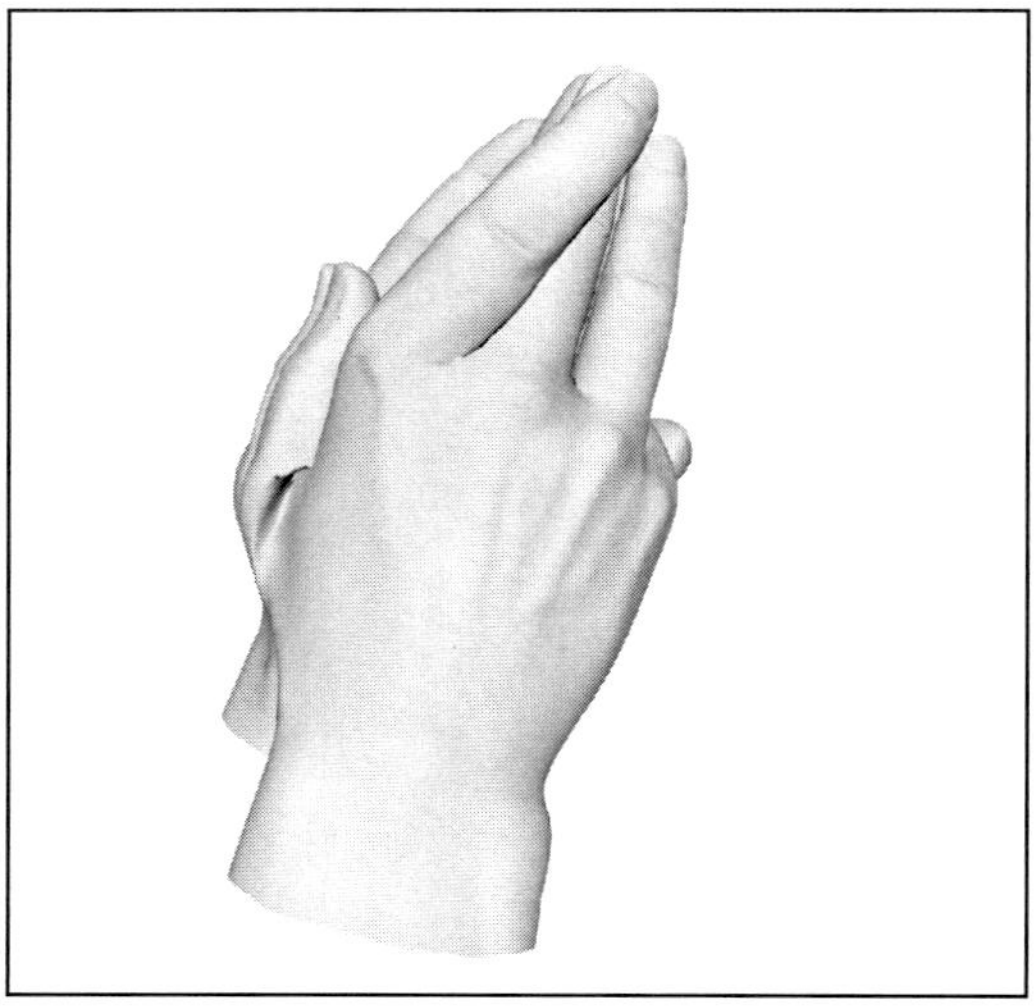

又印《またのいん》

（毘沙門《びしゃもん》二）

①虚心合掌をする。

②両小指を屈して掌中に入れて相交える。

③両親指を並び立てる。

④両中指、薬指を立て合わせる。

⑤人差指を中指の背に回して屈し、中指には着けない。

※胎蔵界多聞天の印で、伽駄棒ともいう。

又印《またのいん》（毘《び》沙《しゃ》門《もん》三）

①両手、内縛する。
②中指を立て合わせる。
③中指をやや屈して宝形にする。

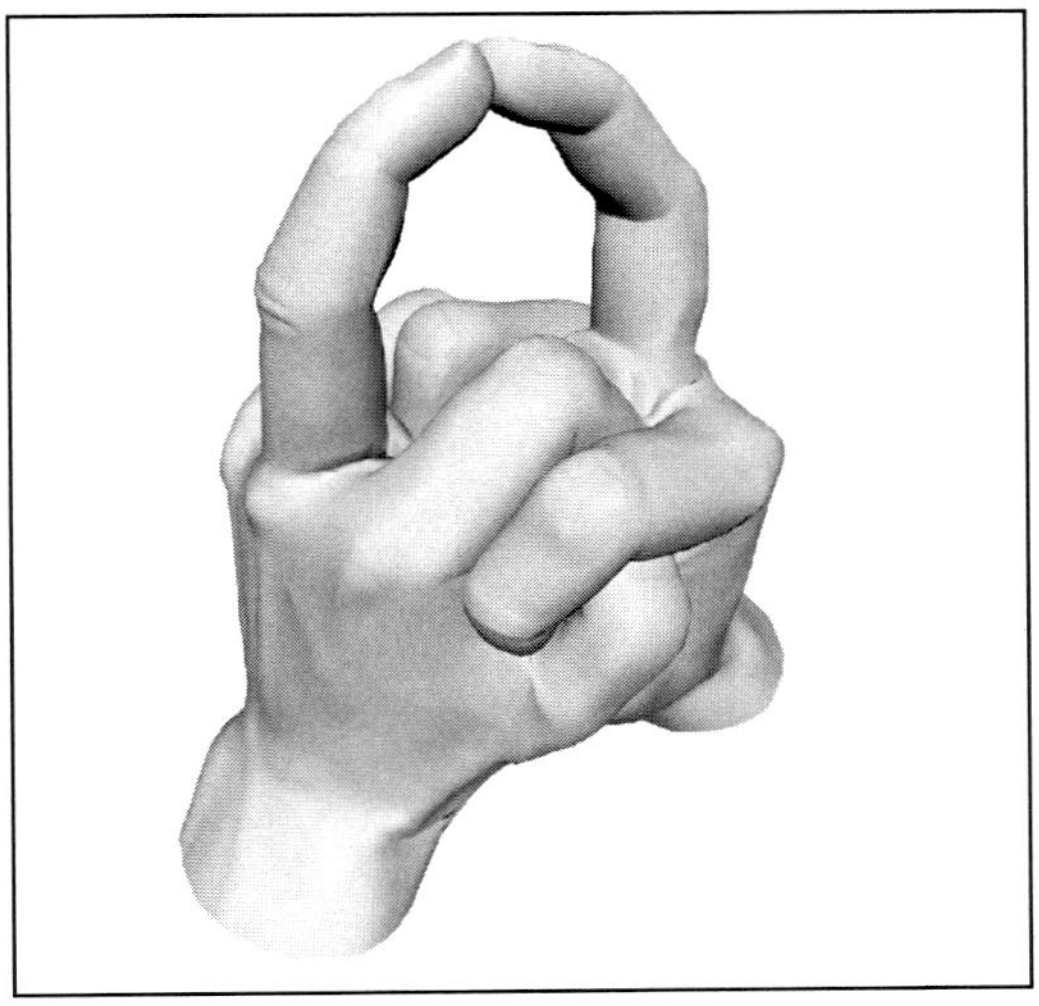

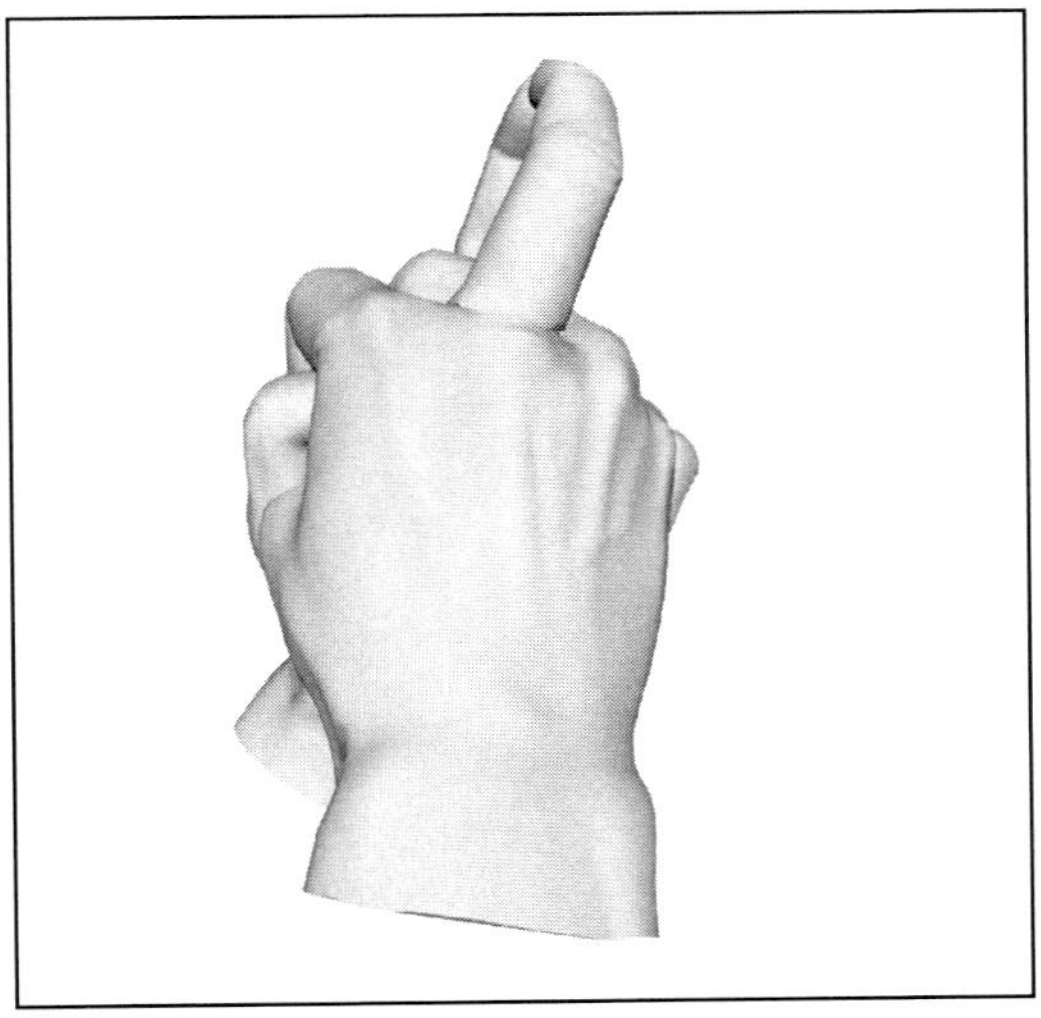

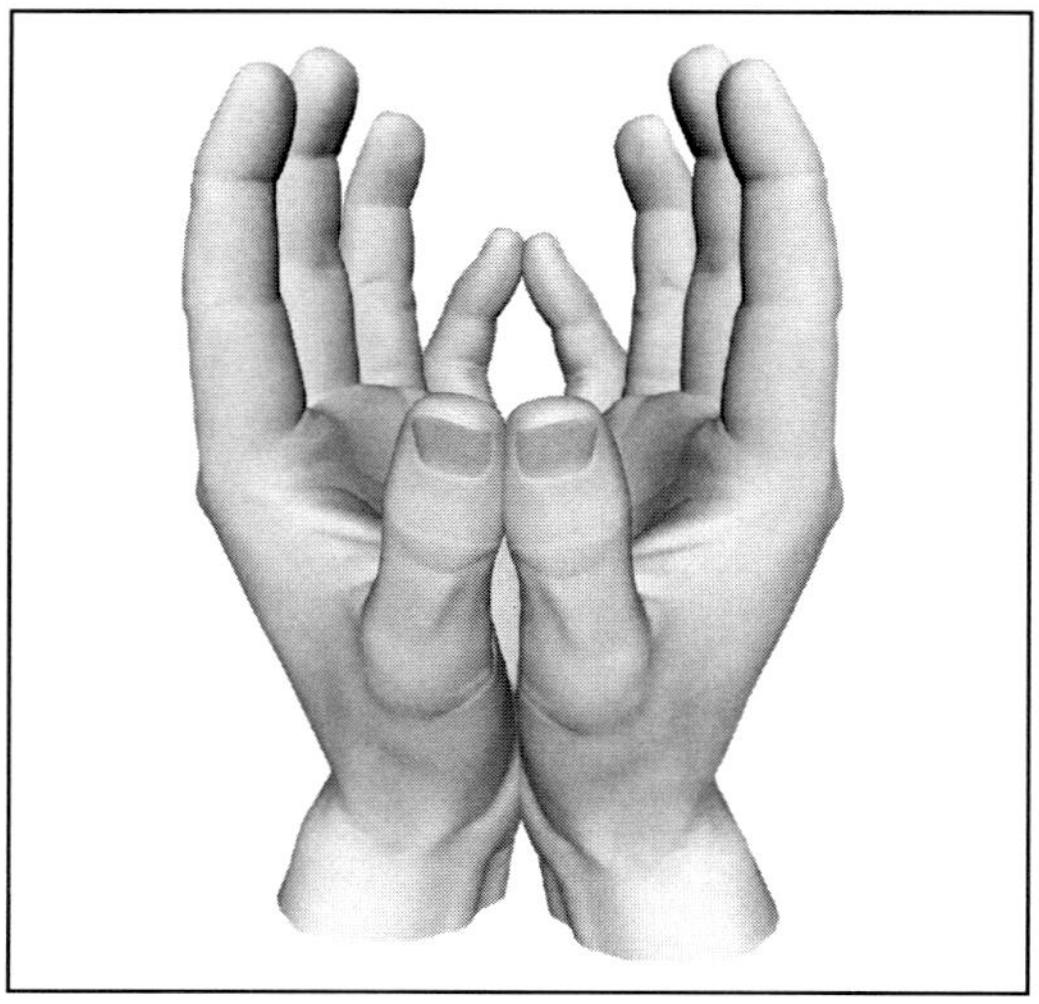

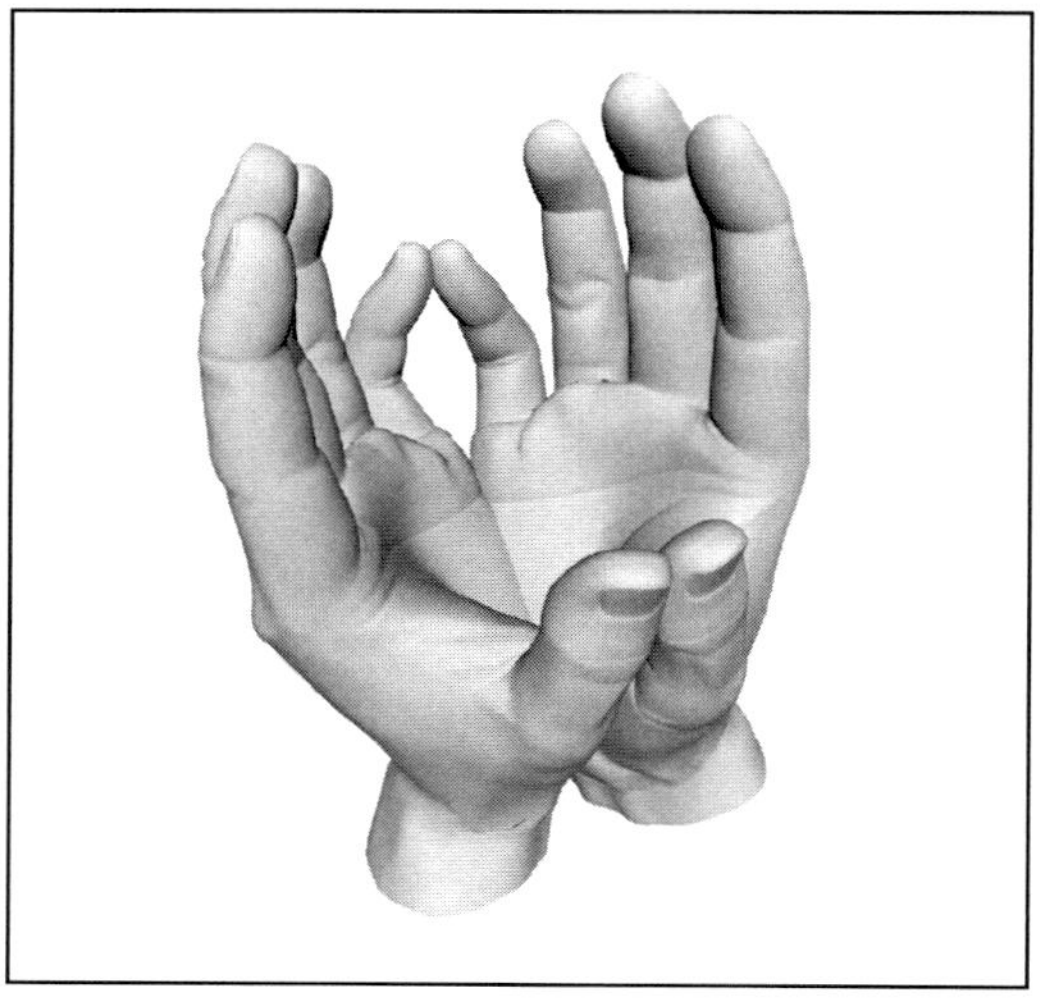

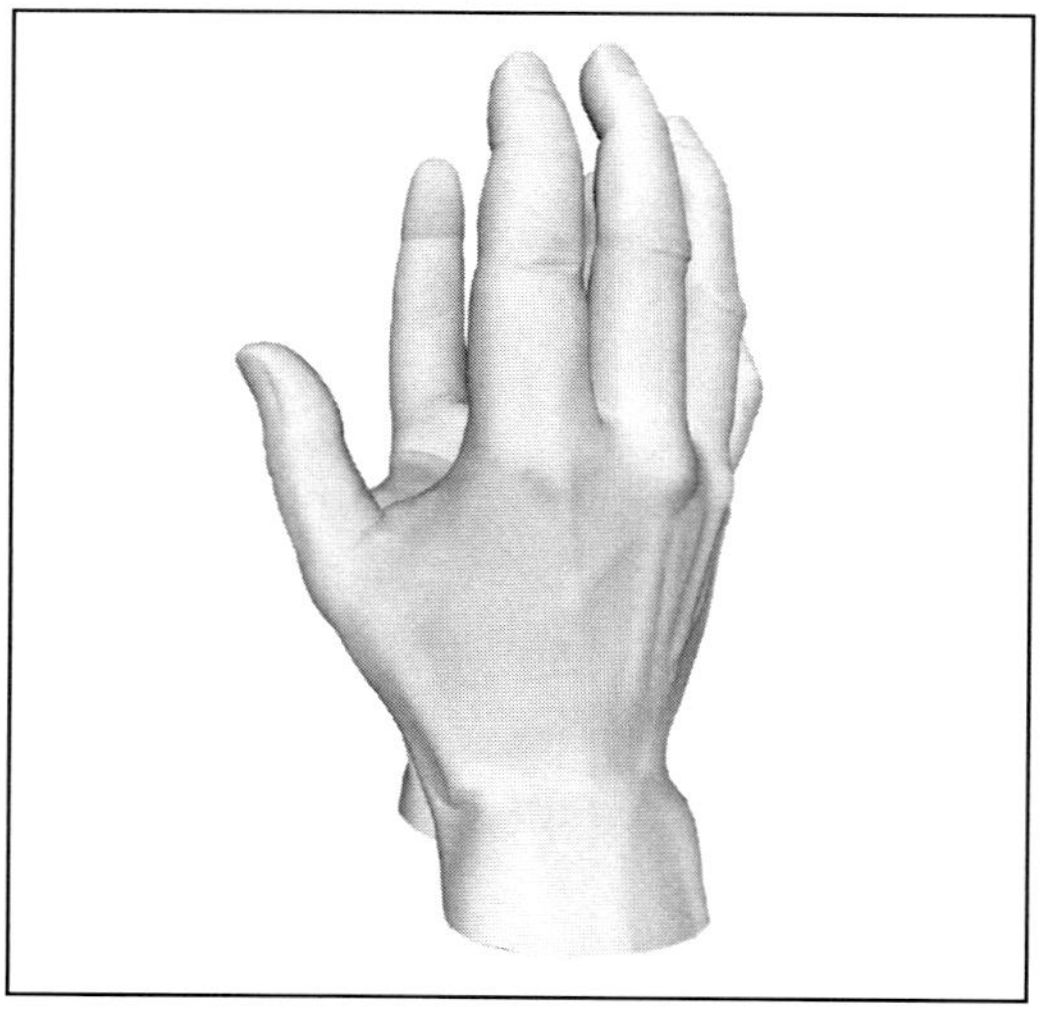

吉祥天《きちじょうてん》

①虚心合掌をする。
②両人差指、中指、薬指を開いて屈して蓮華の形のようにする。
③両親指は並び立てる。
※口伝では、八葉の上に宝珠があると観じる。
※また、吉祥天身印ともいう。

内縛《ないばく》三鈷《さんこ》印《いん》

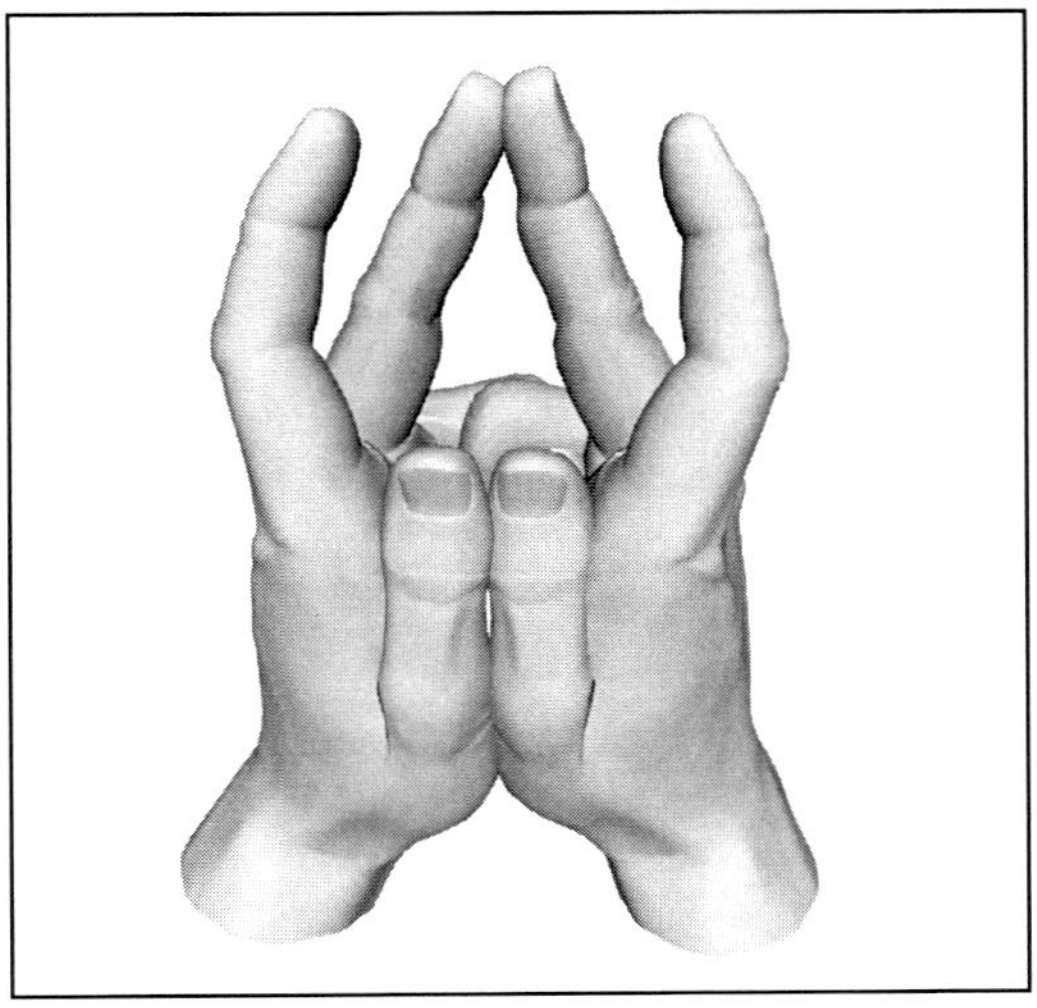

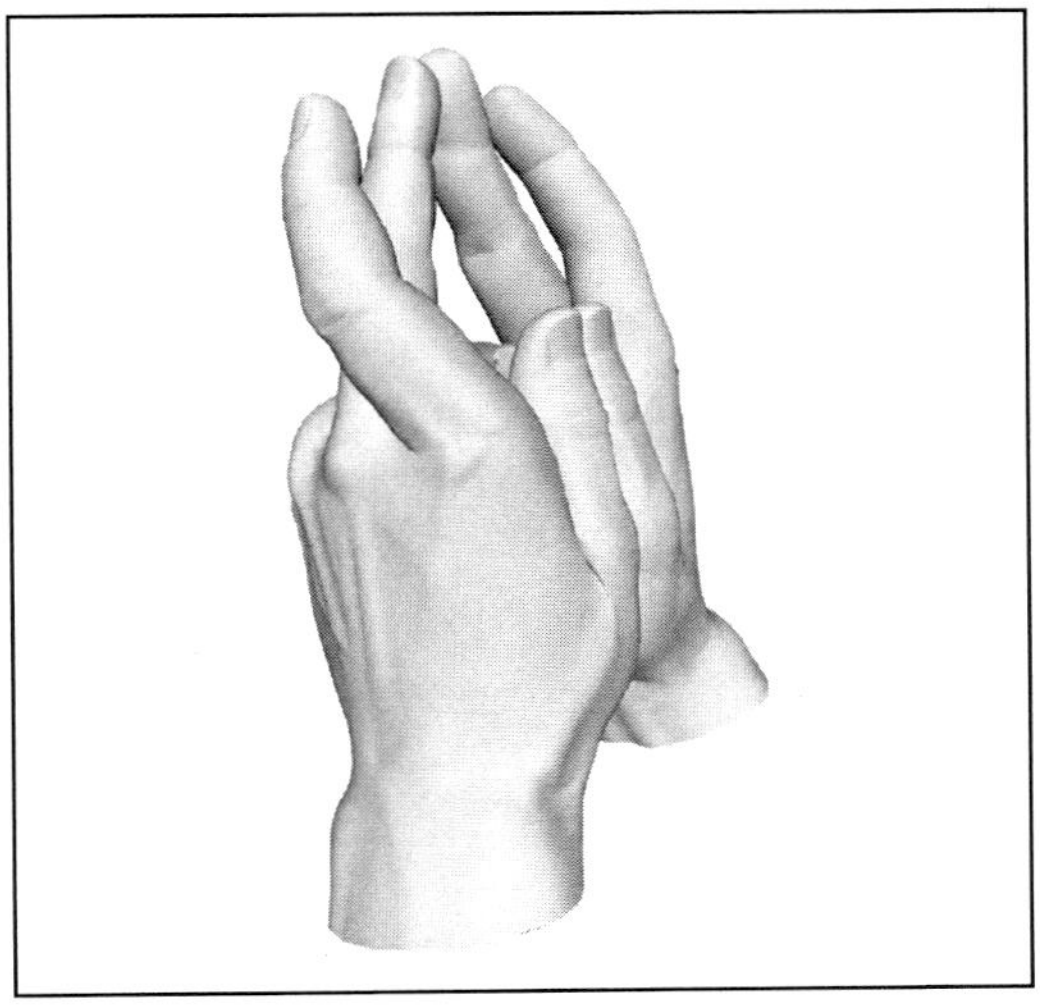

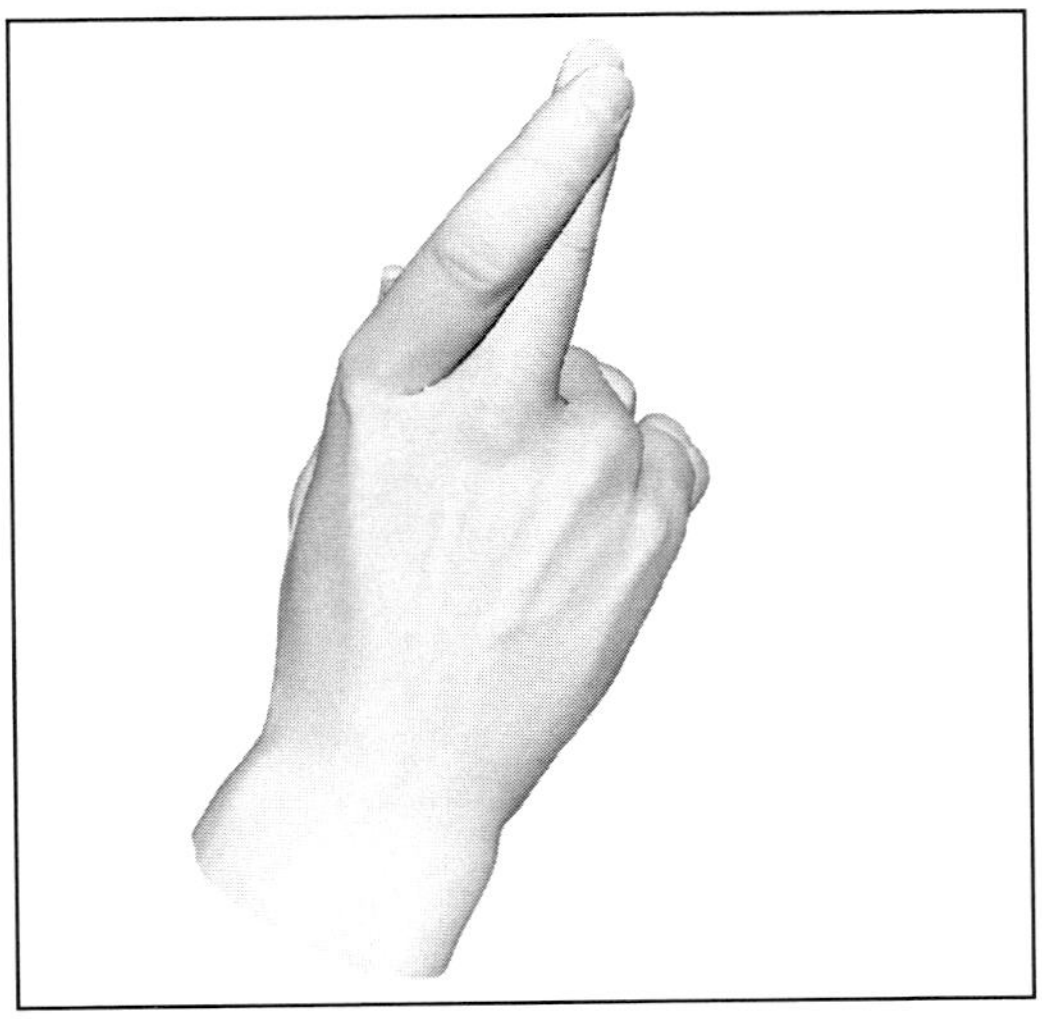

①両手内縛して、両中指を立て合わせる。
②両人差指を立て、屈して鉤形のようにして、三鈷杵のようにする。
③両親指は並び立てる。
※烏枢沙摩師説用内縛三鈷印（二六七頁）に同じ。

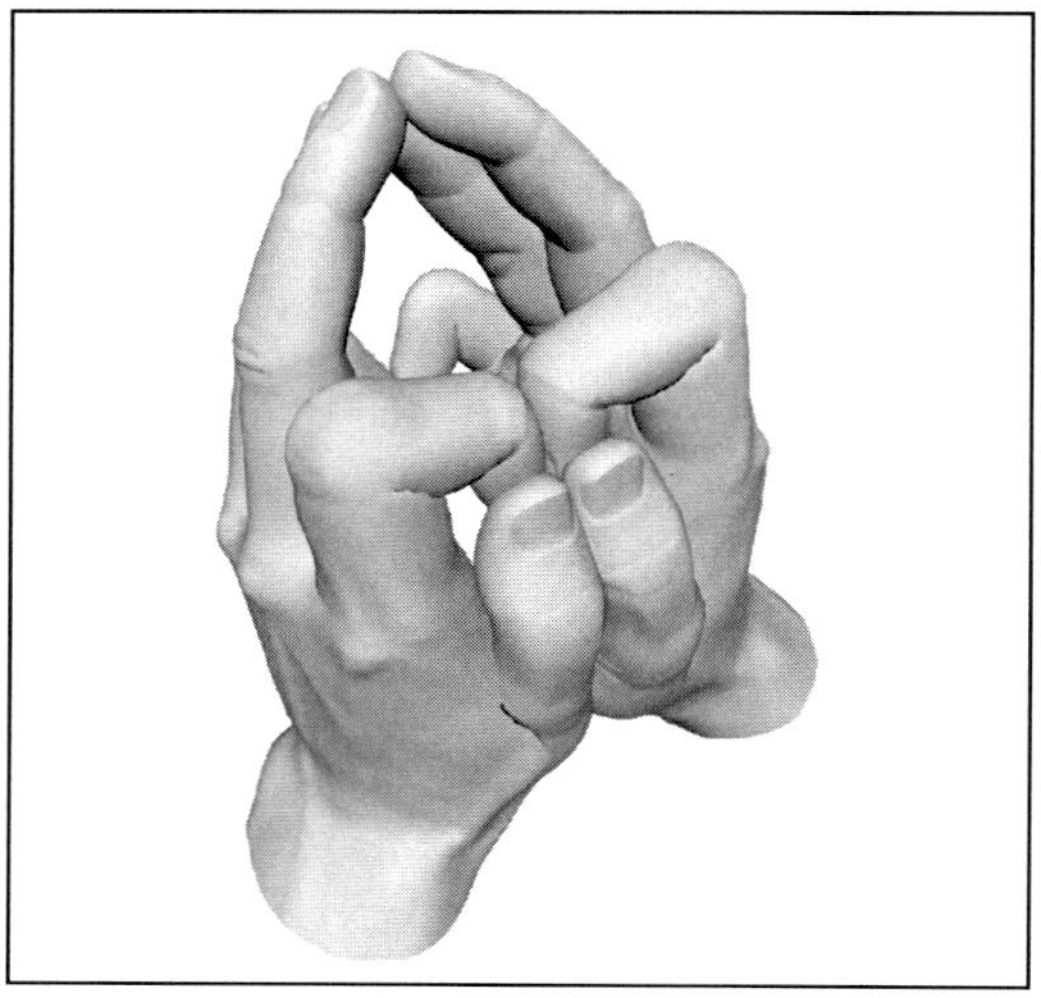

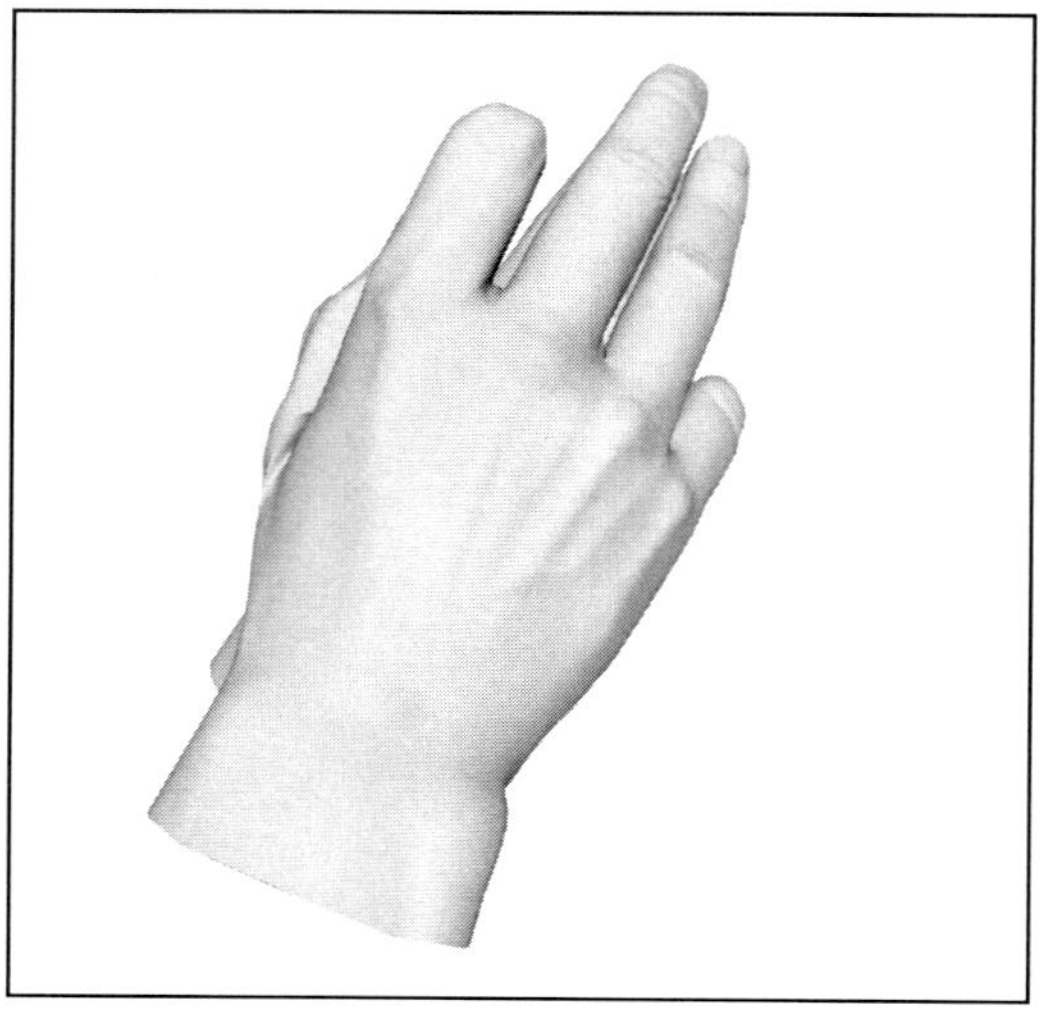

焔魔天《えんまてん》

①両手金剛合掌する。
②両小指、人差指を屈して掌中に入れる。
※壇茶印ともいう。

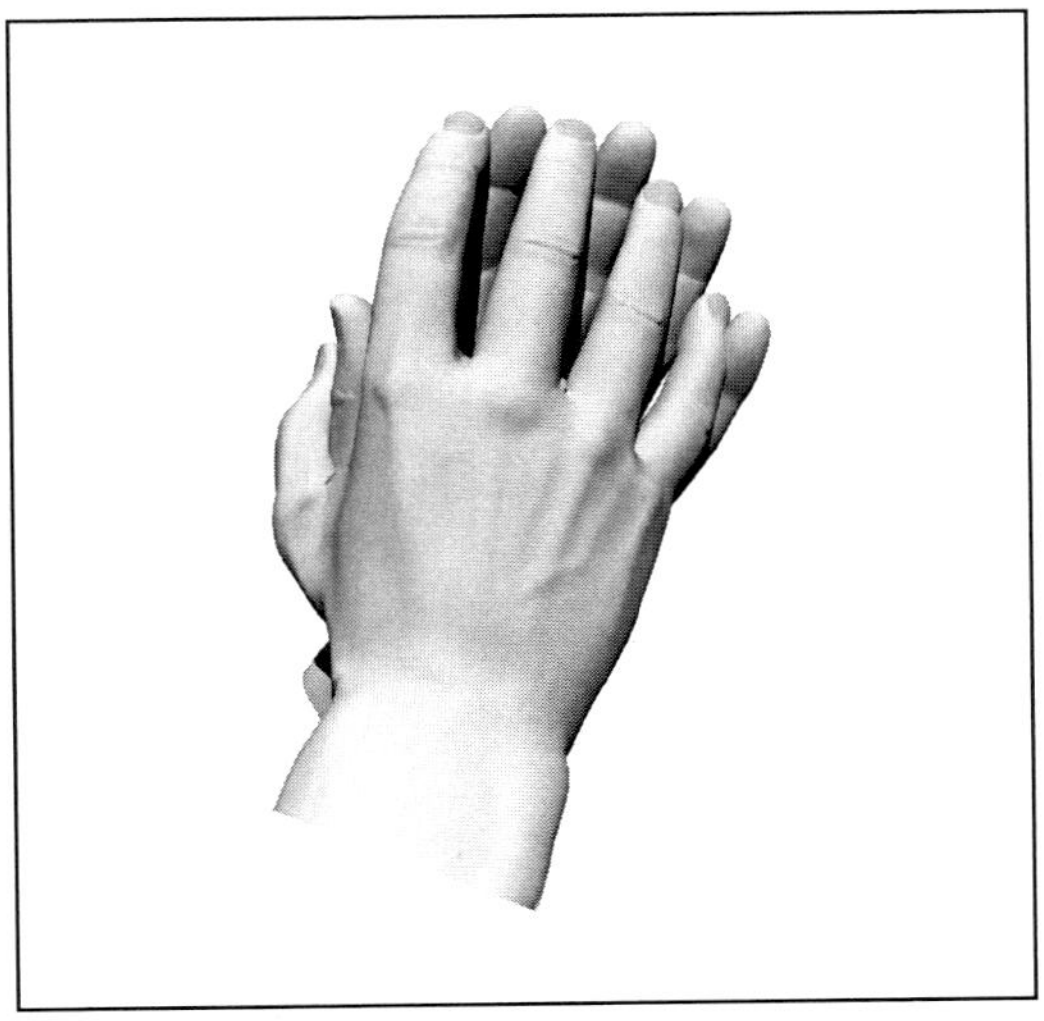

焔魔后《えんまこう》（普印《ふいん》）

①両手合掌して、右を手前にして指先を交差させる（金剛合掌）。

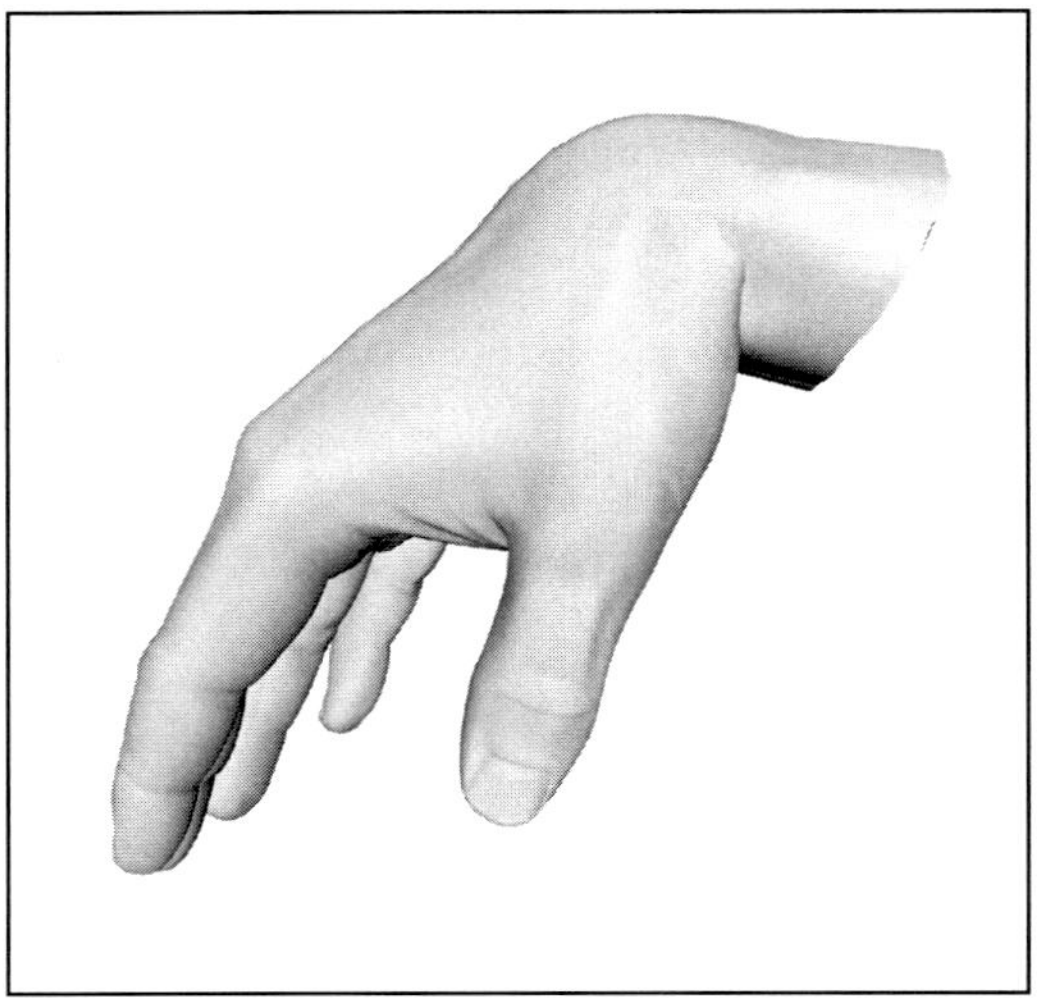

焔魔妃《えんまひ》

①右手を下に向ける。
※焔魔妃鐸印ともいう。
※焔魔后と焔魔妃の同異については異説がある。

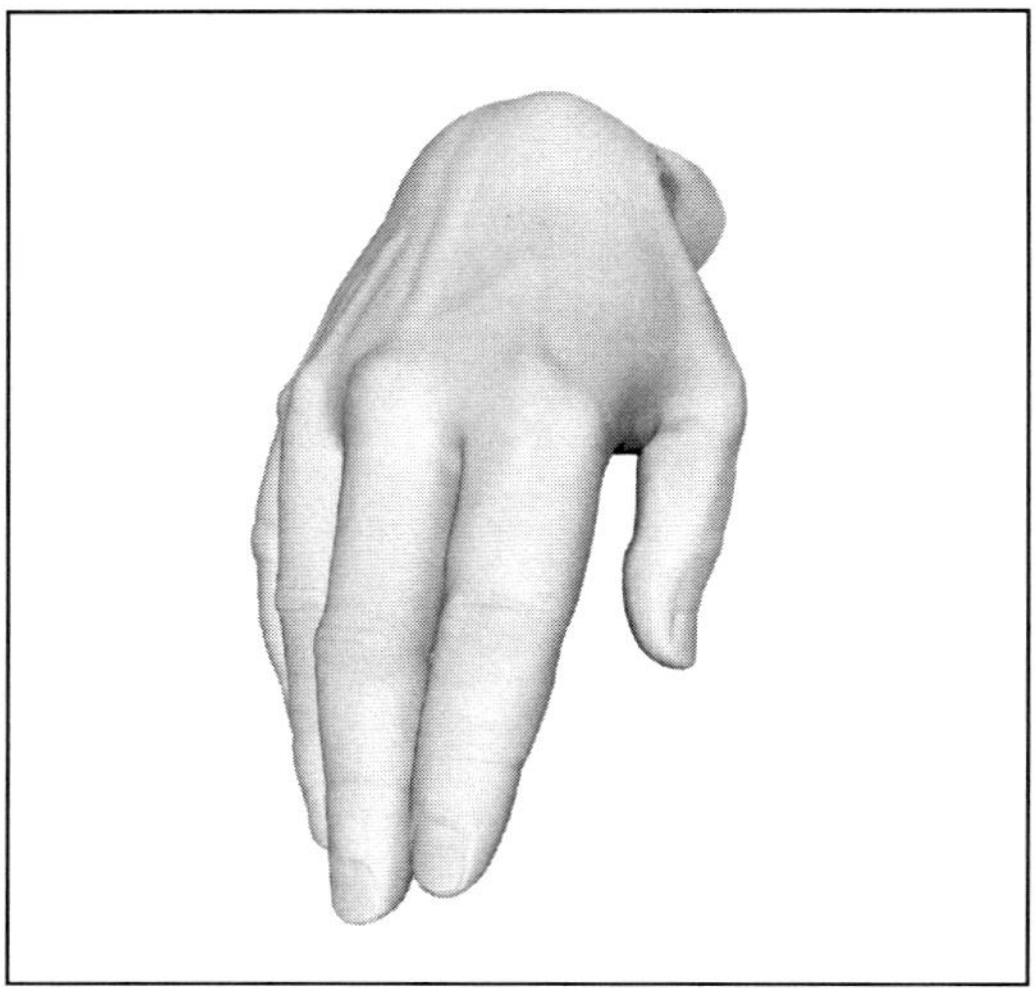

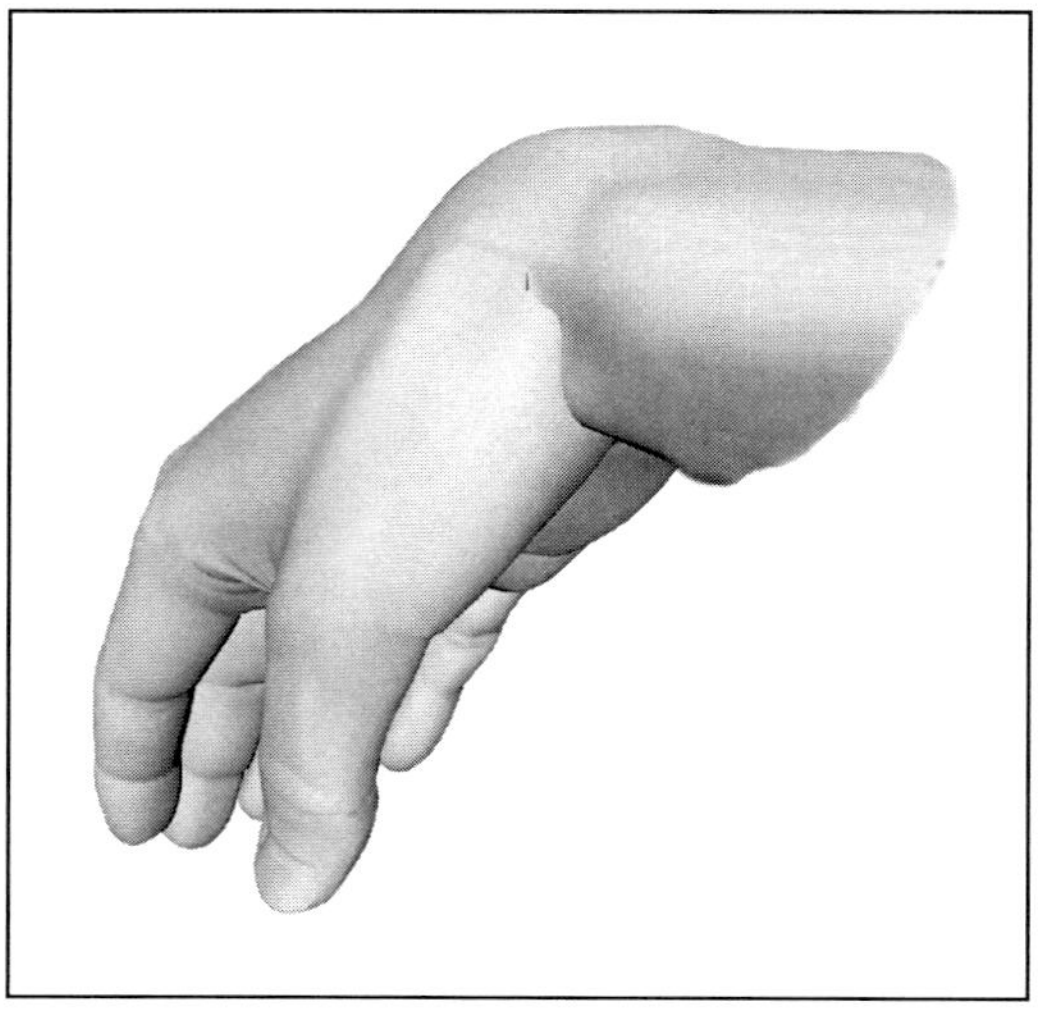

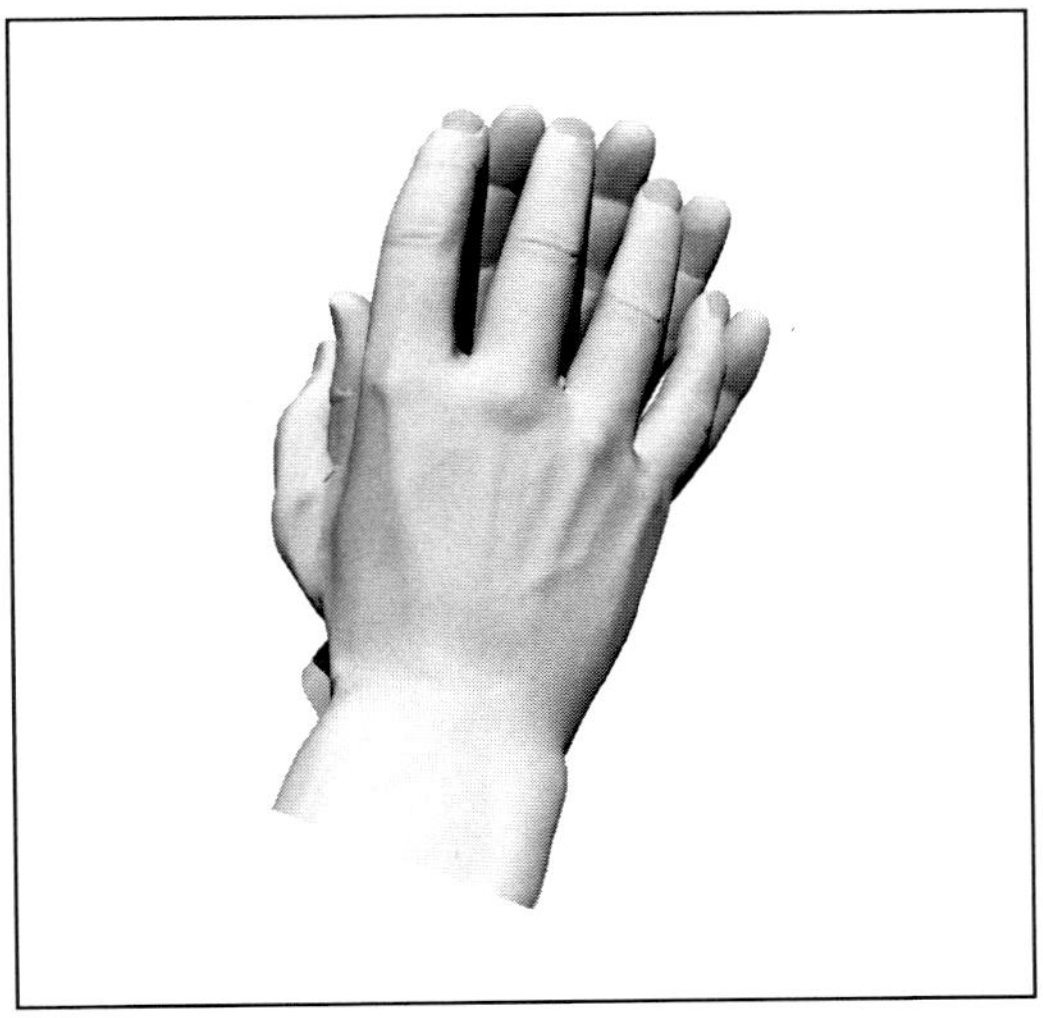

太山府君《たいせんぶくん》（普印《ふいん》）

①両手、合掌する。

②右を手前にして、指先を交差させる（金剛合掌）。

五道大神《ごどうたいじん》（普印《ふいん》）

①両手、合掌する。
②右を手前にして、指先を交差させる（金剛合掌）。

唵《おん》閻《えん》魔《ま》羅《ら》闍《しや》烏《う》掲《ぎや》羅《ら》鼻《び》利《り》耶《や》阿《あ》掲《ぎや》車《しや》娑《そ》婆《わ》賀《か》

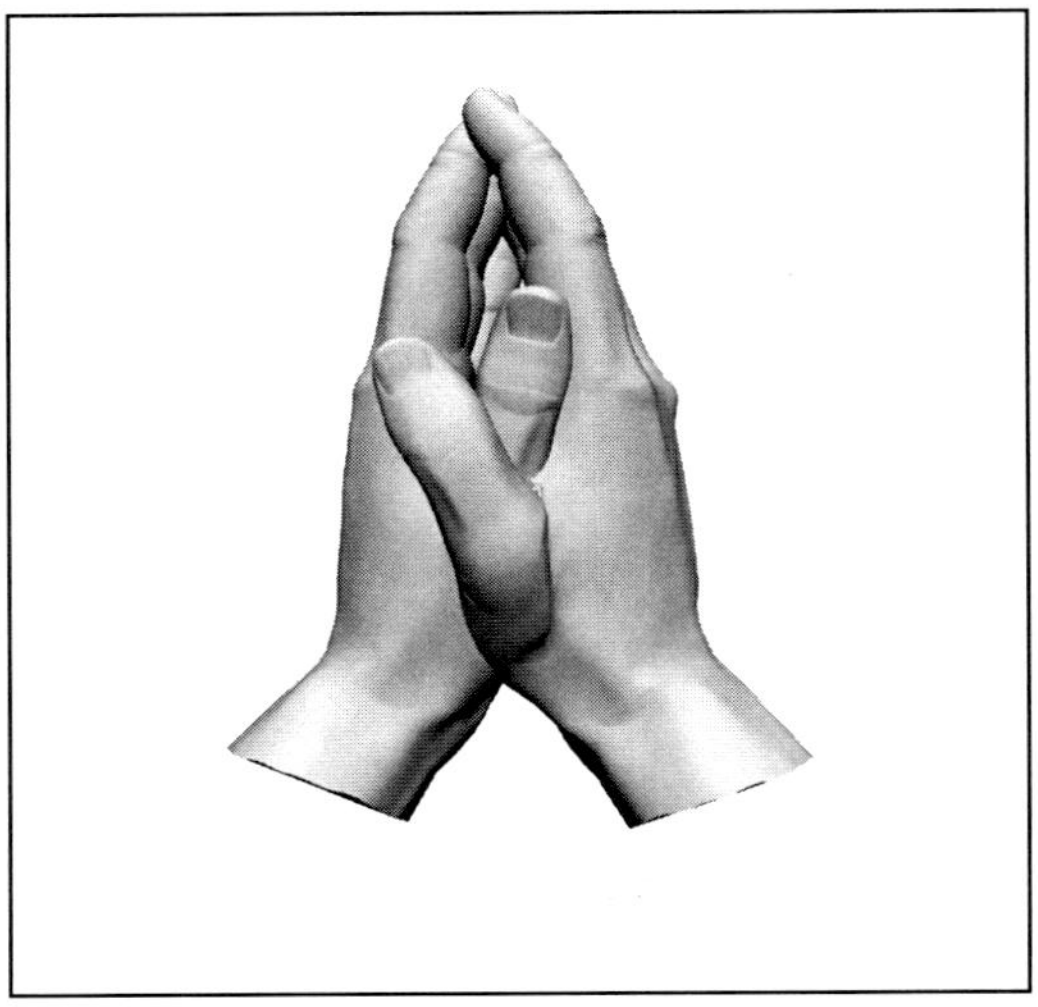

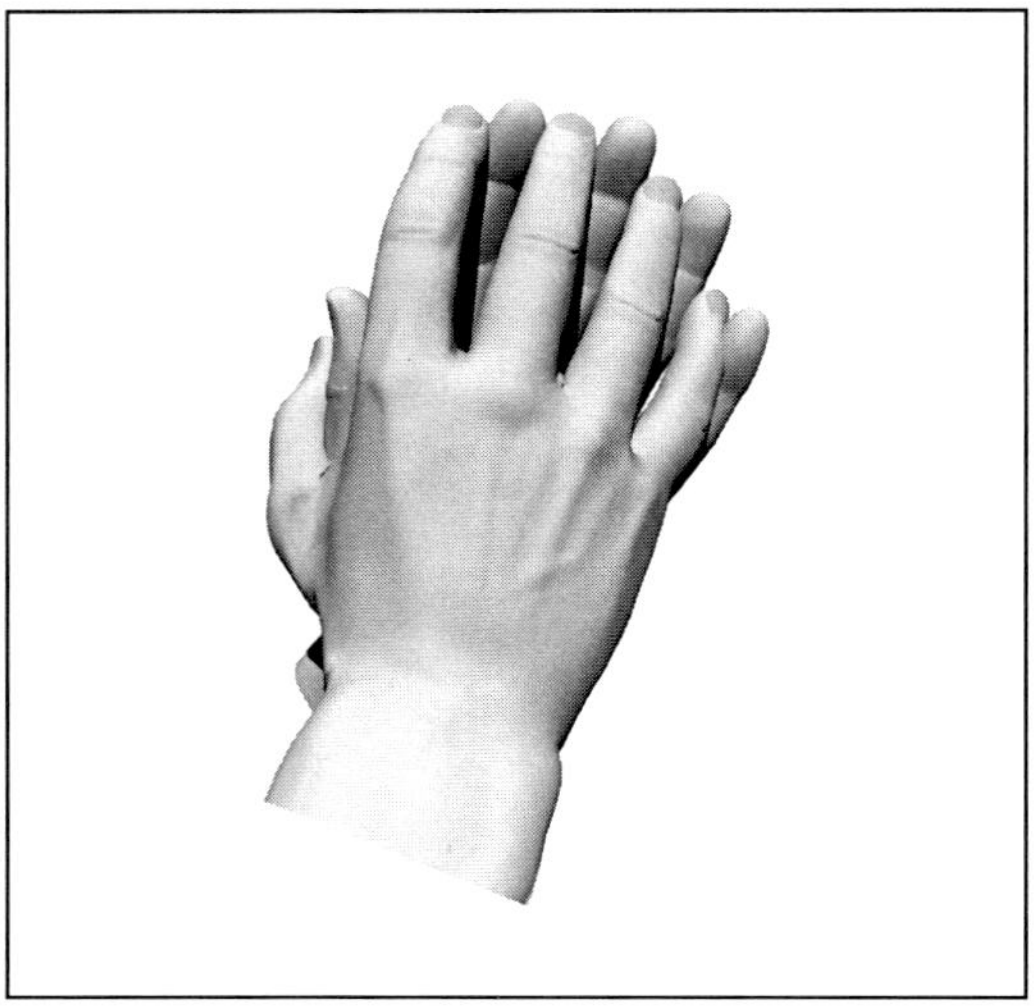

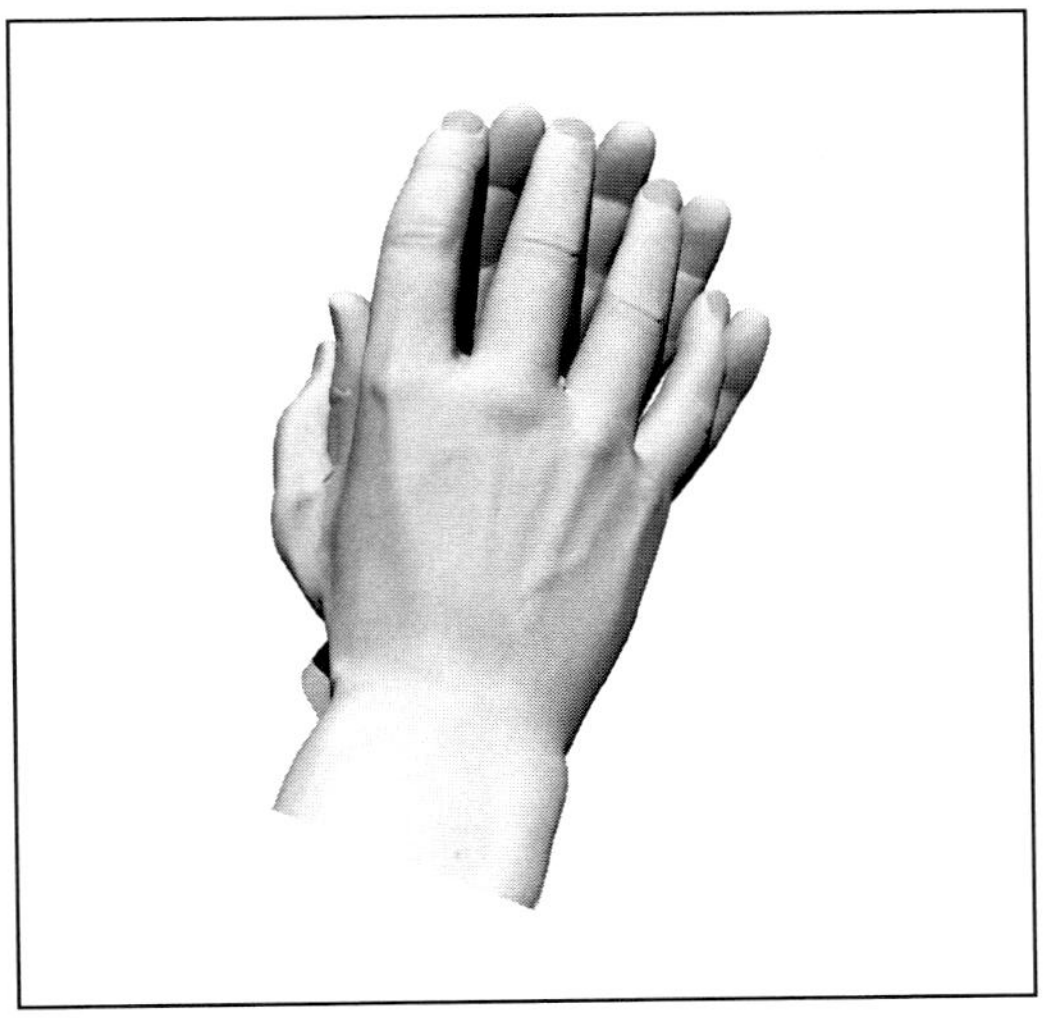

司命《しみょう》（普印《ふいん》）

①両手、合掌する。
②右を手前にして、指先を交差させる（金剛合掌）。

司《シ》命《メイ》司《シ》命《メイ》多《タ》都《ト》多《タ》都《ト》唵《オン》多《タ》本《ホン》尼《ニ》耶《ヤ》莎《ソ》呵《ハカ》

司《し》録《ろく》（普《ふ》印《いん》）

①両手で合掌し、右を手前にして指先を交差させる（金剛合掌）。

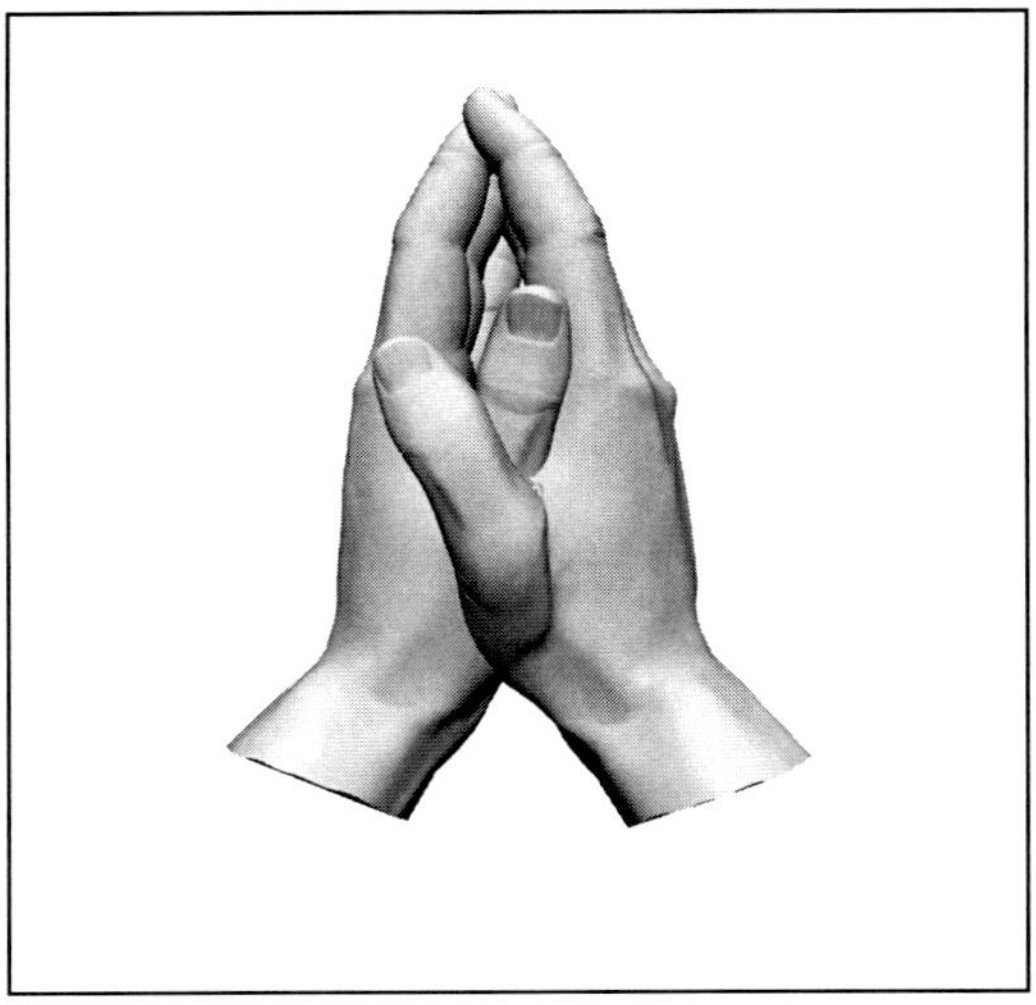

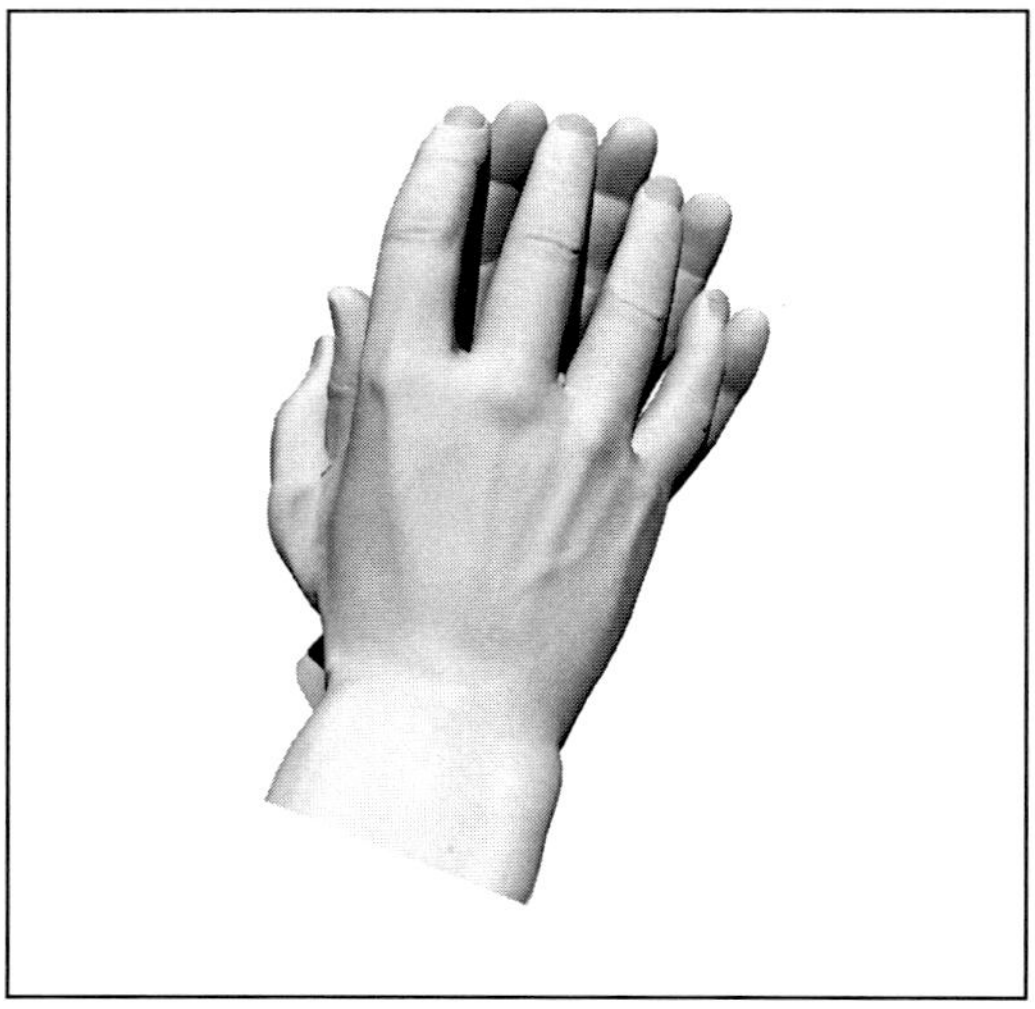

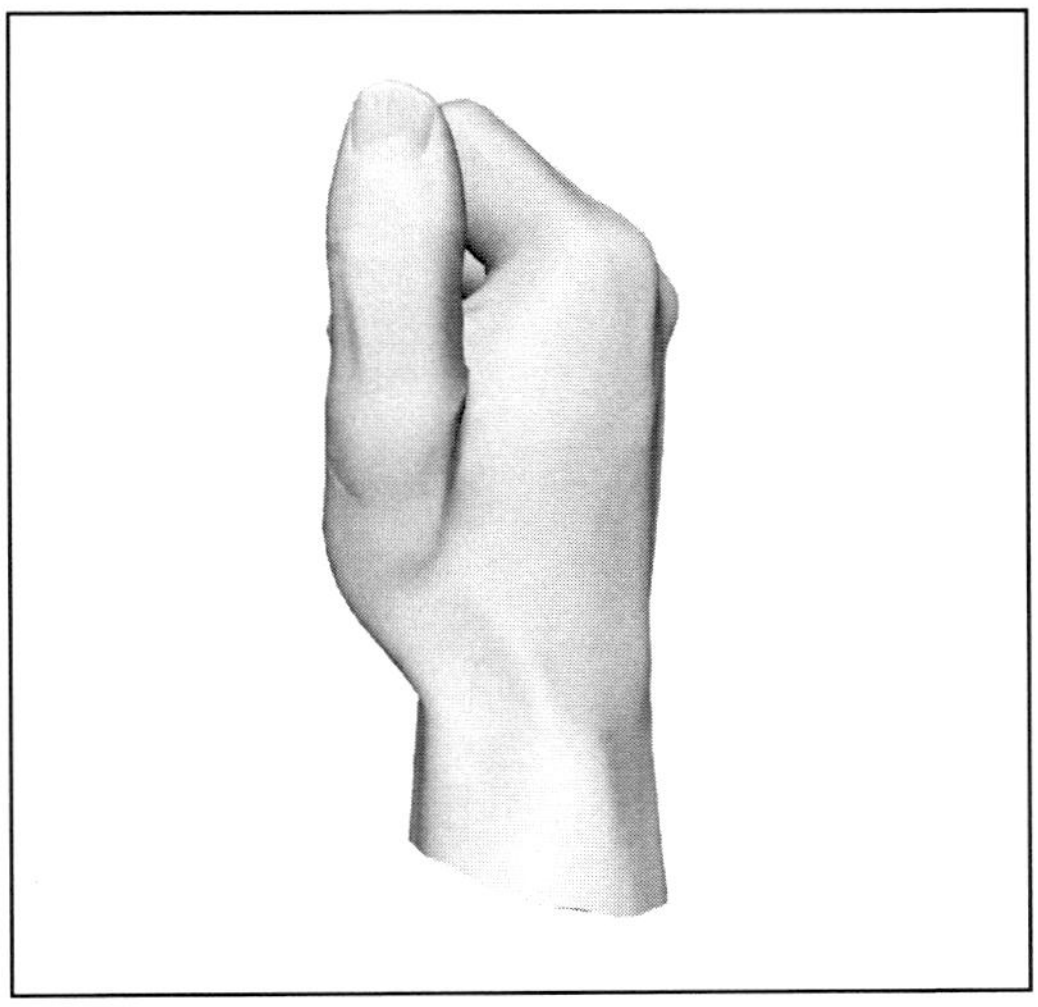

深《じん》沙《じゃ》神《じん》

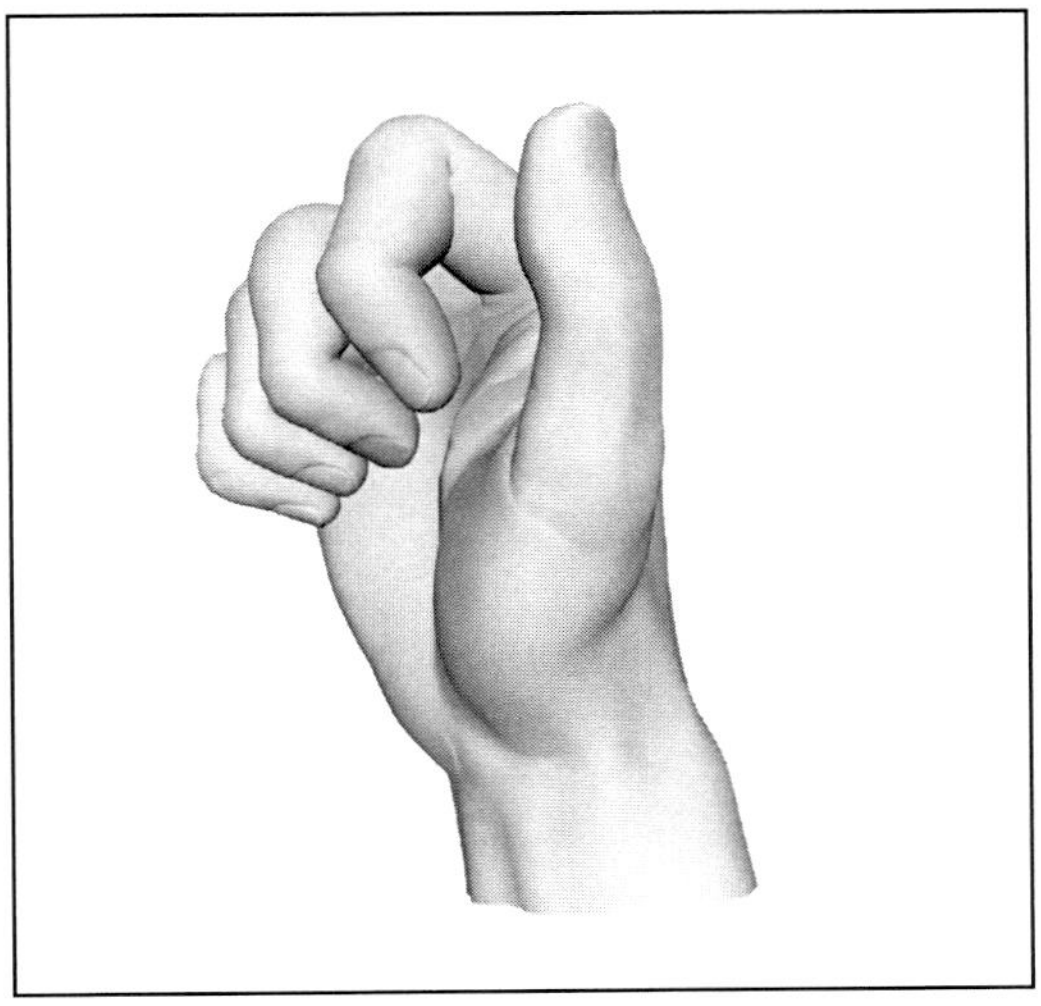

①右手、拳にする。
②親指で来去する。

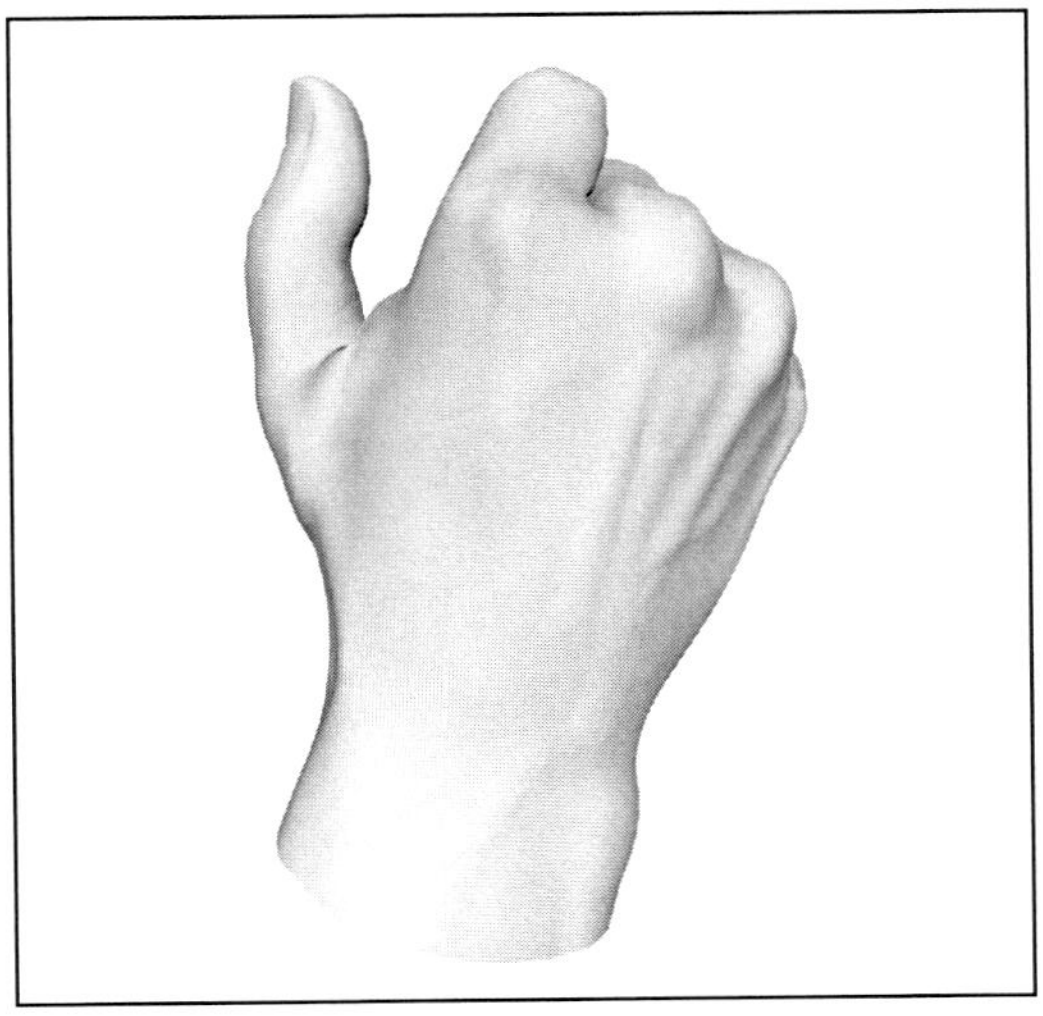

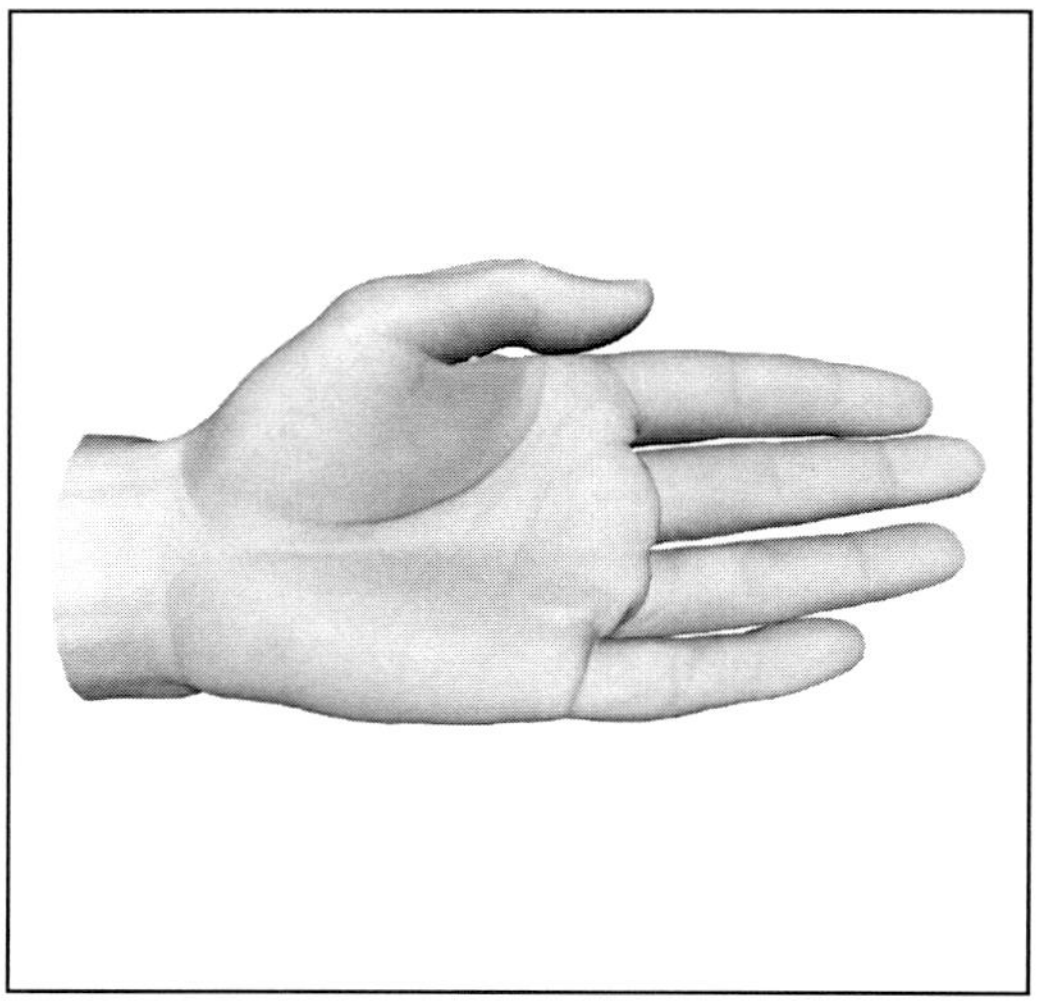

荼《だ》吉《き》尼《に》

①左手でもって口を覆う。
②舌を掌に触れ、人肉を食らうさまをする。

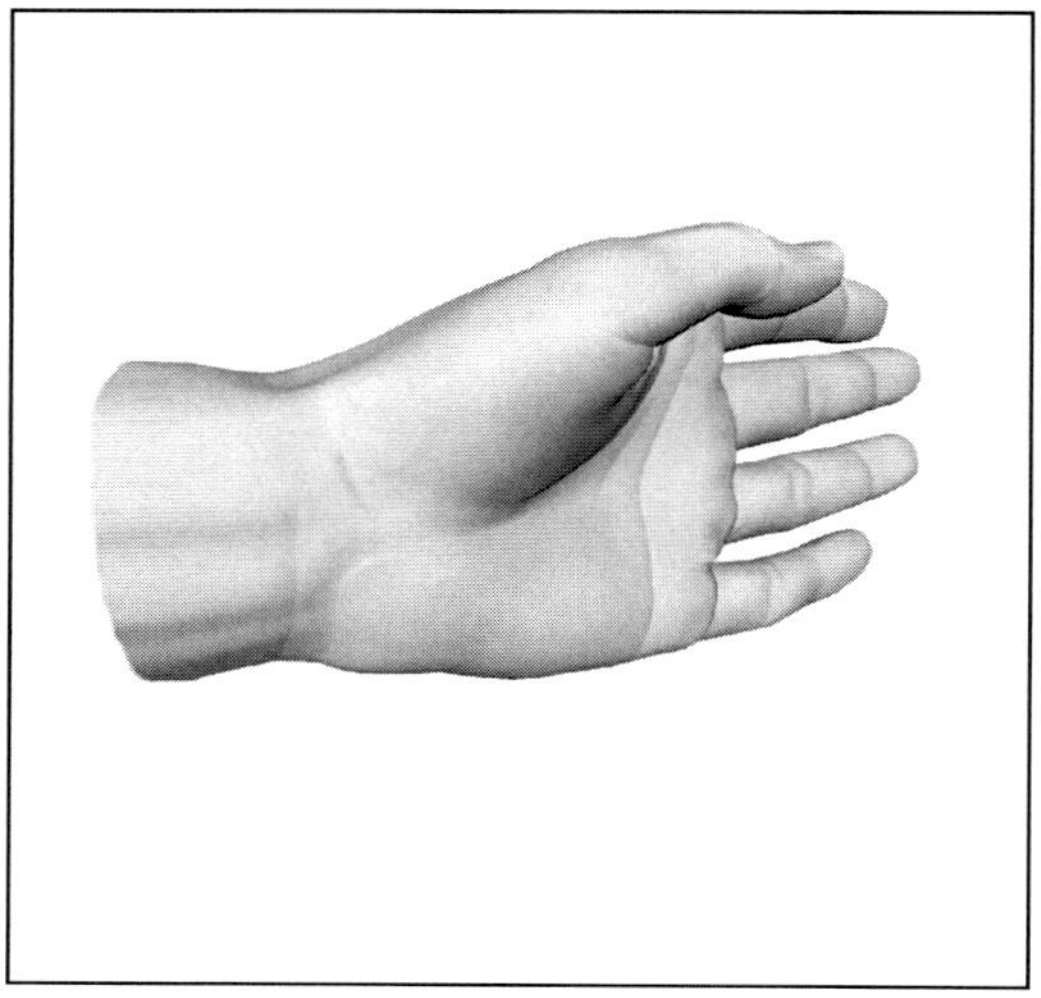

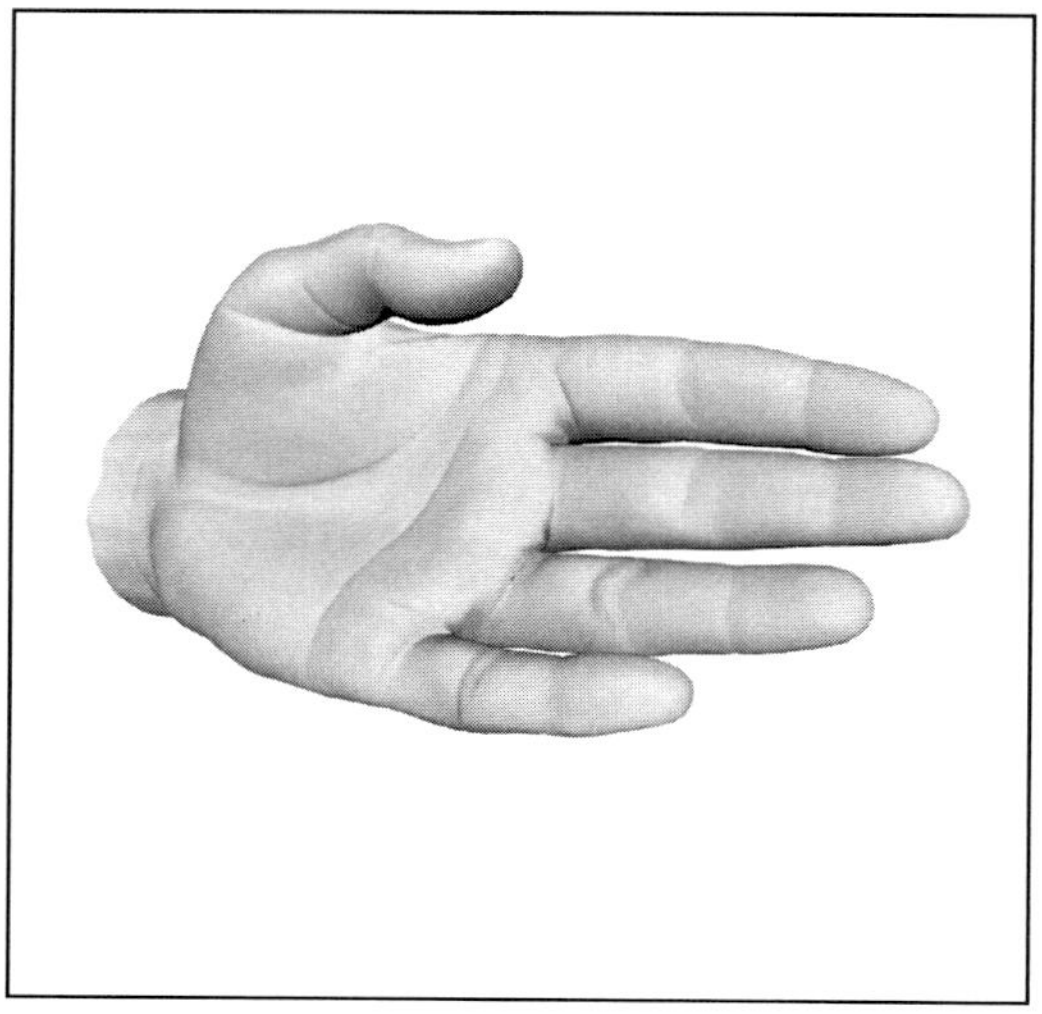

遮《しゃ》文《もん》荼《だ》

①左手を伸べ、掌を仰げて髑髏を持つが如くにする。

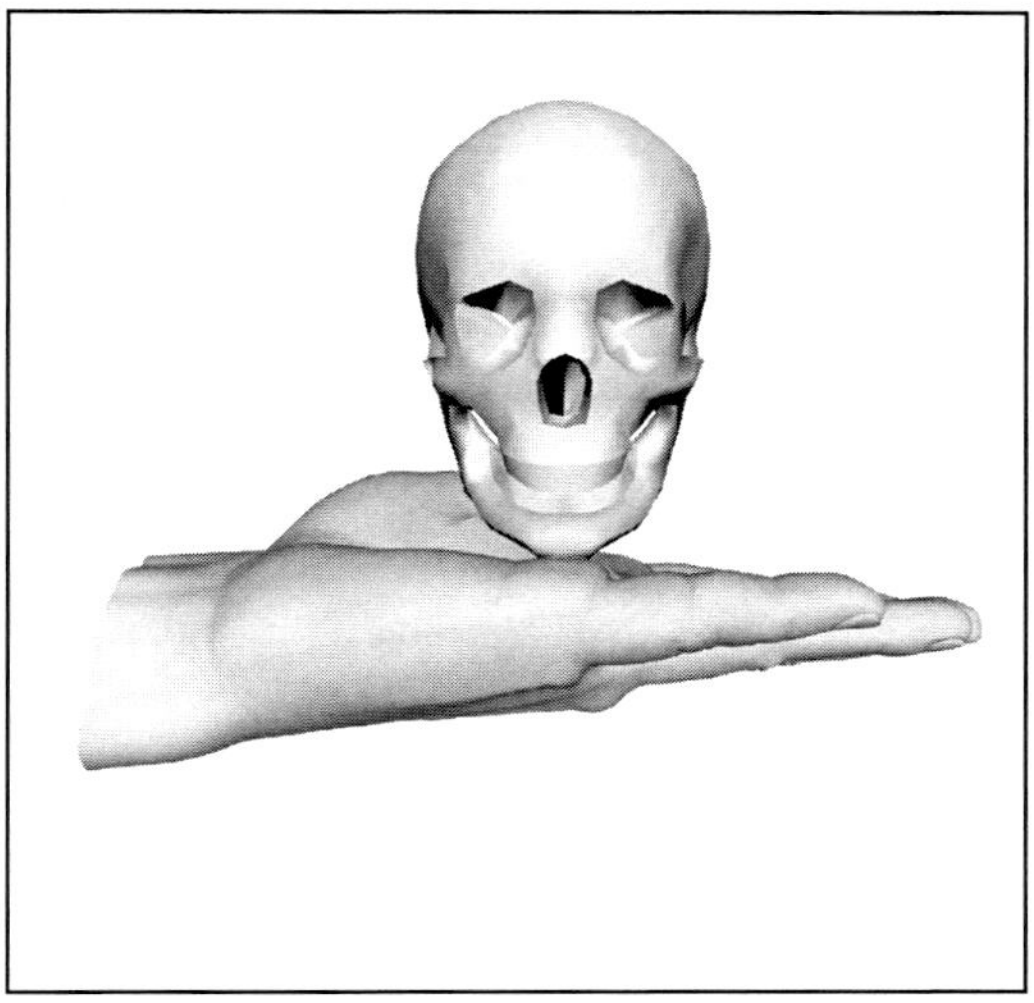

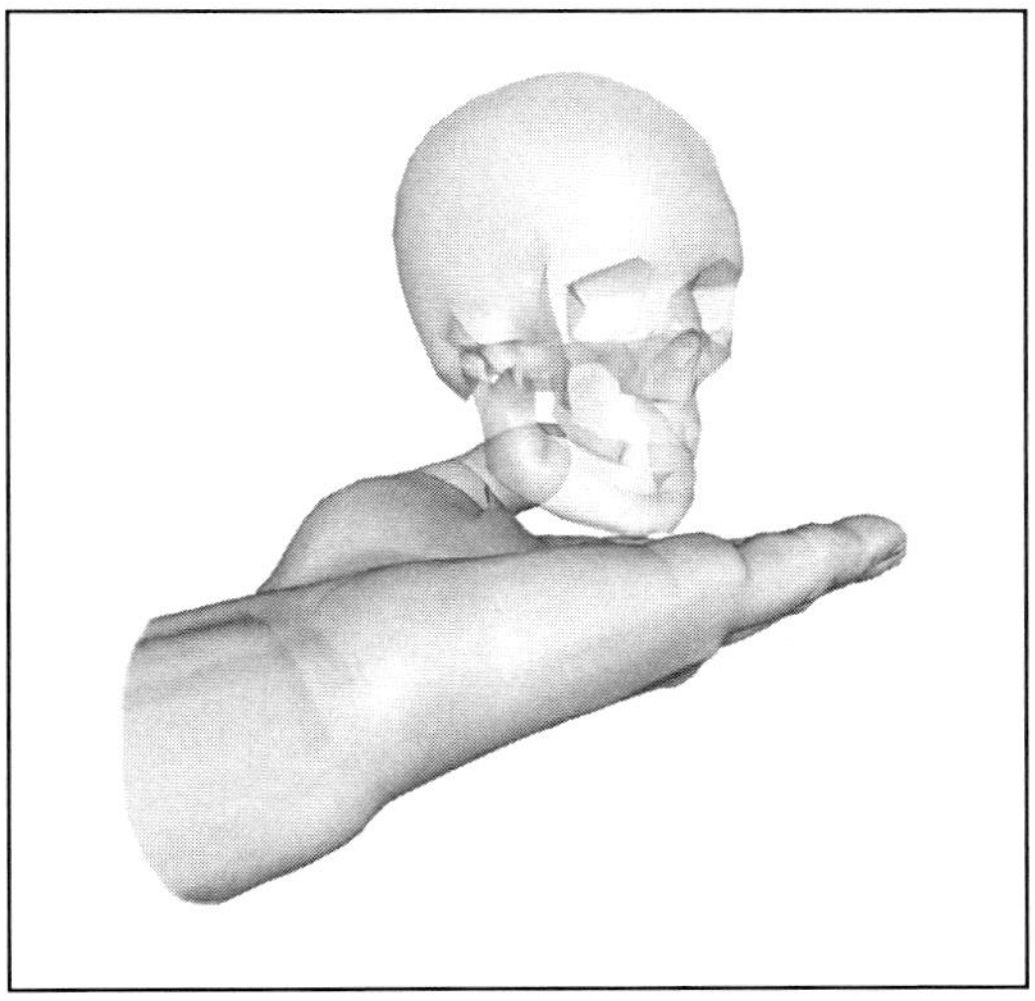

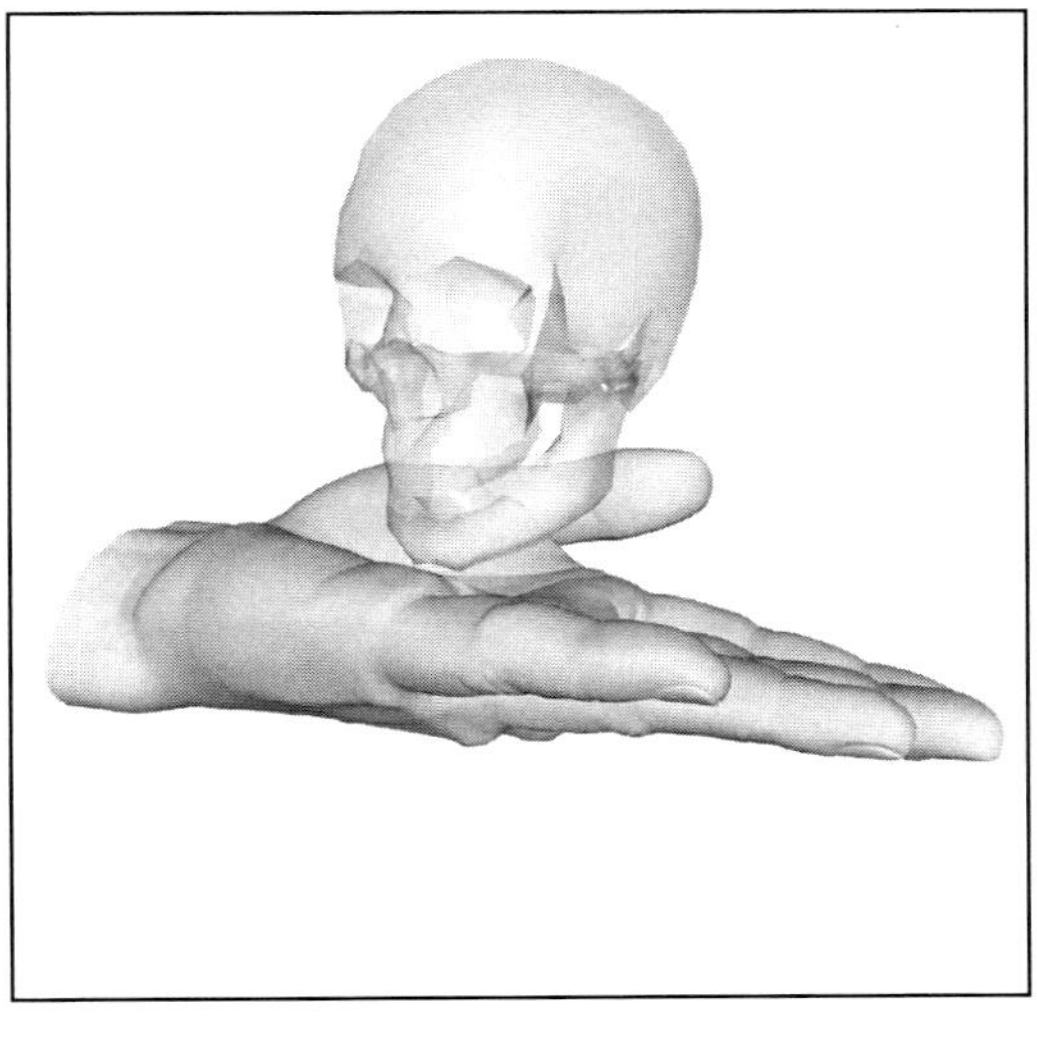

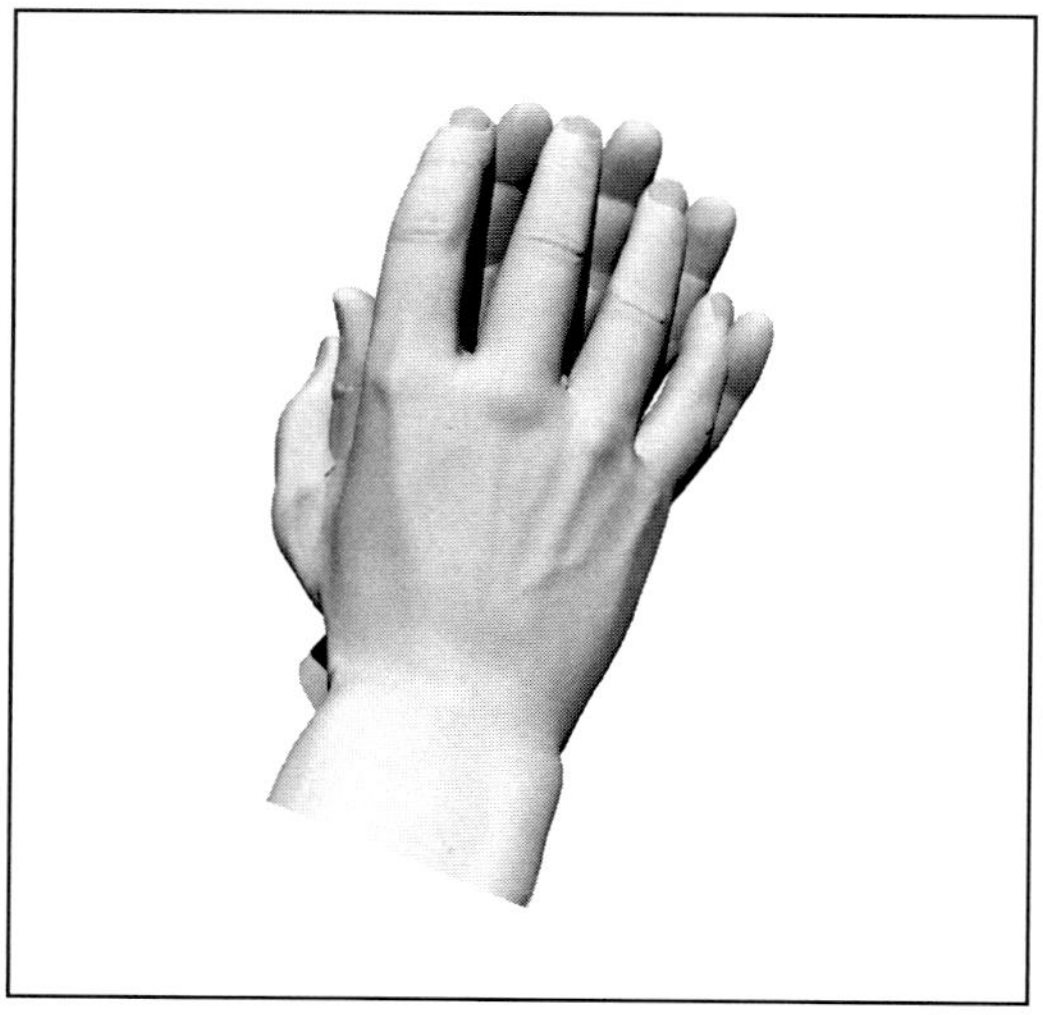

成就仙《じょうじゅせん》（普印《ふいん》）

①両手で合掌し、右を手前にして指先を交差させる（金剛合掌）。

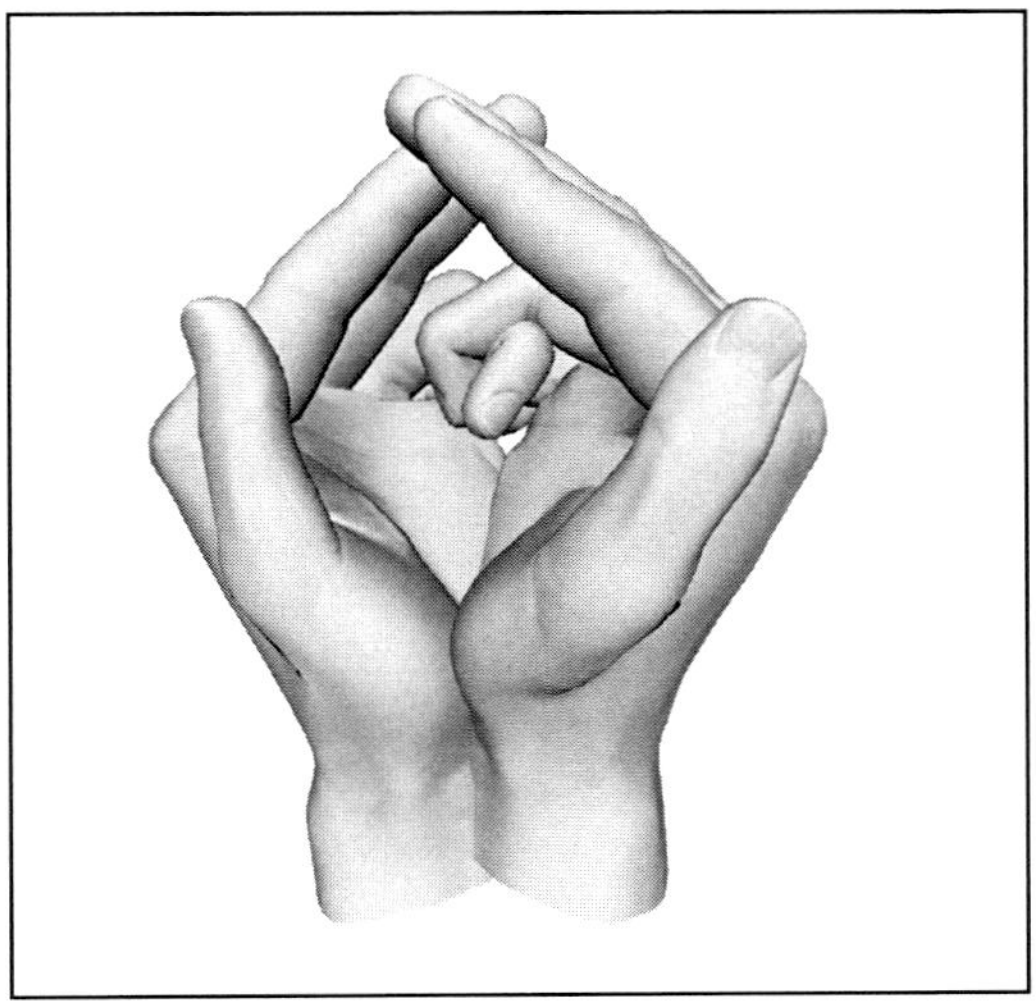

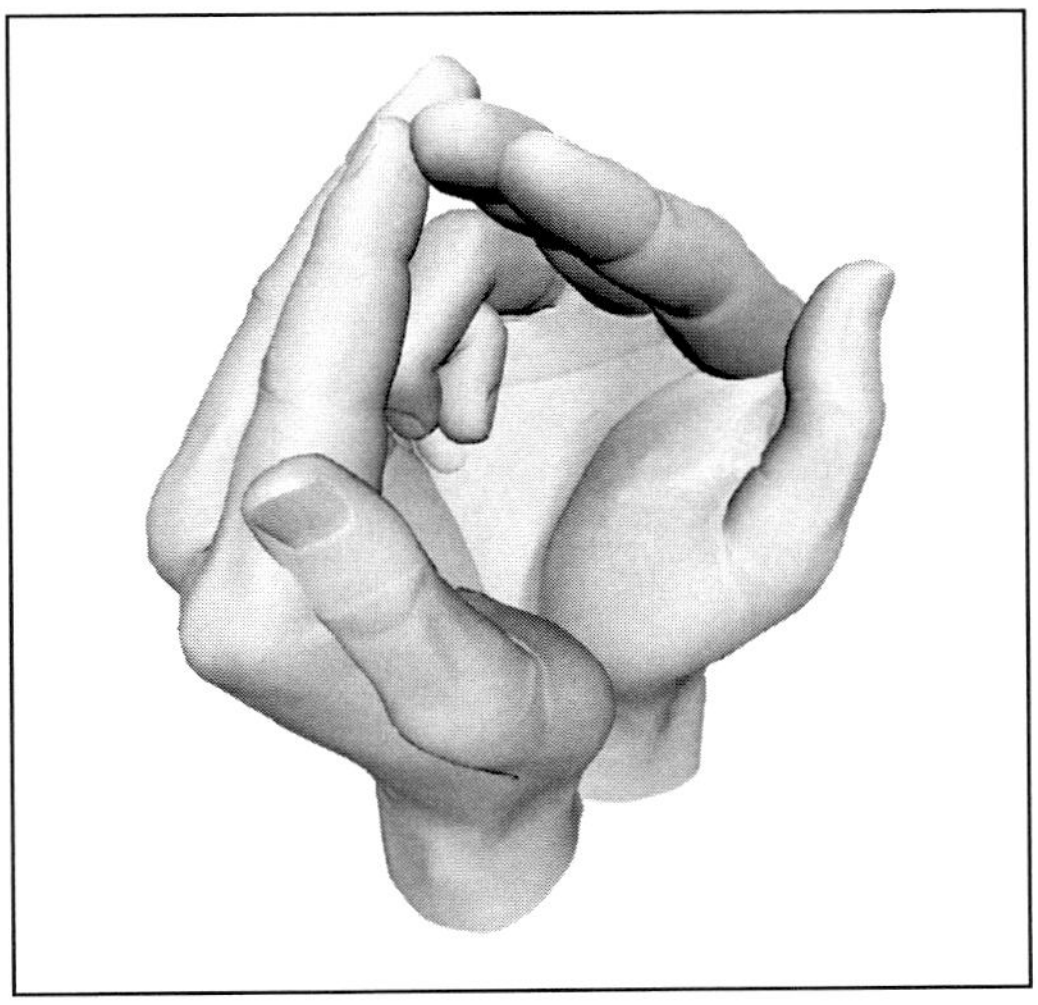

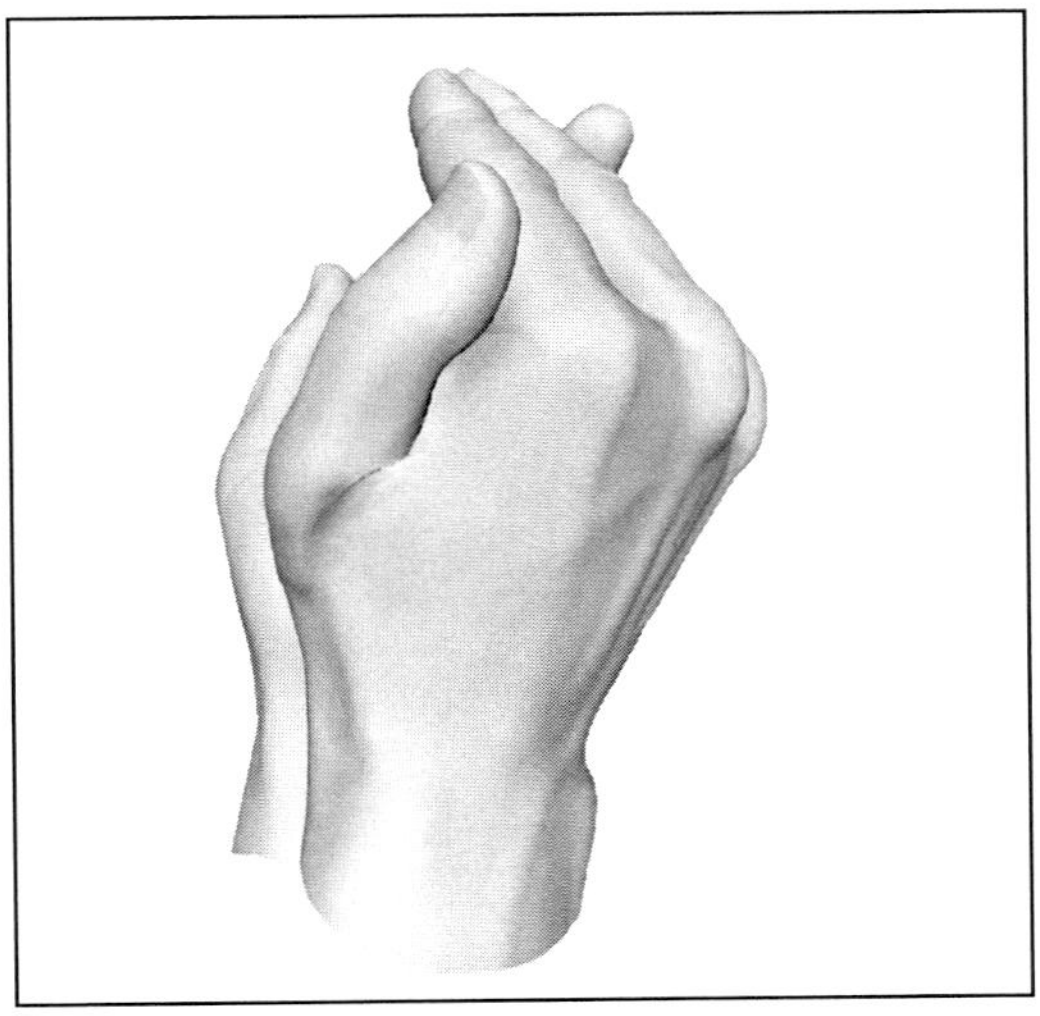

毘《び》那《な》夜《や》迦《か》

①両小指と薬指を屈して内に向ける。

②両中指を立て交差させる。

③両人差指を立て、それぞれ中指の側に付ける。

④親指はそれぞれ人差指の側に付ける。

⑤五処を加持する。

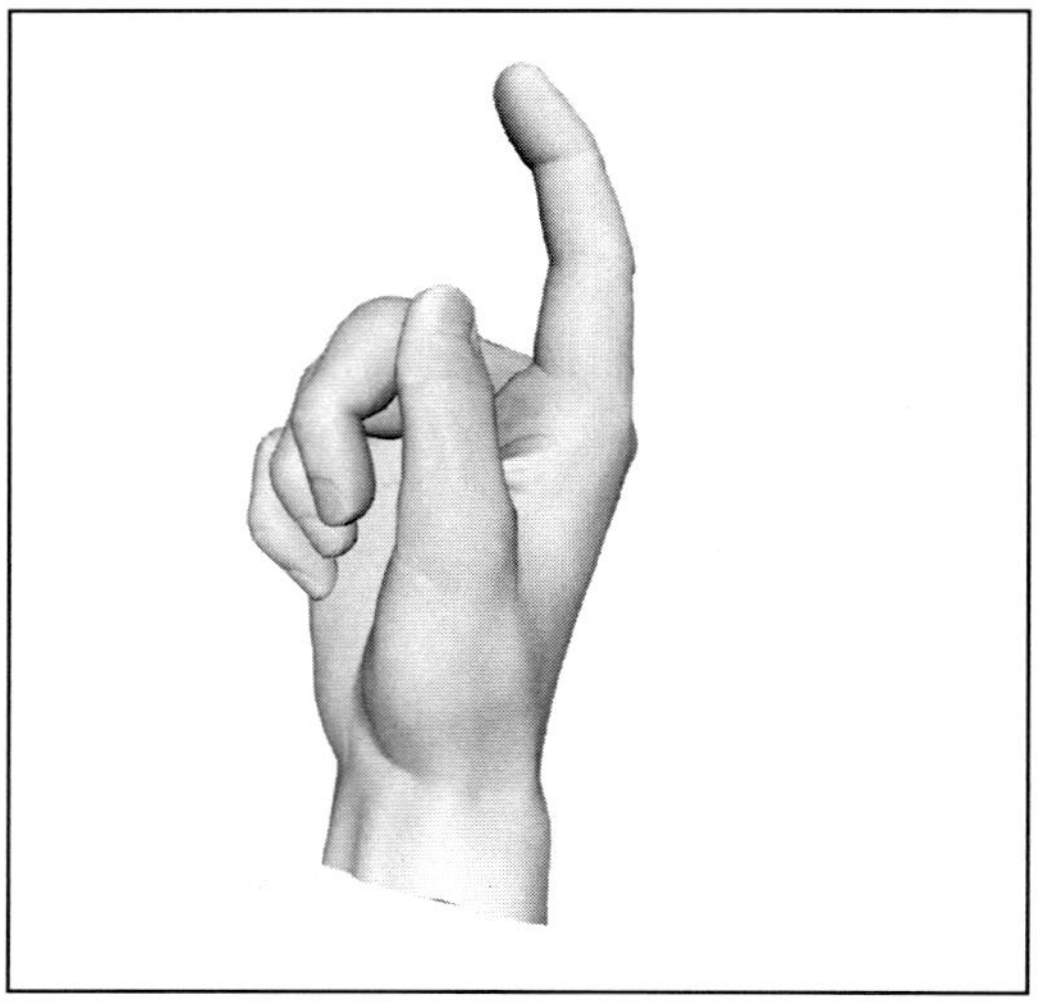

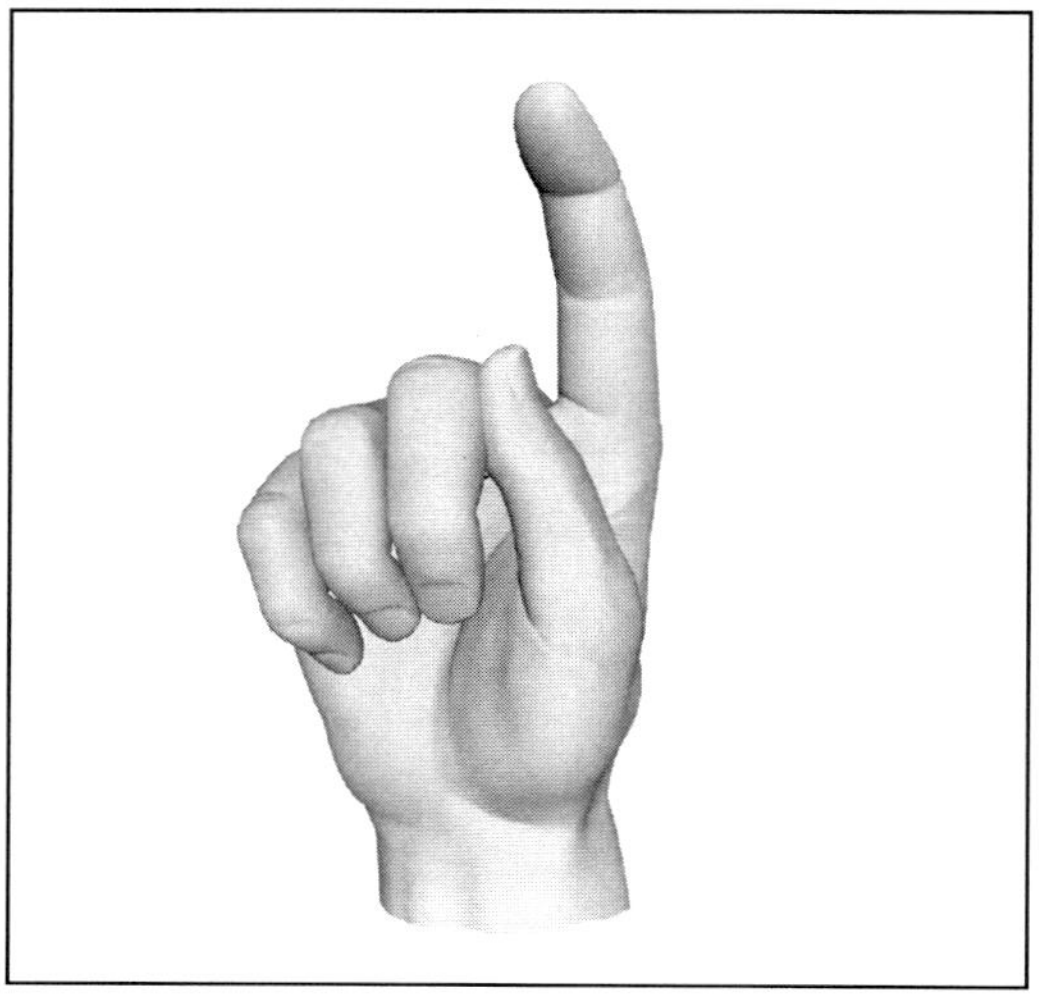

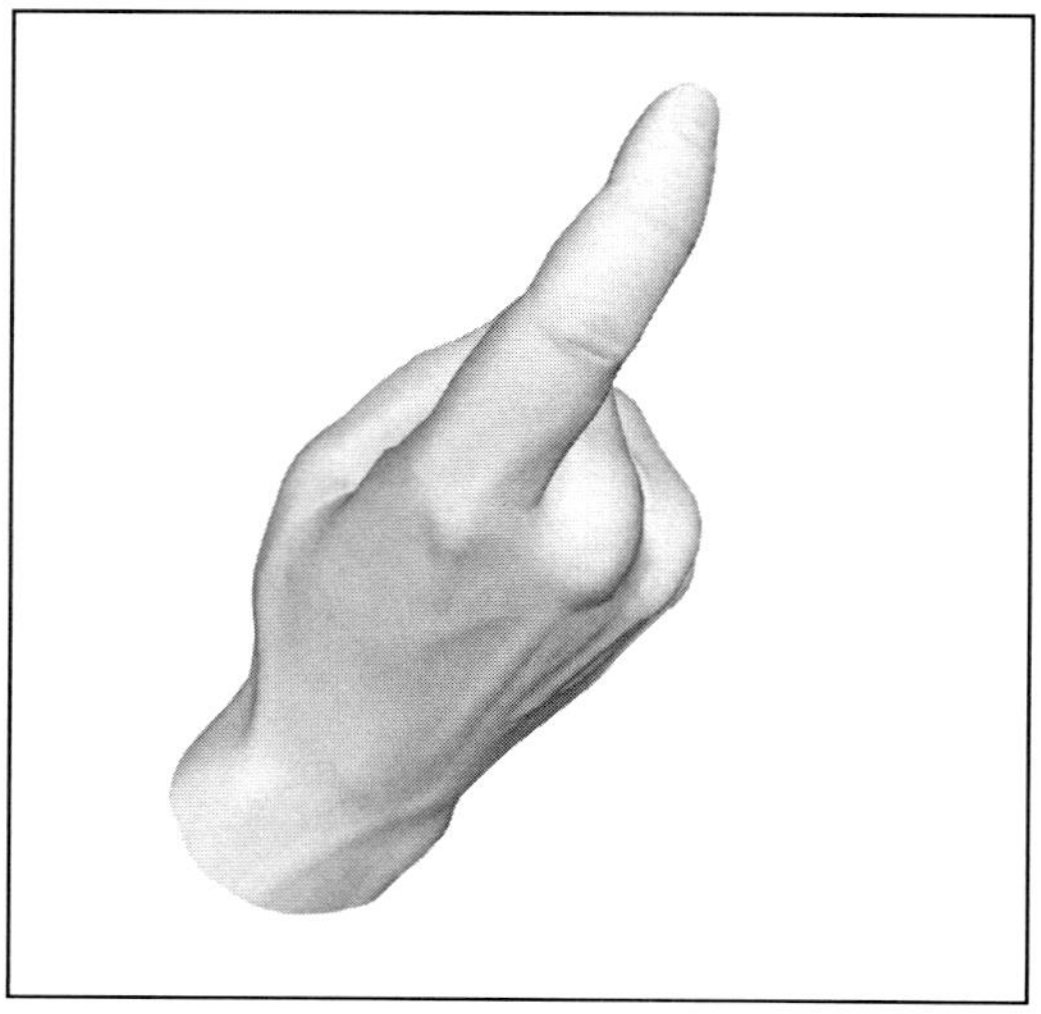

諸《しょ》神《じん》

①右手を拳にする。

②人差指を立て少し屈して招く。

水《すい》天《てん》（竜索印《りゅうさくいん》）

①両手、内縛する。

②両人差指を立て合わせ、屈して円やかにして環を作る。

※人差指での環は竜頭を表し、内縛は索体を表す。
また環は衆生の願望の円満ならしめることを表す。

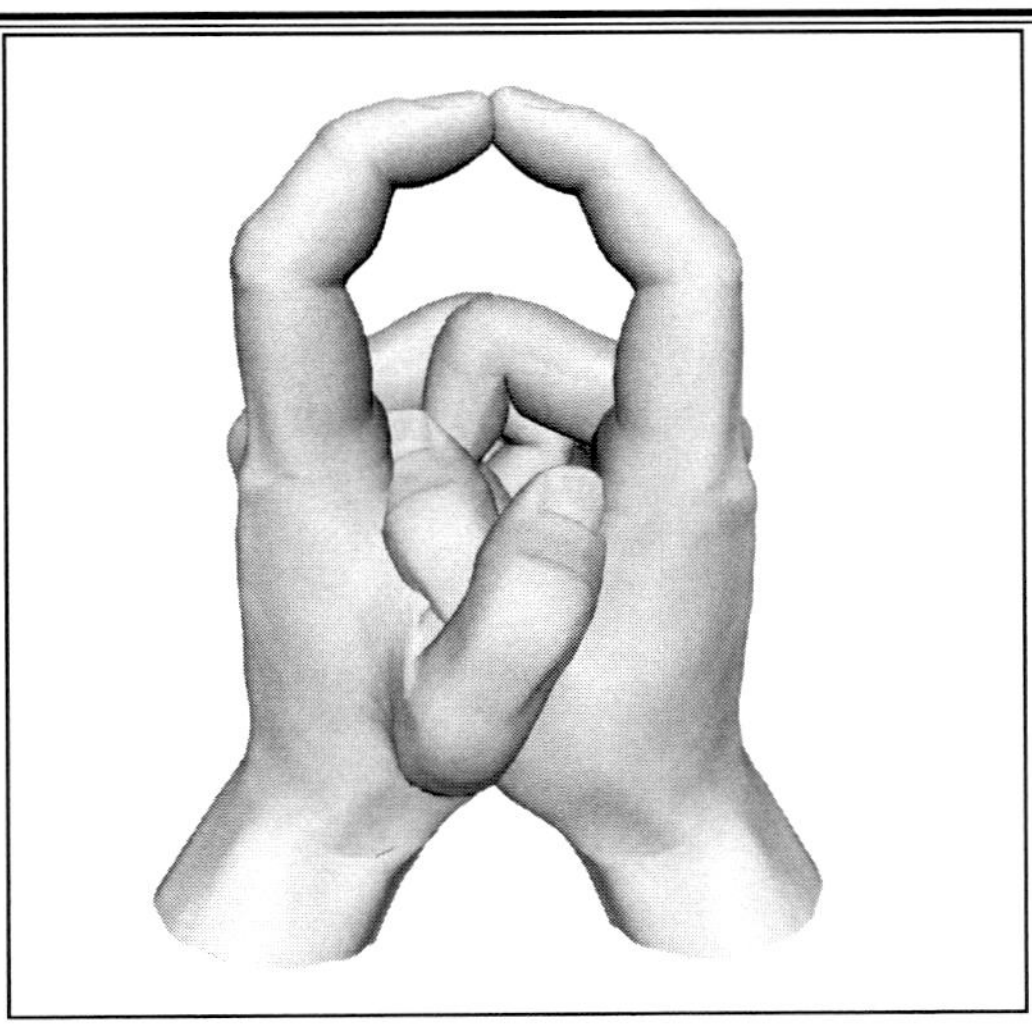

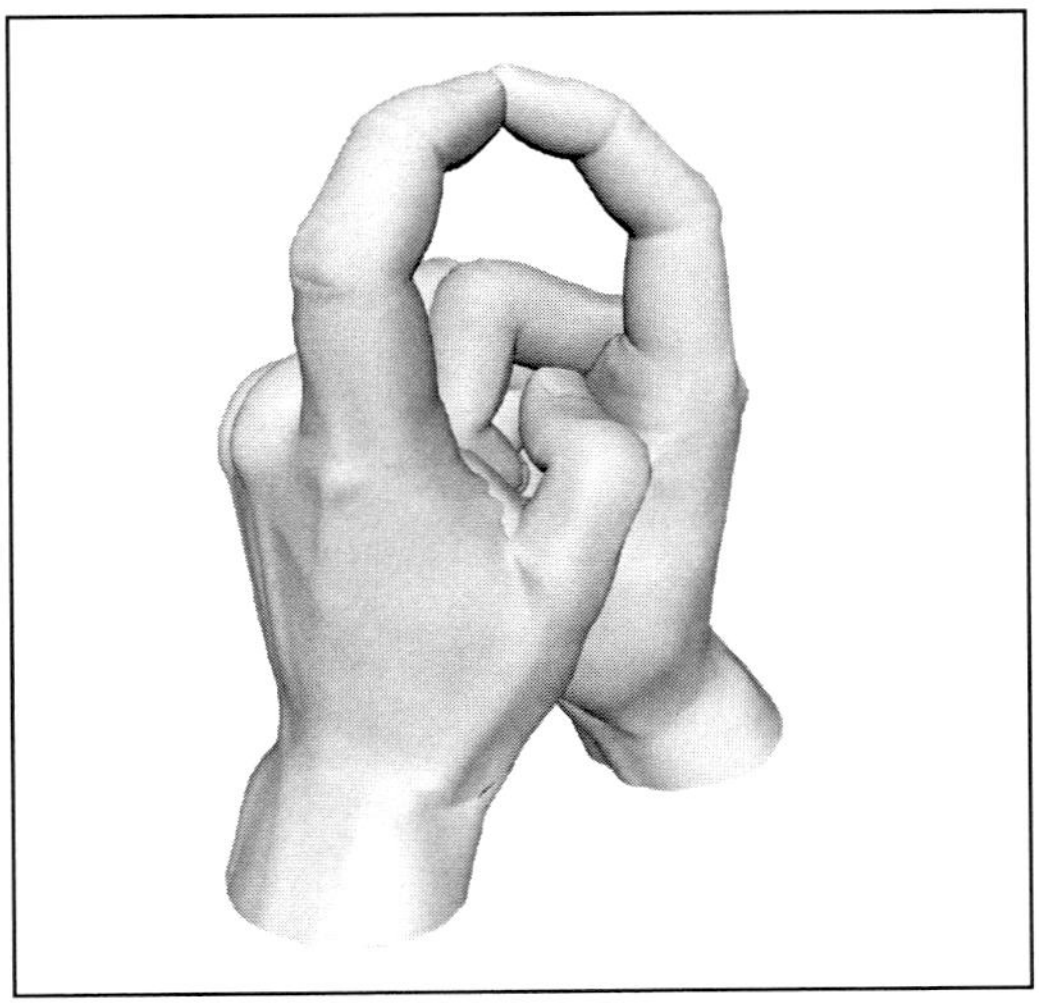

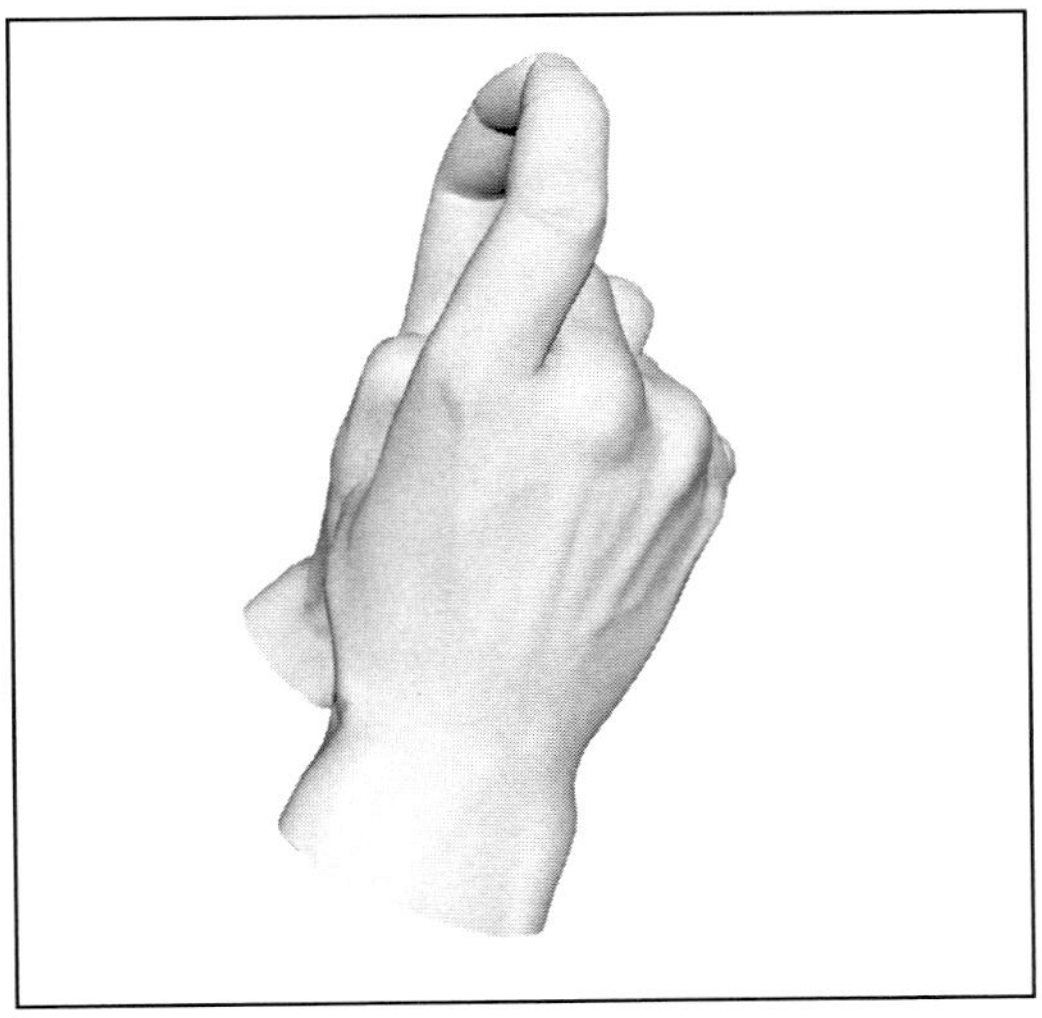

水《すい》天《てん》二

①左手を拳にする。
②人差指を立て、やや屈する。
③右手は腰に安ずる。
※竜索印（二八九頁）の半印。

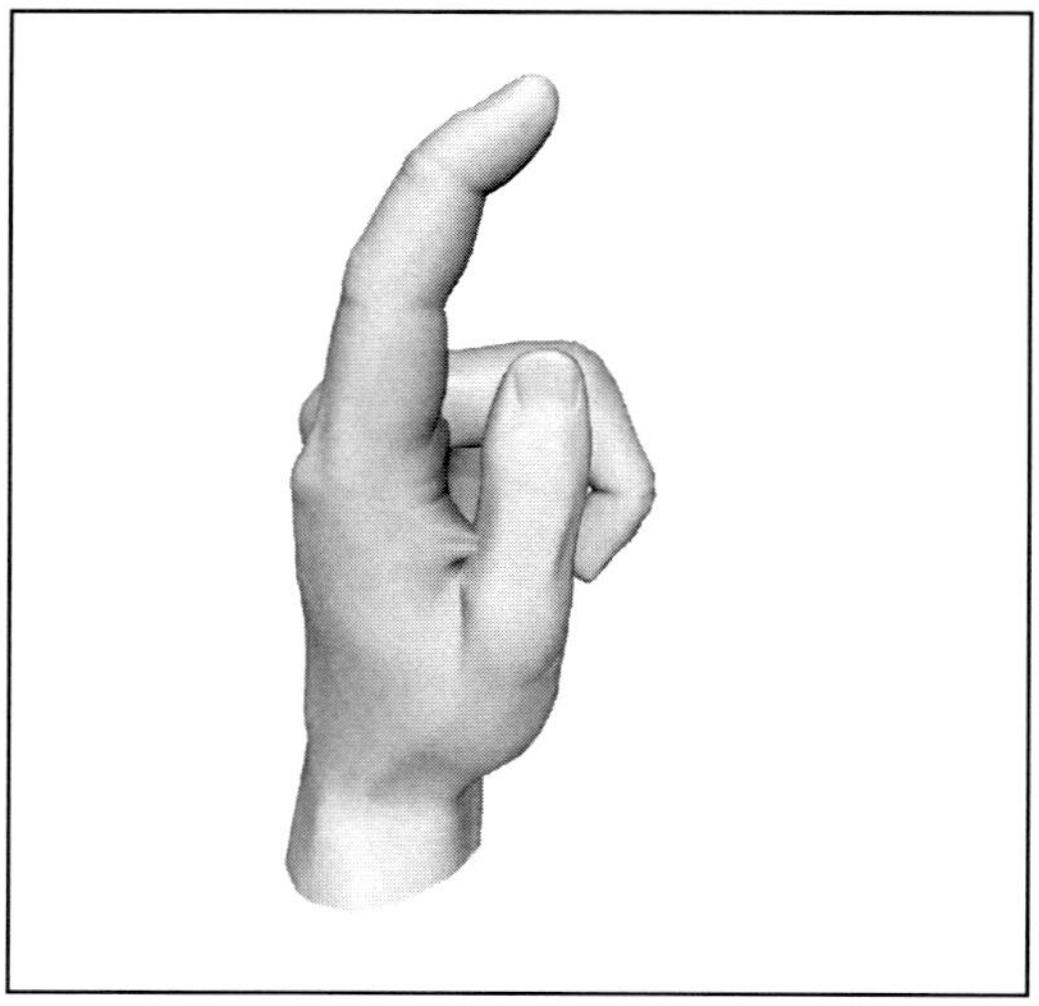

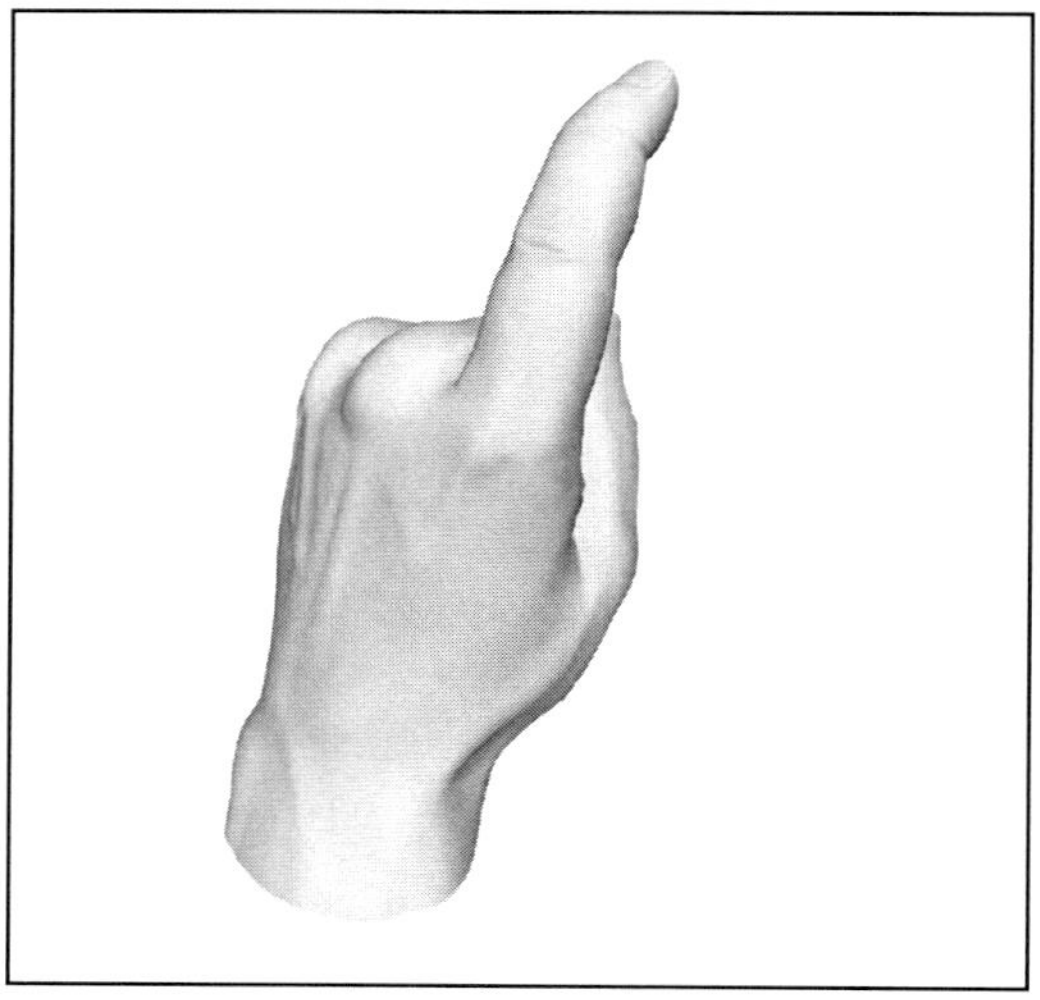

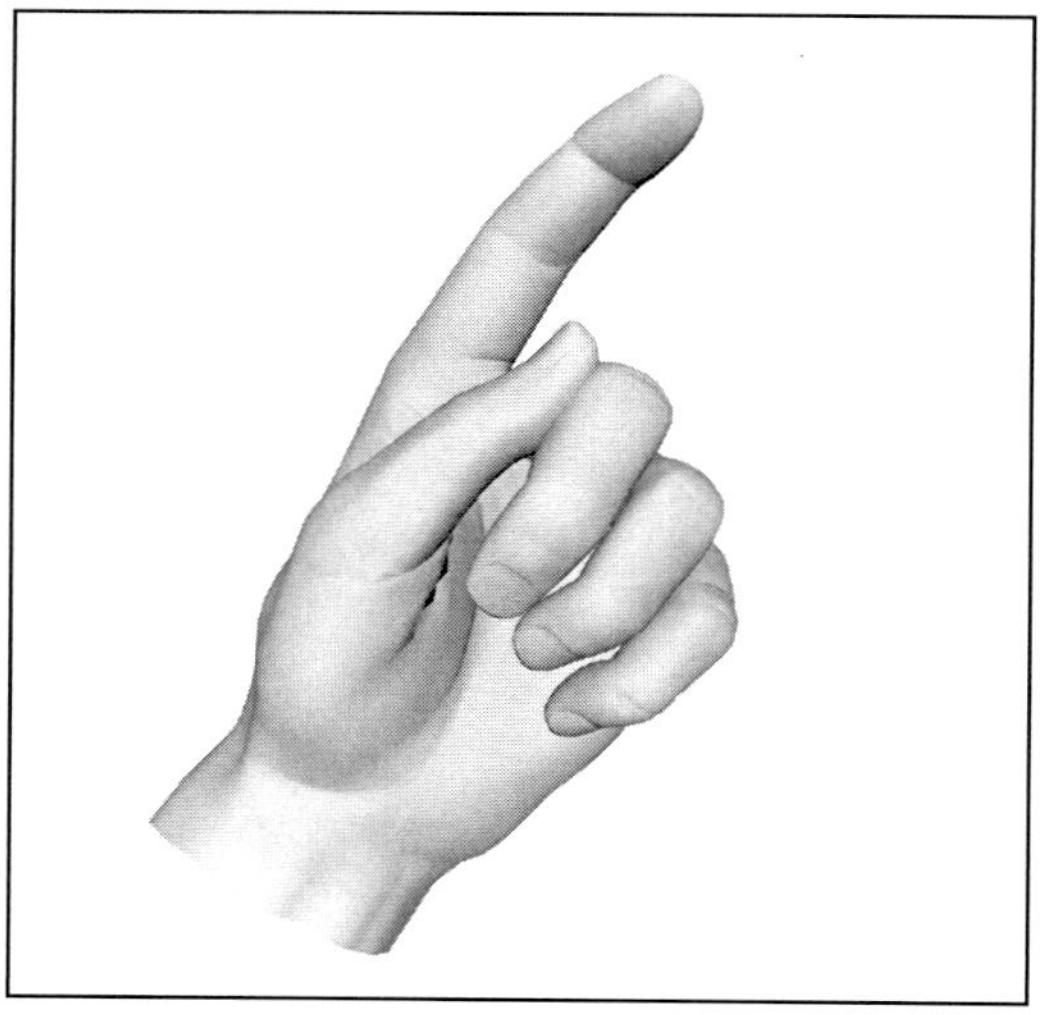

諸《しょ》竜《りゅう》

①両手、五指を伸ばし、掌を伏せ、両親指を相まつわせ、三転する。

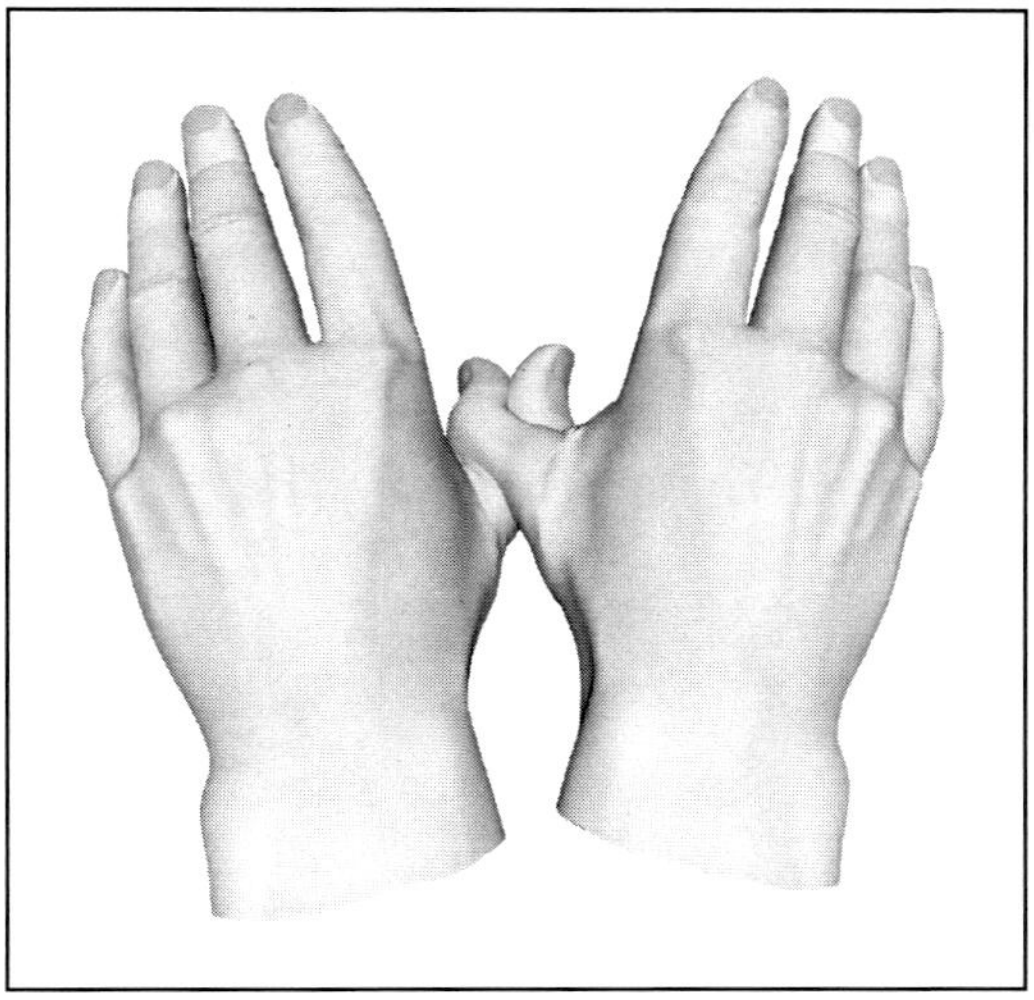

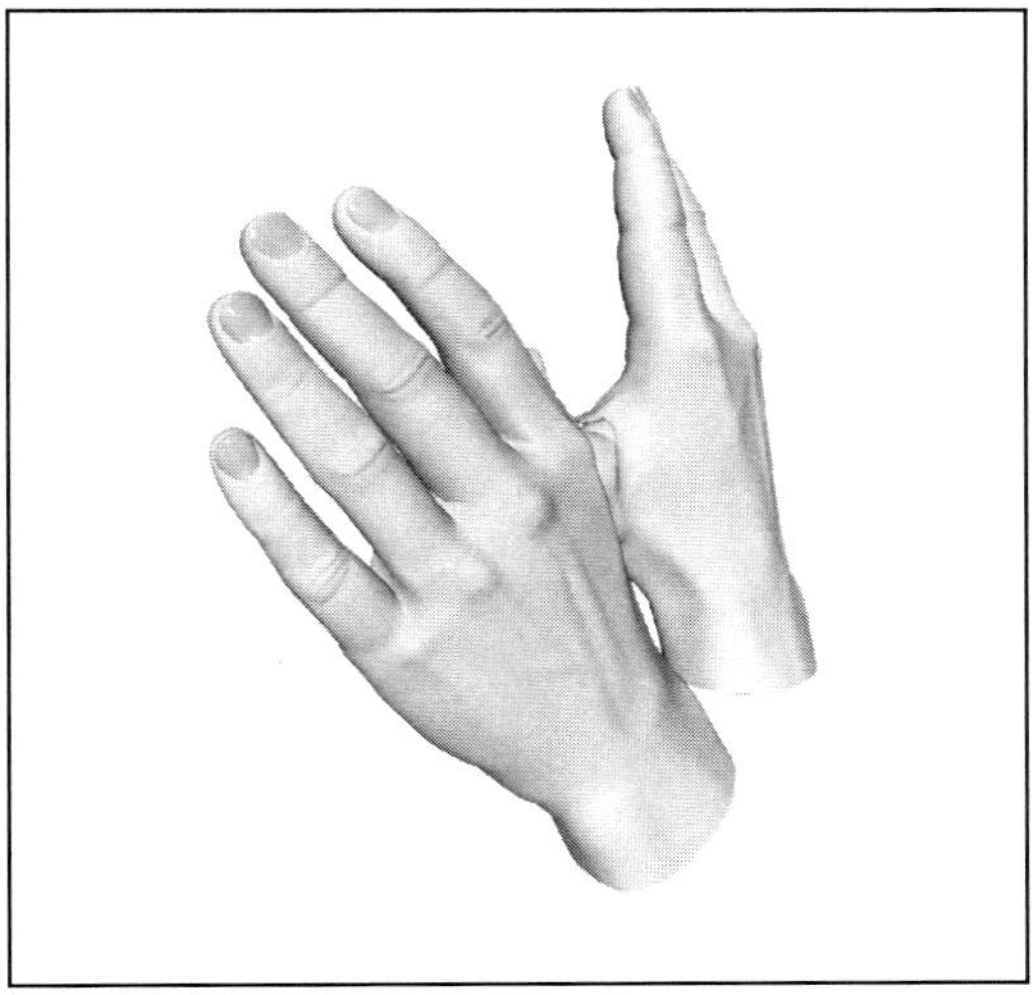

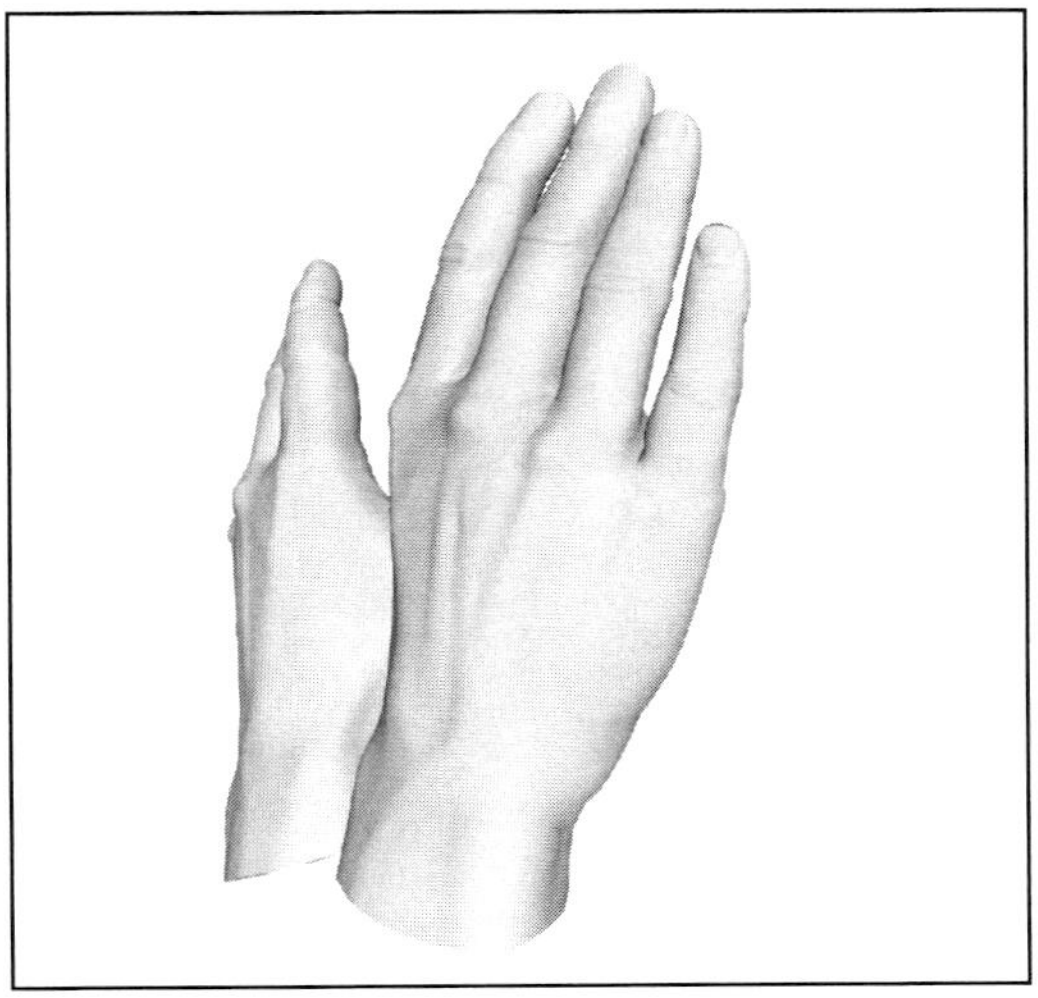

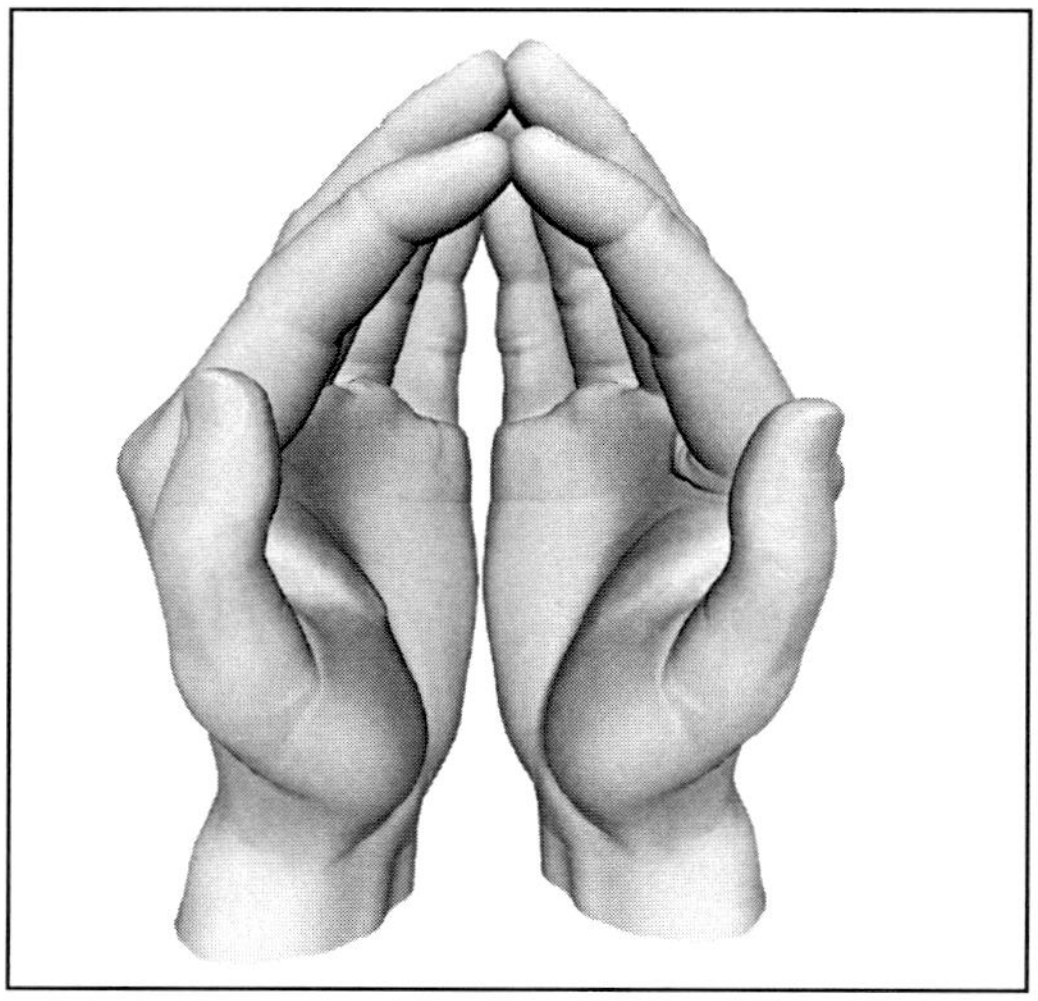

地《じ》天《てん》

①合掌し、親指以外は、両手の指先を円くして付け合わせる。

②両親指は、側につけ、蓋の如くにする。

※また鉢印ともいう。

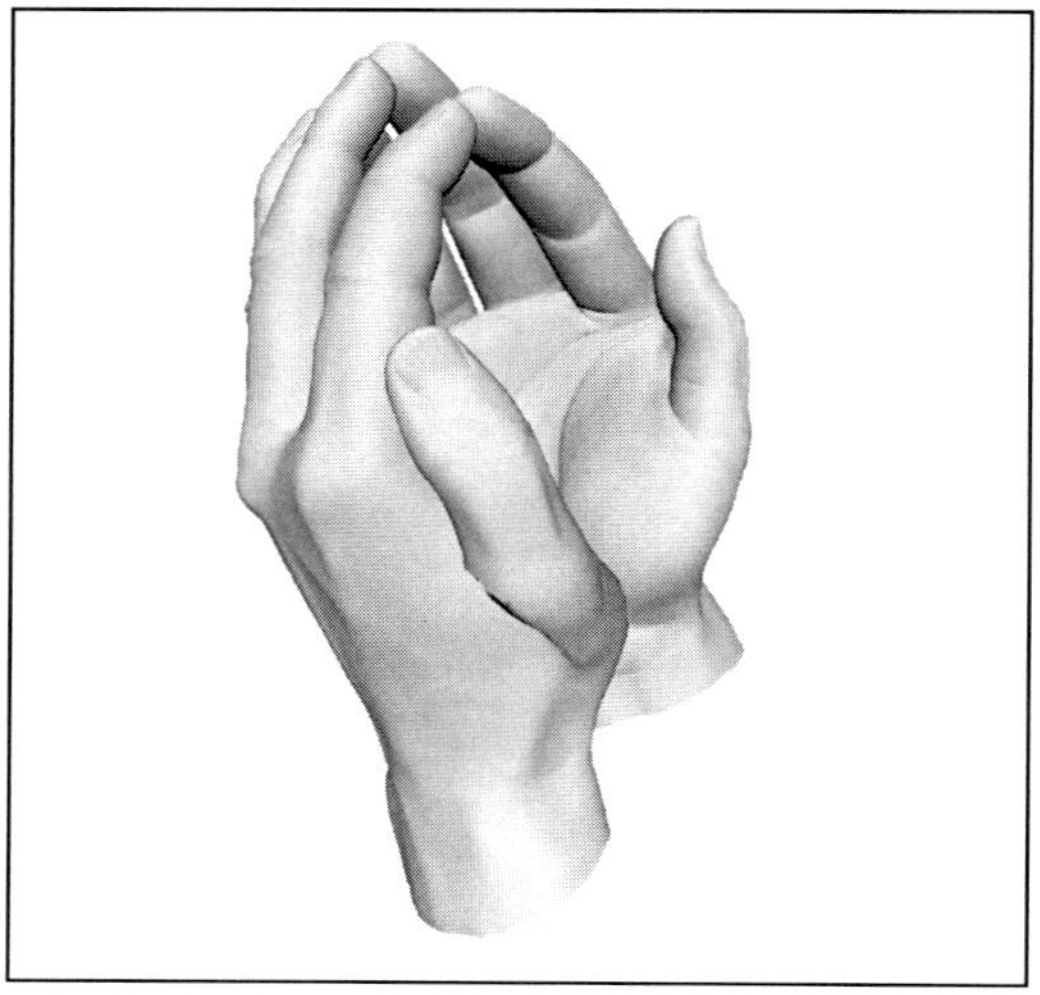

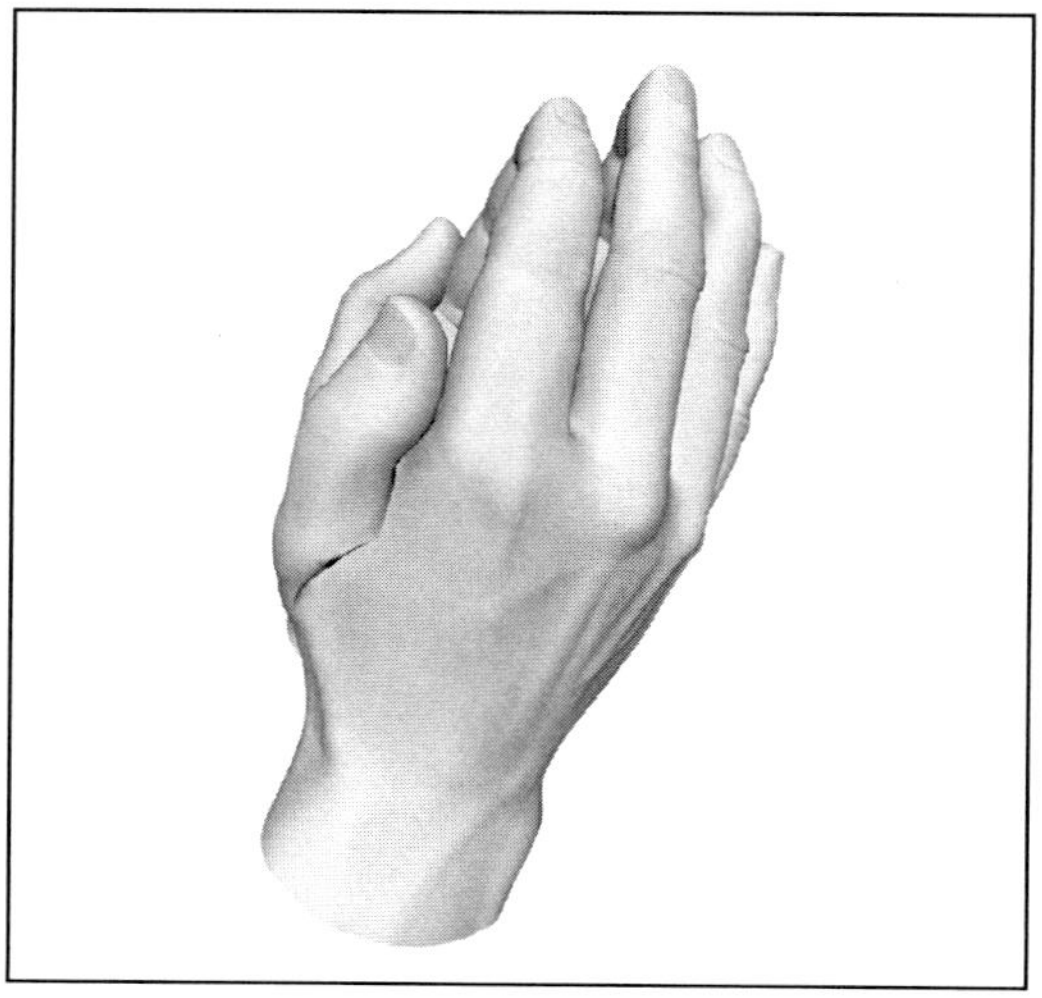

聖天《しょうでん》（請召印《しょうちょういん》）

①両手の小指と薬指を屈して掌中に入れる。
②両中指は、右手を手前にして交差させる。
③両人差指は中指の背に付ける。
④両親指は人差指の側に付ける。
⑤親指で来去する。

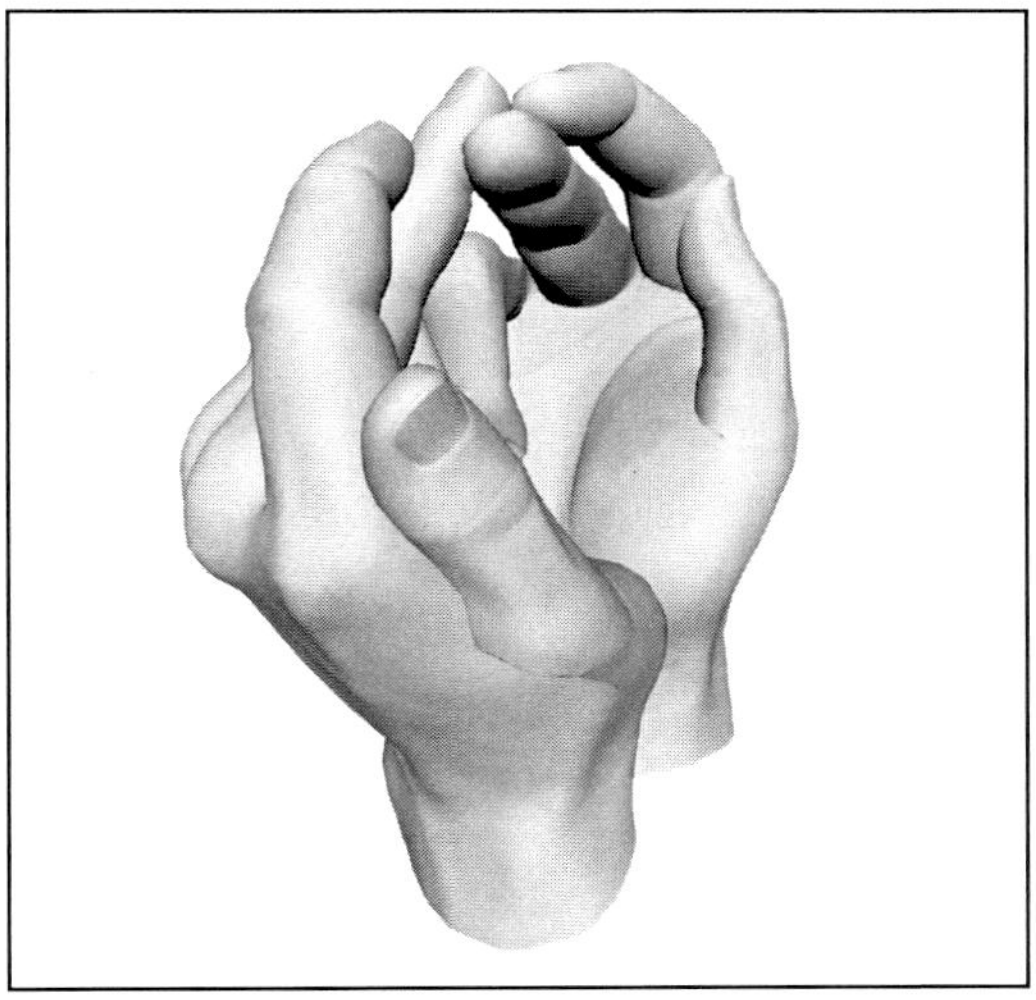

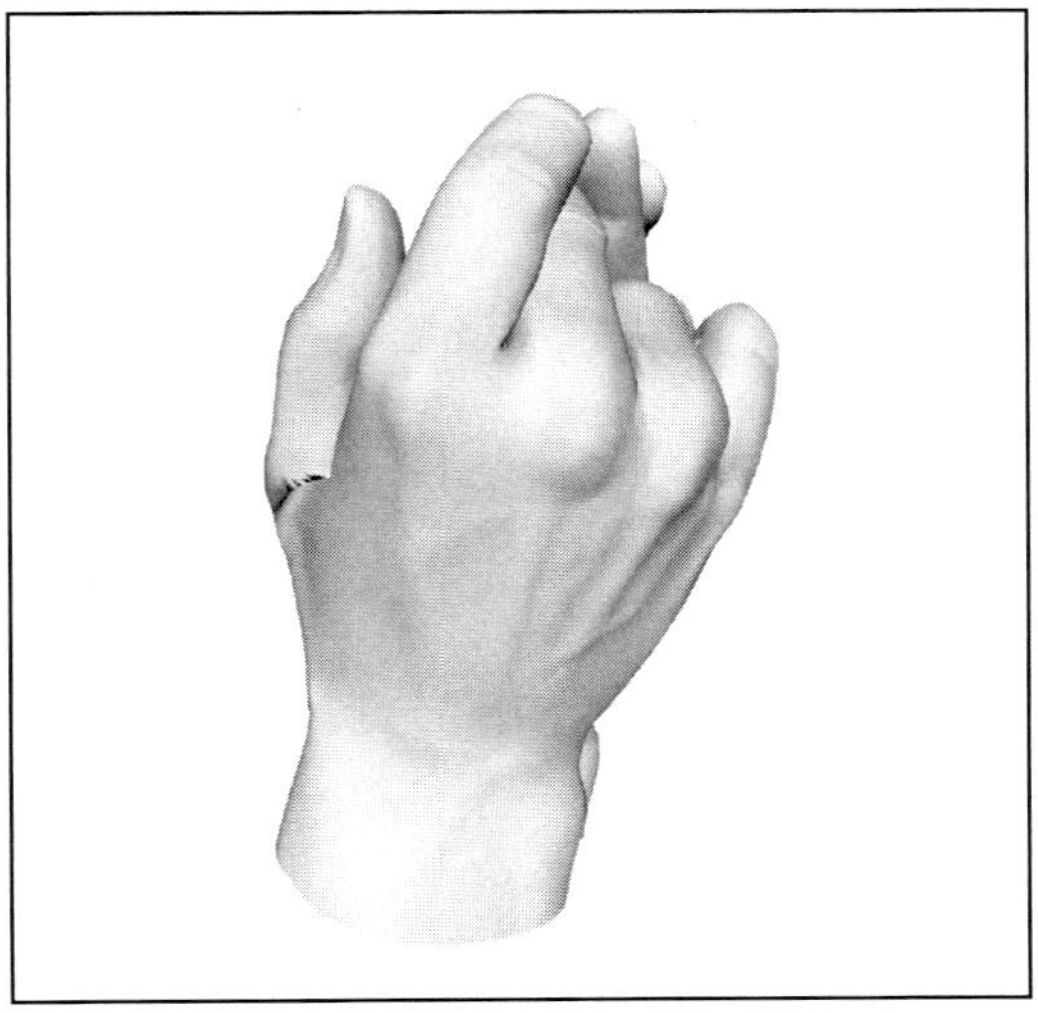

聖《しょう》天《でん》二

①両手、内縛して中指を立て合わせる。
②両人差指を、それぞれ中指の背に付ける。
③両親指は開いて左右の人差指に付ける。
④五処を加持する。
※また、師伝の印、聖天身印ともいう。

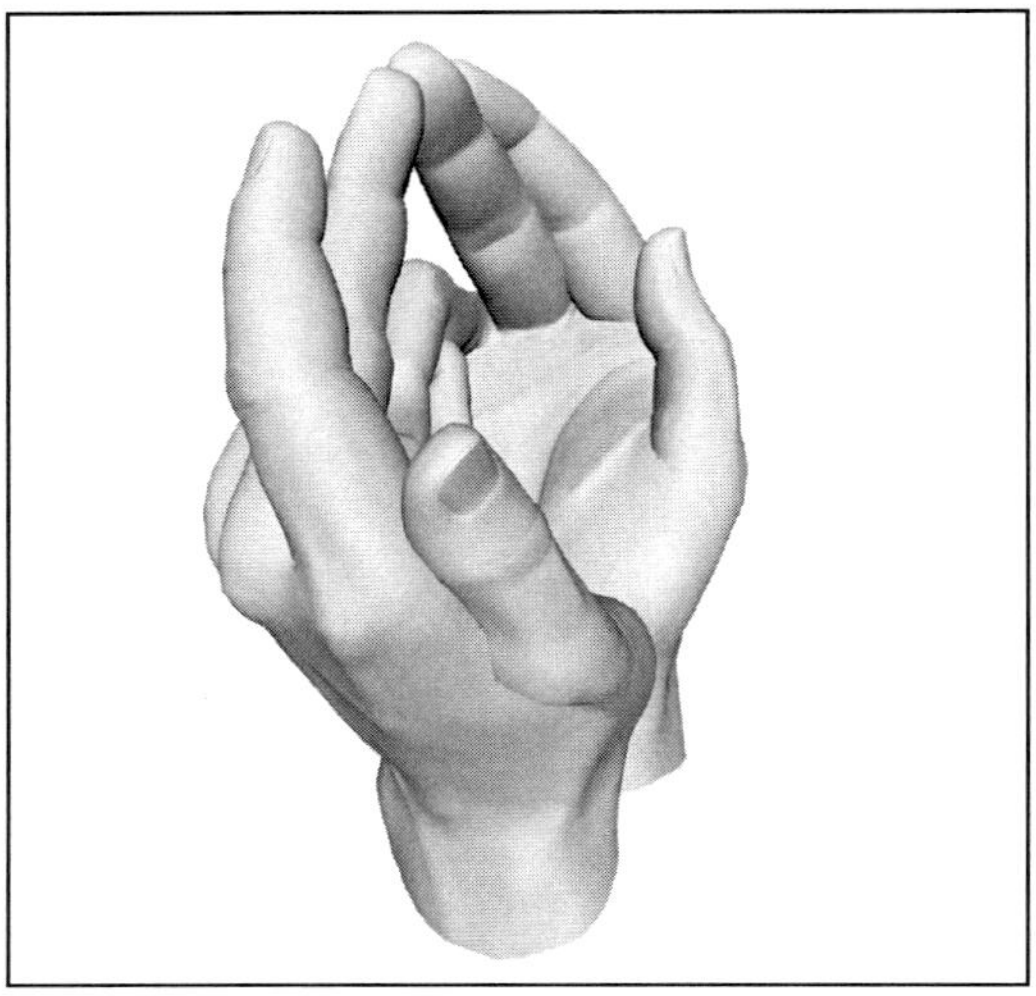

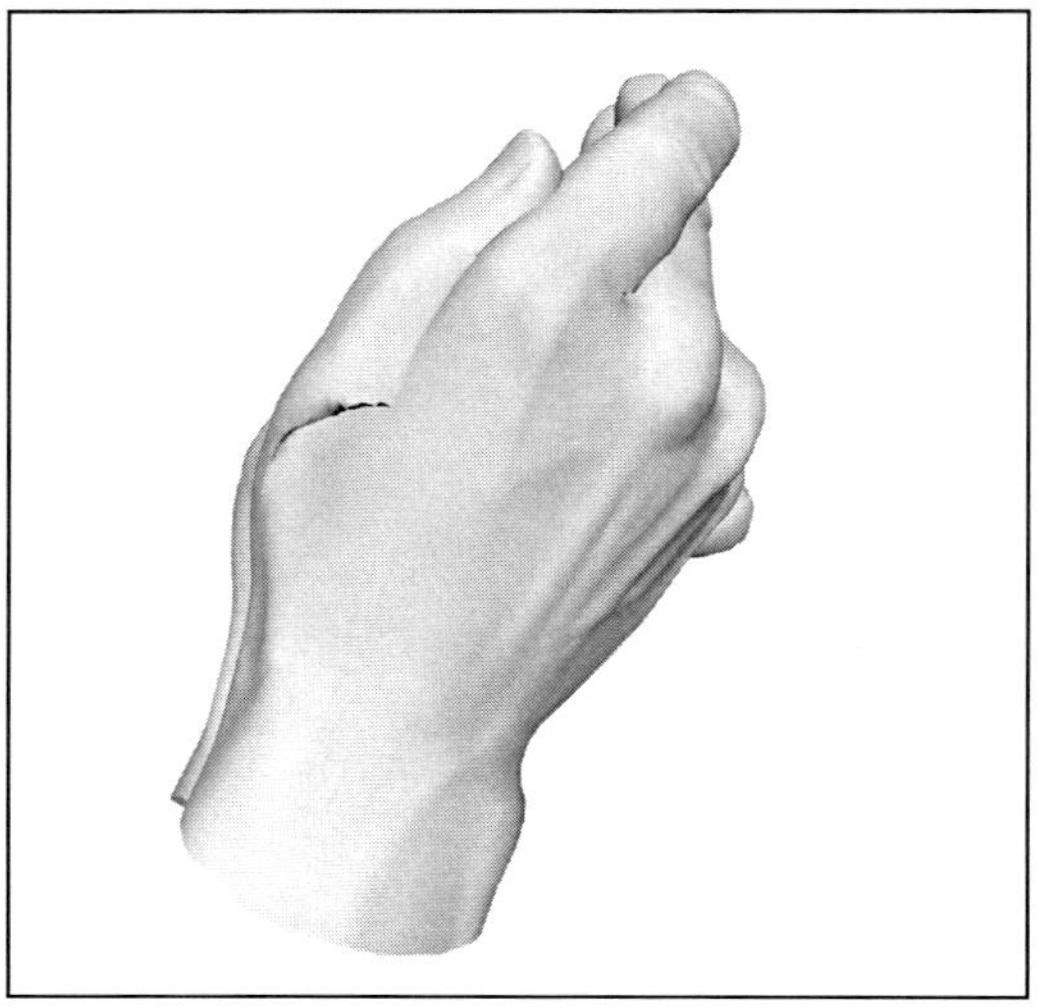

十二天《じゅうにてん》(伊舎那天《いしゃなてん》)

①右手は拳にして腰に置く。
②左手は薬指と小指を屈する。
③他の三指は、間を少し離して立てる。
※これは三鈷の形である。
※伊舎那天は大日如来の化身。

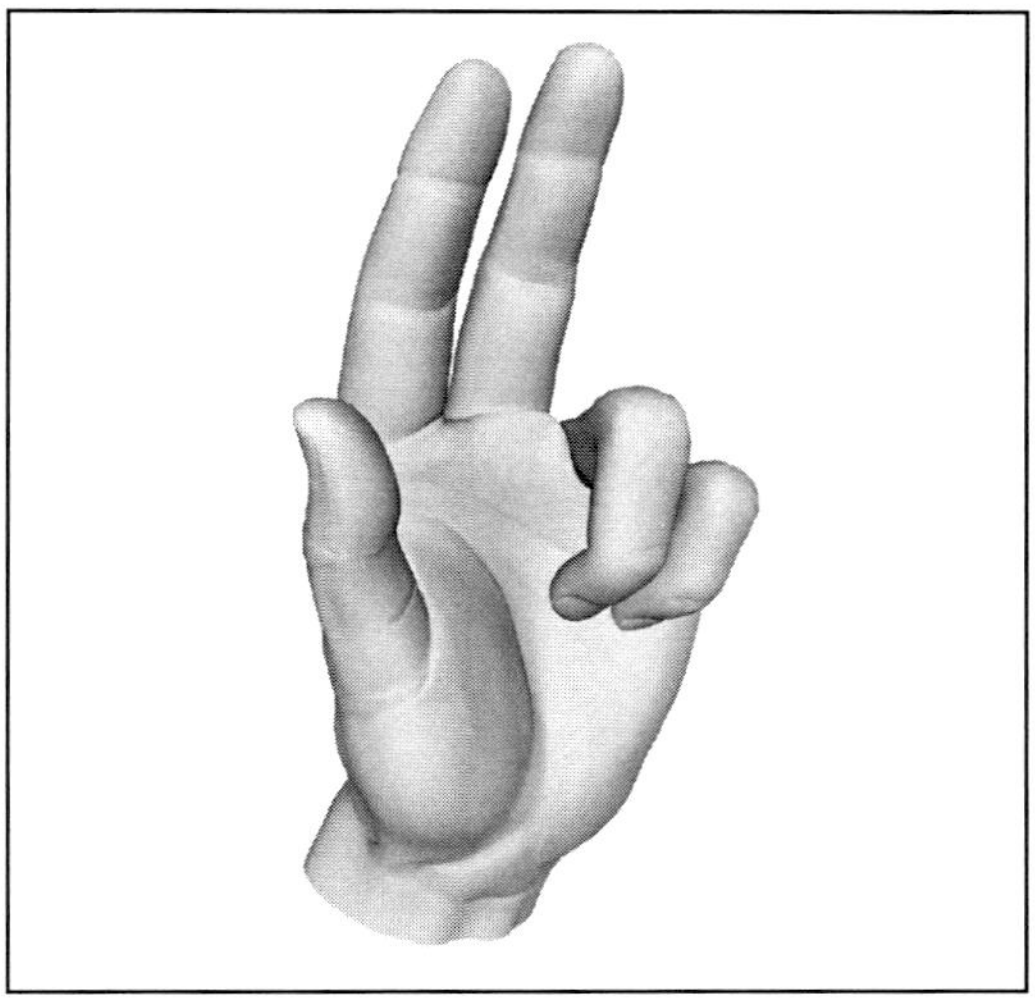

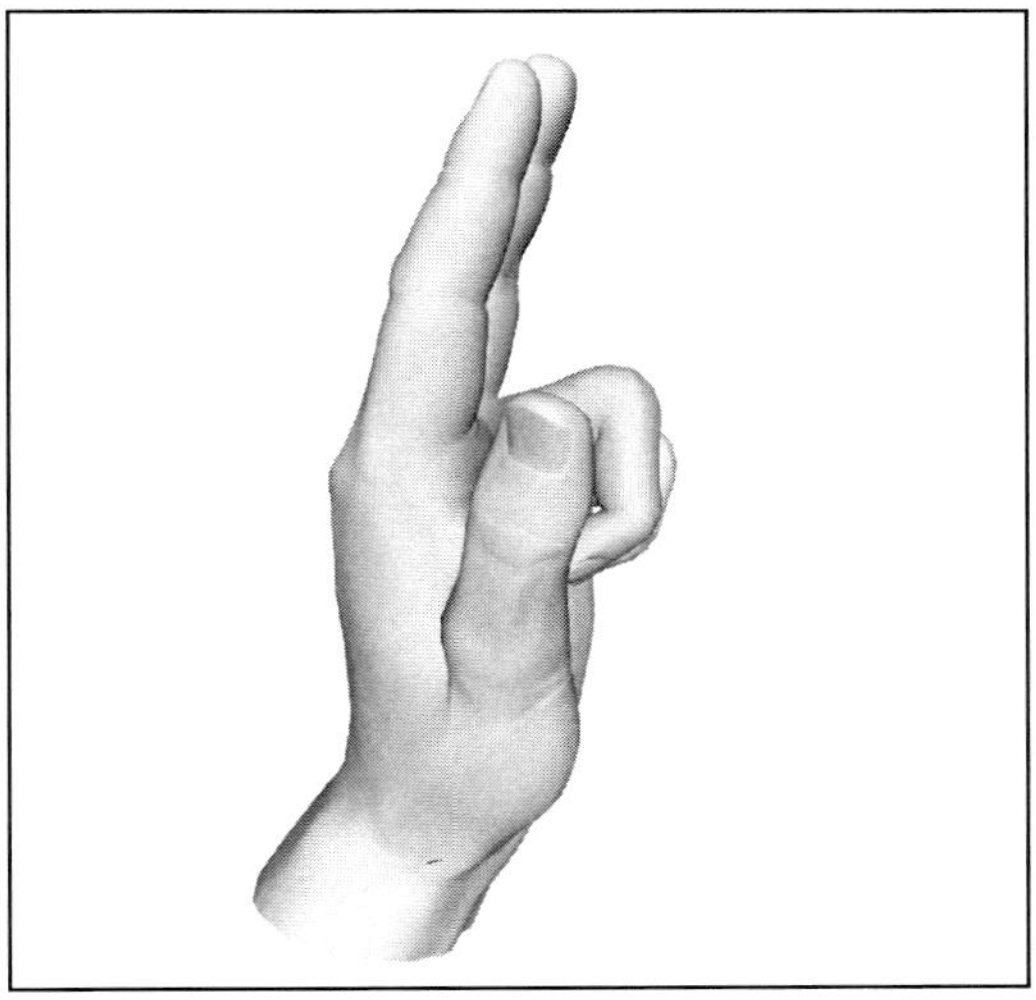

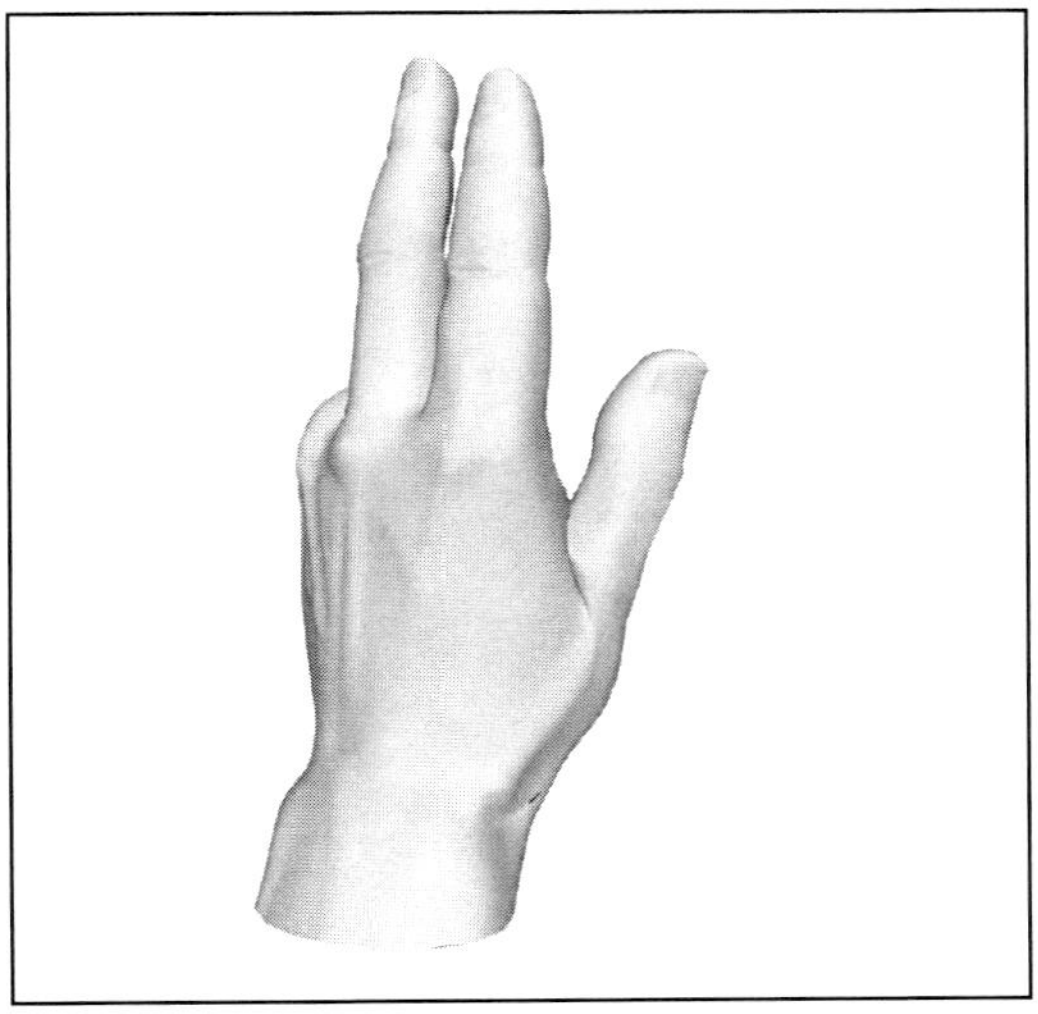

十二天《じゅうにてん》
（帝釈天《たいしゃくてん》）

①左手の薬指と小指を屈する。
②人差指を屈して中指の背に付ける。
③親指は立ててやや屈する。
※これは十二天軌所説の印。

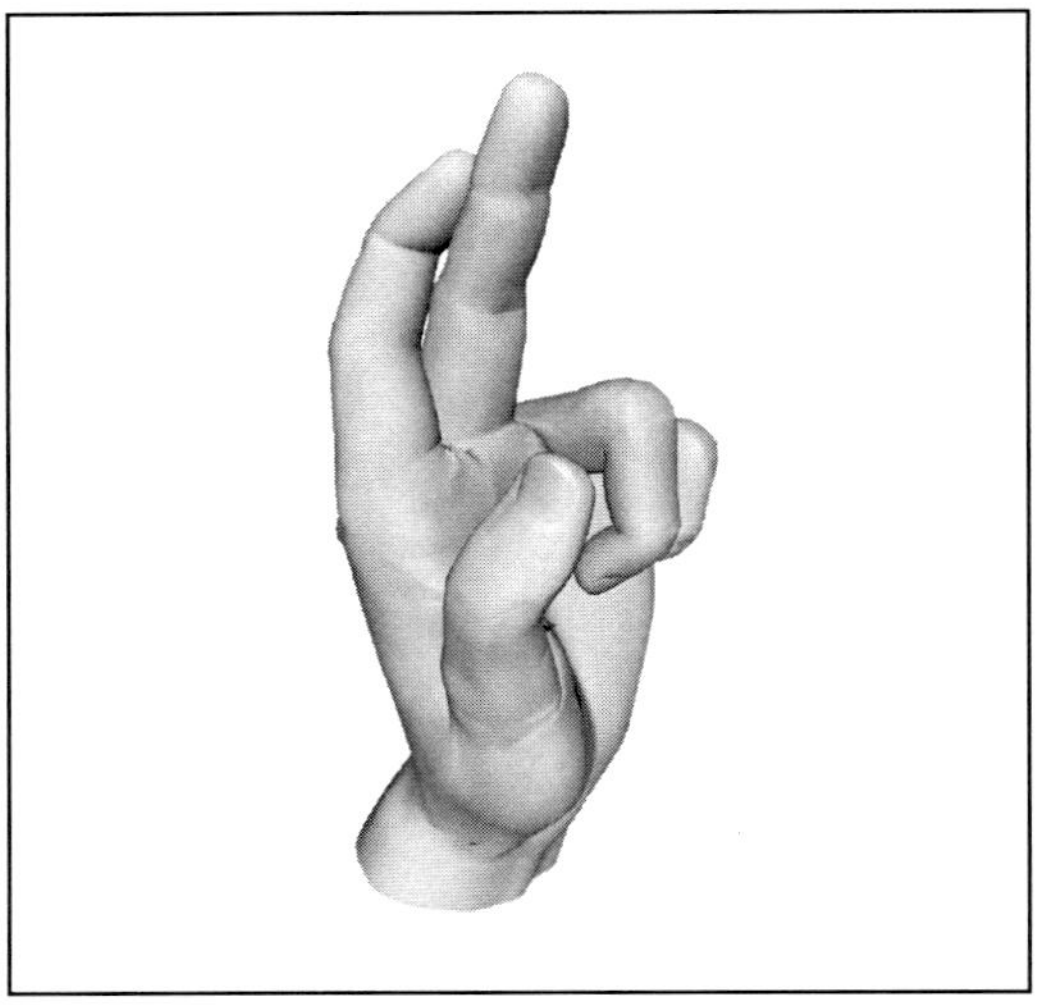

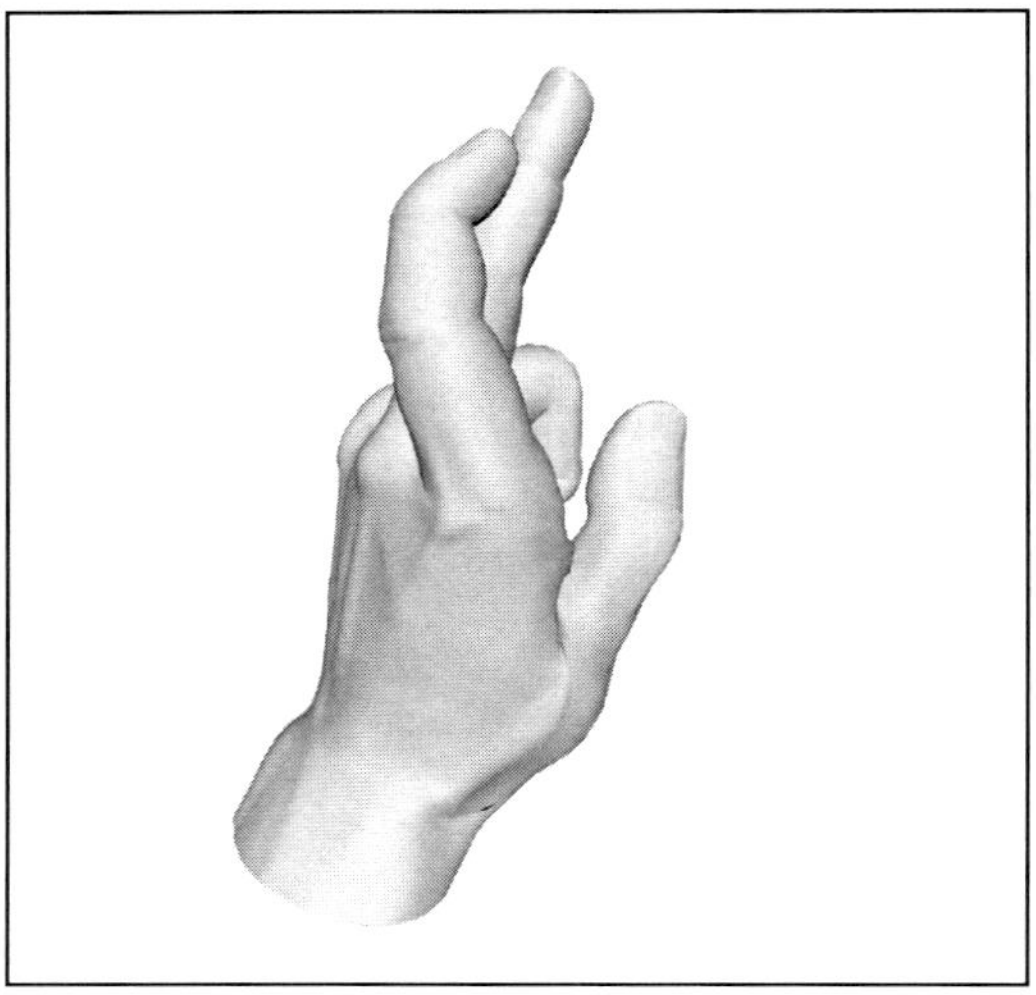

十《じゅう》二《に》天《てん》（帝《たい》釈《しゃく》天《てん》二）

①両手、内縛する。

②両人差指を立て合わせ、針のようにする。

③両親指は並び立てる。

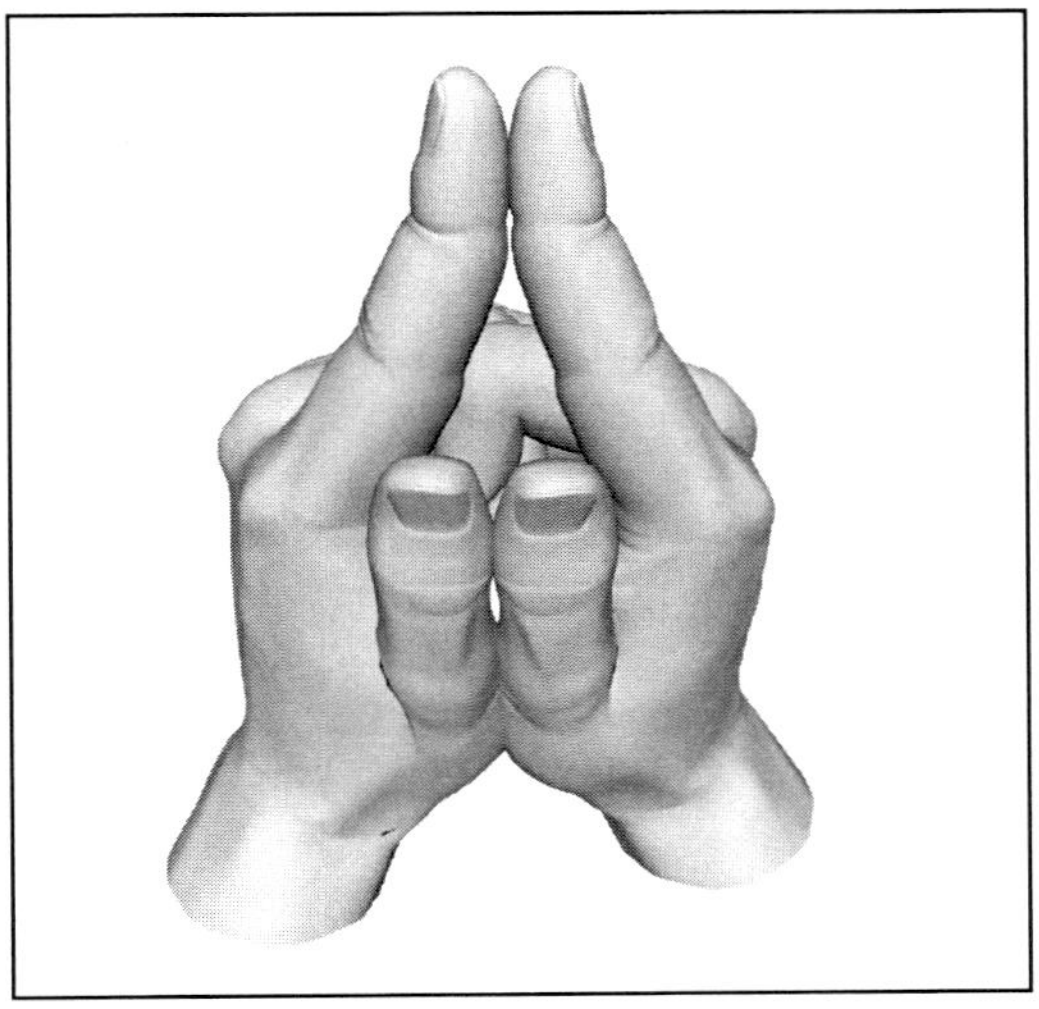

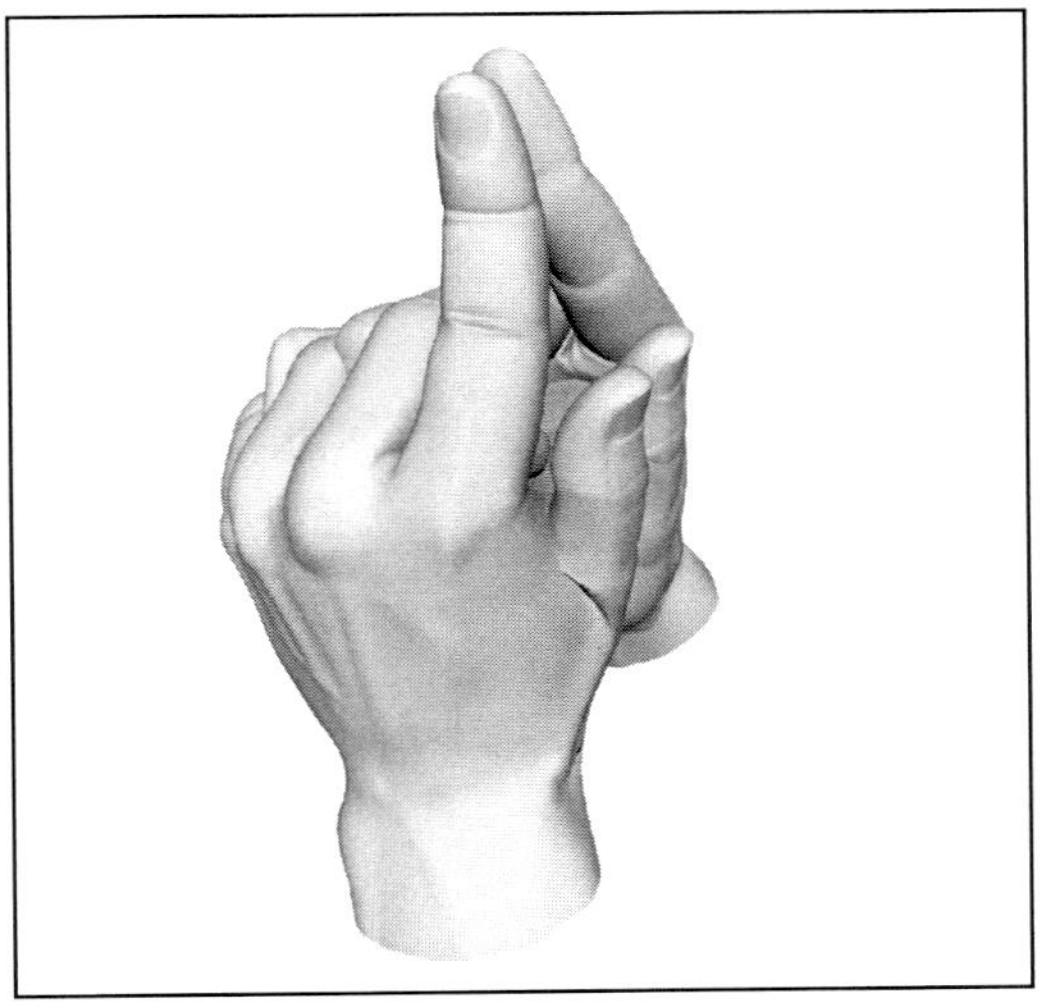

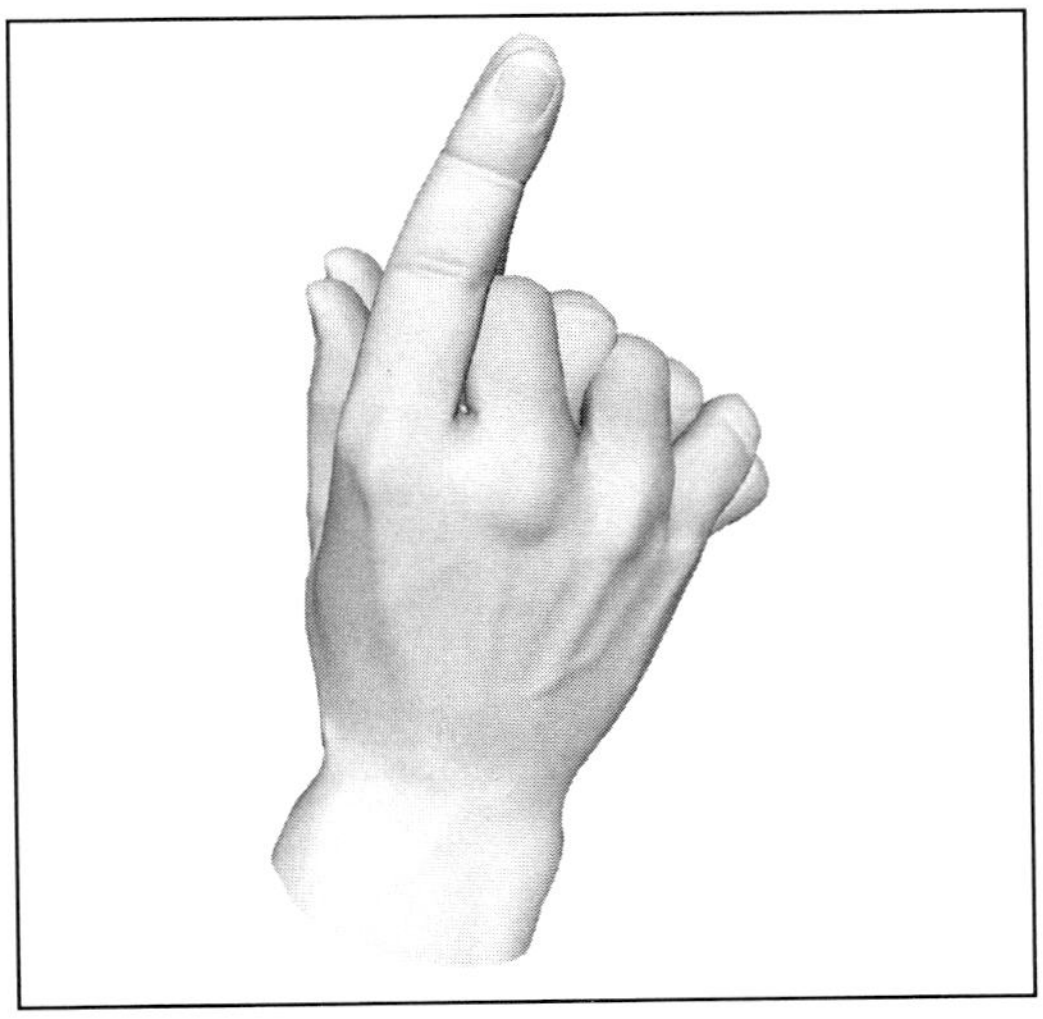

十二天《じゅうにてん》（火天《かてん》）

①左手は拳にして腰に置く。
②右の掌を開いて親指を屈し、掌中に付ける。
③人差指は中節をやや屈する。

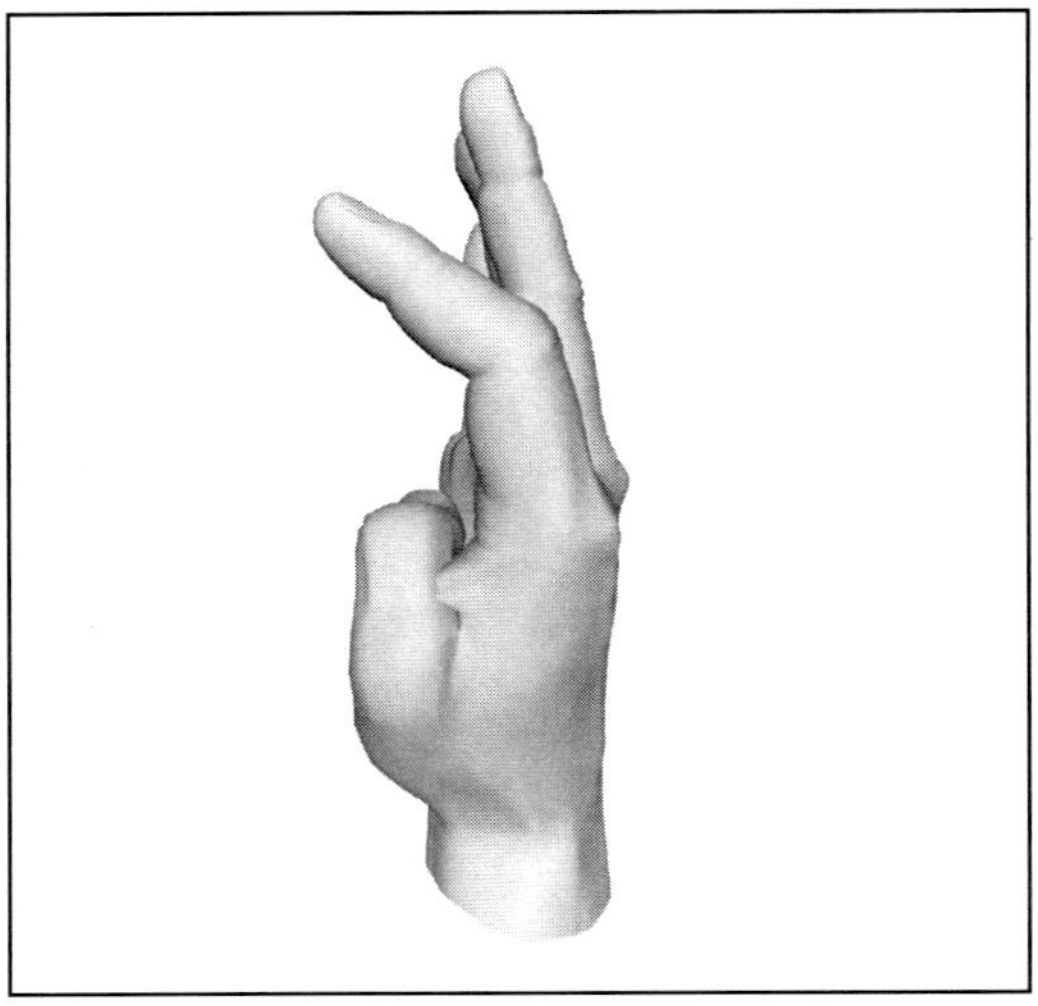

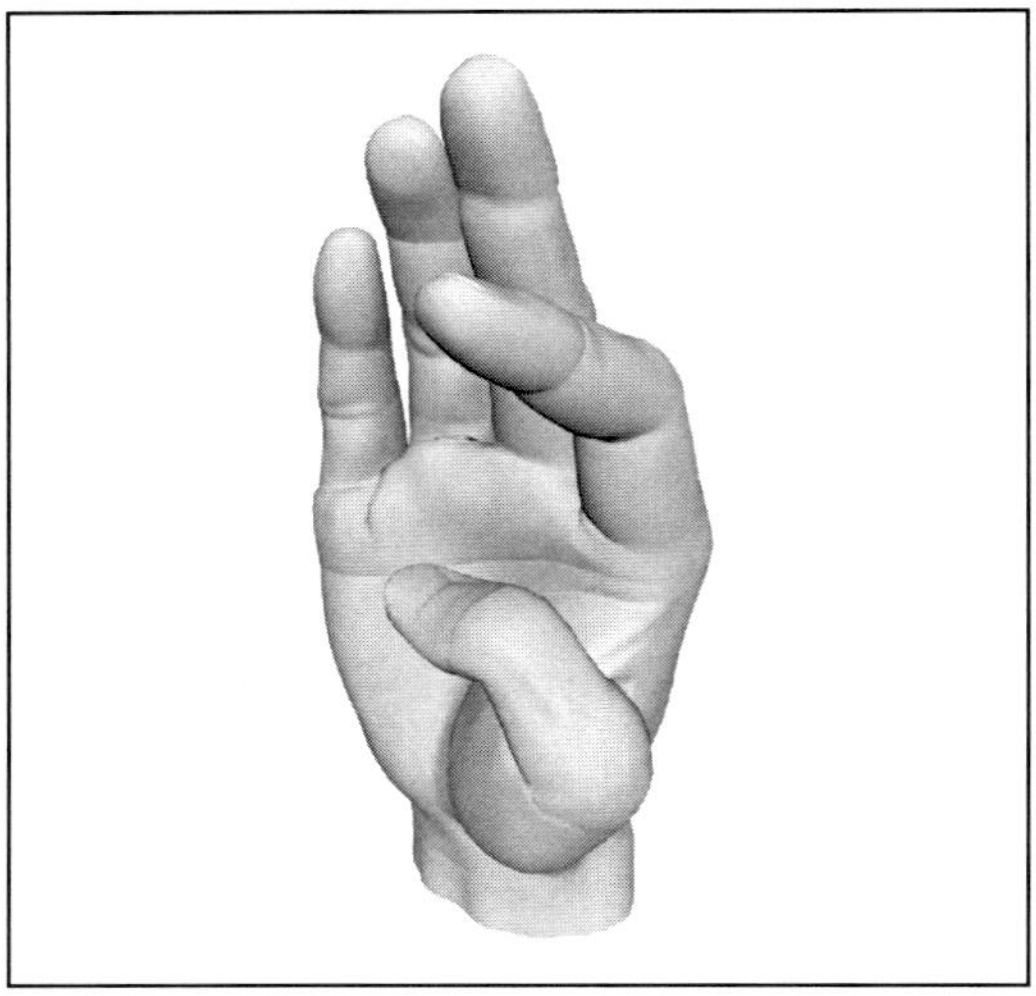

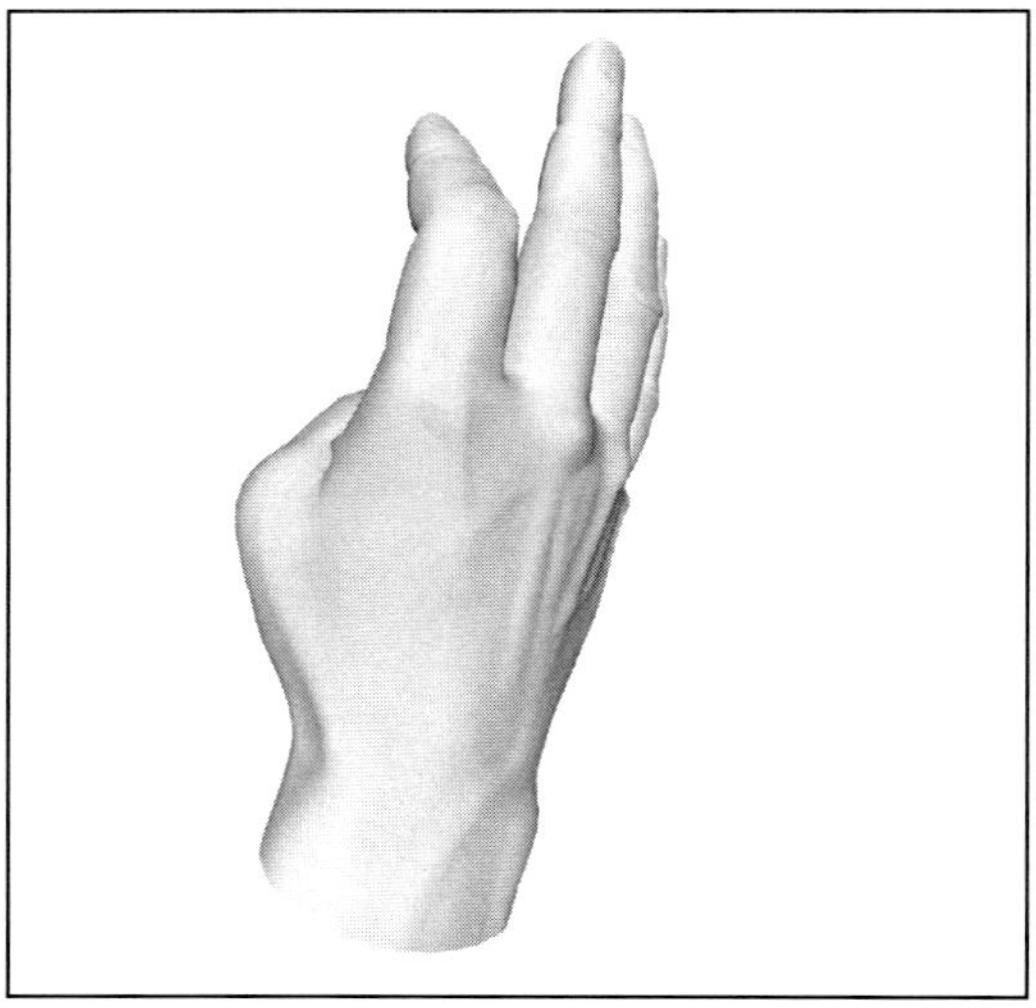

十二天《じゅうにてん》（焔魔天《えんまてん》）

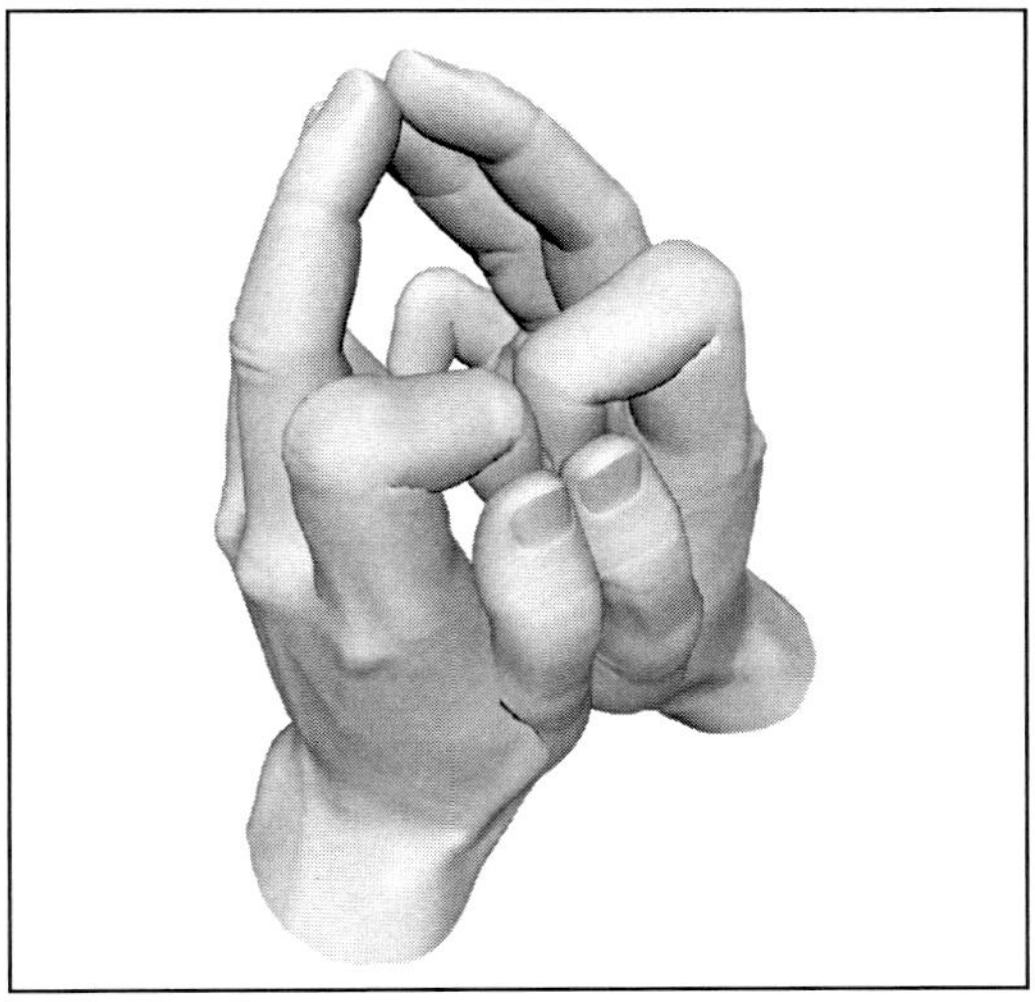

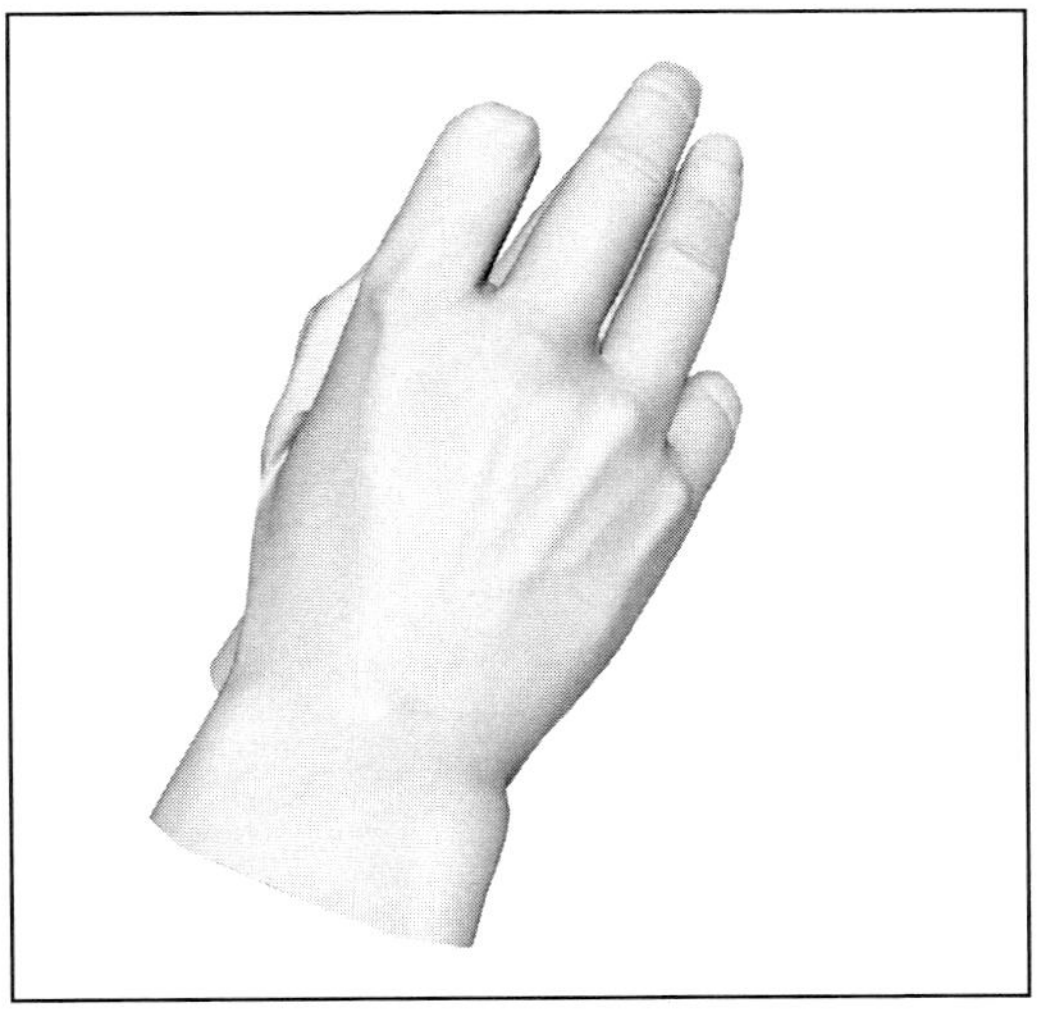

①両手金剛合掌する。

②両小指、人差指を屈して掌中に入れる。

※焔魔天（二七六頁）に同じ。

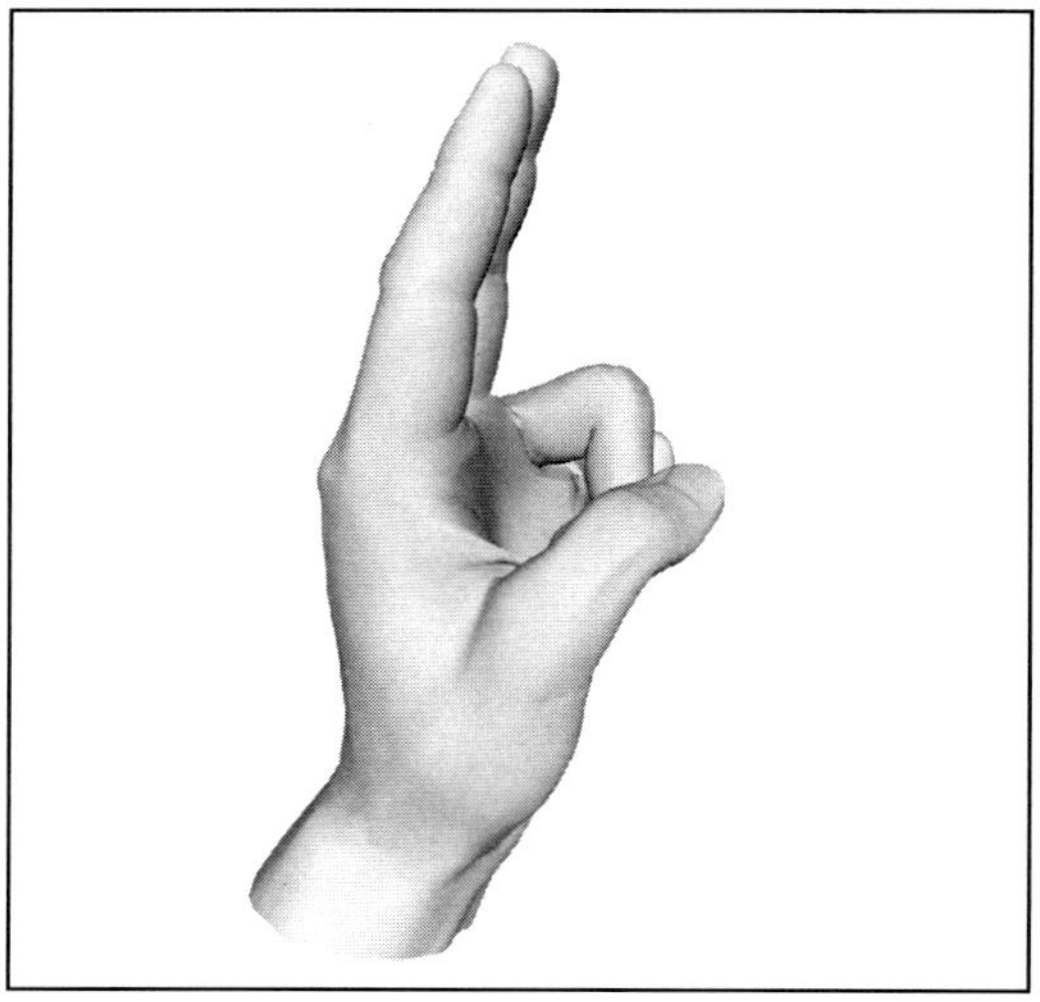

十二天《じゅうにてん》（羅刹天《らせってん》）

①左手を剣印にする。
※また刀印ともいう。

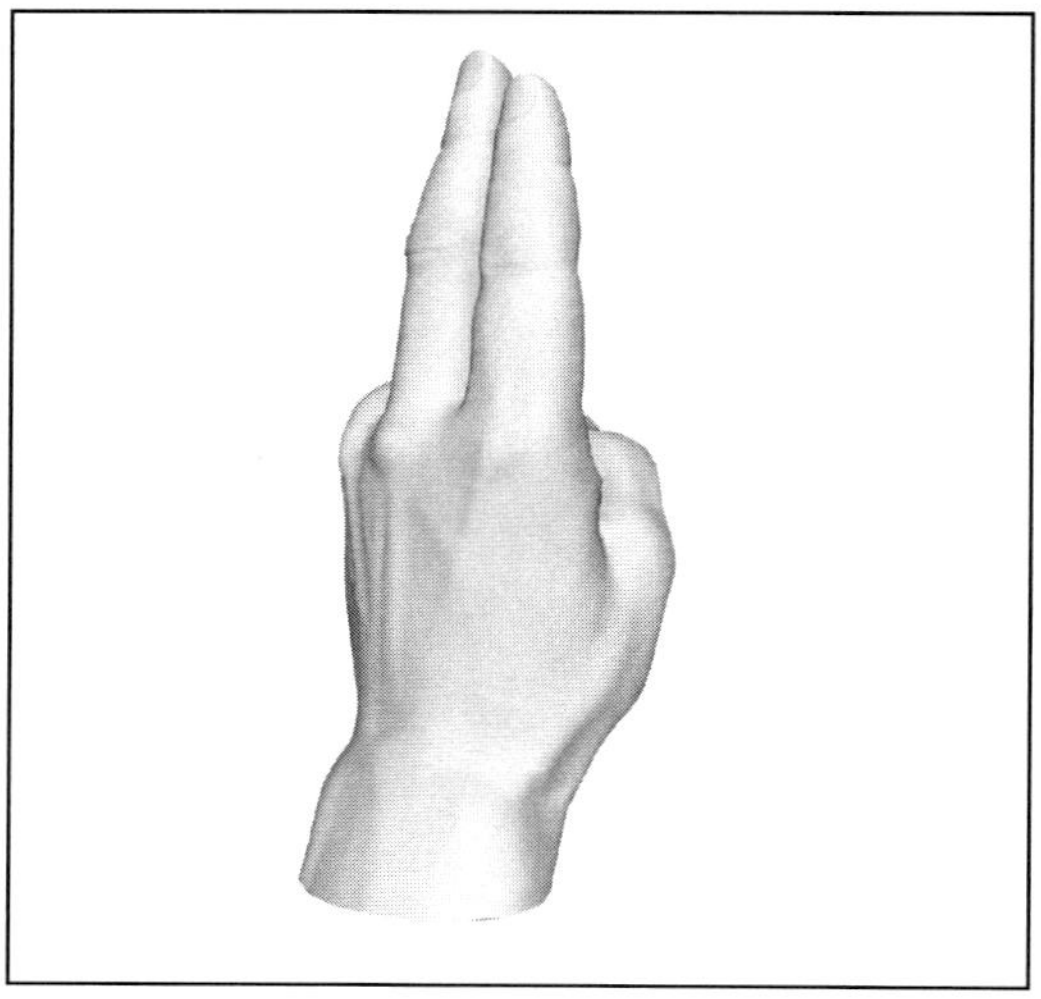

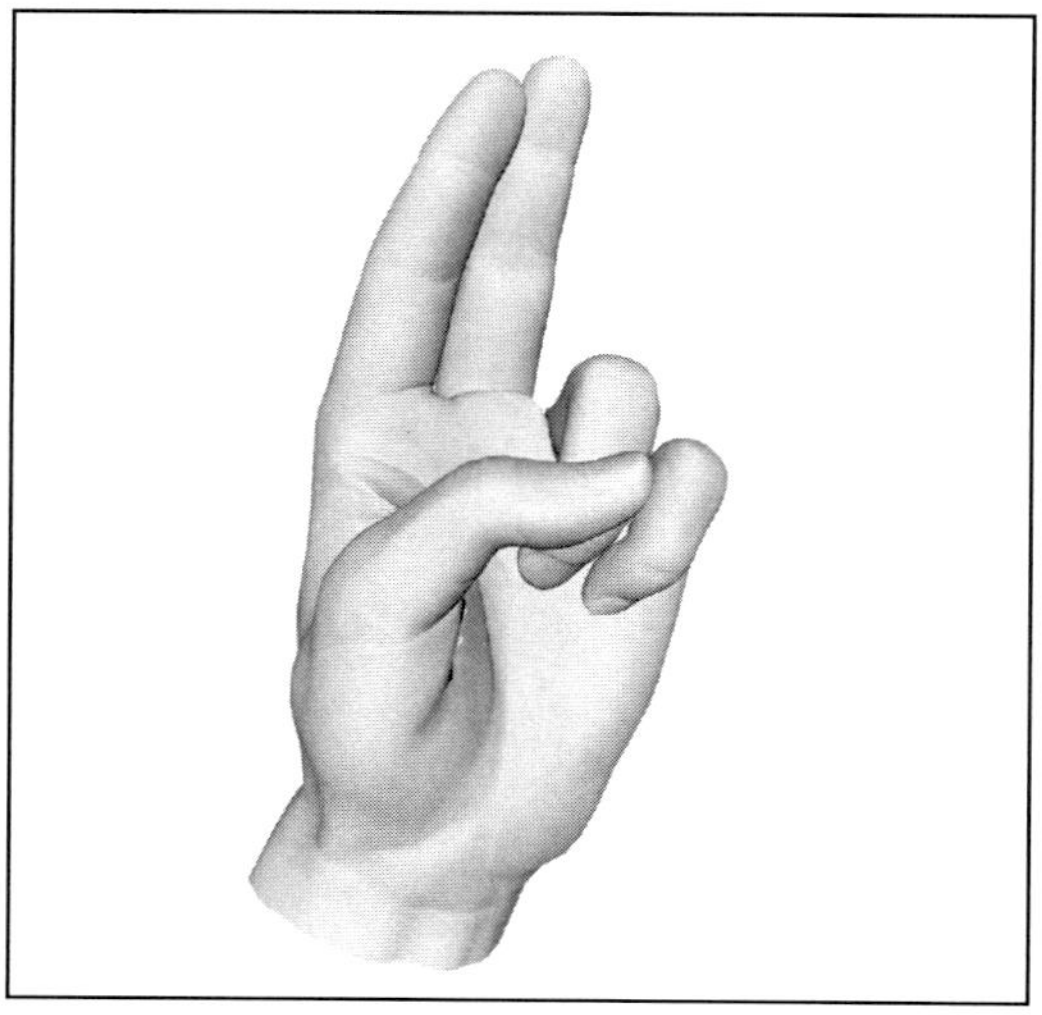

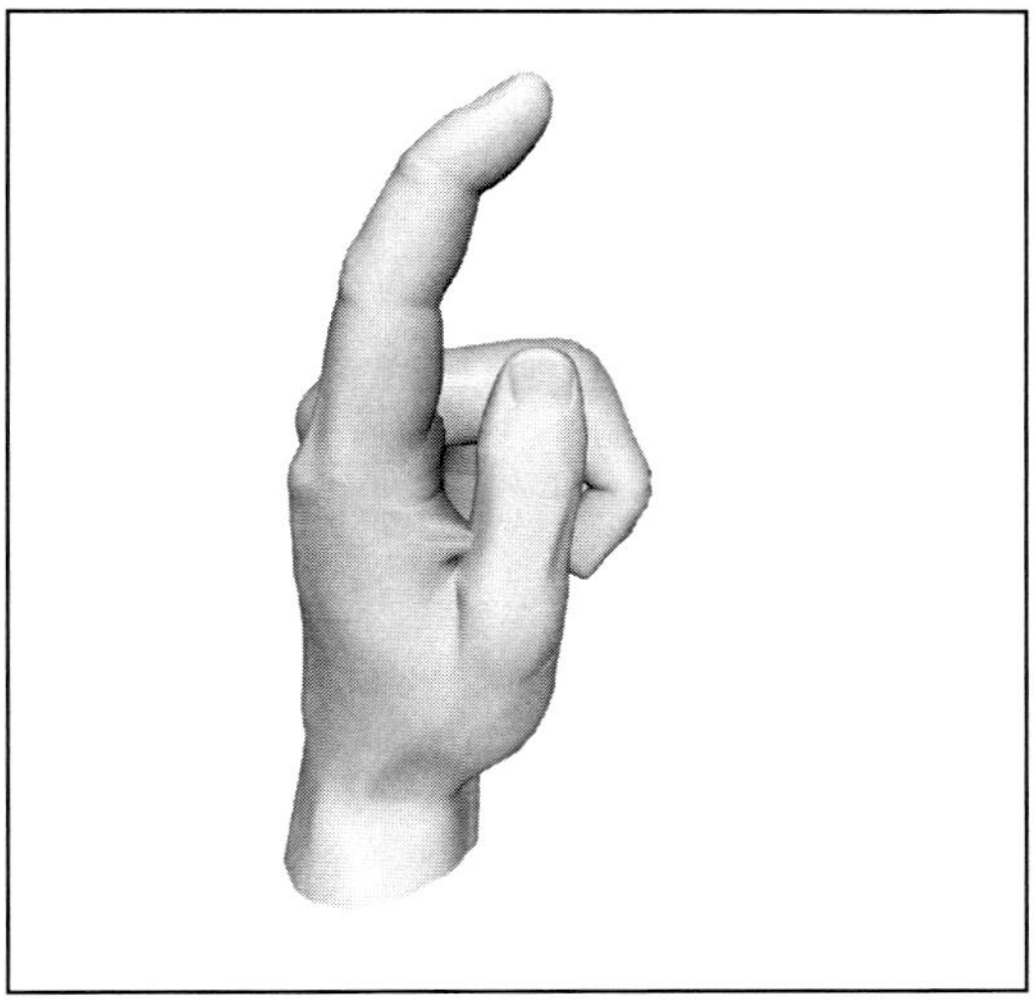

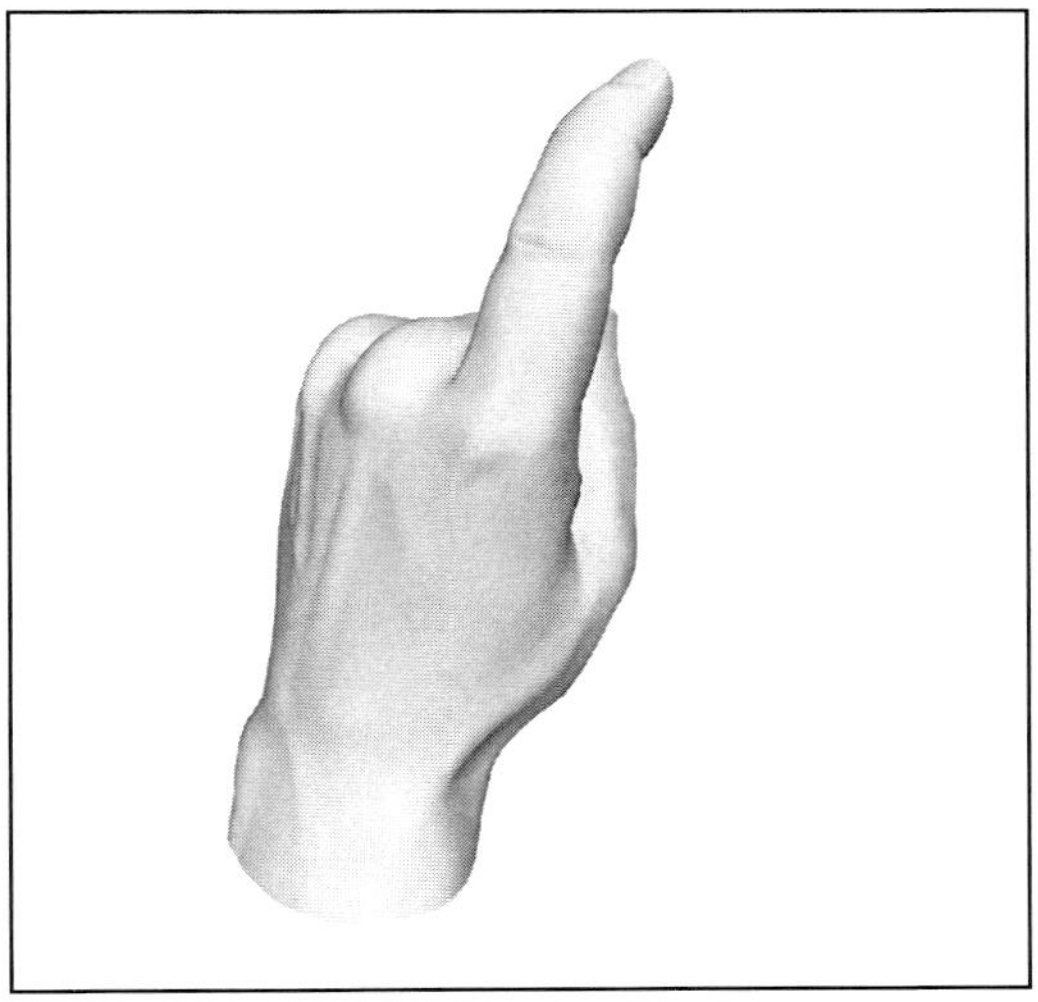

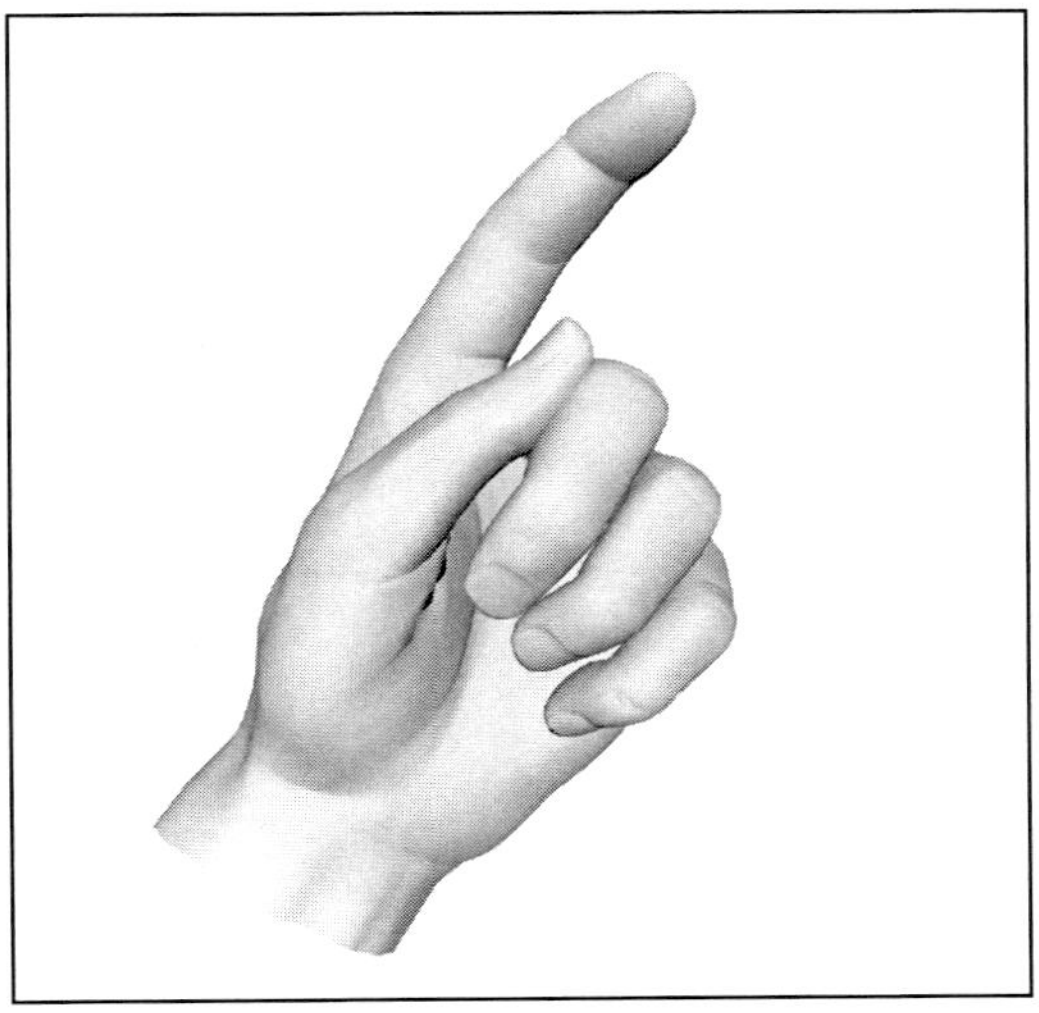

十《じゅう》二《に》天《てん》（水天《すいてん》）

①左手を拳にする。
②人差指を立て、やや屈する。
※十二天軌の説。

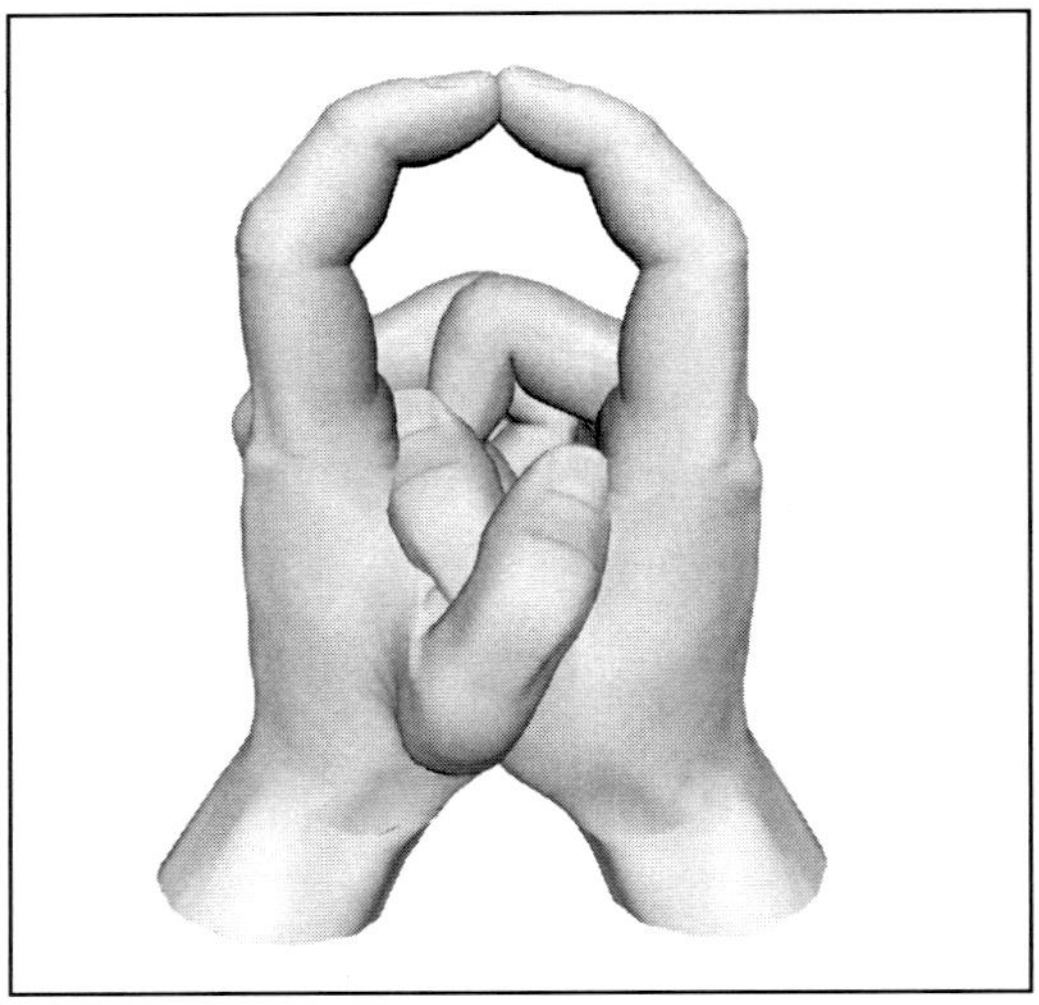

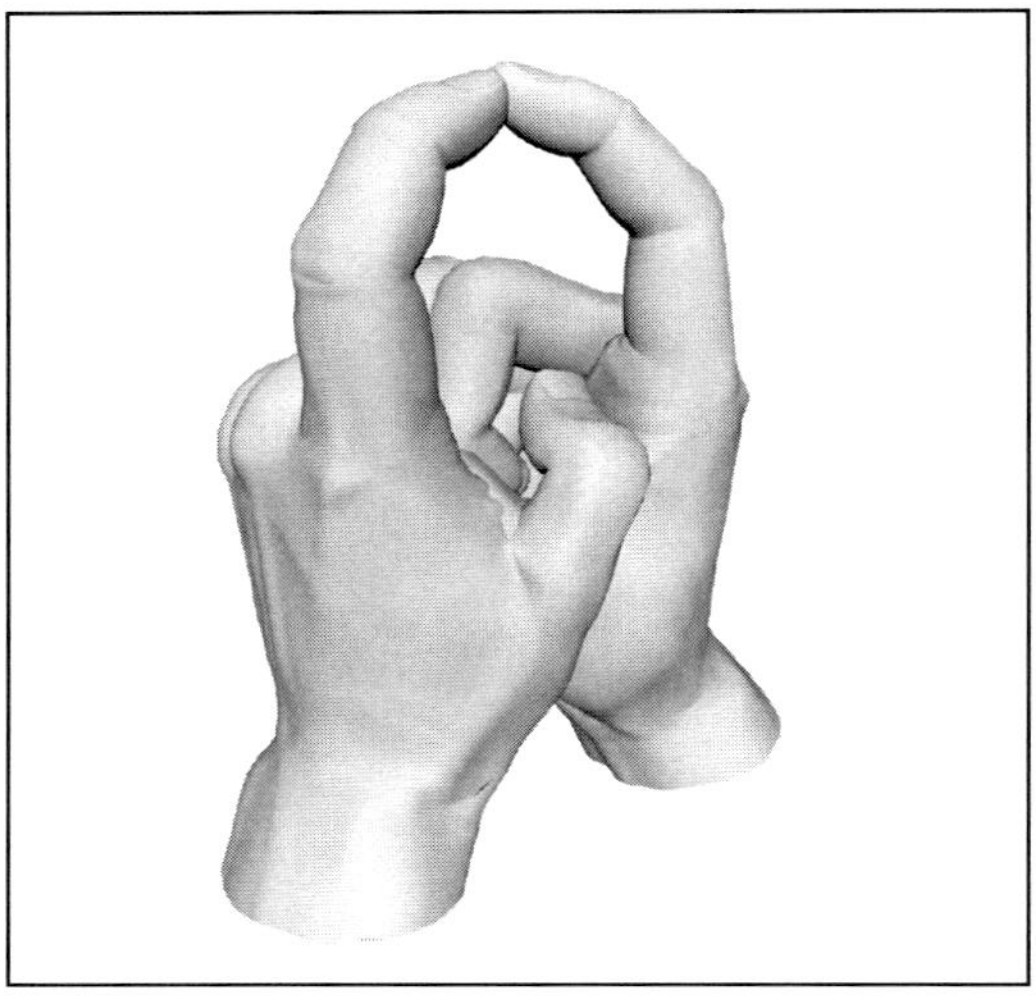

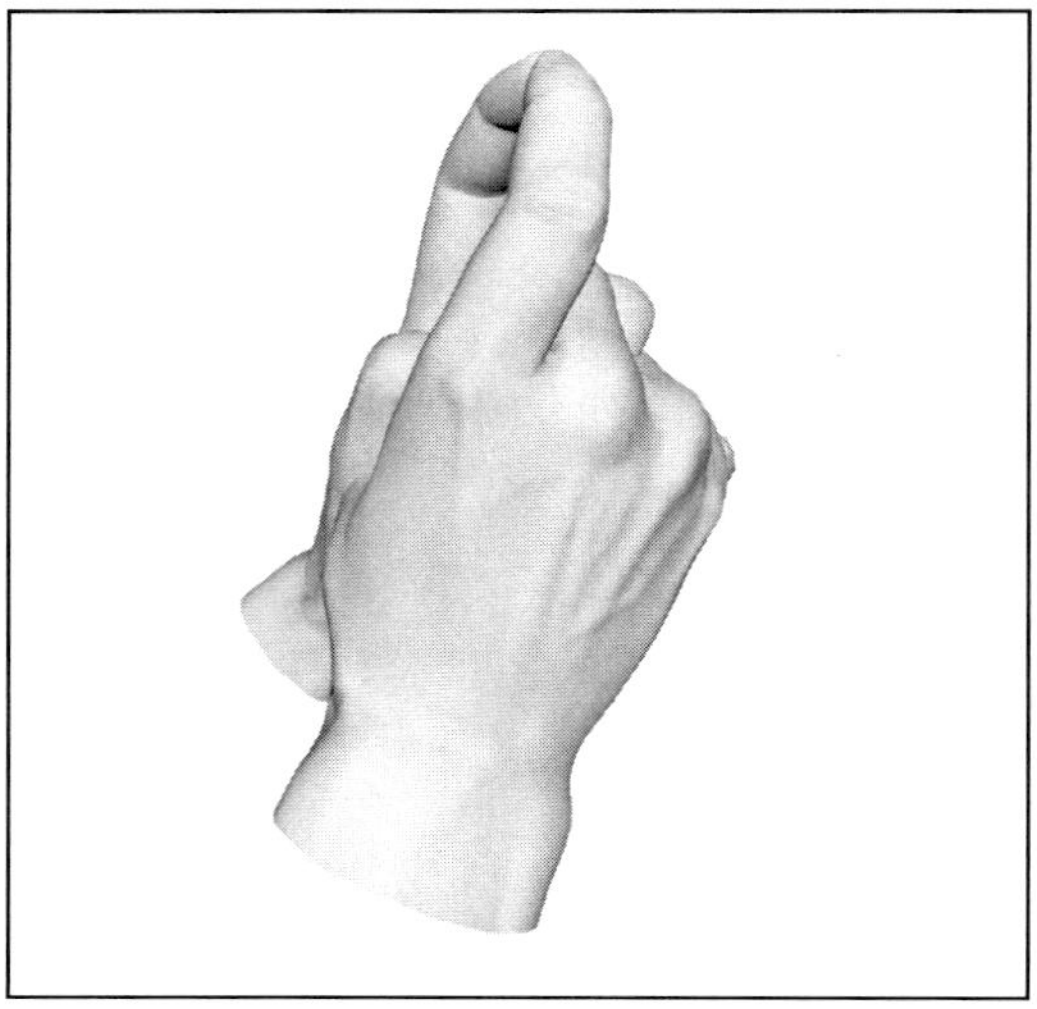

十二天《じゅうにてん》（水天《すいてん》二）

①両手、内縛する。
②両人差指を立て合わせ、屈して円やかにして環を作る。
※水天（竜索印）（二八九頁）に同じ。

十《じゅう》二《に》天《てん》（風《ふう》天《てん》）

①左手を直ぐ立て、小指と薬指を屈して掌中に付ける。
※大日経疏の説。

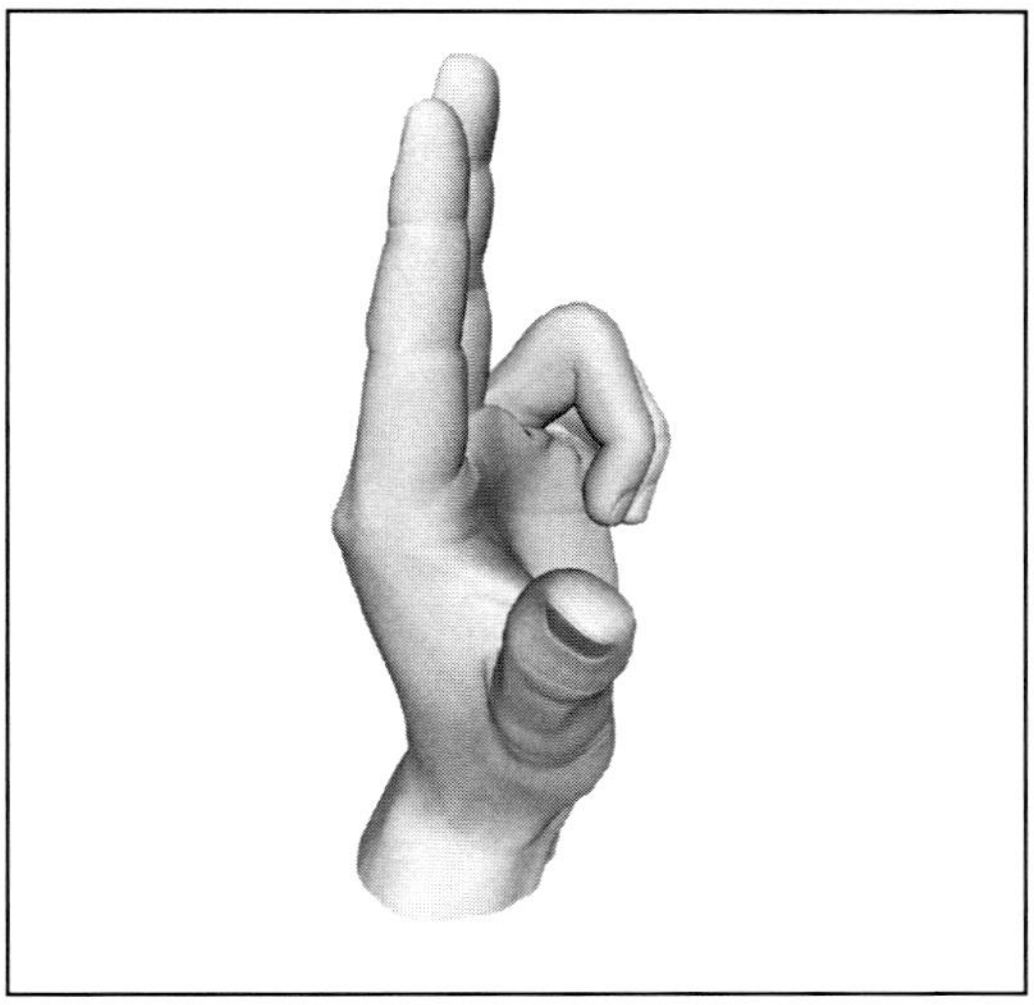

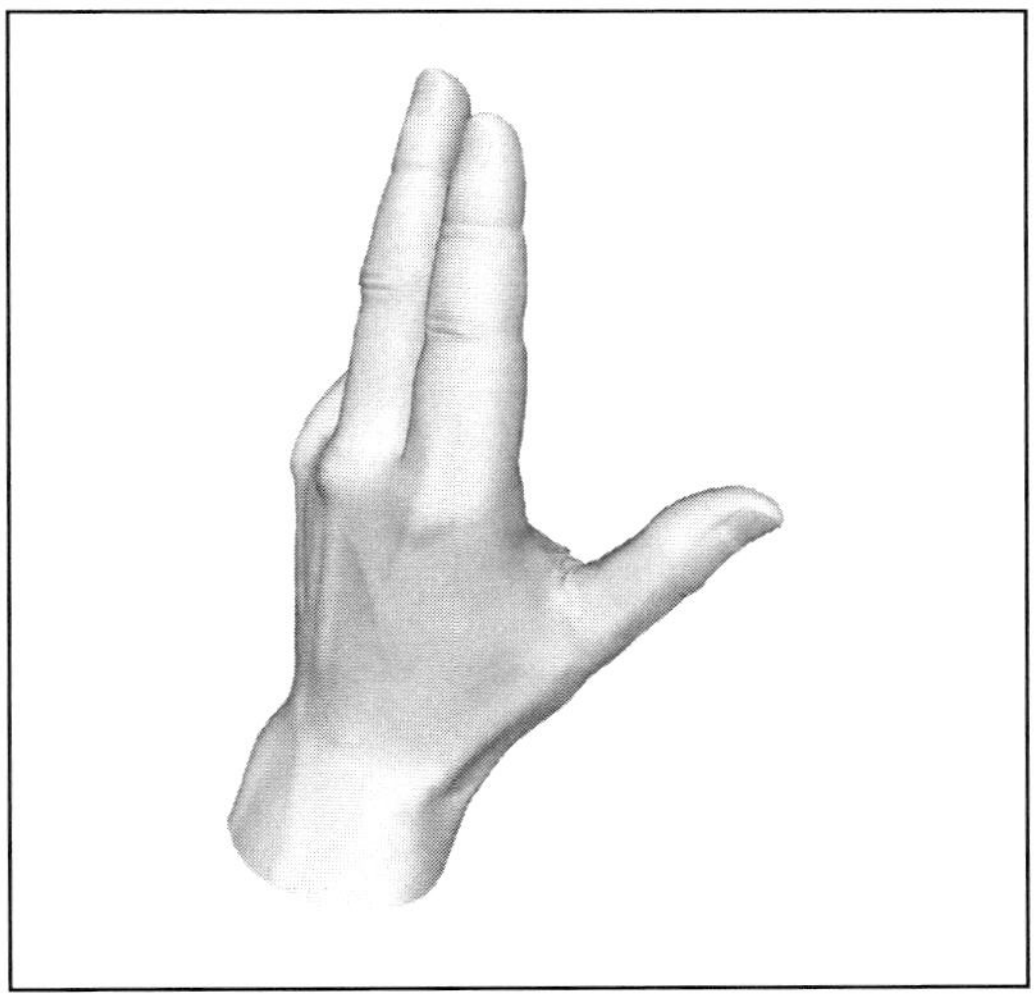

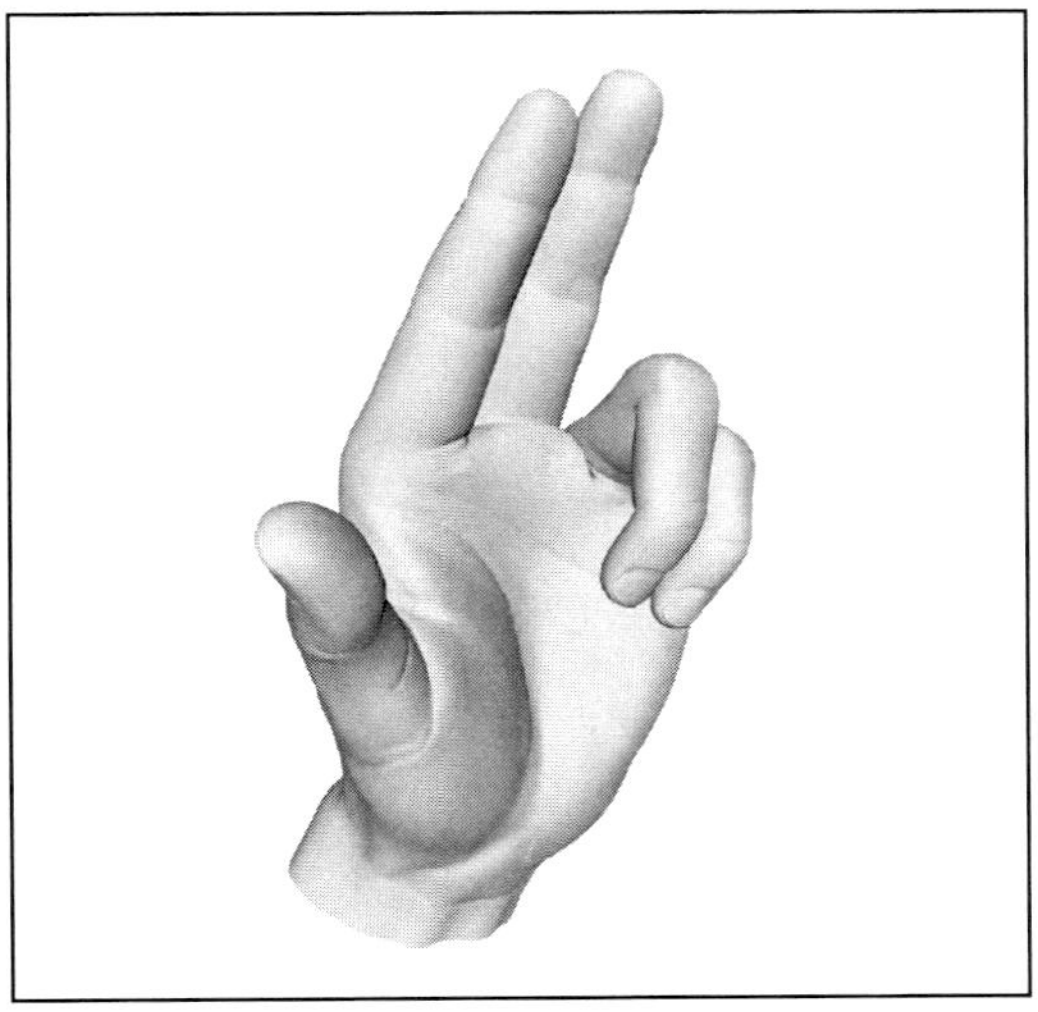

十《じゅう》二《に》天《てん》
（風《ふう》天《てん》二）

①右手を拳にする。

②小指と薬指を立てる。

※この形は風幢の印といい、風天の三昧耶形の風幢を表す。

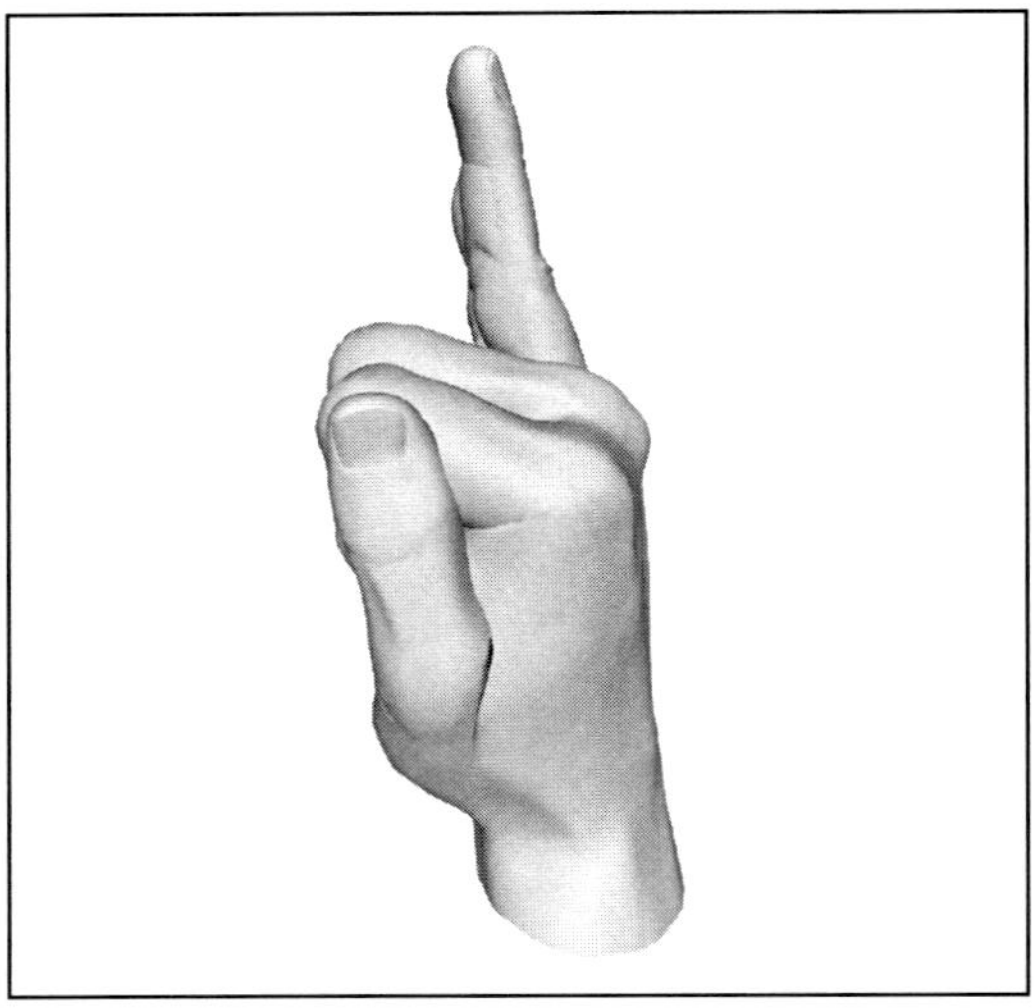

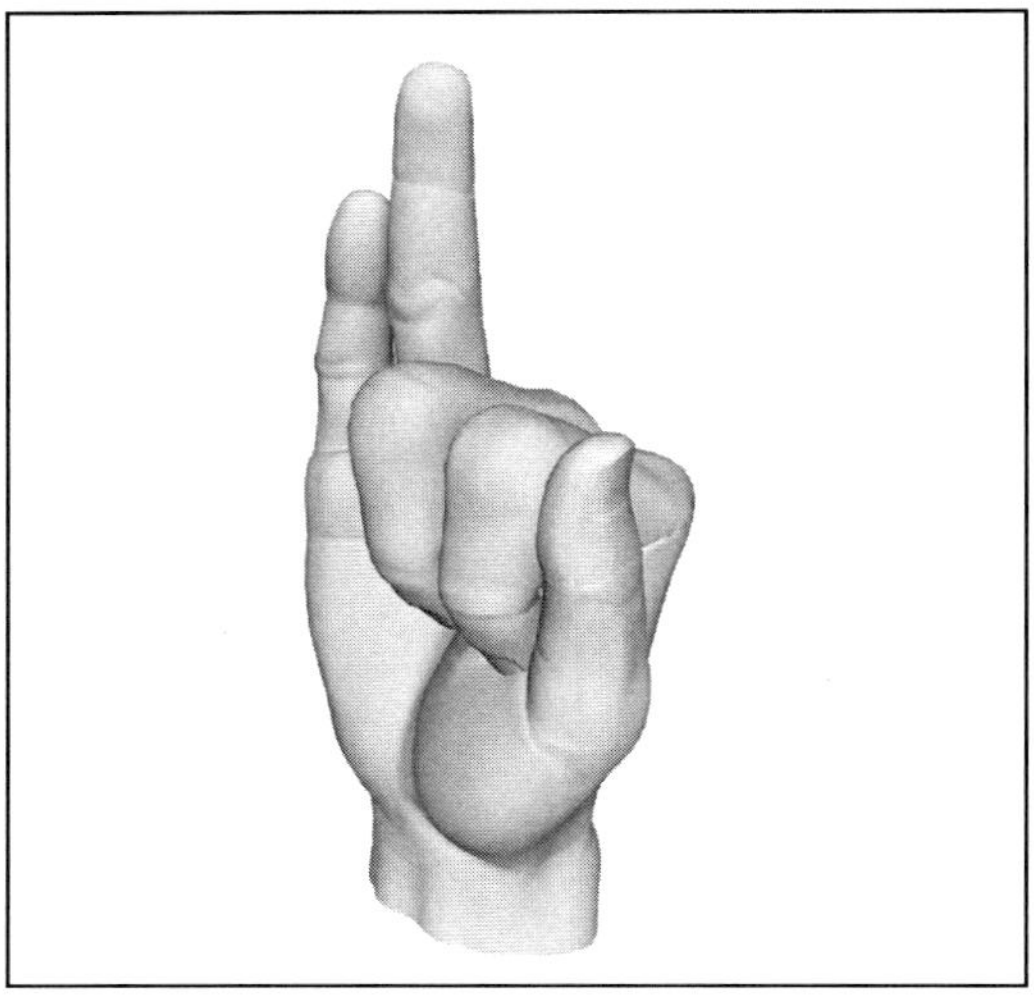

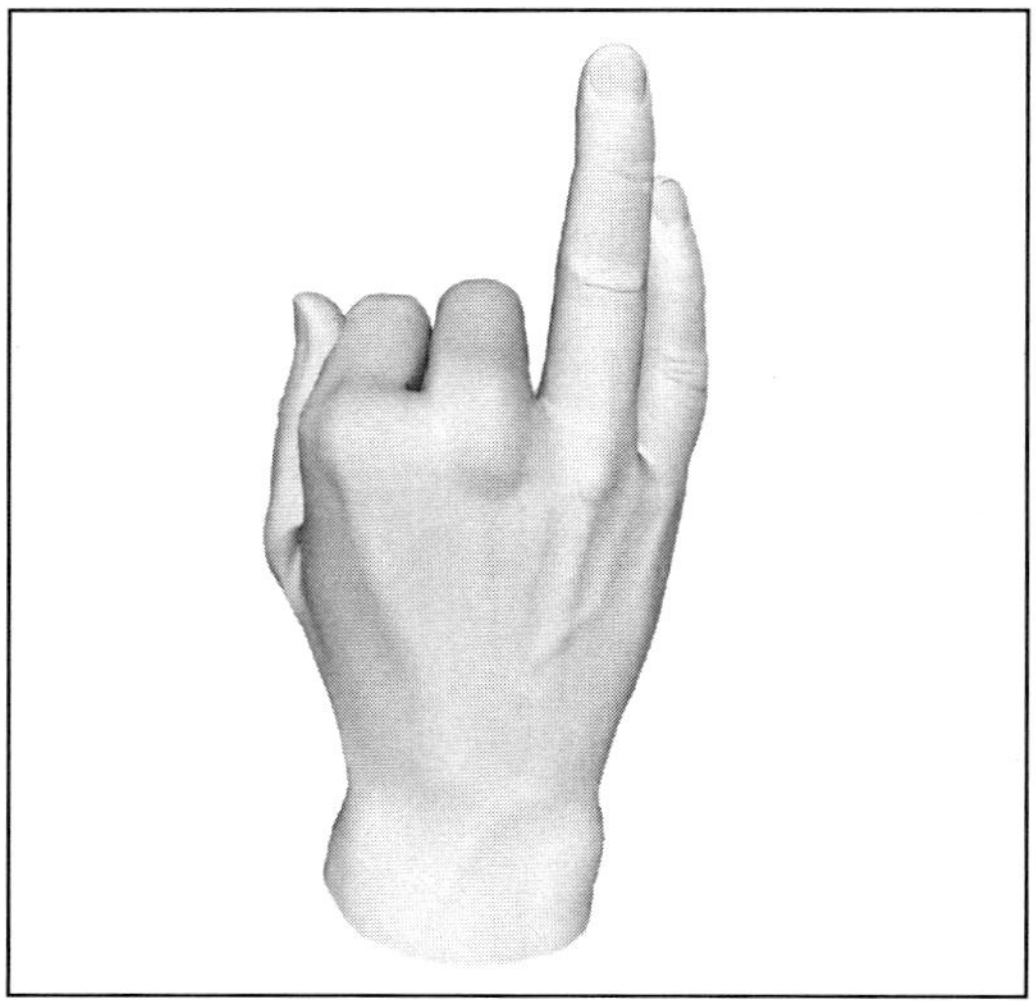

十二天《じゅうにてん》
（毘沙門天《びしゃもんてん》）

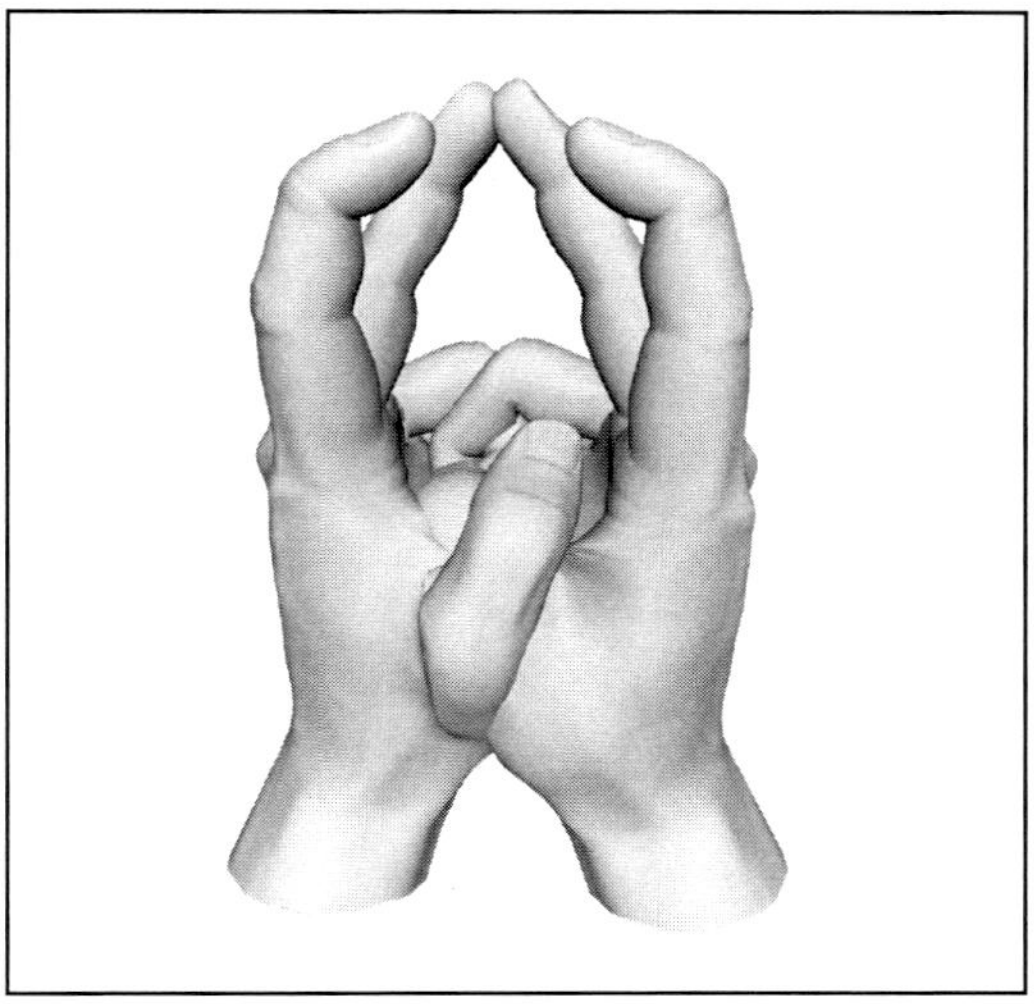

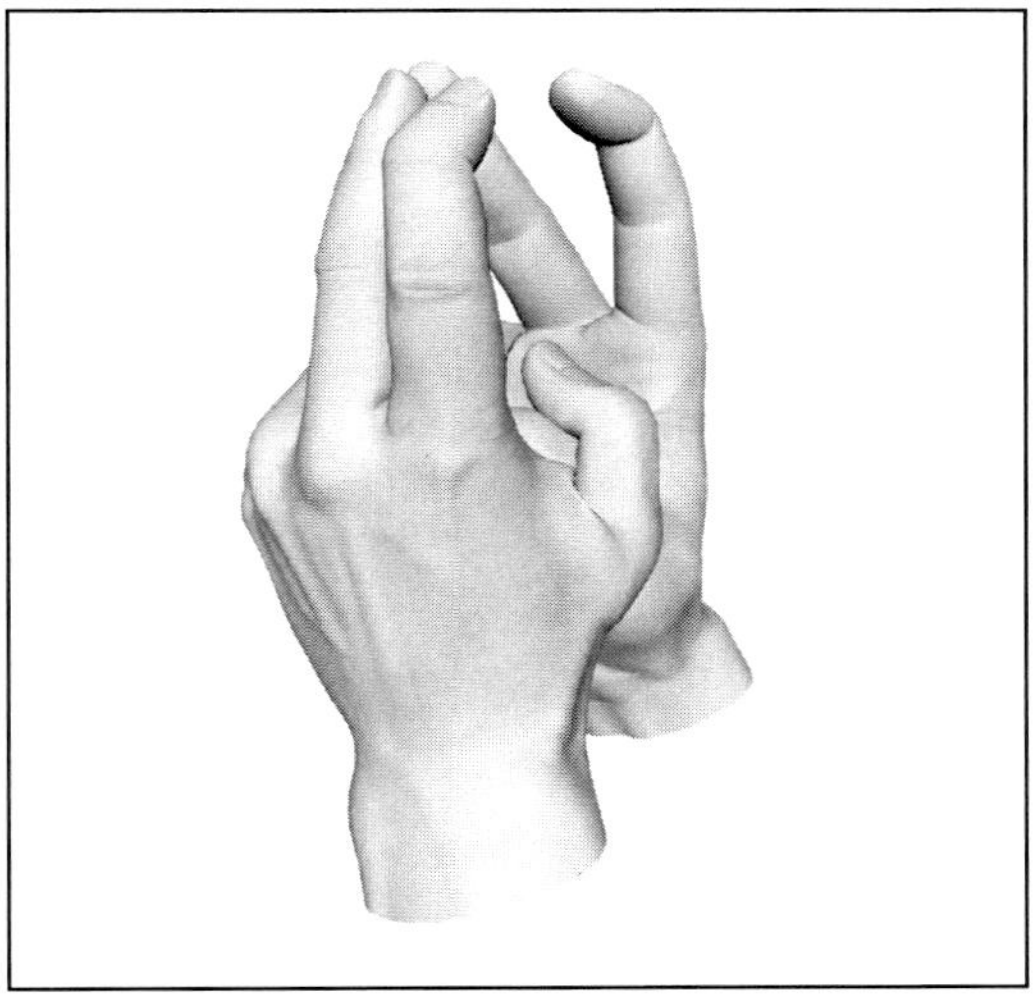

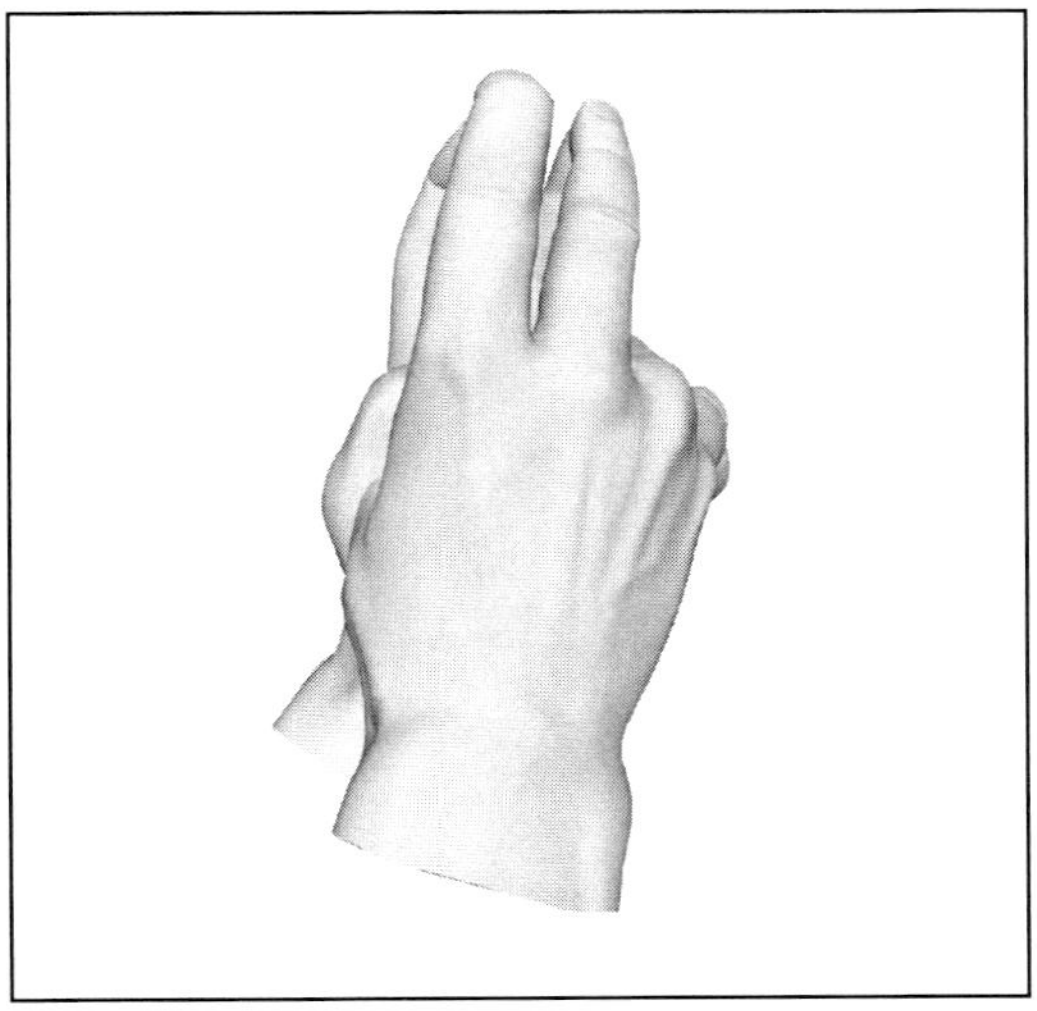

①両手を内縛する。
②両中指を立て合わせる。
③両人差指を立て、屈して鉤のようにする。
※毘沙門（二七一頁）に同じ。

十二天《じゅうにてん》（毘沙門天《びしゃもんてん》二）

①虚心合掌をする。
②両小指を屈して掌中に入れて相交える。
③両親指を並び立てる。
④両中指、薬指を立て合わせる。
⑤両人差指を中指の背に回して屈し、中指には付けない。
※毘沙門二（二七二頁）に同じ。

※真言は前頁に同じ。

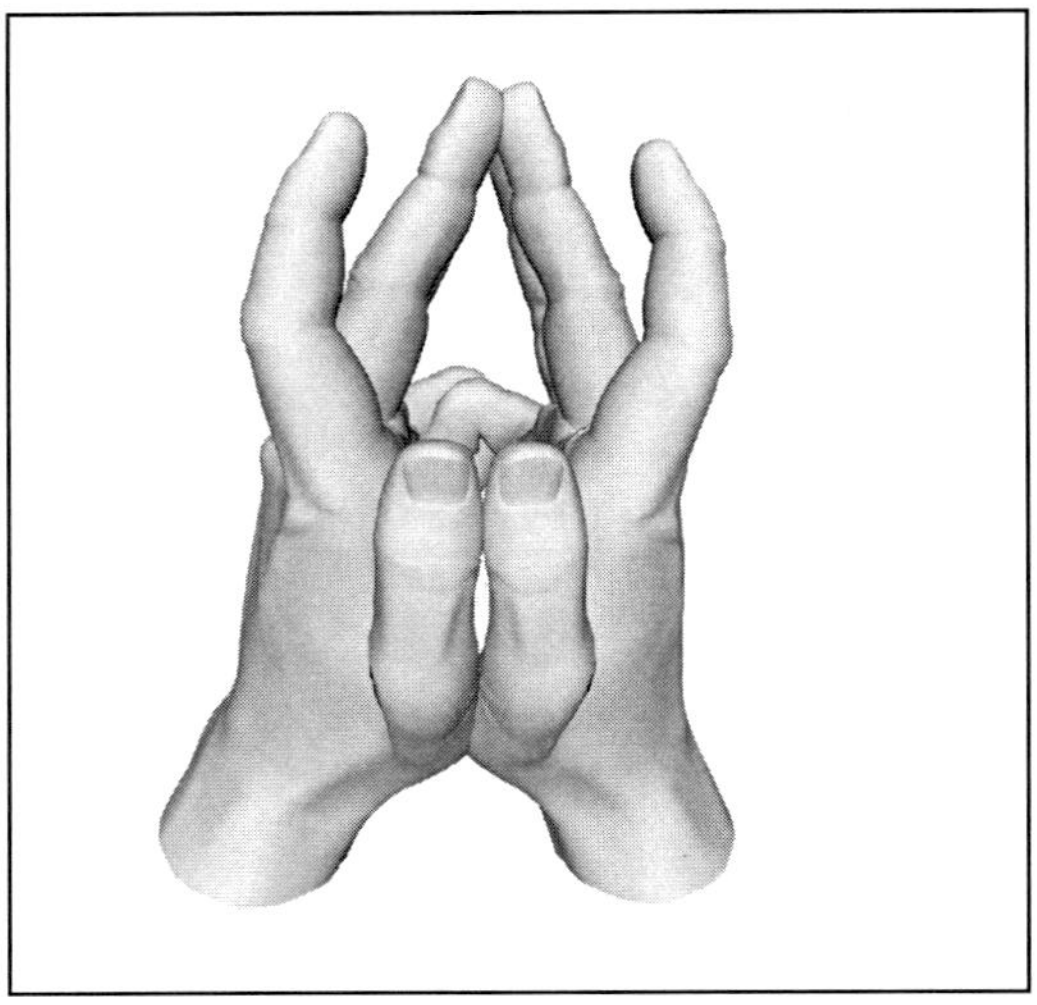

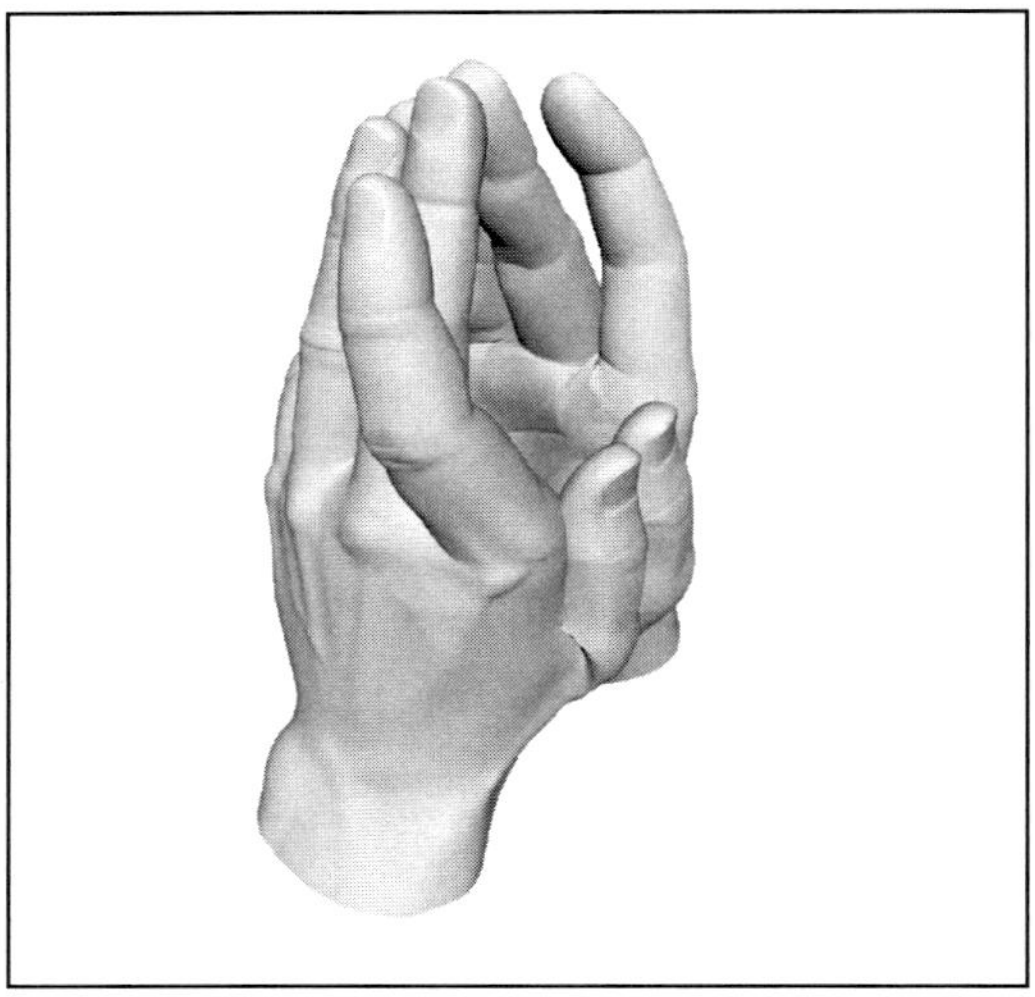

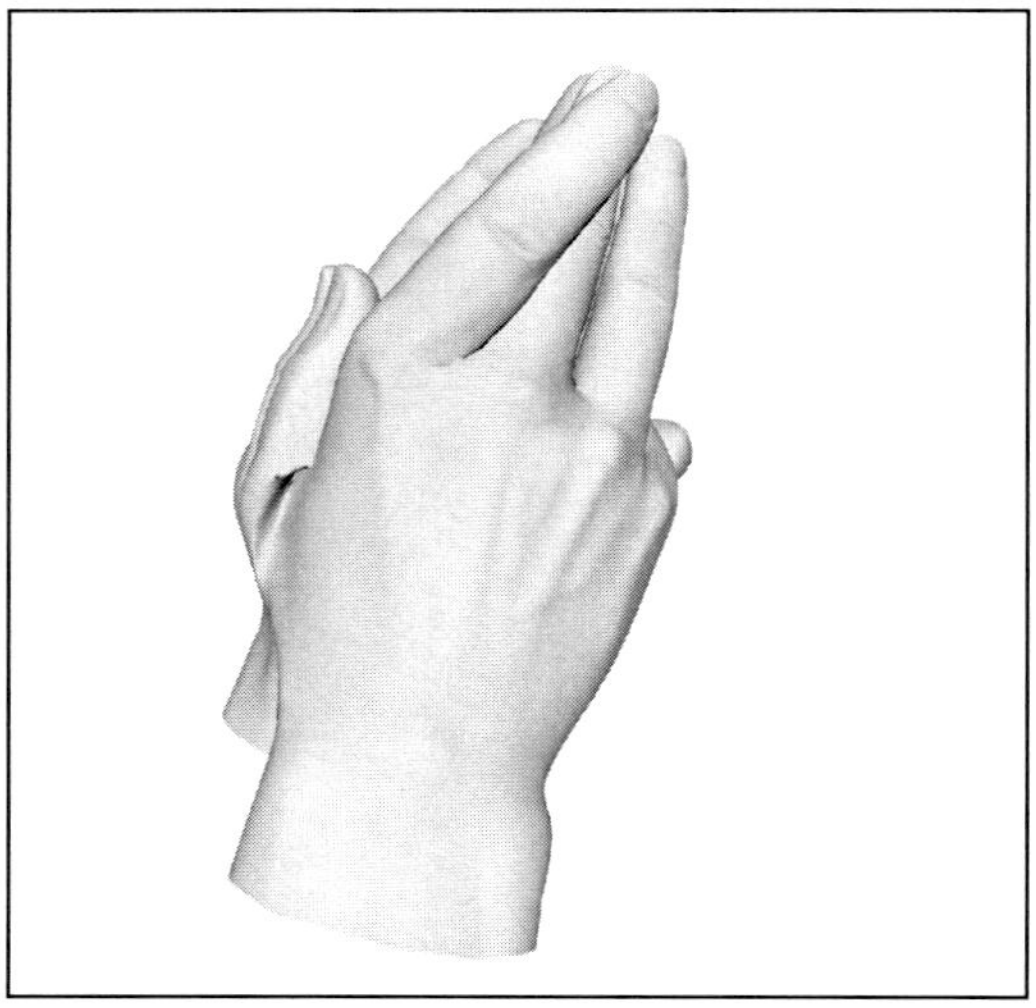

十二天《じゅうにてん》（梵天《ぼんてん》）

①左手の五指を伸ばし、やや屈する。

※蓮華合掌の左手半印。

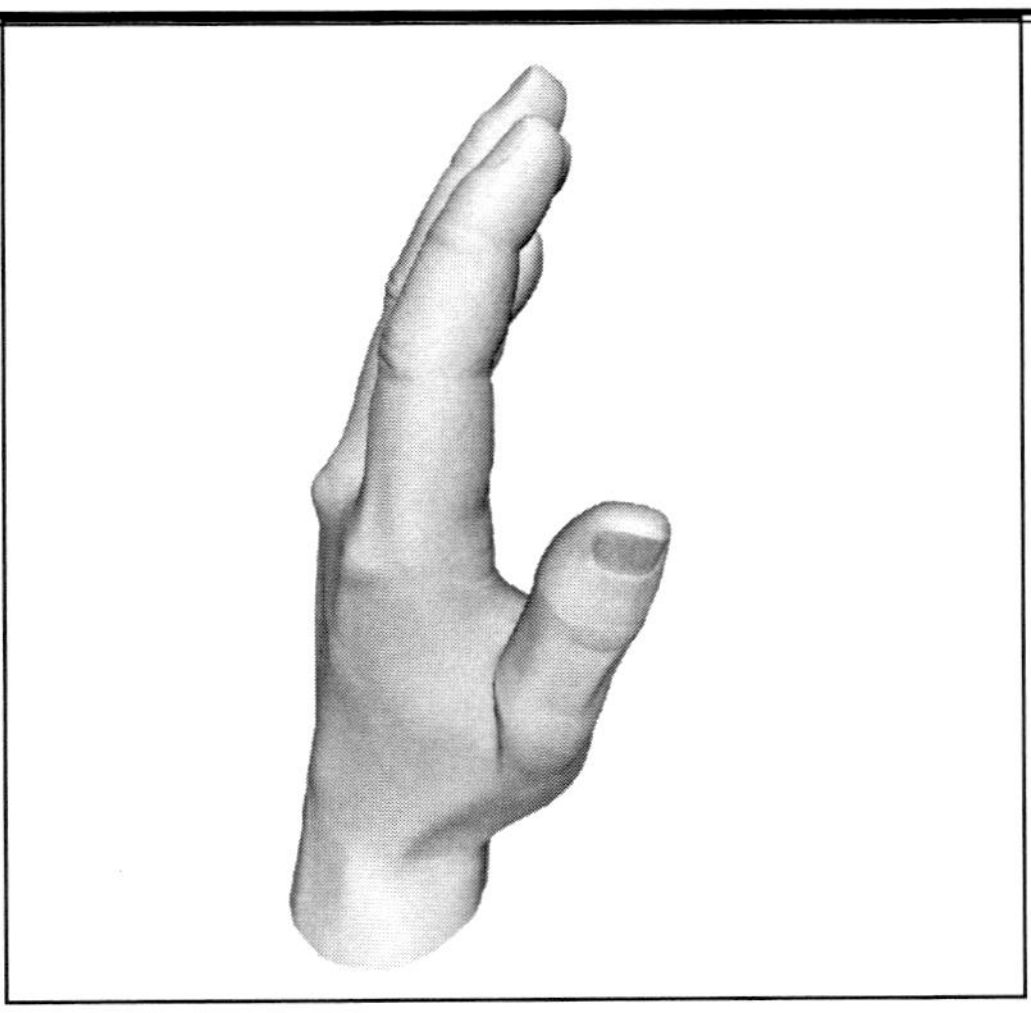

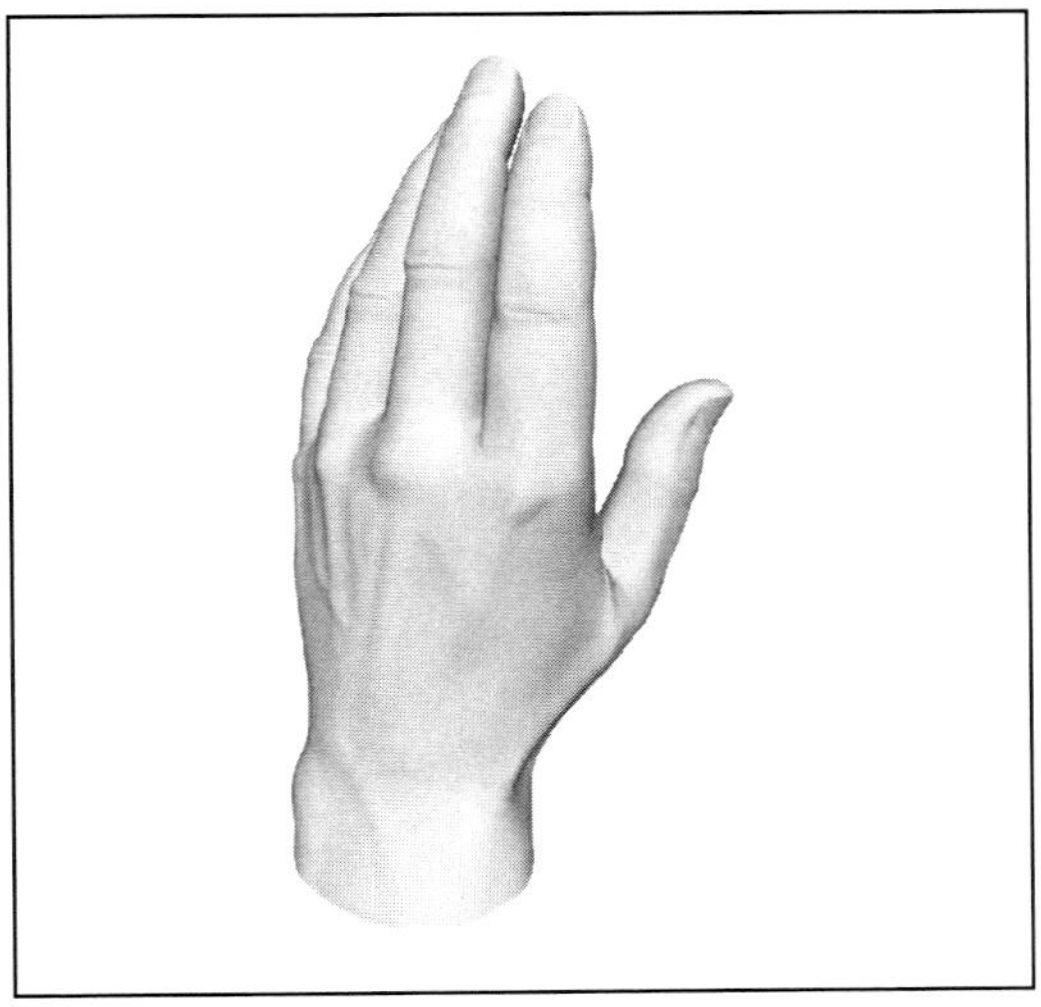

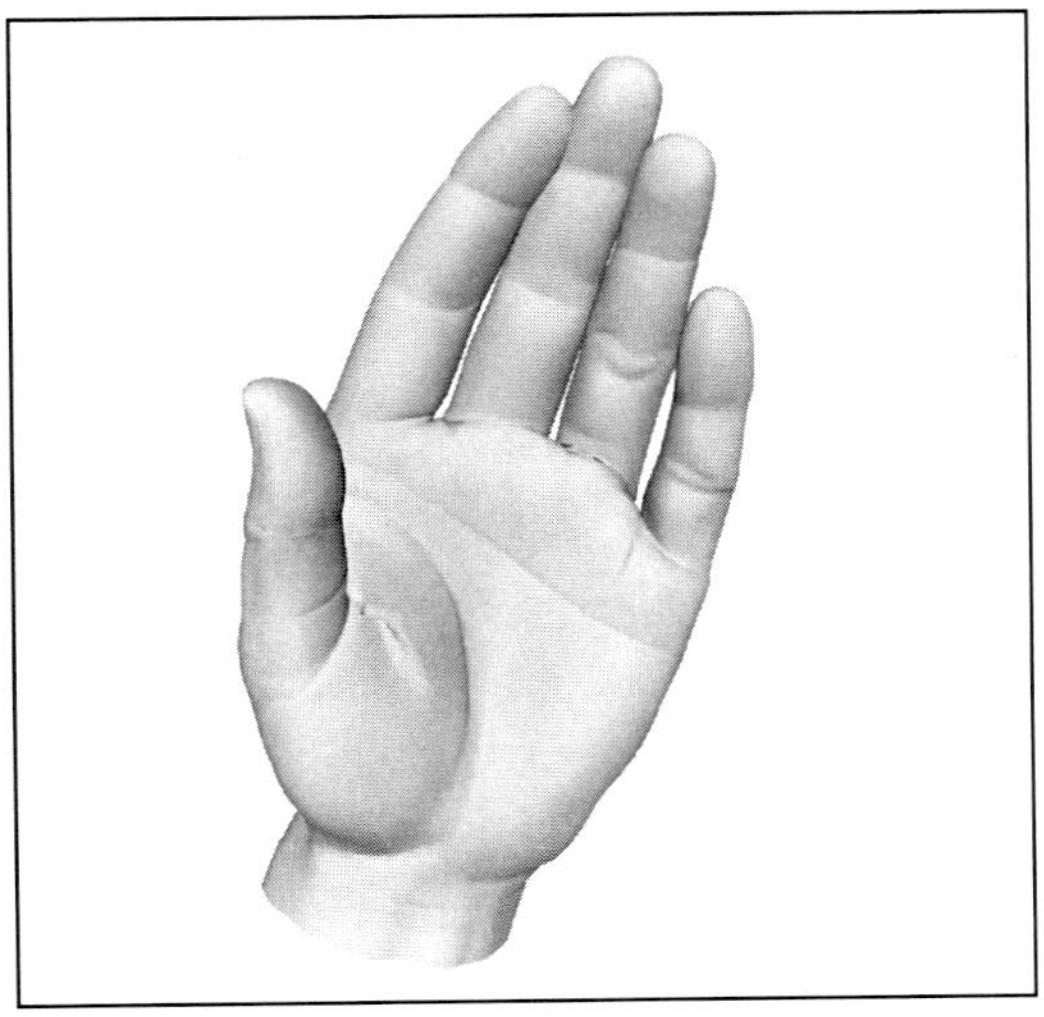

十二天《じゅうにてん》（地天《じてん》・鉢印《はちいん》）

①合掌し、親指以外は、両手の指先を円くして付け合わせ、掌をやや開く。
②両親指は、人差指の側につけ、蓋の如くにする。
※また鉢印ともいう。
※地天（二九二頁）に同じ。

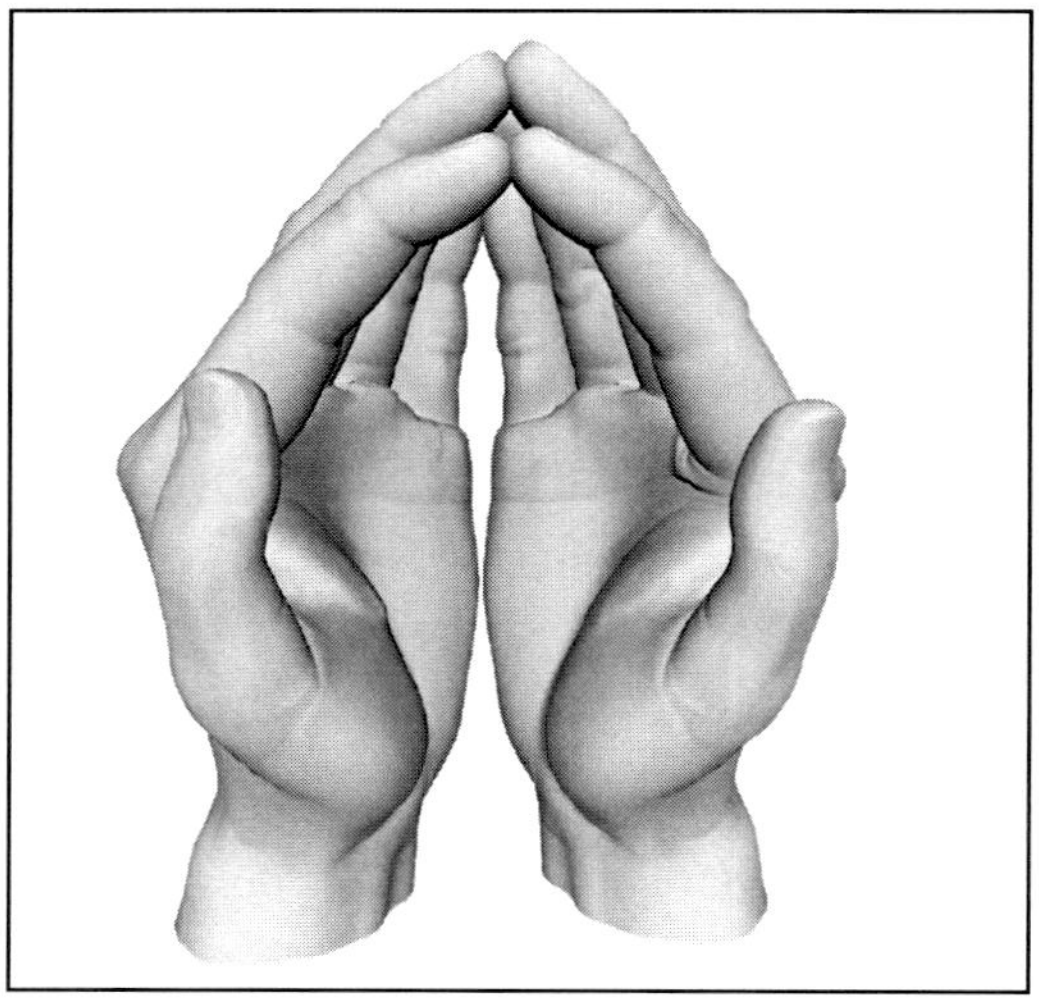

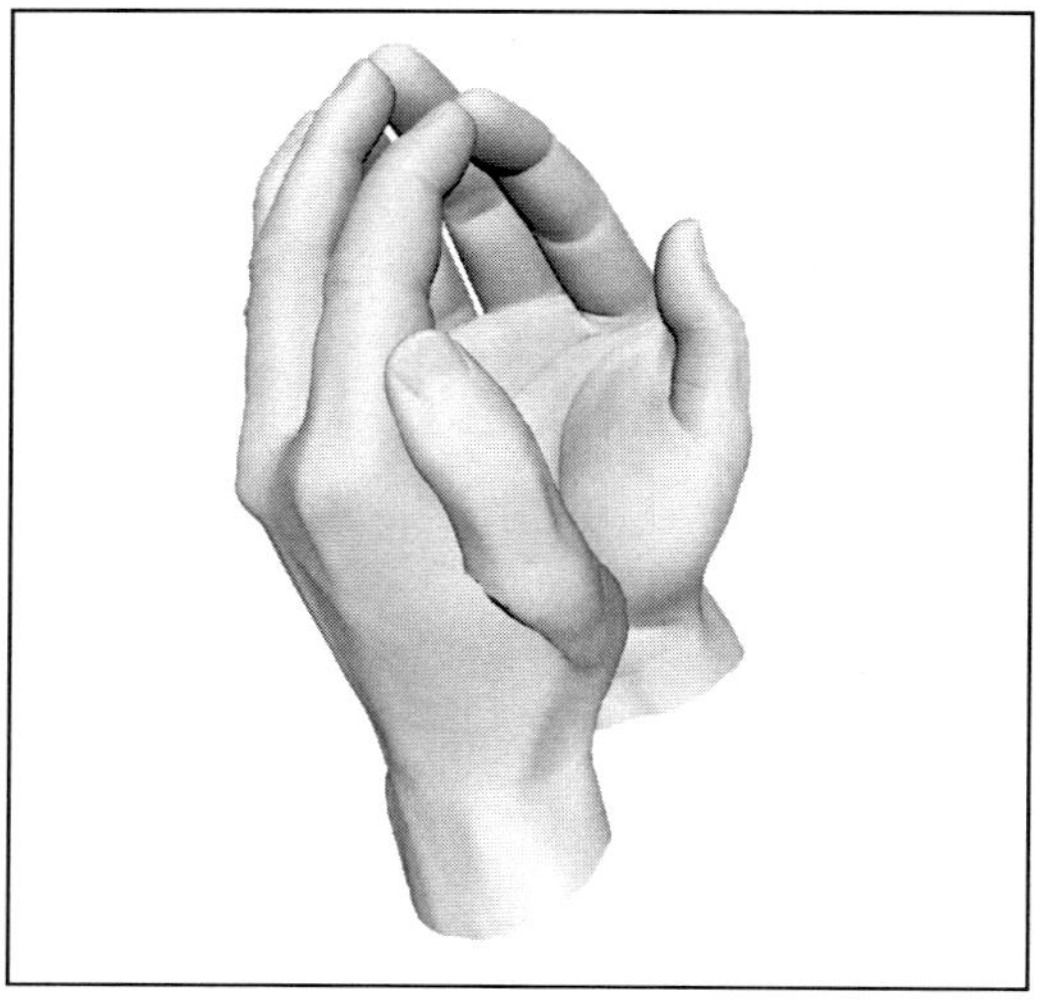

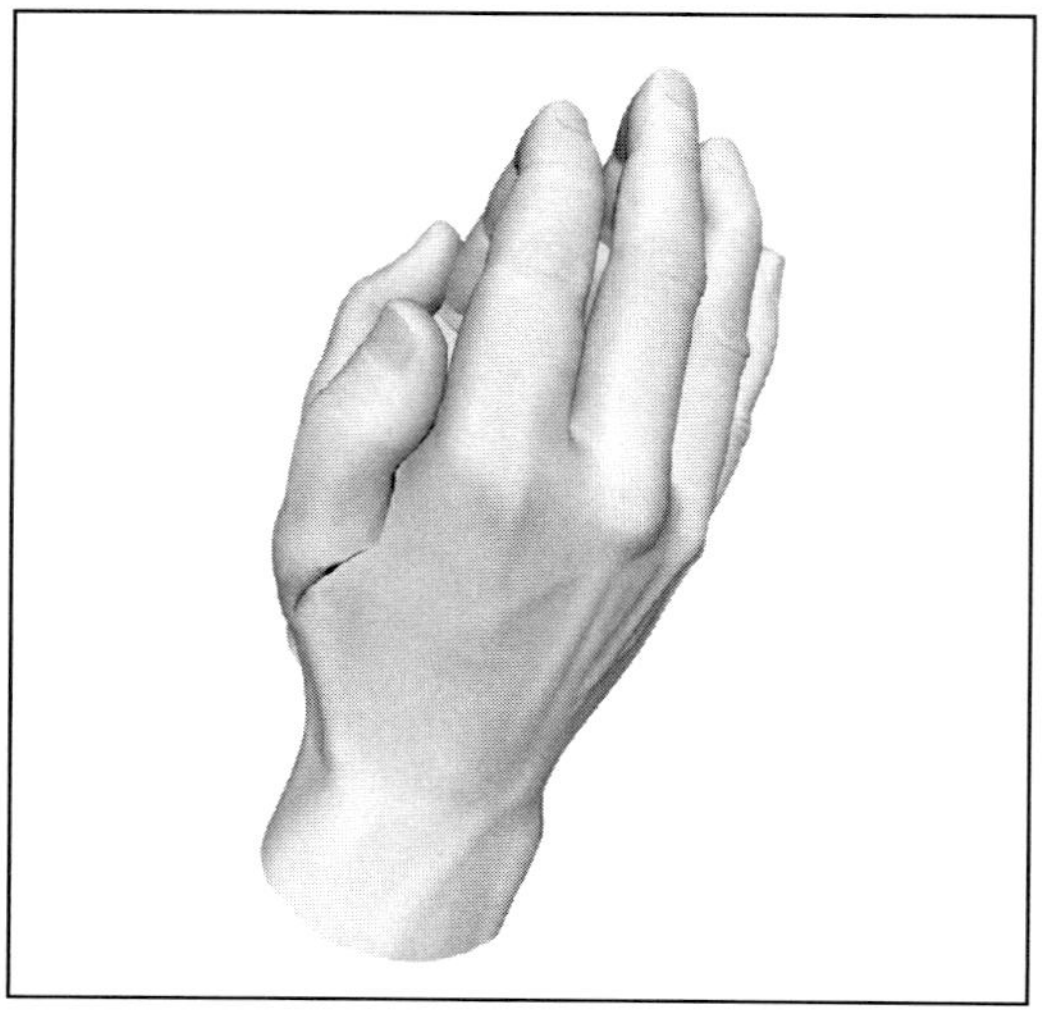

十二天《じゅうにてん》（日天《にってん》）

①合掌し、親指以外は、両手の指先を円くして付け合わせる。

②両親指は並べて掌中に入れ、薬指の元を押さえる。

※福智顕現印といい、菩提心開発の義である。

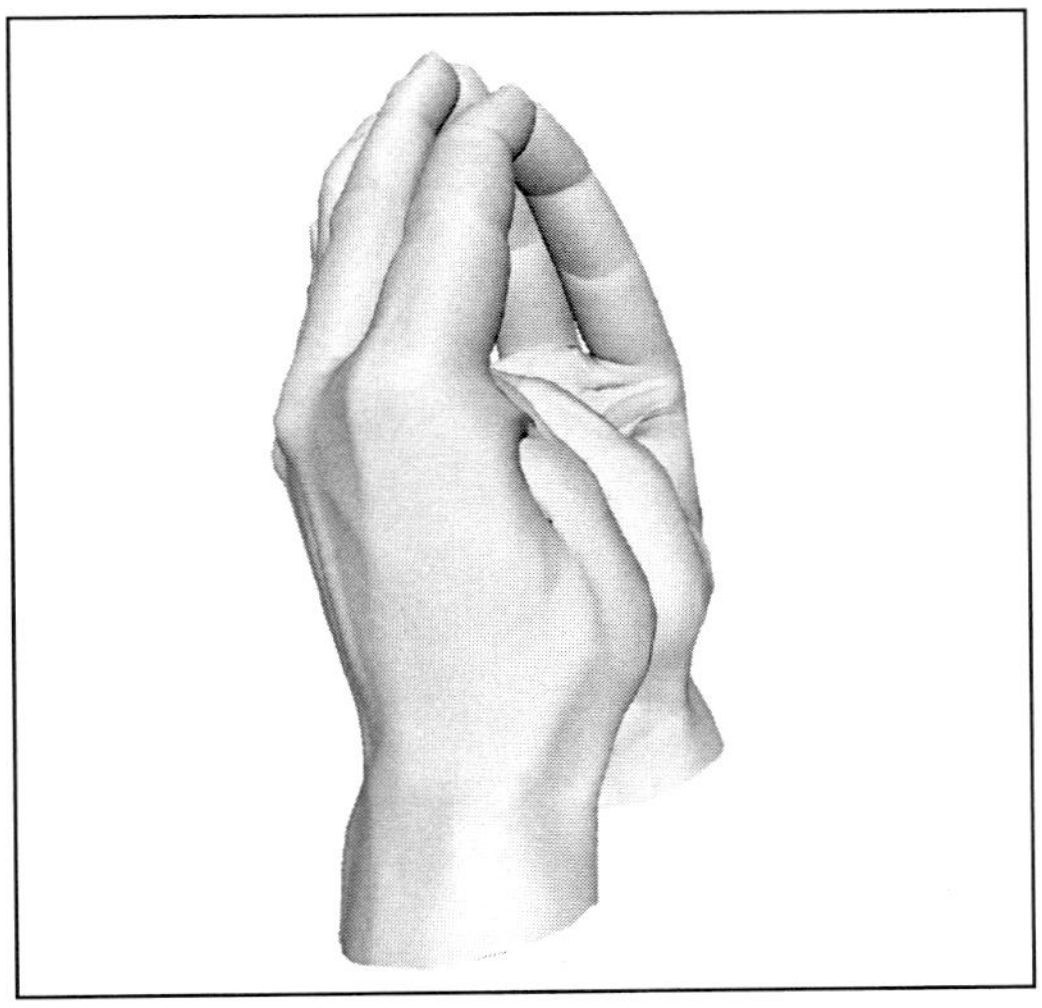

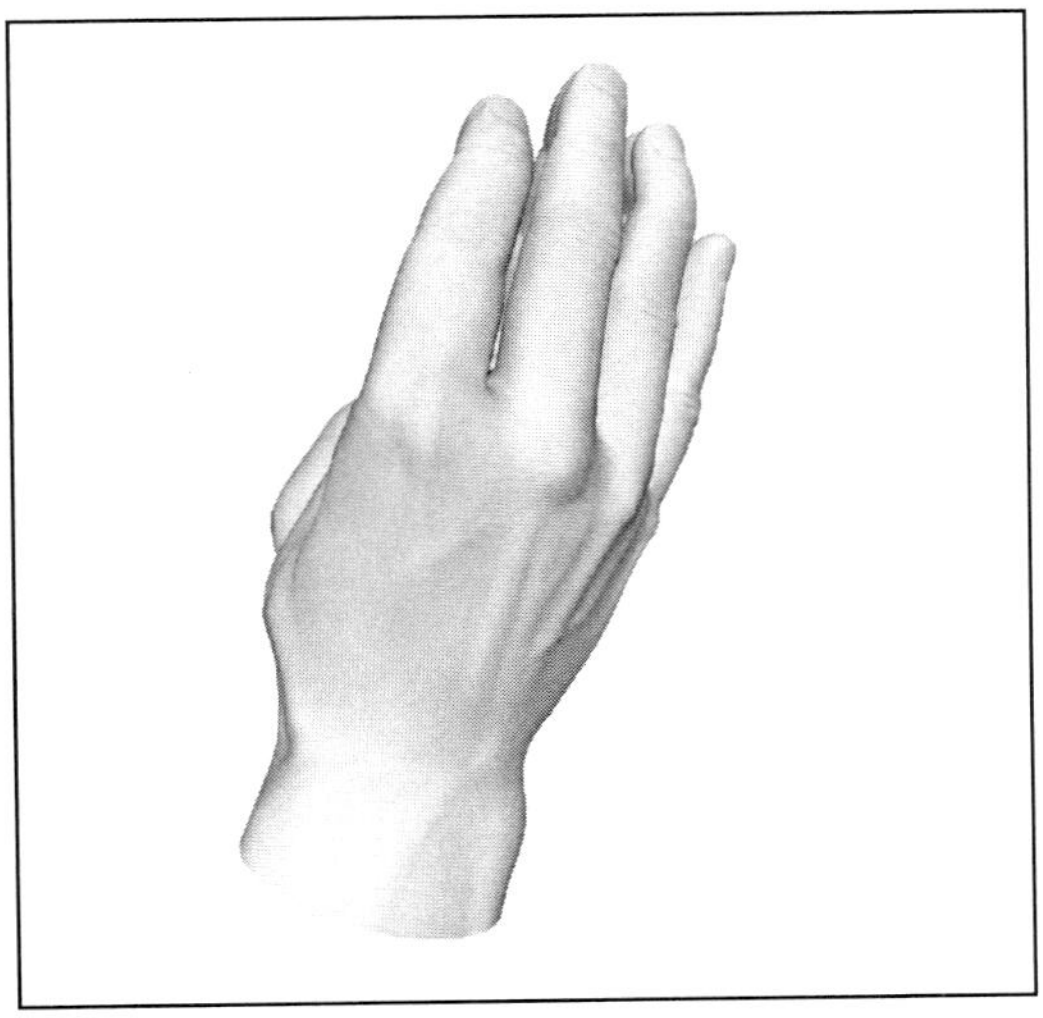

十二天《じゅうにてん》（月天《がってん》）

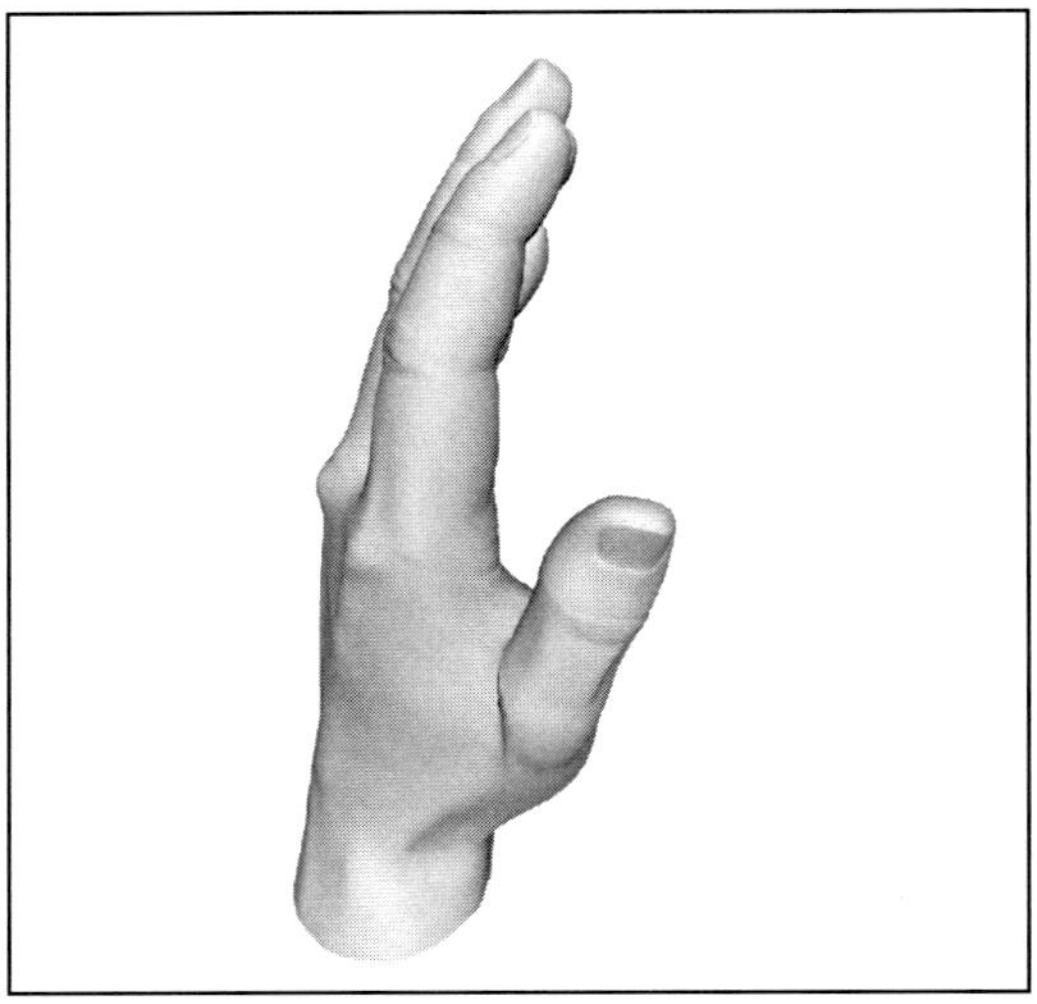

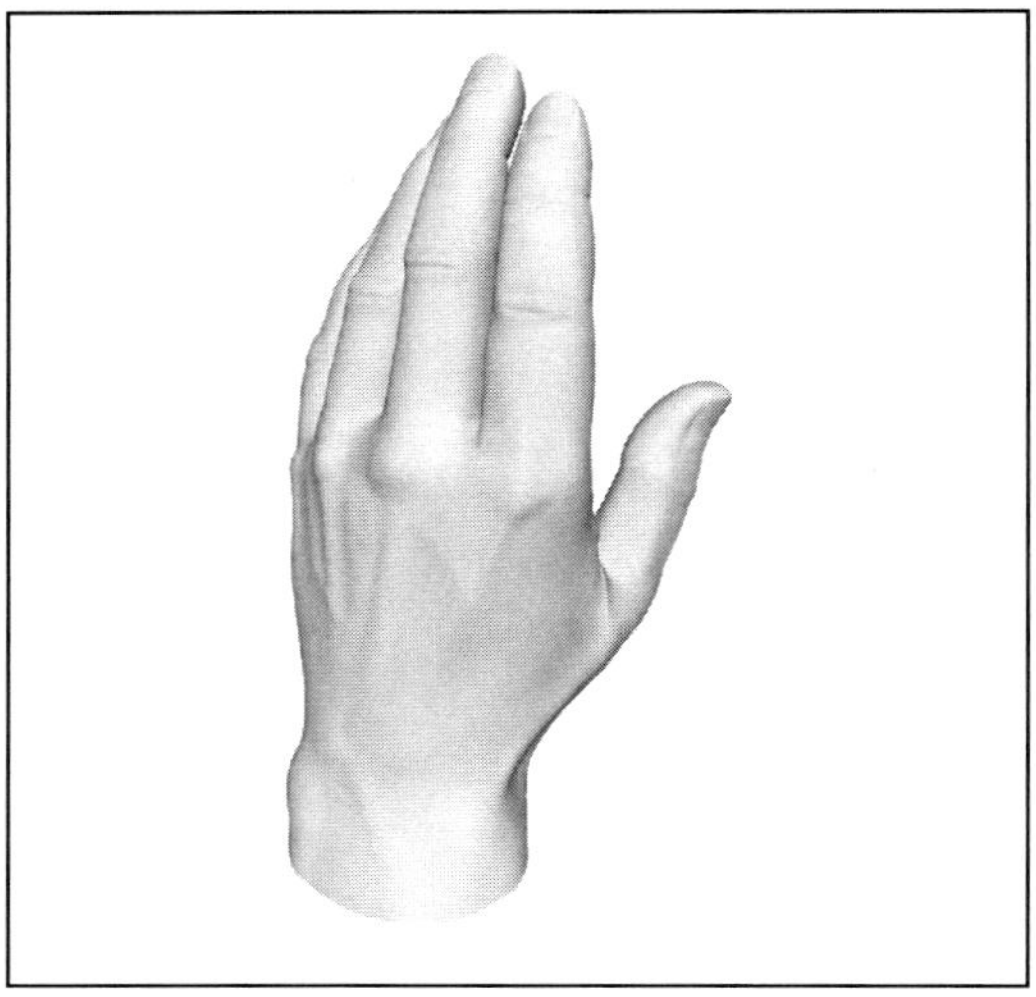

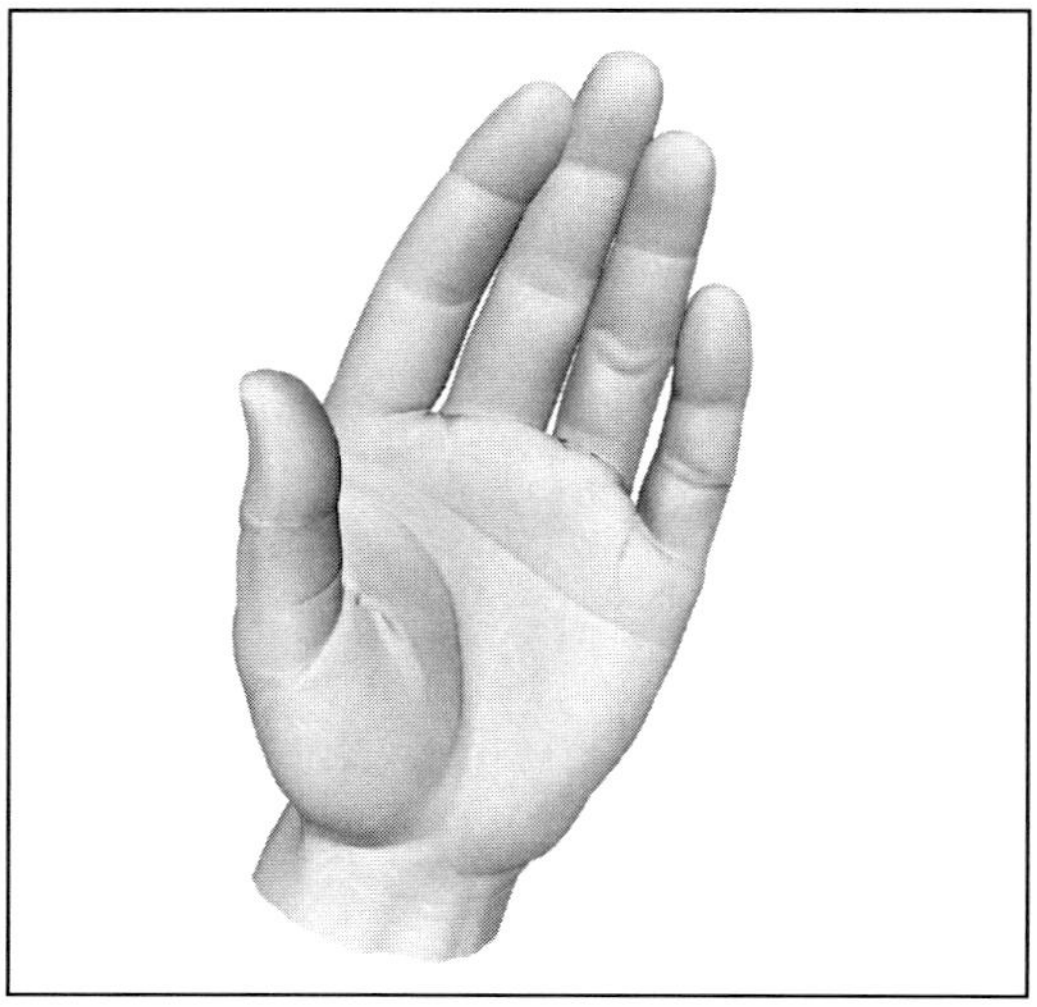

①左手の五指を伸ばし、やや屈する。

※蓮華合掌の左手半印。

※掌中に白月を観じる。

縁《えん》覚《がく》

①両手、内縛する。
②中指を立て、円くして指先を付け合わせる。
※前出（七五頁）。

摩《ま》利《り》支《し》天《てん》

根本印《こんぽんいん》（名身印《しんいんとなづく》）

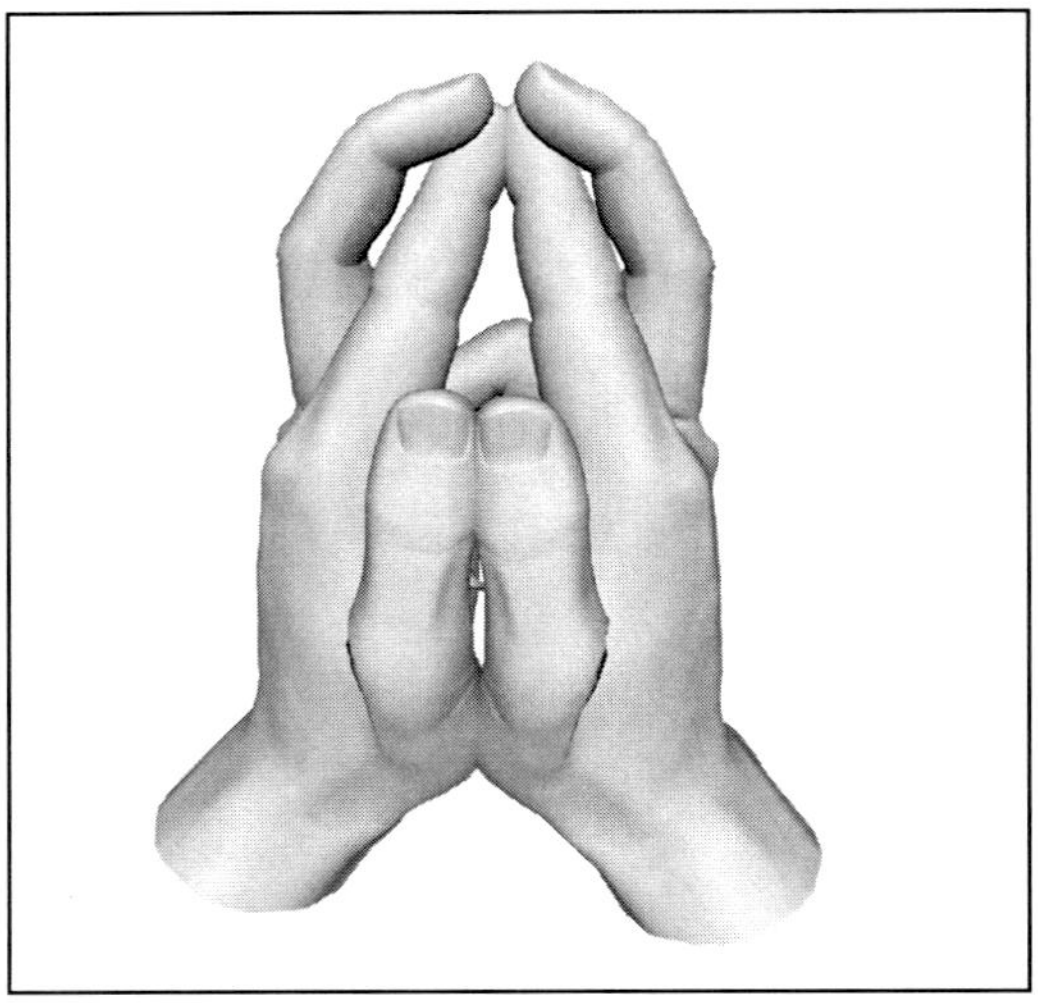

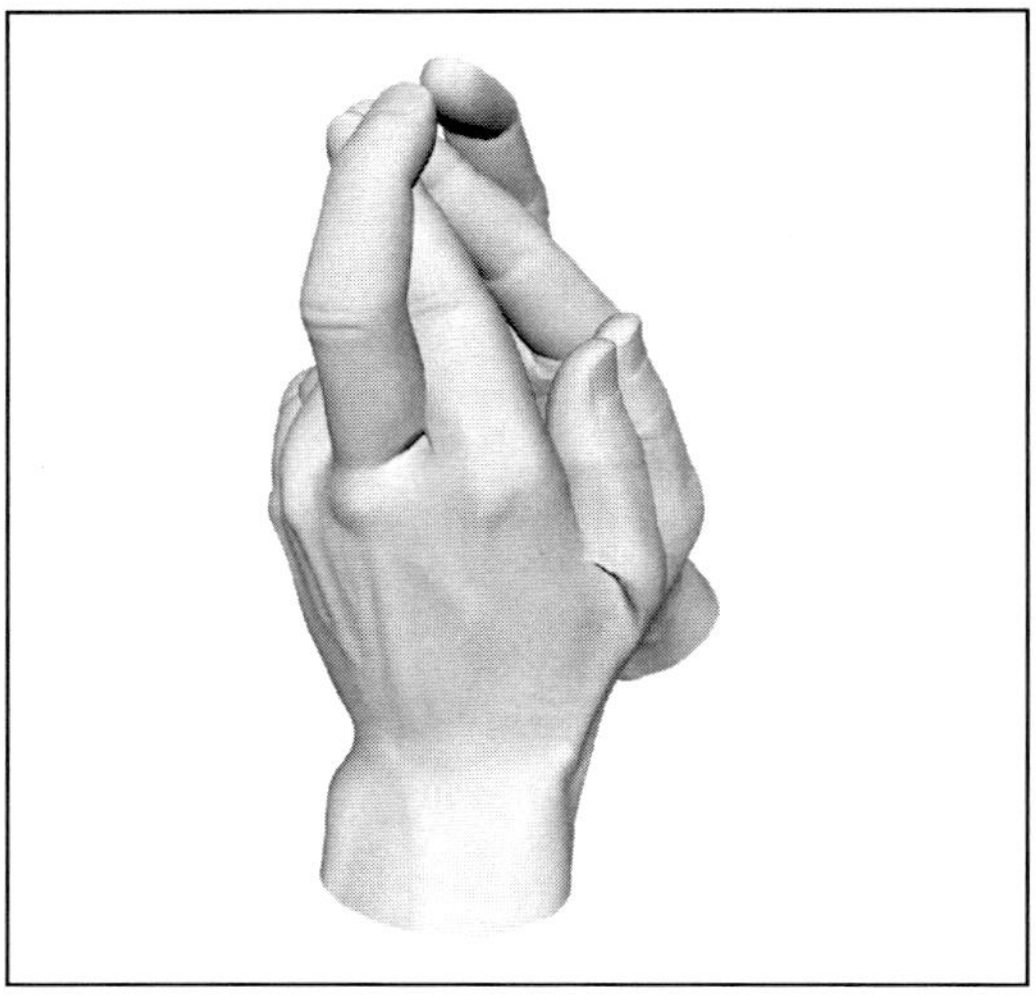

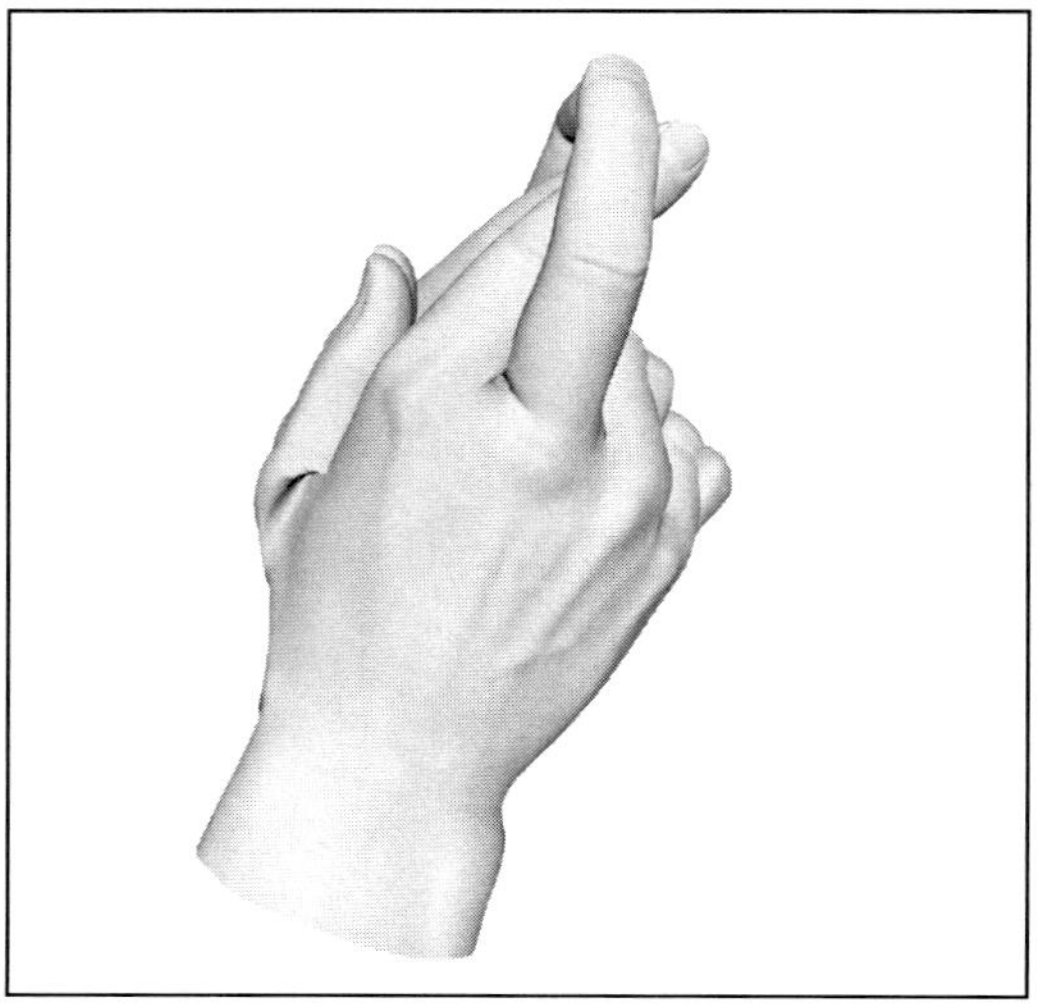

①両手の小指と薬指を掌中に入れ相合わせる。
②両親指と人差指を並び立てる。
③両中指で人差指を覆う。
④身の五処を印（加持）する。
※これは八輻輪を表す。

摩《ま》利《り》支《し》天《てん》隠《おん》形《ぎょう》印《いん》

（亦名安怛袒那印《またあんだつだんないんとなづく》）

①左手を虚掌になし、右手の掌を左手の上に横たえて覆う。

※宝瓶印、摩效印、甲冑印、金剛城の印ともいう。

※この印は、摩利支天の身を表している。左手の掌は摩利支天の心を表し、右手の掌は摩利支天の身を表す。

※行者がこの印を結ぶことで、その中に入り隠れることを念じる。

※真言は前頁に同じ。

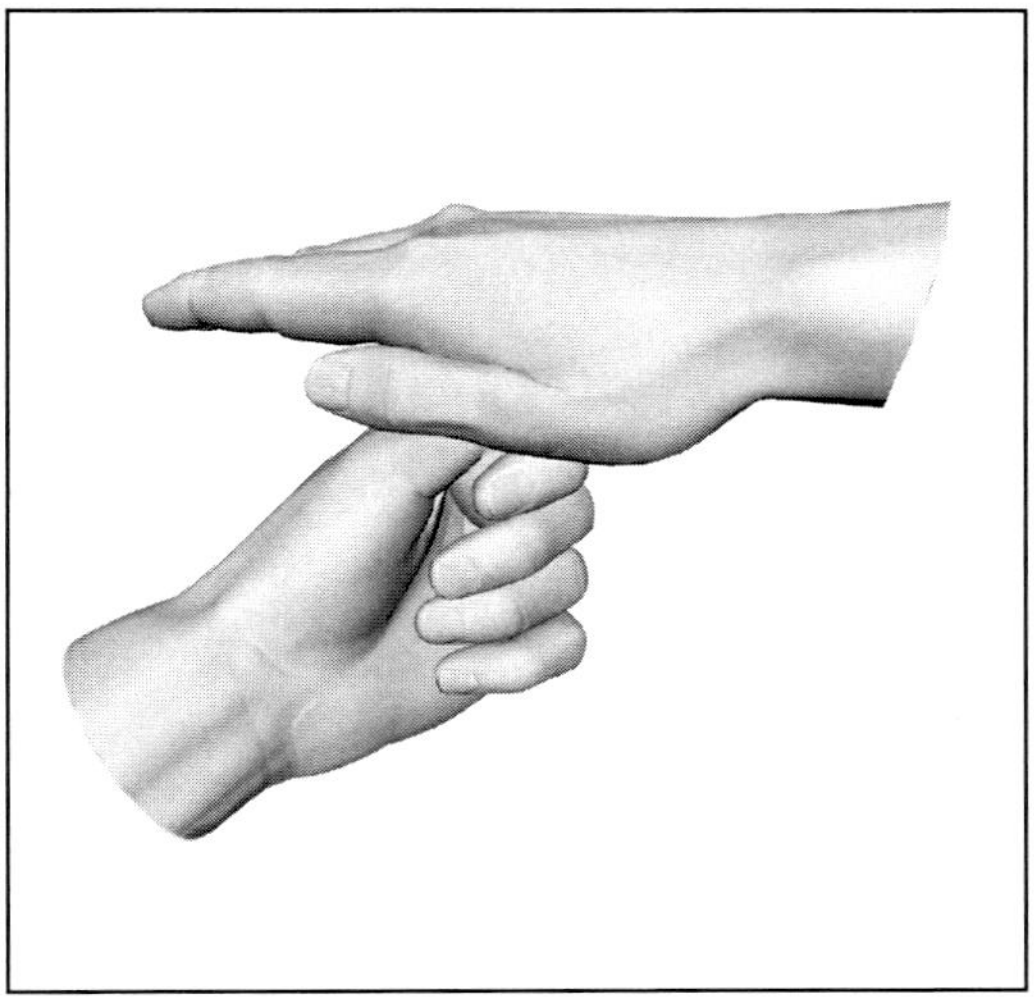

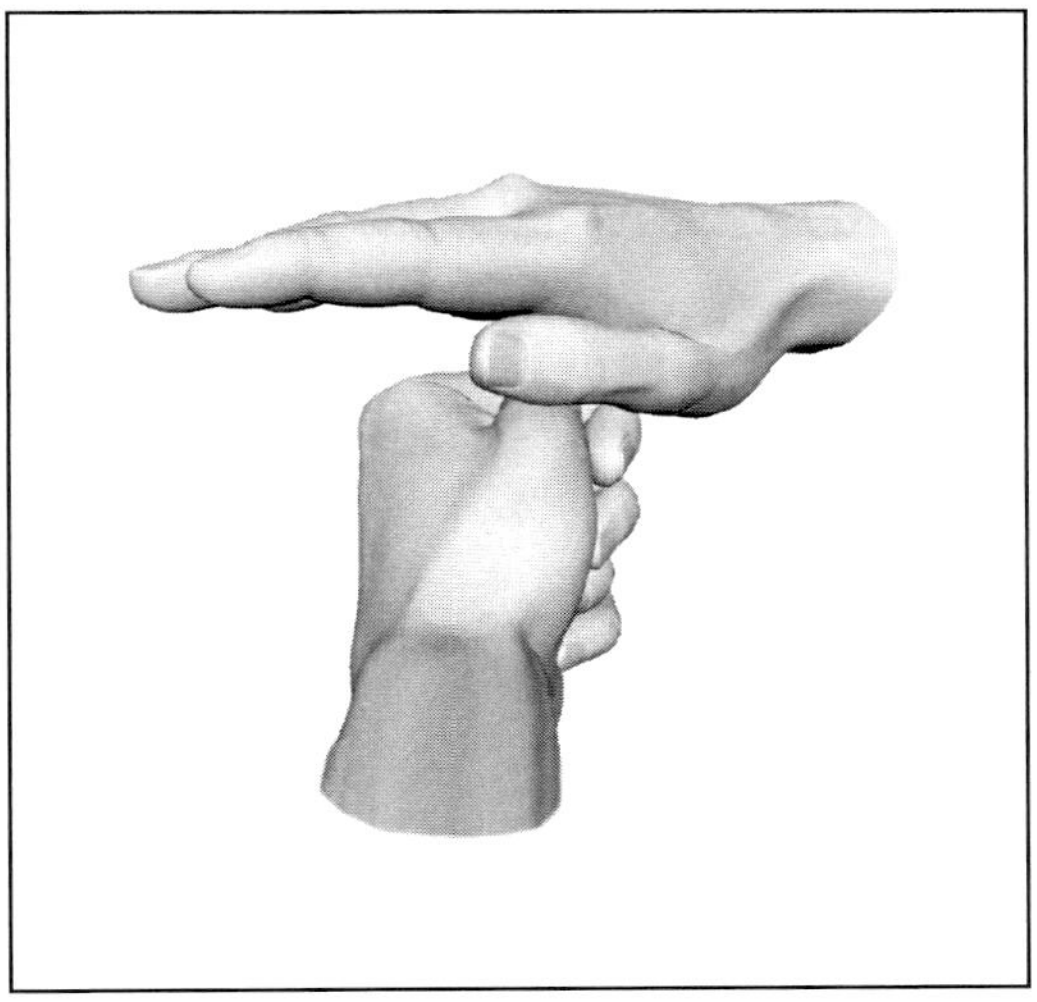

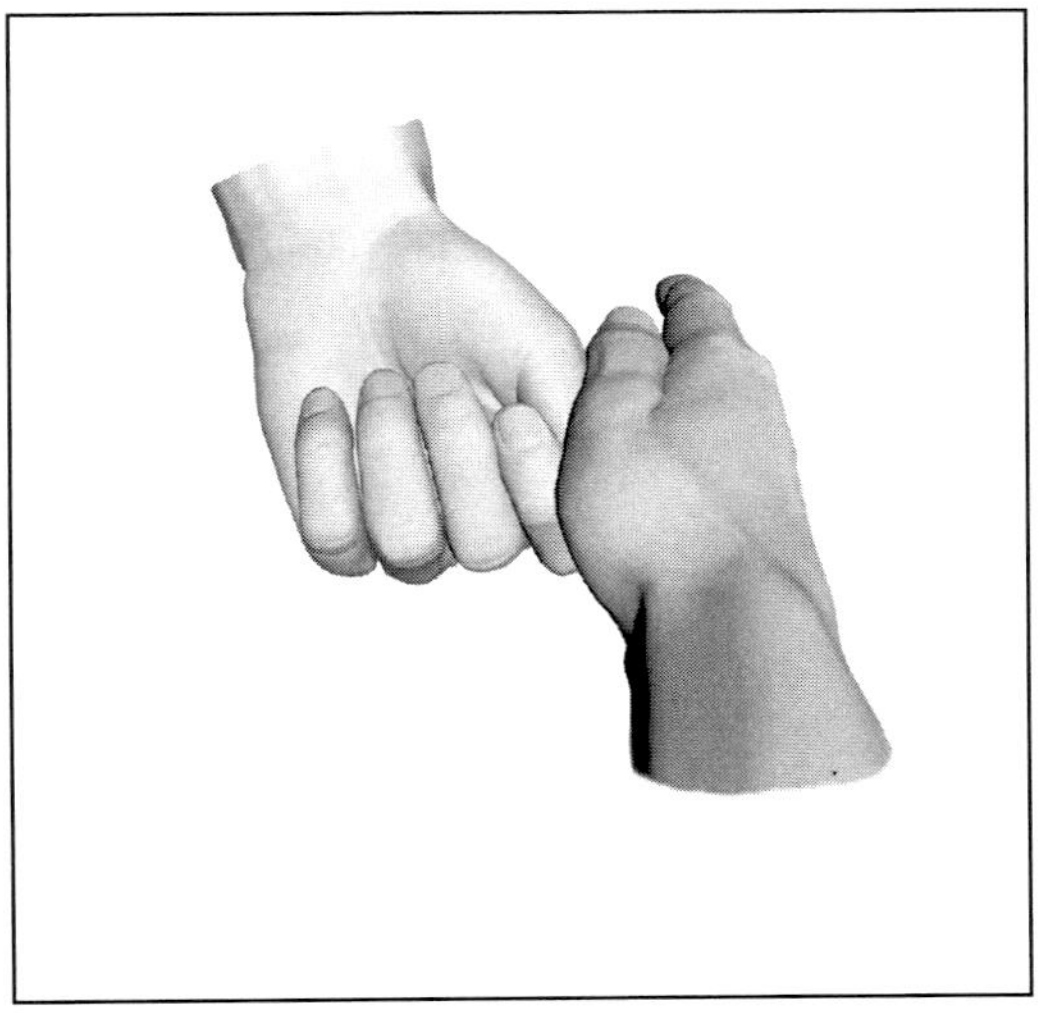

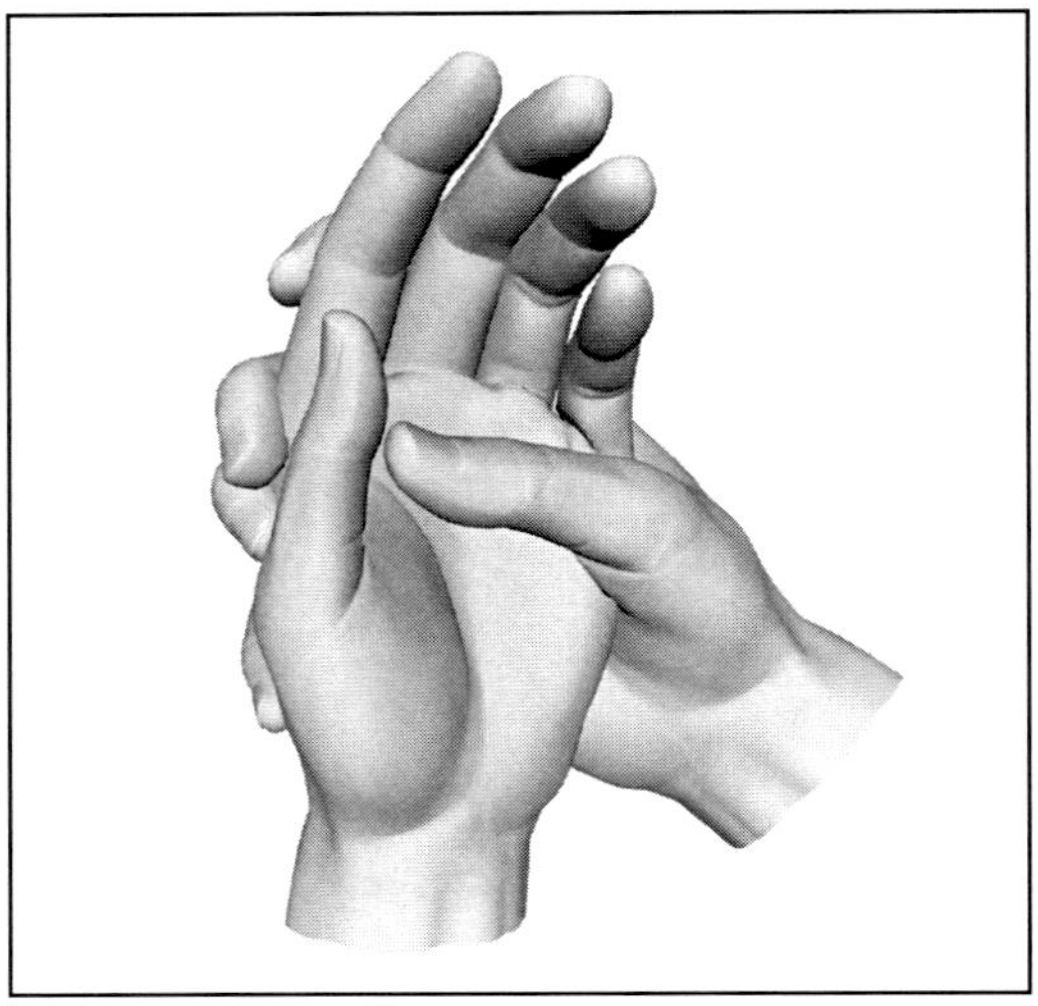

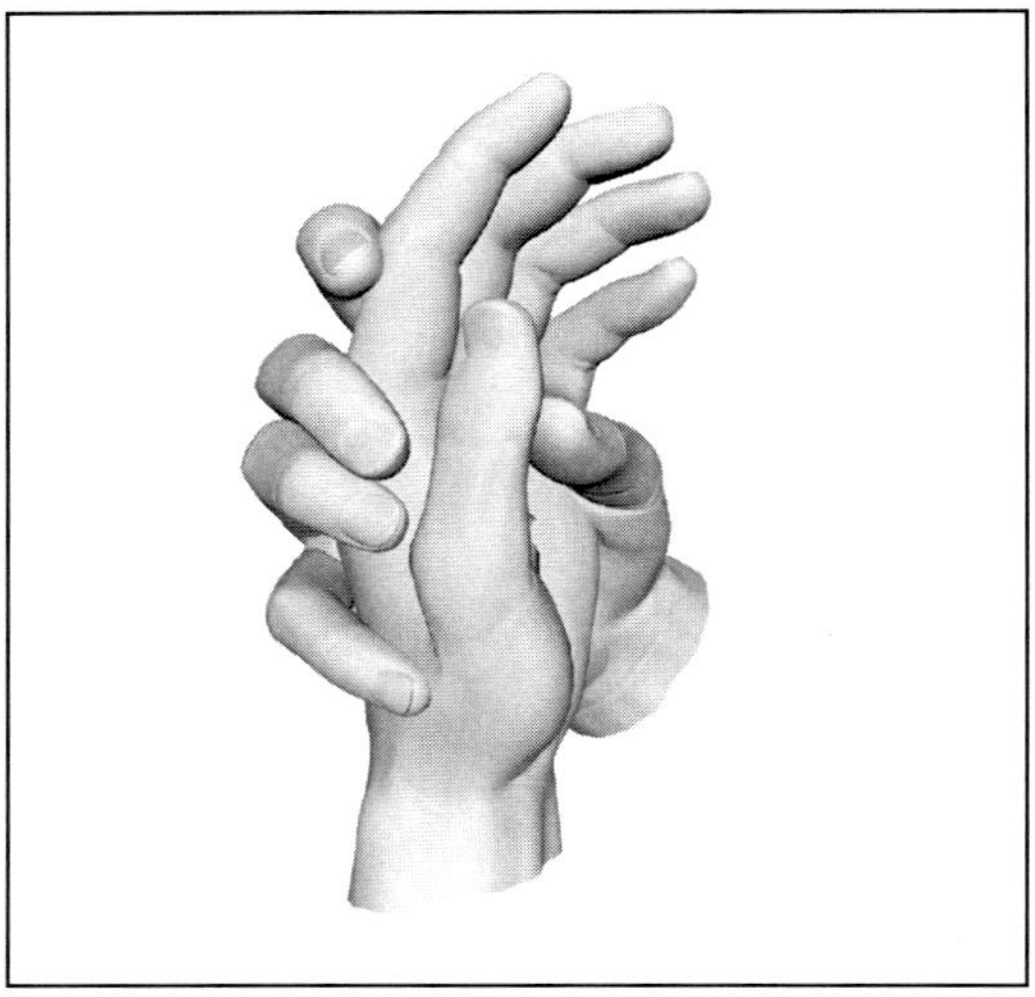

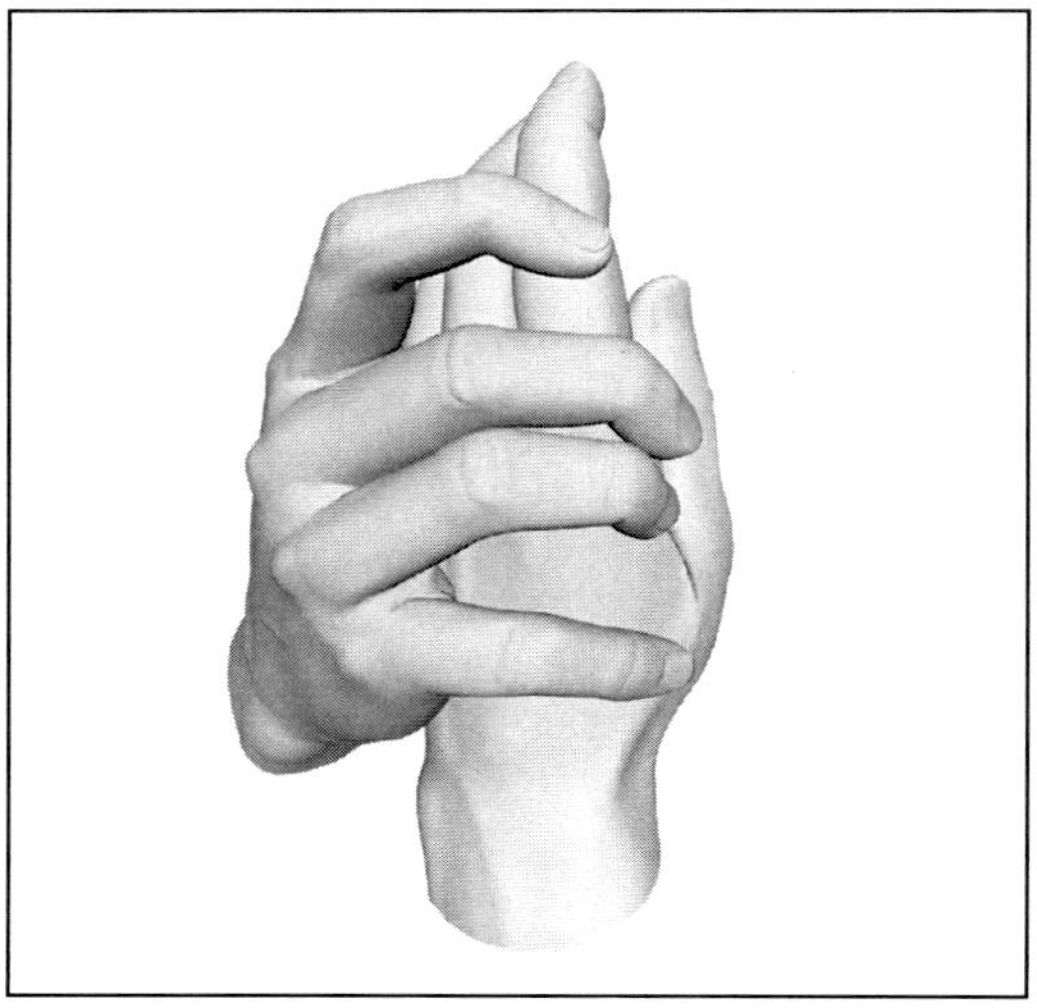

訶《か》利《り》帝《てい》請《しょう》召《ちょう》印《いん》

①右手で左手を後ろより挟み、左掌を把る。

②左掌を身に向け三たび招く。

（訶《か》利《り》帝《てい》）降《ごう》伏《ぶく》印《いん》

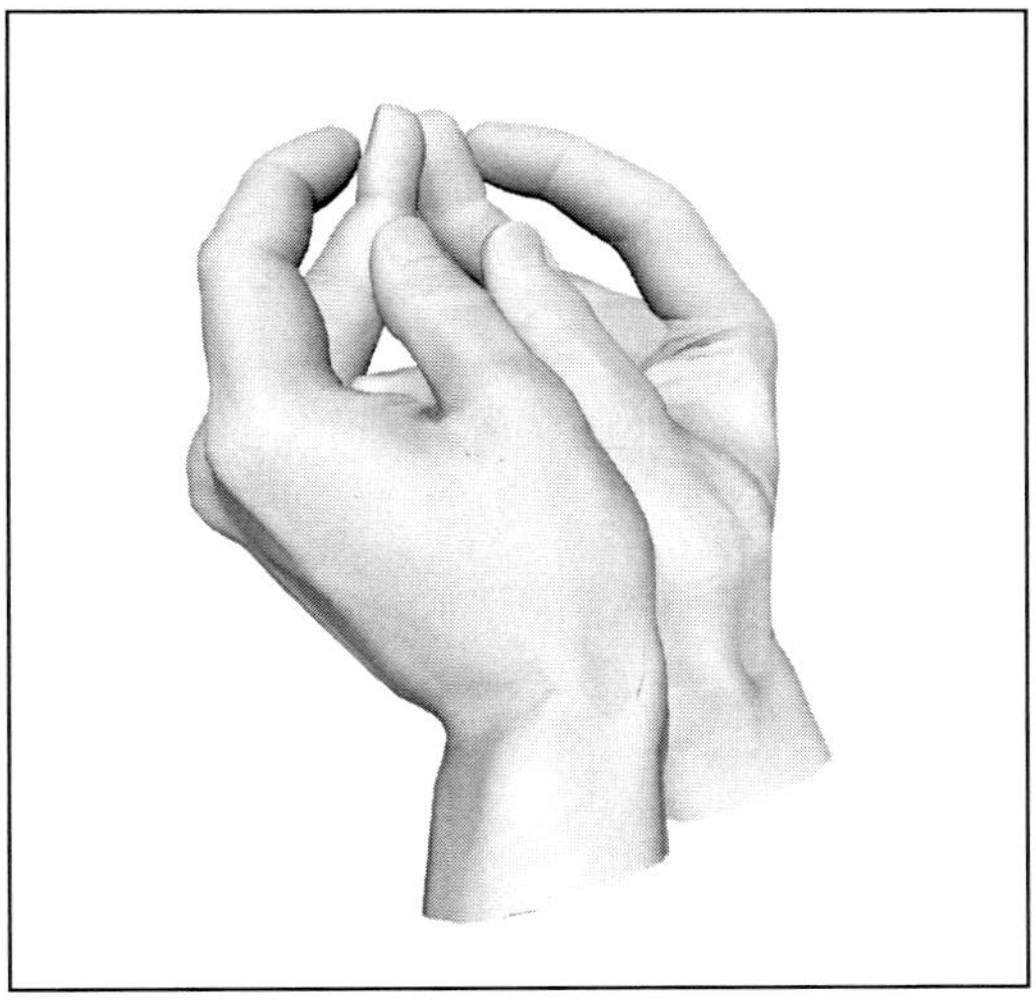

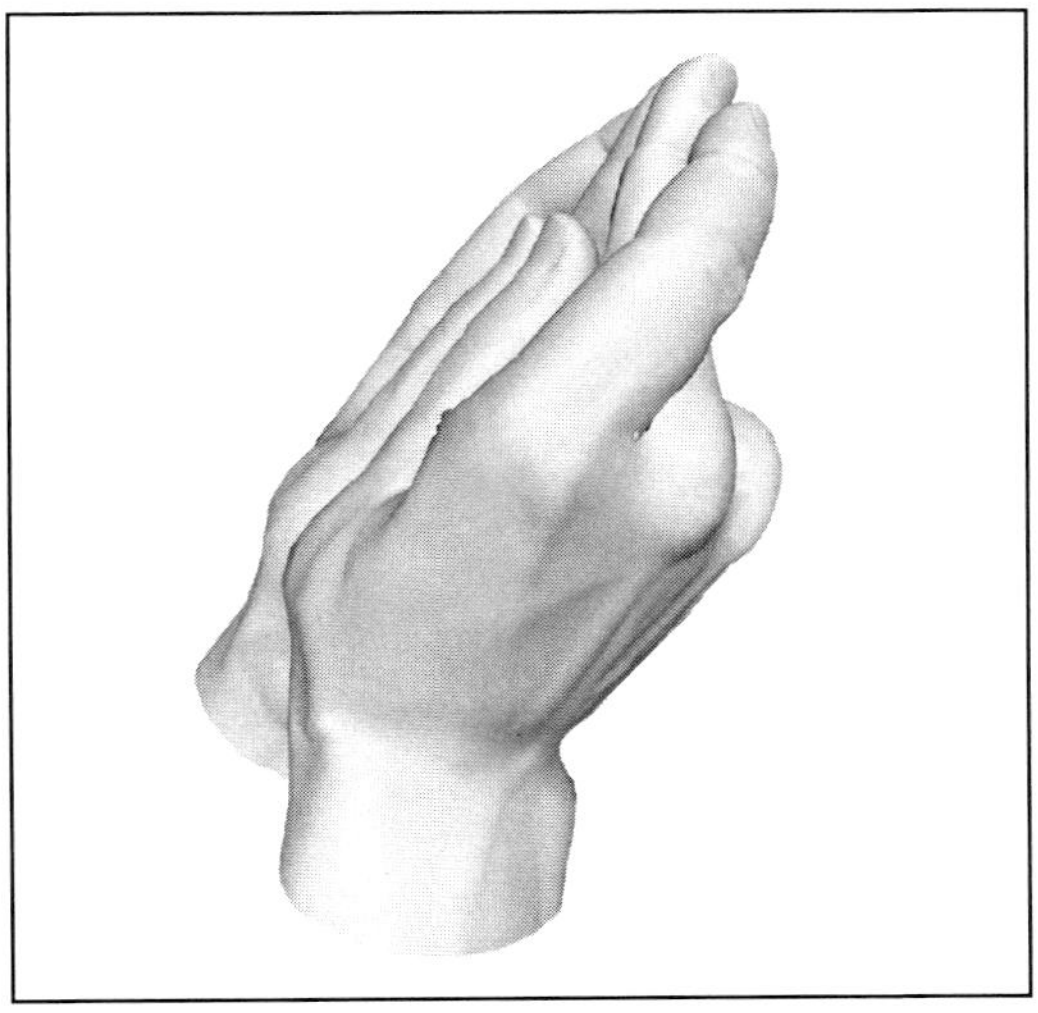

①両手、内縛する。
②両小指を相交える。
③両薬指を虎口（親指と人差指の間）にいれる。
④中指を立て指先を付け合わせる。
⑤両人差指を立て、屈して中指の背に付ける。
⑥両親指を中指の第二節に付ける。

※この印は盗人を降伏する印である。
※薬指を盗人と観じて強く押す。
※真言は前頁に同じ。

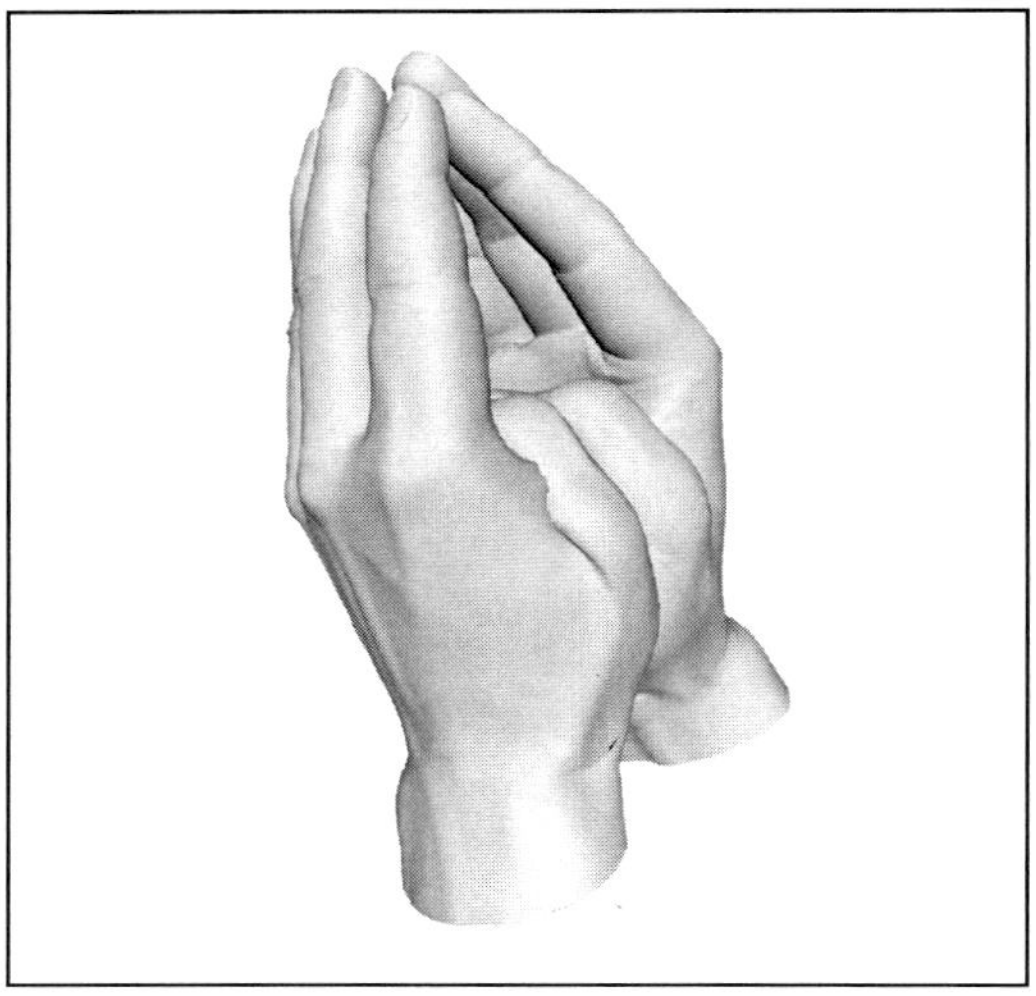

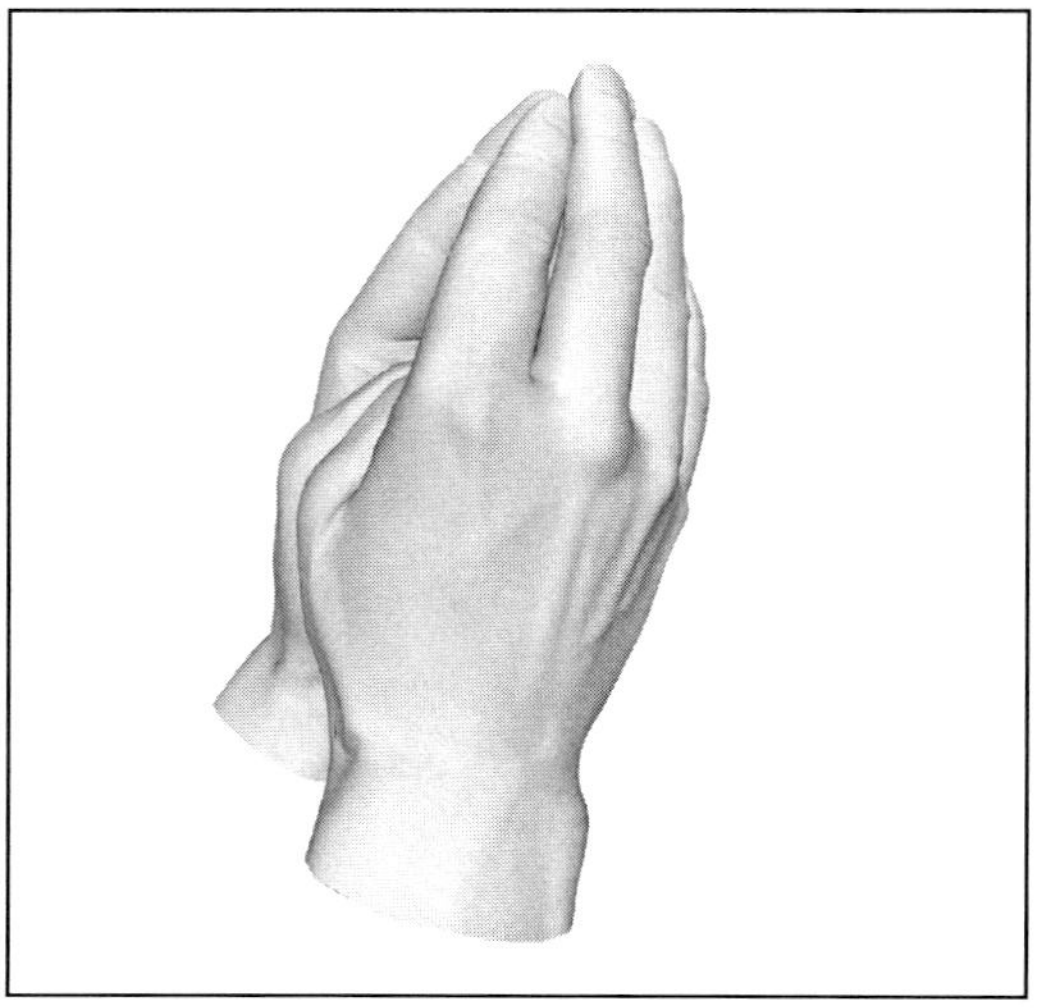

（訶利帝《かりてい》）愛子印《あいしいん》

①両手、合掌する。
②両親指を並べ立てて屈し、掌中へ入れる。

咒《じゅ》賊《ぞく》経《きょう》降《ごう》伏《ぶく》印《いん》

①両手、内縛する。

②両中指を立て合わせる。

③両人差指を立て、やや屈して中指の上節を捻じる。

④両親指を中指に付け、堅く押す。

⑤両薬指を、親指と人差指の間に出す。

⑥両小指は鉤結する。

※この印は三鈷の形を現す。

※両薬指は盗人を意味し、三鈷で盗人を責める形であるため、親指で強く押すのである。

※また降伏印ともいう。

※真言は前頁に同じ。

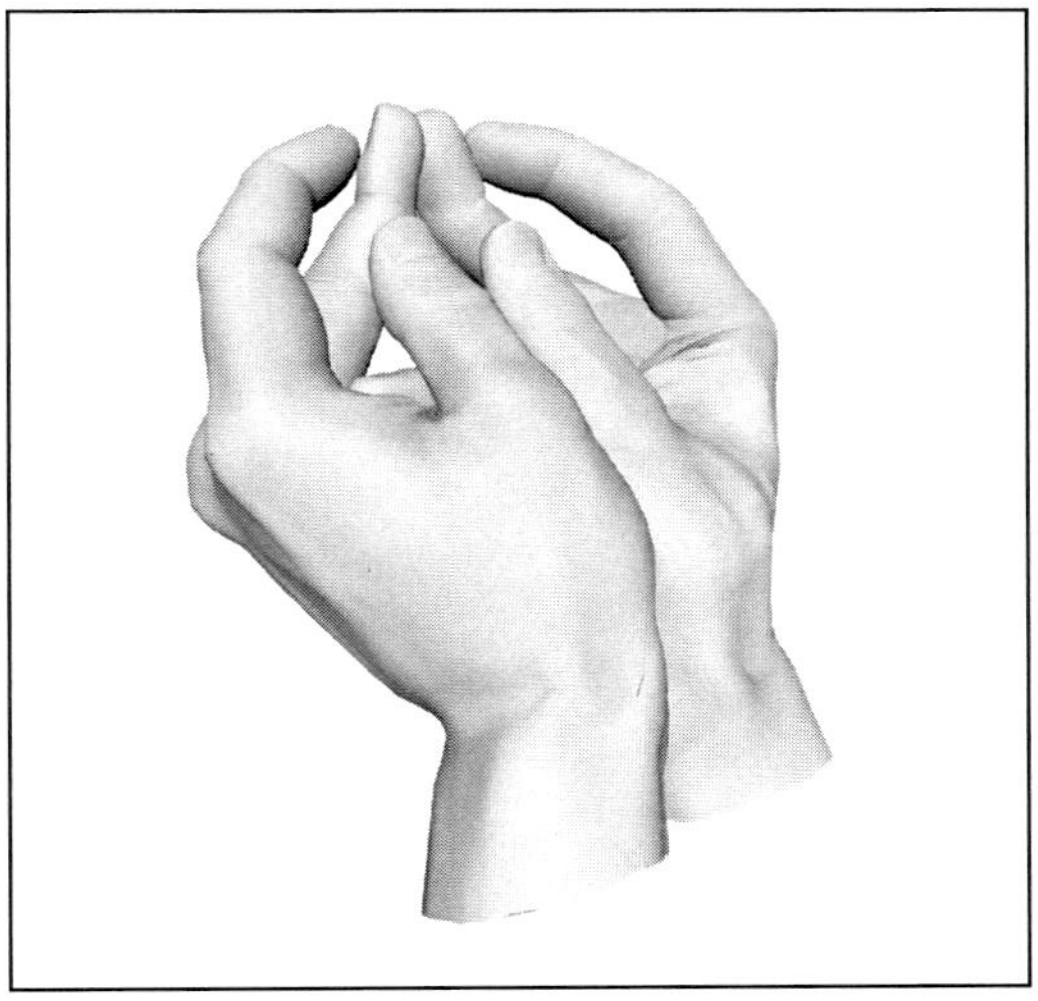

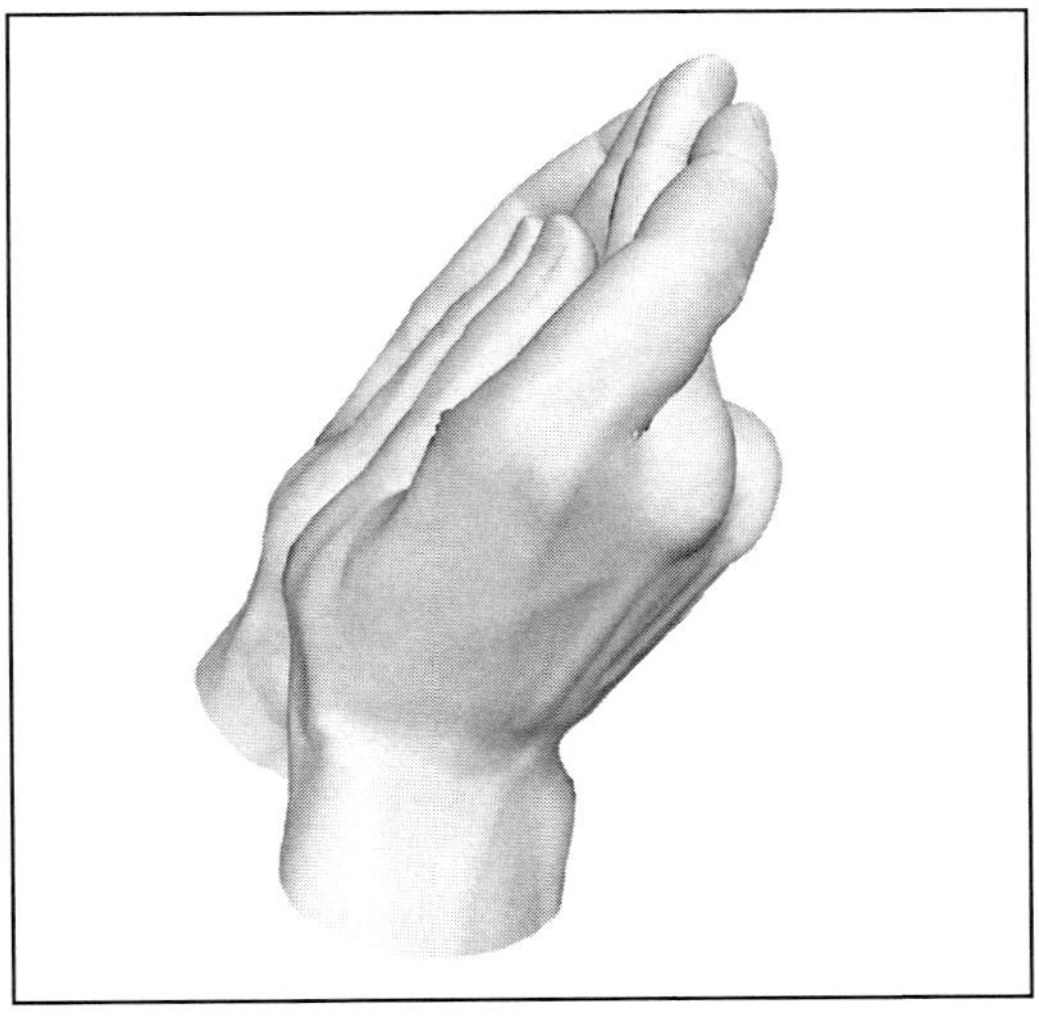

童子経《どうじきょう》

乾闥婆王印《けんだつばおういん》

①両手、内縛する。

②両薬指を立て伸ばす。

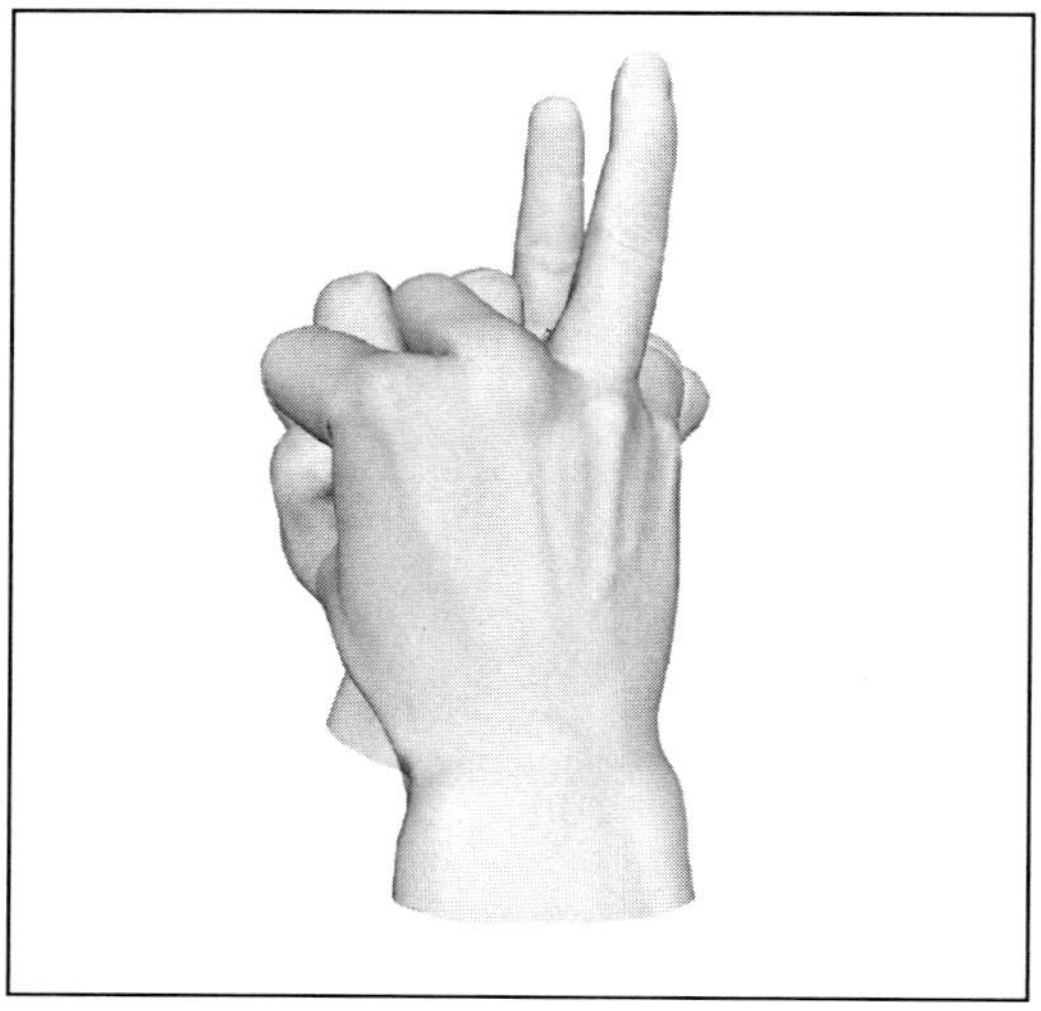

北斗《ほくと》一字頂輪王印《いちじちょうりんおういん》

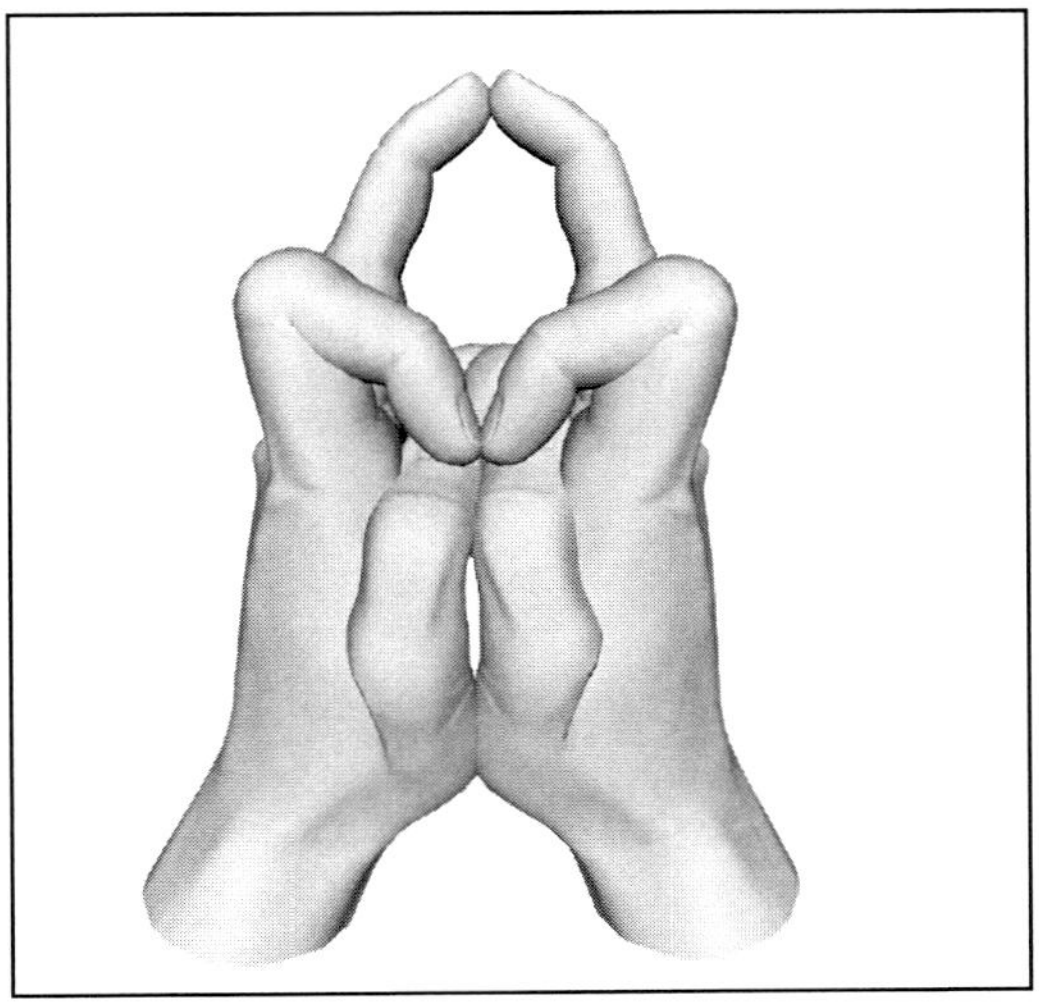

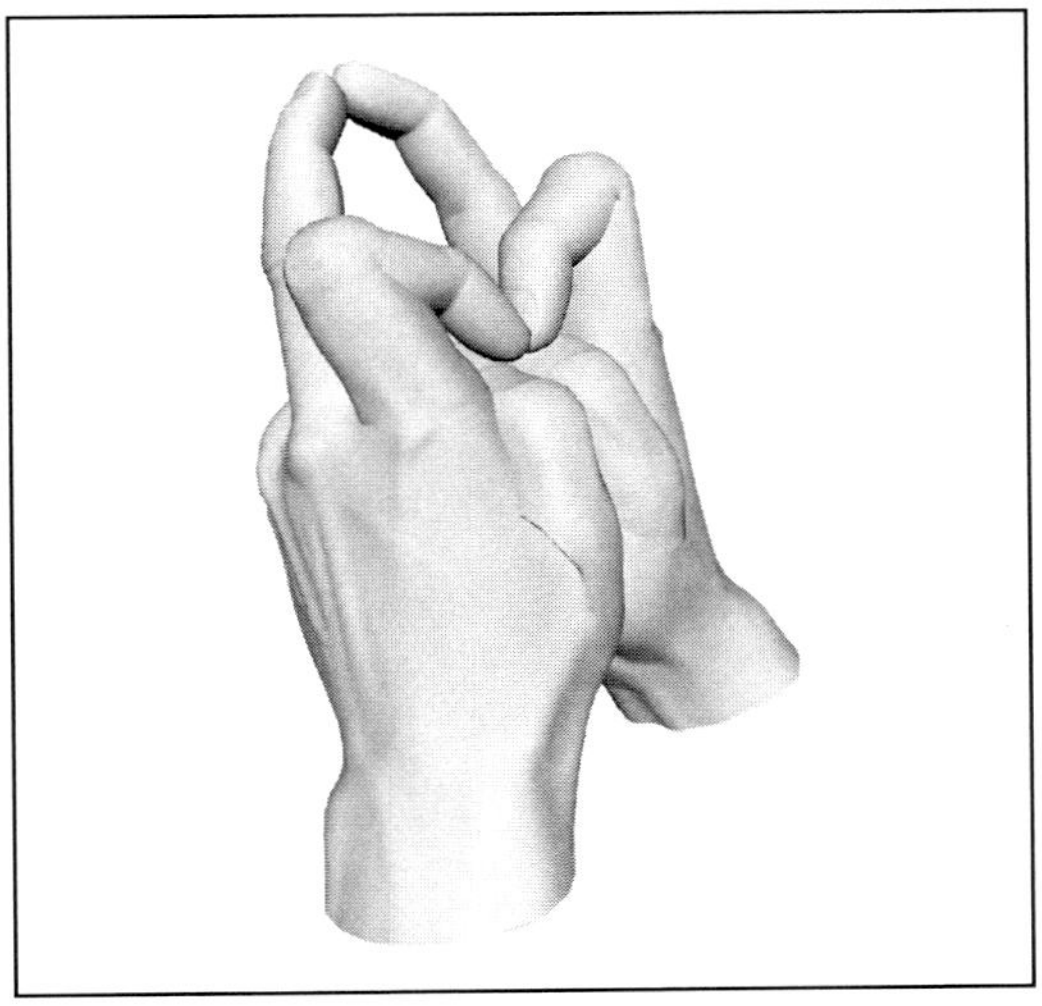

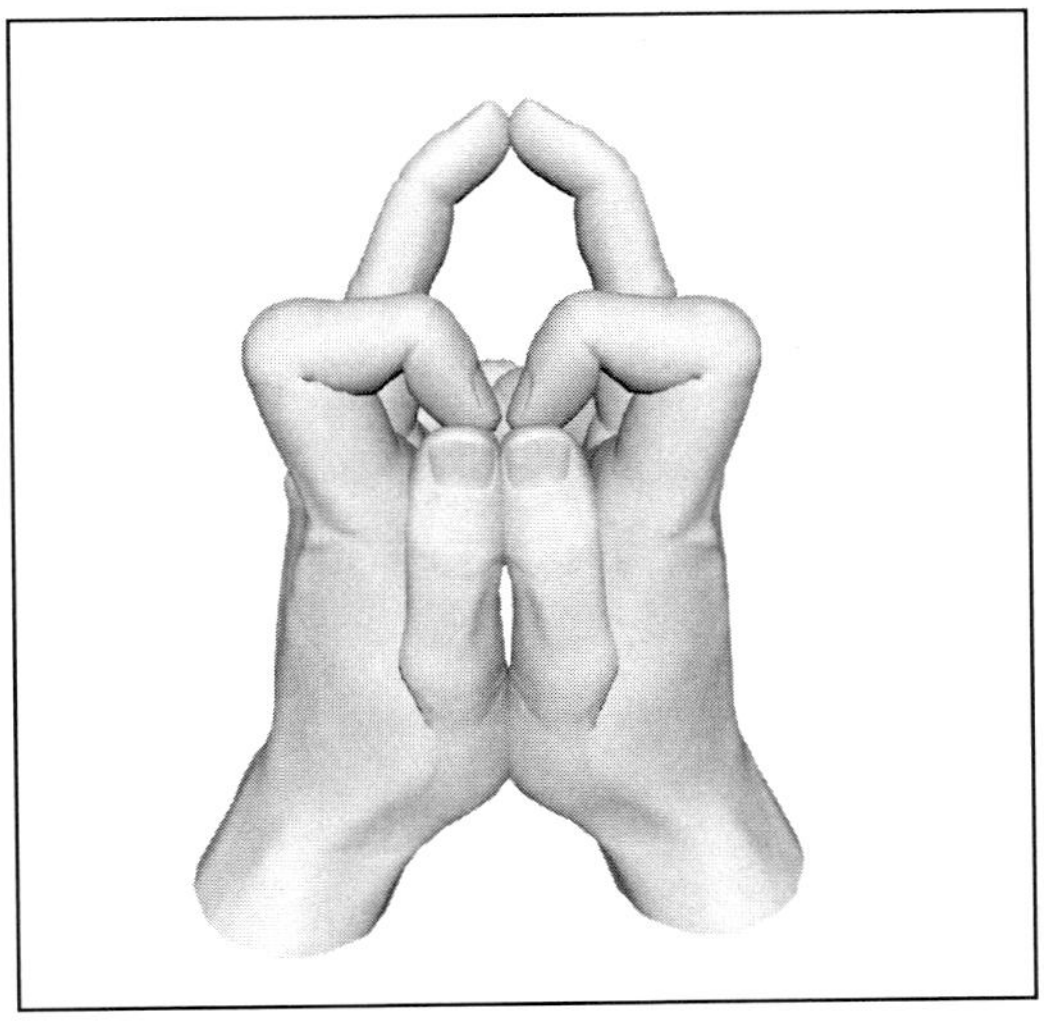

①両手、内縛する。
②両中指を直ぐ立て合わせ、剣形にする。
③両人差指を平に屈して親指の甲を捻じる。
※この印は八輻輪の印。

北斗《ほくと》惣印《そういん》

①左の親指と中指の先を付け合わせて環を作る。
②その環を通す形で、右の親指と中指で環を作る。
③薬指の先を付け合わせる。
④両人差指、両小指は張り立てて伸ばす。
※これは北斗七星を表す。

※真言は前頁に同じ。

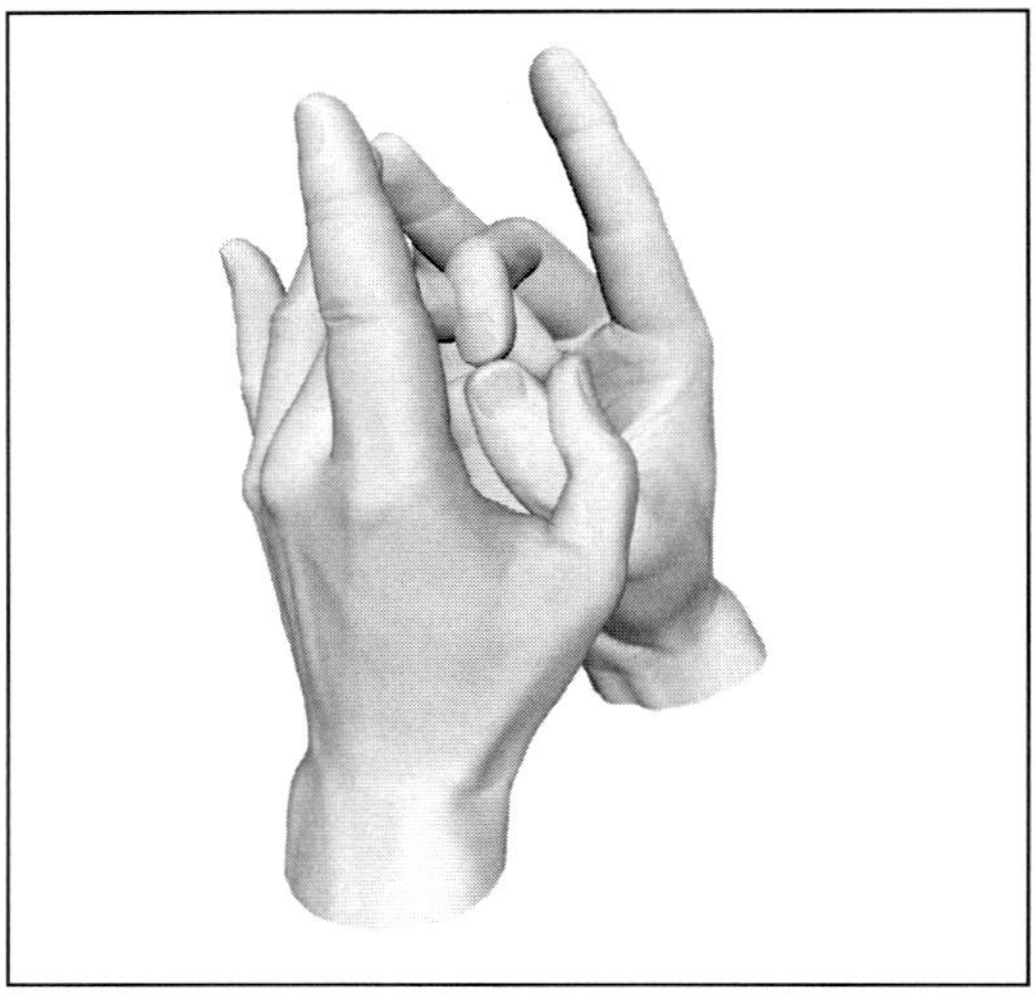

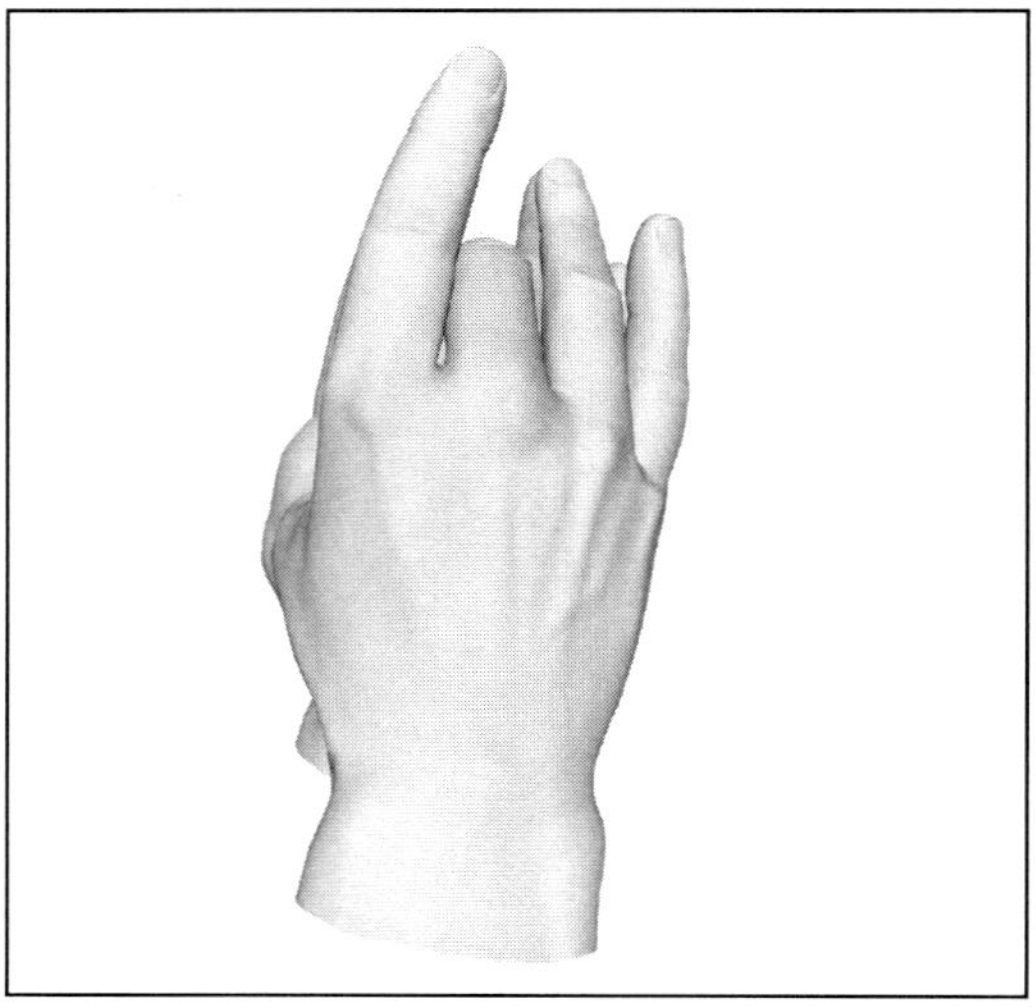

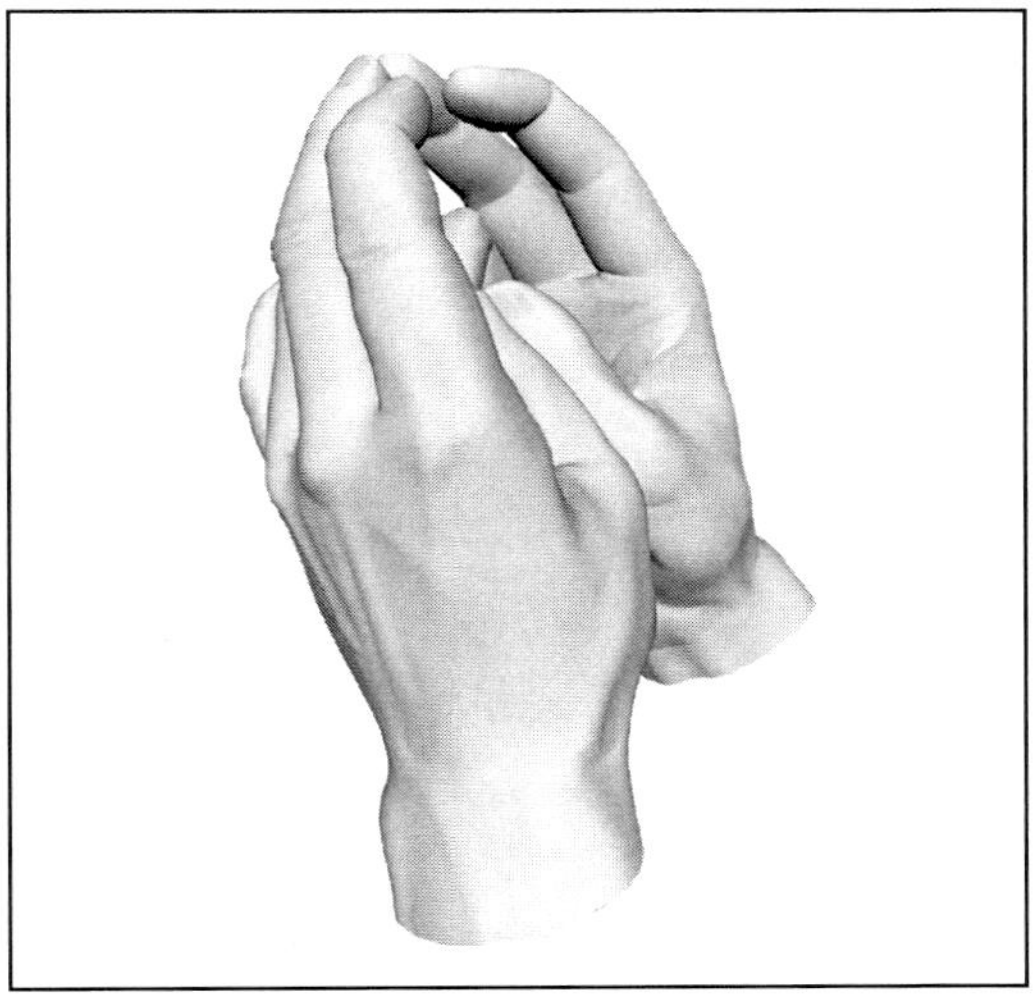

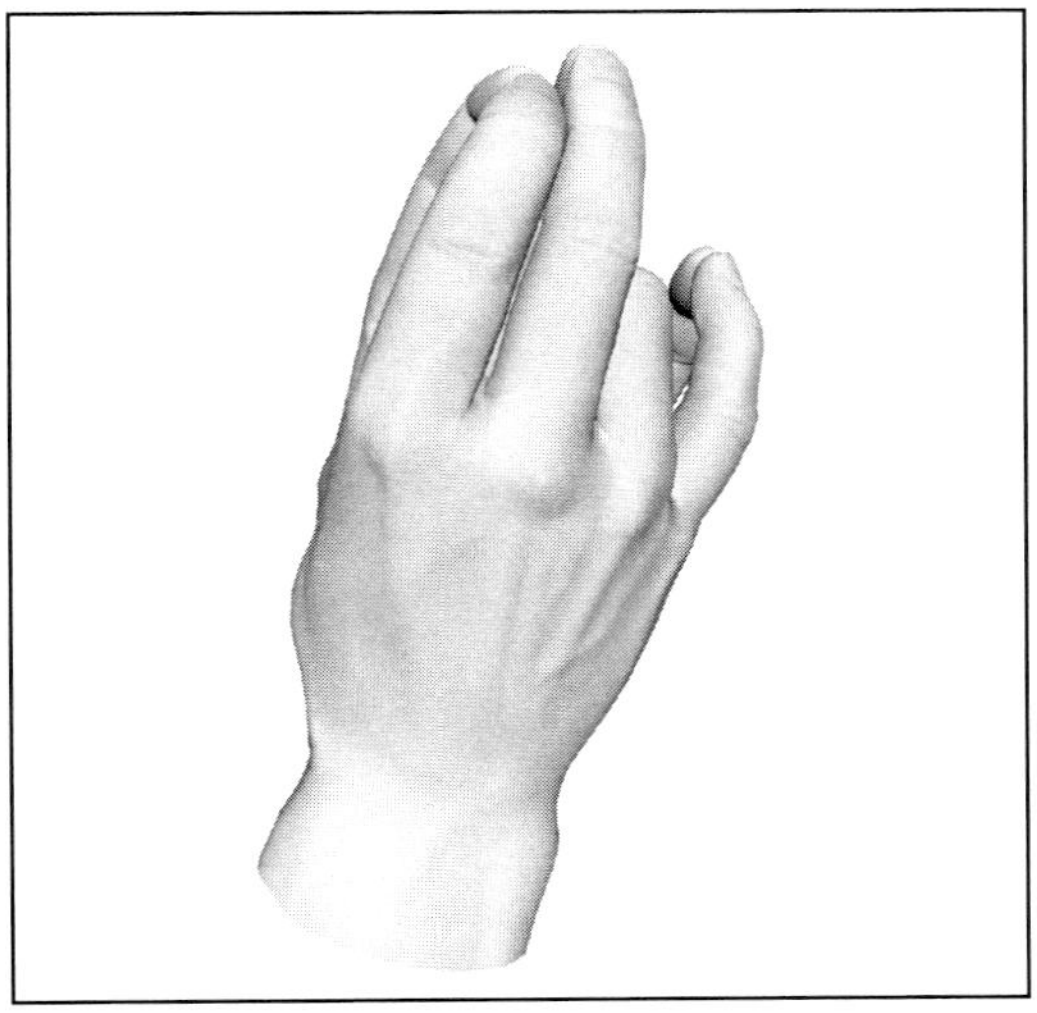

召北斗印《ちょうほくといん》

①両手、虚心合掌。
②薬指を屈して親指で甲を押す。
③中指、小指を立て合わせ、蓮葉のようにする。
④両人差指をやや開き屈して、来去する。

※真言は三一九頁に同じ。

諸《しょ》曜《よう》

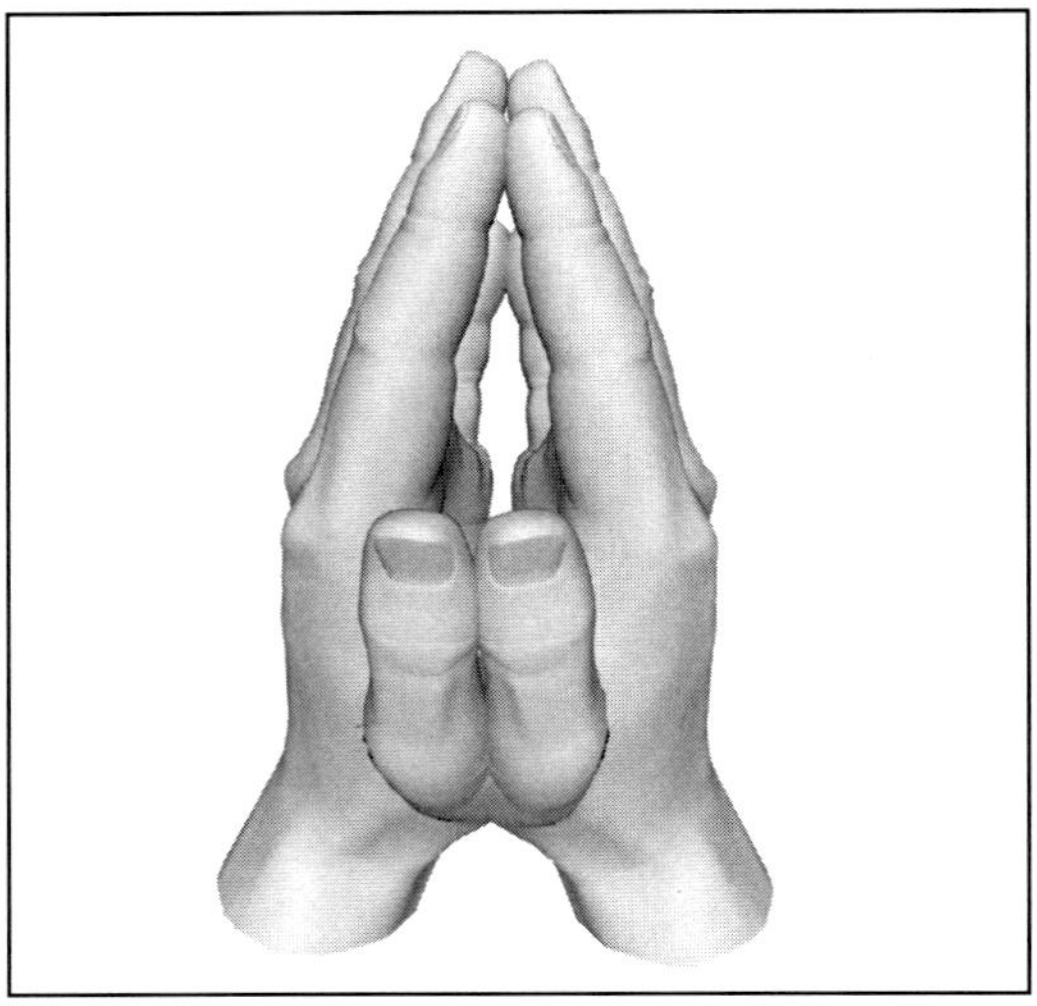

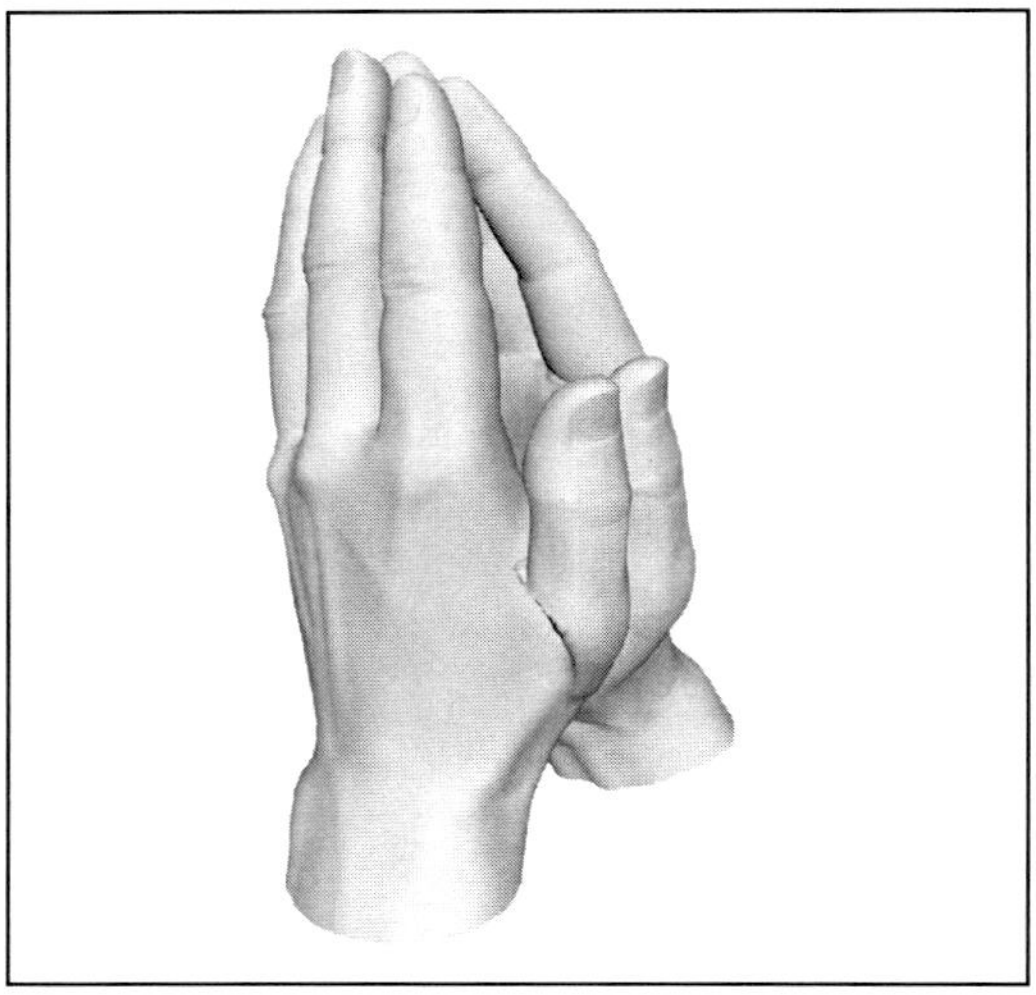

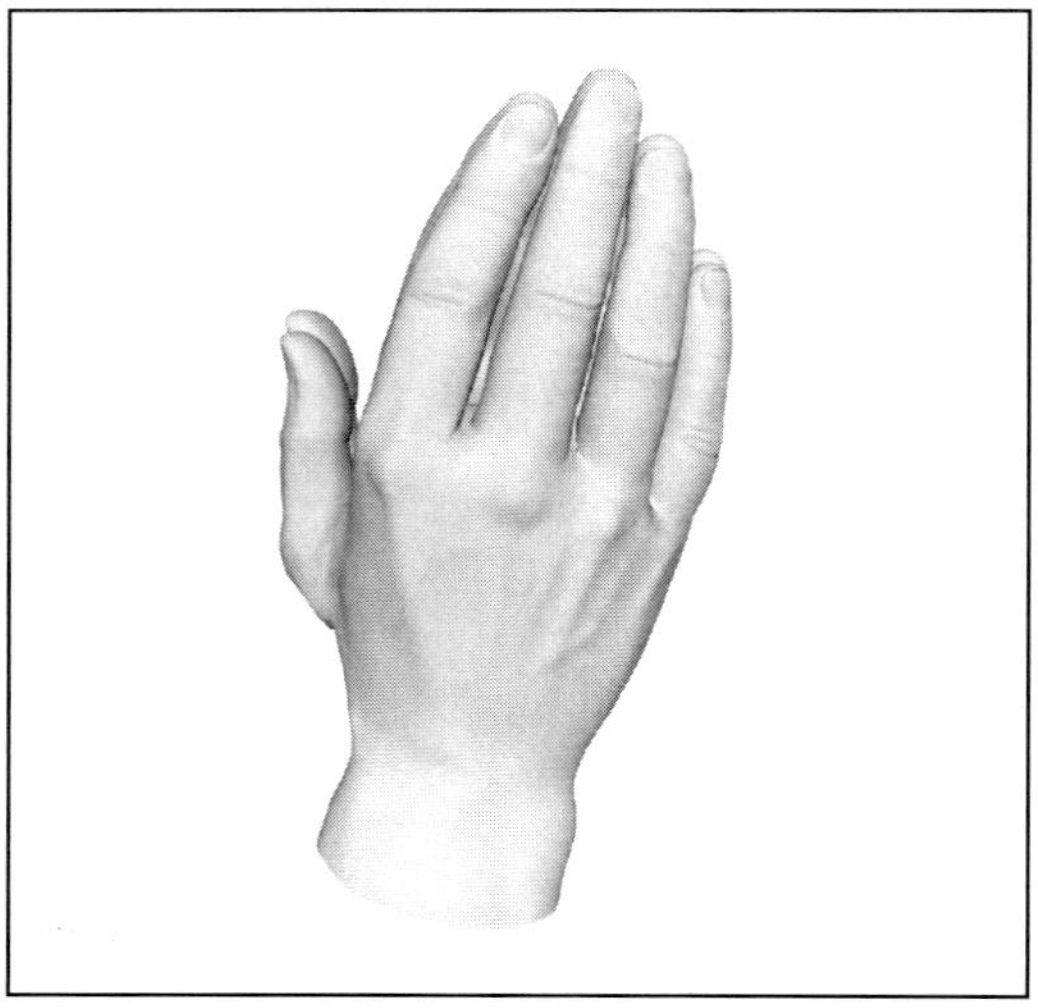

①両手、合掌する。
②両親指を並び立て、他の指から相離す。

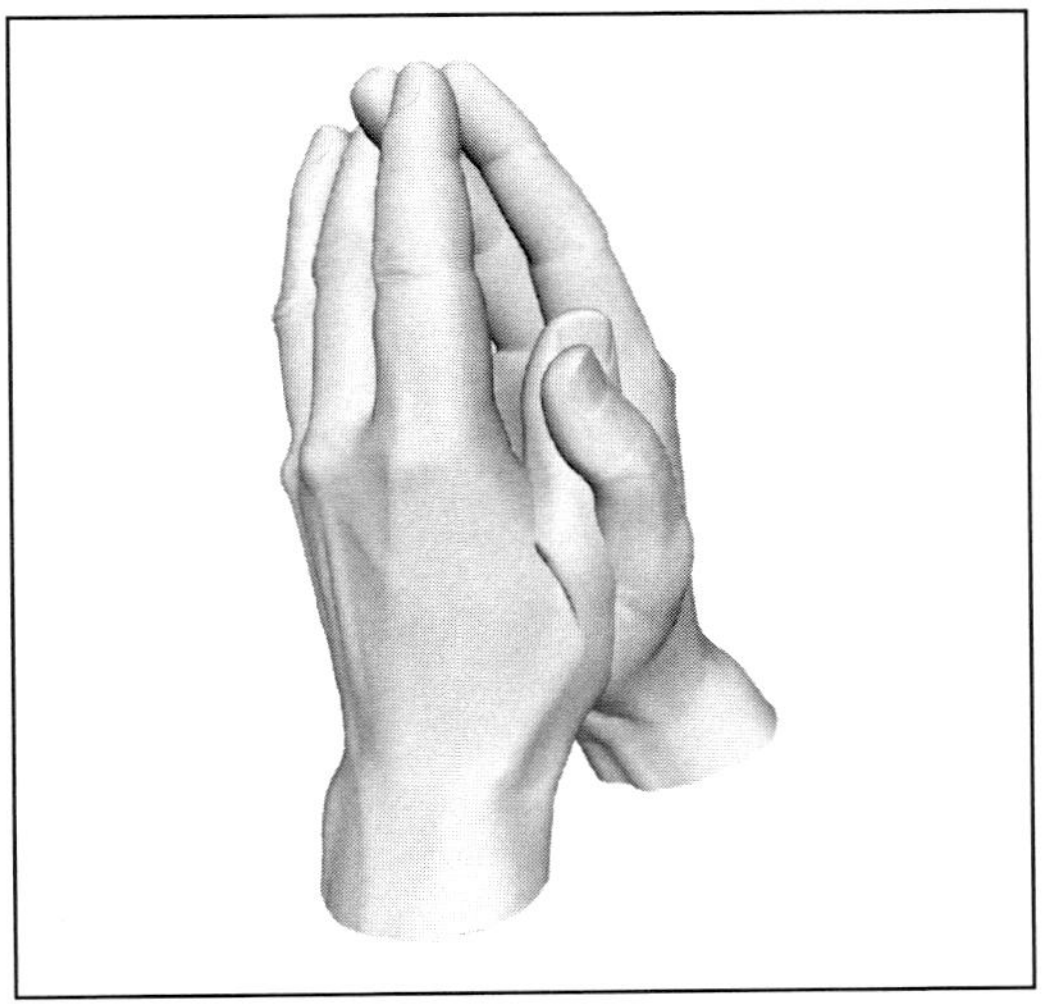

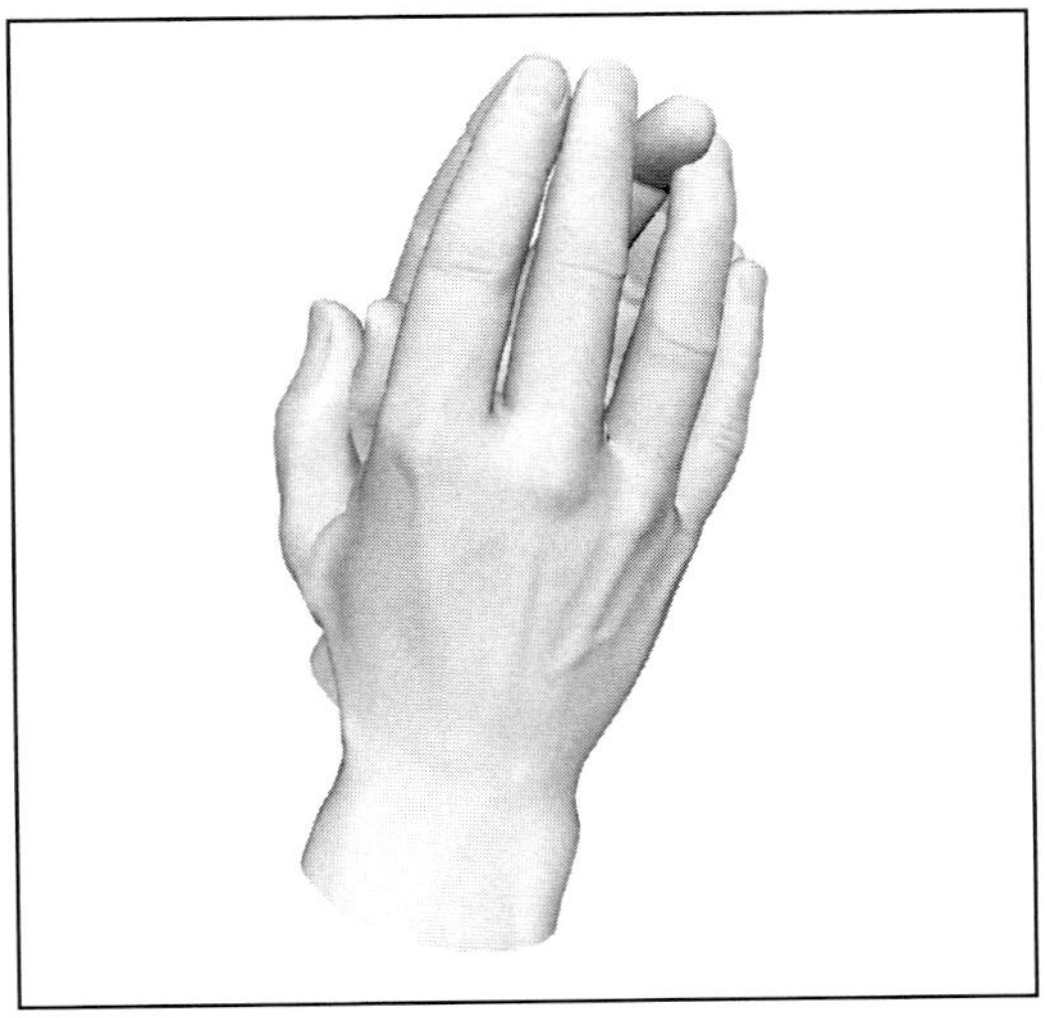

諸《しょ》宿《しゅく》

①両手、虚心合掌する。
②両中指、親指を右で左を押すようにして交差させる。

阿《あ》閦《しゅく》（羯《かつ》磨《ま》印《いん》）

①左手は拳にし、腰に置く。
②右手は掌を膝の上にかぶせて、指先を地に付ける姿勢をなす。
※心不動を得る印である。

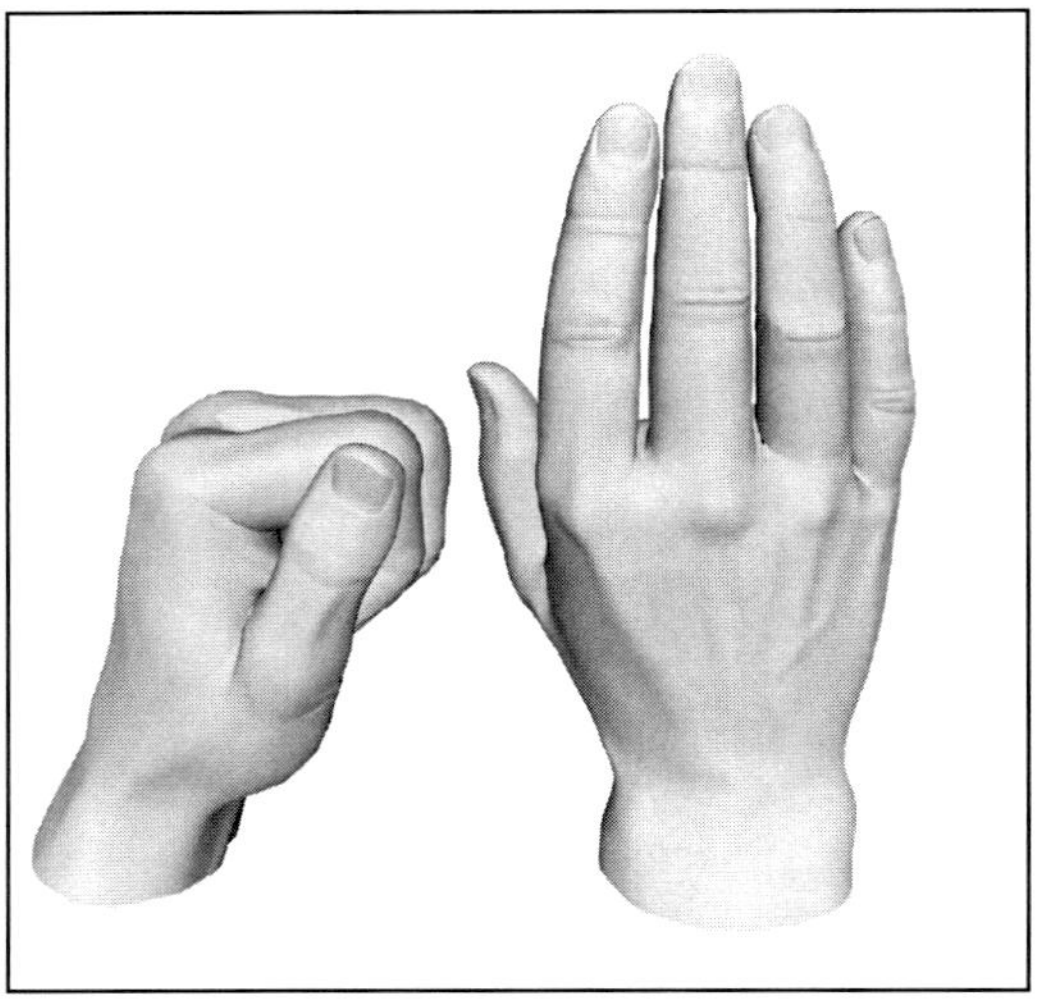

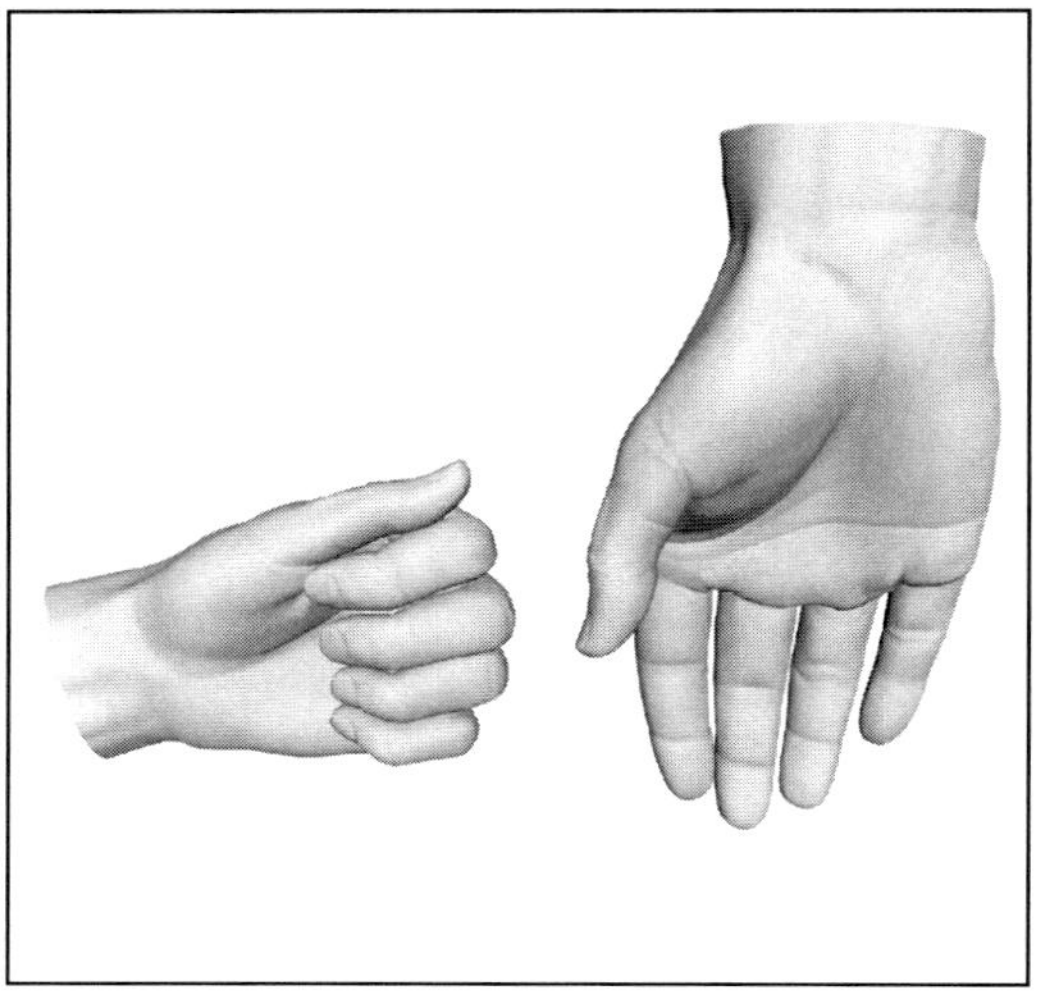

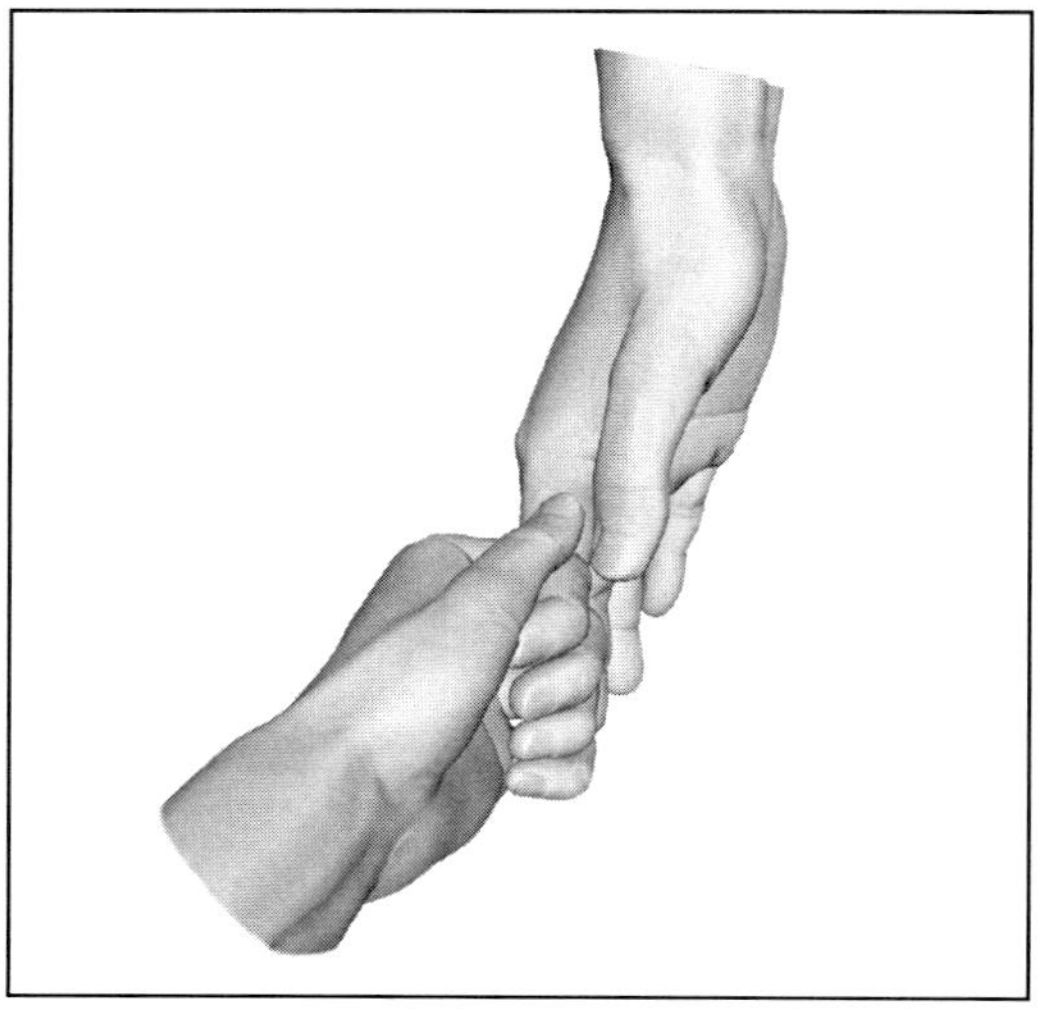

（阿閦《あしゅく》）三昧耶印《さまやいん》

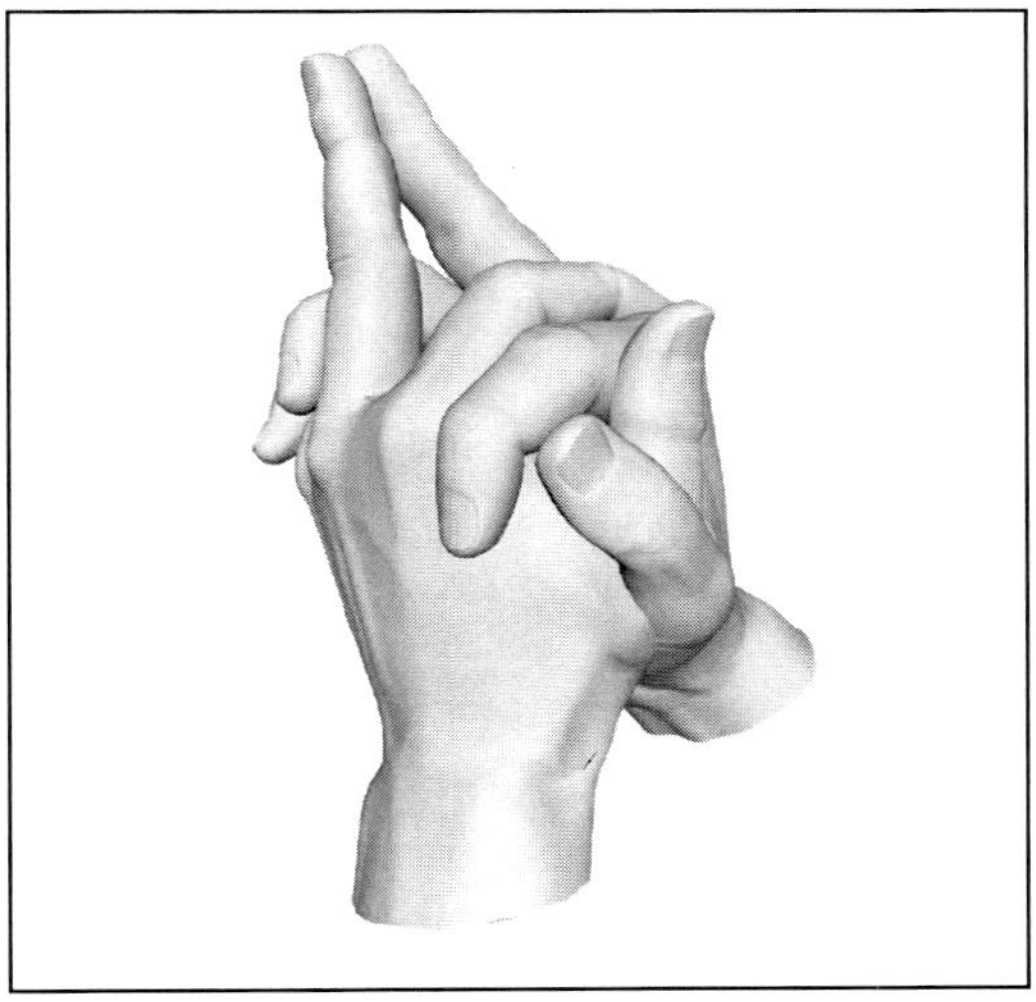

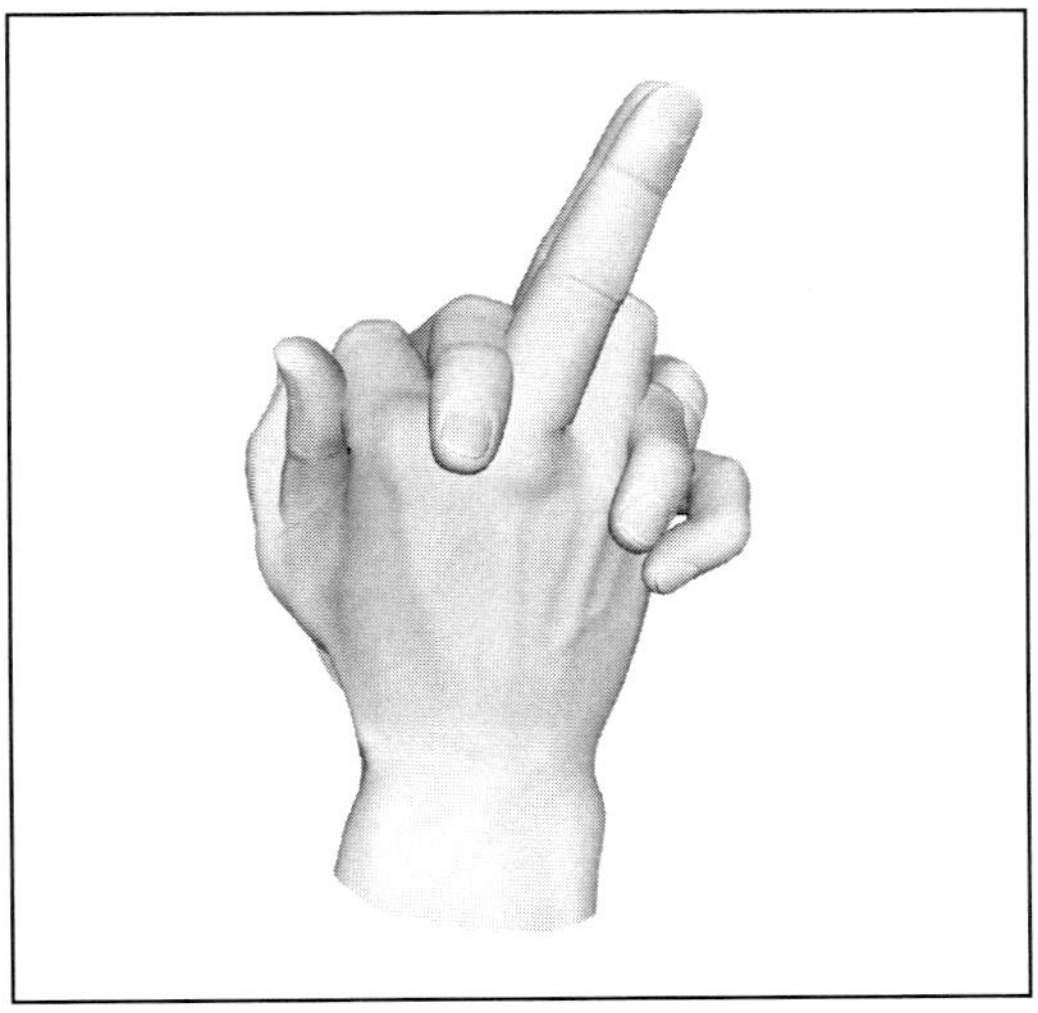

①両手、外縛する。

②両中指を立て合わせ、針のようにする。

※これは独鈷の形である。

※阿閦仏は菩提心をつかさどり、菩提心は生仏不二独一実相であるから、独鈷杵はその義を表す。

※真言は前頁に同じ。

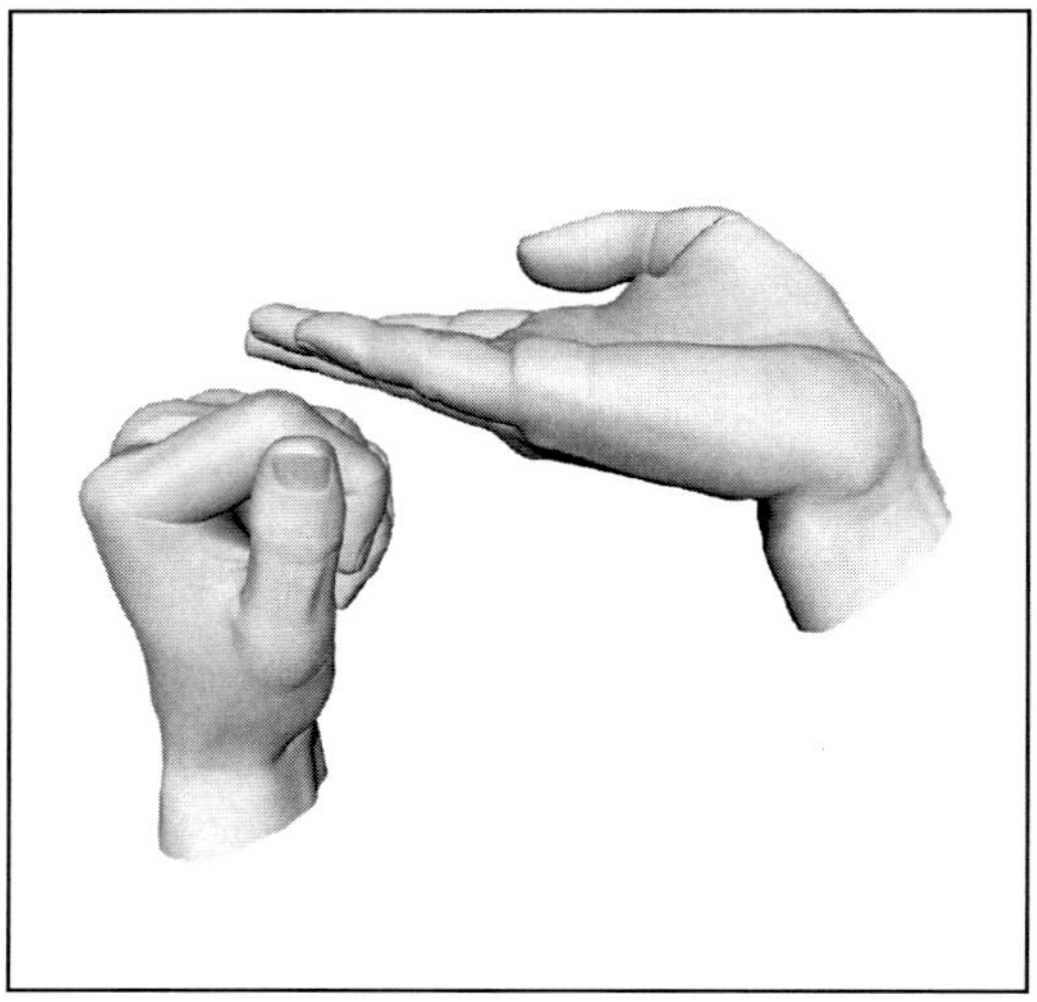

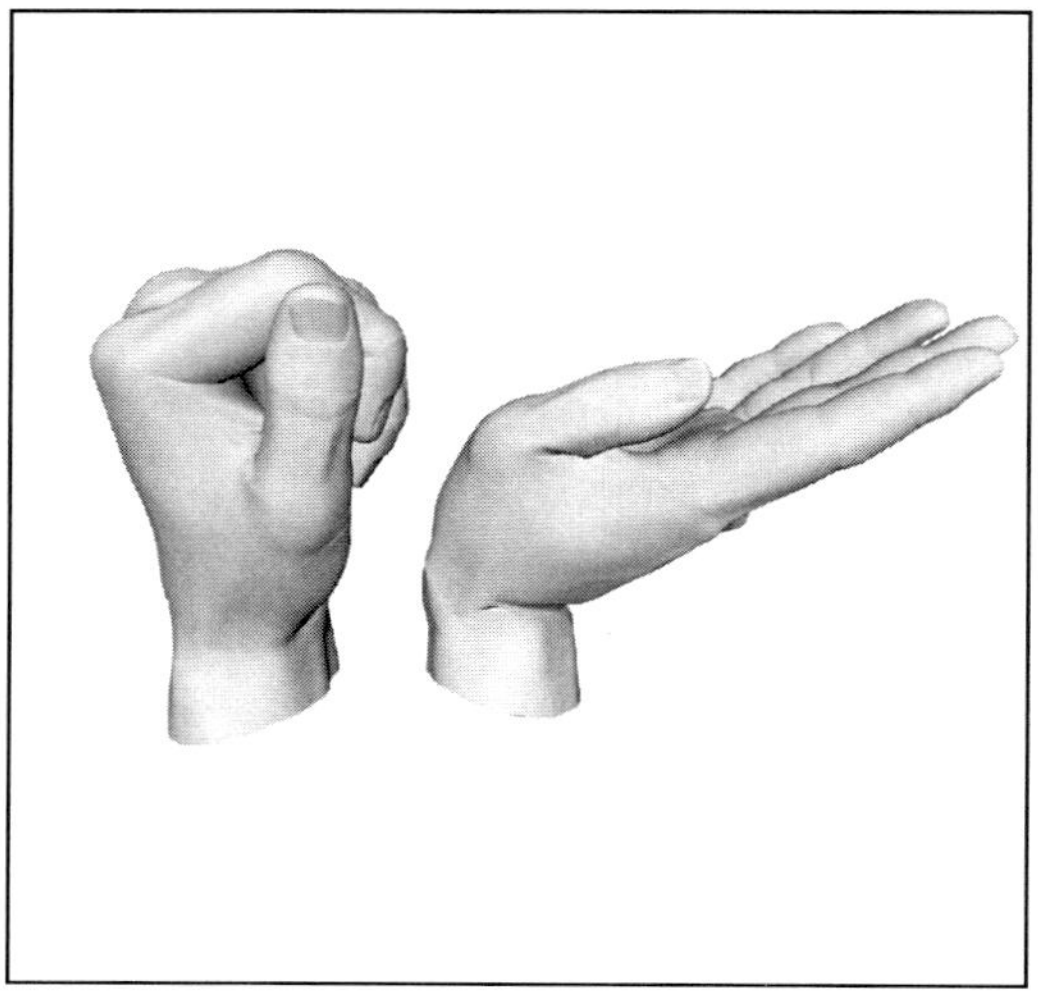

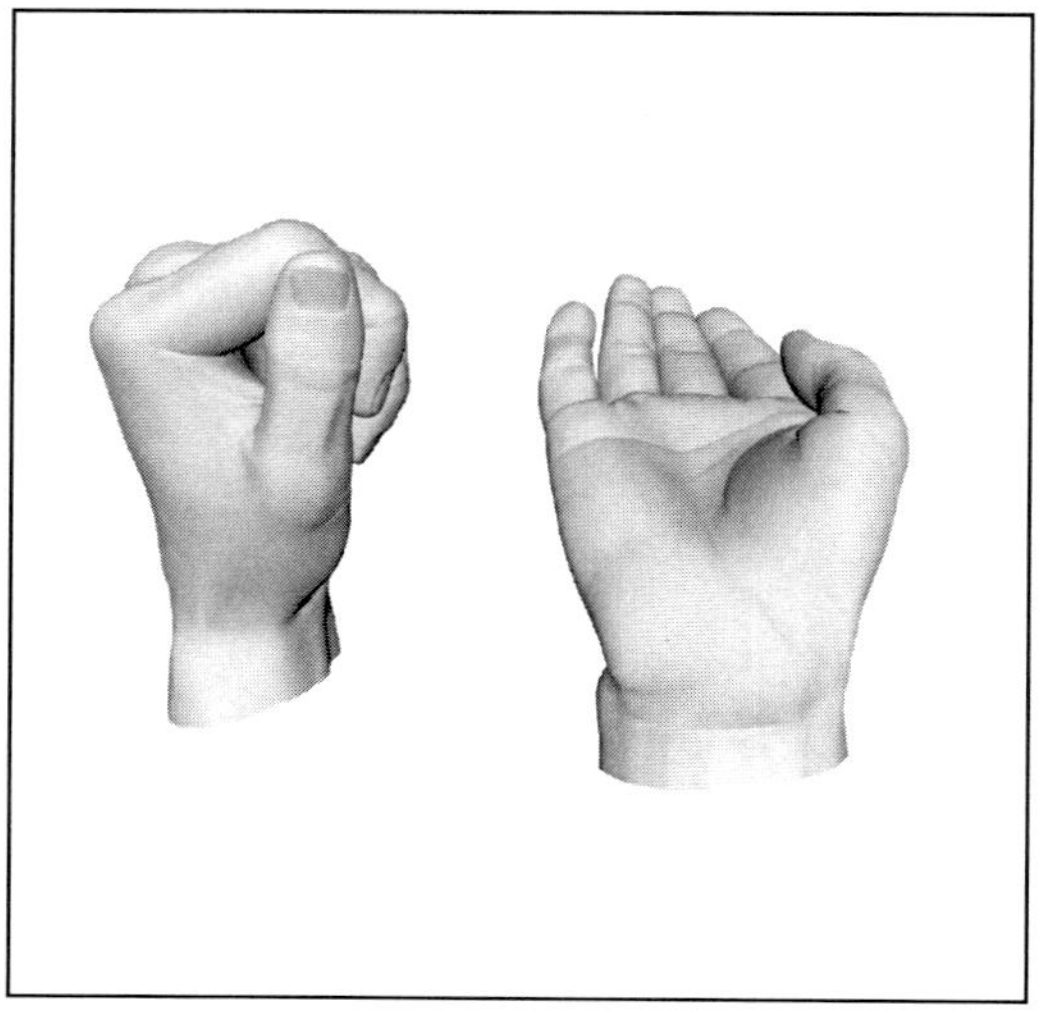

宝《ほう》生《しょう》羯《かつ》磨《ま》印《いん》

①左手、拳にして腰に置く。
②右手は施願の相にする。
※また授所願印、満願印ともいう。
※五指の間から如意珠が雨のように降ると観じる。

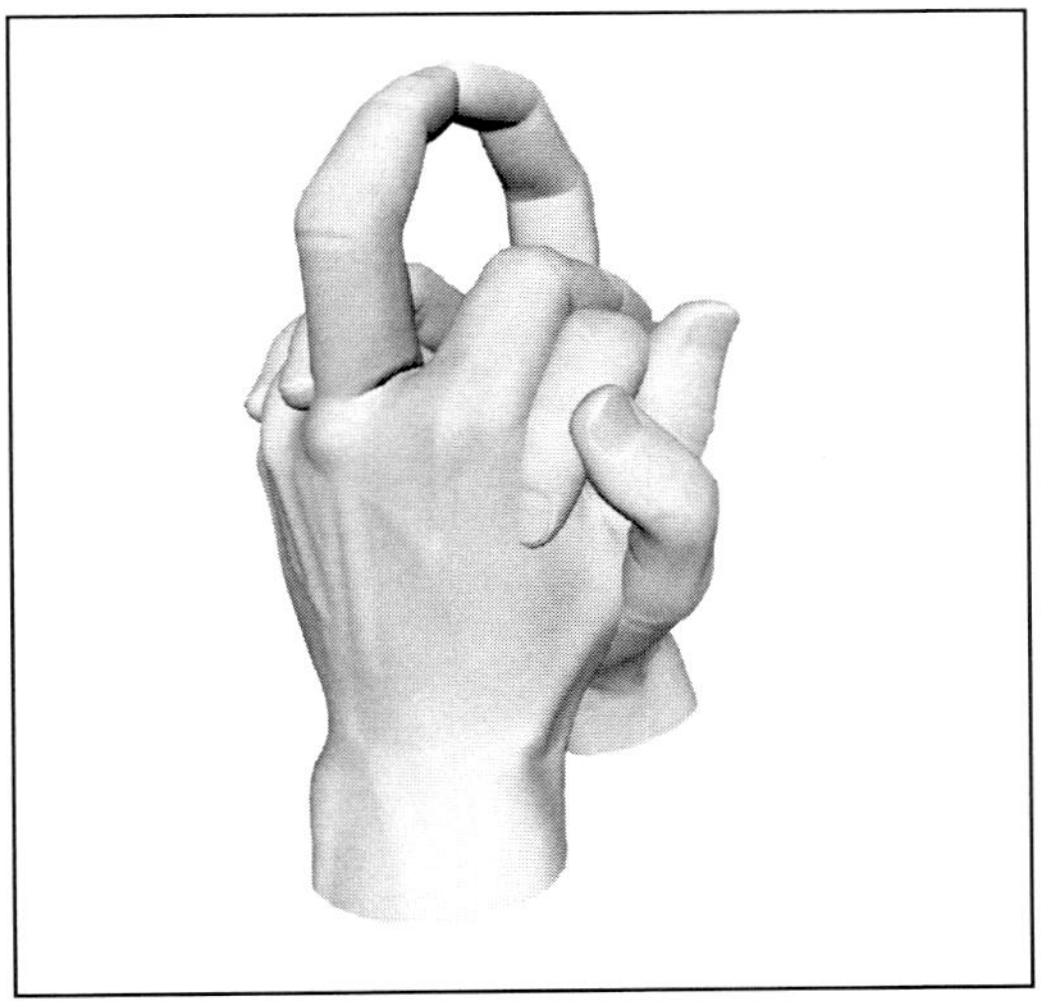

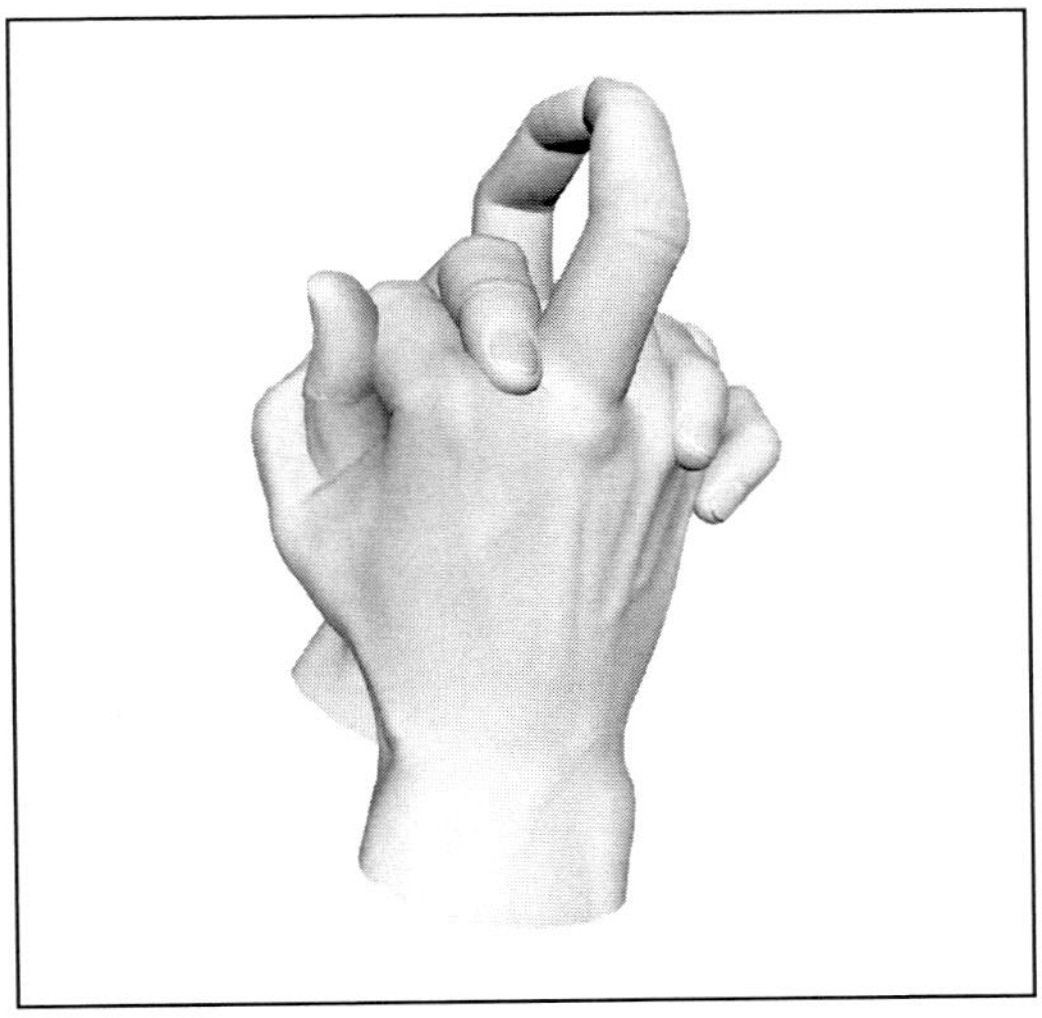

宝《ほう》生《しょう》三《さ》昧《ま》耶《や》印《いん》

①両手、金剛縛する。

②両中指を立て合わせ、宝形のようにする。

※宝珠の印ともいう。

※真言は前頁に同じ。

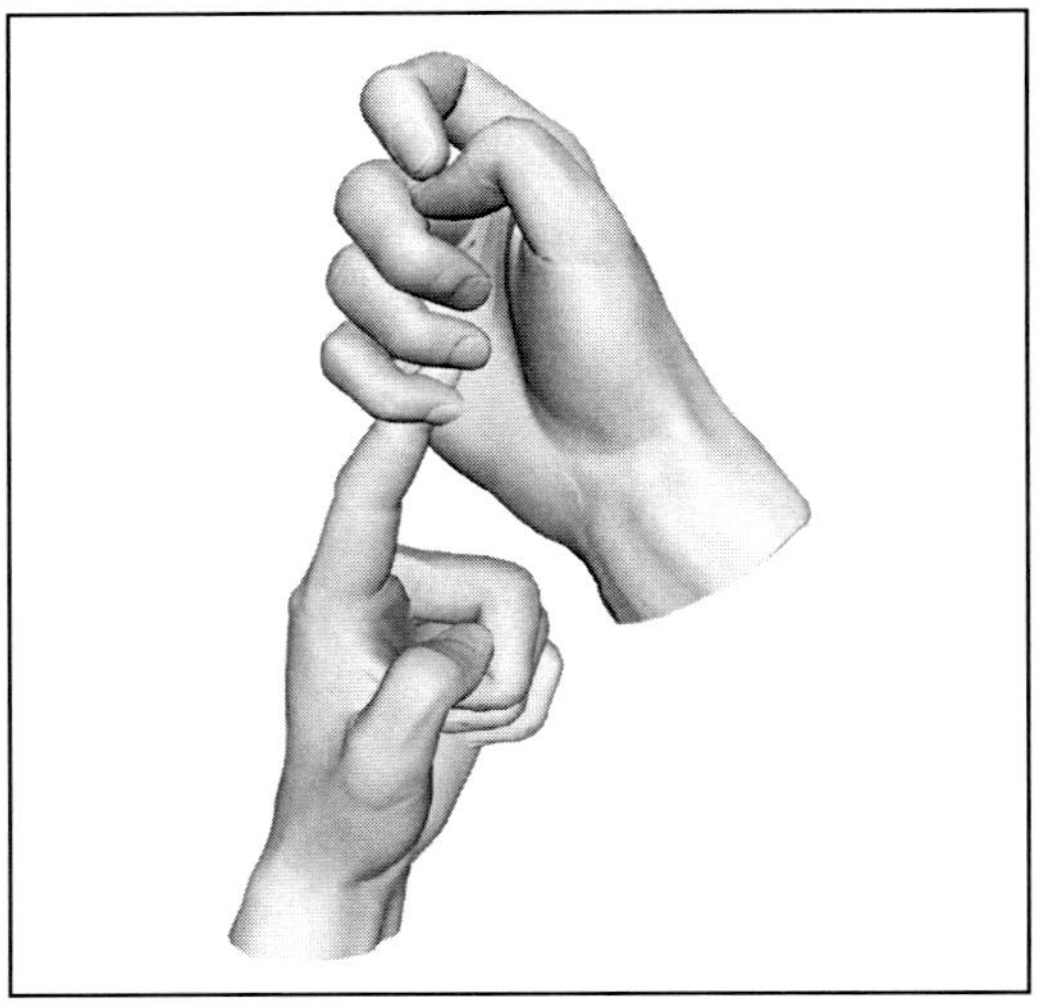

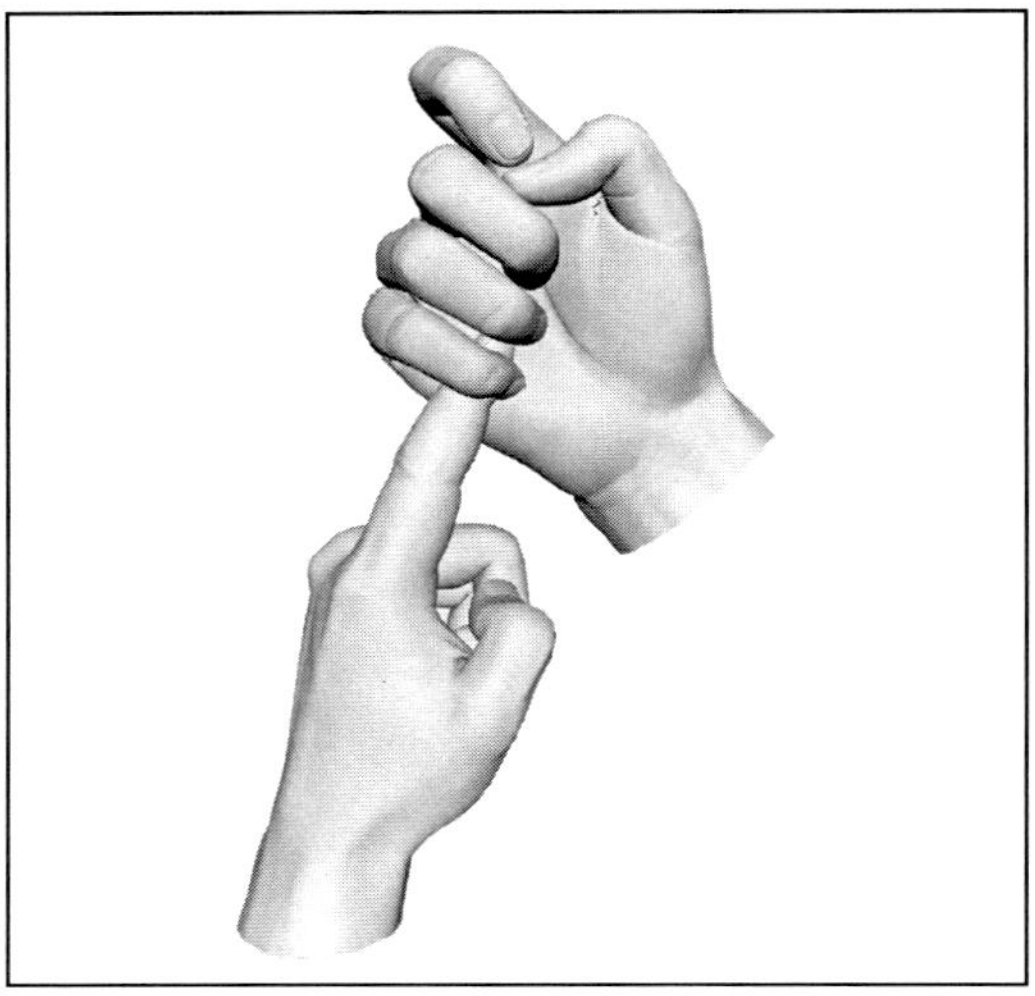

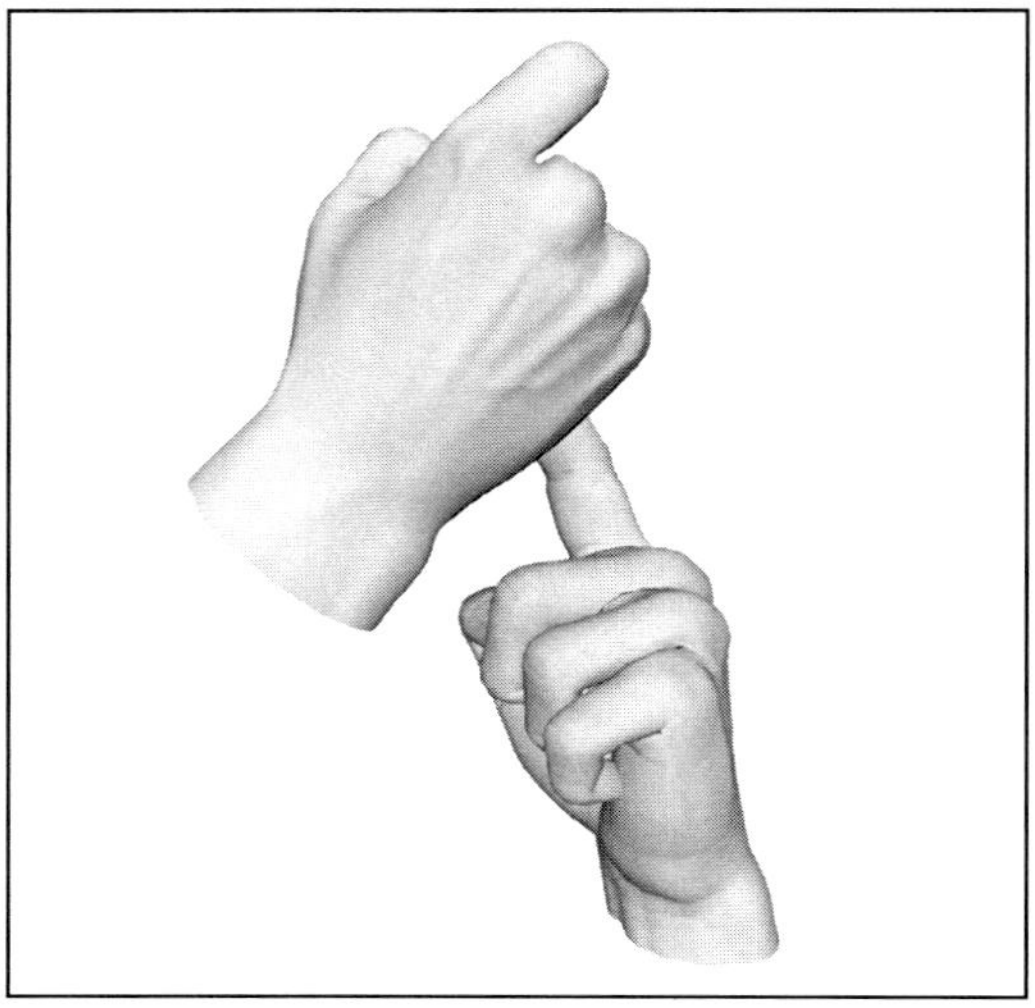

守《しゅ》護《ご》経《きょう》能《のう》与《よ》無《む》上《じょう》菩《ぼ》提《だい》最《さい》尊《そん》勝《しょう》印《いん》

①両手、金剛拳にする。
②左の人差指を伸ばし、右拳の小指で左の人差指の第一節を握る。
③右の人差指の先を右の親指の第一節に置く。
※智拳印（四七頁）に同じ。

能《のう》摧《さい》伏《ぶく》印《いん》

①左手で袈裟の両角を把る。
②右手は指先を地に付ける蝕地印にする。

我思フ神之真言ヲ念誦スベシ
口傳

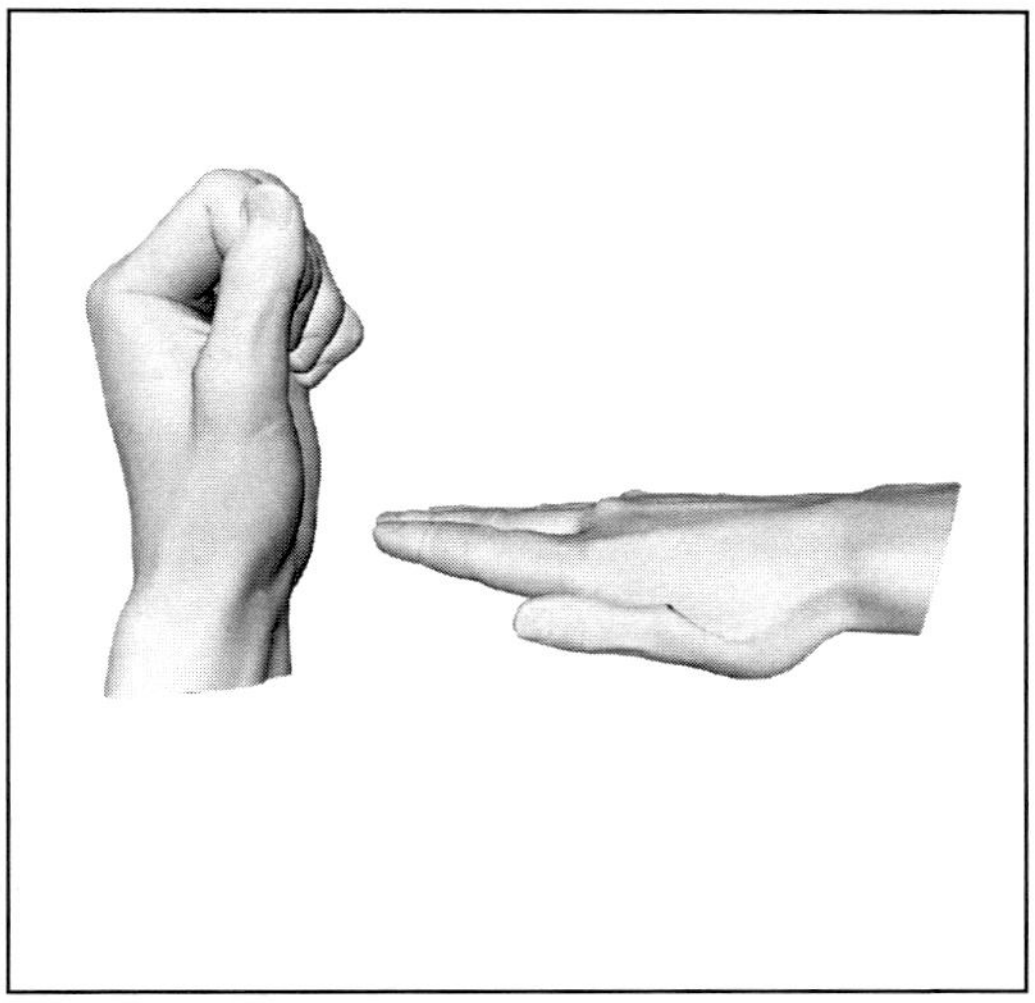

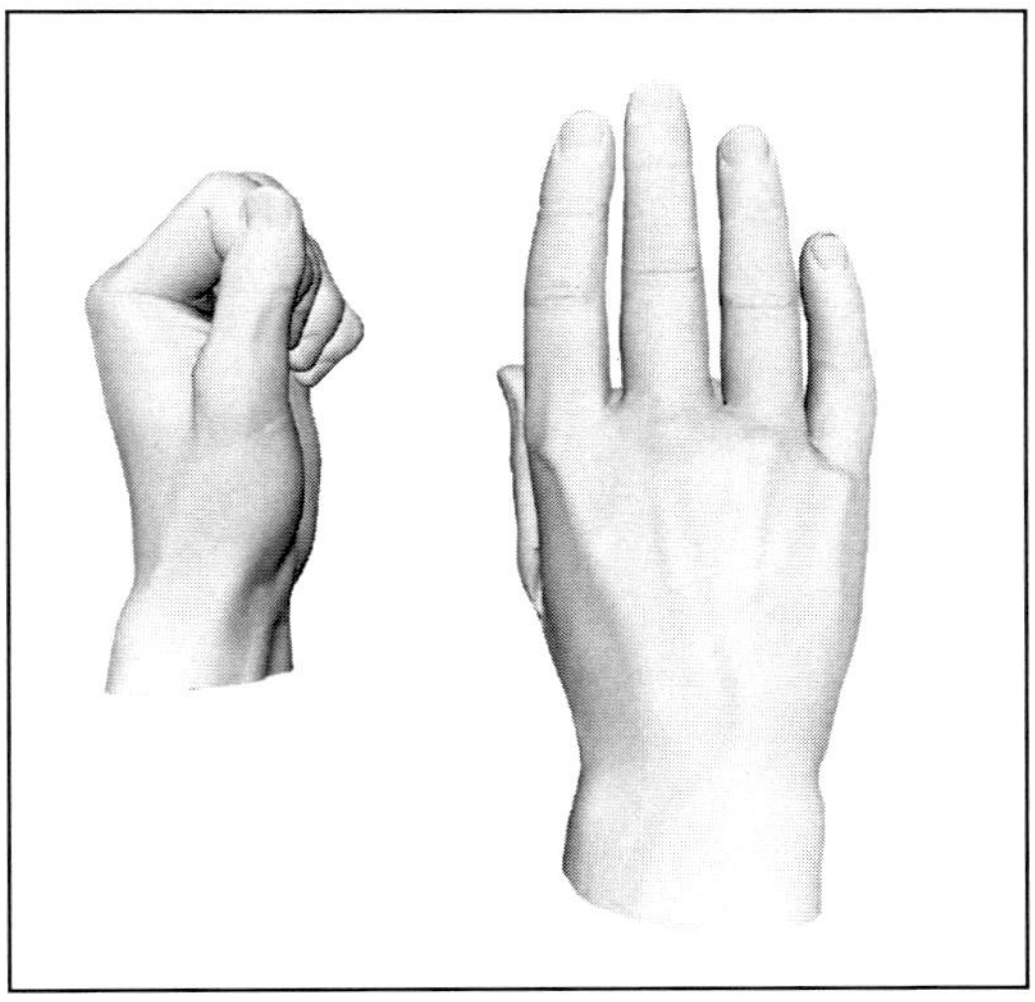

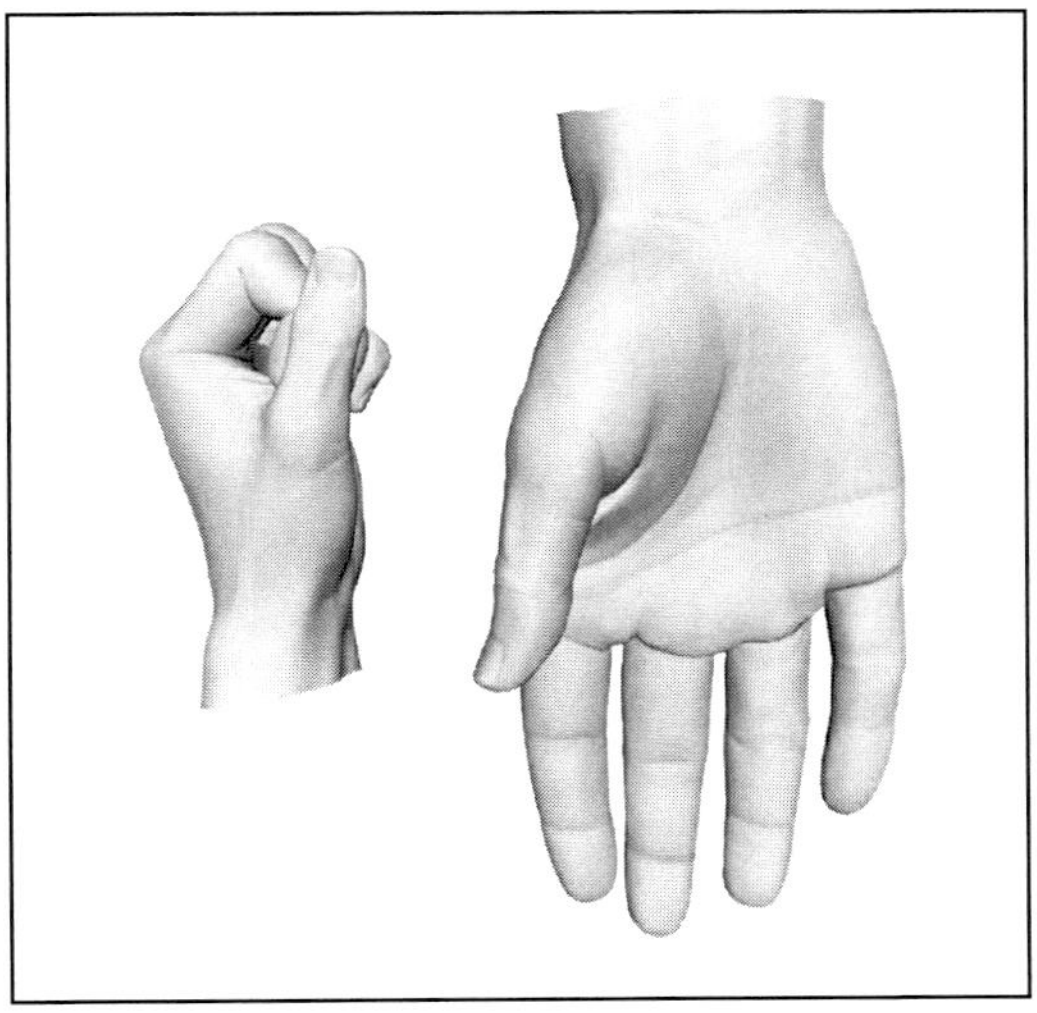

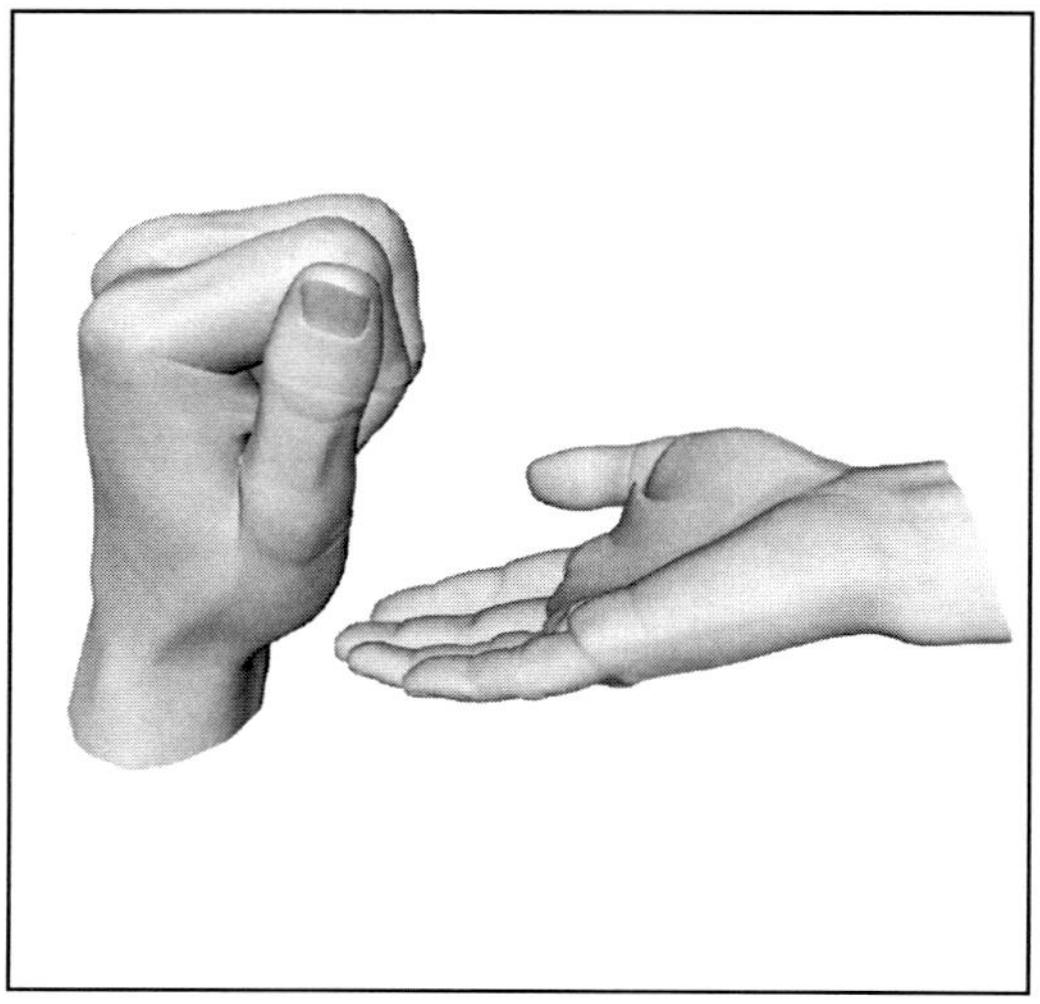

満願印《まんがんいん》

①左手で袈裟の両角を把る。
②右手は掌を仰向ける（与願印）。

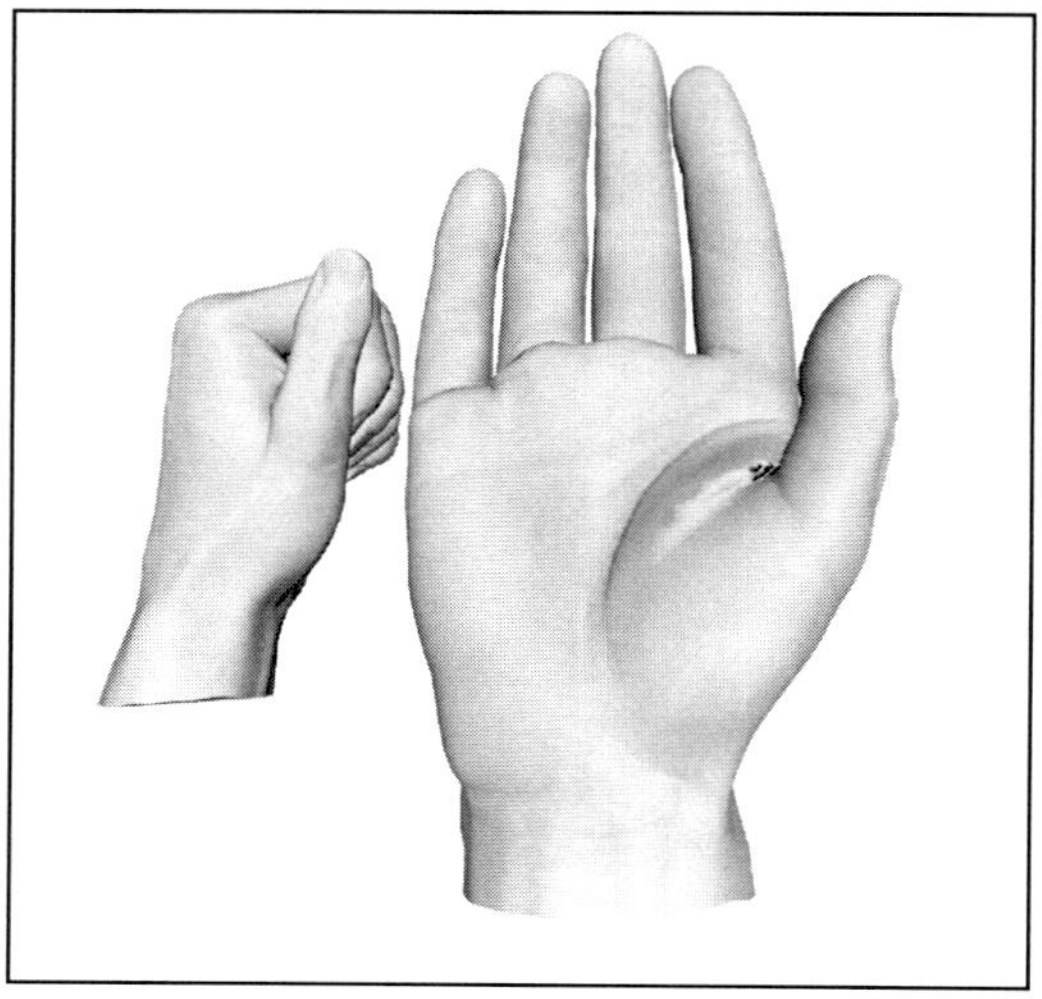

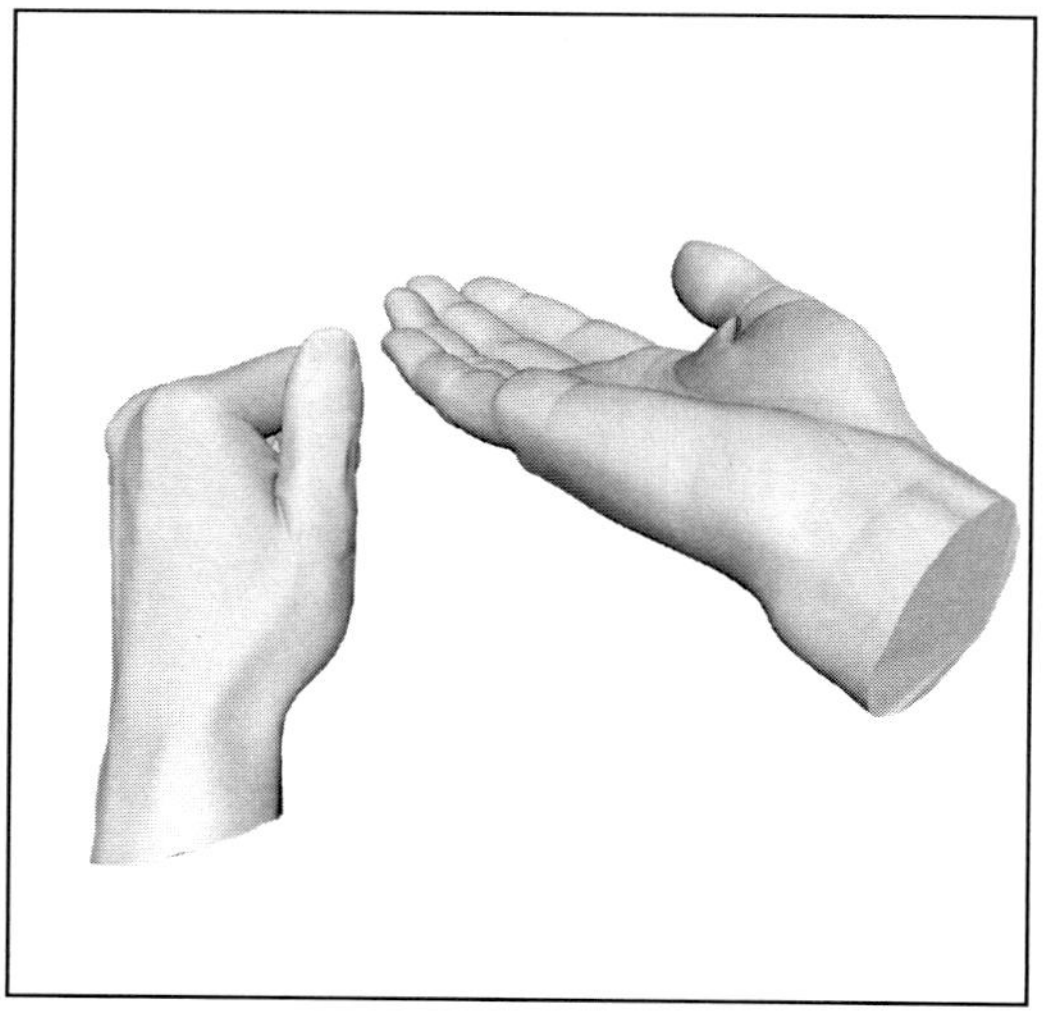

最《さい》勝《しょう》三《さん》昧《まい》印《いん》

①膝の上に左手の掌を仰むけにする。
②右手の掌を仰けて、その上に乗せる。
③両親指の先を付け合わせる。
※薬師法界定印（三〇頁）に同じ。

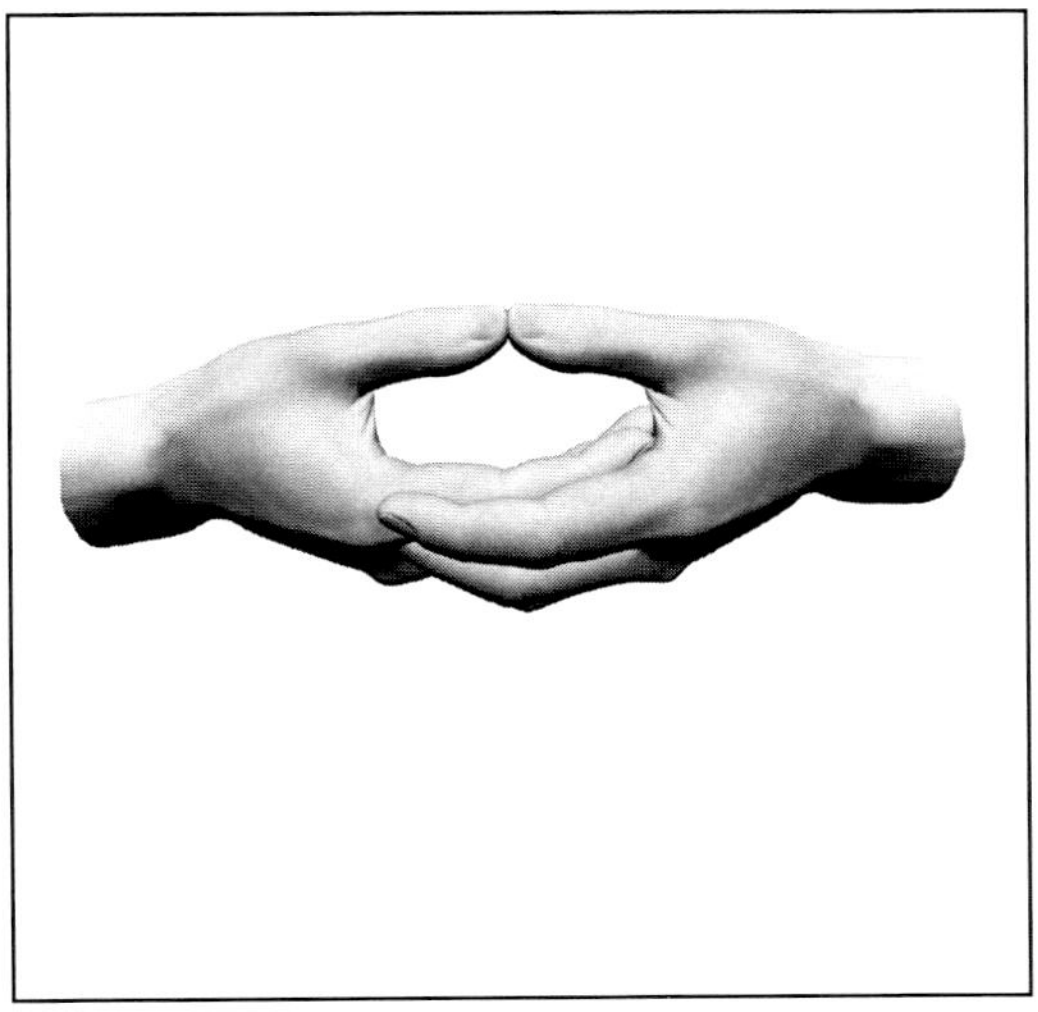

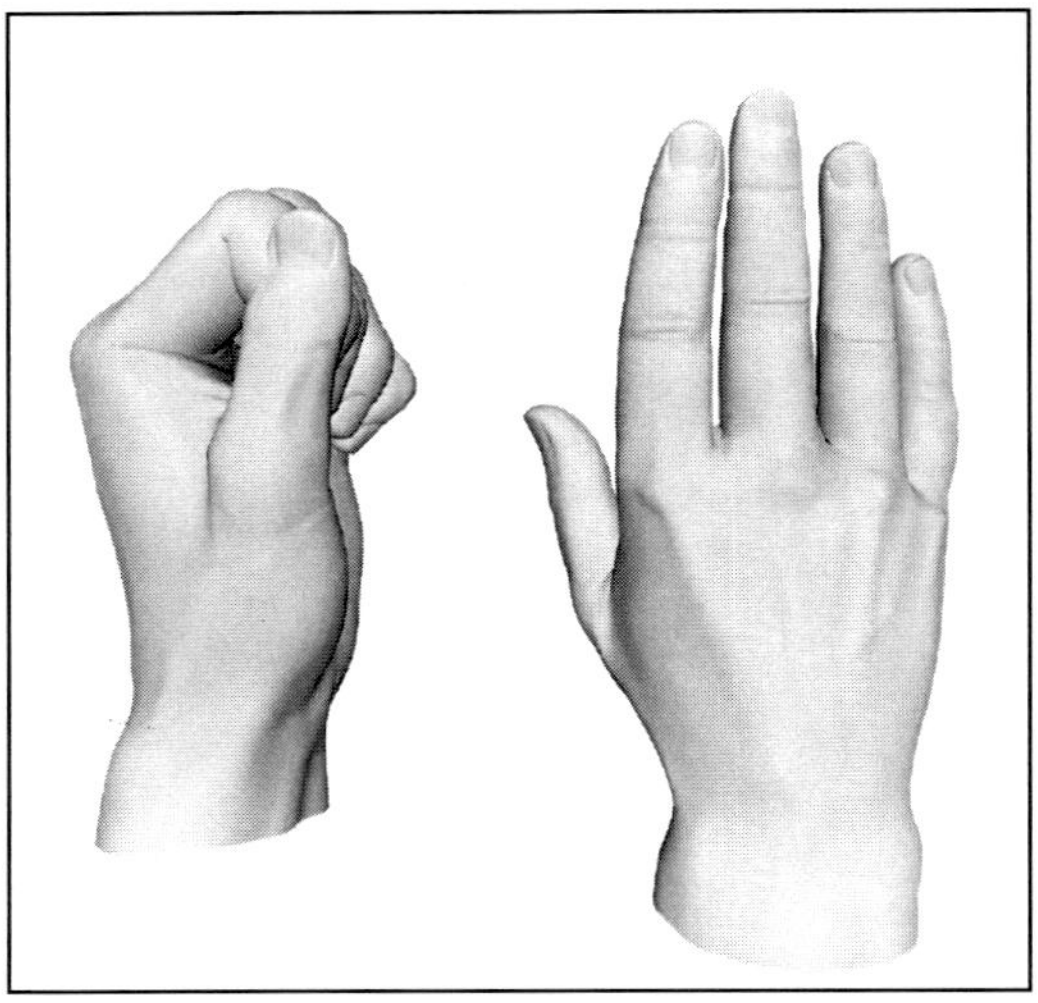

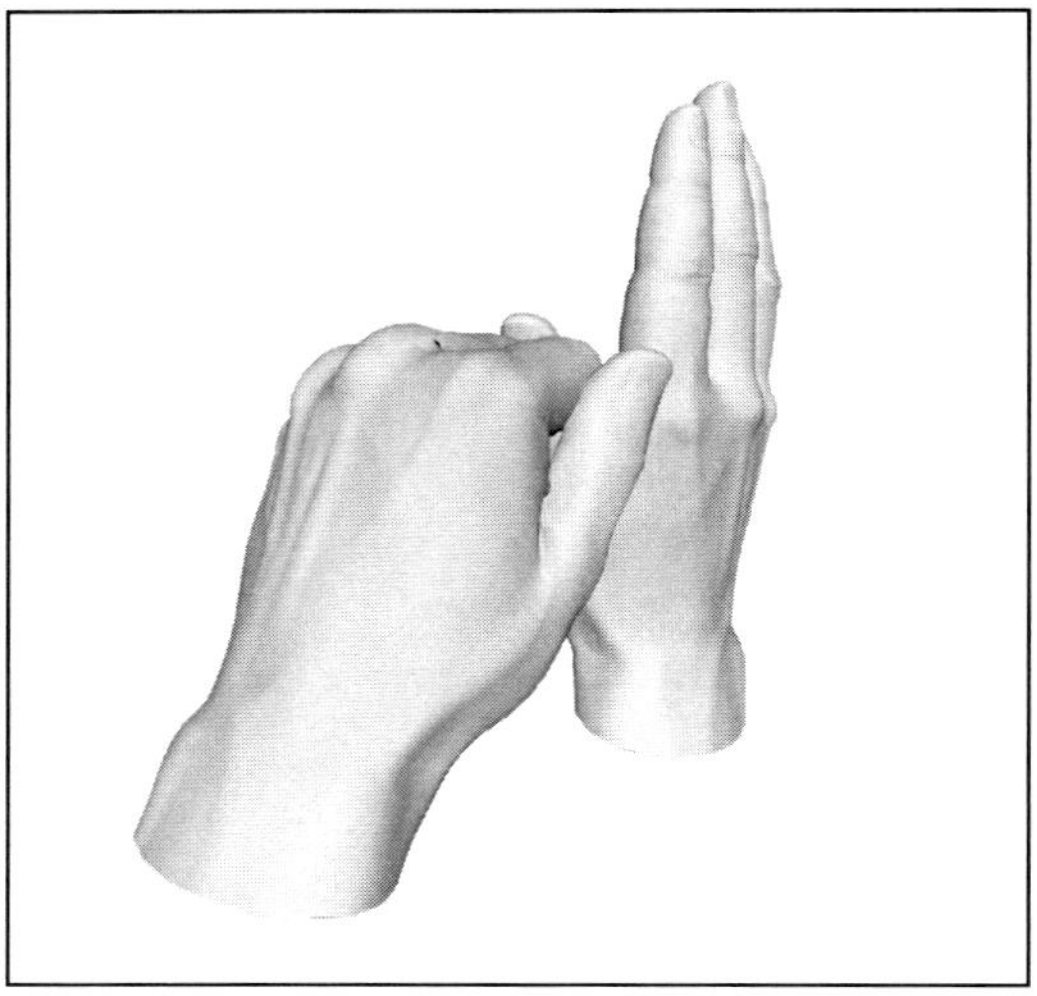

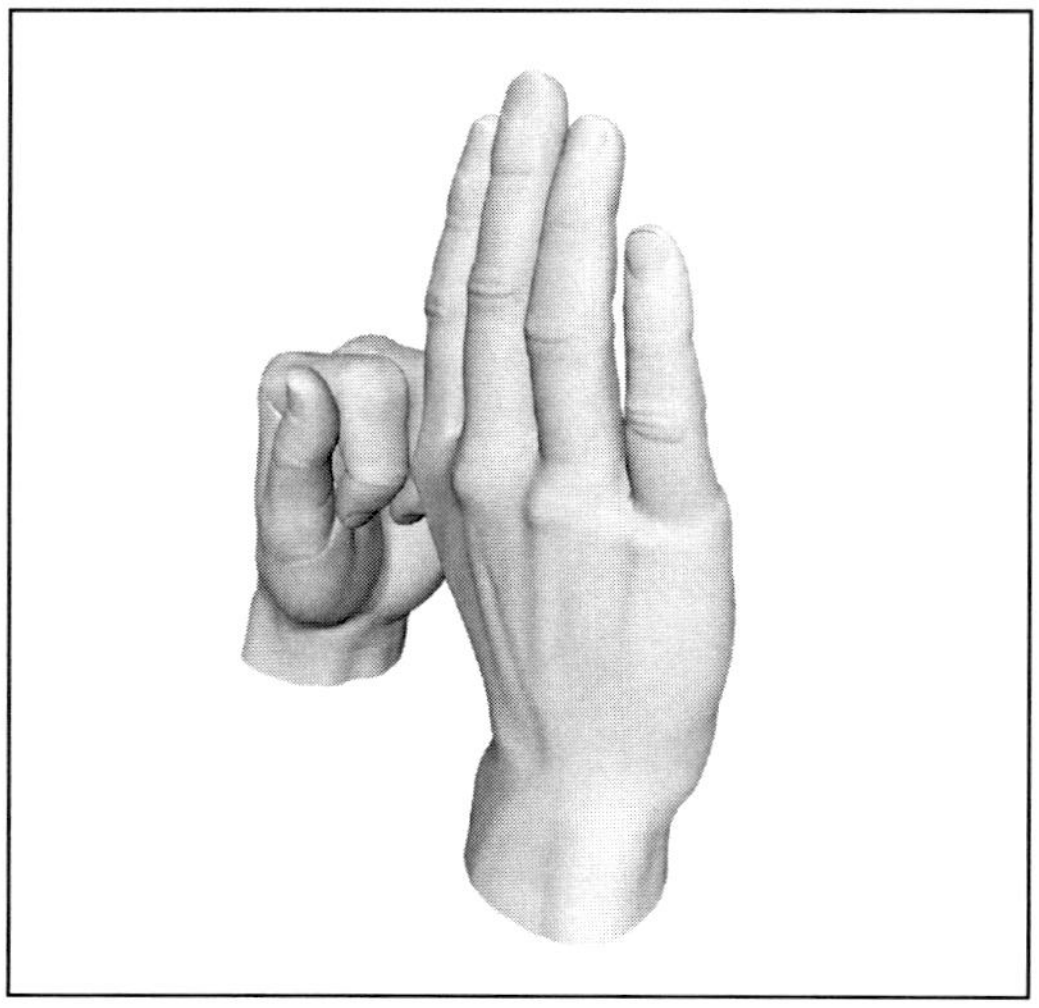

施《せ》無《む》畏《いい》印《いん》

①左手は袈裟の両角を把る。

②右手は掌をひろげ、五指を伸ばして立てる。

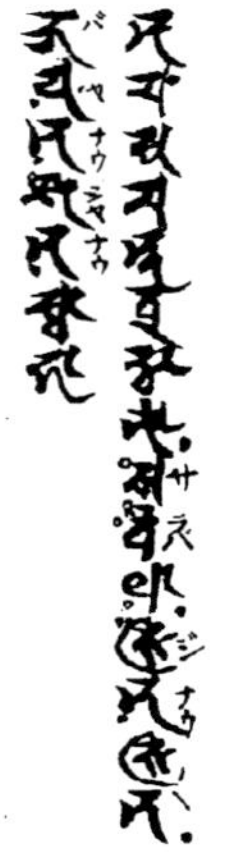

大《だい》日《にち》自《じ》在《ざい》契《けい》

①両手、外縛する。
②両中指を立て、指先を付け合わせる。
③両人差指を立て、中指の背に回し、第一節に付ける。

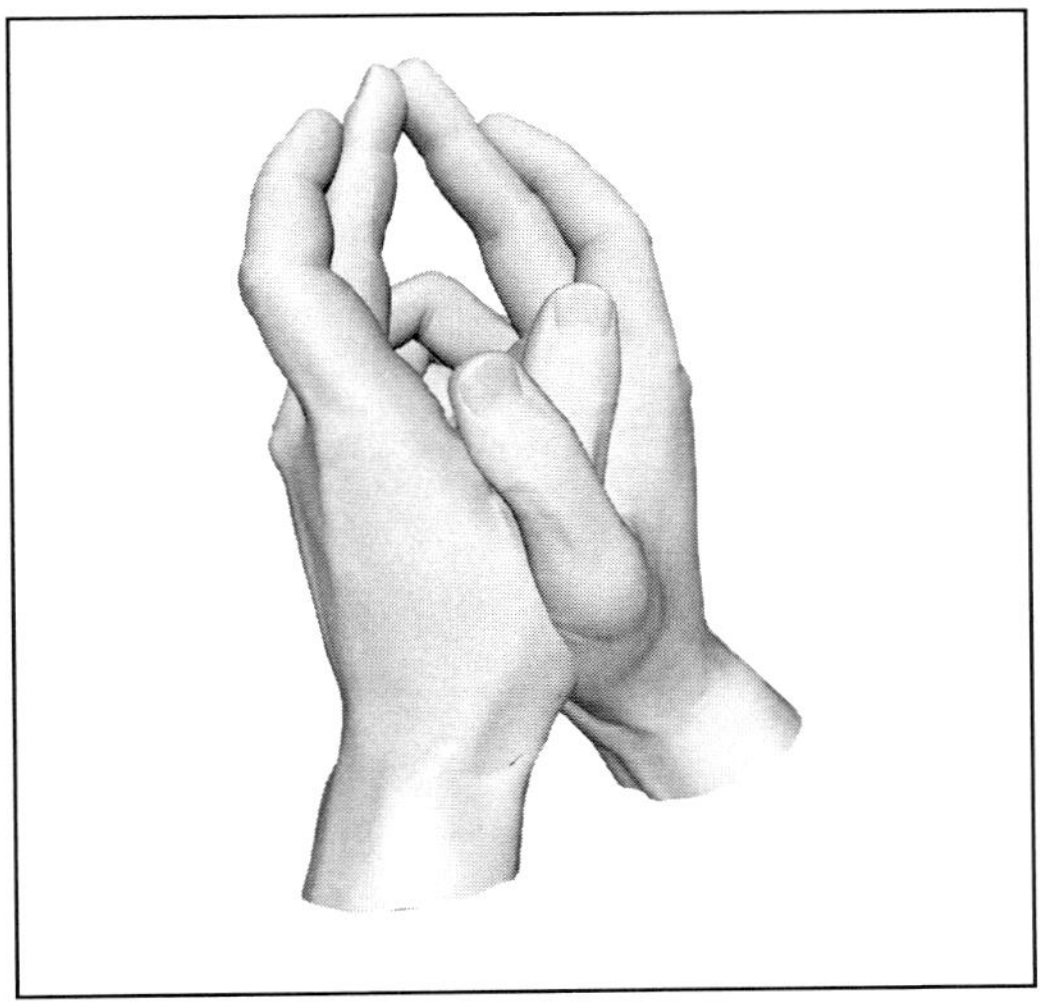

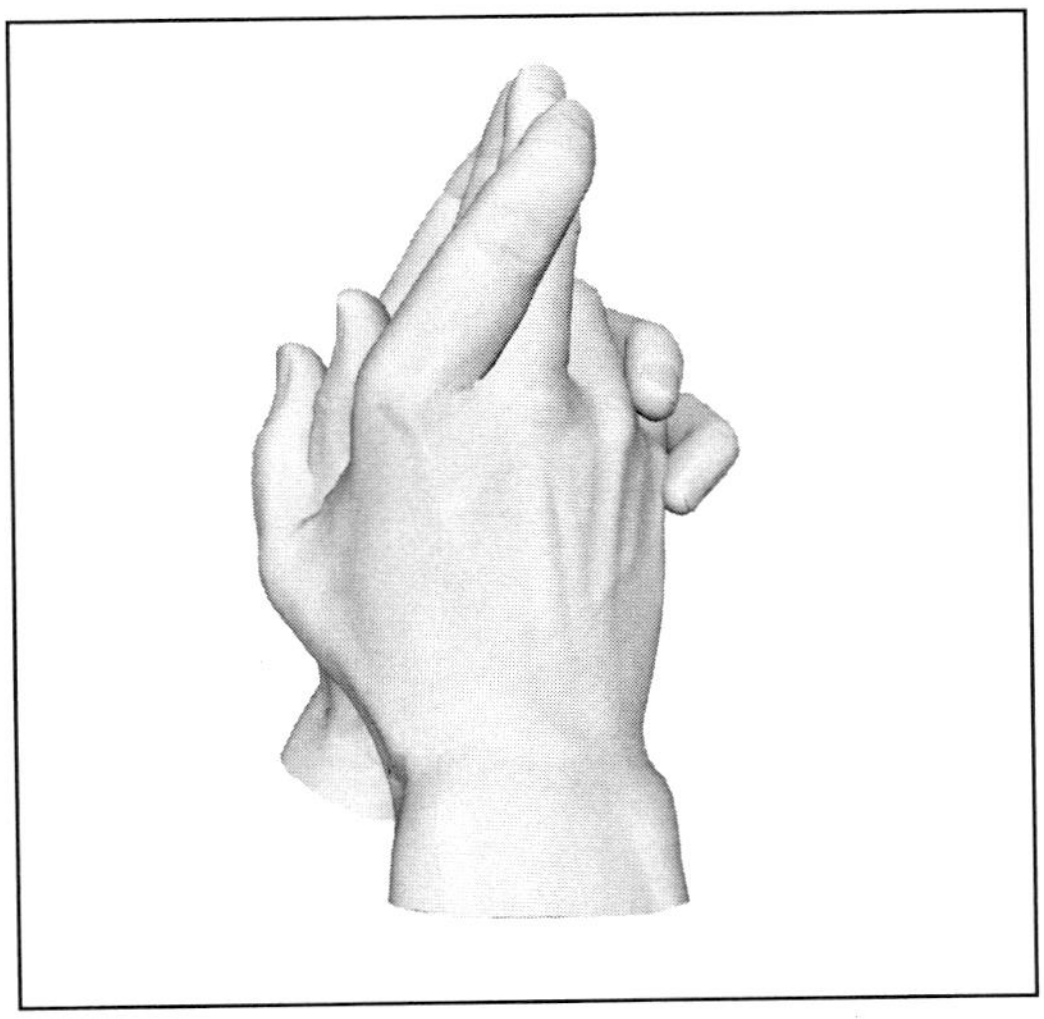

宝楼閣経《ほうろうかくきょう》根本印《こんぽんいん》

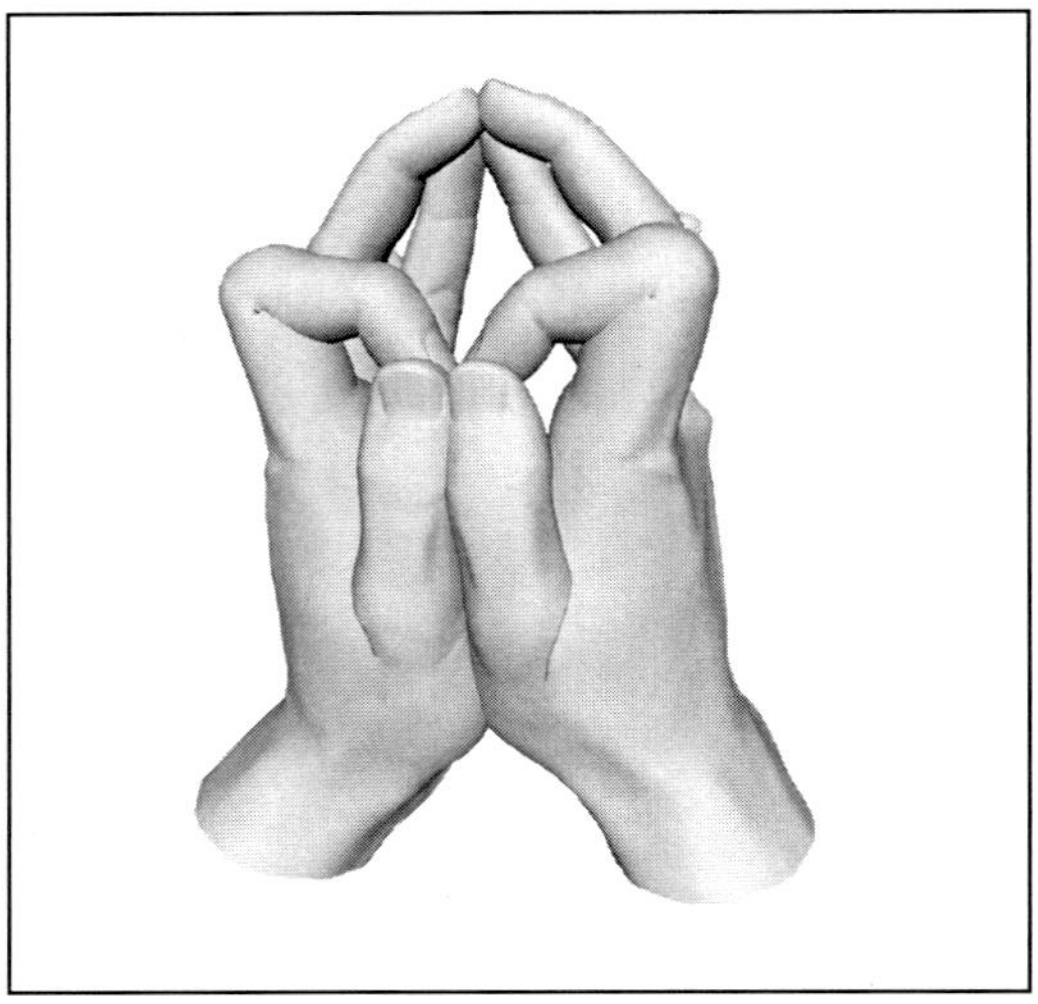

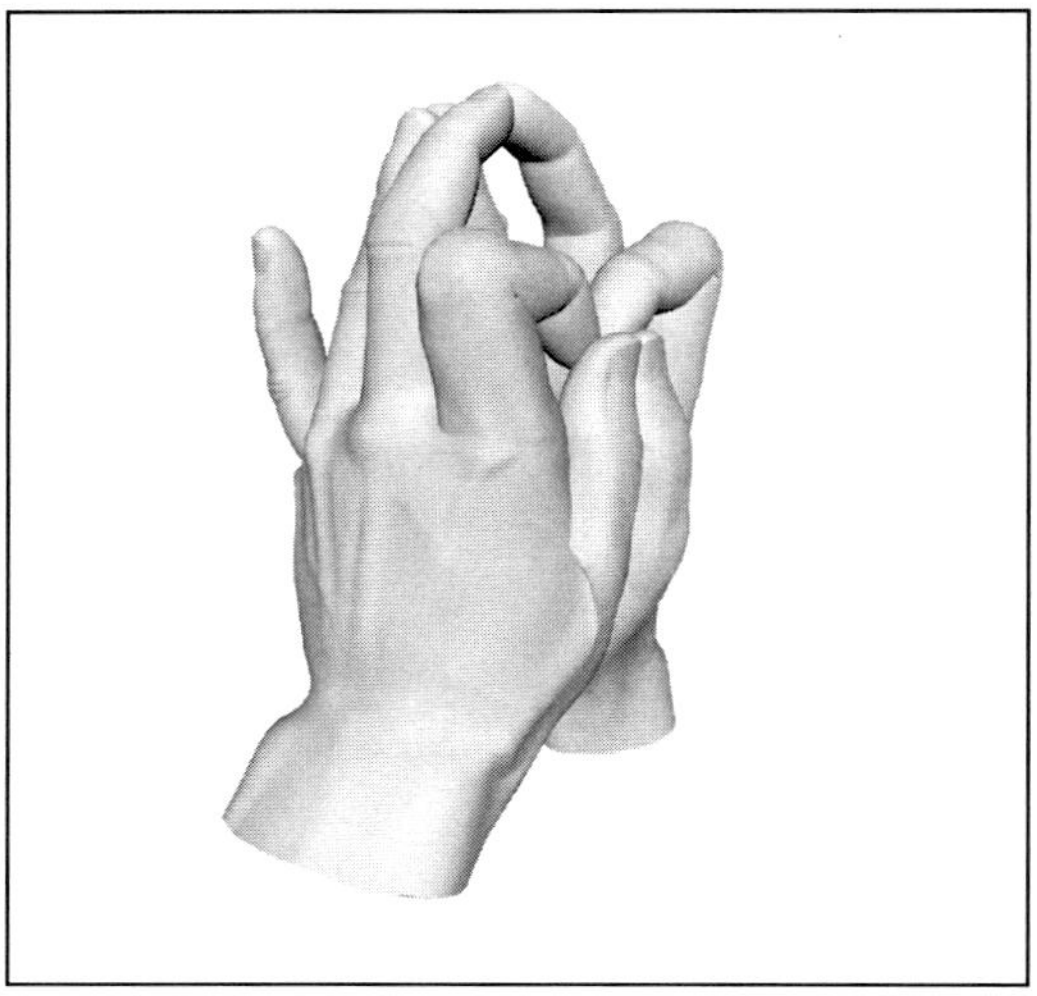

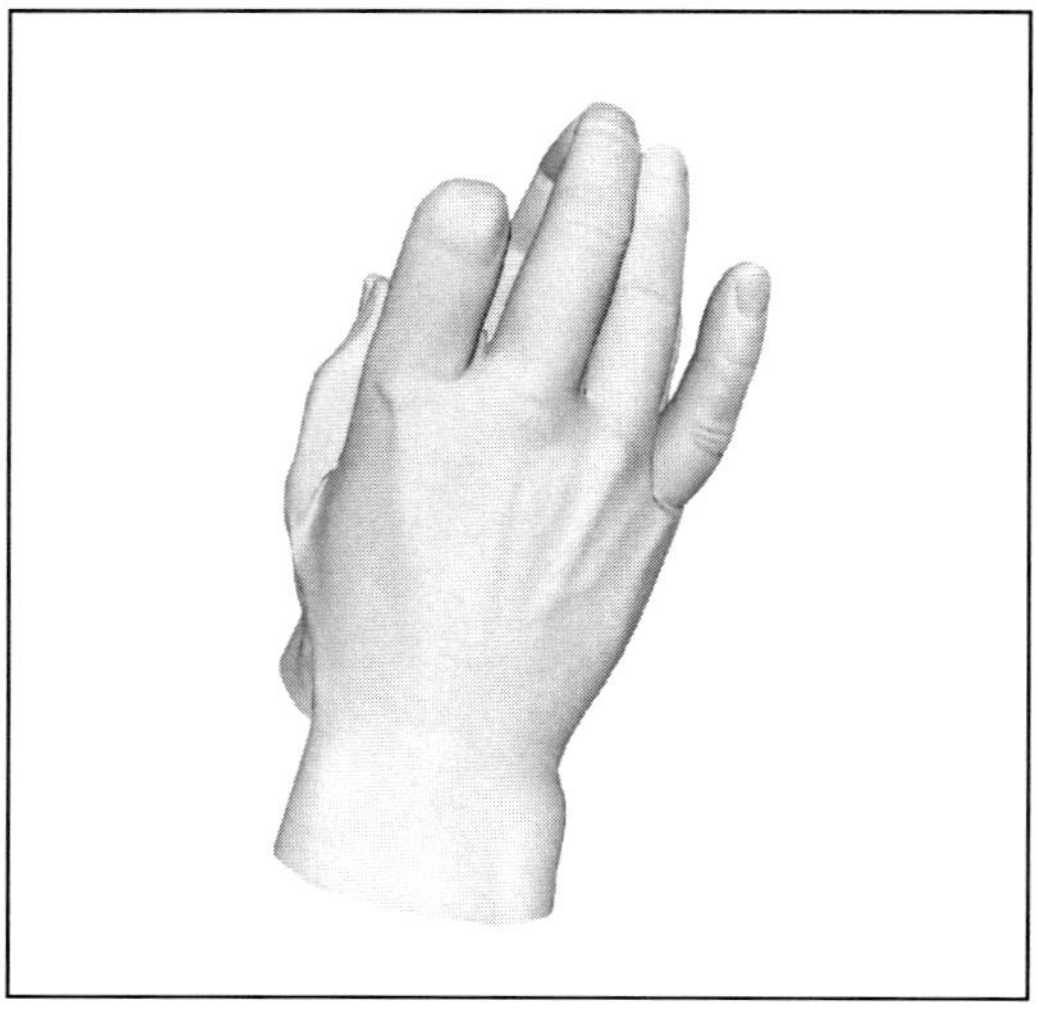

①両手、虚心合掌をする。

②両人差指屈して両親指の先と付け合わせ、環にする。

③両中指は屈して宝形のようにする。

④薬指は独鈷のように伸ばして先を付け合わせる。

⑤両小指は開きたてる。

※これは刀印、大慧刀印ともいう。

※仏の在す宝楼閣を表し、開眼にも用いる。

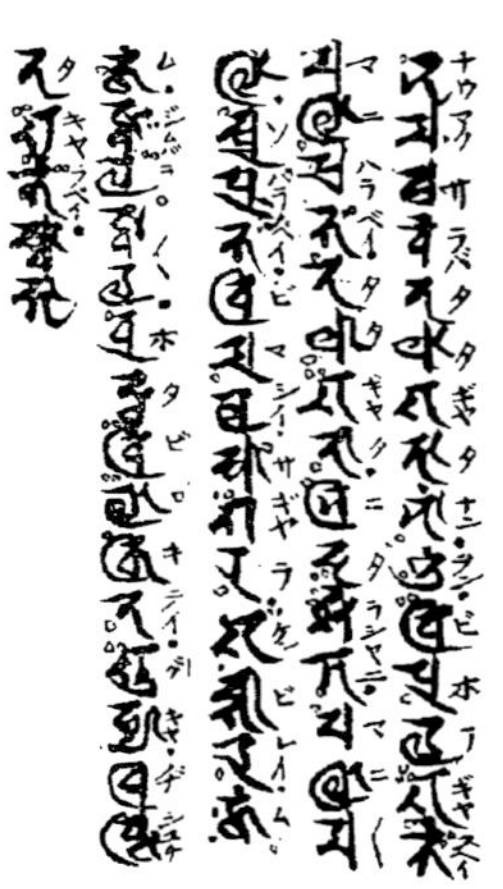

宝楼閣経心印《ほうろうかくきょうしんいん》（亦名安慰印《またあんいのいんとなづく》）

①右手を仰向け、胸前に置く。
②薬指を屈して、親指と相捻じる。
③他の三指は伸ばす。
④右印で胸を覆う。
⑤左手も同様にして、膝の上を覆う。
※安慰の印ともいう。

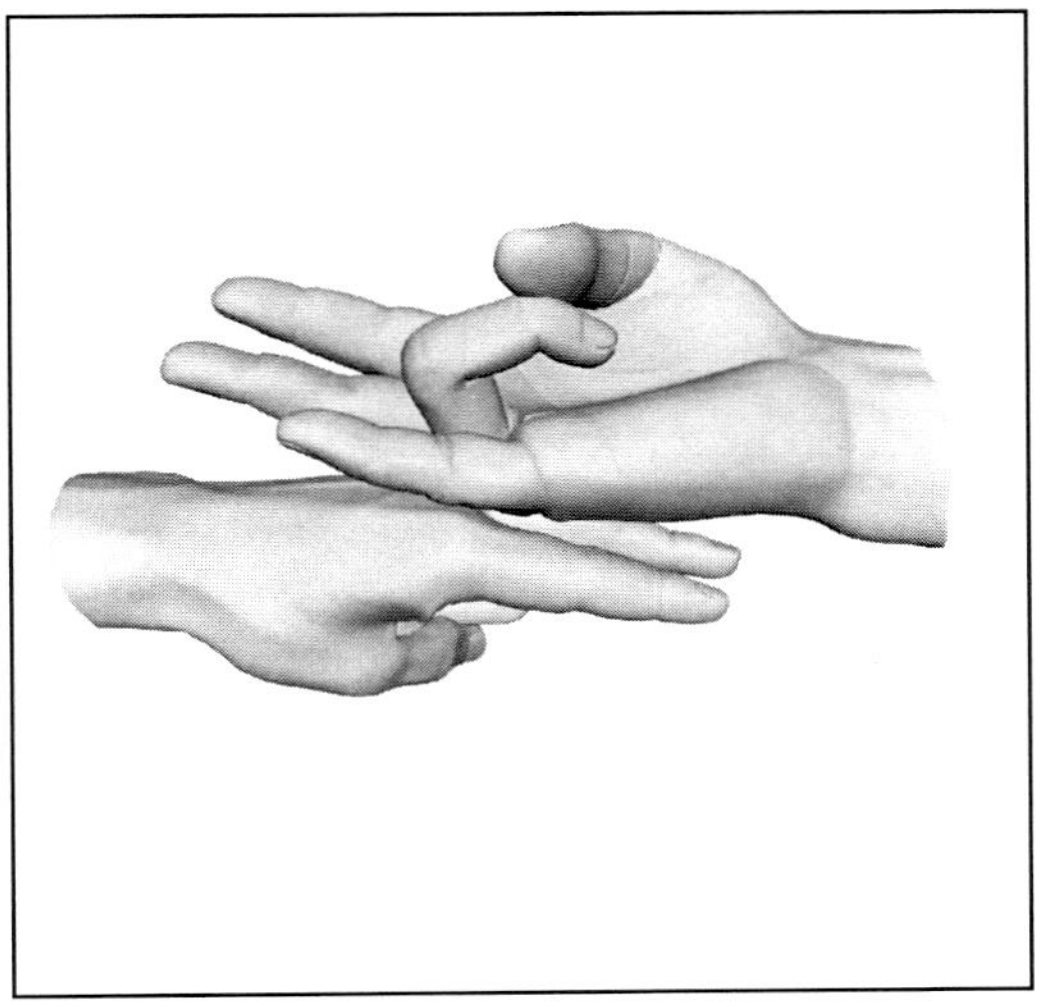

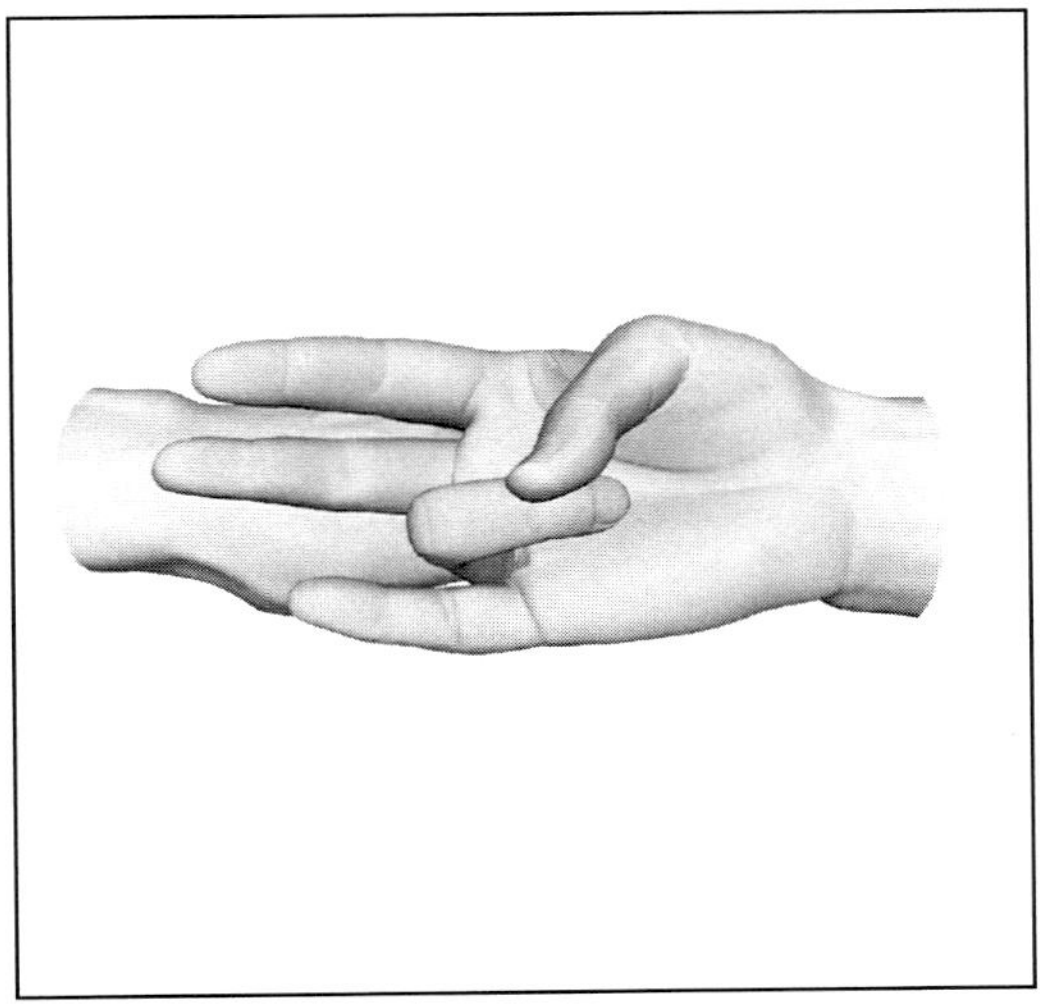

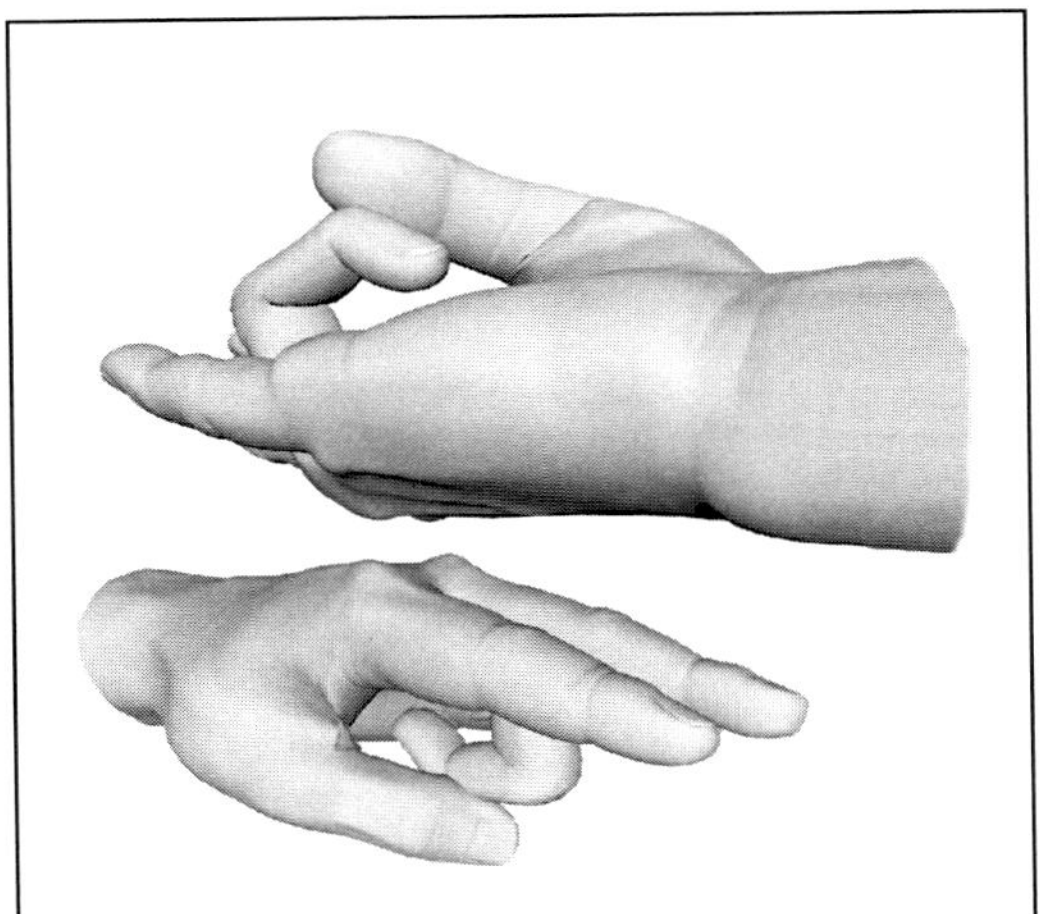

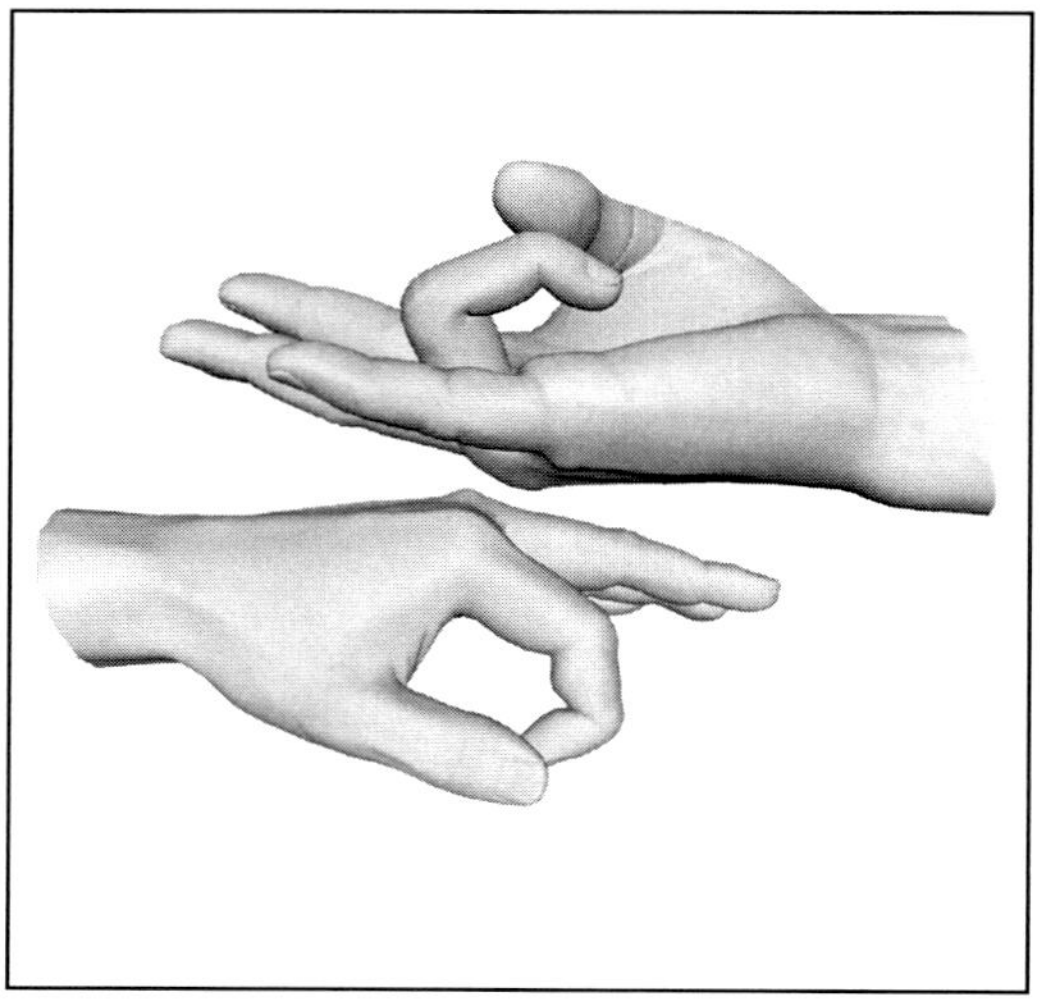

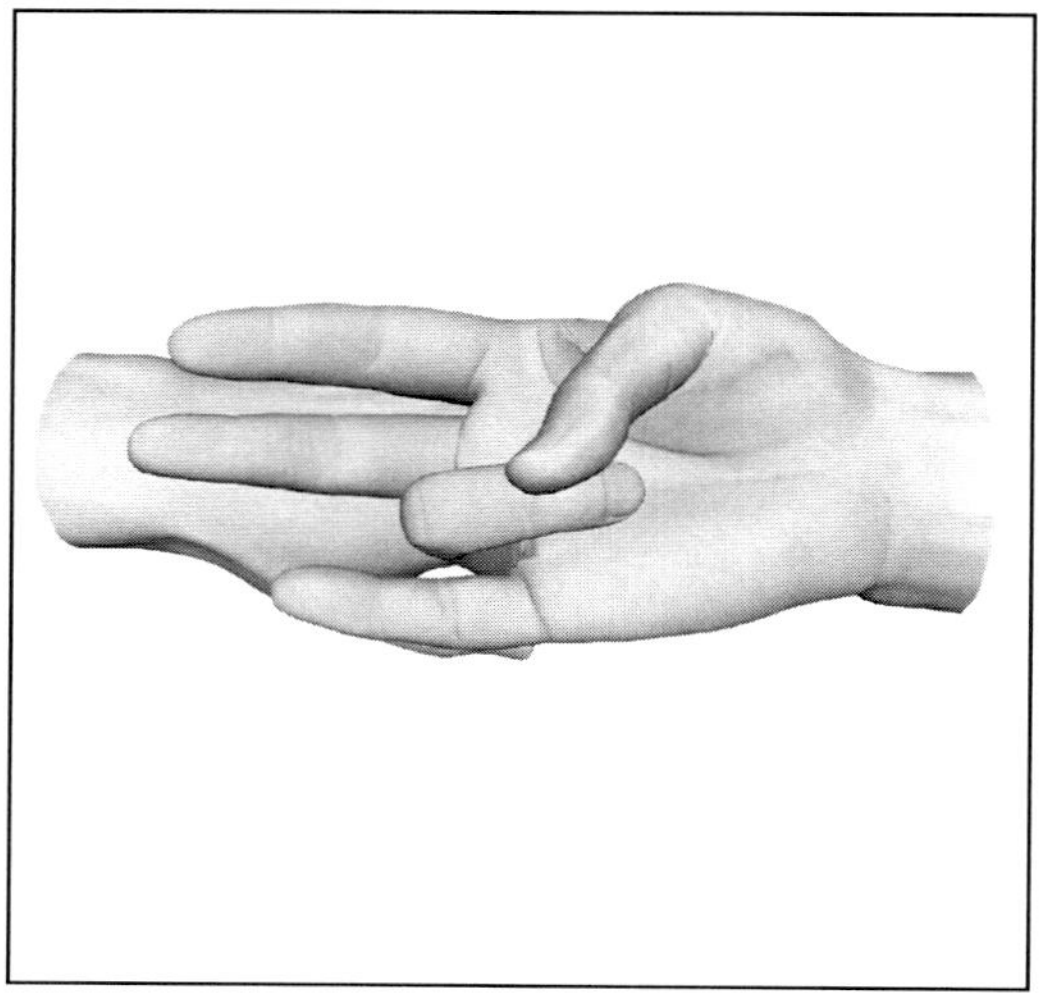

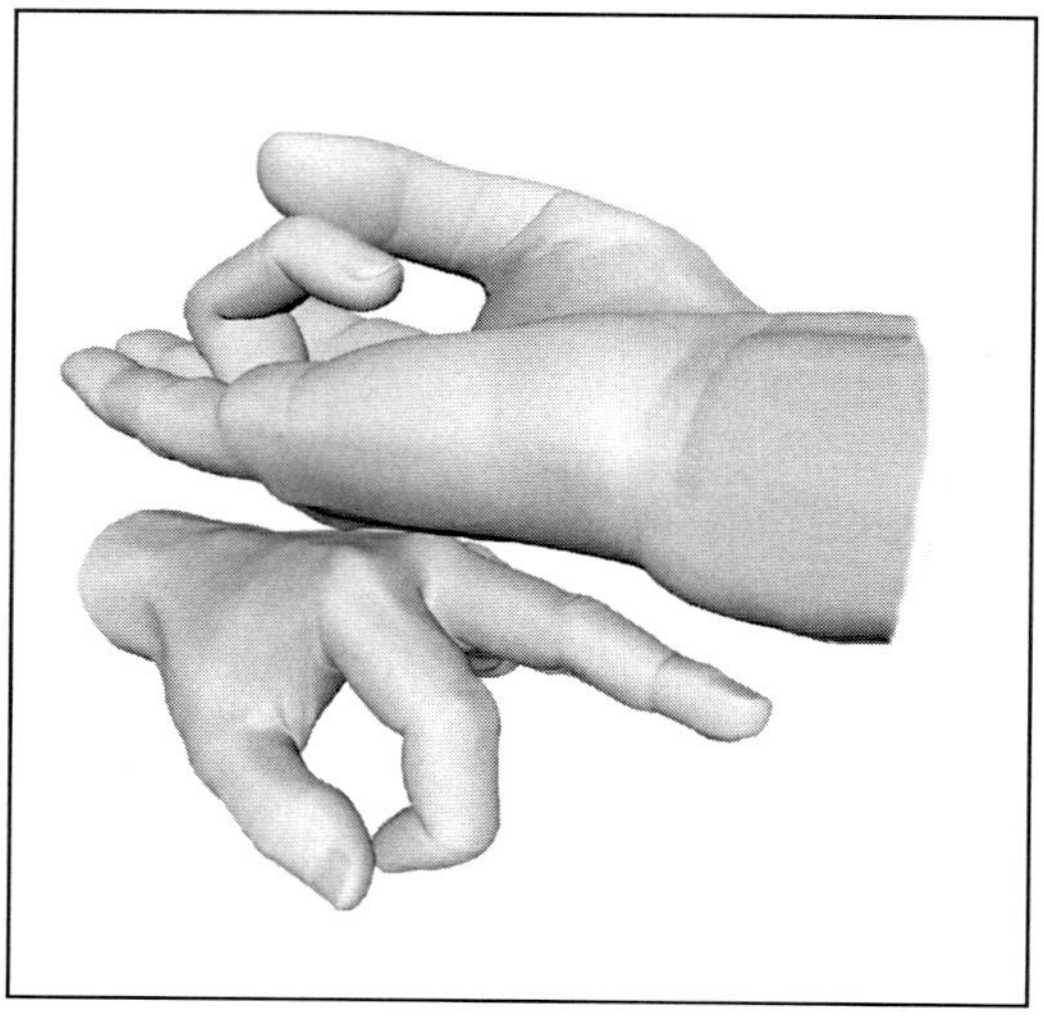

宝《ほう》楼《ろう》閣《かく》経《きょう》随《ずい》心《しん》印《いん》

①右手を仰向け、胸前に置く。
②薬指を屈して、親指と相捻じる。
③他の三指は伸ばす。
④右印で胸を覆う。
⑤左手は親指と人差指を捻じ、他の三指は伸ばし左膝の上に置く。
※この印は一切の罪を滅し、一切の煩悩を祓い、仏菩提を得るとされる。

金《こん》剛《ごう》手《しゅ》菩《ぼ》薩《さつ》

①両手、虚心合掌する。

②両中指を、右を手前にして屈する。

③両小指は開き立てる。

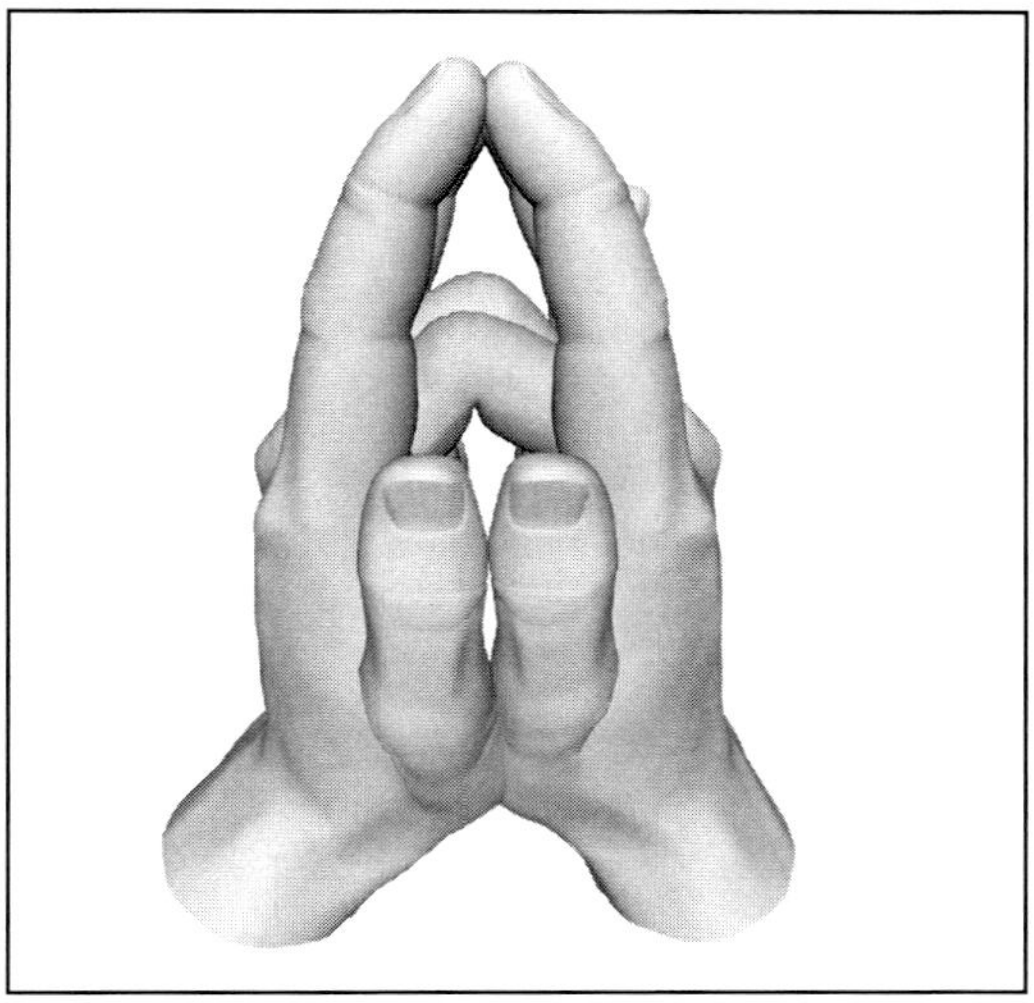

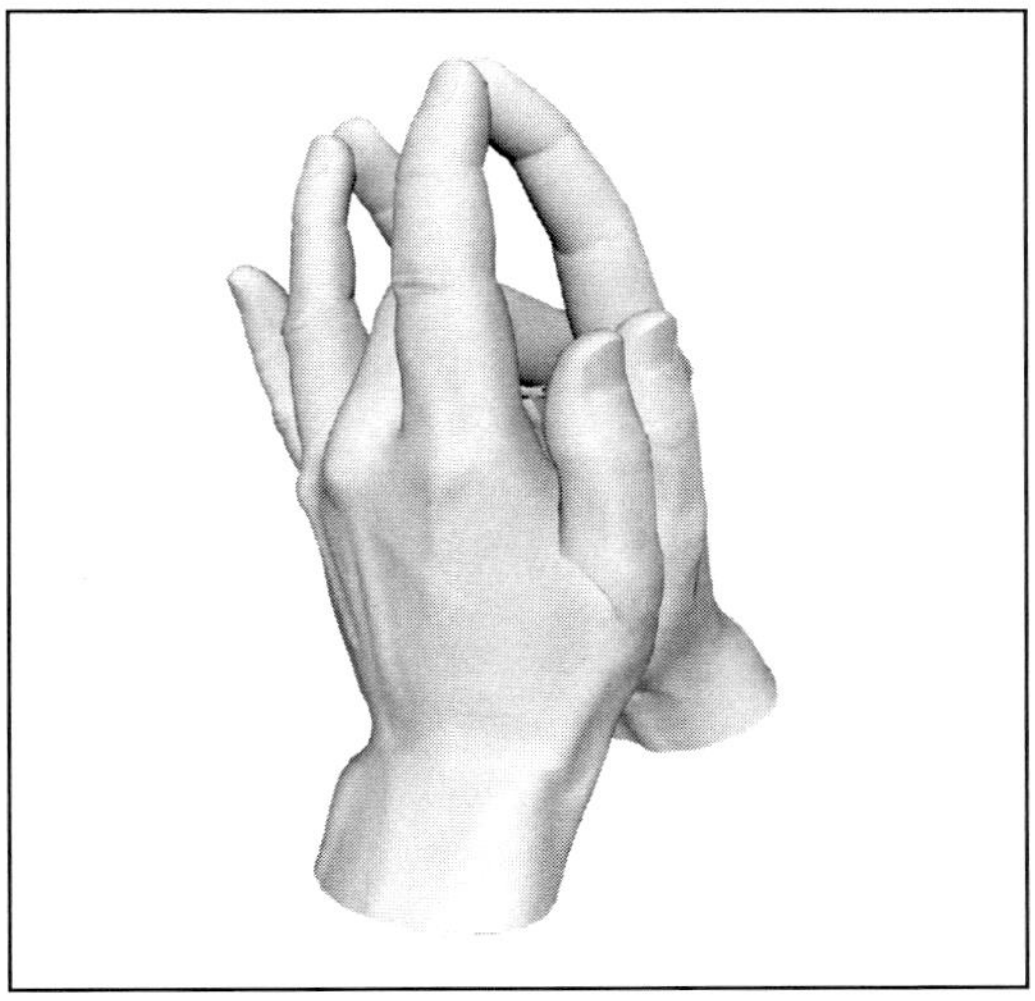

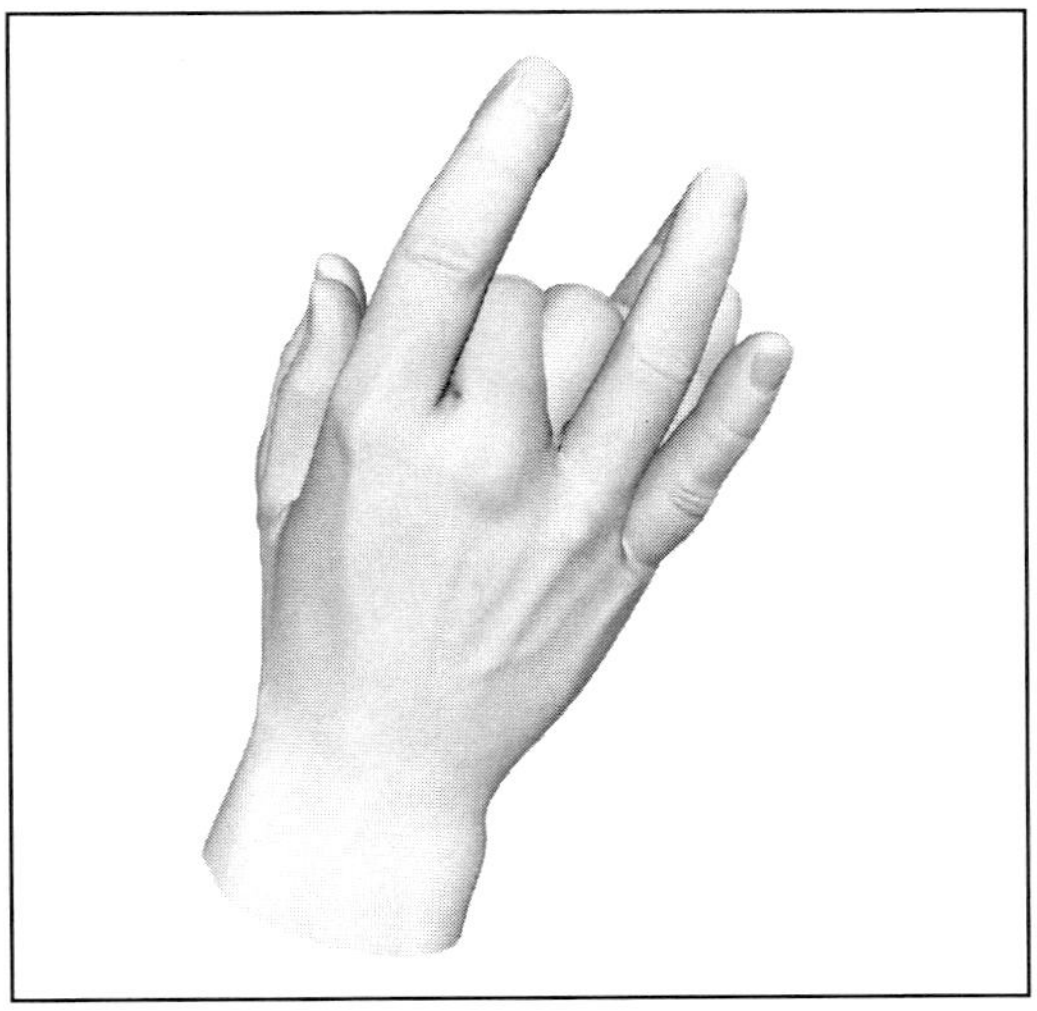

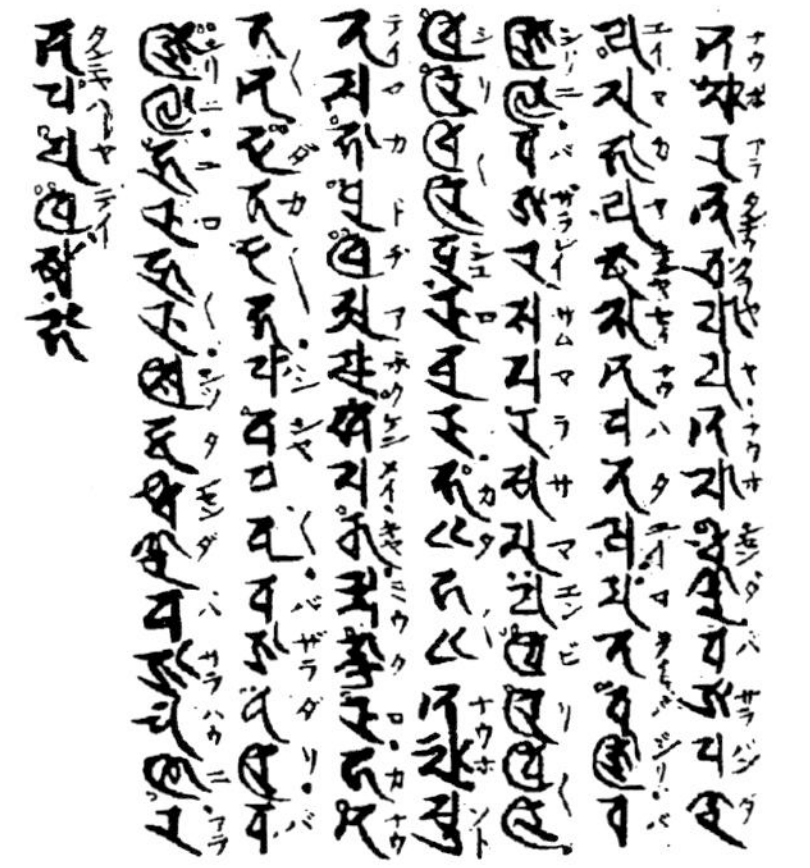

宝《ほう》金《こん》剛《ごう》菩《ぼ》薩《さつ》

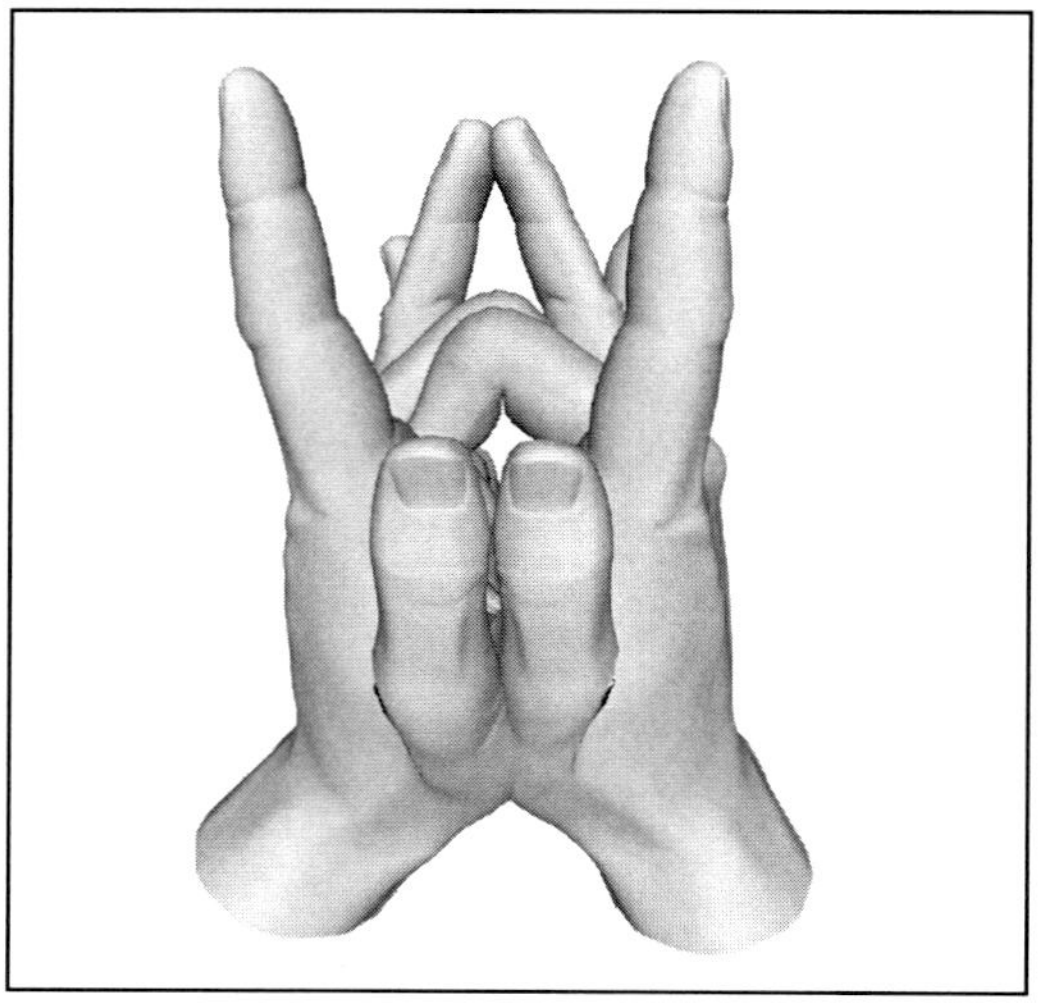

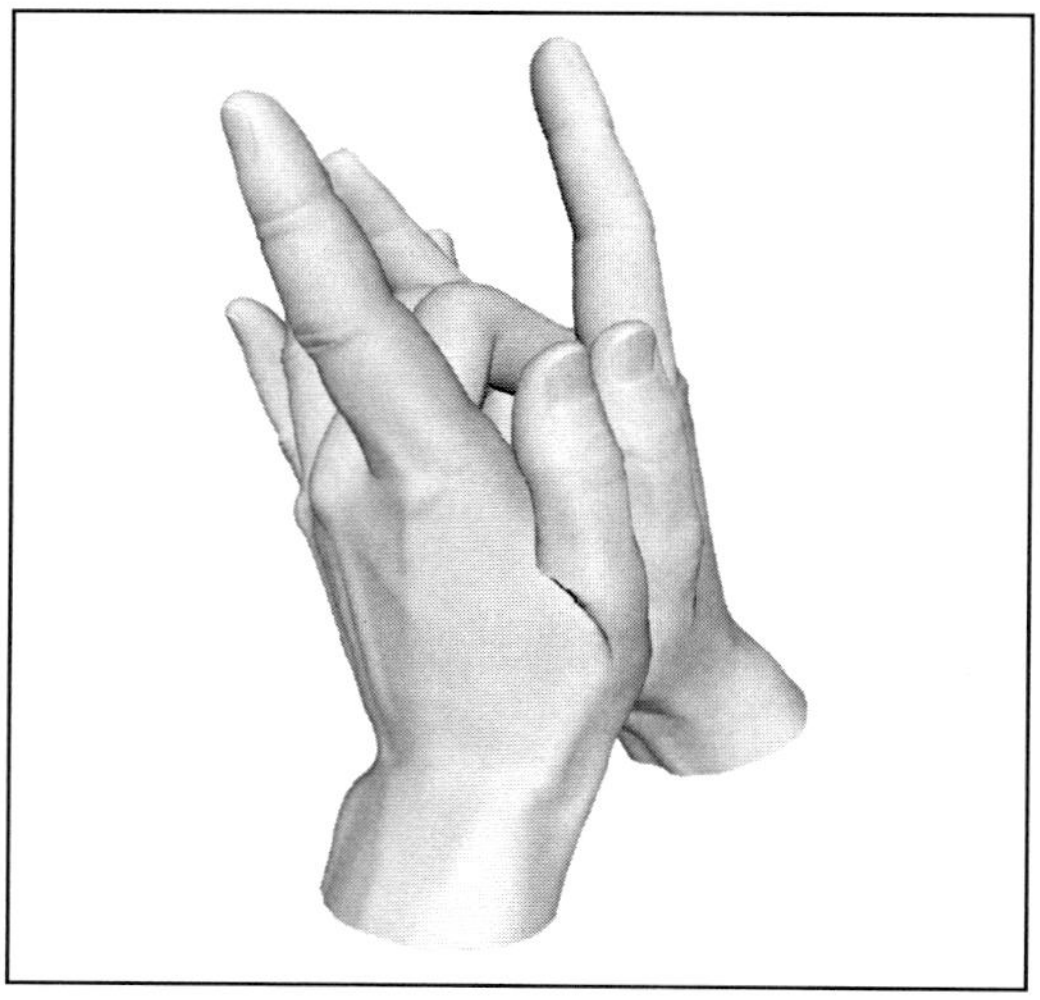

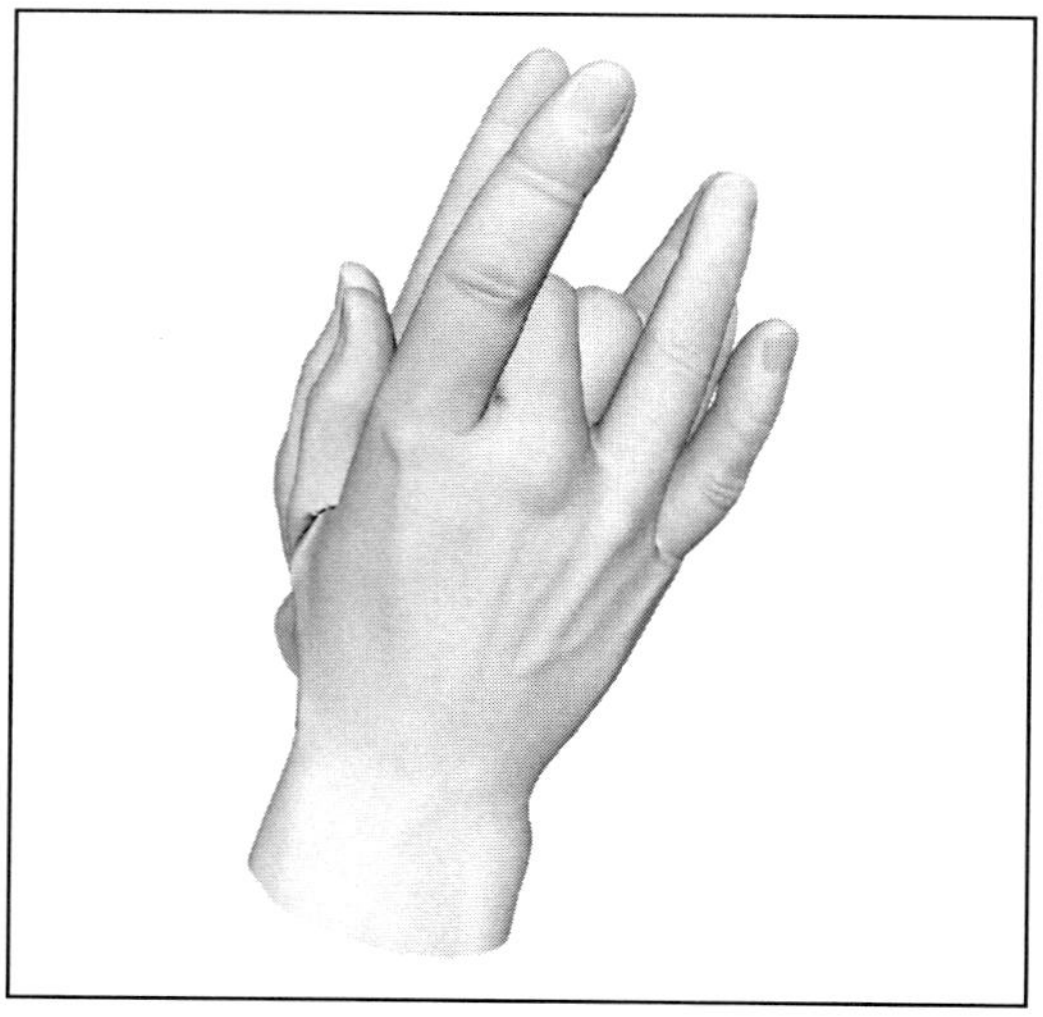

①両手、虚心合掌する。
②両中指を、右を手前にして屈する。
③両小指と人差指は開き立てる。
④印を胸に当てる。

菩提場経《ぼだいじょうきょう》根本印《こんぽんいん》

①両手、平らに伸ばす。
②右手を伏せ、左手を仰げる。
③右手で左手を押し、胸前に置く。
※梵篋印ともいう。

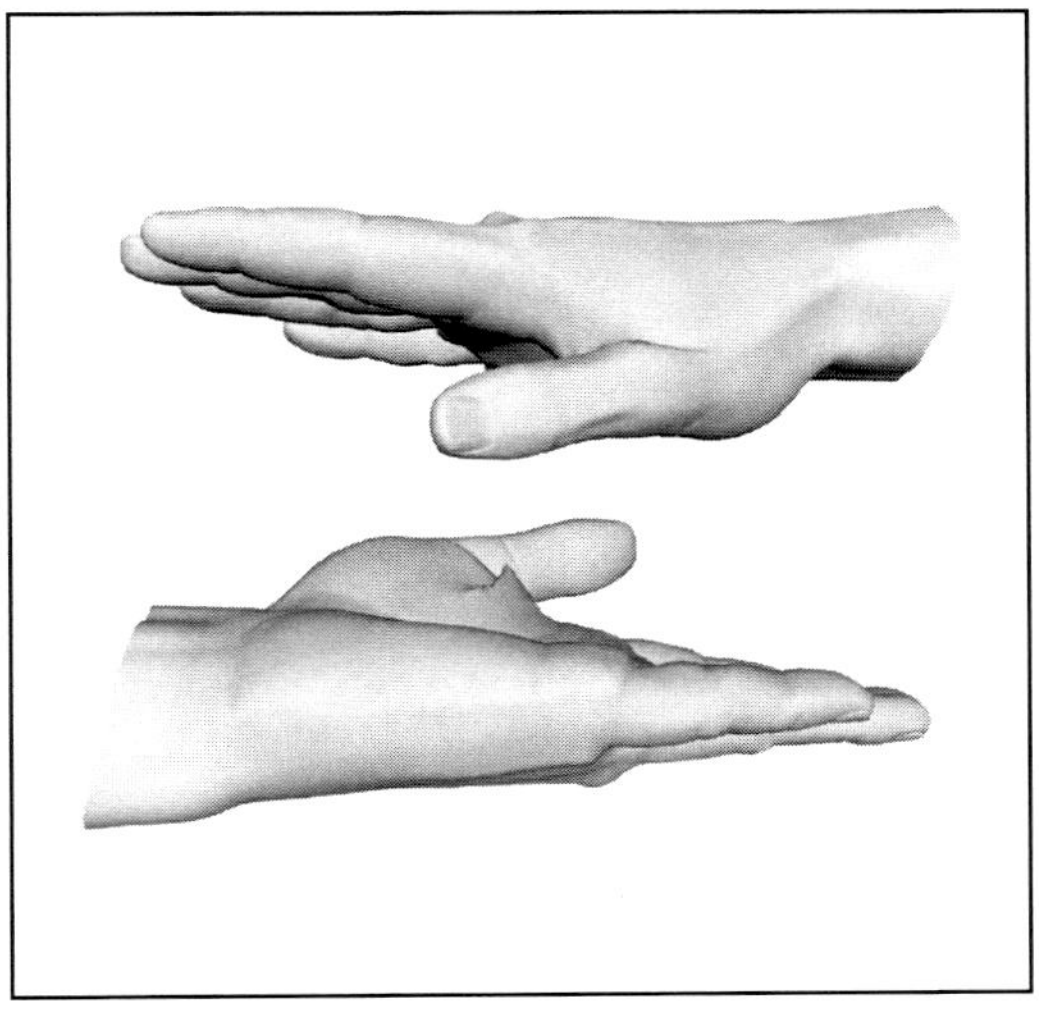

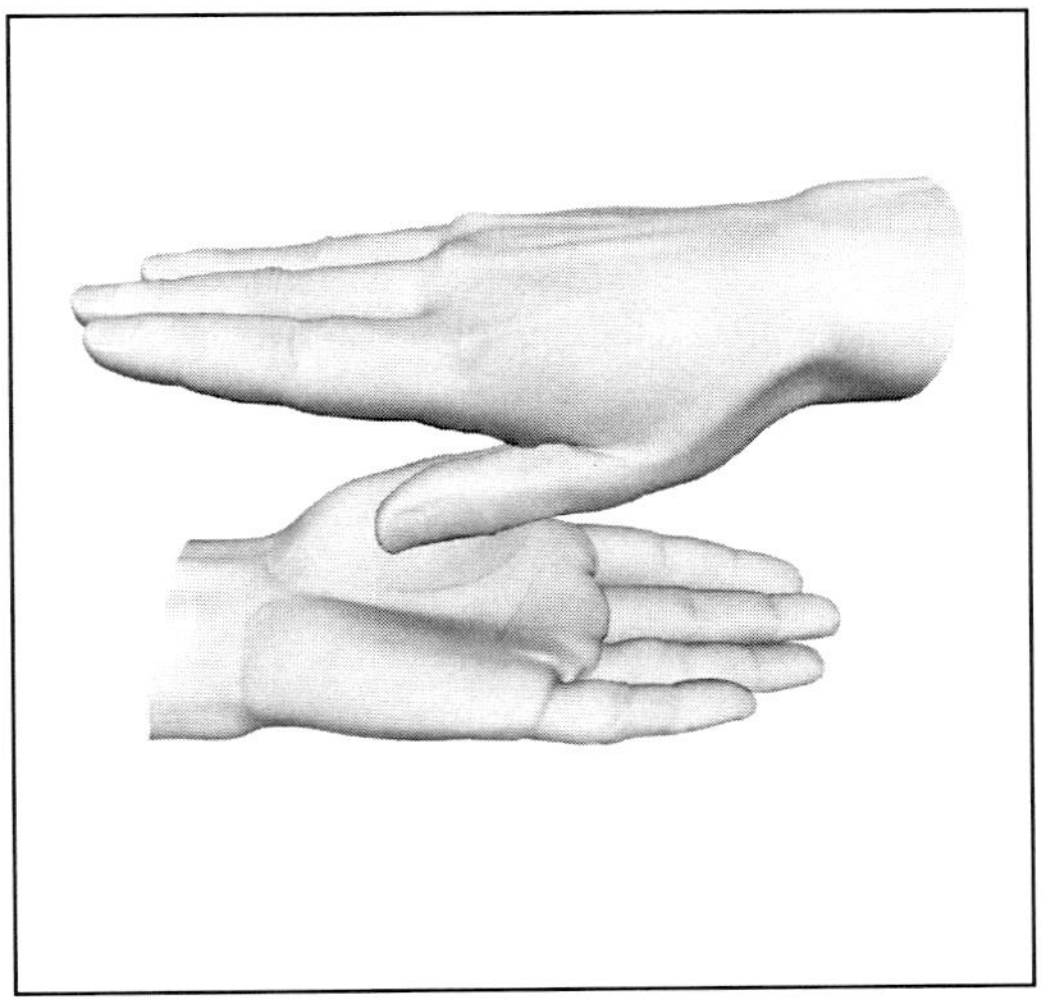

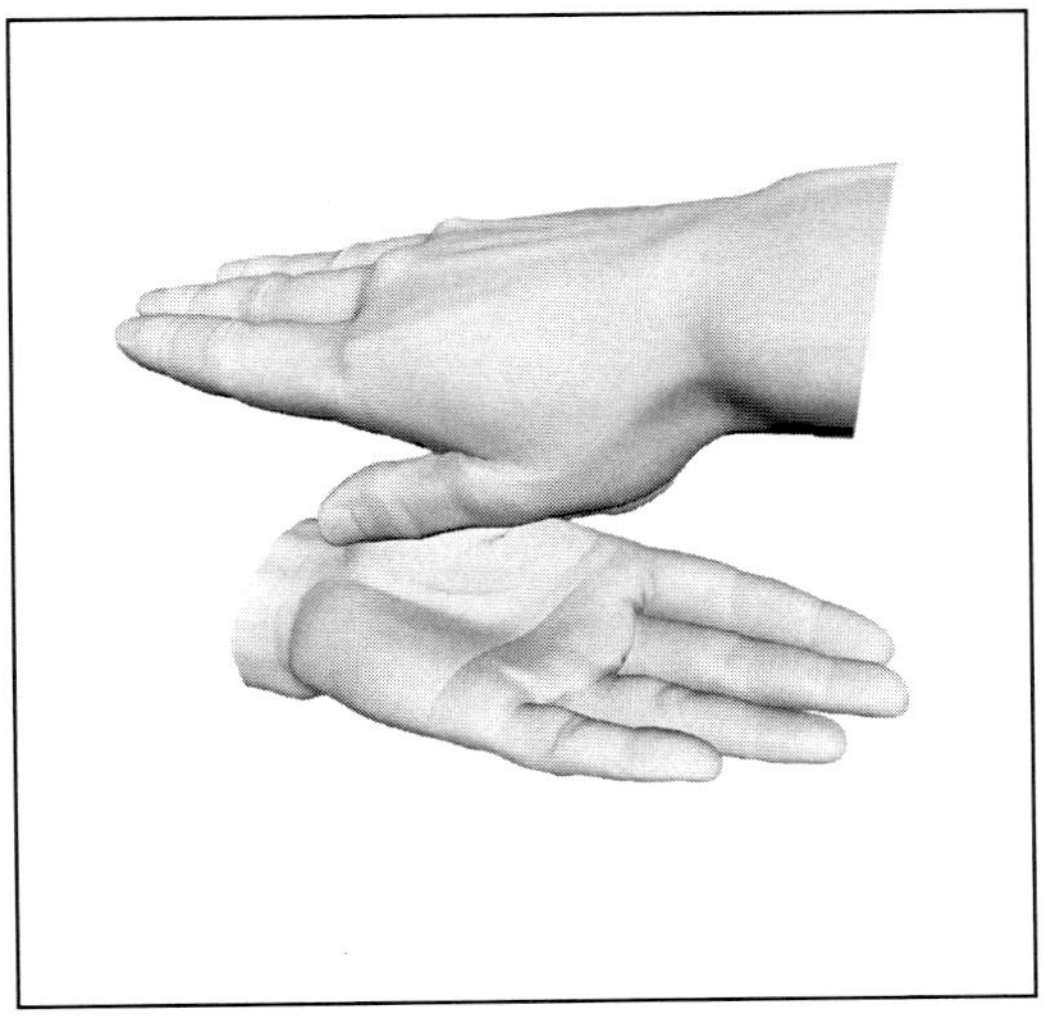

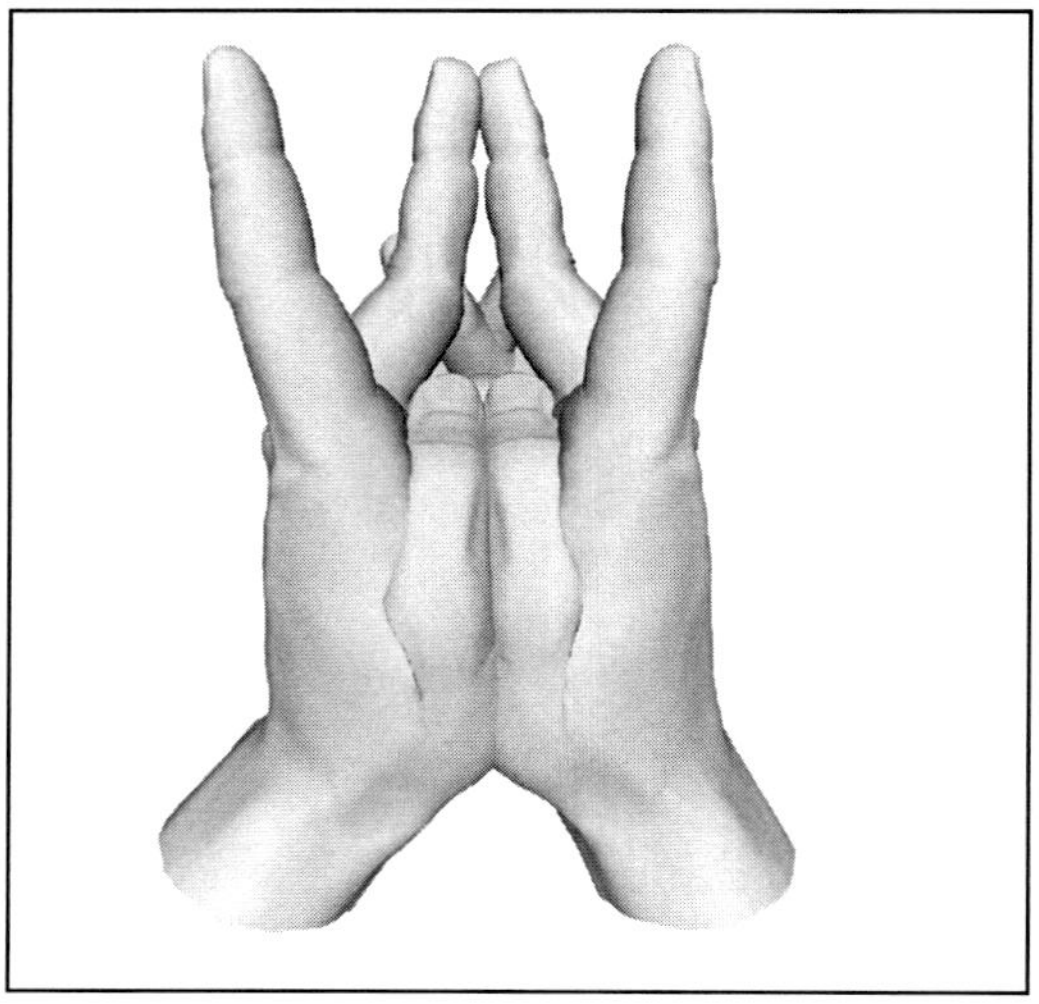

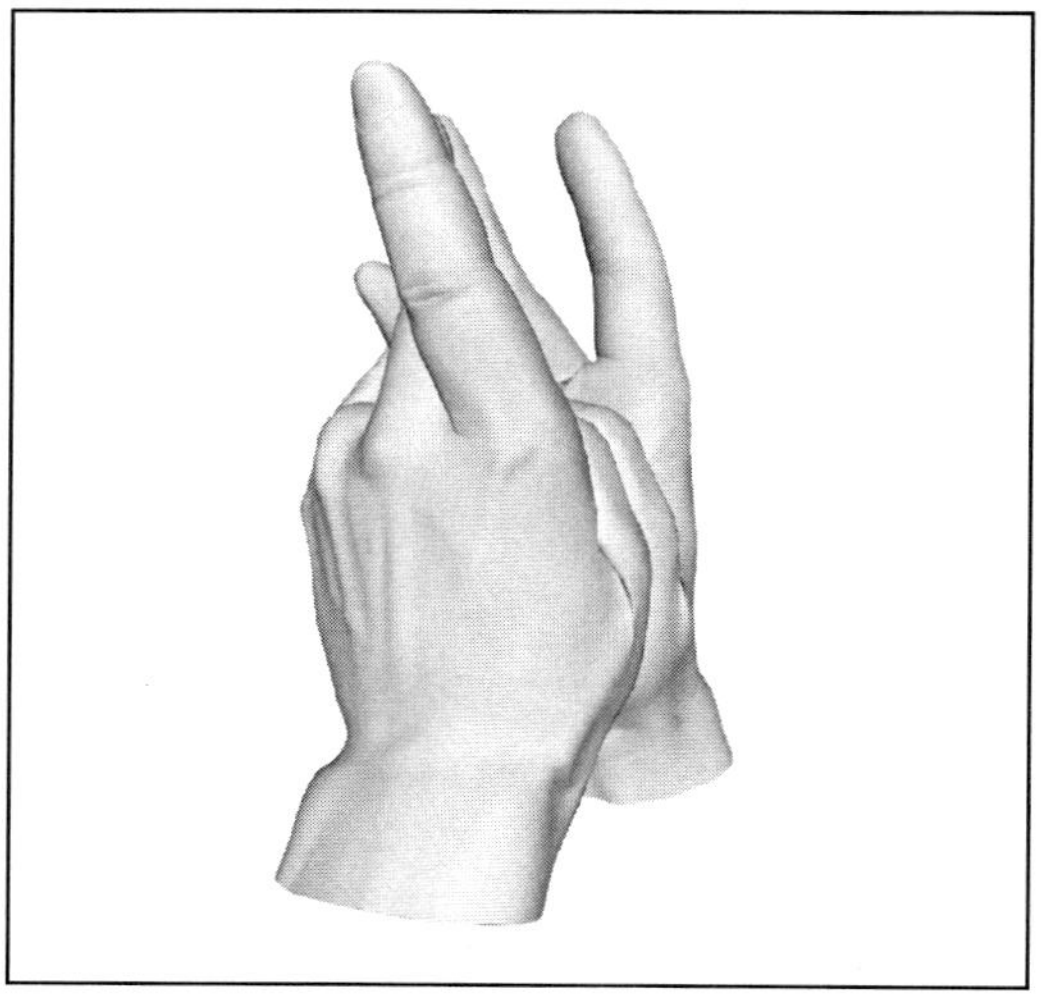

雨《う》宝《ほう》陀《だ》羅《ら》尼《に》経《きょう》 根《こん》本《ぽん》印《いん》

①両手、虚心合掌をする。
②両薬指を屈して掌中に入れ、両親指で押す。
③両小指は深く交差させ、先を中指の第二節に付ける。
④両人差指は直ぐに立てる。

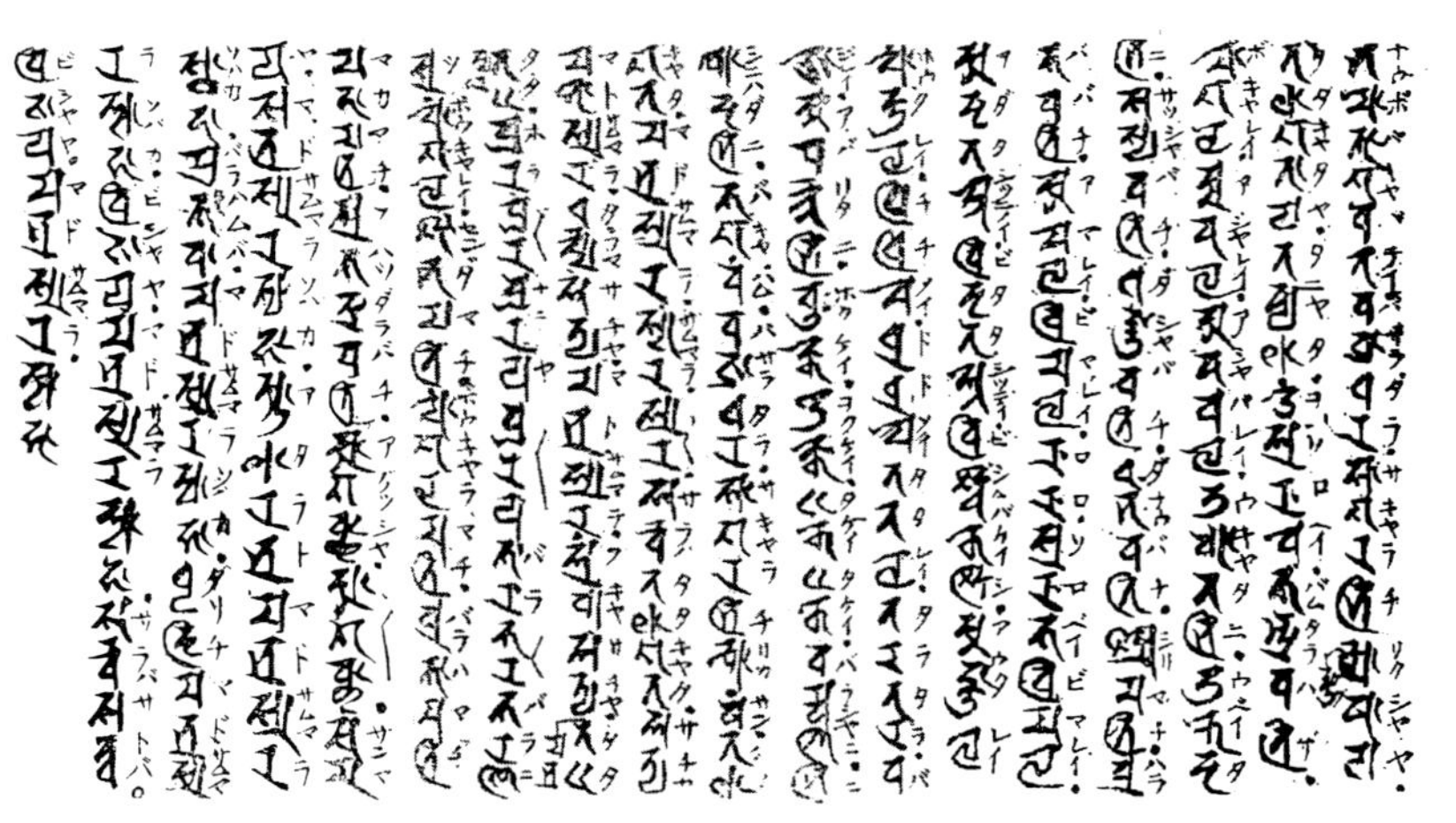

無垢浄光陀羅尼《むくじょうこうだらに》八葉印《はちよういん》

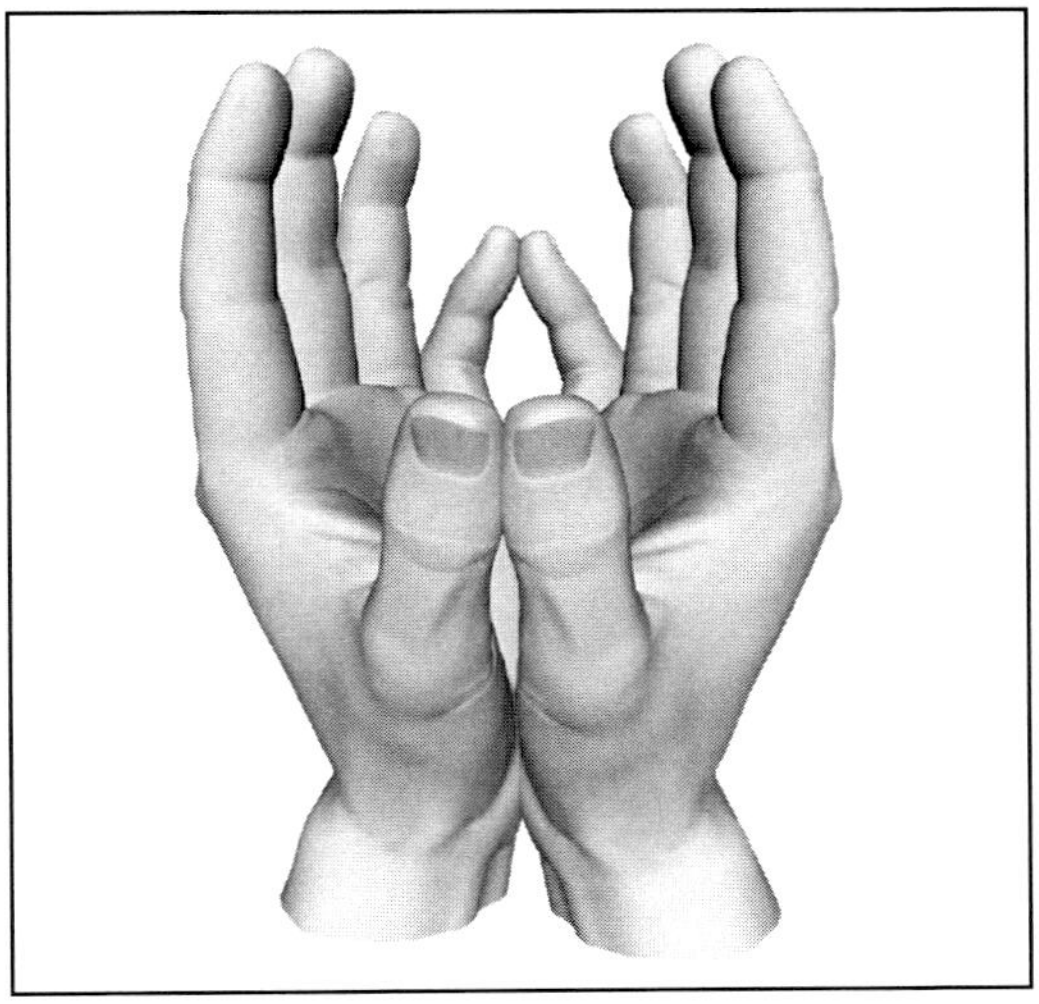

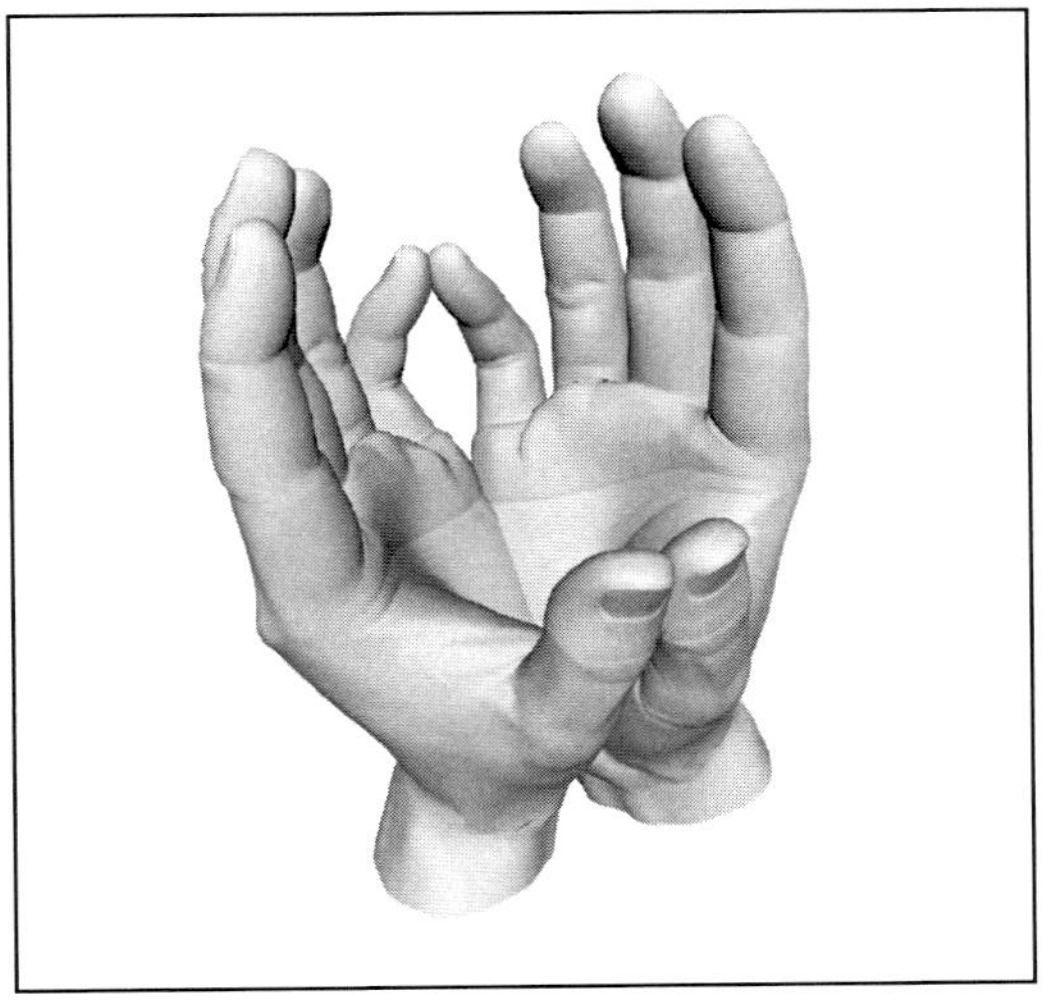

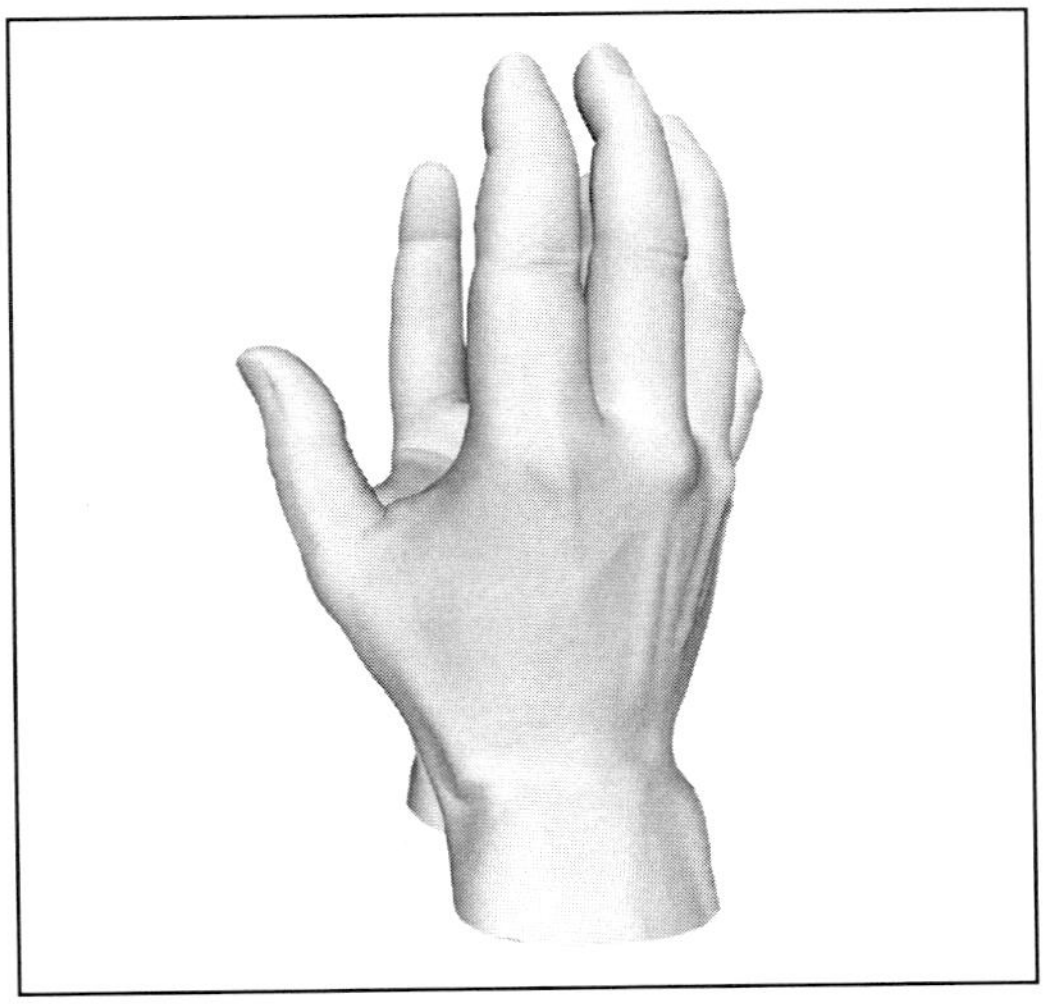

①両手、虚心合掌をする。

②両人差指、中指、薬指を開き、指の間をやや空けて立てる。

※八葉印（二四頁）に同じ。

阿弥陀根本印《あみだこんぽんいん》

①両手、外縛をする。
②両中指を立て、指先を付け合わせて蓮葉のようにする。
※前出（二二一頁）。

※真言は前頁に同じ。

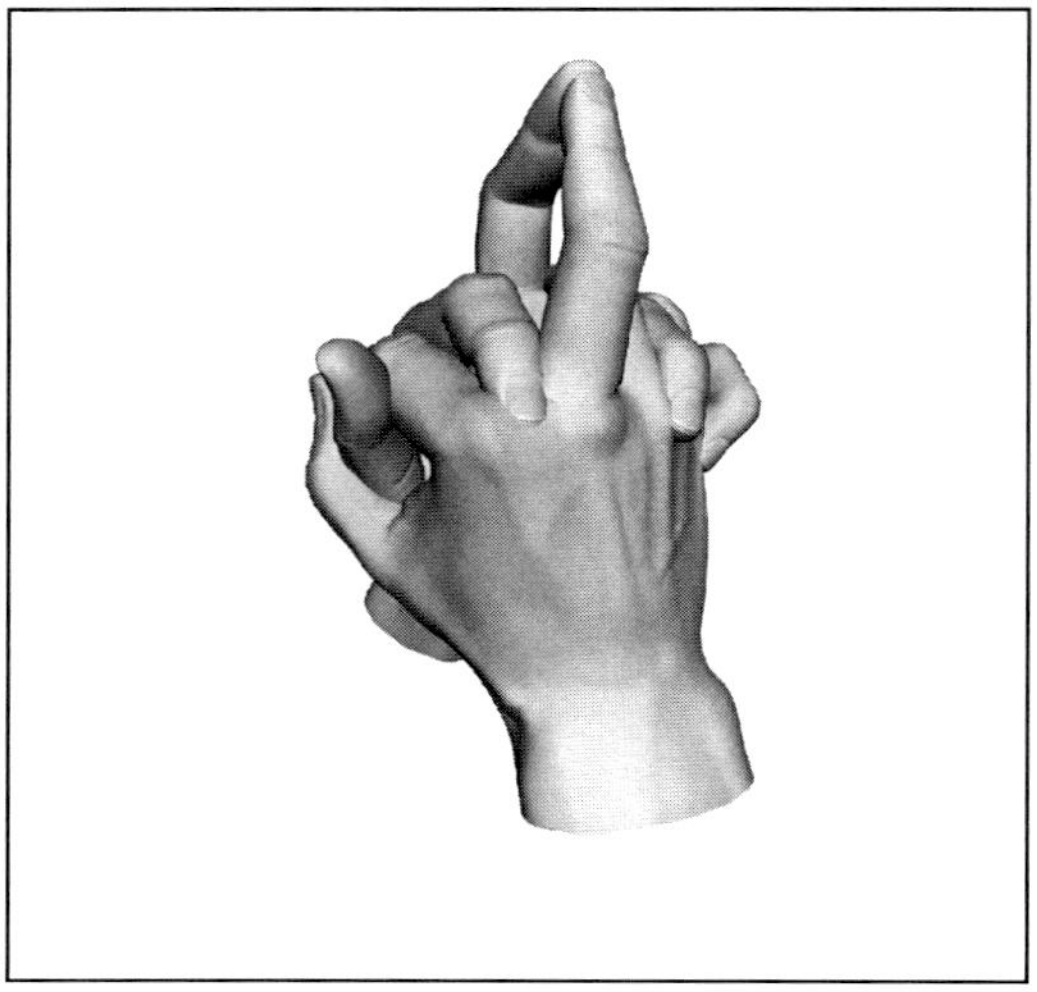

熾《し》盛《じょう》光《こう》

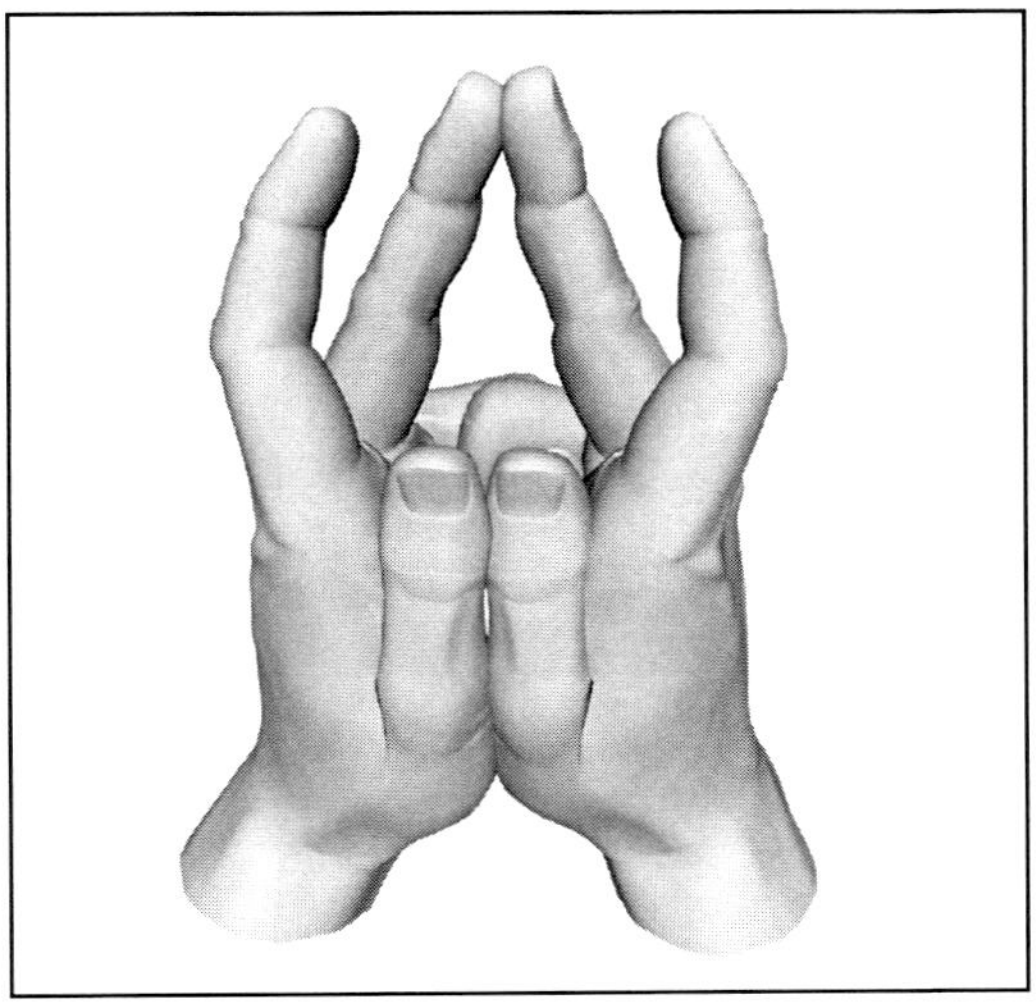

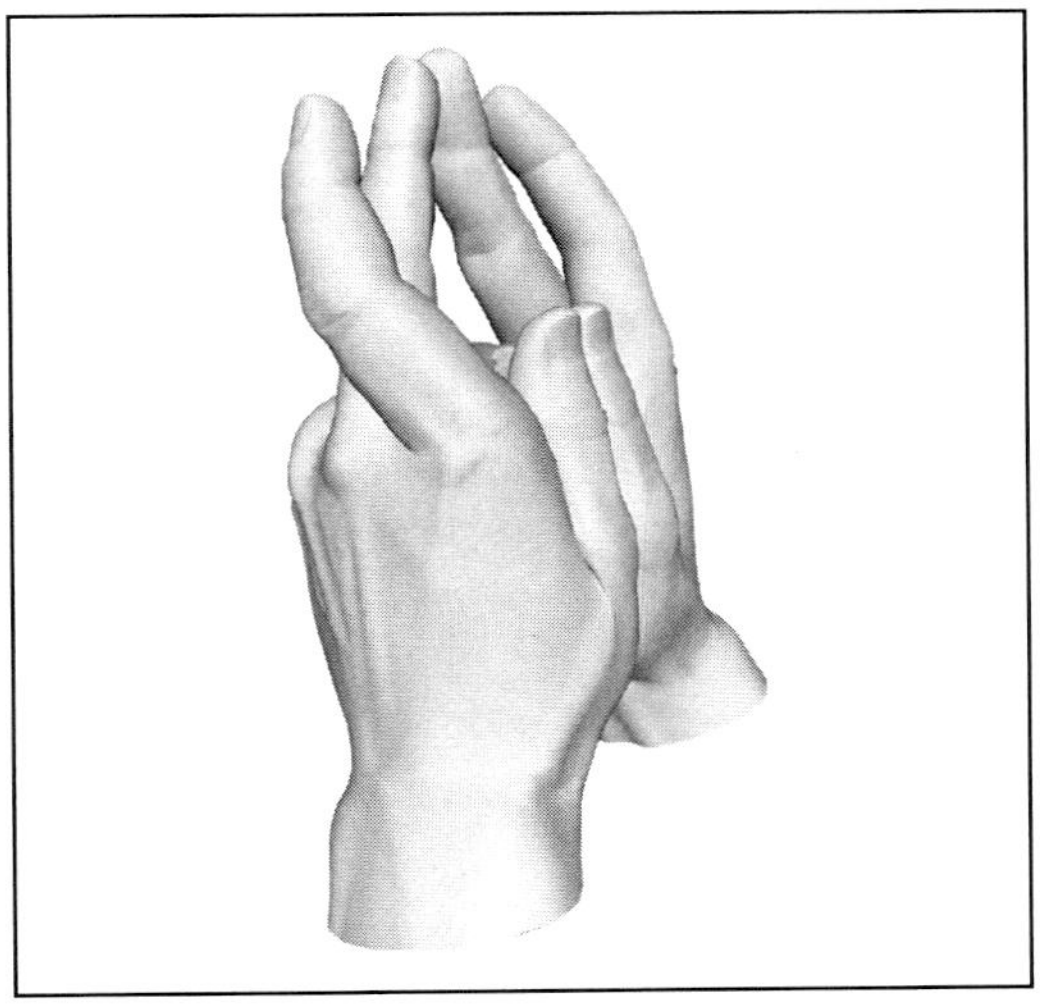

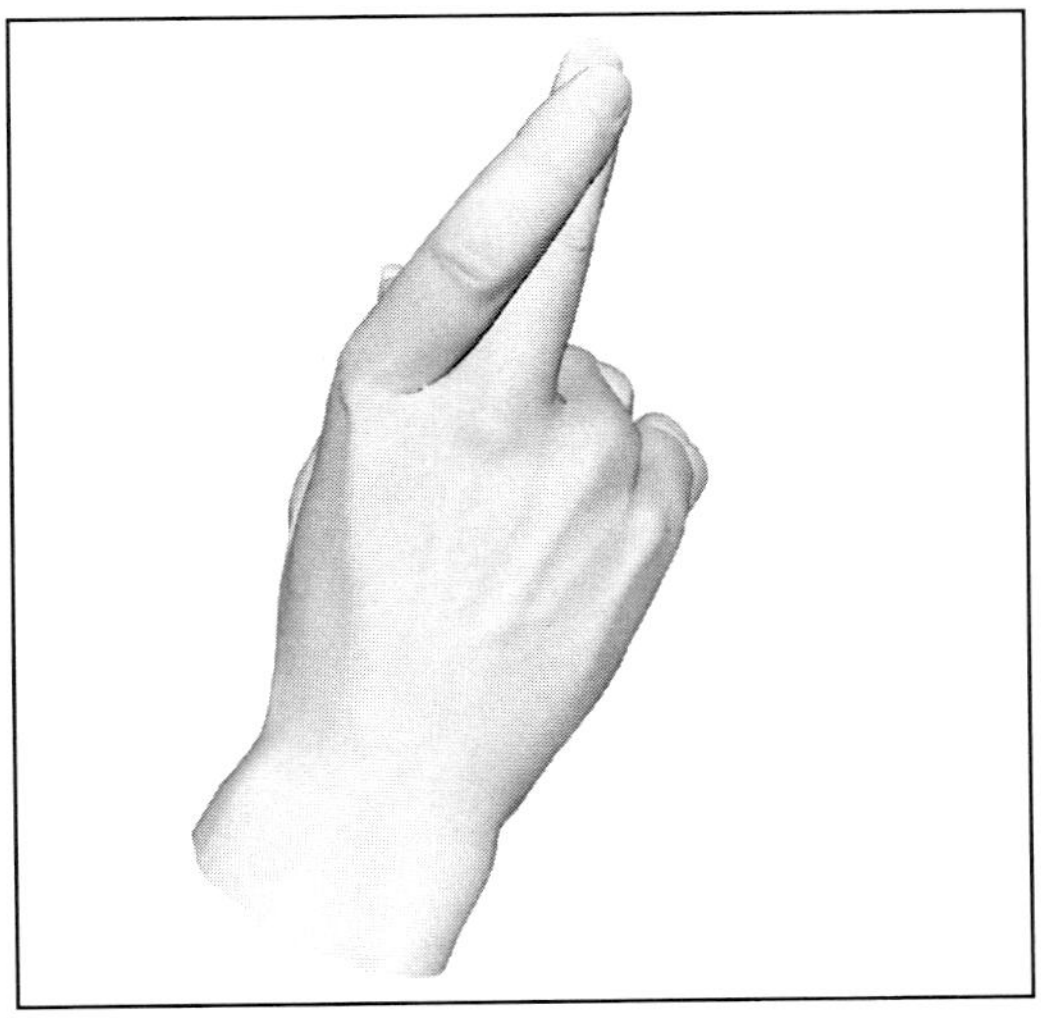

①両手、内縛をする。
②両中指を立て合わせる。
③両人差指を立て、屈して中指の背に回し、先は付けない。
④親指は並び立てる。

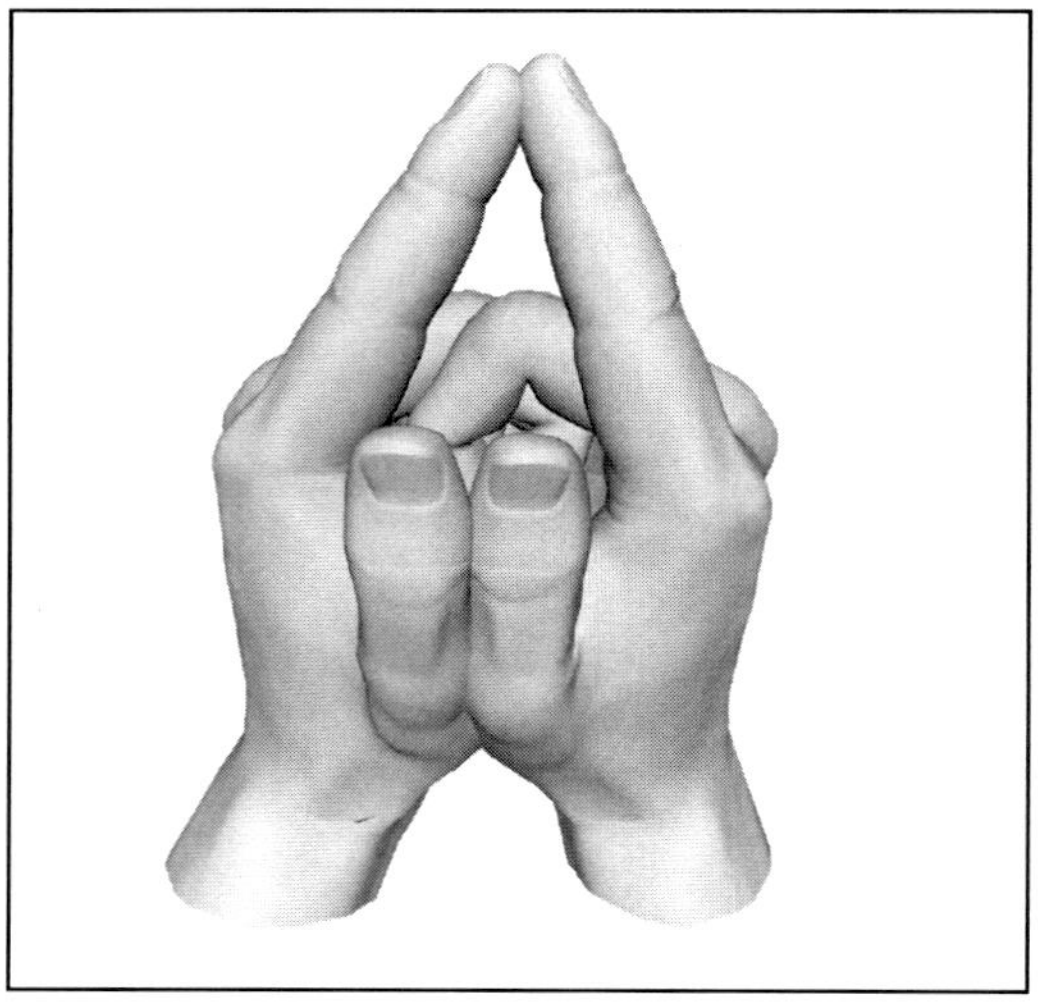

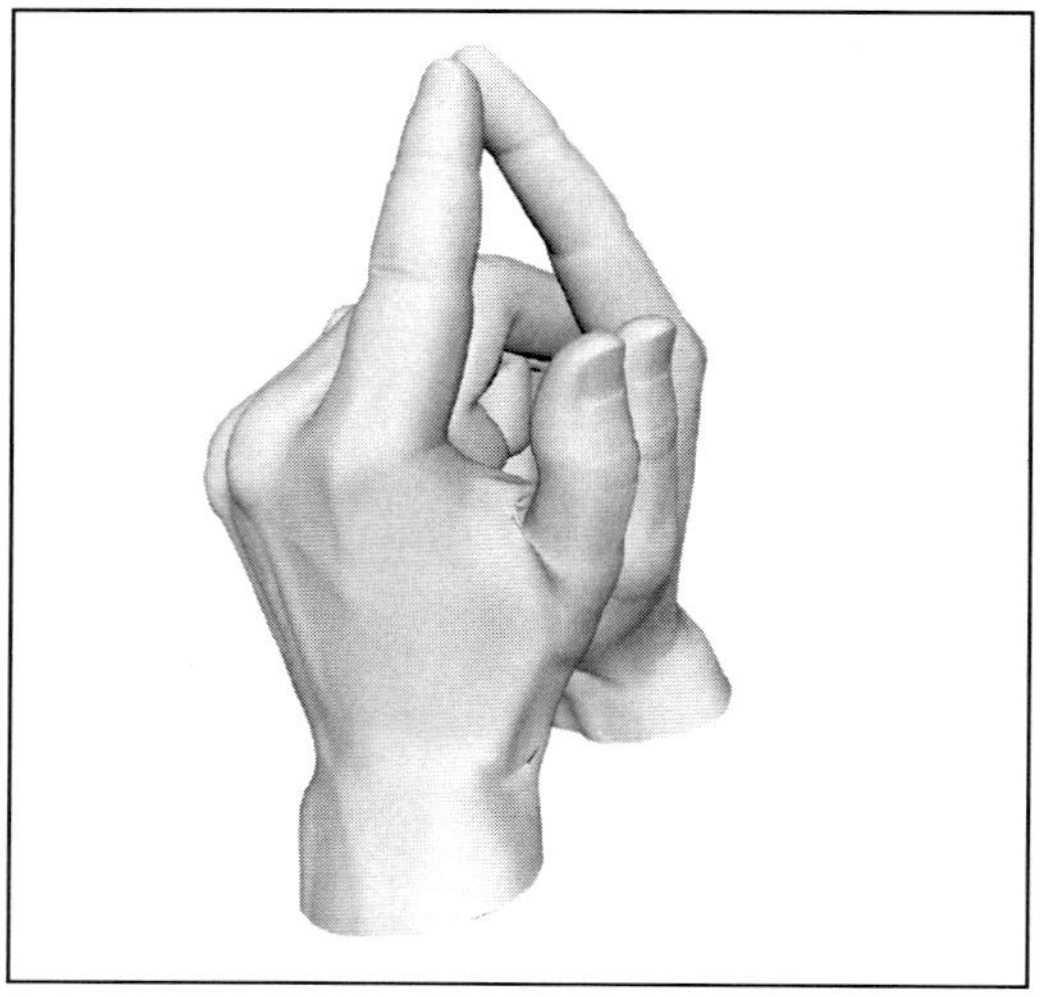

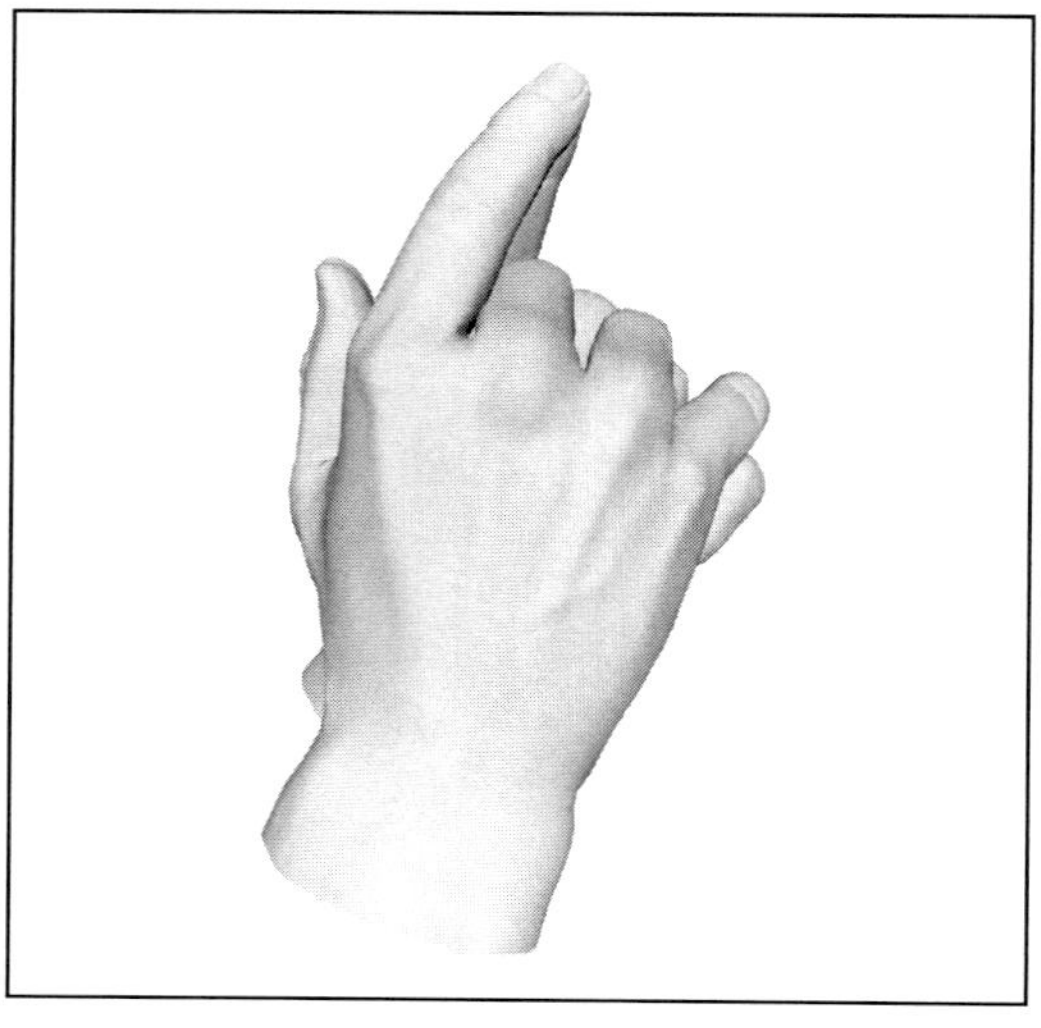

多《た》羅《ら》青蓮《しょうれん》根本《こんぽん》印《いん》

①両手、内縛をする。
②両人差指を立て合わせる。
③両親指を並び立てる。
※これは青蓮華の形である。

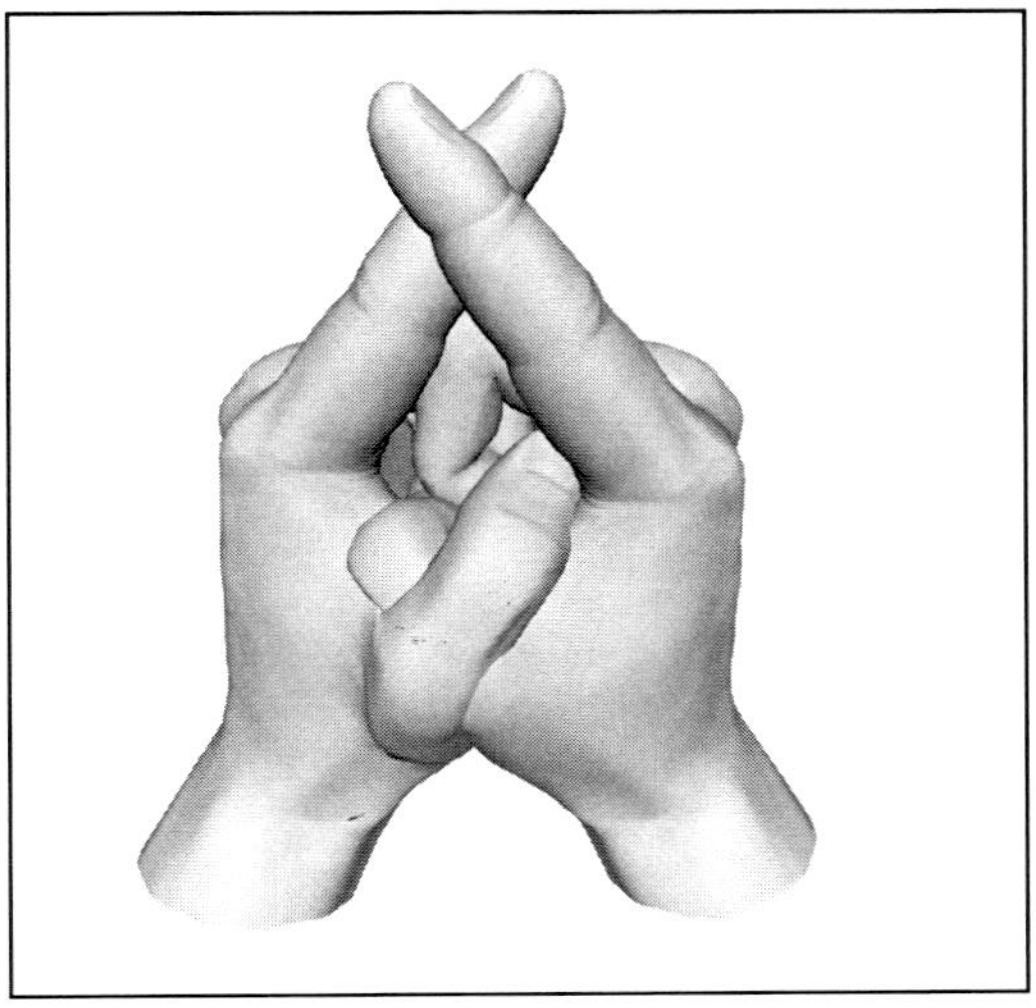

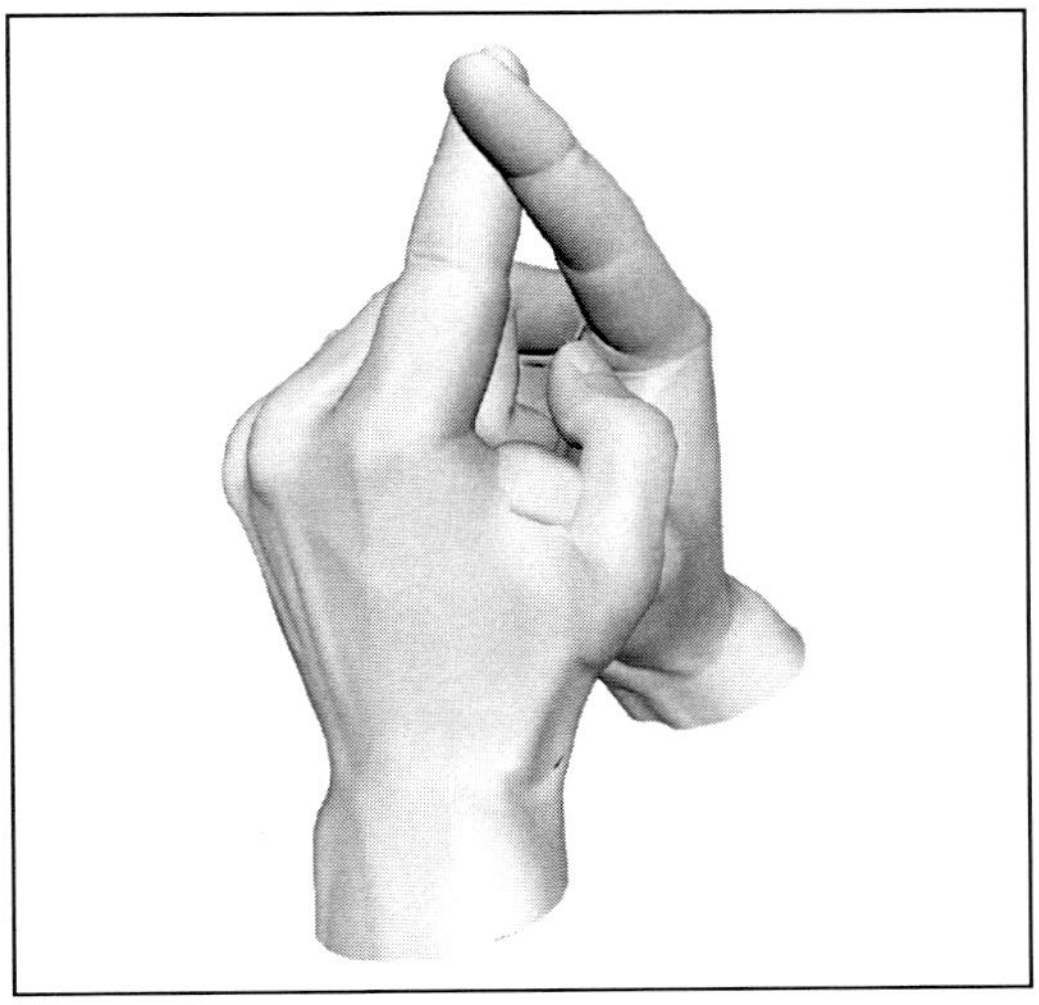

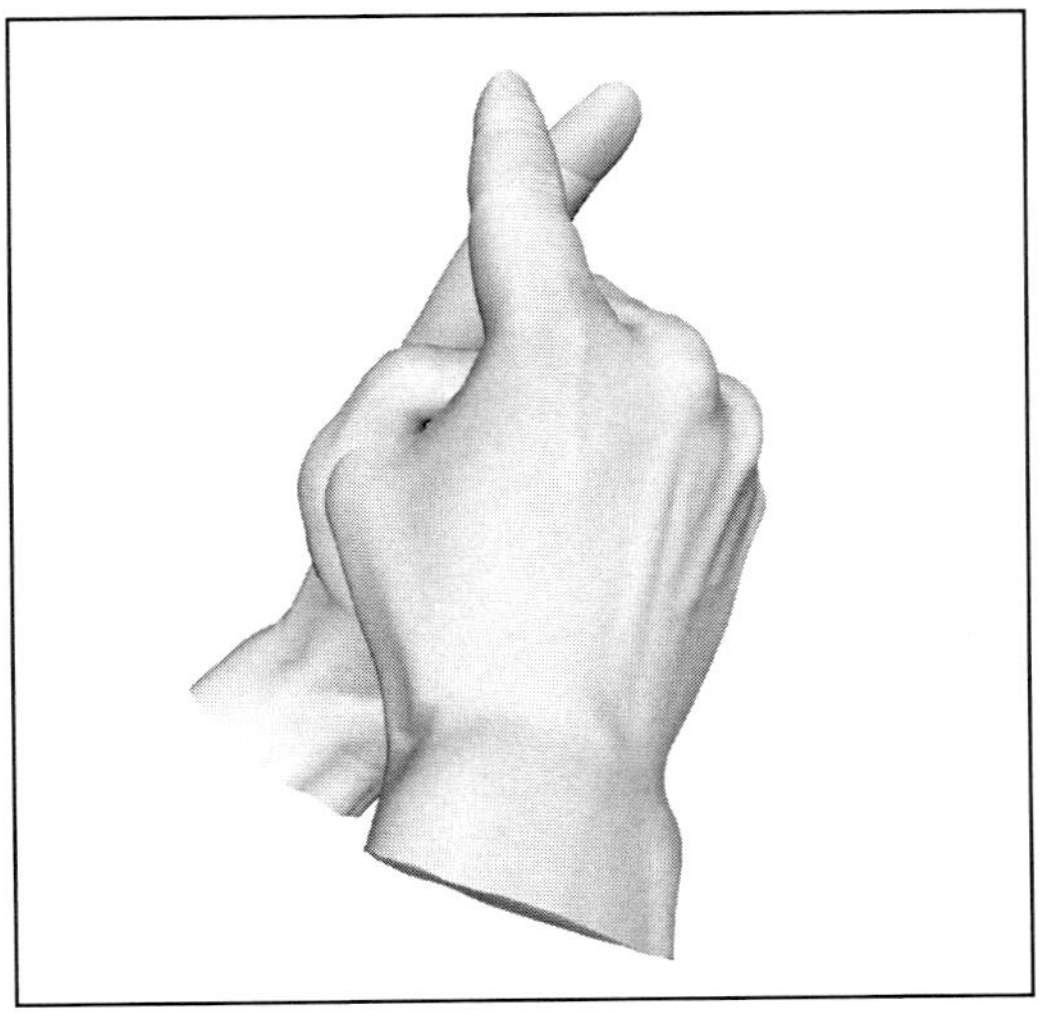

毘《び》倶《く》胝《ち》

①両手、内縛をする。

②両人差指を立て、右を手前にして、右手で左を押して交差させる。

毘《び》倶《く》胝《ち》二

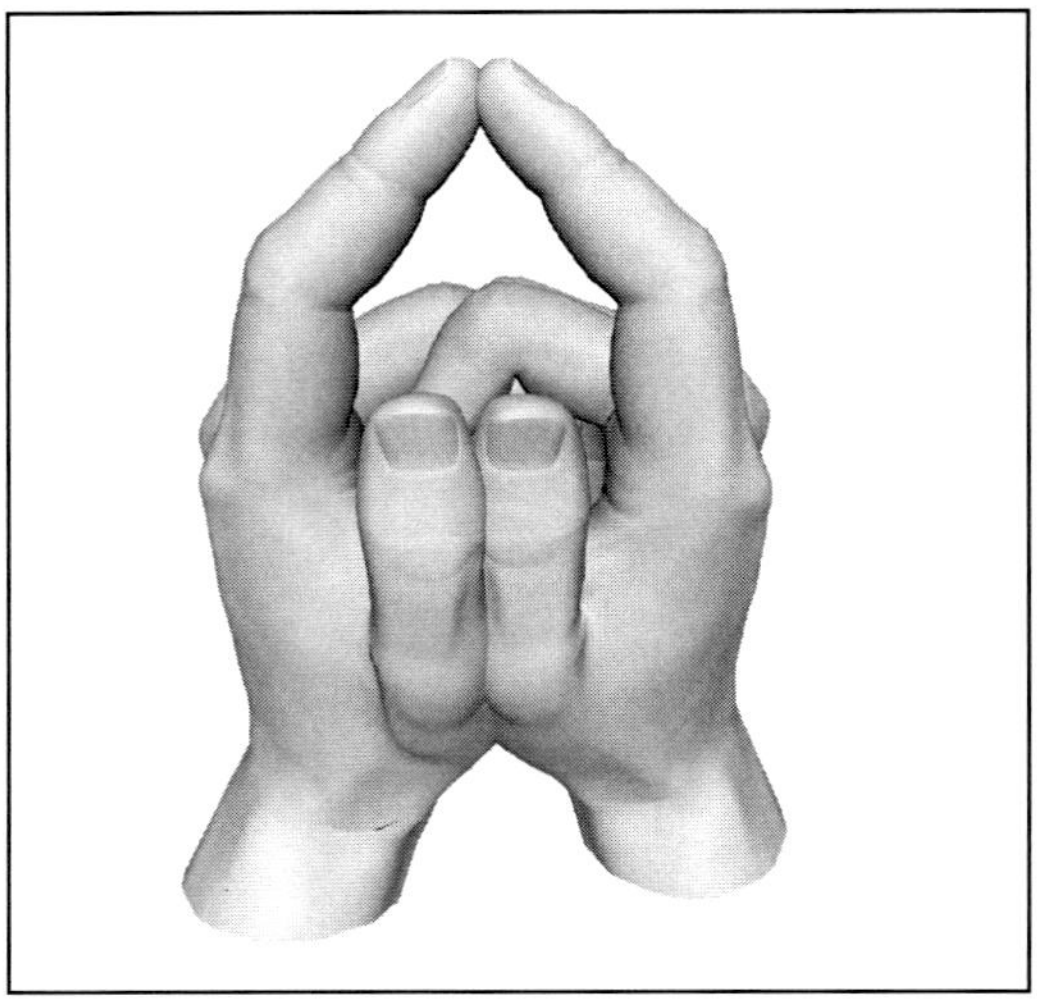

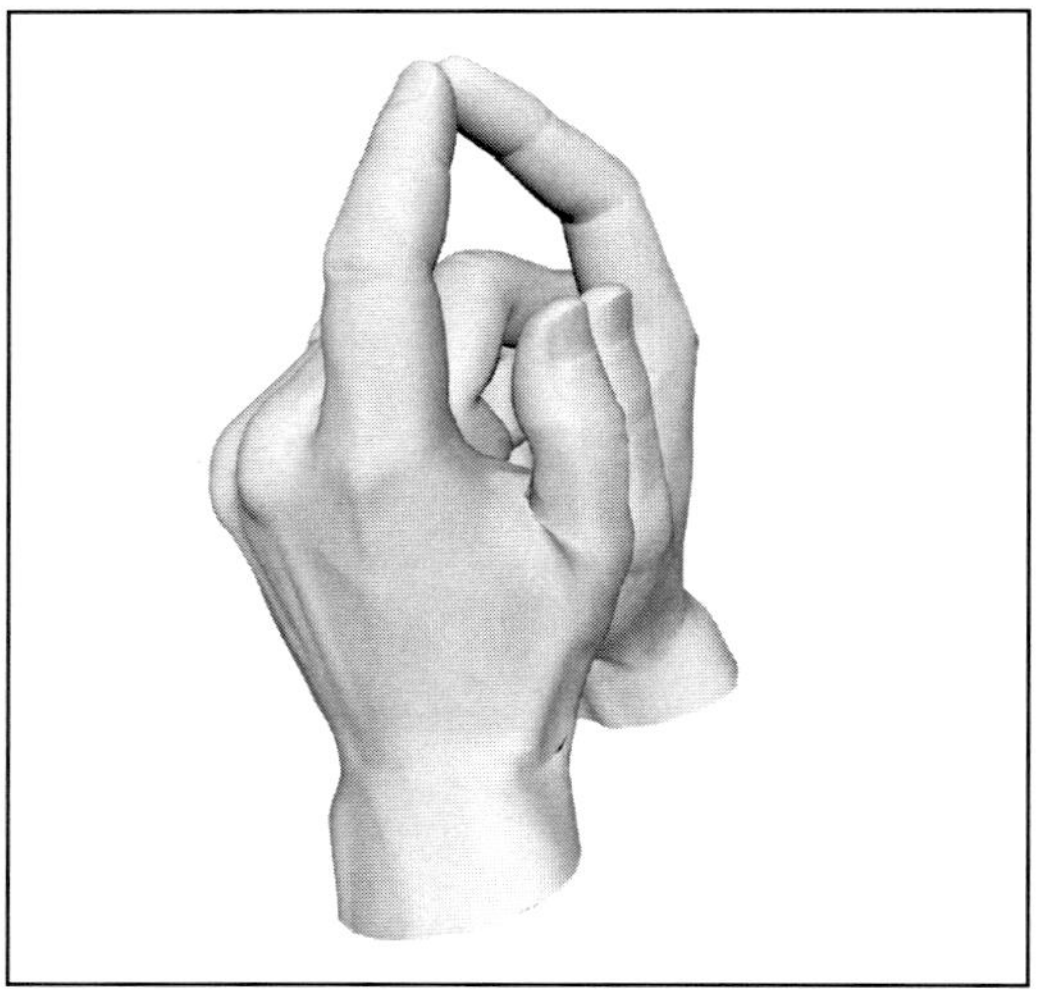

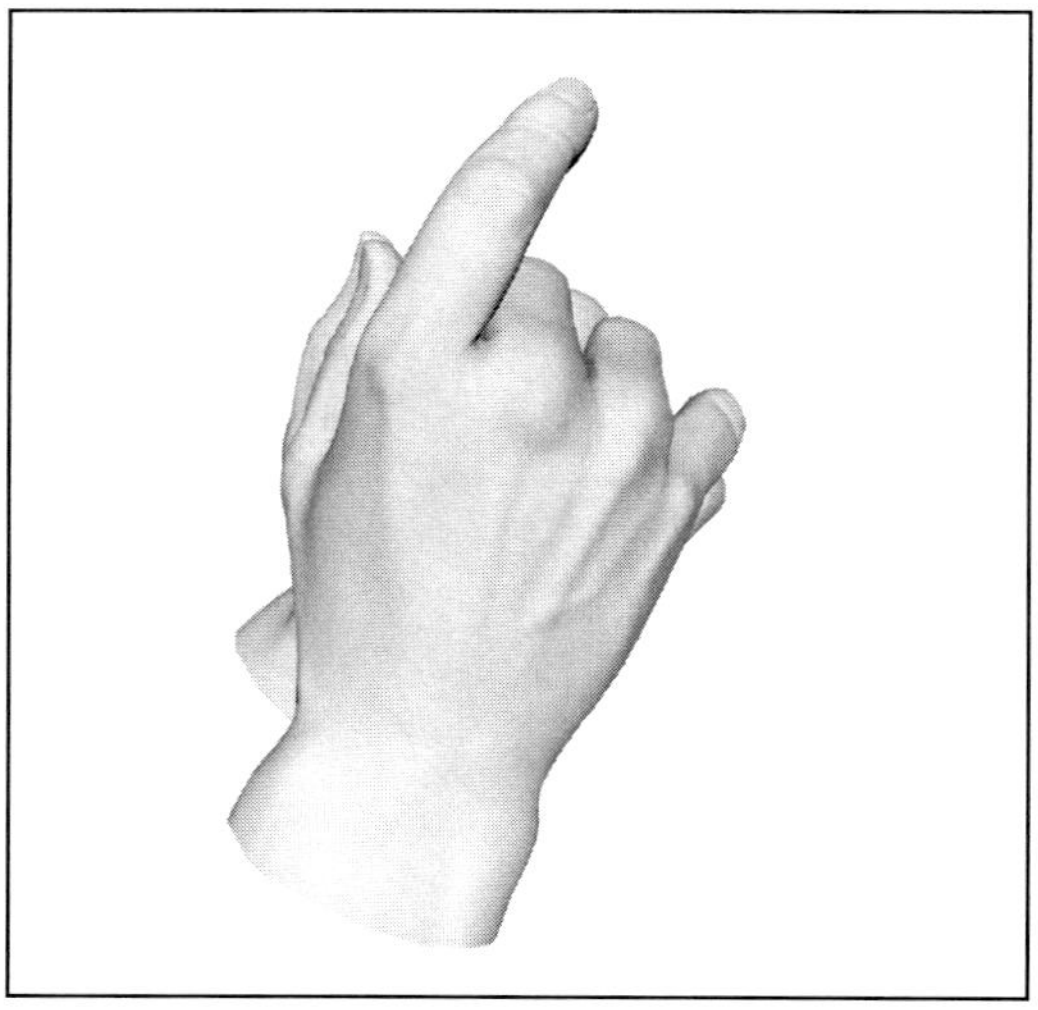

①両手、内縛をする。
②両人差指を立て合わせ、やや屈して蓮葉のようにする。
③親指は並び立てる。

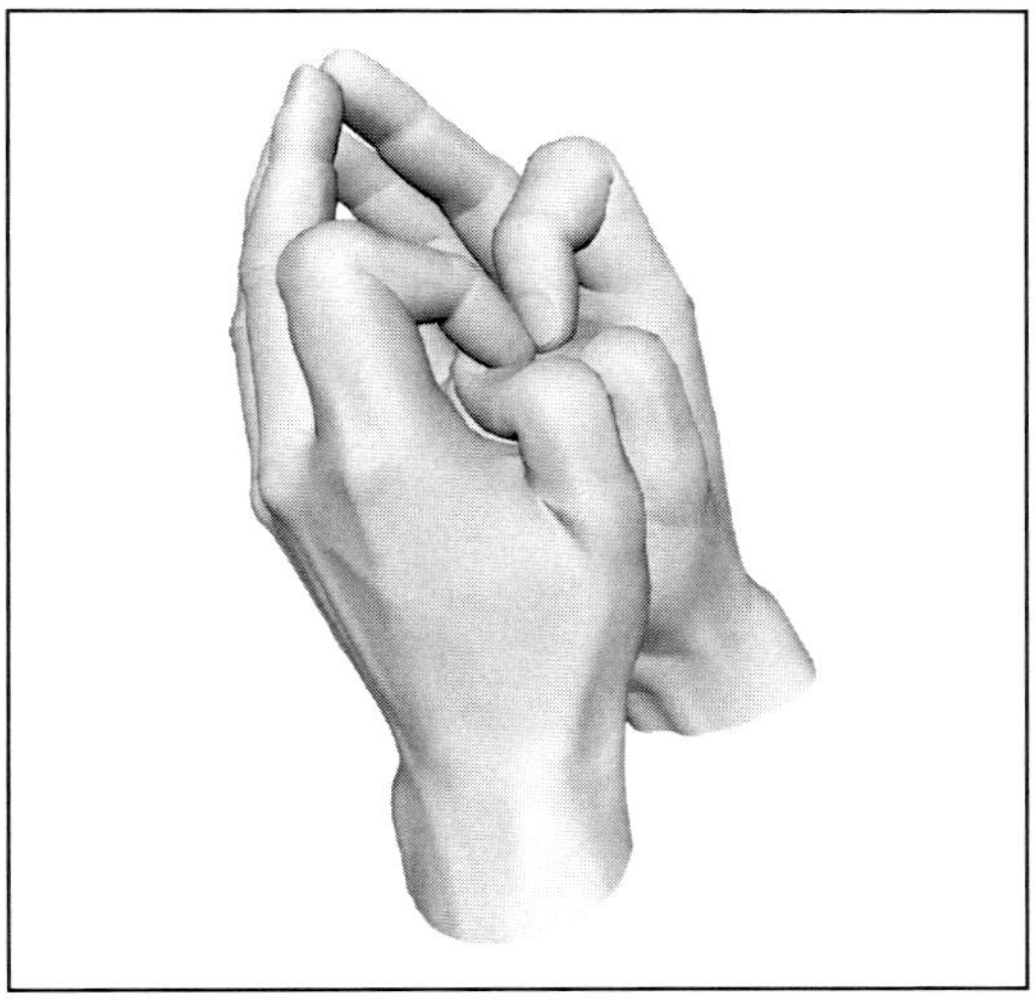

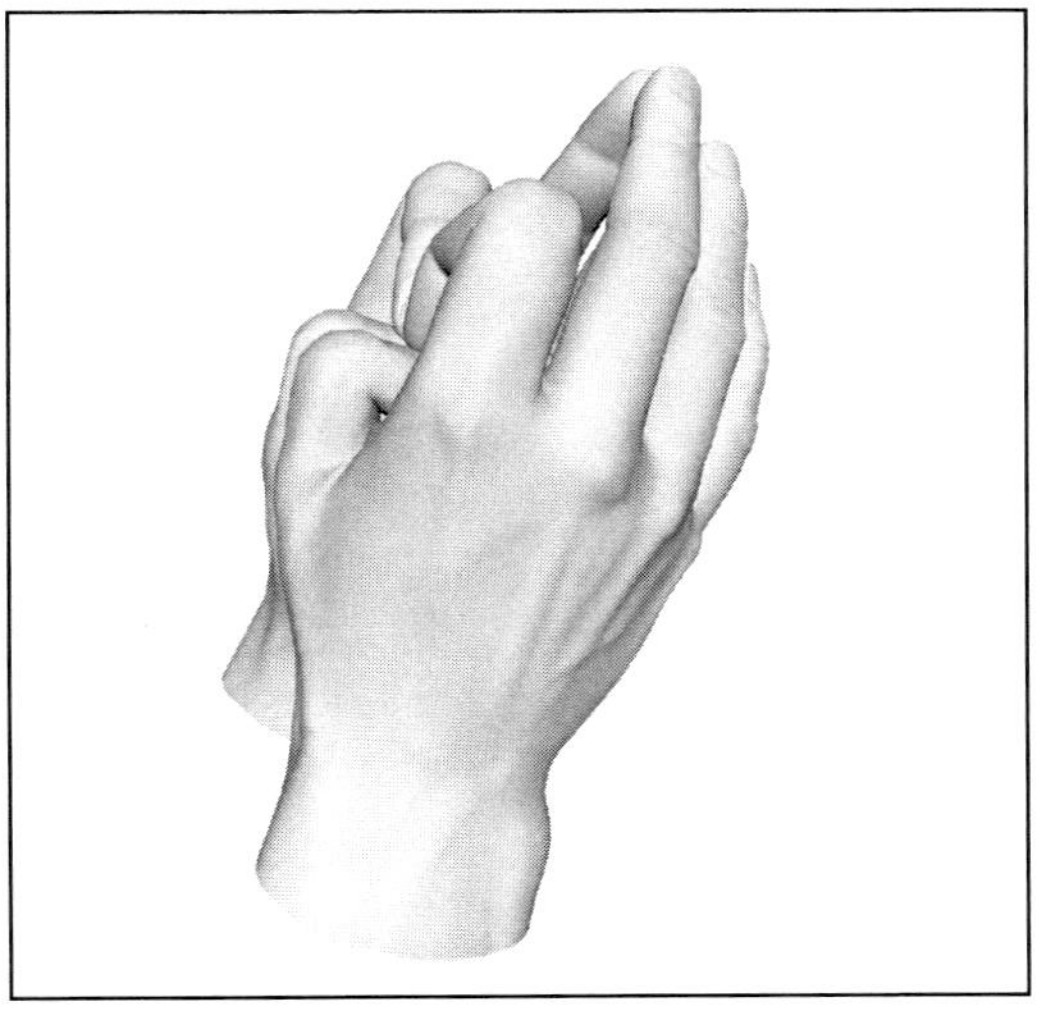

青《しょう》頸《きょう》

①両手、虚心合掌をする。
②両親指を並べて掌中に入れ、人差指を屈して親指の第一節を押す。
③両中指、薬指、小指はやや円くして先を付け合わせる。
※法螺印ともいう。

青頸《しょうきょう》二（号大悲心印《だいひしんいんとごうす》）

①両手、虚心合掌をする。

②両親指を並べて掌中に入れ、人差指を屈して親指の第一節を握る。

③両中指は立て合わせ、薬指は立てて円くして付け合わせ、小指は直ぐ立て合わせる。

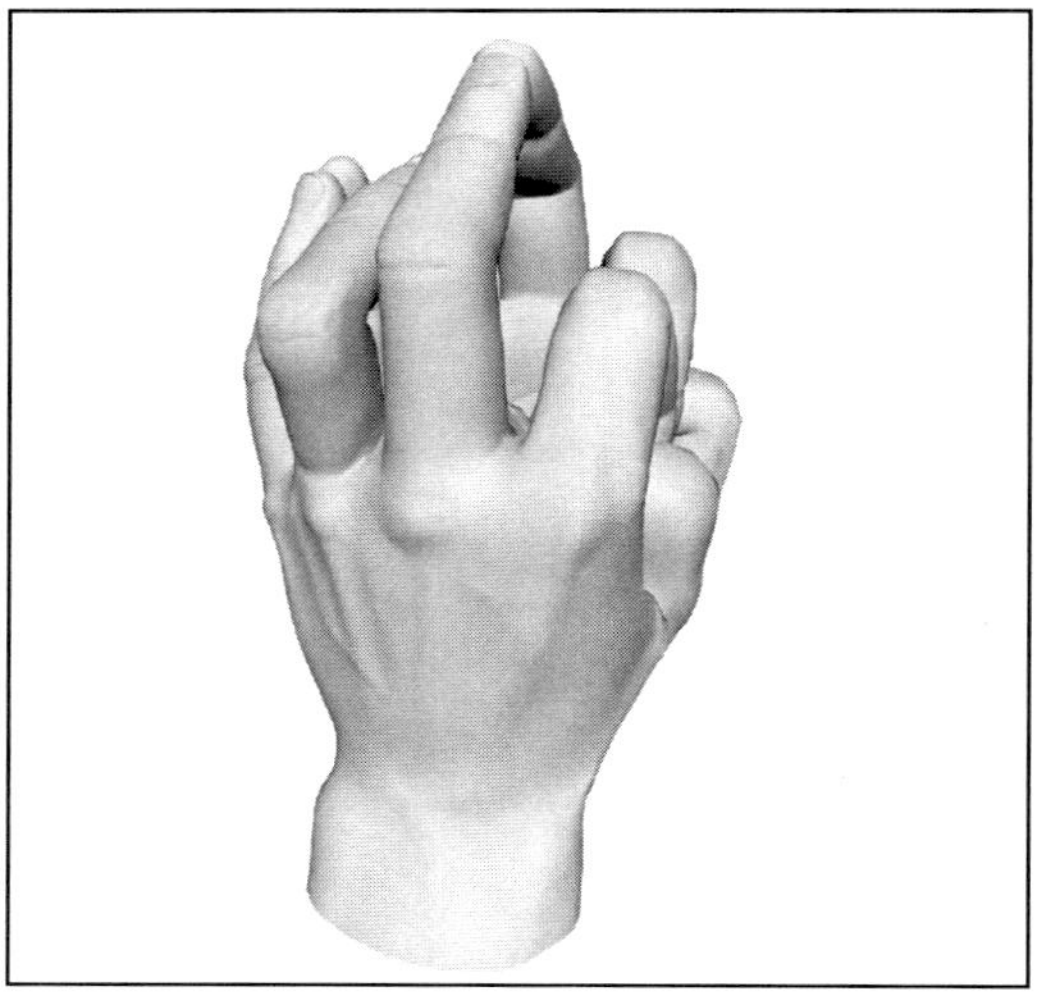

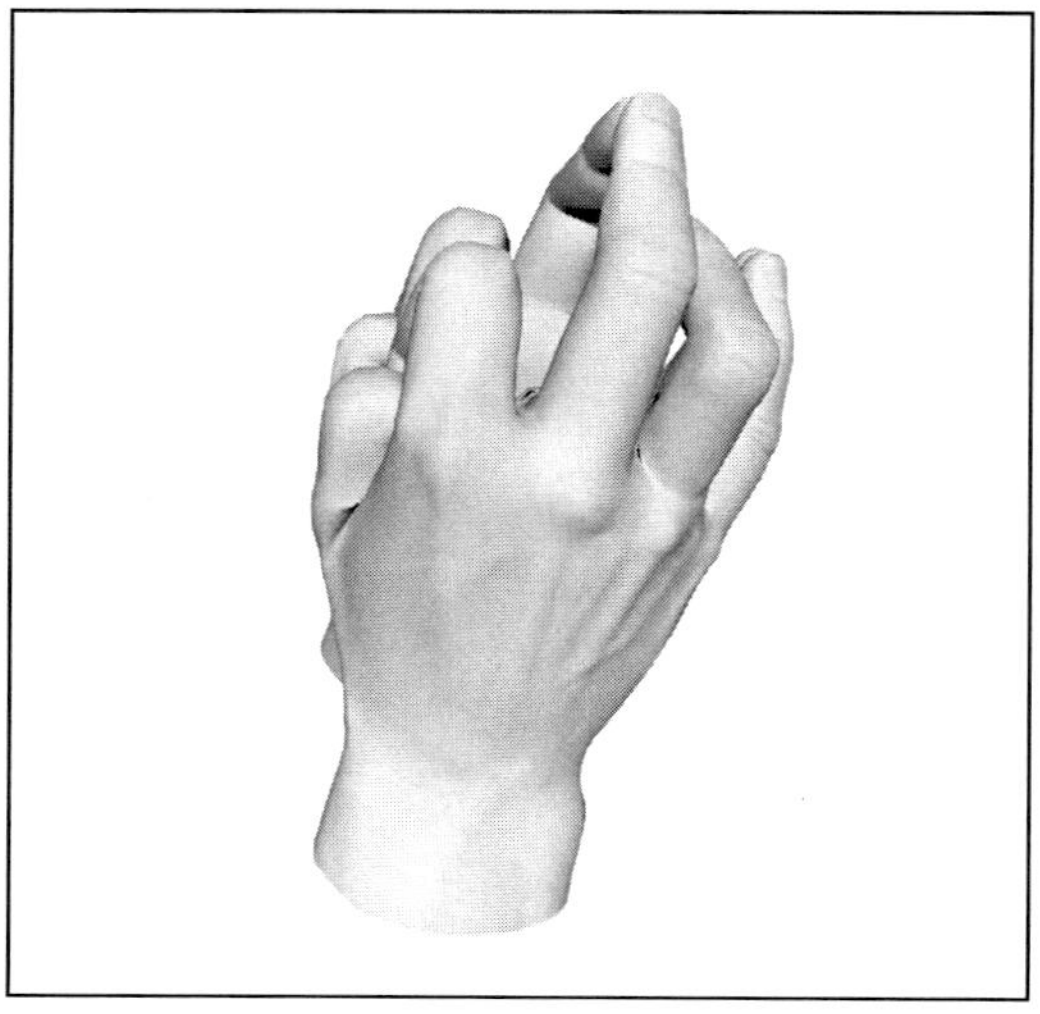

阿《あ》麼《ま》𪗱《だい》（観《かん》音《のん》）

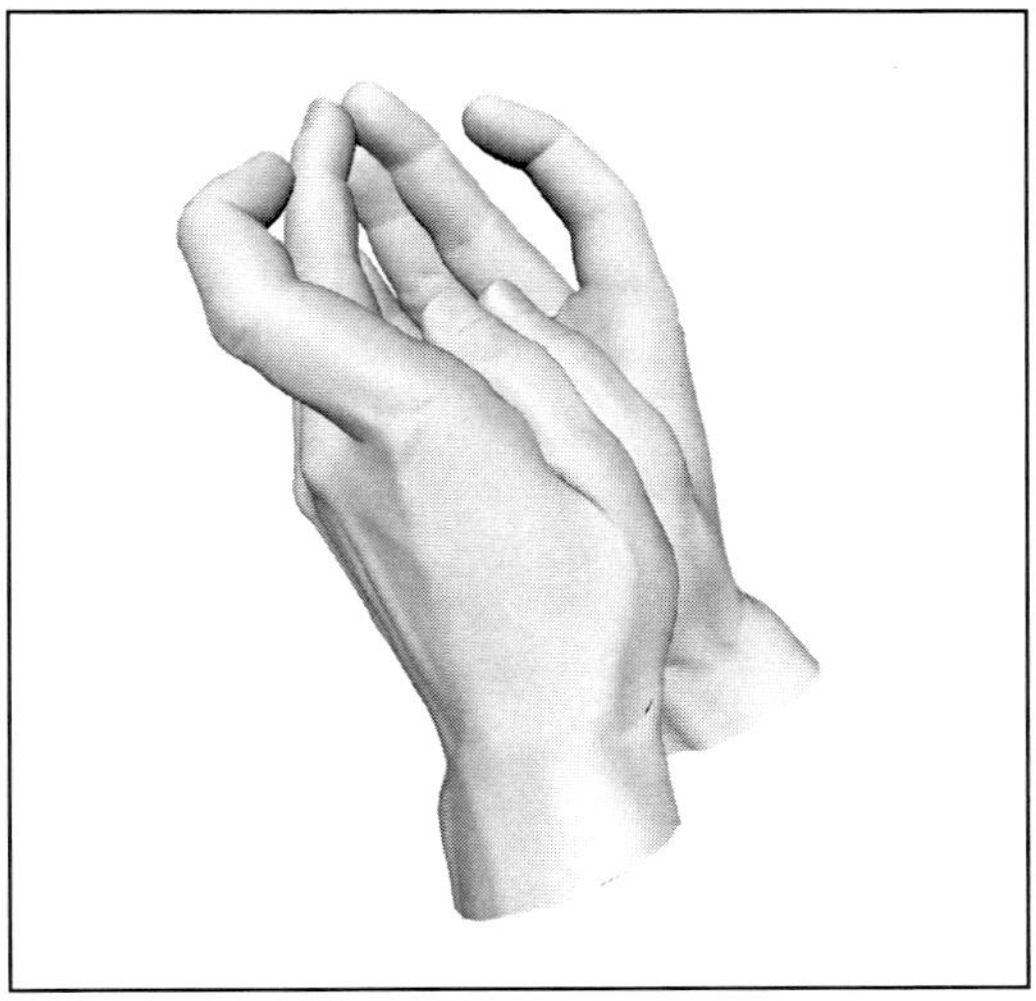

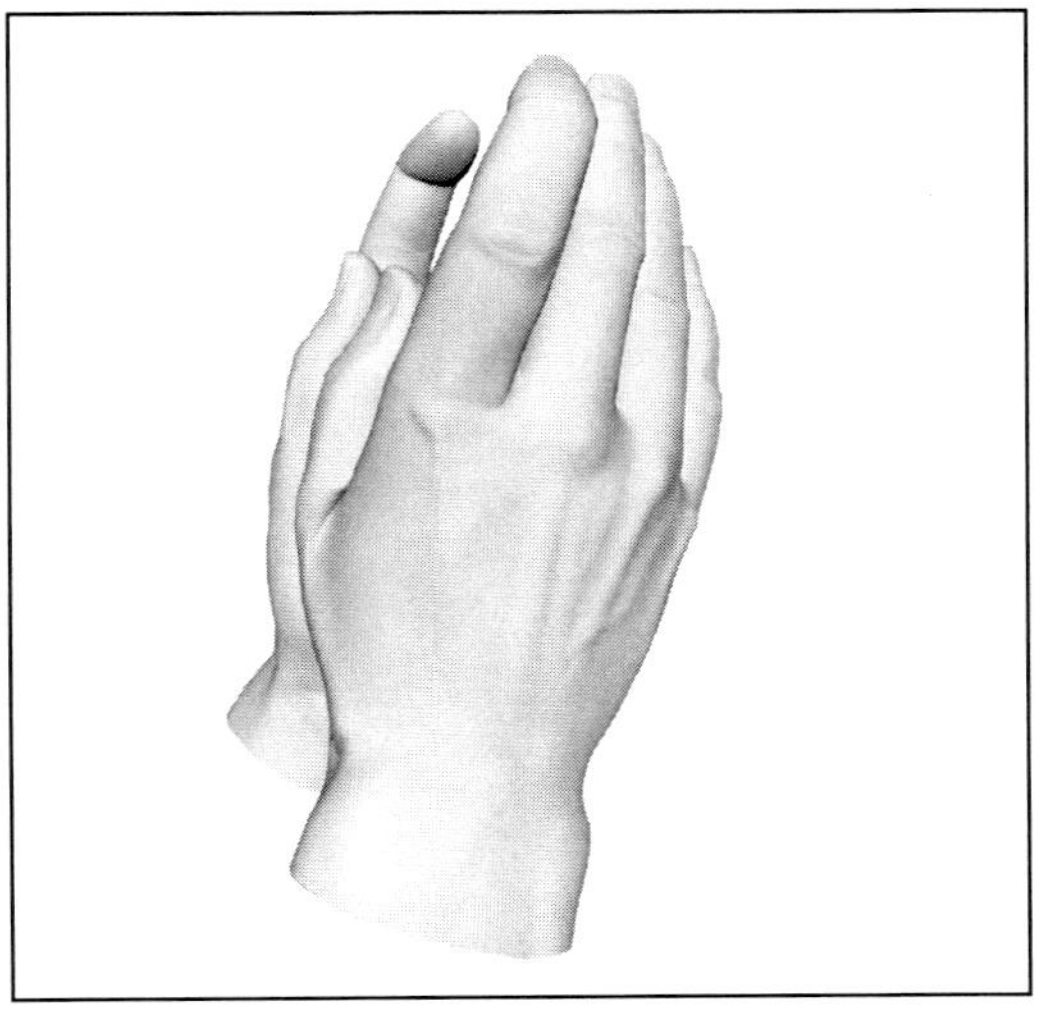

①両手、合掌をする。
②両人差指を屈して、鉤のようにする。
※印を胸にあて、真言の「沙嚩賀」のたびごとに、印の鉤を動かす。

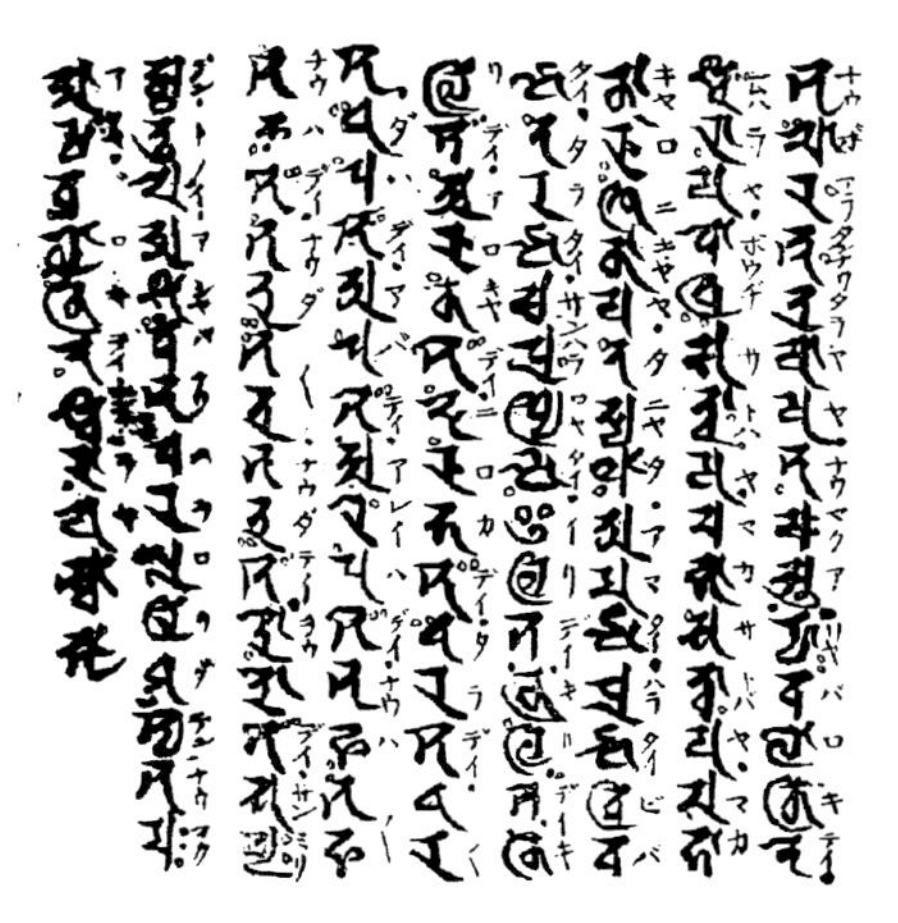

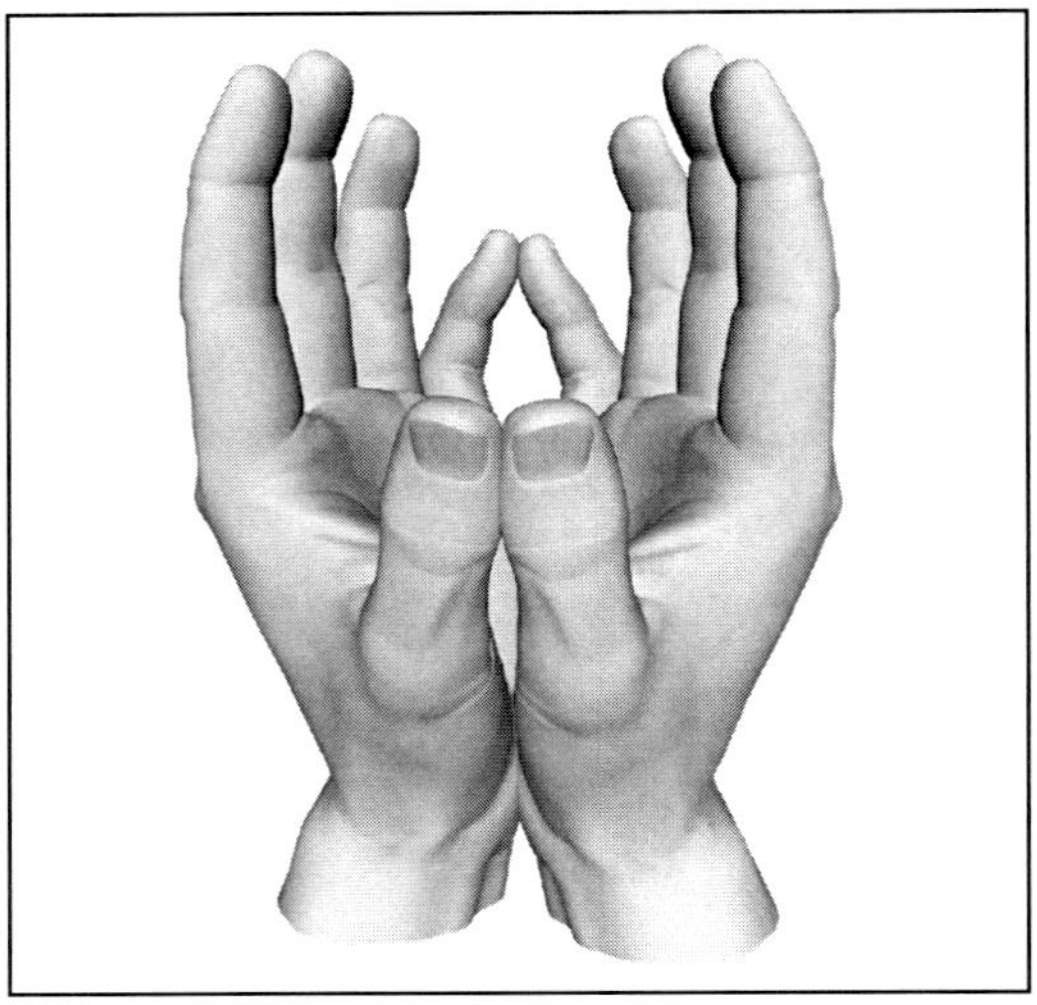

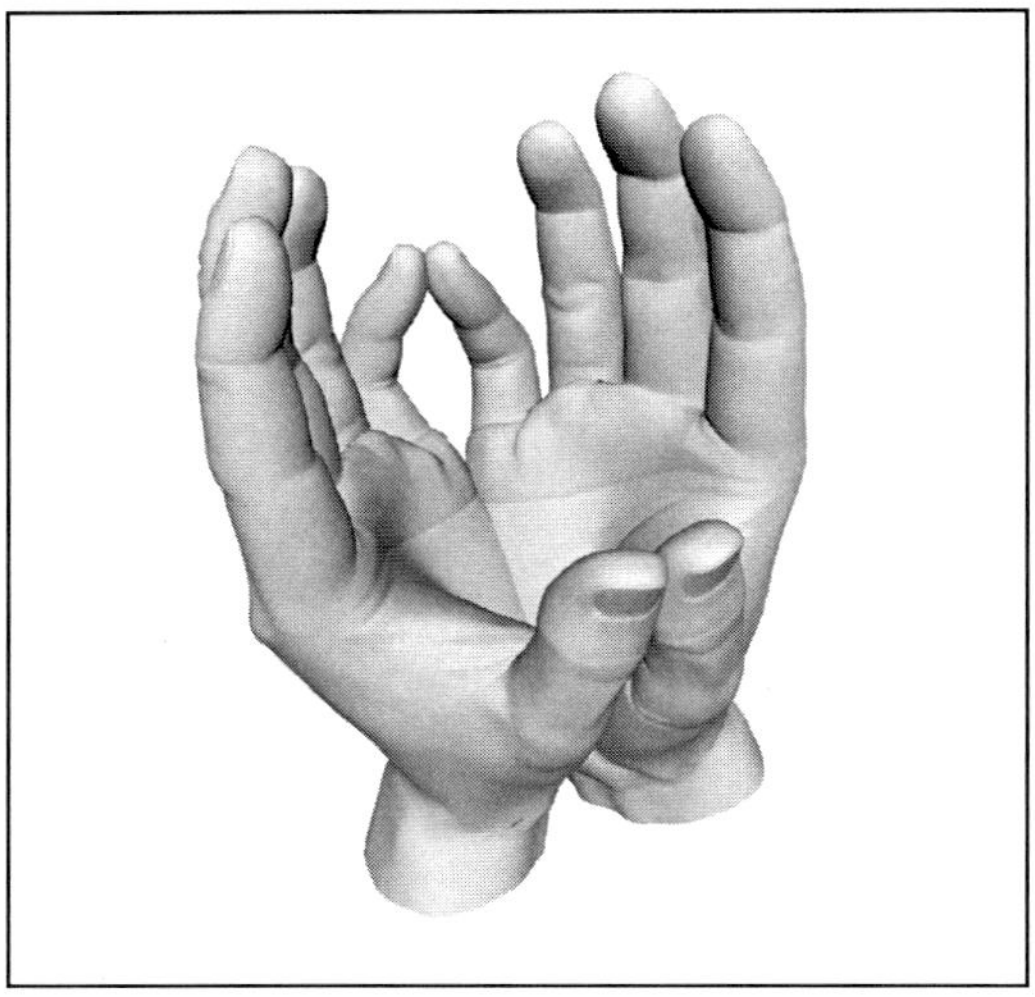

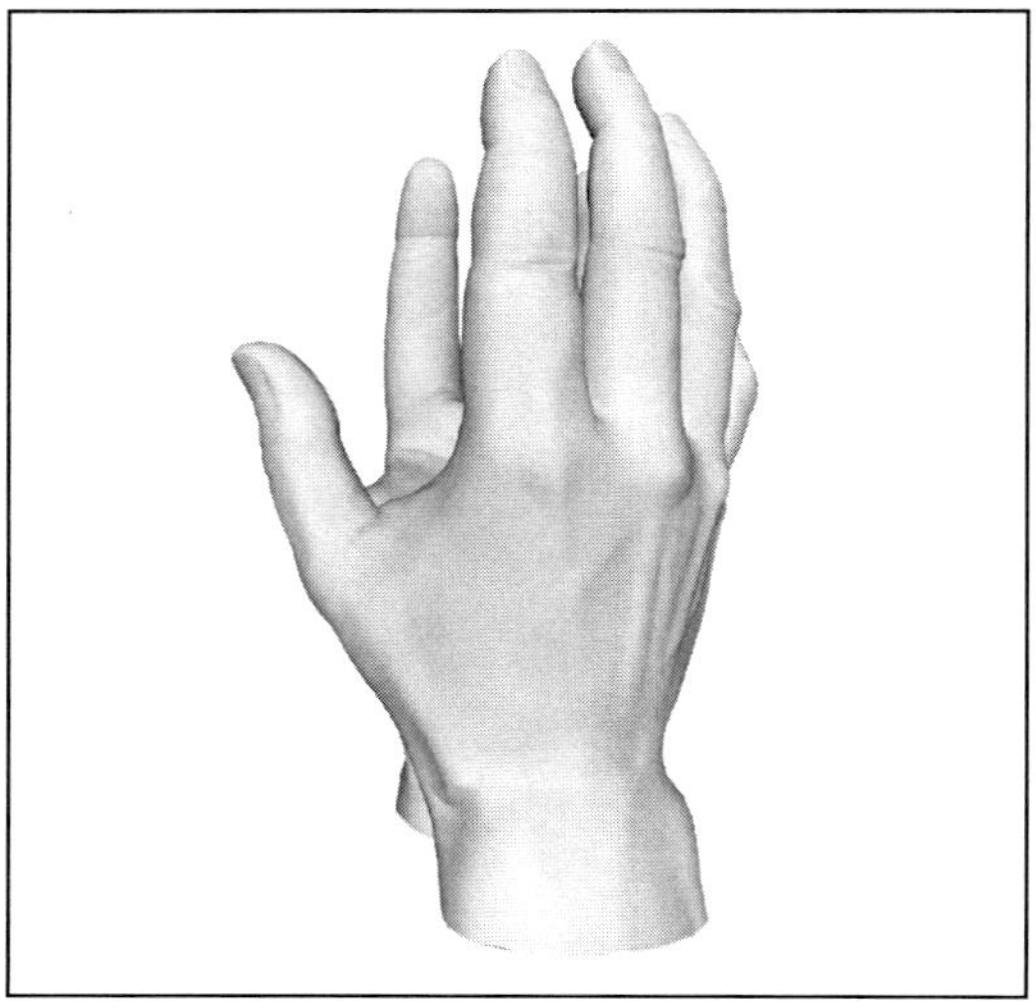

香王八葉印《こうおうはちよういん》

①両手、虚心合掌をする。

②両人差指、中指、薬指を開き、指の間をやや開けて立てる。

※八葉印（二四頁）に同じ。

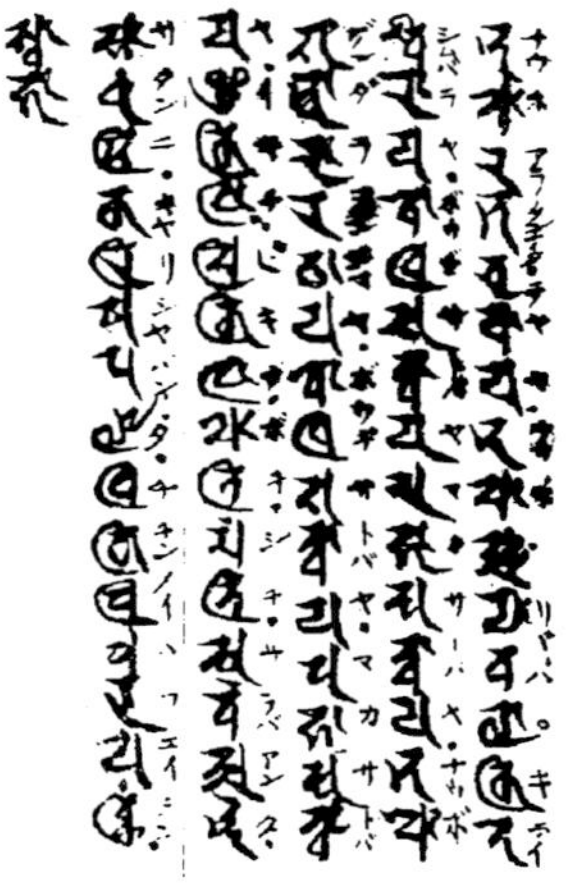

金剛王《こんごうおう》根本印《こんぽんいん》

①両手、金剛拳にする。
②両人差指、小指を相鉤する。

十六尊《じゅうろくそん》

意生金剛《いしょうこんごう》

①両手、拳にする。

②左の拳で弓を執る姿勢をなし、右の拳で箭を引く姿勢をする。

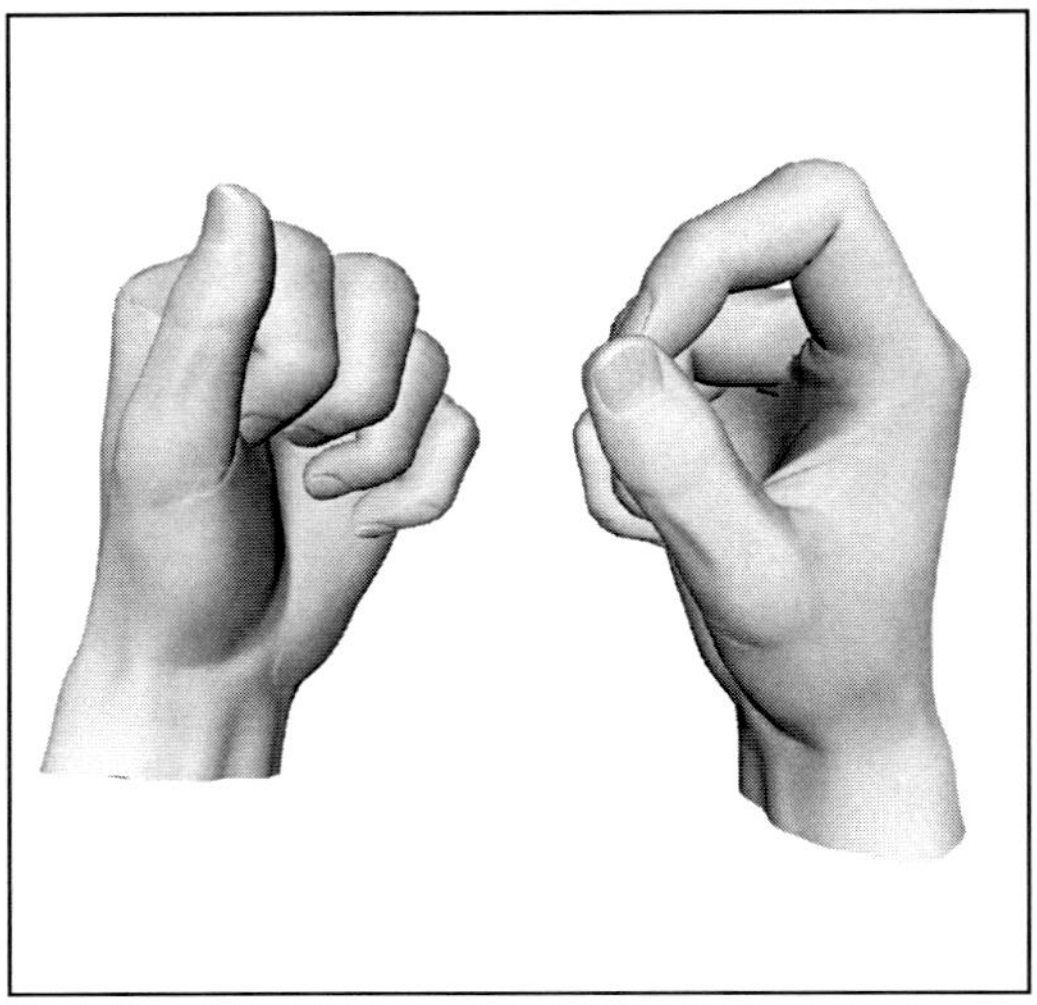

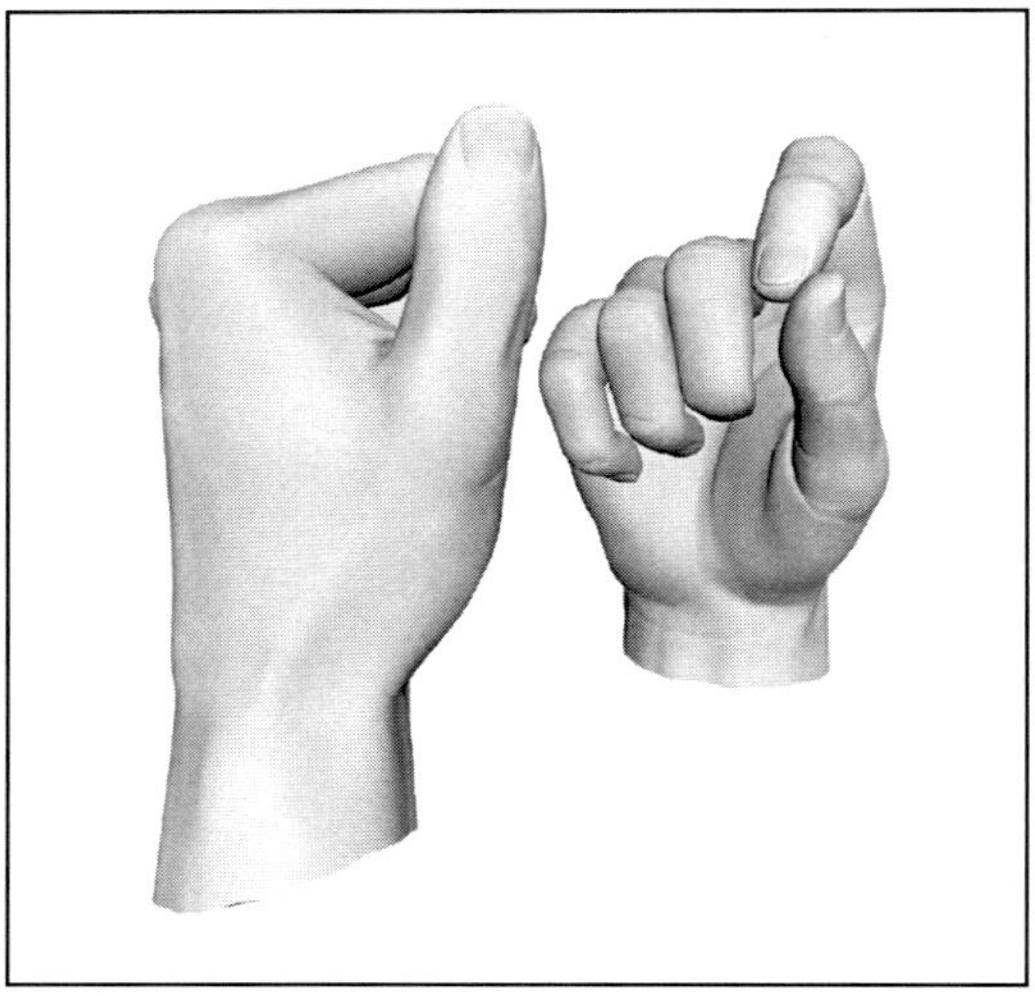

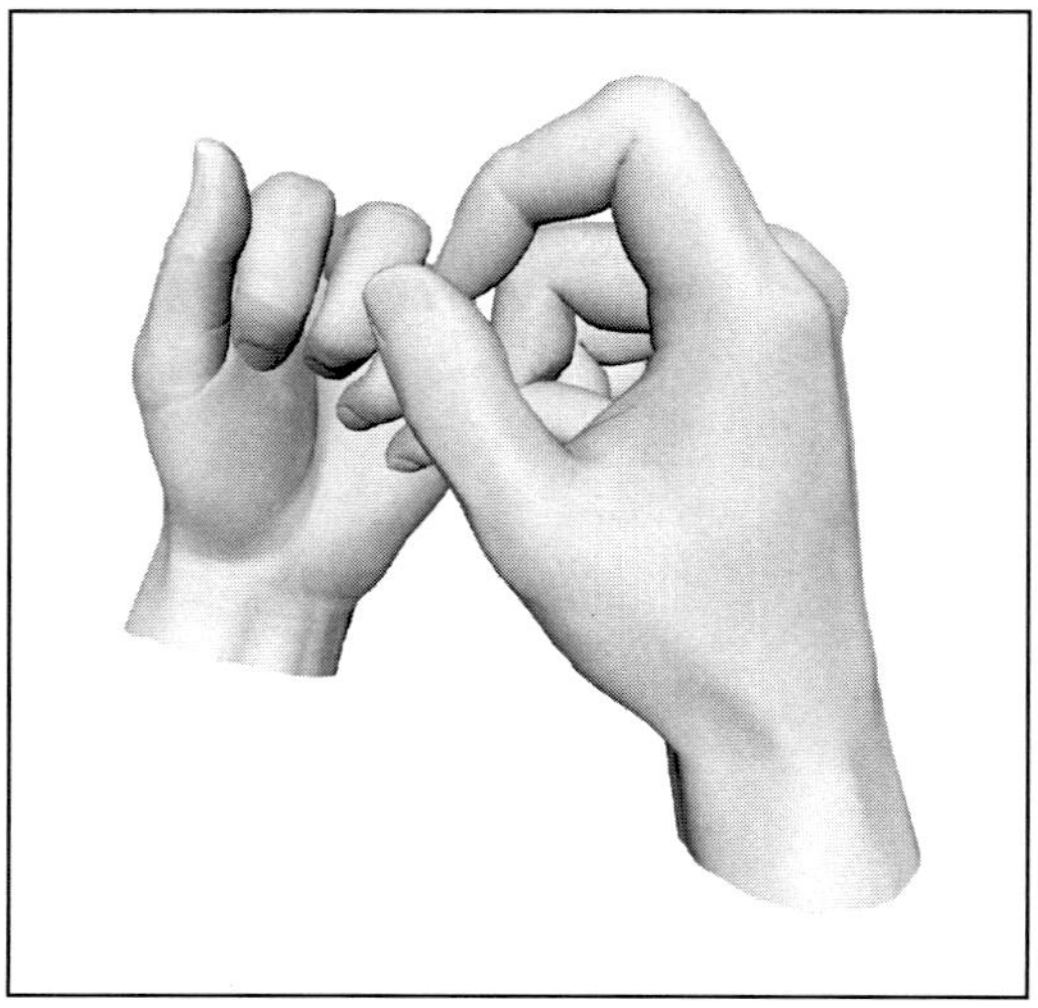

※真言は前頁に同じ。

計《け》里《り》吉《き》羅《ら》金《こん》剛《ごう》

①両手、拳にする。
②胸前で、右手を手前にして交差させる。
※計里計羅羯磨印（一五六頁）に同じ。

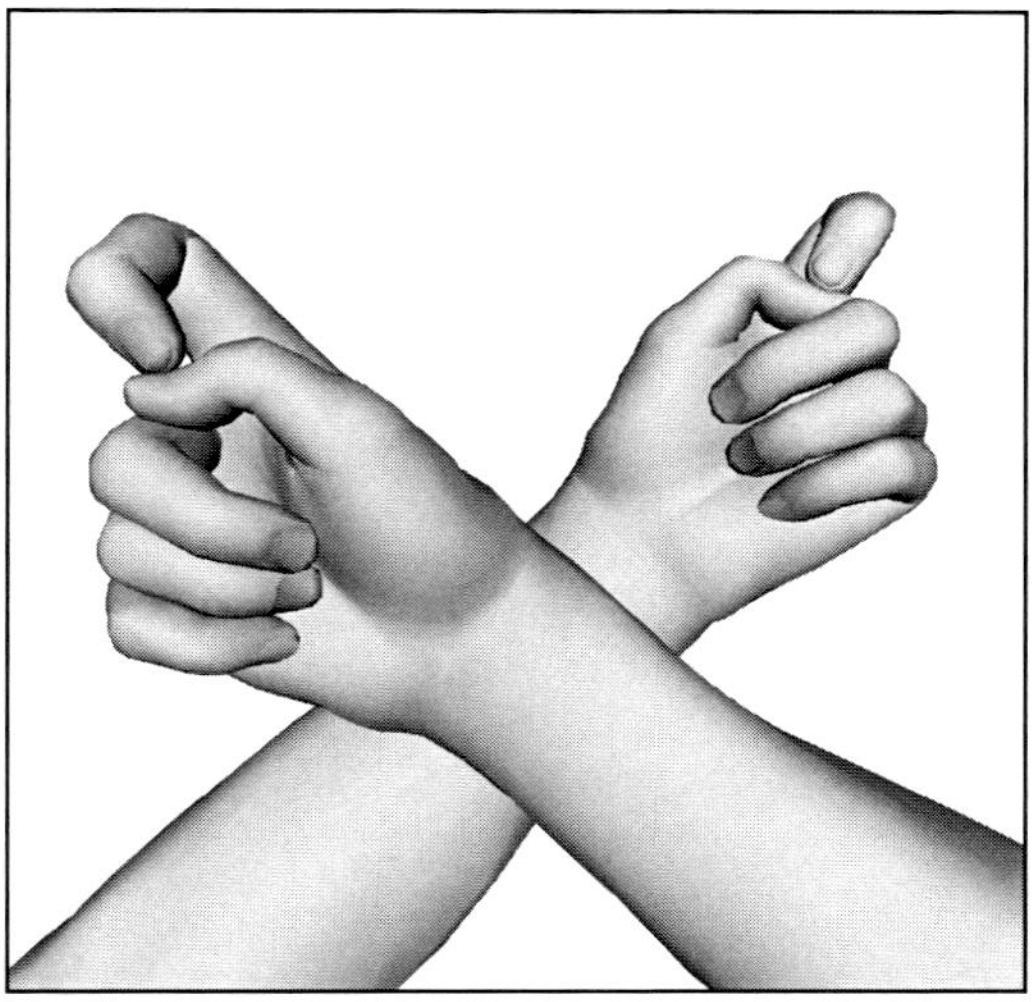

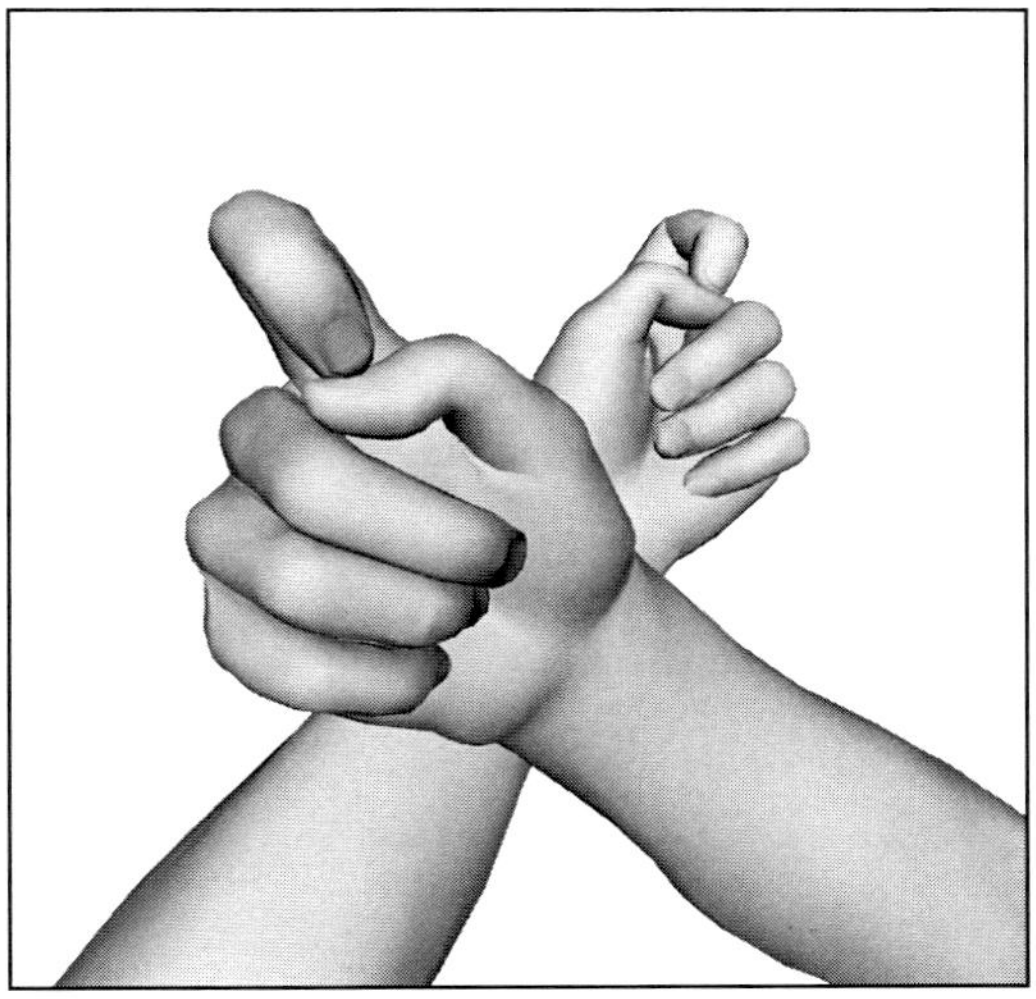

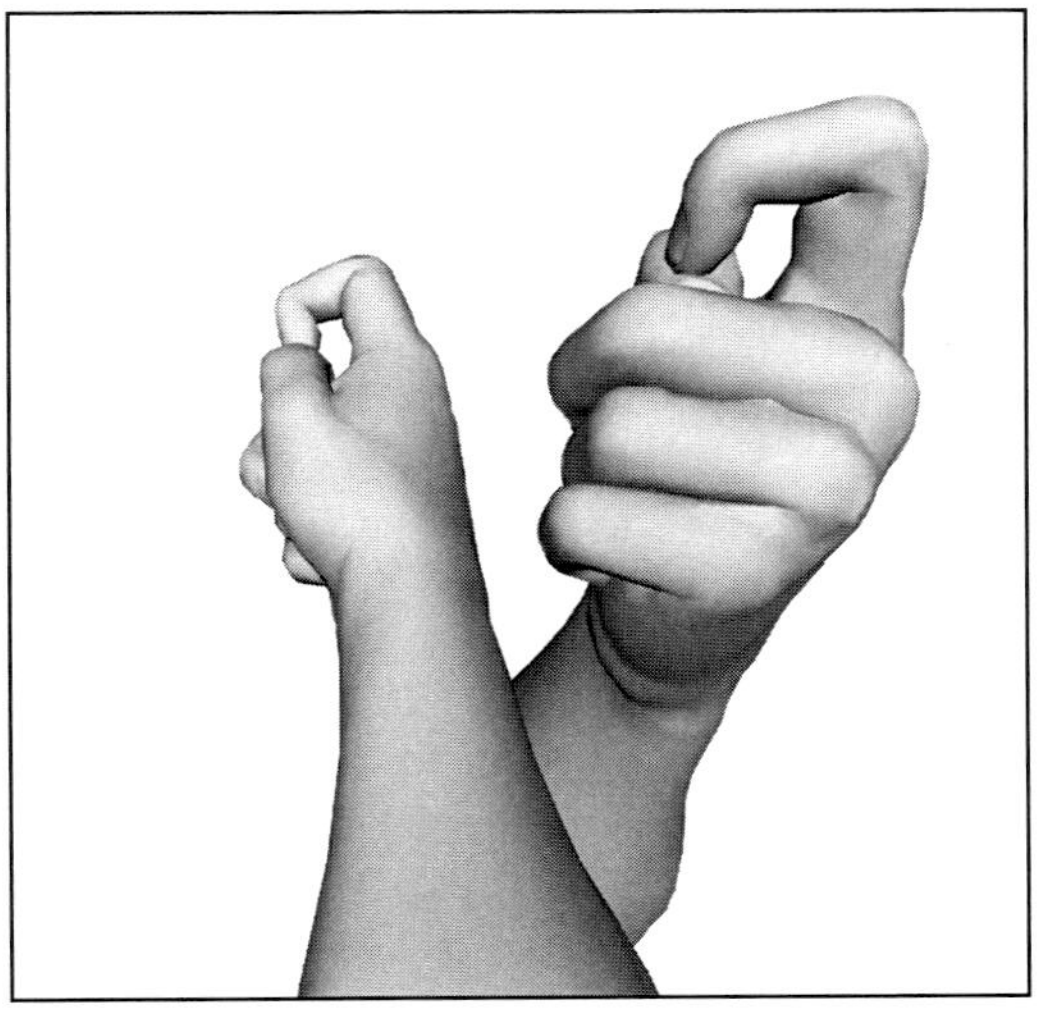

※真言は三五一頁に同じ。

愛《あい》金《こん》剛《ごう》

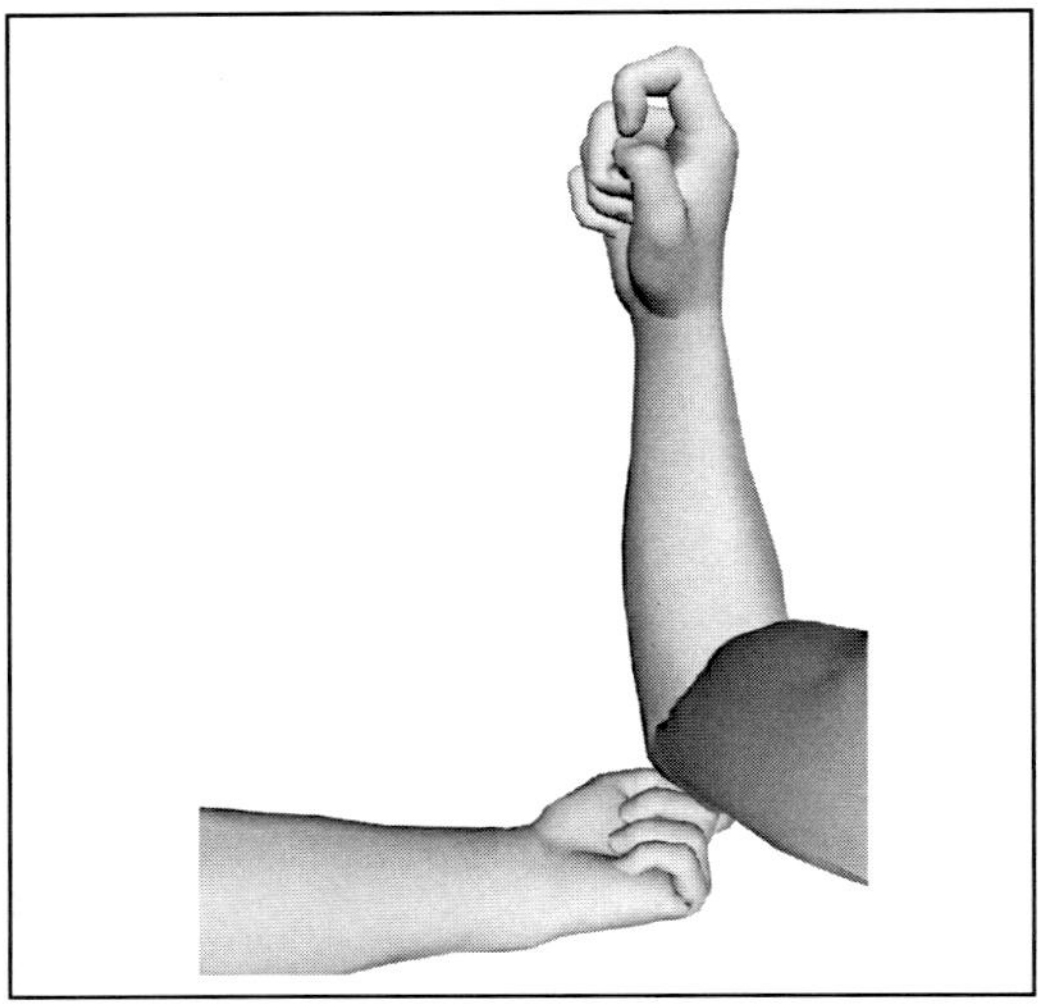

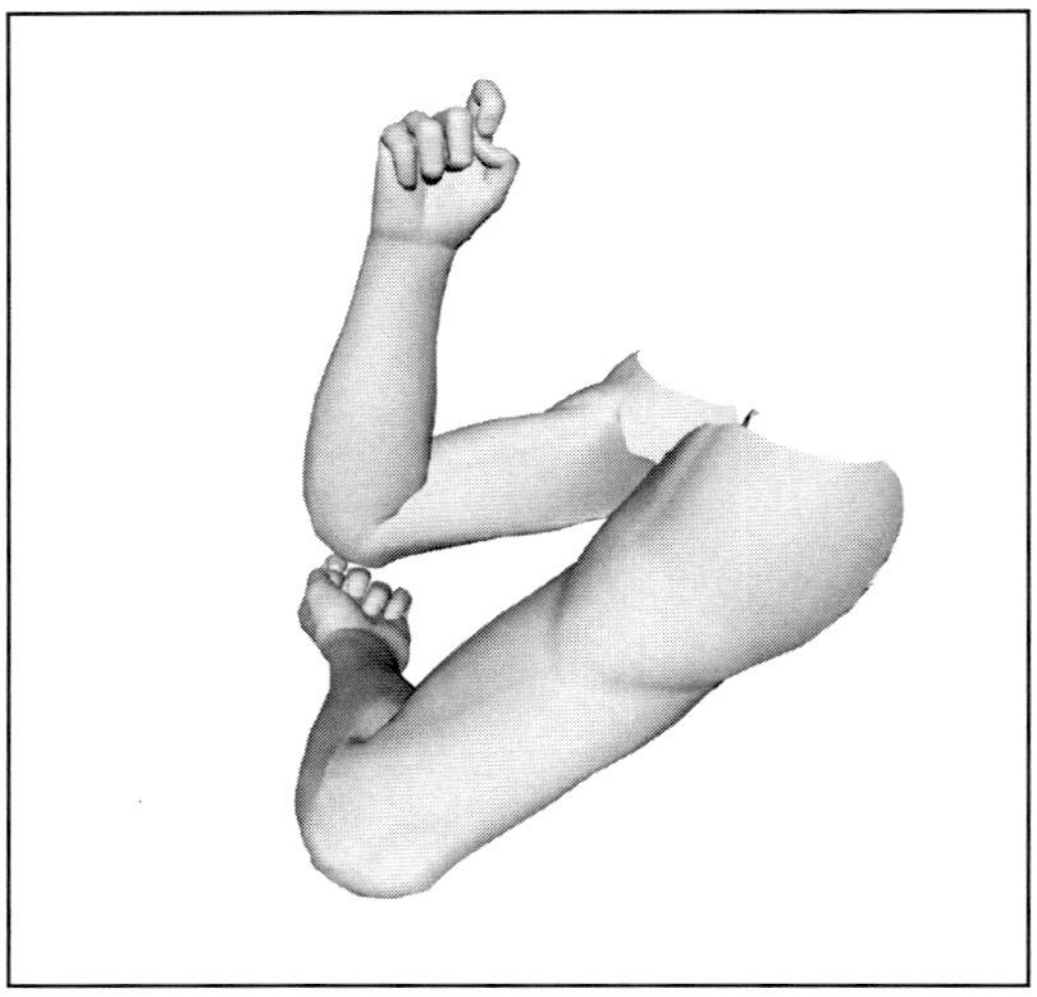

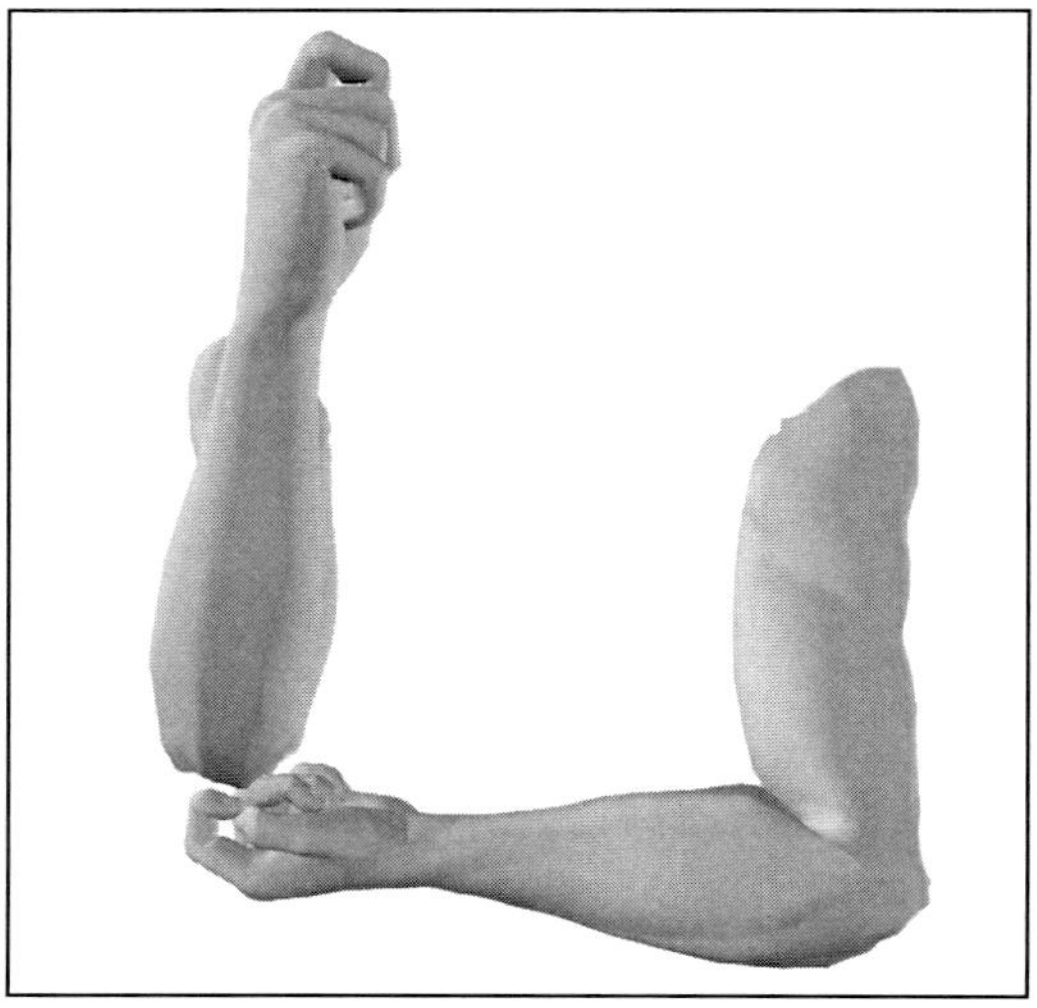

①両手、拳にする。
②右腕を立て、左拳を肱に置く。
※愛金剛羯磨印（一五七頁）に同じ。

※真言は三五一頁に同じ。

意《い》気《き》金《こん》剛《ごう》

①両手、金剛拳にして、膝に置き、すこし左に傾ける。
※金剛慢羯磨印（一五八頁）に同じ。

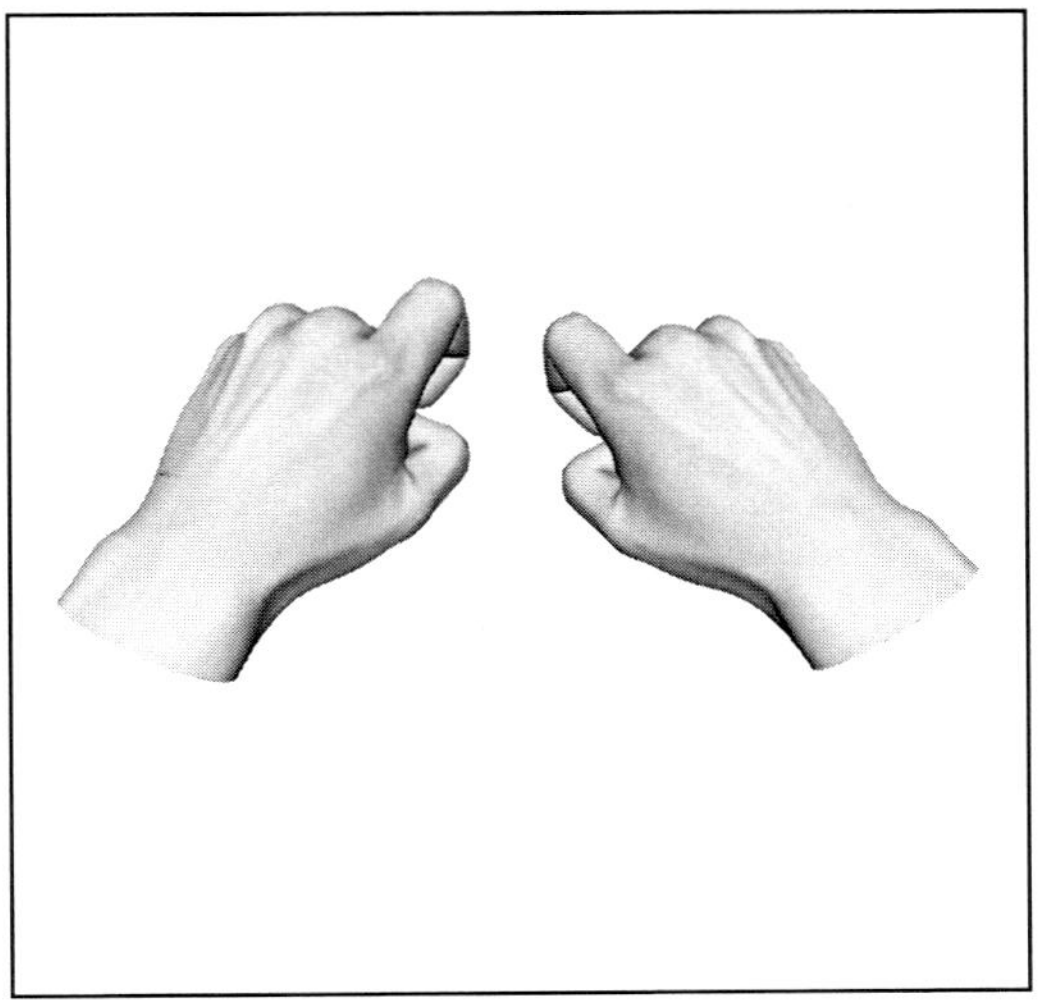

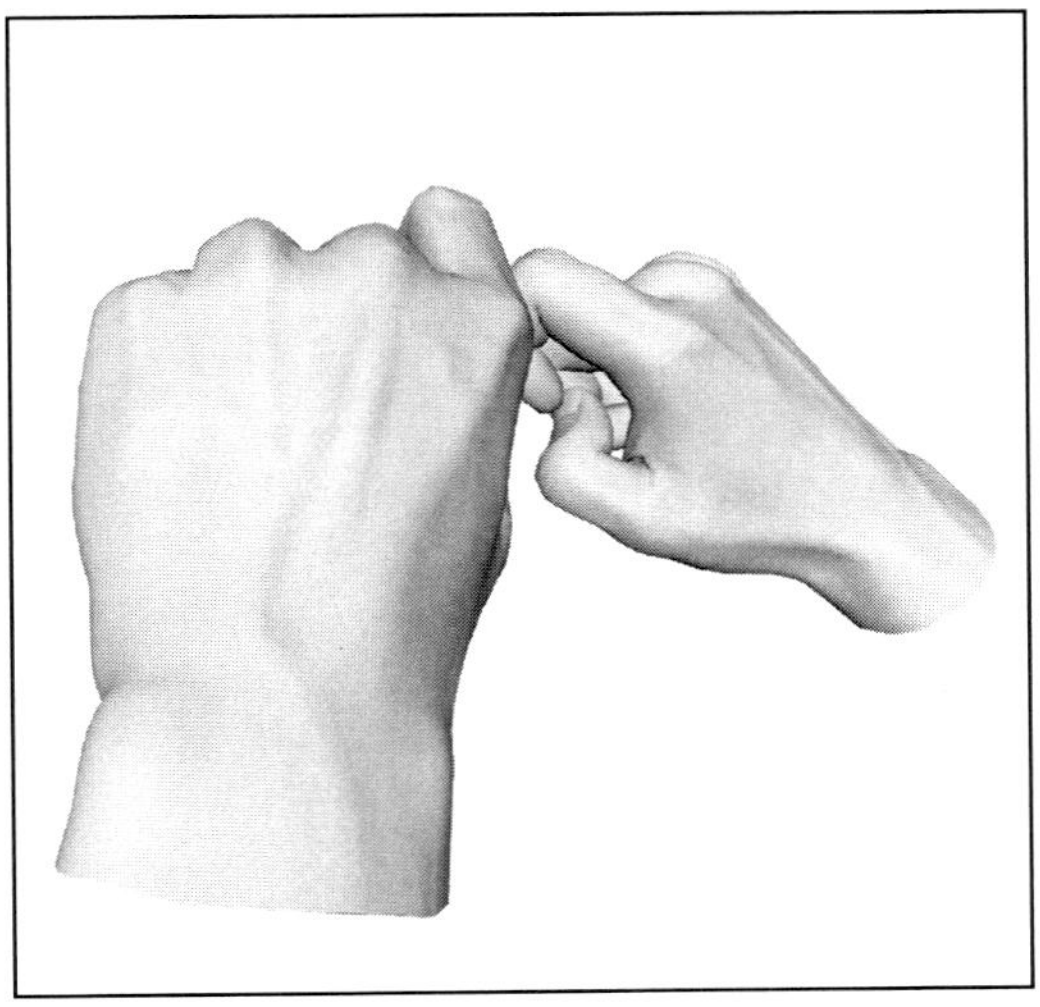

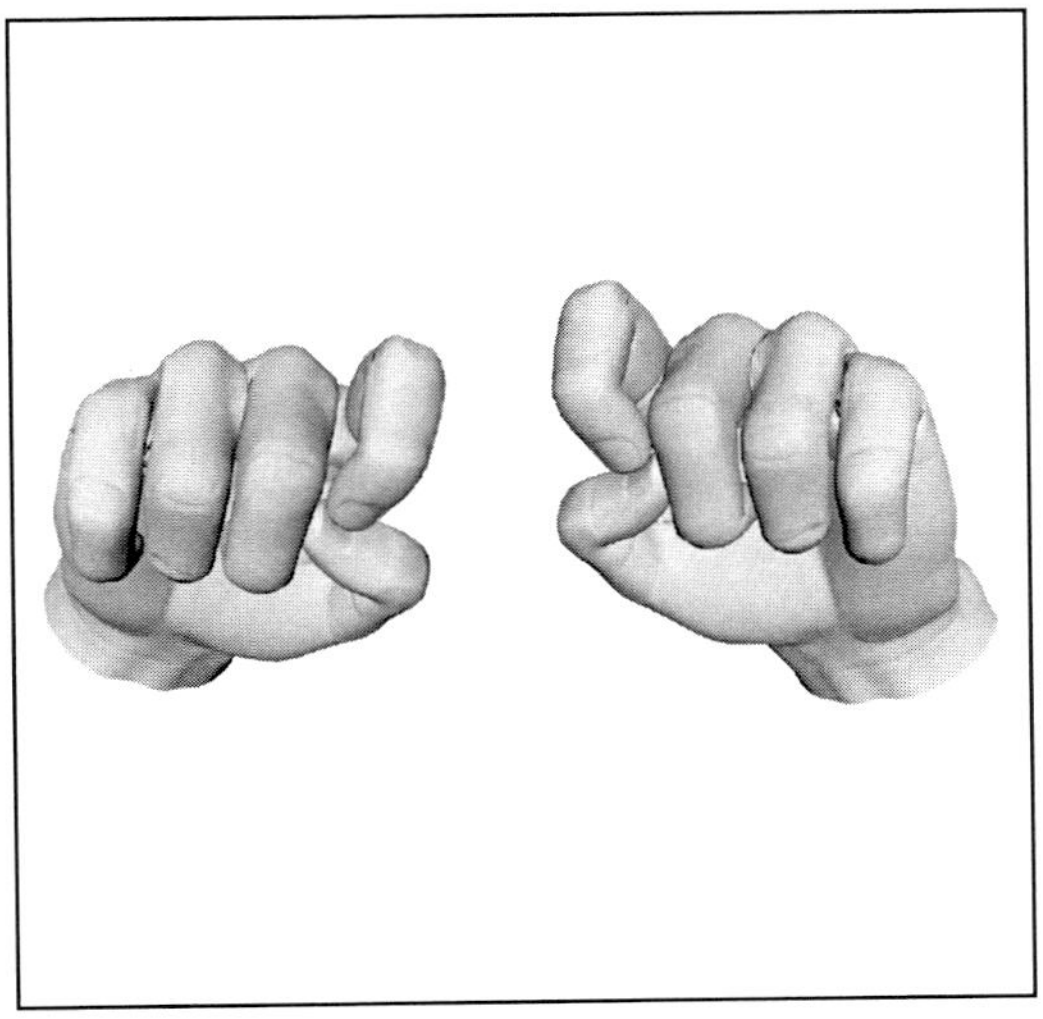

※真言は三五一頁に同じ。

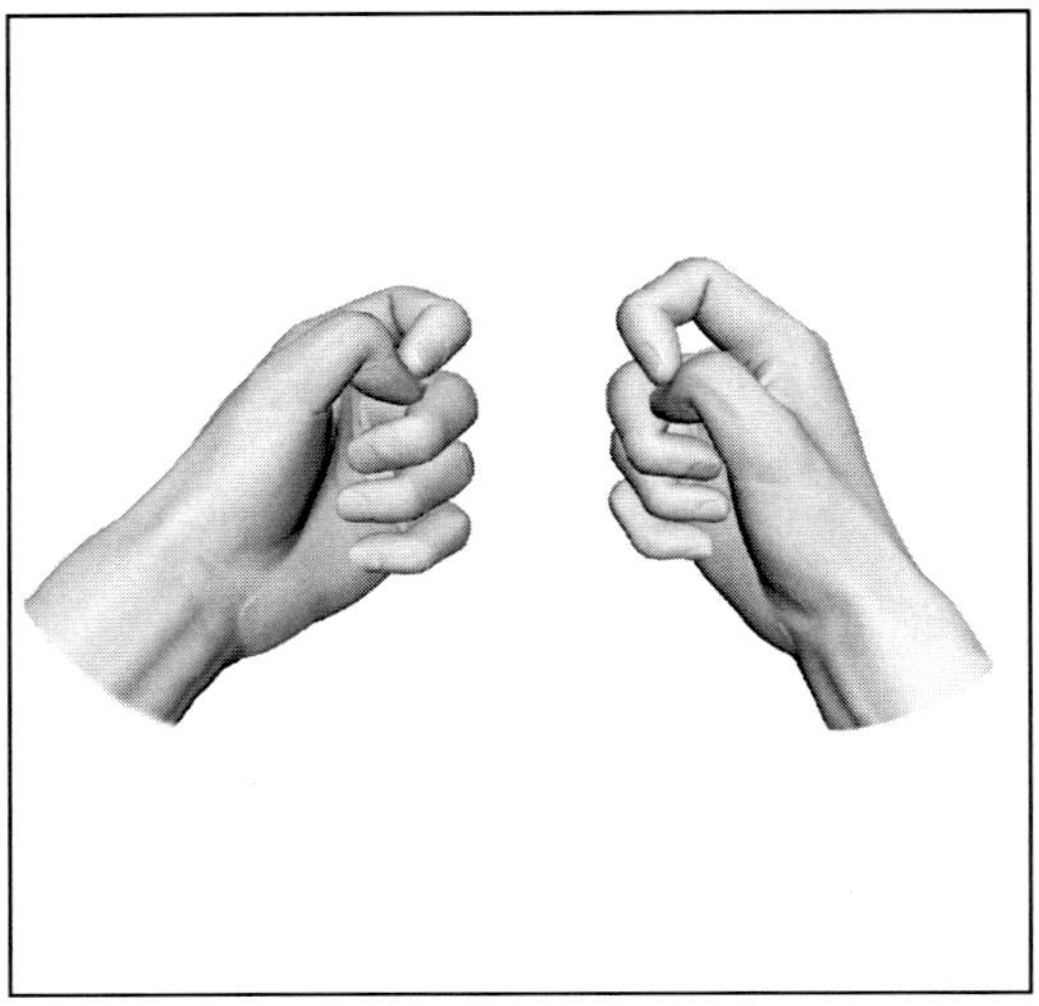

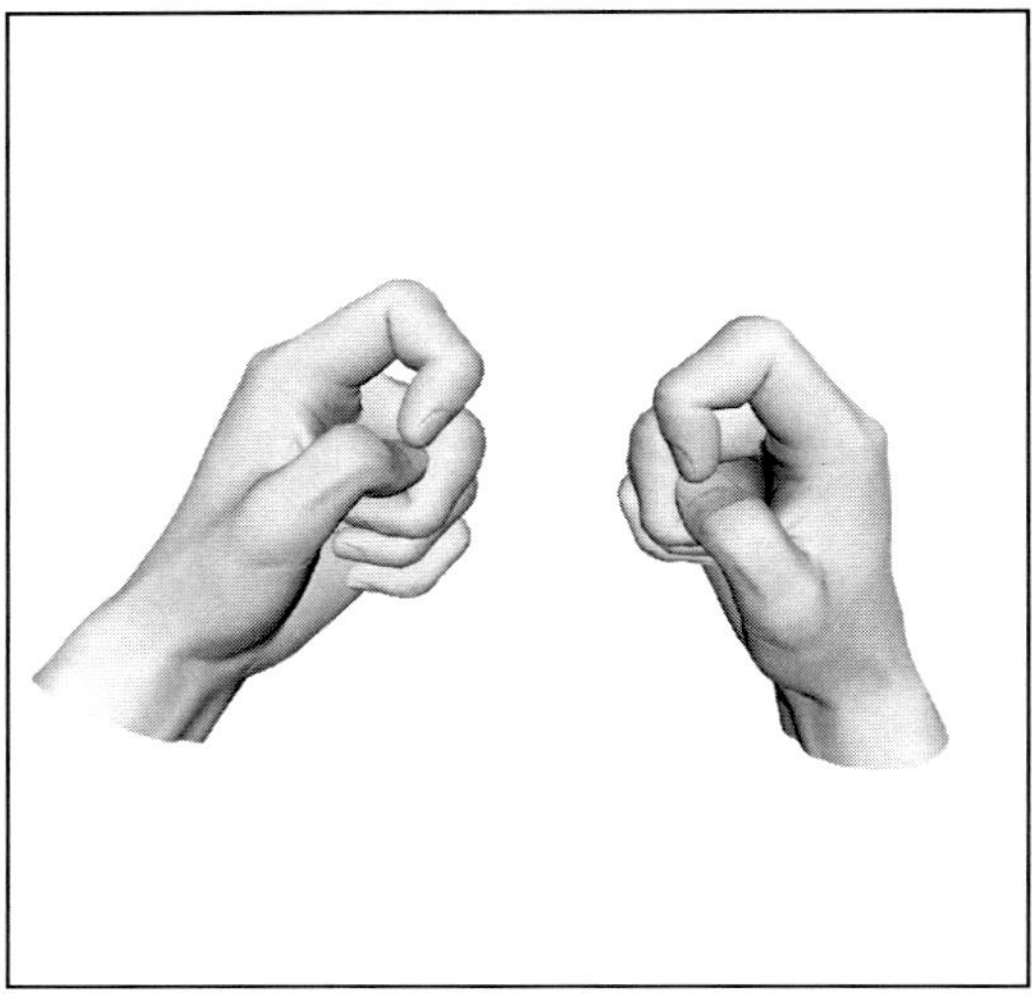

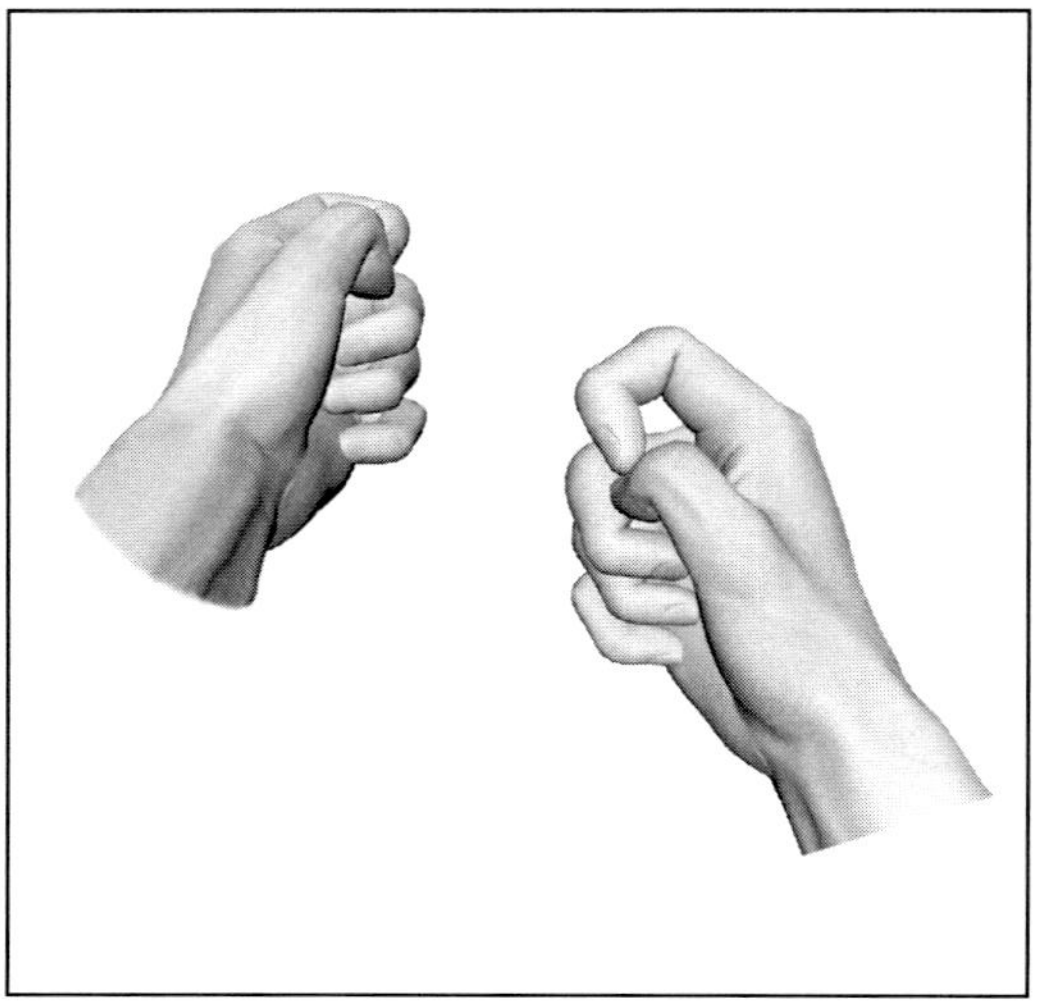

意《い》生《しょう》金《こん》剛《ごう》女《にょ》

①両手、金剛拳にして、弓を引く様で下に向ける。

※真言は三五一頁に同じ。

計《け》里《り》吉《き》羅《ら》金《こん》剛《ごう》女《にょ》

①両手、金剛拳にして、胸前で交差させ、胸を抱くようにする。

※真言は三五一頁に同じ。

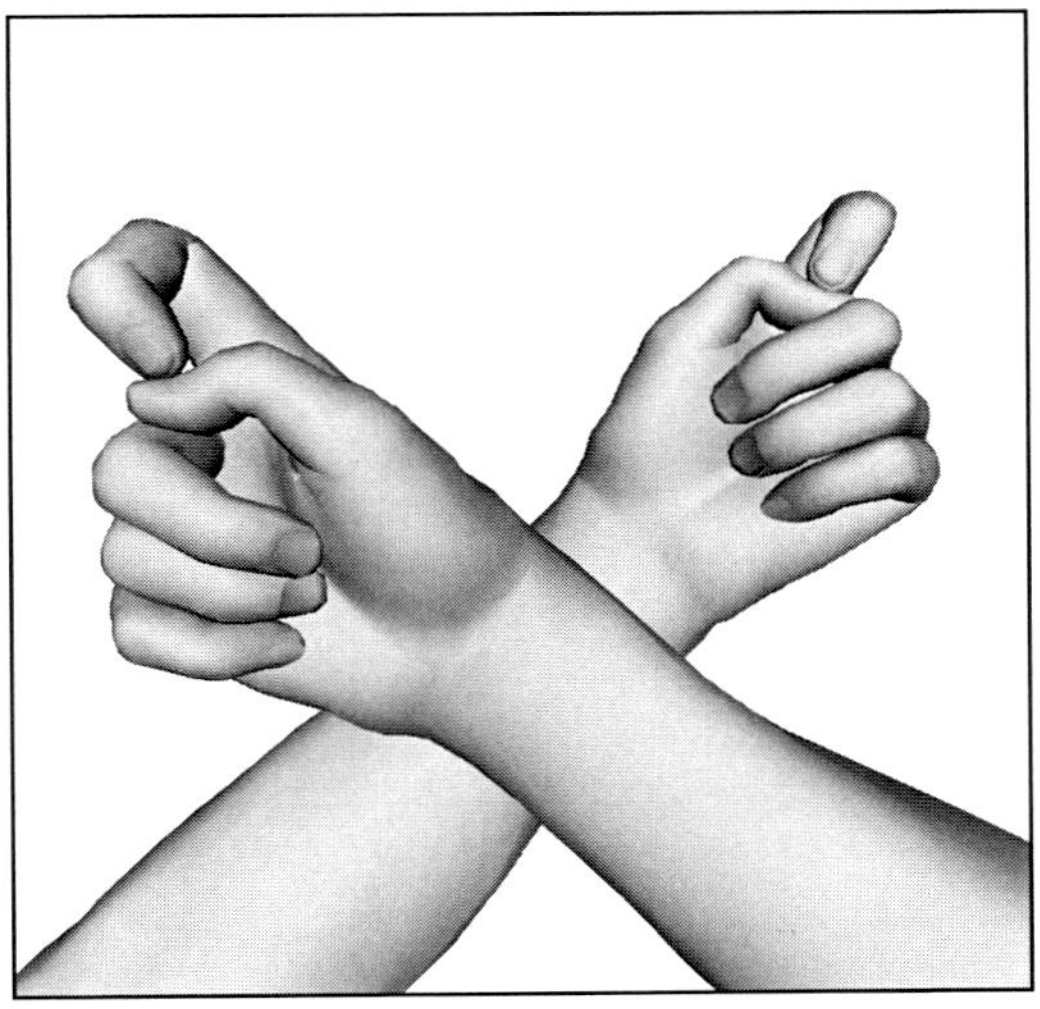

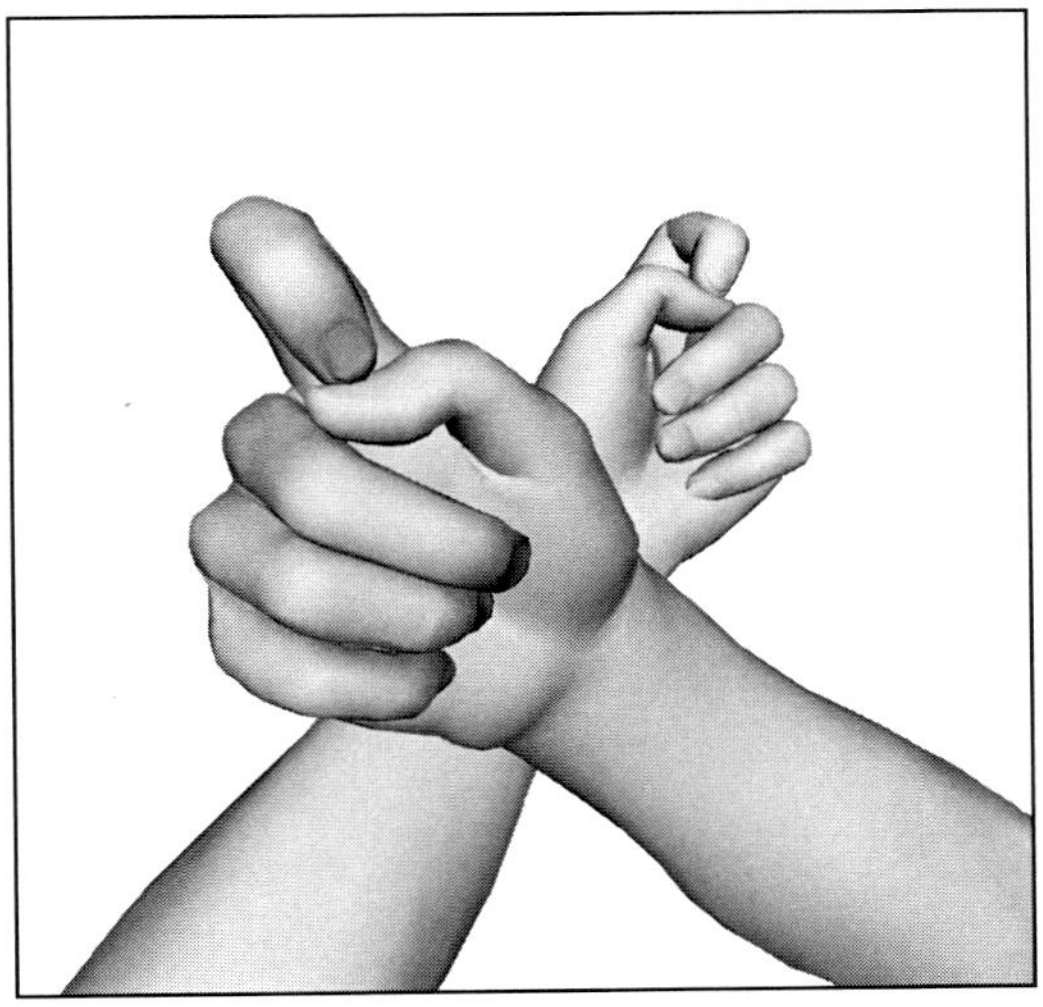

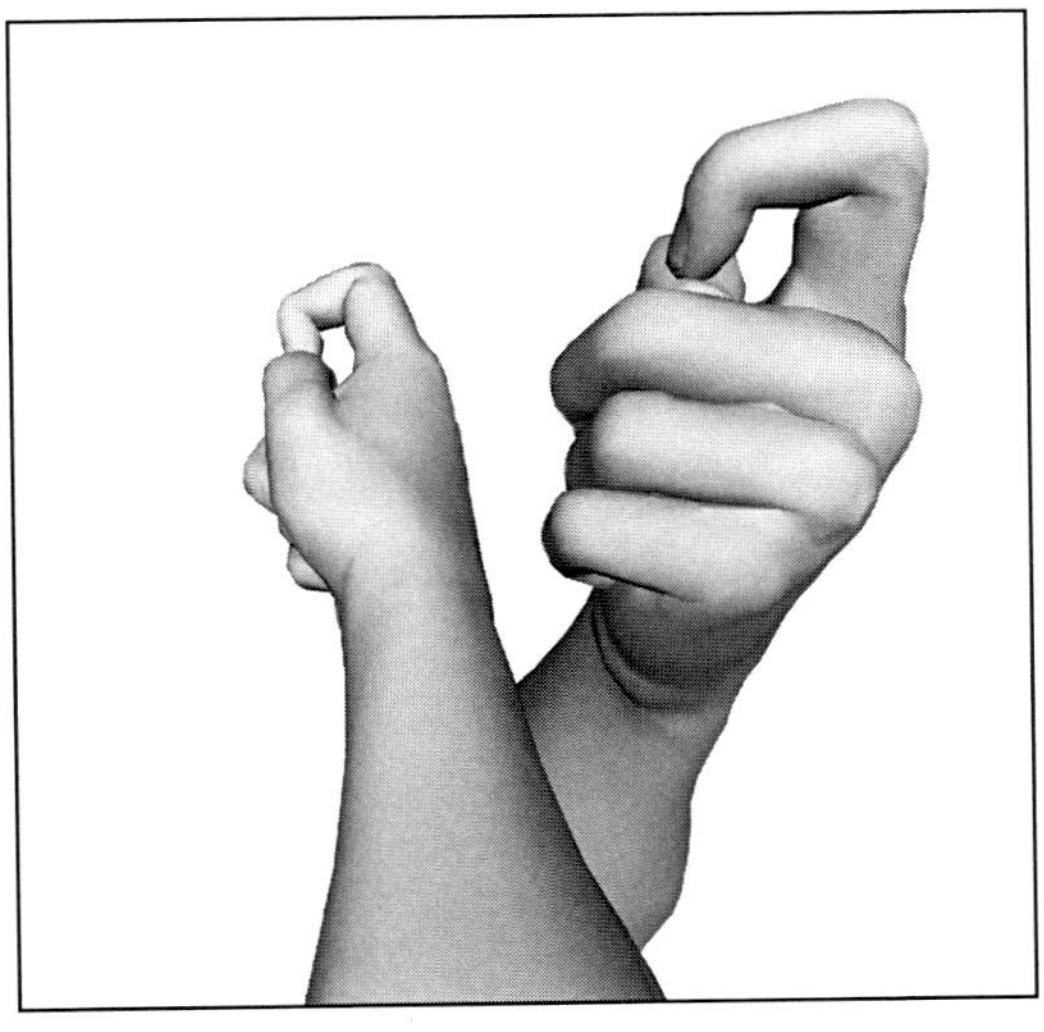

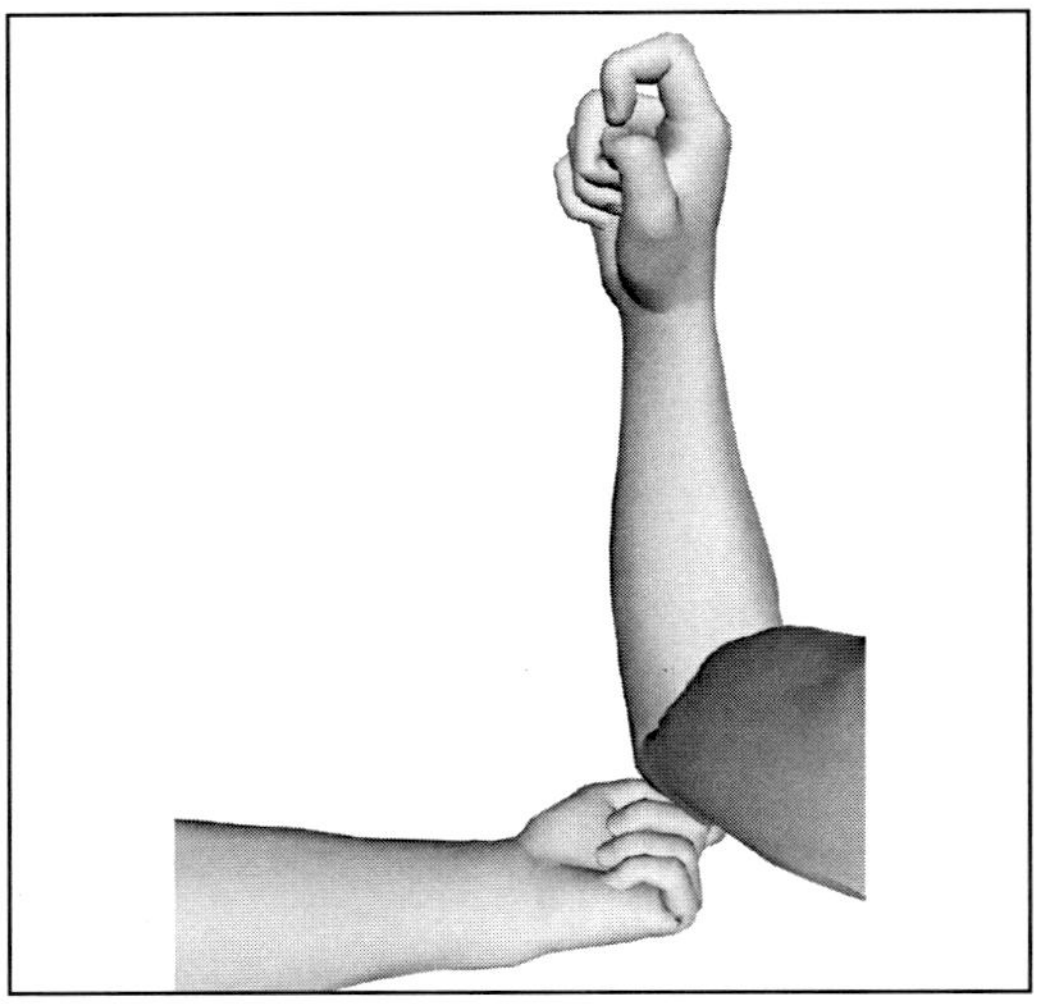

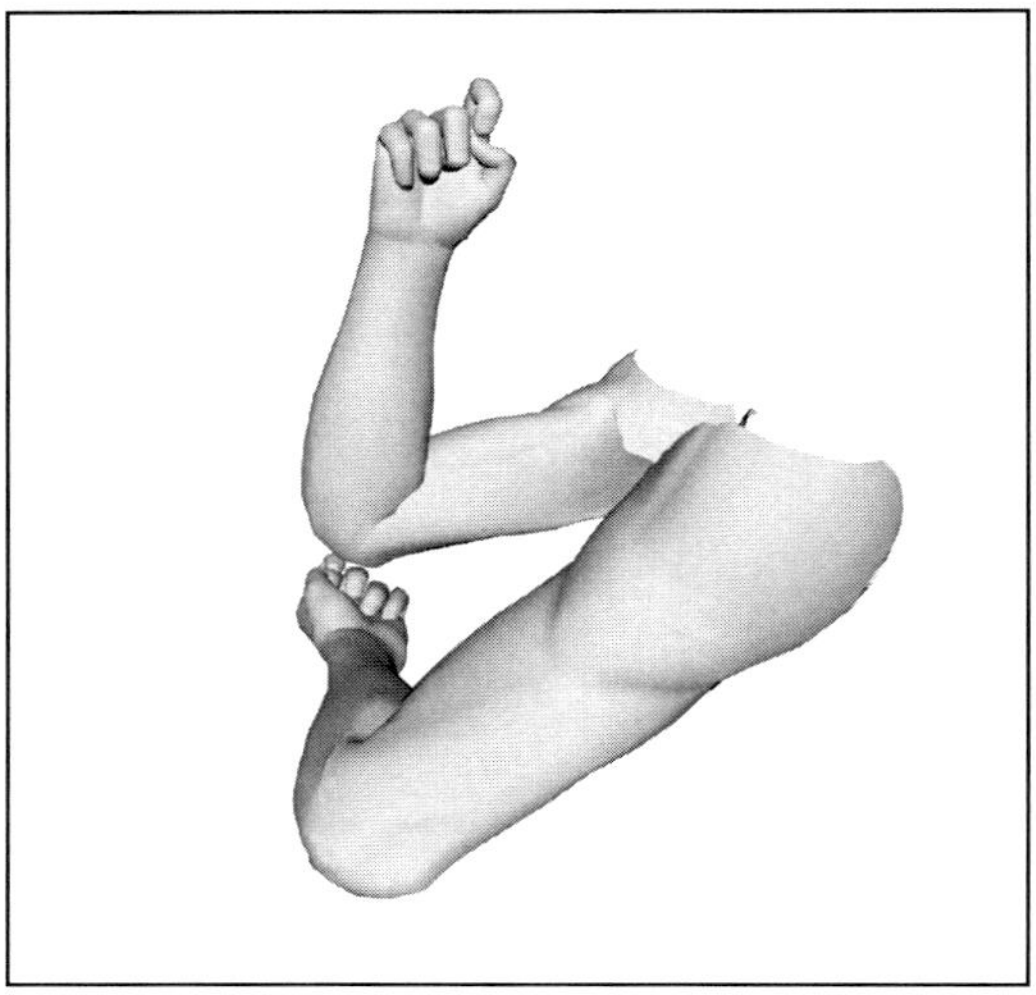

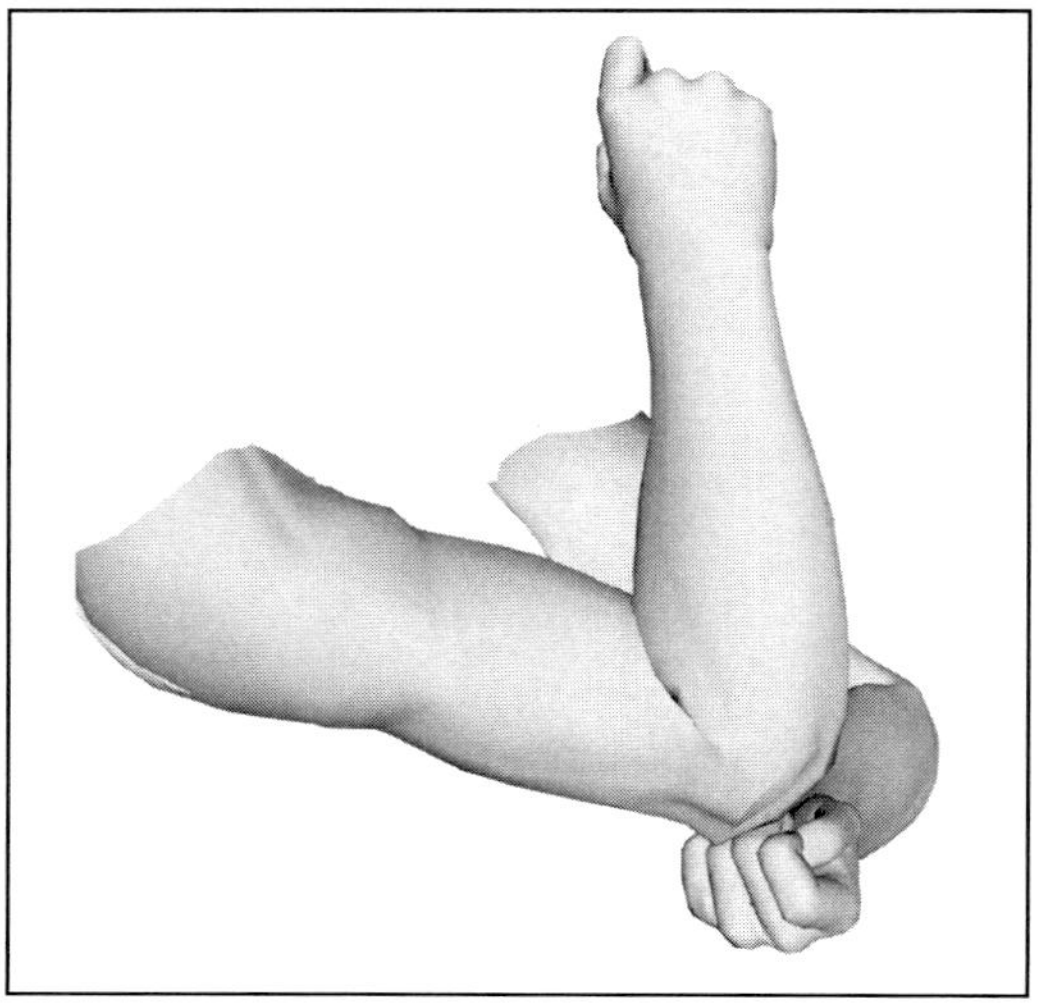

愛《あい》金《こん》剛《ごう》女《にょ》

①両手、金剛拳にする。
②右手を立て、左拳を肱に置く。

※真言は三五一頁に同じ。

意《い》気《き》金《こん》剛《ごう》女《にょ》

①両手、金剛拳にして、腰に置く。

※真言は三五一頁に同じ。

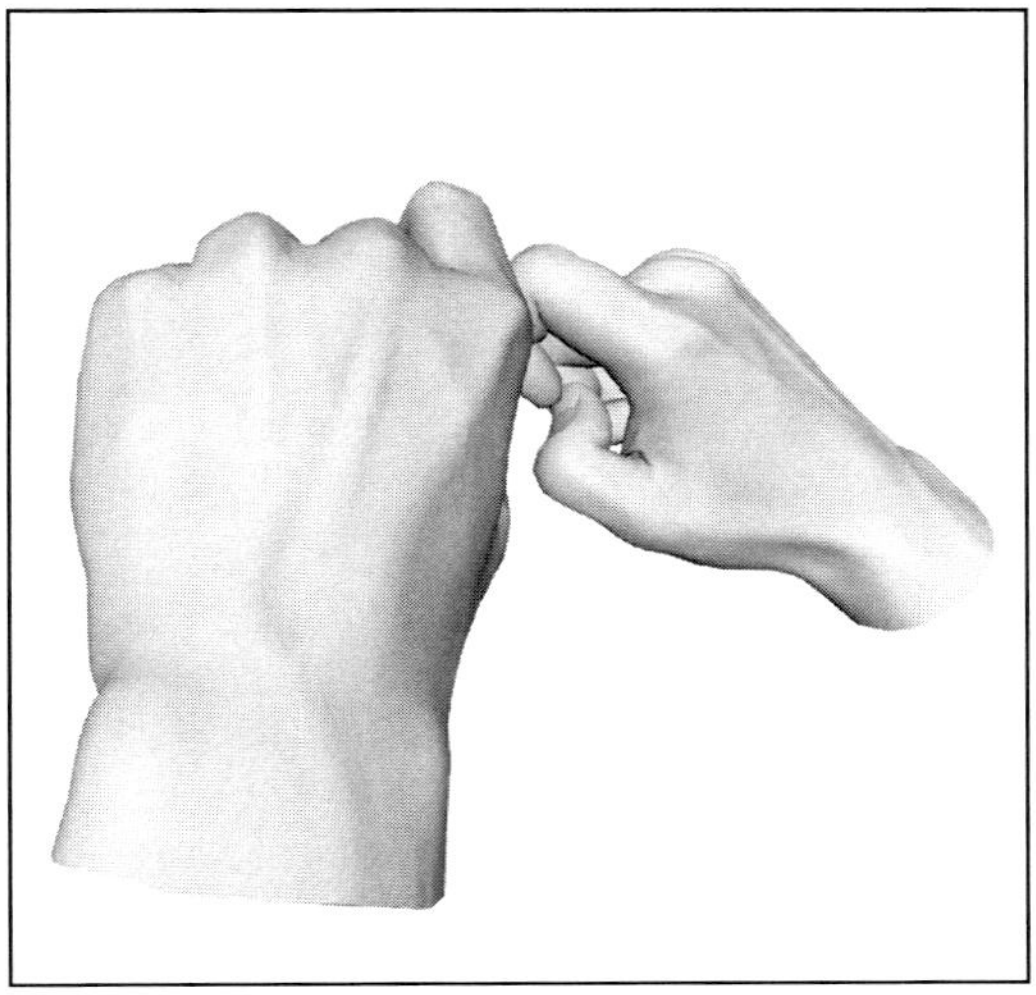

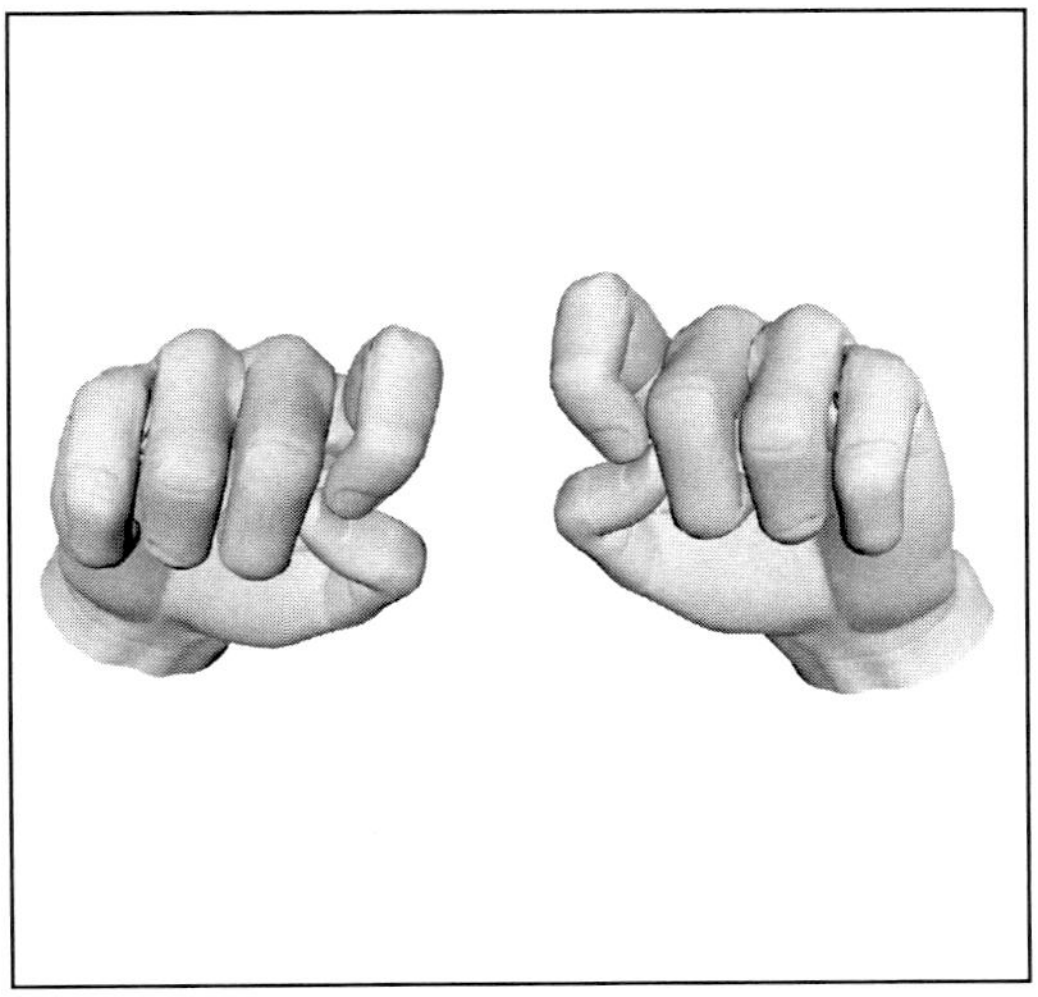

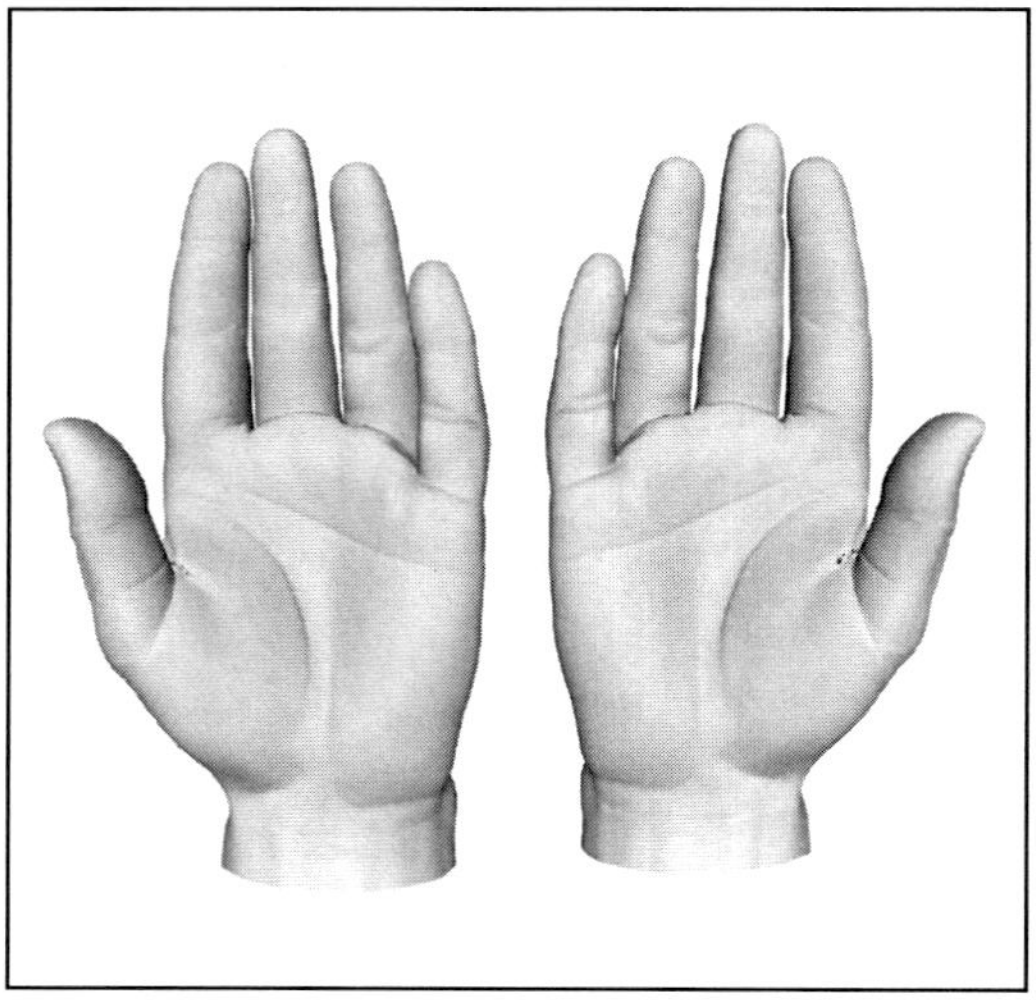

時《じ》春《しゅん》菩《ぼ》薩《さつ》

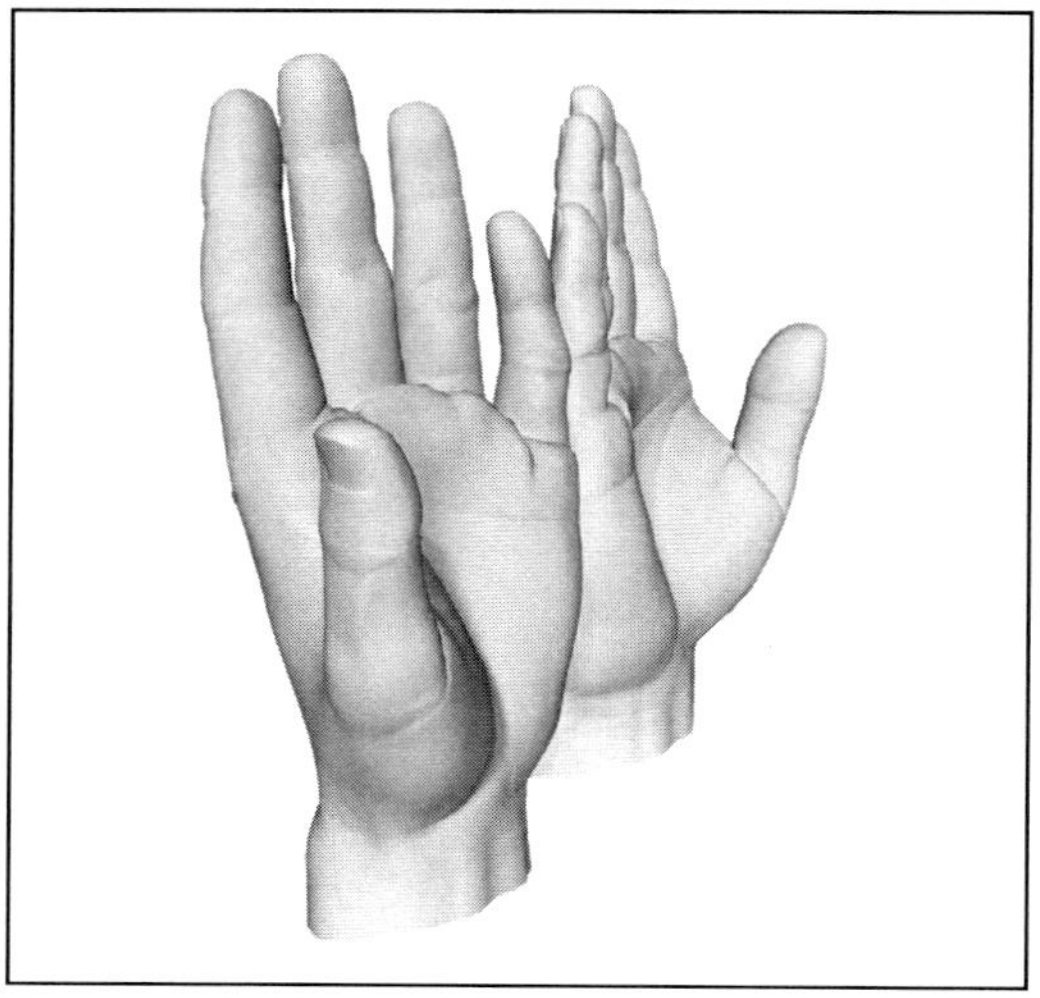

①両手、縛をもって上に散じる。

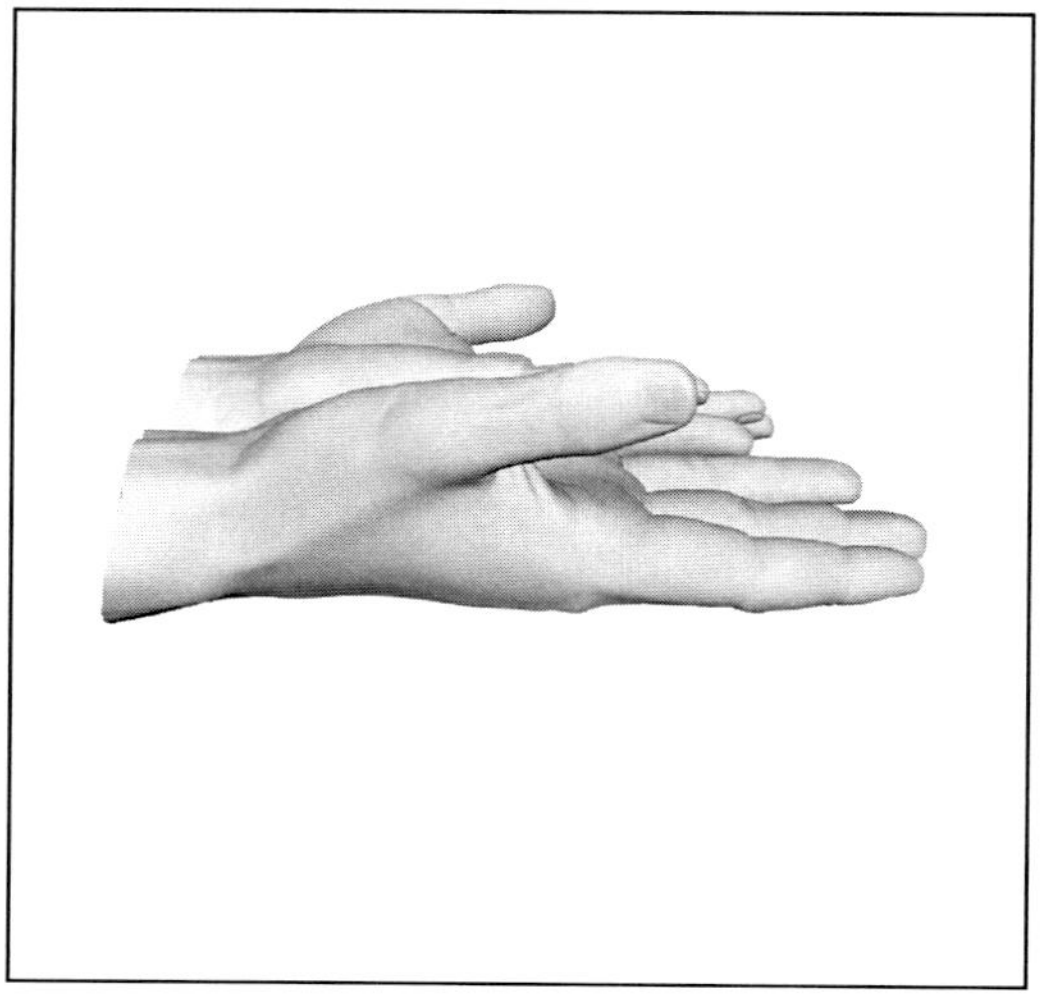

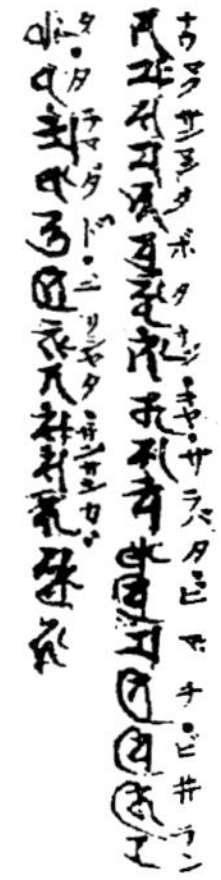

時《じ》雨《う》菩《ぼ》薩《さつ》

①両手、縛をもって下に散じる。

※真言は前頁に同じ。

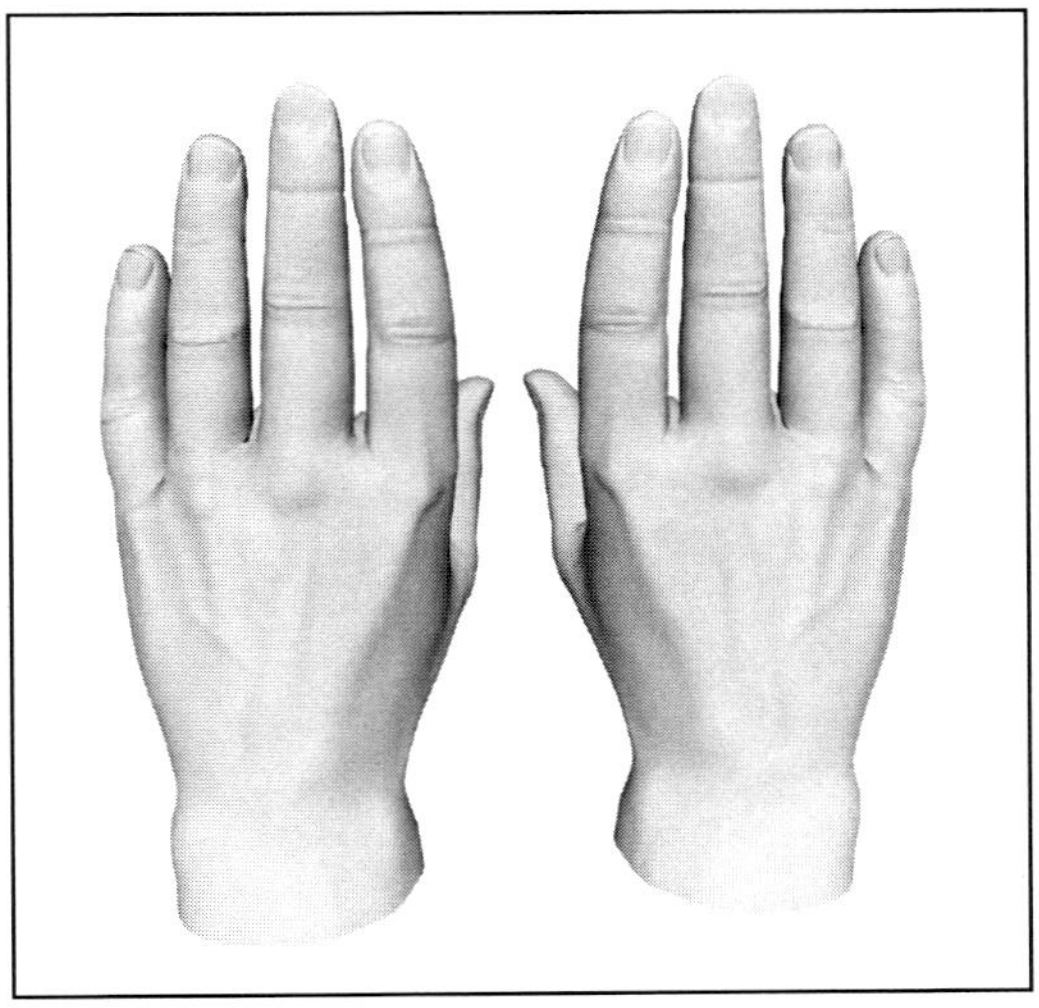

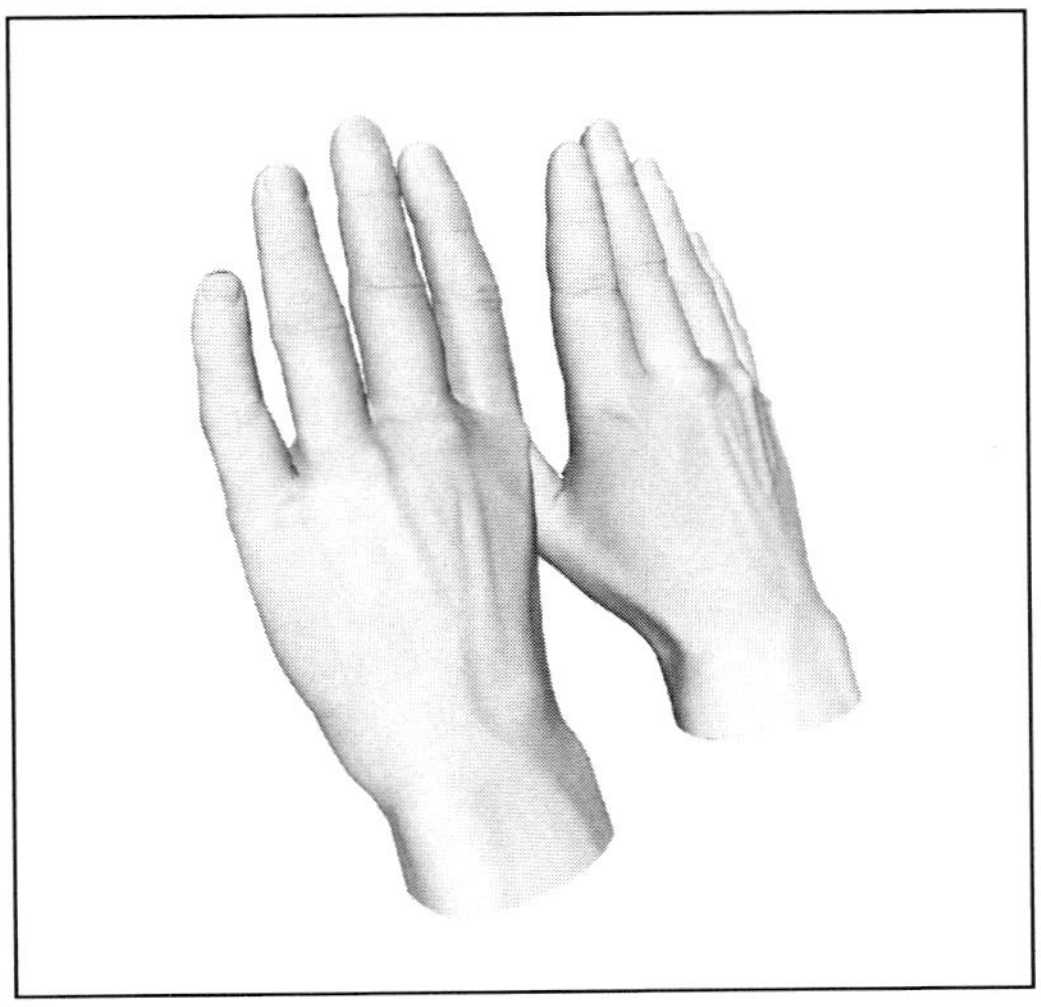

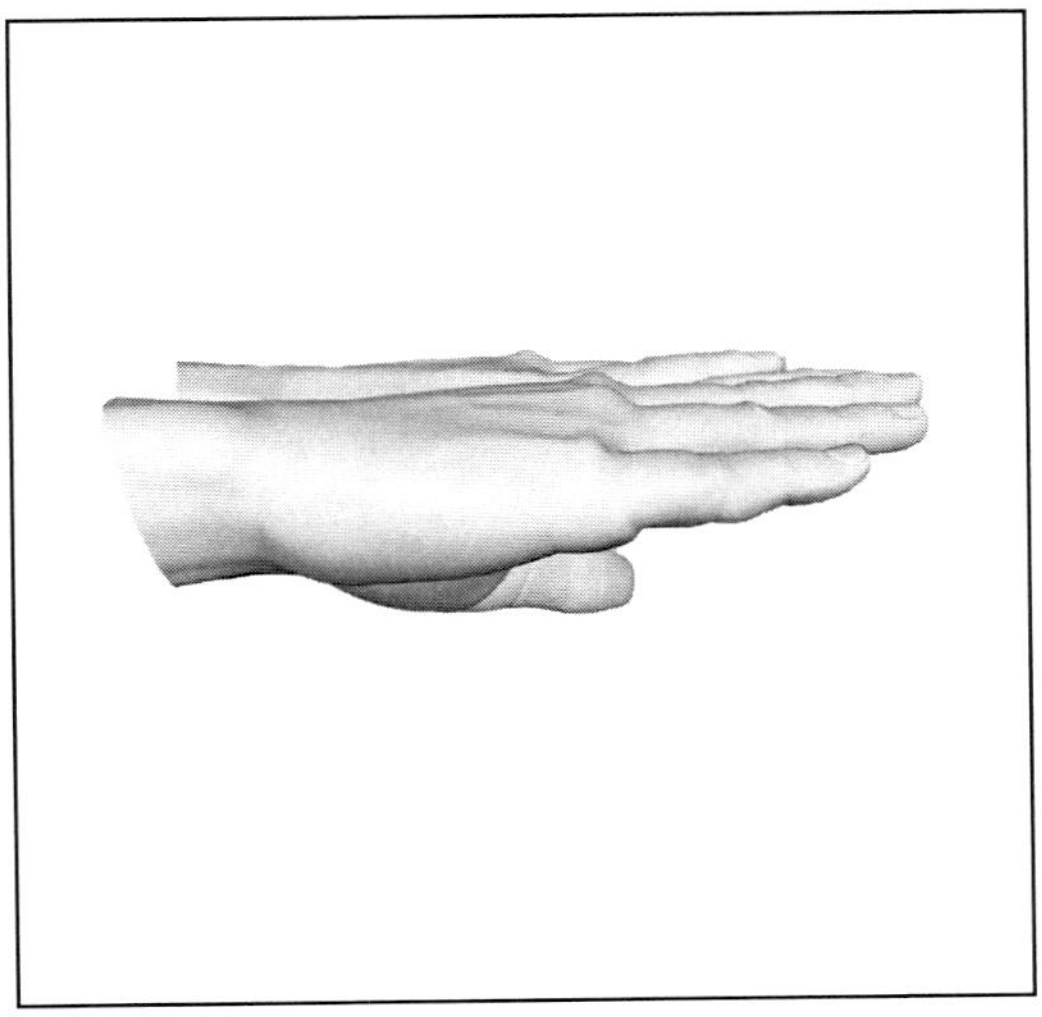

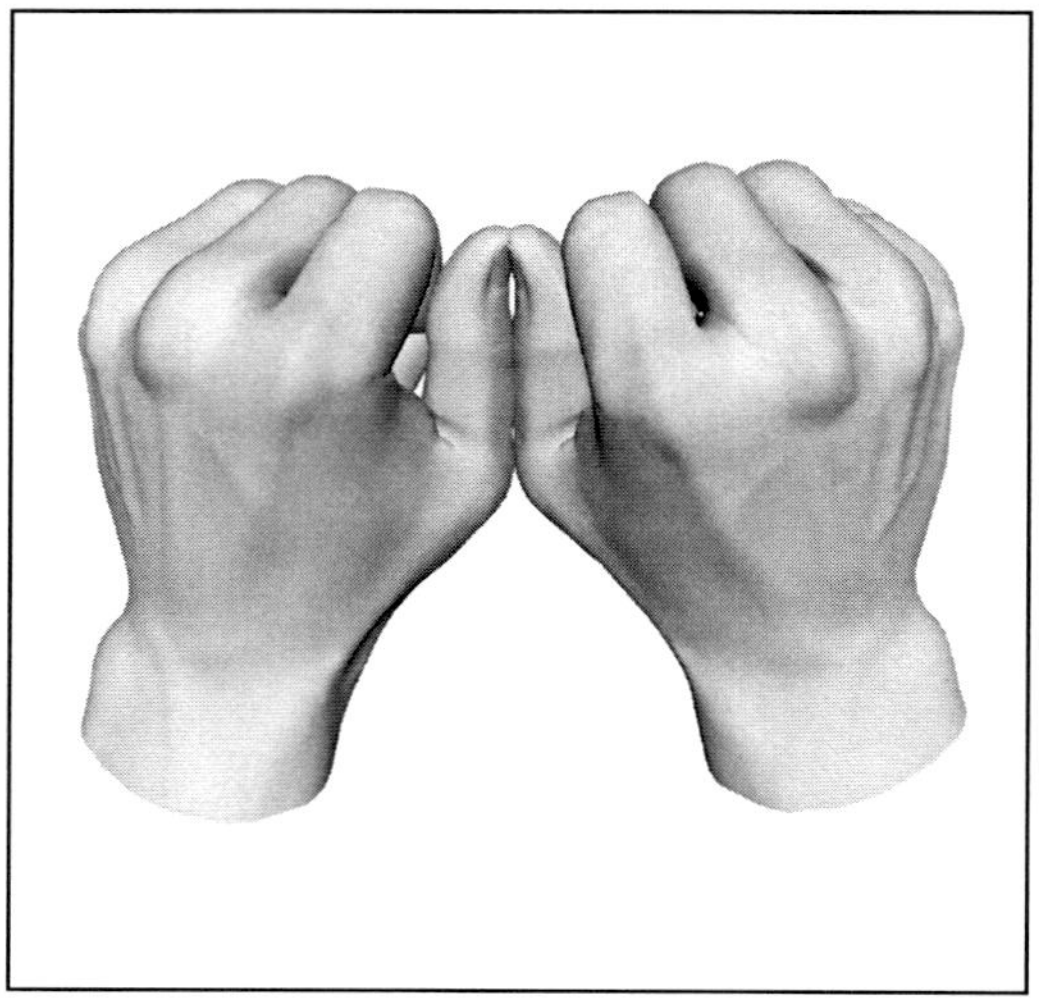

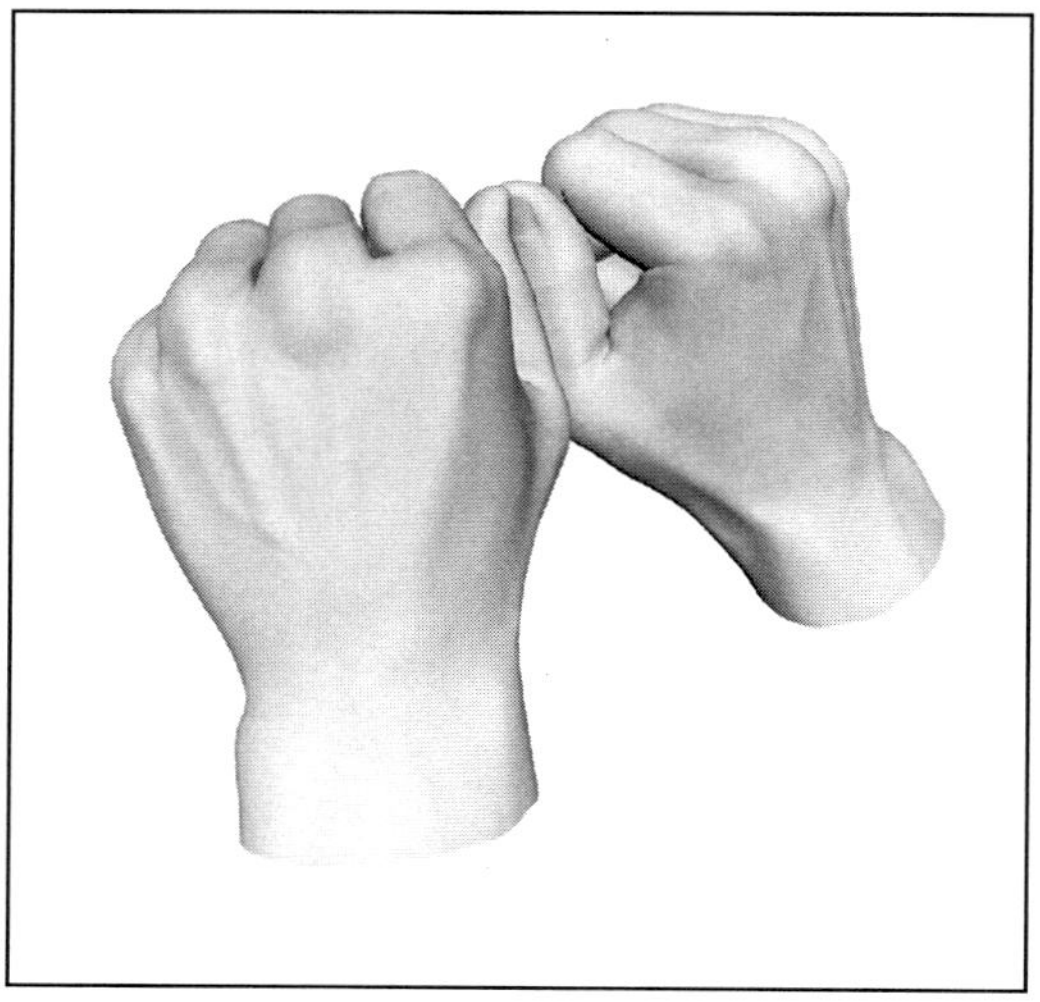

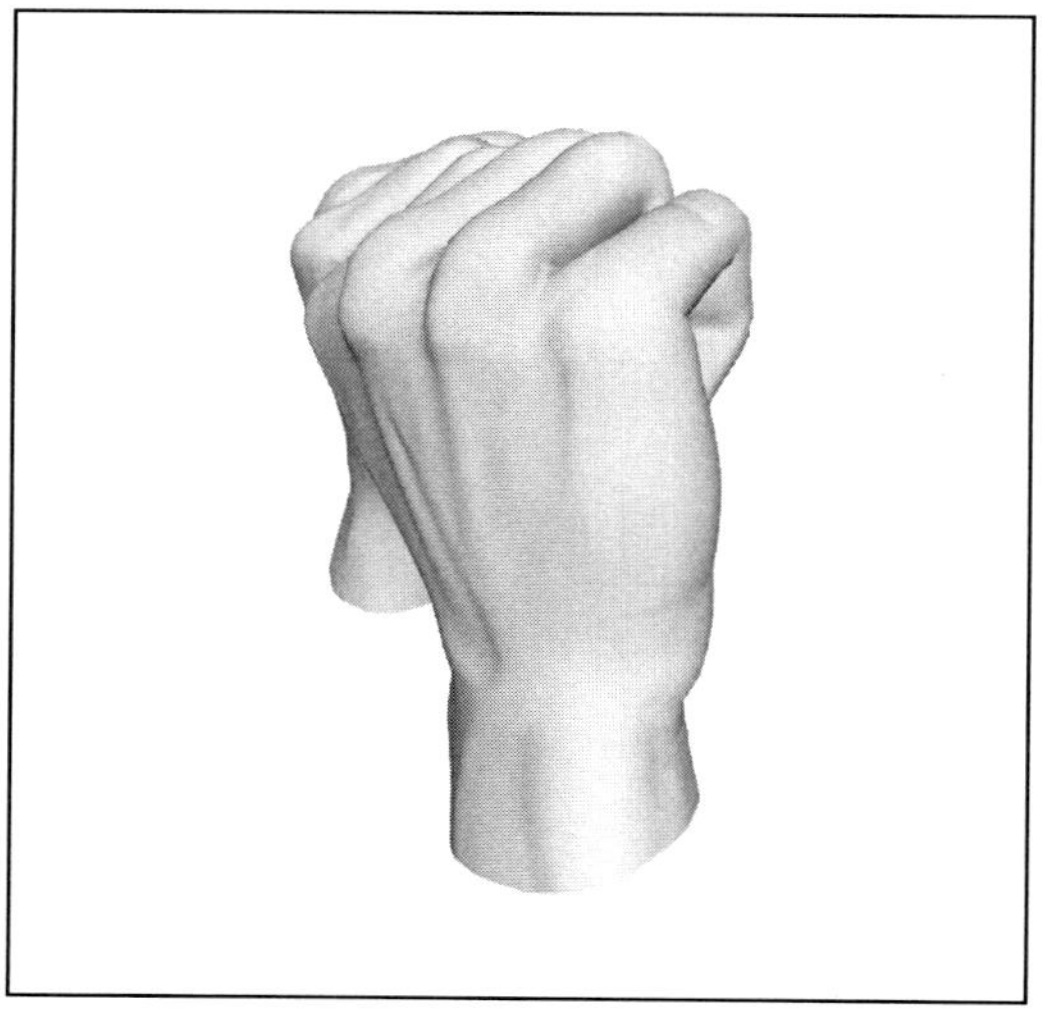

時《じ》秋《しゅう》菩《ぼ》薩《さつ》

①両手、縛をもって両親指の先を捻じ、両目の間に置く。

※真言は三六〇頁に同じ。

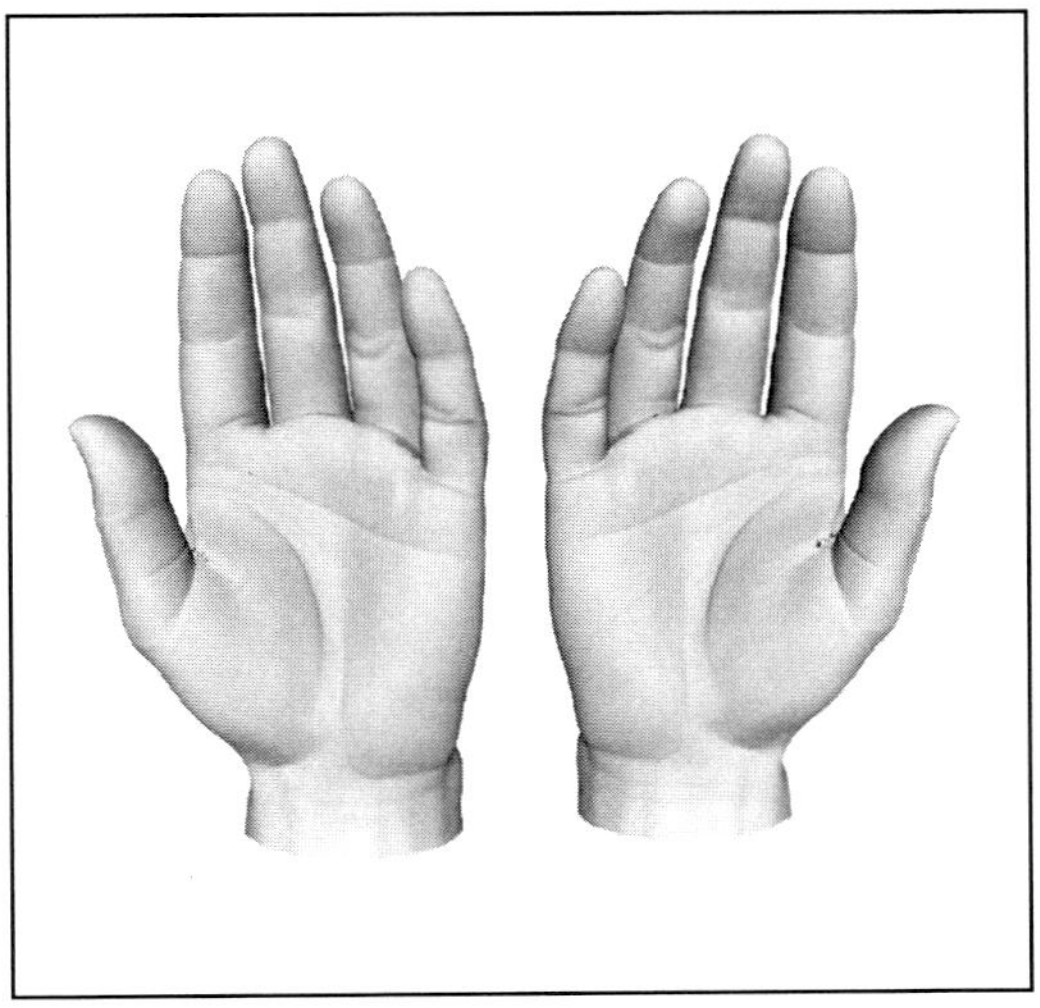

時《じ》冬《とう》菩《ぼ》薩《さつ》

①両手をもって胸を塗る。

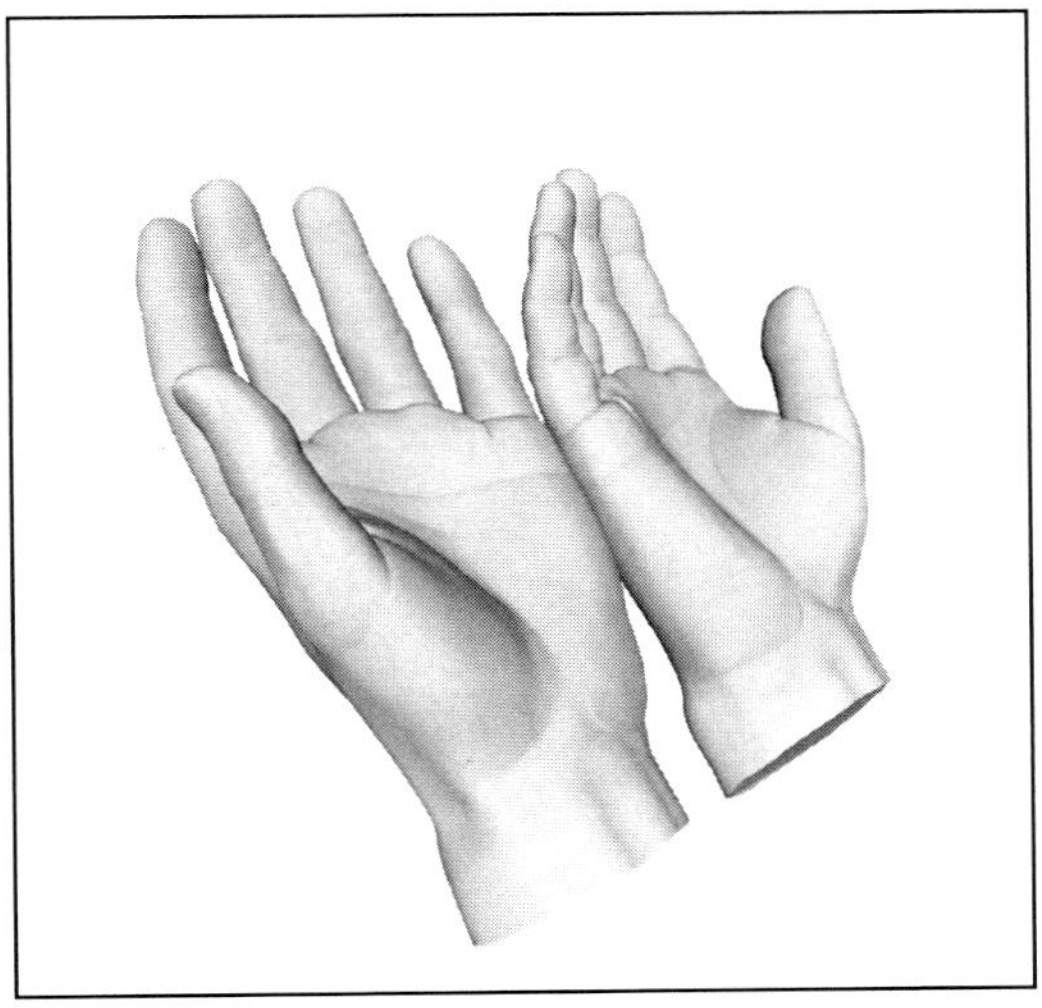

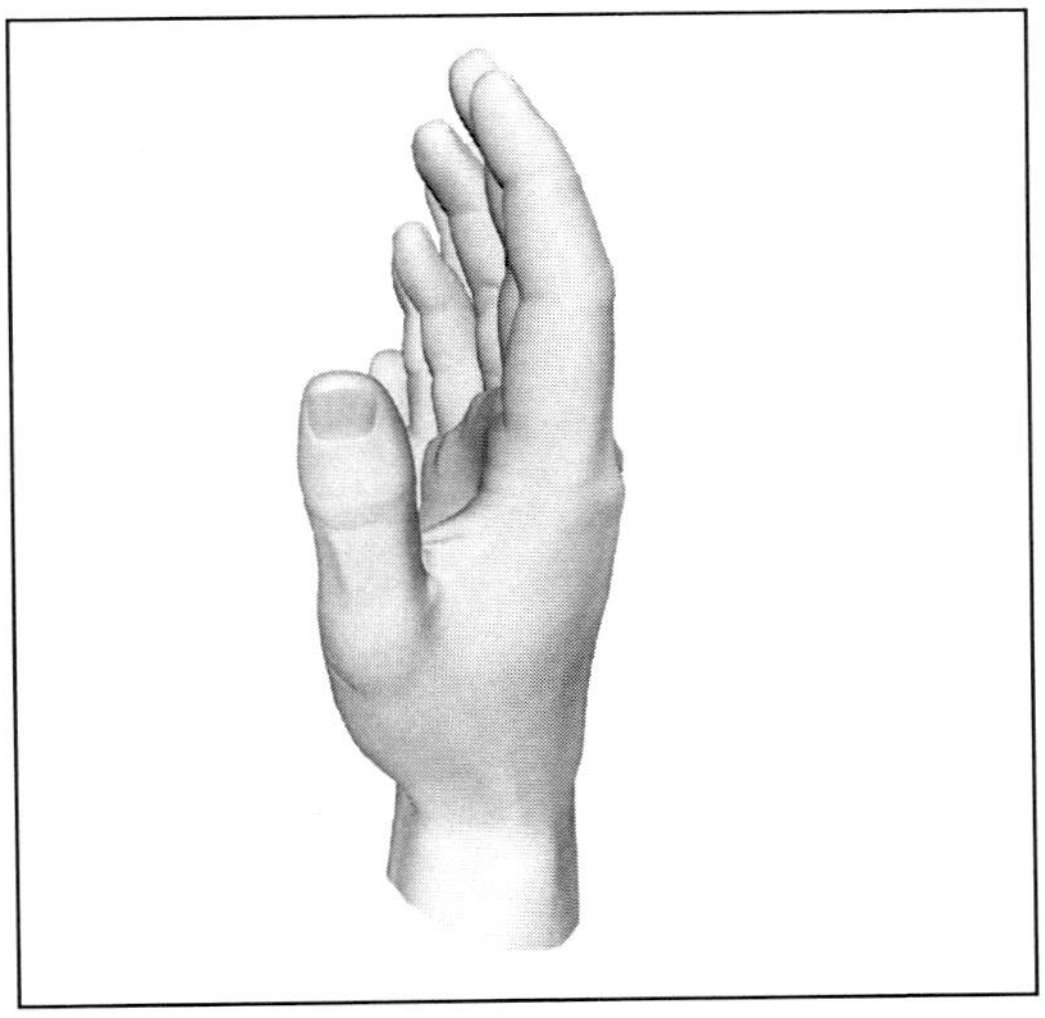

※真言は三六〇頁に同じ。

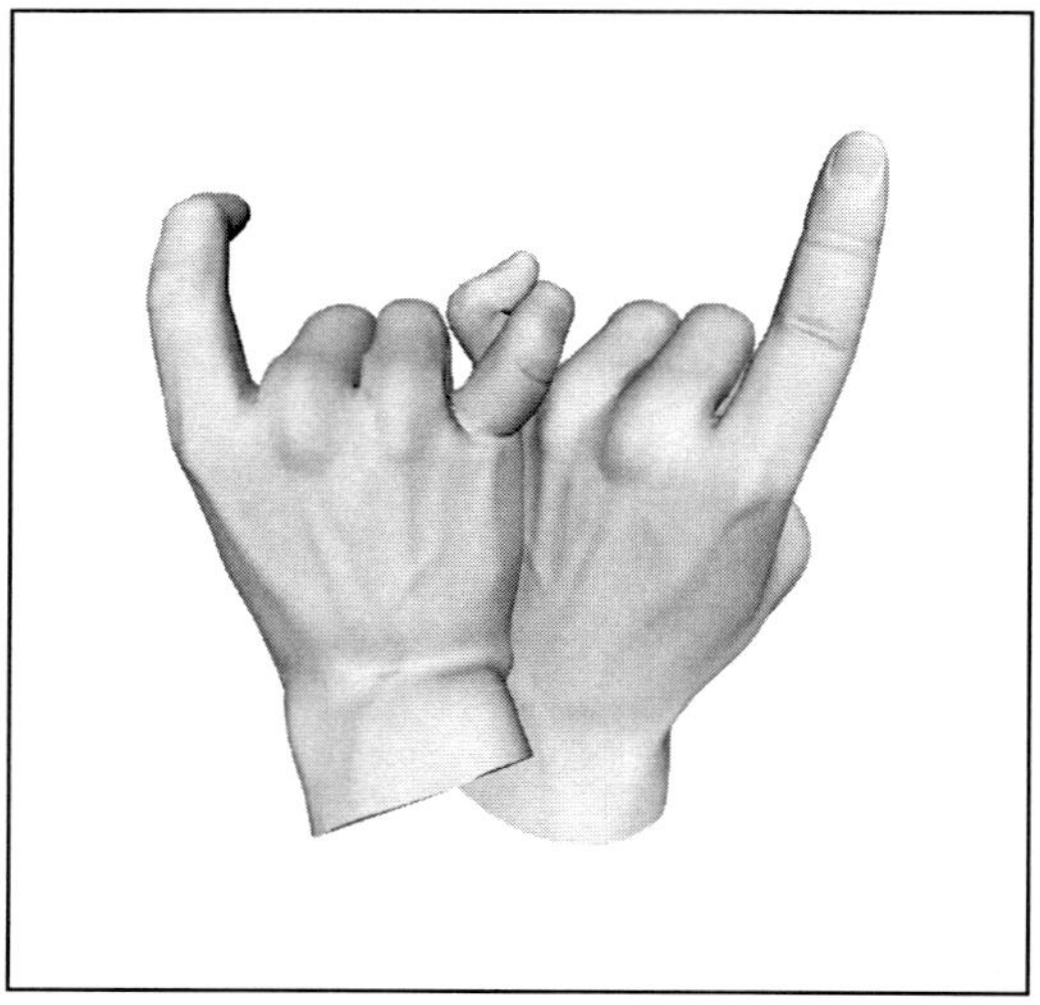

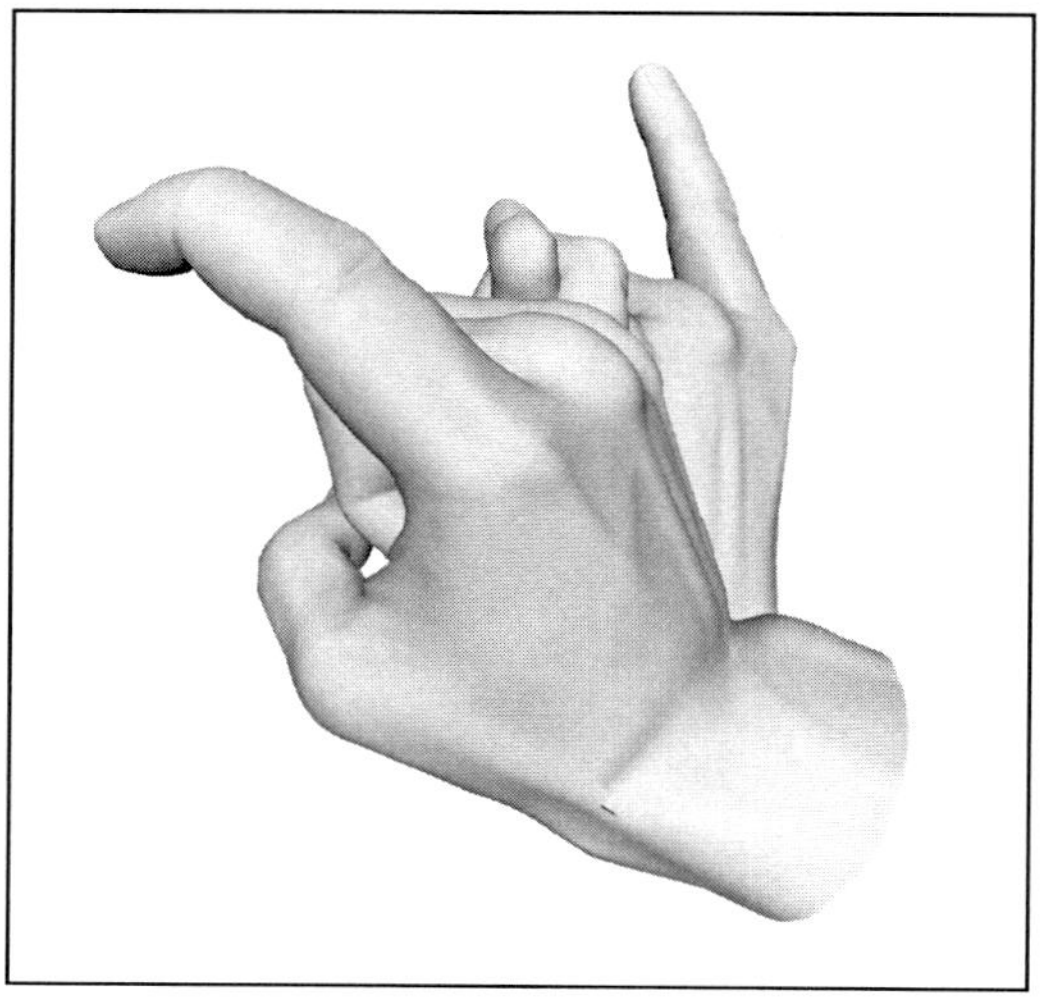

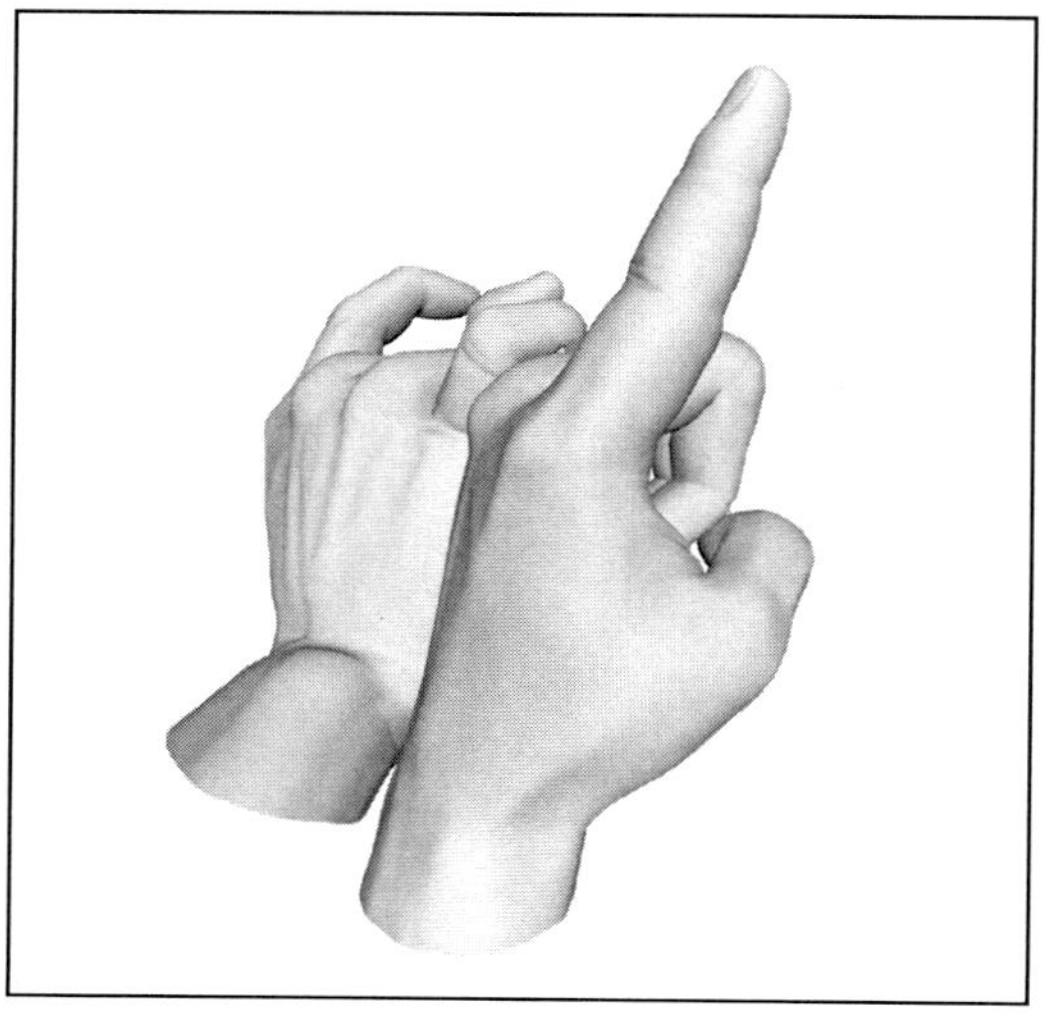

色《しき》菩《ぼ》薩《さつ》

①両手、金剛拳にする。
②右を手前にして胸前で腕を交差させる。
③両小指を相交える。
④両人差指は直ぐ立て、右人差指は屈して鉤のようにする。

※真言は三六〇頁に同じ。

声《しょう》菩《ぼ》薩《さつ》

①前印（前頁、色菩薩印）を結ぶ。
②両人差指を立て、先を相合わせ環のようにする。

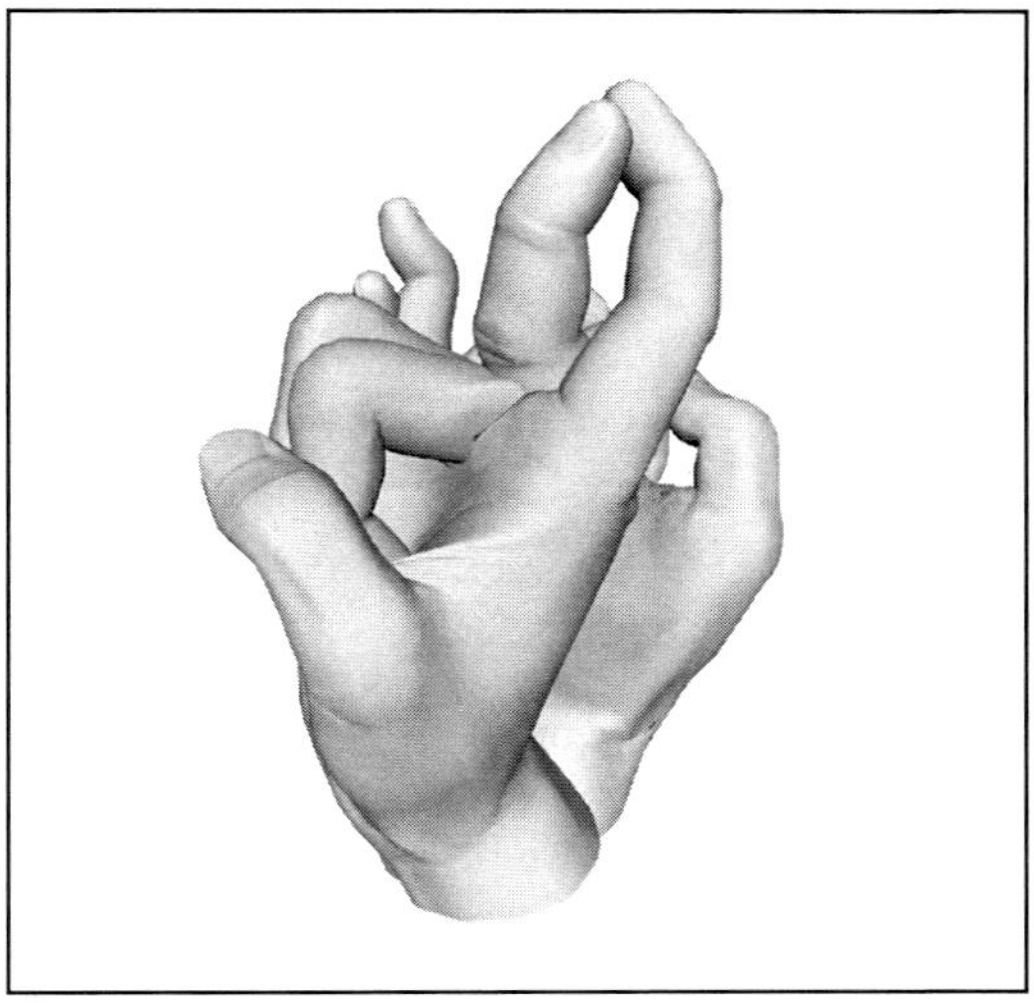

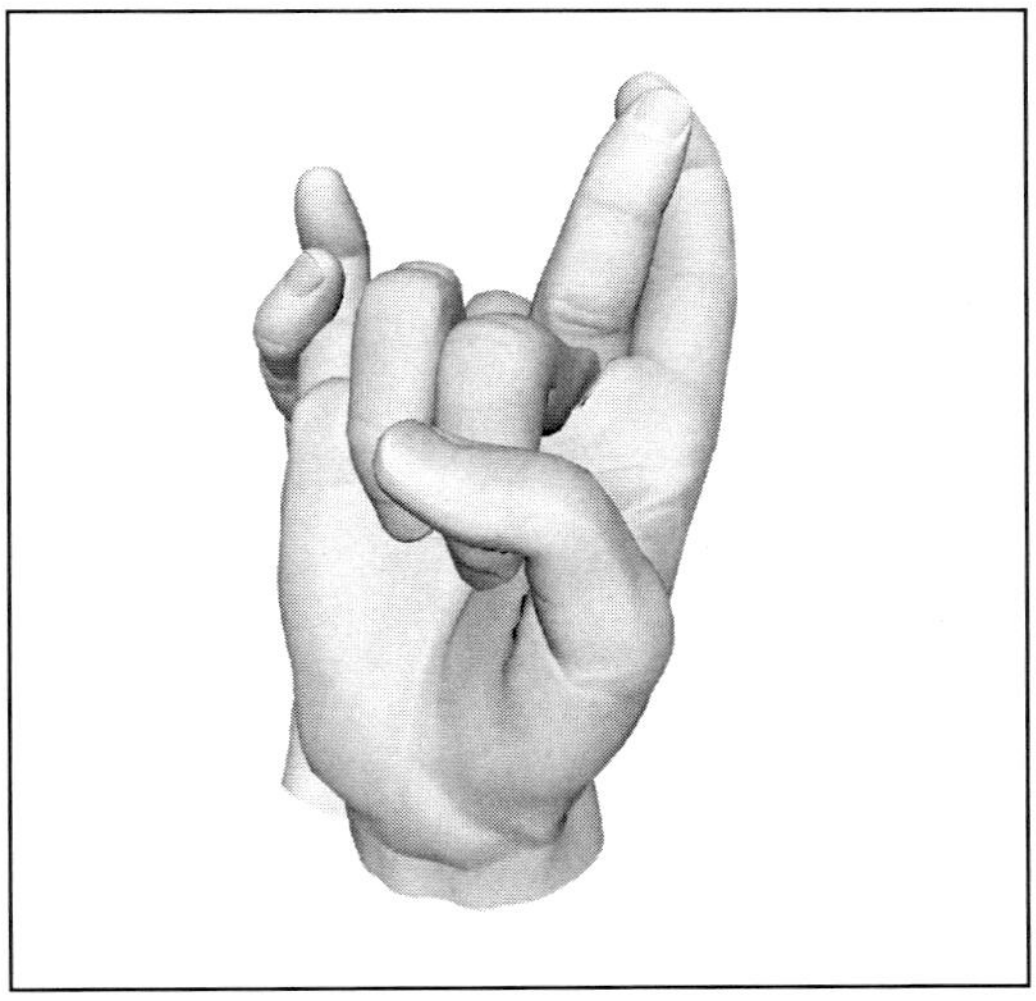

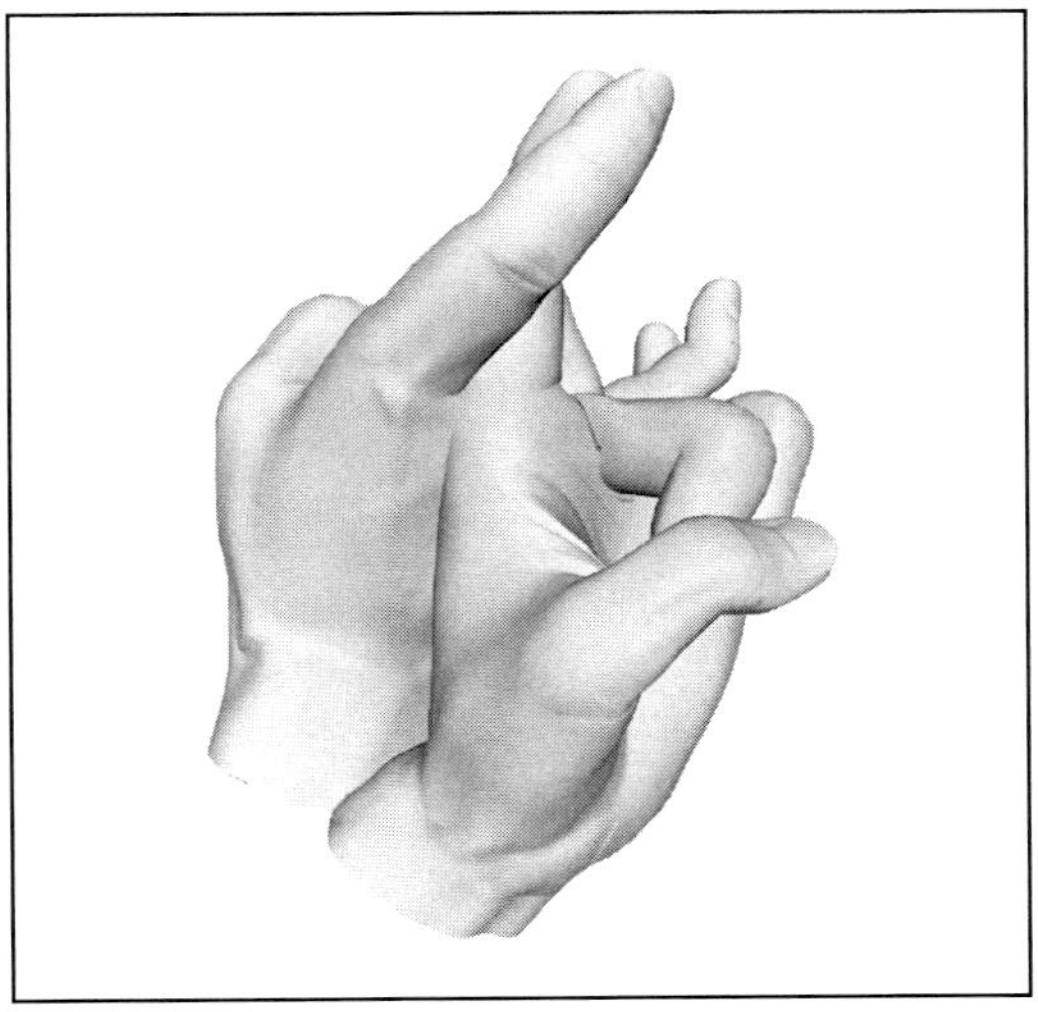

※真言は三六〇頁に同じ。

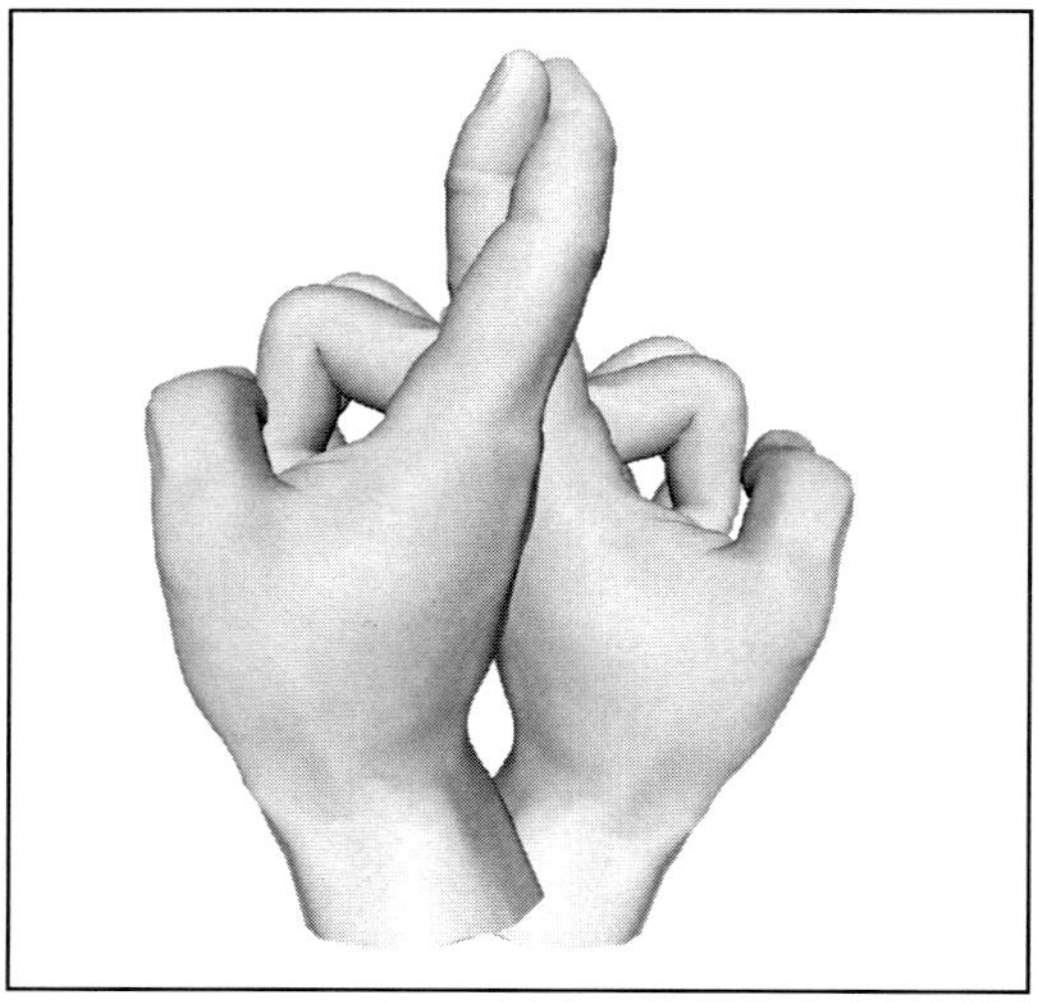

香《こう》菩《ぼ》薩《さつ》

①前印（前頁、声菩薩印）を結ぶ。
②両人差指を相鉤する。

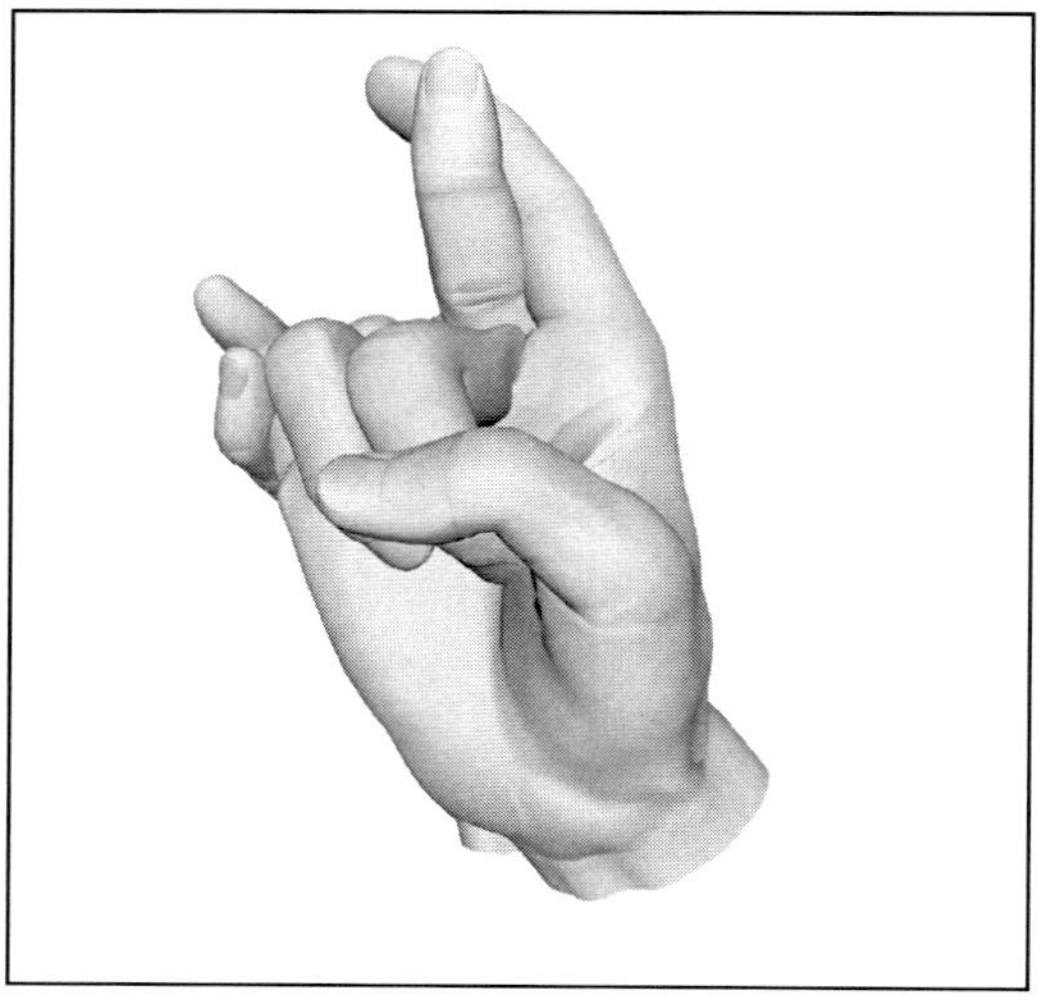

※真言は三六〇頁に同じ。

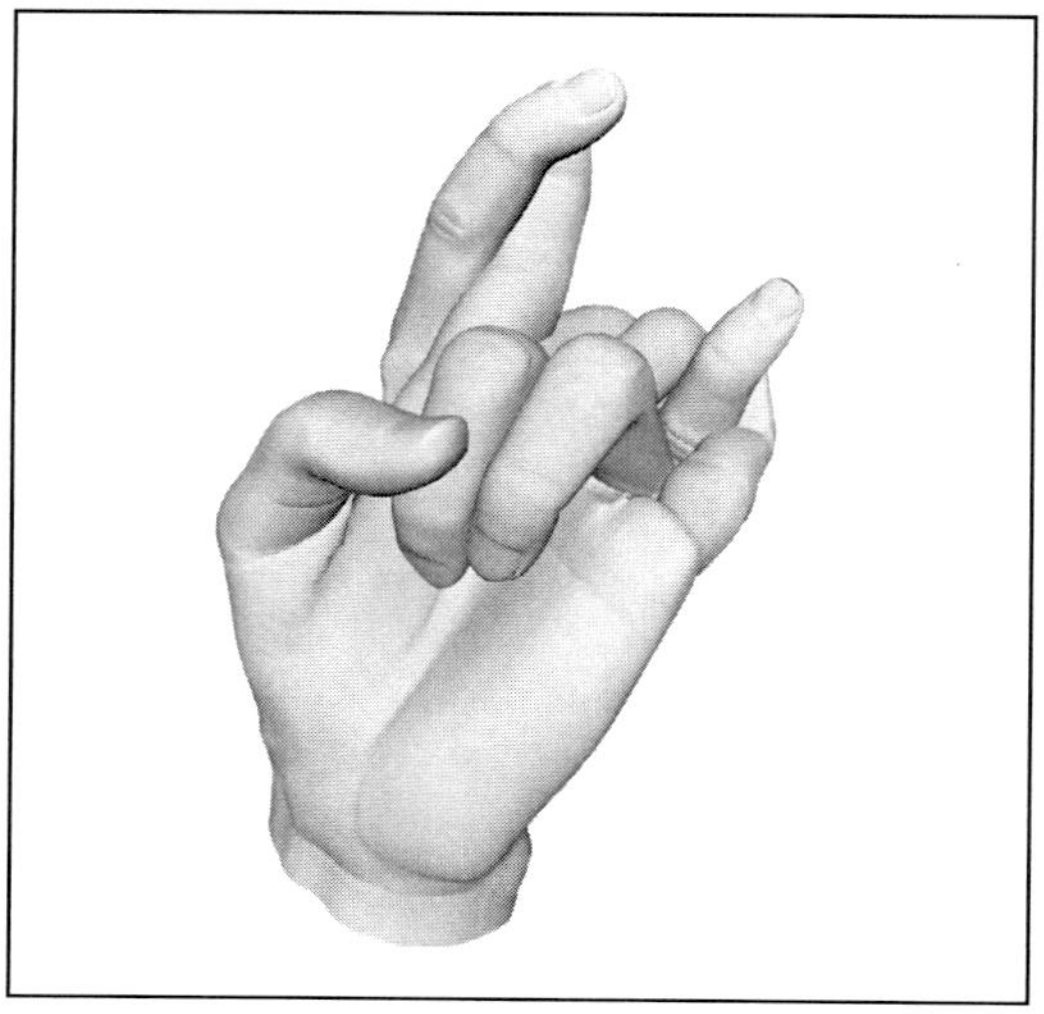

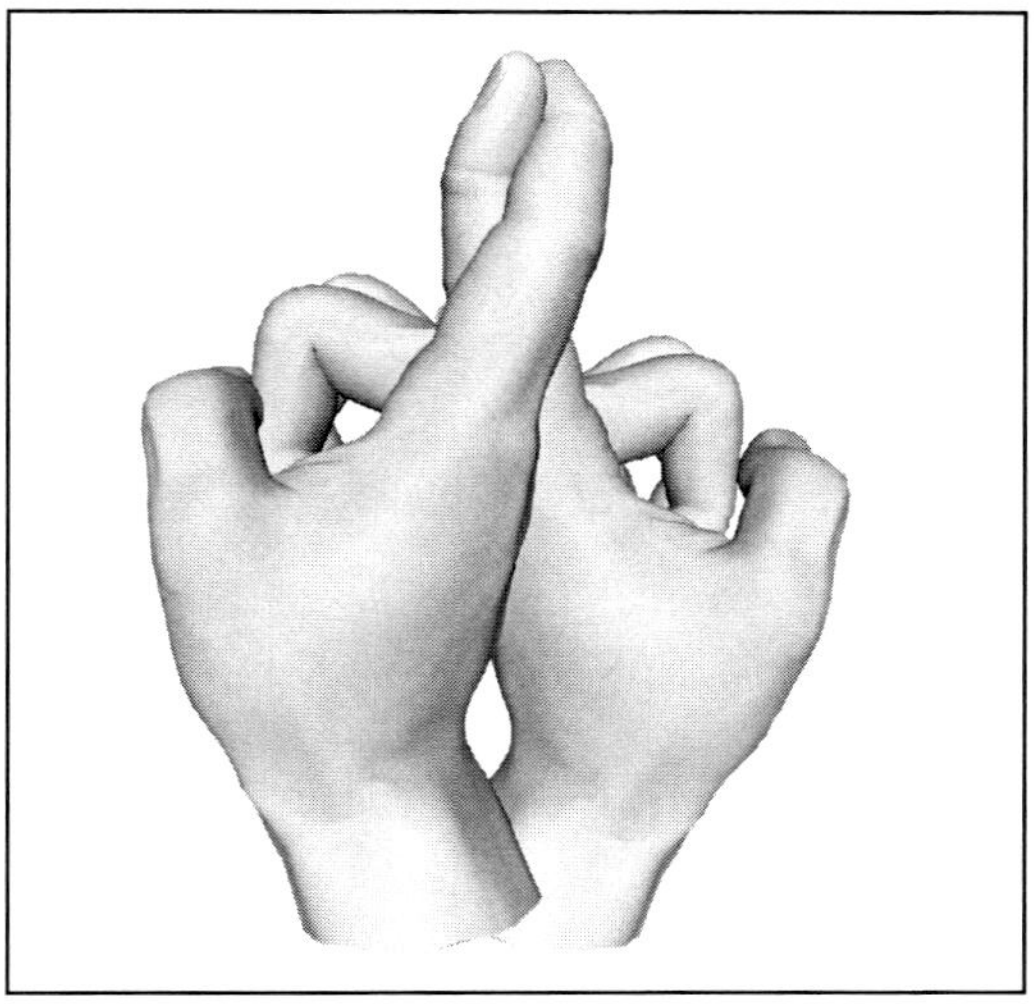

味《み》菩《ぼ》薩《さつ》

①前印に同じ。

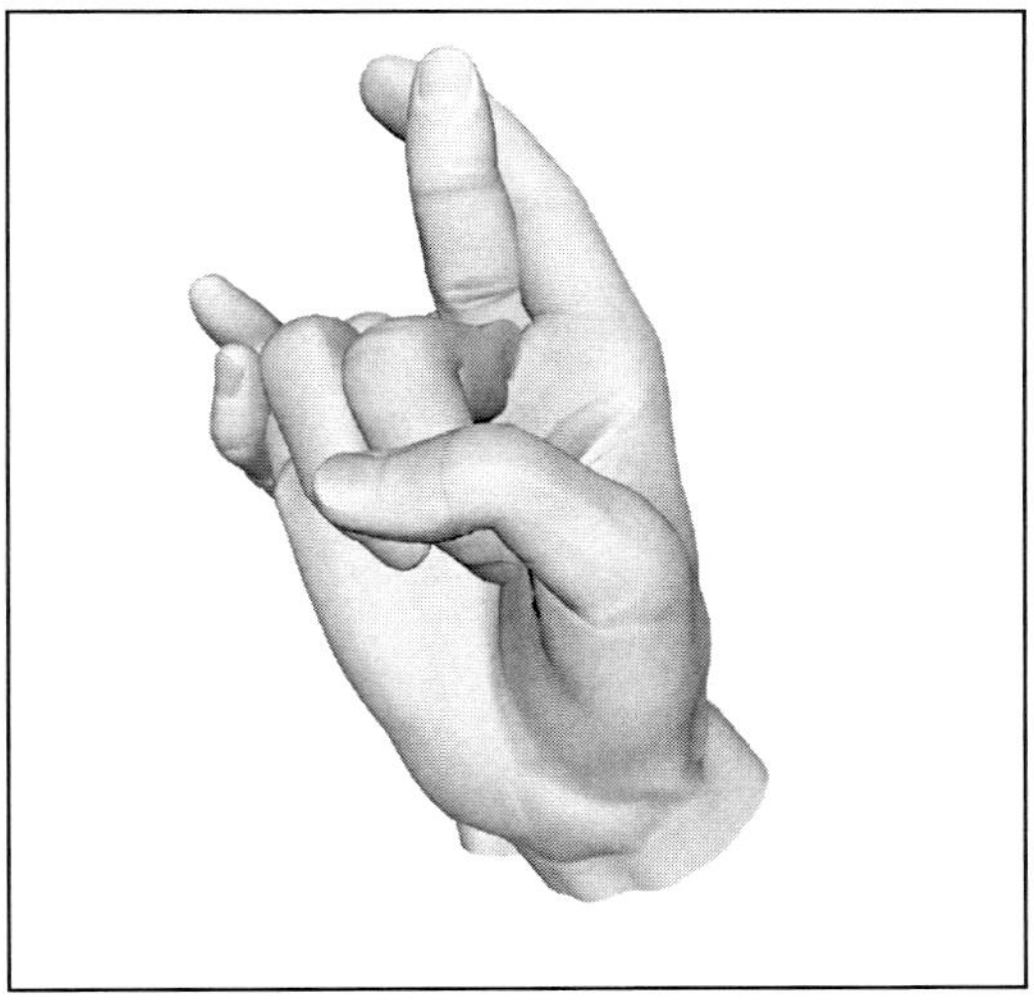

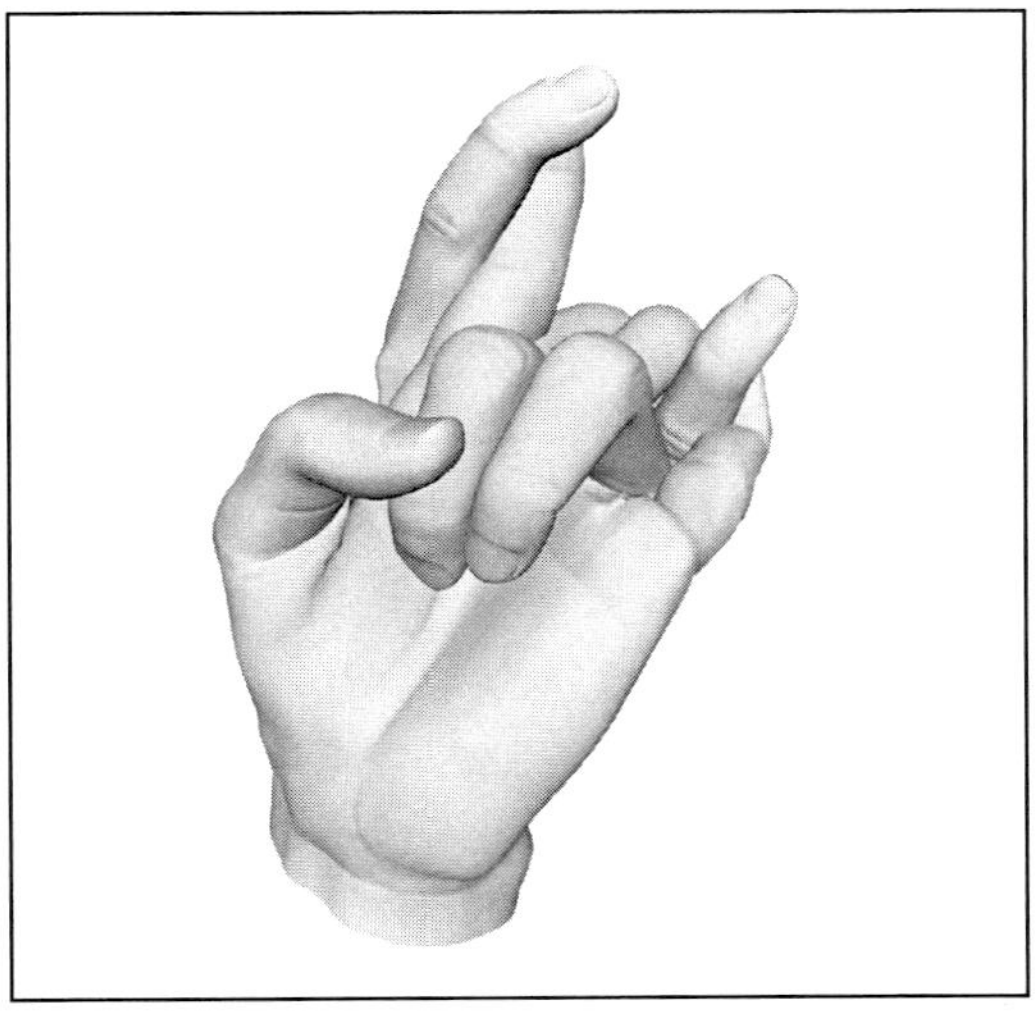

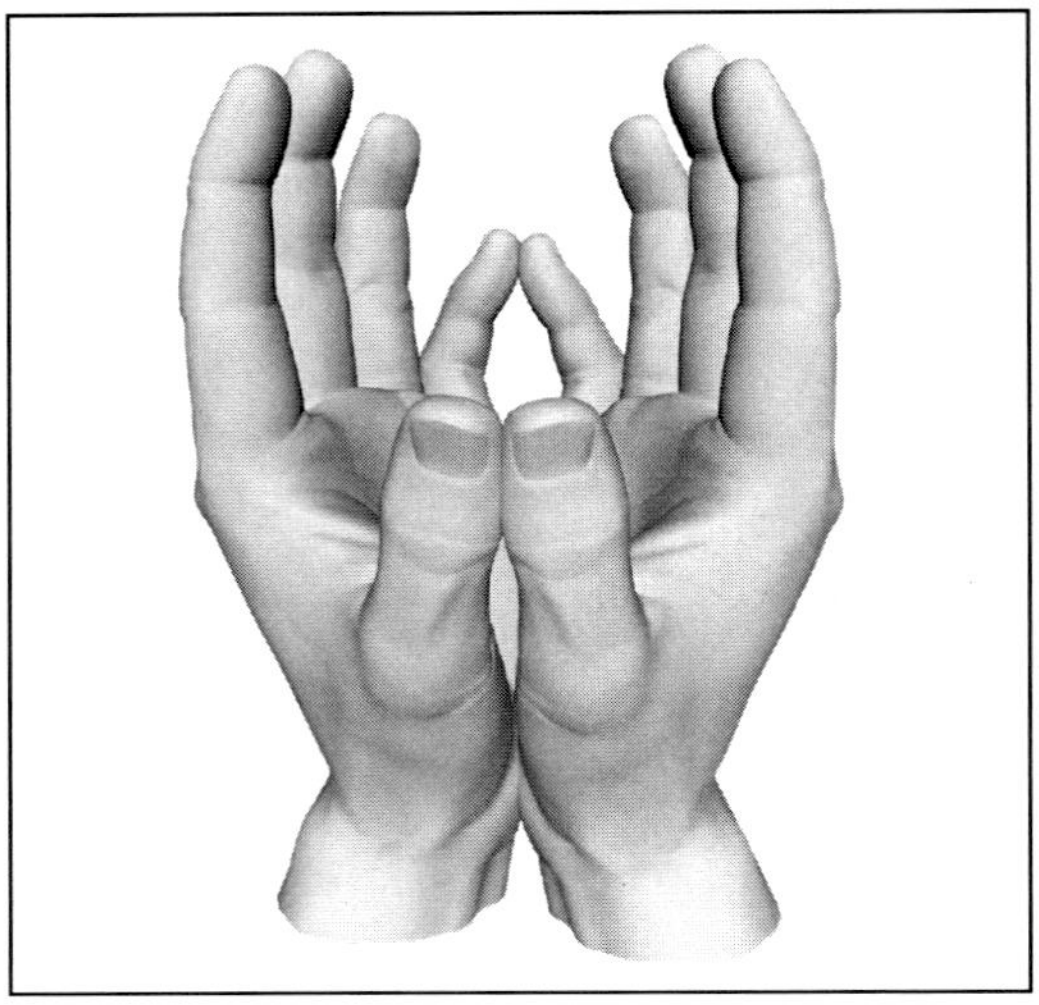

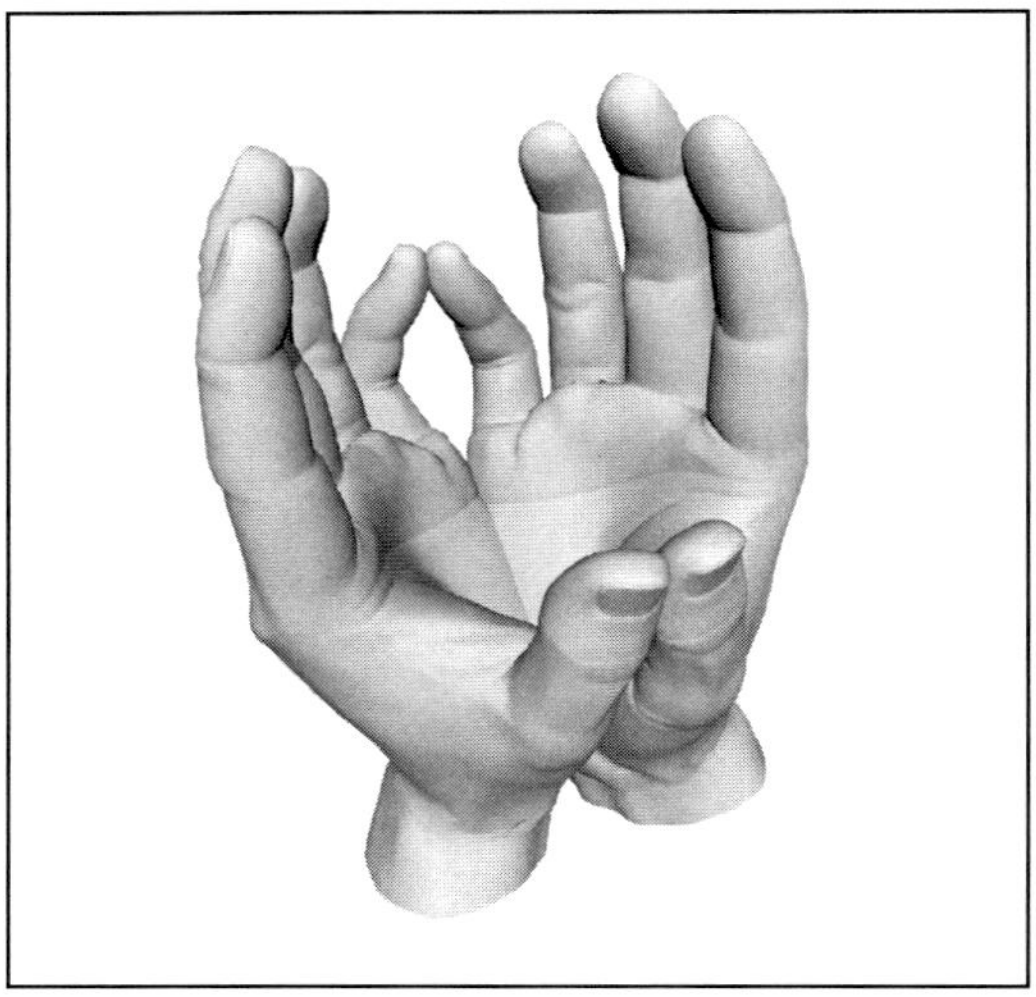

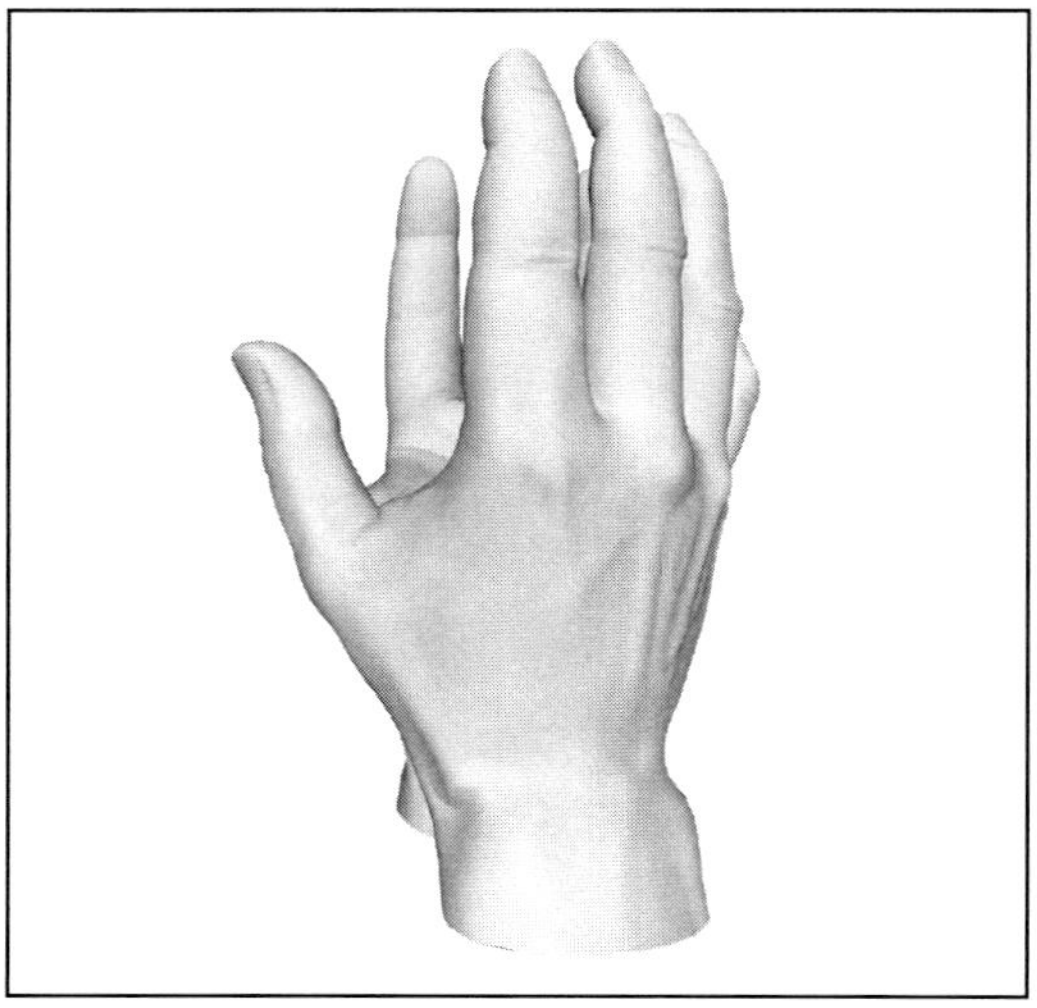

髻文殊《げいもんじゅ》
（八葉蓮華印《はちようれんげいん》）

①両手、虚心合掌をする。
②両薬指、中指、人差指を、開き立てる。
③この上に宝珠があると観じる。
※八葉印（二四頁）に同じ。

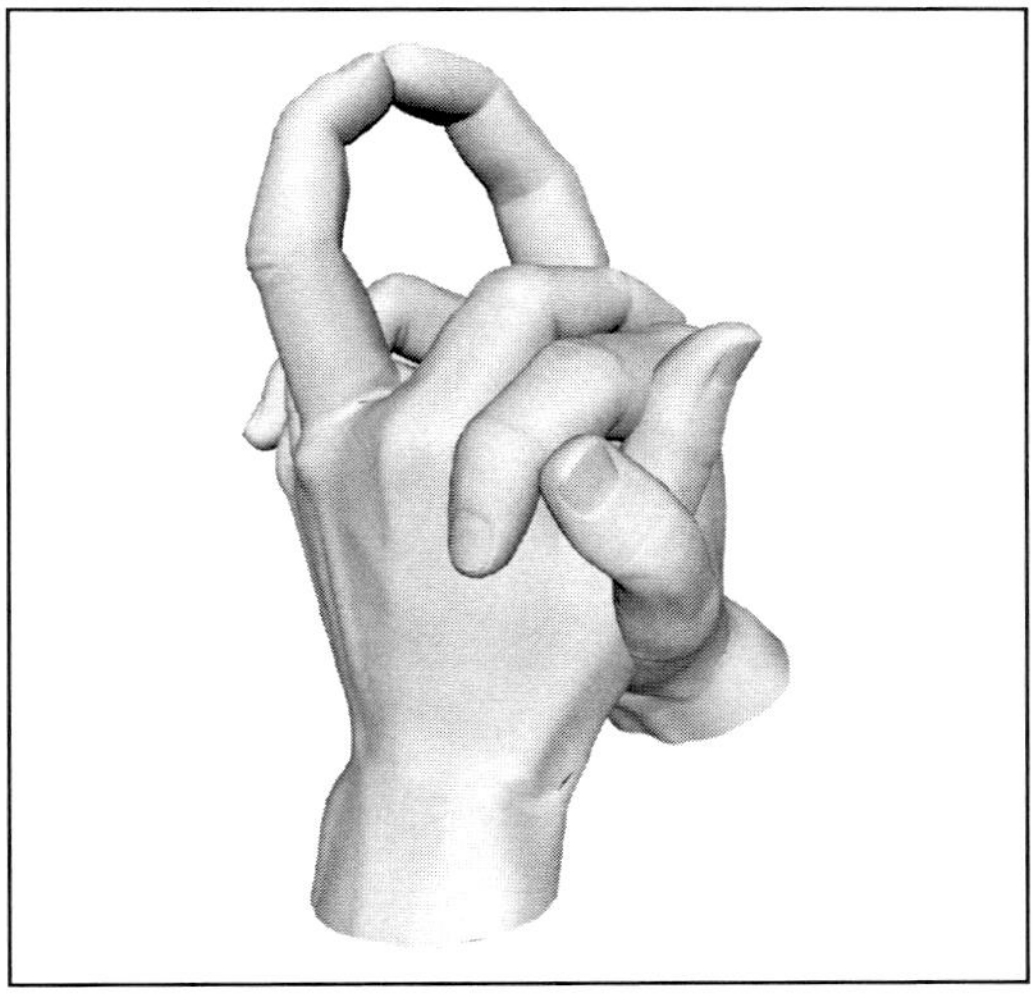

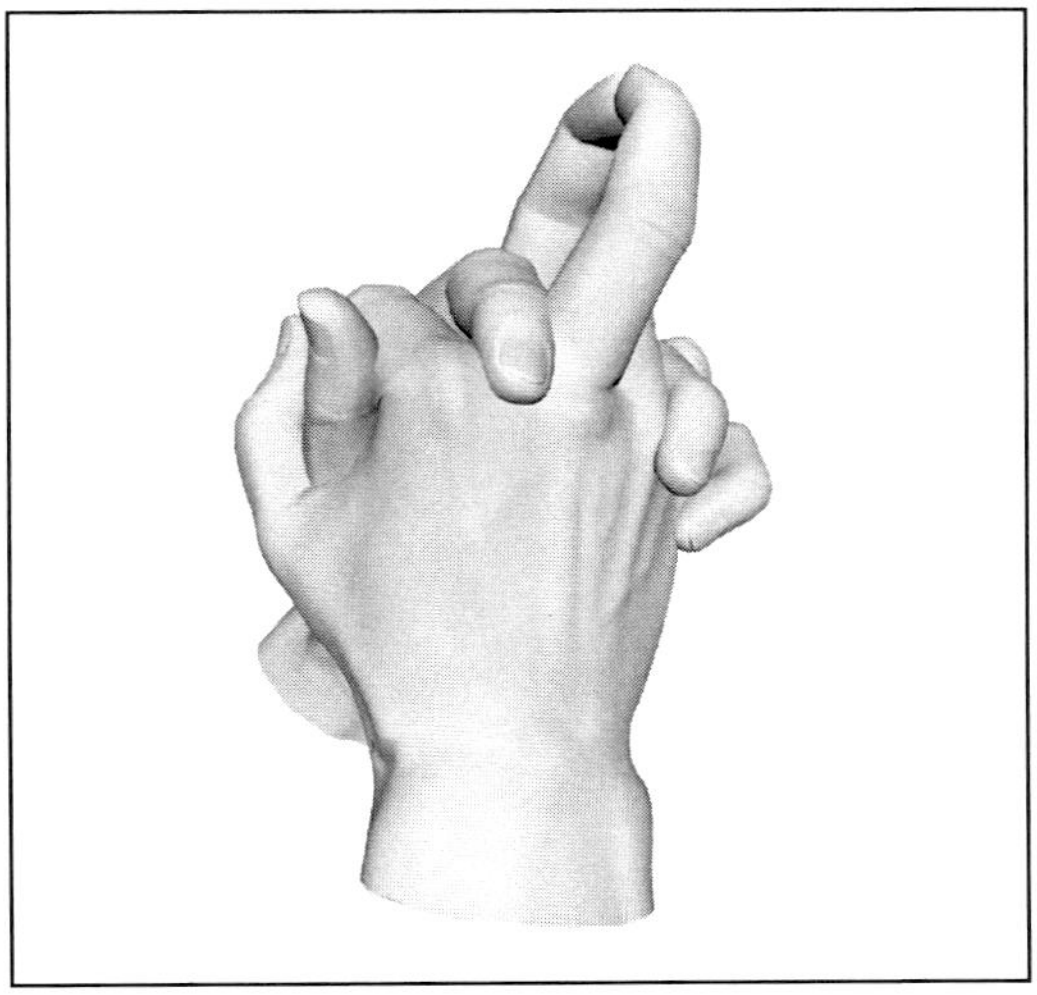

髻《げい》文《もん》殊《じゅ》二

①両手、外縛する。
②両中指を立て合わせ、屈して宝形にする。

※真言は前頁に同じ。

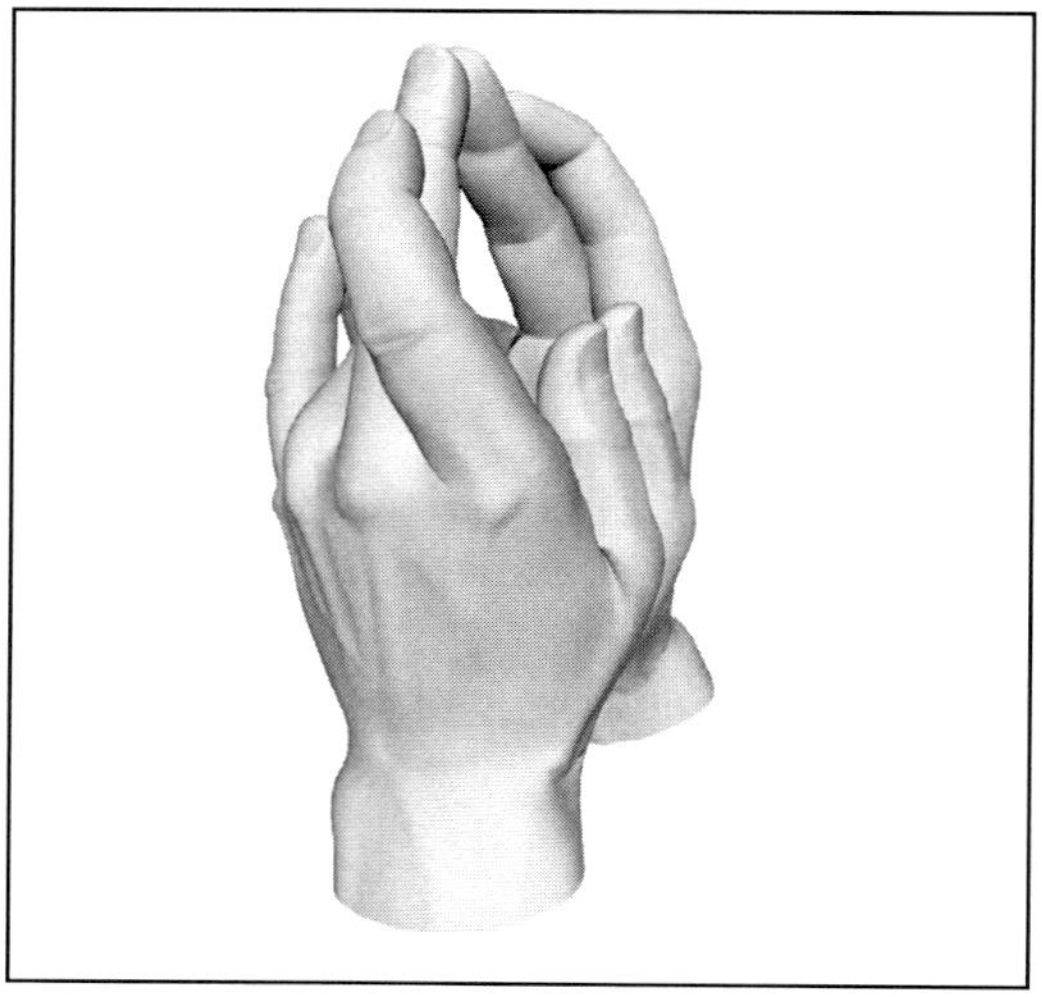

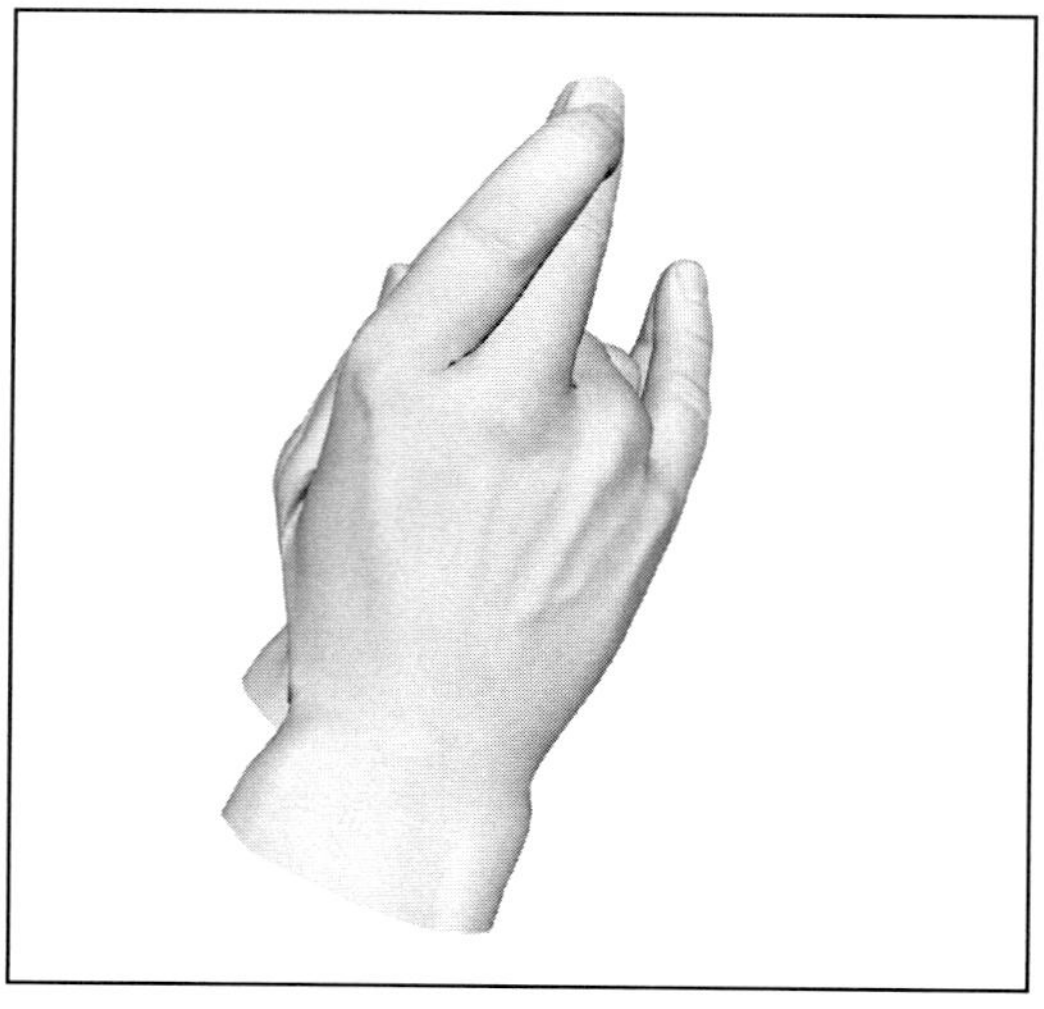

六《ろく》字《じ》文殊《もんじゅ》

①両手、虚心合掌する。
②両薬指は屈して掌中で、右を手前にして右で左を押すように相鉤する。
③両小指、中指を立て合わせる。
④両人差指はやや屈し、中指の上節に付ける。

※真言は三六八頁に同じ。

時《じ》世《ぜ》根《こん》本《ぽん》印《いん》

①両手、虚心合掌をする。
②両薬指を屈して掌中に入れ、両親指で押す。
③両小指は深く交差させ、先を中指の中節に付ける。
④両人差指は直ぐに立てる。
※雨宝陀羅尼経根本印(三四〇頁)に同じ。

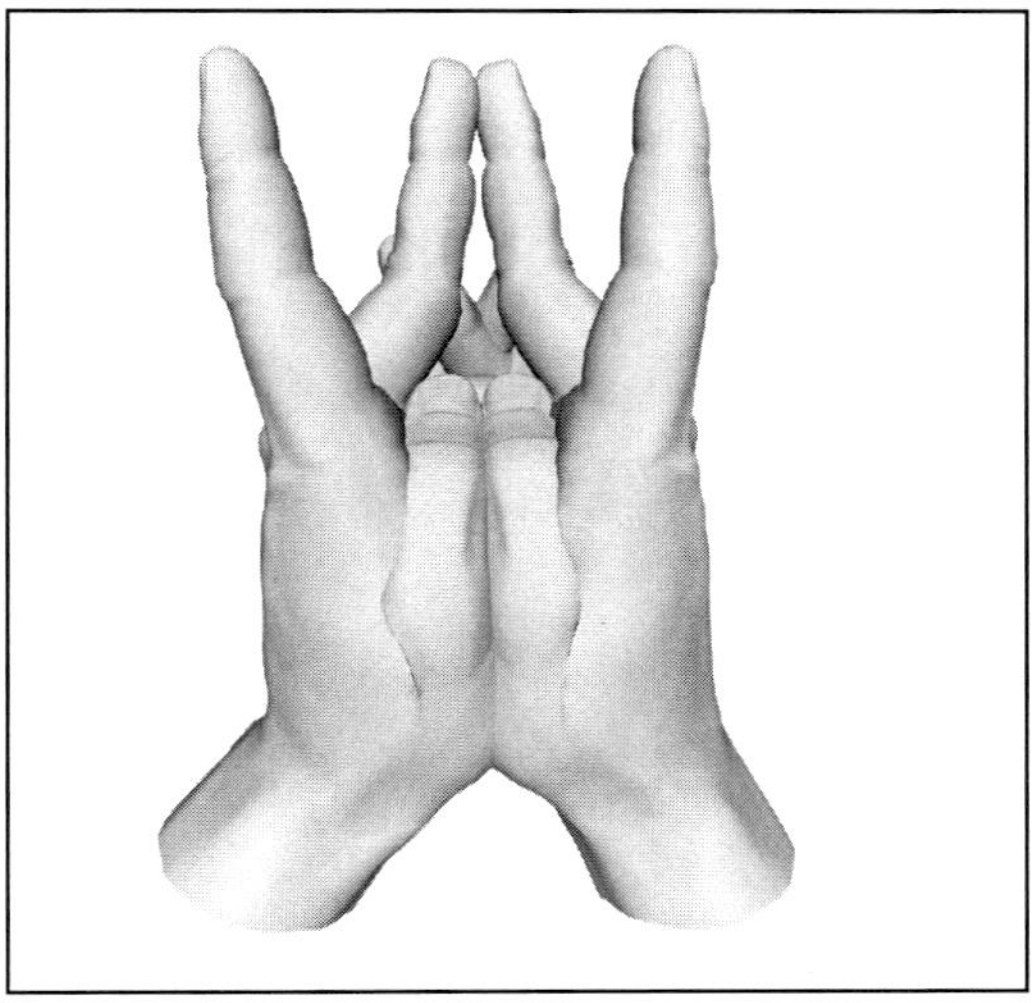

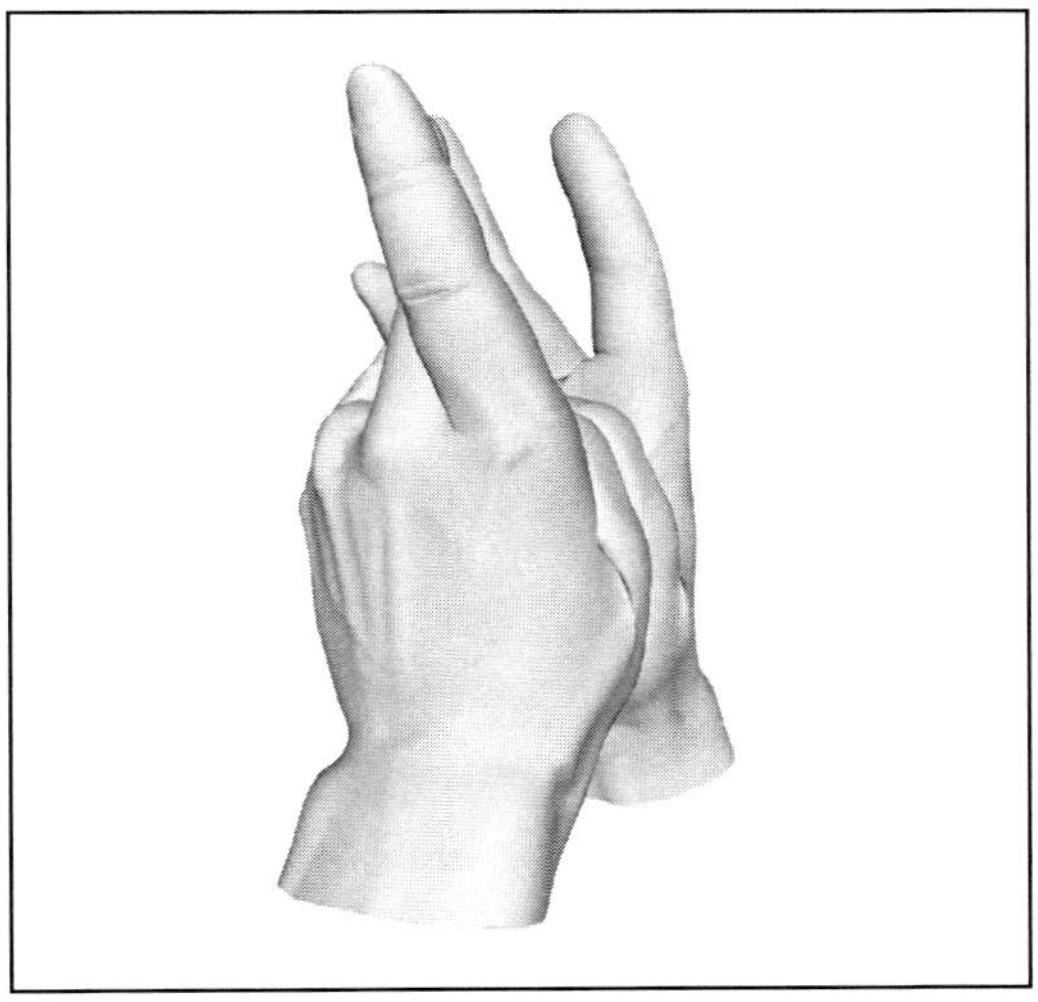

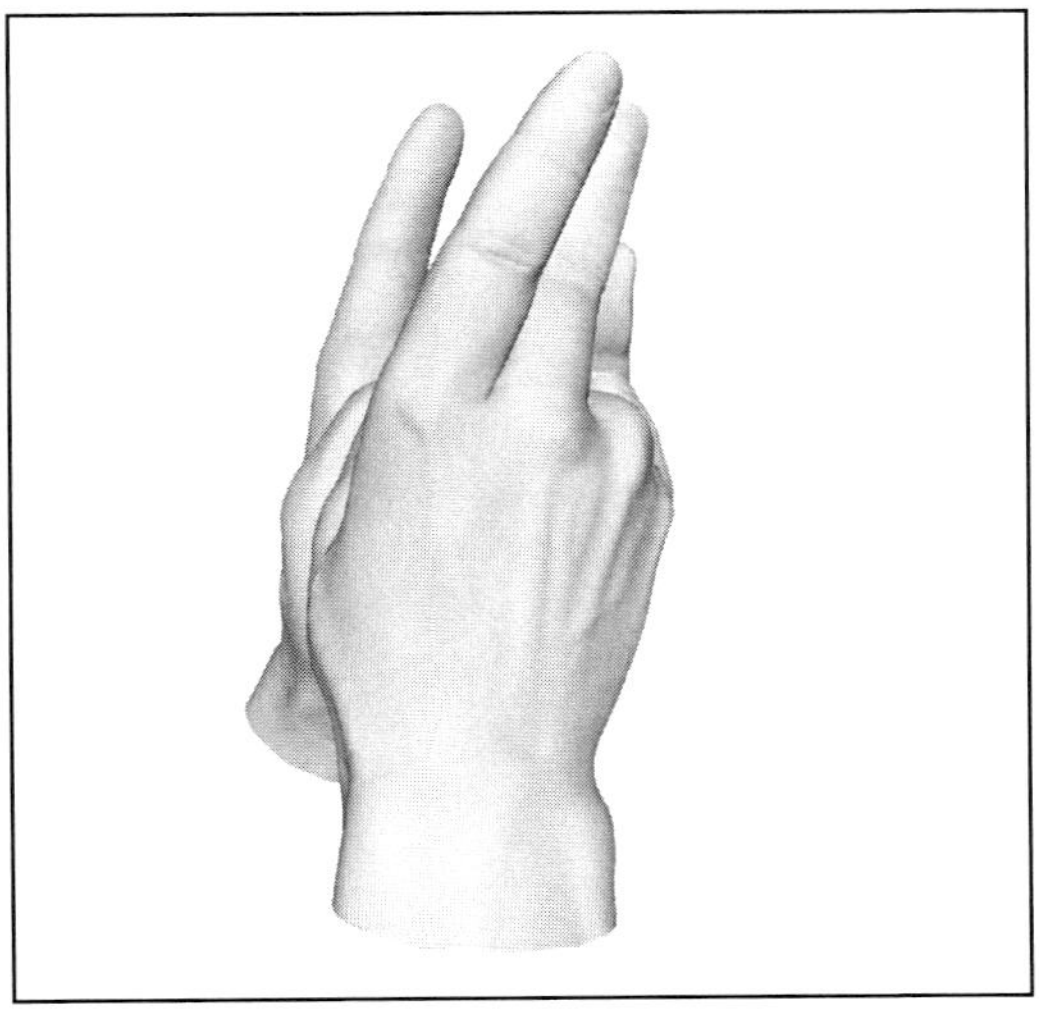

薬王《やくおう》（普印《ふいん》）

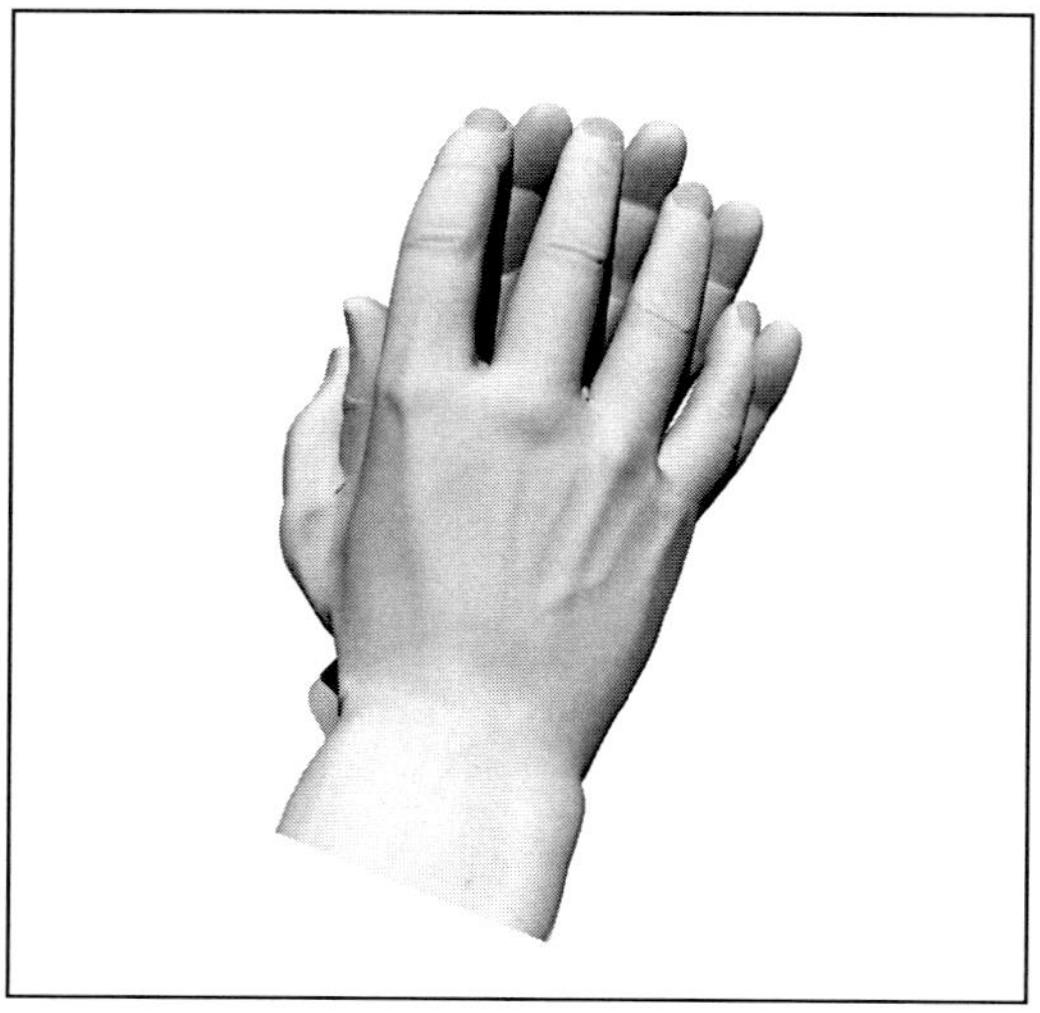

①両手、虚心合掌をする。
②右を手前にして、指先を交差させる。

龍《りゅう》樹《じゅ》

①両手、虚心合掌をする。
②右を手前にして、指先を交差させる。

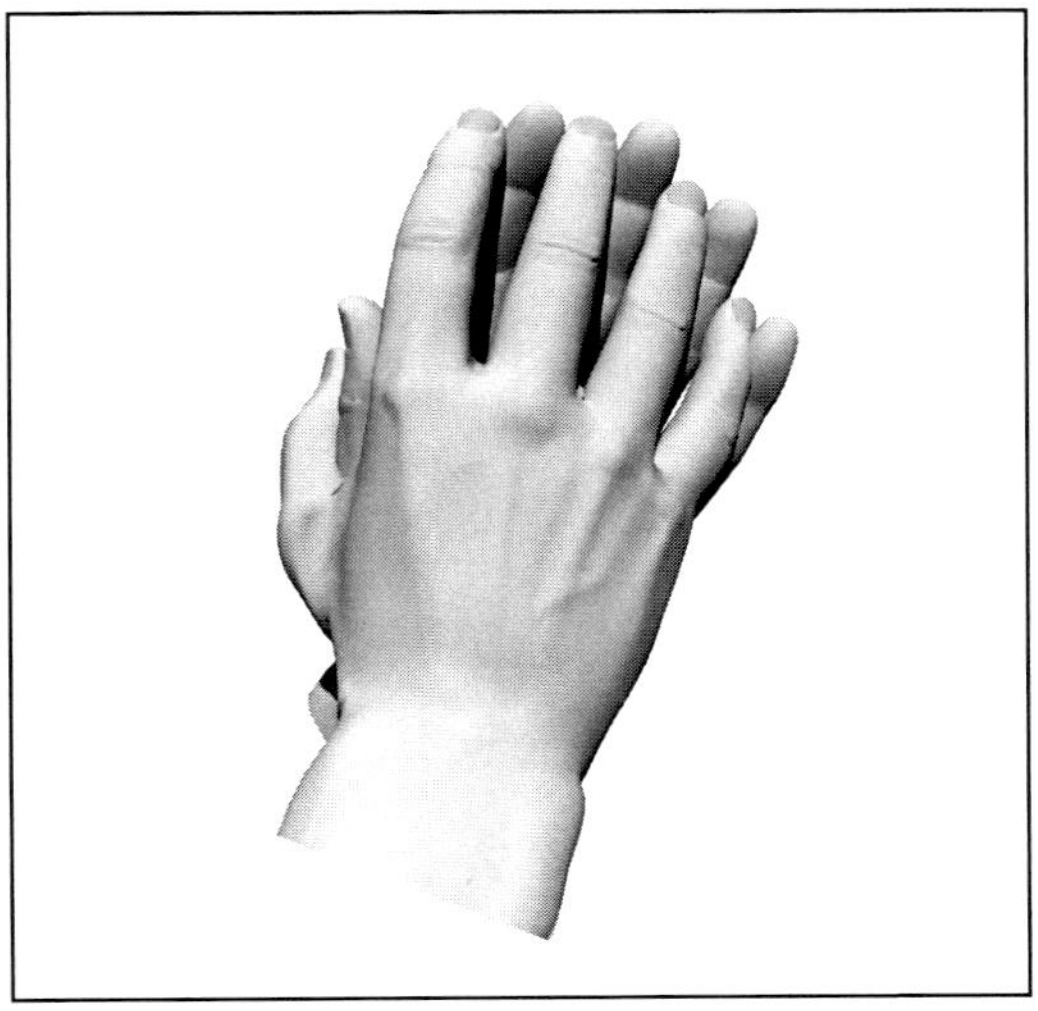

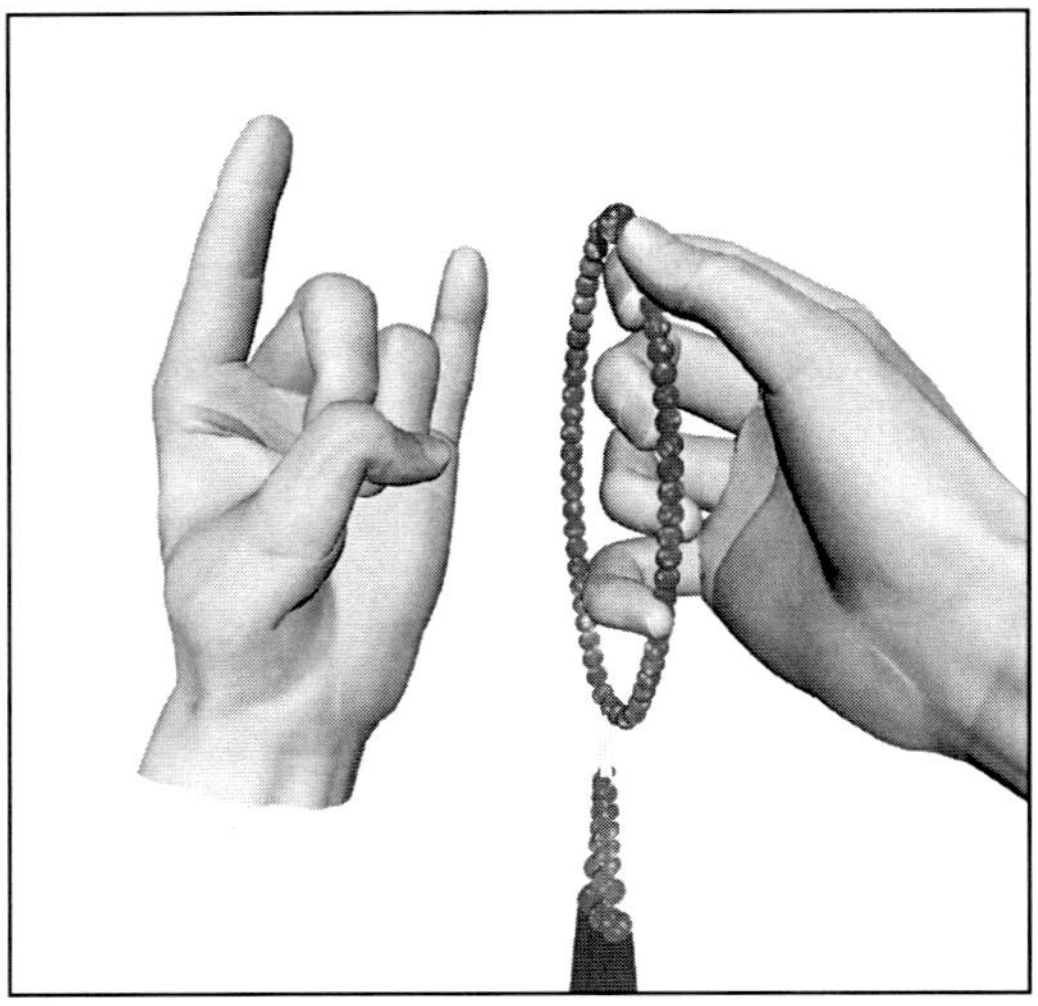

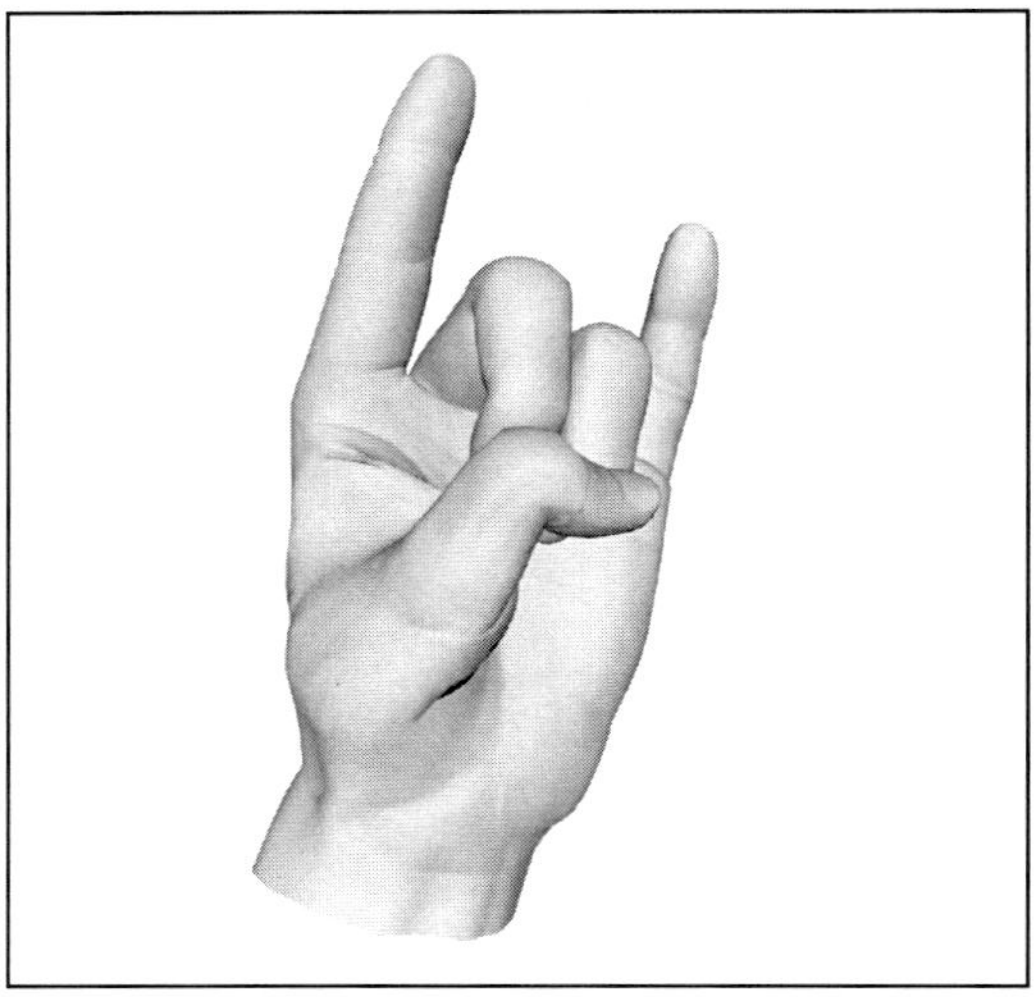

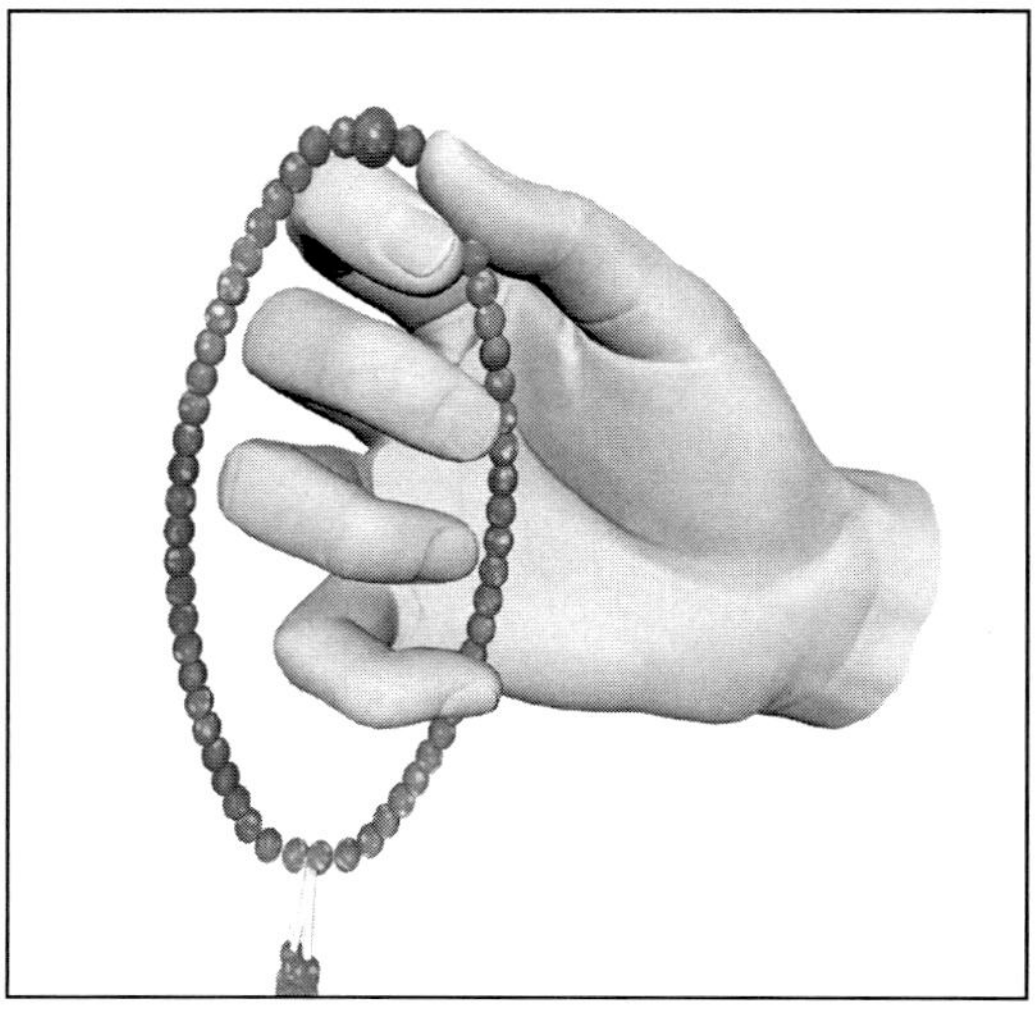

馬鳴《めみょう》(玉環成就《ぎょくかんじょうじゅ》一切所願印《いっさいしょがんいん》)

①左手は中指と薬指を屈して、親指でその甲を押し、人差指と小指は伸ばす。
②右手は、珠数を取り、真言を念じる。

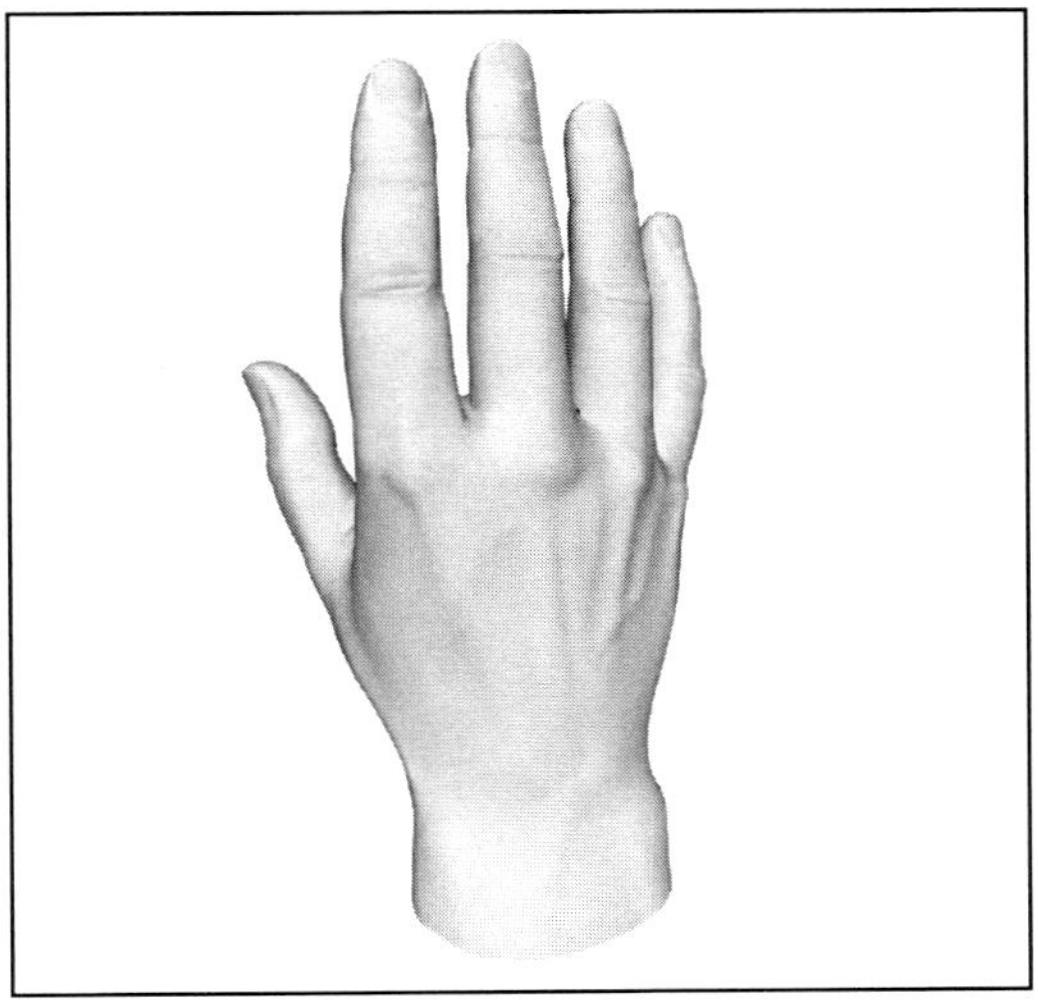

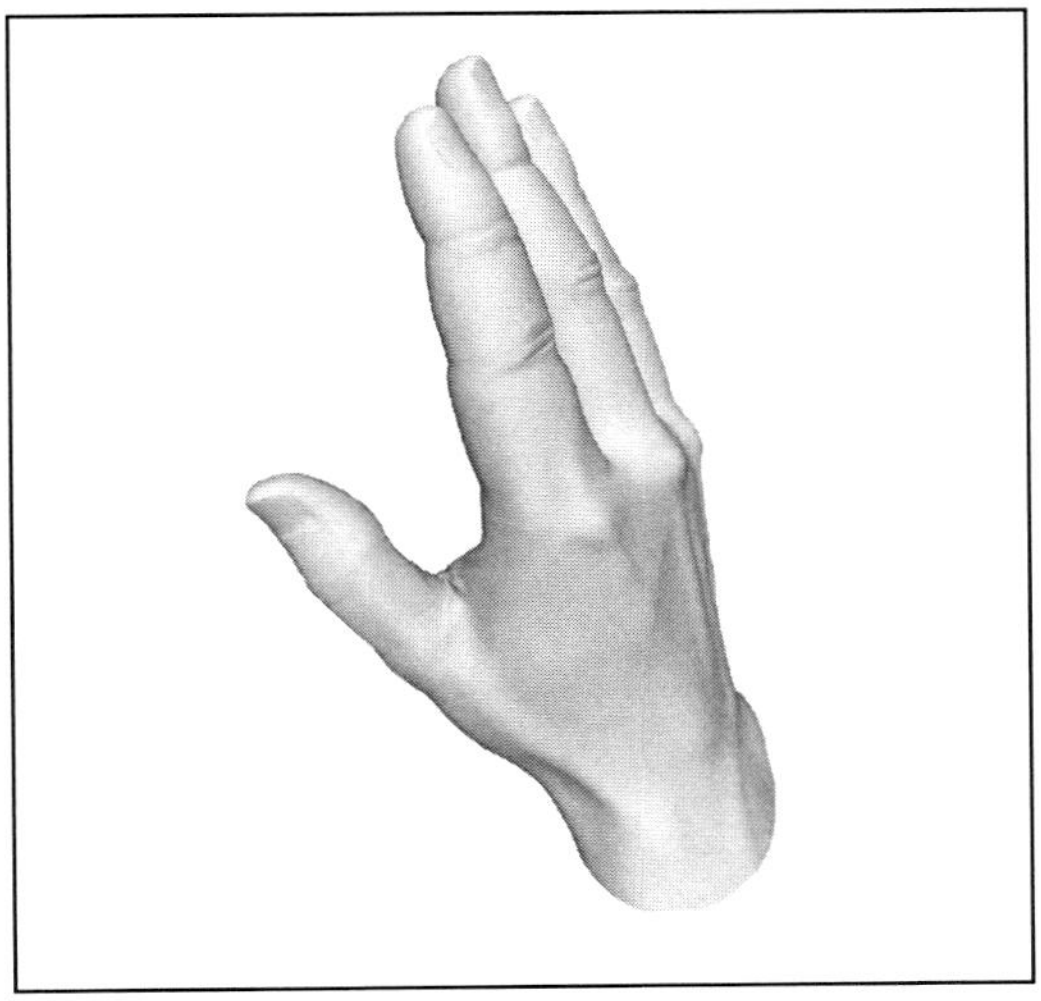

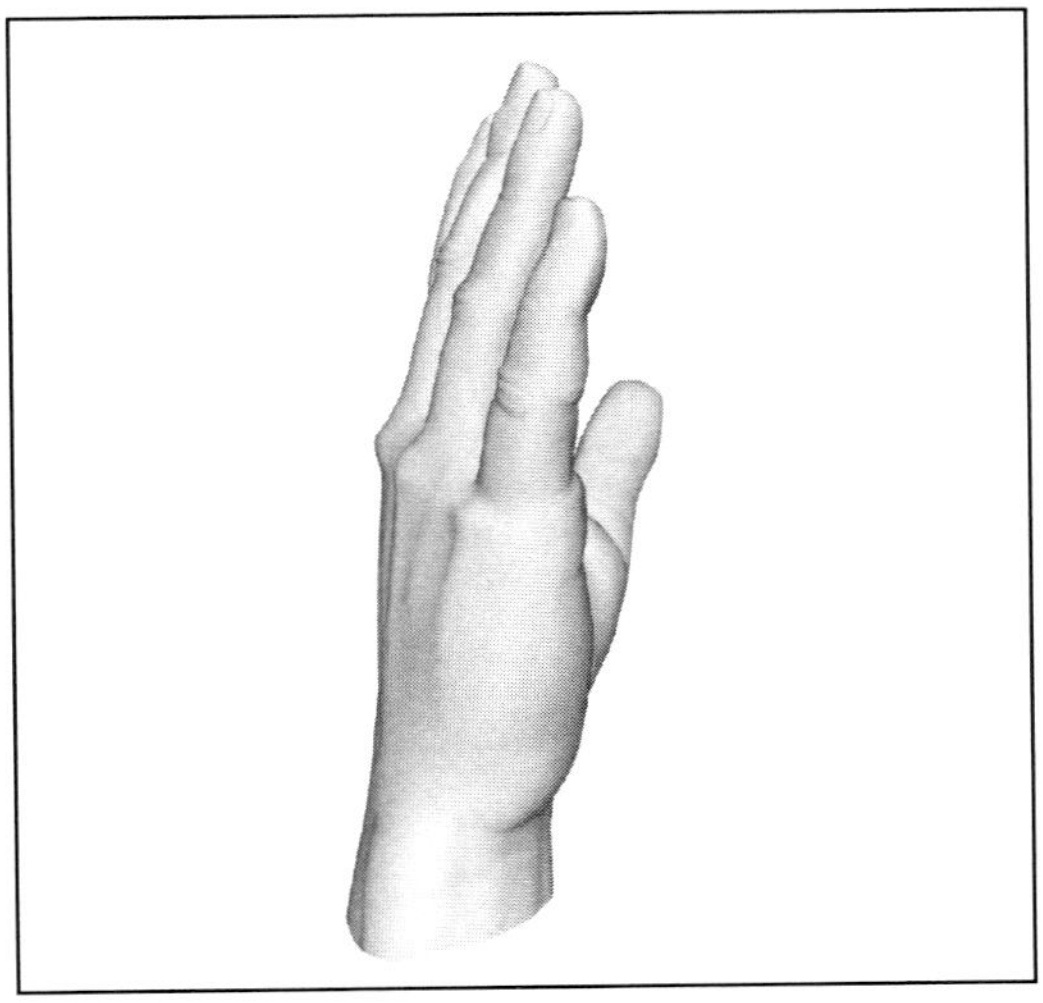

滅《めっ》悪《あく》趣《しゅ》

①右手、五指を伸ばして挙げ、施無畏印の形をする。

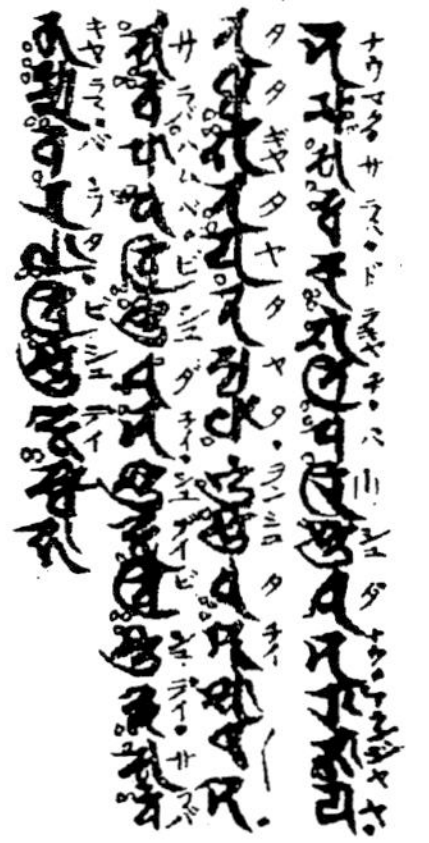

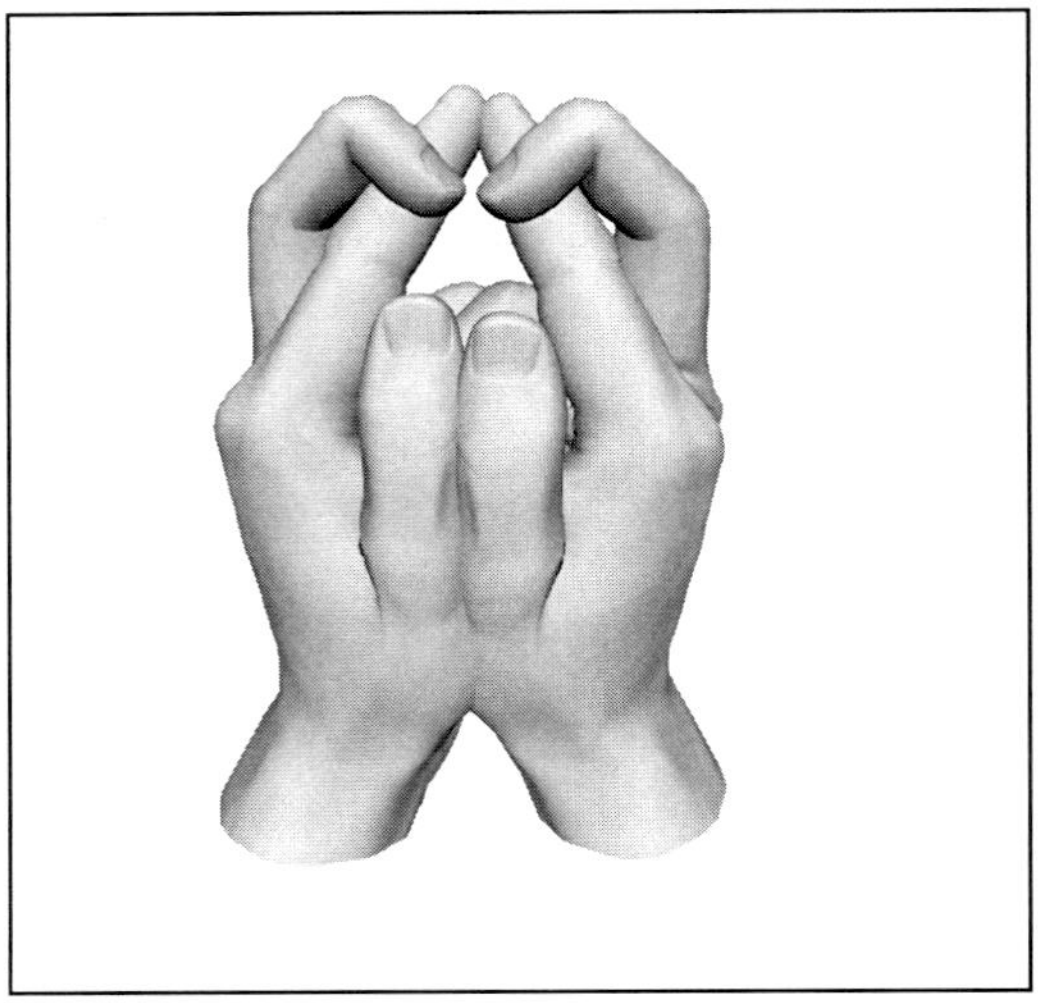

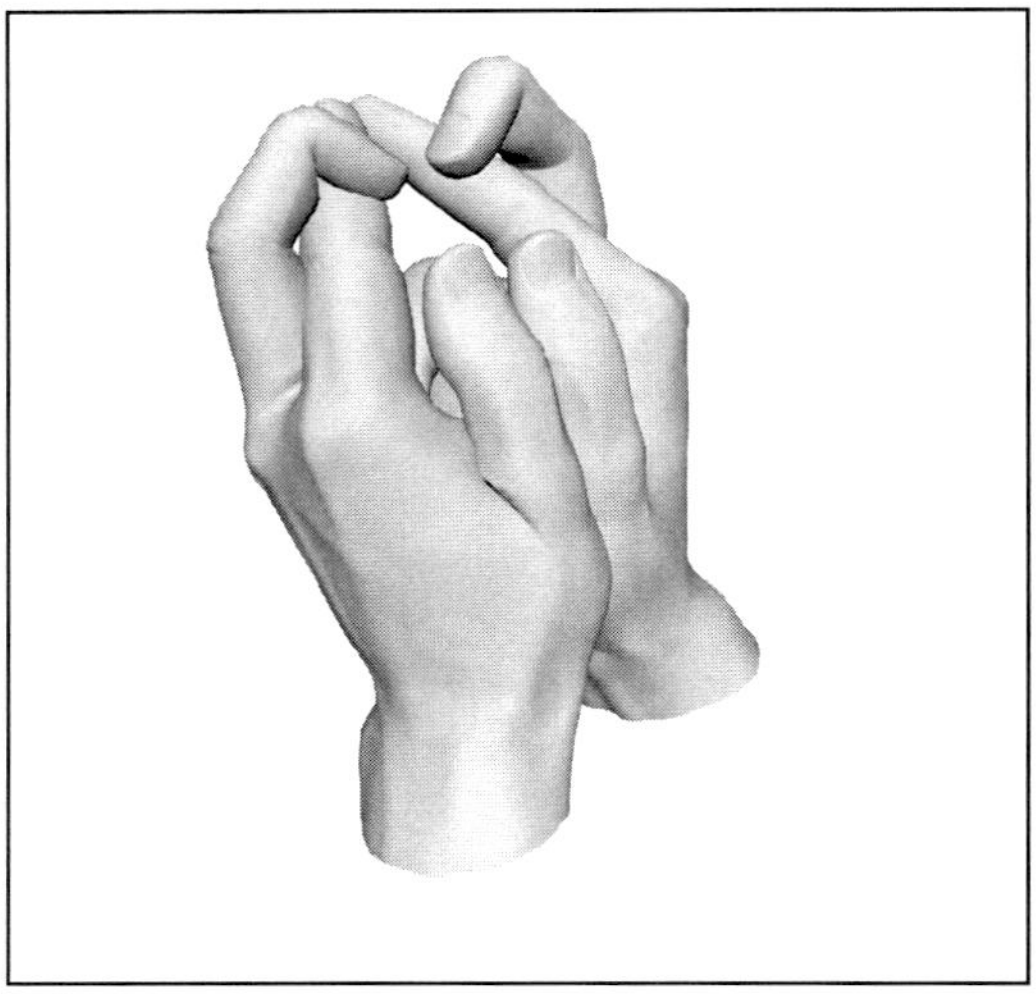

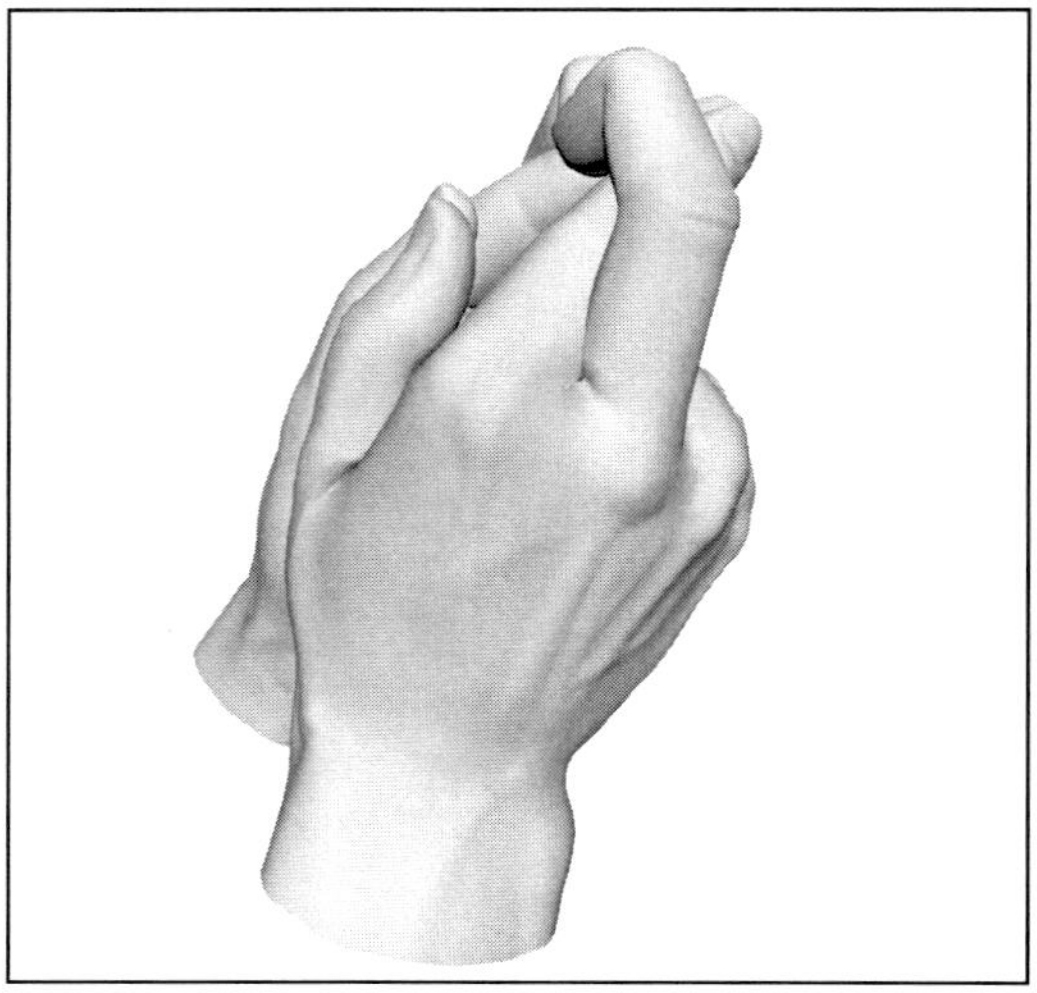

大金剛輪印《だいこんごうりんいん》

①両手、内縛する。
②両人差し指を立て、指先を付け合わせる。
③両中指を立て、人差し指の背から回して、前で鈎する。
④両親指は並び立てる。

小金剛輪印《しょうこんごうりんいん》

①両手、金剛拳にする。

②両人差指、小指を、それぞれ交えて相鉤する。

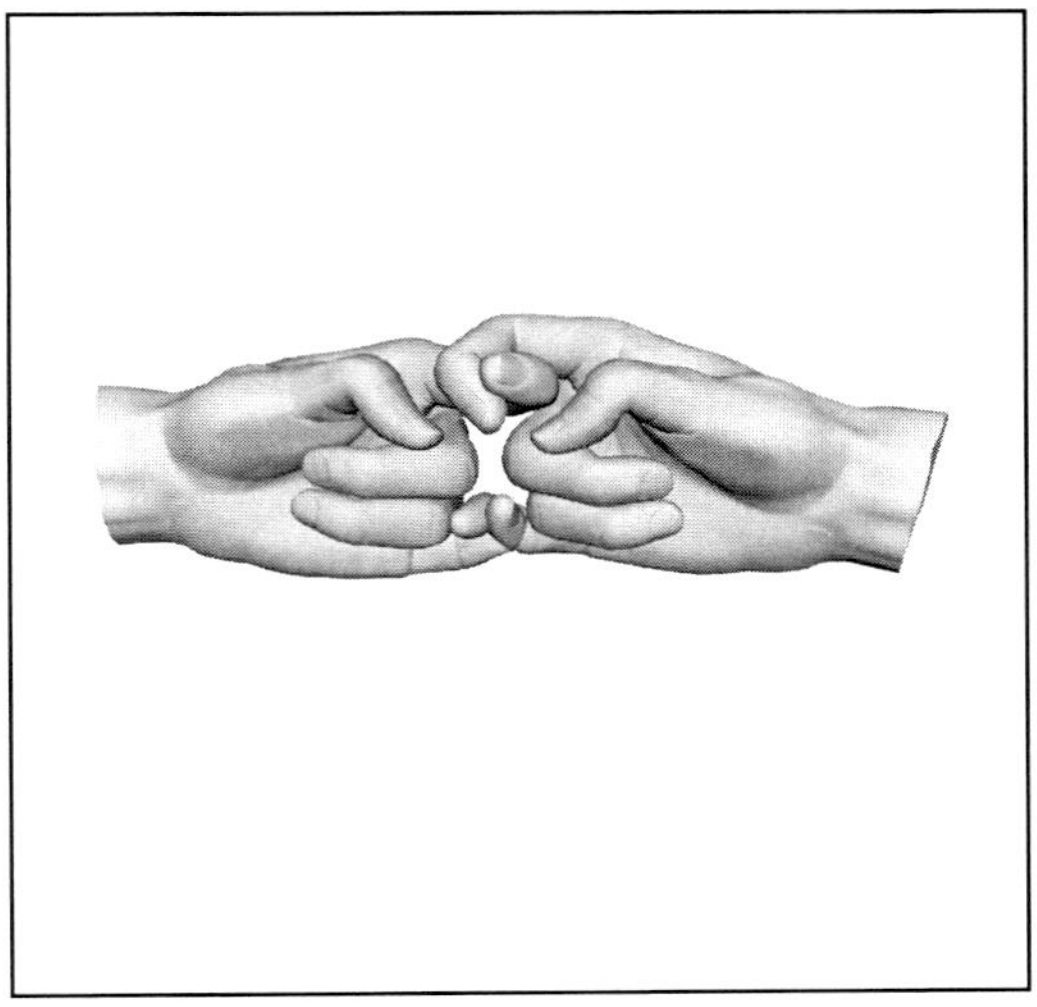

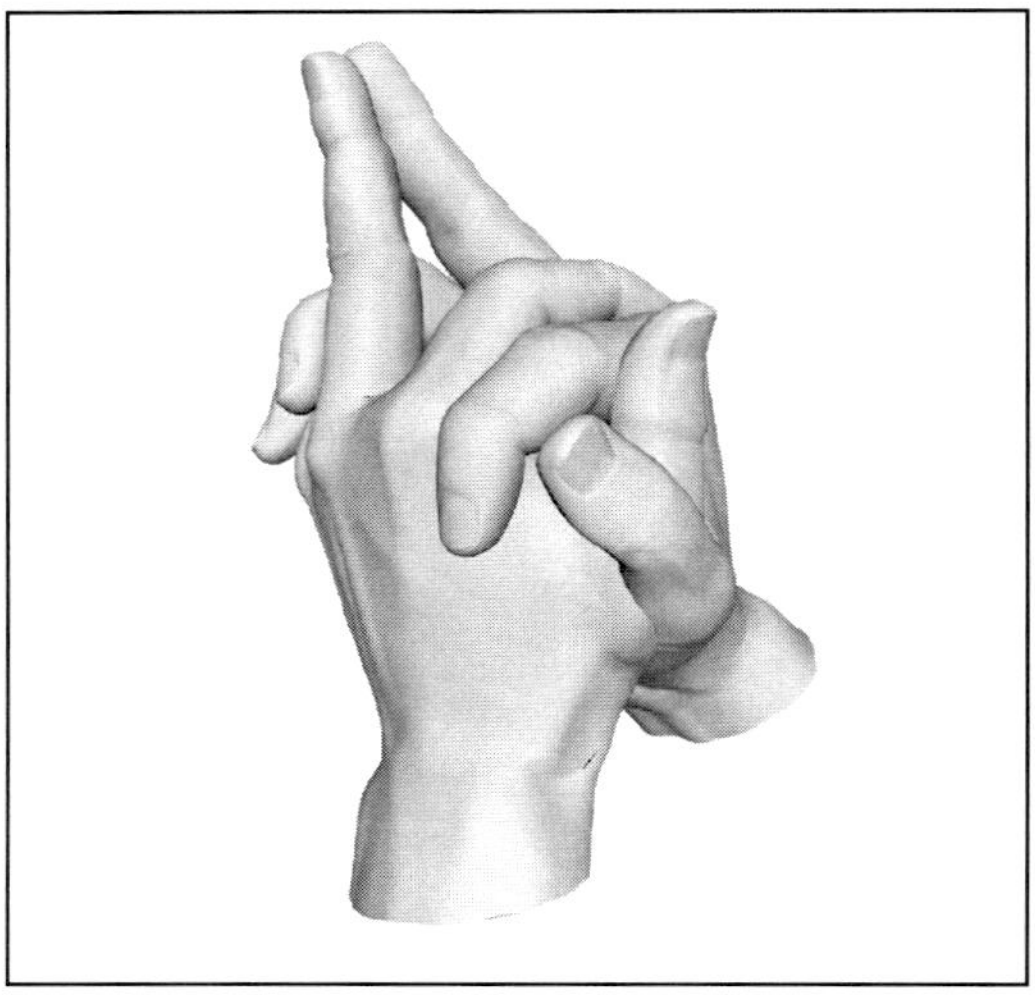

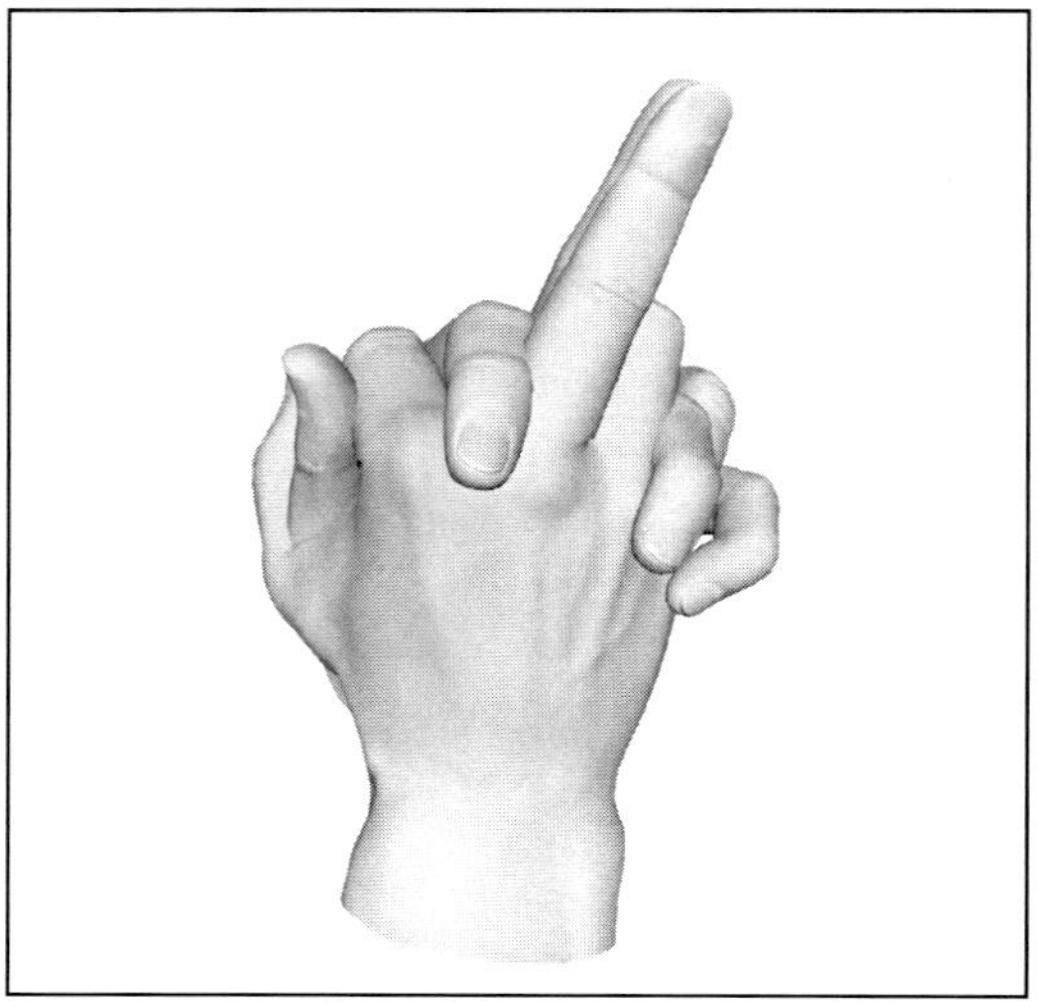

無《む》能《のう》勝《しょう》

①両手、外縛する。
②両中指を立て、指先を付け合わせる。
※独鈷印。

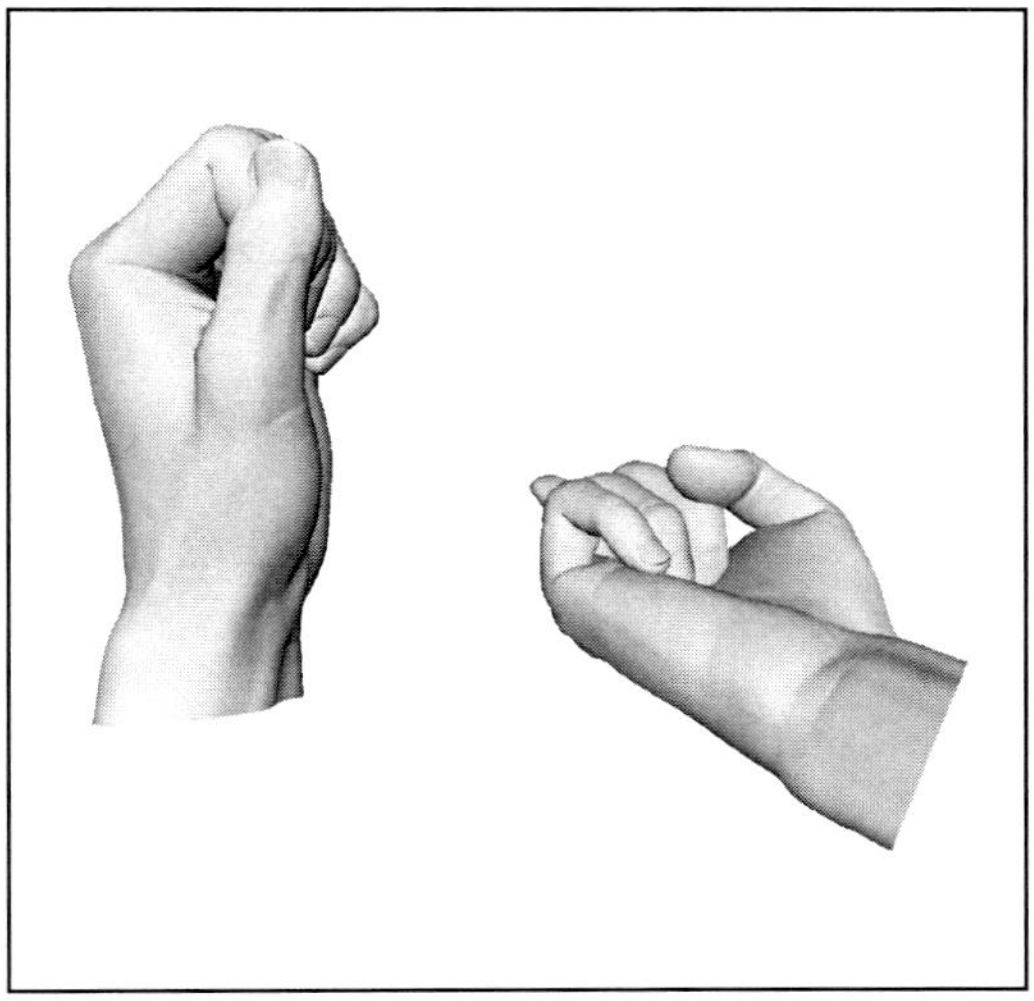

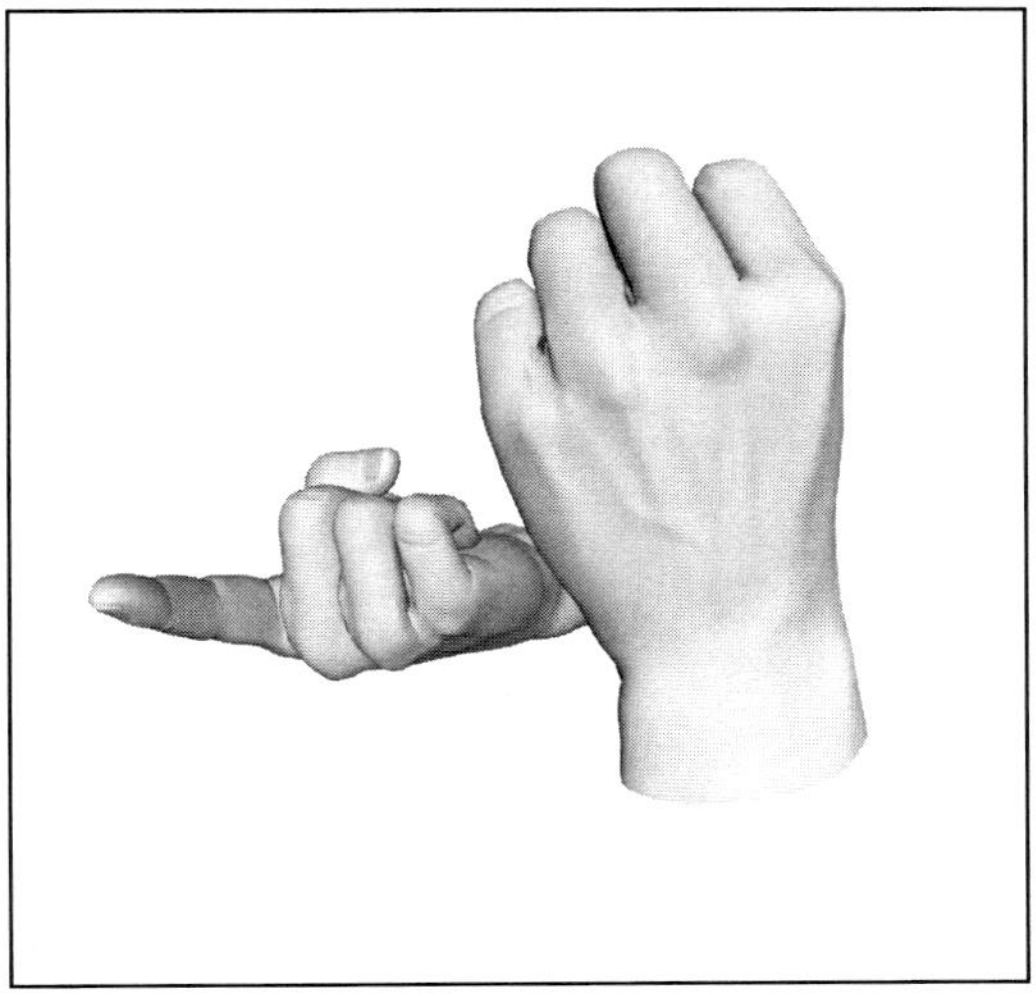

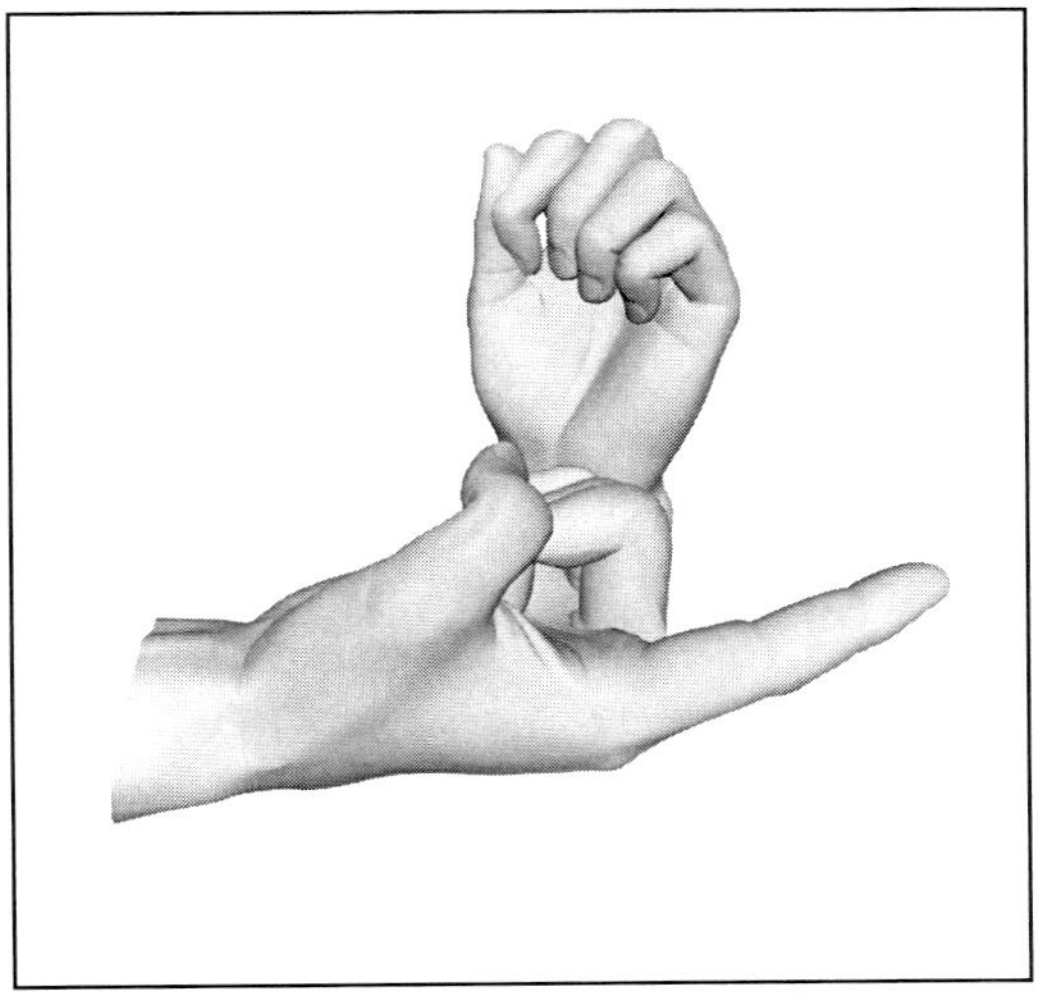

胎《たい》蔵《ぞう》印《いん》

①左手は拳にする。

②右手は仰げて拳にし、人差指を伸ばす。

胎蔵印《たいぞういん》（又印《またのいん》）

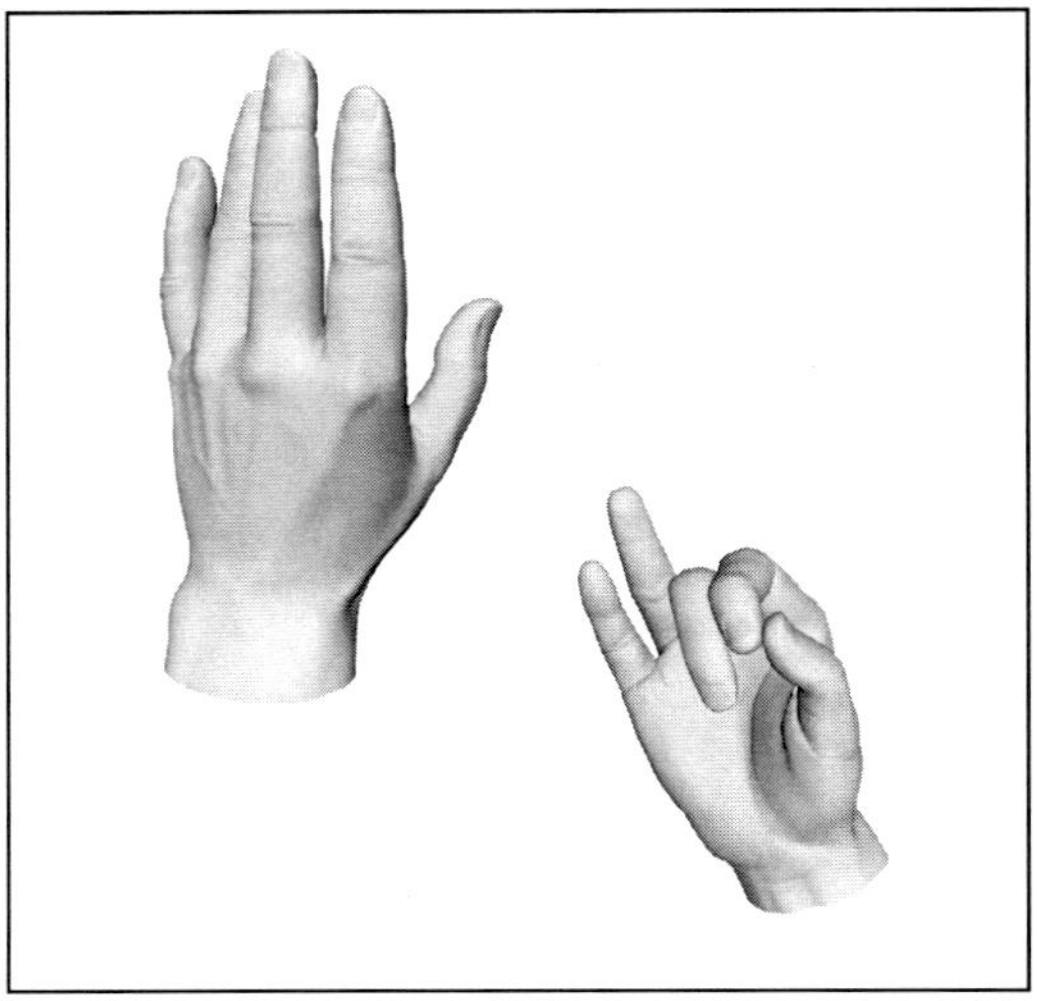

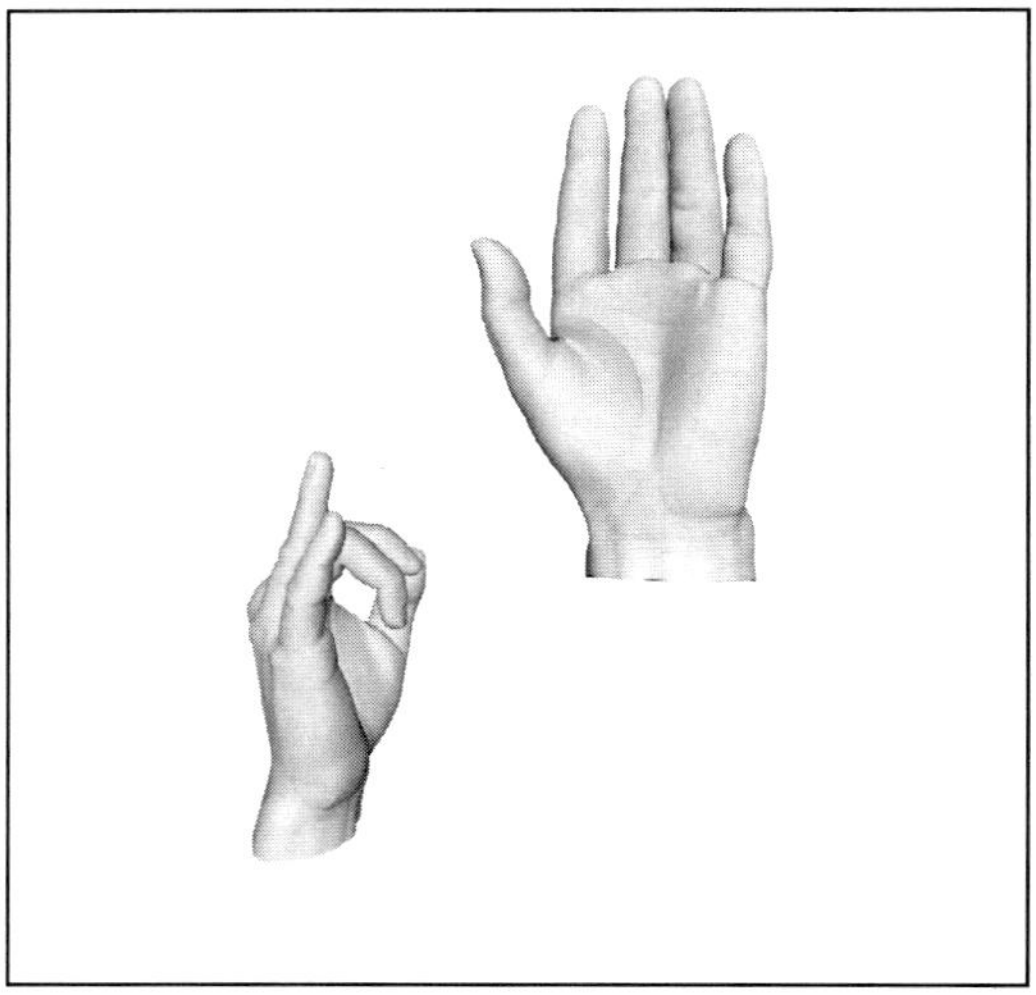

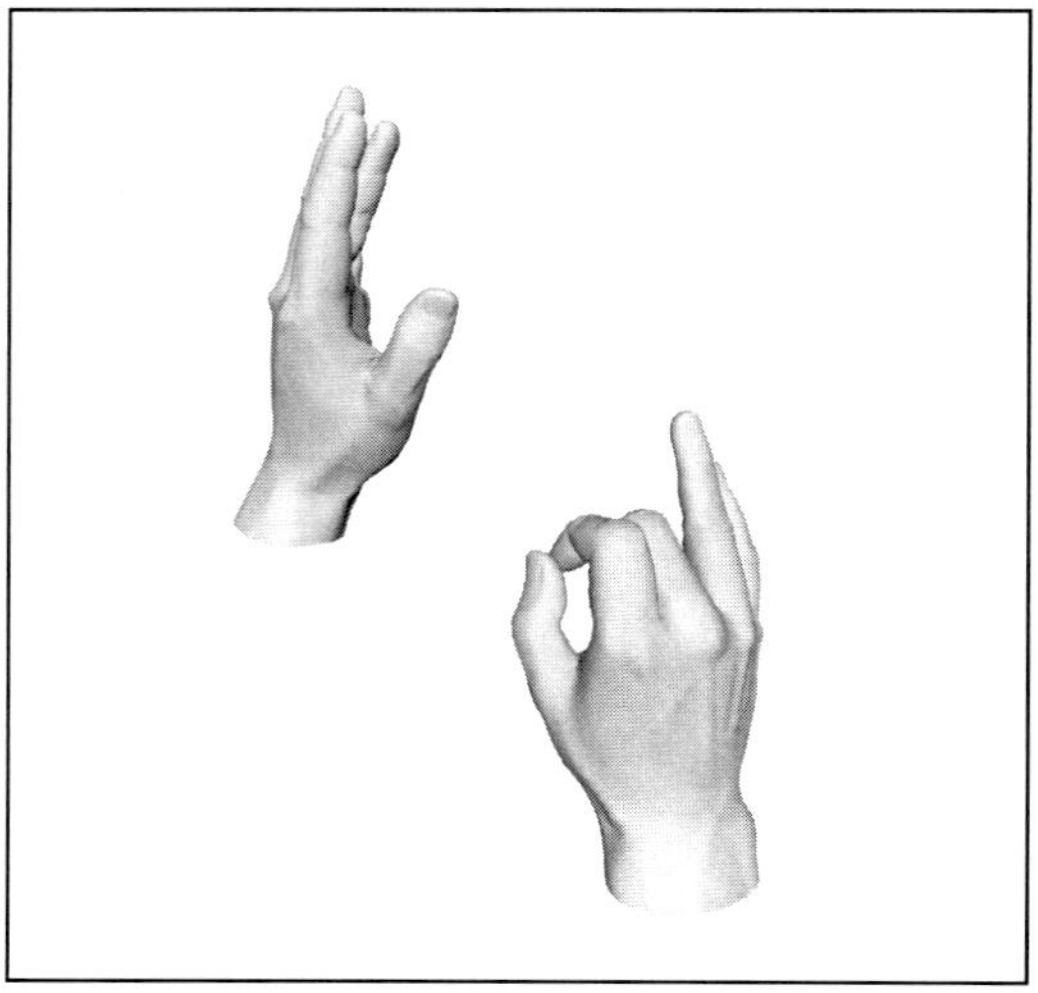

①右手は五指を伸ばし、人差指を屈して親指を捻じ、中指は屈して掌中に入れる。
②左手は五指を伸ばし。掌を外に向けて、頭より高く掲げる。

自在天《じざいてん》

①両手、外縛をする。
②両小指、人差指、親指を直ぐに立て、指先を付け合わせる。
③四処を加持する。

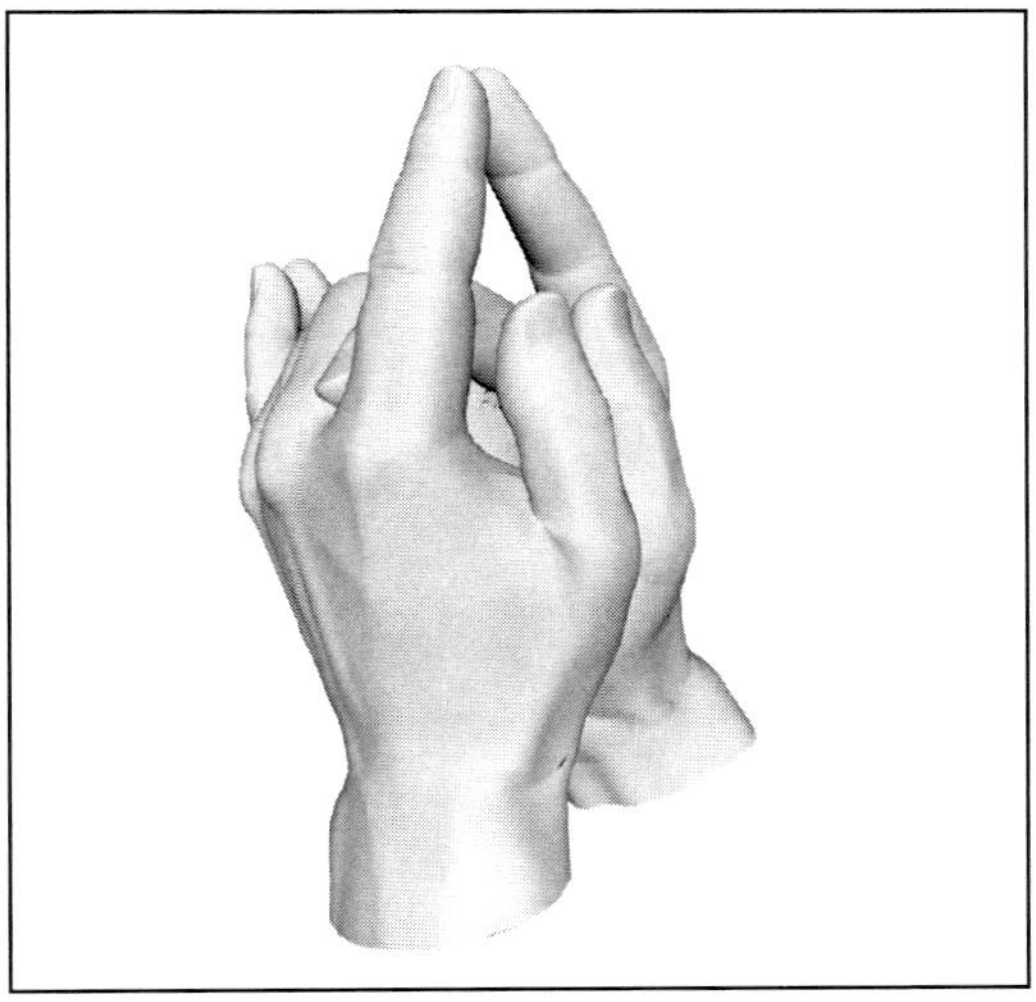

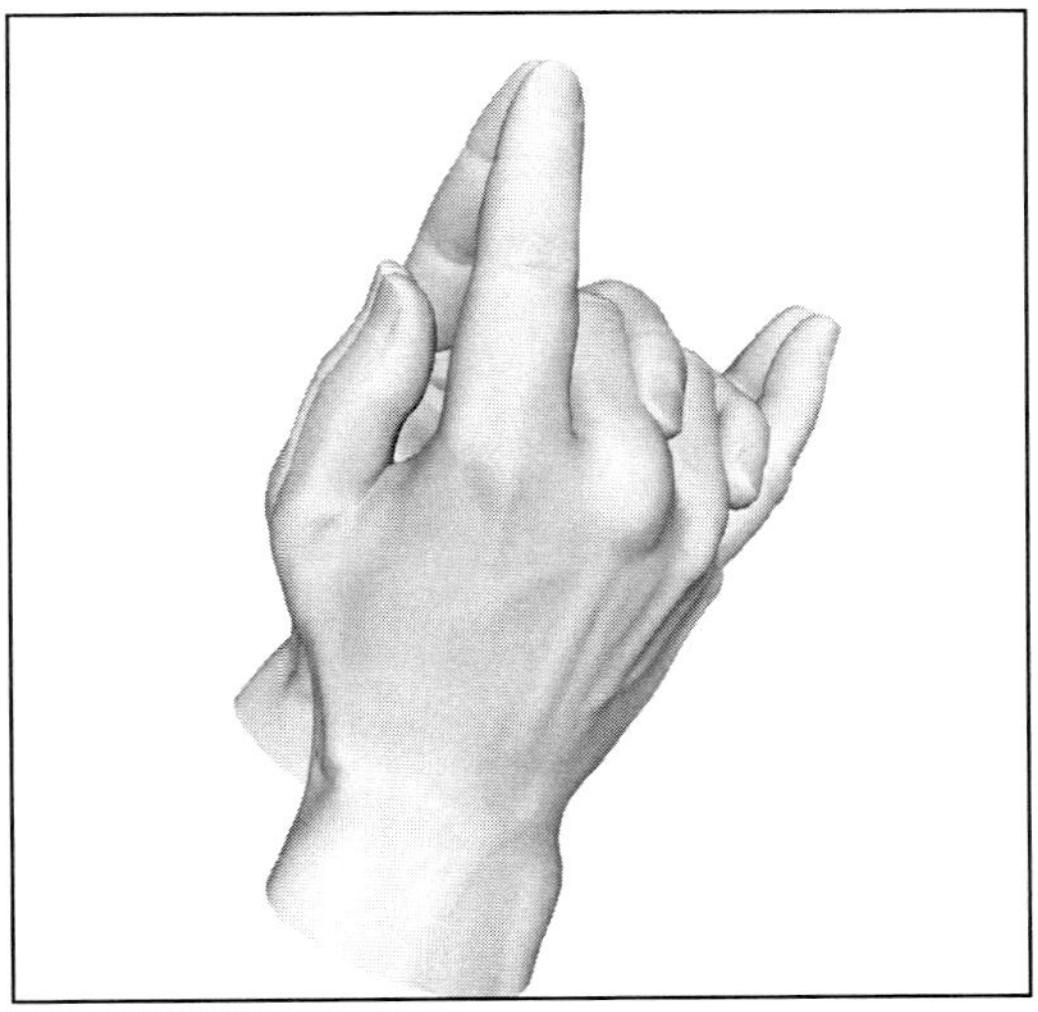

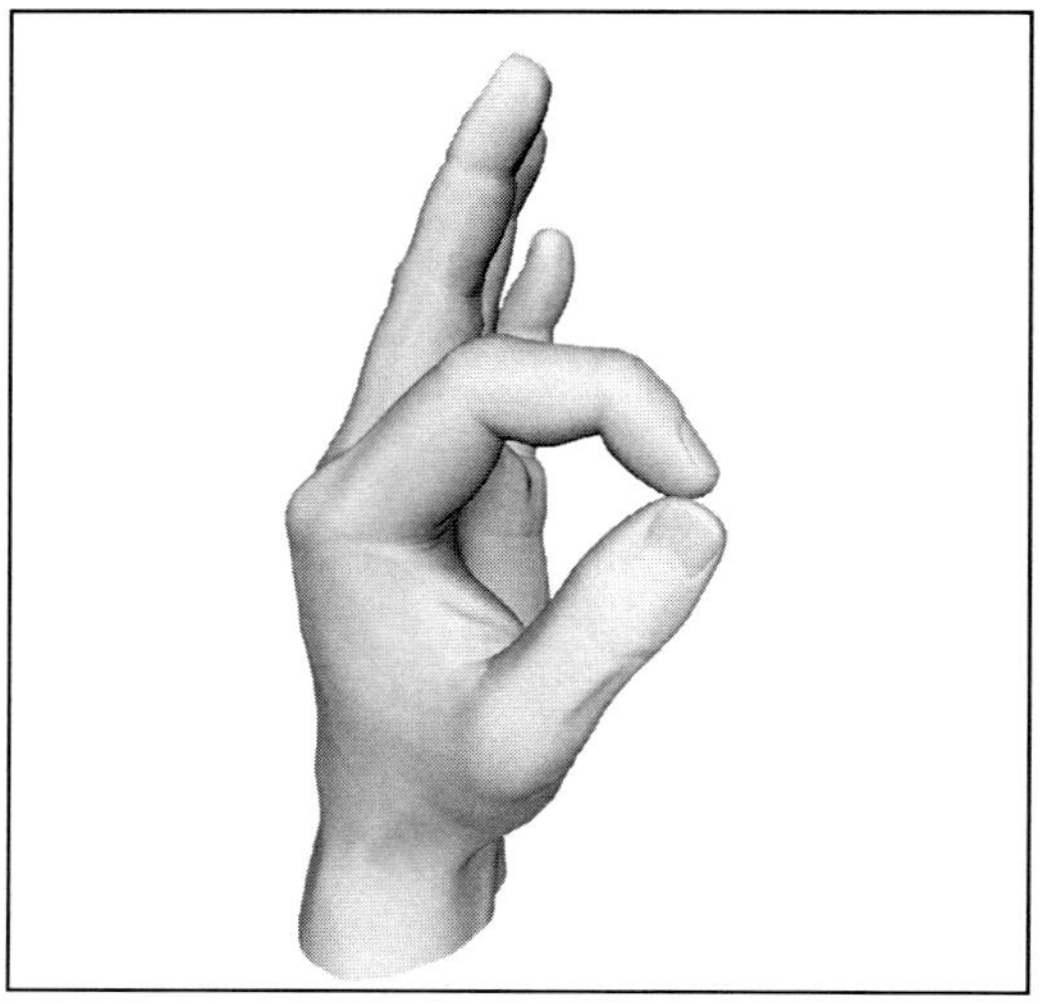

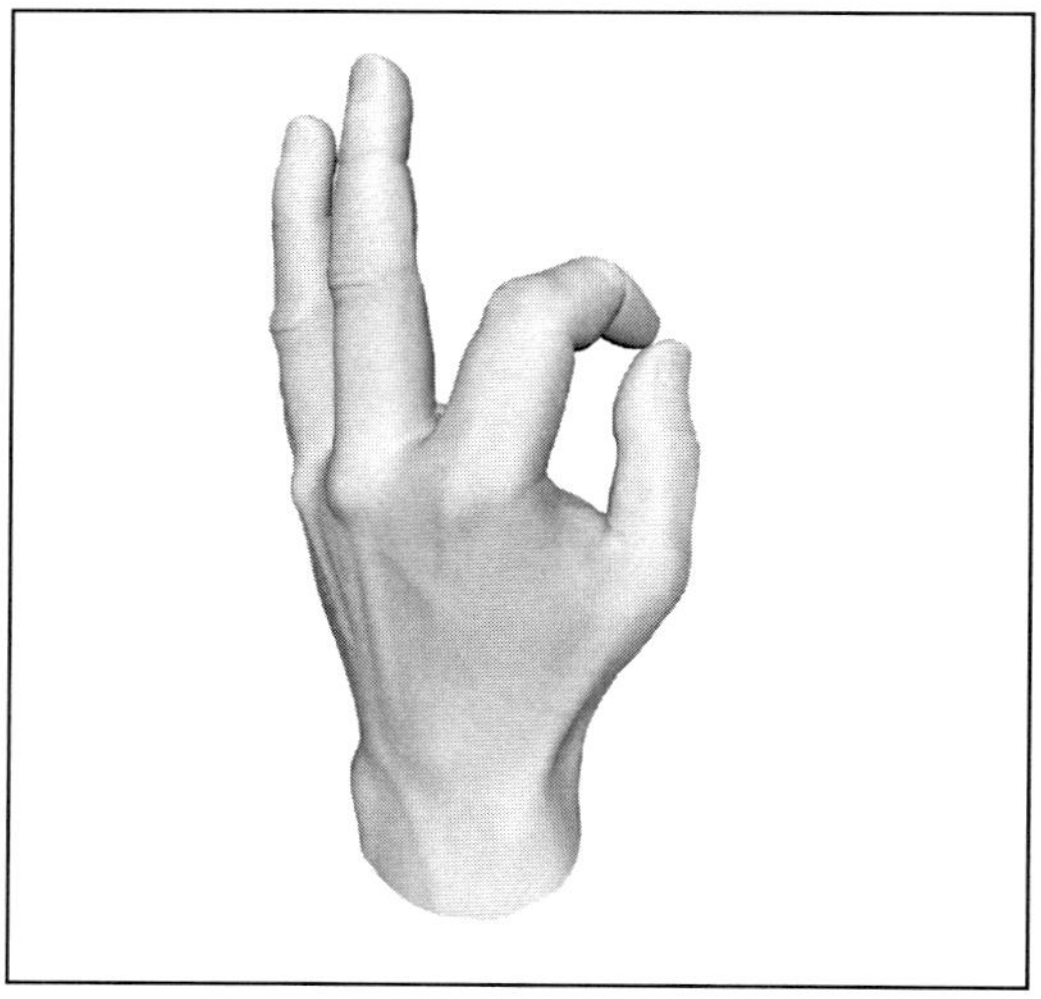

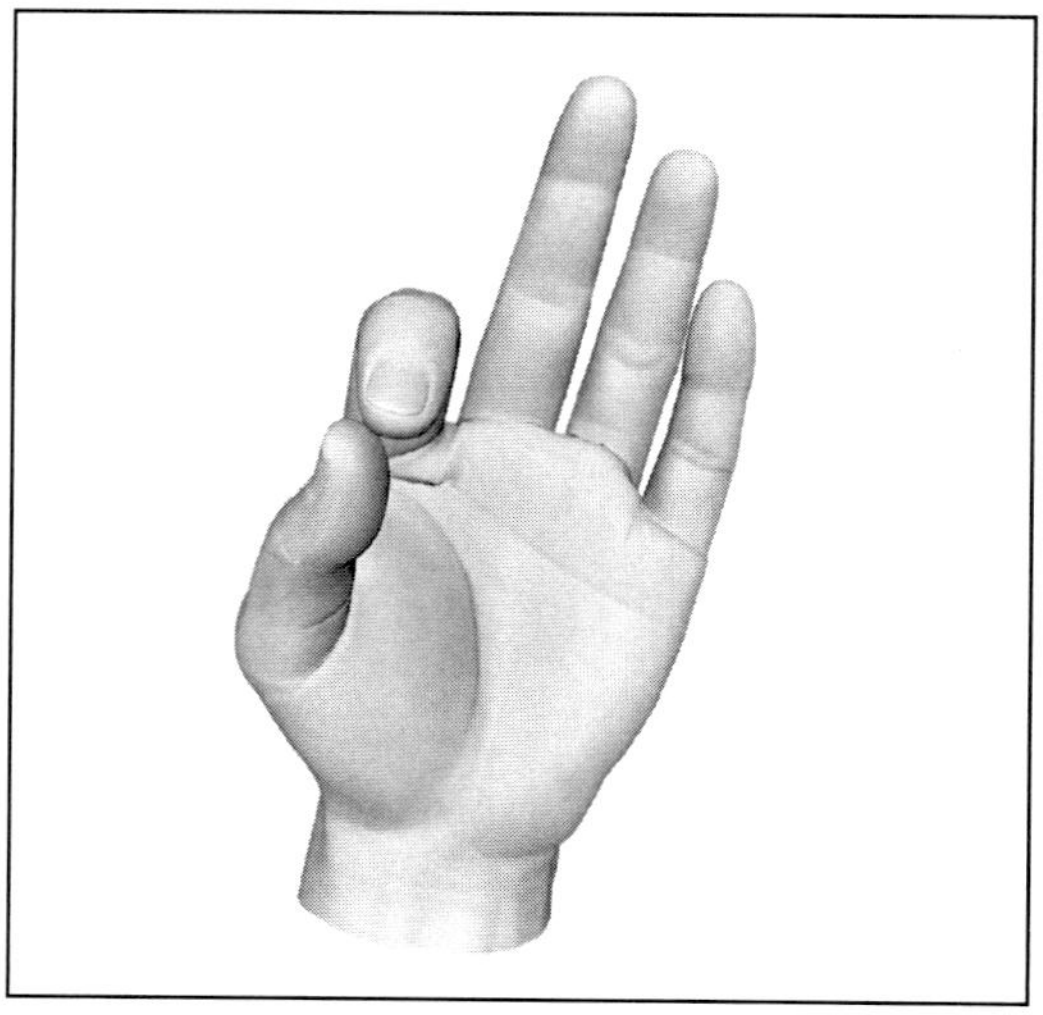

梵天《ぼんてん》

（三《さん》昧《まい》空《くう》時《じ》水《すい》）

①左手五指を伸ばし、人差指と親指で相捻じる。

②また、親指と中指を屈して掌中に入れる。

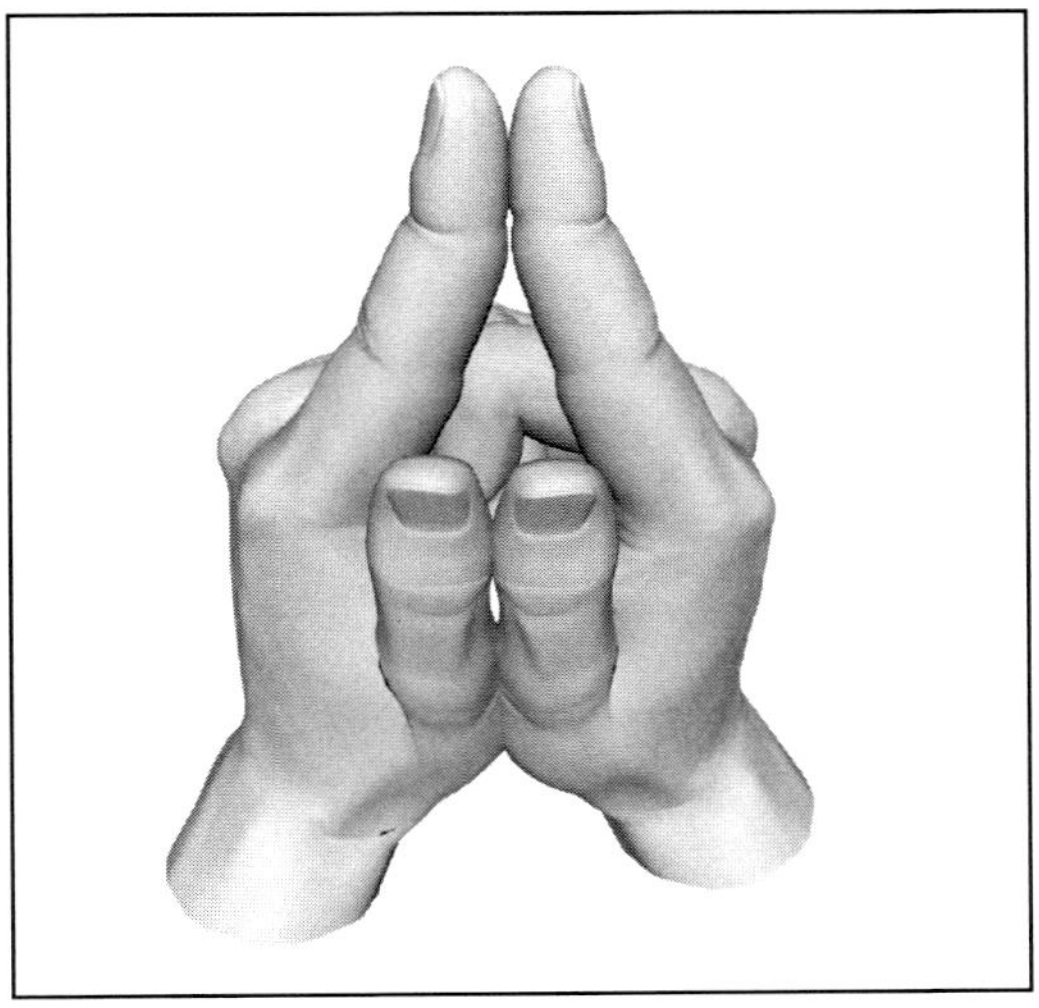

帝《たい》釈《しゃく》

①両手、内縛する。
②両人差指を立て合わせ、針のようにする。
③両親指は並び立てる。

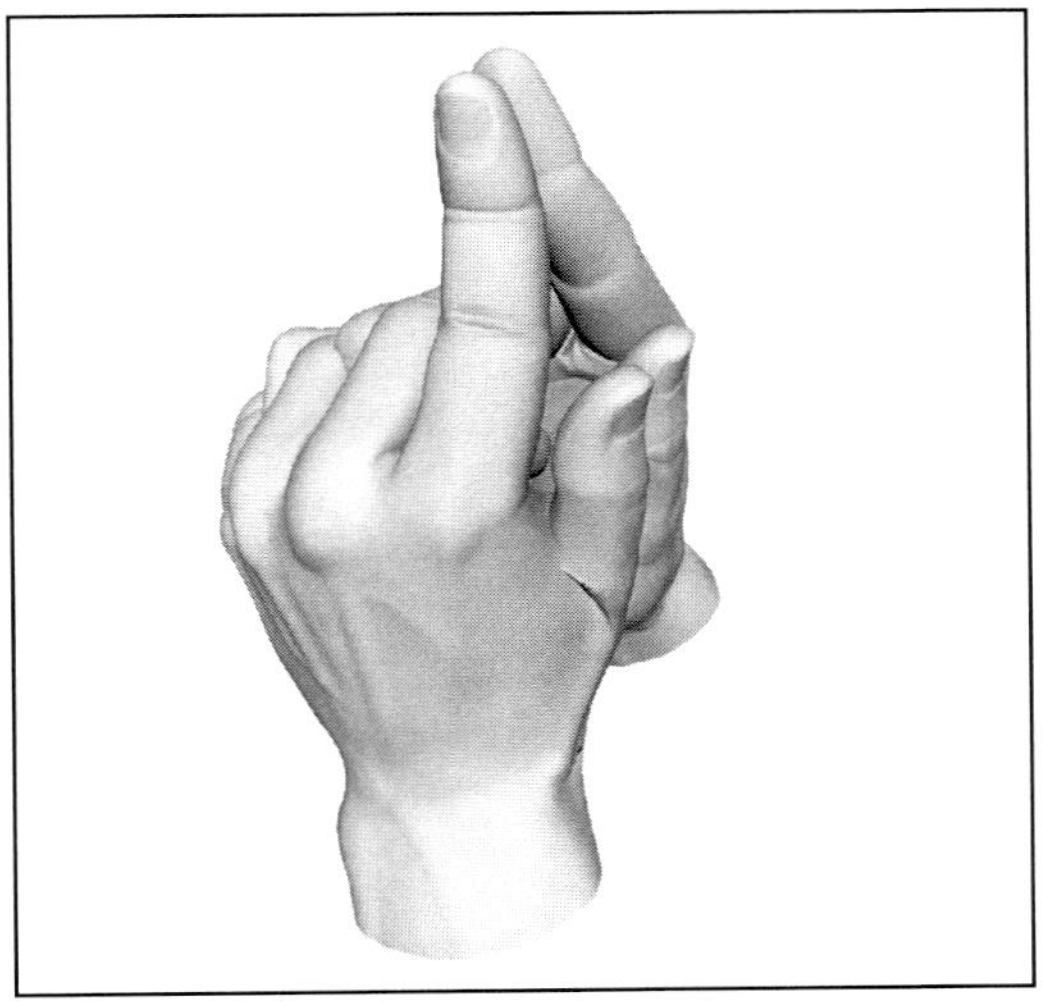

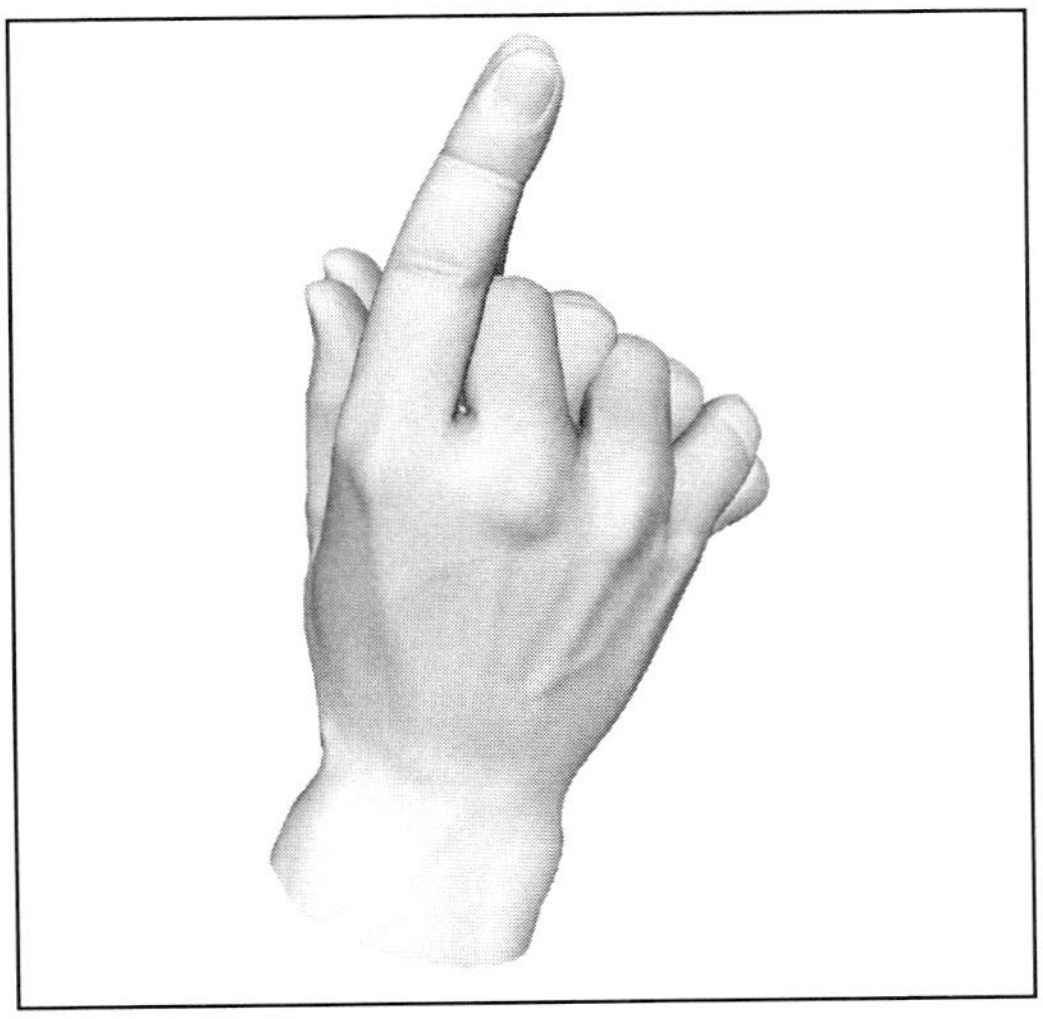

四天王《してんのう》（帝釈印《たいしゃくいん》）

①両手、内縛する。

②両人差指を立て合わせ、針のようにする。

③両親指は並び立てる。

※帝釈（三八三頁）に同じ。

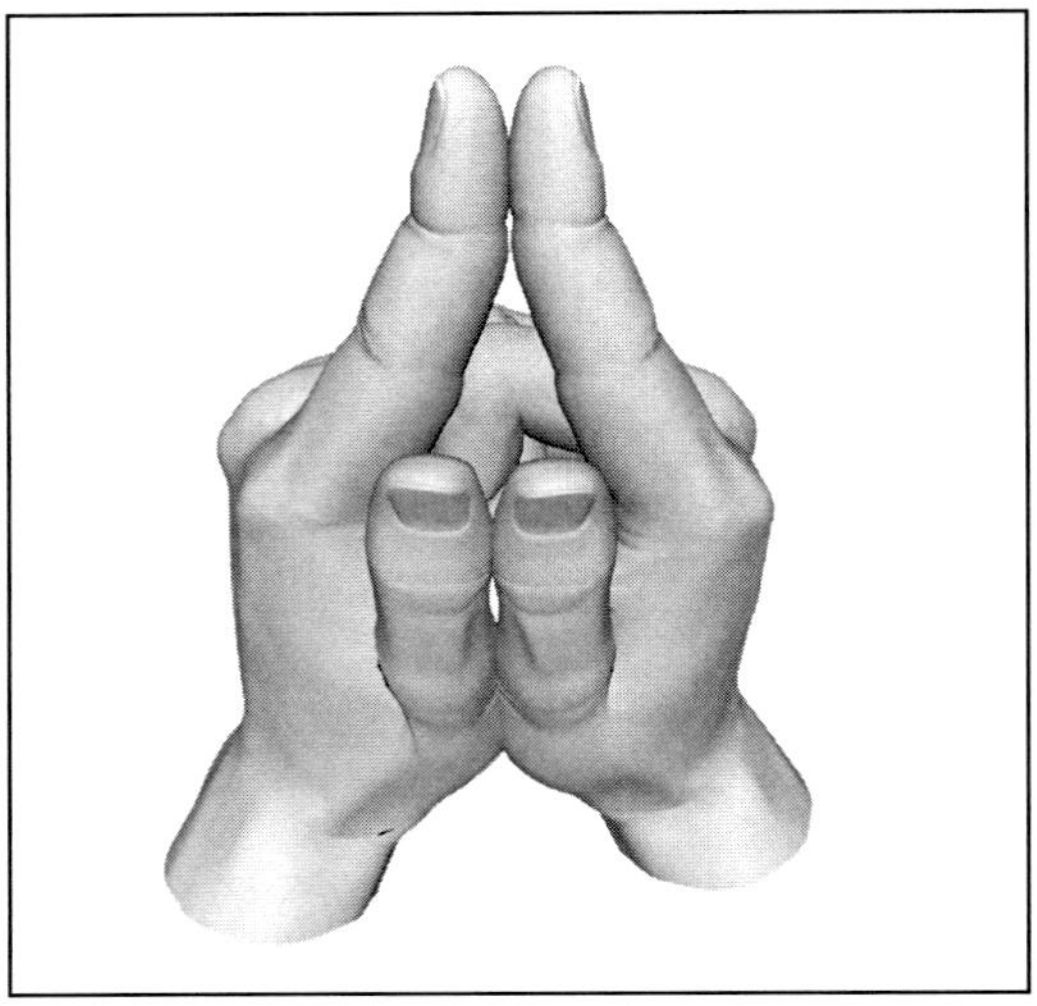

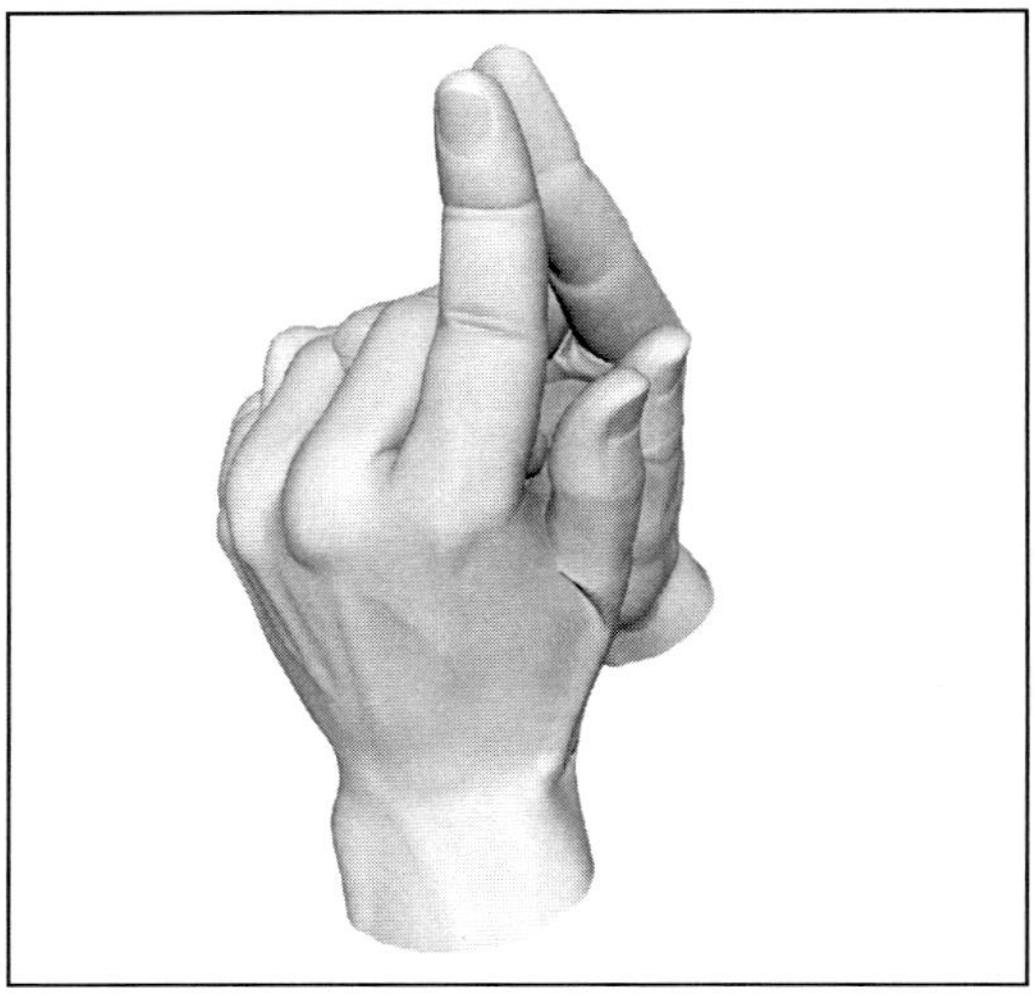

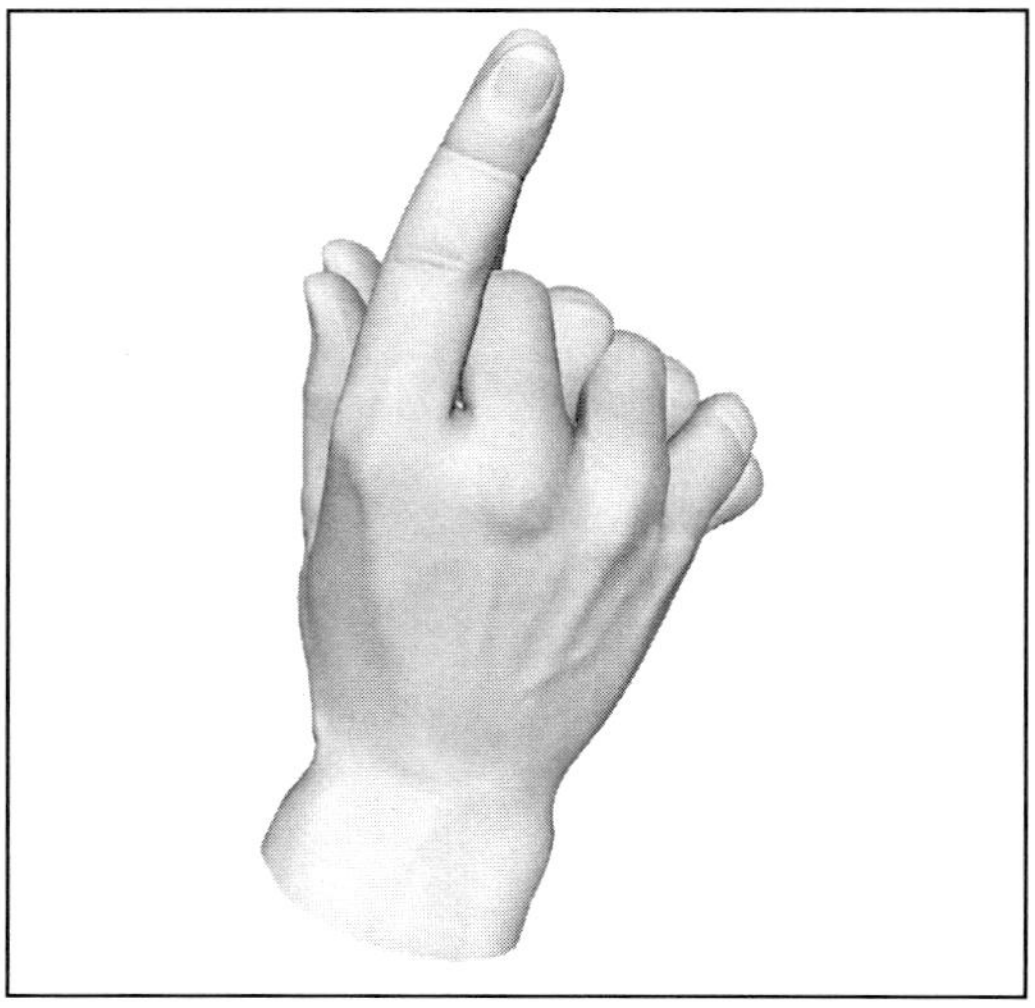

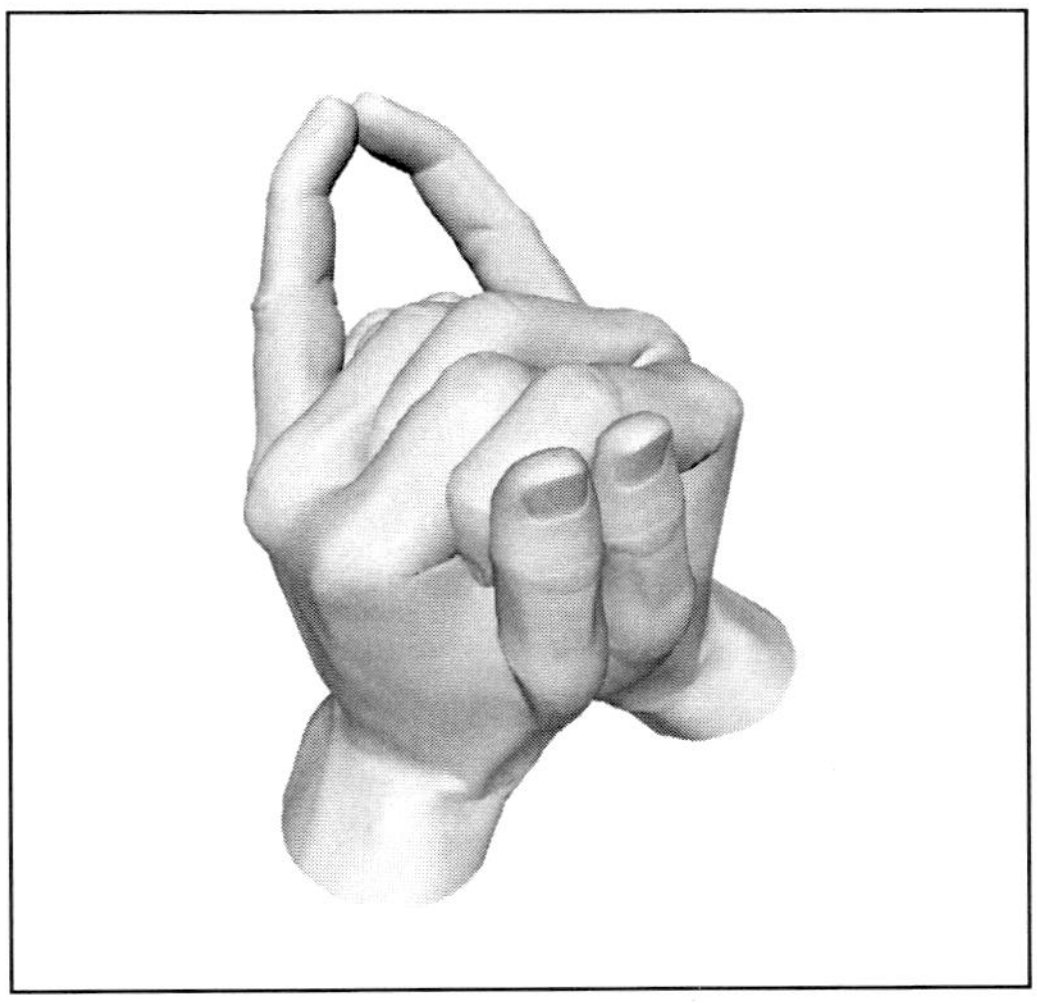

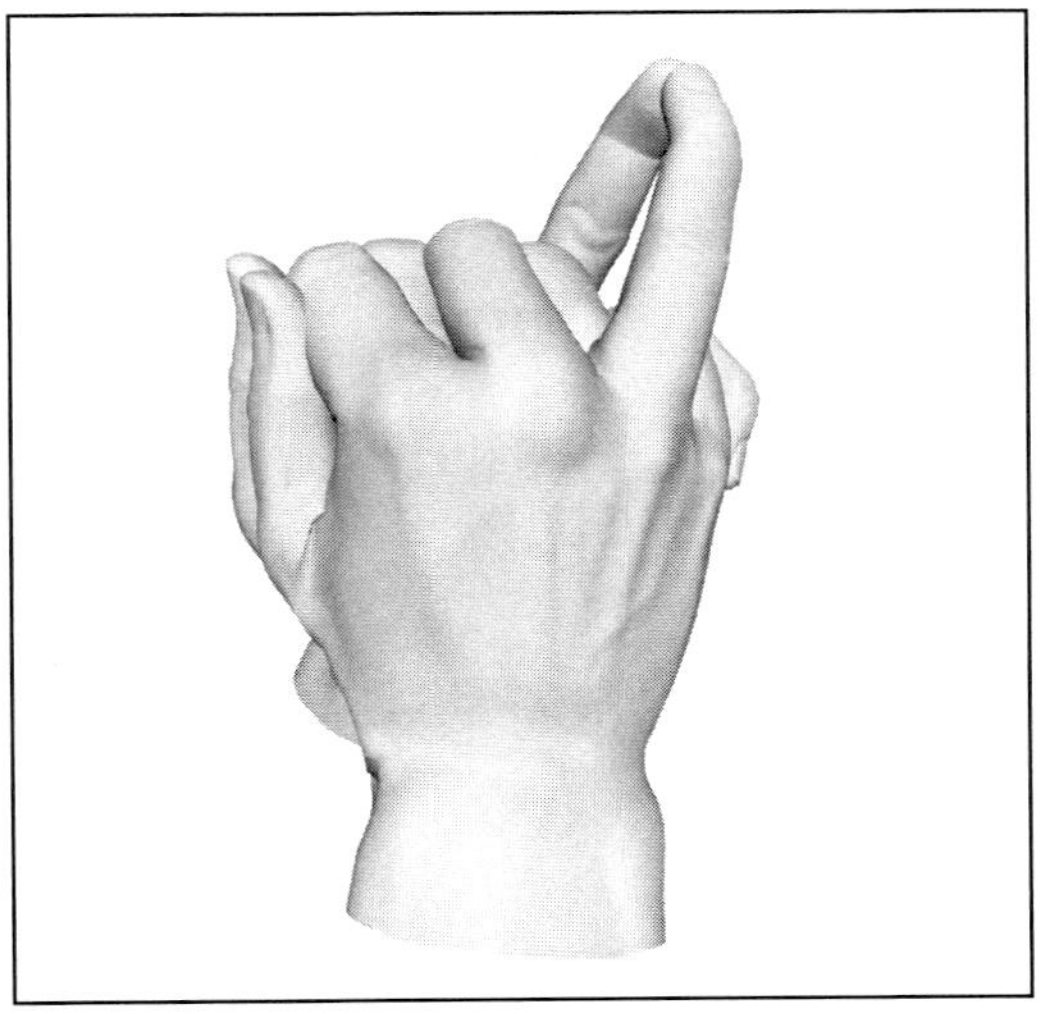

四天王通心印《してんのうつうしんいん》

①両手、内縛する。
②両薬指を立て合わせ、針のようにする。
③両親指は並び立てる。

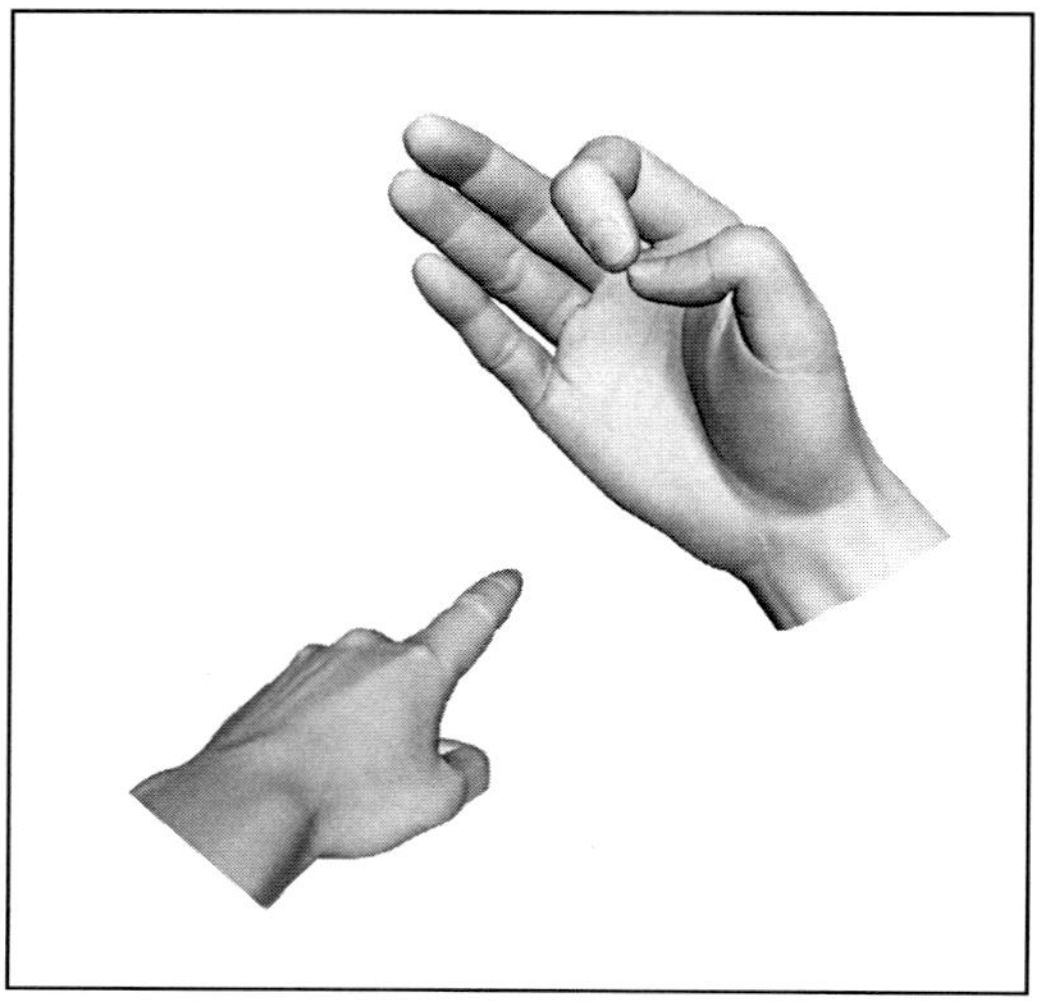

四《し》天《てん》王《のう》惣《そう》印《いん》

①右手は親指を屈して掌中に入れ、人差し指で捻じ、他の三指は伸ばし、臍の辺りに置く。

②左手は拳にして人差し指を伸ばし、膝の上に置く。

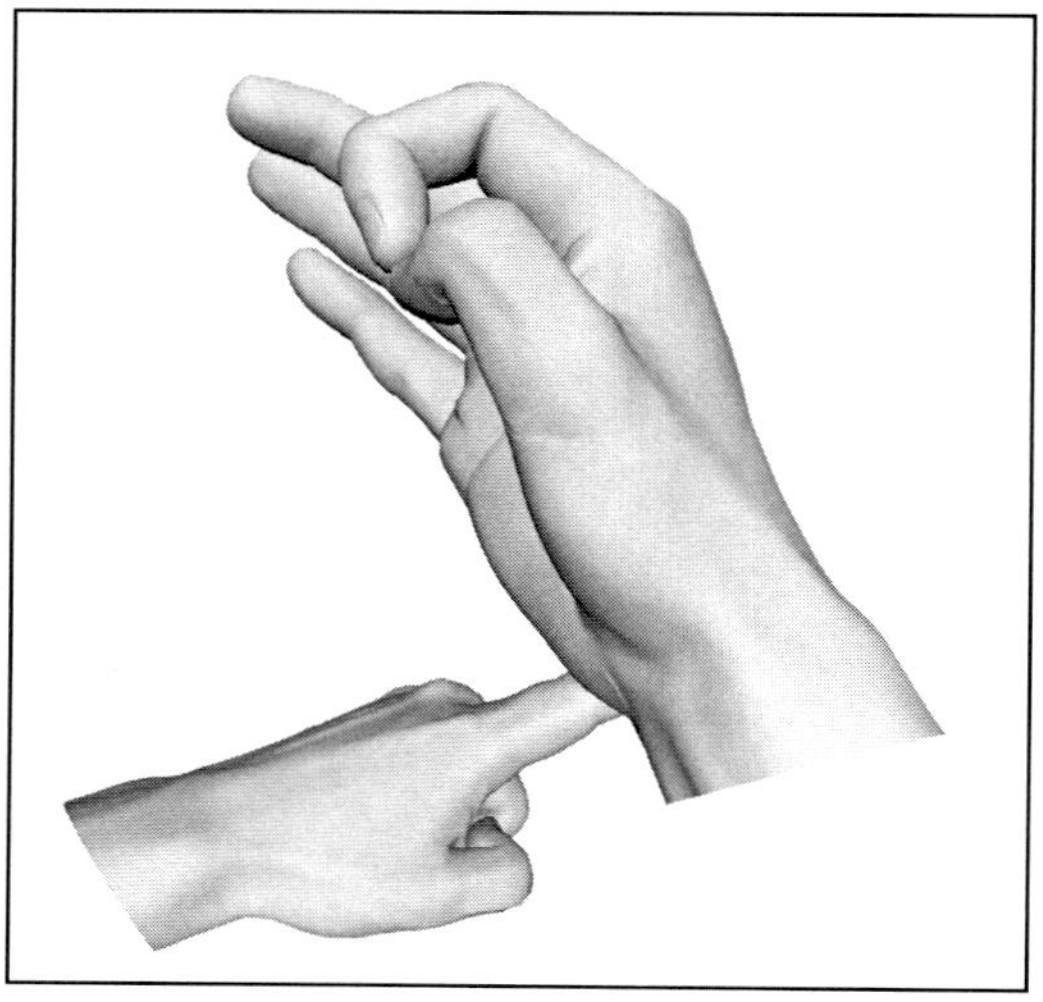

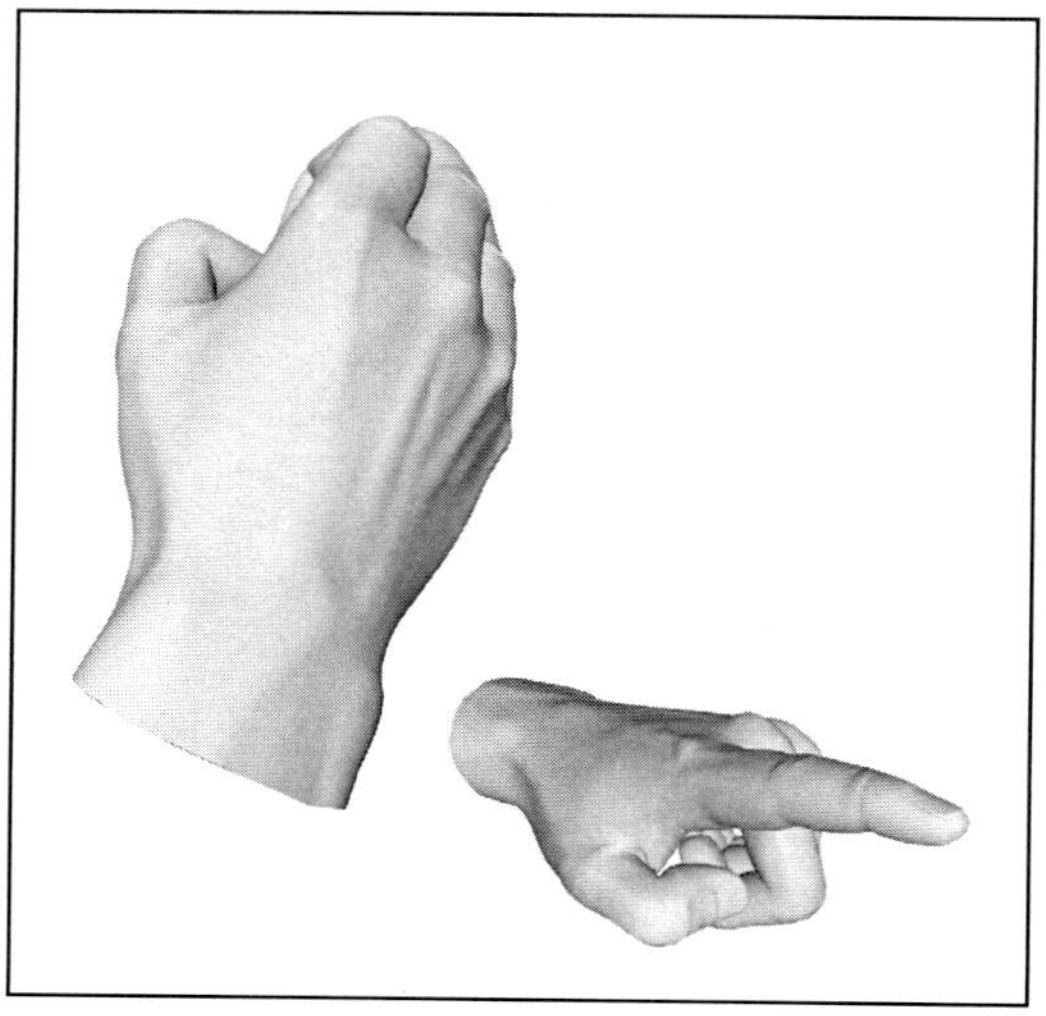

（各別印《かくべついん》）
持国天《じこくてん》

①両手、拳にする。
②人差指を立ててやや屈する。
③両腕を胸前で、右を手前にして交差させる。
※前出（一四八頁）。

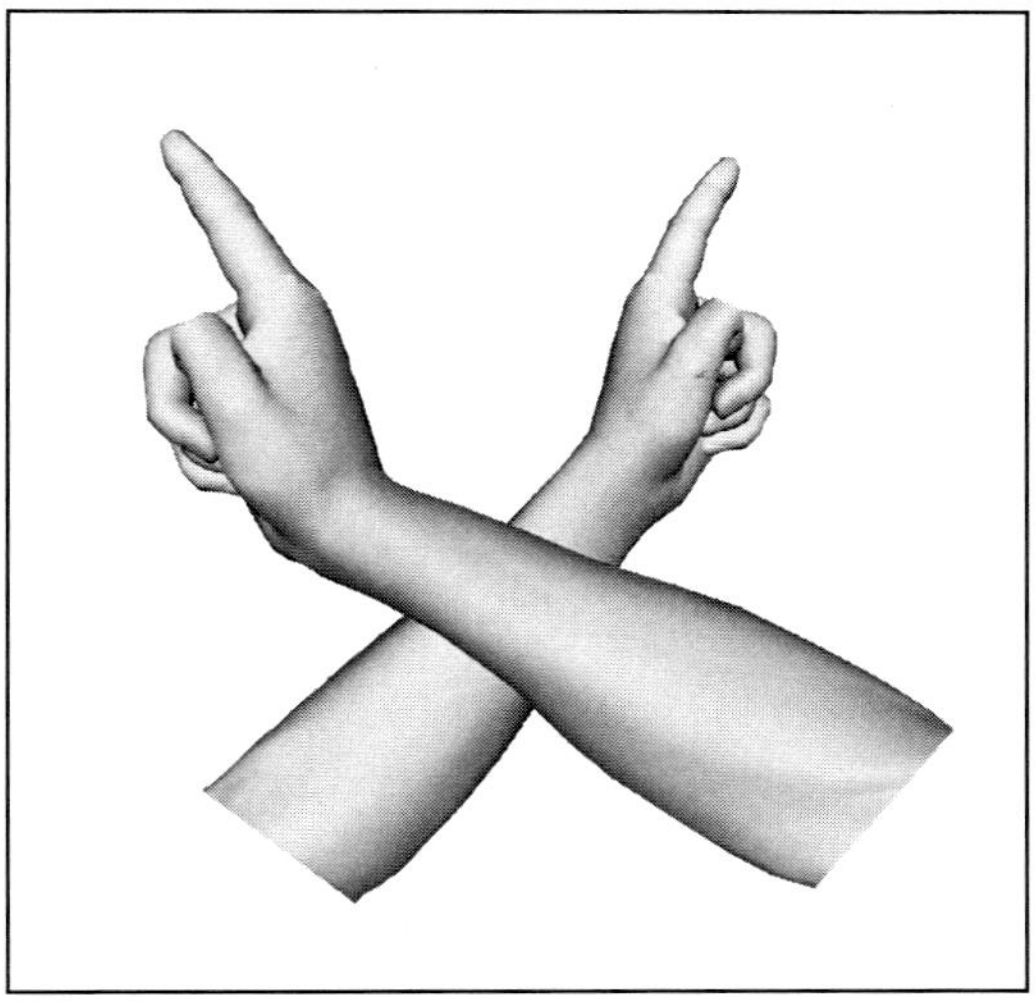

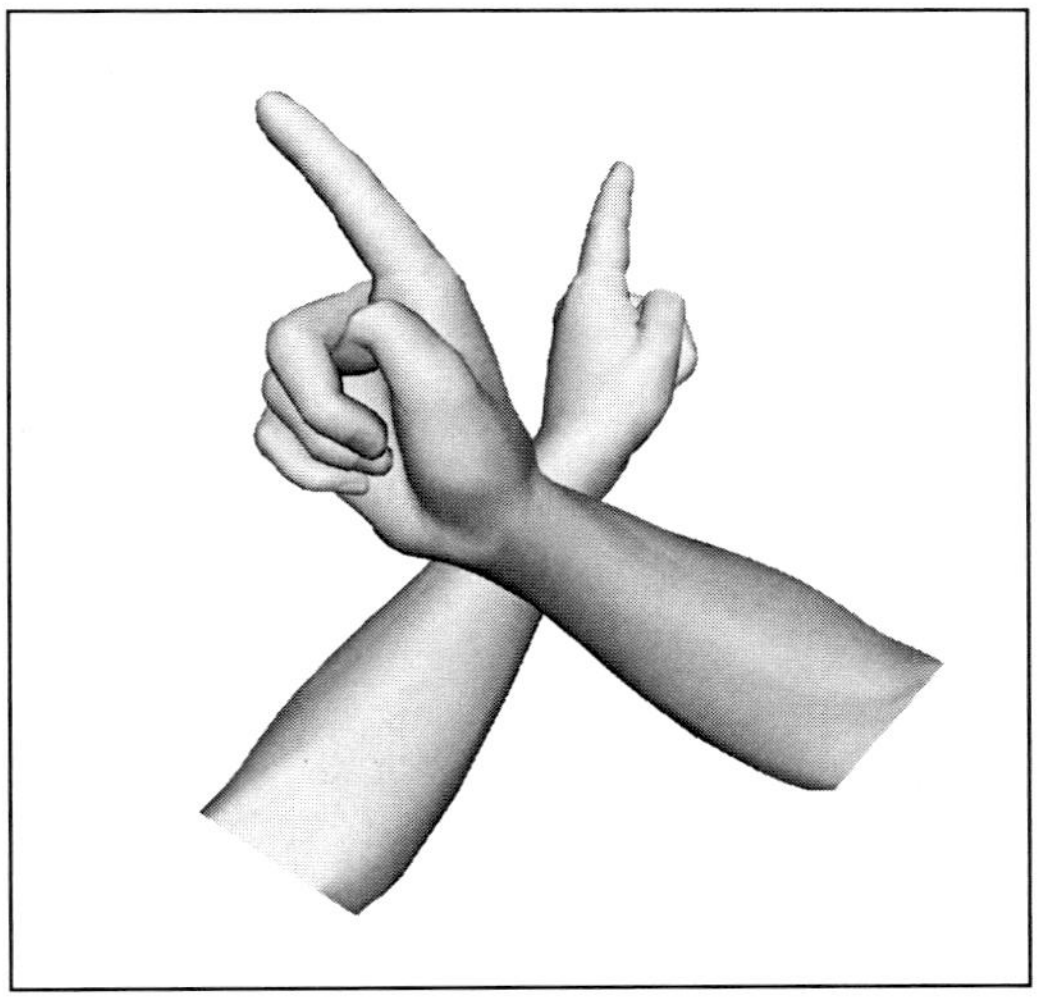

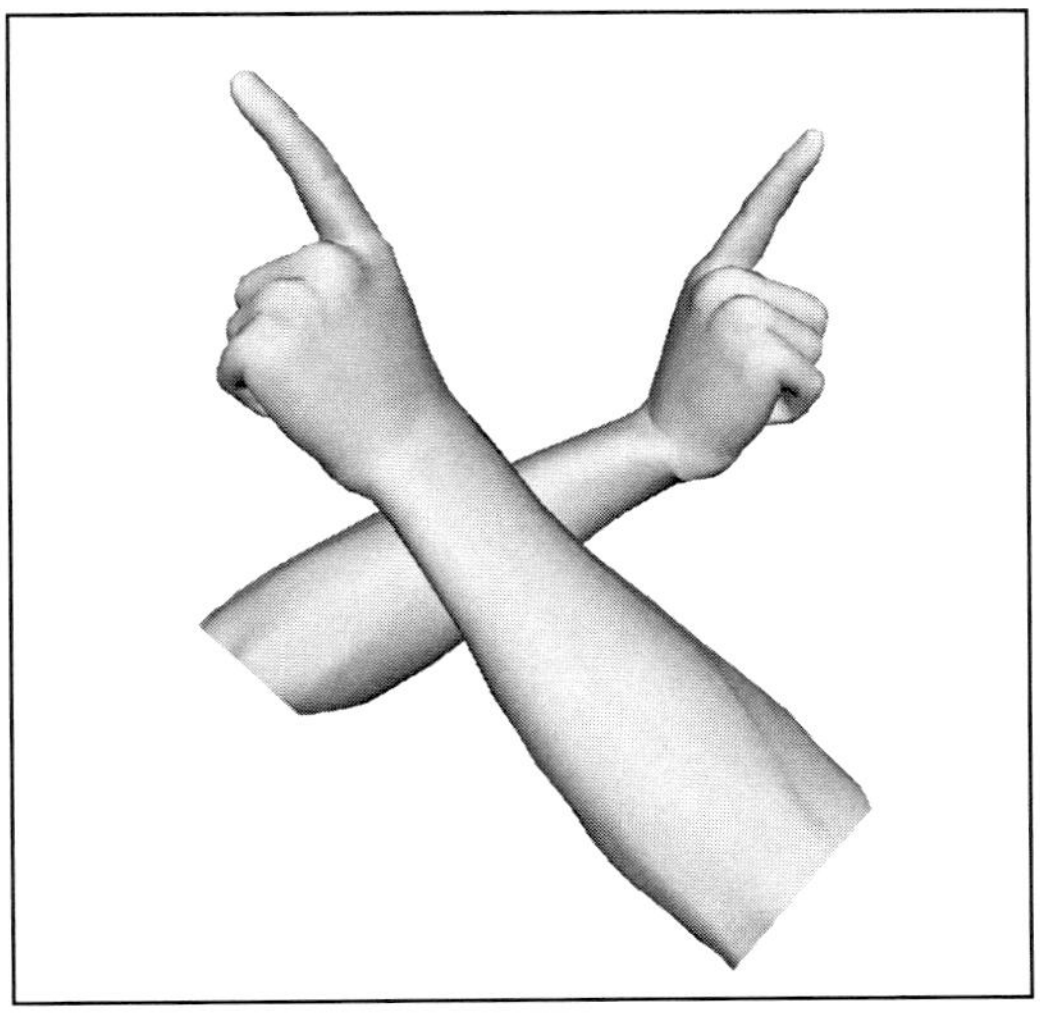

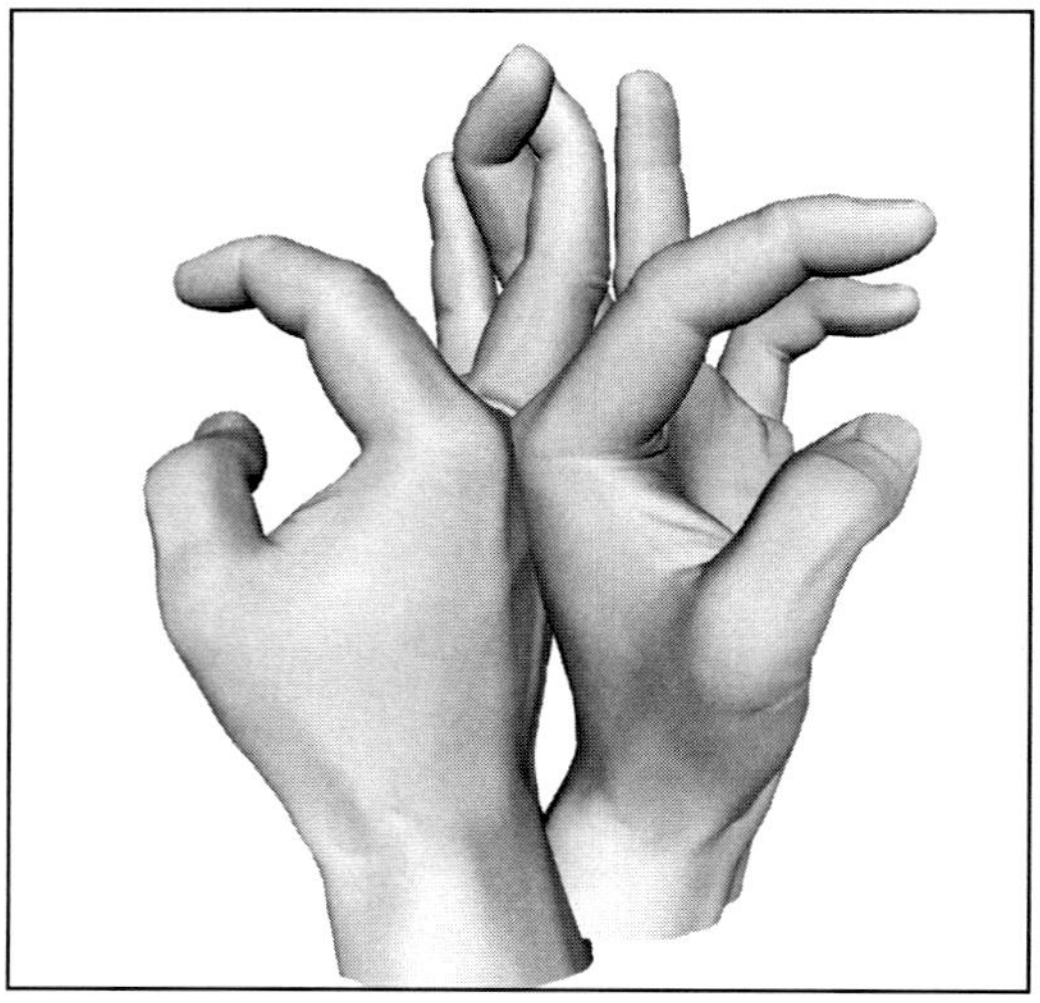

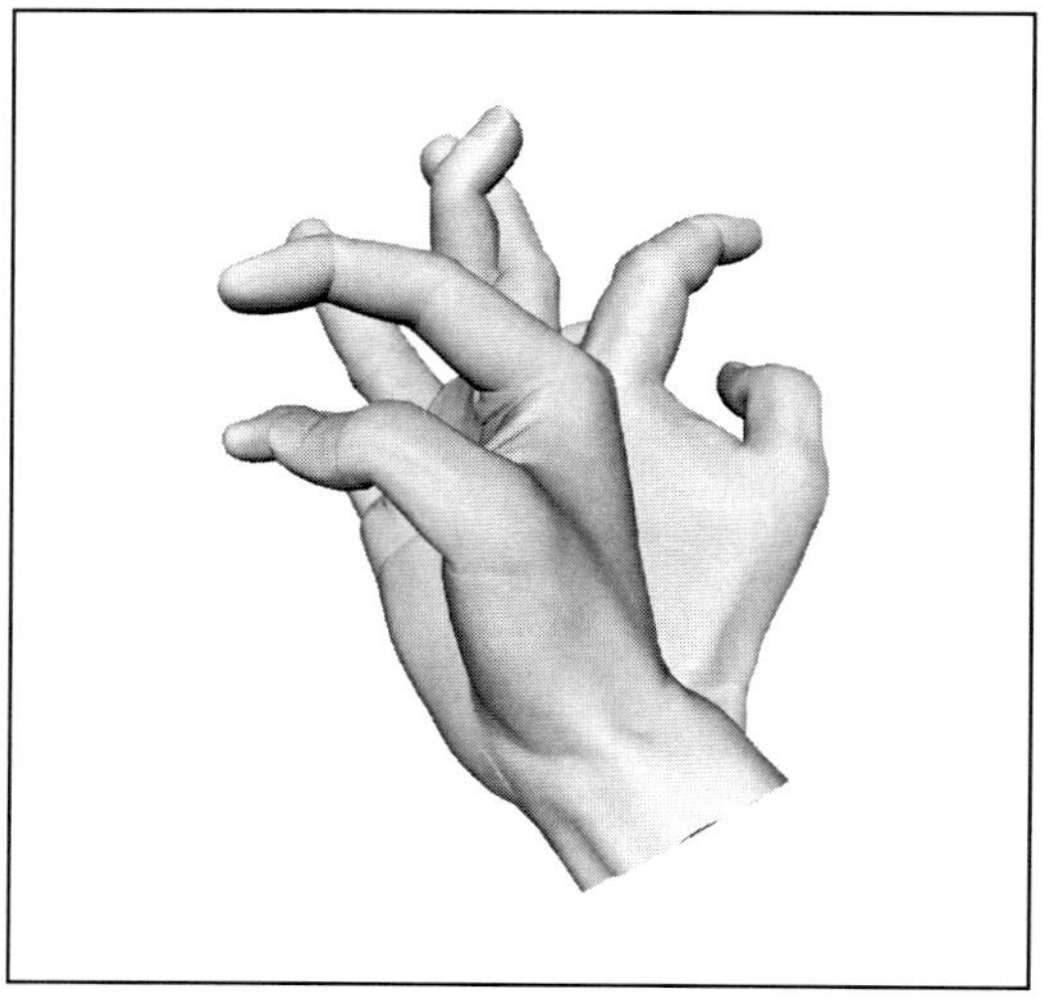

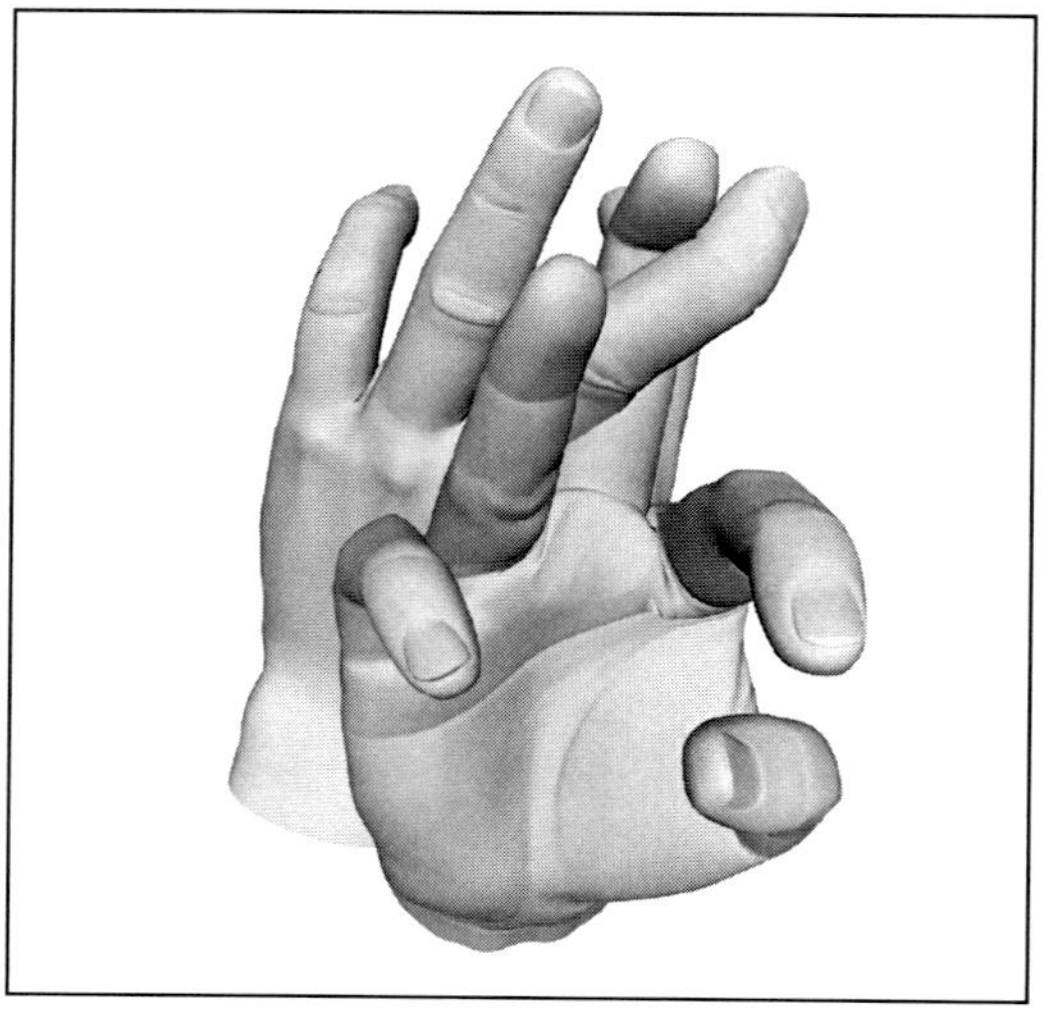

増長天《ぞうじょうてん》（各別印《かくべついん》）

①右腕を左腕の上に付け、両手の背を合わせる。
②両中指を相鉤して鎖のようにする。
③両小指、人差指、親指は屈する。
④両薬指は直ぐ立て伸ばす。
※前出（一四九頁）。

（各別印《かくべついん》）
広目天《こうもくてん》

①右腕を左腕の上に付け、両手の背を合わせる。

②両人差指を相鉤して鎖のようにする。

③両小指、薬指、中指は屈して掌中に入れ、両親指で中指の甲を押す。

※前出（一五〇頁）。

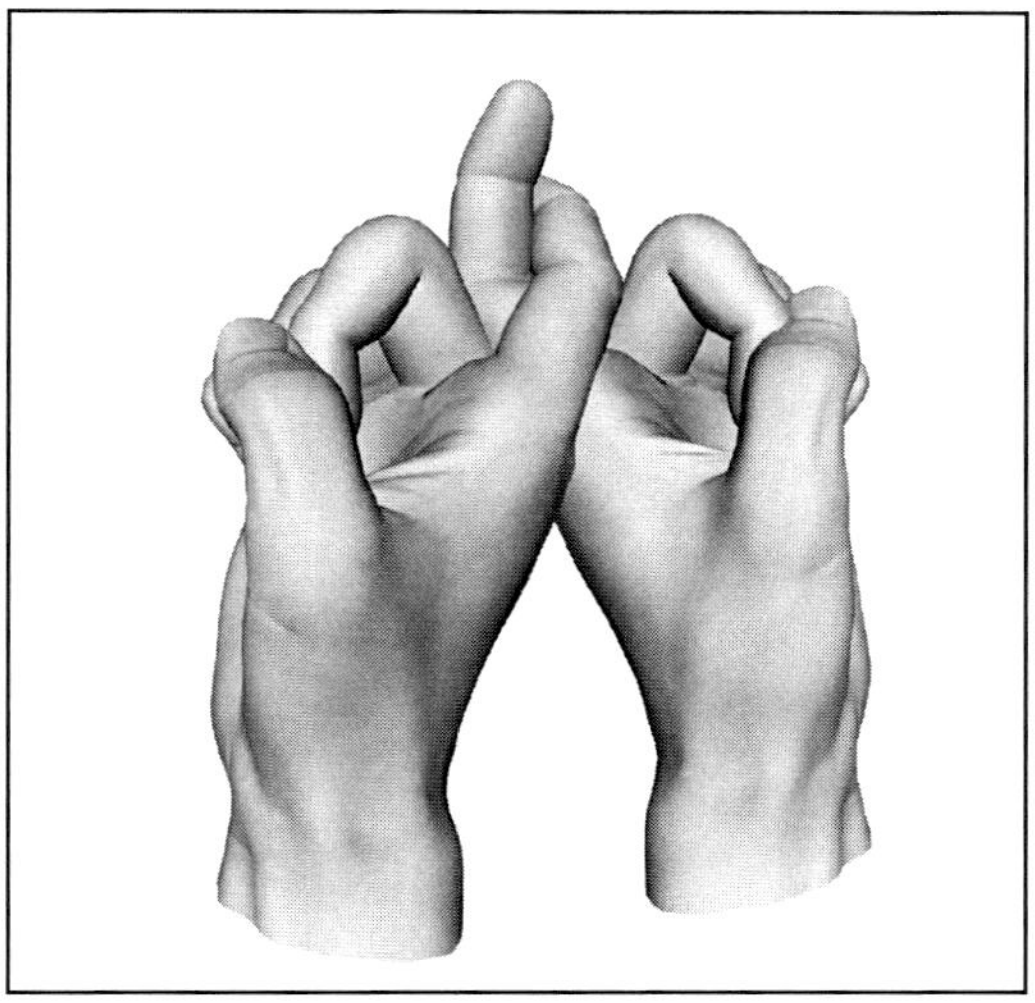

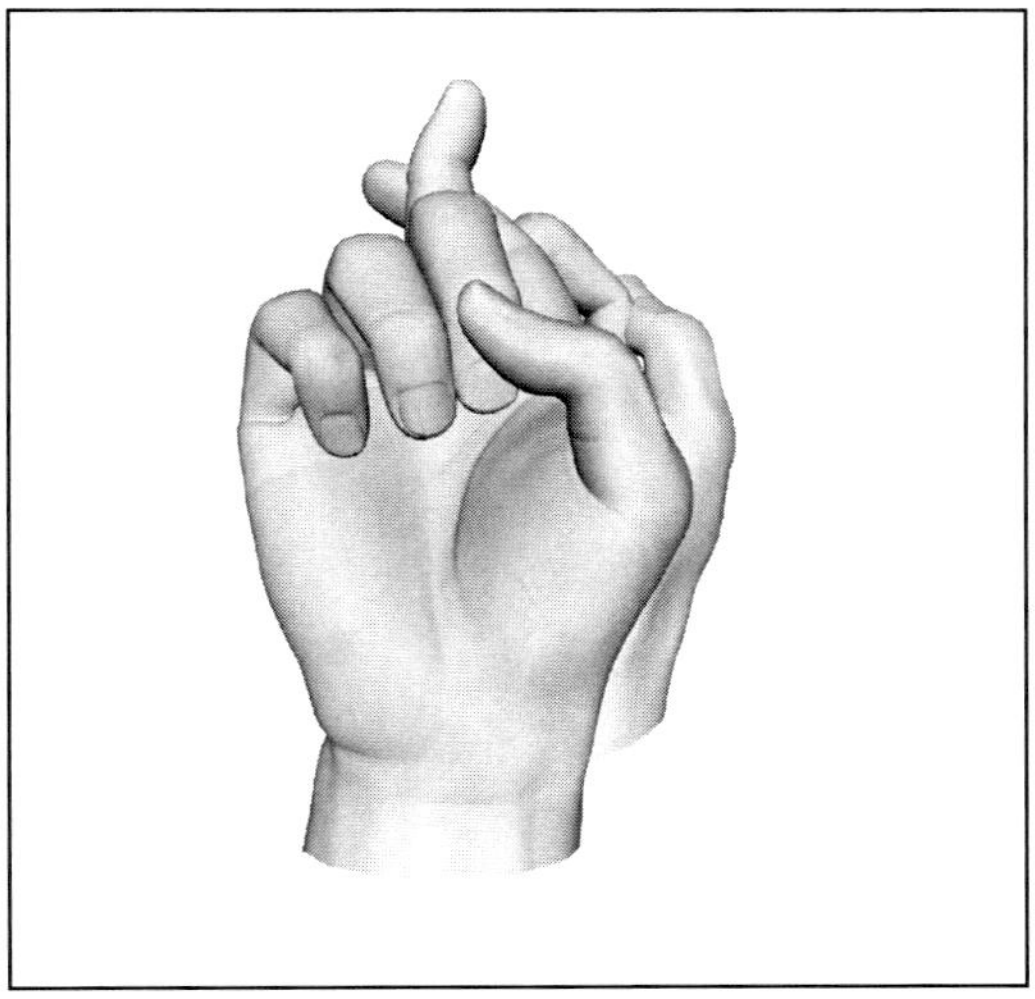

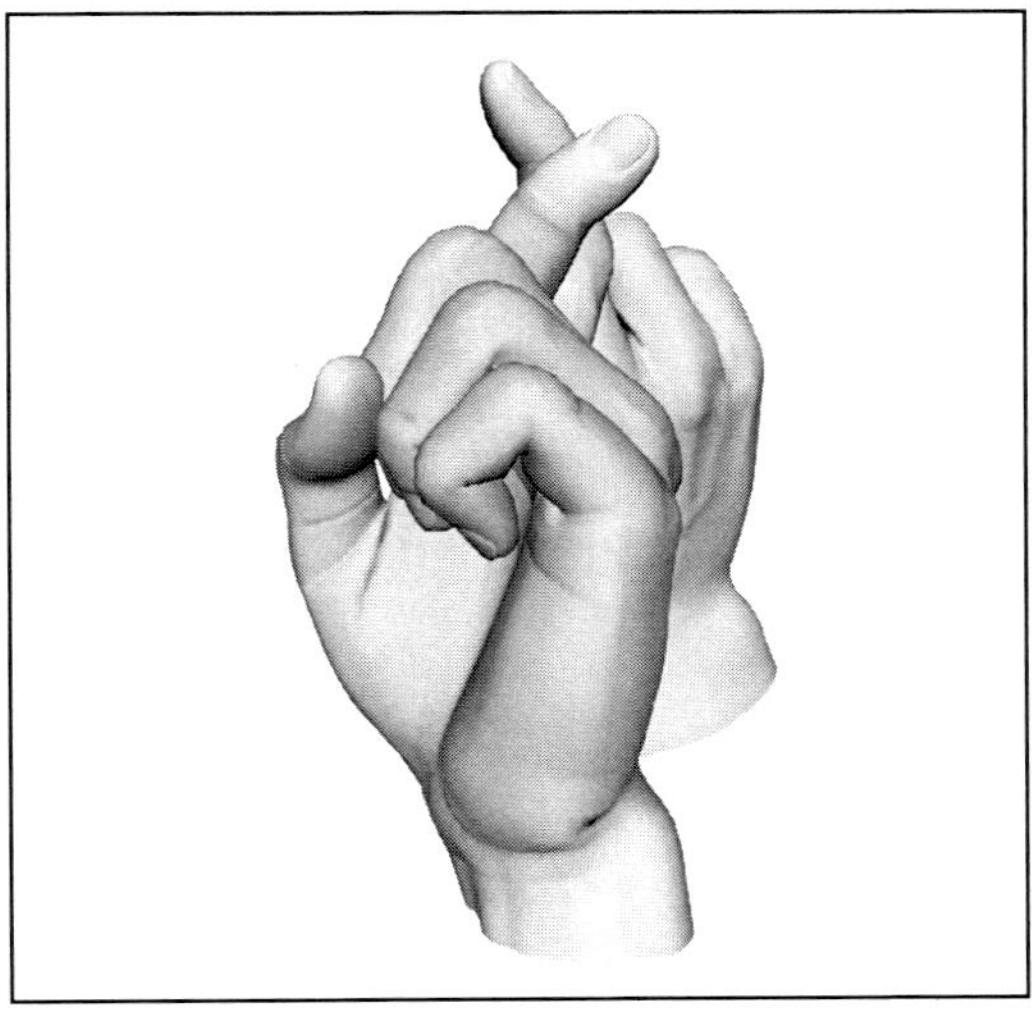

（各別印《かくべついん》）
多聞天《たもんてん》

①右手、虚心合掌をする。

②両小指を屈して掌中に入れ相交える。

③両親指は並び立てる。

④両薬指、中指は立て合わせる。

⑤両人差指は中指の背に回し、中指には付けない。

※前出（一五一頁）。

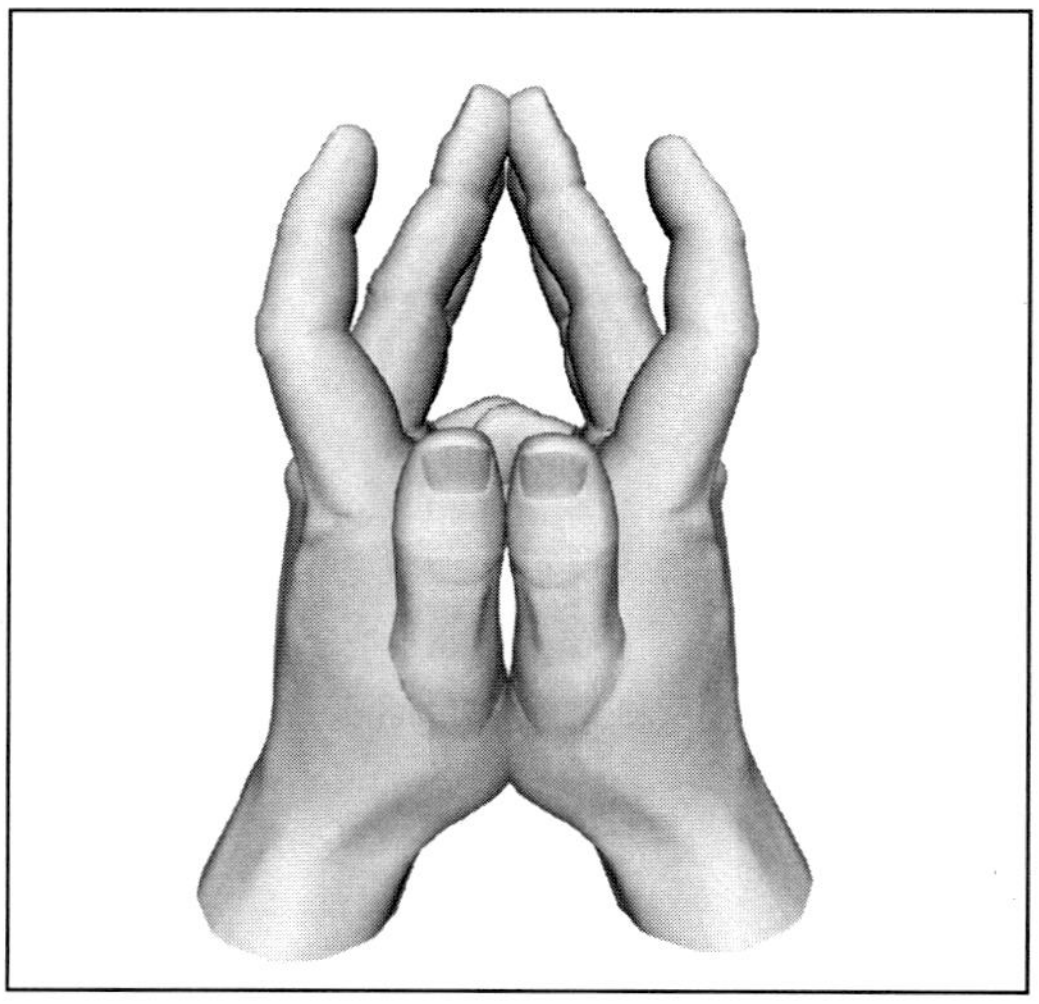

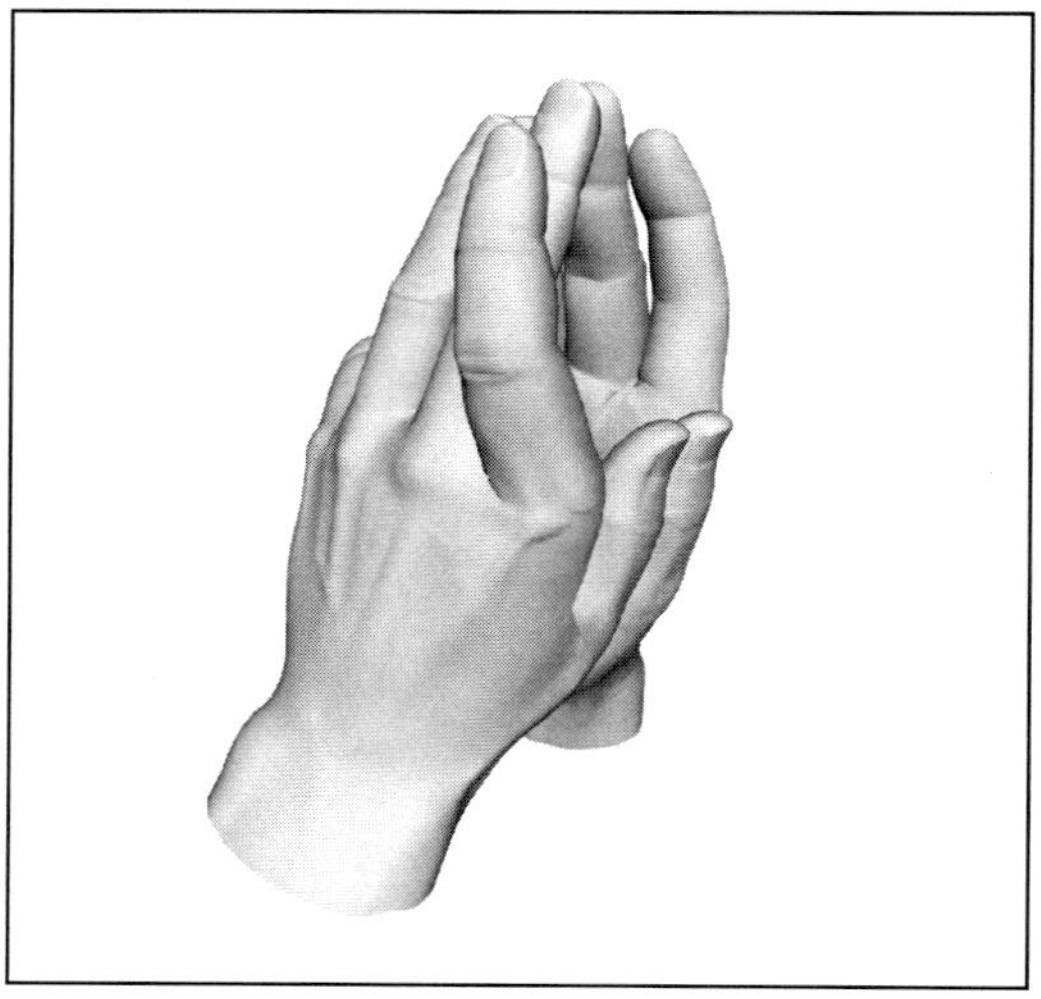

最《さい》勝《しょう》太《たい》子《し》心《しん》印《いん》

①両手、外縛する。
②両親指は、右で左を押して掌中に入れる。
③両人差指は立て合わせる。
④頭頂に三上三下する。

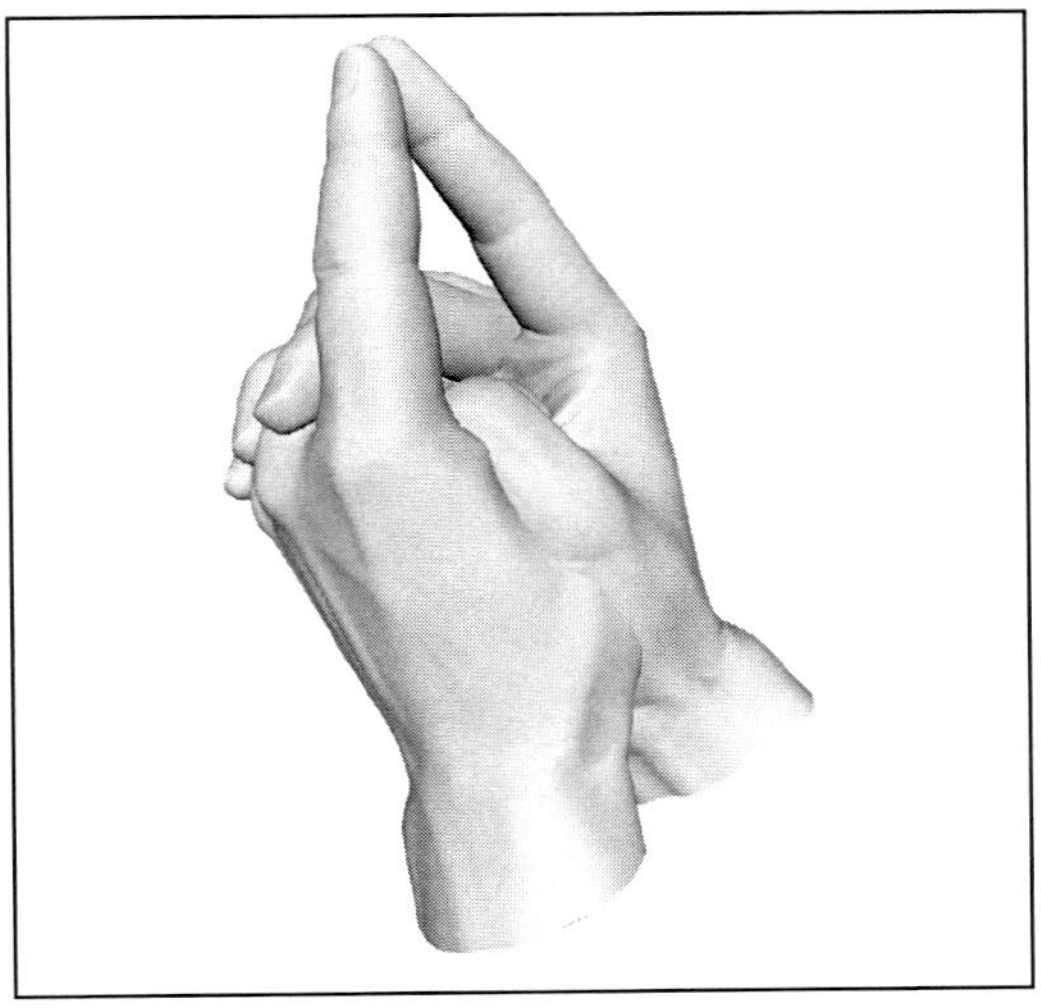

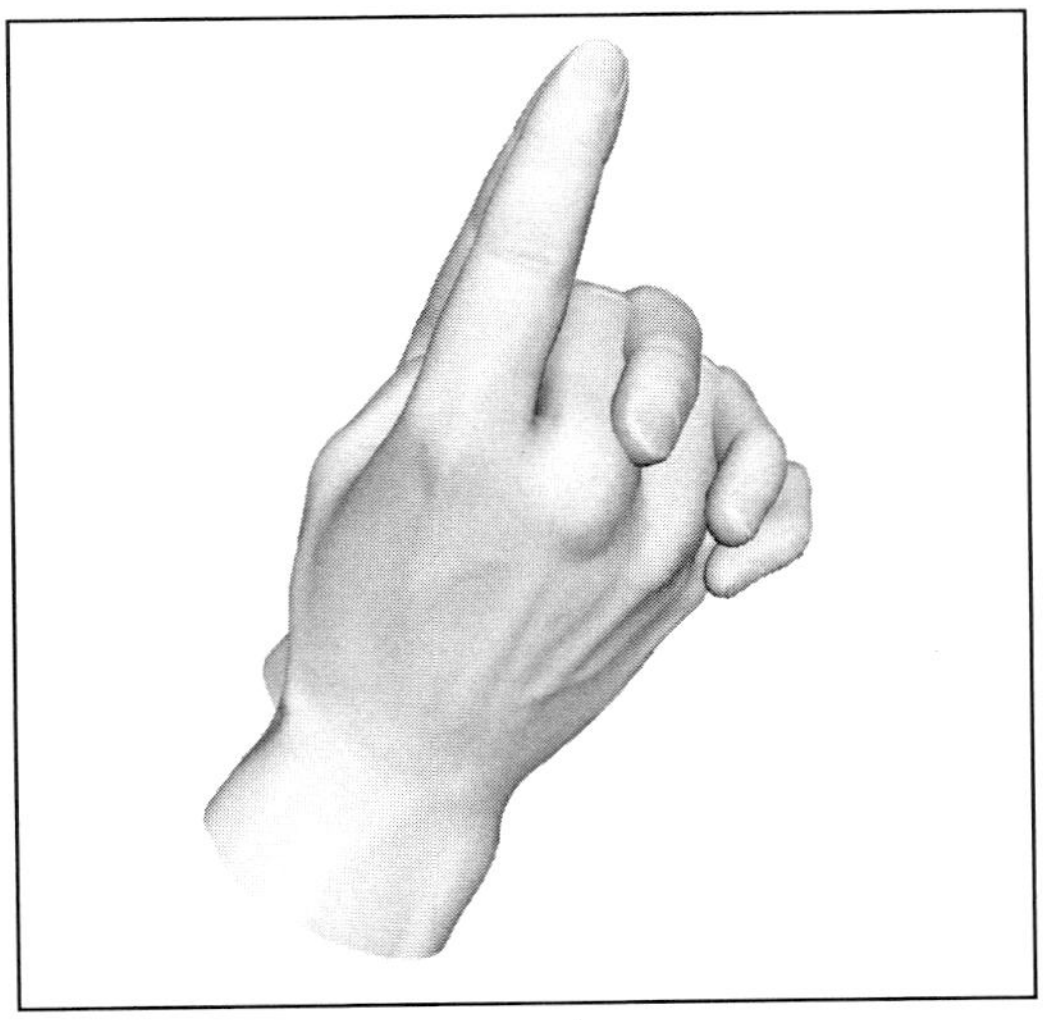

弁才天《べんざいてん》費《ひ》拏《な》印《いん》

①左手を、五指を伸ばして掌を仰げ、臍に置く。
②右手は、人差指と親指を相捻じ、他の三指は伸ばして散らす。
③左手の上に右手を置き、回転させながら、琵琶を弾く様をなす。
※「費拏」とは弁才天の持つ琵琶のことである。
※胎蔵界妙音天の印。

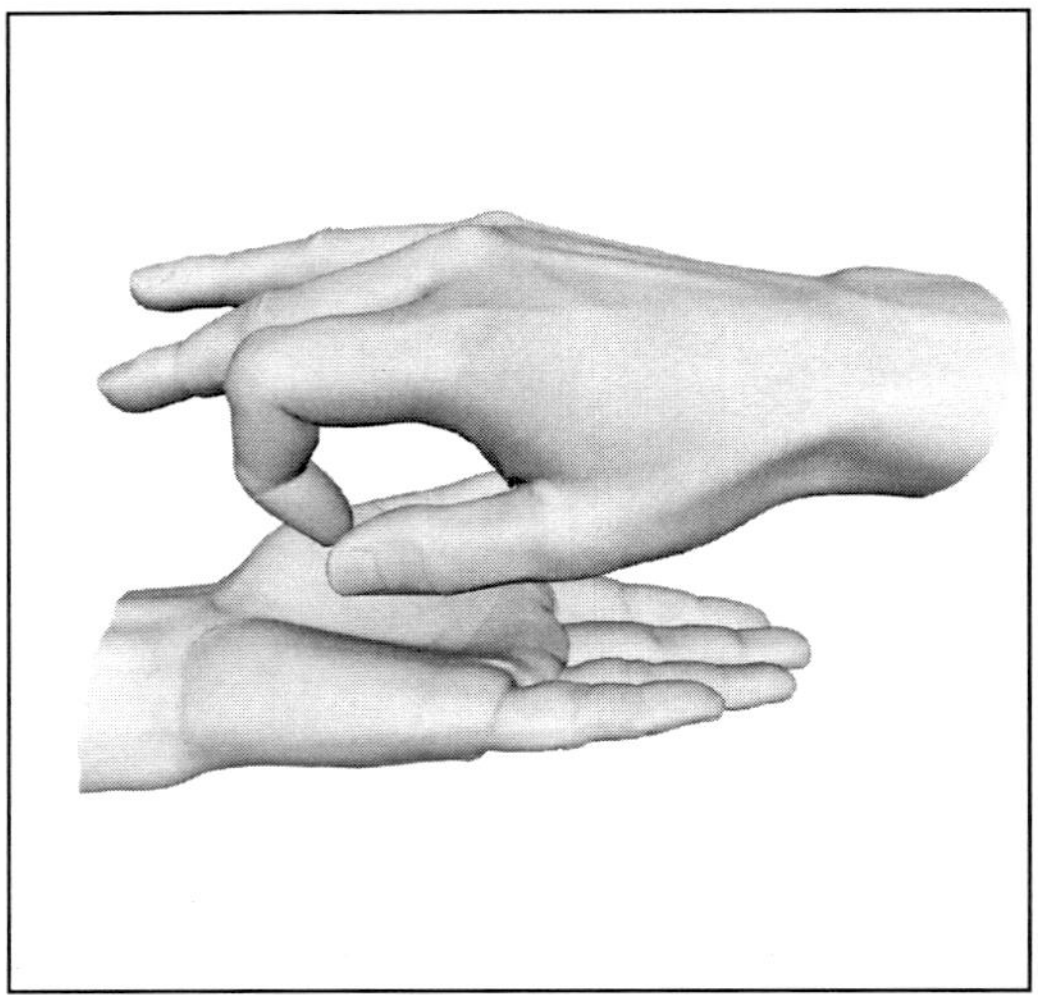

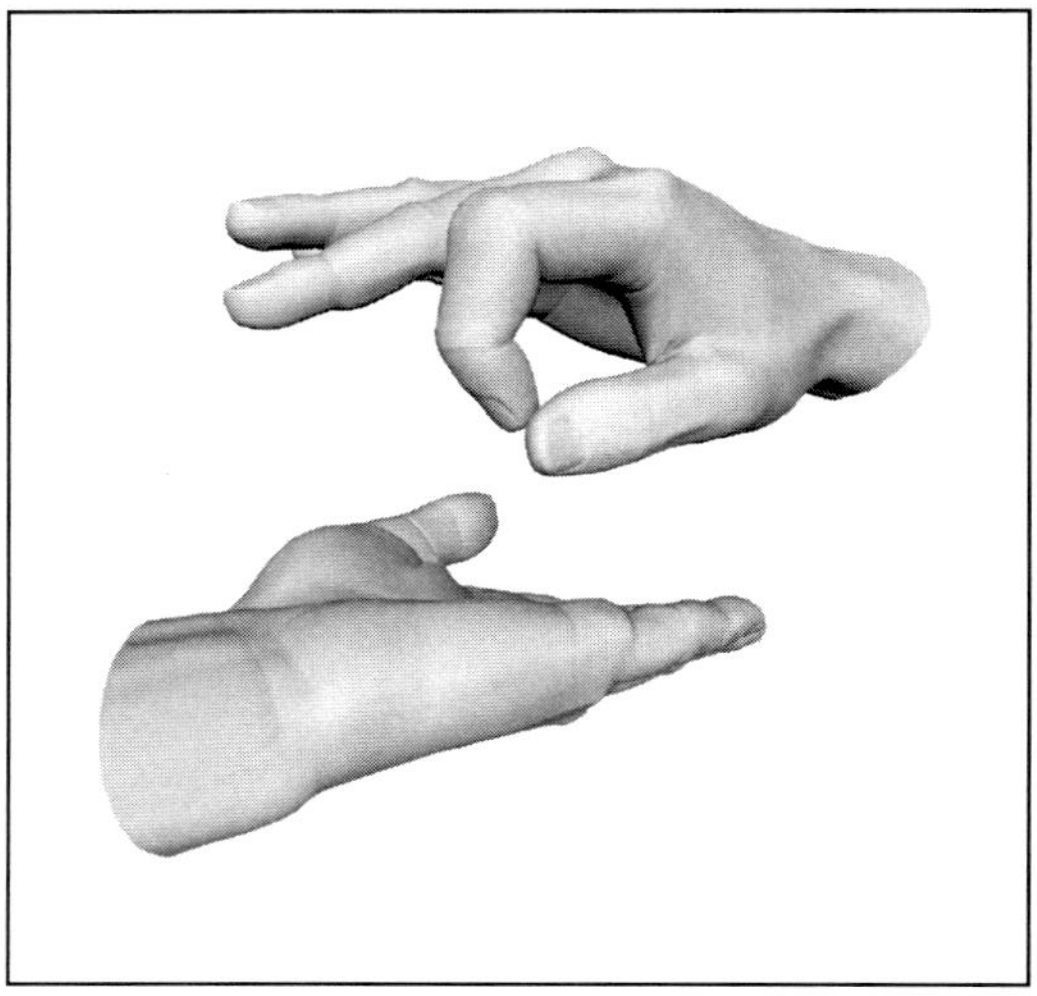

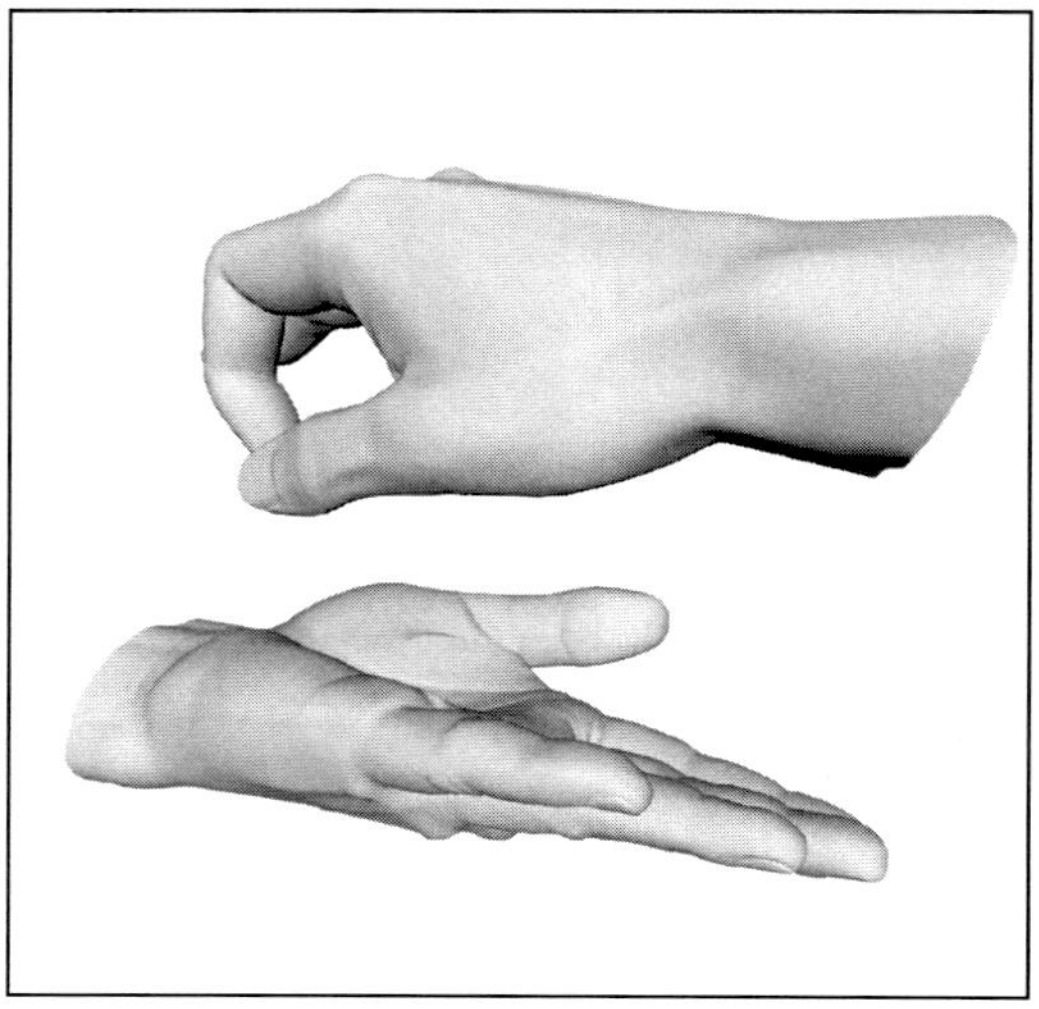

氷《ひょう》掲《ぎゃ》羅《ら》天《てん》（根《こん》本《ぽん》印《いん》）

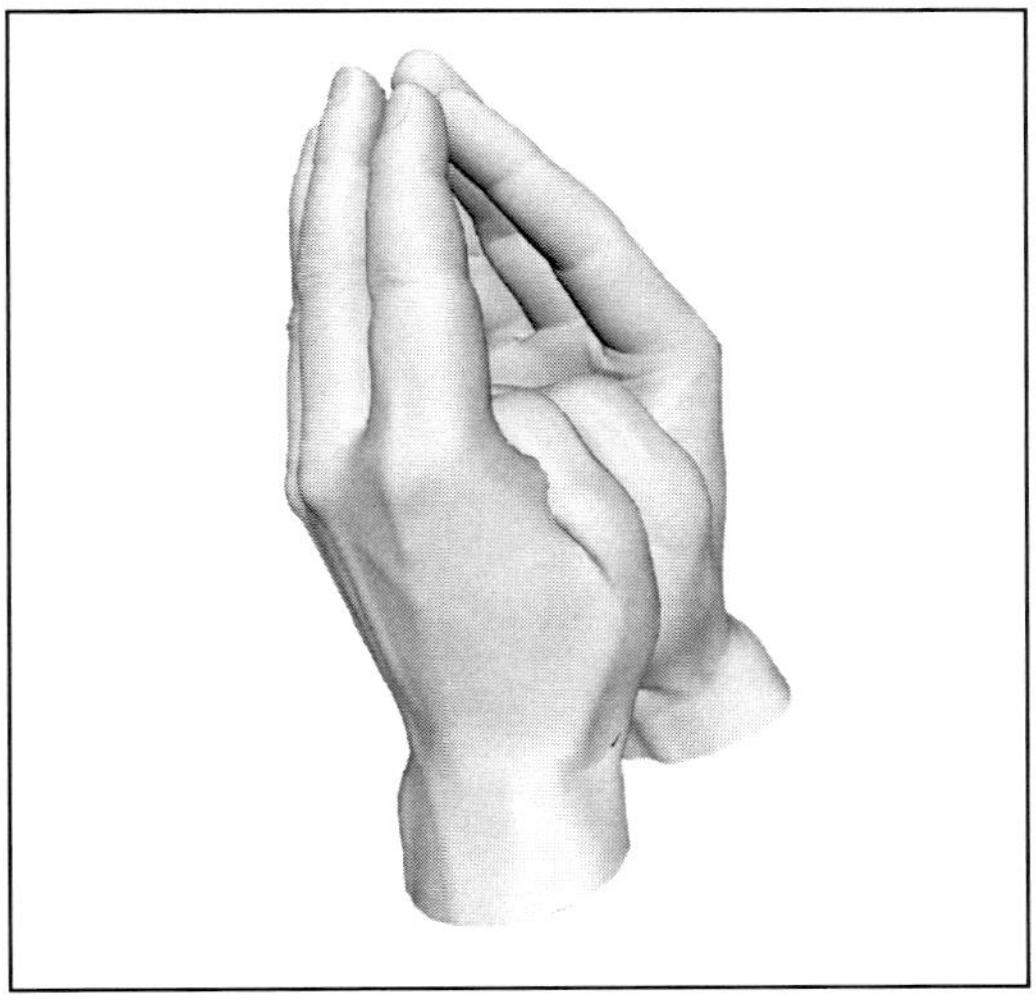

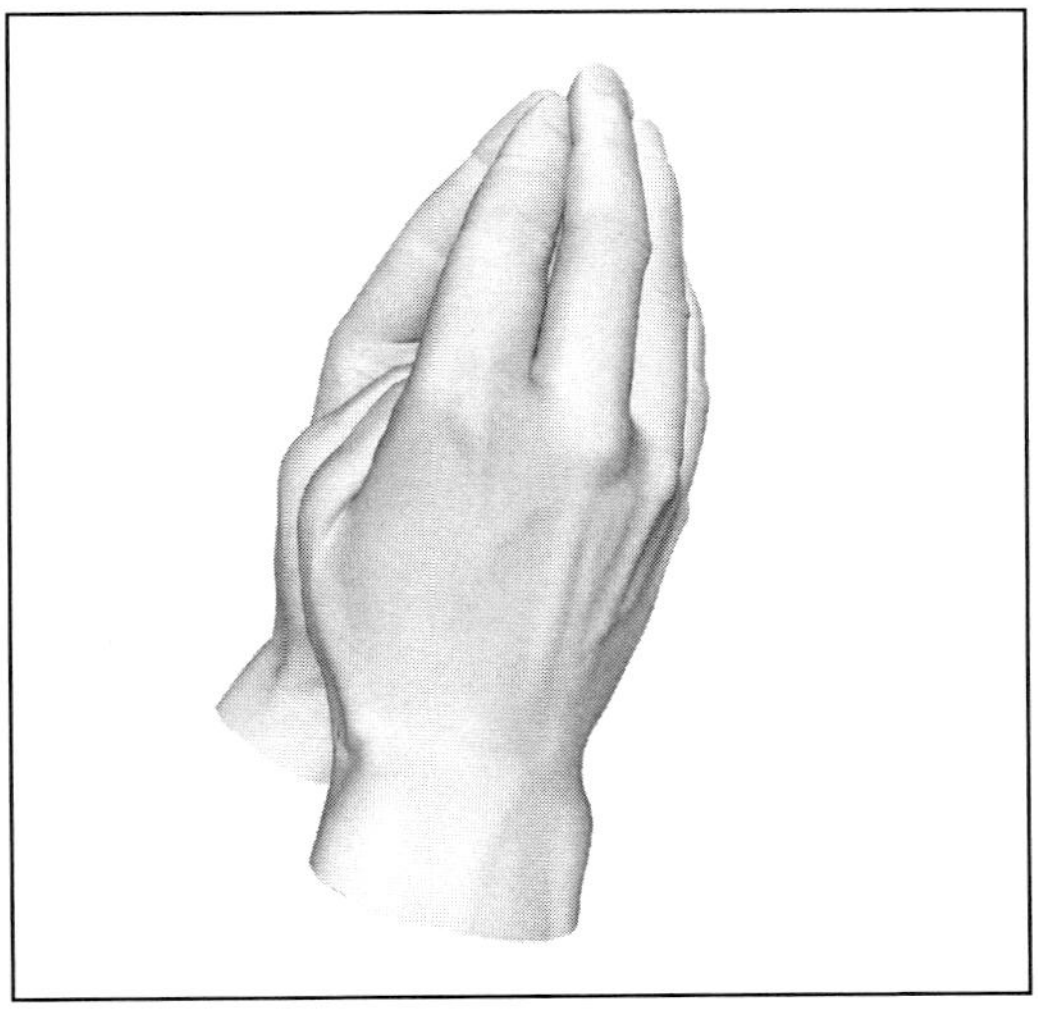

①両手、虚心合掌する。

②両親指を並び立て、掌中に入れる。

※（訶利帝）愛子印（三一六頁）に同じ。

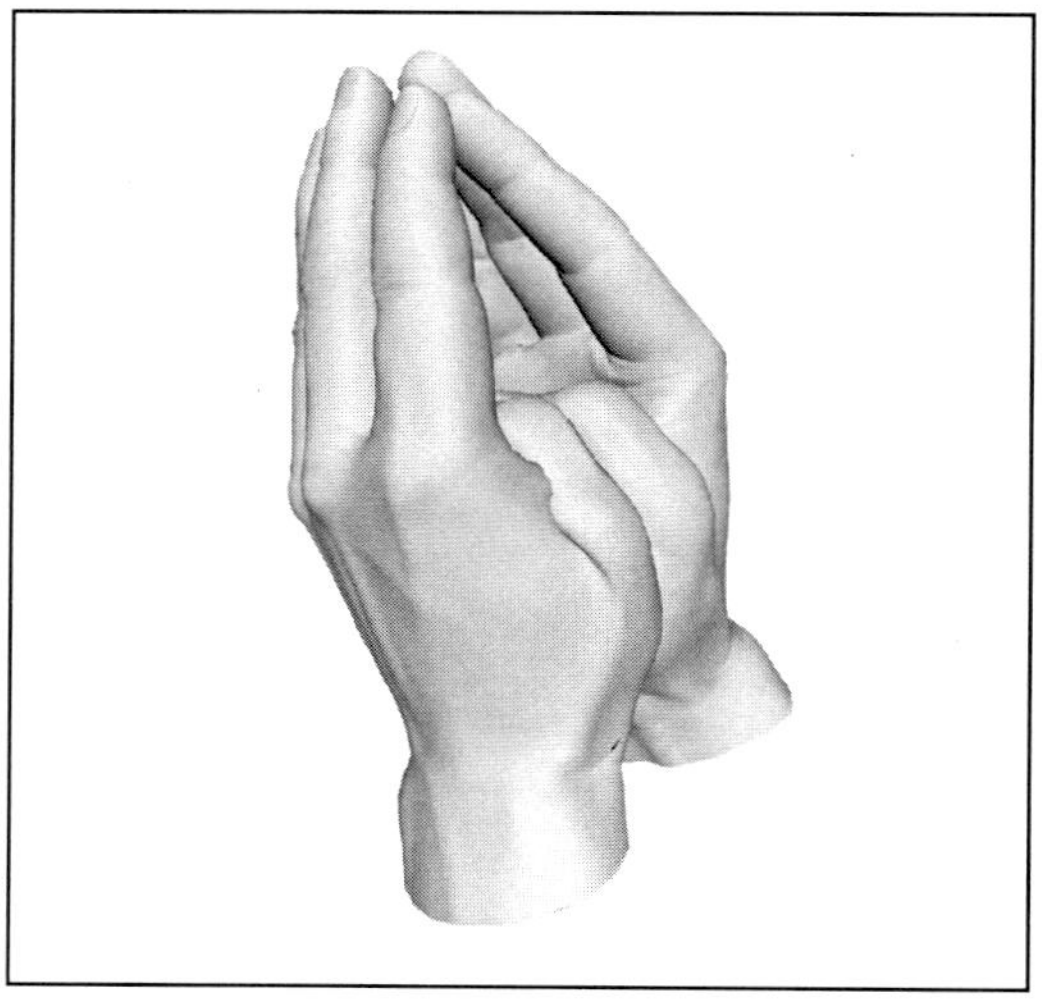

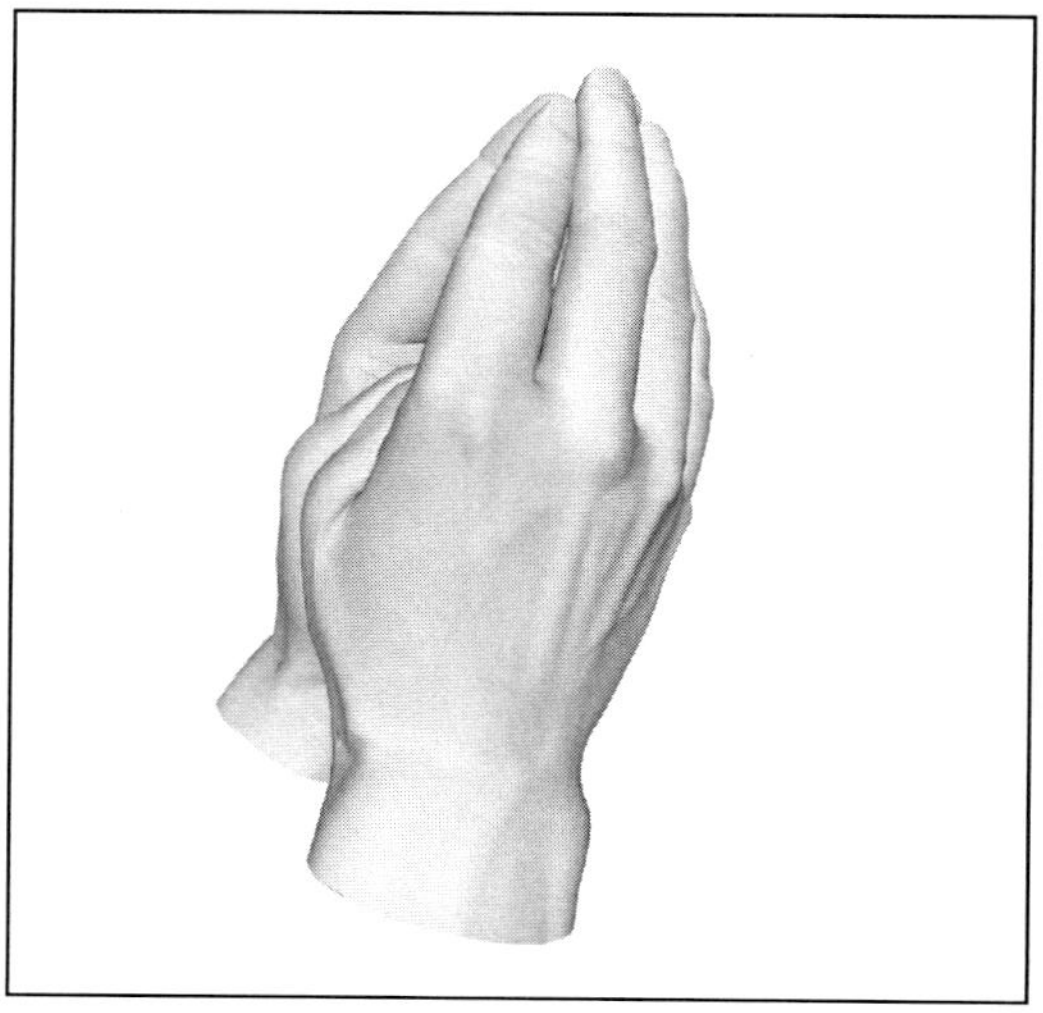

畢《ひ》哩《り》孕《よう》迦《きゃ》

①両手、虚心合掌する。
②両親指を並び立て、掌中に入れ五処を加持する。

※真言は前頁に同じ。

蘘《じょう》麌《ぐ》利《り》
（根《こん》本《ぽん》印《いん》）

①両手を広げ、物をすくうような様をなす。
②両小指の側を付ける。
③他の八指は散じて開き、わずかに屈して、身の五処を加持する。

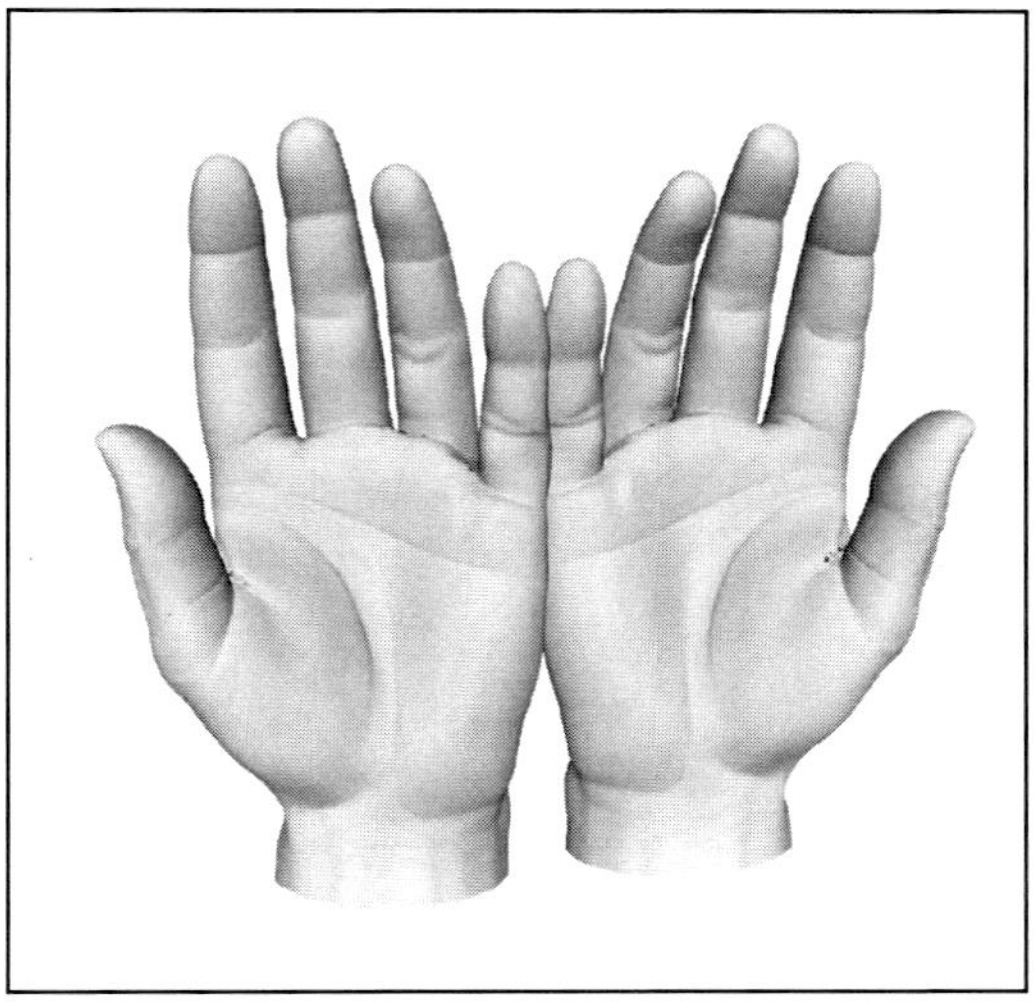

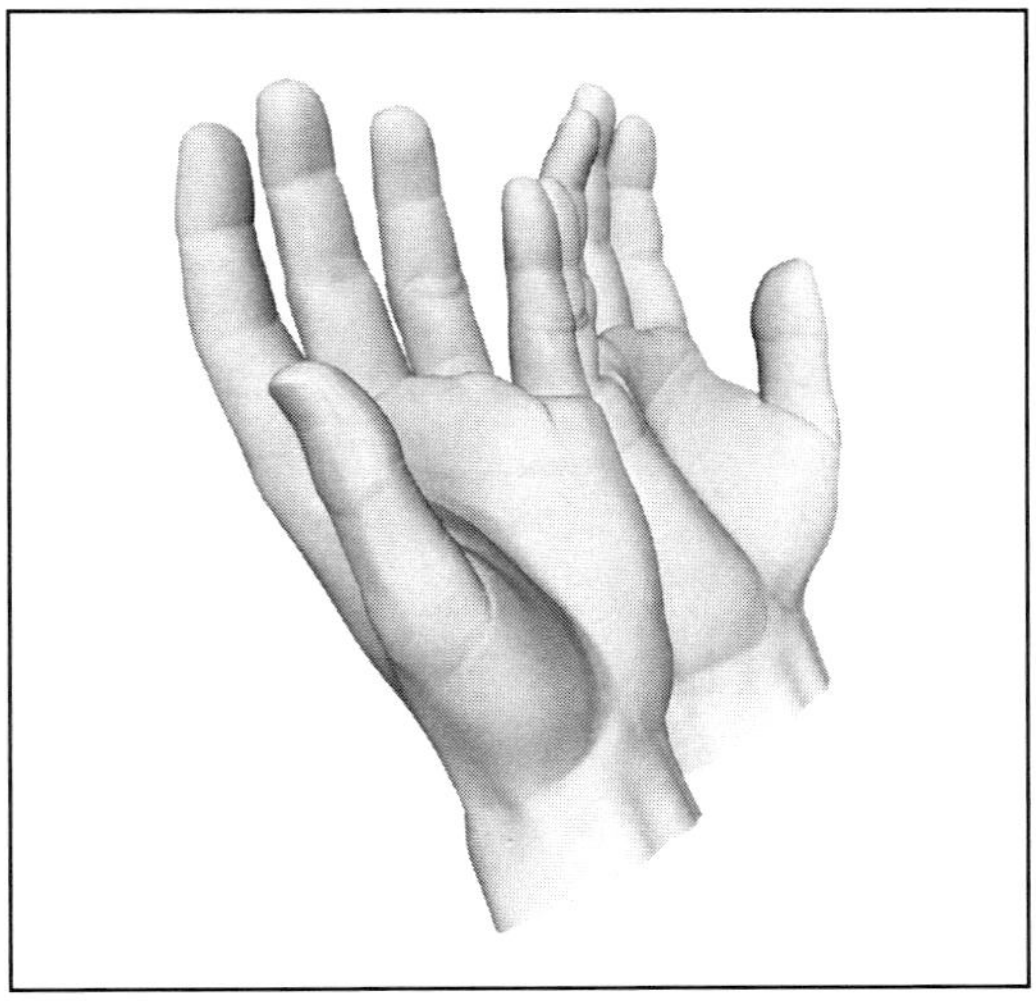

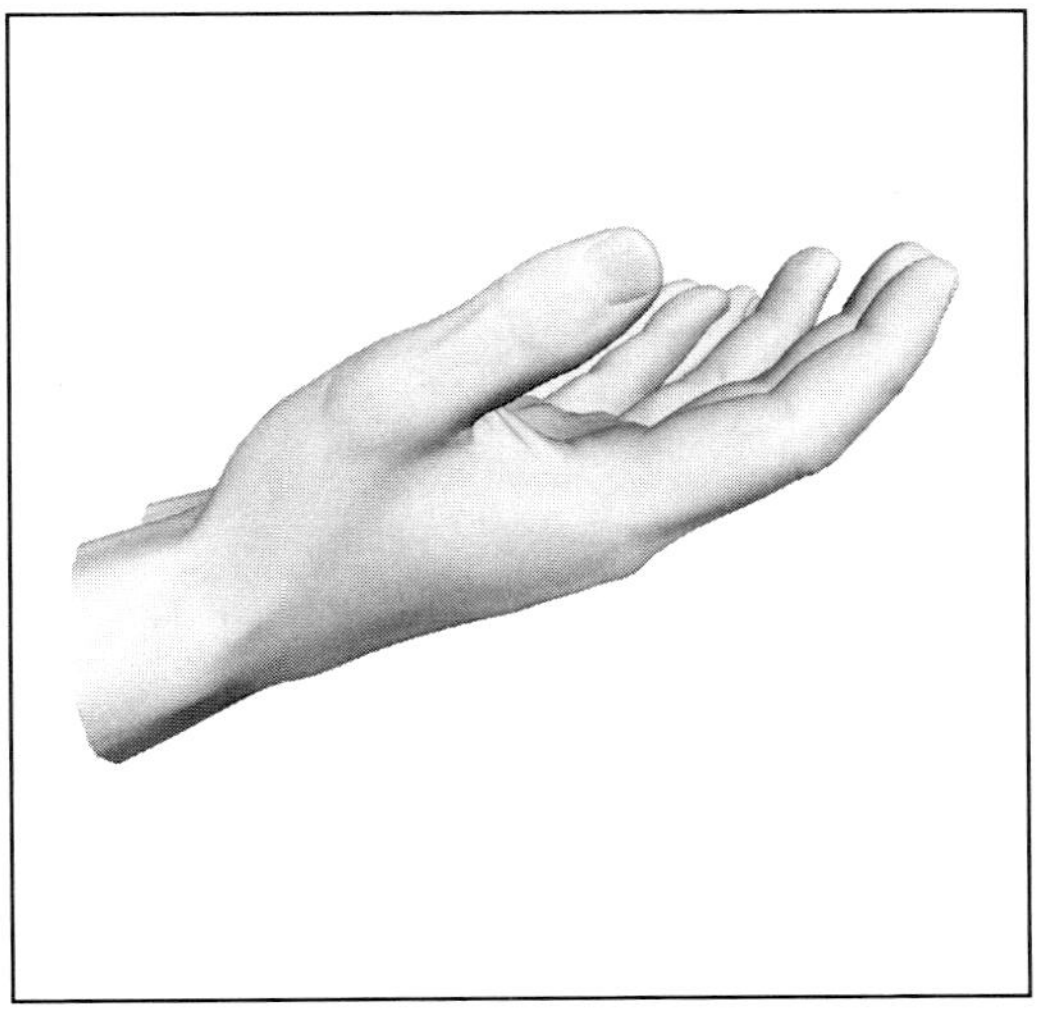

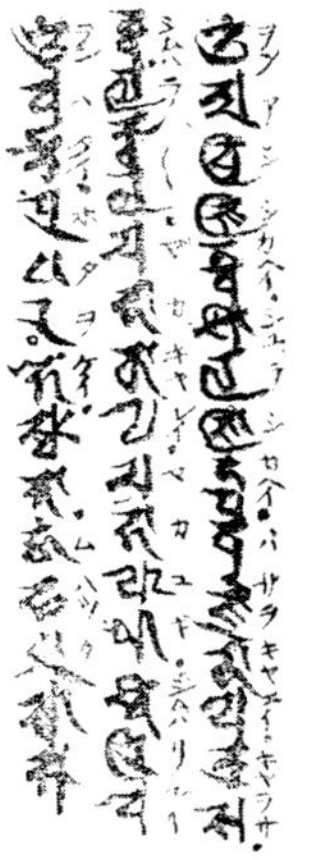

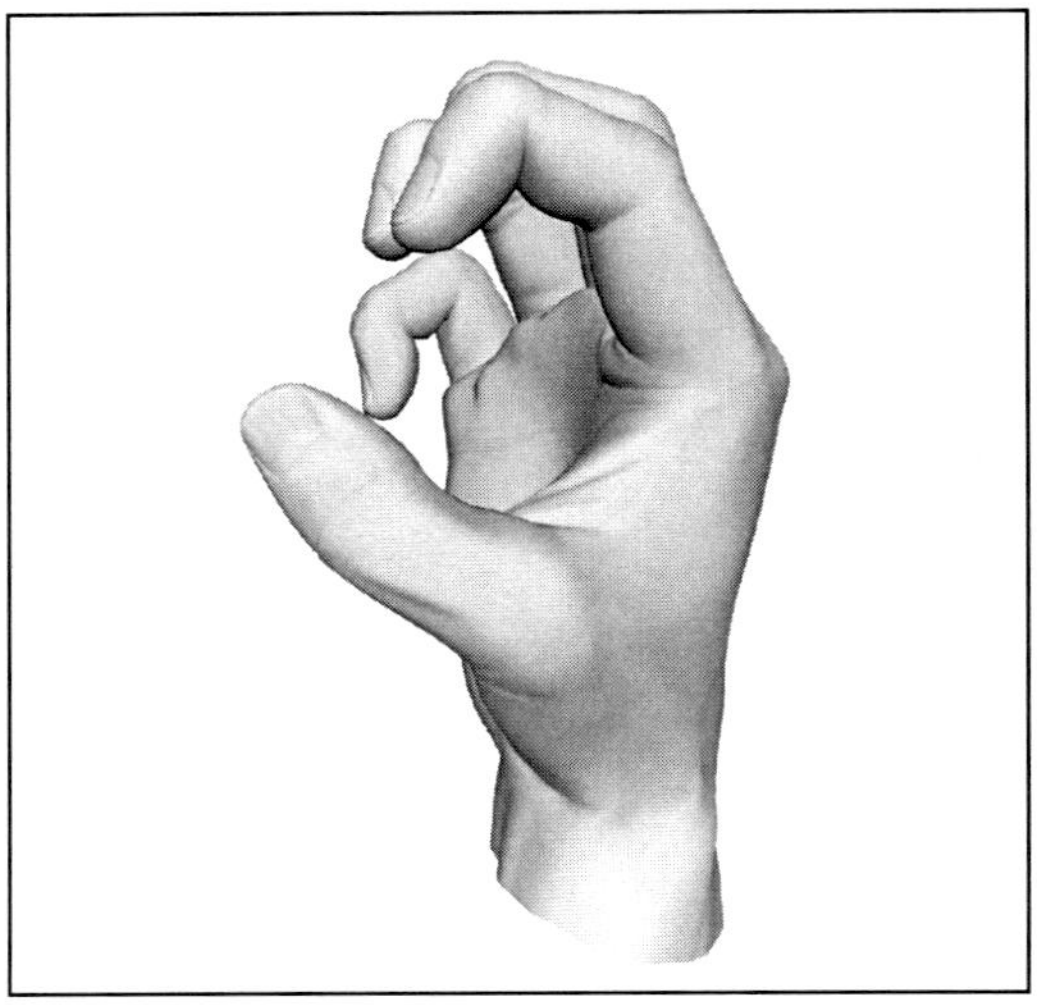

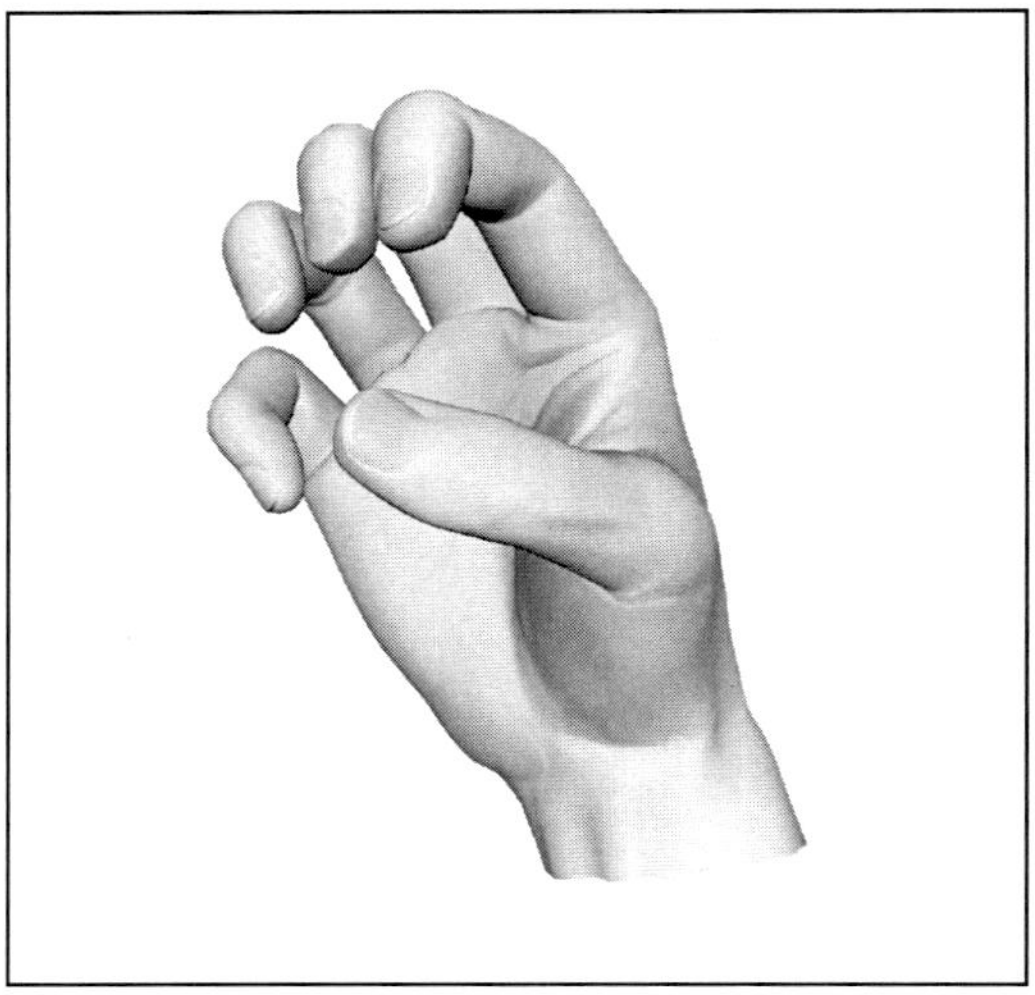

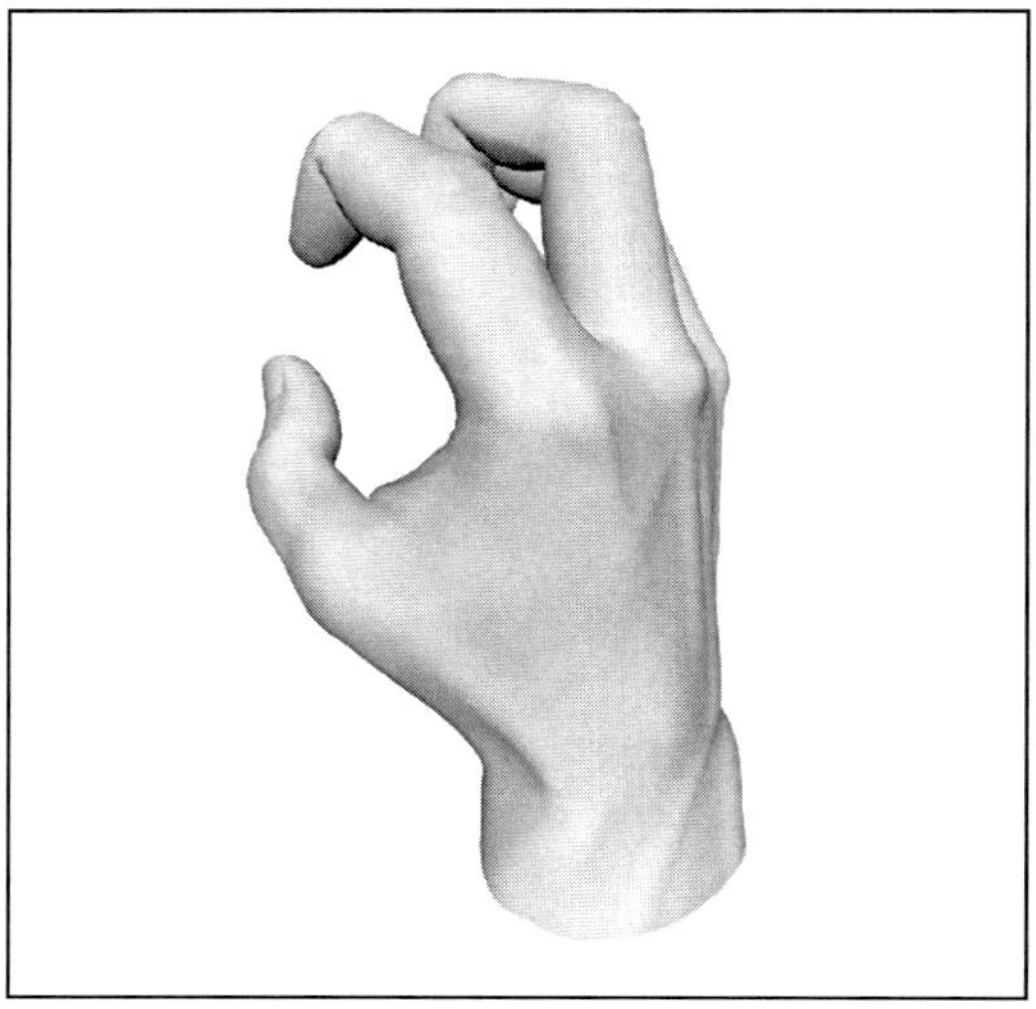

蘘《じょう》麌《ぐ》利《り》（随《ずい》心《しん》印《いん》）

①右手、五指を散じ開いて、わずかに屈して、獅子の爪のようにする。

※真言は前頁に同じ。

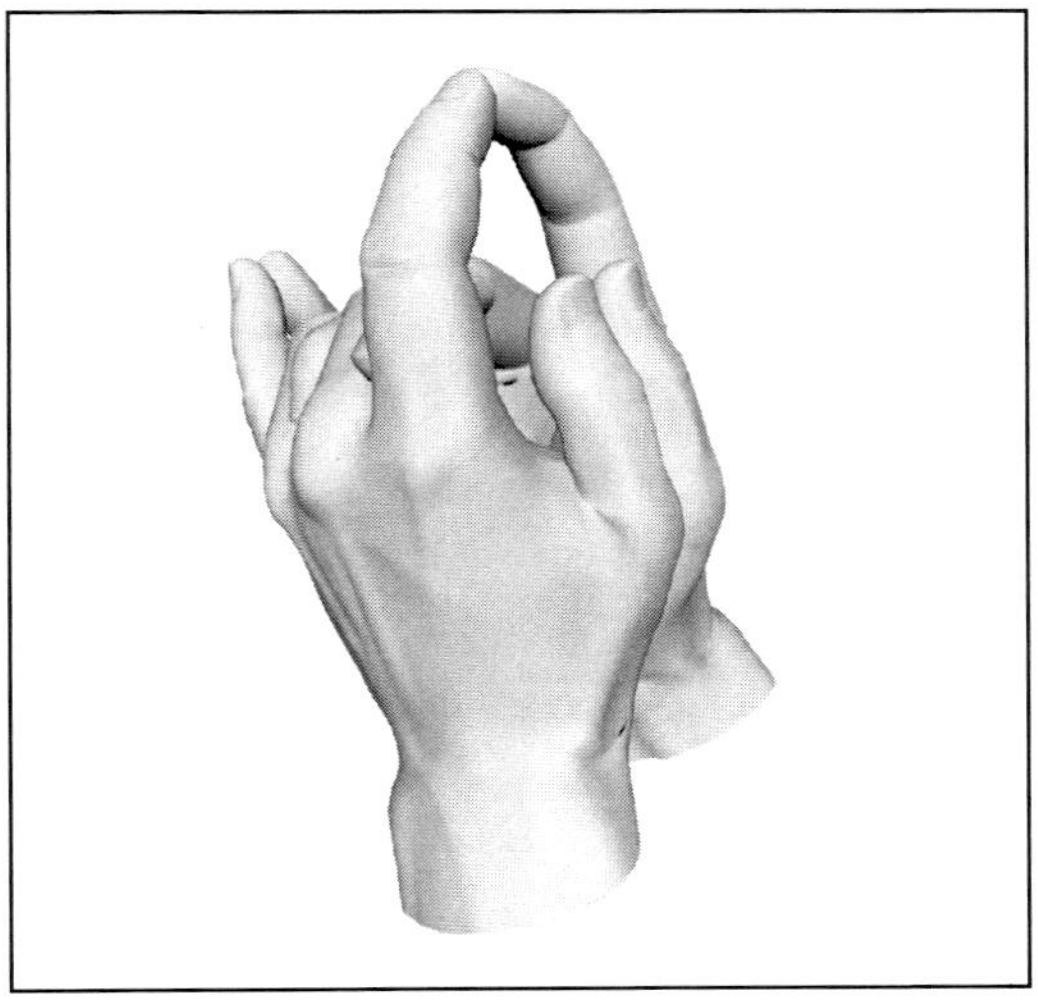

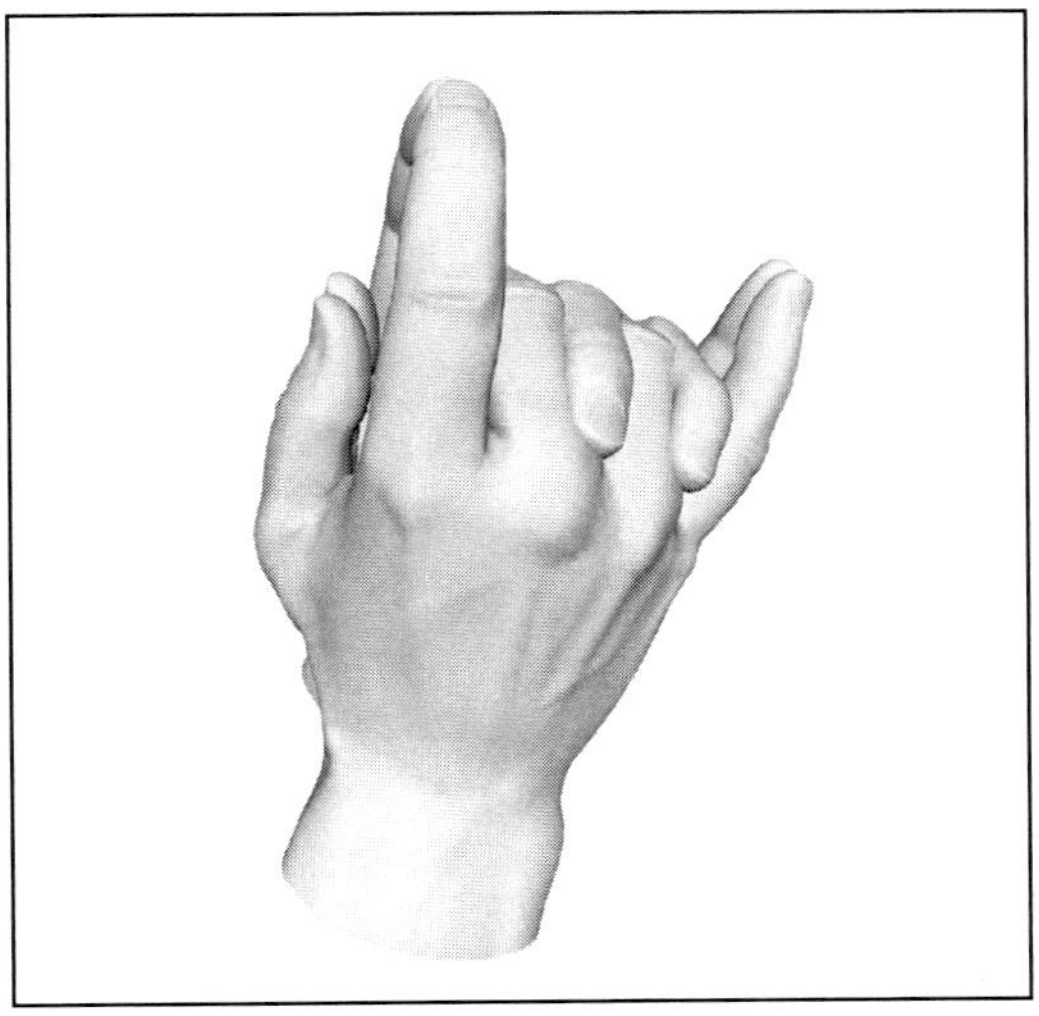

伎《ぎ》芸《げい》天《てん》

①両手、虚心合掌をする。
②両薬指、中指を外縛する。
③両人差指は立て合わせてやや屈し、宝形にする。
④両親指は並び立てる。
※伎芸天女成就法印という。

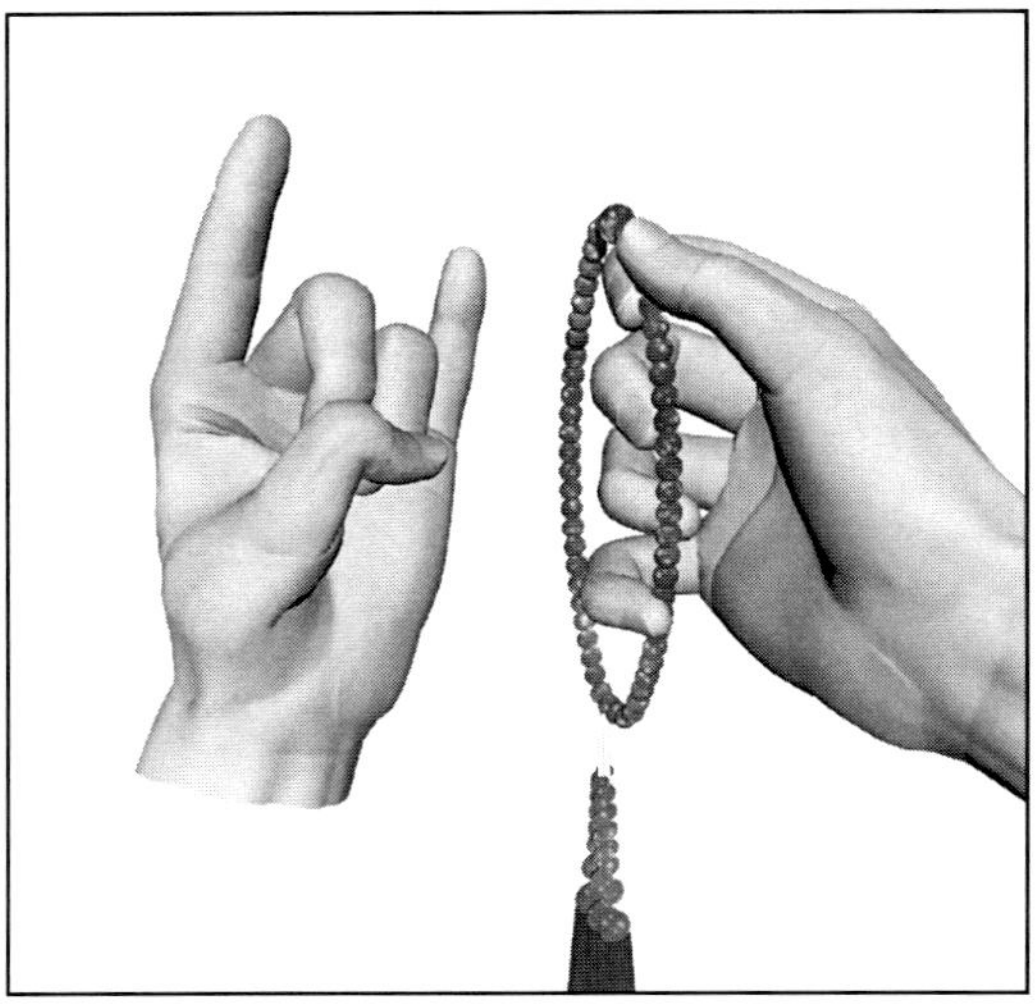

吒《た》羅《ら》佉《きゃ》

①左手は中指と薬指を屈して、親指でその甲を押し、人差指と小指は伸ばす。
②右手は、珠数を取り、真言を念じる。

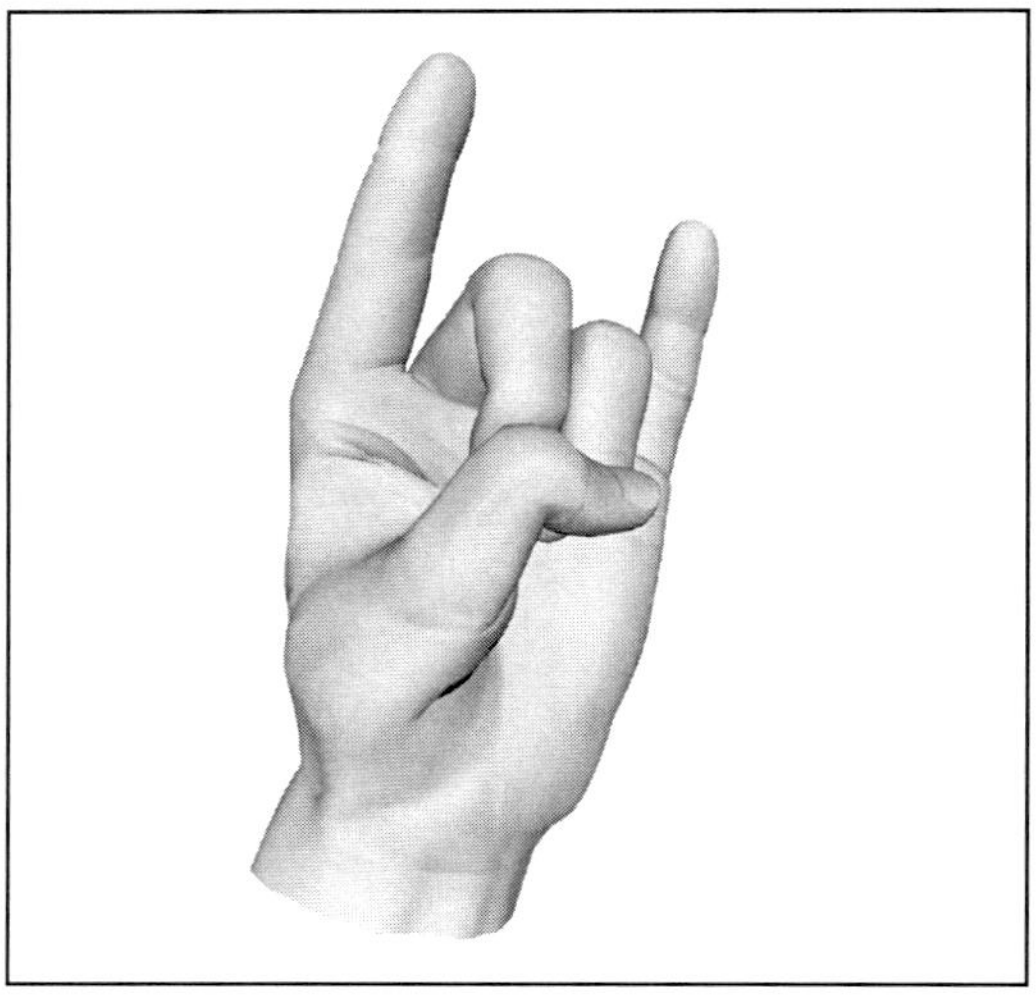

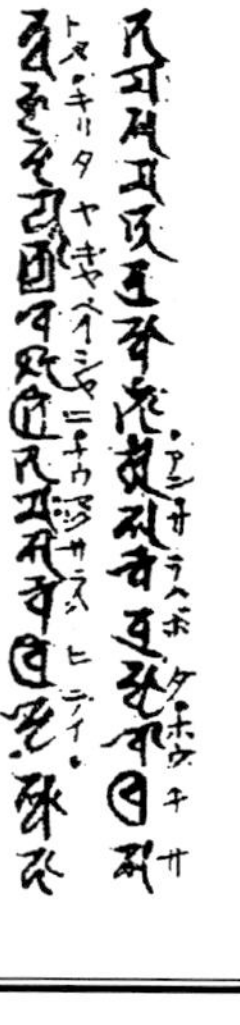

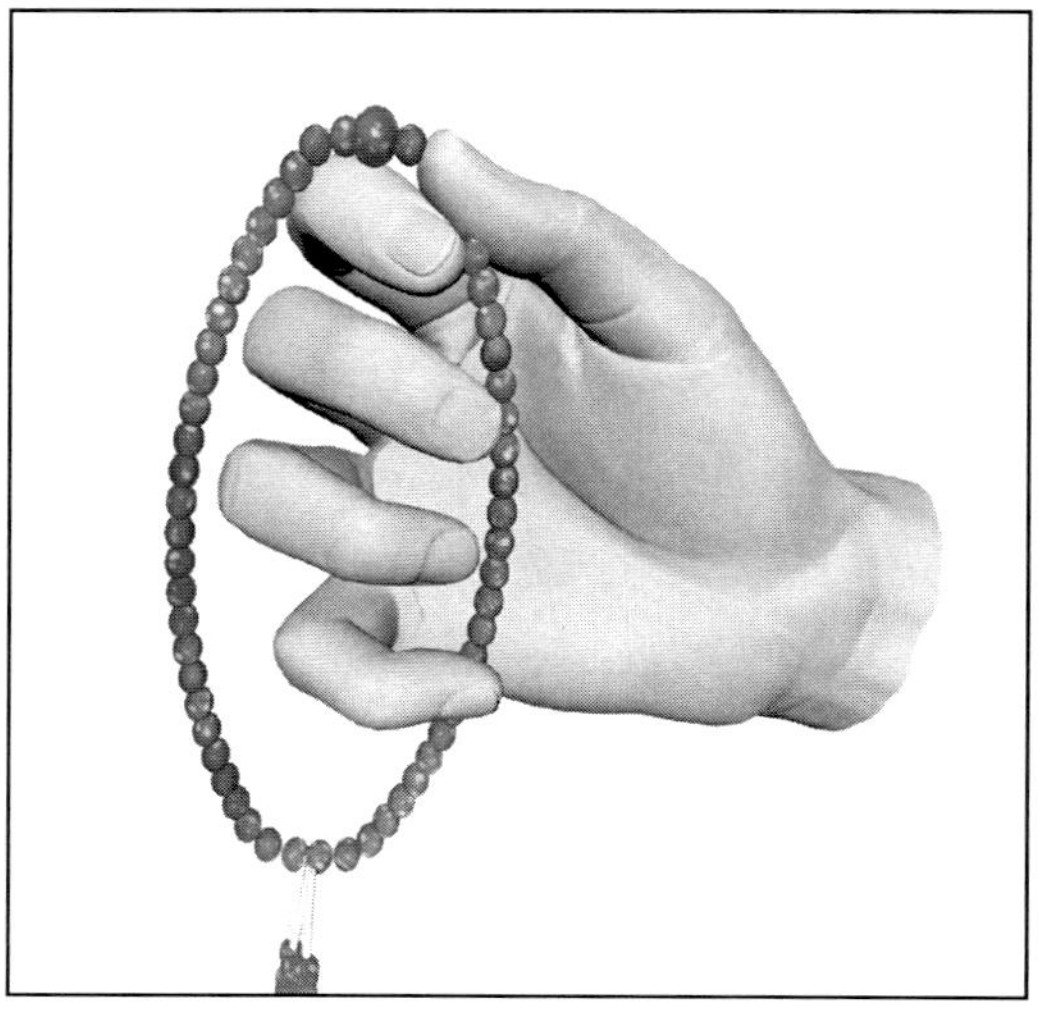

那羅延天《ならえんてん》

①左手の五指を伸ばし、散じる。
②手を伏せて、三度旋回させる。
※これは金翅鳥に乗って空中を行く様を表している。

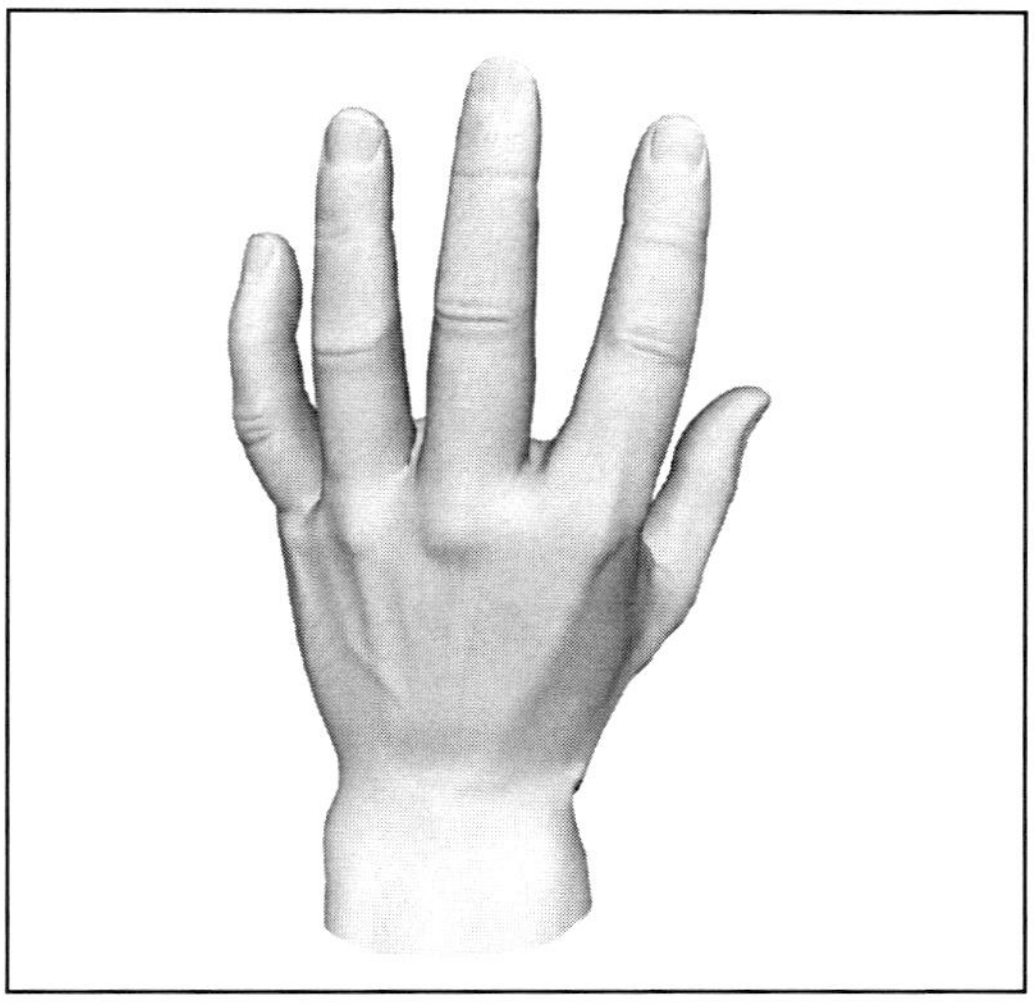

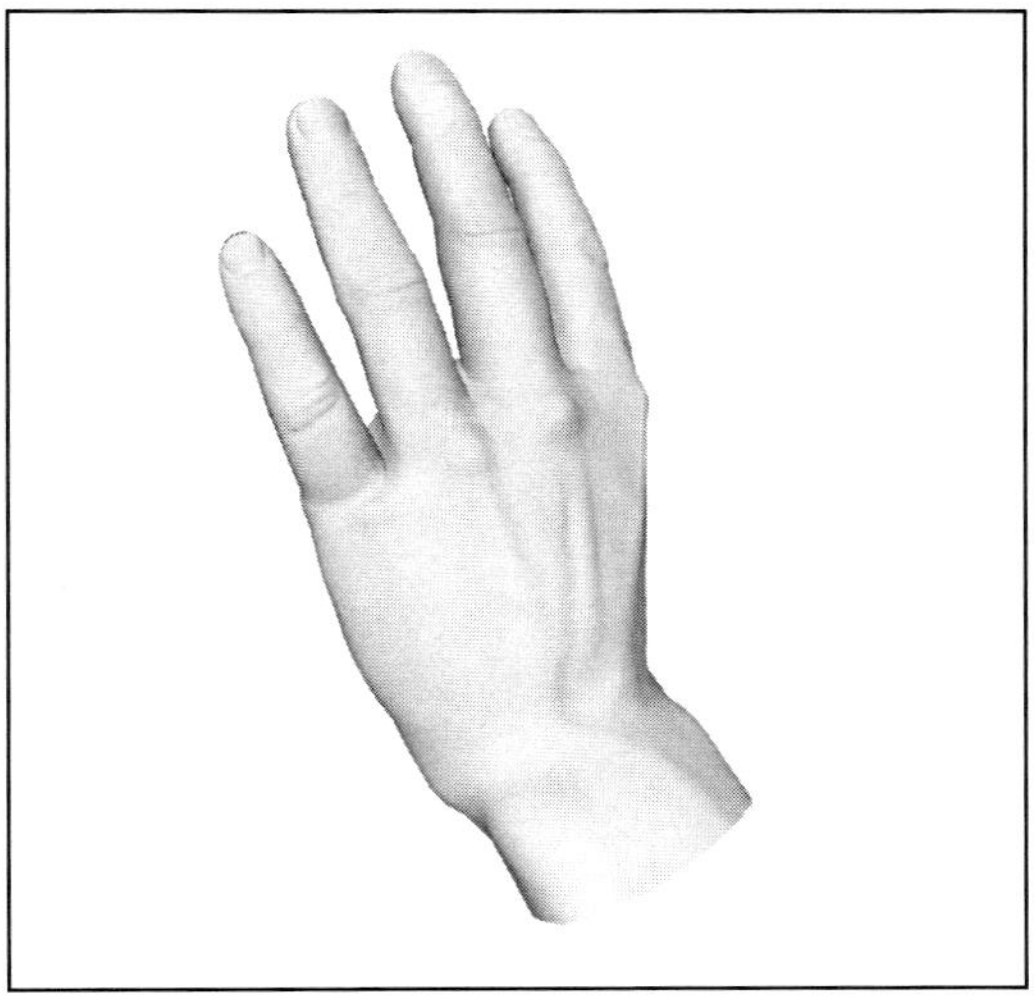

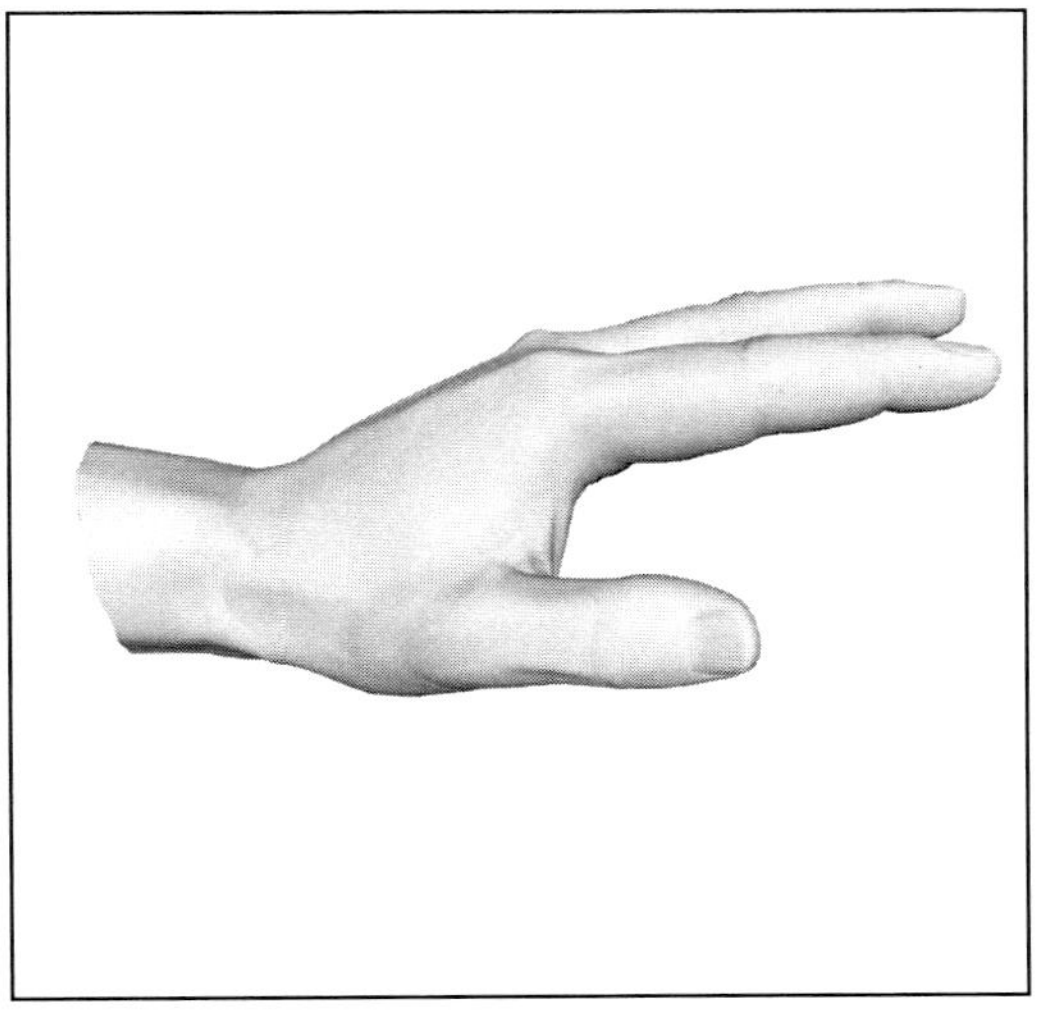

那《な》羅《ら》延《えん》天《てん》二

①左手の親指を人差指で捻じ、環のようにする。

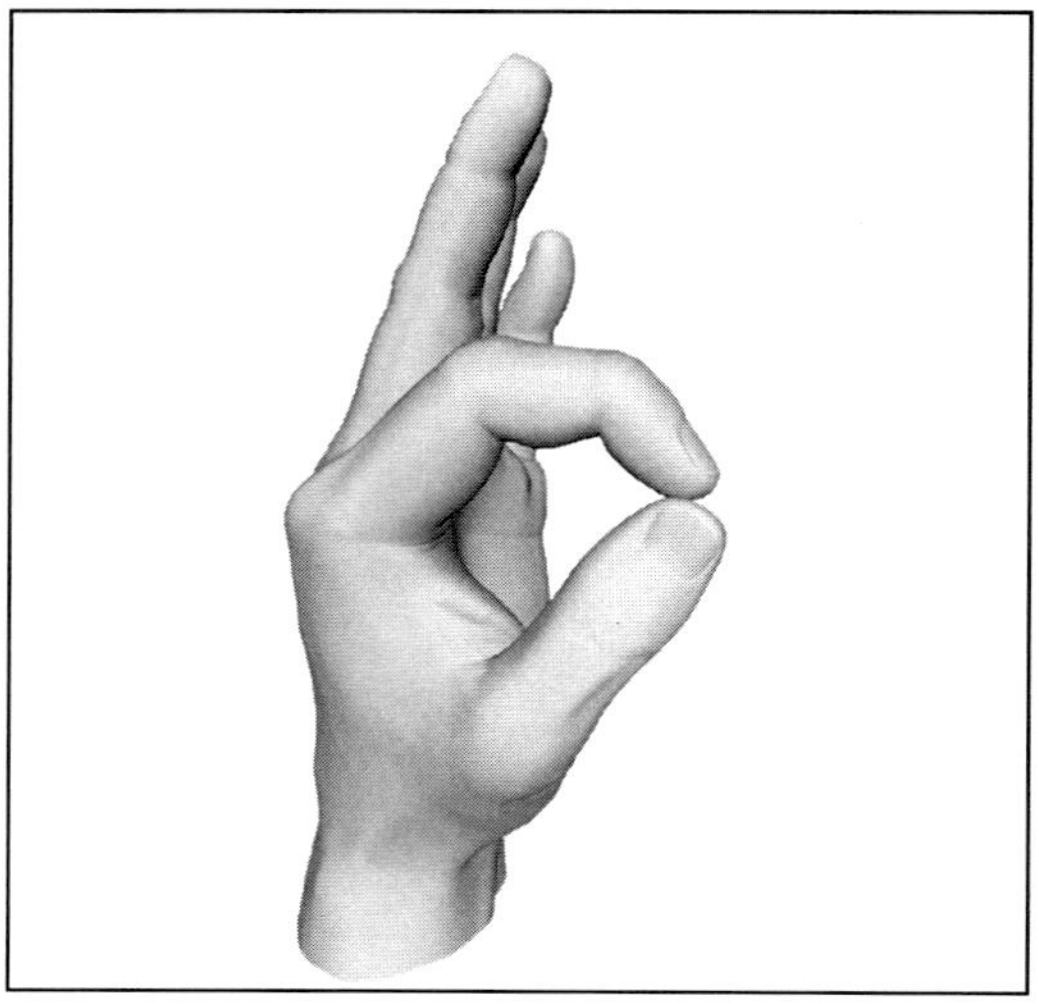

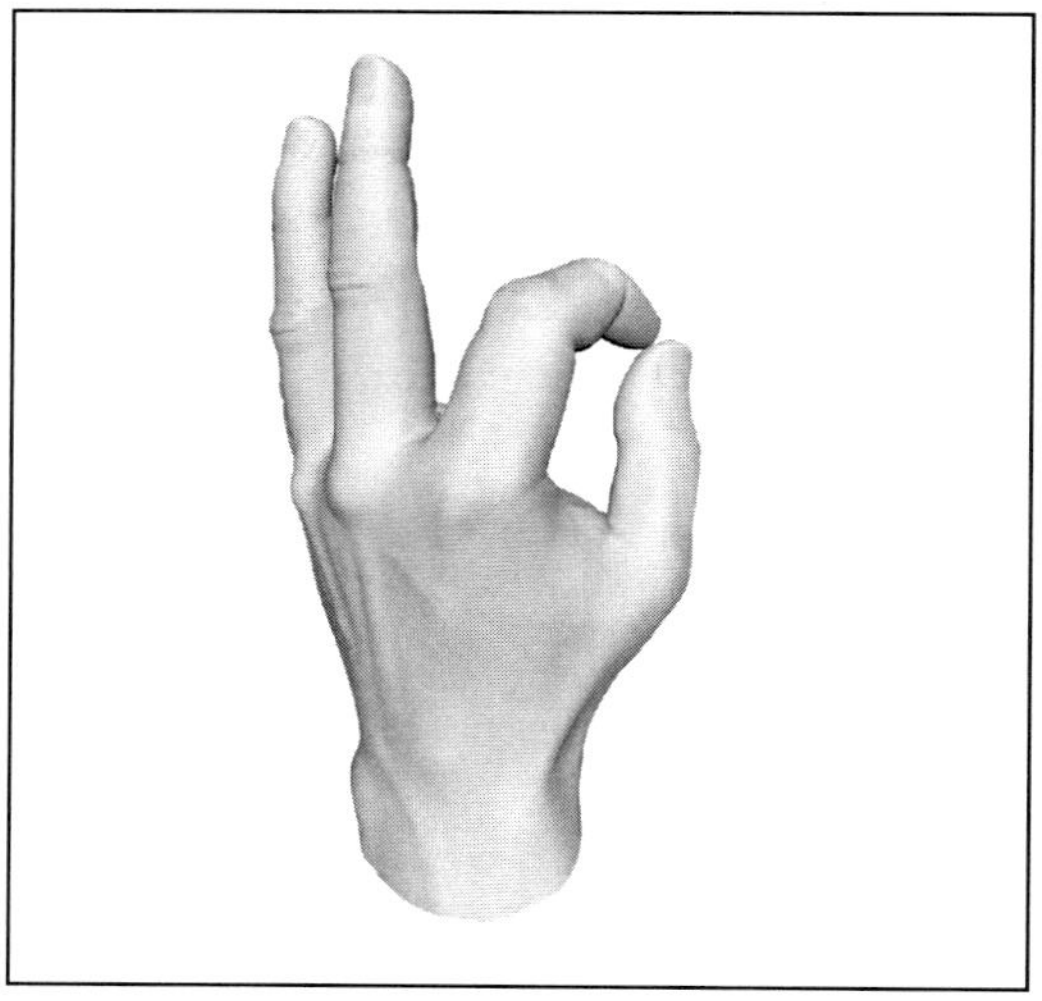

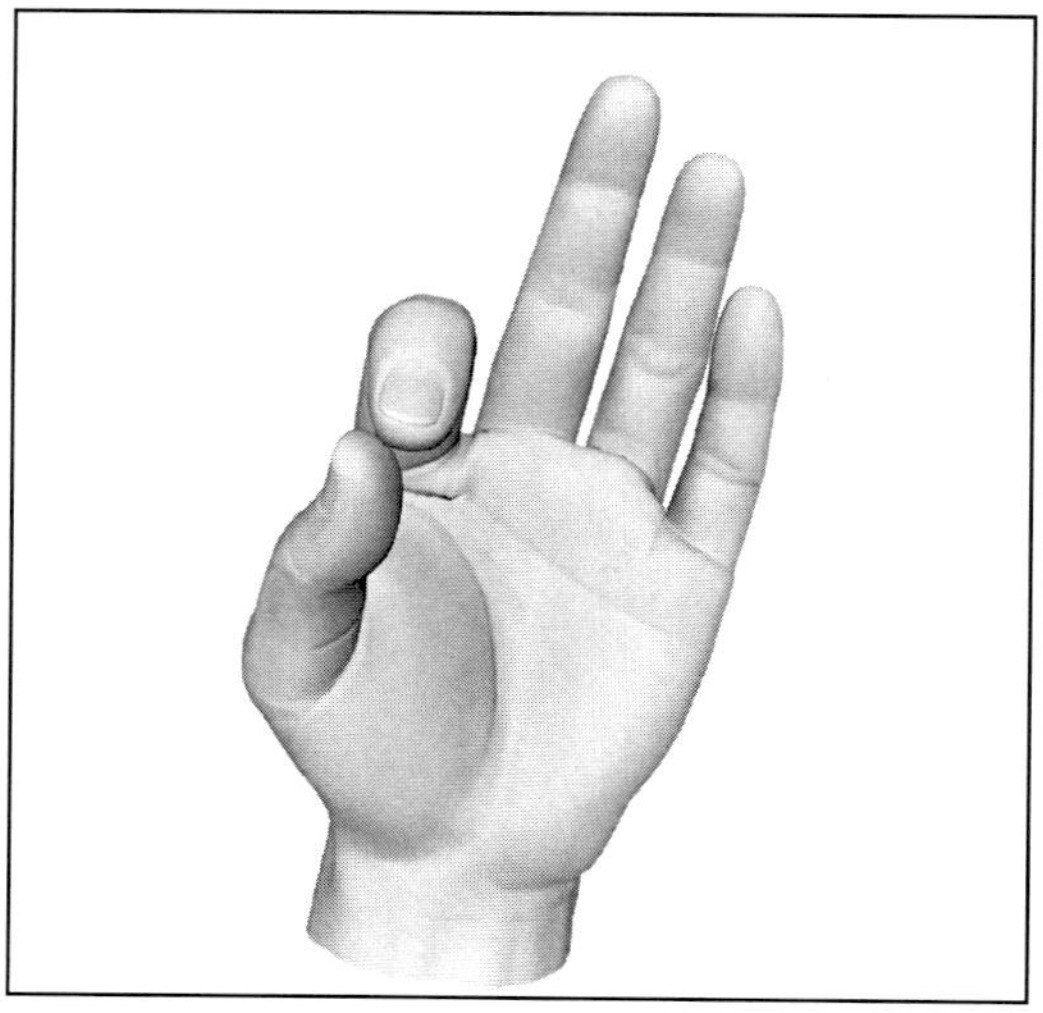

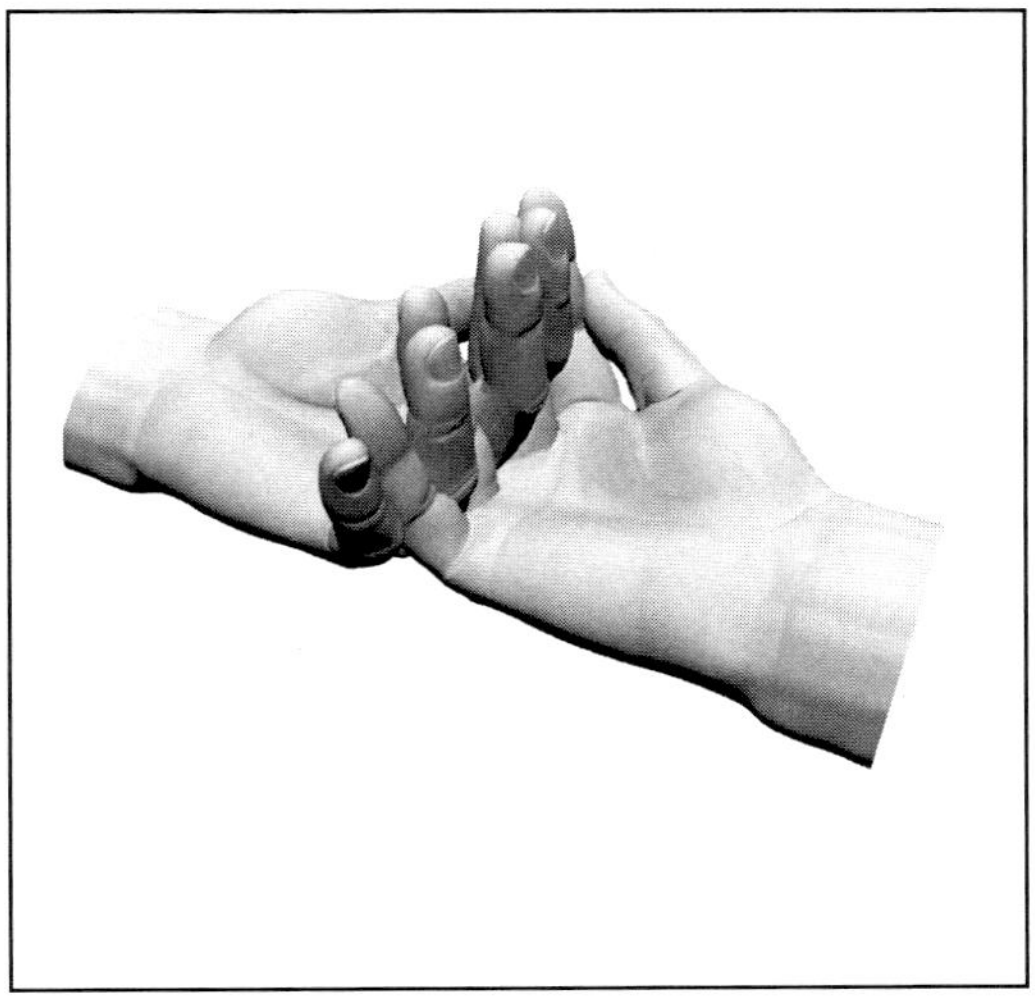

身《しん》印《いん》

①内縛して、掌を開く。
②四指を立てて上に向ける。
③親指は人差し指の側に付ける。

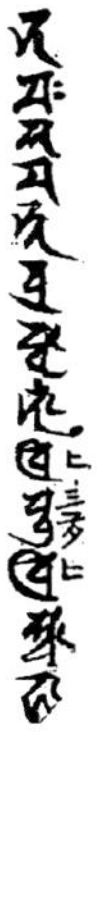

無《む》辺《へん》刀《とう》印《いん》

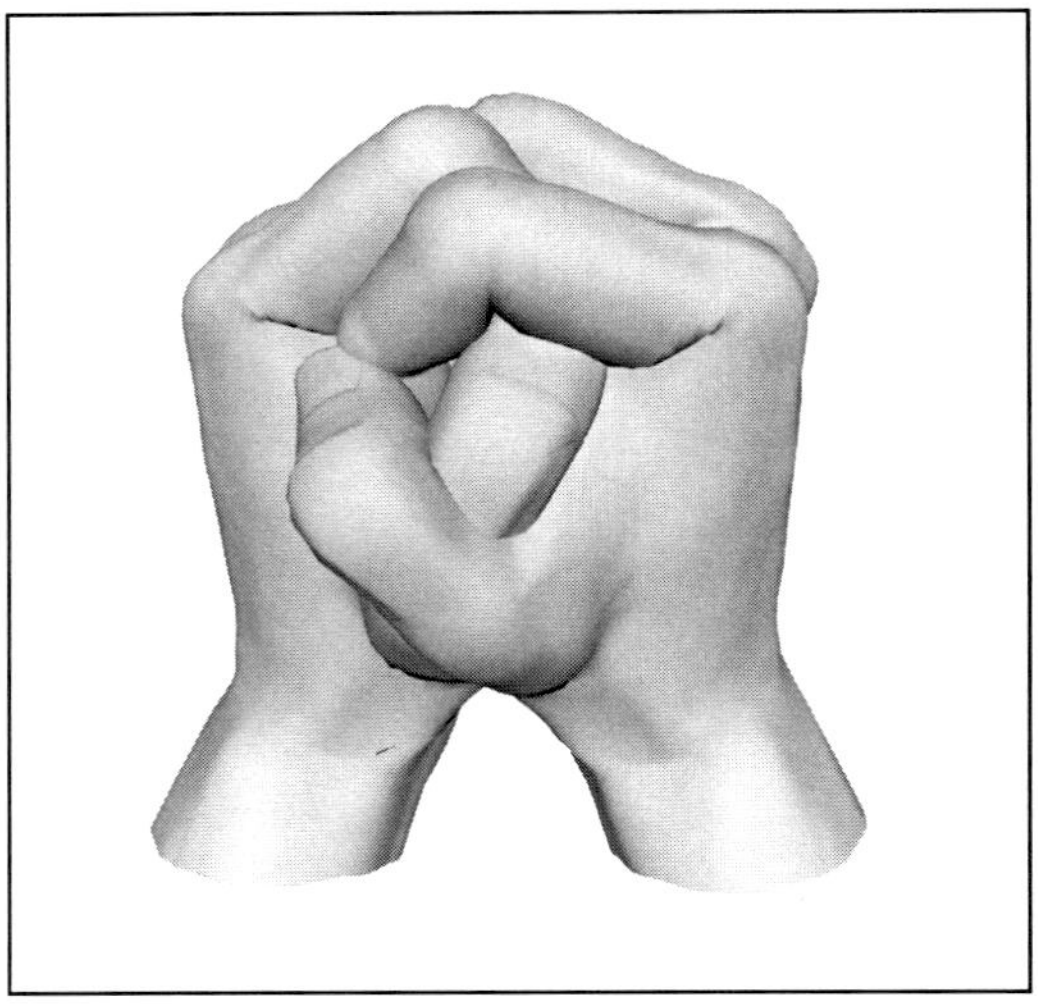

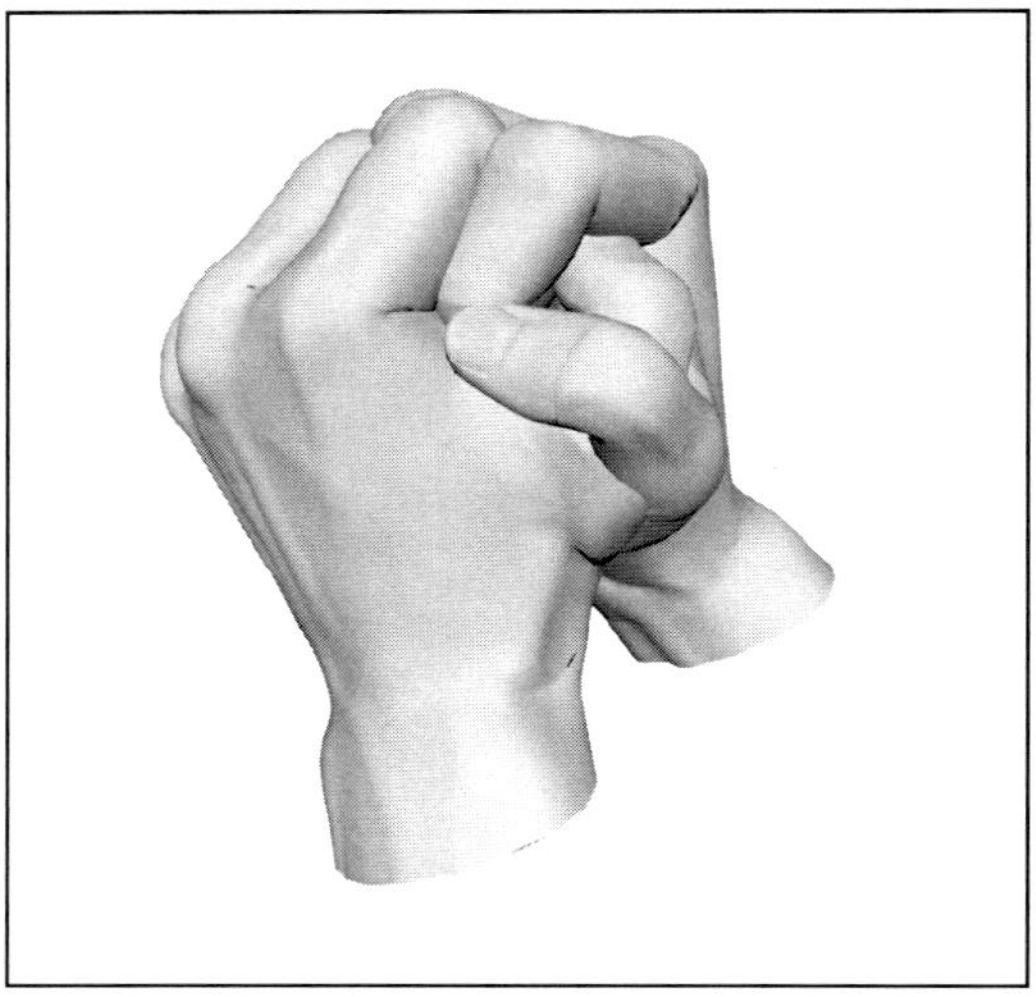

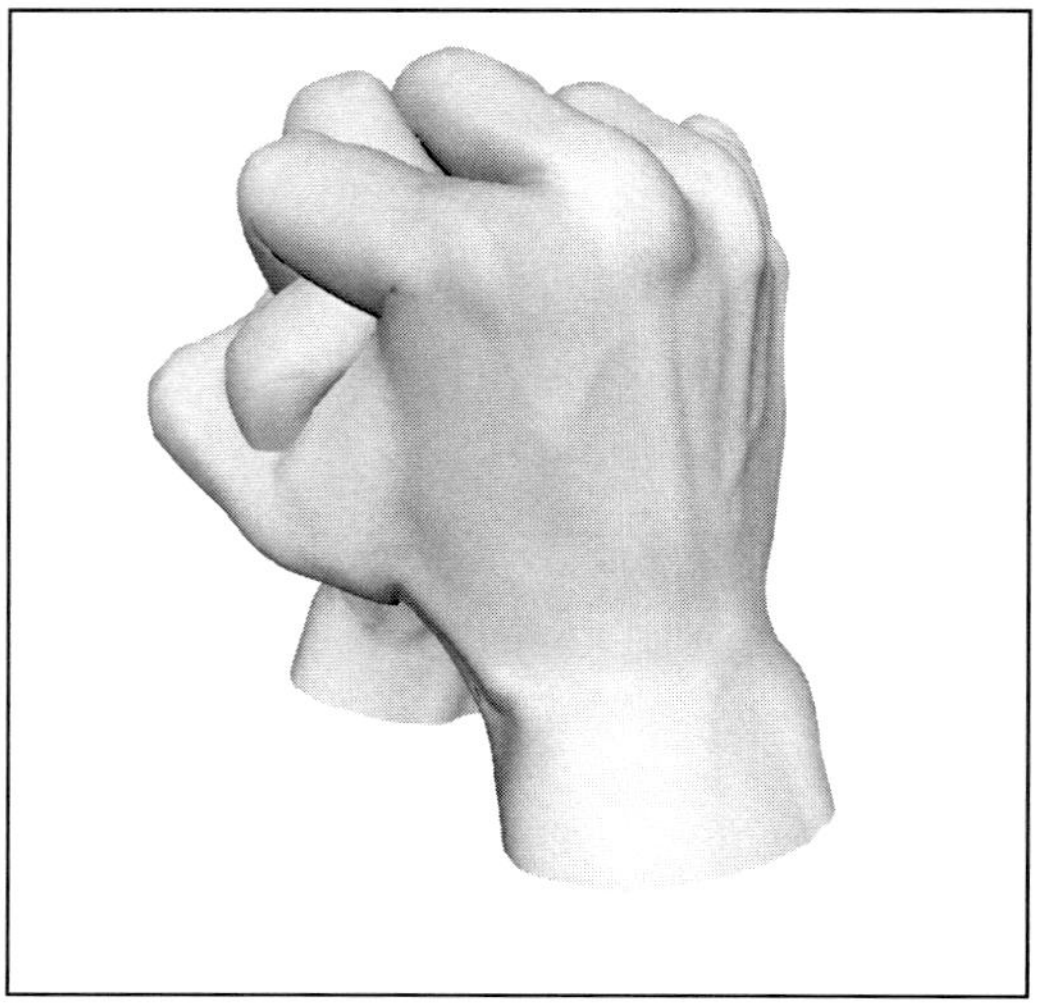

①両手内縛する。
②右親指を手前にして左親指を押す。

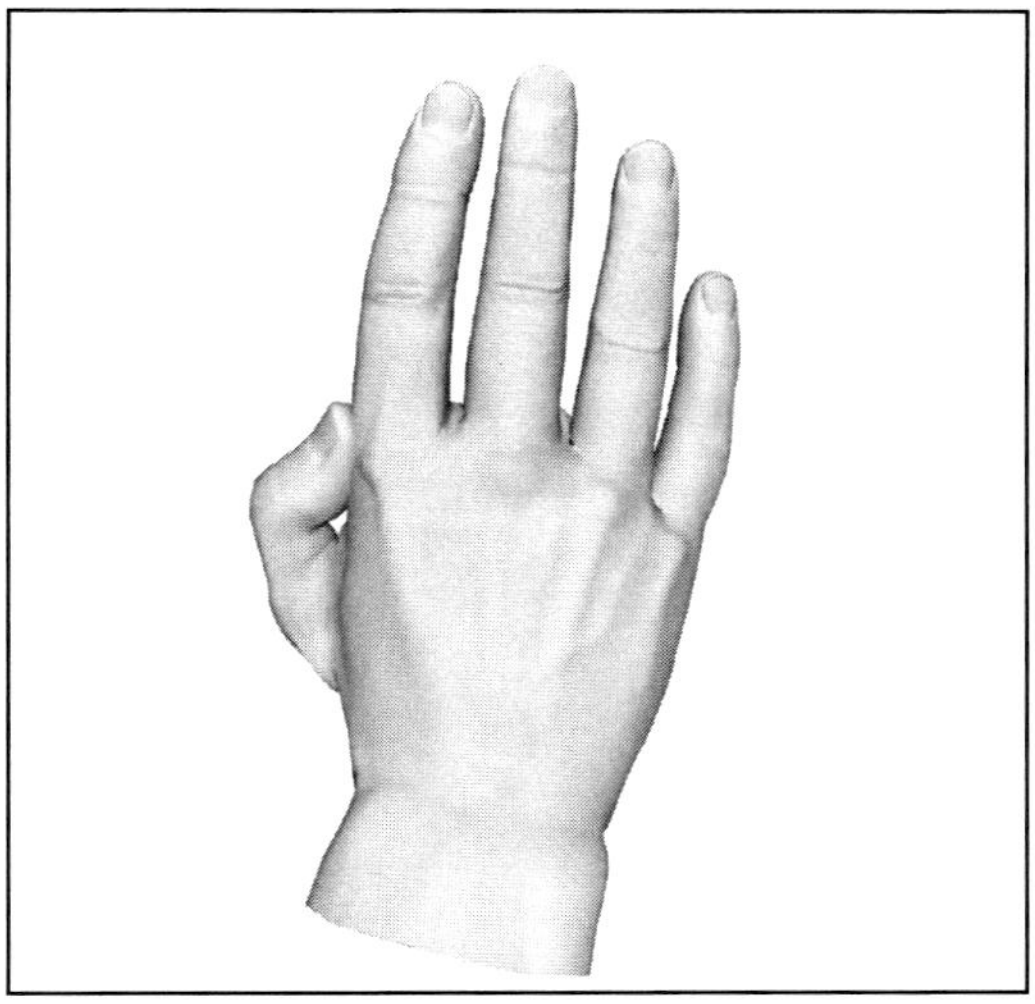

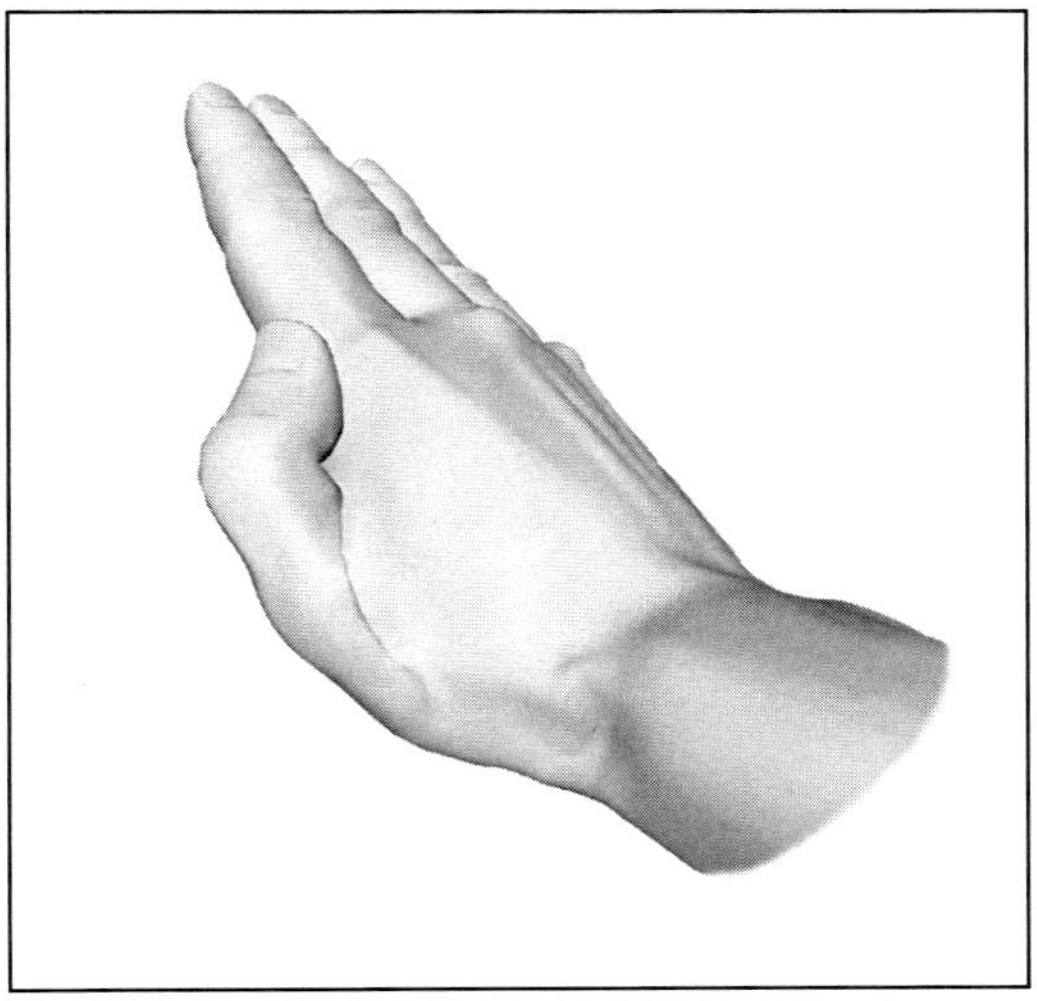

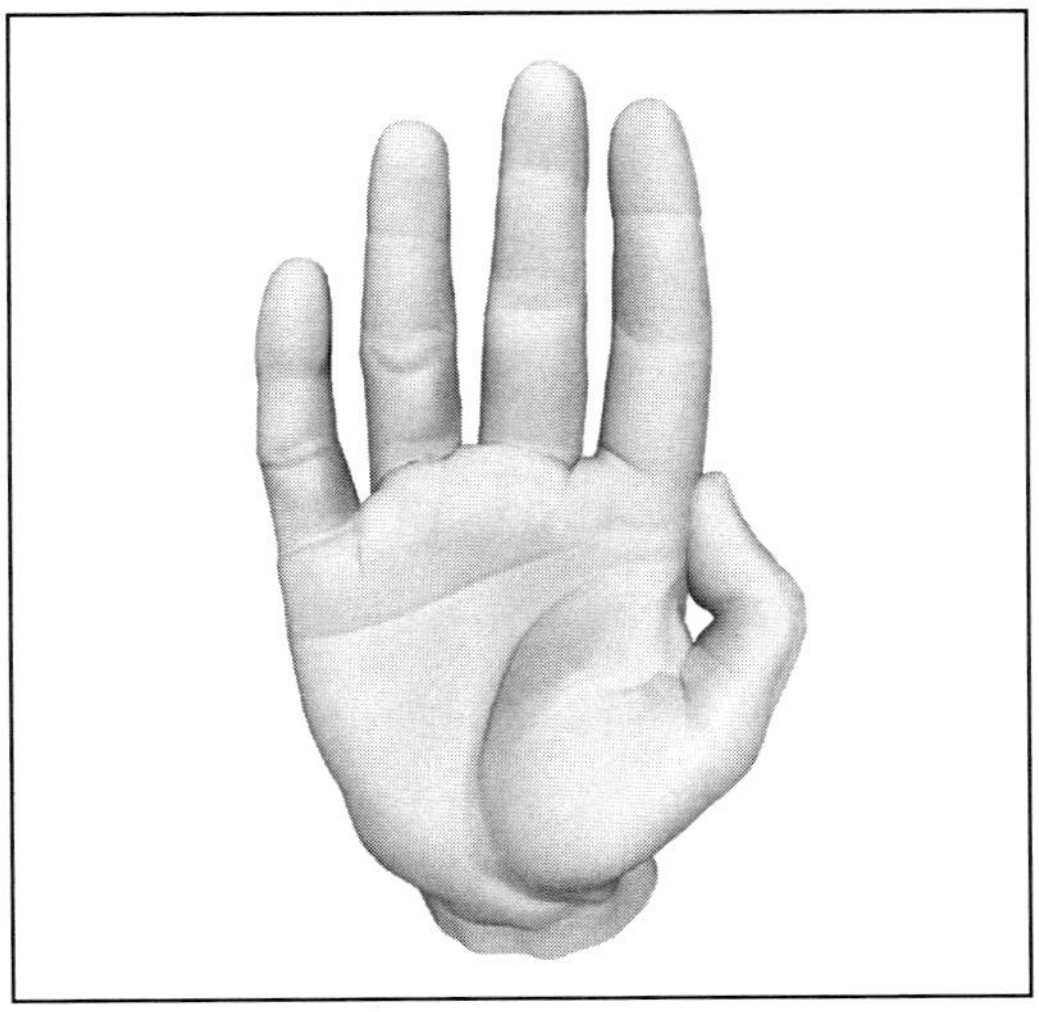

妙見根本印《みょうけんこんぽんいん》

①右手を施無畏にする。
②親指の第一節を屈指、人差し指の側に付ける。
③三度招く。
④左手は金剛拳にして腰に置く。
※これは北斗を召す印。

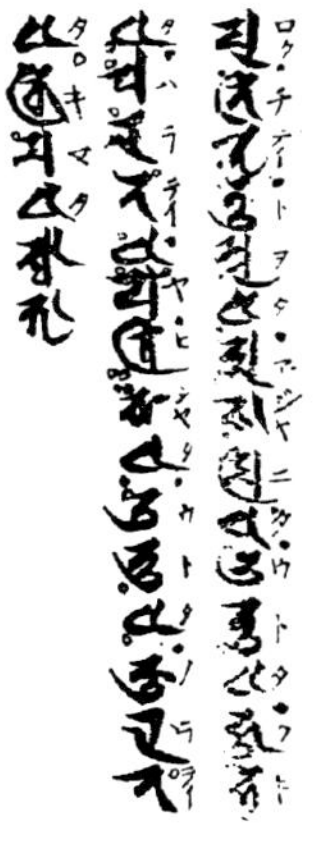

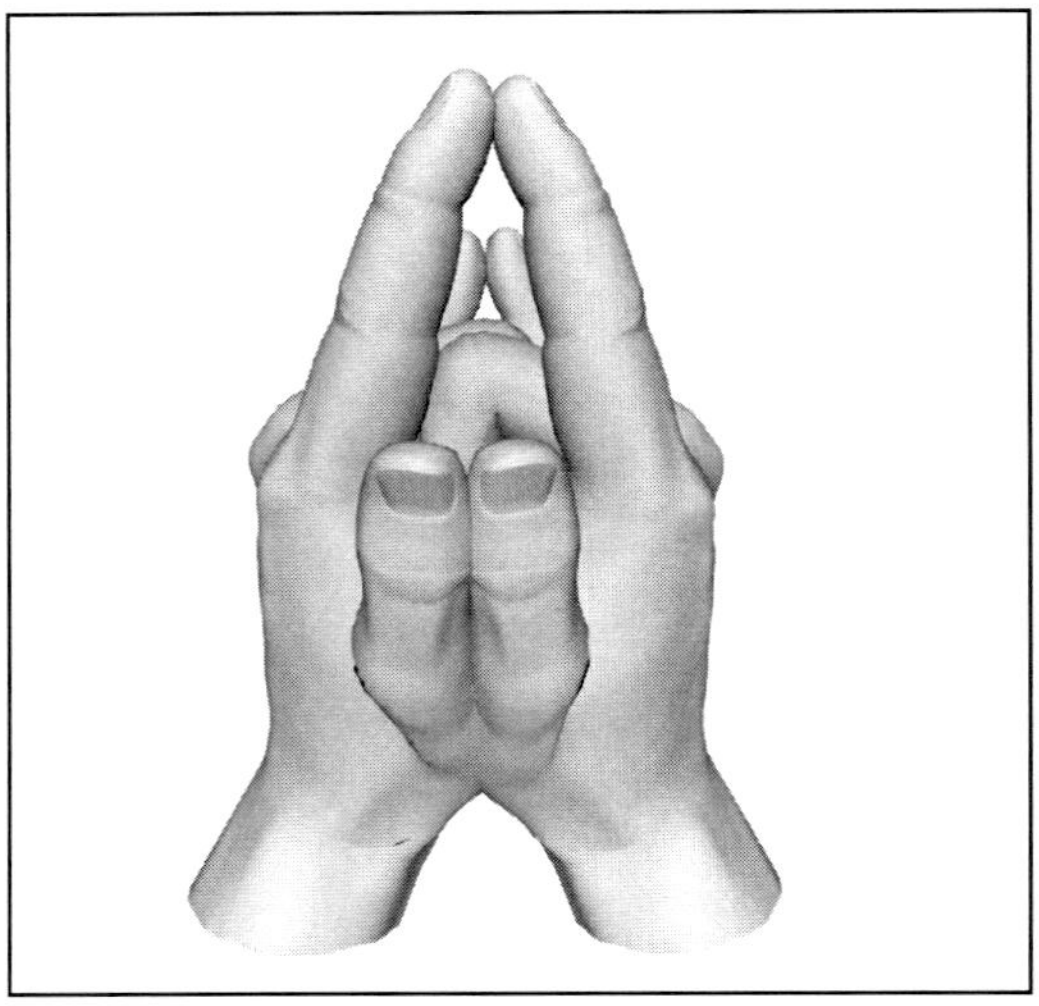

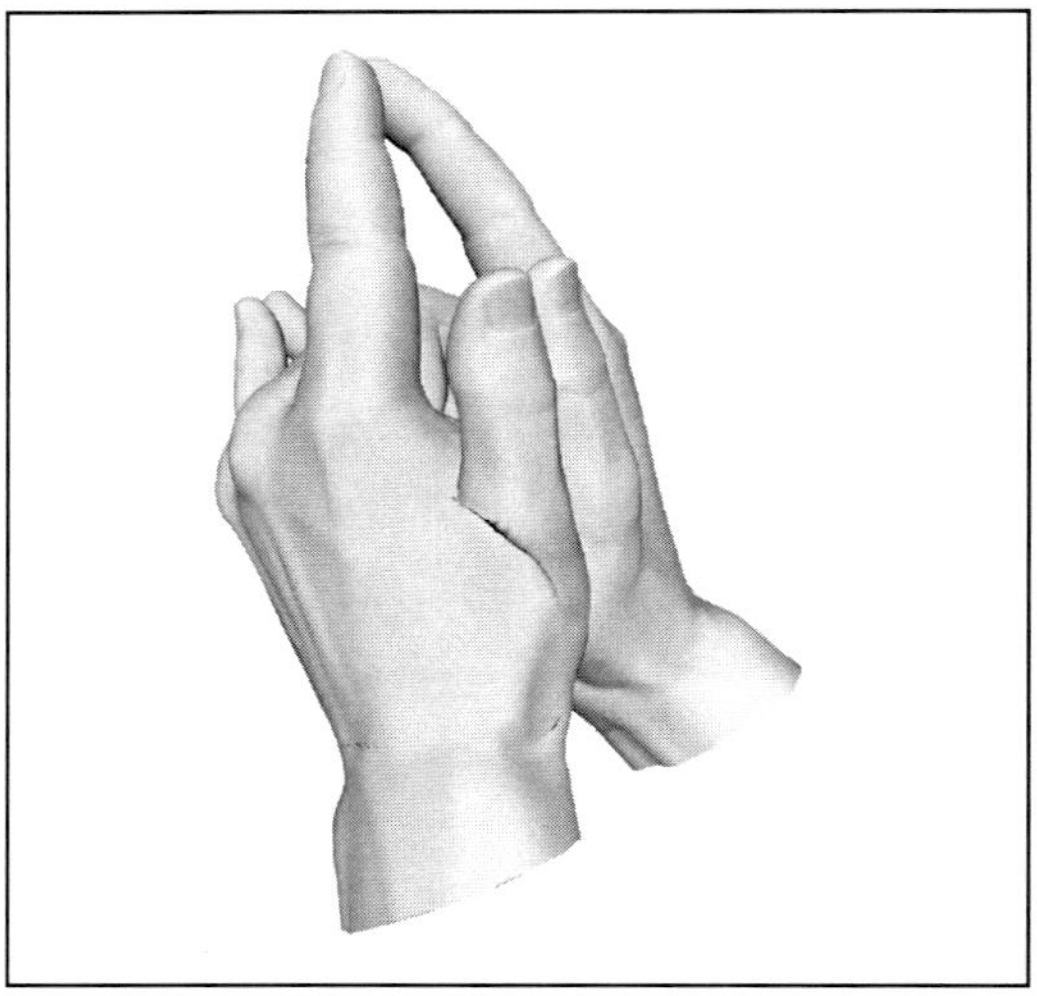

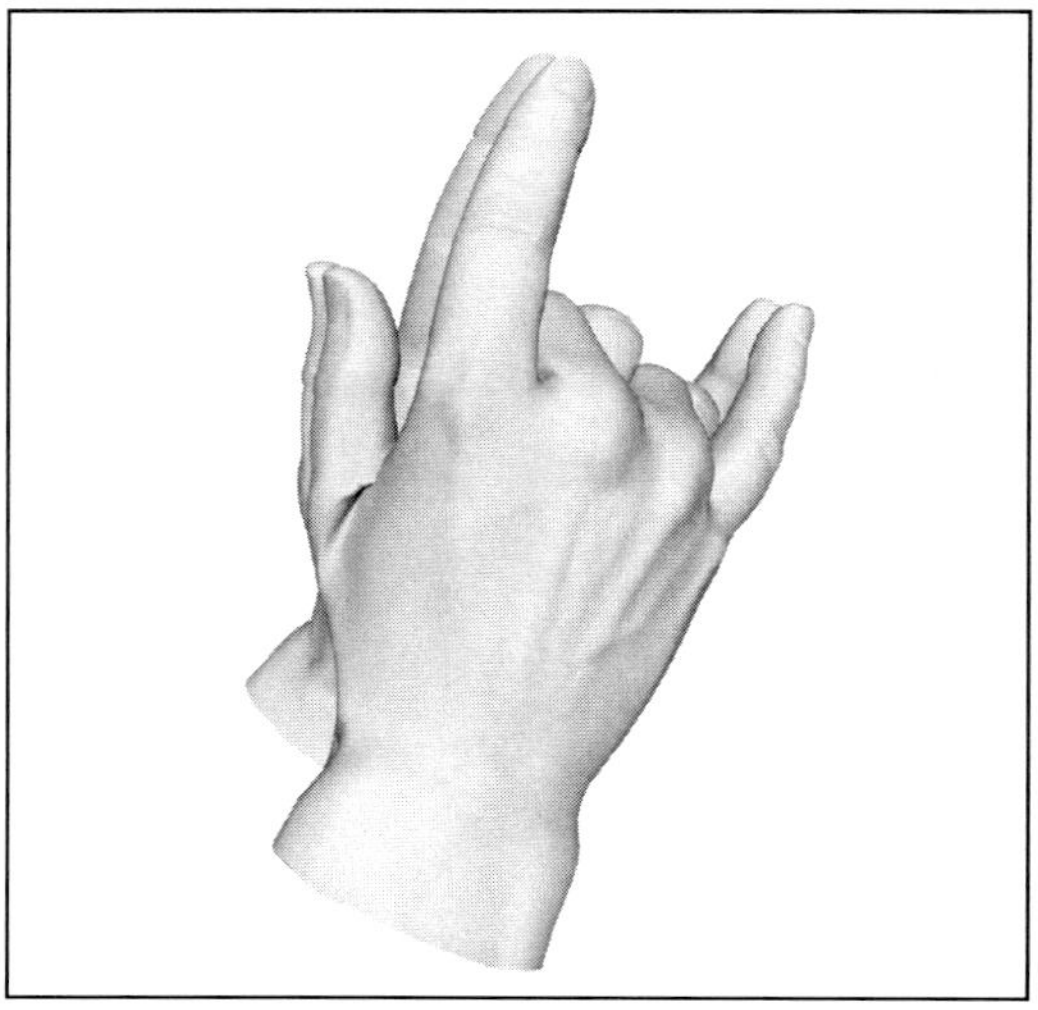

妙見星宿天印《みょうけんせいしゅくてんいん》

①両手、内縛する。
②両小指、人差指を立て合わせる。
③両親指は並び立てる。

金《こん》剛《ごう》合《がっ》掌《しょう》

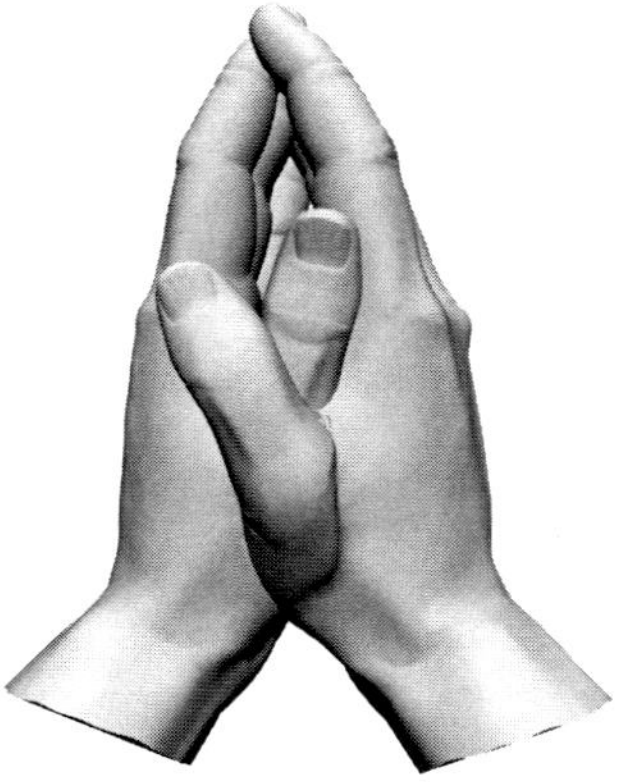

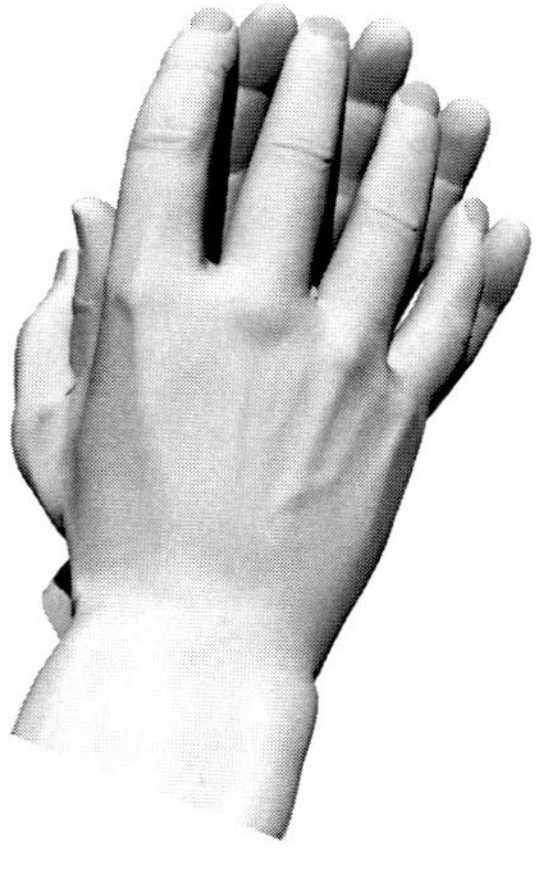

①両手、合掌する。
②右を手前にして、指先を交差させる。

※真言は前頁に同じ。

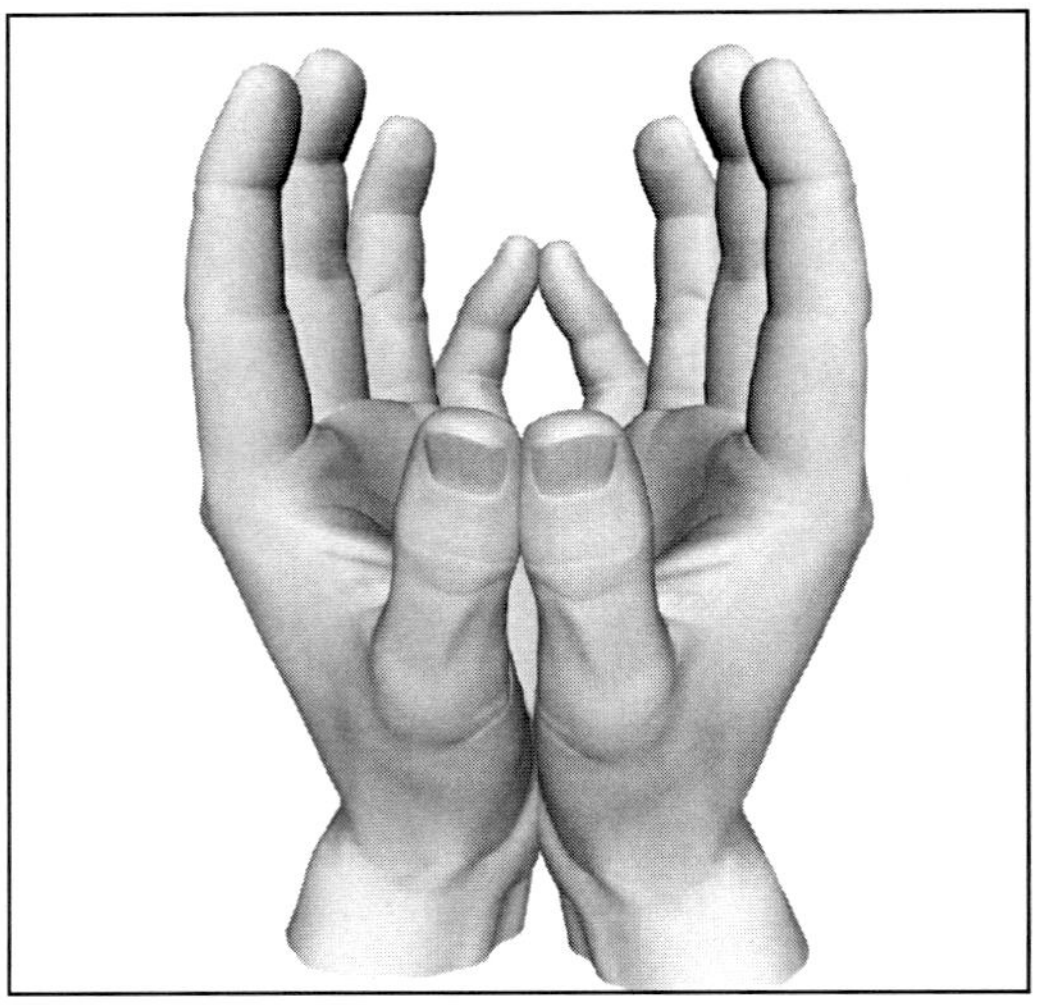

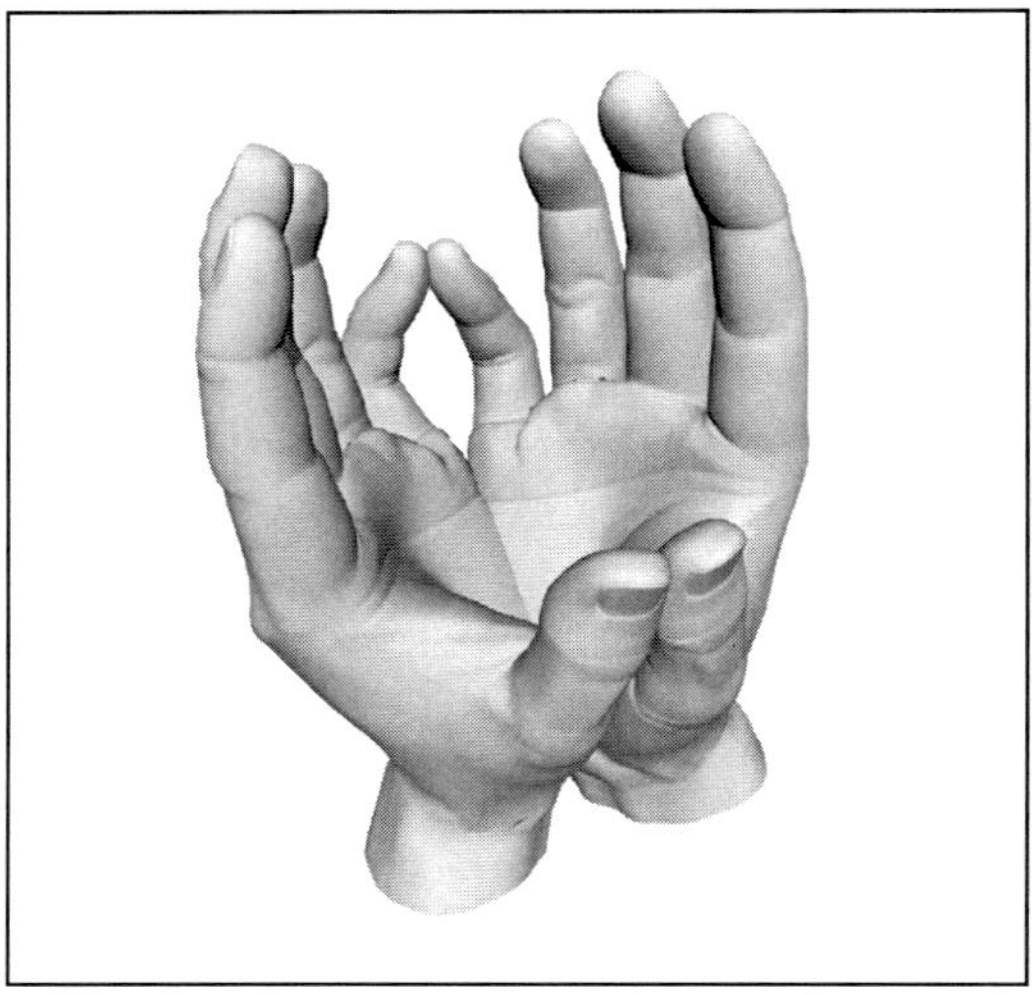

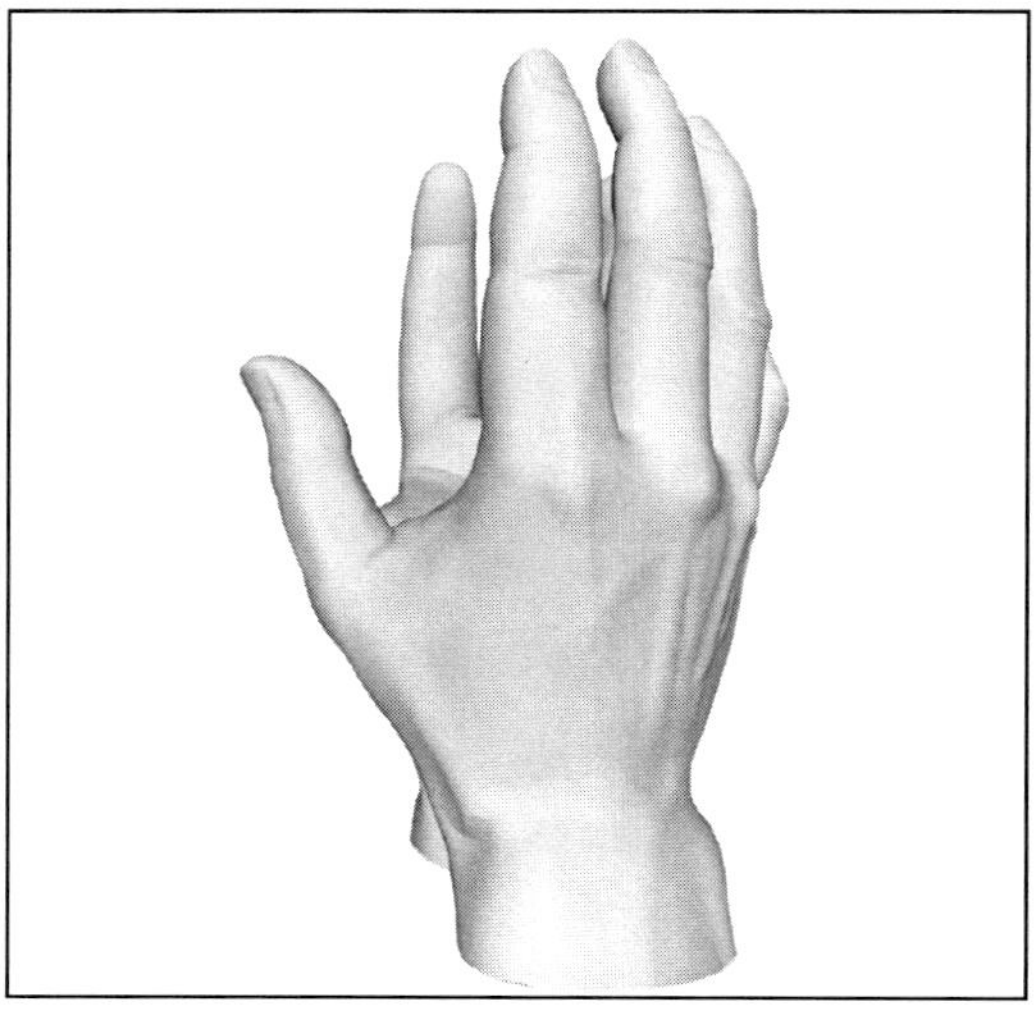

八葉印《はちよういん》

①両手、虚心合掌する。
②両薬指、中指、人差指を開きたて、指の間を空ける。
※前出（二一四頁）。

※真言は四〇四頁に同じ。

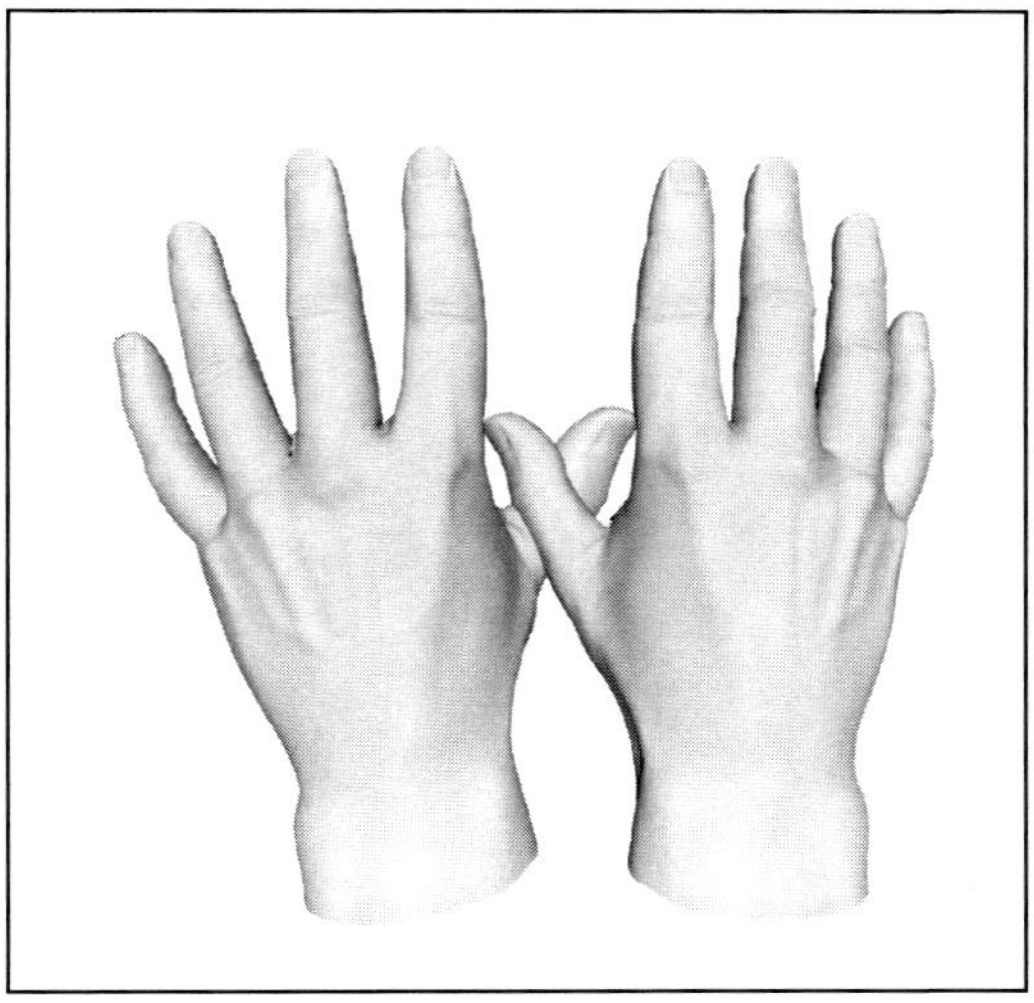

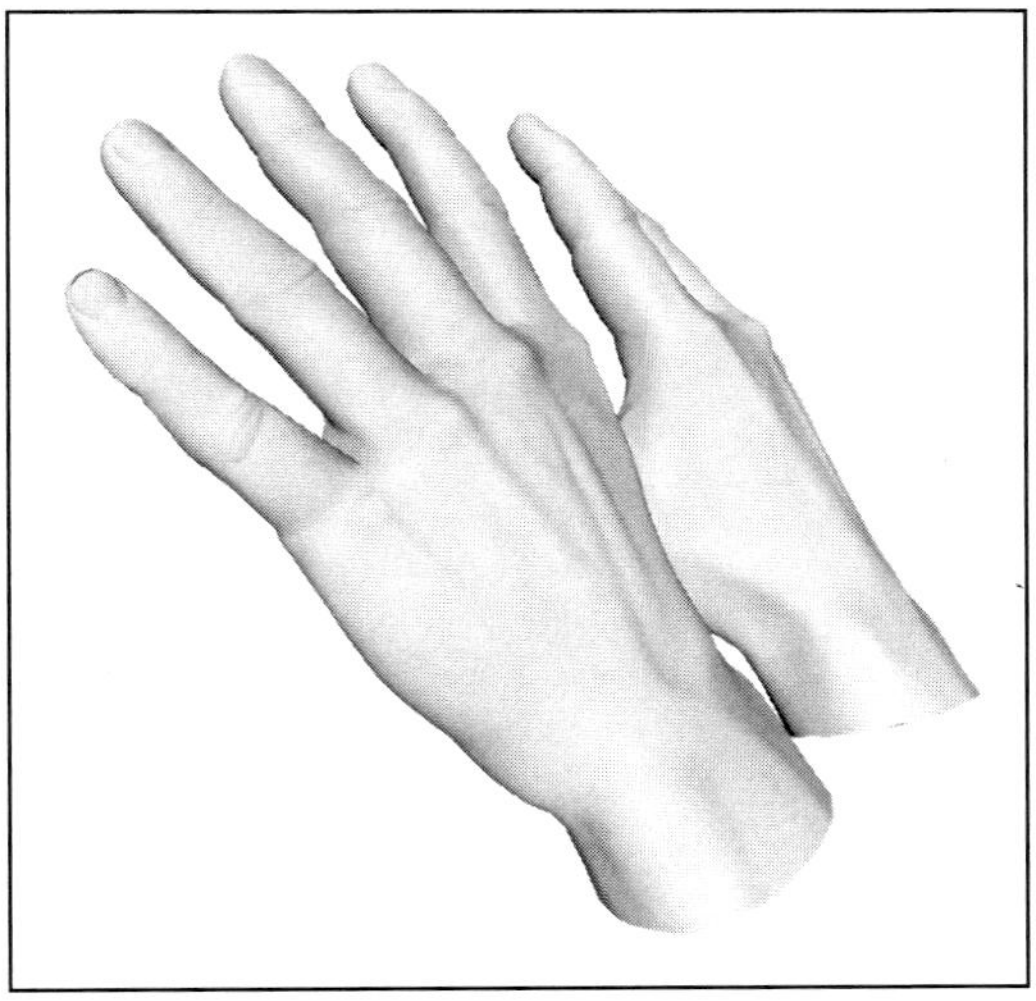

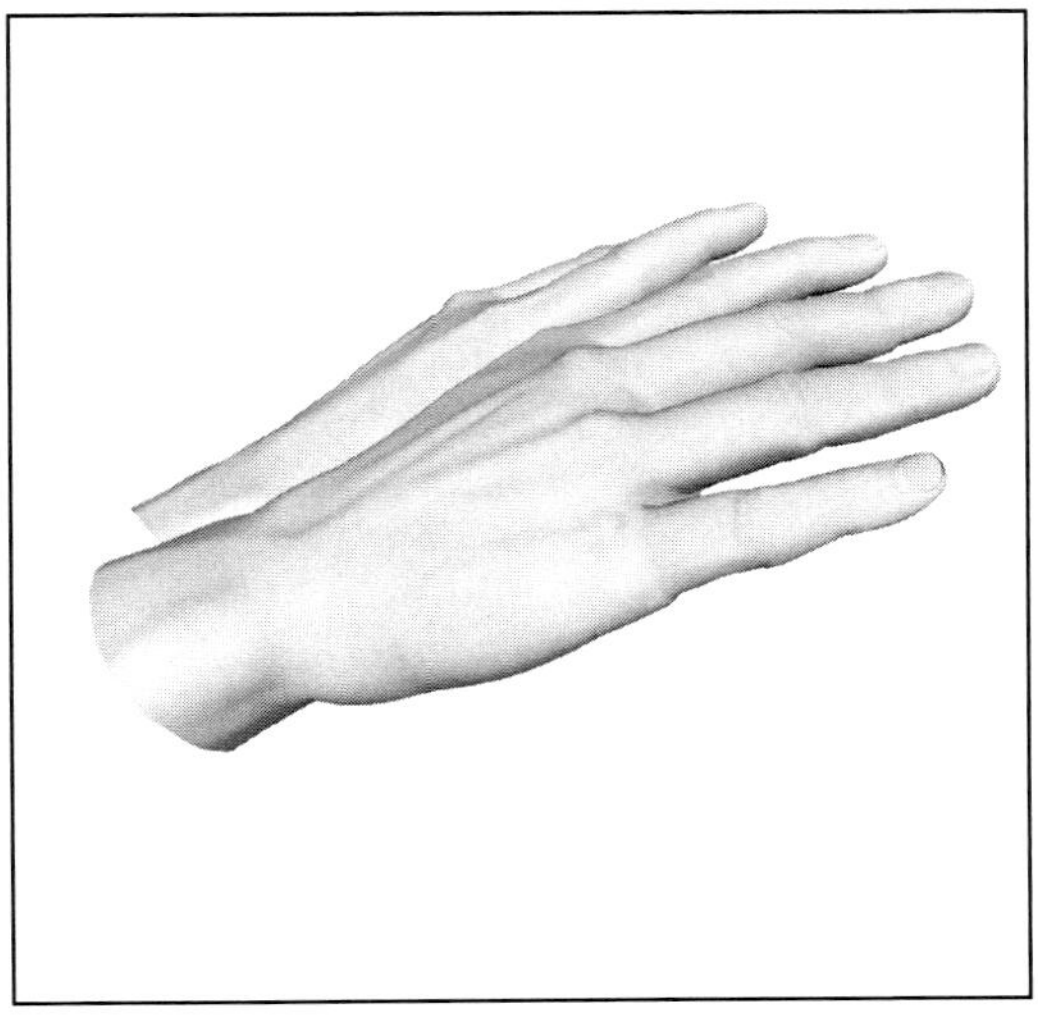

金《こん》翅《じ》鳥《ちょう》

①両手を広げ、両親指を相交える。
②三度動かす。
※これは金翅鳥の形を表し、三度動かすのは、飛ぶ勢いを表している。
※金翅鳥王印ともいう。

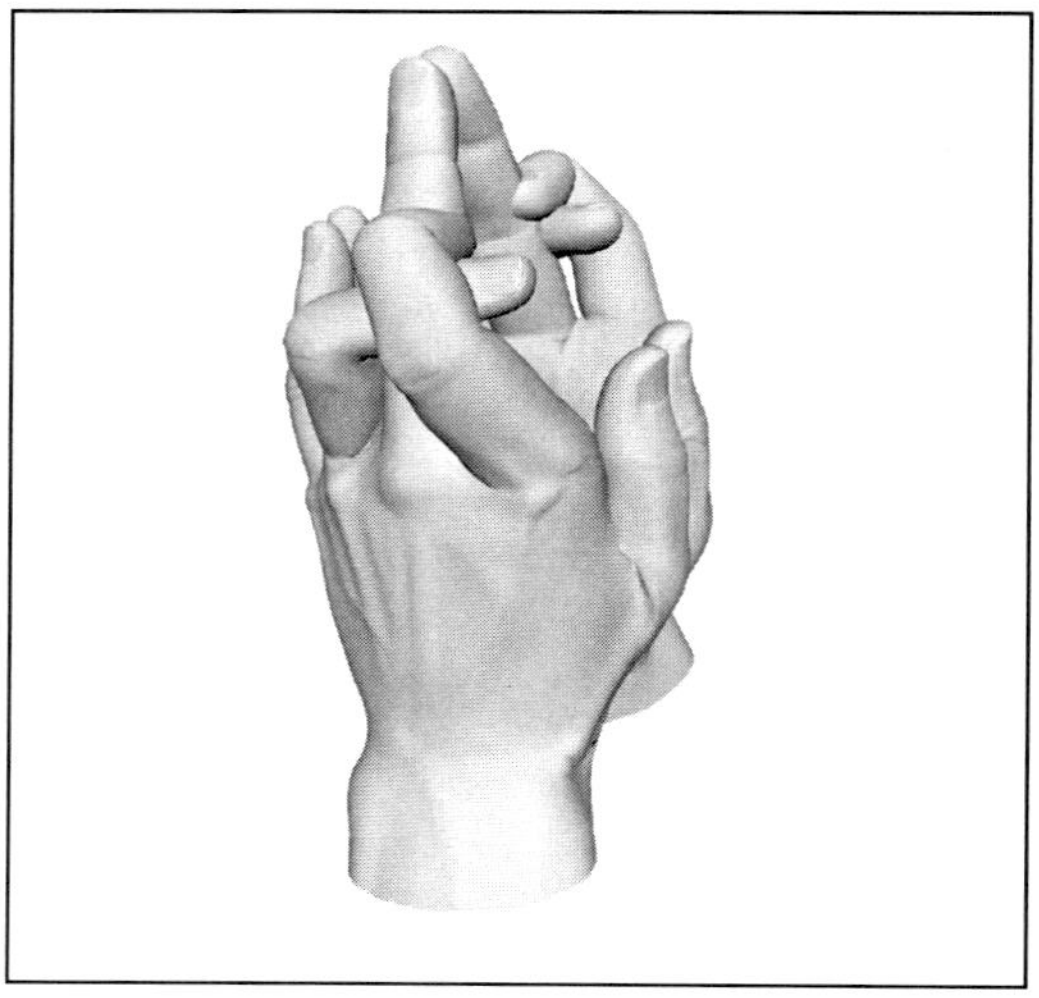

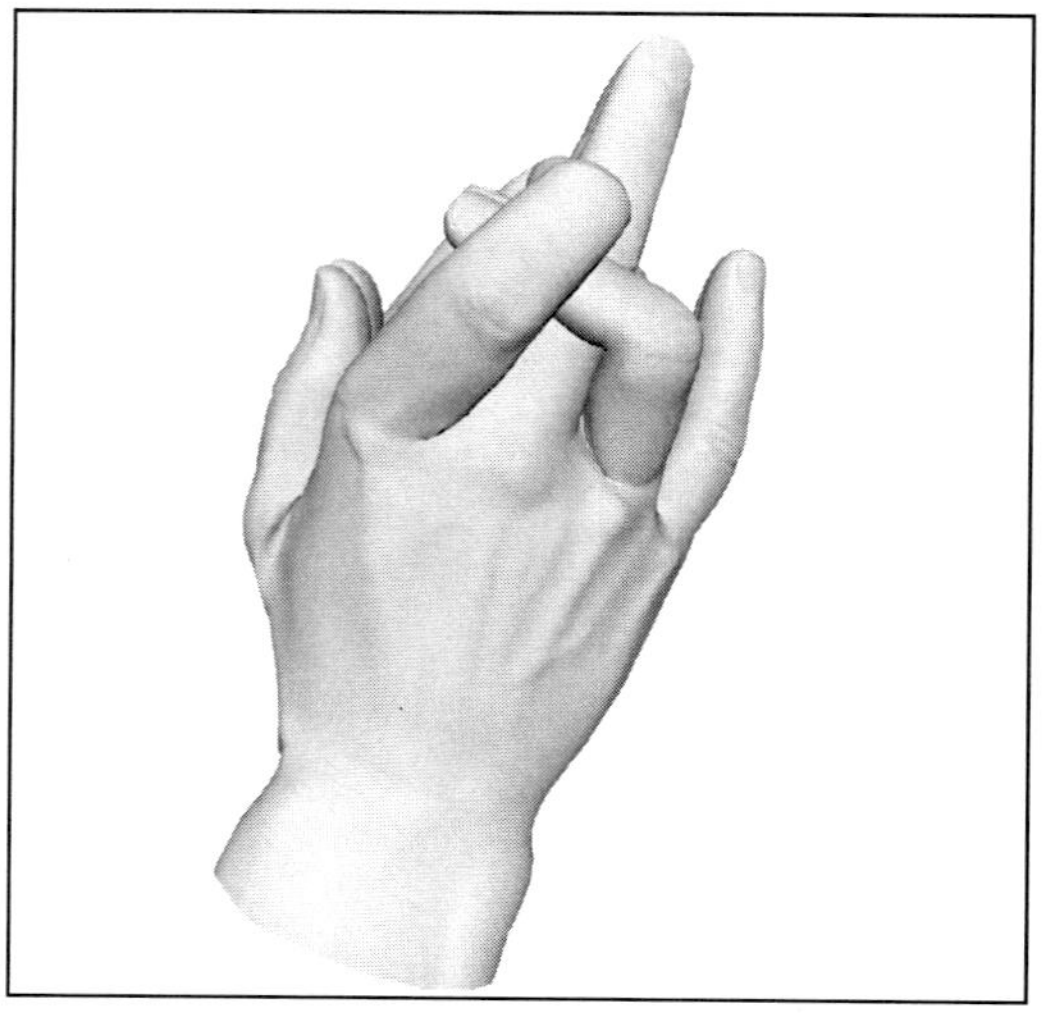

金《こん》翅《じ》鳥《ちょう》

（名通光印《つうこういんとなづく》）

①両手、合掌する。
②両薬指を中指の第二節の外側に横に交える。
③両人差指を鉤にして薬指の甲を押す。
④両親指は並び立てる。

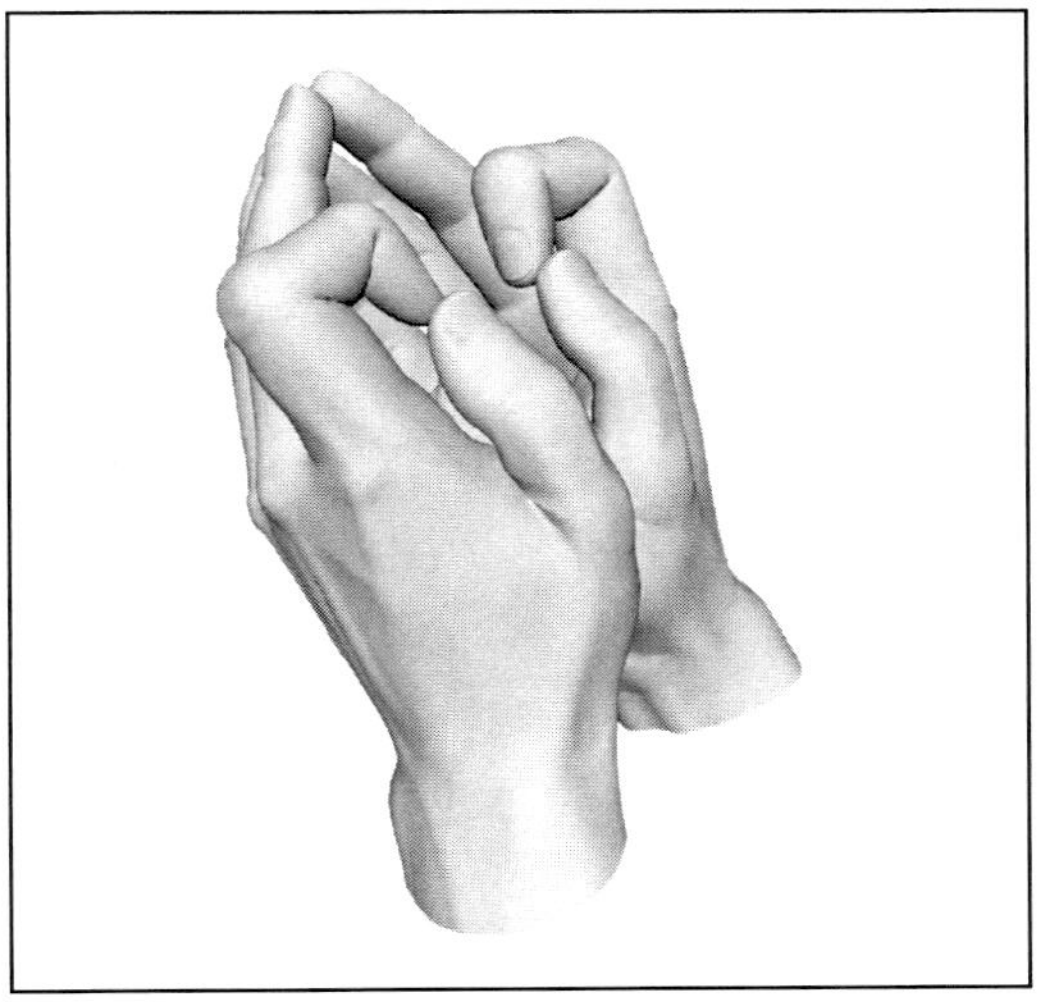

宝篋印陀羅尼経《ほうきょういんだらにきょう》

卒都婆印《そとばいん》

①両手、虚心合掌をする。

②両人差指を屈して、親指の先と付け合わせる。

※卒都婆印ともいい、大慧刀印、大日剣印、無所不至印ともいう。

※塔印ともいい、親指の間を空けるのを開塔印、閉じているのを閉塔印という。

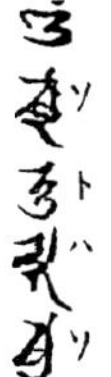

智《ち》拳《けん》印《いん》

①両手、金剛拳にする。
②左の人差指を伸ばし、右拳の小指で左の人差指の第一節を握る。
③右の人差指の先を右の親指の第一節に置く。
※智拳印（四七頁）に同じ。

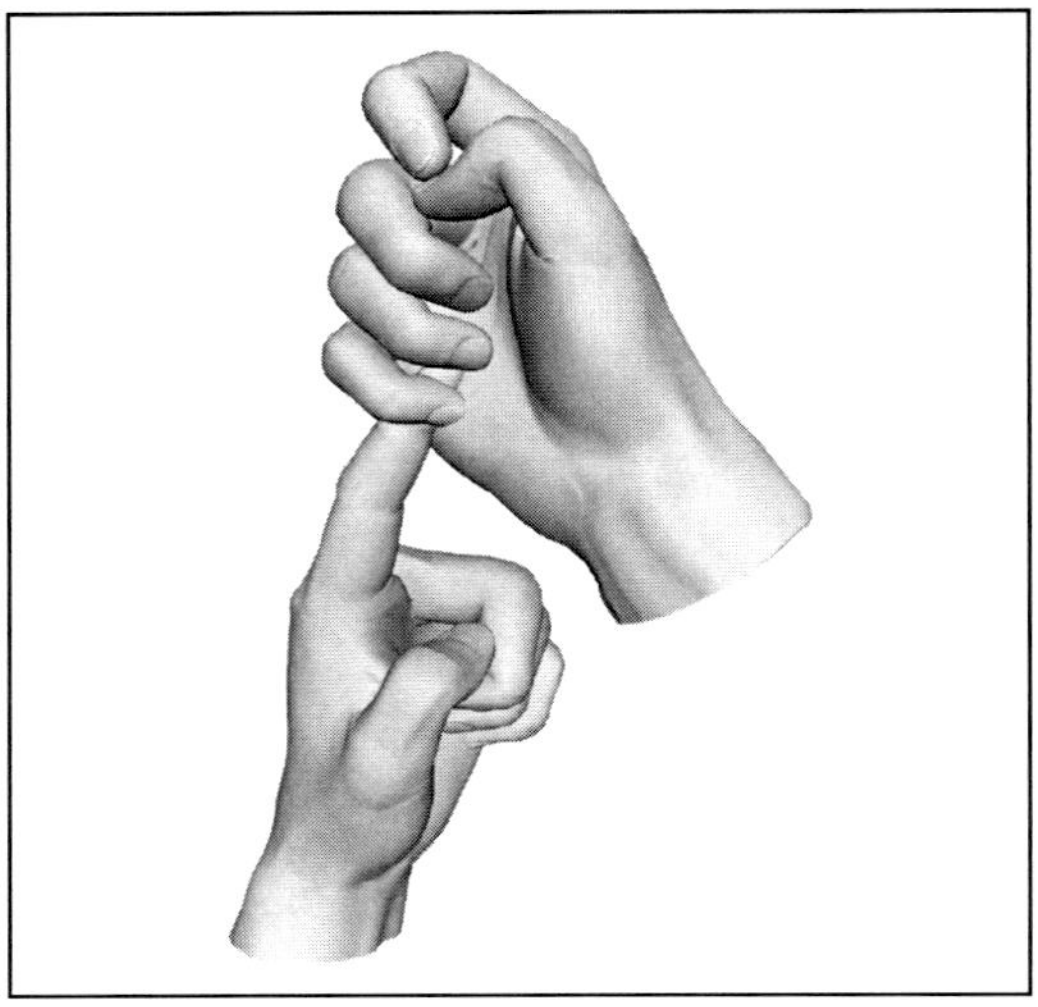

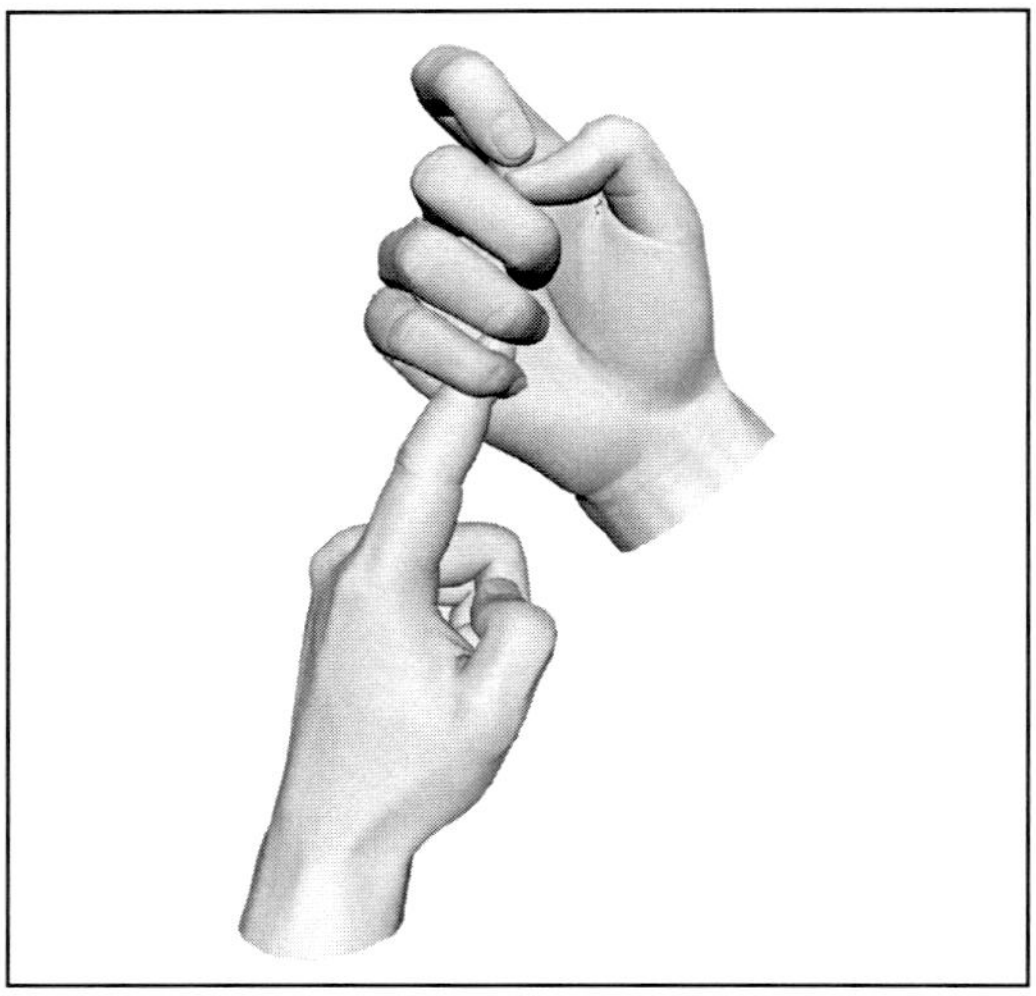

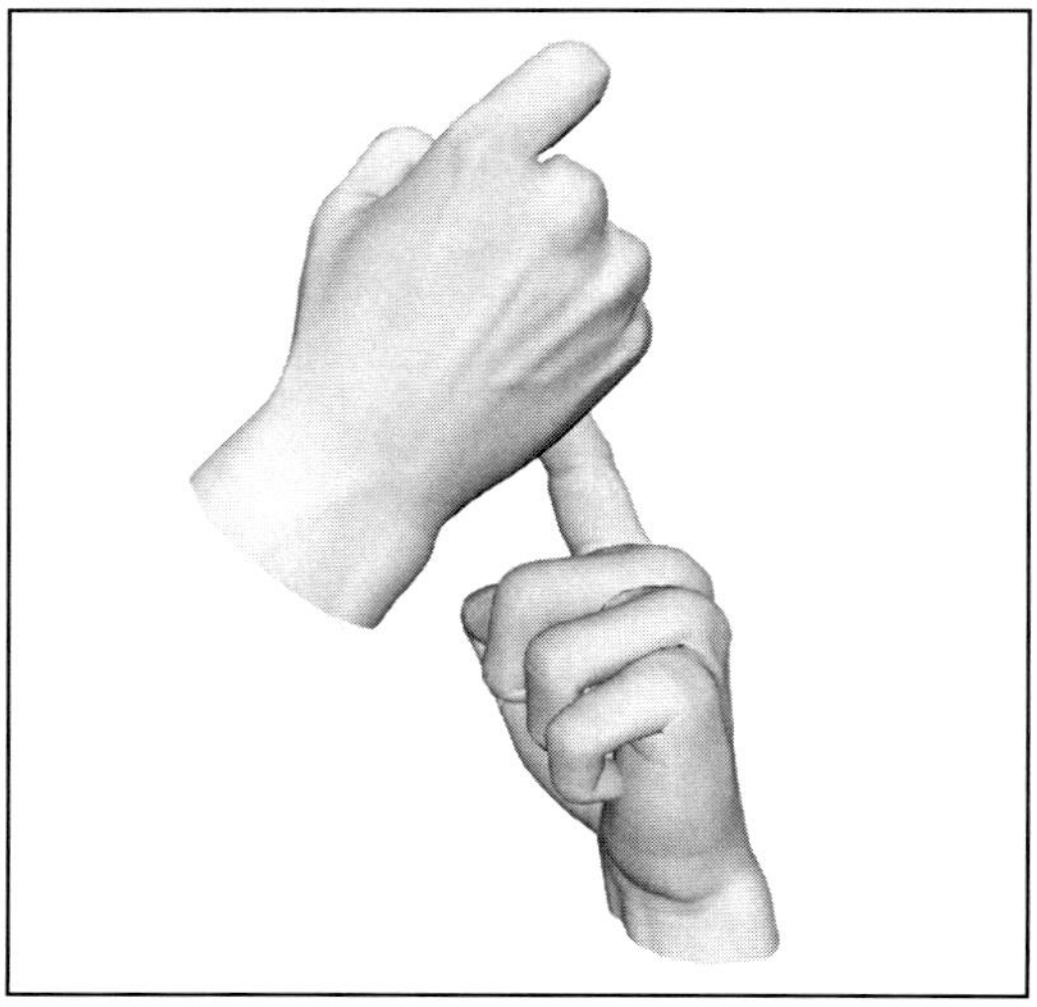

大《だい》悲《ひ》生《しょう》

①右手、花の茎を持つように、親指で人差指を捻じる（持花印）。
②他の三指は伸べ散らす。

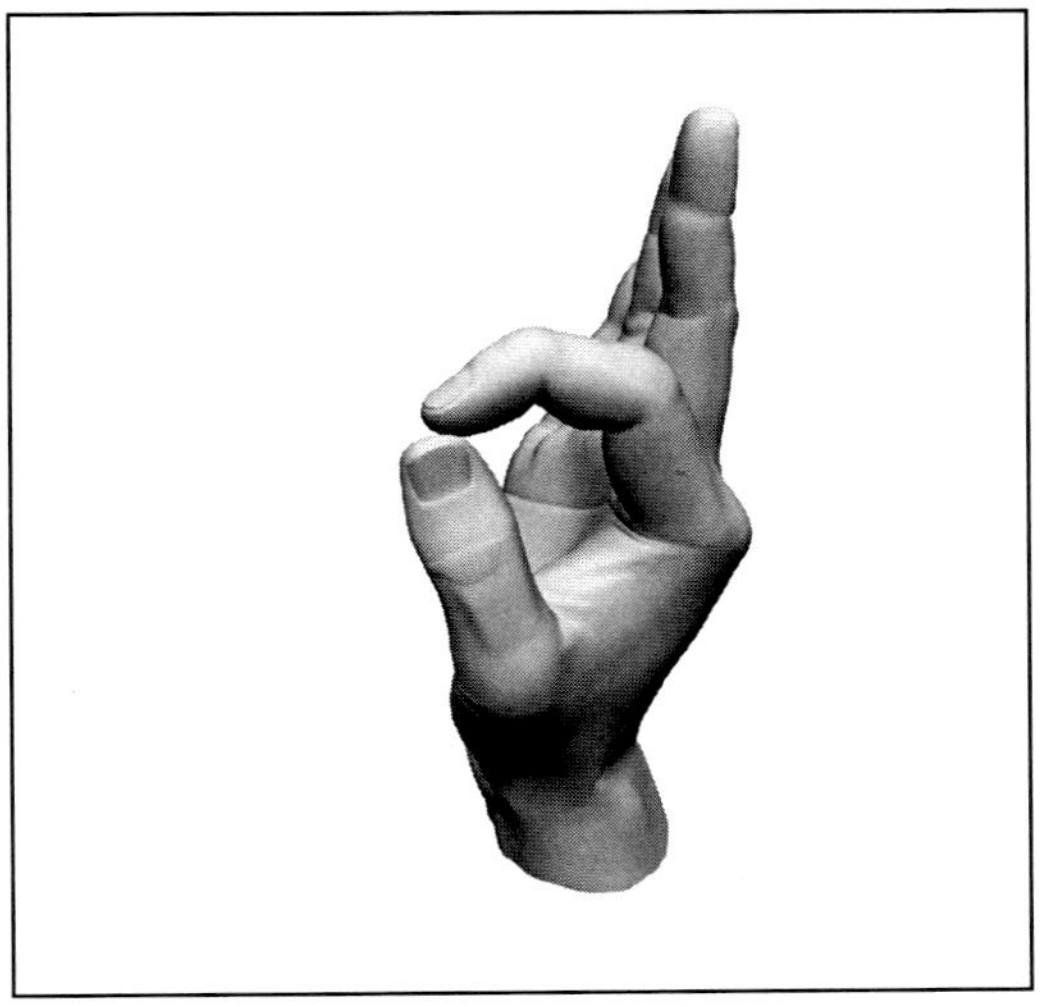

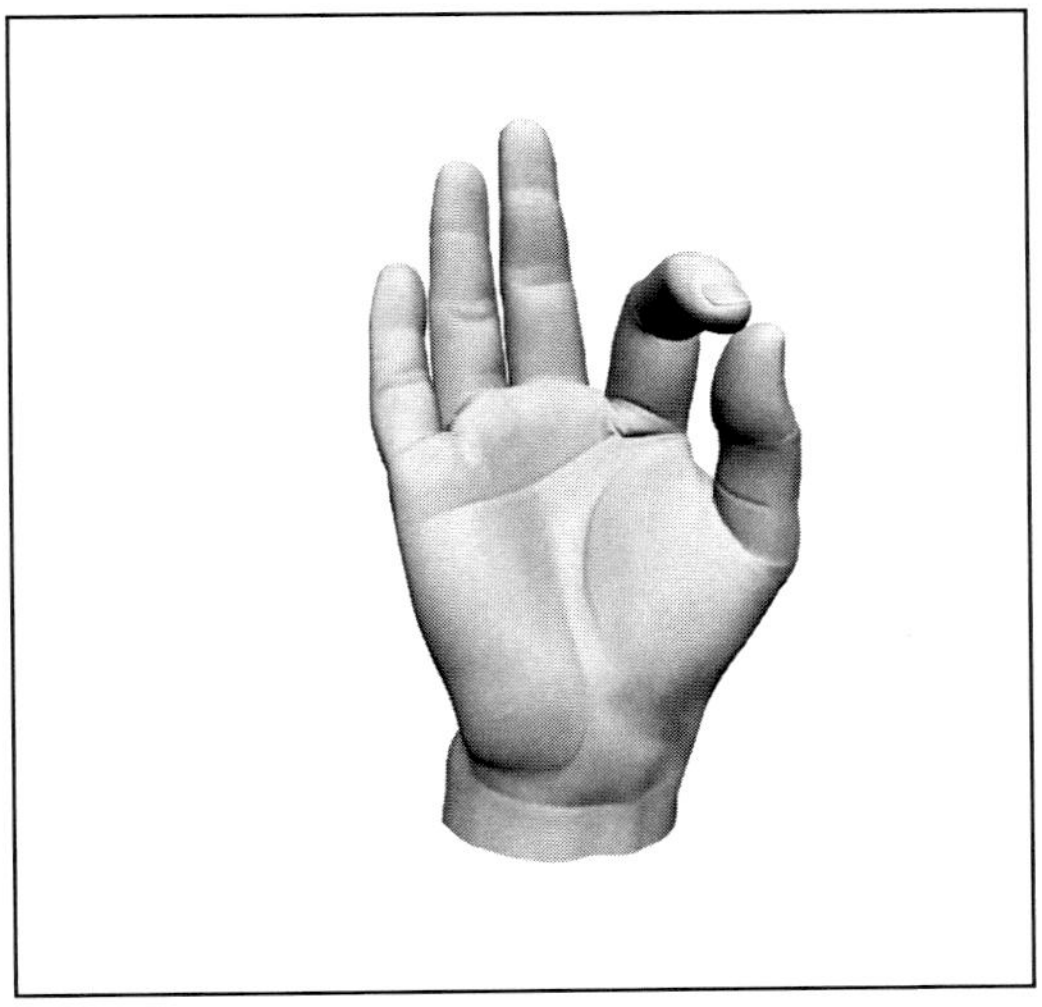

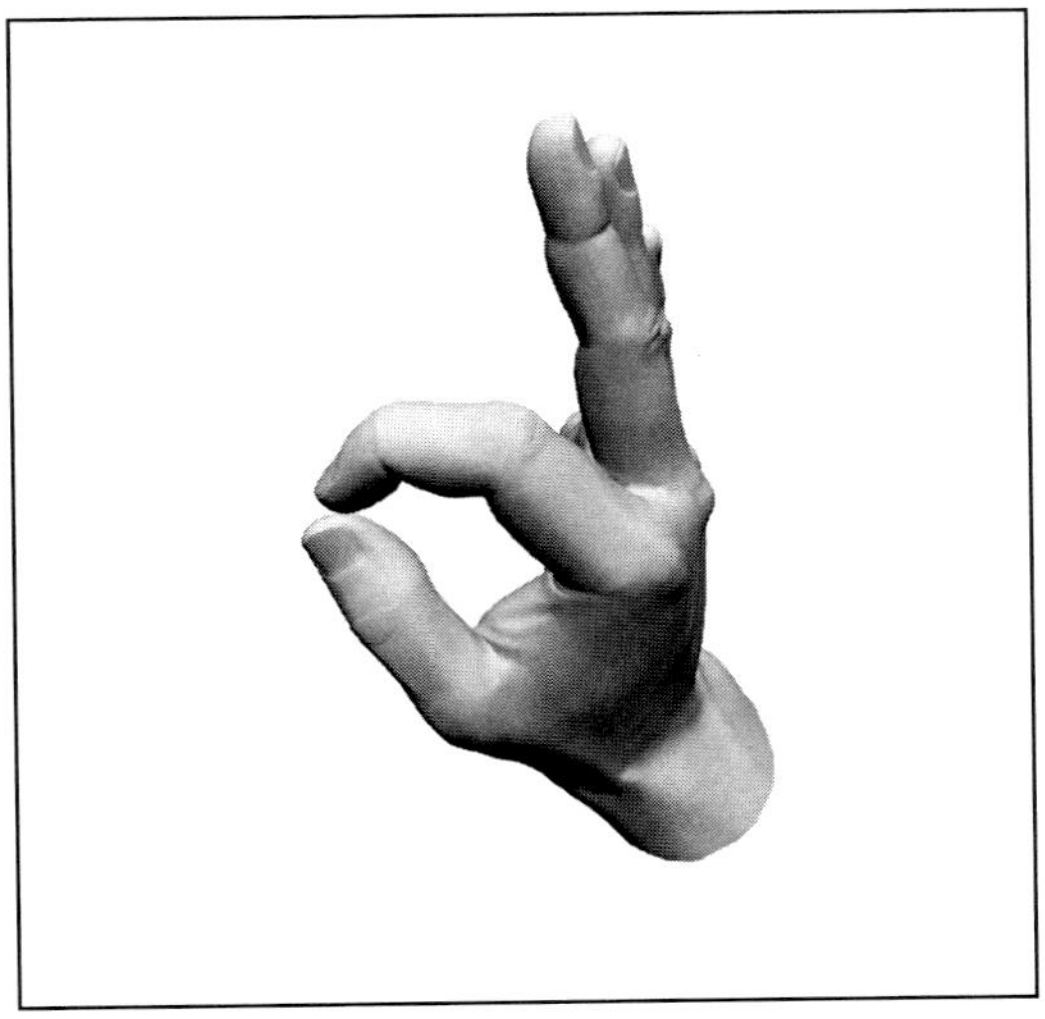

金剛蔵《こんごうぞう》

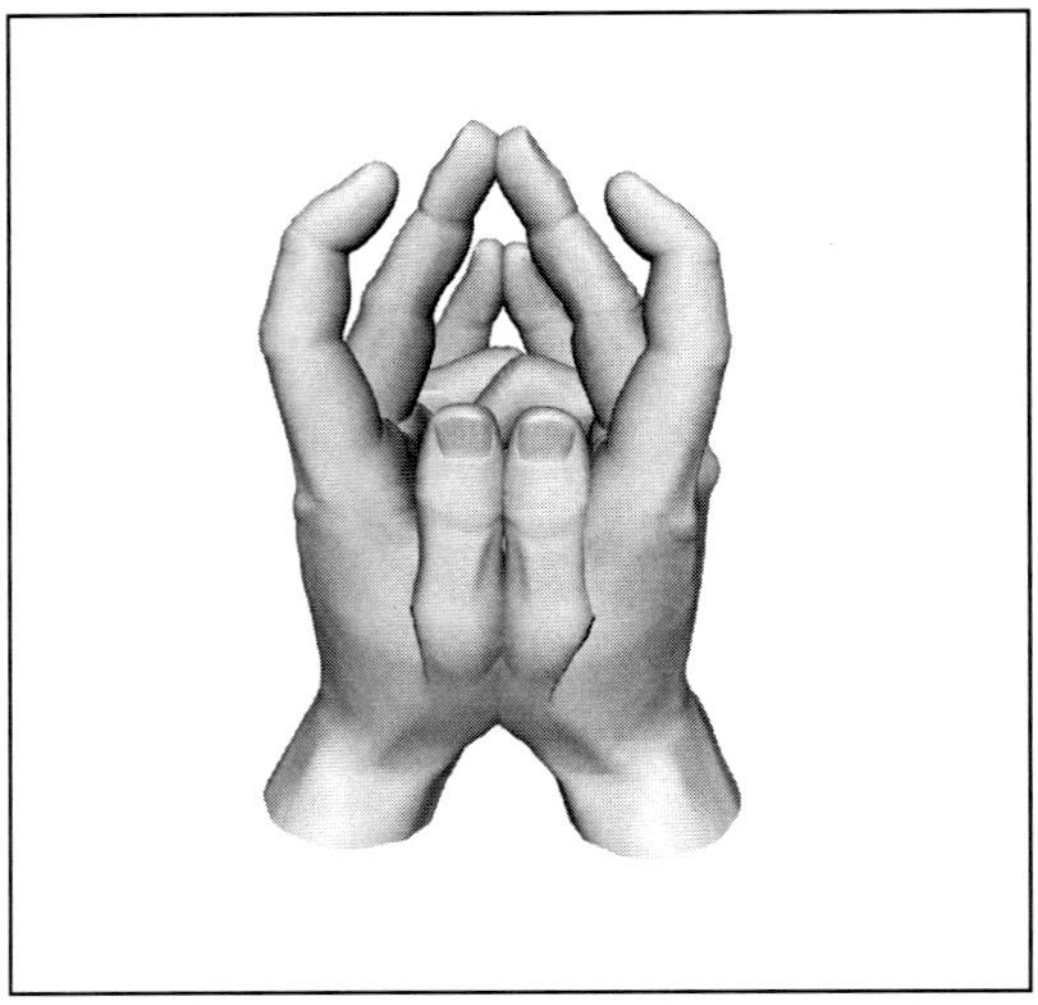

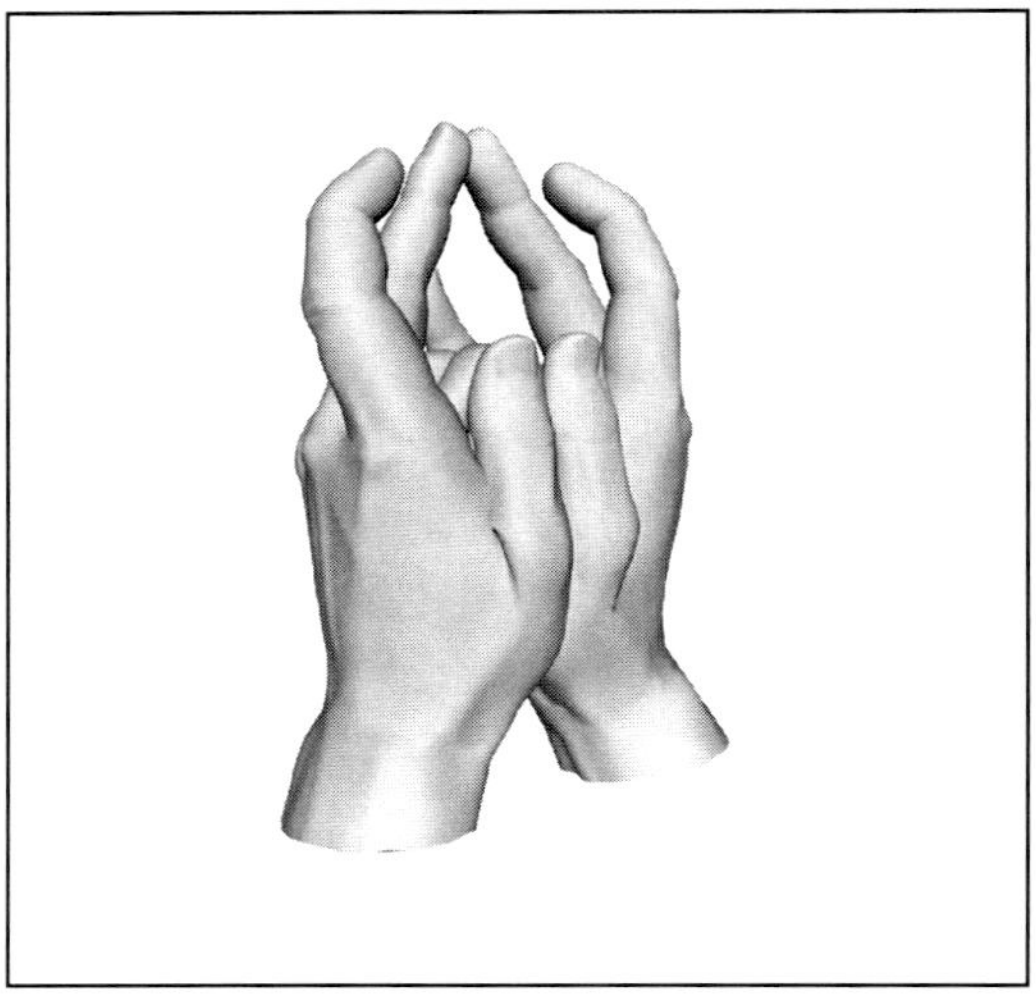

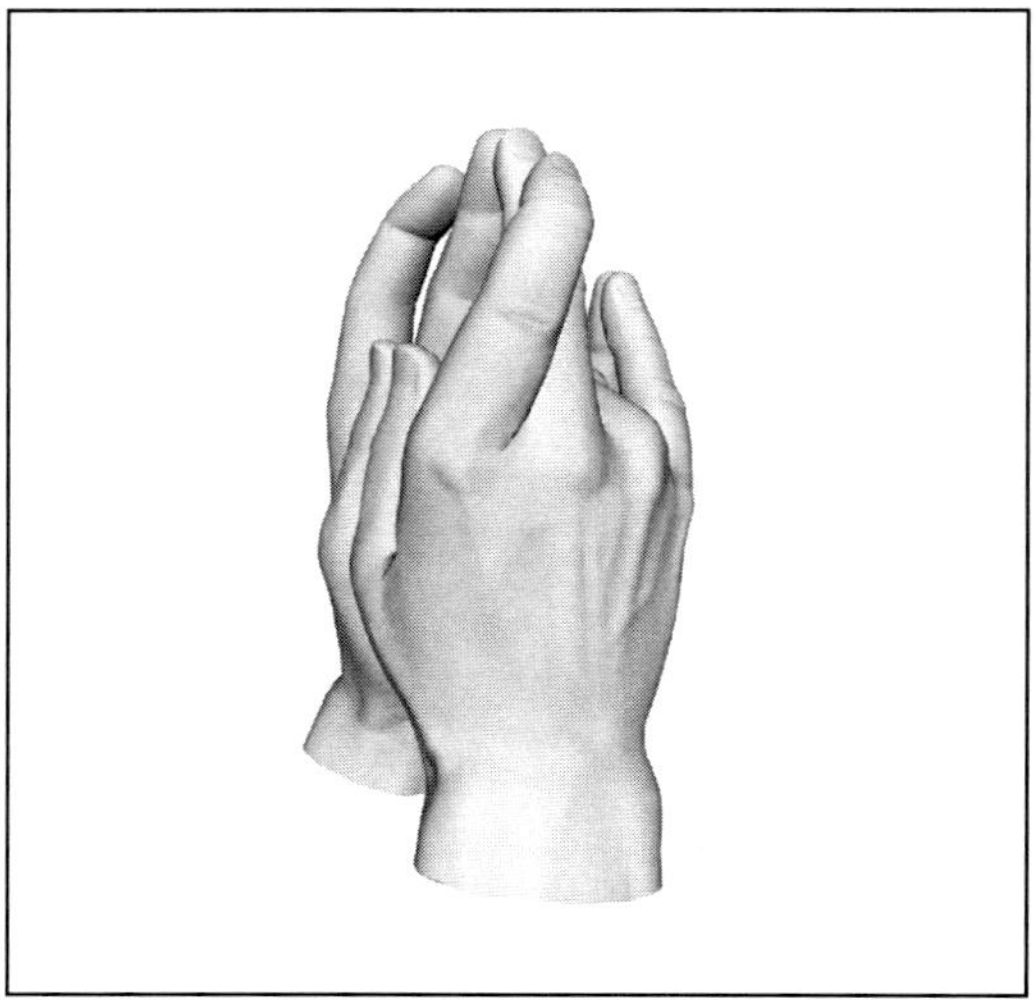

①両手、内縛する。
②両小指、中指は立て合わせる。
③両人差指は立てて屈し、中指の側にまわし、中指には付けない。
④両親指は並び立てる。

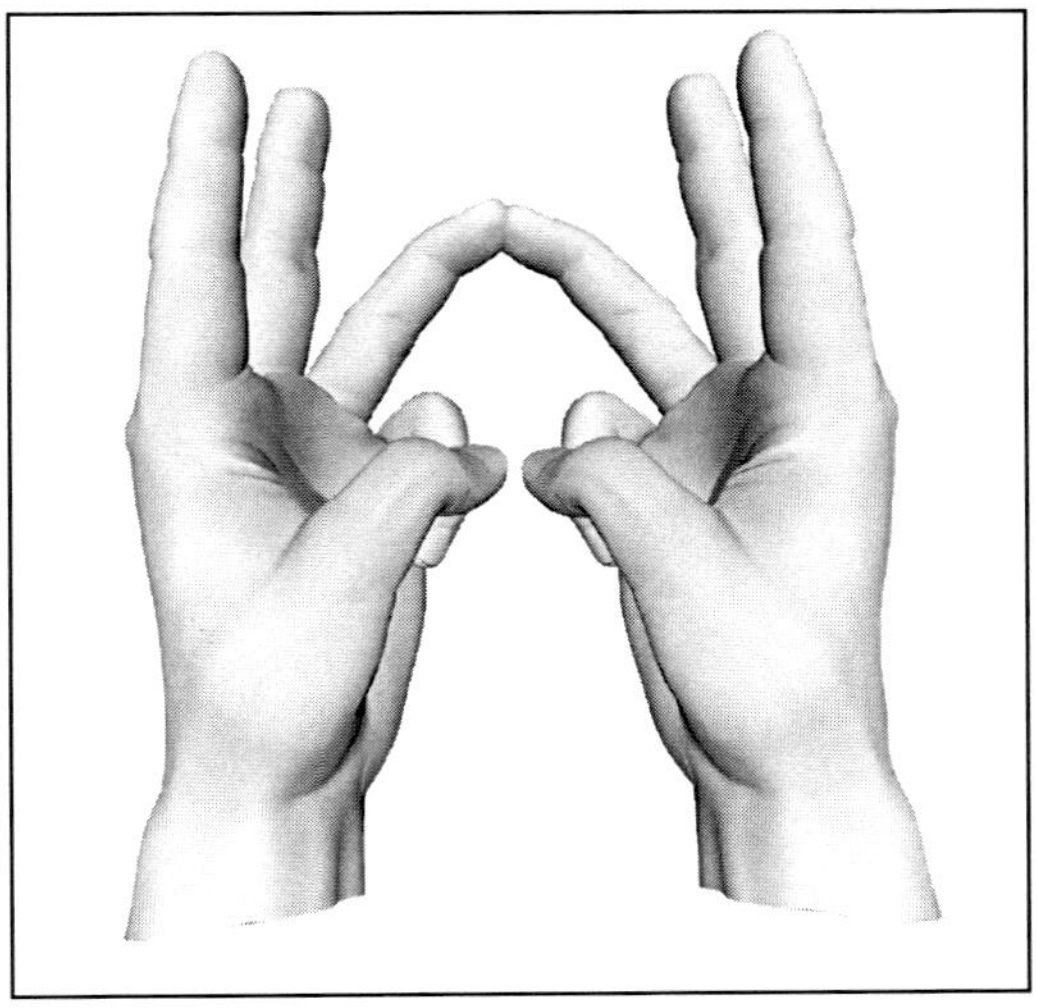

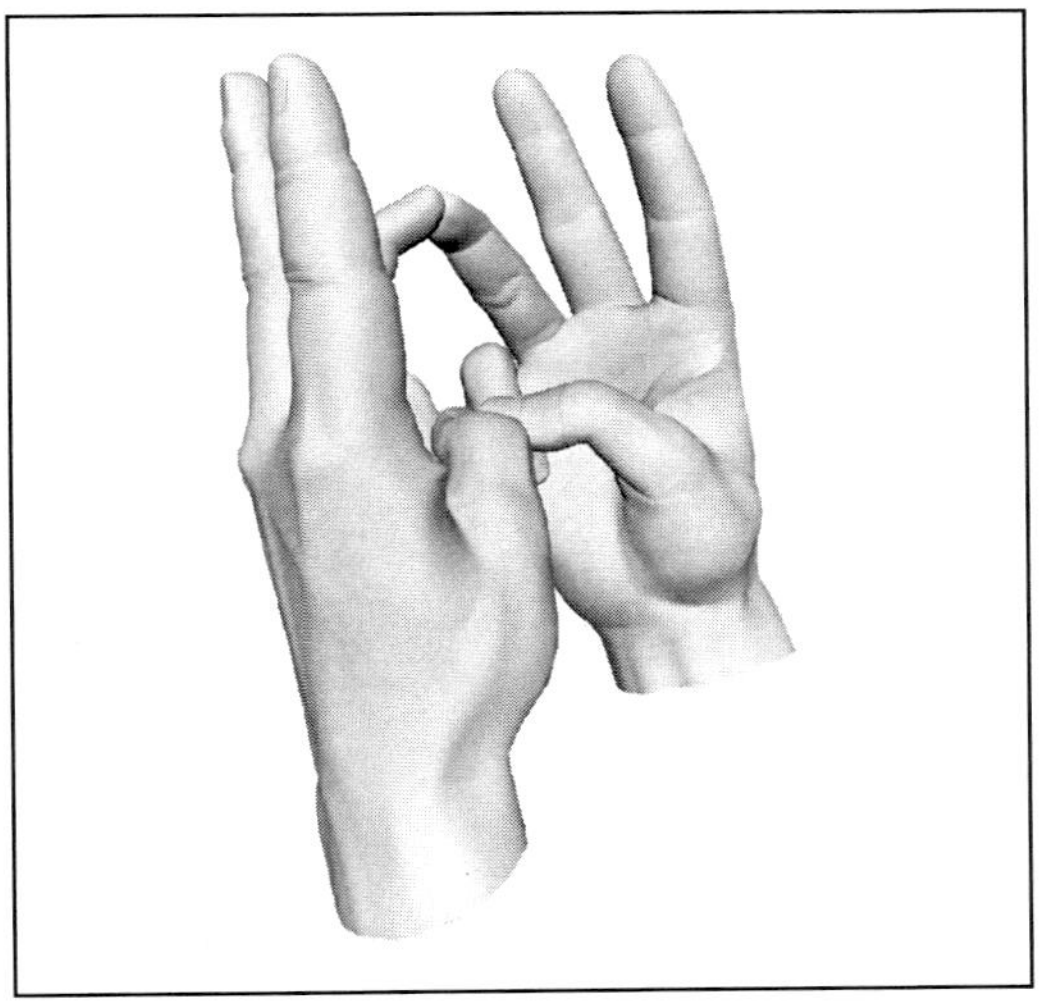

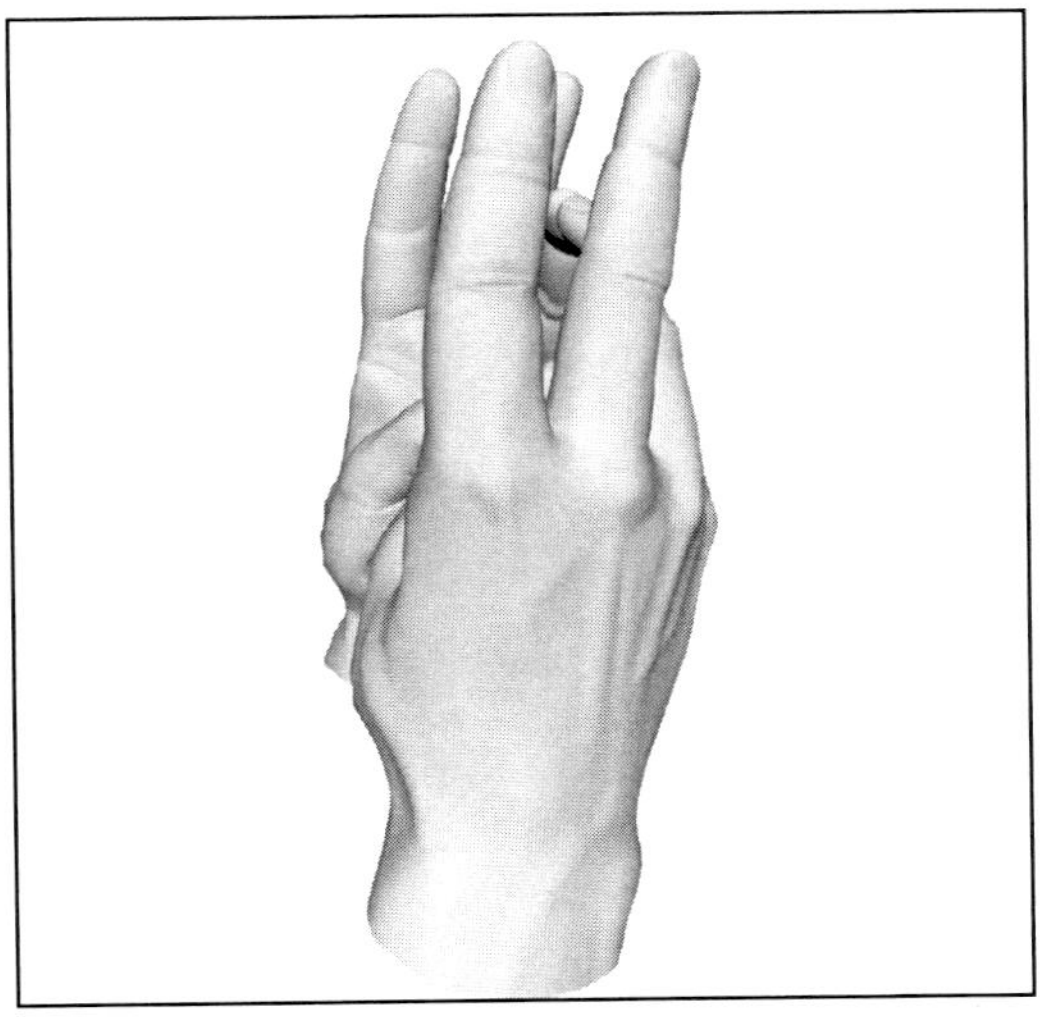

金剛蔵《こんごうぞう》二

①両手、掌を相向けて、並び立てる。
②両小指、親指を屈して掌中に入れ、親指で小指の甲を念じる。
③両薬指は先を付け合わせて相支える。
④両中指、人差指は直ぐ立て、両指の間は開ける。

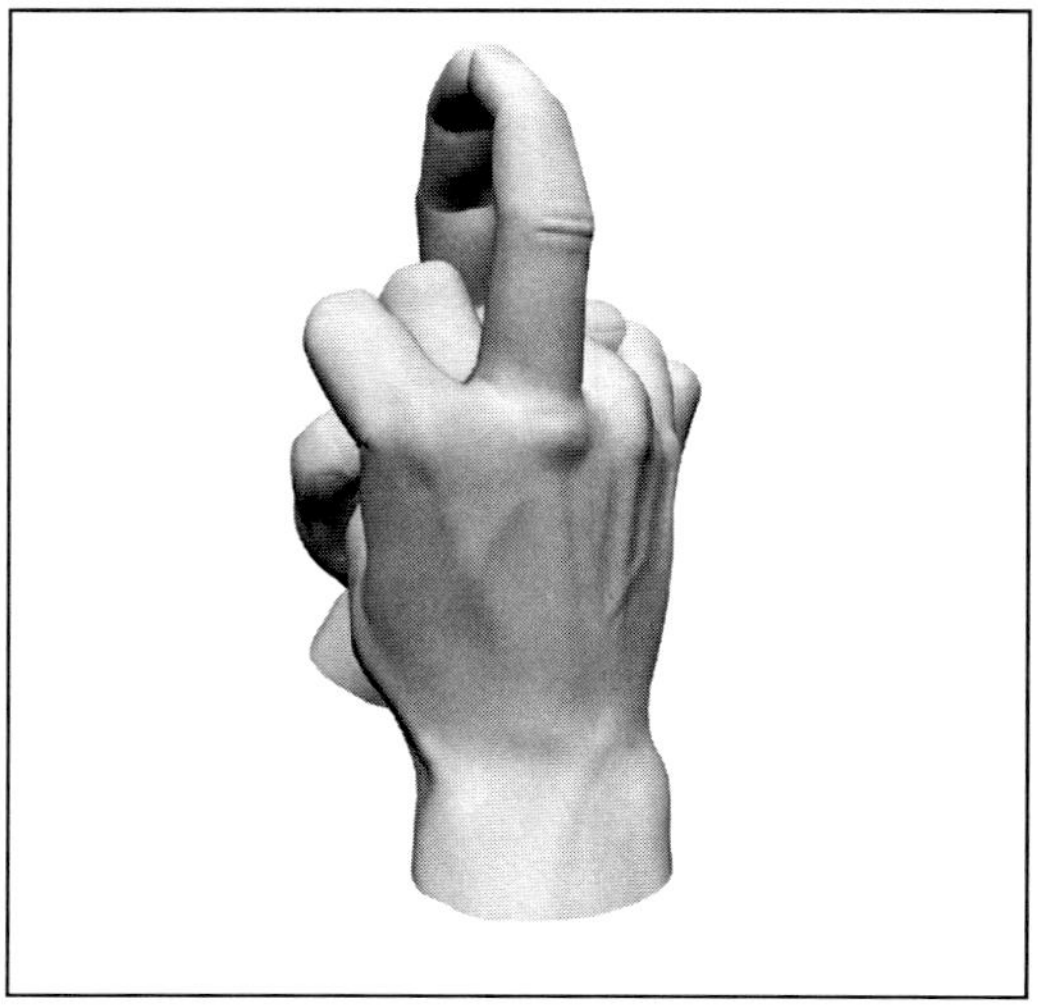

縁《えん》覚《がく》

①両手、内縛する。
②両中指を立て、やや屈して先を付け合わせる。
※前出（七五頁）。

声《しょう》聞《もん》梵《ぼん》篋《きょう》印《いん》

①左手を仰げて横にして伸ばし、その上を、右手を伏せて同様にして覆う。

※梵篋印（七九頁）に同じ。

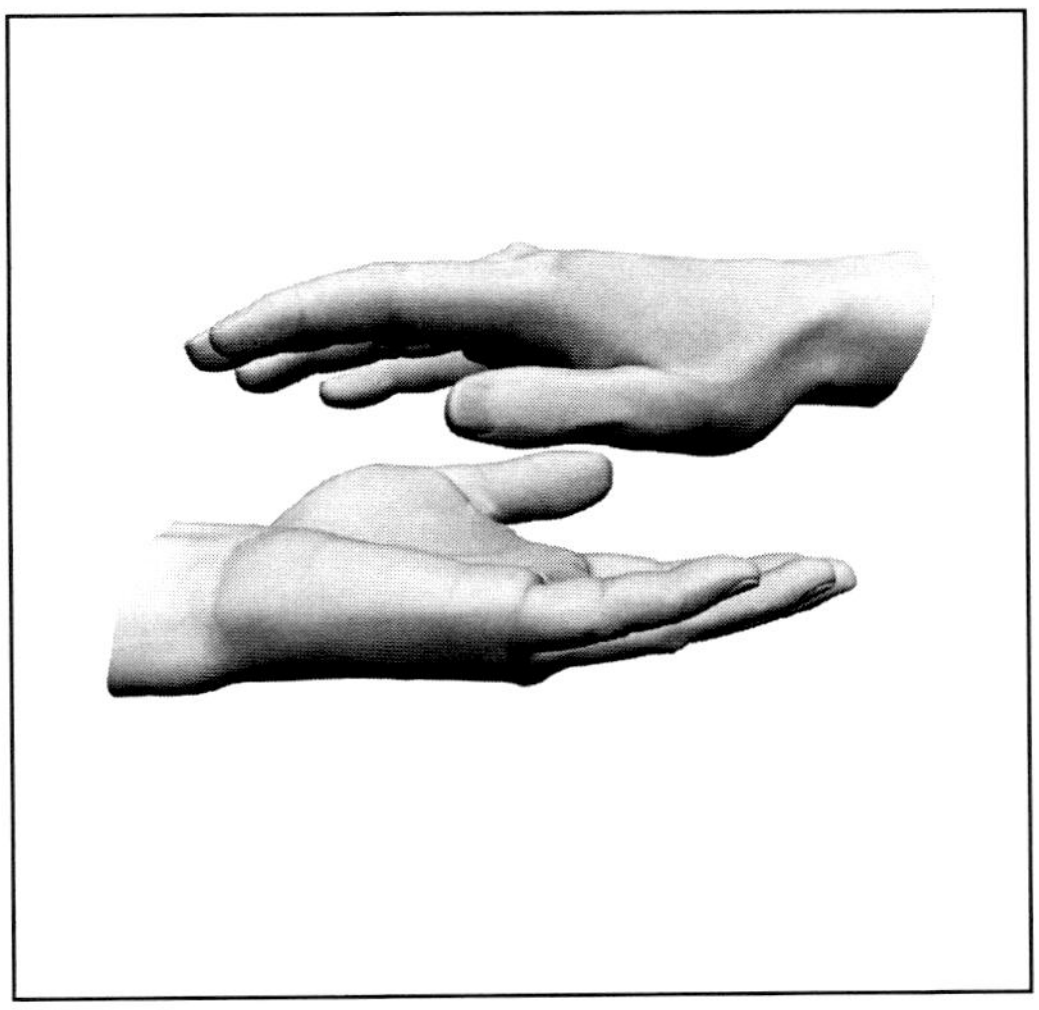

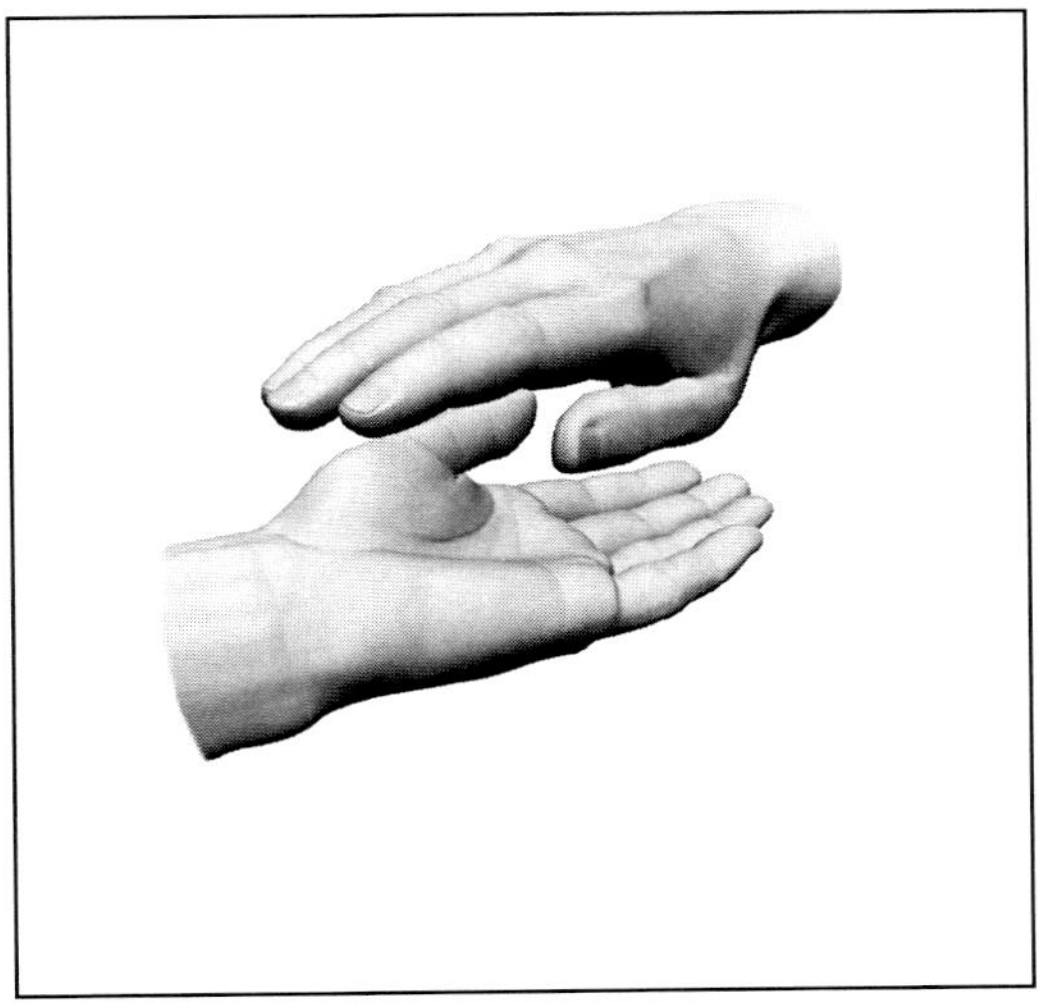

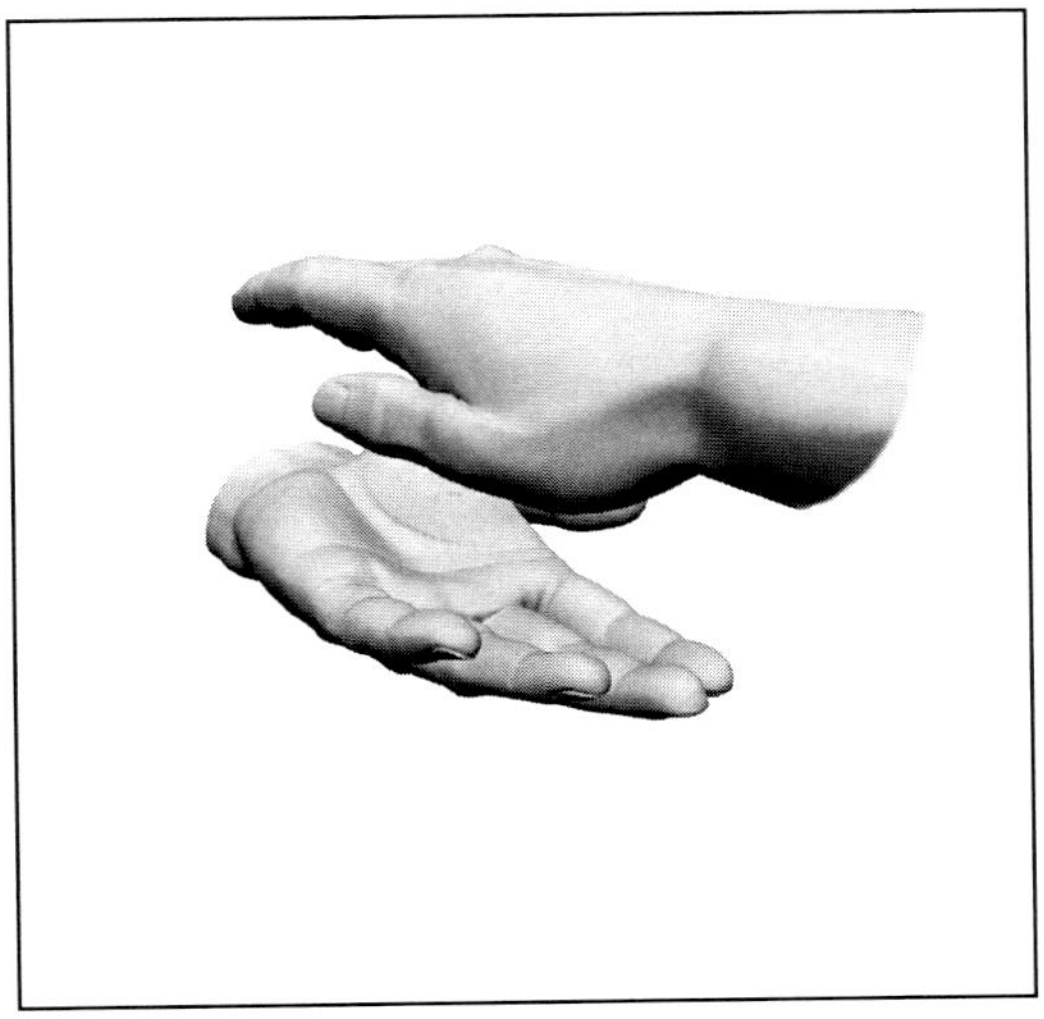

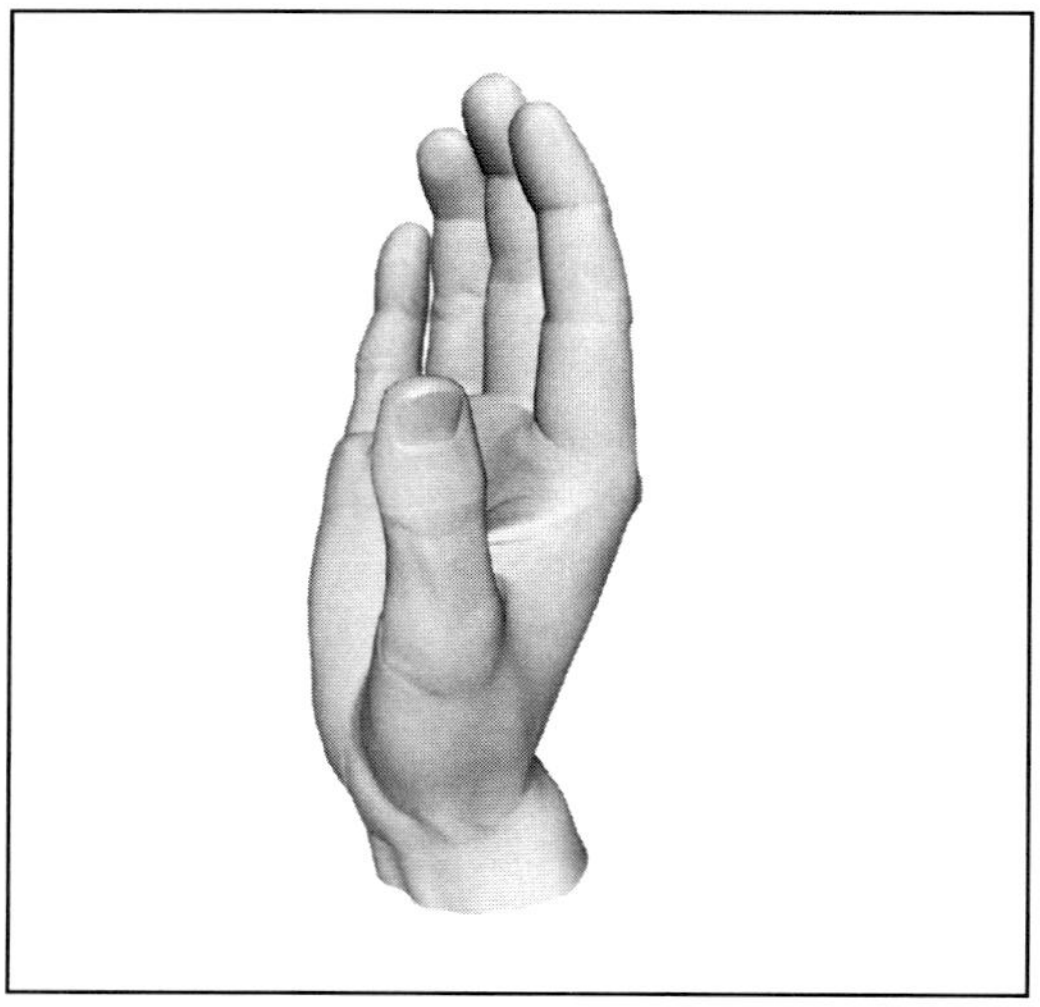

金剛随心《こんごうずいしん》

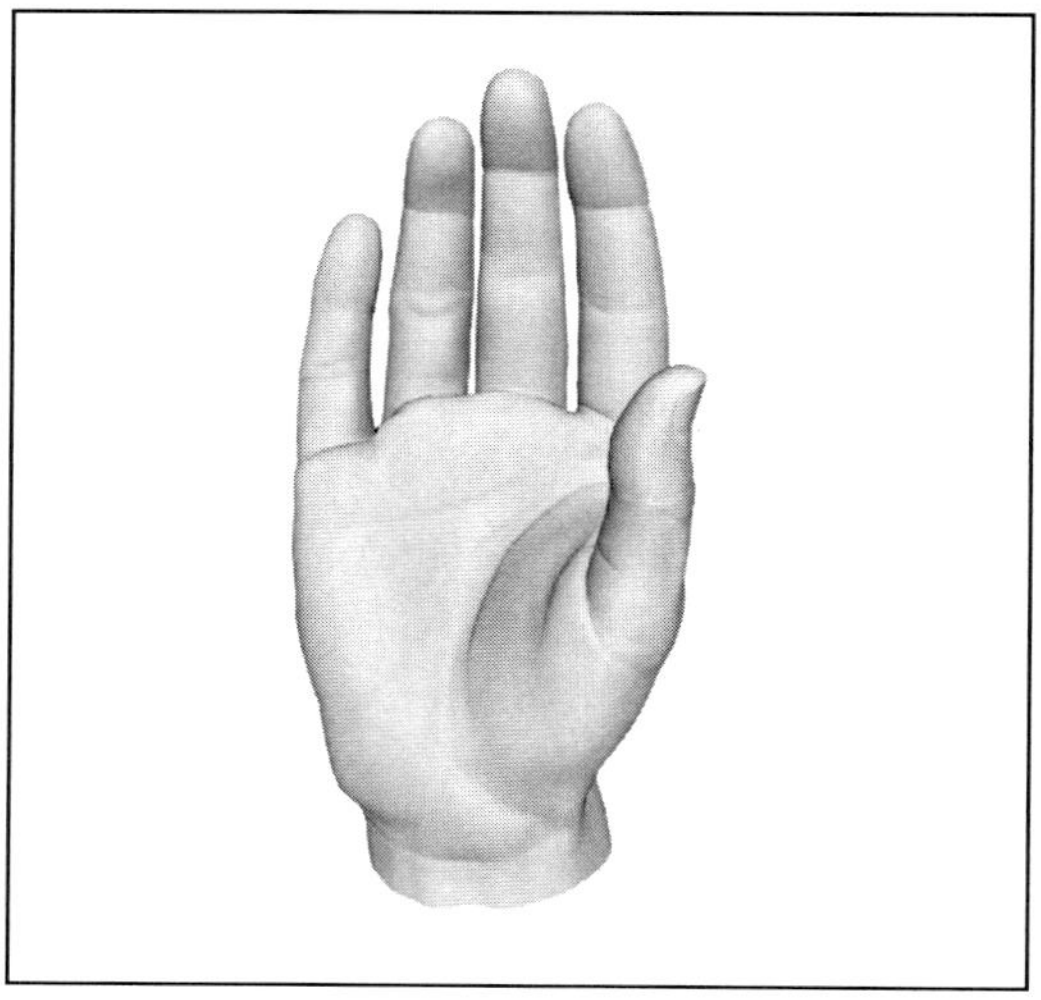

①右手を立てる。

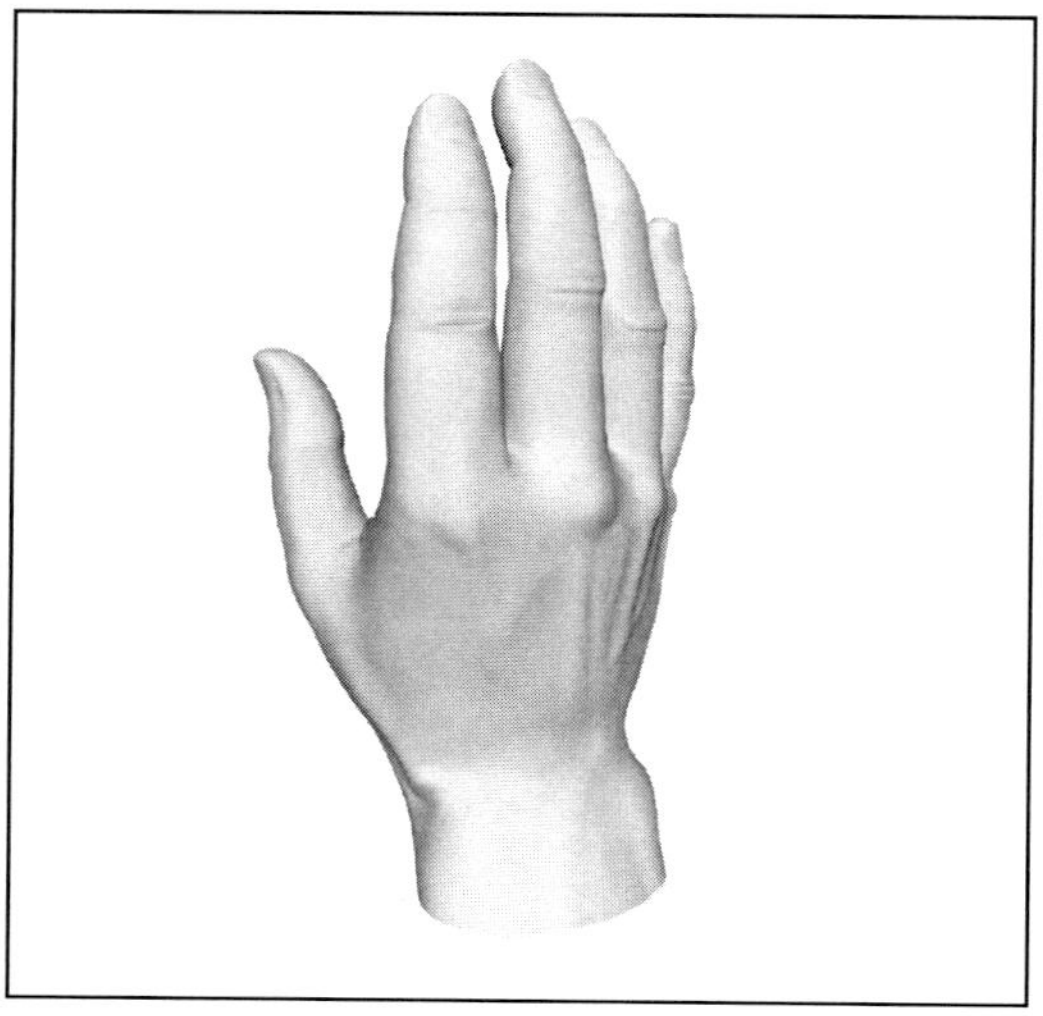

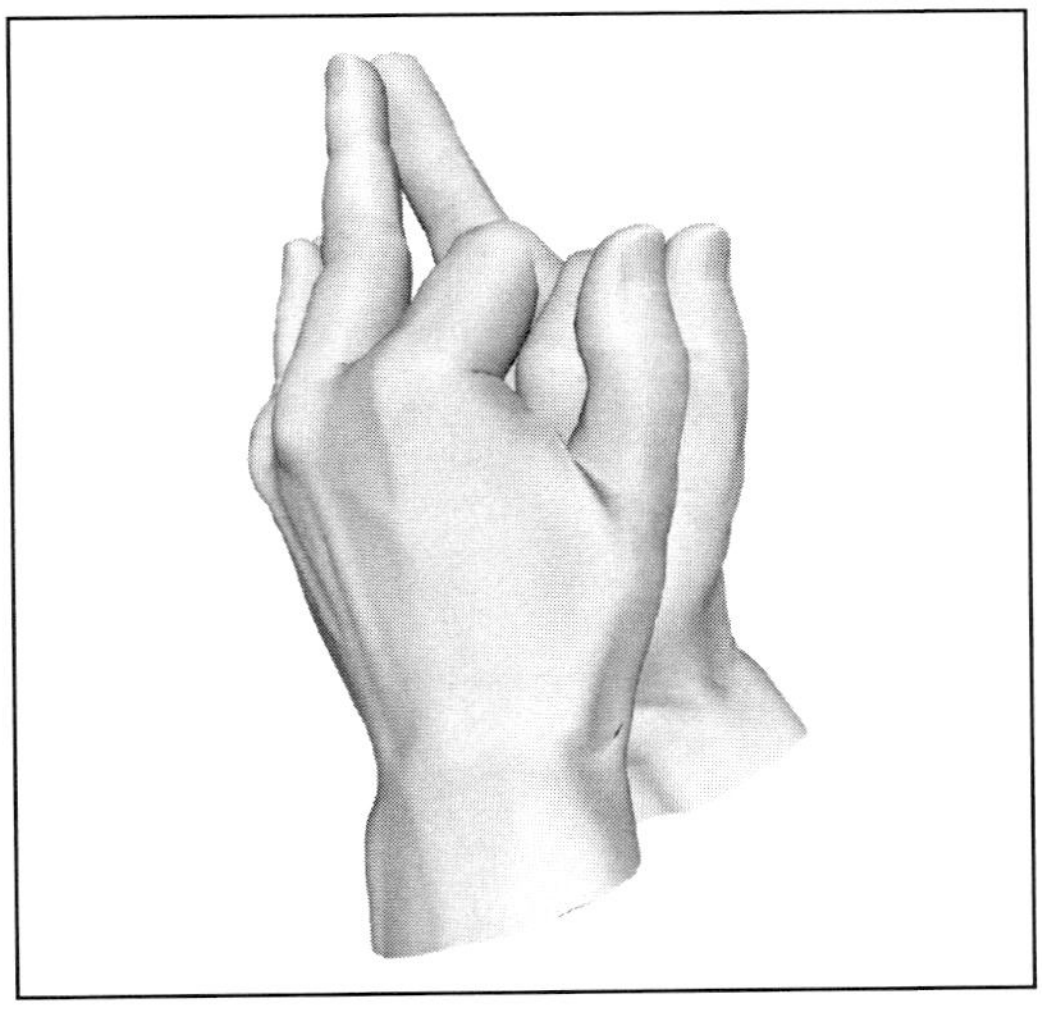

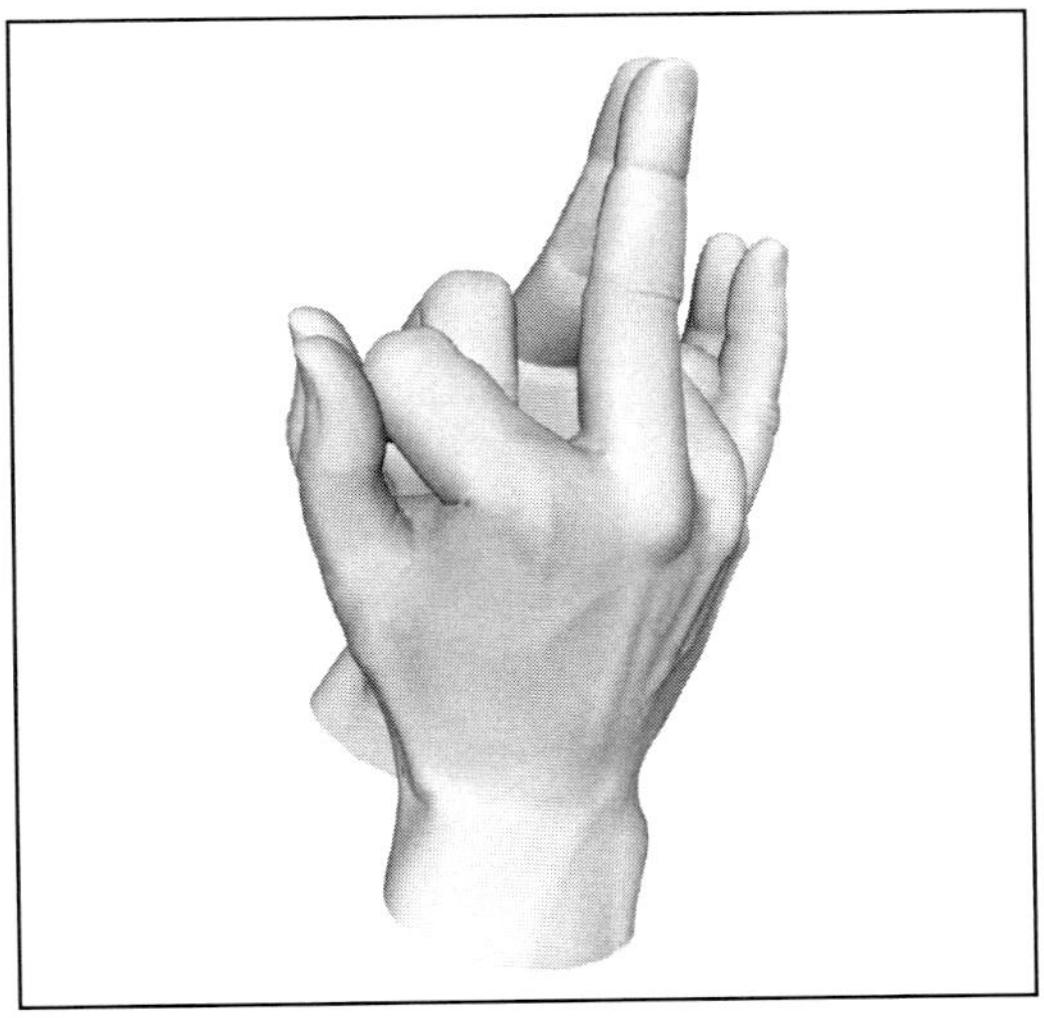

麼《ま》莫《ま》鶏《けい》

①両手、内縛する。
②両小指、中指を立て合わせる。
③両親指は並び立てる。

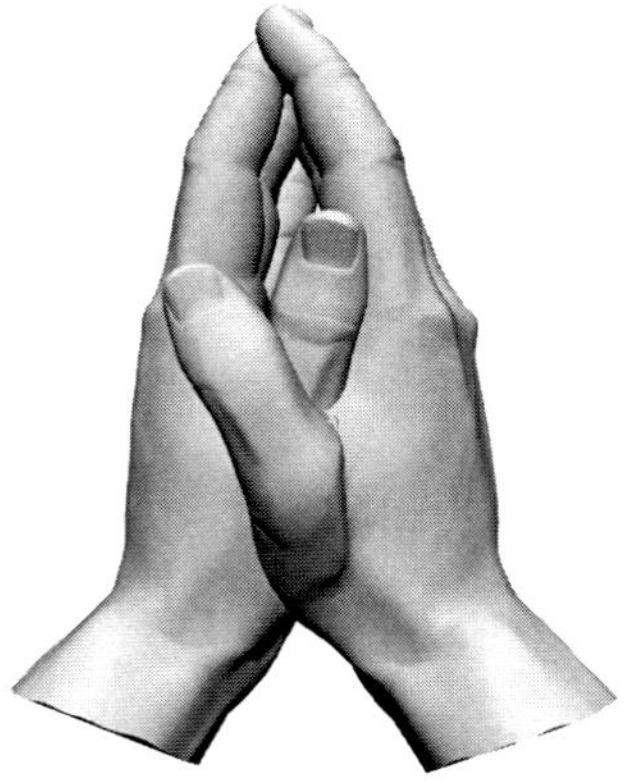

摩《ま》訶《か》迦《か》羅《ら》

①両手、虚心合掌をする。

②右を手前にして、指先を交差させる。

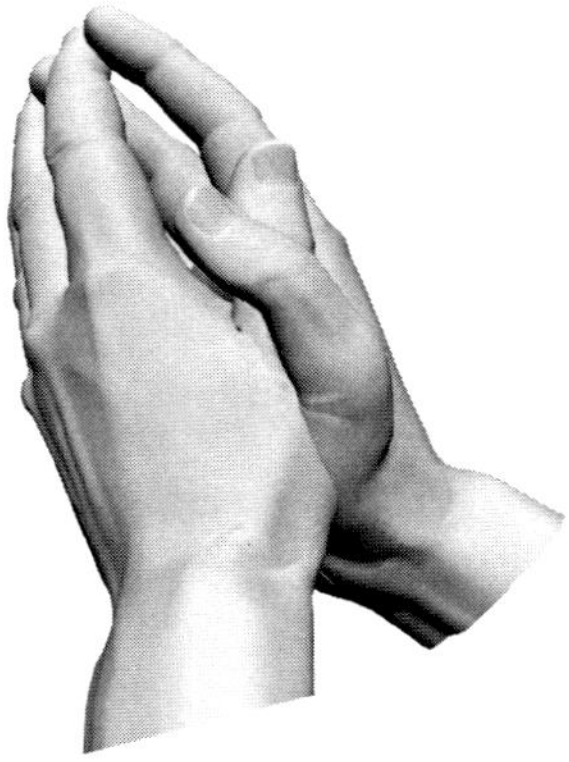

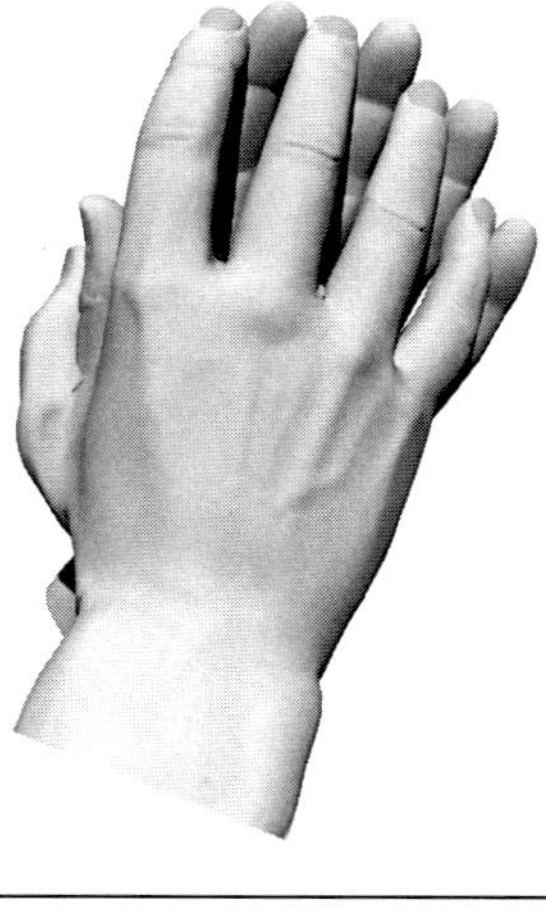

大黒天神《だいこくてんじん》

①両手、内縛する。
②両小指、薬指を開きたて、三度来去する。
③三度の来去は、鬼神を招き降伏する義である。

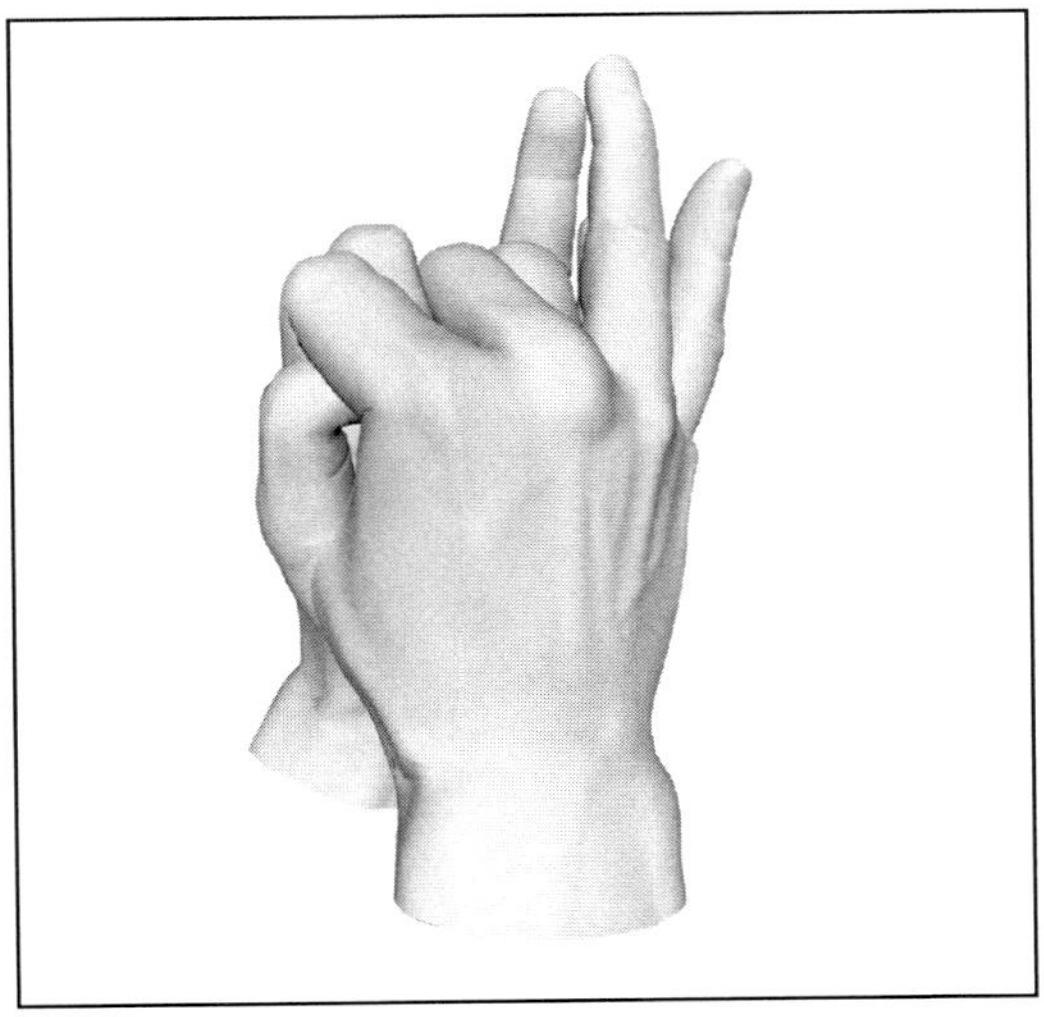

太山府君《たいざんふくん》

①両手、合掌する。
②右を手前にして、指先を交差させる。
※前出（二七九頁）。

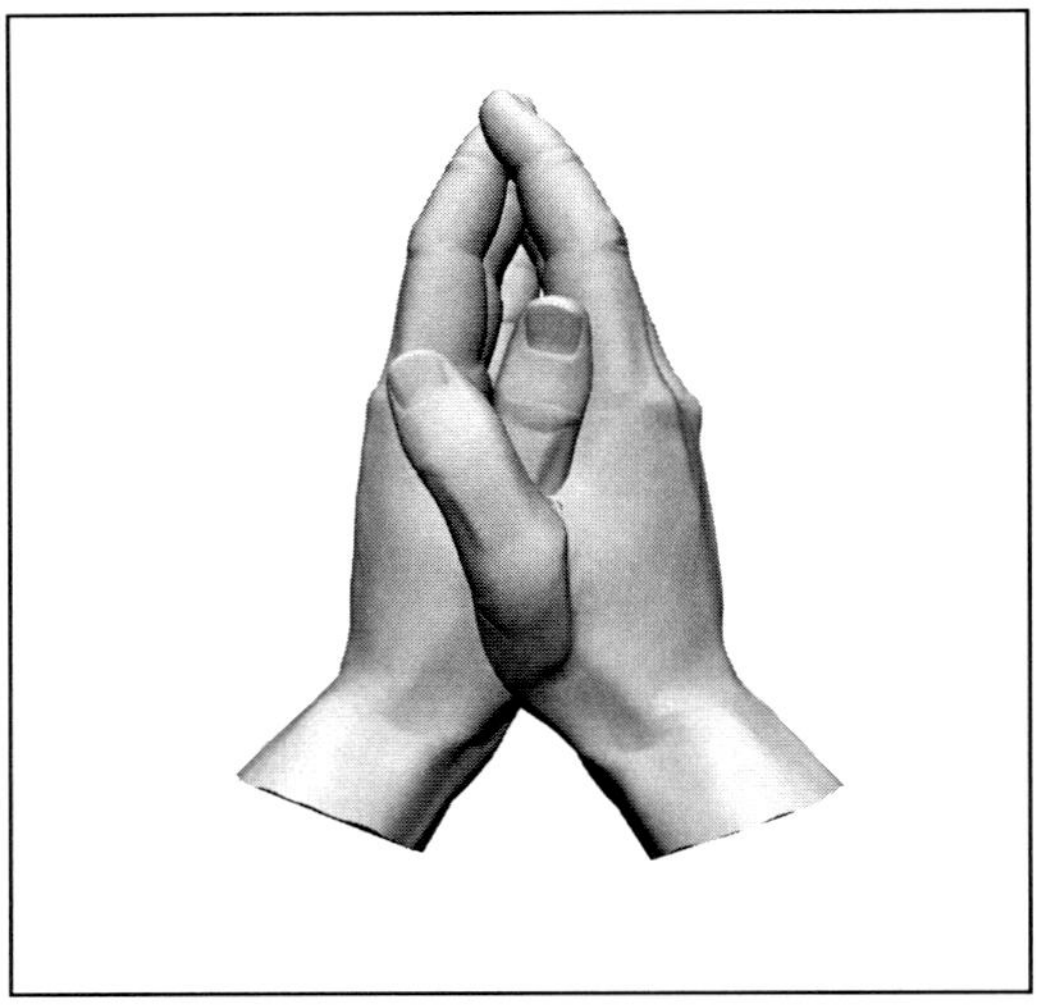

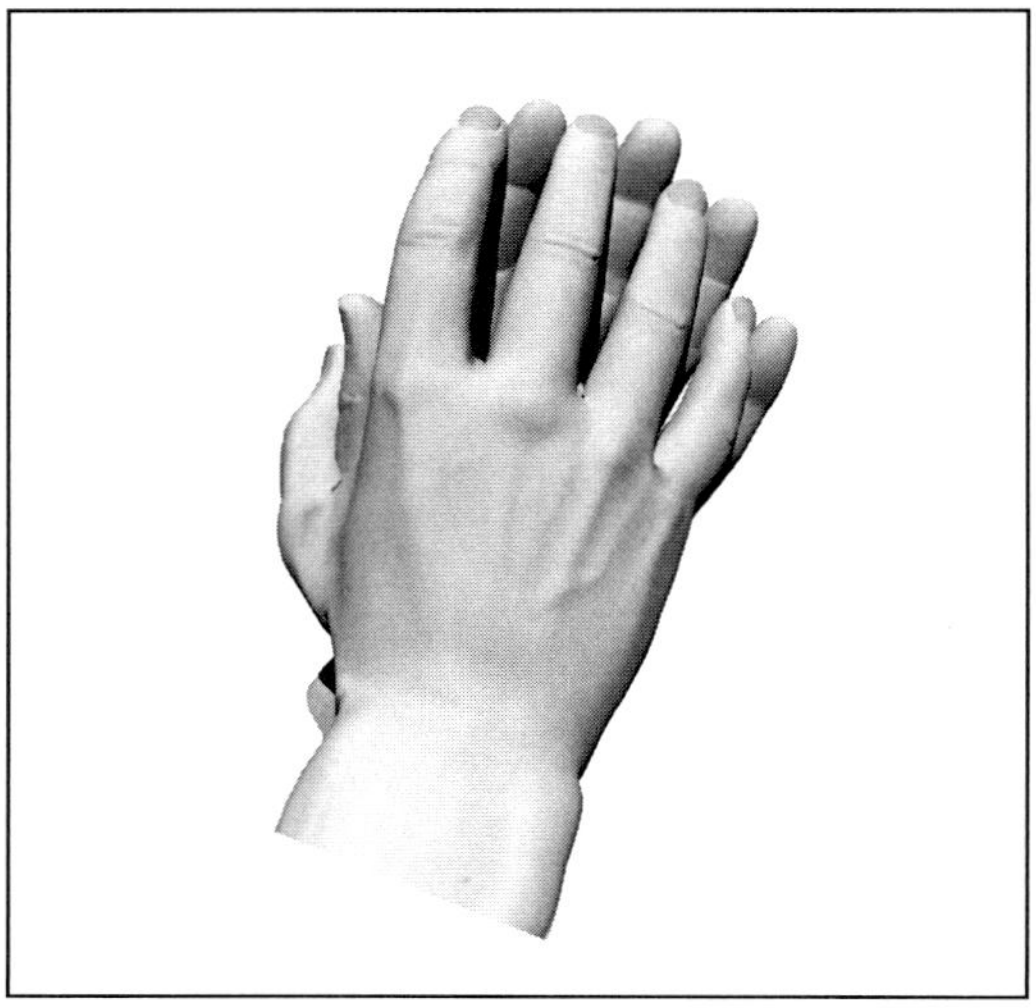

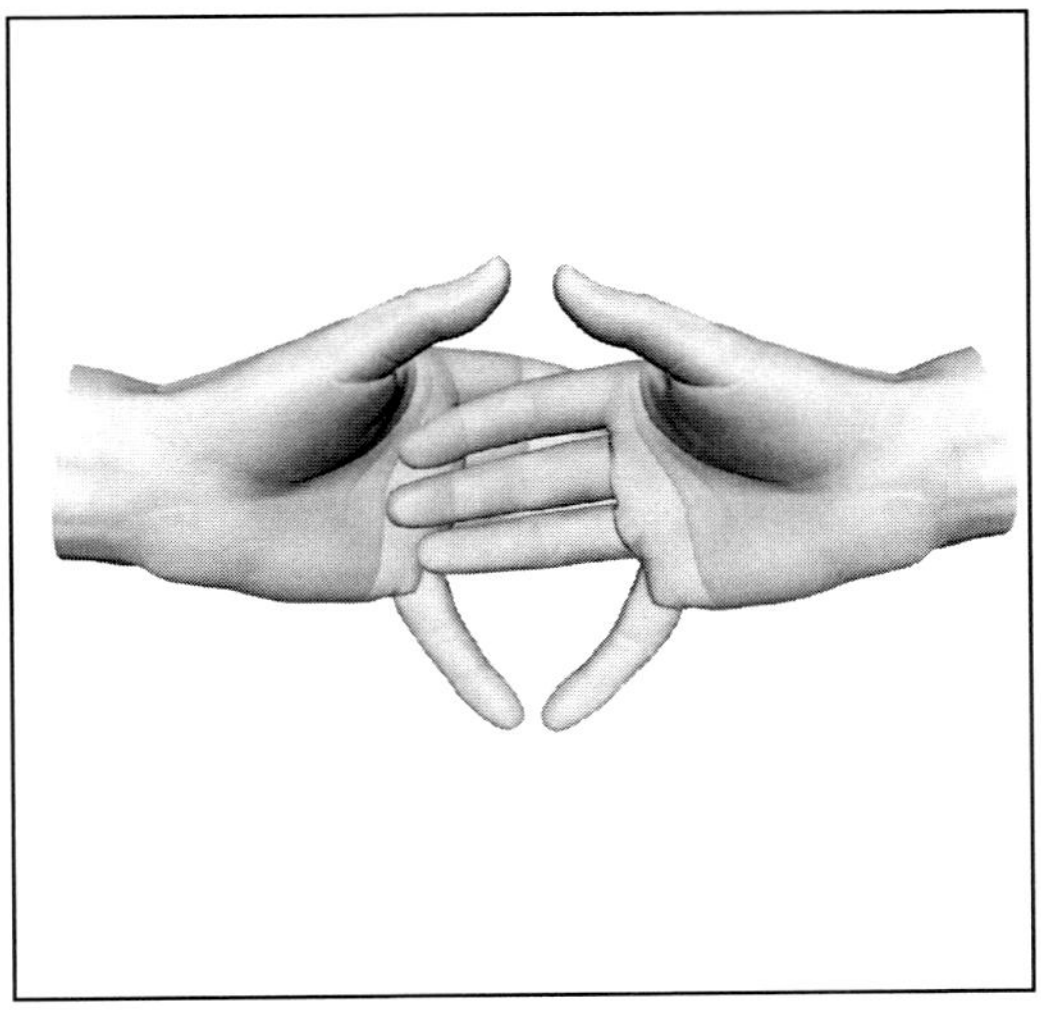

結《けち》印《いん》

①左手の上に右手を乗せる。
②両親指と小指は開く。

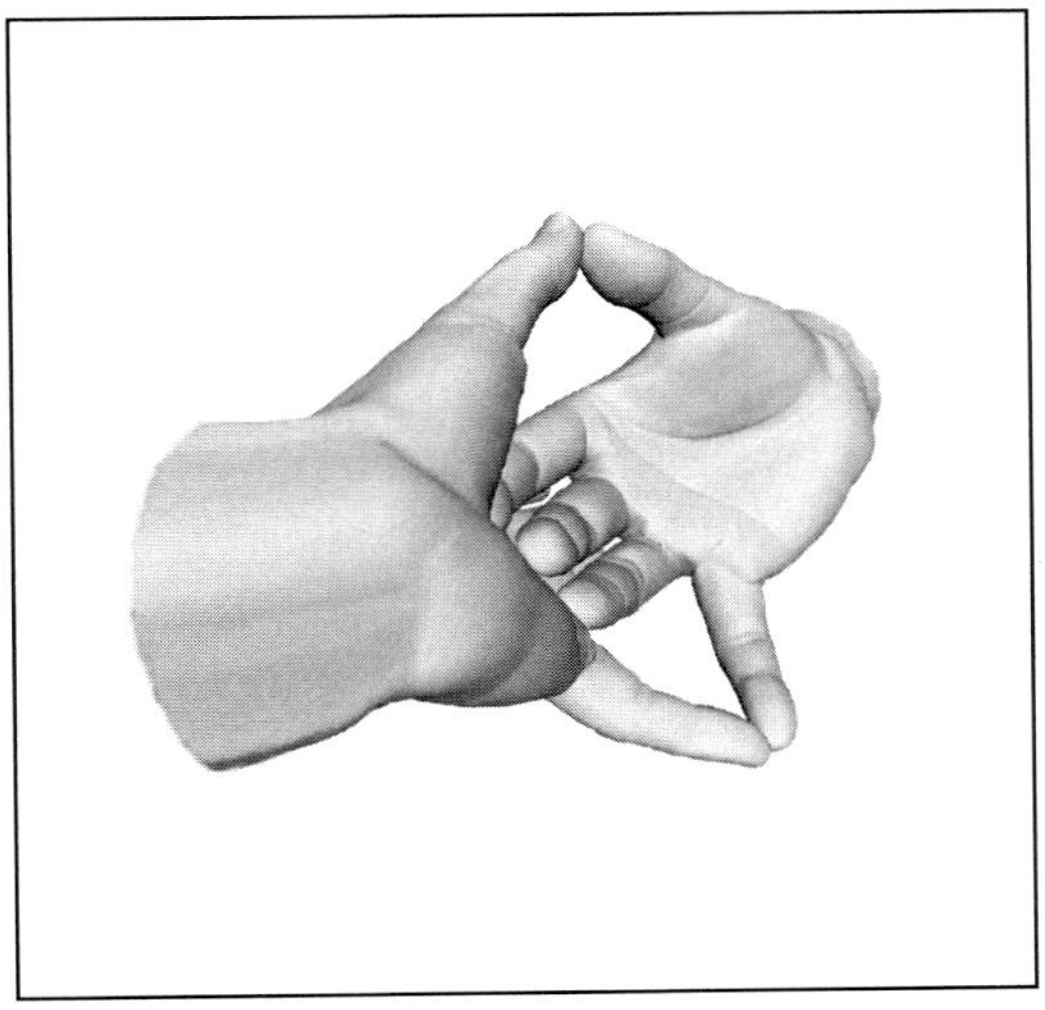

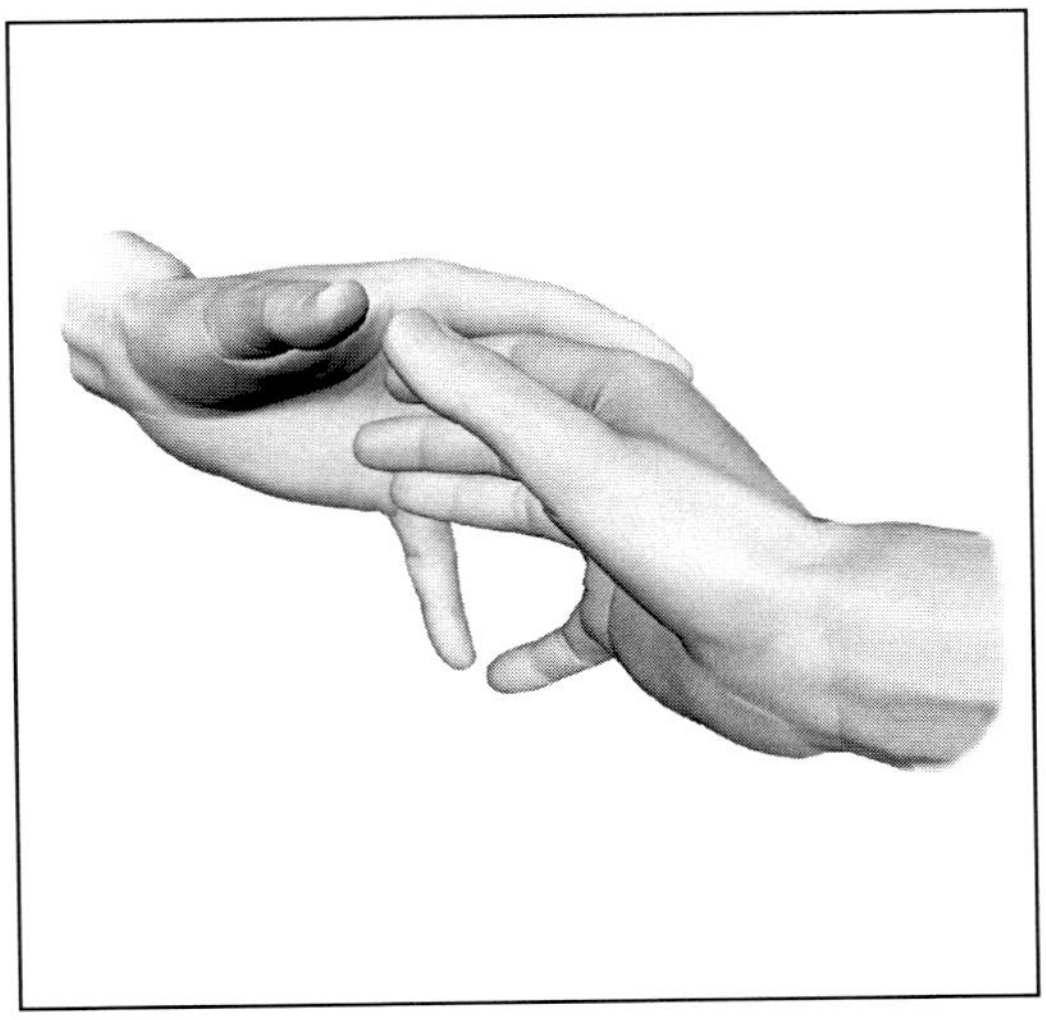

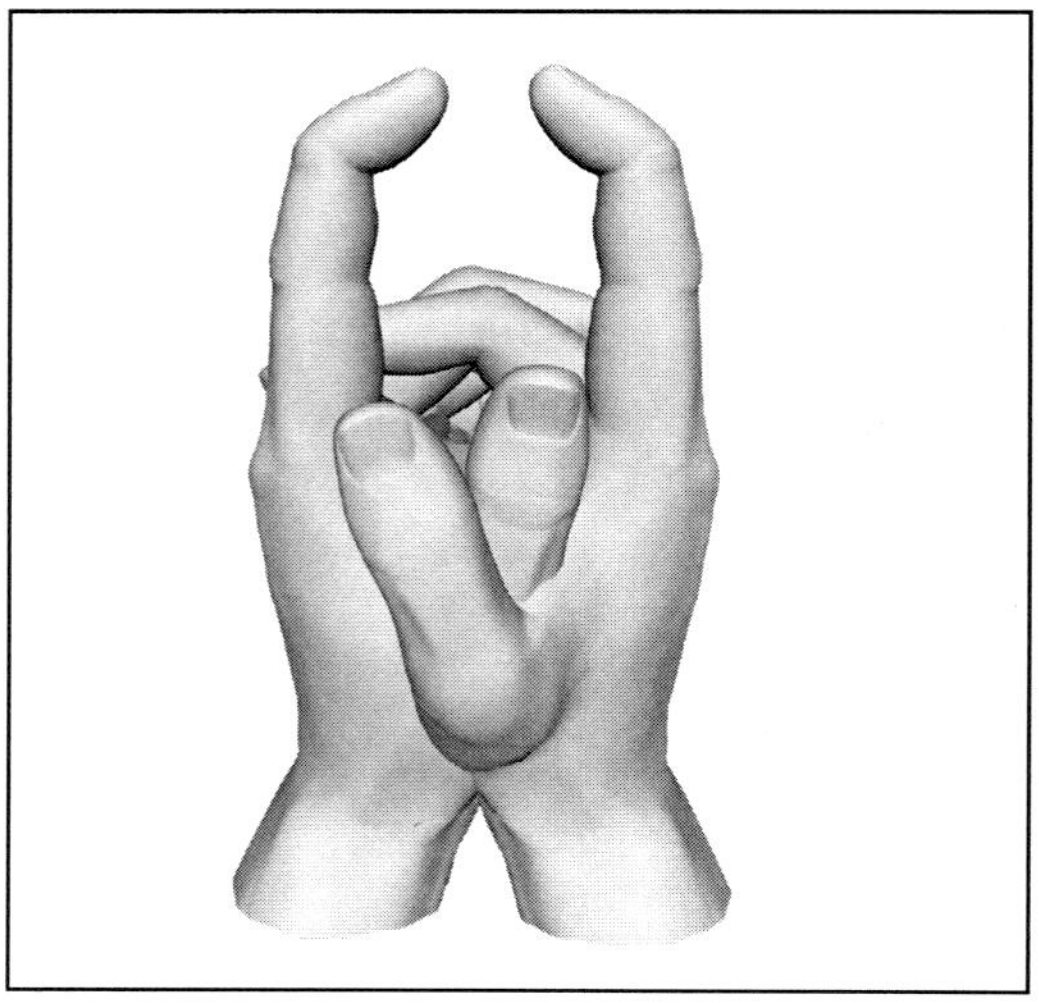

重《じゅう》拳《けん》

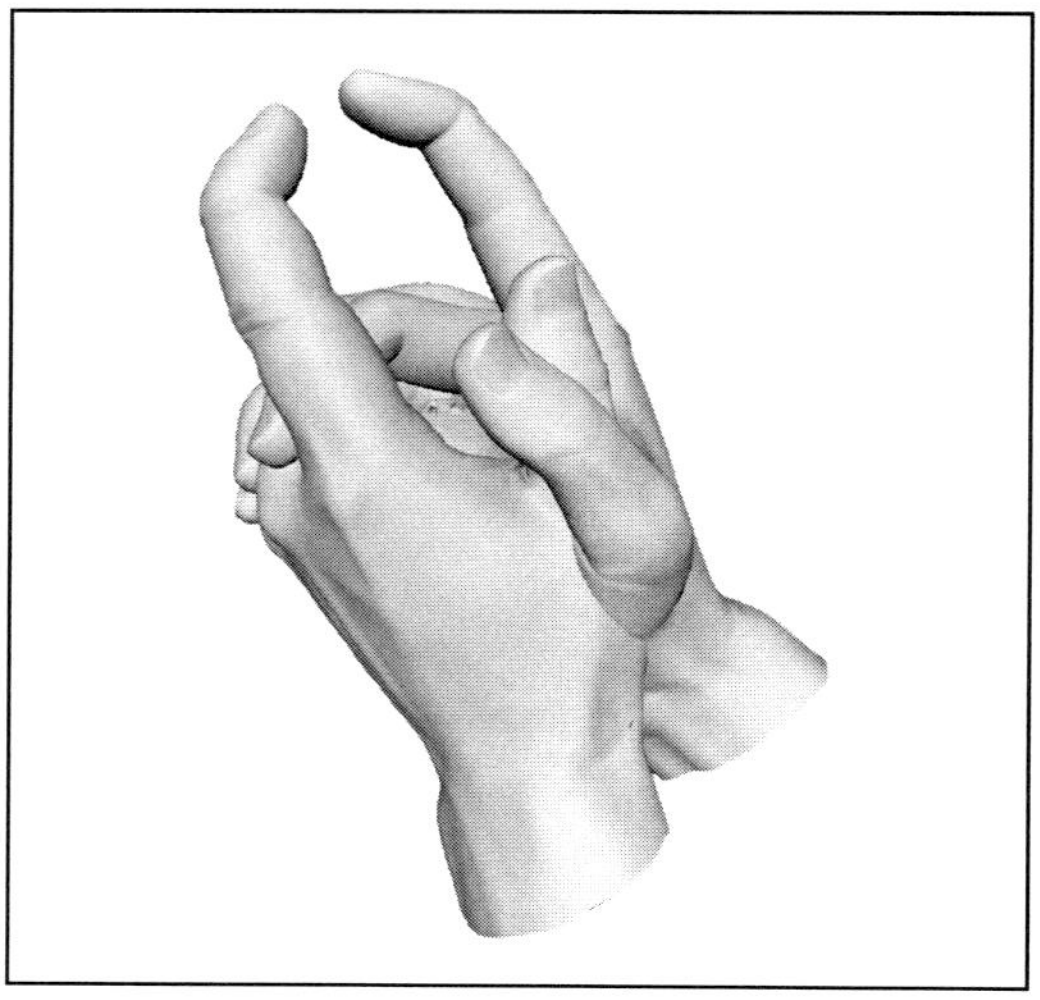

①両手、外縛する。

②両人差指を立て伸ばし、第一節を屈する。

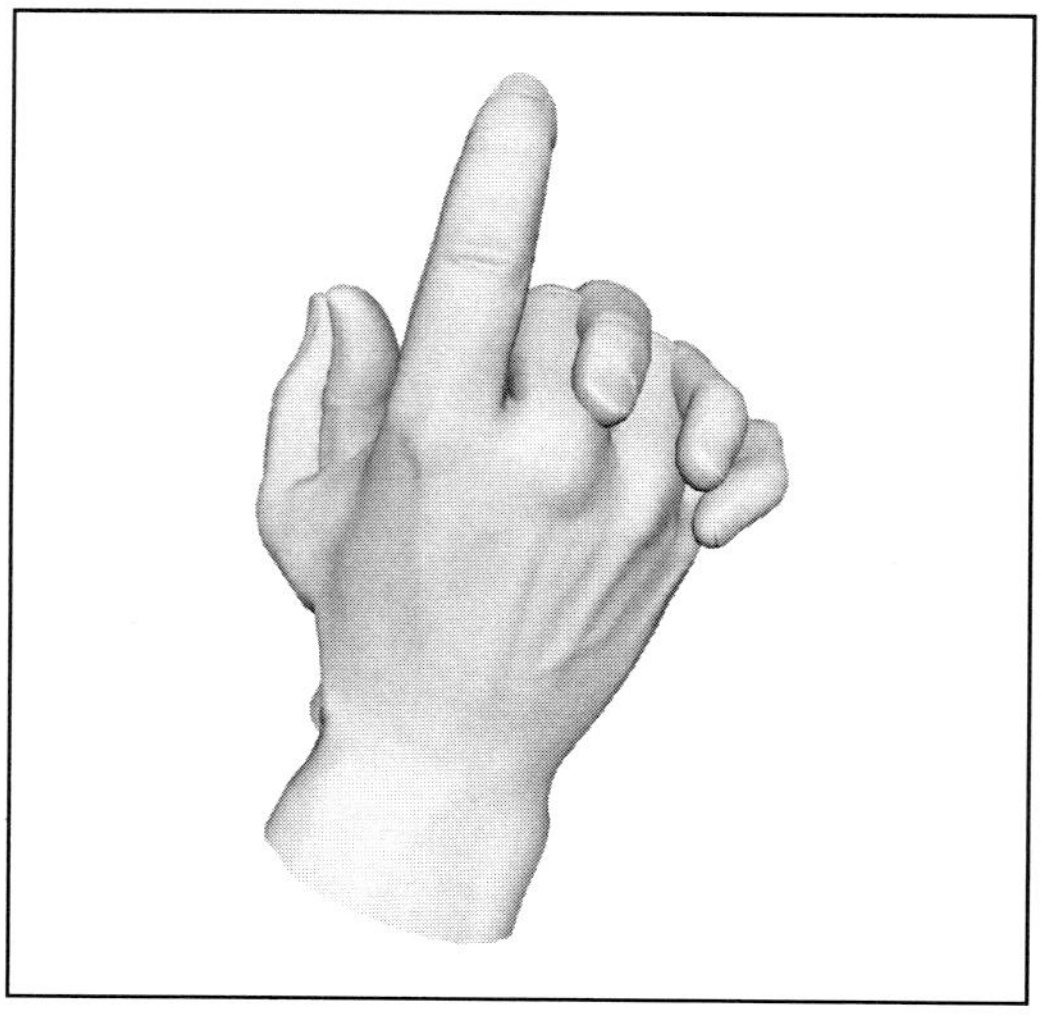

索引

あ

愛金剛……354
愛金剛羯磨印……157
愛金剛三昧耶印……162・163
愛金剛女……358
愛染王根本印……231
阿閦（羯磨印）……324
（阿閦）三昧耶印……325
阿麼䶩（観音）……349
阿弥陀根本印……22・342
阿弥陀定印……23

い

意気金剛……355
意気金剛女……359
伊舎那天（十二天）……295
意生金剛女……356

う

烏枢沙摩或説用独鈷印……265
烏枢沙摩師説用内縛三鈷印……267
烏枢沙摩身印……264
烏枢沙摩又印……266・268
烏波計室尼（八大童子四）……194
雨宝陀羅尼経根本印……340

え

鉞斧（随求八印二）……211
縁　覚……75・311・414
焔魔后（普印）……277
焔魔天……276
焔魔天（十二天）……299
焔魔妃……278
延　命……140

お

横拄指合掌（十二合掌）……19
小野説大精進印……199

か

火焔印（根本印九）……249
火焔輪止印（根本印十）……250
渇譏印（根本印十二）……252
月光持花印……33
月天（十二天）……310

火天（十二天）……298
（訶利帝）愛子印……316
（訶利帝）降伏印……315
訶利帝請召印……314
観自在菩薩（理趣経四段）……98
灌頂密印……135
観音印……25

き

伎芸天……397
吉祥天……274
金輪印（一字金輪仏頂）……37
金輪（宝瓶印）……46

く

口印（根本印五）……245
救護慧（八大童子三）……193
孔雀経……72
軍荼利（羯磨印）……256
軍荼利三昧耶印……257

け

敬愛（五種相応印）……235
計設尼（八大童子二）……192
髻文殊（八葉蓮華印）……368
髻文殊二……369
外五鈷印……68
外金剛会（理趣経十二段）……108
結　印……421
外縛拳（六種拳）……4
計里吉羅金剛……353
計里吉羅金剛女……357
計里計羅羯磨印……156
計里計羅三昧耶印……161
剣（随求八印四）……213
剣　印……239
眼印（根本印四）……244
堅実心合掌（十二合掌）……10
羂索印（根本印十三）……253
顕露合掌（十二合掌）……14

こ

甲印（根本印七）……247
香王八葉印……350
降三世（理趣経三段）……97
降三世教令輪（理趣経十一段）……107
降三世大印……62・255

光聚仏頂三鈷印（八大仏頂印四）…56
広生仏頂（八大仏頂印六）…58
鉤召（五種相応印）…237
降伏（五種相応印）…236
香菩薩…366
光明真言　五色光印…66・67
光網（八大童子五）…195
広目天…150・389
業用虚空蔵…176・181
虚空庫菩薩（理趣経九段）…104・105
虚空蔵…186・187
虚空蔵三昧耶印…185
虚空蔵菩薩（理趣経五段）…99
虚空蔵菩薩宝珠印…188
五髻印…202
後七日…69
五字文殊金剛剣印…201
五種相応印…233～237
虚心合掌（十二合掌）…11
五大虚空蔵惣印　外五鈷印…171
五大虚空蔵惣印　内五鈷印…170
五道大神（普印）…280
五秘密一　外五鈷印…152
五秘密三昧耶印…169
五秘密二　羯磨印…153
五部曼荼羅外五鈷印（理趣経十六段）…112
金剛王根本印…351
金剛合掌…405
金剛合掌（十二合掌）…16
金剛吉祥印…41・182
金剛拳（六種拳）…3
金剛拳菩薩（理趣経六段）…100
金剛虚空蔵…173・178
金剛薩埵羯磨印…154・168
金剛薩埵五秘密大独鈷印（理趣経十七段）…113
金剛薩埵三昧耶印…159
金剛薩埵初集会（理趣経初段）…94
金剛手内五鈷印…85
金剛手菩薩…337
金剛杵（随求八印一）…210
金剛随心…416
金剛蔵…412・413
金剛童子根本印…269
金剛慢羯磨印…158
金剛慢三昧耶印…164
金剛薬叉…261
金翅鳥…407
金翅鳥（名通光印）…408

さ

摧一切魔菩薩（理趣経十段）……106
最勝三昧印……331
最勝太子心印……391
最勝仏頂転法輪印
（八大仏頂印三）……55
西方天……146
纔発意菩薩（理趣経八段）……103
索（随求八印三）……212
三昧耶一字心印……232
三昧耶印（号般若無尽蔵）……78
三兄弟（理趣経十四段）……110
三股戟（随求八印六）……215
三鈷金剛印（根本印十四）……254
三三昧耶摂召印……240
三世勝印（降三世印）……222

し

時雨菩薩……361
地慧幢（八大童子六）……196
色菩薩……364
持国天……148・387
地居諸天教勅印……226
自在天……381
慈氏金剛掌旋転……74
師子奮迅印（根本印八）……248
四姉妹（理趣経十五段）……111
時秋菩薩……362
時春菩薩……360
熾盛光……343
持水合掌（十二合掌）……15
時世根本印……371
地蔵一　地蔵院印……218
地蔵二　観音院印……219
七仏普印……73
七母天（理趣経十三段）……109
七曜惣印……38
地底諸天教勅印……227
地　天……292
四天王惣印……386
四天王（帝釈印）……384
四天王通心印……142・385
四天王通心印　又印……143
地天・鉢印（十二天）……308
時冬菩薩……363
司　命（普印）……281
釈迦智吉祥印……89
釈迦鉢印……27
寂災（五種相応印）……233
遮文荼……285

十一面根本印……126
重　拳……422
住虚空諸天教勅印……225
十四根本印……241〜254
十地仏頂印……228
十二合掌……10〜21
十二神将惣印……34
十二天……295〜310
十六尊意生金剛……352
守護経能与無上菩提　最尊勝印……328
呪賊経降伏印……317
准胝第一根本契……127
准胝第二根本契……128
請雨経智吉祥印……80
聖観音……83・84・118
聖観音心印……117
商佉印（根本印十一）……251
青　頸……347
青頸二（号大悲心印）……348
蘘麌利（根本印）……395
（蘘麌利）随心印……396
小金剛輪印……377
小三古……230
成就一切明印……43・184
成就仙（普印）……286
勝身三昧耶印……48
請召童子（八大童子一）……191
請召並びに教勅印
一切如来鉤印……221
聖天（請召印）……293
聖天二……294
摂毒印一（馬頭三）……124
摂毒印二（馬頭四）……125
勝仏頂大慧刀印（八大仏頂印二）・54
上方諸天教勅印……223
声菩薩……365
声聞梵篋印……76・415
初割蓮華合掌（十二合掌）……13
諸　宿……323
除障仏頂（八大仏頂印五）……57
諸　神……288
諸　曜……322
諸　竜……291
司録（普印）……282
身　印……401
心印（根本印六）……246
深沙神……283

す

随求八印……210〜217

随求梵篋印……209
水天（十二天）……301・302
水天二……290
水天（竜索印）……289

せ

勢至印……26
施無畏印……332
千手根本印……121
千手八葉印……120

そ

増長天……149・388
増益（五種相応印）……234
尊勝……51・52
尊勝仏頂卒都婆印……64
尊勝仏頂尊勝空印……50・65

た

第一根本印（十四根本印）……241
大威徳一心印……259
大威徳（根本印）……258
大威徳心中心印……260
胎拳（六種拳）……1・2
大黒天神……419
大金剛輪印……376
帝　釈……383
帝釈天（十二天）……296・297
大勝金剛……205
大勢至……139
太山府君（普印）……279・420
胎蔵印……379・380
大鈞古……229
大日剣印……119
大日自在契……333
大悲生……411
大仏頂（金輪仏頂）
小野説根本印……49
大仏頂智拳印……44
荼吉尼……284
多宝法界定印……90
多聞天……151・390
吒羅佉……398
多羅青蓮根本印……344

ち

智吉祥印……28・29

智拳印……47・410
召北斗印……321

て

天鼓雷印……82
転法輪小金剛輪印……220

と

頭印（根本印三）……243
童子経乾闥婆王印……318
東方天……144
独鈷印……270

な

内五鈷印……262・263
内縛拳（六種拳）……5
内縛三鈷印……275
那羅延天……399・400
難陀抜難陀二竜王……87
南方天……145

に

日光印……32
日天（十二天）……309
如意宝（随求八印七）……216
如意宝印……200
如意輪根本印……129
如意輪心印……130
如意輪随心印……131
如意輪塔印……132
如法尊勝智拳印……63
如来拳（六種拳）……9
仁王経根本印……77

の

能摧伏印……329

は

破諸宿曜印……42・183
鉢　印……81
八字文殊大精進印……189
八字文殊二……190
八大童子……191〜198
八大仏頂印……53〜60
八大菩薩普印……39

八大明王……40
八葉印……24・406
馬　頭……122・123
反叉合掌（十二合掌）……17
反背互相着合掌（十二合掌）……18
般若菩薩経台印　本尊三昧耶印……207
般若菩薩大慧刀印……206
般若菩薩梵篋印……208

ひ

毘倶胝……345・346
毘沙門……271～273
毘沙門天（十二天）……305・306
毘那夜迦……287
白　衣……137
白傘蓋仏頂（八大仏頂印一）……53
氷羯羅天（根本印）……393
畢哩孕迦……394
毘盧遮那理趣会段（理趣経二段）……95・96

ふ

風天（十二天）……303・304
不可思議慧（八大童子八）……198
不空羂索……134
覆手合掌（十二合掌）……21
覆手向下合掌（十二合掌）……20
普　賢……165
普賢一切支分生印……167
普賢延命……141
普賢外五鈷印……166
仏眼根本大印……35・36
不動剣印……61
不動根本印……238
不動独鈷印……136
忿怒拳（六種拳）……6～8

へ

弁才天費拏印……392

ほ

宝篋印陀羅尼経卒都婆印……409
宝光虚空蔵……174・179
宝金剛菩薩……338
宝生印……70
宝生羯磨印……326
宝生三昧耶印……327

宝山印（根本印二）……242
宝菩薩印……71
宝楼閣経根本印……334
宝楼閣経心印（亦名安慰印）……335
宝楼閣経随心印……336
北斗一字頂輪王印……319
北斗惣印……320
菩提場経根本印……339
法界虚空蔵……172・177
発生仏頂蓮華印（八大仏頂印七）・59
北方天……147
梵篋（随求八印八）……217
梵篋印……79
本三昧耶印……45
梵天（十二天）……307
梵天（三昧空時水）……382

ま

摩訶迦羅……418
麼莫鶏……417
摩利支天隠形印（亦名安怛袒那印）……313
摩利支天根本印（名身印）……312
満願印……330

み

未敷蓮華合掌（十二合掌）……12
味菩薩……367
妙見根本印……403
妙見星宿天印……404
弥勒八葉院印……203
弥勒宝瓶印……204

む

無垢光（八大童子七）……197
無垢浄光陀羅尼八葉印……341
無能勝……378
無辺刀印……402
無量寿命決定如来普印……91
無量声仏頂二明王印（八大仏頂印八）……60

め

滅悪趣……375
馬鳴（玉環成就一切所願印）……374

も

文殊師利菩薩（理趣経七段）…101・102

や

薬王（普印）…372
薬師印…31
薬師法界定印…30

ゆ

遊虚空諸天教勅印…224

よ

葉衣八葉印…138

欲金剛羯磨印…155
欲金剛三昧耶印…160

ら

羅刹天（十二天）…300

り

理趣経金剛薩埵…92
理趣経惣印…93
理趣経段々印…94～113
竜　王…88
龍　樹…373
輪（随求八印五）…214
輪蓋竜王金剛合掌…86

れ

蓮華虚空蔵…175・180
蓮華三昧耶印…133

ろ

六字経…114
六字経観宿伝印…115
六字経明仙伝印…116
六字文殊…370
六種拳…1～9

密教《みっきょう》秘《ひ》印大鑑《いんたいかん》

2011年8月8日　初版第1刷発行
2023年2月6日　初版第2刷発行

監修者　白　日孔
編　集　Create. M & I

装　幀　勝木雄二

発行者　武田崇元
発行所　八幡書店
〒142-0051　東京都品川区平塚2-1-16 KKビル5F
電話番号：03-3785-0881
郵便振替：00180-1-472763

ISBN978-4-89350-686-3 C0014 ¥7800E

八幡書店 DM や出版目録のお申込み（無料）は、左 QR コードから。
DM ご請求フォーム https://inquiry.hachiman.com/inquiry-dm/
にご記入いただく他、直接電話 (03-3785-0881) でも OK。

八幡書店 DM（48 ページの A4 判カラー冊子）毎月発送

①当社刊行書籍（古神道・霊術・占術・古史古伝・東洋医学・武術・仏教）
②当社取り扱い物販商品（ブレインマシン KASINA・霊符・霊玉・御幣・神扇・火鑽金・天津金木・和紙・各種掛軸 etc.）
③パワーストーン各種（ブレスレット・勾玉・PT etc.）
④特価書籍（他出版社様新刊書籍を特価にて販売）
⑤古書（神道・オカルト・古代史・東洋医学・武術・仏教関連）

八幡書店 出版目録（124 ページの A5 判冊子）

古神道・霊術・占術・オカルト・古史古伝・東洋医学・武術・仏教関連の珍しい書籍・グッズを紹介！

八幡書店のホームページは、
下 QR コードから。

門外不出の法華祈祷法を平易に解説！

秘妙五段祈祷法

白 日孔＝著
定価 13,200 円（本体 12,000 円+税 10%）
B5 判　上製　豪華クロス装幀　美装函入

五段祈祷法とは法華系の祈祷咒法で最も重要とされる修法である。霊障による心身の病の因を死霊、生霊、野狐、疫神、呪咀の五段において捉えることから命名されたものである。本書は、英彦山系修験者や法華神道行者を縁者に持ち、その口伝密儀を継承、さらに密教・修験各流派の奥義に参入せる著者が、みずから修得せる法華五段祈祷法の全貌を惜しみなく公開したもので、とくに同じ祈祷法や符咒に関して、積善坊流・観音祈祷法流など隠滅した流派や、現代に連綿と伝承される流派を網羅しているためその価値は絶大である。奥は深いが平易でわかりやすい説明となっているので、初心者からプロの方まで座右の法書として末長く愛用頂けるものと確信する。神道系の方も他山の石として必ず書架にお揃え頂きたい一書である。

［準備編］心構え／五段秘法の大事／御祈祷加持得意／寄り加持／診脈法／引取拭取法／祓いと封じ
［妙法五段法］死霊段　生霊段　野狐段　疫神段　呪詛段
各種修法篇（法楽加持・病者祈念・星供養・星供養関連御幣・虫封じ祈祷・夜泣き止め修法・喘息の呪・関節炎の呪・頭痛封じ味噌灸咒・神経痛封じの呪・御符を呑ませるための健康茶・六三除け・年齢と訪問日で見る病気看破法

気学の基本（表気学）から仏家秘密奥伝（裏気学）まで

仏家九星秘伝

白 日孔＝編著
定価 7,480 円（本体 6,800 円+税 10%）
A5 判　上製　クロス装幀　函入

第１章～４章は、相生・相剋、六大凶殺、五行、五気などの気学の基本概念、具体的な例を挙げてのスタンダードな判断法を網羅し、さらに九星・九宮の象意を願望成就、事業、恋愛、結婚、病気、旅行等の多岐に渡る観点から整理し、初学の方でも容易に理解できる構成となっている。ここまでは、非常にわかりやすく整理された「表気学篇」であり、ここまででも十分に元はとれるが、さらに本書の眼目は、これまでまったく公開されたことのない「裏気学」の秘法を公開した第５章にある。裏気学は、人間に憑依する霊物の作用を対象としているがゆえに、相生・相剋の解釈が表気学とは異なる。本書はその裏気学の世界に伝わる九星鑑定口伝、会宮法、掛り法、相剋掛秘伝、五行相剋秘伝による霊祟、霊障の判定と加持の方針が惜しみもなく公開されているのである。

密教占星学・星祭護摩法の金字塔！

密教占星法

森田龍僊＝著

定価 19,800 円（本体 18,000 円+税 10%）
A5 判　上製　豪華クロス装幀　美装函入

本書は知る人ぞ知る、密教占星学・宿曜経・星祭法研究における金字塔であり、とくに星祭の実践法に関してはきわめて詳細に論じられている。原本は昭和 16 年に発行されたが長年入手困難な状態が続いていた。本書は、密教と陰陽道の関係から説きおこし、宿曜暦の成り立ちから撰日法、二十八宿、十二宮、九曜、北斗七世と妙見菩薩、星宿の本地垂迹、真言事相の詳細としての星供護摩法に至るまであますところがない。この分野のことに興味のある方とってはまさに必読必備の書である。